逐条解説 保険法

編著者
宮島 司

著者
岩井勝弘
金尾悠香
来住野 究
肥塚肇雄
藤田祥子
堀井智明
李　鳴

弘文堂

編著者

宮島 司
みやじま・つかさ
慶應義塾大学名誉教授
朝日大学法学部教授・弁護士

著者（五十音順）

岩井勝弘
いわい・かつひろ
弁護士

金尾悠香
かなお・ゆか
武蔵野大学法学部准教授

来住野 究
きしの・きわむ
明治学院大学法学部教授

肥塚肇雄
こえづか・ただお
香川大学法学部教授・弁護士

藤田祥子
ふじた・さちこ
拓殖大学商学部教授

堀井智明
ほりい・ともあき
立正大学法学部教授

李 鳴
りー・みん
放送大学教養学部教授
〔元：明治安田生命保険相互会社国際事業部〕

は し が き

　本書は、平成 20 年 6 月 6 日に公布され、平成 22 年 4 月 1 日より施行されている「保険法」の逐条解説である。保険法施行直後から、何冊かの大変優れた体系書や概説書、そして逐条解説書等も公刊されてきているが、われわれは、これらの業績を参考としつつも、次に述べるような考えの下、保険法に関する本格的な逐条解説の著書を上梓することとした。

　保険契約法としては、明治 32 年新商法から数えて 100 年以上もの間、ほぼ改正されることなく商法典中の第 2 編旧第 10 章「保険」として施行されてきたものであるが、形式的には、他の多くの法令と同様に口語化する必要があったことや、現代の保険契約に関する私法としては、共済などの登場を考えると、明治以来の商法典中にあることの窮屈さがあったこと、そして実質的にも、責任保険や傷害疾病保険のような今日の社会生活に欠くことのできない保険の普及を見ても理解できるように、この 100 年間の保険実務の進展に応じきれない旧来のままの保険契約法体系では実務への対応という意味でも不充分となってしまったこと等から、保険契約法の現代化を目的として、陸上保険に関して商法から独立した単行法として「保険法」が制定されることとなったのである。

　これを機に、われわれは、「保険法」制定の歴史をかなり詳細に検討することとした。保険法制定に至るまでの制度の変遷を追うことにより、現代の保険法制の姿がより明確になるものと考えられるし、さらにはそのような丹念な研究こそが各条文の解釈の基盤となるものと信じたからである。

　また、本書は、制度の変遷に関する沿革的な検討を行うことにとどまらず、できる限り比較法制にも当たることとした。各国の保険契約法制の内容についての詳細は後の研究に委ねる他ないが、現代における各国の保険契約法制がどのように展開されており、またわが国の現行「保険法」の制定に対してどのような影響を及ぼしてきたかの概観を示すことだけでも、各条文の理解

にとって意義があると考えたためである。

　さらに、本書では、実務との関わりにも多くの関心を寄せることとした。約款によらざるを得ないほとんどの保険契約の特質からして、約款を中心とした保険実務を顧みないままの条文解説ではあまり意味をなさないものと考えたからである。ただ、執筆者の中には実務畑からこられた李鳴教授のような方もおられるが、他の執筆者の多くは保険実務経験のない研究者がほとんどであるため、かなり苦労して調査・執筆されたものと思われる。幸い、最終段階において、三井住友海上火災保険株式会社および MS&AD インターリスク総研株式会社のご協力を得てこの実務関連部分も補完することができたため、かなり充実した内容になったものと自負している。

　ところで、このように本書が上梓されるに至ったきっかけは、平成 21 (2009) 年に開講された慶應義塾大学大学院における「商法（保険法）特殊研究」という私の講座にある。私と、慶應義塾大学島原宏明元教授、そして当時、明治安田生命に勤務されながら慶應義塾大学大学院博士課程で大学院生として研究活動を始められた現放送大学李鳴教授、同様に大学院生であった現武蔵野大学金尾悠香准教授の 4 人で、大学院の講義・研究として、制定直後の保険法の逐条研究を始めることとした。その後、このようなわれわれの研究に興味を持たれた、岩井勝弘弁護士と拓殖大学藤田祥子教授も毎週土曜日午後の研究会に加わるなどして逐条研究を進めるうちに、かなり充実した研究となりつつあるとの実感を各人が有するようになり、これを何とか形に残したいとの願望を抱くようになった。そこで、弘文堂編集部の清水千香さんにご相談したところ、平成 25 (2013) 年初春に出版の快諾を得ることができ、われわれの夢が実現することとなったのである。その意味で、各条文には執筆担当者を記しているが、内容的にはわれわれの共同研究の成果といってもよいものと考えている。途中、残念ながら島原元教授が急逝されたため、香川大学肥塚肇雄教授、立正大学堀井智明教授、明治学院大学来住野究教授の助けを得ることとなるなど若干の紆余曲折はあったが、ようやく本日の公刊にこぎ着けることができた。

はしがき　　*iii*

　このようにして、われわれのような浅学菲才の者が保険法に関する一書を世に送り出すことができたのは、その全員が直接・間接の指導を賜った慶應義塾大学名誉教授故倉澤康一郎先生の学恩のおかげ以外の何物でもない。本書を倉澤先生に捧げることによって、少しでもその学恩に報いることができるのであれば幸いである。

　本書がなるに当たっては、執筆者以外にも多くの方々のご協力を賜った。とりわけ、三井住友海上火災保険株式会社および MS&AD インターリスク総研株式会社の山下信一郎氏には、年度末のご多忙の中、外国法のチェックという面倒な仕事、そして実務に関わる部分についての詳細な検討・助言をいただいた。冒頭に述べたように、比較法的な研究と実務的な考察が本書の大きな骨格の一つをなしているものである以上、これらの方々のご協力なくしては完成することができなかったことは明らかである。心より感謝申し上げる。また、現在の私の勤務する朝日大学法学部の同僚・新津和典准教授には、面倒な索引の作成をお願いした。記して謝意を表したいと思う。

　そして、最後に、私の著書の編集にいつも携わっていただいている弘文堂編集部清水千香さんには深甚な謝意を表さなくてはならない。出版事情が難しい中、快く出版を引き受けてくださった上、いつもながらの優れた編集者としての力を発揮されて本書を公刊にまで導いて下さった。執筆者全員から、単なる誤字・脱字、日本語としての未熟さの指摘にとどまらず、ここまで内容を理解され指摘・助言をいただける安心感は何物にも代えがたいとの感謝の言葉が捧げられている。企画の段階から 6 年、清水さんからの叱咤激励なくしてはやはり本書は世に出なかったであろう。執筆者一同を代表して、もう一度心からの感謝の気持ちを表したいと思う。

　　令和元年 6 月

執筆者一同を代表して

宮　島　　司

iv

凡　例

1　本書の体裁

(1)　本文は、Ⅰ、Ⅱ、Ⅲ……、1、2、3……、(1)、(2)、(3)……、ア、イ、ウ……、(i)、(ii)、(iii)の順で区分してある。

(2)　各条文の解説の中で、さらに詳細な解説、判例、文献などの必要な箇所には注番号 1）、2）、3）……を付し脚注とした。注番号は、その条文における通し番号である。

(3)　法律全体の有機的な理解を図るために他の条文の解説を参照する場合は、（§4解説Ⅲ2参照）（4条解説文中のⅢ2の箇所を指す）という形で示した。

2　法　令

(1)　本書中で法令を示すときは、平成30年12月末日現在のものによった。
（平成29年・30年の民法改正については、原則として改正後の条文を示した）

(2)　法令名の表記については、下記の略語表に従うほか、大方の慣例に従った。ただし、保険法については原則として法律名を省き、条文番号のみとした。

ロエスレル草案	ロエスレル氏起稿商法草案
明治23年商法	旧商法（明治23年法律第32号）
明治32年商法	旧商法（明治32年法律第48号）
明治44年商法	旧商法（明治44年法律第73号）
改正前商法	保険法の施行に伴う関係法令の整備に関する法律（平成20年法律第57号）による改正前の商法

3　判例集

判例集の表記方法は以下のような略語を用いた。
（判例集未登載の場合は事件番号を記載し、事件番号が不明の場合は「判例集未登載」とした）

民録	大審院民事判決録
民集	大審院民事判決集、最高裁判所民事判例集
高民集	高等裁判所民事判例集
下民集	下級裁判所民事裁判例集
新聞	法律新聞
判時	判例時報
判タ	判例タイムズ
金判	金融・商事判例
金法	金融法務事情
生判	文研生命保険判例集第1巻～第7巻、生命保険判例集第8巻～

凡　　例　　　　　　　　　　　　*v*

交民集　　　　　交通事故民事裁判例集
損保企画　　　　損害保険企画
判決全集　　　　大審院判決全集

4　文　献

⑴　単行本の場合は、著者『書名』頁数（出版社・発行年）を示した。
⑵　雑誌の場合は、著者「論文名」掲載雑誌・号数頁数（発行年）を示した。
⑶　文献の表記は、以下に示す略語を用いた。

＊略語表──単行本

青谷・法論Ⅰ	青谷和夫『全訂 保険契約法論Ⅰ（生命保険）』（千倉書房・1979）
青谷・法論Ⅱ	青谷和夫『保険契約法論Ⅱ（火災保険）』（千倉書房・1969）
甘利＝山本・論点と展望	甘利公人＝山本哲生編『保険法の論点と展望』（商事法務・2009）
伊沢・保険法	伊沢孝平『保険法』（青林書院・1958）
石井＝鴻・保険法	石井照久＝鴻常夫増補『海商法・保険法』（勁草書房・1976）
石田・商法Ⅳ	石田満『商法Ⅳ（保険法）〔改訂版〕』（青林書院・1997）
石山・現代保険法	石山卓磨編著『現代保険法〔第２版〕』（成文堂・2011）
上松・ポイント解説	上松公孝『新保険法（損害保険・傷害疾病保険）逐条改正ポイント解説』（保険毎日新聞社・2008）
江頭・商取引法	江頭憲治郎『商取引法〔第８版〕』（弘文堂・2018）
大串＝日生・解説保険法	大串淳子＝日本生命保険生命保険研究会編著『解説保険法』（弘文堂・2008）
大森・保険法	大森忠夫『保険法〔補訂版〕』（有斐閣・1985）
大森＝三宅・諸問題	大森忠夫＝三宅一夫『生命保険契約法の諸問題』（有斐閣・1958）
岡田・現代保険法	岡田豊基『現代保険法〔第２版〕』（中央経済社・2017）
落合＝山下・理論と実務	落合＝山下典孝編『新しい保険法の理論と実務（別冊金融・商事判例）』（経済法令研究会・2008）
金澤・新たな展開	金澤理監修『新保険法と保険契約法理の新たな展開』（ぎょうせい・2009）
基本法コンメンタール	服部榮三＝星川長七編『基本法コンメンタール商法総則・商行為法〔第４版〕』（日本評論社・1996）
倉澤・通論	倉澤康一郎『保険法通論』（三嶺書房・1982）
栗田・保険法講義	栗田和彦編著『保険法講義』（中央経済社・2000）
小町谷・総論⑴・⑵	小町谷操三『海上保険法総論（一）・（二）』（岩波書店・1953・1954）
小町谷・各論⑴	小町谷操三『海上保険法各論（一）』（岩波書店・1954）

坂口・保険法	坂口光男=陳亮補訂『保険法〔補訂版〕』（文眞堂・2012）
商法修正案理由書	『商法修正案理由書』（東京博文館・1898）
竹濵・Q&A新保険法	竹濵修監修『速報Q&A新保険法の要点解説』（金融財政事情研究会・2008）
田中・保険法	田中誠二『保険法』（千倉書房・1960）
田中=原茂・保険法	田中誠二=原茂太一『新版保険法〔全訂版〕』（千倉書房・1987）
田辺・基本構造	田辺康平『保険契約の基本構造』（有斐閣・1979）
田辺・理論と解釈	田辺康平『保険法の理論と解釈』（文眞堂・1979）
田辺・保険法	田辺康平『新版現代保険法』（文眞堂・1995）
戸田=西島・保険法・海商法	戸田修司=西島梅治編『保険法・海商法』（青林書院・1993）
中西・生保入門	中西正明『生命保険法入門』（有斐閣・2006）
中西喜寿	竹濵修=木下孝治=新井修司編『中西正明先生喜寿記念論文集―保険法改正の論点』（法律文化社・2009）
中村・理論と実務	中村敏夫『生命保険契約法の理論と実務』（保険毎日新聞社・1997）
西島・保険法	西島梅治『保険法〔第3版〕』（悠々社・1998）
西島・変容と考察	西島梅治『生命保険契約法の変容とその考察』（保険毎日新聞社・2001）
野津・法論	野津務『新保険契約法論』（中央大学生協出版局・1965）
萩本・一問一答	萩本修編著『一問一答 保険法』（商事法務・2009）
潘・概説	潘阿憲『保険法概説〔第2版〕』（中央経済社・2018）
判例コンメンタール	大隅健一郎編『判例コンメンタール13 下巻〔増補版〕』（三省堂・1985）
福田=古笛・逐条解説	福田弥夫=古笛恵子編『逐条解説改正保険法』（ぎょうせい・2008）
別冊商事法務321号	萩本修編著『保険法立案関係資料―新法の概説・新旧旧新対照表』別冊商事法務321号（商事法務・2008）
保険法コンメンタール	落合誠一監修・編著『保険法コンメンタール―損害保険・傷害疾病保険〔第2版〕』（損害保険事業総合研究所・2014）
松本・保険法	松本烝治『保険法〔第11版〕』（中央大学・1922）
柳川・論綱	柳川勝二『改正商法明治44年論綱』（信山社・2003〔復刻版〕）
山下・保険法	山下友信『保険法』（有斐閣・2005）
山下・現代	山下友信『現代の生命・傷害保険法』（弘文堂・1999）
山下ほか・保険法	山下友信=竹濵修=洲崎博史=山本哲生『保険法〔第3版補訂版〕』（有斐閣・2015）
山下=米山・解説	山下友信=米山高生編『保険法解説―生命保険・傷害疾病定額保険』（有斐閣・2010）

山下＝永沢・保険法Ⅰ・Ⅱ　　山下友信＝永沢徹編『論点体系　保険法1・2』（第一法規・2014）

ロエスレル　　　　　　　司法省『ロエスレル氏起稿商法草案下巻』（司法省・1884）

我妻・民法総則　　　　　我妻榮『新訂民法総則（民法講義Ⅰ）』（岩波書店・1965）

我妻・民法総則・物権法　　我妻榮＝有泉亨＝川井健『民法1　総則・物権法〔第3版〕』（勁草書房・2008）

〈外国法和訳〉

保険契約法集　　　　　㈳日本損害保険協会＝㈳生命保険協会編『ドイツ、フランス、イタリア、スイス保険契約法集』（日本損害保険協会＝生命保険協会・2006）

ドイツ保険契約法　　　㈳日本損害保険協会＝㈳生命保険協会編〔新井修司＝金岡京子訳〕『ドイツ保険契約法（2008年1月1日施行)』（日本損害保険協会＝生命保険協会・2008）

ヨーロッパ保険契約法原則　　『ヨーロッパ保険契約法原則』（損害保険事業総合研究所・2011）

＊略語表──判例百選

生保百選　　　　　　　『生命保険判例百選〔増補版〕』（有斐閣・1988）

保険法百選　　　　　　『保険法判例百選』（有斐閣・2010）

損保百選〔初版〕　　　『損害保険判例百選』（有斐閣・1980）

損保百選〔第2版〕　　『損害保険判例百選〔第2版〕』（有斐閣・1996）

保険海商百選　　　　　『商法（保険・海商）判例百選〔第2版〕』（有斐閣・1993）

その他の判例百選　　　『○○判例百選〔第○版〕』（有斐閣・○○）の例による

＊略語表──資料

〈法制審議会保険法部会資料〉

第○回議事録　　　　　法制審議会保険法部会第○回会議議事録

部会資料　　　　　　　法制審議会保険法部会資料

中間試案　　　　　　　保険法の見直しに関する中間試案

補足説明　　　　　　　保険法の見直しに関する中間試案の補足説明

要綱案　　　　　　　　保険法の見直しに関する要綱案（第1次案)（第2次案）

要綱　　　　　　　　　保険法の見直しに関する要綱

法案要綱　　　　　　　保険法案要綱

監督指針　　　　　　　保険会社向けの総合的な監督指針

viii　　　　　　　　　　　凡　　例

〈改正試案等〉

損保試案　　　　　　損害保険契約法改正試案（1995年確定版）

生保試案　　　　　　生命保険契約法改正試案（2005年確定版）

傷害試案　　　　　　傷害保険契約法試案（2003年版）

疾病試案　　　　　　疾病保険契約法試案（2005年確定版）

損保試案理由書　　　　損害保険契約法改正試案・傷害保険契約法（新設）試案理由書
　　　　　　　　　　　　（1995年確定版）

生保試案理由書・疾病試案理由書　　　生命保険契約法改正試案（2005年確定版）理由書・
　　　　　　　　　　　　　　　　　　疾病保険契約法試案（2005年確定版）理由書

傷害試案理由書　　　　傷害保険契約法試案（2003年版）理由書

＊略語表──雑誌

最判解民　　　最高裁判所判例解説民事篇

重判解　　　　重要判例解説（ジュリスト臨時増刊）

ジュリ　　　　ジュリスト

所報　　　　　生命保険文化研究所所報

生保経営　　　生命保険経営

生保論集　　　生命保険論集

損保　　　　　損害保険研究

判評　　　　　判例評論

ひろば　　　　法律のひろば

文研　　　　　文研論集

法協　　　　　法学協会雑誌

法セミ　　　　法学セミナー

保険学　　　　保険学雑誌

保険レポ　　　保険事例研究会レポート

民商　　　　　民商法雑誌

論叢　　　　　法学論叢

ix

逐条解説 保険法●目　　次 ────────────────────────

　　　はしがき　*i*
　　　凡　　例　*iv*

第1章　総　　　則 ……………………………………………………… *1*
　　　第1条　趣旨（*1*）
　　　第2条　定義（*9*）

第2章　損害保険 ………………………………………………… *40*
第1節　成　　　立 ……………………………………………… *40*
　　　第3条　損害保険契約の目的（*40*）
　　　第4条　告知義務（*48*）
　　　第5条　遡及保険（*66*）
　　　第6条　損害保険契約の締結時の書面交付（*86*）
　　　第7条　強行規定（*110*）

第2節　効　　　力 ……………………………………………… *122*
　　　第8条　第三者のためにする損害保険契約（*122*）
　　　第9条　超過保険（*144*）
　　　第10条　保険価額の減少（*169*）
　　　第11条　危険の減少（*178*）
　　　第12条　強行規定（*197*）

第3節　保険給付 ………………………………………………… *202*
　　　第13条　損害の発生及び拡大の防止（*202*）
　　　第14条　損害発生の通知（*217*）
　　　第15条　損害発生後の保険の目的物の減失（*231*）
　　　第16条　火災保険契約による損害てん補の特則（*237*）
　　　第17条　保険者の免責（*245*）
　　　第18条　損害額の算定（*259*）
　　　第19条　一部保険（*266*）
　　　第20条　重複保険（*272*）

x　　　　　　　　　目　　次

　　　　第21条　保険給付の履行期（*280*）
　　　　第22条　責任保険契約についての先取特権（*292*）
　　　　第23条　費用の負担（*305*）
　　　　第24条　残存物代位（*313*）
　　　　第25条　請求権代位（*327*）
　　　　第26条　強行規定（*340*）

　第4節　終　　　　了 ……………………………………………………… *347*
　　　　第27条　保険契約者による解除（*347*）
　　　　第28条　告知義務違反による解除（*353*）
　　　　第29条　危険増加による解除（*371*）
　　　　第30条　重大事由による解除（*386*）
　　　　第31条　解除の効力（*398*）
　　　　第32条　保険料の返還の制限（*408*）
　　　　第33条　強行規定（*413*）

　第5節　傷害疾病損害保険の特則 ……………………………………… *420*
　　　　第34条　被保険者による解除請求（*420*）
　　　　第35条　傷害疾病損害保険契約に関する読替え（*427*）

　第6節　適用除外 …………………………………………………………… *429*
　　　　第36条（*429*）

第3章　生命保険 ……………………………………………………………… *441*

　第1節　成　　　　立 ……………………………………………………… *441*
　　　　第37条　告知義務（*441*）
　　　　第38条　被保険者の同意（*470*）
　　　　第39条　遡及保険（*492*）
　　　　第40条　生命保険契約の締結時の書面交付（*504*）
　　　　第41条　強行規定（*521*）

　第2節　効　　　　力 ……………………………………………………… *529*
　　　　第42条　第三者のためにする生命保険契約（*529*）
　　　　第43条　保険金受取人の変更（*560*）

目　次　　*xi*

第44条 遺言による保険金受取人の変更（*585*）

第45条 保険金受取人の変更についての被保険者の同意（*604*）

第46条 保険金受取人の死亡（*614*）

第47条 保険給付請求権の譲渡等についての被保険者の同意（*643*）

第48条 危険の減少（*657*）

第49条 強行規定（*666*）

第3節　保険給付 ……………………………………………………… *669*

第50条 被保険者の死亡の通知（*669*）

第51条 保険者の免責（*678*）

第52条 保険給付の履行期（*711*）

第53条 強行規定（*716*）

第4節　終　　了 ……………………………………………………… *719*

第54条 保険契約者による解除（*719*）

第55条 告知義務違反による解除（*721*）

第56条 危険増加による解除（*748*）

第57条 重大事由による解除（*752*）

第58条 被保険者による解除請求（*778*）

第59条 解除の効力（*794*）

第60条 契約当事者以外の者による解除の効力等（*797*）

第61条 （*827*）

第62条 （*830*）

第63条 保険料積立金の払戻し（*834*）

第64条 保険料の返還の制限（*853*）

第65条 強行規定（*855*）

第4章　傷害疾病定額保険 ………………………………………… *863*

第1節　成　　立 ……………………………………………………… *863*

第66条 告知義務（*863*）

第67条 被保険者の同意（*867*）

第68条 遡及保険（*878*）

第69条 傷害疾病定額保険契約の締結時の書面交付（*883*）

第70条 強行規定（*887*）

第2節 効　　力 ………………………………………………………… 890

第71条 第三者のためにする傷害疾病定額保険契約（*890*）

第72条 保険金受取人の変更（*895*）

第73条 遺言による保険金受取人の変更（*901*）

第74条 保険金受取人の変更についての被保険者の同意（*906*）

第75条 保険金受取人の死亡（*911*）

第76条 保険給付請求権の譲渡等についての被保険者の同意（*913*）

第77条 危険の減少（*917*）

第78条 強行規定（*919*）

第3節 保険給付 …………………………………………………………… 922

第79条 給付事由発生の通知（*922*）

第80条 保険者の免責（*926*）

第81条 保険給付の履行期（*945*）

第82条 強行規定（*947*）

第4節 終　　了 ………………………………………………………… 950

第83条 保険契約者による解除（*950*）

第84条 告知義務違反による解除（*951*）

第85条 危険増加による解除（*953*）

第86条 重大事由による解除（*956*）

第87条 被保険者による解除請求（*963*）

第88条 解除の効力（*969*）

第89条 契約当事者以外の者による解除の効力等（*971*）

第90条（*975*）

第91条（*977*）

第92条 保険料積立金の払戻し（*978*）

第93条 保険料の返還の制限（*981*）

第94条 強行規定（*983*）

目　次　　　*xiii*

第5章　雑　　則 ……………………………………………………… *991*

第95条　消滅時効（*991*）

第96条　保険者の破産（*1000*）

事項索引 …………………………………………………………………… *1009*

判例索引 …………………………………………………………………… *1016*

第1章 総 則

(趣旨)
第1条 保険に係る契約の成立、効力、履行及び終了については、他の法令に定める
もののほか、この法律の定めるところによる。

【条文変遷】 新設
【外国法令】 スイス保険契約法100条1項、フランス保険法典L. 111-1条1項・2項、
イタリア民法典1884条

I 概 要

本条（1条）は新設規定である。

保険契約の成立、効力、履行および終了についての保険法の適用関係を定めた規
定であって、改正前商法第2編「商行為」第10章「保険」にはこのような規定は存
在しなかった。

近時の立法では、それぞれの法律の第1条において法律の目的を定めるものが多
いが（独占禁止法、金融商品取引法、商業登記法、消費者契約法等）、私法の分野にお
いては、その第1条において法律の趣旨を定めるものが多く（会社法、信託法、一
般社団法人及び一般財団法人に関する法律等）、平成20年に成立した保険法もこの後者
の例にならった。[1]

保険法の趣旨を表した第1条は、保険に係る契約の成立、効力、履行および終了
については、他の法令に定めるもののほか、この法律の定めるところによるとして
いる。これは、当該法律が主たる内容とするところを法律の冒頭の規定中で列記す
るという近時の一般的な立法方法と同じである（会社法1条は、会社の設立、組織、
運営および管理、を主たる内容とした法律であることを示している）。

そして内容的にも、本条は、保険契約の成立から終了に至るまでが本保険法の守
備範囲であることを示すことと同時に、保険法が、私保険に関する法律関係の通則
を定めた保険契約法の基本法という位置づけであるとの趣旨を明確に示したものと
いえる。[2]

---

1) 山下=永沢・保険法I 1頁［山下友信］。
2) 会社法1条の存在意義につき、江頭憲治郎編『会社法コンメンタール1』13頁（商事法

Ⅱ　沿　　革

　保険契約に関する私法規定は、法典論争に巻き込まれた明治23年商法から始まり、明治32年商法でほぼその全容が構築されたものであるが、平成20年保険法制定に至るまでは、商法の中の１つの編として位置づけられ、実質的にはほぼ改正されることなく（明治44年に一部改正）、100年以上も続いてきたものである。

　この間、毎日新たな保険商品が生み出されるといわれるほど保険実務の発展は著しいものがあり、その結果、現実と法律の間に大きな離齬がみられるようになっていた。最も顕著なことは、平成20年の保険法制定以前には、法律制度としては存在しなかった類の保険契約が実務では生み出されていたことである。現代社会において、その重要性が増大し、それなしでは社会生活を営むことができないとさえいわれている各種責任保険や傷害疾病保険の存在は、たとえば保険業法によりなんとかその存在を承認するという方法で解決していたものの、もはや正面から、すなわち保険契約法としても認めざるを得ない状況に追い込まれていたのである。

　また、100年にもわたる間、保険法制の改正がなされてこなかった原因としては、商法の保険契約に関する規定が、基本的には任意規定であったこともある。第二次世界大戦後に改正の動きはあったようであるが、その頃の世相からすれば任意法規であることの方が望ましく、したがって具体的な改正提案へとは結びつかなかったのであろう³⁾。しかし、私法の根本原理から考えれば、私法規定は任意法規であることの方が優れているとはいえ、その現代化の必要性があることも疑いのないことであった。すなわち、保険契約にあっては、他の契約類型と違って、契約の内容について保険契約者と保険者が交渉を行い、個別の事情を考慮して最終的に契約内容が定まっていくという締結過程が想定されにくいし、また保険の団体的性質からして、本来個別の事情は考慮されるべきではないという問題もあり、保険契約者保護という観点からすると、契約者間に対等・平等の地位が措定されるような任意規定だけで構成されることにはかなり無理があったのである。むしろ、契約自由のお題目にとらわれ、すべてを任意規定としてしまい、あとは当事者間での約定に任せるとしてしまうと、結局保険者の側で、保険法の規定のうち自己に不利なものの適用を排除した約款を作成してしまうということにもなりかねないことから（保険契約が約款に基づく契約である以上、契約締結の際には、保険契約者側はそのような内容の約款を

　　務・2008）。
　3）　保険法コンメンタール４頁［落合誠一］。

受諾するか否かの自由しかない)、ようやく片面的強行規定化されることとなったのである。ヨーロッパの大陸法系の諸国では、すでに19世紀後半には、商法が理念とする契約自由の原則に立ったのでは保険契約者の合理的な利益保護ができないということから、独立単行法化や強行法規化されていたことと比べると、非常に対照的といえる。

このように、保険契約に関する法を形式的な意味でも実質的な意味でも「現代化」すること、すなわちカタカナ文語体からひらがな口語体に改めるとともに、法律の内容も実務をより反映した現代に即したものにしなければならないことが諸方面から要請されるようになってきた。さらには、相互保険のように保険契約でありながら直ちには商法典に組み入れられない存在や、共済のように保険契約と実質的に同じでありながら商法保険法では存在を認知し得なかったものなどもあり、保険契約法が商法典中にあることにも齟齬を来たすような状況もすでに看過し得なくなってきていたのである。

Ⅲ 改正前商法

本条は保険法制定時に初めて入った条文であり、改正前商法には存在しなかったものである。

概要においても触れたように、近時の立法の第1条では、その法律の目的、あるいは趣旨をうたうことが通常となってきており、本法においても、商法から独立した単行法となる以上、第1条において、法律の趣旨をうたうことが適当であると考えられたため、他の私法法令と同様、第1条に保険法の趣旨を掲げることとした。

制定法としての保険法の適用範囲は、商法の時代と比べてかなり拡大されることとなる。その理由の1つが、商法時代の保険法では形式的には扱うことができなかった「共済」や「相互保険」に対する対応を必要とすることとなったからである。

第1に、商法時代の保険法の適用領域は、営利企業としての保険会社が当事者となる保険契約に限定されており、共済契約は、実質的に保険契約と変わらないものであっても、原則として商法の規律対象ではなかった[4]。保険と並んで社会的に不可欠な存在となったこの共済を保険法の直接対象とするため、保険法は、「保険契約、共済契約その他いかなる名称であるかを問わず」(2条1号)と規定することにより、実質的に保険契約と考えられる契約すべてに適用することとした。そうである以上、もはや保険契約法が商法の一部であるという位置づけを維持する必要性・合理性が

---

4) 大串=日生・解説保険法21頁［大串淳子］。

なくなり、商法から独立した単行法として存在させることとなった。

　第2に、保険契約の中で、営利企業である株式会社が引き受ける契約と、非営利企業である相互会社が引き受ける契約とでは、実質的な違いがみられない。そうであるにもかかわらず、商法時代の保険法では、営業的商行為として行われる営利保険のみが保険法の規律の対象とされ、相互保険は準用という形式でしか保険法の世界に登場することができなかった。[5] 相互会社のなす相互保険もまたきわめて重要な社会的存在であり、demutualization（脱相互会社化）の進展がない中では、これを正面から認める方法で保険法に取り込む方策を考えなくてはならなかったのである。

Ⅳ　立法過程

1　保険法制定前試案

　保険法改正の試みは、1980年前後から、保険実務家と保険法研究者との共同作業により、何本かの試案の作成という形で行われていた。損害保険法制研究会「損害保険契約法改正試案　傷害保険契約法(新設)試案（1995年確定版）」、生命保険法制研究会「傷害保険契約法試案（2003年版）」、そして生命保険法制研究（第二次）「生命保険契約法改正試案　疾病保険契約法試案（2005年確定版）」等である。

　損害保険契約法改正試案の段階では、本条に該当する条文は想定されていなかったようである。[6]

2　法制審議会保険法部会の審議

　保険法制定に向けての本格的な第一歩は、平成18年9月6日、法務大臣より、法制審議会に対して、保険法の見直しについての要綱を示すことを求める諮問がなされたことである。そして、この諮問を受けて法制審議会は、保険法部会を設置し、同部会は、平成18年11月から審議を重ね、同19年8月、同部会による「保険法の見直しに関する中間試案」および法務省民事局参事官室による「保険法の見直しに関する中間試案の補足説明」が公表されるに至った。その後、中間試案に対する意見募集がなされ、その結果を受け、平成20年1月に同部会において「保険法の見直しに関する要綱案」を取りまとめ、さらに同年2月の法制審議会において同要綱案が「保険法の見直しに関する要綱」として採択され、法務大臣に答申されることとなった。

　5）　大串＝日生・解説保険法21頁［大串淳子］。
　6）　損保試案理由書1頁以下。

§1-V 1, 2　　　5

　法務省は、この要綱を元に法律案を作成し、平成20年3月には閣議決定がなされ、「保険法案」および「保険法の施行に伴う関係法律の整備に関する法律案」が第169回国会に提出された。両法案は、同年4月30日に衆議院本会議で可決、5月30日には参議院本会議でも可決され、同年6月6日に法律第56号および第57号として公布された。
　本条は、中間試案の段階から新設規定として設けることで一貫していた。

V　条文解説

1　保険契約に係る原則法

　「保険に係る契約の成立、効力、履行及び終了については」「この法律の定めるところによる」との文言により、本法は、保険契約の誕生から終了に至る全過程をその適用領域とするものであり、告知義務の履行から始まる契約締結前の募集段階を含め、契約の解除等その終了に至る全過程を取り扱う保険契約に関する民事法の原則法であることを意味している。
　とはいえ、保険法により、保険契約の全過程が自足的・完結的にカバーされ、他の契約基本法に回帰する必要がないというわけではもちろんなく、契約の原則法である民法を当然の前提として（保険法に規定がない場合、一般法である民法の規定（錯誤：民法95条、詐欺：同96条）などが適用されるのは当然）、保険契約に独自の民事法ルールが策定されているものと理解すべきである[7]。

2　保険法と「他の法令」

　「他の法令に定めるもののほか、この法律の定めるところによる」として、保険契約に係る他の私法的法令がある場合には、それが特別法に該当するから、法令適用の一般原則からしても、他の法令が優先的に適用されることとなる。前掲1で述べたように、保険法はあくまでも原則法であるから、他の法令において保険法の定めとは異なる定めがある場合には、当然それに従う（たとえば、自賠法20条の2は、契約当事者が保険契約の解除をすることができる場合を限定しているが、これは、保険契約者はいつでも保険契約の解除をなしうるとする保険法27条の特則である。また、同様に、自賠法7条6項は、保険法6条に定める損害保険契約の締結時に保険契約者に対して保険者が交付する書面の記載事項を適用しないとしている。保険業法との関係では、同法309条は、一定の場合に保険契約者に対しクーリング・オフの権利を認めているが、クーリン

　7）　保険法コンメンタール4頁［落合誠一］、萩本・一問一答2頁。

グ・オフに関しては、この保険業法の制度が優先される等）。

保険契約に関する他の法令には、海上保険契約に関する商法第3編第6章815条から841条の2、自動車損害賠償責任保険に関する自賠法11条から23条の3、油濁損害賠償責任保険に関する船舶油濁損害賠償保障法15条、原子力損害賠償責任保険に関する原子力損害の賠償に関する法律8条から9条の2がある。

3　保険法と相互保険

保険法制定以前は、保険契約に関しては、改正前商法第2編「商行為」第10章「保険」および同法第3編「海商」第6章「保険」の中で規律されていた。したがって、改正前の保険契約に関する規律は、営業的商行為としてなされる営利保険の引受け（改正前商法502条9号）を対象とするものであったから、社員相互の保険を目的とする相互保険は、私的な保険契約関係ではあっても、非営利団体である社団法人とその社員の間の団体的な社員関係であり、営業的商行為には含まれないため（相互保険の引受けは、保険加入者に対して保険を提供すること自体を目的とする）、改正前商法の保険契約に関する規定が直接適用されることはなかった。とはいえ、株式会社が引き受ける営利保険と、相互会社が引き受ける相互保険との間で、なされる保険契約自体は大きく異なるものではないところから、相互保険の性質が許す限りにおいて準用するものとしていた（損害保険につき改正前商法664条、生命保険につき同683条1項、海上保険につき同815条2項）。

保険法では、前掲Ⅱにおいて述べたように、商法典から独立し単行法として生まれ変わったことから、保険契約が商行為として締結されるか否かで適用法律に違いはなく、営利保険契約にも相互保険契約にも、保険法の規定が直接適用されることとなった。その意味でも、保険法は、保険契約法の一般通則を定めたものといえる。ただ、一方で、たとえば保険契約の引受けに関する行為等の商行為性に関しては、株式会社である保険会社が行う保険契約ではその商行為性は当然であるが、相互会社が行う保険契約にはそのままでは当然に商行為の規定の適用があるということにはならない。とはいえ、相互会社の設立から消滅に至るまでを規律する保険業法において（保険業法21条2項）、相互会社の行為には商行為法の規定が大幅に準用されているところから、保険者が株式会社か相互会社かを問わず、適用法条はほぼ共通である。

4　保険法と共済

明治以来、わが国では、保険会社による保険とともに、各種協同組合などによる共済が危険克服の重要な制度として発展してきた。そして、事業の監督という側面

からは、保険会社による保険事業については保険業法、各種協同組合などによる共済事業については各種協同組合法がその任に当たっていたが、各種協同組合法中には、共済事業に関する私法規定はほとんどないという状況で存在し続けていた。

ところが、共済も、小規模な地域・職域等の相互扶助的な組織であることを除くと、実質的には保険とまったく同じ技術を使って事業を行っていること、名前が保険か共済かの違いがあるだけで、共済契約についてもほとんどの点で保険契約と共通する約款を使用してきたこと、さらには解釈上も商法の規定の類推を行ってきたこと等から、実質的には一元的な法規制をすることが望ましいと考えられてきていた（かなり古い時代からこうした主張はなされていた）[8]。そこで、保険法においてこれを一元的に規制することとした。

このように、非営利事業である相互保険との関係、さらにはやはり非営利事業である共済をも適用対象として、保険と一元的に規律したのが保険法である以上、そもそも営利事業を適用対象とする商法の中に置いておくことは適切ではなかったということも、独立単行法化の1つの大きな理由である[9]。

VI　外国法令

ヨーロッパの保険法典の中には、法律の目的を定める規定をもつものはなく、また、わが国のように、正面から法律の趣旨を定めるものもない。ただ、フランス保険法典は、L. 111-1条1項で、保険契約法の適用範囲は陸上保険（非海上損害保険）のみであるとし、また同条2項で農業相互保険等に関する法令の適用を妨げないと定め、イタリア民法典1884条は、「相互保険は関係の特性に合致する限りにおいて、本節の規定により規律される」と定め、またスイス保険契約法は、その附則において、「この法律に別段の定めがない場合においては、債務法の規定は、これを保険契約に適用する」（100条）、また再保険契約には保険契約法は適用されず、債務法の適用を受ける（101条）と定める等、正面から法の趣旨を定めるものではないが、一定の範囲で法律の適用領域を示しながら、法律の趣旨をうかがわせる規定を置いている。

---

8)　竹内昭夫『手形法・保険法の理論』253頁（有斐閣・1990）。
9)　萩本・一問一答10頁。

VII 今後の展望

第1に、前述のように、保険法制定の大きな目標の1つは、いわば共済をその適用範囲に包摂することであったともいえるが、立法の際に、共済の側より、相互扶助という共済の理念は否定しさるべきではないとの主張とともに、保険と異なる規律が必要とされることもあるので、それまでも否定するような規定にはすべきでないとも主張されていた。たとえば、保険法では保険金受取人の変更は保険契約者がなしうるという43条の規定は片面的強行規定とはされていないので（49条）、約款規定によりこれと異なる定めもなし得、これを受ければ、同じ保険法の適用組上の共済についても同様の解釈が用いられそうである。現に、消費生活協同組合の共済では、共済規約で死亡保険金受取人を変更できる範囲は共済契約者の親族等に限定しており、保険法とは異なる定めをしている。共済が保険法の適用対象とされたとはいえ、強い相互扶助の基盤の残っている共済と、そこまでではない共済などの特質を考慮して、保険会社の引き受ける保険と同様の解釈で済むものと、そうでないものとの対立の可能性も否定できない[10]。

第2に、現在の複雑な保険商品を観察すると、単純な損害保険、生命保険、傷害疾病定額保険等はむしろ珍しく、これらの保険が複合的に組み合わされたものがほとんどである。たとえば、生命保険を主契約とし、傷害疾病定額保険を特約として組み合わせた保険などである。

このような複合的な保険において最も問題となるのが、組み合わされた保険のいずれかに無効や取り消されるべき事由があった場合である。特約のつけ方や商品設計としてどのように複合的に結びついているのかにもよるのであろうが、もし複数の保険が不可分であるような内容の保険として設計されたものである場合には、全部の契約が無効・取消しとなってしまうことも考えられ、今後実務としての商品設計の仕方と並んで、解釈上の問題も発生する余地がある[11]。

〔宮島　司〕

---

10)　山下=永沢・保険法 I　4頁 ［山下友信］。

11)　山下=永沢・保険法 I　5頁 ［山下友信］。

（定義）

第2条 この法律において、次の各号に掲げる用語の意義は、当該各号に定めるところによる。

(1) 保険契約 保険契約、共済契約その他いかなる名称であるかを問わず、当事者の一方が一定の事由が生じたことを条件として財産上の給付（生命保険契約及び傷害疾病定額保険契約にあっては、金銭の支払に限る。以下「保険給付」という。）を行うことを約し、相手方がこれに対して当該一定の事由の発生の可能性に応じたものとして保険料（共済掛金を含む。以下同じ。）を支払うことを約する契約をいう。

(2) 保険者 保険契約の当事者のうち、保険給付を行う義務を負う者をいう。

(3) 保険契約者 保険契約の当事者のうち、保険料を支払う義務を負う者をいう。

(4) 被保険者 次のイからハまでに掲げる保険契約の区分に応じ、当該イからハまでに定める者をいう。

　イ 損害保険契約 損害保険契約によりてん補することとされる損害を受ける者
　ロ 生命保険契約 その者の生存又は死亡に関し保険者が保険給付を行うこととなる者
　ハ 傷害疾病定額保険契約 その者の傷害又は疾病（以下「傷害疾病」という。）に基づき保険者が保険給付を行うこととなる者

(5) 保険金受取人 保険給付を受ける者として生命保険契約又は傷害疾病定額保険契約で定めるものをいう。

(6) 損害保険契約 保険契約のうち、保険者が一定の偶然の事故によって生ずることのある損害をてん補することを約するものをいう。

(7) 傷害疾病損害保険契約 損害保険契約のうち、保険者が人の傷害疾病によって生ずることのある損害（当該傷害疾病が生じた者が受けるものに限る。）をてん補することを約するものをいう。

(8) 生命保険契約 保険契約のうち、保険者が人の生存又は死亡に関し一定の保険給付を行うことを約するもの（傷害疾病定額保険契約に該当するものを除く。）をいう。

(9) 傷害疾病定額保険契約 保険契約のうち、保険者が人の傷害疾病に基づき一定の保険給付を行うことを約するものをいう。

【条文変遷】 新設

【参照条文】 改正前商法629条・673条

【外国法令】 ドイツ保険契約法1条・44条・43条・150条・159条・74条・178条1項・192条・180条、フランス保険法典L.132-1条・121-1条1項・113-5条・113-2条・112-1条3項・132-12条、イタリア民法典1882条・1901条・1920条3項・1904条・1905条、スイス保険契約法18条1項・78条・87条・88条・73条

I 概　　要

　本条（2条）は、保険法における主要な用語の意義を定める定義規定であるが、このような網羅的な定義規定（改正前商法の時代にも、損害保険契約と生命保険契約については定義規定が置かれていた）は保険法で初めて置かれたものであって、改正前商法の時代にはなかった。特に、第1号に保険契約の定義規定を置くことにより、適用される契約類型を明確にし、さらには商法から独立した民事単行法として、営利保険でない相互保険や共済にも直接適用がなされる旨を明らかにしたという意義を有する。

II 条文解説

1 保険契約（1号）

(1) 規定の概要

　保険契約、共済契約その他いかなる名称であるかを問わず、当事者の一方が一定の事由が生じたことを条件として財産上の給付（生命保険契約および傷害疾病定額保険契約にあっては、金銭の支払に限る）を行うことを約し、相手方がこれに対して当該一定の事由の発生の可能性に応じたものとして保険料を支払うことを約する契約をいうとして、わが国保険契約法史上はじめて保険契約に関する通則的な定義規定を設けることとした。

　保険契約の意義をめぐっては、損害保険契約と生命保険契約の両者に共通する保険契約の概念を一元的に定義付けようとする学説[1]と、これを一元的に定義して共通項を求めたとしても意味はないから、損害保険契約と生命保険契約とは二元的に定義付けする他ないとする学説が大きく対立していた[2]。しかし、今回の改正では、一般に行われている共済契約のように、実質的には保険契約とほぼ同じ内容を持つものであるにもかかわらず、従来は商法中の保険契約法の適用が困難であったようなものが増えてきており、これらも含めて契約者保護の観点から保険法の適用領域にのせるべきとのきわめてプラグマティックな理由から、このような単純かつ明確な保険契約の定義規定を置くことにした[3]。したがって、損害保険契約、生命保険契約、

1）　倉澤・通論24頁、西島・保険法〔第3版〕4頁、田辺・保険法22頁。
2）　倉澤・通論25頁。
3）　今井薫=岡田豊基=梅津昭彦『レクチャー新保険法』15頁（法律文化社・2011）。

傷害疾病定額保険契約のすべてに共通して認められる最重要の要素を抽出することにより、保険契約の定義とした。それは、契約当事者の契約上の義務に着目し、「当事者の一方が一定の事由が生じたことを条件として財産上の給付（中略）を行うことを約し」という点は、あらゆる保険契約に共通する保険者の義務を抽出したものであるし、「相手方がこれに対して当該一定の事由の発生の可能性に応じたものとしての保険料（共済掛金を含む。以下同じ。）を支払うことを約する」という点は、あらゆる保険契約に共通する保険契約者の義務を抽出したものである。[4]

　内容的には、①契約の名称は問わず、共済のように保険契約の実質を有するものであれば、保険法の適用を受けること、②当事者の一方が一定の事由が生じたことを条件として財産上の給付をなすことを約するものであるが、生命保険契約や傷害疾病定額保険契約では、その給付は金銭に限られること、③相手方が保険料（共済掛金）を支払うことを約していること、④　③の保険料（共済掛金）が②の一定の事由の発生の可能性に応じたものとして計算されること、である。[5]

(2)　沿革

　改正前商法の時代には、損害保険と生命保険を個別に定義するだけで（629条・673条）、この両者を包括する保険契約についての定義規定はなかった。

　損保試案策定の段階では、保険契約についての包括的な定義規定を設けるか否かの検討がなされたようである。ただ、「保険契約」の定義といっても、2008年改正前ドイツ保険契約法1条1項[6]やイタリア民法典1882条[7]のように、結局のところ、損害保険契約の定義と生命保険契約その他の人保険契約の定義とを機械的に結びつけたような定義にしかならなかったり、無理に内容的にも統一しようとすると、たとえば「保険契約は、当事者の一方が保険料を支払うことを約し、相手方が保険金の支払その他の給付をすることを約することによってその効力を生ずる」というよう

---

4)　保険法コンメンタール6頁［落合誠一］。

5)　萩本・一問一答28頁。

6)　2008年改正前ドイツ保険契約法1条1項は、「損害保険においては、保険者は、保険事故発生後に、保険事故によって生じた財産上の損害について、契約の定めるところに従い、保険契約者に対してん補する義務を負う。生命保険、傷害保険、ならびにその他の種類の人保険においては、保険者は、保険事故発生後に、合意された金銭を一時金もしくは年金で支払い、またはその他の合意された給付をなすべき義務を負う」と定めていたが、損害保険と人保険を対置させることは、人保険が損害保険も包含する可能性があることを考えると、将来の保険商品の開発に影響を与えるおそれもあり、正しい分類方法に基づいた定義とはいえないとして、保険契約を定義することを断念している（ドイツ保険契約法・102頁）。

7)　イタリア民法典1882条は、「保険とは、保険者が保険料の支払を得て、合意された範囲内において、保険事故により被保険者に生じる損害をこの者にてん補し、または、人の生命に関する出来事の発生に際し、資金又は年金を支払う義務を負う契約をいう」と定める。

な無意味な規定になってしまわざるを得ないところから、このような通則的な規定を設けることは諦めることとしていた。[8]

保険法制定の過程では、定義規定を設けるか否かが当初から議論の対象とされていたし、[9]中間試案の段階でも、「保険」の意義を明文で規定すべきかについては、さらに検討する必要があるとされていたところ、[10]保険契約については、その適用範囲を明確にするため、前述のような単純かつ明快な定義規定を置くこととした。

(3) 意義

(i) 契約の名称は問わず、保険契約の実質を有するものは保険法の適用を受ける

契約の名称がどのようなものであっても、その実質的な内容において「保険契約」に該当すれば、保険法の適用を受けることとなる。

保険法の制定の狙いの1つに、共済契約については改正前商法の下では保険に関する規定の適用がなかったため、実質的な内容において保険契約と異ならないような共済契約については保険法の適用にのせるべきであるとの指摘がなされたことから、このような定義規定を置くこととした。[11]共済事業に関する法律の中には、改正前商法の保険契約に関する規定を準用するものもあったが、多くは当事者間の約定に委ねられていたのが実態であり、実質的には保険契約と同じでありながら、共済加入者は法による保護の対象外とされていたのである。

本条1号の保険契約の定義規定によって、通常われわれが目にする多くの共済契約はこの適用領域に含まれてくるが、団体内部の福利厚生の一環として、団体の構成員から一律に低額の拠出金を徴収し、それを原資として構成員に何らかの事故があった場合に慶弔見舞金を支払うような制度は、[12]前述した(1)④の「保険料（共済掛金）が②の一定の事由の発生の可能性に応じたものとして計算されていること」の要件に該当しないことから、本号の「保険契約」の定義にはあたらないこととなる。[13]

---

8) 損保試案理由書2頁。

9) 定義がなくとも常識に従って定まるとか、危険に関する告知や危険の増加等の個々の規律の内容から自ずとその範囲は定まるとの指摘もなされた。第1回議事録10頁。

10) 補足説明6頁。

11) 萩本・一問一答13頁。そもそも保険制度と共済制度とは、組織法および監督法上別のものと整理されていたため、保険法の制定によりどこまで影響が出てくるかについては慎重に判断されなくてはならないとの指摘もある（福田=古笛・逐条解説15頁）。

12) 逆に、慶弔見舞金なる名称が付されていても、危険の測定をした上で、その危険に応じて掛金が算定されている場合には、保険契約としての実質を有するものといえる。萩本・一問一答30頁。

13) 萩本・一問一答29頁。その他、いわゆる公保険（国民健康保険等）については、そもそも当然に法律関係が成立するため契約に該当するものではないというものや、「一定の事由の

§2 - Ⅱ 1

(ⅱ) 一定の事由が生じたことを条件として財産上の給付をなすことを約するものである

双務契約における一方当事者である保険者の基本的な債務の内容として、一定の事由が発生した場合に保険給付を行う債務を負うことを明らかにしている。

ここでいう「財産上の給付」は、損害保険に関しては何らの限定もされていないが、生命保険契約と傷害疾病定額保険契約については金銭の支払に限るとされている。これは、損害保険契約については、従前より、金銭の支払により損害てん補を行うことを原則としつつも、損害賠償額の算定が困難な場合等において、現物給付による損害てん補が行われていたことを反映させたものである。生命保険契約と傷害疾病定額保険契約については、生命保険契約の定義規定（改正前商法673条）において、その保険給付は「一定ノ金額」としていたことを踏襲したものである。[14]

(ⅲ) 相手方が保険料（共済掛金）を支払うことを約していること

双務契約の一方当事者である保険契約者は保険料を支払う義務があることを明らかにしている。

改正前商法は、基本的に営利保険を規制の対象としていたことから、損害保険契約の場合も生命保険契約の場合も、保険契約者が保険者に支払う対価は、法的には、保険者による危険負担に対する報酬と考えられていたため、法典用語としてもこれを「報酬」と表現していたが[15]、保険法は、営利保険にとどまらず相互保険や共済にまで適用対象を拡大したため、「報酬」の用語を使用することは適切とはいえなくなった[16]。そこで、端的に、一般にも使用される保険加入者の拠出金を意味する用語である「保険料」（共済契約においては「共済掛金」）に改められることとなった。

(ⅳ) (ⅲ)の保険料（共済掛金）が(ⅱ)の一定の事由の発生の可能性に応じたものとして計算されていること

保険法の適用対象となるためには、保険者が保険契約者や被保険者からの告知を受けて、保険給付の要件となる保険事故（火災や盗難、交通事故などによる損害や、人の死亡や傷害・疾病）の発生の可能性（危険）に応じて、保険料や共済掛金が算定されるものでなくてはならない[17]。すなわち、保険者は、保険契約者や被保険者にかかる危険率をその者らの告知に基づいて測定し、それが保険料の計算基礎としての予定率の範囲内であるときに保険契約を成立させるというものである[18]。そこでは、

　発生の可能性に応じたものとして」保険料が計算されるというものではないこともあり、いずれかの要件を欠いてしまうため、「保険契約」の定義には当てはまらない。

14) 生命保険、傷害疾病定額保険について現物給付が認められなかった経緯については後記(6)参照。

15) 大森・保険法78頁。

16) 第1回議事録10頁。

17) 甘利公人＝福田弥夫＝遠山聡『ポイントレクチャー保険法〔第2版〕』19頁（有斐閣・2017）。

大数の法則や共同備蓄形成を含めた保険制度がその前提となって、保険料が算出されるものでなくてはならないのである。

(4) 保険契約の特質

ア 諾成契約性

保険契約は保険者と保険契約者の意思表示の合致のみによって成立し、契約成立のために当事者による何らかの給付を必要としない（本条1号・6号〜9号）。これは、保険契約に本来的に備わった性質ではなく、法定的に与えられた性質である。したがって、立法政策によっては、契約の成立のために保険契約者が保険料を給付することが必要であるとするように、要物契約とすることもできる。実際の約款では、保険料の支払があるまでは保険者の責任は開始しないと定めるのが通常であるが、これは、保険契約の成立が保険料の支払に条件づけられているというのではなく、保険期間の始期が約定されているにすぎない。諾成契約としながらこのような定めを置くことに疑問がないでもないが[19]、ある保険契約によりカバーされる事故の範囲が時間的に限定されると考えれば矛盾が生ずるものではない。

イ 不要式契約性

保険契約を締結するための意思表示には、特別の方式は法定されていない。これも、保険契約の本来的・内在的性質ではなく、立法政策的に不要式とされただけのものである[20]。保険法は、契約締結後に遅滞なく書面を交付することを求めているが（6条・40条・69条）、これはすでに成立した契約の効果として生ずる義務であって、契約の成立要件でないことは明らかである。

実務的には、所定の申込書によらない申込みに対しては、保険者は承諾しないのが通例であるから、通常の保険契約は、いわば事実上要式契約化されているとも指摘されている[21]。

ウ 附合契約性

保険契約の締結にあたっては、保険者はあらかじめ一般的な契約条項を作成し、保険契約者は、別段の意思表示をしない限り、当然にこれに附合することによって契約を締結することとなる。鉄道旅客運送契約や電気供給契約など現在の契約の多

---

18) 大串＝日生・解説保険法28頁［大串淳子・畑英一郎］。なお、保険料の算定構造の詳細については、山下＝米山・解説30頁以下［米山高生］。

19) 最判昭和37・6・12民集16巻7号1322頁。

20) 英米諸国の保険法では、保険証券を交付して初めて契約が成立するものとされている。Insurance policyなる語は、保険証券と保険契約の両方の意味を持つことからも明らかである。

21) 倉澤・通論29頁。

くは附合契約であるが、これらは本来的・内在的に附合契約とならざるを得ないというものではなく、大量の契約を処理するものとして附合契約とした方が合理的であると考えられたため、いわば政策的に附合契約としているものである。これに対し、保険契約は、本来的・内在的に附合契約としてしか存在し得ないものと考えるべきである。保険契約は、団体の構成員の相互保障という技術的性格からして、そもそもその団体に属する者の間の契約条件は同じでなければ保険制度が成り立ち得ない。保険契約の構造の特殊性は、それが経済制度としての保険団体の存在を前提とし、それに加入するための法形式であるため、究極的な目的である経済的効果が達成されるためには、保険技術に基づく計算が要素とならざるを得ないのである。したがって、ここでは保険契約は附合契約としてしか存在し得ない[22]。

エ　射倖契約性

保険契約は射倖契約性を有し、これは本質的・内在的性質である。射倖契約とは、一方当事者の契約上の出捐が不確定な給付義務の引受けをその内容とするものであり、したがって、その給付義務を具体化する条件である事実の発生の有無や時期によって、両当事者のなすべき具体的給付相互間の均衡関係が左右されるような構造を有する契約をいう。保険契約の場合、保険者は保険事故の発生を条件として保険給付を行うことを引き受けており、保険事故の発生や時期によって、保険者と保険契約者との具体的給付相互間の均衡関係が左右されるものであるから、その構造上射倖契約であるといってよい[23]。

射倖契約自体は契約の構造上特殊性を有するだけで、別段倫理的に問題があるわけではないが、当事者の給付相互間の不均衡が賭博的不労利得に悪用される可能性を強く有していることは事実である。したがって、契約の目的・動機における不法性の排除に特に留意する必要があるとともに、当事者の衡平を図るために告知義務等のような特別の配慮が必要となってくるのである[24]。

オ　有償契約性

保険契約は有償契約性を有するが、これは本質的・内在的性質である。有償契約とは、両当事者のなす契約上の出捐が対価的構造を有するものをいうが、保険契約

---

22)　倉澤・通論20頁。

23)　有償契約に関するフランス民法典1104条は、実定契約（contra commutatif）と射倖契約（contra aléatoire）とに分けて規定している。明治期のボアソナード民法草案では同様に規定することが目論まれていたが、そもそも契約の名称として「射倖」なる語をあてることは不適切であるとして、条文化されることがなくなったまま今日に至っている。そもそもaléaの語源はラテン語のサイコロ賭博であるから、当時としては条文として受け入れられなかったことも仕方なかったのかもしれない。

24)　倉澤・通論30頁。

においては、保険契約者側の出捐が保険料支払義務の引受けという確定的かつ具体的な金銭債務であるのに対し、これと対価関係に立つ保険者側の出捐は、約定された事故の発生を条件とした条件付きの保険給付義務の引受けである。人がそもそも保険に加入するのは、万一事故にあった場合に保険金が支払われるという期待により、将来の不安が除去されるというところにあるのであって、契約締結の目的が、現実に事故が発生し保険金が支払われるということにあるわけではない。このような期待的利益（法律的には期待権）の給付は、それ自体が現実の経済的価値の出捐を意味し、まさに保険料と対価関係に立つのである。[25]

　保険契約は有償契約であるから、保険契約者が保険料支払義務の引受けという出捐をしない限り、それは保険契約とはいえない。[26]

カ　双務契約性

　保険契約は双務契約性を有し、これもまた本質的・内在的性質といってよい。ただ、それがどのような意味において双務契約性を持つかについて学説は対立している。

　学説では、有償契約性に関しては、上述したように、保険契約者の保険料支払義務と保険者の危険負担とが対価関係にあるとするのがほぼ定説的な考え方となっているが、双務契約性については、保険契約者の保険料支払義務と牽連関係にある保険者の義務について、保険事故の発生を停止条件とする保険金支払義務であるとする立場[27]と、危険負担義務であるとする立場[28]とが対立している。前者の立場は、保険者の義務につき、有償性の判断の対象は危険負担としながら双務性の対象は保険事故の発生を停止条件とする保険金支払義務としていることから、その間にずれがあるという根本的な疑問を拭い切れない。[29]そもそも有償性の基準と双務性の基準とが別であるはずはなく、機能の牽連性という観点でスポットライトが異なるだけであるから、両者の出捐の内容が異なるということは考えにくい。1つの意思表示によってなされた出捐を経済的にみるか、それとも義務の牽連性でみるかということであり、経済的対価性があるからこそ機能の牽連性をもたせる必要が出るものと考え

---

25)　大森忠夫『保険契約の法的構造』1頁以下（有斐閣・1952）、倉澤・通論31頁。この点、保険料支払義務に対する保険者の契約上の対価的出捐は保険金支払義務にあるとする考え方がある（田中=原茂・保険法111頁）。こうした見解に対しては、保険制度論と保険契約論との混同があるとの批判がなされる（倉澤・通論32頁）。

26)　倉澤・通論33頁。営業主が使用人の職務上の危険につき無償でその補償をすることを約束した場合、これは雇用契約の一内容か条件付きの贈与契約にすぎず、決して保険契約とはならない。

27)　大森・前掲注(25)39頁。

28)　倉澤・通論35頁以下。

29)　山下・保険法75頁。

られよう。とはいえ、危険負担を有償性と双務性の判断の対象とする考え方に対しては、危険負担債務というものが果たして法律上の義務なのかという疑問も提起されている。確かに、売買契約のような通常の双務契約とは異なり、危険負担債務なるものは履行を伴わない（契約が成立してしまえば当然に給付されてしまっている）という意味で異質であるが、むしろ保険の場合には給付しないために特別のことが必要とされるのであり、それが保険期間である。これは、危険負担義務の履行が期待権の創設であることに基づく特殊性からくる。そして、危険負担債務負担などというものは比喩にすぎないとの批判に対しては、民法129条において、条件成就後の権利を取得できる権利を条件の成否が未定である間に処分することができるというのであれば、これに対応して債務（条件成就後の権利に対応）の債務（期待権に対応）が存在することも当然であり、まさにこれこそが法的な説明といえる。事故を条件とする条件付保険給付債務の引受けである。

(5) **外国法令**

イタリア民法典は、「保険とは、保険者が保険料の支払を得て、合意された範囲内において、保険事故により被保険者に生じる損害をこの者にてん補し、または人の生命に関するでき事の発生に際し、資金または年金を支払う義務を負う契約をいう」(1882条) として、正面から保険契約の定義規定を置き、また、ドイツ保険契約法も、「保険者は、保険契約に基づき、合意された保険事故が発生したときに、保険者が提供すべき給付により、保険契約者または第三者を特定のリスクから保護する義務を負う。保険契約者は、保険者に対し、合意された金銭（保険料）を支払う義務を負う」(1条) と定義規定を置いている。

これに対し、スイス保険契約法とフランス保険法典には、保険契約に関する定義規定は置かれていない。ただ、フランス保険法典には、生命保険契約および非海上損害保険契約につき定義規定が置かれている（L.132-1条は「人の生命は、その者自身、もしくは第三者によって保険の目的とすることができる」とし、L.121-1条1項は「財産に関する保険は、損害てん補契約である」と定める）。

(6) **課題と展望**

本号のように単純明快であり、最小限度の要素から成る定義規定が設けられたことにより、保険ビジネスの将来の発展に貢献するのではないかとの指摘がなされる。つまり、保険者の給付義務と保険契約者の保険料支払義務（ただし保険料は一定の事由の発生の可能性（危険）に応じたものとして設定される必要がある）という2つの要

---

30) 山下・保険法75頁。

素を満たせば、保険法の対象とする保険契約に該当するのであるから、逆にこの2つの要素以外の部分については契約上の定めによって自由に保険商品を設計することができるようになり、新しいタイプの保険が誕生する妨げとならないからである。[31]

　一方で課題も指摘される。本号の「財産の給付」の括弧書において、「生命保険契約及び傷害疾病定額保険契約にあっては、金銭の支払に限る」として現物給付を排除していることに関し、その根拠の1つとしてあげられる、保険契約者保護のための監督規制の整備が不十分であるという点である。多くのニーズがあるにもかかわらず、保険契約に関する民事法ルールである保険法が、なぜ監督規制の整備の遅れを根拠として現物給付の排除という影響を受けなくてはならないのかとの批判である。[32]業法と契約法の関係という重大な論点に関わる問題であるが、民事法ルールは監督法ルールに従わなければならないのだとしたら、それは本末転倒であり、国家の法体系全体を揺るがすような理解に通じてしまうとの懸念を抱かざるを得ない。むしろ立法のあり方としては、民事法である保険契約法では保険給付の内容に制約を加えずにおき、何らかの不都合・不適切な結果を招来するおそれのあるような実務については、監督法である保険業法が規制を加えるというあり方が、もっともふさわしいように思えてならない。

　その他、保険料に関して、「当該一定の事由の発生の可能性に応じたものとして」という限定が付された理由の1つとして、団体内部の福利厚生の一環として慶弔見舞金のような場合（危険の測定やそれに応じた保険料の計算をしない）を保険契約の対象外とすることがあげられているが、そのために限定する必要があったのかとの指摘もなされている。むしろ、このような文言を入れたことによって、そもそも「保険」とは何かの定義規定を設けるべきかの議論が蒸し返されるおそれさえ生じてしまうとされる。[33]

2　保険者（2号）

(1)　規定の概要

　改正前商法の時代には、損害保険契約の保険者については、「偶然ナル一定ノ事故ニ因リ生スルコトアルヘキ損害ヲ塡補スルコトヲ約」（改正前商法629条）する契約当事者の一方、生命保険契約の保険者については、「相手方又ハ第三者ノ生死ニ関シ一定ノ金額ヲ支払フヘキコトヲ約」（同673条）する契約当事者の一方として、損

---

31)　保険法コンメンタール7頁［落合誠一］。
32)　保険法コンメンタール7-8頁［落合誠一］。
33)　保険法コンメンタール9頁［落合誠一］。

害保険契約と生命保険契約の定義規定の中で保険者について定めるだけで、特段、保険者そのものについての定義規定を設けていなかったところ、保険法は、保険契約一般に共通する用語として、「保険契約の当事者のうち、保険給付を行う義務を負う者」との定義規定を置くこととした。[34]

(2) 沿革

改正前商法時代の保険契約に関する規定における保険者は、改正前商法典中に保険契約の条項が置かれていた（改正前商法629条以下）ことの意義からして、営業的商行為としての保険を業とするもの（商法502条9号）であるから、損害保険株式会社および生命保険株式会社がこれにあたるものとされていた。これに対し、相互会社は営利を目的としないことから、相互会社の行う保険契約は商法上の商行為ではないため、改正前商法の保険契約に関する規定も商行為総則の規定も直接には適用されるものではなかった。とはいえ、保険事業活動という側面においては、保険株式会社と保険相互会社とで相違がみられるものではなく、相互会社の事業活動の実態からすると、これを保険株式会社と別異に取り扱うことの不合理さが認められるところから、保険業法において改正前商法の保険に関する規定の大幅な準用がなされた結果、改正前商法の適用に関しては、保険株式会社とほとんど差異のない状況にあった。そこで、保険法が商法典から独立したことを機に、相互会社の行う保険も「保険契約」とされた以上、保険株式会社であるか保険相互会社であるかにかかわらず統一した保険者の定義規定を置いたのである。

また、共済については、その根拠法である各種協同組合法中に改正前商法の保険に関する規定の準用規定をもたないものもあり（そもそも法律上の根拠規定をもたない共済もあった）、これらについては改正前商法の保険契約に関する規制が及ぶものではなかった。商法典から独立した保険法では、その適用範囲は商行為に限定されることはなくなったし、また、保険法上の「保険契約」の定義では、保険契約、共済契約等いかなる名称であるかを問わないものとされたため（本条1号）、同様に、共済事業を含む「保険契約」の一方当事者を「保険者」としたものである。

(3) 意義

保険契約において、契約の当事者となるのは、保険者と保険契約者である。

保険者とは、保険契約の一方の当事者として、保険事故が発生した場合に、保険給付（前記1(3)(iii)参照）を行う義務を負う者であるとされている。

保険者となりうるのは、保険業法に定められ所定の要件を充足した株式会社と相互会社であるが（保険業法5条の2）、共済が実質的に保険として行われる場合の共済

---

34) 当然のことを定めたとするものとして、山下=米山・解説139頁［洲崎博史］。

事業者も、本条 2 号にいう保険者となる。したがって、具体的には、保険契約における保険会社、相互会社、共済契約における協同組合等がこれにあたる。

また、保険業法上は、損害保険につき、保険者としては保険業法の定める要件を充足した損害保険会社または少額短期保険業者に限定されている（保険業法 2 条 4 号、18 号、3 条 5 項）。

(4) 外国法令

わが国保険法のように、保険者自体の定義規定を置くものは見当たらない。保険契約の定義規定の中で保険者の義務（保険給付の内容）を定めているのが、イタリア民法典（1882 条）とドイツ保険契約法（1 条）である。また、保険契約に関する定義規定は持たないが、保険者の義務について規定を置くのがフランス保険法典であり、「危険の発生または契約の満期時には、保険者は、約定の期間内に、約定の給付を行わなければならず、かつそれ以上の義務を負うことはない」（L. 113-5 条）と定める。

(5) 実務

1 つの保険契約における保険者は通常 1 人であるが、複数の保険者が共同して保険を引き受けることもあり、これを共同保険契約と呼ぶ。契約に特別の定めがないときには、一方当事者が複数の場合の商行為として各保険者の債務は連帯債務となるが（商法 511 条 1 項）、実務では、保険者は自己の引き受けた部分のみ責任を負うとする特約を設けることにより、連帯債務とはせず分割債務とするのが通常である[35]。

3 保険契約者 (3号)

(1) 規定の概要

改正前商法の時代においては、損害保険契約および生命保険契約のいずれについても、保険給付を行う義務を負う保険者に対し、「其報酬ヲ与フルコトヲ約スル」当事者として（改正前商法 629 条・673 条）「保険契約者」が登場するだけで、保険者の場合と同様、保険契約者自体の定義規定は置かれていなかったが、保険法では、「保険契約の当事者のうち、保険料を支払う義務を負う者」と定義した。

(2) 沿革

本条 2 号の保険者の場合と同様、改正前商法 629 条および 673 条における保険契約者の位置づけを基本的に維持しながら[36]、保険契約の当事者のうち、保険料を支払う義務を負う者と定義づけている。

---

35) 山下・保険法 87 頁。
36) 当然のことを定めたとするものとして、山下＝米山・解説 139 頁 [洲崎博史]。

改正前商法とは異なり、保険法において、保険契約者が支払うものが「報酬」から「保険料」に変化したのは、改正前商法が基本的に営利保険を対象としていたのに対し、保険法の適用領域が営利保険に限定されず、相互保険や共済にまで及んだことと関連を有する。営利保険のみが対象であった時代では、保険契約者が支払うべき金員は、法的には保険者の危険負担に対する対価という意味から「報酬」と解されてきたが[37]、保険法は、その適用対象を営利保険に限定しなかったところから、むしろ「報酬」なる用語を使用することは適切でないと考えられたため[38]、加入者による拠出金を意味する「保険料」という語を端的に使用することとしたのである[39]。

(3) 意義

保険契約者は、保険契約のもう一方の当事者として、保険料を支払う義務を負う者であるが、保険料には、共済における共済掛金を含む（本条1号）。

保険契約者は、自然人でも法人でもその資格に制限はない。保険契約の申込みをする段階では「保険申込人」であるが、この申込みに対して保険者が承諾して保険契約が成立すると、保険申込人が「保険契約者」となる。

株式会社が保険事業の主体である営利保険では、保険契約者はいわば保険取引の相手方として顧客の関係で契約当事者となるのに対し、相互会社が行う相互保険にあっては、相互会社という社団法人の構成員である社員が同時に保険契約者となる。

(4) 外国法令

わが国保険法のように、保険契約者自体の定義規定を置くものは見当たらない。保険契約者の保険料支払義務について定めるという形式をとるものが、イタリア民法典1901条、スイス保険契約法18条1項、フランス保険法典L. 113-2条、L. 112-1条3項であり、ドイツ保険契約法は、前記1(5)で述べたように、保険契約の定義規定中に保険契約者の義務として保険料の支払義務を定めている。

4 被保険者（4号）

(1) 規定の概要

被保険者については、損害保険契約における被保険者と定額保険契約における被保険者とではまったく意義が異なり、また、同じ定額保険契約でも生命保険契約と傷害疾病定額保険契約とでは、被保険者を定義する文言も異なるところから、3つ

---

37) 大森・保険法78頁。

38) 第1回議事録10頁。

39) 大串=日生・解説保険法27頁［大串淳子=畑英一郎］。なお、共済につき、「共済掛金を含む」と本条1号に明記しているが、共済の場合も、加入者による共同事業備蓄のための拠出金という意味で同様である。

の類型それぞれについて被保険者を定義している。

損害保険契約における被保険者とは、損害保険契約によりてん補することとされる損害を受ける者である（本条4号イ）。たとえば、家の所有者である家主が火災保険契約を締結する場面のように、ある物の所有者としての利益を守るような保険に関していえば、保険事故の発生により物の所有者は所有物に対し損害を被ることになるから、当該保険の被保険者となる。

生命保険契約における被保険者とは、損害保険契約における被保険者とは意味を異にし、その者の生存または死亡に関し保険者が保険給付を行うこととなる者である（本条4号ロ）。もっとも、被保険者である者が同時に保険契約者であることもある。

傷害疾病定額保険契約における被保険者とは、生命保険契約における被保険者と同様、その者の傷害または疾病に基づき保険者が保険給付を行うこととなる者である（本条4号ハ）。

(2) 沿革

改正前商法では、被保険者について特に定義規定を置いていなかったが、他人のためにする損害保険契約について、損害のてん補を受ける者が被保険者であると理解されてきた。また、他人の生命の生命保険契約について、その人の生死が保険の目的とされている者を被保険者としていた。このように、改正前商法の下では、損害保険契約と生命保険契約とで、同じ「被保険者」という語を用いてきたが、解釈上、実はその意味はまったく異なるものであった。

そこで、保険法は、損害保険契約の被保険者とは、「損害保険契約によりてん補されることとされる損害を受ける者」と定義し、生命保険契約の被保険者については、「その者の生存又は死亡に関し保険者が保険給付を行うこととなる者」と定義したが、これらの内容については実質的に今までの解釈上の理解と何ら相違があるものではない。また、改正前商法には存在しなかった傷害疾病定額保険契約については、新たに被保険者の定義を置くこととしたが、保険事故の内容が傷害または疾病とされている以外は、生命保険契約における被保険者と同様の内容となっている。

(3) 意義

保険法は、損害保険契約における「被保険者」について、被保険利益の帰属主体という基本に立ち、「損害保険契約によりてん補されることとされる損害を受ける者」と定義し、生命保険契約における「被保険者」については、保険事故の客体という基本に立って、「その者の生存又は死亡に関し保険者が保険給付を行うこととなる者」と定義した。また、傷害疾病定額保険契約における「被保険者」については、生命保険契約と同様に定額保険であり契約の要素として被保険利益を認めるこ

とができないところから、「被保険者」の定義についても、対象となる保険事故が
その者の「生存又は死亡」ではなく「傷害又は疾病」であることを除けば、生命保
険契約と同様の内容となっている[40]。したがって、生命保険契約であれ傷害疾病定額
保険契約であれ、被保険者については、契約締結の時に特定されている必要がある。

　損害保険契約における被保険者は、保険給付請求権を有する。本条4号イからは、
直接被保険者が保険給付請求権者であることは表れてこないが、保険給付は損害の
てん補であるから、損害のてん補を受けることができるということは、すなわち約
定の保険事故が発生した場合に、保険者に対して保険給付請求権を有することであ
り、それが損害を受けた者である被保険者ということとなる[41]。

　ところで、従来から、損害とは利益の滅失をいうと考えられていたので、損害発
生の可能性の前提は利益の存在があることであり、これが「被保険利益」と呼ばれ
るものであった。被保険利益は、「不可侵のドグマ」とさえいわれ、物につき被保
険者が有する利益として、保険契約の目的として形成されてきたものである。した
がって、このような説明により、被保険利益とは既存の積極的利益を意味するとな
ると、責任保険や費用保険のような消極保険においては、そのような利益は契約の
本質的要素ではないこととなってくる。しかし、そうであるとしても、消極保険に
おいて、損害発生の可能性を有しない者でも有効に契約を締結しうるということを
意味するのでは決してない。消極保険もまた損害保険である以上、損害発生の可能
性がなければ契約の目的が不能となってしまうはずだからである（損害発生が可能
であるためには利益の存在が必須の条件であるとすれば、被保険利益は保険給付の約束す
なわち保険契約の本質的要素となる）。そもそも「利益」と「損害」とは、同一概念
の積極面と消極面であり、損害が発生したときに、これを利益が失われたという面
からみることもできる。この意味では、消極保険でも被保険利益はその要素である
といってよいが、積極的な利益の滅失損害である場合には、発生可能な損害額はそ
の既存の利益を限度とするが（被保険利益の機能）、消極保険においては発生可能な
損害額にそのような限度はあり得ないから、被保険利益にそのような機能は認めら
れないという相違はある[42]。

　通常の生命保険契約にあっては、被保険者は特定された1人（単生保険）である
ことが最も多いが、必ずしも1人である必要はなく、複数人（連生保険）の場合も
ありうる。また、被保険者は必ずしも固定的である必要はなく、一定の標準に適合

---

40)　大串=日生・解説保険法30頁［大串淳子=畑英一郎］。

41)　この詳細については、山下=米山・解説139頁以下［洲崎博史］、山下=永沢・保険法Ⅰ 55
　　頁［山本哲生］。

42)　倉澤・通論57-60頁。

するある特定の団体に属する不特定多数の者を包括的に被保険者とする生命保険も
あり、これがかなり普及している。一企業の従業員を被保険者とする団体生命保険
がこれである[43]。

　損害保険契約において、被保険者と保険契約者が同一人である契約を「自己のた
めにする損害保険契約」といい、両者が異なる損害保険契約を「第三者のためにす
る損害保険契約」という。生命保険契約において、保険契約者と被保険者が同一人
である契約を「自己の生命の保険契約」といい、両者が異なる場合を「他人の生命
の保険契約」という。生命保険契約では、さらに、保険金受取人が異なる場合もあ
り、これは「第三者のためにする生命保険契約」である。

(4) 外国法令

　わが国保険法のように、被保険者自体の定義規定を正面から置くものは見当たら
ないが、被保険者の権利や義務について定める外国法令はある。フランス保険法典
L. 113-2条は、保険契約者と並んで被保険者も保険料支払義務や告知義務を負う
ものとし、ドイツ保険契約法は、すべての保険契約の通則として、「他人のために
する保険においては、保険契約に基づく権利は被保険者に属する」(44条)、「保険契
約者は、自己の名をもって、他人のために、被保険者となる者を指名しまたは指名
しないで、保険契約を締結することができる」(43条)と規定し、生命保険契約につ
き、「生命保険は、保険契約者または他人の生命に関し、付保することができる」
(150条)と定めている。

5　保険金受取人 (5号)

(1) 規定の概要

　保険給付を受ける者として、生命保険契約または傷害疾病定額保険契約で定めら
れる者である。保険金受取人は、保険契約の受益者であり、保険契約の当事者では
ない。

　損害保険契約では、保険者に対し損害のてん補を請求できるのは、被保険利益を
有する被保険者だけであり、それ以外に保険金受取人という概念は存在しない。こ
れに対し、生命保険契約と傷害疾病定額保険契約では、損害保険契約と同じ意味で
の被保険者は存在しないので、基本的には、保険契約者によって保険金受取人とし
て指定された者が、保険金を請求することができることとなる。

(2) 沿革

　改正前商法には、「保険金受取人」という用語はなく、生命保険契約に関する規

---

43)　山下＝永沢・保険法Ⅰ　3頁［山下友信］。

定の中に「保険金額ヲ受取ルヘキ者」との文言があっただけで（改正前商法674条・675条・676条・677条・680条1項2号）、独立した定義規定を置くものではなかったが、保険法は、「保険給付を受ける者」と定義規定を置くこととした。これは一般的な呼称をそのまま使用したものであり、改正前商法時代と内容になんら変更があるわけではない。

(3) 意義

生命保険契約あるいは傷害疾病定額保険契約における保険金受取人とは、保険事故発生の場合に保険給付を受ける者として、生命保険契約あるいは傷害疾病定額保険契約で定められる者をいい、この者が保険者に対して保険給付（保険金）請求権を有することになる。損害保険契約においては、被保険利益の帰属主体であり保険事故により損害を被る者が（者のみが）当然に保険給付を受け取る者となるため、保険給付を受け取る者を保険契約において定める必要はないが、被保険利益という概念の存在しない定額保険たる生命保険契約および傷害疾病定額保険契約においては、保険給付を受け取る者を保険契約において定める必要が出てくる。

ただ、改正前商法の時代から議論があるように、条文によっては（改正前商法675条は、契約で定められた者を意味するが、同680条1項2号は、より広く契約で定められた者以外の者も含むと解されるとする考え方もある）[44]、狭義の保険金受取人（保険給付を受け取る者として保険契約で定められた者）の意味で「保険金受取人」が使われる場合と、これに加えて保険金受取人の代理人や保険給付請求権の譲受人、さらには保険給付請求権を目的とする質権者等も含む意味で使われる場合とがあり、保険法でもこの点は区別することをしなかったため、個々の条文の解釈でいずれを意味しているかの判断をするしかないとされている[45]。

生命保険契約あるいは傷害疾病定額保険契約においては、保険契約者が保険金受取人を兼ねる場合には、「自己のためにする生命保険契約あるいは自己のためにする傷害疾病定額保険契約」であり、保険契約者以外の者が保険金受取人として定められている場合には、「第三者のためにする生命保険契約あるいは第三者のためにする傷害疾病定額保険契約」である。

なお、生命保険契約においては、保険契約者・被保険者・保険金受取人の三者が同一人であってもよく、また二者が同一人であってもよく、さらには三者とも別人であってもよい。

また、1つの生命保険契約における保険金受取人は必ずしも1人である必要はな

---

44) 大森・保険法293頁。

45) 山下=米山・解説142頁［洲崎博史］、大串=日生・解説保険法32頁［大串淳子=畑英一郎］。

く、複数人を、選択的に、あるいは保険金額の一部について並立的に保険金受取人と定めることもできるし、自然人に限らず法人も保険金受取人となりうる。[46]

(4) 外国法令

わが国保険法のように、保険金受取人の定義規定を置くものは見当たらないが、保険金受取人の権利が固有の権利であると定めるのが通常である。イタリア民法典1920条3項、スイス保険契約法78条、フランス保険法典L. 132-12条等の規定であり、ドイツ保険契約法159条も保険金受取人は保険者に対する給付請求権を有する旨の規定を置いている。

6 損害保険契約（6号）

(1) 規定の概要

本号は、損害保険契約の定義として、「保険契約のうち、保険者が一定の偶然の事故によって生ずることのある損害をてん補することを約するものをいう」と定める。「保険契約のうち」とあるから、本条1号の保険契約の定義に該当する契約であって、「保険者が一定の偶然の事故によって生ずることのある損害をてん補することを約するもの」が損害保険契約ということとなる。

本号の定義規定は、全体としてみれば、改正前商法629条の定めとほぼ同様であるから、改正前商法時代の同条の解釈がそのまま妥当すると考えられる。

(2) 沿革

改正前商法629条は、「損害保険契約ハ当事者ノ一方カ偶然ナル一定ノ事故ニ因リテ生スルコトアルヘキ損害ヲ填補スルコトヲ約シ相手方カ之ニ其報酬ヲ与フルコトヲ約スルニ因リテ其効力ヲ生ス」と定めていた。保険法の定義は、これを平仮名口語体にしたものである。[47]

ただ、損保試案の段階から、損害のてん補の方法には、金銭支払以外に、現物給付（修理サービスの提供や同等品の提供）も含まれることを明らかにしていたし、保険法では、2条1号において、損害保険については「財産上の給付」と規定することにより、現物給付を行う契約が保険契約に含まれることが明らかになった。[49]

(3) 意義

たとえば、火災によって生ずることのある損害をてん補する火災保険契約や盗難

---

46) 山下＝永沢・保険法 I 3 頁［山下友信］。
47) 第1回議事録8頁。
48) 補足説明8頁。
49) 萩本・一問一答31頁。

によって生ずることのある損害をてん補する盗難保険契約、被保険者が損害賠償の責任を負うことによって生ずることのある損害をてん補する責任保険契約（17条2項）、被保険者の傷害や疾病によって生ずることのある損害をてん補する傷害疾病損害保険契約（2条7号）などがこれに該当する。

　損害保険契約の保険事故については、当該損害保険契約で定めることとなるが、火災保険契約における火災事故、盗難保険における盗難または強盗による盗取、自動車保険における自動車事故などがその典型である[50]。

　本号の定義によれば、①保険者の債務の内容が損害のてん補であること、②その損害が一定の偶然の事故によって生じるものであること、が重要な要素とされている。

ア　保険給付の内容

　保険給付としての損害てん補の方法は金銭支払に限定されず、金銭以外の方法による給付（現物給付）も含まれる。具体的には、ガラス保険や、自動車保険中の車両保険で、損害てん補の方法として、修理または代品の交付をするというような場合などがある。これらの現物給付については問題が少ないと思われるが、医療機関紹介や住宅総合保険における鍵紛失トラブル対応等のような損害保険会社が行っている種々のサービスについては、利得禁止原則との関係で問題となりそうである。金銭給付に限られている生命保険契約や傷害疾病定額保険契約では問題となることはないが、損害保険契約においては、利得禁止原則[51]との関係からして、損害てん補としてどのような給付までが認められるかが問題である[52]。

　生命保険契約や傷害疾病定額保険契約に現物給付が認められていないのは、保険契約者などを保護するための監督規制の整備が充分なされていないことが理由であり、保険法よりも先に改正されていた保険業法上も、生命保険契約や傷害疾病定額保険契約では現物給付が許されていない（保険業法2条柱書）ので、保険法でも現物

50）　とはいえ、ある事故が約款で定められた保険事故にあたるかどうかについて問題となることも多い。特に火災をめぐっては議論がなされている。山下ほか・保険法97頁［山本哲生］。

51）　利得禁止原則は条文上明定されてはいないが、解釈上導かれるものである。この原則は、損害保険契約については、絶対的強行法規として妥当し、被保険利益について生じた損害額を超える保険給付は許されないものとして理解されてきた。しかし、近時における新価保険などの存在を考えると、従来のように厳格に利得禁止原則を把握すべきではなく、公益の観点から容認されない著しい利得をもたらすような保険給付は禁止されるというように、緩やかな意味で利得禁止原則を考えることも必要であるなどとされている。今井＝岡田＝梅津・前掲注（3）85頁。

52）　自動車保険などで、事故現場でアドバイスをしたり、故障時に車両を搬送するといった、保険者による種々のサービスがあるが、これらのサービスが損害保険契約における給付としての損害てん補なのかどうか、また利得禁止原則とどのように関係しているのかについては、未だ明らかではない。山下＝永沢・保険法Ⅰ 53頁［山本哲生］。

28   §2-Ⅱ6

給付は規定しなかったという事情もある。[53]

イ　一定の偶然の事故

(ⅰ)　保険事故は、偶然のものでなくてはならない

　保険法の条文上、「偶然」の文言が入っているが、この「偶然」の文言について
は、損保試案の段階から、そもそも「事故」の概念自体に偶然性の要素が含まれて
いるのだから、この文言は削除してもよいのではないかとの指摘がなされていたし、[54]
さらに保険法の制定過程においても同様の疑問が提起されるなど、「偶然」という[55]
文言が必要であるか否かについてはかなり議論があったようである。結局のところ、[56]
わざわざ削除するまでもないであろうとの理由や、保険業法3条5項1号において
「偶然」の文言が使用されているなどの理由から、条文上残ることになったようで
ある。[57]

　「偶然」とは、契約の成立時において、その事故の発生が可能であり、かつその[58]
発生・不発生が不確定であることをいう。偶然性が必要とされるのは、すでに事故
が発生している場合に保険給付がなされたり、事故の不発生が確定しているにもか
かわらず保険料の収受がなされると、多数の者からの給付と反対給付が均等となる
よう計算されて保険料を徴収するという保険制度の成立ちと、さらにはその運営も
阻害されるからである。

　偶然であるか否かは、本来は客観的な状況であって、契約成立時にすでに事故の
発生・不発生が確定していれば、当事者の知・不知という主観的事情にかかわらず、
それは偶然な事故とはいえないはずである。ただ、5条の反対解釈からすると、客
観的には事故が発生していても、保険契約者または被保険者がそれを知らない場合、

---

53)　さらに、法制審議会保険法部会の議論と平行して行われていた金融審議会金融分科会第二
　　部会の保険の基本問題に関するワーキング・グループにおける審議でも、定額保険における
　　現物給付に対しては否定的な意見が多数を占めていたことも理由としてあるようである（大
　　串＝日生・解説保険法26頁［大串淳子＝畑英一郎］）。

54)　損保試案理由書1頁。

55)　補足説明8頁。

56)　第1回議事録8頁・16頁。保険事故に関する主張・立証責任は保険金請求者側にあるが、
　　この文言が入ってしまうと、保険事故の発生が被保険者の故意でないことについて、保険金
　　請求者側に主張・立証責任が課されるおそれもある。最高裁は、基本的には偶然性の立証責
　　任は保険金請求者側にはないとしている。最判平成16・12・13民集58巻9号2419頁、同平成
　　18・6・1民集60巻5号1887頁、同平成18・6・6判時1943号14頁、同平成18・9・14判時
　　1948号164頁。

57)　第1回議事録8頁。

58)　正確には、5条1項では、保険契約者が当該損害保険契約の申込みまたはその承諾をした
　　時、同条2項では、保険者または保険契約者が当該損害保険契約の申込みをした時、である。

もしくは客観的には事故が発生していなくても保険者がそれを知らない場合、いずれも契約は有効となる。このことからすると、偶然性とは、主観的なもので足るということとなる。そもそも5条により遡及保険は無効であるとした趣旨は、保険契約の当事者が不当な利得を得てしまうという弊害を防止することであるから、保険契約者または被保険者あるいは保険者の主観的態様によりその効果を異にすることにも合理性があるのである。そしてまた、主観的に不確定な事故については、事故の発生率に基づいた保険料により保険制度を適切に運営することが可能だからである[59]。

(ii) **保険事故は、一定のものでなくてはならない**

「一定」とは、保険事故が契約上特定されなくてはならないことである。保険者の責任の範囲を画定するための要件であるから、保険事故が特定されなければ、損害保険契約の目的が不確定となり、当該契約は無効である[60]。したがって、ここで「一定」というのは、必ずしも一種の事実に限定する意味ではなく、ある標準に基づいて保険事故の範囲を限定することをいう。総合保険のように、包括的に、ある特定の物または財産につき、原則としてすべての事故を保険事故として約定することもできる[61]。

(4) 外国法令

イタリア民法典は、1882条において損害保険契約と生命保険契約に通有する定義規定を設け、さらに1904条において「損害保険契約は、……損害てん補につき被保険者の利益が存在しなければ効力を生じない」とし、1905条において「保険者は契約の定める方法および限度において、保険事故により被保険者が被った損害をてん補しなければならない」として損害保険契約のエッセンスをうたっている。これに対し、イタリアと同様に保険契約の定義規定を置くドイツ保険契約法は、74条以下に損害保険に関する章を設けているが、そこにおいてはさらに詳細な定義規定を置くことはしていない。

フランス保険法典はわが国保険法の体系と異なり、損害保険契約・生命保険契約・傷害疾病定額保険契約という分類ではないが、L.121-1条は「財産に関する保険は、損害てん補契約である」として損害保険契約につき規定している。スイス保険契約法は損害保険に関する特則の章を設けているが、損害保険契約に関する定義規定は置かれていない。

---

59) 山下ほか・保険法98頁〔山本哲生〕。
60) 倉澤・通論53頁。
61) 山下ほか・保険法97頁〔山本哲生〕、潘・概説48頁。

7 傷害疾病損害保険契約 (7号)

(1) 規定の概要

改正前商法には規定が存在していなかった傷害疾病保険契約には、実務上、損害てん補方式の傷害疾病保険契約（実際にかかった治療費や入院費に相当する保険金の支払—海外旅行傷害保険契約における治療費用保険金支払条項や自動車保険契約における人身傷害条項）と、定額給付方式の傷害疾病保険契約（入院1日当たりいくらといったように一定額の保険金の支払）があり、保険法はこの両者について定義規定を置くこととしたが、このうち本号は、損害てん補方式の傷害疾病損害保険契約の定義づけを行っている。

その定義の仕方は、「損害保険契約のうち」としているから、一定の偶然の事故によって生ずることのある損害についてであること（本条6号）を前提にして、「保険者が人の傷害疾病によって生ずることのある損害（当該傷害疾病が生じた者が受けるものに限る）をてん補することを約するもの」とされている。この定義の仕方からすれば、傷害疾病損害保険契約は、損害保険契約・生命保険契約と並んで第三番目の類型という位置づけとされた傷害疾病定額保険契約とは異なり、損害保険契約の中の一類型との位置づけになる。

したがって、傷害疾病損害保険契約は、損害保険契約の基本的な規律に従うことになる。また、傷害疾病定額保険契約とは異なり（本条1号括弧書）、6号の損害保険契約と同様に、金銭以外の方法による給付も含まれる。

(2) 沿革

改正前商法には、保険契約の法定的な類型としては損害保険契約と生命保険契約があるだけで、傷害疾病保険契約に関する規定はなかったが、実務の発達、これを受けた保険業法（保険業法3条4項2号）による承認を受けて、近時、いわゆる第三分野といわれる傷害疾病保険契約は、実務上極めて重要な典型契約の1つとされてきた。そこで、保険法の制定を機に、保険法の対象とするとともに、定義づけも行うこととした。

具体的には、平成18年9月6日の法務大臣諮問（第78号 保険法の見直しに関する諮問）を受けて、保険法の制定に際して、新たに第三分野に関する規定を創設し、固有の規律が設けられることとなったのである。

ところが、保険法より以前から保険業法において認められていた保険契約の定義と、保険契約法としての保険法における定義との間には離齬があるままである。保険業法3条は、第一分野（人の生存または死亡に関して一定額の保険金を支払う保険）、第二分野（一定の偶然の事故によって生ずることのある損害をてん補する保険）、第三分野（人が疾病にかかったことや傷害を受けたことに基づいて一定の保険金を支払う保険ま

たは当該人の損害をてん補する保険）に分けて規定している。ここでは、傷害疾病損害保険契約と傷害疾病定額保険契約を分けていない点などをみれば明らかなように、保険業法と保険法とでは分類方法に齟齬がみられるのである。

しかし、保険契約法である保険法と、保険会社の組織を定めまたその監督のために存在する保険業法とでは、法の目的を異にするものであるから、両者の分類方法に齟齬があったとしても仕方のないことといえる。[62]

ところで、保険法は、近時、諸外国で有力な「損害保険・生命保険・傷害疾病保険」という三分類法によらず、「損害保険・生命保険・傷害疾病定額保険」という分類法を採用している。前者の三分類法だと、傷害疾病損害保険とされてきたものが、損害保険と傷害疾病保険のいずれに分類されるのか必ずしも明らかでなくなってしまい、その結果、どちらの規律の適用を受けるのかも不明となってしまう上、そもそも被保険者概念にも混乱が生ぜざるを得ないことから、傷害疾病損害保険契約は損害保険契約の下部類型とし、人保険からくる特殊性ある部分のみは特則を置き、原則的には損害保険契約の規律を受けるものとしたのである。

また、損害てん補方式の傷害疾病保険契約は、定額保険としての傷害疾病保険契約との共通点も多いところから、個々の論点につき固有の規定を設ける必要があるかの議論がなされてきたが、[63]保険法は、改正前商法における解釈を踏まえ、傷害疾病損害保険契約には、原則として損害保険契約の規律だけを及ぼすこととし、人保険であることによる特則（34条および35条）を設けるという立法形式をとることとした。

(3)　意義

ア　損害保険契約は、物保険（特定の有体物について生ずる事故を保険事故とする）ないし財産保険（加入者の全財産や債権その他の権利について生ずる事故を保険事故とする―責任保険等）が中心であるが、傷害疾病損害保険契約のように、保険者が人の傷害疾病によって生ずることのある損害をてん補することを約するようなものもある。

この傷害疾病損害保険契約は、改正前商法上の分類である損害保険・定額保険の二分類法によれば損害保険であるが、講学上の分類である人保険・物財産保険という分類法によれば人保険であると同時に、主として費用をカバーする財産保険でもある。

---

62)　萩本・一問一答34頁、2008年1月31日金融審議会金融分科会第二部会報告「保険法改正への対応について」2頁。

63)　補足説明68頁。また、損害保険契約として位置づけるべきか否かの議論については、第22回議事録52頁以下。

イ　傷害疾病損害保険契約における「損害」は、傷害疾病によって必要となる治療費や入院費に限定されるわけではない。傷害疾病によって被保険者に生じた休業損害（逸失利益）や精神的損害、後遺障害による損害（逸失利益・将来の介護費用）や死亡による損害（逸失利益・葬祭費用等）も、損害として額が算定できる限りは、傷害疾病損害保険契約によるてん補の対象となる[64]。

ウ　保険法は、改正前商法における議論を踏まえ、傷害疾病損害保険契約を損害保険契約の一類型と位置づけた上で、人保険であることを考慮し、損害保険契約法の中に、34条と35条といった特則を設けることや、その定義規定の中の括弧書において、「当該傷害疾病が生じた者が受けるものに限る」とすることとしている。傷害疾病損害保険契約の典型例としては、被保険者が自らの傷害や疾病に関連して治療費や入院費を負担した場合に、その実費相当額につき保険者が保険給付を行うというものである。これは、本条7号が「保険者が人の傷害疾病によって生ずることのある損害をてん補することを約する」としている文言からすれば最も素直な内容の保険契約であるが、単に括弧書のない定義規定にしてしまうと、当該傷害または疾病が生じた者以外の者が受ける損害をてん補するような保険契約（出演者の傷害や疾病に基づく出演中止によって興行主に生じた損害をてん補する「興行中止保険」等）もこの定義規定の中に含まれてしまう[65]。このような人保険としての特性を考慮する必要がないものについてまで傷害疾病損害保険契約の規律を及ぼす必要はないため、括弧書が設けられることとなった。傷害疾病が生じた者以外の者が受ける損害（たとえば、利益保険のような形で）をてん補する保険契約は、傷害疾病損害保険契約ではなく、通常の損害保険契約であると当然に考えられるが[66]、たとえば、支払保険金額は実損額によって算定するが、傷害疾病を被った者以外の者を保険金請求権者とするような、損害保険方式と定額保険方式の両方の要素をもった傷害保険契約は、保険法が定めるいずれの類型にも該当しなくなってしまい、これをどのように扱うべきか困難な問題に逢着してしまう[67]。

エ　損害保険契約の一類型であるところから、基本的には損害保険契約一般に関する規定の適用がなされることとされているが、損害保険契約の規定のうち、いわゆる物保険のみに適用される規定（超過保険—9条、保険価額の減少—10条、残存物代位—24条等）については、事柄の性質上、人保険である傷害疾病損害保険契約には

---

64)　山下=米山・解説144頁［洲崎博史］。

65)　萩本・一問一答35頁、藩・概説7頁。

66)　山下=米山・解説143頁［洲崎博史］。

67)　保険契約の類型の範囲を徹底的に明確にしようとしたことによる副作用ともいえる問題であるとの指摘をするものとして、山下ほか・保険法28頁［洲崎博史］。

適用されることはない。一方で、人保険であるという特質から、生命保険契約に関する58条および傷害疾病定額保険契約に関する87条のような被保険者による解除請求を認める等としている（34条1項）。

(4)　外国法令

スイス保険契約法には傷害保険・疾病保険についての定めはあるが、詳細な規定は置かれていない（87条は、団体傷害保険または団体疾病保険について、契約の利益を受ける者は保険者に対し固有の権利を有すると定め、88条は、傷害により就労不能となった場合に保険に付した金額に基づいて一時金支給の方式で補償金が支払われる）。

ドイツ保険契約法は、傷害保険に関し、178条1項において、「傷害保険において、保険者は、被保険者の傷害のとき、または契約上被保険者の傷害と同様であるとされる事故があったときに、合意された給付を提供する義務を負う」と定め、疾病保険に関し、192条1項は疾病費用保険、4項は入院日額給付保険、5項は疾病日額給付保険、6項は介護疾病保険について規定を置いている。傷害保険の章には高度障害に対する保険給付の規定（180条）があることから、定額保険としての傷害保険の場合も含まれていると考えられるし、また疾病保険については、わが国との対比でいえば、傷害疾病定額保険契約に該当するものと、傷害疾病損害保険契約に該当するものの両者が含まれると考えられる。

8　生命保険契約（8号）

(1)　規定の概要

本号は、「生命保険契約」の定義として、「保険契約のうち、保険者が人の生存又は死亡に関し一定の保険給付を行うことを約するもの（傷害疾病定額保険契約に該当するものを除く。）をいう」と定めている。「保険契約のうち」とあるから、本条1号の「保険契約」の定義に該当する契約であって、「保険者が人の生存又は死亡に関し一定の保険給付を行うことを約するもの（傷害疾病定額保険契約に該当するものを除く。）」が生命保険契約ということになる。

傷害疾病定額保険契約を除外する旨を同号の括弧書に規定しているのは、生命保険契約においては「人の生存又は死亡」の原因は問わない[68]のに対し、死亡の原因を一定の傷害や疾病に限定する場合は、生命保険契約ではなく、傷害疾病定額保険契約とされているからである（後記9参照）。

本号の定義規定は、全体としてみれば、改正前商法673条の定めと実質的に同様

---

68)　萩本・一問一答34頁。

であるから、改正前商法時代の同条の解釈がそのまま妥当すると考えられる[69]。[70]

(2) 沿革

改正前商法673条は、「生命保険契約ハ当事者ノ一方カ相手方又ハ第三者ノ生死ニ関シ一定ノ金額ヲ支払フヘキコトヲ約シ相手方カ之ニ其報酬ヲ与フルコトヲ約スルニ因リテ其効力ヲ生ス」と定めていた。保険法における定義規定は、これを平仮名口語体にしたものである[71]。

保険法の立法過程では、生命保険契約についても、金銭での給付だけでなく、労務や役務（サービス）なども定額の給付であれば認めるべきではないかとの検討がなされていた[72]。具体的に、中間試案の段階でも、高齢社会に対応させて、介護サービスや老人ホームへの入居権などによる給付も考えてしかるべきであるとの指摘も有力になされていた。ただ、果たして、支払う保険料と給付の内容の間の釣り合いをどのように担保できるか、インフレリスクなどを考えると監督法上も課題が残る[73]などの懸念もあり、結局のところ、金銭での給付に限られることとなった[74] [75]。

(3) 意義

生命保険契約の特質は、保険事故が人の生存または死亡であること、および保険給付が、人の生存または死亡により発生する損害とは関係なく、契約に定められた一定額であることである。すなわち、生命保険契約においては、損害保険契約における[76]と同様の被保険利益は存在しないところから、その有無が問題とされたり、あるいはその評価額が問題とされることで、契約の成立や効力に影響が及ぶということはない[77]。

ア 「人の生存又は死亡に関し」

改正前商法673条は、「人ノ生死」という文言であったが、これを「人の生存又は死亡」と改めている。これは、従来、「人ノ生死」という文言で「生存保険」が含まれるかについて疑義があったため、これを明示的に明らかにして内容を分かりやく表現したものである。

---

69) 山下＝米山・解説145頁［洲崎博史］。
70) 保険法コンメンタール13頁［落合誠一］。
71) 第1回議事録8頁。
72) 第1回議事録8頁。
73) 補足説明69頁。
74) 第23回議事録20頁以下。
75) とはいえ、現物を給付する契約が有効になされた場合、保険法上の保険契約にはならないが、少なくとも保険法を類推適用して問題を解決することになるであろう。山下ほか・保険法231頁［竹濱修］、萩本・一問一答32頁。
76) 江頭・商取引法496頁、山下・保険法79頁。
77) 大森・保険法260頁。

§2-Ⅱ8　　　　　　　　　　　　　　　　　　　　　　　　　　　　　　　　　　35

　生命保険契約における保険事故は、被保険者の生存または死亡という事実である。
この点、生命保険契約では人の生存または死亡それ自体が給付事由となる場合だけ
であるのに対し、傷害疾病定額保険契約では、「特定の疾病に罹患したこと自体」
で保険給付が生ずることもあれば、「傷害疾病によって死亡したこと」「傷害疾病に
より一定の身体状態（要介護状態、就業不能状態、後遺症状等）が生じたこと」「傷害
疾病により治療を受けたこと」など給付事由が多様であり、傷害疾病それ自体が給
付事由になるとは限らないことは注意すべきである。死亡を保険事故とする契約の
うち、死亡原因を問わないものだけが生命保険契約であり、傷害や疾病による死亡
だけを保険事故とするものは、傷害疾病定額保険契約である[78]。
　「生存」または「死亡」という保険事故は偶然のものでなければならない。保険
事故の偶然性は、その発生の可否および時期が不確実であることを要し、生存につ
いてはこの要件に合致するが、死亡についてはその発生時期だけが不確実というも
のである[79]。
　「生存」については、とにかく生存していれば生存の状態を問わないが、出生は
含まれない。一方、「死亡」には失踪宣告の場合も含み（民法30条・31条）、これによ
り、死亡が認定され、戸籍が抹消された場合に死亡と取り扱われる（戸籍法89条）。

　イ　「一定の」保険給付
　「一定の保険給付」という文言については、保険金額は契約上確定額で定まって
いることが通常であるが、それ以外にも客観的な保険金額の算定基準が定まってい
る場合もあり、これをも含める意味で使用されており、生命保険契約がいわゆる定
額保険契約であることを表している[80]。したがって、保険料積立金の運用実績に応じ
保険金額が変動するような変額保険も、定額保険に含まれるとされる[81]。
　生命保険契約では、保険金額には上限の制限はなく、保険金額が保険金となる。
保険事故が発生すると、保険金額の全額が一括して支払われる場合が多いが（資金
保険）、分割して定期的に支払われるものもある（年金保険）。

　⑷　外国法令
　スイス保険契約法では人保険に関する特則が73条から規定されているが、ここで
は人保険にせよ生命保険にせよ、その定義規定は置かれていない。イタリア民法典
は、1882条において損害保険契約と生命保険契約に通有する定義規定を設けている

---

78)　山下＝永沢・保険法Ⅱ　4頁［金岡京子］。
79)　今井＝岡田＝梅津・前掲注（3）227頁。
80)　第1回議事録8頁。田辺・保険法233頁。
81)　山下ほか・保険法230頁［竹濵修］、大串＝日生・解説保険法34頁［大串淳子＝畑英一郎］。

が、損害保険契約とは異なり、生命保険契約に関する定義規定はない。イタリア民法典と同様に、保険契約の定義規定を冒頭に置くドイツ保険契約法は、150条以下に生命保険契約の章を設けているが、ここには定義規定は置かれておらず、生命保険契約に固有の事項を定めている。フランス保険法典は、L. 132-1条において、「人の生命は、その者自身、もしくは第三者によって保険の目的とすることができる」として、生命保険契約の意義を明らかにしている。

(5) 実務

生命保険契約には、被保険者の死亡に関して保険給付を行う死亡保険契約と、一定の時点における被保険者の生存に関して保険給付を行う生存保険とがあるが、実務上は、両者を組み合わせた養老保険（生死混合保険）という商品が多い。

被保険者が余命6か月以内と診断されたときに、死亡保険金額の全部または一部（その額から6か月間の利息・保険料相当額を控除した金額）が、被保険者に支払われるという内容の、死亡を保険事故とする生命保険契約に付加されるリビング・ニーズ特約をいかに位置づけるかは課題である。死亡保険金の受取人変更と繰上弁済の請求権を定めるものであるとする考え方[82]と、余命6か月以内という被保険者の身体状態に対して保険金が支払われるものと考えると、それは傷害疾病定額保険契約における保険事故に準ずるものであるとする考え方[83]が対立している。

9　傷害疾病定額保険契約 (9号)

(1) 規定の概要

保険契約のうち、保険者が人の傷害疾病に基づき一定の保険給付を行うことを約するものである。生命保険契約も、同様に人保険であり定額保険であるが、傷害疾病定額保険契約は、保険給付が人の傷害疾病に基づいてなされるという点で、単純に保険事故が人の生存または死亡である生命保険契約とは区別される。傷害疾病定額保険契約においては、傷害または疾病自体が保険期間中に発生すれば、それに基づく入院や死亡といった結果が保険期間満了後に生じた場合でも保険給付を行うとするもの（保険事故は傷害疾病）と、保険期間中に入院、死亡といった結果まで発生した場合に限って、保険給付がなされるというもの（保険事故は傷害疾病に基づく入院・死亡）とがある。前者は、損害保険会社の契約によくみられるものであり、後者は生命保険会社の契約によくみられるようである[84]。

---

82) 江頭・商取引法496頁。
83) 山下ほか・保険法229頁 [竹濱修]。
84) 萩本・一問一答167頁。

傷害疾病定額保険契約の具体例としては、普通傷害保険契約、ファミリー交通傷害保険契約、ガン保険契約、三大疾病保険契約等がある。

第三分野といわれる保険である点で7号の傷害疾病損害保険契約と同様であるが、前述したように、生命保険契約と同様に定額保険の一類型でもある。ただ、損害保険契約とも生命保険契約とも異なる契約類型であるため、傷害疾病定額保険契約として独立の章を設けることとしたが、定額保険であり人保険であるという特性から、同じ定額保険である生命保険契約とほぼ同様の規定が設けられている（66条～94条）。

(2) 沿革

傷害疾病損害保険契約の沿革（前記7(2)参照）においても述べたように、傷害疾病保険契約のうち、傷害疾病損害保険契約は損害保険契約の中の一類型に分類し、傷害疾病定額保険契約は損害保険契約と生命保険契約との中間的な性格を考慮し、損害保険契約と生命保険契約に並立した独立の保険契約として分類することとしている。

(3) 意義

(1)で述べたように、傷害疾病定額保険契約の中には、傷害疾病が保険事故となる場合と、傷害疾病に基づく入院や死亡が保険事故となる場合があり、同じ傷害疾病定額保険契約でありながら、契約内容の定め方により、保険事故の内容が異なってしまうというおそれが生じていた。そこで、立案担当者は、傷害疾病定額保険については、「保険事故」という概念を用いて規定を設けるのは止め、傷害疾病定額保険契約に基づき保険者が保険給付を行う対象について、「傷害疾病」と「一定の保険給付」という2つの概念を用いて規定することとした。

ア 「傷害疾病に基づき」の意味

生命保険契約の定義規定では、「人の生存又は死亡に関し一定の保険給付を行う」としているのに対し、傷害疾病定額保険契約の定義規定では、「人の傷害疾病に基づき一定の保険給付を行う」としており、前者は「生存又は死亡に関し」、後者は「傷害疾病に基づき」と微妙に語を使い分けている。このような使い分けをしたのは、生命保険契約では人の生存または死亡それ自体が給付事由となる場合だけであるのに対し、傷害疾病定額保険契約では、「特定の疾病に罹患したこと自体」で保険給付が生ずることもあれば、「傷害疾病によって死亡したこと」「傷害疾病により一定の身体状態（要介護状態、就業不能状態、後遺症状等）が生じたこと」「傷害疾病により治療を受けたこと」など給付事由が多様であり、傷害疾病それ自体が給付事由になるとは限らないからである。[85] 言い換えれば、生命保険契約にあっては、事実

---

85) 山下=米山・解説148頁［洲崎博史］。

としての人の生存または死亡は保険給付の要件そのものであるから、あえて事実として保険事故と保険給付の両者を区別して規定する必要はなく、保険事故概念だけを用いて規定を作り上げることができたのに対し、傷害疾病定額保険契約では、多様な「給付事由」と給付事由発生の前提となる「傷害疾病」を別に観念して規定を構築すべきと考えて、このような定義規定の構築となったのである。

保険法は、傷害についても疾病についても、その内容を明らかにする規定を設けていない。したがって、その意味内容は解釈に委ねられることとなるが、社会一般に認識されている「傷害」「疾病」と同じ内容と考えてよい。「傷害」については、約款において定められることが一般的で、「急激かつ偶然の外来の事故」という保険事故の3要素を含むものが多いが、「偶然性」を傷害の要件として保険法の条文に規定することは見送られている[86]。「疾病」については、約款に定義がないのが通例であるため、まさに社会通念に従うこととなるが、一般的には、病気よりは広い概念であり、身体の異常な状態のうち傷害を除いたものであるとされる。

イ 「一定の保険給付」

「一定」の意味については、生命保険契約において述べたところ（前記8(3)イ参照）と同様、保険契約成立時に保険金額が確定している場合だけでなく、保険金額が確定されてはいないが、算定基準が確定されている場合も含まれる[87]（変額保険等）。傷害疾病定額保険契約では、被保険者が死亡した場合の保険金額については生命保険契約と同様の理解をすることとなるが、後遺障害の場合には、障害の程度に応じて保険金額の一定割合の支払、医療費については、治療日数1日につき保険金額の一定割合を支払う方法が併用されているようである[88]。

また生命保険契約と同様、その給付は金銭の支払に限られ、現物給付のようなその他の給付は認められない（本条1号括弧書）。

(4) 外国法令

スイス保険契約法には傷害保険・疾病保険についての定めはあるが、詳細な規定は置かれていない（87条は、団体傷害保険または団体疾病保険について、契約の利益を受ける者は保険者に対し固有の権利を有すると定め、88条は、傷害により就労不能となった場合に保険に付した金額に基づいて一時金支給の方式で補償金が支払われると定めている。少なくとも就労不能の場合の一時金は定額保険に該当するものと考えられる）。

ドイツ保険契約法は、傷害保険に関し、178条1項において、「傷害保険において、

---

86) 福田=古笛・逐条解説18頁。
87) 江頭・商取引法497頁。
88) 岡田・現代保険法285頁。

保険者は、被保険者の傷害のとき、または契約上被保険者の傷害と同様であるとされる事故があったときに、合意された給付を提供する義務を負う」と定め、疾病保険に関し、192条1項は疾病費用保険、4項は入院日額給付保険、5項は疾病日額給付保険、6項は介護疾病保険について規定を置いている。傷害保険の章には高度障害に対する保険給付の規定（180条）があることから定額保険としての傷害保険の場合も含まれていると考えられるし、また疾病保険については、わが国との対比でいえば、傷害疾病定額保険契約に該当するものと、傷害疾病損害保険契約に該当するものの両者が含まれると考えられる。

(5)　**実務**

　傷害疾病保険商品の中で圧倒的に多いのは、この傷害疾病定額保険契約である。給付事由は、傷害疾病による治療、死亡、その他給付を行う要件として傷害疾病定額保険契約で定める事由である（66条括弧書）。法文上は傷害疾病定額保険契約であるが、実務上は、被保険者の傷害による治療、死亡等について一定の保険給付を行う傷害定額保険契約（傷害保険契約）、被保険者の疾病による治療、死亡等について一定の保険給付を行う疾病定額保険契約（疾病保険契約）、両者を組み合わせた保険商品などもある。また、特定の傷害（ファミリー交通傷害保険）や特定の疾病（がん保険）を給付事由に限定する商品もある。

　その他、たとえば、がん保険契約におけるがん死亡保険金などのように疾病による死亡を保険事故とする保険契約は、保険法上は、傷害疾病定額保険契約であるが、保険業法上は、生命保険契約とされており、原則として生命保険会社だけがこれを引き受けることができる（保険業法3条4項2号。海外旅行保険における疾病死亡保険金に関しては、損害保険会社による引受けが認められている（同条5項3号））。

〔宮島　司〕

第2章　損害保険

第1節　成　立

（損害保険契約の目的）
第3条　損害保険契約は、金銭に見積もることができる利益に限り、その目的とすることができる。

改正前商法第630条　保険契約ハ金銭ニ見積ルコトヲ得ヘキ利益ニ限リ之ヲ以テ其目的ト為スコトヲ得

【条文変遷】　ロエスレル草案686条・687条・688条、明治23年商法627条、明治32年商法385条、改正前商法630条
【参照条文】　保険法2条、民法399条
【外国法令】　ドイツ保険契約法49条・50条・52条・53条、フランス保険法典L.121-6条、イタリア民法典1904条・1909条、スイス保険契約法51条、ヨーロッパ保険契約法原則第8-101条2項・第8-103条

I　概　要

　本来、債権の目的には、金銭に見積もることができないものも含むことが可能である（民法399条）。しかし、本条（3条）は、損害保険契約の目的を、金銭に見積もることができる利益、すなわち経済的利益に限定して、主観的な利益に対しては損害保険契約が成立しないことを示す。

　損害保険契約は、保険者が一定の偶然の事故が生じたことにより生じた損害をてん補する契約であり（2条1号）、その成立は、損害の発生・利益喪失の可能性があることを前提としている。さらに、法は、かかる経済的利益ないし損害を被る者を被保険者に限定する（2条4号イ）。

　これらを総合して、法は、損害保険契約が成立するための要素として、保険事故の発生により、被保険者が経済的損害を被るかまたは無事であることによって経済的利益を得られるというような、付保対象（保険の目的物）と被保険者との間に一定の利害関係（講学上の「被保険利益」）を求めているとされる。本条は、被保険利益を基礎づける条文のひとつである。

なお、改正前商法630条においても同様に「保険契約の目的」の規定があり、本条は適用対象を「損害保険契約」と明記したものの改正前商法630条を維持したものと評価されている。伝統的に、生命保険契約において被保険利益は存在しないとされてきた。その理由は、生命保険契約の目的である人の生死が、そもそも、金銭評価が不能とされてきたからである。このため、本条が、損害保険契約に適用を絞ったことは、なんら改正前商法と変わることもないといえる。しかし、人の生命の価値が金銭評価不能とすることへ疑義が呈されてきたこと・損害保険契約および生命保険契約の両者における保険給付（損害てん補と定額性）のあり方に変容がみられることなどから、生命保険契約における被保険利益という発想が散見されることへの影響は注目される。

Ⅱ　沿　革

わが国において、損害保険契約の付保対象に関する規定は、大きく変遷している。

まず、ロエスレル草案では、686条（保険契約の定義規定）において、「保険契約ハ保険者保険料ヲ受ケテ物件ノ紛失若クハ損害ノ危険又ハ其他偶然ノ事変ニ由テ損失ヲ被ムリタル財産上ノ利益ヲ賠償スルノ義務ヲ被保険者ニ対シテ負担スル契約ト為ス」、687条「保険シ得可キ危険ハ主トシテ火災、地震、暴風雨其他ノ天変、陸海運送ノ危険、死亡其他身上ノ災害トス但他ノ危険ニ就テモ保険ヲ禁スルコトナシ」としたうえで、688条「総テ所有主又ハ債主タルカ為メ又ハ其他ノ名称若クハ義務ニ由テ被保険者其保存ニ正当ノ利害ヲ有スル物件ニ就テハ皆保険ヲ受ルヲ得」とした。

これらの条文解説において、ロエスレルは、損害賠償の対象となる損害は……金銭をもって算定し得べき財産の減少であることを要すること、保険契約の目的物件は、被保険者にとって財産損失を保全されるべき利益であること、実際に存在する物であり正当なものであることなどと表現する。

これに続き、明治23年商法では、627条「所有権、債権其他ノ権利名義又ハ権利関係ニ基因スル財産上ノ利益ニシテ此ニ関スル危険ノ起生ニ因リ被保険者ニ直接ニ損害ヲ加フ可キモノハ保険ニ付スルコトヲ得ル利益トス」、629条「被保険利益ハ被保険物ノ普通価額ヲ以テ限トスルヲ通例トス若シ其利益カ此価額ヲ超過ス可キトキハ特ニ之ヲ明約スルコトヲ要ス」と規定した。

続く明治32年商法は改正前商法630条と同文言となり、385条「保険契約ハ金銭ニ

1）　ロエスレル・85頁、79-80頁等参照。

見積ルコトヲ得ヘキ利益ニ限リ之ヲ以テ其目的ト為スコトヲ得」と規定するに至った。修正理由によれば[2]、損害保険契約がその定義において、「偶然ナル一定ノ事故ニ因リテ生スルコトアルヘキ損害ヲ填補スルコトヲ約スル」契約であることを理由として、被保険者には偶然なる一定の事故によって失うことがあり得る利益の存在することが必要となるはずであり、かかる利益が不存在の場合は保険の要件を欠缺すると解説する。さらに、その利益の喪失と偶然の事故との間に因果関係が必要であることも示す。すなわち、同条は、損害保険契約の定義規定から導かれる当然の結果であるが、定義規定からのみでは「損害」（本条での失われる「利益」）の意義が明らかではないことから、2つの言葉の意味を同一のものとして規定したと解説する。一方、損害保険契約において、付保対象から金銭に見積もることのできない利益（民法399条）を外した理由は明確ではない。ただ、超過保険の場合を例に、損害を事前に金銭換算できなければ、放火等を引き起こす危険性があるからとの問題意識に言及している[3]。

　その他、規定の形式面では、旧商法までは、保険の目的としうる利益の種類を列挙していたのに対し、これを錯雑として排したほか、利益の内容として、①財産上の利益であること、②危険の発生により被保険者に直接の損害を与えるものは付保しうる利益であることのみを示した。

　また、旧商法で付保対象から除外すべき事由（賭事、富講等）が列挙されていたところ、これらが射倖の程度によっては金銭に見積もることができるが、公序良俗（民法90条）に反する場合は保険に付せないこと、適法な事由による場合は、付保可能なことは、当然であるから削除したと解説される。

Ⅲ　改正前商法・立法過程

　上述のとおり、改正前商法630条は、「保険契約ハ金銭ニ見積ルコトヲ得ヘキ利益ニ限リ之ヲ以テ其目的ト為スコトヲ得」と規定していた。その条文の趣旨・内容は、保険法に維持されているため、後述Ⅳの条文解説を参照されたい。

　なお、保険法制定前においては、損保試案で、630条を「損害保険契約は、保険期間開始の時に、被保険者が保険事故の不発生についての経済的利益を有しないときは、無効とする」へと改正することが提案されていた。特に要件については、保

2）　商法修正案理由書322頁。
3）　法典調査会『日本近代立法資料叢書　法律取調委員会商法中改正法律案議事速記録』464頁（商事法務研究会・1985）。

険期間開始時に、量的にも、また近い将来保険期間中に被保険利益を有する蓋然性
もないことをさすとした。

改正前商法のもとでは、被保険利益の意義や機能における学説の厳しい対立が緩
和され、新種保険についても被保険利益の絶対性からくる弊害を防止すれば足りる
こと、保険者側の能力向上や行政監督の充実から、従前に比し被保険利益を絶対的
に維持する重要性は低くなってきたことがあげられる[4]。

しかし、法制審議会保険法部会においては、中間試案以降、一貫して「保険契
約」を「損害保険契約」とする文言修正以外は、改正前商法を維持した。

Ⅳ　条文解説

1　保険契約の目的─「金銭に見積もることができる利益」の意義

本条によれば、損害保険契約の目的は、金銭に見積もることができる利益である
ことを要する。損害保険契約において保険事故が発生した場合、被保険者は保険者
に対し保険給付として損害のてん補を請求することができる債権を有する。本来、
債権は金銭に見積もることができないものであっても、その目的とすることができ
る（民法399条）。しかし、保険法は、その特則として債権の目的の例外を定める。金
銭に見積もることができるか否かとは、すなわち、精神的ないし感情的利害関係は
該当しないことを意味する。

付保対象にかかる限定を付した理由は、社会通念上、客観的に評価できない利益
を被保険利益に認めれば、利得禁止原則を潜脱する可能性があるためといわれてい
る[5]。

(1)　学説

当初、伝統的な損害保険契約で念頭におかれる物保険の場合、保険契約の目的は、
物自体と解されてきた[6]。しかし、その後、その対象は、物自体から、「利益」とい
う概念へ変化・拡大した。そして、「利益」とは、「物其自体に非ずして、物に対す
る人の関係が貨幣価値を其人につき生ぜしめ、保険事故の結果その価値が滅失或は
減少するとき、かかる関係に立つ人々に対して保険者がその価値額を塡補する」も
のとされる。このように、保険の対象となる利益のことを、講学上「被保険利益」
と称する。

4）　損保試案理由書3頁。
5）　福田＝古笛・逐条解説20頁。
6）　北村五良「『保険の目的』と『被保険利益』の異同」国民経済雑誌56巻3号22頁（1934）。

さらに、本条の規制趣旨と相まって、その内容は様々に定義されてきた[7]。第1に、関係説として「一定事実が客体について発生することにより人に損害を与える」といった、人と客体との関係のことをさす見解[8]、第2に、財産財説（価値説）として「保険事故により被保険者から奪いさらされるおそれのある財産財」「喪失の危険にさらされた具体的財産財の金銭的価値」とする見解[9]、第3に、保険契約の目的が物ではなくして利益であることを明らかにしたということを重視したとする見解である。

これらは、①損害保険契約の対象となる利益が、契約時に明示され、被保険者と不可分に結合した具体的排他的利益である必要があるか（主観的利益）、あるいは、人的考慮を捨象し、何人であるとを問わずすべての利害関係者を保護する抽象的絶対的利益であれば足りるか（客観的利益）[10]、②かかる利益があることは損害保険契約の成立のために必須の要件か、あるいは、射倖契約である損害保険契約が公序良俗違反的な行為となることを防止するという単純なる政策的にもとめられた要件にすぎないか[11]、といった点の帰結に相違を導いた。

(2) 具体例

被保険利益が問題となった事案につき、譲り受けた家屋について登記前の場合（大判明治35・7・1民録8輯7巻1頁）は被保険利益が肯定された。反対に、否定された事案として、債権担保のために家屋を譲渡担保に供した債務者（岐阜地判昭和34・3・23下民集10巻3号528頁）[12]、二重に保存登記がなされていた家屋の第二譲受人（最判

7）　木村栄一「被保険利益学説の展望」ビジネスレビュー2巻3号72頁以下（1954）の整理による。北村五良「被保険利益について」国民経済雑誌92巻5号17頁以下（1955）。

8）　批判として、分損や責任保険の場合、関係というより経済的状態ではないかとされる。

9）　批判として、価値と利益を混同すべきでない（価値は保険価額を決定するために役立つが利益そのものではない）とされる。

10）　木村・前掲注(7)。

11）　大森忠夫『保険契約の法的構造』81頁（有斐閣・1952）、これを批判反論するものとして、野津務「被保険利益の地位について」法学論集5号32頁以下（1968）。特に、被保険利益を保険契約の目的として構成しながらも、これを欠く保険契約の成立する例外的な場合（遡及保険、超過保険等）を否定するような客観主義主張者はいない（同37頁）。利益自体を契約の目的とする見解を絶対主義・客観主義、政策的に公序良俗的な行為違反を防止するためにもとめられる概念と解することを相対主義・主観主義と名付ける。

12）　譲渡担保設定後の火災保険契約について、設定者は、債権担保のために所有権を譲渡し、移転登記も了していたのだから、所有者としての利益を失っていた。もっとも、譲渡担保という目的から譲渡担保者の所有権行使を債権担保という目的から拘束しうる場合であったとすれば、家屋につき何らかの法律上・経済上の利害関係を有するであろうが、それは所有権者としての利害関係とは全く別の類型に属し、家屋については、保険契約の目的である被保険利益を全く欠如し（保険契約は）無効であるとした。

判旨反対のものとして西島梅治〔判批〕ジュリ247号76頁（1962）等。その他設定者にも

昭和36・3・16民集15巻3号512頁）などがある。[13]

　そのほか、付保対象に、消極財産が増大することにより財産の状態が悪化することを防止する消極利益が含まれるかという問題がある。消極利益は、責任保険や費用保険のような、損害賠償責任や疾病・傷害の医療費用の負担を防止するための保険にみられる。伝統的な積極財産を喪失することを防止するための積極利益とは異なるため争いはあったが、被保険利益概念が広くなっていること、保険法が新しく傷害疾病損害保険契約の類型（2条7号）を認めたこと、同概念が抽象的に公序良俗違反となるような保険契約を防止するためのものにとどまると解する立場があり得ること、を理由に、肯定見解も広がっている。[14]

2　効果・規定の性質

　本条に違反した場合、すなわち金銭に見積もることのできない利益を付保した場合や、付保すべき利益・保険によって備えるべき利益や損失がないにもかかわらず保険契約を締結した場合等については、明文がない。このため、かかる保険契約の効果は、規定の性質と関連して解釈に委ねられる。

　ただし、損害保険契約が有効に成立・存続するためには、少なくとも抽象的な被保険利益を有していなければならず、「被保険利益の存在しない契約は無効」[15]と解される。[16]

V　外国法令

　外国の法令において、保険契約の付保対象および損害てん補の意義については規定の仕方が分かれる。特に、被保険利益論の内容が、付保対象であるのか、それと

　　何らかの被保険利益または所有者としての被保険利益を認める（所有者利益が双方に分属していると解する）ものとして石田満「保険の目的物の譲渡」損保26巻2号136頁（1964）、大隅健一郎〔判批〕論叢66巻4号1051頁（1960）等。

13)　二重に保存登記がなされていた家屋の第二譲受人による保険契約について、「建物の所有権が自己にあるものとして保険契約を締結したのであるが、……登記をしていないため、第三者に対抗しうる所有権を有しておらず、従って被保険利益を有していなかったことに帰するから、右保険契約は、右建物に関する限り、無効」とした。被保険利益を利得防止の観点からのみ考える見解からは、法律上の所有権から離れて認めてもよいのではないかという示唆がある。石田満「保険契約における被保険利益の地位」法学セミナー164号26頁（1969）。

14)　保険法コンメンタール15頁〔出口正義〕。

15)　保険法コンメンタール14頁〔出口正義〕。

16)　損保試案段階においては、明文で絶対的強行規定とする方向性であったことも同旨と考えられる。

も損害てん補の方法として規定されているのかにより、参照条文は変化する。

　ドイツ保険契約法においては、損害保険契約の章である49条において、「保険者は、金銭をもって損害をてん補しなければならない」と規定したうえで、53条が特約のある場合に限り、保険が保険事故の発生によって失う利益を含むとして消極利益（逸失利益）を含むことを示す。

　これに対し、フランス保険法典は、陸上保険（非海上損害保険）契約に関するL.121-6条において、1項「ある財物の維持に関して利害関係を有するすべての者は、それについて保険契約を締結することができる」、2項「ある危険の不発生に関する直接または間接の利害関係は、すべて保険契約の目的とすることができる」としている。

　イタリア民法典も、損害保険につき、1904条で、「損害保険契約は、保険の開始時において、損害てん補につき被保険者の利益が存在しなければ、効力を生じない」とする。被保険者が有する利益の存在の判断基準時、および利益の不存在の場合の効果について規定している点に特徴がある。

　スイス保険契約法は、損害保険に関する特則として、48条に「ある者が、保険事故が発生しないことについて有する経済上の利益は、すべてこれを損害保険の目的物とすることができる」と規定する。

　各国法においては、保険契約に必要なものに、ドイツ＝「不発生によって失う利益」（誰のかは不明）・フランス＝契約当事者に「財物維持に関するすべての利害関係」、すなわち「危険不発生の直接間接の利害関係」、イタリア＝被保険者に「損害てん補に関する利益」、スイス＝「保険事故不発生についての経済上の利益」とされる。すなわち、「利益」と「利害関係」とに分かれる点、金銭への見積もり可否を要件とするかは明文にないもの（フランス、イタリア、ドイツ）と、経済上のとして暗示するものとに分かれる。また、効果についてはイタリア法のみが規定しており、それ以外には明文がない。

Ⅵ　今後の展望

　被保険利益は、損害保険において契約の要素であることが確立されている。

　一方、今後の検討課題として、被保険利益の広義化・抽象化とともに、被保険利益概念が生命保険契約において観念しうるかということがあげられる。[17]

---

17)　松田武司「生命保険と被保険利益」産大法学39巻2号1頁（2005）、本間照光『『他人の生命の保険契約』の沿革」青山経済論集52巻4号287頁（2001）は利益主義、親族主義、同意

§3-Ⅵ

　従来、生命保険契約は、その付保対象が生死であることから、人の生死を損害として金銭に換算することは不可能ではないかとして、被保険利益の概念に馴染まないとされてきた。また、損害保険契約と生命保険契約の峻別（そもそも生命保険契約が利益の喪失、損害のてん補を目的とするものかという保険の本質的問題を生じるとされる）、もし生命保険契約に被保険利益の存在を認めるとしても社会的利益（公安政策的方面）のみであること[18]、生命保険契約においての被保険利益の算定の困難性[19]、生命保険契約が定額保険であることと抵触することを理由に、否定する見解が多かった[20]。

　これに対し、人は自己の生命に無限の被保険利益を有すること[21]のほか、現代においては、とりわけ他人の死亡の保険契約などについては被保険者の同意さえあれば締結することが可能であることから、保険の賭博的利用の懸念や、企業による団体生命保険契約の普及などに伴う同意取付けの形骸化を指摘する意見もある。このような弊害防止のために生命保険に被保険利益概念を必要とする見解が再検討されている[22]。

〔金尾　悠香〕

　　主義による変遷をもって、生命保険契約にも被保険利益があると主張、潘阿憲「生命保険契約における被保険利益の機能について」文研129号125頁（1999）、今田益三「生命保険における被保険利益について」保険学474号1頁（1976）、木村栄一「損害説の新展開と人保険における被保険利益」ビジネスレビュー5巻2号57頁（1957）、白杉三郎「生命保険に於ける被保険利益について」国民経済雑誌57巻3号85頁（1934）。

18)　肯定する法制度でも、保険契約が一旦有効に成立した後は譲渡が自由であるため、賭博禁止が徹底できるかの疑問・愛情等の金銭的評価をどのようにするかの問題点（イギリス法制度では被保険利益を考慮しない、米法では広く解するとの紹介）が指摘され、同意主義の必要性を主張する（潘・前掲注(17)）。

19)　単なる期待権としての将来の収益権や見込み遺産を確保する権利をどのように解するか（今田・前掲注(17)521頁）。

20)　庭田範秋「被保険利益の本質と保険の本質」三田商学研究1巻6号47頁（1959）、白杉・前掲注(17)等。生命保険契約で使用される被保険利益を損害保険契約のそれと区別する。

21)　英国制度の紹介として、大野栄三「被保険利益と生命保険」産業経済研究2巻3号154頁（1961）。

22)　たとえば、潘・前掲注(17)125頁以下、藤田仁『被保険利益─その地位と機能』（成文堂・2010）参照。

（告知義務）

第4条 保険契約者又は被保険者になる者は、損害保険契約の締結に際し、損害保険契約によりてん補することとされる損害の発生の可能性（以下この章において「危険」という。）に関する重要な事項のうち保険者になる者が告知を求めたもの（第28条第1項及び第29条第1項において「告知事項」という。）について、事実の告知をしなければならない。

改正前商法第644条 ① 保険契約ノ当時保険契約者カ悪意又ハ重大ナル過失ニ因リ重要ナル事実ヲ告ケス又ハ重要ナル事項ニ付キ不実ノ事ヲ告ケタルトキハ保険者ハ契約ノ解除ヲ為スコトヲ得但保険者カ其事実ヲ知リ又ハ過失ニ因リテ之ヲ知ラサリシトキハ此限ニ在ラス

【条文変遷】 ロエスレル草案715条、明治23年商法653条、明治32年商法398条、明治44年商法399条の2、改正前商法644条

【参照条文】 保険法37条・66条、損保試案644条・645条

【外国法令】 §37解説Ⅵ参照

Ⅰ 概　要

1　告知義務制度の意義

　保険契約の締結に際し、保険契約者側は、一定の事項について、事実の告知をしなければならない。これを「告知義務」という。当該義務を負う者を「告知義務者」という。故意または重大な過失により告知義務に違反したときは、保険者は保険契約を解除することができる。これが告知義務制度である。

　告知義務制度が設けられた意義は、保険制度の特性と関係する。保険制度は、多くの人々が保険料を出し合うことによって成り立つものであり、保険者は、偶然な一定の事故によって生ずることがある損害をてん補するため、収支相等の原則に従い、保険事故発生の蓋然率（危険率）を基礎として保険料を算定しなければならない。こうして保険料算定の基礎となるべき危険率に見合う保険料を確保しなければ保険制度を円滑に運用できないことから、危険測定の基礎事実を知ったうえで的確な危険選択を行うことが必要である。一般的な買い物では、購入者は通常、目的物を確認したうえでそれを買い取る。しかし、保険契約締結の際に、保険者は危険の測定に必要である保険の目的物に関する諸般の状況を知る機会がなく、またその機会があるとしても、自ら詳しくその事実状況を調査するには多くの費用や日数を要し、迅速な対応ができない。他方、保険の目的物等に関する情報を有しているのは、

保険契約者側に他ならない。

そこで、保険法は、保険契約者側に対して誠実に事実を告知する義務を負わせ、告知義務違反の場合には契約解除によって保険契約者側の保険給付請求権の喪失という制裁的効果をもたらすこととしている。告知義務制度は、保険契約に特有のものであり、保険者の危険選択にとって重要かつ不可欠な制度である。

2　規定改正の趣旨

告知義務に関する規定は、改正前商法から存在していた。しかし、その内容については解釈に委ねる部分が多かった。損害保険の告知義務に関する保険法の大きな改正点は、①告知義務者に被保険者を加えたこと、②自発的申告義務から質問応答義務へと転換したこと、および③告知義務の対象は「危険」に関する重要な事項であることを明確化することである。これは、これまでの学説・判例の流れおよび保険実務の現状を踏まえ、消費者である保険契約者側の保護を強化するためである。

3　条文概要

立法形式上、改正前商法では、告知義務を課すことに加えて告知義務違反の効果についても定めていたが、保険法では、告知義務を課すこと自体に関する規定と、告知義務違反の効果に関する規定とは別条に定めている。告知義務、告知義務違反による解除およびその効力は、保険法における損害保険契約、生命保険契約、傷害疾病定額保険契約の共通事項として、告知義務（4条・37条・66条）については「成立」の節の中、告知義務違反による解除（28条・55条・84条）および解除の効力（31条・59条・88条）については「終了」の節の中にそれぞれ置かれている。そして、これらの規定は、各保険契約の固有の事柄を除き、ほぼ共通している。また、除斥期間の規定を除き、いずれも片面的強行規定である（7条・41条・70条・33条・65条・94条）。

本条（4条）は、損害保険契約の告知義務についての規定である。保険契約者または被保険者になる者が、損害保険契約の締結に際し、損害保険契約によりてん補することとされる損害の発生の可能性すなわち「危険」に関する重要な事項のうち、保険者になる者が告知を求めたものについて、事実を告知しなければならない旨を定めている。

II 沿　革

1　ロエスレル草案

ロエスレル草案715条では、「被保険者又ハ其代人ニ於テ契約取結ノ際緊要ノ事情ニ就キ無実ノ陳告ヲ為シ或ハ之ヲ黙止スルトキハ其情ヲ知リ不正ノ意趣ニ出ルト否トヲ論セス保険者ハ契約上ノ責任ナキ者トス但被保険者悪意ナク其知ル所ヲ盡クシテ保険者ノ問ニ答ヘタルトキハ罪過ナキモノトス」と定めている。すなわち、被保険者またはその代理人において、契約締結の際に重要な事情につき、不実告知または不告知をした場合は、それを知り不正の意図に出ると否とを論ぜず、保険者は契約上の責任を免れるものとする。ただし、被保険者が悪意なく、その知っていることを尽くして保険者の質問に答えた場合は、その過ちを問わないものとしている。ここにいう「緊要ノ事情」とは、保険者がその危険を判定し、保険を引き受ける決断と保険料の計算とに関する重要な事情をいう[1]。また「罪過なきものとす」との規定の効果は、その場合において保険者は契約上の責任を免れるものの、被保険者は保険者に対し支払った保険料の返還を請求することができるということである[2]。

同条は「総則」に置かれていることから、損害保険にも生命保険にも適用されるものと考える。

同条により、告知義務者は被保険者となっているが、当時の生命保険契約は、保険契約者と被保険者が同一である自己の生命の保険契約のみ認められていたため、告知義務者は、被保険者すなわち保険契約者でもある。

なお、ロエスレル草案の理由書により、当時の外国の立法例として、オランダ商法251条、1878年のベルギー法9条およびドイツ商法810条においても同様な規則が存在していた[3]。

2　明治23年商法

明治23年商法653条では、「保険者ハ被保険者カ契約取結ノ際重要ナル情況ニ付キ虚偽ノ陳述ヲ為シ又ハ其情況ヲ黙スルトキハ悪意アリタルト否トヲ問ハス契約ヲ解ク権利アリ但被保険者カ保険者ノ総テノ問ニ対シテ其知ル所ヲ竭シ且善意ニテ答ヘタルトキハ過失ナキモノト看做ス然レトモ保険者ノ有スル解約ノ権利ハ此カ為メニ

---

1)　ロエスレル・137頁。
2)　ロエスレル・138頁。
3)　ロエスレル・137頁。

妨ケラルルコト無シ」と定めている。すなわち、保険者は、被保険者が契約締結の際に重要な情況につき不実告知または不告知をした場合は、悪意があるか否かを問わず、契約を解約する権利がある。ただし、被保険者が保険者のすべての質問に対し、その知っていることを尽くしかつ善意に答えた場合は、過失なきものとみなす。もっとも保険者の有する解約の権利は、これがために妨げることなしとしている。

　明治23年商法は基本的にロエスレル草案を踏襲しているが、告知義務違反の効果については、次の2点ほど修正があった。①ロエスレル草案では保険者の免責としたが、明治23年商法では契約の解約に改めた。②被保険者が悪意なく、その知っていることを尽くして保険者の質問に答えた場合は、過失なきものとみなすとするものの、保険者の契約解約権を妨げないこととしている。かかる規定の解説により、①にいう契約の解約は、契約の解除と同義である。②に定める「保険者の契約解約権を妨げないこととしている」という意味は、契約を解除するか否かは、保険者が選択することができ、解除した場合には、被保険者は、保険者から保険料の全額または積立金を取り戻すことができるということである。

3　明治32年商法

　明治32年商法398条では「保険契約ノ当時保険契約者カ悪意又ハ重大ナル過失ニ因リ重要ナル事実ヲ告ケス又ハ重要ナル事項ニ付キ不実ノ事ヲ告ケタルトキハ其契約ハ無効トス但保険者カ其事実ヲ知リ又ハ之ヲ知ルコトヲ得ヘカリシトキハ此限ニ在ラス」と定めている。すなわち、保険契約の当時、保険契約者が悪意または重大な過失により重要な事実を告げず、または重要な事項につき不実のことを告げたときはその契約は無効とする。ただし、保険者がその事実を知り、または知ることができたときは、この限りではないとしている。

　明治32年商法は、明治23年商法の規定を大きく改正した。その主要な改正点は、①告知義務者は被保険者から保険契約者に変わったこと、②告知義務違反の要件として「悪意または重大な過失」が必要であること、③告知義務違反の効果は契約の無効であること、④保険者の知りまたは知ることができたことが契約無効の阻却となること、および⑤生命保険と分離して独立した条文を設けていること、である。なお、告知義務者を被保険者から保険契約者に変更した理由として、保険契約も1つの契約にして保険者と保険契約者のみが契約の当事者であるからと説明されている。

4）　長谷川喬『商法〔明治23年〕正義第5巻』93-94頁（信山社・1995〔復刻版〕）。

5）　西川一男＝丸山長渡『改正商法〔明治32年〕要義上巻』608頁（信山社・2005〔復刻版〕）。

4　明治44年商法

　明治44年商法399条の2では「①保険契約ノ当時保険契約者カ悪意又ハ重大ナル
過失ニ因リ重要ナル事実ヲ告ケス又ハ重要ナル事項ニ付キ不実ノ事ヲ告ケタルトキ
ハ保険者ハ契約ノ解除ヲ為スコトヲ得但保険者カ其事実ヲ知リ又ハ過失ニ因リテ之
ヲ知ラサリシトキハ此限ニ在ラス」と定めている。すなわち、保険契約の当時、保
険契約者が悪意または重大な過失により重要な事実を告げず、または重要な事項に
つき不実のことを告げたときは、保険者は契約の解除をすることができる。ただし、
保険者がその事実を知り、または過失によりこれを知らなかったときは、この限り
ではないとしている。

　同条は、明治32年商法の規定について、次の2点のみ修正を加えている。①告知
義務違反の効果は、保険契約の無効から保険契約の解除に、②阻却事由は保険者の
知または可知から保険者の知または過失による不知に改められた。①の改正理由に
ついては、元来保険契約者に告知義務を課したのは保険者の利益を保護するために
他ならないから、その趣旨に反してまでも強いて契約を無効とする必要はないとし
て、単に保険者において契約を解除することができるものとすることにとどめた。
そして、②の改正理由については、保険者において真実を知り、または少なくとも
過失によりかかる事実を知らないときは、保険者保護の理由が存在しないことをも
って、契約を解除させる必要がないからと説明されている。[6]

　同規定は、そのまま改正前商法644条に受け継がれて、保険法の制定まで維持さ
れていた。

Ⅲ　改正前商法

　改正前商法では、損害保険契約における告知義務と生命保険契約における告知義
務を別に規定している。損害保険契約については改正前商法644条1項本文で、生
命保険契約については改正前商法678条1項本文である。若干の相違を除いて内容
は共通である。改正前商法の規定は任意規定であるとされることから、仮にこれと[7]
異なる約款の規定を置いて保険契約者側に不利益であっても許される。

　改正前商法の下で告知義務に関して、主に以下の議論がなされていた。

6）　柳川勝二『改正商法〔明治44年〕正解』517-518頁（信山社・2002〔復刻版〕）。
7）　大判明治40・10・29民録13輯1025頁、大判大正5・11・21民録22輯2105頁。

1　自発的告知義務に対する批判

改正前商法では、「重要ナル事実」の不告知、または「重要ナル事項」につき不実告知があった場合には告知義務違反による契約解除ができる（改正前商法644条1項）とされていただけで、何が重要な事実または重要な事項にあたるかは、保険者側の質問の有無にかかわらず、告知義務者は自発的に判断し告知をしなければならない、いわゆる「自発的申告義務」とされていた。そのため、実務上、損害保険、生命保険とも告知書を使用する質問応答の慣行が確立しているとはいえ、保険契約者側としては、告知書で問われた質問事項に答えたとしても告知義務を完全に履行することはできず、後に保険契約者が告知義務違反を問われる余地もあった。[8]

しかし、保険契約者等にこのような自発的な申告義務を課すことは相当でなく、質問応答義務に改めるべきとの立法論的指摘があった。その理由として主に以下の4つがあげられていた。[9] ①いかなる事実が危険測定上重要な事項であるかを正確に判断することは、保険の専門的知識が乏しい保険契約者側には困難であること、②保険者は、保険事業の専門家であるから、何が危険測定のための重要な事項であるかに精通し、契約締結の際にすべての重要事項について質問することが可能であること、③現在の実務では、保険者は保険契約者に対して質問するのが通例であり、また、最近の保険約款には、保険申込書の記載事項について告知せよと規定しているものが多いこと、④保険者がいくつかの事項については質問したが、他の一定事項について質問しなかったときは、保険者が質問しない事項は重要事項でないと考えるのが通常であると思われること。

2　他保険契約の告知義務

損害保険における他保険契約とは、同一の保険の目的物または被保険者についてすでに締結されている他の保険契約をいう（以下「他保険契約」という）。他保険契約の告知義務とは、契約締結の際に、告知義務者が、他保険契約が存在するか否かを告知すべきことをいう。

従来、損害保険会社が取り扱う保険商品（損害保険契約および傷害保険契約）の約款では、他保険契約の存在を告知事項として定めるのが通例である。たとえば、火災保険普通保険約款では、同一家屋に被保険利益を同じくする他の火災保険契約が存在する場合には、告知義務者がそれを保険者に告知することが求められている。一方、生命保険会社は、一般に他保険契約に関する告知義務を定めていない。なぜ

8）　札幌高判昭和58・6・14判タ506号191頁、東京高判昭和61・11・12判時1220号131頁等。
9）　大森・保険法125頁、損保試案理由書28頁以下、部会資料(18-1)18頁等参照。

なら、生命保険会社では、契約内容登録制度により、他保険の有無を確認したのちに保険引受の承諾をすることができるからである。

他保険契約の告知を求める趣旨は、主に次の2つである。①損害保険では、他保険契約によって保険契約者等が利得する構造から、重複保険が生ずる場合には保険金の支払について補償される限度額を全契約通算によって調整するため、保険者があらかじめ知っておくことが必要である。②他保険契約は、道徳の危険事実にもかかわる。たとえば、傷害保険では、同一の被保険者について短期間ないし集中して多数・多額の傷害保険契約に加入し保険金を詐取しようとし、または不正請求の誘因が働くおそれがあるため、そのような道徳的危険を防止する必要がある。[10]

改正前商法には、他保険契約の告知義務に関する明文の規定はないため、他保険契約の存在が改正前商法644条1項本文または678条1項本文に定める重要な事実に該当するか否かについて、議論が盛んに行われ、学説上、否定説、肯定説が存在していた。[11]

告知事項の対象範囲は保険危険事実のみであって、道徳的危険事実はそれに含まれないから、他保険契約の存在は重要な事実に該当しないという否定説が多数説であった。[12]しかし、他保険契約の存在は保険事故発生の可能性を高める道徳的危険事実の徴憑であり、保険者が実際に契約締結の諾否の判断にあたり道徳的危険事実も危険測定の資料として使用する限り、重要な事実に該当するという肯定説も有力であった。[13]そして、かりに他保険契約の存在は改正前商法に定める告知義務の対象に含まれていないとしても、同条は任意規定であるから、約款で定められている他保険契約の告知義務が有効であると解されていた。[14]

古くには、他保険契約を告知義務の対象として否定する大審院の判例があったが、[15]近時、それを肯定する下級審裁判例が多くみられている。[16]もっとも、その違反の効果については、保険契約者が不法に保険金を得る目的をもって重複保険契約をした

---

10) 岡田・現代保険法128頁、加瀬幸喜「告知義務」金澤・新たな展開20頁。

11) 加瀬・前掲注(10)20-21頁で整理されている。

12) 倉澤康一郎「告知義務」同『保険契約法の現代的課題』39頁（成文堂・1978）、宮島司〔判批〕法学研究70巻7号132頁（1997）。

13) 中西正明『保険契約の告知義務』42頁（有斐閣・2003）、加瀬・前掲注(10)24頁参照。

14) 中西正明「傷害保険及び他の人保険における他の保険契約の告知について」同『傷害保険契約の法理』95頁（有斐閣・1992）、山下・保険法292頁・325頁、320-327頁、西島・保険法47頁、洲崎博史「他保険契約の告知義務・通知義務」民商114条4＝5号54頁以下（1996）等。

15) 大判明治40・10・4民録13輯939頁、大判昭和2・11・2民集6巻593頁等。

16) 東京地判昭和63・2・18判時1295号132頁、東京高判平成3・11・27判タ783号235頁、東京高判平成5・9・28判時1479号140頁、東京地判平成13・5・16判タ1093号205頁、大阪高判平成14・12・18判時1826号143頁等。

§4-Ⅳ1   55

ことなど、その保険契約を解除するにつき正当な事由がある場合にのみ認められる。

Ⅳ　立法過程

1　保険法制定前試案

　損保試案では、学説・判例の動向を踏まえ、かつ、損害保険実務の現況に照らして、一般の告知義務と他保険契約の告知義務を分けて異なる条文を設けることとしていた。そして、生保試案、傷害試案および疾病試案のいずれも同様である。

(1)　一般の告知義務について

　損保試案は、告知義務について、改正前商法644条および645条（解除の効果）の2か条で規定されているものを同644条の1か条にまとめ、かつ、かなりの修正を加えている。

　損保試案644条1項本文前段において「保険契約締結の当時保険者が質問した事項のうち、保険者がその危険を評価し、保険契約締結の可否またはその内容を決定するにあたりその判断に影響を及ぼすべき一切の事項（以下、重要な事項という。）について、保険契約者または被保険者」に告知義務を課すことを定め、同条2項において「保険者が書面で具体的に質問した事項は、重要な事項と推定する」と定めていた。

　一般の告知義務に関して、改正前商法との主要な相違点は、①告知義務を保険者の質問に答える義務（質疑応答義務）としたこと、②保険者が文書で質問した事項は、重要な事項と推定するという規定を新設したこと、③被保険者も告知義務を負うことを明らかにしたことの3点である。規定上「みなす」のではなく、「推定」にとどめているのは、保険契約者側が、反証によって、この推定を覆す余地を残すという趣旨であると説明されている[17]。また、保険契約者のほかに、被保険者も告知義務を負う旨を明確に定めていた。これは、被保険者は保険の目的を最もよく知る立場にあることが多いと考えられるからである[18]。なお、同条1項・2項とも、保険契約者側の不利益に変更することができない半面（片面）的強行規定であるとされている（損保試案663条の3第2項）。

(2)　他保険契約の告知義務について

　損保試案645条は他保険契約の告知義務に関する規定である。同条1項本文前段は「保険契約締結の当時、保険者が保険契約者または被保険者に対し、同一の保険

---

17)　損保試案理由書29頁。
18)　損保試案理由書29頁。

の目的物につきすでに存在する他の保険契約の告知を求めた場合において、保険契約者または被保険者」に告知義務を課すことを定めていた。

他保険契約の告知義務を課す理由としては、重複保険にあたる場合の保険者の損害てん補義務の範囲をあらかじめ保険者が知っておくことが必要であること、および、他保険契約が存在するにもかかわらず同一の保険の目的物についてさらに保険契約が締結されようとする場合には、保険金の不法な取得がもくろまれている可能性もあり、かかる道徳危険に関する事実の徴憑としての意味をもつということがあげられている。[19]

また、一般の告知義務と他保険契約の告知義務を区別して規定する理由について、両者はいささか性質を異にするものであり、一般の告知義務は危険測定上重要な事実（保険危険事実）について保険契約者等に告知を義務付けるのであるが、他保険契約の告知義務はそのような保険危険事実であるとはいえないからであると説明されている。[20]

同条１項も、保険契約者側の不利益に変更することを許さない半面（片面）的強行規定であるとされている（損保試案663条の３第２項）。

2　法制審議会保険法部会の審議

(1)　告知義務に関する保険法部会審議の概要

保険法部会において、告知義務に関する検討事項として次の６点があげられた。[21]
①不告知または不実告知があった場合の規律（オール・オア・ナッシング主義とプロ・ラタ主義のどちらを採用するか）、[22]②自発的申告義務か質問応答義務か、③保険者が契約の解除ができない場合（いわゆる告知妨害の場合）、④解除権の除斥期間、⑤規律の性質、および⑥他保険契約の告知義務違反による解除である。

これらの検討事項のうち、保険法が改正前商法の規定を踏襲する事項は、①および④である。①の告知義務違反の効果は、オール・オア・ナッシング主義が採用され、改正前商法と同一の規律が維持された。④の解除権の除斥期間に関する規定も改正前商法と同一である。保険法により、改正または新規の立法がなされた事項は②、③および⑤である。②の告知義務の性質は、改正前商法に定める自発的申告義

---

19)　損保試案理由書31-32頁。

20)　損保試案理由書29頁。

21)　部会資料（２）7-10頁。

22)　オール・オア・ナッシング（all-or-nothing）主義は全額免除主義で、改正前商法が採用している立場である。プロ・ラタ（pro-rata）は比例減額主義で、諸外国（フランス、イタリア、スウェーデン、ドイツ等）で比較的多く採用されている立場である。

§4-Ⅳ2   57

務から質問応答義務へと改正がなされた。③の解除権の阻却事由は、保険媒介者が
告知を妨害しまたは不告知を教唆した場合には、保険者は解除権を行使することが
できない旨が新設された。⑤の告知義務の法的性質については、従来、任意規定と
解されていたが[23]、それを片面的強行規定と法定した。②と⑤の事項については、特
段の異論なしで採用された[24]。⑥の他保険契約の告知義務については立法が見送られ
た。詳細については、次の(2)で説明する。

(2)　他保険契約の告知義務について

　保険法部会で、法的安定性を高めるために他保険契約の告知義務を立法に明文化
するかについて、いずれの種類の保険契約についてもその規定を設けるＡ案、損害
保険契約についてはその規定を設けるが、生命保険契約および傷害・疾病保険契約
については特段の規定を設けないＢ案、およびいずれの種類の保険契約についても
特段の規定を設けず、解釈論に委ねるＣ案、とする３種類の提案がなされ[25]、審議が
行われたが、以下のように意見が分かれていた[26]。

　Ａ案（設ける案）に賛成する意見は、①生命保険会社の実務では、契約内容登録
制度でチェックされているが、これは保存期間が限定されているゆえに、期間経過
後は、契約内容を確認することができないこと、②道徳的危険事実は契約の諾否に
影響を及ぼす事実になっていること、③他保険契約の告知は、通常は保険事故との
間に因果関係はないから、結局、因果関係不存在の特則によって保険金を支払わざ
るを得ないことになってしまうこと等を理由としている。

　Ｂ案（損保のみ設ける案）に賛成する意見は、①損害保険代理店は契約締結権を
有しているので、損害保険会社は、契約成立後に他保険契約の存在を知ることにな
ること、②損害保険会社で取り扱っている約款に他保険契約の告知義務を課すのが
通例であること、③学説・判例のほとんどが約款においてこのような他保険契約の
告知義務を課すことを肯定していること等を理由としている。

　Ｃ案（設けない案）に賛成する意見は、①生命保険会社の契約内容登録制度など
の機能で対応できること、②他保険契約の存在は道徳的危険の１つの徴憑にすぎな
いのにそれを告知しなかったからといって直ちに解除できるというのはやや行き過
ぎであること、③基準設定や要件の立て方が非常に難しいこと、④成立段階での告
知の場面、危険の増加の通知の場面、重複保険における請求あるいは支払の場面で

---

23)　大判大正５・11・21民録22輯2105頁等。
24)　部会資料（２）９頁（補足）、第２回議事録２頁、第14回議事録９-10頁。
25)　部会資料（２）10頁。
26)　第２回議事録12-19頁、第11回議事録33-45頁、部会資料(17)７-８頁、第17回議事録33-37
　　頁以下。

の調整の側面、および重大事由の解除等との調整・位置づけが容易ではないこと、
⑤新設される重大事由解除のその他包括条項の中で読み込み、これにより処理でき
ることなどを理由としている。なお、C案に賛成する意見が比較的多数であった。

　結局、C案を採用し、他保険契約の告知について特別の規定を設けないとの結論
に達した。

V　条文解説

　告知義務制度の法的根拠等については、生命保険の告知義務に関する§37解説V
1(1)を参照されたい。ここでは、損害保険の告知義務に関する条文を中心に解説す
る。

1　告知義務者
(1)　保険契約者または被保険者になる者

　改正前商法上では、告知義務者は、生命保険については保険契約者または被保険
者であるのに対して（改正前商法678条1項）、損害保険については保険契約者のみで、
被保険者は告知義務を負わないとされていた（同644条1項）。これは、損害保険契約
の場合には、契約の当事者ではない被保険者が知らない間に契約が締結される場合
が多いことを考慮したものであると説明されている[27]。

　しかし、被保険者になる者は損害保険契約の危険に関する重要な条項について最
も知りうる立場にあるのが通常であり、それに対して告知を求めることに合理性が
あると考えられることから、立法論としては被保険者も告知義務者とすべきである
との指摘があった。また、実務上、損害保険の約款でも保険契約者のみならず被保
険者も告知義務者とするのが通例である。さらに、保険法の下では、告知義務の性
質は質問応答義務とされるから、告知義務者に被保険者を加えたとしても、保険契
約者側の利益を害することはないと考えられる[28]。

　そこで、保険法では、損害保険契約においても、告知義務を負うのは、「保険契
約者又は被保険者になる者」と定められている。ここに「になる者」の意味は、告
知義務は、保険契約の成立前に履行されることから、保険契約者または被保険者
「になる者」と表されているのである（以下「保険契約者等」ということがある）。

　もっとも、損害保険契約における被保険者の範囲は生命保険契約のそれとは意味

---

27)　大森・保険法122頁。
28)　補足説明9頁以下。

§4-V2　　59

が異なり、必ずしも記名被保険者に限定されない。なぜなら、将来において特定されるが、契約締結時には特定されていない場合もありうるからである。

　なお、告知は、法的には観念の通知で準法律行為であり、かつ一身専属的な性質をもつものではないことから、代理人による告知義務の履行も有効なものと認めるのが一般的である（§37解説V2(3)参照）。

(2)　告知義務者が複数いる場合の告知

　告知義務者が複数いる場合に誰が告知義務を履行すべきかについては、改正前商法も保険法も、明示しておらず、解釈に委ねられている。

　学説上は、損害保険（人保険を除く）では、告知義務者が複数いる場合には、原則として、各人が告知義務を負うことになる。そのうちの1人に違反の事実があり、かつ契約が解除された場合には、その効力は告知義務者全員に及ぶことになる。もっとも、かかる1人の告知義務者による告知義務違反の事実と因果関係のない保険事故については、保険者の保険給付金支払が全額免責にならないと考える（31条2項1号但書）。

　同一の告知事項については、代理人も含めてそのうちの1人が告知すれば足りると解される。[29]

　第三者のためにする損害保険契約では、保険事故発生の対象となる客体について詳細な情報を有するのが被保険者であるから、保険実務上は、原則として、保険契約者が保険契約申込書を作成することによって告知義務を履行するが、被保険者の告知を必要とする事項については、被保険者に告知を求めることとされている。

2　告知受領権者

　告知受領権のない者に対して告知をしても告知をしたことにならないため、告知受領権の有無は、問題が起きやすいところである。

　ところが、告知の相手方については、改正前商法も保険法も明確に定めていない。通常、告知の相手方は、保険者または保険者に代わって告知受領権を付与された者と解される。[30]保険者の範囲につき、保険法では、「保険契約の当事者のうち、保険給付を行う義務を負う者」（2条2号）と定義されていることから、保険会社および共済者（以下、保険会社には共済者を含むことがある）（2条1号）と解すことができる。

　保険の募集にあたり、保険契約について有するのが締結代理権か媒介代理権かによって（保険業法294条3項2号）、告知受領権が付与されているか否かが異なる。保険

---

29)　西島・保険法44頁等。
30)　大森・保険法122頁。

契約の締結代理権を有する者は、原則として、告知受領権が付与されていると解される。

損害保険代理店は、損害保険会社の委託を受け、その損害保険会社のために保険契約の締結の代理または媒介を行う者であって、当該損害保険会社の役員および使用人以外のものとされる（保険業法2条21項）。法律上、いずれも媒介または代理を行うことが許容されているが、どこまで代理権を付与するかは各保険者の意思次第である。実務上、損害保険代理店については、実損てん補を目的とする損害保険の引受けは申込みに即応する必要があるため、保険契約を締結する権限（締約代理権）が与えられているのが通例である。したがって、損害保険代理店は、告知受領権も付与されている。

一方、保険仲立人（保険業法2条25項）は、独立した商人として損害保険契約締結の媒介を行うにすぎないため、告知受領権が付与されていないのは言うまでもない。

3 告知の時期

告知義務の履行の時期について、改正前商法644条1項は、「保険契約ノ当時」と規定していた。判例・通説とも契約の申込みから契約成立の時までが告知時期であると解されている[31]。保険法は、告知時期を一層明確化するために、「保険契約ノ当時」を「損害保険契約の締結に際し」に改めた。これにより、告知の時期は保険契約締結の過程、すなわち保険契約者になる者が保険者になる者に対して保険契約の申込みを行った時から、保険者が承諾の意思表示をする時（法律上の契約成立の時点）までの間であることが明らかになった。

損害保険の実務上、契約申込書と告知書とが一体となった書面が利用されているので、通常は、告知の時期と契約申込の時期とは重なることになる。また、前述のように、損害保険では損害保険代理店が契約締結権を有しているので、そもそも申込みと承諾との時間差は生じにくい。もっとも、保険法は告知義務の性質を質問応答義務とするため、保険者が追加的な質問を行う場合も考えられる。

また、告知義務者が保険者の質問に応じて告知した時から保険者が承諾するまでの間に告知事項に関して事情の変化があったときは、告知義務者はかかる事実を追加的に告知しなければならない[32]。

さらに、損害保険の約款には、契約の成立後、一定の場合に告知内容の修正を認

---

31) 大森・保険法123頁、西島・保険法45頁・353頁、山下・保険法290頁、静岡地富士支判平成14・6・27生判14巻441頁等。

32) 山下・保険法290頁、山下=永沢・保険法 I 71頁［梅津昭彦］。

§4-V 4   61

める定めがある。すなわち、正しい告知をしなかった場合であっても、保険契約締
結時に正しい告知をしていたとしたら保険者が保険引受をしていたと認められる場
合に限り、保険事故発生前に保険契約者等が告知内容の更正を保険者に申し出れば、
保険者はかかる更正を認めることになっている。これを告知更正という。告知更正
が認められた場合には、告知義務違反に基づく契約解除の規定を適用しない。そし
て、告知更正によって保険料の増減を伴う場合には、当然のことながら、保険者は
保険料の請求または返還を行うとの取扱いをしている。[33]

4　告知の方式

　告知の方式については、保険法上も改正前商法と同様に特段の規定を設けていな
い。そのため、理論的には口頭でも書面でもよいと解することができる。

　実務上、損害保険の場合は、保険契約の申込書と告知書が一体化されており、保
険契約申込書の告知欄に保険契約者が記入する形で告知が行われるから、書面によ
るということになる。また、告知欄の質問事項についてのみ告知すれば足りるとさ
れ、[34] 実際上は保険法制定前にすでに自発的申告義務から質問応答義務に変化してい
た。[35]

　保険法は、保険契約者の保護を図るために、実務の扱いを法制化し、告知義務の
対象を危険に関する「重要な事項のうち保険者になる者が告知を求めたもの」とし
ている。これにより告知義務の性質は、法的に質問応答義務となった。この質問応
答義務の下では、告知義務者は保険者になる者の質問に回答すればよい。保険者が
質問表を使用した場合において、質問表による質問以外には、告知義務は及ばない。
たとえ危険測定上の重要事項であっても、保険者になる者がそれを質問しない限り、
告知義務違反を問うことはできない。

　講学上の「質問表」は、すなわち保険実務上の「告知書」である。損害保険と生
命保険を問わず、実務では、質問表を用いて、告知を求めるのが通例である。この
質問表の効力については、質問表は保険の技術に精通する保険者が作成したもので
あるから、これに掲げられた事項はすべて重要な事項と推定される（推定的効力
説）。[36]

---

33)　東京海上日動火災保険株式会社編著『損害保険の法務と実務〔第2版〕』266頁（金融財政
　　事情研究会・2016）。
34)　大阪高判平成10・12・16判タ1001号213頁等。
35)　山下・保険法291頁。
36)　東京地判平成3・4・17判タ770号254頁等。

5 告知事項

改正前商法644条1項では、単に告知義務者は「重要ナル事実」を告げること、または「重要ナル事項」について不実のことを告げないことのみ定めていた。しかし、何が重要な事実か、何が重要な事項かについて明文の規定を設けておらず、解釈に委ねていた。

本条では、「告知事項」を「重要な事項のうち保険者になる者が告知を求めたもの」とし、「重要な事項」とは、危険に関するものであり、そして、「危険」の定義については、保険契約の類型ごとに書き分けられ、損害保険契約における危険とは、「損害保険契約によりてん補することとされる損害の発生の可能性」であると定めている。しかし、具体的に何が重要な事項に該当するかは依然として解釈に委ねられている。これは、保険契約にも様々な種類のものがあり、告知事項についても多様なものがあり得るため、法律で一律に告知事項を定めるのは適当でないからと説明されている[37]。

また、保険法は、損害保険における告知義務について、5条に定義される「保険事故」の発生の可能性ではなく、「損害の発生の可能性」としているのは、損害保険契約が実損てん補を目的とすることから、それを問題にするものと説明されている[38]。

危険の事実について、講学上、保険危険事実と道徳的危険事実に大別される。「保険危険事実」とは、保険者が保険給付義務を負う保険事故の発生率の測定に関する事実をいい、「道徳的危険事実」とは、保険契約者側の関係者が故意の事故招致等により不正な保険給付を受ける意図を有する危険の測定に関する事実をいう[39]。道徳的危険事実の典型は、他保険契約の存在である。保険法が定める「危険」の事実は、単に保険危険事実に限定されるのか、それとも道徳的危険事実も含まれるのか、後述のようになお議論されている。

「重要な事項」の定義について、改正前商法の下では、危険測定に必要な事実であり、保険者が当該事実を知っていたならば保険契約の締結を拒絶したか、または少なくとも同一の条件（保険料等）では契約を締結しなかったであろうと考えられるものを意味すると解されている（判例・通説）[40]。保険法の下でも、この確立した解

---

37) 萩本・一問一答47頁、萩本修ほか「保険法の解説(2)」NBL885号25頁（注17）(2008)。
38) 大串=日生・解説保険法42頁［大串淳子］。
39) 山下・保険法291-292頁、岡田豊基「告知義務」落合=山下・理論と実務80頁。
40) 大判明治40・10・4民録13輯939頁、大判大正4・4・14民録21輯486頁、大判大正4・6・26民録21輯1044頁、大阪控判大正7・4・9新聞1462号24頁、大判昭和2・11・2民集6巻593頁、東京高判昭和61・11・12判時1220号131頁、岡山地判平成2・5・31生判6巻201頁、松本・保険法107頁、中西・前掲注(13)12頁、山下・保険法292頁。

釈が維持されると解されている。[41]

損害保険契約における告知事項の具体例は、以下のとおりである。[42]

自動車保険	①被保険自動車の情報（用途車種、登録番号、使用目的など） ②記名被保険者の情報（氏名・免許証の色など） ③契約者の自動車保険契約台数（10台以上かどうか） ④前契約の等級、事故の有無などの情報 ⑤他の自動車保険契約等（重複保険契約）の情報
火災保険	①建物の構造・用法 ②建物の所在地 ③他の火災保険契約等（重複保険契約）の情報
傷害保険	①被保険者の職業・職務 ②他の傷害保険契約等（重複保険契約）の情報

6 規定の性質

　本条は、保険契約者または被保険者保護の観点から、片面的強行規定とされている（7条）。これに反して、保険契約者または被保険者に不利な特約を定めても無効となる。たとえば、抽象的または包括的な質問により自発的申告義務を課す旨の特約や保険契約者または被保険者以外の者に告知義務を課す特約などは、無効となる。[43]

　もっとも、書面による告知を求める約款の定めが書面によることを要するものとはしていない本条の片面的強行規定性に違反するかどうかについて、告知義務者が告知受領権者に口頭で告げれば、告知義務は履行され、または少なくとも保険者の解除権阻却事由としての保険者の悪意には該当すると考えられることから、書面を要求するということの意義は訓辞的な効果しかないという理由で、片面的強行規定性に反するものではないと解される。[44]

　なお、保険法では、損害保険における企業保険の告知義務については、本条の片面的強行規定性を排除する特則が設けられており（36条）、たとえば、自発的申告義務を定める特約も許される。これは、特殊なリスクをカバーする損害保険契約の場合には、保険者に情報収集能力がなく、むしろ保険契約者や被保険者の側の方がリスクを把握しているからであると解される。[45]

41）　山下=米山・解説169頁［山下友信］、木下孝治「告知義務」中西喜寿・39頁、萩本・一問一答47頁、甘利公人=福田弥夫=遠山聡『ポイントレクチャー保険法〔第2版〕』68頁（有斐閣・2017）。

42）　一般社団法人日本損害保険協会Web（http://soudanguide.sonpo.or.jp/basic/4_1.html 最終アクセス日：2018年1月3日）参照。

43）　補足説明10頁。

44）　山下=米山・解説166頁［山下友信］。

45）　萩本・一問一答45頁(注1)。

7 告知義務をめぐる解釈問題―他保険契約の存在が告知事項に該当するか

保険法では、他保険契約の告知義務についての規定は設けられていないため、他保険契約の存在は保険法に定める告知事項に該当するか否かに関する解釈上の問題がなお残る。前述のように、保険法制定後も、損害保険の実務において、他保険契約の存在は一般に告知事項とされている。本条は片面的強行規定であるから、仮に保険法の告知事項に他保険契約の存在が含まれないと解されるのであれば、かかる保険実務に問題が生じる[46]。解釈論上、依然として、以下のように否定説と肯定説が対立している。

否定説は以下の理論構成で主張している[47]。①保険法においても、告知事項を保険事故の発生の可能性に関する事実すなわち保険危険事実に限定している。②他保険契約の存在と保険事故との間には論理的な意味での因果関係が存在しない。③他保険契約の締結またはその不告知が、保険者の保険契約者等に対する信頼を損ない、当該契約の存続を困難とする程度であれば、重大事由による解除の規定（30条・57条・86条）を適用すればよいことである。

これに対し、肯定説の理論構成は次のとおりである[48]。まず、保険法で他保険契約の告知義務に関する特別の規定を設けないことにしたのは、決して保険者が危険選択のために他保険契約の告知を求めることを許さないという趣旨ではない。他保険契約が存在することが危険に関する重要な事項に該当するか否かは、保険契約の内容や他保険契約の付保状況による。つまり、保険者が他保険契約の存在を危険選択（測定）の判断材料とし、複数の保険契約の累積が一定の基準を超えたならば、保険引受を拒絶する場合には「重要な事項」となる。

もっとも、保険法では、解除の効力において、因果関係のない事故等に関する限りでは、損害のてん補または保険給付の責任を免れない、いわゆる因果関係不存在の特則を設けている（31条・59条・88条2項1号）が、他保険契約の存在と保険事故との間には因果関係がないのが通常である。したがって、他保険契約に関する不告知ゆえに告知義務違反として保険契約が解除された場合でも、必ずしも保険者が免責されるわけではない。ただ、不告知の他保険契約が短期間で締結され、かつ著しく多く存在するような場合には、告知義務違反による解除とは別に、重大事由による解除が認められる可能性がある。

---

46) 同旨、松澤登「告知義務違反による解除」甘利＝山本・論点と展望43頁。

47) 洲崎博史「保険法のもとでの他保険契約の告知義務・通知義務」中西喜寿・86頁等。

48) 萩本・一問一答47頁以下、山下＝永沢・保険法Ⅰ　14頁［伊藤雄司］・73頁［梅津昭彦］、洲崎・前掲注(47)82頁以下・90-92頁、岡田・前掲注(39)80頁、潘・概説74頁・204頁等。

§4-Ⅵ1, 2   65

　要するに、他保険契約が危険に関する重要な事項にあたる程度に存在する場合には、その告知は告知事項に該当すると解釈できる。他保険契約について告知義務違反がある場合には、保険事故発生前に、保険者は告知義務違反による契約の解除ができる。契約解除前に保険事故が発生したときは、正しく告知を行わなかった事項と保険事故による損害または傷害との間に因果関係が認められない場合には、保険者は告知義務違反による契約の解除ができるものの、損害をてん補する責任を免れない。もっとも、重大事由による解除権の行使により対処することができる。[49]

Ⅵ　今後の展望

1　実務との関係

　旧標準約款には、告知義務自体の規定が設けられていなかった。保険法の改正に伴い、標準約款においても、次のように告知義務を規定する条項が新設されている。すなわち、「保険契約者または被保険者になる者は、保険契約締結の際、告知事項について、当会社に事実を正確に告げなければなりません」（自動車保険標準約款6章4条1項、住宅総合保険標準約款16条1項、家族傷害保険標準約款14条1項・損害保険料率算出機構）。

　また、改正前商法の下からすでに申込書の記載事項を告知事項としている質問応答義務が採用されてきたが、保険法改正を受けて、申込書の告知事項の一層の明確化、質問方法・表示方法の工夫等が行われている。

2　残された課題

　保険法では、告知義務に関する改正前商法上の課題の多くが立法で解決されたが、前述のように、なお明文化されていない課題が存在し、依然として解釈に委ねられている。とりわけ告知事項については、契約の内容や目的物の種類等によって千差万別であるし、時代の移り変わりとともに危険測定における重要な事項が変わってくることも考えられる。また、他保険契約の存在を含む道徳的危険事実が保険法で定める告知事項に該当するのかに関する解釈上の問題、そして、他保険契約の不告知または不実告知の場合における告知義務違反による解除と重大事由による解除の規定の適用問題をめぐって、今後論じられることが多くなることが予測される。

〔李　鳴〕

---

49)　第17回議事録31-33頁、萩本・一問一答47-48頁参照。

（遡及保険）

第5条 ① 損害保険契約を締結する前に発生した保険事故（損害保険契約によりてん補することとされる損害を生ずることのある偶然の事故として当該損害保険契約で定めるものをいう。以下この章において同じ。）による損害をてん補する旨の定めは、保険契約者が当該損害保険契約の申込み又はその承諾をした時において、当該保険契約者又は被保険者が既に保険事故が発生していることを知っていたときは、無効とする。

② 損害保険契約の申込みの時より前に発生した保険事故による損害をてん補する旨の定めは、保険者又は保険契約者が当該損害保険契約の申込みをした時において、当該保険者が保険事故が発生していないことを知っていたときは、無効とする。

改正前商法第642条 保険契約ノ当時当事者ノ一方又ハ被保険者カ事故ノ生セサルヘキコト又ハ既ニ生シタルコトヲ知レルトキハ其契約ハ無効トス

【条文変遷】 ロエスレル草案696条、明治23年商法636条、明治32年商法397条、明治44年商法397条、改正前商法642条

【参照条文】 保険法39条・68条、損保試案642条

【外国法令】 ドイツ保険契約法2条、フランス保険法典L. 121-15条、イタリア民法典1895条、スイス保険契約法9条等

I 概　要

1　遡及保険の意義

遡及保険とは、保険期間の始期を保険契約の成立の時よりも前に遡らせることをいう。通常、保険期間の始期は契約成立の時またはそれ以後であり、保険契約の成立前に発生した保険事故については、保険者は危険負担（保険給付）をする義務を負わないはずである。しかし、遡及保険によれば、保険契約の成立前に発生した保険事故についても保険者の危険負担の責任が認められることになる。

遡及保険は、もともと通信手段が未発達であった時代に、船舶が航海に出港した後、関係者はその安否につき全く情報を得られないのが普通であり、また、船舶や積荷から離れた場所で保険契約を締結するには、航海開始の通知を受領してから手続せざるを得ないことから、保険期間の始期を航海開始に遡らせて契約の効力を生

---

1) 基本法コンメンタール242頁［中西正明］、萩本・一問一答61頁等。

じさせるという実務上の必要があったためといわれている[2]。遡及保険は、今も特に海上保険、運送保険においてよく利用されている。たとえば、海上保険において、船が出港した後になって、保険者の責任開始を出港時に遡らせて危険負担をする保険契約を締結する場合、また運送保険において、貨物を船積した後であっても、保険者の責任開始を貨物の船積時に遡らせて危険負担をする保険契約を締結する場合などがこれに該当する。

2　規定の趣旨

遡及保険は、もともと被保険者に保険保護を与えることを企図したものである。しかし、かかる保険を無制限に認めることは、悪用される弊害が生じかねない。保険を悪用した利益を被保険者に得させることになる。たとえば、保険契約者側においては、保険事故がすでに発生していること（以下「発生」または「既発生」という場合がある）を知っている場合に、保険契約を不正に利用して保険金を取得しようとすることや、保険者側においては、保険事故が発生していないこと（以下「不発生」という場合がある）を知っている場合に、実質的な危険負担がないにもかかわらず保険料を取得しようとすることである。

そこで、改正前商法から、保険契約時に当事者の一方または被保険者が保険事故の不発生または既発生を知っているときは、保険契約を無効とする規定が設けられていた（改正前商法642条）。当該規定の趣旨は、保険事故の不発生・既発生の確定を知る関係者が相手方の不知に乗じて不当な利得を企図する弊害を防止するところにあった[3]。

もっとも、後述するように同規定をめぐって様々な疑義が指摘されていた。保険法は、改正前商法642条の趣旨を維持しつつ、遡及保険が効力を有する場合を整理し、かかる疑義を解消すべく条文の内容を改めている[4]。

3　条文概要

保険法における遡及保険は、損害保険、生命保険および傷害疾病定額保険の共通事項である。いずれも遡及保険が原則として有効であることを前提に、例外的に保険契約者側が保険給付を受けることが不当利得となる場合と、保険者が保険料を取得することが不当利得となる場合に限って、遡及保険の定めを無効としている。

2）　田辺・基本構造197頁(注1)、古笛恵子「遡及保険と保険事故の偶然性」金澤・新たな展開77頁等参照。

3）　大森忠夫『続保険契約の法的構造』187頁（有斐閣・1956）。

4）　補足説明20頁。

本条（5条）は、損害保険契約の遡及保険を規律するものである。損害保険契約の締結前に発生した保険事故による損害をてん補する旨の定めは、保険契約者がその保険契約の申込みまたはその承諾をした時点で、当該保険契約者または被保険者（以下「保険契約者等」または「保険契約者側」という場合がある）が保険事故の既発生を知っていた場合（1項）、また、損害保険契約の申込みの時より前に発生した保険事故による損害をてん補する旨の定めは、保険者または保険契約者がその保険契約の申込みをした時点で、当該保険者が保険事故の不発生を知っていた場合（2項）は、いずれも無効としている。

本条1項は絶対的強行規定であり、2項は片面的強行規定である（7条）。

Ⅱ　沿　革

1　ロエスレル草案

ロエスレル草案は、遡及保険に関して696条で「保険ノ当初既ニ生シタル危険ニ係ル保険ハ無効トス但双方又ハ其代人其事実ヲ知ラス且仮令ヒ危険既ニ生シタルモ其保険有効ナルコトヲ明言シタル時ハ此限ニ在ラス」と定めていた。すなわち、保険の当初すでに生じていた危険にかかる保険は無効とする。ただし、双方またはその代理人がその事実を知らず、かつ仮に危険がすでに生じていても、その保険が有効であることを明言したときはこの限りではないとされていた。

同条の理論構成として、すでに生じた危険を保険に付することができないことは原則であるが、①危険がすでに生じていたことを知らなかった場合、かつ、②危険がすでに生じていたものの、その契約が有効であることを前提として契約を締結した場合は、かかる制限から除かれると説明されていた[5]。これにより、ロエスレル草案は、遡及保険の有効性を認めているものと解することができると考えられる。

2　明治23年商法

明治23年商法は、遡及保険に関して636条で「保険契約取結ノ時既ニ生シタル危険ニ対スル保険ハ無効トス但当事者双方又ハ其代人ノ孰レモ其危険ノ生シタルコトヲ知ラス且既ニ危険ノ生シタルモ有効タル可キ旨ヲ明示シテ契約ヲ取結ヒタルトキハ此限ニ在ラス」と定めていた。すなわち、保険契約締結の時にすでに生じていた危険に対する保険は無効とする。ただし、当事者双方またはその代理人のいずれもがその危険の生じていたことを知らず、かつすでに危険が生じていても（当該契約

---

5)　ロエスレル・108頁参照。

をもって）有効とすべき旨を明示して契約を締結したときはこの限りではないとされていた。

明治23年商法636条は、文言を修正したものの、規定の内容はロエスレル草案696条を踏襲したものであることが明らかである。

3　明治32年商法以降〜改正前商法まで

明治32年商法は、397条で「保険契約ノ当時当事者ノ一方又ハ被保険者カ事故ノ生セサルヘキコト又ハ既ニ生シタルコトヲ知レルトキハ其契約ハ無効トス」と定め、同433条１項で生命保険に準用するとされた。明治32年商法と、明治23年商法までの立法との違いは、①遡及保険について法的に正面から定めていないこと、②保険契約が無効である場合のみ定めていること、および、③生命保険にも準用することを明記したことである。同規定は、昭和13年商法改正の際には条文番号が642条に改められた（同683条１項で生命保険に準用）だけで、保険法改正前まで続いた。

Ⅲ　改正前商法

1　改正前商法642条の解釈

改正前商法642条は、保険契約の当時、当事者の一方または被保険者が、事故の生じていないこと、またはすでに生じたことを知っていたときは、その契約は無効とすると定めていた。ここにいう「保険契約ノ当時」とは、保険契約の締結時を意味し、契約の申込みよりこれに対する承諾の時までを指すものであり[6]、また、「事故ノ生セサルヘキコト」とは、すなわち、保険事故の生ずる可能性がなく、保険事故の不発生が確定していることと解される[7]。

同規定によれば、保険契約の締結時に保険事故の不発生または既発生が客観的に確定している場合に、保険契約が当然に無効になるのではない。保険事故の不発生または既発生が客観的に確定していることを当事者の一方または被保険者が「知っている」場合にのみ、その契約が無効とされる。これを反対解釈すれば、保険契約の締結時に、当事者の一方または被保険者が保険事故のすでに発生していること、あるいは発生していないことの確定を主観的に知らない限り、その契約は有効である。なお、その不知が過失に基づくと否とを問わないと解されている[8]。

6）　東京地判大正11・3・31評論11巻商176頁、大森・前掲注（3）183頁等。

7）　基本法コンメンタール242頁［中西正明］。

8）　大森・保険法62頁、基本法コンメンタール242頁［中西正明］、山下・保険法356頁。

2 改正前商法の下での議論

改正前商法の下では、642条の規定について、学説上は以下の疑義が指摘されるとともに、それらをめぐる解釈論や立法論が存在していた。

(1) 遡及保険に限定されるかが不明

改正前商法642条が遡及保険の場合のみに適用されるのか、それとも保険期間の始期が契約成立の時点以後である将来保険についても適用されるのかは、規定の文言上は必ずしも明らかではないため、学説上見解が分かれていた。[9]

遡及保険に限定されず、将来保険にも適用されるとの見解は、改正前商法642条で契約が無効となる要件の1つとして単に「事故が発生しなかったこと」ではなく、「事故ノ生セサルヘキコト」を知っているとされていることから、事故発生の可能性が消滅したことを知っている場合における、将来の保険期間の契約をも無効とするものであると解した。[10]

これに対し、将来保険にも適用があると解されるならば、契約締結の当時に保険事故がすでに発生しており、または保険事故発生の可能性が完全に消滅している場合には、当事者の知・不知にかかわらず、保険期間中に保険事故が発生する偶然性は全く存在しないことになるから、遡及保険とは根本的に異なるものである。たとえば、ある建物が火災で焼失した後に、所有者が罹災の事実を知らずに当該建物について遡及保険でない火災保険契約を締結したときには、保険者も罹災の事実を知らない限り、かかる保険契約は有効となるという結論を導くことになる。これは適当でないとして、否定する見解が多数であった。[11]

(2) 無効の範囲が不明

改正前商法642条では、「契約ハ無効トス」とのみ規定されているため、無効とされる範囲が、遡及保険の定めのみであるのか、保険契約全体に及ぶとされるのかが不明確であるため、保険契約者または被保険者が保険事故の既発生または不発生を知っていても、保険者がそれを知らないという場合に、保険者は保険料を全部取得できるのか、それとも一部を取得できるのか、保険料の取得範囲も明らかではないとの指摘があった。[12]

(3) 画一的無効は妥当ではない

改正前商法642条によれば、保険契約の締結時に当事者の一方または被保険者の

---

9) 梅津昭彦「保険契約の終了」甘利=山本・論点と展望71頁参照。
10) 田辺・基本構造198-200頁。
11) 神崎克郎〔判批〕損保百選〔初版〕26頁以下、基本法コンメンタール243頁〔中西正明〕等。
12) 西島・保険法67頁、損保試案理由書23頁以下。

いずれかが保険事故の既発生・不発生が確定したことを知っていれば、保険契約は画一的に無効とされていた。しかしながら、改正前商法642条の趣旨が保険契約の悪用による不当利得企図の弊害を防ぐということにあることに鑑み、保険事故の既発生について保険契約者および被保険者が知らない場合、保険者が知っていたとしても保険金不正取得の弊害性はないとともに、保険事故の不発生について保険者が知らない場合、保険契約者または被保険者が知っていたとしても保険料不正取得の弊害性はない。それにもかかわらず、保険契約を画一的に無効とするのは妥当ではない。立法論としては、これらの場合には、契約は有効であって保険者が保険金支払義務を負うように規定を定めるべきであるとの指摘があった。[13]

(4) 遡及保険不要論

遡及保険は、通信手段が発達していなかった時代の実際上の要請に基づくものであって、通信手段の発達に伴い、遡及保険を認める必要性は漸次減少し、ことに陸上保険についてはほとんどその必要性がなくなっている。したがって、改正前商法642条は任意規定であるので、約款により、保険契約者または被保険者の知・不知を問わず、契約成立の当時すでに保険事故が発生している場合は常に契約は無効である、と定めることは差支えないとの見解があった。[14]

IV　立法過程

1　保険法制定前試案

損保試案は、改正前商法642条に関する一般的解釈論や立法論的指摘と提案を踏まえて、次のように改正を試みた。

損保試案642条1項で「保険期間の開始の時期を契約締結の時よりも前に遡らせることができる」として、保険契約の当事者が遡及保険を有効に締結できる旨を正面から定めたうえ、2項で「前項の場合において、契約締結の当時保険契約者または被保険者が保険事故またはその原因がすでに生じたことを知っていたときは、保険者は、損害をてん補する責任を負わない」と定めた。そして3項で、遡及保険における保険料取得の権利関係について、「第1項の場合において、保険者は、契約締結の当時、保険事故が確定的に生じないことを知っていたときは、保険料を取得することができない」とし、それ以外の場合には保険料を全部取得できることを明

---

13)　西島・保険法67頁、田辺・基本構造198頁（注1）、基本法コンメンタール242頁［中西正明］等。

14)　大森・保険法62頁、石田・商法IV　94頁以下。

らかにしていた。

同条1項および2項は、任意規定であり（損保試案663条の3）、同条3項は、保険契約者側の不利益に変更することを許さない半面的（片面的）強行規定とした（損保試案663条の3第2項）[15]。

2 法制審議会保険法部会の審議

保険法部会では、前述のように通信手段の発達した現代にあっては、少なくとも陸上保険の分野においては遡及保険の必要性が乏しくなっているとの考えから、そもそも保険法において遡及保険に関する規定を設けることが必要かどうかについて議論された。しかし、議論の末、やはり今日の実務（主に海上保険の実務）においても必要であるとの要請に応じ、基本的には改正前商法の立場を維持することで遡及保険に関する規定を設けることとされた[16]。

(1) 初期の段階

保険法部会初期段階の検討過程においては、改正前商法642条の問題点を念頭に、かつ約款上の責任遡及条項[17]を有効とすべきことを前提として、以下の規定案が提示された[18]。

「損害保険契約でその成立前に生じた保険事故について保険者が責任を負う旨を定めた場合において、その成立時に保険者において保険事故が発生していないことを知り、又は保険契約者若しくは被保険者において保険事故が発生していることを知っていたときは、当該契約のうちその成立前から保険者が責任を負う旨を定める部分について、無効とするものとする。

① 本文の規律にかかわらず、保険契約の申込みの通知から保険契約の成立までの間に生じた保険事故について保険者が責任を負う旨を定めたときは、その定めは効力を有するものとする。

② 本文の規律にかかわらず、申込みの通知より前に生じた保険事故について保険者が責任を負う旨を定めたときは、保険契約の申込みの通知を発した時に保険者において保険事故が発生していないことを知り、又は保険契

---

15) 損保試案理由書24頁。

16) 第1回議事録21-26頁。

17) 責任遡及条項とは、保険者が保険契約の申込みを承諾する前に、第1回保険料相当額を受領していた場合に、保険者の承諾時からではなく、第1回保険料相当額の受領時（保険料相当額の受領後に、告知義務に基づく告知がされた場合には、告知を受けた時）に遡って保険者の責任を開始させる旨の定めをいう。詳細は§39解説Ⅲ(1)参照。

18) 部会資料(9)11頁、第8回議事録50頁以下。

約者又は被保険者において保険事故が発生していることを知っていたとき
は、当該契約のうちその成立前から保険者が責任を負う旨を定める部分に
ついて、無効とするものとする。」

①は、生命保険実務の責任遡及条項を例として挙げて、保険契約者の申込みの通
知から保険契約の成立までの間に時間的間隔がある場合を踏まえて提案されたもの
である。[19] 損害保険実務においては、保険契約者となるべき者の契約申込に対し、保
険会社の担当者または契約締結の権限を有する損害保険代理店が即時に承諾をする
のが通常であり、時間的間隔はないが、理論上は、損害保険契約においても同様の
定めをすることがありうると考えられている。[20]

②は、申込みより前から保険者が責任を負う旨の定めについては、前号に合わせ
て本文の規律のうち契約の成立時を基準としている部分を申込みの時点を基準とす
る。[21]

(2) 中間試案の段階

中間試案の段階においては、以下のように、遡及保険が無効となる場面を列挙す
ることにより、それらの場合を除き遡及保険を有効とすることを正面から表す規定
案が提示された。[22]

「保険者が保険契約の成立前に発生した保険事故による損害をてん補する旨
の定めは、次に掲げる場合を除き、その効力を有するものとする。
(ア) 保険契約者によって契約の申込みの通知が発せられた時に保険契約者又は
被保険者が既に保険事故が発生していることを知っていたとき
(イ) 保険者が契約の承諾の通知を発した時に保険事故が発生していないことを
知っていたとき」

(3) 要綱案の段階から保険法案まで

要綱案の段階から、次のように、損害保険契約締結の前に保険事故が発生した場
合と契約申込みの前に保険事故が発生しなかった場合とに分けて規定が置かれ、こ
れら遡及保険が有効であることを前提に、無効となる場合を明らかにしている。[23] ま
た、保険契約者が契約の申込みをした場合だけでなく、その承諾を保険契約者がし

---

19) 部会資料(9)11頁。
20) 部会資料(2)3頁、部会資料(9)11頁。
21) 部会資料(9)12頁。
22) 部会資料(14)5頁、中間試案5頁、補足説明20頁。
23) 部会資料(23)3-4頁、部会資料(26)3頁、部会資料(27)2-3頁。

74　　　　　　　　　　　　　　§5-V1

た場合をも念頭に置いた[24]。

> 「①　損害保険契約を締結する前に発生した保険事故による損害をてん補する
> 　　旨の定めは、保険契約者が当該損害保険契約の申込み又はその承諾をした
> 　　時において、当該保険契約者又は被保険者が既に保険事故が発生している
> 　　ことを知っていたときは、無効とするものとする。
> ②　損害保険契約の申込みの時より前に発生した保険事故による損害をてん補
> 　　する旨の定めは、保険者又は保険契約者が当該損害保険契約の申込みをした
> 　　時において、当該保険者が保険事故が発生していないことを知っていたとき
> 　　は、無効とするものとする。」

　保険法案における最終的な法文では、1項の保険事故について、括弧書で「(損
害保険契約によりてん補することとされる損害を生ずることのある偶然の事故とし
て当該損害保険契約で定めるものをいう。以下この章において同じ。)」と定義され
た。その他には特段の変更はなかった。

V　条文解説

1　保険事故の定義

　保険法は、本条1項の括弧書において、保険事故の定義として「(損害保険契約
によりてん補することとされる損害を生ずることのある偶然の事故として当該損害
保険契約で定めるものをいう。以下この章において同じ。)」と定めている。

　保険事故は、「偶然な事故」でなければならないのが原則である。保険契約の本
質は、偶然性を有する一定の事故によって生じる損害をてん補することである。こ
こにいう「偶然性」とは、契約成立の当時において、保険事故の発生・不発生がい
ずれも可能であって、しかもそのいずれとも不確定であることをいう[25]。契約締結時
にすでに発生した事実もしくは発生しないことが確定している事実を保険事故とす
ることは、本来できないはずである。

　しかしながら、契約締結時に、契約当事者または被保険者が保険事故の生じてい
ないことまたはすでに生じたことを知らないことがありうる。その発生・不発生を
知らない場合には、少なくとも契約者間においては実際上保険事故が不確定である
場合と変わらず、この場合に契約を成立させても保険契約の本質に抵触しない。し

---

24)　補足説明21頁。
25)　大森・保険法61頁。

§5-Ⅴ2　　　　　　　　　　　　　　　　　　　　　　　　　　　75

たがって、その保険事故の偶然性は客観的に存在することは必ずしも必要ではなく、契約関係者の主観において存在すれば足りる。これは、改正前商法からの一般的見解である。[26]

2　本条1項

(1)　契約締結前における保険契約者側の保険事故既発生の知による無効

　本条1項は、「損害保険契約を締結する前に発生した保険事故（略）による損害をてん補する旨の定めは」、「当該保険契約者又は被保険者が既に保険事故が発生していることを知っていたときは、無効とする」と定め、保険契約者側に関わる規定である。

　つまり、保険契約者または被保険者（被保険者の死亡によって生ずる損害をてん補する傷害疾病損害保険契約にあっては、その相続人—35条）が保険事故の既発生（傷害疾病損害保険契約にあっては、保険事故による損害が生じていること—35条）につき知っていた場合は、遡及保険の定めは無効となる。このことは裏返していえば、保険契約者または被保険者が保険事故の既発生を知らない場合は、その発生につき保険者の知・不知を問わず、遡及保険の定めは有効であり、保険者は損害をてん補する責任を負う、と解釈できる。

　契約締結時にすでに保険事故が発生している場合には、免責事由等がない限り、被保険者は、原則として保険給付を受けることができる。しかし、保険契約者等が保険事故の既発生を知りながら、保険契約の申込みまたは承諾をした場合に保険給付の受領を認めると、不当な利得を許容することになるから相当ではない。したがって、その場合は、遡及保険のうち、保険者の責任の開始を損害保険契約の締結時よりも前に遡らせる旨の定めを無効とする。[27]　そして、保険契約者等に詐欺の意思があったと否とを問わない。仮に詐欺の意思があった場合でも、民法96条による取消しを待たずに、かかる定めは無効となる。[28]

　一方、保険事故の既発生について保険契約者および被保険者が知らない場合、保険者が悪意であっても（それを知っているとしても）保険契約者等による保険金不正取得の弊害はないことから、遡及保険の定めは有効である。[29]

　たとえば、運送保険において、保険の目的である運送品がすでに破損し保険事故

---

26)　基本法コンメンタール242頁［中西正明］、田辺・基本構造195頁、山下・保険法355-365頁等参照。

27)　萩本・一問一答62頁、萩本修ほか「保険法の解説(2)」NBL885号26頁（2008）。

28)　大森・保険法63頁（注3）参照。

29)　古笛・前掲注（2）78頁、潘・概説29頁。

の発生が客観的に確定していても、包装しているため外観的には異常がないので、保険契約者等が運送品の破損を知らない場合は、遡及保険の定めは有効となる。一方、保険契約者等がそのことを知りながら申込みまたは承諾をした場合は、遡及保険の定めを無効とする[30]。

(2) 1項における知・不知の判断基準時

本条1項における知・不知を判定する基準時は、「保険契約者が当該損害保険契約の申込み又はその承諾をした時」とされる。これは、保険契約の申込みまたは承諾の時に保険契約者等がすでに保険事故が発生していることを知っていた場合には、保険契約を不正に利用して保険金を取得しようとするものであるため、保険者の知・不知にかかわらず、遡及保険の定めは無効とすべきであることを理由とするものである[31]。

一方、保険契約の申込みまたは承諾の通知を発する時（実務上、申込書または承諾書を提出した時）には、保険契約者および被保険者は保険事故の既発生を知らなかったものの、その後保険契約が成立するまでの間に保険事故の既発生を知ることになる場合が考えられる。しかし、その場合は、保険事故の既発生について知・不知を問題としなくとも、保険契約者側による保険金の詐取を防止するという立法趣旨も実現できる。したがって、保険契約者が申込みまたはその承諾の通知を発した時を知・不知の基準とすれば足りる。保険契約者が申込みまたは承諾をした後に、保険契約者等が保険事故の既発生を知っていたとしても、遡及保険についての定めは無効とならず、保険者は保険金を支払う責任を負うことになる[32]。

(3) 保険契約者の承諾の趣旨

保険契約においては、保険契約者が申込みをし、保険者がこれを承諾することによって契約が成立するのが一般的であるが、民法上、承諾者が、申込みに条件を付し、その他変更を加えてこれを承諾したときは、申込みの拒絶とともに新たな申込みをしたものとみなすと定められていることから（民法528条）、本条1項は、保険契約者が損害保険契約を申し込む場合と、保険者が保険契約者の申込みについて保険金の削減または保険料の割増という一定の条件を付ける意思表示を新たな申込みとして行い、保険契約者がこれを承諾する場合という両方の場合を想定して規定を設けている[33]。

---

30) 西島・保険法69頁以下。
31) 部会資料（9）12-13頁、第1回議事録22頁以下。
32) 部会資料（9）12頁、補足説明21頁。
33) 萩本ほか・前掲注(24)26頁(注18)。

3 本条2項

(1) 契約申込時における保険者側の保険事故不発生の知による無効

本条2項は、「損害保険契約の申込みの時より前に発生した保険事故による損害をてん補する旨の定めは」、「当該保険者が保険事故が発生していないことを知っていたときは、無効とする」と定め、保険者側に関わる規定である。ここにいう「保険事故が発生していない」とは、「保険事故がまだ発生していない」、これから発生の可能性が残るという意味ではなく、改正前商法642条の「事故ノ生セサルヘキコト」と同様に、保険事故発生の可能性が消滅しその不発生が確定していることを意味する。

本項は、つまり、保険者が保険事故の不発生を知っていた場合に、保険給付責任の不発生が確定したことを知りつつ締結した保険契約を有効とすると、保険者に危険負担なくしてその申込み前の期間の保険料の取得を認めることとなり相当でないことから、遡及保険のうち、保険者の責任の開始を保険契約の申込みより前に遡らせる旨の定めを無効とするものである[34]。このことは裏返していえば、保険者が保険事故の不発生を知らない場合は、遡及保険の定めは有効であり、保険者は保険料の取得ができる、と解釈できる。また、その不発生につき保険契約者等の知・不知を問わない。なぜなら、保険事故の不発生が確定している以上、保険契約の悪用は考えられないからである[35]。

たとえば、海上保険において考えられる事例として、船舶がすでに目的地に無事到着していることを知らないまま、保険契約者がその船舶または積荷について保険契約を申し込むような場合、保険者がその事実を知らない限り、遡及保険の定めは有効となる。一方、保険者がその事実を知っている場合は、遡及保険の定めを無効とする。

なお、本条2項では、保険者が契約の申込みをした場合だけでなく、保険契約者が契約の申込みをした場合についても、保険者が保険事故の不発生を知っていたときは契約を無効とする[36]。

(2) 2項における知・不知の判断基準時

本条2項における知・不知を判断する基準時は、「保険者又は保険契約者が当該損害保険契約の申込みをした時」とする。つまり、保険契約の申込みの通知を発した時（実務上、申込書を提出した時）を基準として、保険事故の不発生についての保

---

34) 補足説明21頁、萩本・一問一答62頁、萩本ほか・前掲注(24)26頁。
35) 潘・概説29頁。
36) 部会資料(26) 3 頁。

険者の悪意により無効となるのは、契約の申込みの時より前に生じた保険事故について保険者が保険給付を行うという遡及保険の定めであるから、契約の申込みの時より後に保険者が保険事故の不発生を知ったとしても、無効とはならない[37]。なぜなら、申込みの通知を発する時には保険者は保険事故の不発生を知らなかったが、その後保険契約が成立するまでの間にそれを知ることになる場合も生じうる。そして、申込みの通知を発してから保険契約の成立時までの間の保険事故の不発生等について知・不知を問題としなくとも、弊害は生じないからと説明されている[38]。

　したがって、保険契約者が契約の申込みの通知を発し、保険者が承諾の通知を発するまでの間に、保険者は保険事故の不発生を知ったとしても、保険料を取得することができると解釈されうる[39]。

4　本条1項と2項との関係

　本条1項と2項との関係においては、以下の点が異なる。

(1)　責任遡及の範囲

　本条1項と2項は責任遡及の範囲が異なる。本条1項は保険者の責任の開始を「契約締結時」よりも前に遡らせるものを対象とするのに対し、本条2項は保険者の責任の開始を「契約申込み時」よりも前に遡らせるものを対象とする。したがって、契約の申込みから締結までの間に発生した保険事故について、保険者が責任を負う旨の定めには、1項の規律しか適用されないが、契約の申込みよりも前に発生した保険事故について、保険者が責任を負う旨の定めには、1項と2項の両方の規律が適用されることになる[40]。

(2)　無効とする要件

　次に、本条1項と2項における遡及保険の定めを無効とする要件にも違いがある。本条1項は保険金不正取得の危険について規律するものであるから、遡及保険の定めを無効と判断するには、保険契約者の契約申込または承諾の時に、保険契約者または被保険者が保険事故の既発生を知っていることを要件とする。これに対し、本条2項は保険料不正取得の危険について規律するものであるから、遡及保険の定めを無効と判断するには、保険者または保険契約者の契約申込の時に、保険者が保険事故の不発生を知っていることを要件としている。

---

37)　補足説明21頁、新井修司「契約の成立と遡及保険」中西喜寿・28頁、大串＝日生・解説保険法54頁［花田さおり］。

38)　部会資料（9）12頁、補足説明21頁。

39)　補足説明21頁。

40)　萩本・一問一答63頁（注4）。

§5-V5,6

(3) 無効となる場合の法的効果

さらに、本条1項と2項によって遡及保険の定めが無効となる場合の法的効果が異なる。本条1項では、遡及保険の定めが無効とされた場合には、保険事故が発生しても被保険者は保険金を取得できない。そして、制裁を課す趣旨で保険者は保険料を返還する義務を負わない（32条2号本文）。ただし、保険者が保険事故の発生を知って当該保険契約の申込みまたはその承諾をしたときは、保険者は保険料の返還義務を負う（同号但書）。保険契約が無効となることを知りながら、契約を締結し、保険料を取得するのは不当だからである。これに対し、本条2項では、遡及保険の定めが無効とされた場合には、保険者は、事実上危険を負担していないから保険料を取得できない。そして、保険契約者が保険料を支払っていたとき、民法703条（不当利得の返還義務）に基づき、保険者はその保険料を保険契約者に返還する義務を負う。

5 規定の性質

本条1項は、保険契約者および被保険者が保険制度を悪用して少額の保険料で多額の保険給付を受けることを防止する趣旨であり、公序に関する規定であるから、その性質上絶対的強行規定と解される[41]。

本条2項は、保険者が保険事故の不発生を知りながら保険契約を締結し、保険料を不当に取得することを防止する趣旨であるから、片面的強行規定とされている（7条）。したがって、本条2項に反して保険契約者または被保険者に不利な特約は無効となる。たとえば、保険契約者の契約申込時に保険者が保険事故の不発生を知っていた場合にも遡及保険の定めを有効とする旨の約款の規定は無効となる[42]。

もっとも逆に、保険契約者または被保険者に有利な規定、たとえば、後述のように、官公庁から受注した請負契約において、全工事期間にわたる責任保険の付保が条件であったにもかかわらず、付保が遅れ、かつ、賠償事故（保険事故）が発生していない場合には、工事開始後に工事開始時点に遡及させる公共工事保険契約が有効と解される。

6 改正前商法の規定との比較

本条は、改正前商法642条と比べ、以下の点において改正を行い、改正前商法に関する上述の議論の解決を図った。

---

41) 第23回議事録1頁、萩本・一問一答63頁。
42) 第21回議事録2頁。

第1に、遡及保険の規律であることの明文化である。改正前商法642条において
は、「遡及保険」という文言が用いられていないため、遡及保険に関する規定であ
ることは必ずしも明確ではなかった。これに対し、本条では、見出しで正面から遡
及保険の定めに関する規定であることを明示することにより、本条が遡及保険の場
合のみに適用され、将来保険に適用されないことを明確化した。

第2に、無効となる保険契約の範囲の明確化である。改正前商法642条は単に
「契約ハ無効トス」としていたため、無効とされる契約の範囲が契約全体か、それ
とも遡及保険の定めの部分だけかが文言上必ずしも明らかではなかった。これに対
し、本条では、無効となるのは、契約締結前に発生した事故による損害をてん補す
る旨の定め（1項）と、申込み前に発生した事故による損害をてん補する旨の定め
（2項）であるとして、その無効となる保険契約の範囲は、遡及保険の定めの部分だ
けに限定して適用されることを明記している。

第3に、保険事故の発生・不発生を知っていた場合における一律無効の排除であ
る。改正前商法642条は、契約締結時に当事者の一方または被保険者が保険事故の
不発生または既発生を知っている場合には、保険契約を一律に無効としていた。こ
れに対し、本条では、保険契約締結の際に、いずれかが保険事故の発生または不発
生を知っていたとしても、「不当な利得」に該当しない場合に一律に無効とするま
での必要はないとして、それを排除している。これによって、保険法は、遡及保険
も原則として有効であることを前提に、例外的に無効となる場合を改正前商法より
も限定している。

第4に、知・不知の判断時点の明確化である。改正前商法は、保険事故の発生・
不発生につき、契約の当事者または関係者の認識の有無を判断する時点として「保
険契約ノ当時」とのみ定め、必ずしも明確ではなかった。これに対し、本条では、
保険契約者が当該保険契約の申込みまたはその承諾をした時、あるいは、保険者ま
たは保険契約者が当該保険契約の申込みをした時と明確化している。

VI 外国法令

遡及保険に関する外国の立法例には、以下のように当事者の知・不知を問うもの
と、問わないものの2通りがある。

1 当事者の知・不知を問う立法例

ドイツ保険契約法2条（遡及保険）は、「保険契約は、その保険保護を契約締結前
から開始する旨を定めることができる」（同条1項）とし、「保険者が、契約の意思

表示の際に、保険事故の発生が排除されていることを知っていたときは、保険者は、保険料を請求できない。保険契約者が、契約の意思表示の際に、保険事故がすでに発生していたことを知っていたときは、保険者は給付義務を負わない」（同条2項）と定めている。

　1項は、遡及保険が有効であることを明確に認めているものである。2項は、保険者に不当な利得が生じる場合と保険契約者に不当な利得が生じる場合を分けて規律しており、同項第1文では、保険者が保険事故の不発生を知っていたときは保険料を取得できず、第2文では、保険契約者が保険事故の既発生を知っていたときは保険者は給付義務を免れるとされている。保険者の認識に関して、契約締結時に照準を合わせるのではなく、契約締結時に向けられた当事者の意思表示の時点に照準を合わせるのである。つまり、契約締結に向けられた保険者の意思表示は、通常の場合、保険者の承諾である。契約締結に向けられた保険契約者の意思表示は、通常の場合、保険契約者の申込みである。本条は、かかる申込みと契約締結までの間に保険契約者のリスクを保護するという、遡及保険の本来の目的を考慮するものと説明されている。[43]

　ドイツ保険契約法と同様に、明文をもって遡及保険が有効であることを認めている立法例は、ほかにオーストリア保険法7条2項およびチェコ保険法7条2項がある。

2　当事者の知・不知を問わない立法例

　フランス保険法典L. 121-15条は、海上保険以外の損害保険について、「①契約時において、保険の目的がすでに滅失している場合、または危険がもう生じない場合には、その契約を無効とする。②既払保険料は、代理人または仲立人に対して支払われた手数料以外の、保険者が支出した費用を控除して保険契約者に返還されなければならない。③本条第1項の場合において、悪意が証明された当事者は、相手方に対して、年間保険料の倍額を支払わなければならない」と定めている。

　また、イタリア民法典1895条（危険の不存在）は、「危険がまったく存在しなかった場合または、契約締結前に存在しなくなった場合には、契約は無効である」と定めている

　そして、スイス保険契約法9条（保険契約の無効）は「保険契約締結の時点において、危険がすでに消滅し、または危険事故がすでに発生した場合においては、保険契約は、第100条（債権法との関係）第2項に定める場合を除いて、これを無効と

---

43)　ドイツ保険契約法・105頁参照。

する」と定めている。

　上記立法例は、いずれも当事者の知・不知を問わず、客観的に事故の発生または不発生が確定しているときは、契約を無効とするが、遡及保険の有効性を明文に定めていない。

　改正前商法642条、損保試案642条および保険法を含む日本の立法は、ドイツ保険契約法を中心とする上記1の契約当事者の知・不知を問う立法例と同じく、客観的に事故の発生またはその不発生が確定していても、契約をすべて無効とすることなく、契約当事者および被保険者の主観すなわちその知・不知を考慮して、遡及保険の効果を定めている[44]。

Ⅶ　今後の展望

1　実務との関係

　保険法の施行に伴う損害保険各社の改定後の約款においては、従来どおり遡及保険に関する条項は置かれていない。それは、損害保険会社が取り扱う保険商品では遡及保険はほとんど利用されていないこと、および法規制が複雑すぎて、約款に平易に規定しようとすると、膨大な文章となってしまうからであると考えられる[45]。

　もっとも、海上保険においては、もともと遡及約款がある。たとえば、海上保険の約款には、以下の旨を規定している。事故が保険契約の締結前に発生したにもかかわらず、被保険者は、本件保険の補償期間中に発生した保険損失のてん補を求める権利を有する。ただし、被保険者が事故発生の事実を知り、保険者がそれを知らなかった場合はこの限りでない[46]。

　一方、損害保険実務上の以下の規定あるいは取扱いと5条との関係について、保険法部会などにおいて検討し、整理されている。

(1)　自動車保険契約のうっかり失効特約

　保険実務上、毎年更新する自動車保険において、契約の更新がされなかったとしても、一定期間内に手続をとれば、遡って契約が更新されたものとみなす、いわゆる継続契約の取扱いに関する特約が設けられているのが通例であり、通称「うっか

---

44)　西島・保険法66頁以下、損保試案理由書23頁参照。

45)　東京海上日動火災保険株式会社編著『損害保険の法務と実務〔第2版〕』238頁（金融財政事情研究会・2016）。

46)　損保ジャパン日本興亜貨物海上保険約款第11条第2項。

り失効特約」と呼ばれている。たとえば、満期到来時にうっかりして更新する手続を失念した場合、一定の条件下で、原契約の満期日から30日以内に手続すれば、次の契約の始期は原契約の満期日とすることができる。この特約によれば、満期日以降、手続までの間に発生した事故について保険契約者および被保険者の知・不知を問わず、その効力を遡及して保険金は支払われる。

　そうすると、これは1つの遡及的な保険とされる場合は、絶対的強行規定である5条1項に抵触する取扱いではないかと思われる。しかし、うっかり失効特約は新契約の効力が契約締結前に遡及するものではなく、あくまでも更新前の契約の条項によって効果が生ずるものとみなされるから、遡及保険にはあたらず、5条によって効力が否定されるものではないと解される[47]。

(2)　責任保険契約の成立前に発生した損害賠償責任

　企業保険においては、責任保険を中心に、損害の原因となる事故が保険期間前に生じた場合についても担保する例が多い。たとえば、生産物賠償責任保険（PL保険）、会社役員賠償責任保険（D&O保険）、専門事業者賠償責任保険（E&O保険）、環境汚染賠償責任保険（EIL保険）等である。それらの賠償責任保険において、遡及日を設定することがある。これは、被害者からの損害賠償請求の原因となる事故（実務上、原因事故と呼ばれる）が保険始期前であっても、保険者が損害をてん補する責任が発生することを認める場合の当該日付のことである。遡及日以降に発生した事故について、保険期間中に損害賠償請求がなされた場合、保険者がてん補責任を負うことになる。たとえば、次のような場合である。去年の4月に1年契約で生産物賠償責任保険を締結し、今年の4月にも契約が更新された。去年の12月に生産物賠償事故が起こったが、今年の5月にその損害賠償請求がなされた場合は、実務上、今年の保険証券で保険金を払う[48]。

　そうすると、今年の保険証券からすれば、前の保険期間に起こった事故を補償することとなる。保険開始日以前の事故について、保険契約者および被保険者が事故を知っていても、保険金は支払われる。これもまた、遡及的な保険とされる場合、5条1項に抵触する取扱いであるようにも思われる。しかし、この場合、事故の発生の基準となる遡及日は、継続契約における最初の契約の効力開始日である保険期間の始期とされていることから、新規契約の締結前の事故について保険金を支払う場合とは事情を異にする。そこで、損害賠償請求がなされたことを保険事故とみれば、形式的にも実質的にも遡及保険でないから、5条によって効力が否定されるも

---

47)　補足説明21-22頁、古笛・前掲注(2)88頁。
48)　第1回議事録23頁、東京海上日動火災保険・前掲注(45)239頁。

のではないと解される。[49]

(3) 官公庁発注の工事保険

官公庁が発注する公共工事等において、履行保証保険が必要とされる場合、保険契約者となる受注業者が、本来は工事開始までに保険を手配しておかなければならないとされているが、付保を失念してしまったために、工事開始後に工事の始期に遡って保険契約を締結することがある。これは、まさに遡及的な保険である。遡及部分における保険事故の発生有無を保険者が知らなければ、本条2項に抵触しないが、保険事故の不発生を保険者が了知していると、形式的には本条2項に抵触するようにみえる。

しかし、5条2項は、保険者が保険制度を悪用し、保険料を不当に利得する場合に効力を否定したものであるから、保険者に保険料を取得させることが不当といえない事情が認められれば、遡及保険の効力を否定するまでもない。また、保険契約者や被保険者にとっては保険料負担と同等以上の利益があると考えられる（たとえば、工事受注の条件に違反するとして工事を継続できなくなる場合の不利益の方がはるかに大きい）。したがって、このような場合は、保険契約者または被保険者に有利な特約として、7条により効力が認められると解される。[50]

2 残された課題

本条は、改正前商法642条の趣旨を維持しつつ、遡及保険が効力を有する場合を整理することにより、同条をめぐる疑義を克服するものであると評価されている。[51]

一方、遡及保険がなぜ有効であるのか、その効力を基礎づける理論構成はかならずしも明らかではないところがあると思われる。[52]ことに、以下に掲げる課題について、改正前商法の下で行われていた議論とも相俟って、再考が必要ではなかろうか。

(1) 遡及保険における主観的偶然性

改正前商法の下では、保険事故の偶然性について主観的に認められれば足りると解されてきたが、保険契約の効力開始時である保険契約の始期を基準として保険事故の偶然性を判断するならば、そこで求められる偶然性は、当事者の知・不知にかかわらない客観的な事実の不確定、客観的偶然性にほかならないとして、もはや主観的偶然性という概念そのものが必要なくなるという見解がある。[53]

---

49) 補足説明21-22頁、第8回議事録54頁、第1回議事録23頁、古笛・前掲注（2）88頁以下。
50) 古笛・前掲注（2）91頁、東京海上日動火災保険・前掲注(45)239頁。
51) 保険法コンメンタール22頁［岡田豊基］。
52) 古笛・前掲注（2）77頁同旨。
53) 古笛・前掲注（2）86頁。

§5-Ⅶ2

(2) 被保険利益との関係

被保険利益とは、保険の目的につき保険事故が発生することにより、被保険者が損害を被るおそれのある経済的利益である。かかる被保険利益の存在が損害保険契約の有効要件であるとともに、その存続要件でもある。しかも、被保険利益があることは主観的に信じられるだけでは足りず、客観的にその存在が認められなければならないと解されている[54]。

ところが、事故発生の可能性が消滅した場合、たとえば、保険契約者が10月3日に、10月1日より開始する保険契約の申込みをしたのに、結局航海が行われておらず、その事実を保険者が契約の申込みの時より後に知っていても、被保険利益が存在したと認められ、契約は有効に成立するのか。

(3) 危険負担との関係

危険負担とは、保険事故が発生した場合、保険者が保険金支払義務を負担する経済的給付である。そして、保険契約者の支払う保険料はこの危険負担に対する対価である。このような保険者の危険負担は、保険事故の発生・不発生いずれも不確定である場合における保険金支払の可能性において認められる[55]。

ところが保険者の危険負担、すなわち保険金支払の可能性の有無を保険事故不発生が確定している場合を検討するに、前述のとおり5条2項の解釈によれば、保険契約者が契約の申込みの通知を発し、保険者が承諾の通知を発するまでの間に保険事故が発生していないことを知っていたとしても、契約が無効とならず、保険者は保険料を取得することができるとされる。しかしながら、上記(2)のケースのような場合において、保険者は、航海が行われていないことを知り、事実上危険を負担していないことが明らかになったにもかかわらず、保険料を取得することが妥当かという問題がある。

(4) その他

そもそも保険事故の既発生を知りながらこれを保険者に告げずに契約申込みをするという保険契約者の行為は、告知義務違反による解除（28条）あるいは重大事由による解除（30条）事由にもあたる可能性があると考えられる。この場合は、これらの規定との適用競合において、立法趣旨に鑑み、それぞれの理論構成および相互関係を整理することが必要となるかと思われる。

〔李　鳴〕

---

54)　大森・保険法66-74頁、西島・保険法131頁、田辺・基本構造205頁。

55)　田辺・基本構造206頁以下。

（損害保険契約の締結時の書面交付）

第6条 ①　保険者は、損害保険契約を締結したときは、遅滞なく、保険契約者に対し、次に掲げる事項を記載した書面を交付しなければならない。

(1)　保険者の氏名又は名称

(2)　保険契約者の氏名又は名称

(3)　被保険者の氏名又は名称その他の被保険者を特定するために必要な事項

(4)　保険事故

(5)　その期間内に発生した保険事故による損害をてん補するものとして損害保険契約で定める期間

(6)　保険金額（保険給付の限度額として損害保険契約で定めるものをいう。以下この章において同じ。）又は保険金額の定めがないときはその旨

(7)　保険の目的物（保険事故によって損害が生ずることのある物として損害保険契約で定めるものをいう。以下この章において同じ。）があるときは、これを特定するために必要な事項

(8)　第9条ただし書に規定する約定保険価額があるときは、その約定保険価額

(9)　保険料及びその支払の方法

(10)　第29条第1項第1号の通知をすべき旨が定められているときは、その旨

(11)　損害保険契約を締結した年月日

(12)　書面を作成した年月日

②　前項の書面には、保険者（法人その他の団体にあっては、その代表者）が署名し、又は記名押印しなければならない。

改正前商法第649条　①　保険者ハ保険契約者ノ請求ニ因リ保険証券ヲ交付スルコトヲ要ス

②　保険証券ニハ左ノ事項ヲ記載シ保険者之ニ署名スルコトヲ要ス

(1)　保険ノ目的

(2)　保険者ノ負担シタル危険

(3)　保険価額ヲ定メタルトキハ其価額

(4)　保険金額

(5)　保険料及ヒ其支払ノ方法

(6)　保険期間ヲ定メタルトキハ其始期及ヒ終期

(7)　保険契約者ノ氏名又ハ商号

(8)　保険契約ノ年月日

(9)　保険証券ノ作成地及ヒ其作成ノ年月日

【条文変遷】　ロエスレル草案703条・708条〜712条、明治23年商法642条・646条〜650条、明治32年商法403条、明治44年商法403条、改正前商法649条

§6-Ⅰ1,2　　　　*87*

【参照条文】　保険法40条・69条、損保試案649条
【外国法令】　ドイツ保険契約法3条～5条・18条および33条、フランス保険法典L. 112-
　　　　　　　4条～L. 112-6条・L. 132-6条・L. 111-2条、スイス保険契約法11条
　　　　　　　～13条・73条、イタリア民法典1889条

Ⅰ　概　　　要

1　書面交付の意義

　ここにいう書面とは、保険契約の成立およびその内容を証するために、保険者から保険契約者に交付される証書である。保険証券、保険証書、共済証書等はこれに該当する。

　保険契約は、当事者の間における申込みと承諾の意思表示が合致することにより成立する諾成かつ不要式の契約であることから、本来は、その成立には必ずしも書面の交付は必要とされない。しかし、書面の交付は、保険契約者側にとって、保険契約の成立と内容を証する手段として重要な機能を有する書類であるから、法において、かねてから書面交付の規定が設けられている。書面の記載事項は、法定されているが、これらの一部の事項を欠いても、また法定記載事項以外の事項を加えても書面の効力には影響がない。書面の法的性質は、たとえ「証券」の用語が用いられているとしても、有価証券ではなく、単に証拠証券にすぎないというのが従来の通説である。

2　規定改正の趣旨

　保険法は、改正前商法の規律を基本的に維持しているものの、保険契約者保護の観点から、かつこれまでの立法論や保険実務の実態を踏まえ、保険者が契約成立後迅速に保険契約の成立およびその内容を明確にするために、主に以下の点において、改正がなされている。[1]

　第1に、改正前商法では、保険者は、保険契約者の請求がある場合に限り、保険契約者に対して保険証券という書面を交付しなければならないとしていた（改正前商法649条1項）。これに対し、保険法では、契約締結後、保険契約者の請求の有無にかかわらず、書面を交付しなければならないことに改めている。

　第2に、改正前商法では、保険証券の記載事項について原則を定めたうえ、各種の保険ごとに特有な記載事項を追加する方法を採用していた（改正前商法668条・671

---

1)　補足説明・23頁参照、萩本・一問一答64頁等参照。

条・679条・823条)。これに対し、保険法では、書面の記載事項をより明確化するために、保険契約の類型ごとに、その書面に記載すべき事項を定めている。

第3に、改正前商法の規定では「保険証券」という文言が用いられていたが、保険法では、有価証券との混同等を避けるために、単に「書面」という用語を使用することとしている。

なお、保険法制定に伴い、改正前商法668条(火災保険証券の記載事項)、同671条(運送保険証券の記載事項)、同679条(生命保険証券の記載事項)は、削除された。改正前商法823条(海上保険証券の記載事項)は、海上保険に該当するので、そのまま現行商法に残っている。

3　条文概要

保険契約締結時の書面交付は、損害保険契約、生命保険契約および傷害疾病定額保険契約の共通事項である。書面の法定記載事項については、各保険契約の特質に応じて若干の差異が設けられている。

本条(6条)は、損害保険契約締結時の書面交付に関する規定である。本条1項では、保険者は損害保険契約を締結したときは、遅滞なく、保険契約者に対し、1号から12号までの所定事項を記載した書面を交付しなければならないとし、本条2項では、保険者が1項の書面に署名しまたは記名押印することを要することを定めている。

本条の規定の性質は、任意規定である。

II　沿　革

1　ロエスレル草案

ロエスレル草案において、保険証券に関する規定は総則の規定として703条、708条～712条に置かれ、損害保険契約および生命保険契約に適用されていた。規定の概要は以下のとおりである。

保険者はいずれの場合にあっても、契約締結後に、直ちに保険証書を作成し被保険者またはその代理人に交付しなければならない。これを交付せずまたは遅延する場合は、被保険者に対し損害賠償の責めに任ずる(ロエスレル草案703条)。保険証書の書式として、保険証書の作成日、保険者またはその代理人の署名および法定記載事項が必要である(同708条柱書)。そして、法定記載事項として、①「保険ノ初日及其期限」(保険期間)、②「保険物ノ明細」、③「保険額」、④「保険料ノ額」、⑤「保険シタル危険」(保険事故)、⑥「保険申込人及被保険者ノ氏名」、⑦「保険ノ条

款ニ重大ノ関係アル事情及契約ニ特別ノ条件アラハ其条件」が掲げられていた（同708条1号～7号）。

保険証書中の条款は、商業慣習またはその証書の附録もしくは他の証書によりこれを修正・説明・増補もしくは改正することができる（同709条）。たとえば、契約当事者双方の協議により保険期間を1年から半年に変更する場合、保険証書を修正することができる[2]。

指図または無記名式の保険証書を発行することができるが、白地の保険証書を発行することは禁止するとされていた（同710条）。指図または無記名式の保険証書の発行を認める趣旨は、被保険者による契約の譲渡を容易にすること、および被保険者の相続人がその権利の実行を容易にすることを図るためであると説明されている[3]。

保険契約の内容が保険証書中に含まれる場合は、単独の保険証書もしくはその附録によって保険契約の証拠として利用することができるとするが、このような書類が存在しておらず、もしくはもともとその発行・交付がなされておらず、もしくはまだこれがなされていないときは、この限りではない（同711条）。

保険証書中に記載されていない保険物の価額および生じた損害額については、他の正当な証拠物をもって立証することができる。損害額の鑑定について双方が協議できないときは、裁判所より命じられた鑑定人が決めることができる（同712条）。

保険証書の性質については、単に保険契約を締結したことの証書であり、契約書と混同すべきではなく、保険契約の効力は保険証書の有無にかかわらないものであると解説されている[4]。

なお、ロエスレル草案の作成にあたって、当時オランダ商法、ドイツ商法、イギリスの法律、ベルギーの法律、フランス商法が参照されたようである[5]。

2　明治23年商法

明治23年商法において、保険証券に関する規定は、総則の規定として642条、646条～650条に置かれ、損害保険契約および生命保険契約に適用されていた。書面の交付義務、交付時期、交付先、記載事項、書式、および書面の指図または無記名式による発行について、文言を修正するものの、基本的にロエスレル草案を踏襲していた。

もっとも、書面の名称は、ロエスレル草案で用いられていた「保険証書」が「保

2）　ロエスレル・130頁。
3）　ロエスレル・130-131頁。
4）　ロエスレル・123頁。
5）　ロエスレル・123頁、129-131頁等。

険証券」に改められた。

3 明治32年商法～改正前商法

　明治32年商法は、保険証券に関して、明治23年商法までの規定を大幅に改正し、保険証券の交付および法定記載事項を含む保険証券の書式を定めることにとどまり、保険証券の指図または無記名式による発行等に関する規定は削除された。

　同403条1項は、保険証券の交付について定めたが、改正点として、その1、保険証券の交付先は、「被保険者」から「保険契約者」に改められた。これは、保険契約者が契約の当事者であるから、契約当事者の権利義務を記載する保険証券を当然に保険契約者に交付すべきだからである。その2、保険証券の交付義務について、明治23年商法までの規定では、被保険者側の請求の有無にかかわらず、保険者は保険証書ないし保険証券を交付しなければならないとされていたのに対し、明治32年商法では、保険契約者の請求により交付義務が生じるものとするように改められた。改正の理由について、次のように解説されていた。[6] 保険証券は契約書そのものではなく、契約の成立を証明するものにすぎず、かつ、必ずしも保険証券のみがそれを証明するわけではなく、他の書面でもできること、保険証券は保険契約上の権利関係を証明する便利な機能のみではなく、保険契約の転移を容易にすること、かねてから保険者は保険証券を発行する慣習があることに鑑み、そのように定めたわけである。

　同403条2項は、保険証券の書式および記載事項について定めていた。明治23年商法までの規定で必要とされた保険証書の作成日、保険者またはその代理人の署名から、保険者の署名のみに改められた。同条2項に掲げられている法定記載事項は、各種の保険に適用される一般原則である。それとは別に、火災保険は422条、運送保険は425条、海上保険は661条、および生命保険は430条で、各種の保険ごとの特有の記載事項を追加するという立法方法を採用していた。

　法定記載事項についての明治23年商法の規定に対する改正点は、文言の修正、重要度に応じた並べ替え、および次の3つの事項の追加である。すなわち、①保険金額、②保険契約の年月日、および③保険証券の作成地と作成年月日である。追加の理由は、次のように解説されている。[7] 保険金額については、保険金額は保険事故が生じた際に保険者がてん補すべき負担であり、保険契約者の契約締結の主要な目的

---

6)　西川一男=丸山長渡『改正商法〔明治32年〕要義上巻』615-616頁（信山社・2005〔復刻版〕）。

7)　西川=丸山・前掲注(6)617-618頁。

であるため。保険契約の年月日について、それは契約上の権利関係を定めるうえで最も必要な要素であるため。そして、保険証券の作成地と作成年月日については、保険契約の締結日と締結地は必ずしも保険証券の作成地と作成日と一致しないため。

保険証券に関する明治32年商法の上記規定は、その後、明治44年商法、大正13年改正を経て条文数が変わったものの、内容はそのまま改正前商法に受け継がれていた。

Ⅲ 改正前商法

1 改正前商法の規律

改正前商法649条1項は、保険契約の書面交付について、「保険者ハ保険契約者ノ請求ニ因リ保険証券ヲ交付スルコトヲ要ス」と定め、保険契約の成立後、保険契約者から求められる場合には、保険者は、保険証券を保険契約者に交付することを必要としている。

また、同条2項各号において、保険証券の法定記載事項を列挙していた。すなわち、①「保険ノ目的」（保険の目的物）、②「保険者ノ負担シタル危険」（保険事故）、③「保険価額ヲ定メタルトキハ其価額」（保険価額。ただしそれを定めた場合に限る）、④「保険金額」、⑤「保険料及ヒ其支払ノ方法」、⑥「保険期間ヲ定メタルトキハ其始期及ヒ終期」（保険期間。ただしそれを定めた場合に限る）、⑦「保険契約者ノ氏名又ハ商号」、⑧「保険契約ノ年月日」（保険契約の締結日）、および⑨「保険証券ノ作成地及ヒ其作成ノ年月日」を記載したうえ、保険者がこれに署名することを必要とすると定めていた。この他、各種の保険がもつ特質を踏まえ、次のように保険契約ごとに特則を設けていた。

改正前商法668条が火災保険における特則として、1号「保険ニ付シタル建物ノ所在、構造及ヒ用方」（保険をかけた建物の所在地、構造および用途）、2号「動産ヲ保険ニ付シタルトキハ之ヲ納ルル建物ノ所在、構造及ヒ用方」（動産に保険をかけたときは、それが置いてある建物の所在地、構造および用途）をも記載すべきことを定め、また671条が運送保険における特則として、1号「運送ノ道筋及ヒ方法」（運送の道筋とその方法）、2号「運送人ノ氏名又ハ商号」（運送人の氏名または商号）、3号「運送品ノ受取及ヒ引渡ノ場所」（運送品の受取場所と引渡場所）、4号「運送期間ノ定アルトキハ其期間」（運送期間。ただし、それが決まっている場合に限る）を記載すべきことを定めていた。同823条が海上保険における特則として、1号「船舶ヲ保険ニ付シタル場合ニ於テハ其船舶ノ名称、国籍並ニ種類、船長ノ氏名及ヒ発航港、到達港又ハ寄航港ノ定アルトキハ其港名」（船舶保険を締結した場合においては、船舶の名

称、国籍、種類、船長の氏名、発航港・到達港・寄航港の定めがあるときはその港名）、2号「積荷ヲ保険ニ付シ又ハ積荷ノ到達ニ因リテ得ヘキ利益若クハ報酬ヲ保険ニ付シタル場合ニ於テハ船舶ノ名称、国籍並ニ種類、船積港及ヒ陸揚港」（貨物保険契約を締結した場合、または積荷の到達によって得るべき利益もしくは報酬を保険にかけた場合においては、船舶の名称、国籍、種類、船積港および陸揚港）をあげていた。そして、生命保険契約については改正前商法679条で、損害保険一般の記載事項に加えて（ただし、事柄の性質上、保険の目的、保険価額は生命保険の記載事項に該当しない）[8]、保険契約の種類、被保険者の氏名、保険金額を受け取る者を定めたときは、その者の氏名である（§40解説Ⅲ参照）。

2　改正前商法の下での議論

改正前商法の下では、学説上、主に以下の点について議論がなされていた。

(1)　書面交付義務について

改正前商法では、「保険契約者の請求」を保険証券交付の前提要件として、保険証券の交付を義務付けていた（改正前商法649条1項）。反対解釈をすれば、請求がない限り、保険証券の交付義務は存在しないという立場であった。

しかし、保険証券は、保険契約者ないし被保険者にとって契約の成立およびその内容を証明する手段として重要な意味を有することのみならず、保険者にとっても保険金支払義務の迅速、確実な履行という側面において重要な機能を果たしている。また、実務上は、保険者が契約の締結を承諾した際の通知を兼ねて保険証券が発行されるのが一般的である。

立法論としては、保険者は、保険契約者の請求を待たずに、保険契約の成立後遅滞なく保険契約者に保険証券を交付すべきであると主張されてきた。[9]

(2)　法定記載事項について

改正前商法では、損害保険契約の被保険者の氏名などが保険証券の法定記載事項とされていない。しかし、実務上、貨物海上保険や運送保険において発行される指図式保険証券を除いて、損害保険契約の保険証券は、保険給付請求権者である被保険者（保険金受取人）の氏名または名称が記載される記名式証券が普通である。この記載が、他人（第三者）のためにする保険契約については不可欠であるだけではなく、自己のためにする保険契約についても被保険者を確認するために必要となる

---

8)　西島・保険法358頁は、その限度で、損害保険の一般記載事項を準用したのは立法上のミスと指摘した。

9)　西島・保険法73頁。

§6-Ⅲ2　　　　　　　93

から、立法論としては、損害保険の保険証券の一般的記載事項として、生命保険の場合と同様に「被保険者の氏名または商号」の記載が必要であるとしていた。[10]

　また、改正前商法では、「保険証券の作成地」も法定記載事項とされていた。しかし、それは準拠法上の意味しかない。保険約款に準拠法に関する規定があるため保険証券に重ねて記載する必要はないこと、現実の保険証券では、これに該当するものとして保険会社の本支店所在地を記載しているにすぎないことから、保険証券の作成地は、従来から削除すべきであるとの指摘があった。[11]

(3)　**保険証券の有価証券性について**

　保険証券は、貨物海上保険や運送保険で用いられることのある指図式または無記名式の保険証券を別として、有価証券性を有し得ず、単に証拠証券にすぎないことについては、後述のように、かねてから概ね異論はない。[12]

　一方、貨物海上保険や運送保険においては、伝統的に指図式または無記名式の保険証券が発行されることが一般である。このような指図式保険証券や無記名式の保険証券の有価証券性の有無をめぐって、かつては大いに議論されていた。

　貨物海上保険や運送保険では、保険の目的物である運送品とともに保険証券が譲渡され、この場合に保険証券の裏書または交付による保険契約上の権利移転もされるから、指図式または無記名式の保険証券は、有価証券性を有するものと解すべきとする見解と、指図式または無記名式の保険証券であっても、改正前商法650条に[13]定めるように保険の目的物とは独立に裏書により転々流通できるものではないから、有価証券性を認める必要がないとする見解が分かれていた。[14]

　判例は、保険証券に指図式の文句があっても、裏書による保険金請求権の譲渡を第三者に対抗することができず、保険証券は有価証券ではなく、単なる証拠証券および免責証券にすぎないとした大判昭和10・5・22（民集14巻923頁）と、英国法を準拠法とする保険契約においては、裏書その他慣行の方法により海上保険証券を譲渡することができる旨を定める1906年英国海上保険法50条3項に基づき、保険証券

---

10)　西島・保険法74頁。

11)　西島・保険法74頁。

12)　西川＝丸山・前掲注（6）615-616頁、松本・保険法93頁、野津・法論172-173頁、大森・保険法139頁、西島・保険法76頁、江頭・商取引法456頁、山下・保険法222頁等。

13)　野津・法論176頁以下、伊沢・保険法107頁、小町谷・総論(2)435頁、大森・保険法141-143頁、田辺・保険法116頁、西島・保険法79-80頁、倉澤・通論48頁、坂口光男「指図式保険証券の有価証券性」法律論叢74巻4＝5号121頁（2002）、野口夕子〔判批〕保険法百選18-19頁等参照。

14)　田中耕太郎『保険法講義要領』61頁以下（1935）、石井照久『改訂商法Ⅱ（商行為法・海商法・保険法・有価証券法）』296-300頁（勁草書房・1957）、山下・保険法222頁等。

の有価証券性を認めた大判昭和13・8・31（新聞4323号16頁）がある。

　立法論としては、保険の目的物が移転されたことを前提として保険金請求権の帰属を決定することなどを理由として、指図式または無記名式の発行形式による保険証券も適法であることを明文によって確認し、かつ、保険に関する事項は、保険者と善意の所持人との間においては、保険証券に記載されたことを基準として決定されると定める立場が妥当であるとしている[15]。

IV　立法過程

1　保険法制定前試案

　損保試案は、保険証券に関する改正前商法の規定の妥当性を認めつつ、保険証券の意義および保険実務の現状を踏まえ、同649条において以下のように改正を提案した[16]。

　同条1項は、「保険者は、保険契約の成立後遅滞なく保険契約者に保険証券を交付しなければならない。ただし、保険契約の継続の場合には、継続証の交付をもって保険証券の交付に代えることができる」としていた。改正前商法と異なり、保険契約者の請求の有無にかかわりなく保険者に保険証券発行義務を課すこととした。同但書の趣旨では、保険契約の継続の場合には、従前の保険証券と継続証とをもって契約の存続と内容を証明させるのが、手続・費用の点からみて経済的であるから、この場合には、保険契約継続証の交付をもって保険証券の交付に代えることができるとするのが合理的である。

　同条2項は、損害保険証券の一般的記載事項として、「①保険の目的物、②保険者の負担した危険、③保険価額を協定したときはその価額、④保険金額、⑤保険料およびその支払方法、⑥保険期間、⑦保険契約者の氏名、商号または名称、⑧被保険者の氏名、商号または名称、⑨保険契約締結の年月日」を掲げ、「保険者がこれに署名または記名押印しなければならない」としていた。これにより、「被保険者の氏名、商号または名称」を加え、他方、改正前商法にある「保険証券ノ作成地及ヒ其作成ノ年月日」を削除し、保険期間については、改正前商法に「保険期間ヲ定メタルトキハ其始期及ヒ終期」とあるのを、単に「保険期間」とした。また、改正前商法の「保険契約者ノ氏名又ハ商号」を「保険契約者の氏名、商号または名称」に改めた。

---

15)　西島・保険法79頁、損保試案理由書45-46頁参照。
16)　損保試案理由書44頁。

§6-Ⅳ2　　　　　　　　　　　　　　　　　　　　　　　　　　95

　同条3項は、保険証券は、法的記載事項である前項8号の規定（「被保険者の氏名、商号または名称」）にかかわらず、「指図式または無記名式で発行することができる。この場合において、保険に関する事項は、保険者と善意の所持人との間においては、保険証券の定めるところによる」としていた。これは、輸出貨物の保険のように指図式の保険証券が発行される分野があり、今後陸上保険についても指図式または無記名式の保険証券が発行されるような場合に備えて、この種の発行形式による保険証券も適法であることを明文化し、保険証券の記載が保険者と善意の所持人との関係を決定する基準となることを明示したものである。

　同規定の性質は、1項と2項は任意規定とされ（損保試案663条の3）、3項は保険契約者側の不利益に変更することを許さない半面（片面）的強行規定とされた（損保試案663条の3第2項）。本条1項を任意規定としたのは、海上保険では、保険証券の発行を省略することが多く、この種の実務は、陸上保険の場合にも生ずる余地のあることを考慮したものである。

2　法制審議会保険法部会の審議

　保険法部会の検討過程では、書面交付について、最初の段階で、高度情報化社会に対応するため、保険者は、保険証書の交付に代えて、保険契約者の承諾を得て、保険証書に記載すべき情報を電磁的方法により提供することができる旨の規定を設けることが提案され検討されていた[17]。しかしながら、これまでの保険証券が保険金請求時などで果たしている実際上の機能に照らして、多くの保険契約者（いわゆる消費者）にとっては紙ベースの「書面」で交付されることに意味があること、また、本条を任意規定とするのであれば、保険契約者の同意を得たうえで書面交付に代えて電磁的方法による情報を提供することが可能となることから、やはり書面を原則とすべきであるとの意見を採用して、当該規定の新設は見送られた。

　そして、もっとも議論されていたのは、本条規定の性質を強行規定とし、保険者は必ず書面を交付しなければならないとすべきかどうかである[18]。意見は以下のように分かれていた。

　強行規定とすべき意見の理由は主として、保険契約の内容が記載された書面の交付を受けることは、保険契約者側にとって、保険契約の内容を把握し、保険金請求権等の権利を行使することが容易になり、特に一般消費者である保険契約者の利益

---

17)　部会資料（2）5頁、第1回議事録27-28頁。
18)　第1回議事録27-29頁、第15回議事録33頁、第21回議事録11-16頁、第22回議事録5-6頁、部会資料（2）4-6頁等。

につながることである。これに対し、任意規定とすべき意見の理由は主として、現在では書面交付が一般的ではあるが、将来的にはむしろ電子的な形態での情報提供が主流になる可能性があること、また、現在でも保険証券等書面が発行されていなくても支障がないものもあり（たとえば財形保険や団体保険の更新時）、そういう実態を踏まえると一律に交付義務を課すことが適切ではないことである。その他、高度情報化社会を踏まて、書面またはそれに代わる電磁的方法による情報提供も可能である旨を併記したうえで、強行規定とすべき意見もあった。

　しかし、議論を重ねた結果、以下の観点から、最終的には任意規定とされた。[19]

　①　全ての保険者に同一の対応を求めることは困難であること。保険法の適用範囲は改正前商法より広く、小規模な共済から大手の保険会社までを対象とすることになるから、一律に保険者に書面の交付を求めることは、少額なコストで運営している小規模な共済にとって過重な負担になる。

　②　将来的には書面に代わる電磁的方法による情報提供を認める余地を残しておく必要があること。強行規定として契約内容の確認や情報提供を完全に書面に限定することは、硬直的な規律となってしまい、今後高度情報化社会における多様なニーズに対応することができないおそれがある。

　③　消費者契約法や保険業法によって保険契約者の保護を図ることも可能であること。任意法規にした上で、業者の良識と消費者団体の要請できちんと対応すればよい。

　④　保険契約者への強制となることへの懸念があること。保険契約者の中には、書面の交付を望まない契約者もいる。そういう意思表示をした契約者に対しても、一律に交付することは適切ではない。

V　条文解説

1　「書面」という名称

　改正前商法では「保険証券」という用語を用いていた。保険法部会では、「保険証券」の法的性質が有価証券ではなく、単なる証拠証券にすぎないと解されることから、「証券」という名称を用いることによる誤解を避ける必要があることに鑑み、過去の立法例を参考して、初期案で仮称として「保険証書」という用語が使用されていた。[20][21]　しかし、保険法の適用範囲が共済契約などにも及ぶことになり、共済契約

---

19)　第21回議事録11-16頁、萩本・一問一答66頁(注3)。

20)　ロエスレル草案、簡易生命保険法、諸保険改正試案等。

21)　第1回議事録27-28頁。

では従来から「共済証書」等の名称が用いられている。そこで、保険法では、最終的にいずれの固有名称も採用せず、単に「書面」という名称に改められた。[22]もっとも、「保険証券」や「共済証書」という名称を用いることを排除する趣旨ではない。実際に本条の趣旨に基づいて交付される書面であれば、名称は問わない。

2　書面交付の義務

本条1項柱書は、「保険者は、損害保険契約を締結したときは、遅滞なく、保険契約者に対し、」法定記載事項を記載した「書面を交付しなければならない」と定めている。

改正前商法は、保険者の書面交付の義務は、保険契約者の請求により生じるという立場をとっていた（改正前商法649条1項）。保険法は、前述のように、書面が保険契約者にとって保険契約の成立および内容を証明する手段としての重要な機能を有すること、実務上は、保険契約締結後、保険契約者からの請求を待たずに保険証券等が交付されるのが一般的であること等を踏まえ、保険契約者保護の観点から、契約者からの請求の有無にかかわらず、保険者は、保険契約締結後、遅滞なく保険契約者に対し書面を交付しなければならないと改められている。[23]これにより、書面交付は、保険者の自主的な法定義務とされ、保険契約者は、契約締結後、遅滞なく法定の記載事項を明確に記載した書面の交付を請求する権利を有することになる。事業者と一般消費者との間で締結される契約に関する法規制において、事業者は、契約締結後、遅滞なく所定の記載事項を記載した書面を相手方に交付しなければならないという書面の交付義務を課す条文が設けられていることが多い（たとえば、割賦販売法4条1項・2項、特定商取引に関する法律5条1項・2項等）。保険契約も消費者契約の一種であるから、本条1項により、事業者である保険者に対し書面交付の義務を課すのは当然なことであるといえよう。

もっとも、本条の書面交付の義務は、保険契約締結に際しての付随義務として保険者が負担するものにほかならず、保険者の保険金支払義務と保険契約者の保険料支払義務のような対価関係に該当するものではない。保険契約者は、書面の交付がないことをもって、同時履行の抗弁として、保険者に対し保険料の支払を拒むことはできないと解されている。[24]

なお、書面の作成費用も郵送料も、保険者の負担である。また、書面には収入印

---

22)　第21回議事録2頁、第22回議事録5頁、萩本・一問一答64頁等。

23)　部会資料(2)5頁、補足説明23頁、萩本・一問一答64頁等参照。

24)　大森・保険法139頁、西島・保険法75頁、山下=米山・解説229頁［千々松愛子］、山下=永沢・保険法Ⅰ80頁［金岡京子］。

紙を添付することを要するが（印紙税法 4 条）、その違反は書面の私法上の効力とは関係がない。[25]

本条 1 項では、「損害保険契約を締結したとき」とされているが、ここにいう「契約を締結したとき」とは何であるか、新たに保険契約を締結する場合のみであるのか、それとも、更新等のときも適用されるのかが、条文上は必ずしも明らかではない。これに関する指摘がある。[26] 更新等の場合は、契約内容が変わるから、本条の趣旨および書面の意義に照らせば、かかる内容を証明するために本条を適用し書面の交付が必要であると考えられる。[27]

また、本条 1 項では、保険者の書面交付義務の履行期限を「遅滞なく」とされているが、「遅滞なく」とはどのくらいの期間を意味するのかについて、判例では、正当なまたは合理的な理由による遅滞は許容されるものと解されている。[28] 契約の特質によって異なるが、割賦販売法、特定商取引に関する法律における契約締結時の書面交付義務に関しては、一般に、遅滞なくとは 3 ～ 4 日以内の意味であると解されている。[29] 保険契約においては、約款は契約申込の際に保険契約者になる者に渡されていること、契約申込書の控えが保険契約者の手元に残ることなどを考えれば、それよりは多少長い期間を要しても問題にならないと解される。[30]

3 法定記載事項等

(1) 法定記載事項

本条 1 項では、書面の法定記載事項として、1 号「保険者の氏名又は名称」、2 号「保険契約者の氏名又は名称」、3 号「被保険者の氏名又は名称その他の被保険者を特定するために必要な事項」（被保険者を特定するために必要な事項）、4 号「保険事故」、5 号「その期間内に発生した保険事故による損害をてん補するものとして損害保険契約で定める期間」（保険期間）、6 号「保険金額（保険給付の限度額として損害保険契約で定めるものをいう。）又は保険金額の定めがないときはその旨」（保険給付の限度額に関する事項）、7 号「保険の目的物（保険事故によって損害が生ずることのある物として損害保険契約で定めるものをいう。）があるときは、これを特定す

---

25) 大森・保険法137-138頁、西島・保険法76頁。
26) 井上享「保険法施行に伴う生命保険約款の改正―法施行後の契約に適用される旧法主義条項を中心に」生命保険論集171号122頁以下（2010）参照。
27) 萩本・一問一答217頁（注 1 ）、同旨。
28) 大阪高判昭和37・12・10判時327号46頁等。
29) 江頭・商取引法124頁・165頁参照。
30) 保険法コンメンタール26頁・137頁［小林登］。

§6-Ⅴ3   99

るために必要な事項」（保険の目的物に関する事項）、8号「第9条ただし書に規定する約定保険価額があるときは、その約定保険価額」（約定保険価額に関する事項）、9号「保険料及びその支払の方法」（保険料に関する事項）、10号「第29条第1項第1号の通知をすべき旨が定められているときは、その旨」（危険増加に係る告知事項についての通知義務に関する事項）、11号「損害保険契約を締結した年月日」（契約締結日）、および12号「書面を作成した年月日」（書面作成日）を掲げている[31]。

　上記法定記載事項は、基本的には改正前商法649条2項の記載事項を維持しているものの、以下のとおり、その追加、削除および文言の修正がある。

　　ア　記載事項の追加

　本条1項1号、3号および10号は、新たに法定記載事項として追加されたものである。追加趣旨は、それぞれ次のように解されている[32]。1号の保険者の氏名または名称については、保険者が契約当事者であるため、3号の被保険者を特定するために必要な事項については、少なくとも第三者のためにする損害保険契約の場合は、被保険者の関連事項が損害保険契約の有効性や保険金請求権の帰属主体を判断する上で重要であるため、10号の危険増加に係る告知事項についての通知義務に関する事項については、保険法では、危険の増加に関する改正前商法の規律を全面的に改め、保険者が危険増加を理由として保険契約を解除するためには、危険増加に係る告知事項について通知義務の約定があることを要件とし、かかる約定の有無は保険給付にかかわる重要な事項であるためである。

　　イ　記載事項の削除

　一方、改正前商法649条2項9号「保険証券ノ作成地」は記載事項から削除された。それは、かかる記載事項は準拠法上の意味しかないところ、準拠法は、各種保険の普通保険約款で定められているのが通例であること、現実の保険証券では、これに該当するものとして保険会社の本支店所在地を記載しているにすぎず、記載事項としての意義が失われていることなどを理由に削除すべきとの立法論的な提案を踏まえたものである[33]。

　　ウ　文言の修正

　改正前商法649条2項1号「保険ノ目的」が「保険の目的物があるときは」（本条1項7号）とされているのは、いわゆる消極保険（責任保険等）があることを考慮したものである。また、「これを特定するために必要な事項」とされているのは、複

---

31)　括弧書は筆者注。
32)　補足説明24頁、萩本・一問一答66頁（注2）、上松・ポイント解説43頁等参照。
33)　部会資料（2）5頁、第1回議事録27頁、補足説明24頁。

100   §6-Ⅴ4

数の物の集合体を保険の目的物とする契約や倉庫の火災保険のように、一定の範囲内で保険の目的物に変動のある契約が実務上存在することを考慮したものである。[34]

　改正前商法649条2項2号「保険者ノ負担シタル危険」が単に「保険事故」（本条1項4号）に、同1項6号「保険期間ヲ定メタルトキハ其始期及ヒ終期」が「その期間内に発生した保険事故による損害をてん補するものとして損害保険契約で定める期間」（本条1項5号）に改められたのは、一般消費者にとって分かりにくい用語を避けるためである。[35]

　改正前商法649条2項3号「保険価額ヲ定メタルトキハ其価額」が「第9条ただし書に規定する約定保険価額があるときは、その約定保険価額」（本条1項8号）とされているのは、9条本文に定める客観的な価額である「保険価額」（保険の目的物の価額）と同但書に定める約定保険価額の区別を明確にするためである。[36]

　改正前商法649条2項4号「保険金額」が「保険金額又は保険金額の定めがないときはその旨」（本条1項6号）に改められたのは、企業の所有する商品、原料等の在庫品について、保険金額を確定せず、その不断の変動にかかわらず、一定の約定の限度額の範囲内で、保険金額がその時々の在庫品の価額と同額となるものとして包括的に引き受けられる火災保険の実務にも対応するためである。[37]

　改正前商法649条2項7号「保険契約者ノ氏名又ハ商号」が「保険契約者の氏名又は名称」（本条1項2号）に改められたのは、保険契約者が公益法人などの場合を考慮したものである。なお、被保険者に関する表記を「被保険者の氏名又は名称」としたのも同様の趣旨である。[38]

(2)　書面の署名または記名押印

　書面の効力を証明するために、作成者が書面に署名するのが通例である。改正前商法では、保険証券に保険者の署名を要すると規定していた（改正前商法649条2項柱書）。本条2項では、それを、書面には「保険者（法人その他の団体にあっては、その代表者）が署名し、又は記名押印しなければならない」と定めている。これによれば、保険者の署名に代えて保険者の記名押印をすることも認められている。

4　法定記載事項と異なる書面の効力

　本条書面は、後述のように、保険契約の成立およびその内容に関する一応の証拠

---

34)　部会資料(23) 4 - 5 頁。
35)　第1回議事録27-28頁等参照。
36)　萩本・一問一答65頁(注1)。
37)　山下・保険法208-209頁参照。
38)　損保試案理由書45頁参照。

としての効力ないし事実上の推定的効力を有するにすぎず、法定記載事項を具備することは、書面の効力要件ではないから、法定の記載事項を欠いても、書面としての効力に影響はない。逆に法定の事項以外の記載も当事者間に異議なく授受された場合に限り、一応の証拠力を有する[39]。

　もっとも、書面は、保険契約者にとっては契約上の権利行使のためには極めて重要な意味をもつため、書面に誤った記載がある場合には、保険契約者は保険者に対して当該記載の訂正を求めることができる。その反対に、誤った記載のある書面が交付されたが、保険契約者が異議を唱えなかったことをもって、契約内容が書面記載の内容であることを承認したと扱うのは、保険契約者の一般的な理解力からみて妥当ではない。したがって、書面の記載が契約内容と異なることを主張する者が、これを立証して、その一応の証拠力を覆すことができる[40]。また、記載事項の誤りによって保険契約者に損害を与えたときは、保険者は損害賠償を負うことになると考えられる。

5　書面の法的性質

　改正前商法の下では、保険証券の法的性質について、概ね以下のとおり解されていたが、本条の書面の法的性質もそれと変わらないと考えられる。

(1)　契約成立の要件でも契約書でもない

　保険契約は、諾成かつ不要式契約であり、当事者双方の申込みと承諾の意思表示が合致すれば成立するから、書面交付は、保険契約の成立要件ではない。約款では、保険証券（書面）の送付をもって保険者の承諾の通知に代える旨を定めることが多いが、これは単に承諾通知の方法に関するものにすぎない[41]。

　そして、書面には、保険者のみに署名または記名押印を要するが、相手方である保険契約者にはそれを求められないから、双方の当事者の署名または記名押印が必要とされるいわゆる契約書でもない[42]。

(2)　非有価証券

　本条の書面は、保険契約の成立およびその内容についての一応の証拠となりうる証拠証券にすぎず、「権利の発生、移転、行使の全部または一部が証券によってな

---

39)　伊沢・保険法102頁以下、石井・前掲(注14) 196頁、大森・保険法138頁以下等。

40)　野津・法論173頁、大森・保険法139頁、西島・76頁以下、山下・保険法221頁、山下＝米山・解説231頁［千々松愛子］、山下＝永沢・保険法Ⅰ 85頁［金岡京子］等。

41)　伊沢・保険法101頁、石井・前掲注(14)295頁、大森・保険法289頁等参照。

42)　石井・前掲注(14)295頁、田中・前掲注(14)60頁、大森・保険法139頁、山下・保険法220頁。

されるもの」という意味での有価証券性を有し得ないことについては、今日異論はない。[43][44]

このように有価証券性を認めない理由は、以下のように解されている。[45]すなわち、生命保険については、ことに死亡保険において保険金請求権を譲渡する場合には、被保険者の同意を必要としている。それゆえ、裏書または交付だけでは、保険金請求権は完全に移転しない。火災保険等の一般損害保険については、保険の目的物（たとえば、建物等）そのものが転々流通できる性質のものではなく、また、損害のてん補という保険の性質上損害てん補請求権のみが転々流通できる性質のものでもない。そして、形式上、指図式または無記名式とされている保険証券であっても、指図式であれば裏書により、無記名式であれば証券の所持により権利の移転の証明手段として容易に利用することができるようにするためであり、保険証券を所持せず、または指図式の場合に裏書がなくとも、実質上の被保険利益を有する者は、そのことを証明すれば保険金請求権を行使することができる。

要するに、損害保険契約にせよ人保険契約にせよ、保険契約においては、保険給付請求権を証券的に流通させる実際上の合理的ニーズはない。証券的な流通を認めることは、保険給付請求権者等保険契約関係者の個性を重視する法律の規定や保険契約の趣旨に反することになるからである。

(3) 非設権証券・非受戻証券

設権証券とは、「権利の発生には証券の作成を要件とする証券」をいう。[46]本条の書面は、作成によって、保険契約上の権利義務等の法律関係が発生するものではないから、いわゆる設権証券ではない。[47]

そして、受戻証券とは、「証券と引換えでなければ給付を要しないものをいう」。[48]約款では、かつて保険金の支払を請求する際に、保険者に提出すべき書類の1つとして保険証券があげられるのが通例であった。判例もかかる約款の有効性を認めている。[49]しかしこれは、書面と引換えでなければ保険金の支払を拒むことができるという受戻証券性を認めるほど強い意味をもつものではない。紛失その他の理由で書面を提出できない場合でも、何らかの方法によりその権利を証明すれば、保険者は

---

43) 大塚龍児=林竧=福瀧博之『商法Ⅲ—手形・小切手〔第4版〕』284頁（有斐閣・2011）。

44) 同旨、山下・保険法222頁。

45) 石井・前掲注(14)296-300頁、山下・保険法221-223頁等参照。

46) 大塚ほか・前掲注(43)294頁。

47) 大森・保険法139頁、山下・保険法221頁、山下=米山・解説229頁［千々松愛子］。

48) 大塚ほか・前掲注(43)295頁。

49) 大判大正12・1・24新聞2101号19頁。

§6-Ⅴ5   *103*

保険金の支払を拒絶できない⁵⁰⁾。因みに、最近、実務においては、保険給付の支払を請求する際に証券番号のみで特定できるから、保険証券の提出は不要としている会社が増えている。

　したがって本条の書面と引換えでなければ保険給付を行わないとする約定は、保険の書面に絶対的な受戻証券性を認めることになり、本条の書面の趣旨から逸脱し、保険給付請求者等の利益を一方的に害する可能性があることから、許されないと解される⁵¹⁾。

(4)　証拠証券・免責証券・記名式証券

　本条の書面は、「保険証券」という名称を用いられたとしても、以下のとおり、単なる証拠証券、免責証券および記名式証券としての性質を有するにすぎないとされる。

　証拠証券とは、「一般の文書と同じく事実を立証するための証拠資料」をいう⁵²⁾。本条の書面は、保険契約の成立および内容に関し、保険契約者側の証明を容易にするためのものであり、すなわち、保険契約が成立したか否か、あるいは、その内容いかん等に関して争いがある場合に、それを証明する一応の証拠となるものである。保険契約の成立および内容に関する立証は書面以外の資料によってもなすことができ、また、書面の記載が常に真実の法律関係を表すものとしての取扱いを受けるわけではない、と解される⁵³⁾。

　免責証券とは、「形式的資格ある所持人を権利者と扱って弁済した義務者は免責されなければならない」ものをいう⁵⁴⁾。通説によれば、本条の書面は免責証券でもある。すなわち、無権利者が保険者より交付された書面を呈示して保険者に対し保険金の支払を請求したとき、善意無重過失の保険者がそれを弁済した場合には保険者は免責されるということである。

　しかし、保険金請求にかかる手続において、書面の提示が唯一の方法でないことなどから、保険者としては保険給付請求権者が権利者であることの実質的証明がなければ保険金支払に応じないのが通例であることから、免責証券性に疑問を呈する見解もある⁵⁵⁾。

---

50)　大森・保険法139頁・289頁(注2)、西島・保険法77頁、山下・保険法222頁。
51)　山下・保険法221頁、山下=永沢・保険法Ⅰ　88頁［金岡京子］。
52)　大塚ほか・前掲注(43)292頁。
53)　大森・保険法138、倉澤・通論47-48頁、山下・保険法221頁、上松・ポイント解説43頁以下。
54)　大塚ほか・前掲注(43)296頁。
55)　山本為三郎「生命保険証券」倉澤康一郎『新版　生命保険の法律問題』金判1135号101頁以下(2002)、山下・保険法222頁(注36)。

※改正前商法との相違表

改正前商法649条	保険法6条
名称：保険証券	名称：書面
（法定記載事項）	（法定記載事項）
保険ノ目的（2項1号）	保険の目的物があるときは、これを特定するために必要な事項（1項7号）
保険者ノ負担シタル危険（同2号）	保険事故（同4号）
保険価額ヲ定メタルトキハ其価額（同3号）	第9号ただし書に規定する約定保険価額があるときは、その約定保険価額（同8号）
保険金額（同4号）	保険金額又は保険金額の定めがないときはその旨（同6号）
保険料及ヒ其支払ノ方法（同5号）	保険料及びその支払の方法（同9号）
保険期間ヲ定メタルトキハ其始期及ヒ終期（同6号）	その期間内に発生した保険事故による損害をてん補するものとして損害保険契約で定める期間（同5号）
保険契約者ノ氏名又ハ商号（同7号）	保険契約者の氏名又は名称（同2号）
保険契約ノ年月日（同8号）	損害保険契約を締結した年月日（同11号）
保険証券ノ作成地及ヒ其作成ノ年月日（同9号）	書面を作成した年月日（同12号）
（新設）	保険者の氏名又は名称（同1号）
（新設）	被保険者の氏名又は名称その他の被保険者を特定するために必要な事項（同3号）
（新設）	第29条第1項第1号の通知（注：危険増加に係る告知事項の変更の通知）をすべき旨が定められているときは、その旨（同10号）
交付義務：保険契約者の請求により発生	交付義務：あり
保険者の署名：要	保険者の署名：要。記名押印も可能（2項）
規定の性質：任意規定	規定の性質：任意規定

　なお、本条の書面は、貨物海上保険や運送保険において発行される指図式または無名式の保険証券を除いて、保険給付請求権者である被保険者（保険金受取人）の氏名または名称が記載されるのが普通であるので、記名式証券と解される。[56]

6　規定の性質

　本条は、改正前商法と同様に任意規定である。[57]したがって、法定記載事項の一部

56）　大森・保険法140頁、山下・保険法221頁、潘・概説32頁。

57）　第21回議事録15頁。

§6-Ⅵ1　　　　　　　*105*

を省略したり、法定以外の事項を記載したりすることのほか、書面交付に代えて電子メールなどの電磁的方法（電子メールやインターネットを利用した電子信書サービス等）による情報提供を行う旨、保険契約者の請求があってから書面を交付する旨を約定することも許される。[58]

　もっとも、任意規定であるからといって、本条の記載事項と異なる記載を求める旨の約定や本条の記載事項を省略する旨の約定が、本条を適用する場合に比し、保険契約者等の権利を制限し、または義務を加重するものである場合、あるいは、信義則に反して保険契約者等の利益を一方的に害する場合には、消費者契約法10条により、その約定の効力が認められない可能性がある。[59]

Ⅵ　外国の立法例

1　ドイツ保険契約法

　ドイツ保険契約法では、陸上保険と海上保険を別々にしない立法手法をとっている。書面交付に関する規定は、3条〜5条、18条および33条に設けられている。3条1項は、保険証券の性質、交付義務、交付方式、記載事項等に関するものである。保険証券の交付義務について、1908年ドイツ保険契約法では、保険契約者の請求にかかわらず、保険証券の交付義務を負うと規定していたが、2008年1月施行の改正によって保険者は、保険契約者の請求があった時に限り保険証券の交付義務が生じることに改められた。その改正趣旨は、保険契約者が文書方式の保険証券を任意に利用できるようにするためであると説明されている。[60]保険証券の性質は証拠証券とし明記している。また、保険証券が重要であるため、保険証券の交付方式は書面方式に限定し、電磁的手段によらない方式が採用されている。[61]法定記載事項については、保険契約の締結地以外は特に定められていない。

　4条は、無記名式保険証券に関するものであり、無記名式保険証券が免責的効力を有すること、および証券所持人に対する保険者の給付に免責的効力を認めている。

　5条は、保険証券記載の内容と、契約の申込みまたは承諾の内容とが一致していない場合についての規定である。その場合は、保険契約者が、保険証券到達後1か月内に書面をもって異議申立てをしない限り、その異なる内容を契約の変更として追認したものとみなす（同条1項）。ただし、このことは、保険者が証券交付にあた

---

58)　萩本・一問一答65頁等、同旨。

59)　萩本・一問一答65頁、潘・概説32頁、山下＝永沢・保険法Ⅰ　88頁［金岡京子］。

60)　政府法案理由書108頁。

61)　政府法案理由書111頁。

り、その旨を保険契約者に明示的に指摘しておいた場合に限り認められるという制限を加え（同条2項）、さらに、かかる義務を履行しなかったときは、その相違は保険契約者を拘束せず、すなわち、法律効果が発生せず、保険申込みの内容どおりの合意が成立したものとみなす（同条3項）。なお、保険契約者の錯誤に基づく契約取消権を放棄する旨の合意は無効と定めている（同条4項）。

33条は、原則として保険証券の交付と引換えに保険料を支払うべきものとする。保険契約者は保険証券と引換えに保険料を支払う義務を負うことを規定している。もっとも、同条は任意規定である。

規定の性質について、3条1項から4項まで、5条1項から3項までは、片面的強行規定であり、保険契約者の不利益に変更することはできないとされている（同18条）。ただし、改正前の1908年ドイツ保険契約法は、3条1項を任意規定としていた。

2　フランス保険法典

フランス保険法典は、書面交付に関して、陸上保険（非海上損害保険）および人保険の共通規定としてL. 112-4条〜L. 112-6条、L. 132-6条およびL. 111-2条で定めている。

L. 112-4条1項および2項において、保険証券の記載事項として次のように極めて詳細に定めている。①保険証券の作成日、②保険契約者の名称および住所、③保険の目的物または被保険者、④引受危険の性質、⑤保険期間、⑥保険金額、⑦保険料、⑧準拠法、⑨支店を含む保険者の住所、監督当局の名称および住所。また、無効、失権および免責については、明確な規定を設ける場合に限りその効力を有するものとする（同条3項）。

フランス保険法典は、損害保険一般については、記名式、指図式および無記名式の保険証券を認めている（L. 112-5条）。一方、生命保険契約については、指図式の保険証券を認めるが、無記名式のものを禁止している（L. 132-6条）。

フランス保険法典は大多数が強行規定であるが、保険証券に関する規定については、強行規定と明確にされている同L. 111-2条を除き、任意規定と考えられる。

3　スイス保険契約法

スイス保険契約法では、書面交付に関する規定は、11条〜13条および73条に設けられている。11条1項は、保険証券に記載する事項として当事者の権利と義務にとどまり、詳細には定めていない。必要となる郵便料金、印紙税および保険証券の発行・変更に要する手数料は、保険契約者の負担としている。

§6−Ⅵ4・Ⅶ1   *107*

12条は、保険証券の内容が保険契約当事者間で合意された内容と一致しない場合には、保険契約者が保険証券受領後4週間内にその訂正を請求することが可能であるが、これを請求しないときは相違の内容を承認したものとみなすとする（同条1項）。ただし、その旨を保険証券に明確に記載することが必要であるとする（同条2項）。

73条では、人保険について指図式または無記名式の保険証券を特に禁止している（同条1項）。その反対解釈として、損害保険についてはその発行は可能と解されうる。そして、保険証券において保険者が証券の所持人に対して給付義務を負う旨を定めている場合に限って、無記名式の保険証券を取り扱うことができるものとする（同条2項）。なお、13条からも、損害保険については、無記名式の保険証券の発行が認められることが分かる。

4 イタリア民法典

イタリア民法典1889条では、指図式または無記名式の保険証券を認める。

以上より、諸外国の立法例では、フランス保険法典を除き、多くは、書面の記載事項を詳細に法定しておらず、保険者に委ねている。書面の性質について証拠証券として明記されているのは、ドイツ保険契約法のみである。そして、指図式または無記名式の保険証券を認める立法例が少なくない。諸外国の立法にはいわゆる生命保険証券にも指図式を認めているものがある。さらに、保険証券記載の内容と契約当事者合致の内容に相違がある場合の取扱いについて、ドイツ保険契約法とスイス保険契約法では、ほぼ同様に追認の規定を設けている。これについては、日本の立法論として、ドイツ、スイスの規定を参考に同様の規定を設けるのが望ましいとの見解がある[62]。しかし、保険契約者の異議申立てのないことをもって書面の内容を承認したとするのは、保険契約者の理解力からみて妥当ではないとする見解が有力である[63]。

Ⅶ 今後の展望

1 実務との関係

保険法公布後、保険業界では、保険契約の種類および性質に応じて、保険証券の

---

62) 石井・前掲注(14)196頁、大森・保険法140頁。
63) 山下・保険法221頁。

書式や記載事項を見直している。その概況は以下のとおりである。

(1) **書面の名称**

従来の名称は社会的に浸透しているため、保険法施行後についても、保険会社では、保険証券（たとえば、自動車保険証券、など）、共済組合では、共済証書（たとえば、自動車共済証書等）という用語を使用している。

(2) **書面の記載事項**

損害保険契約の書面の記載事項については、保険商品によって異なるが、概ね以下の事項や情報が記載されている。[64]

書面の冒頭において、普通保険約款・特約および保険証券に記載したところに従い、保険契約を締結し、その証としてこの保険証券を発行する旨、記載事項は、契約内容の概要を説明したものであるが、詳細については普通保険約款・特約を確認するようにする旨が説明されている。

記載事項として、①証券番号（保険契約を特定するもの）、②会社名・本社住所・代表者記名押印、③契約者の関連情報（氏名・住所・電話番号）、④被保険者の関連情報（氏名・住所および生年月日の情報）、⑤補償内容、⑥保険期間（補償が開始する日時と満了する日時）、⑦保険金額および限度額、⑧保険の対象（保険の目的物）の関連情報、⑨その他の特約・割増・割引等、⑩保険料およびその払込方法、⑪契約日、⑫証券の作成日および作成地が掲げられている。

注意事項として、①証券の記載事項が事実と相違している場合は、ただちに保険会社に連絡する旨、②保険証券に印が付された項目は通知事項となり、保険期間中に保険証券の内容に変更が生じた場合は、遅滞なく保険会社まで連絡すべき旨が記載されている。

以上より、本条書面の法定記載事項は、全て保険証券に網羅されていると思われる。

(3) **書面の交付**

保険証券は、契約締結後1週間ないし10日以内に保険契約者に郵送されるのが一般的である。近年はペーパーレス化が進み、保険契約者専用のWeb（ホームページ）で保険証券に記載されている内容を閲覧・印刷するか、PDFファイル等でダウンロードして利用することができる保険会社が増えている。保険証券（含む保険契約継続証）を発行するか否かは、保険契約の申込みの際に契約者の希望を確認する（申込書に選択欄が設けてある）。保険証券の発行を希望しない場合であっても、契約

---

64) 日本損害保険協会HP「資料 保険証券見本」参照。(http://soudanguide.sonpo.or.jp/reference/最終アクセス日：2018年7月20日)

成立後（含む契約更新時）に、保険会社から、保険証券（保険契約継続証）の代わりに、保険契約引受の通知はがきが保険契約者に送付される。

2　残された課題

　書面交付に関して、これまで大いに議論されてきた以下の点について、今後の課題としてなお検討する必要があると考えられる。

　第1に、電子情報技術や高度情報化社会の一層の進化および情報メディアの国民生活への一層の浸透に伴い、各分野において書面のペーパーレス化の流れがますます増大していることは疑いようもない。Web証券のような電磁的方法による情報提供は、保険契約者側にとっては、契約内容の確認、書類の保存などの利便性があり、保険者にとっても、コスト面はもちろんのこと、事務リスクの面でも相当の削減が期待できる。加えて、紙資源の節約による環境保護に寄与することもできることから、書面に代わるWeb証券のような電磁的方法による情報提供はますます広まって主流となる可能性がある。したがって、書面の交付義務について、改正前商法649条1項やドイツ保険契約法3条1項のように、保険契約者の請求があったときに限り生じるという立法論が近い将来、現れるのではないかと思われる。

　第2に、貨物海上保険や運送保険において現に指図式または無記名式の保険証券が発行されている。今後、陸上保険についても指図式または無記名式の書面発行が必要とされることが考えられる。したがって、外国の立法例を参考として、法的にそれを認めることを明文化する余地もあるであろう。[65]

　第3に、書面の性質について、保険種類にかかわらず、一律にその有価証券性を否定することは果たして適切なのか。特に運送保険、海上積荷保険などにおいて発行される指図式または無記名式の保険証券は、他の種類の保険証券と性質上異なることが明らかである。したがって、有価証券性の有無について、一般の有価証券と比較して、有価証券の概念、機能および法理の適用等の視点から再検討する必要があると考えられる。[66]

〔李　鳴〕

---

65)　西島・保険法79頁、同旨。
66)　坂口・前掲注(13)142頁、同旨。

110 §7-Ⅰ1

> **（強行規定）**
> **第7条** 第4条の規定に反する特約で保険契約者又は被保険者に不利なもの及び第5条第2項の規定に反する特約で保険契約者に不利なものは、無効とする。

【条文変遷】 新設
【参照条文】 保険法4条・5条2項・41条・70条、損保試案663条の3
【外国法令】 ドイツ保険契約法18条・32条・42条・87条・112条等、フランス保険法典
L.111-2条、イタリア民法典1932条、スイス保険契約法97条・98条

Ⅰ 概　要

1　規定の性質に関する分類

　規定の性質について、講学上、強行規定（強行法規ともいう）と任意規定（任意法規ともいう）の2つに大別されることが多い。強行規定は、さらに絶対的強行規定と片面的強行規定（半面的強行規定ともいう）に分けることができる。

　絶対的強行規定とは、当事者間の合意の如何に関係なく適用される規定をいう。片面的強行規定とは、当事者の一方の不利益になるように変更することができない規定をいう。そして、任意規定とは、当事者が合意すれば適用を排除することができる規定をいう。

　法令上は、必ずしも強行規定か任意規定かが明示されているとは限らない。一般的には、公益保護を目的とした規定や公序良俗に関する規定は強行規定であることが多く（民法90条はその代表例といえる）、そうでないものは任意規定である場合（民法91条）が多いといわれる。[1]

　日本の立法形式は、片面的強行規定についてのみ個々に法令でその旨を明示している。これは、法的安定性の確保の観点から、片面的強行規定に関しては、当該契約関係のどのような場面において、かつ、誰にとって不利かを法律で明示しなければ当事者の法律関係が著しく不安定となるからである。[2] もっとも条文タイトルは、「片面的強行規定」あるいは「半面的強行規定」ではなく、単に「強行規定」としている。

---

1)　萩本・一問一答20頁、吉田豊『民法総則講義』25頁（中央大学出版部・2000）、河上正二『民法学入門―民法総則講義・序論〔第2版増補版〕』66頁以下（日本評論社・2014）、山本敬三『民法講義Ⅰ　総則〔第3版〕』255頁（有斐閣・2011）等参照。
2)　村田敏一「絶対的強行規定・片面的強行規定・任意規定―新保険法の構造分析の視点」保険学602号132頁（2008）。

§7-I 2　　　　　*111*

　保険法改正前に強行規定という条文タイトルで片面的強行規定を明示する立法例
は、「高齢者の居住の安定確保に関する法律」(同60条)、「借地借家法」(各節にまとめ
て設けている同9条・16条・21条・30条・37条)、「偽造カード等及び盗難カード等を用い
て行われる不正な機械式預貯金払戻し等からの預貯金者の保護等に関する法律」
(同8条)がある。

2　片面的強行規定導入の趣旨

　改正前商法の規定は、損害保険における被保険利益の要件や、生命保険における
被保険者の同意要件など公益に基づく規整であるため解釈上絶対的強行規定である
とされる少数の規定を除き、基本的には任意規定であると解されている。それ故に、
約款でこれと異なる定めをした場合には、原則として約款の規定が優先されていた。
　保険法においては契約自由の原則が認められる。契約自由の原則からすれば、本
来なら規定の性質は任意規定である。しかし、保険法改正にあたり大きな見直しの
1つとして、片面的強行規定の導入がある。この趣旨は、以下にあると考えられて
いる。
　保険契約は、その性質上多数の加入者を相手方として大量に締結されるが、その
契約内容の細目につき、各相手方と個別的に折衝し取り決めることは不便であり、
また、保険契約上の技術的な諸問題について必ずしも専門的知識の豊富でない一般
人とこれを一々協議するのは現実的ではないことが多い。さらに、保険の仕組みを
合理的に実現するにはプールするリスクが加入者を通じて均質になっていなければ
ならないという特別の事情がある。そのため、実際は、保険者があらかじめ定めた
約款を保険契約者に提示し、保険契約者がそれを受諾することで契約が締結される
こととなる。それ故に、保険契約は、附合契約である。
　ところが、消費者が保険契約者となる消費者保険では、保険契約者側と一般的に
大企業である保険者との間の情報量、交渉力、保険に関する知識経験などに格差が
あることから、保険法の規定をすべて任意規定として当事者間での約定によりその
適用を排除することができることとしてしまうと、結局、保険者の側で保険法の規
定のうち自己に不利なものの適用を排除した約款を作成して契約締結の場面でこれ

---

3)　大森・保険法45頁(注4)、大判大正5・11・21民録22輯2105頁以下。山下・保険法88頁以
　　下、山下=米山・解説236頁[萩本修=嶋寺基]、補足説明3頁。
4)　大森・保険法51頁、山下・保険法110頁、萩本・一問一答20頁・21頁(注1)。
5)　保険論上、従来保険加入者が企業であるものを企業保険、一般大衆であるものを家計保険
　　と呼んでいる。しかし、今日では、保険加入者が個人ないし消費者である保険は、消費者保
　　険と呼ぶのが適当であるとの見解がある。山下・保険法43頁。

を提示し、保険契約者側としてはそのような内容の約款を受諾せざるを得ないという状況が生ずることになりかねない。このような状況が仮に発生するとすれば、保険法が保険契約者等の保護のための規定を数多く設けた趣旨が没却されてしまうことになる。なお、消費者保険に関する契約法に片面的強行規定を加えることは、後述のように諸外国の立法例の一般的傾向でもある。

そこで、保険法は、契約法として契約自由の原則に基づき、当事者間の合意を尊重しつつも、保険契約者等の保護を確実なものとするため、保険契約に関する規定の一部について片面的強行規定である旨を法律上明示し、かかる規定に反する特約で保険契約者等に不利なものを無効としている[6]。

3 条文概要

保険法は、規定の性質の観点からみると、「任意規定」、「絶対的強行規定」、「片面的強行規定」から構成されている。「任意規定」は、保険法の規定に反する約款の定めがあっても契約は無効とならない。「絶対的強行規定」は、保険法の規定に反する約款の定めは無効となる。そして、「片面的強行規定」は、保険法の規定に反して保険契約者、被保険者、保険金受取人に不利な内容とする約款の定めが無効となる。

立法形式としては、損害保険契約、生命保険契約、傷害疾病定額保険契約のいずれについても、「成立」、「効力」、「保険給付」「終了」のそれぞれの節ごとに、まとめて片面的強行規定を明確に掲げている。一方、絶対的強行規定か任意規定である旨を明示する条文を設けていない。もっとも条文の見出しでは、片面的強行規定ではなく単なる「強行規定」とされている。また、規定振りは共通して、「○○の規定に反する特約で○○○に不利なものは、無効とする」となっている。さらに、対応する規定の内容に応じて、「保険契約者」、「被保険者」、「保険金受取人」のいずれに不利な特約が無効となるかを区別して明記している。

なお、損害保険契約のうち海上保険契約、再保険契約、航空保険契約、原子力保険契約などといった企業保険は、事業活動に密接に関係し、保険契約者も事業者である。こうした損害保険契約については、そのリスクが特殊であることなどの要因があるため、片面的強行規定を設けた趣旨が妥当しない類型であるとして、各種の規定を片面的強行規定とする旨の規定の適用が除外されている。詳細については、§36解説Ⅲを参照されたい。

本条（7条）は、41条（生命保険）、70条（傷害疾病定額保険）との共通事項として、

6）　補足説明3頁。

§7-Ⅱ1,2 113

保険法第2章（損害保険）第1節（成立）に設けられている諸規定のうち、告知義務および遡及保険における保険者不知に関する規定を片面的強行規定とするものである。

Ⅱ　立法過程

1　保険法制定前試案

　損保試案は、663条の3において、損害保険総則の各規定の中で、強行規定とすべき条項を「強行規定性」というタイトルで一括して掲げていた。

　同条は、2つの項に分かれ、1項は絶対的強行規定であり、2項は半面（片面）的強行規定である。絶対的強行規定であることを示すために、かかる「規定は、契約当事者において変更することができない」という表現をとり、また、半面的強行規定であることを示すために、かかる「規定は、保険契約者、被保険者その他保険契約により利益を受ける者の不利益に変更することはできない」と表現していた。後者について、特に「その他保険契約により利益を受ける者」という文言を加えたのは、たとえば、保険金請求権上の担保権者であって、その権利を保険者に対抗できる者のごときを考慮したものであると説明されていた[7]。

　損保試案の諸規定中、絶対的強行規定とされているものは、被保険利益、超過保険関連、重複保険関連、保険者の免責関連および時効について定める諸規定である。

　次に、損保試案の諸規定中、半面的強行規定とされているのは、超過保険関連、重複保険関連、危険の減少、評価済保険、遡及保険関連、告知義務、他の保険契約の告知義務・通知義務、特別危険の消滅、責任開始条項関連、保険証券関連、保険者の破産、保険事故発生関連、損害防止義務関連および権利の代位関連について定める諸規定である。

2　法制審議会保険法部会の審議

　保険法部会において、消費者保険については初期の段階から一部の規定について片面的強行規定を導入する方向で議論がされていた。しかし、どの規定を片面的強行規定とするか、その規定を片面的強行規定とすることの意味、誰に不利な特約がそれぞれ無効とされるか、どのような約定が許容されないこととなるのかについて、具体的な規定の内容とも関連して、個々の規律ごとに検討がされていた。なお、検討にあたっては、共済の各根拠法の特殊性等をも考慮されている[8]。

7）　損保試案理由書77頁。
8）　補足説明3頁以下、第23回議事録8頁等。

保険法の中では片面的強行規定だけを掲げるものとしているが、保険法の立法過程において、片面的強行規定だけを掲げるのでいいのかという指摘があった。これについて、次のように説明されている[9]。

絶対的強行規定と任意規定に関しては、各規律の性質に鑑み、区別して明示することも法制的に考えられるが、一方で民法をはじめとする現在の法体系の中で絶対的強行規定と任意規定を区別していない。保険法だけで書き分けるのも難しいということがあるので、他の法令と同様に、規定の性質から、解釈に委ねることとする。通常、性質上それが絶対的強行規定であることは明らかであるため、任意規定との区別が可能である。

また、「……に反する特約で」保険契約者または被保険者もしくは保険金受取人「に不利なもの」にあたるか、その該当性の判断基準については、一般に、保険法の各規律と異なる特約であって保険契約者等の権利を制限しまたは義務を加重するものかどうかによって判断されるべきである。もっとも、当事者の理解力や取引経験その他の契約が締結された時の事情は考慮されないと考えられている[10]。

Ⅲ　条文解説

本条は、「第4条の規定に反する特約で保険契約者又は被保険者に不利なもの及び第5条第2項の規定に反する特約で保険契約者に不利なものは、無効とする」と定めて、次の規定の性質が片面的強行規定であることを明記している。

1　4条の告知義務に関する規定

本条の前半部分は、損害保険における告知義務に関する4条の規定を片面的強行規定とするものである。

(1)　告知義務の概要

4条の規定は、損害保険契約の締結に際し、損害発生の可能性（危険）に関する重要な事項のうち保険者が求める告知事項に対する保険契約者または被保険者（以下「保険契約者等」という）の告知義務を定めるものである。保険契約者等の告知義務は、改正前商法644条の下におけるいわゆる自発的申告義務から質問応答義務に変更された。保険契約者等がこの告知義務に違反した場合において、保険者は契約を解除できる（28条1項）。かかる解除は将来に向かってのみその効力を生じ（31条1

9）　第23回議事録10頁・15頁。
10）　部会資料（9）7頁。

項)、解除がされた時までに発生した保険事故による損害について保険者はそのてん補責任を負わないこととされる。ただし、保険事故により発生した損害が不告知・不実告知にかかる事実と因果関係のない場合はこの限りでない（同2項1号）。詳細については、それぞれの条文の解説を参照されたい。

告知義務が自発的申告義務から質問応答義務に変更された主な理由は、何が危険測定上重要な事項であるかを正確に判断することは、保険の技術について専門知識をもたない保険契約者等には困難であるということにある[11]。同規定によれば、保険者が求めるべき告知事項、すなわち質問事項は、損害発生の可能性（危険）に関する重要事項に該当しなければならない。

(2) 不利な特約の対象者

保険契約者および被保険者が告知義務者であるため、特約により不利益を被る可能性がある。したがって、本条の前半部分は、保険契約者および被保険者の保護に資する規定であり、不利な特約の対象者は、保険契約者または被保険者である。

(3) 無効とする不利な特約

以下のような特約は、保険契約者または被保険者が不利益を被ることになるため、本条の前半部分に掲げる4条の規定に反する特約で「保険契約者又は被保険者に不利なもの」として無効になると考えられる[12]。

① 質問応答義務ではなく自発的申告義務を課す特約
② 質問事項を拡大し、重要事項にあたらない質問事項について事実の告知を求め、その不告知・不実告知を理由に契約を解除できる旨の特約
③ 保険契約者等以外の者に応答義務を課し、これを前提に契約の解除ができる旨の特約
④ 保険契約者等に軽過失による告知義務違反があるにすぎない場合にも契約の解除ができる旨の特約

2　5条2項に関する規定

本条の後半部分は、損害保険における遡及保険5条2項を片面的強行規定とするものである。

(1) 遡及保険関連規定の概要

5条は、損害保険契約の遡及保険を定める規定である。同条2項は、損害保険契約の申込みの時より前に発生した保険事故による損害をてん補する旨の定めは、保

---

11) 損害試案理由書28頁以下参照。
12) 部会資料（9）7頁、補足説明10頁。

険者または保険契約者がその保険契約の申込みをした時点で、当該保険者が保険事故の不発生を知っていた場合は、無効としている。

(2) 不利な特約の対象者

5条2項は、保険者が保険事故の不発生を知りながら保険契約を締結し、保険料を不当に取得することを防止し、仮に保険者が不当に保険料を取得した場合にも保険契約者が保険者に対して保険料の返還を請求できるようにするものである。したがって、本条の後半部分は、保険契約者の保護を図る規定であり、不利な約款の対象者は、保険契約者である。

(3) 無効とする不利な特約

たとえば、保険契約者の契約申込時に保険者が保険事故の不発生を知っていた場合でも遡及保険の定めを有効とし保険料の取得が認められる旨の特約等は、保険契約者が不利益を被ることになるため、本条の後半部分に掲げる5条2項の規定に反する特約で「保険契約者に不利なもの」として無効になると考えられる。[13]

Ⅳ　外国法令

片面的強行規定は、ヨーロッパの諸国においてはすでに1900年代の初めから立法化されてきたが、立法の形態は、以下のように異なる。

1　ドイツ保険契約法

ドイツ保険契約法は、主に各編・各節において、各部門の保険に適用される規定のうちのある種の規定をまとめて、条文タイトルを「別段の合意」とし、「保険契約者の不利益に変更することはできない」と定めることにより、片面的強行規定である旨を明示する方法を採用している（同18条・32条・42条・67条・87条・112条・129条・171条・175条・191条・208条）。

ドイツ保険契約法は、全215か条のうち、87か条を片面的強行規定としている。

告知義務の規定に関しては、片面的強行規定とされている（同32条）が、遡及保険の規定に関しては、片面的強行規定に含まれていないものの、保険者が保険事故の不発生を知っていたときは保険料を取得できない旨が明確に定められている（同2条2項第1文）。

もっとも、一定規模を越える事業者が契約する運送保険等が属する大規模リスク、予定保険（いわゆるオープン・ポリシー）に関する契約については、保険契約者に特

---

13)　第21回議事録2頁。

§7-Ⅳ2〜4 117

別な保護を必要としないから、片面的強行規定性の適用が除外される規定を設けている（同210条）。

2　フランス保険法典

フランス保険法典は、条文タイトルを「強行規定」とするL. 111-2条において、陸上保険（非海上損害保険）および人保険の規定については、「約定によりこれと異なる定めをすることはできない。ただし、当事者に単なる権利を付与する規定」およびその他所定の条文に「含まれる規定はこの限りではない」とし、同法典中の陸上保険契約に関する規定が原則として絶対的強行規定である旨を定め、その例外を各条文の規定の中で明定する方法を採用している。

3　イタリア民法典

イタリア民法典は、「終末規定」の1932条において、条文タイトルを「排除不能の規定」として、その1項では、所定の規定は、「被保険者にとってより有利でなければ、排除されることはできない」とし、その2項では、「被保険者にとってより不利に排除される条項は、対応する法律の規定により、法律上当然にとって代わられる」として、片面的強行規定を定めている。

イタリア民法典は、全保険契約に関する51か条のうち13か条が片面的強行規定である旨を定めている。

告知義務にかかわる規定（同1892条と1893条）に関しては、片面的強行規定とされているが、遡及保険にかかわる規定（同1895条）に関しては、片面的強行規定とされていない。

4　スイス保険契約法

スイス保険契約法は、97条1項においては、「契約上の合意をもってこれを変更してはならない」とする絶対的強行規定、そして同98条1項においては、「契約上の合意をもって、保険契約者または保険金請求権者の不利益においてこれを変更してはならない」とする片面的強行規定を設けているとともに、各条の2項においては、運送保険への適用が除外される規定を設けている。

スイス保険契約法は、全104か条のうち、16か条を絶対的強行規定とし、42か条を片面的強行規定としている。

告知義務の規定（同4条）に関しては、片面的強行規定とされているが、遡及保険にかかわる規定（同9条）に関しては、絶対的強行規定とされている。

損保試案（生保試案）の立法技術は、スイス保険契約法97条・98条に倣って、保険契約法の強行規定性に関する規定を特別に設ける方法を採用し、ただ、スイス保険契約法2か条で規定しているところに代えて、1か条の中を2つの項に分けて、それぞれの項において、絶対的強行規定と片面的強行規定とを一括列挙する方法を採用していた。

一方、保険法は、ドイツ保険契約法の立法技術を採用し、各種の保険契約の「成立」、「効力」、「保険給付」「終了」のそれぞれの節ごとに、まとめて片面的強行規定のみを明確に掲げている。

V 今後の展望

1 実務との関係

改正前商法の下では、商法の規定が基本的に任意規定であるため、約款でこれと異なり、保険契約者等に不利な定めをしたとしても、原則として有効であった。これに対して、保険法の下では、たとえ約款で保険法の片面的強行規定と異なる定めをしたとしても、それが当該規定よりも保険契約者等にとって不利な内容である場合には、無効となる。

したがって、約款や特約条項の作成または改定にあたって、かかる規定が保険法の片面的強行規定性に反するか否かについて、保険法の関連規定の趣旨およびその内容を十分に踏まえたうえで、当該約款規定の目的、要件および効果等を総合的に勘案して、慎重に逐一検証し判断する実務対応が強く求められている。[14]

とりわけ、不利な特約には、片面的強行規定よりも形式的にみて不利になっている特約が含まれるのはもとより、実質的に片面的強行規定の趣旨を没却するような特約も含まれる。また、「約款上は保険者の権利を非常に強く認めてはいるが、実際にそうした権利を主張する際には保険者の側で謙抑的な運用をしている」という考え方も通用しないことに留意する必要がある。[15]

2 残された課題

片面的強行規定は、保険契約者等を保護するために適切であるが、他方では保険制度の発展を妨げるという側面も有しているため、両者の要請をどのように調和させるかは、立法上決して容易ではない。[16]保険法は、消費者保護に配意しつつも、柔

---

14) 萩本・一問一答22頁(注5)。
15) 萩本・一問一答21頁以下。
16) 日本大百科全書（ニッポニカ）の「半面的強行規定」の解説［坂口光男］。

軟な契約内容の設計を可能とし、また同時に高い法的安定性を達成したものとして、今後の民商事法の立法に際しても先駆的意義を有するものと評価されている。[17]一方、以下のように、なお様々な解釈問題が生じうる。

(1) **片面的強行規定における不利な特約に関する解釈問題**

保険法では、片面的強行規定の定め方は、共通して「○○の規定に反する特約で○○○に不利なものは、無効とする」としている。これは、借地借家法等における片面的強行規定の書き振りに倣ったものであるが、どのような態様の特約が「不利」に該当するかの判断基準が今後の焦点となる。[18]

借地借家法等における片面的強行規定にいう不利な特約についての解釈をめぐって、「総合判断説」と「分離判断説」が存在する。「総合判断説」とは、当該特約だけに着目し他の契約内容を捨象して判断するのではなく、当該特約を含む契約内容全体を斟酌・比較考量して総合的に判断すべきであるとする考え方をいい、これに対し、「分離判断説」とは、不利な特約の認定基準を特約された事項そのものについて個別的に判断して決定すべきであるとする考え方をいう。[19]保険法においても基本的には「総合判断説」に基づいて不利な特約に該当するか否かが判断されることになると考えられている。[20]

しかし、前述のように、立案者は、保険契約者等の権利を制限しまたは義務を加重するものかどうかによって判断されるべきであると考えているようである。これについて、一般論としては法的安定性の観点から妥当なものと評価され、汎用性のある解釈姿勢と評価されるものの、「総合判断法」の採用との整合性問題もあり、実際の訴訟時に裁判所がどのような判断を行うかについては、なお流動的な側面も払拭されていないとの見解が示されている。[21]

(2) **約款に定められていない規律の適用問題**

本条の片面的強行規定にかかわる5条（遡及保険）については、損害保険会社が取り扱う保険商品（自動車保険、火災保険など）では遡及保険はほとんど利用されていないため、保険法施行後も、従来どおり遡及保険に関する条項が置かれていない。[22]

---

17) 村田・前掲注（2）148頁。

18) 同旨、村田・前掲注（2）131頁。

19) 山下＝米山・解説237頁(注2)［萩本修＝嶋寺基］。最高裁は、総合判断説を採用している（最判昭和31・6・19民集10巻6号665頁）。

20) 山下＝米山・解説237頁［萩本修＝嶋寺基］。

21) 村田・前掲注（2）146頁。

22) 東京海上日動火災保険株式会社編著『損害保険の法務と実務〔第2版〕』238頁（金融財政事情研究会・2016）。

120   §7-Ⅴ2

このような場合、すなわち、片面的強行規定とされる規律の中で、約款に規定しな
かった規律の適用、あるいは、約款でその規律内容の一部のみを規定した場合には、
規定しなかったその余の規律の適用をどのように解するのかという適用問題がある。[23]

　片面的強行規定は、当該規律内容よりも消費者に不利な特約を無効とする性格の
規律であるから、その一部の規律内容が約款に規定されていなくとも、その部分に
ついては、片面的強行規定が任意規定化して、補充的に適用されるとの解釈もあり
うる一方、約款の解釈は、当該約款に拘束される保険契約者等の合理的意思を客観
的に探究して決定されるべきものであるとの観点から、片面的強行規定中の一部の
みを保険者があえて約款に規定しなかったとすれば、それは当該規定しなかった一
部の規律の適用は排除されているものと解することも妥当であるとの見解がある。[24]

　しかし、片面的強行規定の任意規定化または適用の排除という解釈は、片面的強
行規定の導入趣旨および36条に定める片面的強行規定の適用除外対象契約との関連
に照らして、はたして適切かどうかを慎重に検討することが必要であろうと考える。

(3)　絶対的強行規定と任意規定の解釈問題

　保険法では、片面的強行規定を明示する条文の見出しは、いずれも単に「強行規
定」とされているので、どの規律が片面的強行規定に該当するかに関する解釈問題
は生じる余地はない。しかし、一方、その他の規律については、絶対的強行規定か
任意規定かの区別は明らかにされておらず、引き続き解釈に委ねられている。この
結果、片面的強行規定以外の規律については、絶対的強行規定か任意規定かのいず
れに類別されるのかという規定の性質に関する解釈問題が生じる。[25]

　解釈上、以下のように、公序に関する規定、法律行為の効力要件、効力発生時期
および執行手続に関する規定は、絶対的強行規定として整理され、その他の規定は
任意規定と解されている。[26]

　公序に関する規定：被保険者の同意（38条・45条・47条・67条・74条・76条）、被保険
者による解除請求（34条・58条・87条）

　法律行為の効力要件、効力発生時期および執行手続に関する規定：損害保険契約
の目的（3条）、損害額の算定（18条2項但書）、責任保険契約についての先取特権（22
条）、遡及保険（5条1項・39条1項・68条1項）、告知義務違反による解除（28条4項・55
条4項・84条4項）、危険増加による解除（29条2項・56条2項・85条2項）、保険金受取人
の変更（43条2項3項・44条2項・72条2項3項・73条2項）、契約当事者以外の者による

---

23)　村田・前掲注（2）146頁。

24)　村田・前掲注（2）146頁。

25)　同旨、村田・前掲注（2）130頁。

26)　山下友信「新しい保険法—総論的事項および若干の共通事項」ジュリ1364号15頁（2008）。

§ 7 - V 2　　　　　　　　　121

解除の効力等（60条〜62条・89条〜91条）、消滅時効（95条）、保険者の破産（96条）

　もっとも、以上のような一応は絶対的強行規定とされる規定であっても、絶対的強行規定であることの意味については条ごとに検討する必要がある。すべての修正的合意の効力を否定すべきかどうかについては、絶対的強行規定とされる趣旨との関係で一様には判断できないからである。[27]

⑷　**任意規定と消費者契約との抵触に関する解釈問題**

　基本的に任意規定の場合には、契約自由に委ねることができると考えられる。もっとも、任意規定についても、保険契約者が消費者である場合には、消費者契約法により、保険法の規定よりも保険契約者等の権利を制限し、または保険契約者等の義務を加重する約款の定めは無効となる場合がある（消費者契約法10条）。したがって、任意規定から乖離した約款規定を定める場合に、消費者契約法上の不当条項規制への抵触に関する解釈問題が生じうる。[28]

〔李　鳴〕

---

27)　山下・前掲(26)15頁以下。

28)　山下・保険法124頁、萩本修『新しい保険法』24頁（金融財政事情研究会・2008）、村田・前掲注(2)131(注2)。

第2節 効 力

> **（第三者のためにする損害保険契約）**
>
> **第8条** 被保険者が損害保険契約の当事者以外の者であるときは、当該被保険者は、当然に当該損害保険契約の利益を享受する。
>
> **改正前商法第647条** 保険契約ハ他人ノ為メニモ之ヲ為スコトヲ得此場合ニ於テハ保険契約者ハ保険者ニ対シ保険料ヲ支払フ義務ヲ負フ
>
> **改正前商法第648条** 保険契約者カ委任ヲ受ケスシテ他人ノ為メニ契約ヲ為シタル場合ニ於テ其旨ヲ保険者ニ告ケサルトキハ其契約ハ無効トス若シ之ヲ告ケタルトキハ被保険者ハ当然其契約ノ利益ヲ享受ス

【条文変遷】 ロエスレル草案702条、明治23年商法628条、明治32年商法401条・402条、改正前商法647条・648条・652条、損保試案647条・652条
【参照条文】 民法537条
【外国法令】 フランス保険法典L. 112-1条、ドイツ保険契約法43条～47条、イタリア民法典1891条、スイス保険契約法16条～18条、イギリス家計保険法7条

I 概 要

1 第三者のためにする損害保険契約の概念

　保険契約者と被保険者が同一人である損害保険契約を「自己のためにする損害保険契約」といい、保険契約者と被保険者とが異なる場合を「第三者のためにする損害保険契約」という。

　第三者のためにする損害保険契約は、運送業者や倉庫業者等のように他人の物を保管する者が保険契約者となり、目的物の所有者を被保険者として、海上保険や運送保険、あるいは火災保険といった損害保険契約を締結する場合に用いられるものである。そして、第三者のためにする損害保険契約は、保管物の所有者という特定人のために締結される場合がほとんどであるが、保険期間中に保管物の売買が行われるなどして権利者が変更される可能性もあることから、契約締結の際に、損害保険会社との間の合意によって被保険者を特定しないか、契約締結時に特定した被保険者が他の者に変更する可能性があることを約定することがあり、これらを「不特

§8-Ⅰ2　　　　　　　　　　　　　　　　　　　　　　　　　123

定の第三者のためにする損害保険契約」という[1]。

2　趣旨

　改正前商法647条は、第三者のためにする損害保険契約を締結することができること、その場合の保険料は保険契約者が支払うことを定め、同648条は、保険契約者が被保険者の委任がないことを保険者に告げないときは契約を無効とし、告げたときには被保険者が当然に契約の利益を享受すると定めていた。しかし、第三者のためにする損害保険契約を締結することができるのはいわば当然であるし、また保険契約者が保険料の支払義務を負うのも当然であるから、647条の存在意義は薄いものであった。また、実務上、保険契約者が第三者である被保険者から委任を受けていたかどうかについて保険者が告知を求めていなかったにもかかわらず、648条のように告知しなかった場合の効果を無効とする制度の妥当性についても疑問が呈されていた[2]。

　そこで、本条（8条）は、委任を受けない場合には契約を無効とする648条前段を削除した上で、647条、648条後段の趣旨を踏まえ、その実質的内容は維持したまま、すなわち被保険者が当然に保険契約の利益を享受するとして[3]、第三者のためにする損害保険契約に関する一般的な規定を置くこととした[4]。

　また、改正前商法652条は、保険契約者が破産手続開始の決定を受けた場合の保険料支払義務に関し、保険者が被保険者に対し保険料の請求ができるものとし、それに応じて被保険者が保険料を支払えば契約を存続させることができる旨の規定を設けていたが、この規定についても削除し、解釈に任せることとした。もともと、この規定は、保険者に解除権が認められていた時代に、被保険者が保険料を支払うことによって保険契約を存続させて被保険者の保護を図ろうとした規定であったが、大正11年の破産法の制定に伴う商法の整備において、保険者の解除権の規定は削除され、破産法53条1項により、破産管財人だけに解除権が認められるようになったことから、解除権をもった保険者に対する被保険者の保護という改正前商法652条

1）　山下・保険法261頁、岡田・現代保険法77頁。
2）　名古屋地判昭和62・7・16判時1252号118頁は、保険契約者が保険契約を締結することにつき正当な利益を有する場合には、その契約は無効とならないとする。
3）　保険法では、民法537条とは異なり、受益の意思表示を権利取得のための要件とはせずに、当然に契約の利益を享受すると定めているのは、当然効力を生ずるとする経済的な必要性があり、また、第三者に別段負担を課すものではないので、第三者がこれを拒否する場合がないとされる（第1回議事録29頁）。
4）　保険法部会第1回会議から中間試案の段階に至るまで一貫している。第1回議事録30頁、補足説明19頁。

の存在意味が失われていた上、実務上も、同条に基づいて保険者が被保険者に保険料を請求するということもなかったことから、削除となったのである[5]。

3 条文概要

本条は、被保険者が損害保険契約の当事者（保険契約者）以外の第三者の場合、当該第三者が損害保険契約の利益、すなわち保険事故発生時に保険給付を受ける権利を当然に取得する旨を規定するものである。

第三者のためにする損害保険契約は、民法の第三者のためにする契約（民法537条）の一種と考えられるところから、本来であれば受益者である第三者の権利は受益の意思表示を行って初めて発生するはずであるが（同条3項）、保険法は、受益の意思表示なしに、保険契約者と保険者の合意の効果として、被保険者が「当然に」当該損害保険契約の利益、すなわち保険者に対する保険給付請求権を取得するものとしている[6]。

II 沿　革

1　ロエスレル草案～明治23年商法[7]

他人のためにする保険契約がわが国の保険法制上登場するのは、私保険に関する最初の成文法となった明治23年の旧商法においてである。そして、明治23年旧商法成立の過程におけるロエスレル草案の段階では、次のような規定であった。

「702条　保険額ノ要求権ハ若シ他ノ約定アルニ非サレハ払渡期日ノ前後ヲ論セス保険者ノ承諾ナクシテ之ヲ他人ニ譲渡スコトヲ得保険者ハ譲渡ノ旨ヲ聞知シタル以後ハ専ラ其譲受人ニ対シテ支払フ可キ義務アル者トス」

ロエスレルはこの規定につき、「是レ生命保険ニ最モ多ク行ハルヽモノナリト雖モ他ノ保険ニ於テモ之ヲ行ナフコトアリ被保険者ハ之ニ依リテ保険額ヲ受クヘキ人ヲ指定スルモノニシテ已定人未定人（其受取ルトキ何人タルヲ論セス例ヘハ寡婦子孫

---

5)　第3回議事録43-44頁。

6)　第三者のためにする生命保険契約にあっても、保険金受取人は当然に当該生命保険契約の利益を享受するが、それは、保険契約者による保険金受取人の指定の効果として自己固有の権利である保険金請求権を取得するというものであるのに対し、第三者のためにする損害保険契約にあっては、被保険者は、保険事故の発生により損害を被るおそれのある者として被保険利益を有する者であるから、その者に保険保護を与えようとする保険契約者と保険者の合意の効果として自己固有の権利として保険給付請求権を有するようになるという相違がある（山下=永沢・保険法 I 104頁〔梅津昭彦〕）。

7)　宮島司「他人のためにする生命保険契約」法学研究66巻12号94頁以下（1993）。

若クハ相続人等）ヲ論セス」と述べており、このような説明から理解できることは、まず他人のためにする保険は生命保険に限定されることなくその他の保険契約にも考えうること、また未定人を対象とすることも可能であることである。

　明治23年商法は、ロエスレル草案を踏まえ、損害保険につき次のように定めた。

　「628条　保険ハ自己ノ計算ヲ以テスルト他人ノ計算ヲ以テスルトヲ問ハス又被保険者ノ委託ヲ受ケタルト否ト被保険者ノ予知スルト否ト被保険者ヲ明示スルト否トヲ問ハス之ヲ受クルコトヲ得」

　すなわち、被保険者から委託を受けたか否か、被保険者があらかじめこのことを知っていたか否かを問わず、他人のための損害保険契約を締結することができるとしていた。生命保険とは異なり、他人のためにする損害保険は、運送等商事においての必要性から発せられたものであるとの説明がなされている。

　とはいえ、明治23年商法の段階では、損害保険、生命保険ともに、他人のためにする保険契約を締結することができると定めるだけで、ロエスレル草案や明治32年商法に現れるような、その法的な性質をうかがわせるような規定の仕方ではなかった。

2　明治32年商法、明治44年商法 [8]

　明治32年商法に至るまでの間には、法典調査会商法決議案が存在する。

　「345条（損害保険）　保険契約ハ他人ノ為メニモ之ヲ為スコトヲ得此場合ニ於イテハ保険契約者ハ保険者ニ対シ保険料ヲ支払フ義務ヲ負フ他人ノ為メニ保険契約ヲ為ス意思カ分明ナラサルトキハ保険契約者自己ノ為メニ之ヲ為スモノト看做ス」

　この時点になると、損害保険については、ほぼ改正前商法の体系と同一となっている。[9]

　明治32年商法は、損害保険につき次のような2か条を定める。

　「401条　保険契約ハ他人ノ為メニモ之ヲ為スコトヲ得此場合ニ於テハ保険契約者ハ保険者ニ対シ保険料ヲ支払フ義務ヲ負フ」

　「402条　保険契約者カ委任ヲ受ケスシテ他人ノ為メニ契約ヲ為シタル場合ニ於テ其旨ヲ保険者ニ告ケサルトキハ其契約ハ無効トス若シ之ヲ告ケタルトキハ被保険者ハ当然其契約ノ利益ヲ享受ス」

　401条および402条は、ともに明治23年商法628条の一部に該当するものであると

8）　宮島・前掲注（7）94頁以下。

9）　生命保険については、あくまでも親族の生計維持のみを考慮したきわめて政策的色彩の保険という設計である。

され、特に401条は、保険契約者が契約当事者であり、被保険者は民法537条により損害てん補を受けることができる債権を取得するにすぎないとする。ほぼ同時期に成立した民法の第三者のためにする契約の理念を採用したことは疑いないようである。

　そして、明治44年改正商法では、条文の数に改正があったものの（401条→647条、402条→648条）、損害保険については、明治32年商法の内容が維持されている。[10]

Ⅲ　改正前商法

　他人のためにする損害保険契約について、改正前商法647条は「保険契約ハ他人ノ為メニモ之ヲ為スコトヲ得此場合ニ於テハ保険契約者ハ保険者ニ対シ保険料ヲ支払フ義務ヲ負フ」と定め、同648条は「保険契約者カ委任ヲ受ケスシテ他人ノ為メニ契約ヲ為シタル場合ニ於テ其旨ヲ保険者ニ告ケサルトキハ其契約ハ無効トス若シ之ヲ告ケタルトキハ被保険者ハ当然其契約ノ利益ヲ享受ス」と定めていた。647条前段においてまず、実務上、自己以外の者の被保険利益を保険の目的とし、したがって自己以外の者を被保険者として保険契約を締結する必要性があるところから、他人のためにする損害保険契約の有効性を明文をもって確認するとともに、648条前段で、保険契約者が被保険者となる者から委任を受けないで損害保険契約を締結する場合、その旨を保険者に告知しなければならず、これがないときには保険契約は無効となると規定する。そもそも被保険利益の帰属者が自分は特に望んでもいないのに、自分の被保険利益について保険が付されてしまうことの不合理さがあるし、被保険利益を有する被保険者に保険金請求権があるとしても、実際上は、保険契約者が保険金を取得してしまうおそれもあることを考えると、何らかの規制を加える必要があったのである。[11]

　そこで、改正前商法は、委任を受けないで契約を締結したこと自体で契約を無効としてしまうのではなく、保険者の判断でモラル・ハザードのおそれのある保険契約の成立を阻止できるよう、保険契約者に委任を受けていないことの告知義務を課すものとし、委任を受けていない旨を保険者に告げないときには無効となるとした（改正前商法648条前段）。[12]

　改正前商法648条後段は、保険契約者が被保険者の委任を受けないで契約をした

10）　生命保険については、内容的にも改正がなされている。
11）　山下・保険法259頁。
12）　山下・保険法259頁。

ことを保険者に告げたときは、被保険者が当然に契約の利益を享受すると定めるが、これは、第三者の受益の意思表示が権利取得の要件とされている民法の第三者のためにする契約の特則であることを明確にしたものである。したがって、第三者である被保険者は、当然に保険契約の利益を享受することとなる結果、保険事故が発生し保険給付の要件が備わったときには、保険者に対して直接保険給付を請求することができる（民法537条1項）。

IV　立法経緯

1　保険法制定前試案

損害保険契約法改正試案は、ドイツ保険契約法のように第三者のためにする保険契約に関する一般規定を設けるという方式は採用せず、改正前商法と同様、他人のためにする損害保険と他人のためにする生命保険とを分けて規定し、他人のためにする損害保険については1か条を用意するのみである。

損保試案647条1項は、保険契約は、特定または不特定の他人のために締結することができ、この場合、被保険者は当然にその契約の利益を享受し、保険契約者には保険者に対する保険料支払義務があるとしている。1項前段は、改正前商法の規定とは異なり、「特定または不特定」の他人のために保険契約を締結することができる旨を定めているが、この点は、改正前商法でも解釈上は、他人を特定することを要しないとされていた[13]ところであるから、これを条文上明確にしたにすぎない。このように不特定人についても明定しているのは、ドイツ保険契約法43条・48条、フランス保険法典L.112-1条1項・2項・3項、イタリア民法典1891条1項、スイス保険契約法16条1項などである。1項後段のうち、保険料支払義務が保険契約者に課される部分は改正前商法と同じであり、被保険者は当然に契約の利益を享受するとの部分は、削除された改正前商法648条に置かれていた規定を移したものである。

損保試案647条2項本文は、保険契約者は、被保険者の同意を得て、保険者に対し、自己の名において被保険者の保険金請求権を行使することができると定める。たとえば、火災保険の倉庫特約や運送人が荷主のために付保する運送保険などの場合、実務上、保険契約者が保険金請求を行っていることが多く、このような用途に

---

13)　大森・保険法97頁、山下・保険法261頁。また、損保試案理由書35頁によれば、貨物の輸送・保管に関する保険などでは、運送業者や倉庫業者が火災保険等の契約者となり、被保険者を不特定とする必要があるとしている。倉庫業者の場合、多数のしかも不断に変動のある寄託者を包括的に被保険者とする場合等である。

応じたものである。改正前商法には規定がなかったが、立法論としてはその必要性が強く主張されていたところであり、これを受けて損保試案には盛り込まれることとなった。ドイツ保険契約法45条１項、イタリア民法典1891条２項、スイス保険契約法17条２項に同様の規定がある。

損保試案647条３項は、保険者は、被保険者に保険金を支払う場合に、支払時期が到来した保険料支払請求権や保険契約者に対する保険契約上のその他の債権の額を控除することができるとする。保険料支払義務を負うのは保険契約者であるから（１項）、保険料が支払われていないにもかかわらず、保険契約者に保険金が支払われる場合には、保険金から未払い保険料を控除できるのは当然であるが、保険者が被保険者に直接保険金を支払う場合であっても、保険料相当額を控除して支払うことができる旨を定めている。これも改正前商法には規定がなかったが、他人のためにする損害保険契約も民法の第三者のためにする契約の一種であるため、このような抗弁対抗があることを明らかにしたものである。第三者である被保険者は当然に契約の利益を享受するとして、この点では、受益の意思表示を要件とする民法の第三者のためにする契約の特則としているが、あくまでも民法の第三者のためにする契約の一種という位置づけである限り、その他の点では民法の規定の適用があり、保険者は保険契約者に対する抗弁事由をもって第三者である被保険者に対抗できる（民法539条）ことを受けた規定である。同様の規定は、ドイツ保険契約法35条、スイス保険契約法18条３項にある。

ところで、前述のように、改正前商法の下では、保険契約者が委任を受けないで他人のための損害保険契約を締結した場合において、その旨を保険者に告げなかった場合と告げた場合とに分けてその効果を規定していたが、損保試案ではそのような発想は採用せず、委任を受けずになされた他人のためにする損害保険契約の効力を無効とする改正前商法648条の規定は削除することとしている。これは、損害保険の実務においては、委任の有無について告知を求めることはほとんど行われていないし、委任を受けなかったことを告げなかったことにより当然に無効としてしまうことは、告知義務違反の通常の効果が、単に保険者に解除権を付与する（改正前

---

14) 損保試案理由書35頁。

15) 但書は、法令に別段の定めがある場合には、被保険者の同意があっても、保険契約者は、自己の名において保険金請求権を行使できないとしているが、これは、被保険者に確実に保険金を取得させる必要があるため、政策的配慮からそのような立法がなされた場合を考慮して、念のために付け加えたようである。損保試案理由書35-36頁。

16) すでに標準的な倉庫寄託契約では、寄託者は倉庫業者を経由して火災保険金の支払を受けなければならないと約定されるなど、被保険者と保険契約者との関係において、いわば保険金請求権が担保視されていたようである。山下・保険法263頁。

§8-Ⅳ2　　　　　　　　　　　　　　　　　　129

商法644条1項）ものであることと比較すると、効果の均衡上必ずしも合理的ではないと考えたためである。[17]

2　法制審議会保険法部会の審議

(1)　規律の方式

　保険法は、第三者のためにする損害保険契約に関する規定を生命保険契約に準用するという方式をとらず、損保試案および生保試案のように、第三者のためにする損害保険契約と第三者のためにする生命保険契約とをそれぞれ独立した形で規定を置くものとした。

　また、改正前商法では、条文上「他人のためにする損害保険契約」という用語が使用され、講学上も同様の用語を用いていたが、保険法では、「第三者のためにする損害保険契約」という見出しが付けられることとなった。これは、従来から「他人のためにする損害保険契約」と呼ばれていたものの本質は、民法の「第三者のためにする契約」の一種であることを明らかにするための変更といえる。[18]

(2)　「第三者のためにする損害保険契約」の可能性を明言する規定の削除

　改正前商法647条前段は「保険契約ハ他人ノ為メニモ之ヲ為スコトヲ得」と規定していたが、そもそも第三者のためにする損害保険契約も民法の第三者のためにする契約の一種として存在することが可能である以上、保険契約にも民法537条から539条が当然に適用されることとなるから、保険法では、あえて改正前商法647条前段「保険契約ハ他人ノ為メニモ之ヲ為スコトヲ得」のような明文の規定を設ける必要はないということとなった。[19]その意味で、きわめてシンプルな条文の体裁となったが、逆に多くの事柄が解釈に委ねられたといえる。[20]

(3)　保険契約者の保険料支払義務に関する規定の削除

　改正前商法647条後段は、他人のためにする損害保険契約について、保険料支払義務を負うのは保険契約者であるとする旨を注意的に規定していたが、保険法はこの部分を削除した。民法上の第三者のためにする契約について、これが双務契約である場合には要約者が諾約者に対して契約上の債務を負うと解されており、民法上の第三者のためにする契約の一種とされる第三者のためにする損害保険契約も双務契約であり、保険契約者が保険料支払義務を負うことは当然の理であることから、

---

17)　損保試案理由書43頁。

18)　補足説明19頁。

19)　第1回会議から中間試案の段階に至るまで一貫してそのような方向であった（第1回議録30頁、補足説明19頁）。

20)　保険法コンメンタール33頁［岡田豊基］。

130　　　　　　　　　　§8-Ⅴ1

あえて明文の規定を設ける必要はないからである[21]。

　⑷　**改正前商法648条前段（委任を受けずに締結し、それを告知しなかった場合の効果）の削除**

　改正前商法648条は、保険契約者が委任を受けないで他人のために損害保険契約を締結した場合に、その旨を保険者に告げたときと告げなかったときとに分け、告げたときには被保険者は保険契約上の利益を当然に享受することとなるが、告げなかったときには当該保険契約は無効となるとして、きわめて重い効果を規定している。そもそもこの規定が置かれた趣旨は、保険の賭博的利用の防止や保険金詐欺等の不正行為の防止にあるので、このような重い効果を定めたとされていたが、第三者のためにする損害保険契約における保険給付請求権は被保険者に直接帰属することなどを考えると、このような危険があるとすることは杞憂にすぎないとして、削除すべきであるとの指摘もなされていた[22]。

　そして、損害保険の実務では、委任の有無について告知を求めることは通常行われていないし、委任を受けずに契約を締結したことを告げなかったことにより当然に無効となるという効果は、告知義務違反の場合には単に保険者に解除権が与えられるにすぎないこととのバランスからみても、かなりその妥当性に疑問のある制度であった[23]。そこで、保険法はこの規定の前段部分を削除し、被保険者は当然に契約上の利益を享受するという後段部分のみを残した。

Ⅴ　条文解説

1　第三者のためにする損害保険契約の意義

　第三者のためにする保険契約が、一般にいわれるように民法における「第三者のためにする契約」の一種である、あるいはその特則であると考えうるか見てみよう。多くの見解は、第三者のためにする保険契約は保険者と保険契約者との間に成立し、被保険者（損害保険）ないしは保険金受取人（生命保険）の権利取得という効果がこれらの契約当事者の合意の効果として直接に生ずるものであることを根拠とし、民法の第三者のためにする契約の「一種」であるとしている。また、民法の第三者のためにする契約の「特則」とされるのは、第三者のためにする保険契約における被保険者や保険金受取人は、第三者のためにする契約とは異なり、特別な受益の意思

---

21)　補足説明20頁。
22)　第3回議事録3頁、補足説明20頁。福田=古笛・逐条解説34頁。
23)　損保試案理由書43頁。大森・保険法98頁、西島・保険法28頁。

§8-Ⅴ1　　　　　　　　　　　　131

表示を要せずして、当然に契約の利益を享受するからであるとする[24]。

　ところが、そもそも、第三者のためにする契約というもの自体が民法学でも検討され尽くしているとは言い難く、来栖博士が「何か説明にこまり第三者のためにする契約というと一寸うまく説明がつくように見える」あるいは「『法律学上の怪物』とか呼ばれ、それがどういう契約であるか理解しあぐんできた。そして、いまでもまだ明確にされているとはいえない[25]」とされるのは、まさにこうした事情を物語ったものといえよう。

　そこで、確かに民法の第三者のためにする契約の一種といいうるかについて、両者を対比しつつこの問題を検討してみようと思う。まず、第三者のためにする契約にあっては、基本行為たる普通の契約の内容の一部が第三者の権利取得に向けられているという第三者約款を含むものであるが[26]、こうした契約の構造からすれば、第三者が誰かということもまた契約の要素的内容となるはずである。したがって、第三者のためにする契約が有効に成立するためには、契約当事者にその旨の合意があることを要する。誰を受益者にするかについて契約当事者に合意がなければその契約は不成立であり、またその点が不確定ならば契約は無効である。こうした理解を前提として、両者を比較してみると、第三者のためにする契約も第三者のためにする損害保険契約も、両者ともに、要約者（保険契約者）と諾約者（保険者）との間に契約が存在しており、第三者（被保険者）に直接に権利を取得させる趣旨が契約の内容とされている。さらに、この第三者約款についても、通常は両者の契約とも第三者（受益者、被保険者）が特定されているし、また将来特定されるものであればよいと考えられているため、契約は有効に成立することとなる。

　若干問題となるのは、契約の有効性との関連で、受益者・被保険者の特定性についてである。第三者のためにする損害保険契約では、誰を被保険者とするかは契約により定められることを要するのが原則であるが、保険の目的その他から被保険利益関係の客観的な諸要素が確定される以上は、その主体としての被保険者は必ずしも固定されていなくてはならないというものではない。被保険利益の主体たるべきものを被保険者とする旨の合意さえあれば契約は有効である。保険の目的の所有者としての一般的利害関係を被保険利益とするような場合には、被保険者の個性は被保険利益の確定には決定的な重要性は持ち得ないからである[27]。ただ、このことは、

---

24)　大森・保険法100頁、田辺・保険法45頁、野津・法論71頁、山下・保険法262頁。

25)　来栖三郎「第三者のためにする契約」民商39巻4＝6号514頁（1959）。

26)　我妻栄『債権各論上巻』118頁（岩波書店・1954）、『注釈民法13巻』324-325頁（有斐閣・1966）〔中馬義直〕。

27)　大森・保険法71頁、97頁。

第三者のためにする損害保険契約では、その第三者についての特定性が問題とならないということを意味するものではない。損害保険においては、被保険利益との関わりから自らこれが特定されうることとなるという特殊性が存在するということである。一方、第三者のためにする契約でも、契約当初は受益者が特定されていないことがありうる。しかし、受益の意思表示を権利取得の要件とする以上、その時までにこれが特定されればよいものであるし、受益の意思表示を要することなく契約上の権利を取得せしめうるという有効説に従った場合には、当初から特定されている必要があろうと考えられる。いずれにしても、両者の契約において受益者、被保険者について特定性が要求されていることは確かであるが、損害保険契約にあっては、被保険利益を有する者だけが保険契約上の利益を享受しうる地位にあるという相違はある。

　このように考えてくると、第三者のためにする損害保険契約は第三者のためにする契約の一種たりうるとしてよさそうである。まず、要約者（保険契約者）と諾約者（保険者）との間に有効な契約が存在しており、第三者に直接に権利を取得させる趣旨が契約の内容とされているからである。さらに、この第三者約款についても、契約の要素的内容となっており、その特定性を要求されるからである。

　次に、権利取得の問題であるが、第三者のためにする損害保険契約では、契約の締結と同時に、契約当事者の意思効果として、被保険者に権利が発生する。これが民法の例外とされる理由である。この権利は、保険契約上の権利であるとされる。しかし、それは保険事故が発生する前の段階であるから、保険者の危険負担債務に対応する期待権である（この点こそ第三者のためにする生命保険とも異なる）。これに対し、第三者のためにする契約では、原則として、第三者の受益の意思表示をまって契約上の権利が発生する。それ以前の第三者の権利は形成権とされるが、当事者の合意により変更・消滅させることのできるものであり、一種の法律上の可能性にすぎない[28]。これを期待権とよぶかどうかは別として、損害保険契約の被保険者が持つところの期待権とはその法律上の性質を全く異にする。損害保険契約では、契約が有効に成立した以上は、もうすでにこの期待権自体が給付としてなされているのであるから[29]、契約当事者の意思による変更・消滅という問題は、民法と同様の意味ではありえない。被保険利益と離れて、契約当事者の合意のみにより、被保険者の権利を変更することはできないのである。

　契約の成立要件や有効要件という点では、第三者のためにする契約も第三者のた

28）　我妻・前掲注(26)122頁、中馬・前掲注(26)343頁。
29）　倉沢・通論28頁以下。

めにする損害保険契約も同種であるとする根拠は得られた。これで、契約の同一性という意味では十分とは思われるが、さらに、これらの契約により受益者・被保険者に与えられる権利がその本質において同一であるならば、同種の契約とするに何等の躊躇もなくなる。そこで、この点を検討してみると、受益者・被保険者に与えられる権利は基本契約（通常の契約と保険契約）の相違にもかかわらず、同一の性質を有するものと考えられる。

　保険契約においては、前述したように被保険者は期待権を有するといわれる。しかし、そのいうところの期待権とはまさに保険契約上の権利である。受益の意思表示を要しないことをもって例外とするとしても、第三者のためにする損害保険契約の場合には、契約の初めから契約上の権利である期待権を取得することになる。それは、第三者のためにする契約において、受益の意思表示前の第三者の有する法律上の期待というものとはまったく異なるものであるが、受益の意思表示後に第三者が取得する権利が、契約当事者の効果意思に従った契約上の権利である以上、これとの対比がなされれば十分である。まさに、例外とされる理由である、受益の意思表示を必要とするか否かということからくる相違であるにすぎない。そして、それはともに契約上の権利であるという本質において共通であるならば（そしてそれが第三者に与えられる）、基本契約がいかなるものであろうと同種の契約と見て差し支えないと考えられよう。

2　成立

(1)　効力発生要件

　前述したように、第三者のためにする損害保険契約の基本構造は、損害保険契約の内容の一部が第三者の権利取得に向けられているという第三者約款を含むものであるから、こうした契約の構造からすれば、第三者が誰かということも契約の要素的内容となるはずである。したがって、第三者のためにする損害保険契約が有効に成立するためには、契約当事者である保険者と保険契約者の間にその旨の合意があることを要することとなる。そして、誰を受益者（被保険者）にするかについて契約当事者間に合意がなければその契約は不成立であり、またその点が不確定であるならば契約は無効となる。とはいえ、この第三者約款については、通常はこの第三者は特定されているが、将来特定されるものであればよいと考えられているため（後記(2)参照）、そのようなものであれば契約は有効に成立する。

　そして、保険者と保険契約者との間に、第三者を被保険者とする旨の合意がなされない場合には、改正前商法における解釈と同様、自己のためにする損害保険契約としてしか締結されず、さらに保険契約者が被保険利益を有していないときは、契

約は無効となる。

また、改正前商法648条は、保険契約者が被保険者から委任を受けていないときの損害保険契約の効力につき、保険者にその旨の告知があれば被保険者は有効に契約上の利益を取得するが、告知がない場合には契約は無効となるとしていた。この点は、立法論的な批判が強かったことから、保険法では削除されたことについてはすでに論じた通りである（前記Ⅳ2(4)参照）。したがって、保険法の下では、被保険者からの委任があったか否かを問わず、また、それを告知したか否かを問わず、保険契約者は誰でも被保険者として指定できる。

(2) 不特定の第三者のためにする損害保険契約

損保試案の段階では、ヨーロッパ各国の保険法と同様に、「特定または不特定の他人のため」（損保試案647条1項）との文言を加え[30]、不特定の第三者のためにも損害保険契約を締結できることを明らかにしていたが、保険法にはこの文言は存在しない。これは、損保試案のような「不特定の他人のため」という文言がなかった改正前商法の時代から、解釈上、被保険者を保険事故発生時までに特定できるような基準が確定されていれば、不特定の第三者のためにも損害保険契約を締結することができると考えられていたところから[31]、あえて明文の規定は置かないとしたためである[32]。

たとえば、運送人が運送途中に売買の対象とされる運送品につき荷主のために保険契約を締結したり、自動車営業者がその使用する運転手の責任について保険契約を締結する場面のように、その第三者の関係や地位だけを特定するような場合を想定すると[33]、被保険利益関係が必ずしも被保険者の個性と不可分の関係にないような場合では、保険の目的等により被保険利益関係の客観的な要素が確定される以上は、その主体としての被保険者は必ずしも固定的に特定されている必要はなく、その時々において被保険利益の主体となるべき者を被保険者とする旨の合意だけがある場合でも契約は有効である[34]。

---

30) ドイツ保険契約法43条・48条、フランス保険法典L.112-1条1項・2項・3項、イタリア民法典1891条1項、スイス保険契約法16条1項。

31) 大森・保険法97頁、野津・法論240頁、山下・保険法261頁。

32) 第3回議事録3頁。

33) その特定の地位にある者（荷主、運転手）が当然に自動的に被保険者となる。また、運送人が単純に運送品に運送保険を付けた場合、周囲の事情からして、荷主のためにする保険契約と解され、運送品に保険事故が発生し被保険者が特定すれば、そのときに保険者の損害てん補義務が確定する（田中=原茂・保険法209頁）。

34) 大森・保険法97頁。

§ 8 - V 3　　　　　　　　　　　　　135

3　効力

　第三者のためにする損害保険契約は、民法の第三者のためにする契約の一種であるから、保険法に特則がない限りは、一般法である民法の第三者のためにする契約に関する規定の適用を受けることとなる。そして、特に、保険法以前の、第三者のためにする損害保険契約について当然のことをあえて注意的に明らかにしていたような規定は削除し、「被保険者が損害保険契約の当事者以外の者であるときは、当該被保険者は、当然に当該損害保険契約の利益を享受する」との単純な1か条を設けるだけにした保険法では、民法の第三者のためにする契約の条項の適用につき、どのような範囲で、どのように適用されるか、あるいは解釈されることとなるかが課題となってくる。

　第三者のためにする損害保険契約によって、どのような権利義務の関係が生ずるかについて、保険者、保険契約者、被保険者のそれぞれの関係から分析してみることとする。

(1)　第三者のためにする損害保険契約における関係者

ア　保険者と保険契約者（保険契約の当事者）の関係

(i)　保険契約者の義務

　保険契約者は、自己の名において損害保険契約を締結するのであって、被保険者の代理人としてこれをなすものではないし、保険者はこの者の資力・信用を信頼して保険契約を締結するのであるから、契約上の種々の義務を負うのは当然である。改正前商法では、保険契約者が保険料支払義務を負うことにつき注意的に規定していたが（改正前商法647条後段）、これは第三者のためにする契約の一般論としていわれるところと同じであるから、保険法では削除された[35]。したがって、明文の規定はなくとも、保険料支払の債務は保険契約者がこれを負う（同様に、保険料が何らかの原因で返還される場合には、保険契約者がその請求権者である）。そして、この債務は保険契約者自身の負うところであるから、別段の合意がない限り、具体化された被保険者の保険金債権と相殺することはできないと解するが、これができるとする考え方もある[36]。また、保険料支払債務の不履行により保険契約が解除される危険を被保険者は負っているので、保険契約者に代わって、第三者の弁済として保険料の支

---

35)　第1回議事録30頁。

36)　保険法コンメンタール33頁［岡田豊基］。また、損保試案647条3項は、ドイツ保険契約法や、スイス保険契約法に倣い、保険契約者に保険金が支払われる場合は当然、被保険者に保険金が支払われる場合にも、保険者は被保険者の保険金債権と保険料債権とを相殺できるものとしていた。

払をなすことはできる（民法474条2項[37]）。

その他、契約締結時の告知義務を負い（4条）、損害の発生および拡大の防止義務を負い（13条）、損害発生の通知義務を負う（14条）等、保険契約者として当然負うべき義務を負う。

(ii) **保険契約者の権利**

保険給付請求権は被保険者に固有の権利であるから、保険契約者が、保険者に対し、保険給付を自己になすべきことを請求することはできないが、保険契約の双務性からすれば、いわば当然に被保険者に対して給付すべきことを請求することはできる。また、保険事故が発生した場合、被保険者の同意を得れば、保険契約者は保険者に対して保険給付請求権を行使することができ、そして、その場合、保険契約者が自己の名で請求することが望ましいとの指摘もなされている[38]。これは、すでに火災保険の倉庫特約や運送人が荷主のために付ける運送保険などにおいて、保険契約者が保険給付を請求しているという実務を重視した考えであり[39]、損保試案では条文化されていたところのものである（損保試案647条2項[40]）。そして、保険契約者が保険給付請求権を自己の名において行使し、行使の結果給付を受けたときには、これを被保険者に交付しなければならない。

その他、保険契約者は保険契約の当事者であるから、上述の保険給付請求権以外の種々の権利、たとえば、保険証券交付請求権（6条1項。条文上は保険証券という用語は消えたが、実務上は依然としてこの用語を使用する）、契約解除権（27条）、保険料返還請求権（民法121条）などを有する。

(iii) **保険者の権利・義務**

保険者は、保険契約の当事者であるから、当事者として有すべき私法上の権利は当然のこととして、契約の取消権等も有する。また、保険契約締結の際、保険契約者の告知義務違反があったとき等は、これを理由として保険契約を解除することができ（28条・29条・30条）、かつ被保険者に対する給付も拒むことができる（31条2項）。

保険者は、保険事故発生により損害が発生した場合には、被保険者に対してこれ

---

37) 伊沢・保険法81頁。

38) 保険法コンメンタール33頁［岡田豊基］。山下・保険法263頁は、実質的な担保の役割を果たすものであるとされる。

39) 損保試案理由書35頁。

40) ただ、同条但書は、被保険者の同意がある場合であっても、被保険者が保険金を確実に取得する必要がある場合には、保険契約者は自己の名をもって保険金請求権を行使することはできないものとしているが、これも被保険者が確実に保険金を取得することができるよう、念のために入れた規定であるとされる（損保試案理由書35-36頁）。

をてん補する保険契約上の義務を負うが、保険契約が有因契約である性質からすると、保険契約者が保険料支払債務の履行を怠っているときには、保険契約者に対する保険料請求権を自働債権とし被保険者に対する保険金支払義務を受働債権として相殺することができる[41]。

その他、保険証券の交付義務（6条1項）、損害の発生・拡大の防止費用の負担義務（13条・23条1項2号）、契約が取り消された場合の保険料返還義務を負う。

イ　保険者と被保険者の関係

(i)　被保険者の権利

「被保険者は、当然に当該損害保険契約の利益を享受する」（本条）から、改正前商法における解釈と同様、被保険者は、保険者に対する受益の意思表示（民法537条3項）をすることなく、契約の効果として、保険者に対し直接保険給付を求める権利を取得し、これ以外の契約上の権利義務は、原則として保険契約者に帰属する。

損害保険契約において特定された被保険者については問題とならないが、不特定の第三者のための契約の場合については、保険事故発生の当時保険の目的物に関し利益を有していた者だけが被保険者たりうる。損害保険にあっては、被保険者は被保険利益を有していなくてはならないから、保険事故発生の当時、これを有していない場合には、いかに保険契約上被保険者と指定されていたとしても、損害のてん補を請求することはできない。被保険者の保険給付請求権は、保険契約者の権利を代位するものではないし、また保険契約者とともに有するものでもなく、被保険者が保険者に対して直接に請求しうるものであるから、その行使にあたっては、被保険者は、保険者と保険契約者の間に存する保険契約とは関係のない抗弁事由によって対抗されることはない[42]。とはいえ、被保険者の保険給付請求権は保険契約によって発生した権利であるから、保険者は、当該保険契約より生ずる抗弁、たとえば、当該保険契約の解除または取消しの効果、保険料未払の場合の相殺、保険契約者自身の告知義務違反による解除等は、被保険者に対抗することができる（民法539条[43]）。

(ii)　被保険者の義務

被保険者は、第三者のためにする損害保険契約により、利益のみを享受し、不利益を享受することはないから、契約上生ずる義務等は、原則としてこれを負わない。そもそも、被保険者はその契約につき第三者であるから、その契約から権利を取得しても義務を負うことはないのが原則だからである。したがって、保険料支払債務

---

41)　山下・保険法262頁。これを否定する見解として、大森・保険法100頁。

42)　伊沢・保険法82頁。

43)　石井・前掲注(24)281頁、山下＝永沢・保険法Ⅰ　105頁［梅津昭彦］。

等を負うことはない。ただし、保険契約者が破産手続開始の決定を受けた場合の保険料支払義務については、その性質および帰趨をめぐって解釈上争いがある。改正前商法652条は、保険契約者が破産手続開始の決定を受けた場合の保険料支払義務に関し、保険者が被保険者に対し保険料の請求ができるものとし、それに応じて被保険者が保険料を支払えば契約を存続させることができる旨の規定を設けていた。この規定により、保険料支払債務が、保険契約者から被保険者に移転ないし承継されると理解されるべきか問題である。この点、移転ないし承継されると考えるべきではなく、保険者は、このいずれに対しても請求することができるものと解すべきであり、被保険者がその契約上の権利を放棄した場合には、保険料支払債務を免れ、保険者は保険契約者に対する権利のみを有すると考えることになる。

このように被保険者は契約上の義務を負うことはないが、法律が被保険者の義務として規定している告知義務、損害の発生および拡大防止の義務、損害発生の通知義務等は、被保険者たる地位にある者の当然負うべき義務であるから、第三者のためにする損害保険契約の被保険者もまたこれらの義務を負う。

ウ　保険契約者と被保険者の関係

第三者のためにする損害保険契約は、第三者のためにする契約の一種であり、契約当事者の一方（諾約者＝保険者）が第三者（受益者＝被保険者）に対して直接に債務を負担することを相手方（要約者＝保険契約者）に約するものである。法的構造としては、諾約者と第三者の間に債権・債務の関係を発生させるのが「給付関係」であり、この給付関係は2つの原因から発生するとされる。1つが、諾約者（保険者）が債務を負担する原因である、要約者（保険契約者）と諾約者（保険者）の間の「補償関係」、いま1つが、第三者（被保険者）が権利を取得する原因である、要約者（保険契約者）と第三者（被保険者）の間の「対価関係」である。[44] 第三者のためにする損害保険契約そのものは、第三者のためにする契約の一種であり、事務管理でも、代理・委任でも、取次でもないが、保険契約者（要約者）と被保険者（第三者）との間の関係（対価関係）は、事務管理であることもあれば委任関係であることもあり、さらには法律上もしくは契約上の義務の履行であるようなこともある。両者間における保険料の負担などについても、それぞれの内部関係のいかんに応じて処理される。[45] たとえば、被保険者が保険契約の締結を保険契約者に委任している場合には委任契約が対価関係であり、これにより保険契約者は委任事務処理としての損害保険契約の締結のためにかかった費用についての保険料額の償還を被保険者に請

---

44)　笠井修=片山直也『債権各論Ⅰ』74頁（弘文堂・2008）。
45)　大森・保険法101頁。

求することができる（民法650条）。また、保険契約者と被保険者の間に何も契約関係はないが、保険契約者が被保険者のために損害保険契約を締結するような場合もあり、この場合の対価関係としては事務管理で解決することとなる（民法702条）。[46]

そして、その性質に従い、それぞれ民法の原則に従った効果を発することとなるのであり、保険契約者と被保険者の間の関係いかんは、保険契約上の法律関係には影響を及ぼさないのが原則である。とはいえ、保険契約者が自己の名で保険給付請求権を行使することができることは前述の通りであり、そのような意味で、対価関係が直接保険者と保険契約者間の法律関係に影響を及ぼすことがないわけではない。[47]

4　規定の性質

改正前商法では、第三者（他人）のためにする保険契約に関する規定が強行規定か任意規定かについては明文の規定がなく、そのいずれであるかについては必ずしも明らかでなかったが、当時の保険契約に関する規定は、モラル・ハザードを招くようなことを防止するための一部の規定（改正前商法674条等）を除いて、ほとんどは任意規定と解されていた。[48]

これに対し本条は、被保険者に不利な特約は無効となるとして、片面的強行規定（12条）である旨を明らかにしている。

Ⅵ　外国法令

1　ドイツ法

ドイツ保険契約法においては、2008年改正前の保険契約法では、損害保険契約中に「他人のためにする保険」（74条）として、ほぼ現在と同様の規定が置かれていたが、同年の改正により、すべての保険に共通する総則中に「他人のためにする保険」として、保険契約者は、自己の名をもって、他人のために、被保険者となる者を指名しまたは指名しないで、保険契約を締結することができる（43条1項）との一般規定を置くこととした。このように、すべての保険種類に関し「他人のためにする保険」契約を締結することができることを明確にするとともに、他人のためにする保険契約が諸事情から認められない場合には、その契約は保険契約者の自己のために締結されたものとみなすとしている（同条3項）。そして、不特定人のためにす

---

46)　山下・保険法265-266頁。

47)　山下・保険法266頁。

48)　萩本修「保険法現代化の概要」落合＝山下・理論と実務15頁。§42解説Ⅴ3参照。

る損害保険契約も認められている（48条）。

また、被保険者の権利としては、保険契約に基づく権利は被保険者に属するものとし（44条1項）、保険契約者の権利としては、被保険者に属する保険契約に基づく権利を、自己の名をもって処分することができるとしている（45条1項）。そして、きわめて特徴的なことは、保険証券が発行されている場合の証券の帰属と権利の帰趨である。被保険者は証券を占有する場合に限り、保険契約者の同意なしに自己の権利を処分できるとし（44条2項）、保険契約者は証券を占有する場合に限り、被保険者の同意なしに保険者の給付を受領し、または被保険者の権利を譲渡することもできる（45条2項）。

2　フランス法

フランス保険法典は、ドイツ法とは異なり、わが国と同様、保険の種類に応じて「第三者のためにする保険契約」について規定している。損害保険契約については、委任に基づき、または委任に基づかずして、特定の者のために損害保険契約を締結することができるものとし、委任がない場合であっても、保険契約は被保険者の利益になるものとする（L. 112-1条1項）。また、不特定人のためにする損害保険契約の締結も認められ、この場合、保険契約者のための保険としても、また不特定の受益者にとっての第三者のためにする保険契約としても効力を有する（同条2項）。その他、この不特定人のためにする保険契約にあっては、保険料を支払う義務を負うのは保険契約者であること、また保険者が保険契約者に対抗しうる抗弁は、すべて保険契約の受益者にも対抗できるとしている（同条3項）。

3　イタリア法

人保険たる生命保険契約に関しては、第三者のためにする生命保険契約の有効性（1920条1項）と、保険金請求権は保険金受取人の固有財産である（同条3項）ことを明確に規定するのに対し、人保険ではない損害保険契約に関しては、生命保険契約の場合のように正面から有効性を規定するという手法をとらず、契約が第三者のためまたは不特定人のために締結される場合には、保険契約者が契約から生ずる義務を履行しなければならないと定めるだけである（1891条1項）。また、契約から生ずる権利は被保険者に帰属するものであり、保険契約者は保険証券を保有するときであっても、被保険者の明示の同意がなければ、これらの権利を譲渡することはできないとしている（同条2項）。

その他、フランス法と同様に、保険者は、契約に基づき保険契約者に対抗できる抗弁は、被保険者に対しても対抗できるとしている（同条3項）。

4 スイス法

スイス保険契約法は、保険契約の通則として「第三者のためにする保険契約」の規定を置き（16条から18条）、さらに人保険の特則として、生命保険契約を含めた人保険につき、保険契約者は、保険者の同意を得ないで第三者を受益者として指定することができる旨（76条1項）、および受益者の権利の固有権性（78条）を明確にするという立法手法をとっている。

通則の規定としては、保険契約者は、自己または第三者のために、被保険者である第三者を指定し、または指定しないで、締結することができるとし（16条1項）、また、疑いのある場合には、保険契約者は自己のために契約を締結したものと推定するとしており（同条2項）、このような点で、他のヨーロッパ諸国の法制度と同様である。また、フランス法やイタリア法と同様に、保険者と保険契約者・被保険者間の対抗の問題を規定しており、保険者は、保険契約者に対し有する債権をもって、被保険者に対し支払うべきてん補金と相殺することはできないが（17条3項）、保険料債権については、被保険者に対して負うべき給付義務と相殺することができるものとしている（18条3項）。

Ⅶ 今後の展望

1 実務との関係

第三者のためにする生命保険契約や第三者のためにする傷害疾病定額保険契約では、原則として、誰でも保険金受取人として指定することができるが、第三者のためにする損害保険契約では、被保険利益を有する者しか被保険者として指定することができない。そのため、第三者のためにする損害保険契約では、被保険利益のない者が指定された場合や指定漏れがあった場合、どのように解決すべきかが問題となる。

たとえば、被保険利益のない者が、誤って被保険者として保険契約申込書に記載された場合、保険契約者と被保険者が異なるにもかかわらず、保険契約申込書の被保険者欄に何も記載がない場合（この場合には、その欄の不動文言により保険契約者自身が被保険者となる）、あるいは被保険者欄に一部の被保険者の記載はなされているが、他の者の記載が漏れている場合等が考えられ、これらの場合に、いったい当該

---

49) 保険契約者としては、誰でも保険金受取人に指定することはできるが、保険者は、保険金受取人が誰であるかを勘案して、契約締結を承諾するか否かを決定することができる。保険金受取人が保険契約者や被保険者の親族ではない場合には、モラル・ハザードのおそれがあり、契約締結を拒否することも可能である（山下・保険法488頁）。

損害保険契約の成否や有効性はどのようになるかである。

　保険契約申込書の被保険者欄に被保険利益を欠いている者しか記載されていない場合、これは損害保険契約に不可欠の被保険利益を欠くのであるから（3条）、契約は無効と解するのが原則である。被保険者欄に何も記載がない場合、その欄の不動文言により保険契約者自身が被保険者となるが、この保険契約者が被保険利益を有さないときも同様である。また保険契約申込書の被保険者欄に一部の被保険者について記載漏れがある場合、当該第三者のためにする損害保険契約については有効と考えても問題はないが、漏れていた者については被保険者としての合意が成立していないため、その者に保険給付請求権は発生しないのが原則である。[51) 52)]

　改正保険法以前の損害保険約款では、保険契約締結の際に「保険契約者が第三者のためにする保険契約である旨を保険契約書に明記しなかったときは、保険契約は無効とする」旨の定めが置かれていた。これは、保険者が、第三者が被保険者であることを知る必要があるため設けられたものである。保険契約者が、申込書に、被保険者について正しく記載してさえいれば、第三者のためにする損害保険契約であることは明らかであるから、第三者のためにする損害保険契約であることを明記しないときとは、申込書に被保険者について正しく記載されていない場合ということとなる。このことは、被保険利益のない者を被保険者として契約したことになるから、そもそも被保険利益が存在しないため、改正前商法648条前段が削除されても、被保険利益に関する3条によって無効となるので、実務上の取扱いに変化はないものとされる。[53)]

　また、改正前商法下では、約款において、保険契約者が第三者から委任を受けた旨を保険契約書に記載することを要求し、これが記載されていなかったときには契約を無効とする旨の規定があったが、改正前商法とは異なり、告知の有無によって効力に差異を設けていない保険法の下では、保険契約者と被保険者となる者との間の合意の内容は、成立した損害保険契約の効力には影響を与えるものではない。[54)]

---

50)　ただし実務では、実際の被保険者が保険契約者の親族等一定の関係者であることが事故発生後に判明した場合、保険契約者の申出により契約上の被保険者を実際の被保険者に訂正した上で、保険給付請求を認める対応を行っている。

51)　東京海上日動火災保険株式会社編著『損害保険の法務と実務〔第2版〕』244頁（金融財政事情研究会・2016）。

52)　前掲注(50)と同様の対応を行っている。

53)　保険法コンメンタール31頁［岡田豊基］、福田=古笛・逐条解説35頁。

54)　山下=永沢・保険法Ⅰ　103頁［梅津昭彦］。

2 残された課題

　最も大きな課題と考えられるのは、第三者のためにする損害保険契約につき、保険法があまりにシンプルな規定としてしまい、その多くを解釈に委ねたところにある。もちろん、第三者のためにする損害保険契約は第三者のためにする契約の一種であるから、保険法に規定がない限り、一般法たる民法に戻って解決すれば足り、わざわざ保険法に注意的に同じことを規定する必要がないことは理解できる。しかし、第三者のためにする損害保険契約はあくまでも第三者のためにする契約の一種にすぎないのであって、どこまで民法の規定の適用ないし準用が行われるべきか、あるいは民法における解釈を参考にできるかは必ずしも明らかではない。

　具体的にも、保険契約者自身が、被保険者に代わって保険給付を請求できるかといった問題に関連して課題が浮かび上がる。そもそも「第三者のためにする損害保険契約」は純粋な「第三者のためにする契約」ではなく、むしろ被保険利益を有する者の計算において保険契約者が締結する保険契約という色彩を強くもっているものであること[55]や、第三者から預かっている寄託物や運送品につき、倉庫業者や運送業者が付保する第三者のためにする火災保険契約などでは、保険契約者である倉庫業者や運送業者自身が直接保険給付請求を行わなくてはならない実際上の必要性があるため、これを認めるのが一般的な考え方である[56]。しかし、その根拠は必ずしも明らかではなく[57]、保険者にとっては二重支払のリスクを考えると、にわかに肯定することはできないのであろう[58]。

〔宮島　司〕

---

55)　東京海上日動火災保険・前掲注(51)245頁。

56)　民法の第三者のためにする契約では、要約者は諾約者に対し、第三者に履行すべき旨を請求することができるとするところまでである。

57)　山下・保険法264頁は、保険契約者、保険者、被保険者間の約定に根拠を求めるしかなく、保険契約者と被保険者の間には、一種の信託的法律関係があるからであるとされる。

58)　東京海上日動火災保険・前掲注(51)245頁は、立法的に解決する必要があるとの趣旨であろう。

（超過保険）

第9条　損害保険契約の締結の時において保険金額が保険の目的物の価額（以下この
章において「保険価額」という。）を超えていたことにつき保険契約者及び被保険
者が善意でかつ重大な過失がなかったときは、保険契約者は、その超過部分につい
て、当該損害保険契約を取り消すことができる。ただし、保険価額について約定し
た一定の価額（以下この章において「約定保険価額」という。）があるときは、こ
の限りでない。

改正前商法第631条　保険金額カ保険契約ノ目的ノ価額ニ超過シタルトキハ其超過シ
タル部分ニ付テハ保険契約ハ無効トス

【条文変遷】　ロエスレル草案699条、明治23年商法631条、明治32年商法385条、改正前
　　　　　　　商法631条
【参照条文】　保険法10条・32条、民法90条・96条・420条
【外国法令】　ドイツ保険契約法51条、フランス保険法典L. 121-3条、イタリア民法典
　　　　　　　1909条、スイス保険契約法51条、ヨーロッパ保険契約法原則第8-101条2
　　　　　　　項・第8-103条

I　概　　要

　超過保険とは、一般に、損害保険契約において、約定された保険金額が保険価額
を超過する保険と定義される[1]。保険金額とは、保険者が、保険事故が発生した場合
に給付しなければならない金額の最高限度を画する金額であり[2]、これと比較される
保険価額とは、保険契約の目的の価額であり、被保険利益の評価額である[3]。両者を
比較して保険金額が保険価額を上回る状態である超過保険について、改正前商法
631条は、その超過部分を無効と規定していた。これに対し、保険法は本条により
超過保険を規制するにあたり、超過保険は有効であることを前提に、保険金額が保
険価額を超えていたことにつき保険契約者および被保険者が善意無重過失であると
いう要件のもと、保険契約者が超過部分について当該損害保険契約を取り消すこと
ができると規定した。保険法においては、超過保険が超過部分を含め原則有効であ
ることを前提にしている点が大きな改正点である。

---

1 ）　大森・保険法103頁、西島・保険法149頁等。
2 ）　大森・保険法74頁。
3 ）　西島・保険法140頁。

また、本条但書は、従来、評価済保険と称された類型は、超過保険の規制から除外されることを明示した。

　なお、超過保険の規制は片面的強行規定である （12条）。

Ⅱ　沿　　革

　わが国において、法は、ロエスレル草案以降改正前商法まで一貫して、超過保険について、超過部分を無効とすることで規制してきた。

　まず、ロエスレル草案699条が「総テ保険ハ一定ノ保険利益ヲ超過シタル額ヲ限リ無効トス」と規定し、その後、明治23年商法631条が同草案を継受して「保険ハ被保険物ノ利益額ヲ超過スル部分ニ限リ無効トス」と規定した[4]。ロエスレルは、保険契約の要素について、保険を不労利得や徳義上の公害がある賭博と区別すべきことや、発生した損害以上の保険金が支払われることにより財産の増殖を認めることは事故招致の危険を惹起させる弊害があることをあげたうえで[5]、当該規定をかかる大原則の具体化と位置づけ、超過部分を無効とする必要性を説明していた[6]。

　この後、明治32年商法385条が「保険金額カ保険契約ノ目的ノ価額ニ超過シタルトキハ其超過シタル部分ニ付テハ保険契約ハ無効トス」とし、改正前商法631条と同一文言の規定に至った。超過保険の定義につき、明治23年法までは「被保険物」の利益額を基準にしていたのに対し、かかる文言では超過保険の規律対象が「物」保険のみであると誤解されるおそれがあることから、「保険契約ノ目的ノ価額」と字句修正することにより、「債権」も含むことを明確にするために改正をした旨が解説される[7]。

Ⅲ　改正前商法

　改正前商法は、上述のとおり、「保険金額カ保険契約ノ目的ノ価額ニ超過シタルトキハ其超過シタル部分ニ付テハ保険契約ハ無効トス」と規定していた。

4）　小町谷操三「超過保険について」損保16巻1号109頁(註一) （1954）において、「商法第631条は、ロエスレル草案及び明治23年の旧商法に、該当条文がない」との記述がある。

5）　ロエスレル・81頁。

6）　ロエスレル・111頁。

7）　商法修正案理由書323頁。

1 趣旨

超過保険を規制すべき根拠については、損害保険契約の本質たる損害てん補の原則の意義や被保険利益の位置づけに関する論争と関連して、見解が分かれる。

商法創成期においては、上記ロエスレル解説にみられるように、不労利得の防止および故意の事故招致防止を理由に超過保険への規律の必要性が主張され、明治初期の解説も同様に、保険者の支払範囲が被保険物の利益額に止まるべきこと、それ以上の超過部分に関して被保険者が受け取った場合は不正の利益を得ることになることを説いていた。[8] その後、被保険利益の論争の精緻・緩和化と統一的見解の形成（§3解説Ⅱ・Ⅲ参照）の影響を受けながら、超過保険を規制する根拠について各主張とそれに対する批判は錯綜する。

第1に、超過保険に対する規制は当然とする見解がある（当然規定説）。同見解は、損害保険契約の本質を現実に発生した損害をてん補することと解し（絶対説）、保険契約の目的の評価額を超過しては損害が発生しないことを理由として、被保険利益が欠けていれば保険契約の有効要件が欠けていることから無効になるのも当然であると解する。これに対する批判には、保険価額の変動があった場合の対応の不都合性があげられる。すなわち、被保険利益が存在することを保険契約の成立・存在要件とすると、契約締結時に保険金額が保険価額を超過していた場合には超過部分について契約が有効に成立しておらず、保険期間中、事後的に保険価額が増加して超過保険が治癒された場合に対処ができないことや、反対に保険期間中に事後的に保険価額が減少して超過保険の状態となり、その後再度保険価額が増加して超過保険が再度治癒された場合は、無効な契約部分が復活することがないなどの状況が考えられ不都合とされる。[9]

第2に、損害保険契約における利得禁止原則を根拠とする見解がある（利得禁止説）。同説は、損害保険契約の本質を金銭給付契約であると解し（相対説）、ただ超過保険契約を全部有効として実損害を超えた保険金額の支払を許容すると、保険の賭博的利用ないし事故招致の危険があることから、規制の必要性を主張する。[10] これに対する批判には、絶対説の立場からは損害保険契約が損害てん補契約であることや、実損てん補の原則により、たとえ保険金額を高く約定しても実損害を超えて利

---

8) 井上操『日本商法〔明治23年〕講義日本立法資料全集別巻236』40頁（大阪國文社・1890、信山社・2002〔復刻版〕）等。

9) 損害保険事業研究所「志田鉀太郎博士現行商法草案審議筆記(1)」損保23巻2号210頁以下議論（1961）参照、田辺・理論と解釈71頁。

10) 田中・保険法152頁、石田・商法Ⅳ 107頁。

§9-Ⅲ1　　　*147*

得となる保険金を取得することはあり得ず根拠として足りない点があげられる。[11]

　第3に、保険契約者の保護にその趣旨をもとめる見解もある（保険契約者保護規定説）。[12]同見解は、超過保険契約の規制により、保険価額を超過した保険金額に基づいて算出された高額な保険料の収受や保険者の恣意的行為を防止することができ、保険契約者の保護に資すると解するものである。帰結として、超過部分の無効は保険者からは主張できないと解し、保険契約者が保険料の一部返還を請求できることに意義があるとする。これに対する批判には、保険者からの一部無効の主張を許容しないとする帰結では条文を軽視することになる点があげられる。[13]

　第4に、保険実務の慣行を抑止する規定と捉える見解がある（保険実務慣行抑止説）。[14]同見解は、保険実務上、約定保険金額をもって保険価額と推定する慣行があることを指摘し、かかる慣行を許容すれば実損てん補の原則からの逸脱が生じ、不労利得の禁止にも抵触するため、そのような事態を防止する趣旨と主張する。これに対しては、かかる保険実務慣行の存在自体に疑問が呈されている。[15]

　これらの見解の相違は、下記のとおり、要件および効力への差異へ反映されてきた。一方で、損害保険契約において被保険利益が存在することが厳格かつ絶対に必要か否かについては否定される傾向（いわゆる修正絶対説への移行）となり、また相対説が登場したことなどにより、その対立や必要性が希薄になっていく。[16]これに従い、超過保険規制の趣旨・根拠も択一的なものにはなっていない。すなわち、損害保険契約において被保険利益概念の必要性は認めつつ、不可欠な要素とまではしない緩和化が図られている（§3解説Ⅲ参照）。これにより、ロエスレル草案や商法創成期の解説にもみられるように、超過保険の根拠についての多くの見解の共通認識として、保険制度は不労利得および賭博的行為から一線を画する制度であること、実損てん補の限度でのみ保険金支払を認めること、効力として超過部分に対応する保険料の返還を保険契約者に認めること等があげられる。

---

11)　西島・保険法152頁。

12)　西島・保険法158頁、田辺・理論と解釈72頁、田辺康平＝棚田良平「保険法演習(3)」損保33巻4号194頁（1971）。

13)　加藤新太郎「超過保険」金澤理＝塩崎勤編『裁判実務大系26巻』63頁（青林書院・1996）。

14)　大森・保険法104頁。

15)　西島・保険法152頁。

16)　修正絶対説によれば、超過保険はてん補原則の質的例外として分類され、本質的に損害てん補とはならず、利得防止措置をとる必要があるものと位置づける（田辺・基本構造35頁以下、西島・保険法124頁以下）。

2 要件・超過保険の判断基準時

改正前商法631条において規制対象であった超過保険とは、保険金額が保険価額を上回り超過している状態であることをさすため、両者を比較する必要がある。しかし、いつの時点で超過保険か否かを判断すべきかについては明文がなかった。保険価額は、物価の変動・市況・時の経過による減価などの影響により、常にその数字が変動する。[17] このため、超過保険であるか否か、いつの時点での保険価額を採用するか、その評価基準時については、各解釈に委ねられてきた。

(1) 契約締結時説

まず、超過保険の成否は、契約締結時の保険価額によって決定すべきとする見解がある。[18] その理由には、①法律行為の有効無効は行為時に決定されるべきこと、[19] ②防止すべき賭博等の不法の目的があるのは締結時であること、③被保険利益を絶対的に考えれば契約締結時に限らず保険期間中、常時保険金額が保険価額を上回ることは許されないが、変動の影響をすべて盛り込むのは困難であることから、便宜上契約締結時における超過保険のみを規定する趣旨と解すること[20] 等があげられる。そのうえで、契約締結後による価額の変動は、改正前商法637条・638条によって調整されることを理由に、被保険利益を超過する利得の発生はなく、契約途中で発生した超過部分は無効とはならずに保険契約者の保険金額および保険料の減額請求権が[21] 生ずるにとどまると解説される。[22]

(2) 損害発生時説

これに対し、損害発生時の保険価額によって判断すべきとする見解もあった。[23] その理由には、同見解が、①保険価額の変動により保険締結時には超過保険であったが事後的な保険価額の上昇により超過状態が治癒された場合における超過部分の効力に関する諸問題[24] を回避できること、②実際上超過保険が問題となるのはてん補額

---

17) 例外として、保険価額不変更主義の規定（改正前商法670条、商法818条・819条）および評価済保険（改正前商法639条）がある。

18) 西本辰之助＝島谷英郎『保険法・海商法』70頁（三笠書房・1939）、倉澤・通論63頁、大森・保険法105頁、西島・保険法141頁、中西正明「被保険利益に関する諸問題」私法36号20頁（1974）。

19) 西本＝島谷・前掲注(18)70頁。

20) 加藤由作「火災保険契約における保険価額算定時の標準について」損保18巻2号25頁（1956）。

21) 倉澤・通論64頁。

22) 基本法コンメンタール230頁［田辺康平］。

23) 勝呂弘「保険評価額について」損保33巻3号6頁（1971）。

24) すなわち、保険契約締結時説では、契約締結時に超過状態にあれば超過部分が無効となり、超過状態が事後的に治癒した場合の超過部分をどのように解するか、無効のままであれば迂

決定時であること、等があげられる。これに対する批判には、損害発生時に偶然保険価額が低下していた場合など保険価額の変動の仕方によっては、保険契約者が実際は保険の保障をうけていたにもかかわらず、保障に対応する保険料を支払わずにすんでしまう不均衡が生じうる点があげられる。

(3) 保険期間中の最高価額時説

この他、上記二見解のような特定の一時点ではなく、保険期間中を通じて保険金額が保険価額を超過しないことを要すると解して、保険期間中の保険価額の最高価額の時点での比較をすべきとする見解もみられる[25]。保険価額可変の原則に基づき、損害保険契約における被保険利益の意義を重視するものである。帰結として、契約当時には超過状態が存在しなくても、契約期間中に一度でも超過状態が発生したときは、以後その超過部分については効力を有せず、その後保険価額のさらなる変動によって超過状態が解消されたとしても、効力が回復することはないとする。かかる超過状態の解消による問題は、損害保険契約は多くが短期契約であることから、保険期間の途中から超過保険となり、その後保険価額が低下して超過状態が解決する場合は実際上稀であるとして、事実上問題がないと主張する。

これらの諸見解においては、第1に法律行為を基礎とすれば契約締結時が自然であること、第2に超過保険の規制根拠として共通認識であった利得防止は契約締結時における当事者の主観的意図の有無によって規制することが明確であるということ、第3に他説が保険価額の変動を算定せねばならないところ、かかる算定は技術上困難であること、などから、契約締結時とする見解が支持されていた状況といえる。一方、改正前商法で提起されていた問題として、損害発生時説および最高価額時説から提起されたように、保険価額の変動があるなか、保険契約者が支出した保険料と保険者がなす保険給付との均衡を図ること、かかる均衡をどの程度厳格に図ることが技術上可能かという点があげられよう。

3 効果

改正前商法において、超過状態であったときは、超過部分についての保険契約は

遠ではないか、また一旦無効となった超過部分の復活が可能とすべきか、という問題が生じる。これに対して、損害発生時説では、損害発生時という最終的な時点を基準とすることで、保険価額の変動を考えなくて済み、問題を回避することができる。

25) 近藤民雄「超過保険決定の標準時期」損保8巻2=3号127頁(1942)、野津・法論265頁(野津説は損害発生時説であると評価する見解もある(基本法コンメンタール230頁〔田辺康平〕)。両見解では、前者が保険期間中の最高保険価額と保険金額を比較するとしているのに対して、後者は保険期間中において保険価額が保険金額を超過した以後はすべての超過部分を無効としている。

無効とされた。この改正前商法631条でいう「無効」とは、民法上の無効と同一の意義であるかは議論がなされてきた。

一般に、法律行為の無効とは、その行為から当事者の企図した法律行為的な効果・主張権者が生じないことを意味し[26]、性質上、確定性・当然性・絶対性・永久性・遡及性がある。超過保険における超過部分の無効も、原則としてこれに倣うと解されてきた[27]。すなわち、超過部分の無効は、有効にはなり得ず、主張を待たずして法律上当然に無効となり、すべての人からすべての人へ時間的制限なく主張でき、その効果は遡及する。

この点、超過保険の場合、その規制趣旨は保険契約者の保護にあるとする見地から、無効の意義を制限的に解する議論が提起されていた（前述1の保険契約者保護説参照）。

(1) 無効の意義

まず、超過保険の超過部分は、当然無効ではなく、保険契約者の利益保護の観点から保険契約者あるいは契約当事者による積極的な主張をまって無効とする見解[28]、さらに追認等の当事者意思により有効と解する余地の指摘がある[29]。当事者の主張を待つ必要があると考えられる例として、将来的に保険価額が騰貴することを予想し一部保険の不利益を避けようとして実額以上の保険金額を特約する場合や、保険者が保険契約者の事故誘発の危険を感じた場合が考えられる。なお、民法上、当事者の主張を待って無効となる場合として錯誤無効（民法95条）が考えられるが、上記の見解者が超過保険の締結時における錯誤の場合に限定して、保険契約者等の主張を要件として課すと考えていたのかは不明である。

(2) 一部無効と全部無効

無効となる契約範囲について、改正前商法の条文文言は「超過シタル部分ニ付テハ」とし、一部無効が原則であることを明示してきた。沿革的にも明治32年商法の段階で、超過保険であっても全部無効ではないと解説され[30]、判例も同様に判示してきた[31]。

---

26) 我妻栄・民法総則・物権法199頁。
27) 花房一彦「超過保険の効力問題」保険学428号41頁以下（1965）（通説を原則とする）。
28) 西島・保険法152頁は保険者からの一部無効の主張は認めない。小町谷・各論(1)206頁。
29) 棚田・前掲81頁。
30) 商法修正案理由書323頁、損害保険事業研究所・前掲注（9）210頁［岡野敬次郎発言］参照。
31) 東京地判昭和31・9・11下民集7巻9号2462頁。ただし、同判決も戦争保険制度を悪用して保険金を利得しようという目的の有無による当該保険契約の公序良俗無効を検討はしている。

これに対し、超過部分のみならず契約の全部を無効とする見解が出現し、かかる解釈の必要性と妥当性が検討されてきた。特に、下級審判決では、保険契約者や被保険者に保険金を不正取得する目的があったと認定された事例において、保険契約自体が公益・公序良俗（民法90条）に反することを理由に、超過部分のみならず契約全体を無効とするものがあり、かかる全部無効と結論づける判決が増加傾向にあると指摘されていた。一方で、公序良俗違反と超過保険の規制とがどのような関係かについての明確な言及は少なく、超過状態すなわち保険金額と保険価額の差額の程度を、契約締結が不法目的によるものであることを推認するための間接事実の1つとして扱う事例が多い。改正前商法631条適用によって一部無効か全部無効かが争われるためには、超過程度が合理的な範囲であるか否かが前提になるといえよう。

(3) 保険料の返還

超過保険の超過部分が無効となった場合、その効果は本来遡及するはずである。このため、保険者は無効部分の保険料を収受することはできず、保険契約者が事実上の保険料を既払している場合、その返還を保険者に請求できるはずである。超過部分に対する保険料は、保険契約者の損失であり、理由なく保険者を利することから、超過保険の超過部分についての保険料返還は古くから認められてきた。

しかし、改正前商法643条は、超過保険の場合を含めて保険契約が全部または一部無効になったときにおける保険料の返還について、かかる原則を変更していた。すなわち、保険契約者に保険料の返還請求が認められるのは、保険契約者および被保険者が無効原因について善意でかつ重大な過失がない場合に限るとした。この限定の理由は、悪意または重過失の保険契約者等には制裁を加える趣旨と説明される（§32解説Ⅱ参照）。超過保険を原因とする一部無効が生じた場合も、同条の適用をうけ、保険契約者および被保険者に超過保険が生じることについて悪意または重大な過失がないときに限り、保険契約者は、超過部分に対応する保険料の返還を請求することができた。

---

32) 今村有『海上保険契約論上巻』337頁（巌松堂・1941）、小町谷・各論(1)203頁、大森・保険法105頁、損保試案理由書6頁。

33) たとえば、名古屋地判平成9・3・26判時1609号144頁（山野嘉朗〔判批〕判タ967号86頁）、京都地判平成6・1・31判タ847号274頁、岡山地倉敷支判平成7・5・11判タ884号238頁。

34) 金澤理「超過保険・重複保険」塩崎勤編『現代裁判法大系25』221頁（新日本法規出版・1998）。

35) 長谷川喬『商法〔明治23年〕正義第5巻』28頁（信山社・1995〔復刻版〕）。

4 規定の性質

改正前商法において、超過保険に関する規定の性質について明文はなかった。ただ、当然規定説からは強行規定と解する傾向であるし、相対説や修正絶対説を基礎として超過保険が政策的に利得を防止する趣旨で規制されているにすぎないと解する見解からは、かかる目的が他の手段により達成されれば、強行規定とする必要はなくなるように思われる。

5 立法論的批判

超過保険の規制に対して、第1に超過保険を有効とすること、第2に契約関係者の主観を考慮して要件効果を決定すべきことを主張する等の立法論的批判が根強く存在した。これらの批判は、変動する保険価額の算定が困難であることで、保険契約が契約者の意図と関係なく超過状態を生じさせやすいものであり、他方では超過保険が発覚しにくいことを奇貨として過当な保険金を利得しようとする者が出現するおそれがあり、この両者を解決する意味で、関係者の善意悪意の区別なくして一律に規制していた改正前商法を批判した[36]。特に、損害保険の目的が実損てん補にあるならば、保険価額を超過した保険金額の支払を契約した場合、契約の全部無効が正当であるが、善意の保険契約者にとっての至便性や超過部分以外は有効にしても弊害がないことを理由に、効果を超過部分のみ無効とした経緯を考え、規制方法の再考が求められた[37]。このような関係者の主観を基準とする規制の求めに対しては、事案ごとに公序良俗違反等を理由に全部無効とするに足るものを類型化することで補足していたといえる。この立法論的批判は、後述の改正へ反映されていく。

Ⅳ 立法過程

1 保険法制定前試案

保険法制定に先立って検討されていたいくつかの試案において、超過保険は改正が試みられている。

損保試案では、上記立法論的批判を踏まえて、試案が提案された。すなわち、損保試案631条1項が「保険金額が被保険利益の価額（以下、保険価額という。）を超過する保険契約は、保険契約者または被保険者に契約締結の当時不法に利得を得る目的があったことを保険者が立証した場合には、無効とする。この場合において、保

---

36) 村上隆吉『最近保険法論』198頁（法政大学・1908）。

37) 村上・前掲注(36)197頁。

険者が契約締結の当時、その契約が無効であることを知らなかったときは、保険者は、そのことを知った時の属する保険料期間の終りまでの保険料を取得することができる」、同条2項は「保険金額が保険価額を超過する保険契約は、保険契約者および被保険者に契約締結の当時不法に利得を得る目的がなかった場合には有効とし、この場合には、保険契約者は、保険金額および次の保険料期間以後の保険料の減額を請求することができる」と規定していた。損保試案631条は、超過保険の規制対象になる要件および効果の双方について検討案を提示した。

　すなわち、1項においては、保険契約者または被保険者に不法に利得を得る目的があった場合の超過保険は、契約全部が無効になること、および、その立証責任を契約全部無効を主張する保険者に課したことを明らかにした。ただし、無効の効果は、善意の保険者の保険料収受権には及ばないことを明らかにしている。

　また、2項においては、保険契約者側に不法に利得を得る目的がなかった場合の超過保険は有効であるとし、保険契約者に保険金額・保険料の減額請求権を認めた。保険者の保険金額減額請求権は、実損てん補の原則により保険者に不利益がないことから規定されなかった。[38]

　同試案の特徴は、通説的見地に従い、改正前商法における保険契約における被保険利益の存在に対する厳格な絶対説および当然規定説を排して、実際上の弊害を防止すれば足りることを重視し、超過保険の規制対象を保険契約者側の不法利得を得る目的の有無で区別し、超過保険の有効性の明文化を試みた点にある。[39]　区別基準である保険契約者側の不法利得の目的の有無については、ただ善意・悪意で区別する表現方法をとっていないだけで、日本の従来の立法論に基本的に従ったと解説されている。[40]　なお、契約締結時の関係者の主観を重要視しており、後発的な超過保険への対応については言及していないように見受けられる。

2　法制審議会保険法部会の審議

　つづく保険法部会でも、規制対象の要件および効果の全面的改正を前提に各項目の検討がなされた。

(1)　第一読会から中間試案まで

　保険法部会の開始当初、超過状態に対する統一的な規定を制定することを予定していた。すなわち、規制対象としての超過保険は、保険金額が保険価額を超過した

---

38)　損保試案理由書6頁。
39)　損保試案理由書5頁参照。
40)　損保試案理由書5頁。

時点はいつであるかを問わず、また同時重複保険および異時重複保険を含め、保険金額が保険価額を超過した場合について統一的な条文の制定を志向していた。

また、効果については、改正前商法のように超過部分を無効とするのではなく、契約全体を有効とすることを前提に、将来に向かっての保険金額および保険料の減額請求権を保険契約者に認め、契約の解除権まで認めるかが検討点としてあげられていた。[41][42]

立法過程初期は、①超過状態に対する統一的規律を制定すること、②超過保険の効力は有効であることを前提に保険契約者の各減額請求権を認める方向であること、③その要件として、客観的要件には算定が困難であっても保険価額が契約成立時の保険価額を一度も超えなかったことまで要するか否か、主観的要件には基準時を保険契約成立時として保険契約者が超過保険であることを知っていたか否か、重過失を含むか否かを検討すべきこと、最後に④保険契約者が意図せずに超過保険となった場合の救済方法の例外として、民法上の一般法理（錯誤・詐欺・不法行為等）の適用も念頭に、規定方法が検討されたことが窺える。また、他の検討点には、超過保険の意義について保険価額の変動をどの程度事実上考慮できるか、保険料が対価として機能している期間の算定方法、減額請求権の行使方法や時効、超過状態の早期解消のための制度、保険者の権利があげられていた。[43][44]

その後、中間試案では、規制対象を画するための主観的要件について、保険契約者が契約成立時に保険金額が保険価額を超えていることを知りまたは重大な過失によって知らなかったときは、返還請求を認めないとした。パブリックコメントでは、保険料返還請求を認める場合の保険契約者の主観的要件とその認定方法および民法上の無効主張との関係を整理する必要性が指摘されていた。[45][46]

(2)　保険法の見直しに関する要綱

これに対し、要綱段階において、保険法とほぼ同様の文言となり、「損害保険契約の締結の時において保険金額が保険価額を超えていたことにつき保険契約者及び被保険者が善意でかつ重大な過失がなかったときは、保険契約者は、その超過部分について、当該損害保険契約を取り消すことができるものとする。ただし、……約

---

41)　保険法部会第1回会議参考資料「保険法の現代化について—保険法研究会取りまとめ」11頁、部会資料（4）2-3頁。

42)　第3回議事録6頁。

43)　部会資料（9）21頁、第13回議事録15頁。

44)　部会資料（9）22頁。第三読会で悪意または重大な過失がないこととされた（第13回議事録22頁）。中間試案も同様。

45)　中間試案8頁。

46)　別冊商事法務321号161頁。

§9-Ⅳ2　　　　　　　　　　　　　　　　　　　　　　　　155

定保険価額があるときは、この限りでないものとする」として、案は大きく変化する。

　すなわち、中間試案までは、規制対象の要件を検討事項として保留していたのに対して、「損害保険契約の締結の時」を基準時として主観的要件を規定した。これにより、超過状態が生じた時系列により分類して規制する改正前商法の規定方法を維持することとなった。

　また、効果も、中間試案までは、保険金額および保険料の減額請求権の発生を予定していたのに対して、取消権の発生を念頭に置き始めたのである。この変更理由は、過去に遡って保険料返還を認めて保険契約者を救済する必要性があることと、機会主義的な行動をとる保険契約者の排除の整合性をとった結果と説明される[47]。効果を取消権の発生としたことにより、民法との整合性から時効や法定追認をどのように考えるか新たに問題提起されたほか、主観的要件の重過失の意義については、中間試案までと同様に議論が続いた[48]。

　立法過程においては、改正前商法における通説と立法論に応える形で、超過保険の原則的効力は有効を前提とされた。それに対して、主たる検討点は、救済すべき保険契約者の確定方法（要件）、超過保険契約を有効とすることによって生じる保険契約者の不利益の是正方法（効果）にあったといえる。規制対象について、初期は、超過状態を一律対象とする傾向にあったが、徐々に保険契約者が超過保険であったことにつき善意または重大な過失がなかったという主観的要件を課すに至った。効果についても、原則有効とすることは一貫していたが、効果を将来に向かってのみ保険金額および保険料の減額請求権として認める方向だった。保険料の返還請求権を将来効で認めようとしていた理由には、保険料が危険担保の対価として利用されたにもかかわらず、保険契約が保険価額の変動を奇貨として既払保険料まで返還することを許容することは不公平であること[49]から、減額請求権は将来効で足るという点、当事者双方が超過保険であることに合意して契約している場合への対応があげられる。反対に返還請求権を広く認めるべき要因には、保険契約者が超過保険と知らないで契約した場合の救済ということがあげられる。これら双方を折衷的に考慮して、効果が検討され、最終的に取消権の発生と変更することに至った。

---

47)　部会資料(23) 7頁。
48)　第21回議事録26頁以下。
49)　第8回議事録21頁。

V 条文解説

1 趣旨・意義

本条（9条）は、損害保険契約の締結のときにおいて、保険金額が保険の目的物の価額を超えていることにつき、保険契約者および被保険者が善意でかつ重大な過失がなかったときという主観的要件を満たす場合に、保険契約者がその超過部分について、当該損害保険契約を取り消すことができることを定める。改正前商法631条に該当する。

超過保険の意義について直接規定はなく、超過保険全体への統一的規律の新設は見送り、保険契約締結時当初から保険金額が保険価額を超えていた超過保険に限定して規律した。

改正前商法における超過保険に対する規制を認める根拠の議論の見解の対立の緩和化、および、保険価額の変動を見込んだ契約として超過保険の有効性を認める必要性があるとの立法論に応える趣旨での改正である。

超過保険の効力につき、改正前商法は超過部分を無効としていたのに対し、全面的に有効とした点で大きく改正されている。しかし、保険給付責任と保険料の対価的不均衡を是正し、保険契約者にも保険者にも不法な利益を取得させないことをその目的とする。また、保険契約者と保険者の事実上のバランスをとることから、保険契約者の保護の観点や保険価額算定の技術上の困難さに苦慮して要件効果が制定された[50]。

2 取消権の発生要件

超過保険は原則有効であることを前提に、一定要件のもとで、保険契約者に超過部分についての取消権を発生させる。その要件は、「損害保険契約の締結の時において保険金額が保険の目的物の価額を超えていたことにつき保険契約者及び被保険者が善意でかつ重大な過失がなかったとき」と規定する。

(1) 主体

主体は、保険契約者および被保険者である。双方に善意でかつ重大な過失がなかったことが求められる。契約当事者ではない被保険者が要件に定められた理由については、被保険者が目的物の状態を一番よく知り、保険価額を正確に認識できる立場にあることから、適正な保険価額を基礎とする契約を締結するのに協力し超過保

---

50) 松村太郎「超過保険・重複保険」金澤・新たな展開112頁。

§9-V2   157

険の行く末に対する責任を負わせるにふさわしいことや、損害てん補を受ける者が
被保険者であることから（2条4号参照）不労利得を生じる危険性があり、これを防
止する必要性があることが考えられよう。

(2) 主観態様の判断基準時

主観態様の判断基準時は、契約締結時である。この基準は、改正前商法下に超過
保険の判断基準時を契約締結時と解していた上記通説に従い、明文化したものとい
える。その理由は、契約締結時から当事者が超過状態を合意している契約は完全に
有効であること、また本条が防止すべき契約当事者の不労利得の意思は契約締結時
にあること等が挙げられる。

なお、保険金額が保険価額を超過する状態は、保険契約締結時以後にも生じうる
ことは周知である。しかし、立法過程で検討されてきた保険金額が保険価額を超過
している状態を統一的に規制することは見送られ、本条は契約締結時当初から超過[51]
状態である契約のみを規制対象にした。その結果、後発的に保険金額が保険価額を
超過した場合は、本条の適用がない。たとえば、契約締結時は保険価額と保険金額
が同額であったが、それ以降の保険価額の下落により保険金額がこれを上回ること
になったような場合である。ただ10条に該当する場合にのみ、救済がある（§10解
説V参照）。

(3) 主観態様の内容

保険契約者および被保険者に求められる善意無重過失の対象内容は、「損害保険
契約の締結の時において保険金額が保険の目的物の価額を超えていたこと」である。

「保険金額が保険の目的物の価額を超えていた」とは、文言上は、契約締結時に
すでに超過状態であったことを意味するとも読める。これに対し、契約締結時には
超過状態になくても後に超過保険となることを認識しながら物価上昇を見込んで超
過保険を締結した場合について、悪意として契約は有効のままであって取消権を認[52]
めないとする見解がある。その理由には、かかる場合にも取消権を認めると、見込
みどおりに価額上昇すれば有効な契約として維持し、反対に見込みが外れ超過保険
のままになってしまった場合は取消しを選択できることになり、機会主義的な行動[53]
をとる保険契約者および被保険者を排除できなくなることがあげられる。保険価額
の変動とその算定基準の困難さに対応すべく超過保険が原則有効とされた経緯から
すれば、かかる場合は、将来的に超過保険となる可能性をある程度認識し、単に期

---

51)　前掲注(41)参考資料11頁、部会資料(4)2-3頁、部会資料(9)21頁、中間試案8頁。

52)　岡田・現代保険法95頁。

53)　潘・概説87頁、岡田・現代保険法95頁。

待しているだけでは足らず、それ以上の主観的事情が必要と考えるべきであろう。また、各場合にあわせ（契約締結時から客観的に超過状態である場合、締結時には超過状態ではないが将来に超過状態に至る蓋然性が客観的に高い場合、蓋然性が高いと主観的に思っていた場合等）、より詳細な主観的事情による効果の差異を検討する必要がある。

(4) 善意無重過失

保険契約者および被保険者には、超過保険であることについて善意無重過失であることが必要である。軽過失の場合が除外された理由は、保険価額が保険者側の見積もりで事実上決定されることや[54]、改正前商法643条が悪意重過失のある保険契約者に保険料返還請求権を認めていなかったこととの整合性からと考えられよう[55][56]。

それでは、どのような場合に善意無重過失であったといえるか。この点は、事例毎の解釈に委ねられる[57]。特に、重過失とは、保険契約者の故意と同じか問題提起されており[58]、失火ノ責任ニ関スル法律における「重大ナル過失」に関する判例に倣い[59]、故意に近い著しい注意欠如の状態と定義する見解もある[60]。

たとえば、代理店から「保険期間中に保険価額が上がるかもしれない」と告げられた後に、保険契約者が超過状態の保険契約を締結した事案においては[61]、重過失とはならないとの結論を支持するものが多い[62]。その理由には、重過失を問う前提に一般消費者が物事（超過保険）について理解している必要があるが、その理解が保険契約者には欠けている可能性があげられる[63]。善意無重過失が要件となったのは錯誤無効や改正前商法643条に倣ったことを重視すれば、その基準もこれに倣うべきであるし、また、契約締結時における保険価額の設定に契約当事者双方（特に保険者）がどのように関わって締結されたかによろう。

3 効果

本条は、上述の要件のもと、保険契約者が超過部分について当該損害保険契約を

---

54) 第8回議事録25頁。
55) 第3回議事録9頁。
56) 第21回議事録28頁。
57) 第21回議事録28頁参照。
58) 第8回議事録24頁。
59) 最判昭和32・7・9民集11巻7号1203頁。
60) 大串=日生・解説保険法204頁［濱須伸太郎］、岡田・現代保険法95頁。
61) 第8回議事録24頁、第21回議事録27頁。
62) 第21回議事録29頁、保険法コンメンタール35頁［山野嘉朗］。
63) 第21回議事録29頁。

取り消すことができるとした。

(1) 超過保険の効力

超過保険は、原則として契約全部が有効であることが前提となった。超過保険を有効とする理由は、従前より主張された意図的に保険価額変動に備えた超過保険を許容する必要性、保険契約関係者の主観態様によって契約の効力を決定すれば足りる点等の立法論的批判を取り入れた点にある。また、消費者側の視点からも、保険金額と保険価額にある程度幅をもたせた弾力的な運用ができることにより利便性に資する点[64]や、保険の目的物の価額に対する保険契約者の自己責任を重んじる観点から過去に遡って無効とするのは妥当でないこと[65]を理由に、有効とすることが支持された。改正前商法における当然規定説は、被保険利益を厳格に捉え保険価額がない超過部分を無効とするのが当然と解してきたが、本条の制定により斥けられたようにも見える。

なお、超過保険が原則有効という前提に立ったとしても、全部無効と解すべき超過保険については、何ら明文がない。学説・下級審判決により議論されてきたように、公序良俗違反等に該当する事案がありうる点については、従来の議論の解釈が維持されることになろう（後述6参照）。

(2) 取消権者と取消権の行使

上記要件を満たしたとき、取消権者を保険契約者とする取消権が発生する。取消権者には、主観的要件の対象者である被保険者は含まれない。また、保険者にも取消権は認められなかった。

取消権の行使方法は、本法に特段の規定がないことから、民法上の規定に委ねられ、保険契約者が、相手方たる保険者に対する意思表示によってする（民法123条）。なお、超過部分に対応する保険料の返還請求等の行為は、取消しの意思表示を含むと解することになろう。なぜなら、取消しの結果を主張する行為（たとえば、行為によって負担した債務の履行拒否・原状回復の請求等）は、一般に、取消しの意思表示を含むと解されているからである[66]。

(3) 取消権の効果とその範囲

取消しの効果も保険法上は明文がなく民法に従うところ、取消しは当該法律行為を最初から無効であったことにする（民法121条）。遡及的に無効となるのは、超過部分のみであり（本条本文）、その他の部分は有効のままである。また、超過部分の中

---

64) 第3回議事録7頁。
65) 第3回議事録11頁。
66) 我妻・民法総則396頁。

で、一部取消しか全部取消しかは、保険契約者の判断によることが示唆されている[67]。

「超過部分」とはいかなる範囲をさすかには論争がみられる。保険価額が常時変動することにより、保険契約者が実際は危険負担の保障を受けていたにもかかわらず、取消しの時点ではそれよりも保険価額が低くなっていたことを奇貨として、保険契約者が保障を受けていた保険料についても取消しが可能になるという問題が生じる[68]。この点、保険契約の締結後一貫して超過していた部分に限定して保険価額の最高価額時との比較において超過部分を決定する見解[69]、保険者が契約締結後に保険価額が上昇した事実について証明した場合等を除き、契約締結時を基準に超過部分を決定する見解[70]、締結後の保険価額変動を度外視する趣旨で制定されているとの理由付けで単に契約締結時を基準とする見解[71]などがある。保険契約者が保障を受けた対価の特定の問題として、保険者と保険契約者の公平性が求められ、同時に、技術的な算定の困難さから正確さを追及することに限界がある。その他、契約締結時は超過保険であったが、その後保険価額の上昇により超過状態が解消された場合は、取消しが可能かも問題となろう。

遡及的に無効となった場合、保険契約者は、超過部分について保険料を既払いであったならば、不当利得返還請求権（民法703条）に基づき、当該保険料の返還を受けることができる[72]。

(4) 取消権の消滅時効

保険契約者が有する取消権の時効について、保険法に特別規定はない（95条参照）。このため、本条の取消権は、追認をすることができる時から5年、契約締結時（行為の時）から20年で消滅する（民法126条）。この点、追認をすることができる時とは、

---

67) 第21回議事録28頁、支持する見解として武田俊裕「超過保険・一部保険」甘利=山本・論点と展望100頁。

68) たとえば、保険契約締結時の保険価額が1000万円の目的物に、保険金額1500万円の超過保険を締結した場合、保険価額に変動がなければ、保険契約者は500万円を超過部分として取り消すことができる。しかし、取消しの時点で保険価額が1200万円に上昇していた場合、保険契約者が取り消すことができる超過部分は、契約締結時を基準に500万円であるのかという問題である。この場合、保険契約者は、1200万円の保障は受けているのだから、超過部分は300万円にすぎないのではないかということになる。また、保険価額を1000万円として契約締結後1200万円まで上昇し、さらにその後900万円に減少した場合は、超過部分をどのように算定するのか、契約締結時を基準に500万円とするのか、取消時を基準に600万円となるのか、最高価額時を基準に300万円とするのかという問題も生じる（設定事案については、武田・前掲注(67)100頁を参考にした）。

69) 野村修也「損害保険契約に特有な規律」商事法務1808号42頁（2007）。

70) 土岐孝宏「一部保険、超過保険、評価保険、利得禁止原則」落合=山下・理論と実務159頁。

71) 武田・前掲注(67)102頁。

72) 保険法コンメンタール34頁〔山野嘉朗〕。

保険契約の締結時に超過保険であったことを保険契約者が知った時と解する見解がある[73]。また、行為の時とは、保険契約の締結時であると解されている[74]。

特に、火災保険契約など、長期にわたる保険契約においては、20年経過して取消権が消滅しているにもかかわらず保険契約が契約期間中である場合、善意無重過失の保険契約者に不利益であるとして問題視された[75]。すなわち、契約締結から20年経過後の保険期間において、保険契約者は超過部分を取り消せず、過去および将来の超過部分に対する保険料の返還も受けられず、また高い保険料を支払ったとしても保険事故発生時の保険金は実損てん補に止まることになるからである。この点、立案者説明によれば、超過保険契約を無効とせず超過部分に対する保険契約者の意思を尊重するべく有効を前提とする取消権を選択したのであり、民法の一般的判断、すなわち、取り消しすべき行為を永く不確定の状態にしておくことは望ましくなく、このような不都合もやむを得ない旨を示す[76]。そのうえで、保険契約者の救済は、保険契約者による錯誤無効の主張により保険料の返還を求めることで救済できるとの見解[77]、取消権が形成権であることには留意しつつ、保険者による黙示の承認（民法旧147条3号、新152条）による取消権の時効の中断（新152条における時効の更新）、信義則を理由に時効の完成猶予、保険者の時効援用の制限を構成することにより救済するとの見解[78]、保険者は時効の援用を慎重に行うべきと主張する見解がある[79]。

(5) 超過保険における追認

民法上、取り消すことができる行為は、取消権者が相手方に対する意思表示によって追認することができる。

超過保険において、いかなる行為が法定追認と評価されるかが議論された[80]。法定追認は、取消権者が当該行為を取り消しうることを了知している必要はないと解されていることから、より問題視される[81]。たとえば、超過保険契約を含む総合保険において保険契約者から一部請求がなされた場合や、短期の保険契約において継続的に更新がなされた場合に法定追認（民法125条各号）に該当し、それ以降は、保険契約者は超過部分について取消しができなくなるかという危惧が、立法過程で提示さ

---

73) 武田・前掲注(67)98頁。
74) 武田・前掲注(67)98頁、大串＝日生・解説保険法205頁［濱須伸太郎］。
75) 第21回議事録27頁。
76) 第21回議事録28頁。
77) 潘・概説87頁。
78) 松村・前掲注(50)110頁。
79) 上松・ポイント解説49頁。
80) 第21回議事録28頁以下。
81) 松村・前掲注(50)109頁。

れた。前者については、総合保険契約を混合契約として捉えるかによるし、後者については、民法125条3号の更改とは、取り消しうべき行為によって成立した債権または債務を消滅させて、その代わりに他の債権債務を成立させることを意味し、保険契約における更新とは異なることから法定追認には該当せず、保険契約者は超過部分について取消し可能と解される。

4　評価済保険の除外

契約締結時当初から超過状態であっても、保険価額について約定した一定の価額があるとき、すなわちいわゆる評価済保険は、本条の適用外である（本条但書）。評価済保険は有効であり、取消しは認められない。評価済保険は、保険価額の未確定に伴う不安解消、保険価額の評価をめぐる紛争防止、保険金の迅速な支払、保険価額の時価算出の困難さの回避を目的として認められた契約であり、当事者が協定保険価額に拘束されることを前提にしている（§10解説V2、§18解説V2、§24解説V参照）。評価済保険も被保険者に利得を許すものではないが、評価済保険が認められた趣旨に沿う範囲では、評価済保険が超過保険の形態で締結されていても取消しの認められない有効なものとした。ただし、評価済保険契約であっても約定保険価額が保険価額を著しく超えるときは、てん補損害額は、当該保険価額によって算定され（18条2項）、将来に向かって保険料の減額請求ができ（10条）、かかる規制に服する。

5　超過保険における保険者の権利

本条は、保険者の権利については何ら規定していない。その結果、保険者には保険契約の超過部分についての取消権は認められず、超過保険が保険契約者によって取り消された場合、保険者は保険料の収受権を遡及的に失う。ただし、32条各号に該当する場合にのみ保険料の返還義務がない（§32解説Ⅳ参照）。その他、保険者からの超過保険契約における保険料の減額請求や保険金額の減額請求は、契約更改等の機会に実質的に可能となる余地があるのみである。

立法過程では、保険者側の権利の検討も行われたにもかかわらず見送られた理由には、超過保険であったとしても、実損てん補の原則により、保険者は実損額以上

---

82)　第21回議事録27頁。
83)　我妻・民法総則402頁。
84)　第21回議事録29頁。
85)　岡田・現代保険法94頁。
86)　部会資料（4）4頁、第3回議事録6頁、部会資料（9）20頁等。

の保険金を支払うことはないため、超過保険の場面において保険者側には不利益がないことがあげられよう。保険料と保険給付のバランスを図り、不均衡を是正するという意味においては、超過保険において保険者側にも取消権を認めることが望ましいが、保険者の権利として認められていなくとも保険者および保険団体にとって不利益になるものではない。ただ、保険契約者のみが取り消しうる契約である場合、保険者がその事実を認識していても、保険契約者からの取消権の行使がなければ契約を維持することが可能となる。また、保険者側の不利益として、取消権の消滅までいつ保険料の減額請求がなされるか不安定な地位に立つ点が考えられる。これらの理由からは、保険者に保険契約者に対する保険料および保険金額減額請求権の確答を促すことや、どの程度の保険契約者へ超過保険である事実の秘匿が許容されるかという問題になろう（取消権が消滅時効にかかる場合に保険者に求められる措置も同様である。後述Ⅶ2参照）。

6 民法上の一般法理適用との関係

超過保険において、個々の事案によっては民法上の一般法理の適用がある場面がありうる。

第1に、改正前商法下において検討された公序良俗違反が疑われるような場合は、公序良俗違反、詐欺取消が可能であり、改正前商法の議論が妥当すると考えられる。

第2に、保険契約者が超過保険であることを知らずに締結した場合、保険契約者は錯誤無効を主張することができると考えられる（民法95条）。要件について、保険価額がいくらかは保険契約者の重大な関心事であることから超過保険か否かを誤解した場合は、保険契約締結における要素の錯誤であると解される[87]。また、効果については、錯誤無効を主張する場合に超過部分についてのみ一部無効とし、残部を有効として、本条適用と同様の効果を得られるかについては、疑問を呈する見解と最判昭和54・9・6（民集33巻5号630頁）を理由に錯誤無効であっても超過部分についてのみの一部無効と解せらるとする見解[89]の対立がみられる。錯誤無効の主張と本条による主張との共通点は、保険契約者からの主張により保険金額の減額が可能となる点があげられる。相違点としては、たとえば、要件において、本条では保険契約者は超過状態にあったことの証明をすれば足りる（要素に該当し、かつ、錯誤があったことまで証明せずとも保険料返還が請求できる）のに対し、錯誤無効を主張する場合には、保険契約者が保険契約の要素に錯誤があったことを証明する必要がある点

---

87) 第8回議事録18頁。
88) 第3回議事録12頁。
89) 第8回議事録18頁。

164   §9-Ⅴ7, 8・Ⅵ

等があげられていた[90]。

7　規定の性質

　本条本文は、片面的強行規定であり、本条本文に違反する特約であって保険契約者に不利なものは無効となる（12条）。片面的強行規定に反する具体例には、（評価済保険契約ではないのに）保険金額が保険価額を超えていても取消権を認めない旨や[91]保険契約者等が軽過失によって超過の事実を知らなかった場合でも取消権を認めない旨の約定があげられる[92]。

8　その他規定との関係

　規律対象である超過保険であった場合の効果に解除権の成否が検討されたが[93]、結局本条では認められなかった。解除権によって、保険契約者に超過保険からの離脱を認めようとしたものである。しかし、保険法は保険契約者に任意解除権を与えており（27条参照）、かかる趣旨は達成されたといえる。また、超過保険が公序良俗に違反するような形式で締結された場合は、保険者からの重大事由による解除によってもカバーできるといえよう（30条参照）。

Ⅵ　外国法令

　本改正前に検討された損保試案631条は、超過保険を規制する外国の立法例に従って検討されていた[94]。本条は保険契約者側に主観的要件を課すに際して、不法に利得を得る目的とまで明確には要求しなかったものの、外国法令の主観的要件の有無で取消権の成否を決定する立法例や全部無効となるような事例を念頭において、本条に主観的要件を課すこととしたため、紹介する。

　外国法令においても、超過保険を規律するという点においては各国ともに共通している。しかし、規律対象としての超過保険の定義・範囲、効果、要件、例外事由の設置には相違がある。

　超過保険の定義については、フランス・イタリア・スイス法が日本法と同様、単に保険金額が保険価額を超えていることとしているのに対し、ドイツ法は保険金額

　90）　第8回議事録18頁。
　91）　上松・ポイント解説49頁。
　92）　萩本・一問一答116頁、潘・概説88頁。
　93）　第3回議事録6頁。
　94）　損保試案理由書5頁。

§9-Ⅵ   165

と保険価額の超過について「著しく超えるとき」と幅をもたせる。この著しさある
いは甚だしさの程度は明らかでなく、保険価額の10％超過程度と説明されるものの、
最終的には保険料の適正さと利得の危険とのバランスで決定される旨が説明されて
いる。[95]

　要件効果は、各国ともに異なる。まず、そもそも損害てん補が保険価額を上限と
することを認めつつ、条件変更に関する規定を持たない国もある。次に、要件効果
を定める立法もあるが、詳細には差異はある。主要国は、保険契約者の詐欺的な意
図の有無で効果を決定する。ドイツ法[96]は、関係者の主観的要件は問わず、保険金額
および保険料の即時減額請求を認める。ただし、保険契約者が不法な財産上の利益
を得る目的で契約締結したときは無効とすることを明文化している。フランス法は、
当事者の一方に故意または詐欺があったときに、相手方に無効の主張と損害賠償請
求を認め、かかる主観的要件が満たされないときは、目的の時価を限度として契約
が効力を有し、超過部分についての保険料は保険者が収受できないが、過年度の保
険料は取得することができるとして、将来効を定めているようである。イタリア法
は、被保険者の悪意の場合に契約の効力を否定する。また、保険者が善意の場合は
保険料についても権利を有し、保険契約者が悪意でない場合は、実体価額（1909条
に関する訳文のままであるが、保険価額の意—筆者注）まで保険料の減額請求を認める。
スイス法は、保険契約者が不法に財産上の利益を得る目的で保険契約を締結したと
きは、保険者が契約拘束から免れ、保険料に対する請求権も維持する旨を定める。

　なお、ヨーロッパ保険契約法原則は、保険価額に関する当事者相互の錯誤として、
超過保険を規制対象とし、これを是正する機会を与えている。[97]

　本条と比較すると、超過保険の規律方法として当事者の主観を要件に加える国が
多く（ドイツ・フランス・イタリア・スイス）、一律に客観的な超過状態を要件として
いた改正前商法から、保険契約者および被保険者の主観を取り入れた日本法は、各
国立法例の流れに沿うものといえる。一方、日本法は保険契約者等の利得目的であ
る場合の超過保険の効力について明文化が検討されたものの、結局民法上の公序良
俗等に委ね保険法上の規定は置かないことを選択したのに対し、各国法では故意・
詐欺や不法な財産上の利益を得る目的を有していた場合については無効主張を認め
るかまたは無効の効果とすることを明文化している国が多いといえよう（ドイツ・
フランス・スイス、イタリア法は被保険者の「悪意」につき、どのような場合をさすか検

---

95)　ヴァイヤース＝ヴァント（藤岡康宏監訳）『保険契約法』205頁（成文堂・2007）。

96)　2004年委員会草案については、日本損害保険協会＝生命保険協会『ドイツ保険契約法改正
　　専門家委員会最終報告書（2004）（訳）』を参照。

97)　ヨーロッパ保険契約法原則284頁。

166   §9-Ⅶ1

討が必要である）。

Ⅶ　今後の展望

1　実務との関係

　第1に、保険者側に立つ募集人や代理店には、保険契約締結時において超過保険を防止する注意が要求される。すなわち、超過保険か否かは契約締結時に保険価額と保険金額との比較によって決定されるところ、契約締結に際して、保険金額の設定を事実上コントロールするのは保険者側であり、一般的消費者は保険者側に提示された通りに保険を契約することが多い[98]。このため、超過保険になるか否かは保険者側によって左右されることが多い。さらに、代理店としては保険金額・保険料を基準とする募集手数料が高価である方が好ましく、取り消されない限り保険料を返還することも不要となると、代理店側に保険金額を訂正するインセンティブがないことが指摘される。

　このため、保険者側の契約者へのアドバイス如何や募集人の行動によっては、本条の適用や保険契約者による錯誤無効主張に至ることが考えられる。さらに、保険契約者側にも保険の目的物に関する管理に対する自己責任があるとはいっても限界があり、保険者側が超過保険であることにつき悪意で締結された場合や、保険者側の力とバランスを図る必要性が指摘される[99]。

　立法過程においては、このような募集人や代理店等の保険者側の問題行動によって超過保険が締結されてしまった場合の対策として、保険契約者を保護する規定として、過去に遡っての保険料返還の可否、また契約期間の長短により見直しの機会を設ける方策が別途提案されていたが[100]、保険法では実現に至らず、民法一般規定による他ない。その他、現行法のもとでは、契約締結時に保険者側に契約者の誤解を招く行動があり、超過状態のまま契約が締結され、消費者契約法や保険業法違反となった場合は、たとえ本条が超過保険を有効とする前提として立法されていたとしても、例外として契約全体の有効性が当然に問われると考えるべきであろう[101]。

　具体的には、超過保険を防止するため、および、契約締結時の主観的要件の成否を明確するため、保険者側は保険価額の確認・保険価額算定根拠の明確化をするこ

98）　第8回議事録25頁参照。
99）　第3回議事録19頁。
100）　第3回議事録17頁。
101）　第3回議事録17頁。

との重要性が指摘される[102]。また、契約締結時において、契約者に対して意向書や保険価額のある程度正確な見積書等を活用して、超過保険を締結するか否かの契約者の認識の証拠化を進めることが期待される[103]。これらの方策の有無が、取消権の発生要件たる保険契約者および被保険者の善意無重過失の判断基準に影響すると考える[104]。

第2に、第一点と関連し、超過保険になりやすい契約類型への注意があげられる。保険金額の設定において、時価ベースによる場合と新価保険のような当事者合意による場合や、企業保険と家計保険など、類型によって善意無重過失の判断基準に差異が生じうることも指摘されている[105]。

第3には、商品設計において保険価額の変動を念頭においた対応が求められる。従前から保険価額変動を念頭において締結される保険契約は存在する（たとえば住宅総合保険等に組み込まれている付保割合条件付実損てん補条項（保険金額の保険価額に対する割合が一定割合以上の場合に実損てん補を行うとするもの）等）。超過保険の有効性と取消権の発生要件は、保険契約者と被保険者が超過保険について正確に理解していることが前提となるため、商品設計の段階で、消費者の理解を得られる表現・解釈等の実務的工夫が必要になろう[106]。

第4に、取消権が行使された場合の保険料返還への工夫が求められる。保険料返還の範囲は上記のとおり解釈に委ねられるが、超過状態が生じた時期の特定や算定は、技術上の困難さや費用の観点から課題となる[107]。これに対しては、約款で算定の簡略化を事前に決定する等により、当事者が合意することで紛争を防止することが望ましい。

2 残された課題

残された課題には、上記で言及したものの他、以下のものが考えられる。

第1に、超過保険の定義については、時系列による超過状態に漏れがある。すなわち、本条の対象は、契約締結時に超過状態であることが要件であり、後発的に生

---

102) 保険法コンメンタール36頁［山野嘉朗］。
103) 土岐・前掲注(70)160頁。
104) 土岐・前掲注(70)166頁(注44)、かかる契約締結時の保険価額の確認が重要であるのは改正前後で変わらないとするものとして大串＝日生・解説保険法206頁［濱須伸太郎］。
105) 第3回議事録19頁。
106) 第8回議事録20頁。
107) 第3回議事録17頁。保険法では、取消しにより、遡って無効となるのが文言上原則であるから、かかる危惧は一応回避されたはずである。しかし一時期でも保障を受けていたならば一律に保険料を返還することに否定的であった改正前商法の通説を踏まえれば、真実に超過保険であった時期を算定することができた場合への対応を検討する必要性はある。

じた超過保険は、10条のみ適用される。その結果、後発的に保険価額が著しくはない程度で減少したことによる超過保険は何ら規制されない。また、後発的超過保険は、保険契約者および被保険者の善意無重過失が要件とされない代わりに、将来効の減額請求権が認められるだけであり、実損てん補の原則によって不労利得の取得は防止されたとしても、超過状態となっている保険契約が有効に存在することを保険法が認めていることになろう。

第2に、かかる超過状態となっている保険契約を無効とするための、本条の例外事例をいかに解するかが課題となる。立法過程では、契約締結時の状況や当事者の主観的事情を踏まえ、様々な場面が想定されてきた。①本条の適用を受けず、遡って契約の全部無効とするのが適切な場合や、②取消権発生の要件を満たしたとしても、その効果を限定的に解し、遡って取消無効とならず、将来効の範囲でのみ保険料減額請求を認める場合があげられる。このような場合を認める法文上の根拠と基準のさらなる検討が求められる。

第3に、実務上への影響とも重複するが、保険価額の変動契約期間中の超過時期の算定や超過幅についての算定は事実上困難であることから、これについてどのように対処するのか、その立証責任は誰が負うのかが問題である。[108]

その他、人の生命を金銭に見積もることができないことから、保険価額の概念は損害保険固有のものと解されてきたが、生命保険契約においては営業政策に由来する保険金額の最高限度額がある。このため、保険金額が所定の最高限度額を超過することと、保険金額が保険価額を超過することを並列に論ずることはできないが、保険会社が定めた最高制限額を超過して締結された生命保険契約の有効性を検討しているものもある。[109] 生損保における比較も必要である。

〔金尾 悠香〕

---

108) 保険者が保険期間中の保険価額上昇の事実を証明できない限りにおいて、保険契約者に、契約締結時の保険価額と保険金額との差額部分の契約については、何らの制限なく取り消すことを認め、かつ保険料の返還についても、当該取消しに係る全部の保険料の返還を原則として保障しているとする見解がある（土岐・前掲注(70)160頁）。

109) 青谷和夫「超過保険について」生保経営18巻1号3頁（1950）。

§10-I

（保険価額の減少）

第10条 損害保険契約の締結後に保険価額が著しく減少したときは、保険契約者は、保険者に対し、将来に向かって、保険金額又は約定保険価額については減少後の保険価額に至るまでの減額を、保険料についてはその減額後の保険金額に対応する保険料に至るまでの減額をそれぞれ請求することができる。

改正前商法第637条 保険価額カ保険期間中著シク減少シタルトキハ保険契約者ハ保険者ニ対シテ保険金額及ヒ保険料ノ減額ヲ請求スルコトヲ得但保険料ノ減額ハ将来ニ向テノミ其効力ヲ生ス

【条文変遷】 ロエスレル草案699条、明治23年商法631条、明治32年商法392条、改正前商法637条
【参照条文】 保険法9条・12条
【外国法令】 ドイツ保険契約法51条、フランス保険法典L. 121-3条、イタリア民法典1909条、スイス保険契約法51条、ヨーロッパ保険契約法原則第8-101条2項・第8-103条

I 概 要

　本条（10条）は、損害保険契約の締結後において保険価額の著しい減少によって事後的に超過保険の状態を生じさせる場合について規制するものである。そして、その規制方法として、保険金額および約定保険価額については減少後の保険価額まで減額請求できること、および、保険料については減額後の保険金額に対応する保険料まで減額請求できることを規定している。

　広義の超過保険とは、保険金額が保険価額を上回る状態をさす。このような超過保険状態は、保険価額が常に変動する性質であることから、契約締結時またはその後を問わず生じうる。このため、法は、超過保険状態について、時系列を基準として2か条に分けて整理したうえで、契約締結時に超過状態にある場合を9条で規制し、契約締結以後に超過状態になった場合を本条で規制する。

　本条は、契約締結後に超過保険状態が生じた場合の原因を保険価額の著しい減少に限定したうえで、契約の継続を前提に、各減額請求権により調整を行っている。

　なお、本条の性質は、片面的強行規定に分類された（12条）。

II 沿　革

　事後的に生じた超過保険に対する規制は、狭義の超過保険に対する一般的な規制とともに変遷してきた（§9解説II参照）。

　まず、ロエスレル草案段階では、保険期間中に保険価額が著しく減少したことによって超過保険状態が生じたという特定場面に限定した規定はなかった。代わりに、保険金額が保険価額を超過している場合について超過部分のみ無効とする統一規定を置いており（699条）、そのうえで保険価額の算定方法を規定していた（690条・691条[1]）。ロエスレルは、保険において賠償ではない利潤獲得となる行為は厳禁と考えており[2]、規制趣旨については、超過保険状態においても保険価額に比して過当に超過した部分には相当する損害が存在しないため、保険金額を支払う必要がない点にある旨を説明する。

　ロエスレル草案に続く明治32年商法が、392条「保険価額カ保険期間中著シク減少シタルトキハ保険契約者ハ保険者ニ対シテ保険金額及ヒ保険料ノ減額ヲ請求スルコトヲ得　但保険料ノ減額ハ将来ニ向テノミ其効力ヲ生ス」と定め、改正前商法637条および保険法とほぼ同一文言に至っている[3]。

III 改正前商法

　改正前商法637条の趣旨・内容・その解釈は、保険法に維持されているため、下記Vの条文解説を参照されたい。

1） ロエスレル・111頁。各関係条文として、草案699条「総テ保険ハ一定ノ保険利益ヲ超過シタル額ヲ限リ無効トス」、同690条「保険ノ利益ハ通例保険物ノ普通価額ヲ以テ限トス若シ之ヲ超過ス可キトキハ特別ノ明約ヲ以テスヘシ」、同691条「保険物ノ価額ハ自己ノ使用ニ供スル物品ニ在テハ新調又ハ修理ノ費用ニ依リ商品ニ在テハ損害又ハ紛失ノ時及地ニ於ケル市価ニ依リ之ヲ定ム　両場合トモ保険料及其他定常一般ノ保護費ヲ算入ス可シ　但動産ニ在テハ別段ノ約定アルニ非サレハ新旧ノ別ヲ立テス」、同692条「保険物ノ価額ヲ預メ契約又ハ鑑定者ノ鑑定ニ由テ定メタルトキハ詐偽ニ係ルニ非サレハ之ニ対シ異議スルヲ得ス」等があげられる。

2） ロエスレル・89頁。

3） 改正理由については商法修正案理由書328頁参照。

Ⅳ　立法過程

平成20年保険法制定まで、明治32年から続く事後的に発生する超過保険状態に対する規制は、修正の検討が繰り返され、結果的に見送られてきた。

1　保険法制定前試案

損保試案では、試案637条で「保険価額が保険期間中著しく減少し、保険金額が保険価額を超過することになったときは、保険契約者は、保険金額および次の保険料期間以後の保険料の減額を請求することができる」と規定した（圏点―筆者）。損保試案は改正前商法637条から実質的な変更はないものの、2つの変更がみられる[4]。第1に、要件として、保険価額の著しい減少のみならず、それによる超過状態が生じたことまでを明記した。これは、契約締結時から一部保険であった保険契約について、保険価額が保険期間中著しく減少したが超過状態には至らないことによって、単に付保割合が変更したにとどまる場合まで本条が適用されるわけではなく、保険契約者に保険金額および保険料の減額請求権を認めるものではないことを明らかにして確認する趣旨である。また、第2に、保険料の減額請求を保険料期間ごとにできることを明記することにより、保険料不可分の取扱いをすることを表現上明らかにした[5]。

なお、規定の性質は、半面的強行規定とされた（損保試案663条の3第2項）。

2　法制審議会保険法部会の審議

保険法部会では、改正前商法631条（保険法9条）とあわせて、保険金額が保険価額を超過する超過状態に対する統一的規制の余地、本条が対象とする事後的な超過状態に対する規制要件などの項目の検討がなされた。

⑴　第1読会から中間試案まで

保険法部会開始当初は、中間試案を中心に、保険金額が保険価額を超える場合の規律に整合性を持たせる見地から、改正前商法631条と637条をあわせ、超過状態が

4）　損保試案理由書15頁。
5）　損保試案理由書16頁参照。保険料不可分の取扱いとは、保険料不可分の原則をさしていると考えられる。保険料不可分の原則とは、保険契約が途中で終了した場合に、保険者は保険料計算の基礎とした単位期間である保険料期間全部の保険料を取得することができ、保険料期間のうち未経過期間に対応する保険料を保険契約者に返還する必要がないという原則をいう（部会資料（2）11頁参照）。

生じた時期が契約の成立時からであると成立後であると問わず、統一的な規律を新設する方向で検討された。

中心的課題は、超過状態にある保険契約の効果であり、超過部分も含め契約自体は有効であることを前提として、規律要件においては主観的要素のあり方に留意しつつ、効果の大筋として、保険契約者の保険者に対する将来効の保険金額および保険料の減額請求権の発生が提示された[6]（§9解説Ⅳ2(1)参照）。

その中にあって、契約成立後に保険価額が減少した場合の規律対象については、限定する見解が示された。すなわち、第1に保険価額の著しい減少の場合に限定すべきとの部会意見が指摘される。さらに、一部保険において、保険価額が減少したことにより保険金額が保険価額を超えていないが付保割合に変更が生じる場合については、保険契約者には任意解除権を行使する余地があることから、これを規律の対象としないとした[7]。これらの提案に対して意見募集においては賛成意見が多数を占め、要綱段階へ移行する[8]。

(2)　保険法の見直しに関する要綱

要綱段階においては、超過状態の発生時期を問わない統一的規律はしない方向となり、改正前商法631条（保険法9条）と改正前商法637条（保険法10条）とを別途におく形式が維持されるに至った（理由等は§9解説Ⅳ2(2)参照）。そして、「損害保険契約の締結後に保険価額が著しく減少したときは、保険契約者は、保険者に対し、将来に向かって、保険金額又は……約定保険価額については減少後の保険価額に至るまでの減額を、保険料についてはその減額後の保険金額に対応する保険料に至るまでの減額をそれぞれ請求することができるものとする」と定め、改正前商法637条がほぼ維持されることになった。

Ⅴ　条文解説

1　趣　　旨

保険契約は一定期間継続する契約であり、契約成立後の保険期間中においては物価変動を含めた要因により、保険価額が変動し、特に著しく減少する場合が生じう

---

6)　中間試案8頁、補足説明31頁。

7)　「現行商法653条の規律を維持しつつ、保険者の責任開始後についても同様の規律」として、「保険契約者は、いつでも保険契約の解除をすることができるものとする」中間試案13頁、補足説明52頁。

8)　別冊商事法務321号161頁。

§10-V2　　　　173

る。この場合において、保険契約者の保険者に対する保険金額減額請求権および保険料減額請求権を認めることで、保険契約者の利益を考慮することとした。保険金額が保険価額を超過した部分に対する保険料が無駄になることの防止や保険価額と保険金額・保険料のバランスを維持することを目的とする規定とされてきた。[9]

本条は、改正前商法637条と同一の趣旨に立ち、同条の解釈が維持されている。[10]

2　要　件

本条の規律対象は、損害保険契約の締結後に保険価額が著しく減少した場合である。具体例には、保険期間中に、保険の目的物自体の価額が下落した場合や保険の目的物が一部毀損した場合等があげられる。

(1)　保険価額減少の判断基準時

本条の規律対象となる超過状態はいつ生じたことを要するか。その判断基準となる保険価額が著しく減少した時期について、改正前商法637条は「保険期間中」という文言であったのに対して、本条は「損害保険契約の締結後」へと修正した。その理由は、多くの保険契約においては、保険料不可分原則を維持するために、保険契約の成立時期と保険期間（保険開始日）が一致していないところ、本条は適用範囲について契約は成立しているが保険期間の開始には至っていない段階をも含める点にあるとされ、改正前商法に比して減額請求の行使期間を拡大したと評価されている。[11]

(2)　「保険価額が著しく減少」

規律対象の要件として、保険価額が著しく減少することも要する。上述の立法過程において、保険価額減少の程度を明記するか否かについて議論があり、中間試案段階などでは削除されていたが、結果として改正前商法637条で明記された「著しく」を維持することになった。その理由は、保険価額を含め、一般的に物の評価額は点で定めるものではなく一定の幅があるものであり、これを反映できるような表現にしたことがあげられる。[12]これにより、保険金額が保険価額を若干でも超えた場合にも適用されて、その都度、保険料および保険金額の減額請求権が発生してしまうという批判・実務上の問題を回避できること等が考慮されたものと考えられる。[13]

---

9)　基本法コンメンタール236頁［田辺康平］。
10)　保険法コンメンタール37頁［山野嘉朗］、福田＝古笛・逐条解説39頁、大串＝日生・解説保険法210頁［濱須伸太郎］。
11)　保険法コンメンタール37頁［山野嘉朗］。
12)　第8回議事録19頁。
13)　保険法コンメンタール38頁［山野嘉朗］。

174   §10-Ⅴ3

　ただ、著しいか否かの判断は、個別具体的事案による。たとえば、一般的な１年契約における減価償却費に相等する程度の減少等は該当しないと考えられている[14]（なお、後述Ⅵ参照）。

(3) 約定保険価額がある場合

　改正前商法のもとでは、約定保険価額がある場合に、保険契約者が約定保険価額および保険料について減額請求できるか否かは言及されていなかったが、本条はこれを明文で認めた[15]。その理由は、改正前商法639条（保険法18条２項参照）が（保険事故の発生時点において）一定の要件のもと保険者に約定保険価額の減少を認めることとのバランスで、保険期間中に約定保険価額の減少を認めるのが保険契約者の利益に資する点があげられる[16]。

(4) その他

　このほか、適用要件として、立法過程で検討されながらも明文化に至らなかったものとして、保険契約者および被保険者などの保険関係者の主観的態様、保険金額が保険価額を「超過した場合」という事後的な超過状態を明示する文言の２つがある。本条がこのような主観的要件および客観的な超過状態についての要件を明文化しなかったのに対して、９条による契約締結時からの超過保険への規律は、両者を要件としている（§９解説Ⅴ２参照）。

　本条は、保険価額の減少が保険契約者または被保険者の行為によって生じたか否かは問わない[17]。

3　効　果

(1) 効果

　上述の要件を充たした場合、効果として、保険契約者には保険者に対する保険金額および保険料の減額請求権が発生する。９条により、超過保険か否かの判断基準時を保険契約締結時のみにすることにより、保険契約締結後の保険価額変動によって生じた超過部分は当然に無効とはならず、本条で保険金額と保険料の減額請求権のみを認めた[18]。

　減額請求ができる範囲は、保険金額または約定保険価額については減少後の保険

---

14) 福田=古笛・逐条解説40頁、保険法コンメンタール38頁［山野嘉朗］。
15) 萩本・一問一答124頁、土岐孝宏「一部保険、超過保険、評価済保険、利得禁止原則」落合=山下・理論と実務166頁。
16) 大串=日生・解説保険法210頁［濱須伸太郎］。
17) 大森・保険法164頁。
18) 山下ほか・保険法153頁［山本哲生］。

価額に至るまでであり、保険料については減少後の保険金額に対応する保険料に至るまでである。

各減額請求権の性質は、保険契約者が有する形成権である[19]。すなわち、保険契約者による減額請求権の行使にあたっては、保険者の承諾などが不要であり、行使すれば当然に効力を生じさせる。

(2) 効力・将来効と減額対象の期間

保険契約者により減額請求権が行使された場合、その効力は、将来に向かってのみ生じるとして、将来効であることを明示した。

まず、減額請求権の効力が遡及するか否か、また遡及するとしてもどこまで遡るかについては、立法過程で見解がわかれてきた。すなわち、本条は、保険契約締結の後に保険価額が減少した場合を規律対象としており、契約を締結してから保険価額が減少するまでの間の時期においては、保険金額・保険価額・保険料が相応した契約であり、これに見合った危険として保険者は危険負担をしてきたにもかかわらず、契約締結時まで遡るような遡及効を保険料の減額請求に認めることに対して異論が呈されてきたのである。そこで、契約当初までとはいわずとも、保険価額が減少して超過保険となった時点まで遡って減額を認めることが、保険契約者と保険者の双方にとって公平であることを理由として、一定範囲の遡及効を認める見解もみられた[20]。一方で、技術上、保険価額の変動が生じた時点を調査することは困難であること等を理由に、遡及効を否定する見解も示され[21]、これが採用されたことにより、既経過期間についての保険料は、遡及的には減額されないことが明確になった。

次に、将来効になるとしても、その始点はどこからか。減額請求権の行使時か、あるいは、それ以後の特定の時点となるか、という問題がある。

従来、保険料不可分の原則を理由として[22]、減額請求は、減額請求が行われたときの属する保険料期間の次の保険料期間からのみ可能とする見解が多くみられてきた。保険料期間は、危険測定期間ともいわれ、保険料算出の基礎となる期間である。そして、保険料不可分の原則とは、一般に、保険料期間のうち一部分についてでも保険者が危険を負担したならば、何らかの事由により保険料期間の中途からそれ以降に保険者が危険を負担することを要しないような事態となっても、保険者は当該保

---

19) 保険法コンメンタール37頁［山野嘉朗］。

20) 第21回議事録31頁。

21) 改正前においては、たとえば基本法コンメンタール236頁［田辺康平］、立法過程においては第21回議事録32頁参照。そのほか、保険者側のサービスとして過去の超過保険料を返還することはともかく、契約法として規律することは困難であることが指摘されている。

22) 基本法コンメンタール236頁［田辺康平］。

176   §10 - Ⅴ 3

険料期間に対する保険料の全部についての権利を有し、ただ次期およびそれ以後の
保険料期間に対する保険料についてのみ権利を失うこととなるとする原則である。[23]
同原則の根拠は、保険者の引き受ける危険が単一かつ不可分であることから対価た
る保険料も不可分であること、保険技術上、保険料は保険料期間を基礎として算出
されているため、一の保険料期間に対応する保険料は不可分で一体として取り扱わ
なければならないとすること[24]、未経過期間に対応する保険料の返還を認めると保険
団体における残存保険契約者に損害を与える可能性があること等が指摘されてきた。

　一方、同原則によれば、当該保険料期間のうち未経過期間については保険者が危
険を負担しないにもかかわらず、これに対応する保険料を収受することになるため、
その正当性がなく、公平性を欠くこと、現代技術上は期間の途中でも保険料算出が
可能であること、として批判も主張されてきた[25]。実務上も、古くから、未経過期間
の保険料について、保険期間ごとよりも正確に、日割計算・短期料率係数等を利用
して保険料の返還をしてきたのである[26]。

　保険法制定のもとでは、同原則の明文化はなされず、少なくとも画一的には採用
することはしなかったと評価されている[27]。特に、個々の契約の特殊性に応じて合理
的な取扱いをすることも可能としながらも[28]、約款によって保険料不可分原則を明確
に定められていない場合には、保険料期間に拘束されることなく減額請求権を行使
したときから保険金額、保険料等を減額したり、約定により合理的な範囲に制限す
ることは許容できることになったと解される[29]。

　なお、保険料減額が請求されなかった場合でも、支払われる保険金額は、減少し
た保険価額によって定まるものである[30]。すなわち、保険価額が保険金額の限度の指
標となり、被保険利益の存する範囲でのみ支払われ、不労利得は防止される[31]。

---

23) 大森・保険法79頁、山下・保険法353頁、大判大正15・6・12民集5巻495頁等参照。その
　　ほか、保険料不可分の原則に関する研究・展開として、平澤宗夫「保険料不可分の原則（補
　　論）」生保論集184号165頁以下（2013）、正木諭＝関根憲暁「保険契約者による解除と保険料
　　の返還」金澤・新たな展開187頁以下、陳亮「保険料不可分の原則に関する一考察」生保論
　　集195号115頁以下（2016）等参照。
24) 大森・保険法79頁等。
25) 坂口光男『保険法』85頁、327頁（文眞堂・1991）等参照。
26) 基本法コンメンタール236頁［田辺康平］。
27) 保険法コンメンタール38頁［山野嘉朗］参照。
28) 例として、工事保険・ハンター保険・興業中止保険等のように契約の性質上保険料の分割
　　が困難な契約。
29) 大串＝日生・解説保険法209頁［濱須伸太郎］。
30) 倉澤・通論64頁。
31) 本条が防止を試みた保険価額を超過する保険金額部分に対応する保険料の無駄が生じる状
　　態となろう。保険契約者の当該保険料への権利放棄と考えられる。

4 規定の性質

本条は片面的強行規定である（12条参照）。すなわち、保険契約者の保険料等の減額請求を認めない旨の約定や、減額請求権の行使や効果発生に条件を付すような約定は無効と解されている[32]。また、上記保険料不可分原則を採用して、一の保険料期間のうち未経過期間について保険者が危険負担せずに保険料を収受する約定・行為が抵触するかは検討課題となろう。

VI 今後の展望

今後に残されている課題として、上述のとおり、本条の適用範囲（要件）の精査があげられる。たとえば、「著しく減少した場合」が意味する程度は具体的事案に委ねられており、明らかではない。特に、長期契約や保険価額を減少する特段の事情があった場合などを基準に検討するべきである[33]。

〔金尾 悠香〕

---

32) 保険法コンメンタール38頁［山野嘉朗］。
33) 福田=古笛・逐条解説40頁。

（危険の減少）

第11条 損害保険契約の締結後に危険が著しく減少したときは、保険契約者は、保険者に対し、将来に向かって、保険料について、減少後の当該危険に対応する保険料に至るまでの減額を請求することができる。

改正前商法第646条 保険契約ノ当事者カ特別ノ危険ヲ斟酌シテ保険料ノ額ヲ定メタル場合ニ於テ保険期間中其危険カ消滅シタルトキハ保険契約者ハ将来ニ向テ保険料ノ減額ヲ請求スルコトヲ得

【条文変遷】 ロエスレル草案717条、明治23年商法655条・657条、明治32年商法400条、明治44年商法400条、改正前商法646条

【参照条文】 保険法48条・77条・29条、損保試案646条

【外国法令】 ドイツ保険契約法41条、フランス保険法典L. 113-4 条、イタリア民法典1897条

I 概　要

1 意義

保険料の算定は、給付・反対給付均等の原則に基づいて行われている。給付・反対給付均等の原則とは、保険契約者が支払う保険料と保険事故発生の際に支払われる保険金の数学的期待値が等しくなるようにする原則のことである。この原則は、保険契約者が支払う保険料が公平になるために用いられることから、「公平の原則」とも呼ばれている[1]。

保険契約の締結に際し、保険者は、保険契約者または被保険者の告知から得た情報に基づいて危険選択を行っている。しかし、保険契約は継続契約であるから、保険期間中に危険が増加したり減少したりすることがある。それは危険の変動と呼ばれている。危険の変動が給付・反対給付の均等を崩す場合は、それを修復するために保険契約の内容を調整する必要がある。

保険法では、危険の変動に関する規定は、危険増加による解除については29条・56条・85条に、危険の減少については11条・48条・77条に、それぞれ定められている。危険の変動に関する法規制は、告知義務と同様に、保険技術的な根拠に基づく

---

1) 収支相等の原則との相違について、保険料と保険金の均衡を保つ意味で同義であるが、収支相等原則は、保険会社全体のことを指す。すなわち、保険料総額（＋運用益）＝保険金総額（＋諸経費）。これに対し、給付・反対給付均等の原則は、個々の保険契約のことを指す。すなわち、1人当たりの保険料＝保険事故の発生率×1事故当たりの保険金。

§ 11-Ⅰ2, 3   179

保険の特異な制度であるが、告知義務の制度は、契約締結時のリスク評価のための制度であったのに対し、危険の変動の制度は、一般に保険契約締結後にリスクが変動した場合にリスクを評価し直すための制度であるといわれている。[2]

危険が減少した場合は、従前から支払われている保険料が、減少後の危険に相当する保険料よりも高くなり、過剰徴収となる可能性がある。そこで、減少後の危険と保険料とが釣り合うように是正するため、保険料減額を請求する権利を保険契約者に与えたのが、危険の減少に関する法規制の意義である。[3]

2 規定改正の趣旨

改正前商法には危険の減少に関する直接の規定はなかったが、同646条では、特別の危険を斟酌して保険料の額を定めた場合において、保険期間中にその危険が消滅したときに、保険契約者は保険料の減額を請求することができるとした規定が置かれていた。これは、特別の危険が消滅したときに限って保険料の減額請求が認められるものであり、危険の減少一般について適用されるものではない。加えて、「特別の危険」とは具体的に何を意味するのかが必ずしも明らかではないとの指摘があった。

立法論上、外国の立法例では危険の減少の場合の保険料減額請求について規定されており、約款でも同様の規定が置かれていることがある。危険の増加との均衡からすれば、特別の危険を斟酌していない場合であっても、危険が減少したときに、保険料の減額請求を認めるべきであるとの見解があった。

なお、保険実務では、近時の各種損害保険契約の約款においては、「特別の危険」に限定せず、通知義務の対象となる危険の減少の事実が生じた場合に、未経過期間の保険料の減額等を行う旨の規定が設けられている。

そこで、保険法では、保険契約者の利益を保護するために、改正前商法の規律を改め、危険が減少した場合の一般的な規律を設けることとし、保険料減額請求権の適正化を図っている。[4]

3 条文概要

本条（11条）は、損害保険契約の危険の減少による保険料の減額請求に関する規定であり、損害保険契約の締結後に危険が著しく減少したときは、保険契約者は保

---

2) 山下・保険法569-570頁、第2回議事録31頁、岡田豊基「保険契約の変動」甘利=山本・論点と展望45頁参照。
3) 萩本・一問一答68頁（注1）。
4) 補足説明31頁、部会資料(23)6頁、萩本・一問一答67頁参照。

険者に対し、将来に向かって、保険料について、減少後の危険に対応する保険料に至るまでの減額を請求することができると定めている。

　本条により、保険料の減額請求は、契約締結時に斟酌した特別の危険に限定せずに、事由の如何にかかわらず、危険が減少した場合には、当該減少後の危険に見合った保険料に変更することを認める一方、危険の減少の程度が、保険料の変更をもたらさないような微細な減少にすぎない場合には保険料の減額請求を認めないとされ、減額請求権の効力は、将来に向かって生ずる。

　本条は、片面的強行規定である（12条）。

　危険の減少による保険料の減額請求についての規定は、保険法における各契約の共通事項である。生命保険契約については48条に、傷害疾病定額保険契約については77条に同様の規定が設けられている（§48解説Ⅴ、§77解説Ⅲ参照）。

Ⅱ　沿　革

1　ロエスレル草案

　ロエスレル草案717条は、「被保険者ハ保険セラレタル危険終ニ生スルニ至ラサルトキハ其契約ノ責任ヲ免ルルモノトス但危険ノ減少若クハ危険期日ノ短縮ノ為メニ保険料ヲ分割スルハ数多ノ保険期限ニ渉リテ一時ニ保険料ヲ支払フタルトキニ非サレハ之ヲ許サス其保険期限ハ通例１年ト為ス」と定めていた。

　すなわち、被保険者は保障される危険が保険期間満了時までに生ずるに至らないときは、その契約の責任（保険料の支払義務）を免れるものとする。ただし、危険の減少もしくは保険期間が短縮したために保険料を分割することは、複数の保険期間に対して保険料を一時払いで支払った場合を除き、これを許さない。なお、保険期間は通例１年とする、ということである。

　その草案の理由について、次のように要約する[5]。契約より生ずる被保険者の義務は主として保険料の支払にある。保険料は保険者が保障を約束した危険に対する報酬（対価）であり、保険者が被保険者に代わって引き受ける危険の対価に相当する。供給（危険の引受）と報酬（保険料）が相当すること（いわゆる現代の「給付・反対給付均等の原則」）に従うものである。そして、保険料の不可分割は保険の性質より生ずる重要な結果であり、保険者が一瞬でもその危険を引き受けたときは保険料の全額を受け取る理由がある。なぜなら、危険は分割することができず、その瞬間にも生ずるかもしれないからである。故に保険者が全く危険を引き受けていないとき

---

5)　ロエスレル・141-142頁参照。

（たとえば海上保険において予定された航海がされなかったとき）はその保険料を請求することはできず、すでに払った保険料は返還しなければならない。ただし、一時的であっても危険を引き受けたときは、保険料の全額を受け取ることができる。日時の長短に比例してその一部を返還する必要はない。

同規定は、総則に置かれ、損害保険契約と生命保険契約の両方に適用されていた。

2　明治23年商法

明治23年商法において、危険の減少に関する規定は、655条と657条に設けられていた。

同655条1項は「契約ハ保険シタル危険カ被保険者ニ対シテ生ス可キニ至ラサルトキハ被保険者ヲ羈束セス然レトモ危険ノ減少又ハ其期間ノ短縮ノ為メ保険料ヲ分割スルコトヲ得ルハ保険料支払期間二回以上ノ保険料ヲ前払シタルトキニ限ル」とし、同条2項は「保険料支払期間ハ一个年タルヲ通例トス」とし、さらに、同657条は、「……既ニ支払ヒタル保険料ヲ危険減少ノ割合ニ応シテ被保険者ニ償還スルコトヲ要ス……」と定めていた。

すなわち、保険会社が契約に基づき被保険者に対し保障する危険が発生するに至らないときにおいて、被保険者は、保険料支払の義務を負わないものとする。ただし、危険の減少またはその保険期間を短縮したため、保険料を分割することができる場合がある。これは、保険料支払期間中に2回以上保険料を前払したときに限る。なお、保険料支払期間は1年であることを通例とする。そして、被保険者が保険料支払期間中に2回以上の保険料を前払した場合に、危険の減少があれば、保険者は、その割合に応じて保険料を分割して被保険者に返還することを要する。

同規定は、ロエスレル草案と同様、総則に置かれ、損害保険契約と生命保険契約の両方に適用されていた。

以上より、明治23年商法までは、危険の減少に関する規律は、特別の危険を斟酌した場合に限定されておらず、単純な危険減少の制度であった。また、ロエスレル草案の当初から、保険料不可分の原則を採用してきた。

3　明治32年商法〜改正前商法

明治32年商法400条は、「保険契約ノ当事者カ特別ノ危険ヲ斟酌シテ保険料ノ額ヲ定メタル場合ニ於テ保険期間中其危険カ消滅シタルトキハ保険契約者ハ将来ニ向テ保険料ノ減額ヲ請求スルコトヲ得」と定め、明治23年商法とは立場を変え、保険契約の当事者が特別の危険を斟酌して保険料の額を定めた場合において保険期間中その危険が消滅したときは、保険契約者は将来に向かって、保険料の減額を請求する

ことができるとしていた。

その立法趣旨について、次のように解説されていた[6]。契約当事者はみだりに危険の程度を考えて保険料の額を左右すべきではない。しかしながら特別の危険を斟酌して保険料の額を定めた場合において保険期間中にその危険が消滅したときにおいて、保険料を減額することは、あえて保険の性質に反しないのみでなく、斟酌した特別の危険がすでに消滅したにもかかわらず、なお保険契約者に契約締結当時の保険料を支払わせるものとすれば、保険者は不当の利得をすることになってしまうからである。そして、その減額が過去に遡るかどうかについては、契約締結当時に定められた保険料は特別の危険に相当するものであるから、保険契約者は、将来に向かってのみ保険料の減額を請求することができるとするわけである。

なお、同条は、損害保険の総則に置かれており、同433条1項により生命保険契約にも準用されていた。

危険の減少に関する明治32年商法の上記規定は、その後、明治44年商法、大正13年改正を経て条文番号が変わったものの、内容はそのまま改正前商法に受け継がれていた。

Ⅲ　改正前商法

1　改正前商法の規律

改正前商法646条「保険契約ノ当事者カ特別ノ危険ヲ斟酌シテ保険料ノ額ヲ定メタル場合ニ於テ保険期間中其危険カ消滅シタルトキハ保険契約者ハ将来ニ向テ保険料ノ減額ヲ請求スルコトヲ得」の規律の理論構成については、以下のように解釈されている[7]。

ここにいう特別の危険とは、事故発生率に影響を及ぼすべき事情をいう。危険の減少は通常保険契約に何らの影響を及ぼさないが、保険契約の当事者が特別の危険（たとえば、戦争危険・爆発危険等）を斟酌して、特に普通より高い保険料が定められていた場合であって、保険期間中、その危険が消滅したときは、保険契約者が保険料の減額請求をすることが認められる。特別の危険の消滅には、危険が客観的になくなった場合（たとえば、爆発物が貯蔵庫から撤去された）が含まれる。

保険料減額請求権の性質は形成権に該当し、減額の効果は将来に向かってのみ生

---

6)　西川一男＝丸山長渡『改正前商法〔明治32年〕要義上巻』611頁（信山社・2005〔復刻版〕）。

7)　松本・保険法127頁、石井照久『改訂商法Ⅱ（商行為法・海商法・保険法・有価証券法）』321頁（勁草書房・1957）、伊沢・保険法186頁、大森・保険法164-165頁、西島・保険法95頁、山下・保険法588頁等参照。

ずる。しかも保険料不可分の原則により、減額請求時に属する保険料期間の次の保険料期間以後の保険料が減額されることになる。したがって、既経過期間についての保険料は遡及的に減額されないし、保険者はその部分について、すでに受け取った保険料を返還する義務はない。

改正前商法646条に定める保険料の減額請求権は、あくまで特別の危険の存在を理由として、特に普通より高い保険料が定められていた場合に限るのであって、一般的に危険が著しく減少した場合にこれを理由として当然の保険料減額請求権が認められるわけではない。したがって、同規定は、「特別危険の消滅の場合」と呼ばれる制度であり、危険の減少一般について適用されるものではない。

2　改正前商法の下での議論

改正前商法の下では、危険の減少について盛んな議論もなく、公刊の判例・裁判例も見当たらない。もっとも、改正前商法において特別の危険の消滅に関する規定があるのみであり、危険の減少について特に規定されていないことについて、以下の見解があった。

学説上、危険の減少と危険の増加は表裏一体の関係にある観点から、保険契約者側の責めに帰すべからざる事由によって危険が著しく増加した場合に、保険者に契約解除権を認めて、保険金の支払責任を免れしめる（改正前商法657条1項）のなら、また保険契約者の責めに帰すべからざる危険の著しい減少の場合に、保険契約者にも同様に、契約解除権を認めて、その保険料の支払義務から免れしめることが、両当事者の保護の衡平を期する上からいっても正当である。それに、保険者は危険の著しい減少の場合には、当然に保険料の減額をなすべきであるのに、正当の事由もなくこれをなさないのは不当であるとの見解が示されていた。[8]

また、そもそも改正前商法646条は、保険契約者が現実に利益を受けることの少ない制度であること、「特別の危険」にあたるのはどのような場合であるかは必ずしも明らかではないという評価もみられた。[9]

立法論としては、危険の増加に関する規律との均衡を図ること、契約当事者間の衡平に合致すること、保険契約者の利益に資することなどの観点から、特別危険の消滅という制度ではなく、より一般的に危険の著しい減少の場合における保険契約者の保険料減額請求権を認めるべきであるとの見解が存在した。もっとも、それは任意規定と考えられていた。[10]

8）　伊沢・保険法187頁等。

9）　西島・保険法95頁、山下・保険法588頁。

10）　山下・保険法589頁。

IV 立法過程

1 保険法制定前試案

損保試案は、646条（特別危険の消滅）において「保険契約の当事者が特別の危険をしんしゃくして保険料の額を定めた場合において、保険期間中にその危険が消滅したときは、保険契約者は、次の保険料期間以後の保険料の減額を請求することができる」とする規定を提案した。同規定の趣旨は、改正前商法646条と同じであって、これに実質的変更を加えたものではない。ただ、「将来ニ向テ」を「次の保険料期間以後の」と表現を改めて、経過期間中の保険料を減額しないことを明確化していた。これにより、損保試案も、保険料不可分原則を前提に「次の保険料期間以後の保険料の減額を請求することができる」として、経過期間中の保険料についてはこれを減額しないという従来の立場を採用した。

なお、同条は、保険契約者側の不利益に変更することを許さない半面的強行規定である（損保試案663条の3第2項）。

2 法制審議会保険法部会の審議

保険法部会において、危険増加の問題については盛んに議論がされていたが、危険減少の問題については、実質的議論は少なかった。ただ規定振りは、中間試案の段階までと要綱案以降は、以下のように大きく変わった。

(1) 初期段階から中間試案の段階まで

初期段階から中間試案の段階までは、保険契約の締結後、当該契約の締結に際して保険者から告知を求められた危険に関する重要な事項についての事実のうち、保険者から通知を求められたもの、すなわち、危険の増加に関する通知義務の対象となる事項に変更が生じたことによって危険が減少した場合には、保険契約者は、保険者に対し、将来に向かって保険料の減額を請求することができるものとする改正案が提示されていた。それは、危険の減少は危険増加と表裏一体の問題として、特に危険増加に関する通知義務の範囲との整合性を意識していたようである。

(2) 要綱案以降

保険法の見直しに関する要綱案（第一次案、第二次案、最終案）取り纏め段階において、中間試案の規律を「(損害)保険契約の締結後に危険が著しく減少したとき

---

11) 損保試案理由書34頁。

12) 部会資料(3)5頁、部会資料(9)20-21頁、第2回議事録36頁、補足説明31頁。

§ 11-Ⅳ 2   *185*

は、保険契約者は、保険者に対し、将来に向かって、保険料について、減少後の当
該危険に対応する保険料に至るまでの減額を請求することができるものとする」に
修正された。その趣旨について、次のとおり説明されていた。[13]

　中間試案では、危険増加に関する通知義務の対象となる事項に変更があり、これ
により危険が著しく減少した場合に限って、保険料の減額請求を認めることを前提
としていたが、保険契約者側が減額請求することができる事由を保険者が自由に決
められることは、保険契約者の保護の観点から適切でないと考えられる。そこで、
危険の減少が起こった事由について制限を設けないこととし、他方で、保険料の変
更をもたらさないような微細な危険の減少についてまで減額請求を認める必要はな
いことから、「著しい減少」、すなわち、保険料の変更をもたらすような減少が生じ
た場合に限って、減額請求を認めることとして、バランスを取っている。

　これに対して、一部委員から、「危険が減少した」に「著しく」という修飾語を
付けたことについて異議を示され議論があった。[14]

　その理由は、①危険の増加も減少も保険料率に影響するかどうかということが問
題になるが、危険増加では、「危険が『著しく』増加した」という表現は用いず、
括弧書でそれを定義するという体裁をとるのに対して、危険の減少では、「危険が
『著しく』減少した」という表現を用いて括弧書で定義しないのは、アンバランス
（不整合）であること。②ここで「著しく」という修飾語を付けると、「保険料に影
響を及ぼすような危険の減少の中でも特に著しい危険の減少、つまり保険料に著し
く影響を与えるような危険の減少だけを保険料減額請求権の対象にする」という誤
った解釈が生じてしまう危惧があることである。当該委員は、「危険増加」との整
合性をとるために、体制や表現を統一すべきであり、「危険増加」を「著しい危険
の増加」とするとか、あるいは、「危険が著しく減少した」方にも括弧書で何か定
義するとか、もしくは、「著しく」の文言を削除すべきとする意見を再三出した。

　この意見に対して、立案担当者は、ここで「著しく」という言葉を使っているの
は、危険の増加と差を付ける（危険の増加と減少で実質を変える）という意図は
なく、単純に、「保険料にはねる」（保険料率に影響する）という意味が込められたにすぎ
ないと説明するとともに、かかる指摘を踏まえて、立案の過程で表現振りを工夫す
る旨の回答をしたものの、最終的には当該文言の修正には至らなかった。理由は不
明であるが、おそらく立法技術的に難しかったと思われる。

---

13)　部会資料(23) 6 頁。
14)　第23回議事録12頁、第24回議事録 6 - 7 頁。

V　条文解説

1　保険料減額請求権の発生要件

⑴　「危険が著しく減少したとき」

本条は、「損害保険契約の締結後に危険が著しく減少したときは、保険契約者は、保険者に対し」、「保険料について、減少後の当該危険に対応する保険料に至るまでの減額を請求することができる」と定め、保険料減額の請求が認められるには、「危険が著しく減少した」ことが必要とされている。

ここにいう「危険」とは、損害保険契約にあっては「損害の発生の可能性」（4条）、生命保険契約にあっては「保険事故の発生の可能性」（37条）、そして、傷害疾病定額保険契約にあっては「給付事由の発生の可能性」（66条）を意味する。「危険の減少」とは、一般的に危険増加の反対概念であることから、「危険増加」の定義（29条1項柱書括弧内参照）に鑑みて、危険が低くなり、保険契約で定められている保険料が当該危険を計算の基礎として算出される保険料を上回る状態になることを意味すると解されている[15]。そして、「危険が著しく減少したとき」とは、保険料に影響する（跳ねる）程度になって、約定の保険料の額が過剰になっている場合を意味する。換言すれば、保険料の変更をもたらす場合と解される[16]。

⑵　軽微な危険減少が該当しない理由

危険の軽微な減少は、本条で認められる保険料減額の請求対象に該当しない。なぜなら、危険の減少はあっても、保険料にほとんど影響しない軽微な減少についてまで保険契約者に保険料減額請求権を認めると、その減額請求に対応することで契約処理の煩雑化を招き、保険者の負担を増加させて、結果的にかえって保険契約全体のコストが増大することになりかねないからであると説明されている[17]。

なお、著しい危険増加といえるためには、継続的な状態が必要であると解されて

---

15)　第23回議事録12頁、大串=日生・解説保険法66頁［千葉恵介］、福田弥夫「危険の変動」落合=山下・理論と実務143頁、岡田・前掲(注2)61頁、山下ほか・保険法152頁［山本哲生］、潘・概説90頁、甘利公人=福田弥夫=遠山聡『保険法 ポイントレクチャー』94頁（有斐閣・2017）、竹濱・Q&A新保険法117-120頁［波多江崇］、保険法コンメンタール39頁［榊素寛］、萩本・一問一答67頁。

16)　山下ほか・保険法152頁［山本哲生］、岡田・前掲注(2)61頁、上松・ポイント解説51頁、福田=古笛・逐条解説42頁、福田・前掲注(15)143頁、大串=日生・解説保険法66頁［千葉恵介］、土岐孝宏「保険法における危険減少の規律の解釈と保険者の開示義務」中京法学45巻3=4号310頁（2011）等。

17)　萩本・一問一答67-68頁。

§11-Ⅴ2 187

いることから、著しい危険の減少も、同様に一時的な危険の減少までは含まないものと解される。[18]

(3) 具体例

「危険が著しく減少したとき」の例としては、自動車保険契約における営業用の車両が自家用車両に変更された場合、火災保険契約における工場または営業用の建物が居住用に変更された場合、傷害保険契約における被保険者の職業が建設作業者からサービス業従事者に変更された場合などがあげられる。これらはいずれも保険料の変更をもたらす場合である。

もっとも、保険実務上、保険契約締結時に合意された保険料に保険期間開始後の一定の「危険」の増減が織り込まれている場合、たとえば、記名被保険者の運転免許証の帯色で保険料率が異なる自動車保険において、保険契約締結時には帯色がブルーであったものの、保険期間中にゴールドになったとしても、当初の保険料算出においてそのような事態も織り込まれている場合には、保険料減額請求権は発生しないとされている。[19]

2 保険料減額効果の発生時期

(1) 設例

本条は、「保険契約者は、保険者に対し」、「保険料について、減少後の当該危険に対応する保険料に至るまでの減額を請求することができる」と定めている。

しかし、保険料減額の効果はどの時点から発生するのか。すなわち、保険期間満了前に減額請求がなされた場合、危険の減少が生じた時点から保険料の減額を行うことが必要であるのか、減額請求があった時から保険料の減額を行うことが必要であるのか、それとも次の履行期の到来ないしは次の保険期間の保険料から減額を行うことで足りるのかといった問題が考えられる。たとえば、9月1日の時点で危険が減少し、9月10日に保険契約者から保険会社に保険料の減額が請求された場合、1年自動更新の自動車保険契約で、保険期間の満了時点が9月30日だとすると、9月1日から減額するのか、9月10日から減額するのか、それとも10月1日からの契約更新を減額された保険料で行うかの違いが生じる。これは保険料不可分原則をどう考えるかと深く関連するといわれている。[20]

---

18) 竹濱・Q&A新保険法118頁［波多江崇］、山下・保険法571頁。

19) 東京海上日動火災保険株式会社編著『損害保険の法務と実務〔第2版〕』318-319頁（金融財政事情研究会・2016）。

20) 福田・前掲注(15)144頁等参照。

(2) 学説

改正前商法の下では、保険料不可分の原則との関係上、請求の時の属する保険料期間の次の保険料期間以後に対してのみ効力を生ずると解されていた[21]。しかし、保険法では、保険料不可分の原則を画一的には採用しないこととされているから[22]、保険期間満了前に保険契約が終了した時は、原則として、保険者は未経過の期間に相当する保険料を返還する責任を負うことになる。保険料の減額請求があった場合の残りの保険料期間についても、分割計算をして減額する必要がある。したがって、保険法の下では、次の履行期の到来ないしは次の保険期間の保険料から減額を行うという解釈は、原則論としては成り立たないと考えられている[23]。これについては、学説上、異論はない。

そうすると、保険料減額効果の発生時期は、危険減少時からか、それとも減額請求時点からかのいずれかということになる。そのどちらが妥当であるかについて、学説上、以下のように見解が分かれている[24]。

保険料減額の効果は、原則として保険契約者の減額請求時からであると解しているのが多数説である（以下、「請求時説」という）[25]。その理由として、条文上の「将来に向かって」という文言より、保険料減額の効果は、将来に向かってのみ生ずることが明らかであり、保険料減額請求権は形成権であるから、減額請求がなされた時点から減額の効果が生じるのが一般的である、とする。

これに対して、保険料減額の効果は、危険減少の時点であると解している少数説もある（以下、「減少時説」という）[26]。その理由として、条文上の「減少後の当該危険に対応する保険料」という文言により、危険の減少が生じた時から減額の効果が生じるのが原則である。仮に減額請求時からであると解すべきとしても、本条は、後述のように、保険契約者の不利に変更することができない片面的強行規定であるから、反対解釈によれば、契約上、保険契約者の有利に変更することが可能である、とする。

請求時説と減少時説のどちらも理論的には成り立つようにみえるが、保険契約者の利益を保護する観点からすれば、減少時説がより妥当であると考える。

---

21) 大森・保険法164頁等。
22) 補足説明58-59頁。
23) 福田・前掲注(15)144頁、山下=永沢・保険法Ⅰ 119頁［深澤泰弘］等。
24) 土岐・前掲注(16)311頁では、「請求時説」と「減少時説」と整理されている。
25) 山下=米山・解説350頁［竹濵修］、福田=古笛・逐条解説42頁、潘・概説91頁、保険法コンメンタール40頁［榊素寛］、大串=日生・解説保険法67頁［千葉恵介］、土岐・前掲注(16)311頁以下。
26) 岡田・前掲注(2)62頁、福田・前掲注(15)144頁。

§11-V 3 　　*189*

　危険増加については、解除の効力は将来効が原則である（31条1項）ものの、「解除に係る危険増加が生じた時から解除がされた時までに発生した保険事故による損害」については、保険者は「てん補する責任を負わない」とされている（31条2項2号）。つまり、契約が解除された場合においてその前に保険事故が発生していたときは、危険が増加した時からその効果が生ずることになる。そうすると、危険増加と関わりのある危険の減少についても、保険契約者が保険料の減額を請求した場合には、危険が減少した時から保険料の減額請求の効果が生じるものとも考えられる。[27]

　また、立法担当者より、「保険法では保険料不可分の原則を当然の前提とはしないとすれば，減額の効果が生ずる時期についても個々の契約にゆだねることとなり、何らの規律も設けない場合には減額請求の時から減額の効果が生ずることとなる」との考え方も示されている。[28]　これに鑑みて、保険料減額の効果が危険減少時以降となる旨を約款で定めても本条規定に抵触しないものと考えられる。

(3) 未経過期間保険料の返還義務

　前述のように、保険法では、保険料不可分の原則を画一的には採用しないこととされている。これにより、保険料減額効果の発生時期が危険減少の時から、あるいは減額請求の時からのいずれであっても、既経過の保険期間については、保険料を返還する必要はない。しかし、保険者は、保険契約者から保険料の減額請求がなされたとき、危険の著しい減少との要件を満たすのであれば、保険料期間中の未経過期間については、保険料の減額に応じ、保険料を返還する義務を負う。保険料の計算について可能な範囲で分割計算を行う必要は生じるが、全ての場合において日割計算まで行う必要はなく、保険料計算の基礎とされている期間によって減額を行えば足りる。また、額について合理的な約定を設けることも許容される。[29]

3　減額請求権の法的性質、消滅時効および立証責任

　本条は、「保険契約者は、保険者に対し」、保険料について、減額を請求することができるとしている。これにより、保険料減額の請求権者は、保険契約者である。

　保険料減額請求権の法的性質は、改正前商法646条と同様に、形成権（単独の意思表示のみによって法律効果を生じさせることのできる権利）である。[30]　したがって、保険者の承諾がなくても、保険契約者の一方的意思表示によって保険料の減額請求権を

---

27)　部会資料（9）20-21頁参照。
28)　第2回議事録36頁。
29)　保険法コンメンタール41頁［榊素寛］、大串＝日生・解説保険法67頁［千葉恵介］、山下＝永沢・保険法Ⅰ 119頁［深澤泰弘］、福田・前掲注(15)151頁。
30)　第2回議事録36頁参照。

行使しただけでその効果を生じる。もっとも、保険者は、危険の著しい減少が生じたとの事実を確認する必要があるため、保険契約者から請求があったからといって、保険料減額の効果が自動的に発生するわけではない。[31]

なお、危険の減少で保険料減額請求権が認められる場合において、発生する過払いの保険料返還請求権の消滅時効は3年となっている（95条1項）。もっとも、この消滅時効の起算点については、保険法に定められていないため、民法166条1項2号に基づき、「権利を行使することができる時」ということになる。そして、ここに「権利を行使することができる時」とは、保険料減額請求権の権利行使を現実に期待することができるようになった時と解する。[32]

危険の著しい減少が生じたことを保険者側が直接知ることは困難であるため、それを証明する責任は、保険料の減額を請求する保険契約者側が負うことになると考えられる。[33]一方、保険料率の変更を伴う危険の減少があったか否かは、保険契約者は容易に知りえないため、保険者は、保険料の減額請求を拒否する場合において、保険料が下がることにならないという事実の存在について、証明責任を負担するとする見解もある。[34]

4　規定の性質

本条は、保険料減額請求の主体である保険契約者の保護を図る規定であるから、規定の性質は、保険契約者に不利な約定を無効とする片面的強行規定とされる（12条）。したがって、本条の規律に反する約定で保険契約者の不利に変更することはできない。

たとえば、危険が著しく減少したという要件を満たすにもかかわらず、保険料の減額請求は一切認めない約定、減額請求の対象ないし範囲を保険法の規定よりも制限する約定、特別に斟酌した危険についてのみその危険の減少に対して減額請求ができる約定、減額請求に保険者の同意が必要となるような制限を加える約定、減額効果の発生時期を保険期間満了時とする約定などは、保険契約者に不利なものとして許容されないと考えられる。[35]

---

31)　福田・前掲注(15)144頁、保険法コンメンタール40頁［榊素寛］、同旨。

32)　最判平成15・12・11民集57巻11号2196頁参照。

33)　伊沢・保険法187頁以下参照。

34)　土岐・前掲注(16)19-21頁。

35)　補足説明31頁、部会資料(9)24頁、萩本・一問一答68頁、竹濵・Q&A新保険法116頁［波多江崇］、福田・前掲注(15)144頁等。

36)　第2回議事録36頁、部会資料(9)20頁、竹濵・Q&A新保険法118頁［波多江崇］。

5　危険の増加の規定との比較

危険の減少は、危険増加と表裏一体の関係であるといわれている[36]。しかし、危険増加に関する保険法の規定に比べ、以下の相違があげられる。

第1に、危険増加については、「危険が高くなり、損害保険契約で定められている保険料が当該危険を計算の基礎として算出される保険料に不足する状態になること」と定義されている（29条1項柱書括弧書）。これに対し、危険の減少については、このような定義規定が設けられていない。

第2に、危険増減の程度について、危険の減少においては、「著しい」危険の減少が必要とされるのに対し、危険増加においては、「著しい」危険の増加が必要とされない。

第3に、危険増減の対象範囲について、危険増加は、通知義務の告知事項に限定されている（29条1項1号）。一方、危険の減少においては、そのような限定はされていない。

第4に、危険増減の効果について、危険増加の法的効果は、保険者による契約解除であり、保険料の増額請求は定められていない[37]。これに対し、危険の減少の法的効果は、保険契約者による保険料の減額請求であり、契約解除は定められていない。

第5に、規定の位置づけについて、危険増加の法的効果は契約解除となるから、かかる規定は、保険法の「第4節　終了」に置かれている。一方、危険の減少は保険契約の継続を前提としているから、かかる規定は、保険法の「第2節　効力」に置かれている。

以上より、保険法における「危険増加」と「危険の減少」は、必ずしも表裏の関係にはないと考えられる[38]。

※危険増加の規定との相違表

比較事項	危険増加（29条）	危険の減少（11条）
定義規定の有無	定義規定あり（1項柱書括弧書）	定義規定なし
危険増減の程度	「著しい」危険増加の必要なし	「著しい」危険の減少の必要あり
危険増減の対象範囲	通知義務の告知事項に限定されている（1項1号）	左記の限定なし
危険増減の効果	保険者による契約解除	保険契約者による保険料の減額請求
規定の位置づけ	第4節　終了に置かれている	第2節　効力に置かれている

---

37)　ただし、実務上は、引受範囲内の危険増加については、危険負担を継続するものとして、保険会社は、危険増加に伴う追加保険料を請求することができることを定めている約款がある。

38)　萩本・一問一答68頁（注3）、同旨。

6 改正前商法の規定との相違

改正前商法646条からの変更点は、主に以下のとおりである。

第1に、改正前商法646条では、保険契約者が保険料の減額請求をできる場面を契約締結時に斟酌した特別の危険が消滅した場合に限定していた。本条は、そのような限定をすることなく、保険契約締結後に危険が著しく減少した場合に関する一般的規律として、保険契約者に保険料の減額請求を認めている。

第2に、改正前商法646条では、保険契約者による保険料の減額請求を認めるのは、特別の危険が「保険期間中」に消滅したときとしていた。これに対して、本条は、危険減少が保険期間中に生じることは要求されず、保険契約締結後であれば、保険期間開始前の減少であっても、減額請求が認められる。

第3に、規定の性質について、改正前商法646条は任意規定であるが、本条は片面的強行規定である。

※改正前商法規定との相違表

比較事項	改正前商法（646条）	保険法（11条）
規定の適用場面	契約締結時に斟酌した特別の危険が消滅した場合に限定	危険が著しく減少した場合 ⇒適用場面は一般化している
危険減少の期間	保険期間中	保険期間中に限定せず ⇒契約締結後、保険期間開始前の減少であっても認められる
規定の性質	任意規定	片面的強行規定

Ⅵ 外国の立法例

1 ドイツ保険契約法

ドイツ保険契約法41条（保険料の減額）第1文は、「危険を高める特定の事情を斟酌し契約締結の後にその事情が消滅しまたは意味を失ったときは、保険契約者は保険料の相当の減額の請求を、その請求が保険者に到達した後の保険料につきなすことができる」と定め、特別の事情（危険）を斟酌して高額の保険料が合意された場合において、保険契約者は、保険料の相当の減額を請求できる。減額の効果は、請求時からとしている。

同規定の性質は、保険契約者の不利益に変更することのできない片面的強行規定とされている（同42条）。これは総則規定であり、特段の定めがない限り、すべての保険分野に適用される。

政府法案理由書によれば、改正前ドイツ保険契約法41a条に比べ、同条は、表現

§11-Ⅵ2   *193*

を改めたほか、改正前ドイツ保険契約法の下では、保険契約者は、保険料不可分の原則により、危険を高める事情の消滅を理由とする保険料の相当の減額をもっぱら将来の保険料期間について請求することしかできなかった。これに対し、現行ドイツ保険契約法の下では、保険料不可分の原則を採用しないため、保険料は、保険契約者の請求が保険者に到達した時から直ちに相当額に減額されなければならないことになる。[39]

　また、改正前ドイツ保険契約法においては、危険の減少に関する規定は、生命保険契約について完全に適用排除とされていた（旧164a条）。しかし、現行ドイツ保険契約法158条（生命保険に位置）第3文においては、「明示的合意に基づく危険減少と見るべき危険状況の減少を理由とするのみで保険料の引き下げを要求できるという条件で、41条は適用される」として、生命保険契約について、完全に適用排除となっていない。

2　フランス保険法典

　フランス保険法典L. 113-4条（危険の増加、減少）4項は、「契約期間中に危険が減少した場合には、保険契約者は、保険料の減額を求める権利を有する。保険者がその減額の請求に同意しない場合には、保険契約者は契約の解約告知をすることができる。その場合に、解約はその告知より30日後に効力を生じる。その場合は、保険者は危険が負担されなかった期間に応じた保険料部分または掛け金部分を保険契約者に返還しなければならない」とし、また、同条6項は、「本条の規定は、生命保険および被保険者の健康状態に変化がみられる場合の疾病保険に対しては、適用しない」と定めている。

　同条から、フランス保険法典は、危険の減少について特に限定することなく、一般的に危険の減少が生じれば、これを理由に保険契約者が保険料の減額を請求することができるとしている。もっとも、保険者がその減額請求に同意しない場合は、保険契約者は、告知による解約をすることができ、解約告知の30日後に効力が生じるとともに、保険者は、危険負担をしなかった期間に応じた保険料部分を返還しなければならないとしている。また、生命保険契約においては、保険料減額請求に関する規定の適用は限定されている。

　同条は、陸上保険（非海上損害保険）および人保険に共通する規定であり、規定の性質は、絶対的強行規定とされている（同L. 111-2）。

---

39)　ドイツ保険契約法・209頁以下。

3　イタリア民法典

　イタリア民法典1897条（危険の減少）1項は、「保険契約者が、保険者に対し、締結の時に知らせていたとすれば、より低額の保険料で契約を締結したであろうような危険の減少が生じた変更を通知した場合には、通知後の保険料または分割保険料の支払期日は、保険者はより低額の保険料だけを請求することができる。ただし、保険者は、通知の日から2か月以内に契約を解除する権限を有する」とし、2項は「契約の解除の通知は1か月後に効果を生ずる」と定めている。

　同条から、イタリア民法典も、危険の減少について特に限定することなく、一般的に危険が減少した場合は、保険契約者による保険料減額請求権を認めている。減額請求の効果は請求時以降となっている。一方、一定の期間内に保険者に契約解除権を与えている。

　同条は、総則規定であり、規定の性質は、被保険者側にとって不利な変更のできない片面的強行規定とされている（同1932条）。

　以上より、諸外国においても、危険の減少に対応する立法例がみられる。改正前商法646条は、保険料の減額請求ができるのを特別危険の消滅に限定するドイツ法の規定に類する立場をとっていた。本条は、危険が減少した場合の一般的な規定とする点で、フランス法・イタリア法の立場をとっていると考えられる。もっとも、フランス法とイタリア法のいずれも、本条のように危険減少の程度に関し「著しい」という制限が設けられていない。保険料減額効果の発生時期について、フランス法は明らかでないが、ドイツ法・イタリア法とも請求時以降とされている。規定の性質が（片面的）強行法規である点は、ドイツ法、イタリア法、フランス法で共通している。なお、いずれも保険料不可分の原則を採用していないようである。

VII　今後の展望

1　実務との関係

(1)　約款の規定

　危険の減少に関して、損害保険の約款において危険増加と一体に規律され、かつ保険種類を問わず、以下のようにほぼ同様の規定が置かれている。

　「危険増加が生じた場合または危険が減少した場合において、保険料率を変更する必要があるときは、当会社は、変更前の保険料率と変更後の保険料率との差に基づき、危険増加または危険の減少が生じた時以降の期間（注：保険契約者または被保険者の申出に基づく、危険増加または危険の減少が生じた時以降の期間をいいます。）に

対し日割をもって計算した保険料を返還または請求します」、また「保険契約締結の後、保険契約者が書面をもって保険契約の条件の変更を当会社に通知し、承認の請求を行い、当会社がこれを承認する場合において、保険料を変更する必要があるときは、当会社は、変更前の保険料と変更後の保険料との差に基づき計算した、未経過期間に対する保険料を返還または請求します」（2018年5月発行『火災保険標準約款』20条2項・6項、2017年5月発行『自動車保険標準約款』第6章15条2項・6項、2018年5月発行『傷害保険標準約款』23条2項・6項。もっとも、火災保険および自動車保険の標準約款上の「危険増加または危険の減少」は、傷害保険標準約款において「職業または職務の変更の事実」に置き換えられている）。

(2) 本条との比較

約款の規定振りは、本条に比較して、以下のように異なる。

① 危険減少の対象について、本条は、一般的に危険が減少した場合のすべてを対象とする。これに対し、約款は、告知義務・通知義務等に該当する事項の変更としている。告知義務・通知義務等の対象事項以外の危険の減少については、約款上に規定がないため、本条規定が直接適用されることになる[40]。

② 保険料減額の請求が認められる要件について、本条では、「危険が著しく減少した」ことが必要とされている。一方、約款では、「著しい」という用語を用いず、具体的に「保険料を変更する必要があるとき」としている。

③ 保険料減額効果の発生時期について、前述のように学説上は、本条規定の解釈をめぐって減少時説と請求時説に分かれている。約款では、危険の減少に伴う保険料減額の対象期間を「危険の減少が生じた時以降の期間」とし、減少時と明記している。

④ 保険料の減額について、本条は、「減少後の当該危険に対応する保険料に至るまでの減額」とのみ規定している。約款は、それを具体化して、減少前の保険料率と減少後の保険料率との差に基づき、かつ日割をもって計算した、未経過期間に対する保険料を返還する旨を規定している。

危険の減少に関する法規制は、実際的には多くの部分を約款に委ねる形をとっていること[41]、本条は片面的強行規定であること、保険契約者に特に不利な内容がないことから、上記約款規定の効力が認められるものと考える。

---

40) 東京海上日動火災保険・前掲注(19)34頁。

41) 第2回議事録36頁、福田・前掲注(15)150頁参照。

2 残された課題

危険の減少の法規制について、改正前商法の規定をめぐるいくつかの立法論上の課題が保険法の改正によって解決されたと評価されている[42]。

一方、前述のように規定上必ずしも明確とはいえない部分がある。たとえば、「危険が著しく減少したとき」とは、具体的にどのような場合を指すか、規定振りが類似する10条（保険価額の減少）にある「著しく減少したとき」とはどう異なるのか、保険料減額効果の発生時期は請求時からなのか、それとも減少時からなのかについては、解釈論上今後一層の議論が展開されると予想される[43]。

なお、減額請求権が行使された場合に、保険者は、危険の減少を含む危険の変動はすでに保険料率区分に反映済みないし織り込み済みであるとして減額を行わない場合もある。その場合、危険の減少を伴う保険料減額請求という保険契約者の権利を現実的に保障する観点から、保険者は保険料率設定に関する情報などを保険契約者に提供すべきという開示義務の導入を提唱したいとする見解もある[44]。

〔李　鳴〕

---

42)　岡田・前掲注（2）60頁。

43)　保険法コンメンタール40頁［榊素寛］、甘利＝福田＝遠山・前掲注(15)94頁、同旨。

44)　土岐・前掲注(16)319頁以下。

§12-Ⅰ・Ⅱ1　　　　　　　*197*

（強行規定）
第12条　第8条の規定に反する特約で被保険者に不利なもの及び第9条本文又は前
　　2条の規定に反する特約で保険契約者に不利なものは、無効とする。

【条文変遷】　新設
【参照条文】　保険法8条・9条・10条・11条
【外国法令】　§7解説Ⅳ参照

Ⅰ　概　　要

　本条（12条）は、49条（生命保険契約）、78条（傷害疾病定額保険契約）との共通事
項として、保険法第2章「損害保険」第2節「効力」に設けられている諸規定のう
ち、第三者のためにする損害保険契約および危険の減少に関する規定を片面的強行
規定とするものであるが、さらに損害保険契約に特有な超過保険および保険価額の
減少についても片面的強行規定とすることを明らかにしている。

　規定の性質に関する分類、片面的強行規定の保険法への導入の経緯、趣旨、外国
の立法例および今後の展望については、7条と41条の解説で述べられているところ
と基本的には同様である。

Ⅱ　条文解説

　本条は、「第8条の規定に反する特約で被保険者に不利なもの及び第9条本文又
は前2条の規定に反する特約で保険契約者に不利なものは、無効とする」ことを定
め、以下に検討する規定の性質が片面的強行規定であることを明示するとともに、
片面的強行規定により保護される対象者を明らかにする。

　ただし、本条の掲示する各条文の内容に反するような特約があった場合であって
も、8条であれば被保険者、9条、10条、11条にあっては保険契約者に不利となら
ないものであれば無効となることはなく、これらの者に不利な特約だけが無効とな
る。

1　8条

　保険契約も契約である以上、民法の原則に従い、第三者のためにする保険契約を
締結できることは当然であるが、民法上の第三者のためにする契約では、第三者が
権利を取得するためには当該第三者による受益の意思表示を必要とする（民法537条

3項）のに対し、保険法では受益の意思表示を不要とした。8条は、この旨を明らかにし、12条は、この8条の規定を片面的強行規定とするものである。

(1) 第三者のためにする損害保険契約に関する規定の概要

8条は、「被保険者が損害保険契約の当事者以外の者であるときは、当該被保険者は、当然に当該損害保険契約の利益を享受する」と定めている。保険法では、保険契約者が契約当事者以外の第三者を被保険者とする損害保険契約を締結することができることを前提として、第三者のためにする損害保険契約が締結された場合、被保険者が損害保険契約の利益を当然に享受すること、すなわち被保険者は受益の意思表示をすることなく、保険事故発生による保険給付請求権を自己固有の権利として当然に取得するものとしている[1]。

(2) 不利な特約の対象者

第三者のためにする生命保険契約においては保険金受取人がこの第三者に該当するが、第三者のためにする損害保険契約にあっては、被保険利益との関係から保険給付請求権を有することができるのは被保険者だけであるから、不利な特約の対象は被保険者である。

(3) 無効となる不利な特約

前述のように、被保険者の権利は、被保険者の受益の意思表示を待つことなく、当該損害保険契約成立の時に発生するとしたものであるから、たとえば、被保険者の受益の意思表示が必要であるとしたり、被保険者の権利の発生時期を契約成立後にしたりすることは8条の趣旨に反し、被保険者に不利な特約ということとなる[2]。

2　9条

損害保険契約の締結時に、保険給付の限度額として損害保険契約で定める「保険金額」が保険の目的物の価額である「保険価額」を超えていた場合、当該超過部分の効力をいかに考えるかということにつき、保険法は、その超過部分の損害保険契約を有効とした上で、保険契約者および被保険者がそのことにつき善意でかつ重過失がないことを条件に、保険契約者はその超過部分の損害保険契約を取り消すことができるものとした[3]。そして、この超過保険に関する9条の規定を片面的強行規定とする。

---

1)　部会資料（9）11頁。
2)　部会資料（9）11頁、福田＝古笛・逐条解説35頁。
3)　旧法の無効構成から取消権構成にした根拠等については、§9解説Ⅴ参照。

§12-Ⅱ2

(1) 超過保険に関する規定の概要

9条は、「損害保険契約の締結の時において保険金額が保険の目的物の価額を超えていたことにつき保険契約者及び被保険者が善意でかつ重大な過失がなかったときは、保険契約者は、その超過部分について、当該損害保険契約を取り消すことができる。ただし、保険価額について約定した一定の価額があるときは、この限りでない」としている。

したがって、保険契約者は、通常の保険の場合に超過部分に相当する保険料の返還を受けることができるが、約定保険価額（評価済保険）が定められているときには、取消権を行使することができない。約定保険価額は、保険契約締結時に保険価額につき契約当事者間で協定しておき、損害発生時にも保険価額をこの協定保険価額とみなして支払保険金額を算定する制度であるから、そもそも超過保険に関する9条本文の規律はなじまないため、但書の規定を置くことにしたのである[4]。[5]

(2) 不利な特約の対象者

善意・無重過失の主観的要件としては保険契約者および被保険者のそれが問われているが、超過保険となった場合に、契約の取消権を有するのは保険契約者である以上、不利な特約の対象は保険契約者となる。

(3) 無効となる不利な特約

改正前商法においては、超過保険は無効であるとされていたが、保険法は超過保険も有効であることを前提に、保険契約者に取消権を認めることとした。これにより超過保険を希望する者のニーズ（将来目的物の価額が上昇して一部保険になってしまうことを防止するため超過保険を締結することが可能）に応えつつ、善意・無重過失の保険契約者については、保険者に対し超過部分の保険料の返還を求めることができるようになり、保険契約者の保護が図られるようになった[6]。

このように、超過保険であることにつき、保険契約者および被保険者が善意・無重過失のときには、保険契約者に契約の取消権を認めるのが9条の趣旨であることからすれば、このような場合（善意・無重過失）にも、保険契約者に契約の取消しを認めないとする特約は明らかに無効となる。また、保険金額が保険価額を超えていた場合に取消しを認めない旨の特約も当然に無効である[7]。

---

4) 山下・保険法401頁。
5) 保険法コンメンタール35頁〔山野嘉朗〕。
6) 萩本・一問一答115頁、福田=古笛・逐条解説37頁。
7) 上松・ポイント解説49頁、福田=古笛・逐条解説38頁。

3　10条

　保険期間中に保険価額が著しく減少した場合に、保険契約者の保険者に対する保険金額減額請求権および保険料減額請求権を認めることは、超過部分の保険料が無駄になってしまうことを避け、保険価額と保険金額、そしてそれらと保険料との間のバランスを図るため重要である。そこで、保険価額の減少に関する10条の規定を片面的強行規定とすることにより、保険契約者の保護を図ることとした。[8]

(1)　保険価額の減少に関する規定の概要

　契約締結後に保険価額が著しく減少した場合、保険契約者に、将来に向かって、保険金額および保険料の減額請求を認めるものである。

　保険金額と保険価額の乖離に関し、超過保険は契約締結時の問題であり、保険契約者および被保険者が善意・無重過失であれば、保険契約者が超過部分を取り消すことができるものとされ、その効力も遡及するというものである（9条）のに対し、保険価額の減少に関する10条は、契約締結後の事情の変更であるから、当事者の主観的態様にかかわらず減額請求を認めつつ、遡及的効力は否定するものとしている。

(2)　不利な特約の対象者

　保険金額および保険料の減額請求権を有するのは保険契約者であるから、この者の利益が害されないようにという意味で、保険契約者が不利な特約の対象者とされている。

(3)　無効となる不利な特約

　典型的には、保険契約者の減額請求権を否定する趣旨の特約や、減額請求の効果の発生や減額請求権の行使に条件を付すような特約は、保険契約者に不利なものとして無効となる。[9]

4　11条

　改正前商法では、保険契約締結後に危険が減少しても、保険料の減額請求が認められるのは、特別の危険を斟酌して保険料の額が定められた場合だけであったが、11条は、保険料の減額請求できる場面を、「危険が著しく減少したとき」と拡大している。後述のように、給付反対給付均等の原則からすれば、減少した危険に対して保険料も減額されることはむしろ当然であるからである。そして、この危険の減少に関する11条の規定を片面的強行規定とした。

---

8)　保険法コンメンタール38頁［山野嘉朗］。
9)　保険法コンメンタール38頁［山野嘉朗］、福田=古笛・逐条解説40頁。

§12-Ⅱ4   201

(1) 危険の減少に関する規定の概要

保険契約の締結後、保険料の変更をもたらすような危険の減少があった場合、保険契約者は、保険者に対し、将来に向かって、保険料の減額を請求することができる（11条）。保険契約締結にあたっては、保険者は保険契約者または被保険者の告知等に基づき、自ら引き受ける危険の選択を行い、他方、相手方当事者である保険契約者は、その危険に応じた保険料を支払う合意をしているのであるから、保険契約締結後に、その危険が著しく減少した場合、それでも保険契約者が同一の保険料を支払わなくてはならないとしたら、給付反対給付均等の原則が崩れてしまう[10]。そのため、本条は一定の場合に、保険料の減額を認めることとした[11]。

(2) 不利な特約の対象者

保険料の減額請求権を有するのは保険契約者であるから、この者の利益が害されないようにという意味で、保険契約者が不利な特約の対象者である。

(3) 無効となる不利な特約

保険料の変更をもたらすような著しい危険の減少という要件を満たすにもかかわらず、保険料減額請求を認めないという趣旨の特約、あるいは減額請求の対象を一定の事項についての危険の減少に限る旨の約定は無効となる[12]。また、危険の減少は、契約締結後であればよく、保険期間中のものである必要はないから、たとえば保険期間中の危険の減少の場合のみ減額請求を認めるなどという特約も認められない。

〔宮島　司〕

10）岡田・現代保険法153頁。
11）福田＝古笛・逐条解説41頁。
12）萩本・一問一答68頁、福田＝古笛・逐条解説42頁、上松・ポイント解説51頁。

第3節　保険給付

（損害の発生及び拡大の防止）
第13条　保険契約者及び被保険者は、保険事故が発生したことを知ったときは、これによる損害の発生及び拡大の防止に努めなければならない。

改正前商法第660条　①　被保険者ハ損害ノ防止ヲ力ムルコトヲ要ス但之カ為メニ必要又ハ有益ナリシ費用及ヒ塡補額カ保険金額ニ超過スルトキト雖モ保険者之ヲ負担ス
②　第636条ノ規定ハ前項但書ノ場合ニ之ヲ準用ス

【条文変遷】　ロエスレル草案713条、明治23年商法651条、明治32年商法385条、改正前商法660条
【参照条文】　保険法14条・17条・23条・26条、商法593条
【外国法令】　ドイツ保険契約法62条、イタリア民法典1914条、スイス保険契約法61条、ヨーロッパ保険契約法原則第8-101条2項・第8-103条

I　概　　要

　本条（13条）は、損害保険契約における保険契約者および被保険者に対して、保険事故による損害発生およびその拡大防止の義務を課すことを規定する。従来商法からの改正として、第1に義務者を被保険者のみならず保険契約者にも拡大した点、第2に義務の内容につき単なる「損害の防止」という不明確な文言から「損害の発生及び拡大の防止」へと多少の明確化を図った点、第3に義務の開始基準時を明示した点があげられる。一方で、従前から議論された本義務の内容および義務違反の効果は明文化されず、依然として解釈に委ねられることになった。

　なお、損害発生およびその拡大防止に対する義務を果たすことによって生じる費用については、形式上の整理として、改正前商法では同一条文内で規定されていたが、保険法では費用についての規定である23条1項2号へ移動したため、本条からは削除されている。

II 沿　革

　商法の創成期以来、法は、一貫して、保険契約者側に対して、保険事故の発生や保険事故発生後の損害拡大を防止する（努力）義務を課してきた。しかし、各時代において、義務の対象者・内容・開始基準時・違反の効果は、微妙な変遷と解釈の違いをみせてきた。

　まず、ロエスレル草案713条が「被保険者ハ危険ノ生スルニ方リ可成的之ヲ防止減却スルコトニ盡力シ其既ニ生シタル後ハ速ニ其旨及紛失若クハ損害ノ有無其大小ヲ保険者又ハ其代人ニ通知スルノ義務アリ以テ此義務ヲ犯スカ為メニ生シタル損害ノ責ニ任ス可キモノトス」と規定し、明治23年商法651条が同草案の大要を継受して、「被保険者ハ危険ノ生スルニ當リ成ル可ク其防止ニ盡力シ又其既ニ生シタル後ハ保険者又ハ其代人ニ遅延ナク其危険及ヒ喪失若クハ損害並ニ其大小ヲ通知スル義務ヲ負ヒ其義務背反ニ因リテ生シタル損害ニ付キ保険者又ハ其代人ニ対シテ責任ヲ負フ」と規定した。ただし、明治23年商法は、ロエスレル草案と異なり、義務の内容として、危険の「減却」までは課していない。

　これらの規制対象の具体例としては、火災保険契約において、出火の始まりにあたり、容易に消防できたのに怠慢によって放置や傍観して焼失させた場合[1]、消防に相当の尽力をなさなかった場合[2]、洪水の氾濫において堤防の決壊をそのままにした場合[3]等が想定されていた。ロエスレルは、趣旨・要件について明確に言及していないが、防止義務違反になるかの判断基準について、被保険者による故意過失による事故招致の場合（ロエスレル草案695条[4]・明治23年商法635条）に準じて解したうえで、危

1）　ロエスレル・135頁。
2）　磯部四郎『商法〔明治23年〕釈義』2663頁（信山社・1996〔復刻版〕）。
3）　長谷川喬『商法〔明治23年〕正義第5巻』87頁（信山社・1995〔復刻版〕）。
4）　ロエスレル草案695条「被保険者已ヲ得サレニ非スシテ躬ラ随意ニ起シ或ハ起サシメタル紛失或ハ損害又ハ保険物ノ性質功用或ハ固有瑕瑾ニ由テ直接ニ生シタル紛失或ハ損害ハ保険者之ヲ賠償スルノ義務ナキ者トス」。
　　「不注意怠慢ヨリ生シタルモノニ係リテハ其情況ニ由リ其変事ヲ起サントノ意ニ出テタルコトヲ認定スルニ非サレハ賠償ヲ受ルノ権アルヘシ」。変事を起こす意とは、たとえば、火災を起こそうと欲し、または怠慢軽率にしてもし保険がなかったならば常人の決してなさない行為がある場合に限る。
　　怠慢とは、「平常人ノ為スヘキ注意ヲ為サスト云フ通常ノ意義ヲ以テ解ス可ラス…非（被？）保険者ノ曾テ為スヘキ所ノ注意ヲ為サ・ルトノ広キ意義ヲ以テ解スヘシ」「随意ノ有無ヲ以テ要償権ヲ失フト否トノ根本」とし、怠慢失挙ではない。
　　故意と同視すべき重過失（故意の怠慢）との証明がなければ、甚だ注意を怠っても要償権

険に対して狼狽して通常とは反対のことをする人間の行為に対する考慮の必要性や、現場情況への考慮を指摘した[6]。また、義務違反の効果については、ロエスレル草案段階では、明文で被保険者が義務違反によって生じた損害の責任を負うことを規定しており、ロエスレルは被保険者が賠償要求権（保険金請求権）を失う可能性について言及している[7]。なお、規定の性質については、保険会社の申合規則が法律に背馳するときは被保険者に対して効力がない旨が指摘されているが、強行規定と解していたかは不明である[8]。また、危険が生じた後における損失等の保険者への通知義務も規定されていた（§14解説Ⅱ参照）。

　この後、明治32年商法414条1項が「被保険者ハ損害ノ防止ヲ力ムルコトヲ要ス但之カ為メニ必要又ハ有益ナリシ費用及ヒ填補額カ保険金額ニ超過スルトキト雖モ保険者之ヲ負担ス」、同条2項が「第391条ノ規定ハ前項但書ノ場合ニ之ヲ準用ス」と規定して、改正前商法660条と同一文言の規定に至った。修正時に想定された具体例として、家屋に対する保険契約において、なんらかの事情で土嚢が取り去られかろうじて転覆を免れていたところ、土嚢の修繕をしておけば転覆防止になっていたのに、修繕をしないでいたところ、家屋が微風によって転覆した場合などがあげられている。かかる場合にも損害てん補を認めれば、被保険者の「怠慢」を助長してしまうことから、本義務はこれを防止する規定と位置づけていた[9]。

　明治32年改正における主たる修正は、義務違反の効果について、損害が生じた場合の被保険者の損害賠償責任を削除したことである[10]。また、防止義務および通知義務の発生時期（開始時期）については、明治23年商法が、保険事故（危険）の発生前後を基準として区別をして防止義務と保険者への通知義務を規定しているかのようにも見えたのに対して、明治32年商法以後は、かかる区別を排して、同条を単純なる損害の防止義務として、通知義務は別条文に独立させた（明治32年商法412条）（§14解説Ⅱ参照）。さらに、明治32年商法414条但書は、損害防止義務を果たすための費用の負担につき、保険者負担としなければ、被保険者が損害を防止することは

　　は失わない旨と指摘（ロエスレル・103-104頁）。
　　　（火災保険については、この原則を通さない。）
　5）　ロエスレル・135頁。
　6）　磯部・前掲注（2）2664頁。明治23年商法635条「被保険者カ已ムヲ得サルニ非スシテ任意ニ加ヘ若クハ加ヘシメタル喪失若クハ損害又ハ被保険物ノ性質、固有ノ瑕疵若クハ当然ノ使用ニ因リテ直接ニ生シタル喪失若クハ損害ニ付テハ保険者ハ賠償ヲ為ス義務ナシ」。
　7）　ロエスレル・135頁。
　8）　ロエスレル・135頁。
　9）　丸山長渡＝西川一男『改正商法〔明治32年〕要義上巻』633頁（信山社・2005〔復刻版〕）参照。
　10）　商法修正案理由書346頁。

できないとして、事実上の有用性を理由に、防止費用を保険者に帰することを明文化した（§23解説Ⅱ参照）。その他、防止義務者の範囲は、明治23年商法を維持して、被保険者に限定されたままであり、被保険者と保険契約者が同一人でない場合（保険契約者が他人のため保険契約を締結した場合）、保険契約者は義務者ではないこととなっていた。その理由は、保険契約者は被保険利益を有さないことから、防止義務を負うのは酷であると説明される。また、義務の程度も、明治23年商法と変わらず、「被保険者の故意又は過失によるもの」と評価できる場合のみと解された。

Ⅲ　改正前商法

改正前商法では、上述のとおり、660条１項が「被保険者ハ損害ノ防止ヲ力ムルコトヲ要ス但之力為メニ必要又ハ有益ナリシ費用及ヒ填補額力保険金額ニ超過スルトキト雖モ保険者之ヲ負担ス」、同条２項が「第636条ノ規定ハ前項但書ノ場合ニ之ヲ準用ス」と規定していた。

条文変遷においては、その規制趣旨や根拠、義務発生時期、その内容、違反の効果など、不明確な点が多かった。また、損害防止義務者の範囲など明文があった点についても再検討の余地が指摘され、改正前商法において、損害防止義務についての精緻化が進んだ。

1　趣旨

改正前商法660条が被保険者に損害防止義務を課した趣旨および根拠については、見解が分かれていた。ただ、いずれも、一般に、損害の発生や拡大を防止しないことによる社会的損失や、本来不要であったはずの損害てん補をさせる保険契約の悪用の防止といった衡平・公益保護の見地を入れる点では、共通していたように見受けられる。

一方で、各見解は、損害防止義務を、契約上どのように位置づけるかについては、趣旨と相まって、異なる構成をとる。まず、損害防止義務が被保険者に課せられる理由を、保険契約が賭博的に悪用される危険を防止すべき衡平の見地や公益保護に求めたり、損害拡大の防止は保険契約の関係者たる被保険者の保険者に対する信義

---

11)　丸山=長渡・前掲注（9）633頁。
12)　柳川勝二『改正商法〔明治44年〕正解』539頁（信山社・2002〔復刻版〕）。
13)　改正前商法660条についての研究として、野口夕子『保険契約における損害防止義務』（成文堂・2007）。
14)　大森・保険法170頁、田中・保険法188頁。

則に求めたりする見解がある（真正義務説）。同説によれば、損害防止義務は被保険者に保険者に対して真正な義務を負わせているものであり、その違反は保険者から被保険者に対する損害賠償請求権を構成する。このため、被保険者の保険者に対する保険金請求権は、保険者の被保険者に対する損害賠償請求権と相殺のうえ、被保険者はその残部についてのみ保険金の請求を認められることとなる。[16]

これに対して、改正前商法660条は、同641条（§17解説Ⅲ参照）と同一の趣旨であって、同641条が保険事故発生に対する免責であるのに対して、同660条は保険事故発生後の損害発生または拡大に対する免責と捉える見解がある。[17]さらに、被保険者が損害防止に努めることは保険の利益を享受するための前提要件とする見解（前提要件説）がある。[18]これらの見解によれば、被保険者が損害防止義務を尽くさなかったことによって生じたないし拡大した損害部分については、そもそも被保険者から保険者への保険金請求権がないことになろう[19]（後述4も参照）。

2 損害防止義務者

(1) 損害防止義務者の範囲—被保険者と解釈上の拡大

損害防止義務者は、改正前商法660条1項においては、文言上、被保険者のみに限定されていた。その理由は、損害保険においててん補すべき損害は被保険利益に生じることから、損害防止に最も適した地位とは、被保険利益を有して保険の目的物に密接な関係をもつ被保険者である点に求められていた。[20]

一方で、義務者の範囲を、被保険者のみとする文言から拡大させる必要性が指摘されるようになる。たとえば、倉庫業者が、保険契約者を自身、被保険者を寄託者として、寄託物につき他人（寄託者）のための保険契約を締結した場合、被保険者は寄託者であるが、被保険利益たる寄託物は保険契約者たる倉庫業者の管理支配下にあることから、寄託物に損害が発生した場合に、この防止義務は被保険者よりも保険契約者に課した方が適切である旨が主張されてきた。[21]かかる事例を念頭に、実

---

15) 野津務『保険法における信義誠実の原則』（野津務保険法論集刊行会＝中央大学生協出版局・1965）142頁、大森・保険法170頁。

16) 西島・保険法211頁、古瀬村邦夫「損害防止義務及び損害防止費用について」私法18号57頁（1957）。大森・保険法170頁は、根本は通じるが別個の法制度とする。

17) 今井薫＝岡田豊基＝梅津昭彦『レクチャー新保険法』123頁（法律文化社・2011）。

18) 古瀬村・前掲注(16)、田辺康平『現代保険法』82頁（文眞堂・1985〔初版〕）、基本法コンメンタール263頁〔西島梅治〕。

19) 趣旨と義務違反の効果の関係性につき、梅津昭彦「保険事故の通知義務・損害防止義務」落合＝山下・理論と実務173頁参照。

20) 西島・保険法205頁。

務においては、約款で、損害防止義務者に保険契約者を追加していることが多い。[22]

　これに対しては、保険契約者と被保険者との双方を損害防止義務者とした場合、両者の義務違反が相互にどのように影響するか、特に保険契約者による損害防止義務違反があった場合に、被保険者が十分な損害てん補を受けられないことへの危惧が指摘された。[23]

3　損害防止義務

(1)　開始基準時

　被保険者はいつから損害防止義務を課せられるのか、その開始基準時につき、改正前商法に明文規定はなく、解釈に委ねられてきた。

　たとえば、保険事故が発生し、かつ、被保険者がこれを知った時点とする見解は、[24]条文上の防止義務の対象は「損害ノ防止」であり「事故ノ防止」とは規定されていないことから、事故がすでに発生していることを前提として、事故発生について拱手傍観したときは不作為による事故招致に該当するものとして、改正前商法641条での対応として整理する。[25]なお、被保険者が保険事故の発生を知らなければ義務履行ができないことから、保険事故の了知要件が加わる。

　また、上記見解よりも基準時が早まり、保険事故の発生が避け難い時点からとする見解がある。[26]同見解の根拠は、損害を完全に防止するためには、事故発生自体を防止する必要性があることや、不作為による事故招致により保険者を免責させるより、費用を保険者負担とする方が合理的であることなどがあげられる。

(2)　具体的内容

　改正前商法における被保険者が努めるべき「損害ノ防止」とは、どのような具体的行為や方法を、どの程度行うことを意味するか。条文上は不明確であり、学説は改正前商法660条における義務の開始基準時がいつからかと関連して、行為態様の

---

21)　倉澤・通論83頁。

22)　火災保険普通保険約款18条、貨物海上保険普通保険約款14条、船舶保険普通保険約款24条等。

23)　古瀬村邦夫「損害防止義務(1)〜(3)」名古屋大学法政論集49・51・52号（1970・1971）参照。

24)　大森・保険法171頁、倉沢・通論80頁は、時系列で、保険事故発生・損害の発生・損害の拡大を分け、「保険事故発生の防止義務ではなくて、保険事故が発生した後、それによる損害の発生または拡大を防止すべき義務」と表現する。

25)　小町谷・総論(2)560頁、大森・保険法171頁。

26)　加藤由作『海上損害論』331頁（厳松堂・1935）、木村栄一「損害防止義務に関する商法第660条の規定について」吉永栄助編『田中誠二先生古稀記念―現代商法学の諸問題』213頁（千倉書房・1967）。

議論を中心に展開した。

すなわち、保険事故による損害は、時系列順に、保険事故の発生・損害の発生・損害の拡大という順をたどるところ、保険事故発生に対する被保険者の防止義務は保険者の免責事由（改正前商法641条）（前述1参照）で対応するものとして、あくまでも改正前商法660条の「損害ノ防止」行為の対象は、事故発生以後における損害の発生または拡大であり[27]、かつ、全部または一部の阻止と軽減行為を意味するとの見解が多い[28]。約款上、軽減義務をも含めるのが通例であることが指摘される。

また、どの程度の防止行為を行うべきかについては、目的物の所有者をはじめとする関係者が無保険の場合でも払うであろう注意と同程度の防止行為をとれば足り、それ以上の特段の努力は不要とされる[29]。その理由は、保険が経済生活の不安の除去であるのに、保険契約締結のためにかえって義務が加重されることへの疑問や、「保険に加入しているために通常つくすべき注意ないしは努力を怠ることがあってはならないという、契約当事者としての一般的信義則を特に宣言したものにすぎない」[30]ことなどがあげられる。これにより、被保険者が、慎重な所有者であれば無保険の場合においても行うであろう程度と同等の防止行為をしたにもかかわらず、なお損害が生じた場合には、保険者はこれをてん補すべきことになる[31]。また、被保険者が「無保険の場合よりも損害が拡大されはしなかったという程度の努力」をした場合は、その結果として防止に成功したか否かは問われないと考える[32]。

判例では、戦争保険において家財道具を目的物として付保した事案において、戦局が極度に悪化し、交通運輸機関の機能が著しく阻害され、家財の疎開なども容易にできない状態にあったことは公知の事実として、かかる状況下では、家財を疎開させなかったことは損害防止義務違反ではないとした裁判例がある[33]。

4 損害防止義務違反の効果

損害防止義務違反の効果については、改正前商法において明文はない。

上述のとおり、改正前商法660条が被保険者に保険契約から生じる真正な義務を

---

27) 小町谷・総論(2)562頁。
28) 今井=岡田=梅津・前掲注(17)122頁。
29) 大森・保険法171頁、倉沢・通論81頁。
30) 倉澤・通論81頁。
31) 古瀬村・前掲注(16)57頁。
32) 西島・保険法208頁、基本法コンメンタール263頁、今井=岡田=梅津・前掲注(17)122頁、大森・保険法171頁。
33) 東京地判昭和31・9・11下民集7巻9号2462頁。

負わせるのであれば、これに違反した場合、保険者は債務不履行[34]（民法415条）、あるいは、不作為による不法行為[35]（民法709条）を根拠として、損害賠償請求権を取得して、その範囲で被保険者からの保険金請求権と相殺することとなる。

それに対して、被保険者が損害防止義務の履行を尽くすことが保険者に保険金支払請求をするための前提要件であると解する見解や、損害防止義務を尽くさなかった場合には保険者に全部免責を認める見解によれば、自己の過失による損害防止義務違反は不法行為をも構成するとして[36]、全額の保険金支払請求が認められなくなるとする見解もある[37]。

5 防止費用・その他

改正前商法660条1項但書は、防止費用（損害の発生または拡大の防止をするために「必要又ハ有益」なる費用）は保険者の負担とすること、同条2項は、一部保険の場合においても保険金額の保険価額に対する割合に従って保険者が防止費用を負担して、残額のみを被保険者の負担とする旨を、規定していた。これは、損害の発生または拡大防止への努力が、結果として保険者の利益に帰することを理由とする[38]。「必要又ハ有益」なる費用の範囲は、具体的な事情に応じて、一般的客観的に必要または有益であることを要する。

その他、具体的な争訟においては、被保険者が事故発生を予見しながらも、これを回避するための行為をとらなかった場合に、保険者の法定免責が主張されるとともに、回避行為をとらなかったことが損害防止義務違反も構成するとの主張がみられ[39]、改正前商法641条と同660条との関係性の明確化が待たれていたように見受けられる。

Ⅳ 立法過程

1 保険法制定前試案

保険法制定に先だった損保試案においても、上記議論を踏まえ、改正案の作成が試みられた。

---

34) 大森・保険法172頁、小町谷・総論(2)575頁等。被保険者の地位は、別途検討を要する。
35) 野津・法論258頁、田中・保険法190頁。
36) 前掲注(18)・注(19)参照。
37) 野津・法論258頁、戸出正夫「損害防止義務について」保険学454号105頁（1971）。
38) 大森・保険法172頁、基本法コンメンタール264頁。
39) 東京高判平成3・10・30判タ777号204頁、東京地判昭和31・9・11下民集7巻9号2462頁等。

損保試案660条1項「保険契約者または被保険者は、保険事故の発生にあたり、損害の防止または軽減に努めなければならない」、2項「前項に定める損害の防止または軽減に必要なまたは有益な費用は、その費用とその他てん補額との合計が保険金額を超えるときでも、保険者の負担とする。第636条の規定は、この場合に準用する」、3項「保険契約者または被保険者が故意または重大な過失によって第1項の義務を履行しなかったときは、保険者のてん補額は、損害額から義務の履行があったなら防止または軽減できたと認められる損害の額を控除した額を基礎として決定する」と規定していた。

1項においては、損害防止義務者について、従来の被保険者に加え保険契約者を含めて、拡大した。また、損害防止義務の開始時期について、「保険事故の発生にあたり」との文言により、事故発生以前に損害防止義務を負わないことを明らかにすると同時に、若干の幅をもたせる趣旨と説明される。さらに、損害防止義務の具体的内容については、上述の沿革を取り入れ、「防止および軽減」として「軽減」を付加した。

また、3項では、損害防止義務違反の効果を新設した。故意または重過失によって損害防止義務違反をした場合には、義務の履行があったならば防止・軽減できたと認められる額を損害額から控除した額が保険者のてん補額の基礎とされた。損保試案は、改正前商法における立法論的批判を取り入れたものであった。

2　法制審議会保険法部会の審議

保険法部会の初期段階では、損害防止義務が信義則を根拠とすることや、実務上は各保険契約にあわせ約款で展開して不当条項に該当しない限り契約義務として対応できることなどから、義務を法定することの合理性へ疑問も呈されていた。一方で、本義務の根拠は、信義則に限らず損害軽減義務として債務不履行ないし不法行為に求める見解も指摘され未だ議論があることなどから、完全削除には懸念も表明された。そして、第一読会以降、損保試案と同様に、改正前商法の議論をうけ、改正検討の項目として、①損害防止義務の開始時期の明確化、②損害防止義務者の拡大（被保険者と保険契約者）、③損害防止費用の負担を保険者にすることの維持（損害てん補額の合計額が保険金額を超えるときを含む）、④防止義務の具体的内容の明確

---

40)　損保試案理由書66頁。
41)　第3回議事録32頁。
42)　第3回議事録37頁。

§13 - V 1　　　　　　　211

化、⑤義務違反の効果の新設、⑥規定の性質の明確化があげられ[43]、これらをどこまで明文化するかが焦点となっていった。

　第一読会・中間試案までは、いずれの項目も新設・改正される方向で[44]、意見募集結果の概要も概ね賛成多数であった[45]。

　これに対して、⑤・⑥の規定方法については、要綱に至る前までに、意見がわかれた。まず、⑤義務違反の効果を新設すること自体について、肯定的見解[46]と保険契約者側に過度な負担を発生させることから否定的な見解もみられた。また、義務違反の効果内容については、保険者免責は厳しすぎるとした意見のほか、⑥で任意規定と整理された場合、約定により、保険者の費用負担を限定ないし免責することが可能となるところ、かかる約定のもとにおいて、損害防止を怠ったことを理由とする損害賠償請求の可否を（反射的な）課題として検討すべきとする意見がでた[47]。これらを経て、要綱段階で、ほぼ本条と同一の文言となり、⑤の法定は見送られるに至った。

V　条文解説

1　趣旨・意義

　本条は、被保険者および保険契約者は、保険事故が発生したことを知ったときは、これによる損害の発生および拡大の防止に努めなければならないとして、損害防止義務および損害拡大防止義務を定める。改正前商法660条1項本文を継受しており、①損害防止義務を課される主体の拡大、②義務発生の開始基準時の明文化、③義務内容の明確化が図られている。なお、損害防止費用（改正前商法660条1項但書および2項）は、保険者が負担する費用として、損害額算定費用とともに、23条にまとめて規定され、本条と分離された。

　本条の趣旨は、一般に、保険事故が発生した後であっても、損害の発生を防止したり、最小限に食い止めたりすることが可能な場合もあり、かかる措置を講じることは、保険の目的の帰属者である被保険者がとることが最も現実的であるため、保

---

43)　「保険法の現代化について—保険法研究会の取りまとめ」13頁（平成18年8月）、部会資料（4）6頁。

44)　別冊商事法務321号65頁。

45)　別冊商事法務321号161頁。

46)　補足説明36頁、損害防止義務違反は被保険者および保険契約者による保険者に対する債務不履行ないし不法行為を構成することから、肯定的な見解がみられる。

47)　補足説明35-36頁。これらの議論は、損害発生の通知義務違反と一緒に論じられた。

険契約上の信義則の要請から被保険者に課されたものであり、また損害の防止は公益にも合致する点にある[48]。また、損害防止に対する不作為は、損害発生に作用する原因力の１つであることから、故意・重過失免責と同様の趣旨（17条参照）[49]と考える見解がある[50]。後者については、この趣旨から、損害防止義務違反には、義務者の故意または重過失が必要であるという帰結につながる。

2 損害防止義務

(1) 損害防止義務者

本条により、損害防止義務を課せられる義務者は、被保険者および保険契約者である。改正前商法においては被保険者のみであったのに対して、保険法は義務者の範囲を拡大して、被保険者に加え、保険契約者も新たに追加した。その理由は、保険契約者も被保険者と密接な関係にあるのが通常であることから、保険契約者も損害防止に努めるのが相当であることや[51]、損害防止の程度は可能な範囲で努めれば足りるとすることから、保険契約者に課しても過度の負担になることはないこと[52]等があげられる。具体例として、保険契約者が倉庫業者や運送業者であり被保険者は荷主であるような保険契約の場合、保険契約者も損害防止に努めるべきことが合理的と評されてきたことから[53]、これに対応した。改正前の学説実務を踏襲し、立法的に解決したといえる。

なお、被保険者および保険契約者がおかれた状況は異なることから、それぞれの立場に応じて義務内容・その程度・義務違反の効果は、異なりうる[54]。

(2) 損害防止義務の開始基準時

損害防止義務者はいつから損害防止義務を負うか。本条は、その開始基準時を明確にするため、被保険者および保険契約者が「保険事故が発生したことを知ったとき」[55]と明文化した。

---

48) 第３回議事録31頁。なお、さらに被保険者と密接な関係にある保険契約者も追加された（後述 2(1)参照）。

49) 第３回議事録38頁幹事発言においても、同様の指摘が、「いったん事故が起こって、通常そこから起こり得る損害というものが発生した後の損害については、防止をしなければ故意に損害を拡大しているというふうにも見ることができる」となされている。

50) 潘・概説93頁。

51) 萩本・一問一答118頁。同箇所では、従来の学説と同様に、倉庫業者が保管している寄託者の貨物に付された火災保険の例をあげている。補足説明36頁。

52) 補足説明36頁。

53) 山下・保険法413頁、福田＝古笛・逐条解説45頁参照。

54) 沖野眞已「Ⅳ総論 (3)保険関係者の破産、保険金給付の履行」商事法務1808号31頁（2007）。

55) 萩本・一問一答118頁。

$\S 13 - V$ 2   213

　従来、保険契約締結以後から保険事故発生前においても、被保険者に保険事故の
発生自体の防止義務があるかについて議論があったところ、本条は、これを適用外
とすることを明確にした。このことは、ひいては防止の対象の明確化にもつながる
（後記(3)参照）。このような状態になっても、保険事故の発生を防止する義務を果た
さないことは、故意または重過失によって生じた損害となることから、17条1項の
適用により保険者免責の対応が可能であり不都合が生じないことも指摘される[57]。

　なお、立法過程において中間試案までは、開始基準時を客観的な「保険事故が発
生した場合」としていたのに対して、本条は、被保険者らの主観的要素を取り込み、
事故発生後であっても、被保険者らが事故発生を知らない場合は義務がないことと
整理している[58]。事故発生を知らなければ、その防止行為がとれるはずがないことを
理由とする。

(3)　損害防止義務の内容とその注意の程度

　損害防止義務を果たしたといえるためには、どのような行為態様・方法をとるべ
きか。まず、防止行為について、文言上、改正前商法が「損害ノ防止」としか規定
していなかったのに対し、保険法は、「損害の発生及び拡大の防止」と明確化した。
義務の開始基準時が保険事故発生の前か後かの議論と相俟って、防止の対象が、①
保険事故の発生、②保険事故の拡大、③保険事故による損害の発生、④損害の拡大、
と見解は分かれていたが、上述のとおり、本条は、保険事故は発生したという段階
であることを前提にしたため、行為内容も、③損害の発生の防止および④損害の拡
大の防止のみに限定することが明らかにされた。

　ただ、具体的な行為内容については、防止義務者たる被保険者らが消費者である
ことから、消費者が損害防止義務を課せられている認識をもてるほどの具体性はな
いという指摘もあったところであり[59]、各状況にあわせて判断するほかないとされる[60]。

　また、義務の注意程度についても、特段の規定はなく、従来と同様に、解釈に委
ねられ、具体的な状況に照らして判断される[61]。無保険であった場合に自己のために
する程度の努力と解する見解が多いが、義務の源泉が信義則や公益保護に求められ、
たとえ本条の明文がなくても、保険契約上の付随義務ないし不法行為として義務の
存在が導けるにもかかわらず、あえて本条を法定して格上げしていることを理由に、

---

56)　部会資料(10) 2頁。
57)　潘・概説94頁。
58)　部会資料(23) 8頁参照。
59)　第3回議事録39頁。
60)　大串=日生・解説保険法213頁［千葉恵介］。
61)　潘・概説95頁。
62)　福田=古笛・逐条解説45頁、大串=日生・解説保険法213頁［千葉恵介］。

214   §13-V 3

消費者であっても保険金を受け取る地位を理解でき、普通の事故よりも強化された
義務として損害拡大防止に努めるべきとする意見もある。[63] もちろん、損害防止にあ
たって被保険者らに不可能を強いるものではなく、客観的にみて可能な範囲で「防
止に努める」ことができればよいというように理解され、[64] 努力が功を奏さなかった
としても本条違反とはならない。[65]

3　義務違反の効果

(1)　被保険者の損害防止義務違反における効果

　被保険者の損害防止義務違反の効果は、改正前商法と同様、保険法においても明
文がないため、解釈に委ねられる。義務違反であることによって、損害が発生した
場合や損害が拡大した場合、主として保険金額にどのように反映されるのかが重要
となる。

　「努めなければならない」とする文言からは、努力義務（注意義務・訓示規定）に
とどまるかのようにもみえるが、[66] その趣旨からは「債務不履行または不法行為に基
づき保険者に生じた損害について賠償責任を負うと解するのが一般的」である。[67] す
なわち、改正前商法の通説（真正義務説）によれば、損害防止義務は被保険者の真
正の義務であり、これに違反した場合、債務不履行責任ないし不法行為責任を負う
ことになり、義務違反により発生しまたは拡大した損害の額について賠償責任が発
生するため、保険者は保険金（保険給付）から当該賠償額を相殺して控除できるも
のとみられる。[68] 一方で、「保険契約関係を基礎にして求められる義務である」とい
うことは認めつつ、「保険者から履行を請求されるというよりは、保険者によりて
ん補される損害額の調整機能を果たすものである」とする見解もある。[69]

(2)　保険契約者の損害防止義務違反における効果

　では、保険契約者が損害防止義務違反をした場合の効果は、被保険者が損害防止
義務違反をした場合と同一の効果であるか。特に、保険契約者に損害防止義務を新

---

63)　第3回議事録39頁参照。

64)　萩本・一問一答118頁。訓示規定と位置づける見解もあるが（第3回議事録39頁参照）、そ
　　の場合も防止義務を尽くしたか否かは客観的に判断するということの結論には差異はないで
　　あろう。

65)　福田=古笛・逐条解説45頁、大串=日生・解説保険法213頁［千葉恵介］。

66)　第3回議事録39頁。

67)　補足説明36頁、上松・ポイント解説54頁。

68)　大串=日生・解説保険法213-214頁［千葉恵介］。

69)　福田=古笛・逐条解説45頁（結論は不明確なものの、「損害防止義務を尽くせば防止、軽減
　　できた損害を控除して支払うと約款で規定していることが通例」と指摘する）。

§13-V 4・VI   *215*

たに明文で課す場合として念頭においていたのは、倉庫業者や運送業者等のように、被保険者と保険契約者に特定の関係性がある場合である。第三者のためにする損害保険契約の場合、どのような場合でも、損害てん補額の減少という効果をもたらすのであろうか。

　被保険者に酷であるが、明文上損害防止義務者に保険契約者が含まれた以上、被保険者が不利益を受けてもやむを得ないとする見解がある。その不利益分については、被保険者と保険契約者との内部関係における事後処理であり、保険契約者に対する損害賠償請求（民法644条・697条・698条参照）により調整するとされる。第三者のためにする損害保険契約の保険契約者と被保険者の関係を検討する必要があろう（§8解説V 3(1)参照）。

4　規定の性質

　本条は、任意規定とされたことから（26条参照）、本条と異なる約定・約款も許される。本防止義務が、信義則や公益保護の必要性から出て来るという性質よりも、保険契約から生じる付随義務であり契約法の一環という点を重視されたものと評価できよう。特に、保険法制定前においては、約定・約款で、保険者が負担する損害防止費用を免除あるいは限定する内容が多く、改正前商法660条を強行規定と解する見解からは、約定・約款の全部または部分的無効もあり得たが、保険法ではこれらを有効と解することとなる（§23解説V参照）。

VI　外国法

　他国の法令においても、損害防止義務を課す条文は、ドイツ保険契約法62条、フランス保険法典L. 172-11条2項2号、イタリア民法典1914条、スイス保険契約法61条にみられ、損害発生を可能な限り防止する規定が法定されていることは共通する。しかし、義務者の範囲・義務内容・義務違反の効果は、各国で異なる。

　たとえば、義務者について、ドイツ法は保険契約者とするが、その他各国は被保険者ないし保険金請求権者としている。また、本条との比較において、もっとも特

---

70)　潘・概説96頁。
71)　古瀬村邦夫「損害防止義務―その立法論上の問題点」『損害保険論集―損害保険事業研究所創立四十周年記念』205頁（損害保険事業研究所・1974）参照。
72)　山下・保険法413頁、福田＝古笛・逐条解説46頁、大串＝日生・解説保険法215頁〔千葉恵介〕。
73)　梅津・前掲注(19)174頁。

徴的な点は、義務内容につきドイツ・スイス法では防止措置を実施するにあたり義務者が保険者の指示を求めそれに従うことを想定していることである。また、具体的な防止行為について、その注意程度についてフランス法で合理的な注意をはらうべきというものが観念されるのは本条と重なる部分である。一方で、義務違反の効果の面からは、義務者の主観によってその効果が異なり、義務違反が義務者の故意または重過失によるものか否かが明文で規定される国が存在する（ドイツ・イタリア法）。すなわち、ドイツ法では故意または重過失による義務違反においては保険者の完全な免責が認められ、イタリア法においても故意による義務違反は損害てん補請求権の消滅（過失の場合には減額）として主観要件が効果に反映される。この点は、本条と17条が同一の趣旨として、17条と同様に義務者の故意または重過失による義務違反を主張する見解の基礎となるであろうし、軽過失の取扱いの参考になるものと考える。

Ⅶ　今後の展望

　本条は、改正前商法の解釈と約款等の実務を踏襲したと考えられ、さらに任意規定であることから、実務への影響は少ないと評価されている。[74]一方で、義務内容の明確化は具体的事例の積み重ねが待たれる。特に、立法趣旨から本条が17条と共通して、被保険者および保険契約者の損害発生への加担という点から、明文がなくとも義務者の故意または重過失によるとした場合、またかかる主観的要件を不要としたとしても、義務者がどの程度の防止行為をとれば義務を果たしたといえるのかは、被保険者および保険契約者の契約に入るときの合理的期待とともに明らかにすることが必要となろう。

〔金尾　悠香〕

---

74)　大串＝日生・解説保険法215頁〔千葉恵介〕。

（損害発生の通知）

第14条 保険契約者又は被保険者は、保険事故による損害が生じたことを知ったときは、遅滞なく、保険者に対し、その旨の通知を発しなければならない。

改正前商法第658条 保険者ノ負担シタル危険ノ発生ニ因リテ損害カ生シタル場合ニ於テ保険契約者又ハ被保険者カ其損害ノ生シタルコトヲ知リタルトキハ遅滞ナク保険者ニ対シテ其通知ヲ発スルコトヲ要ス

【条文変遷】 ロエスレル草案713条、明治23年商法651条、明治32年商法412条、改正前商法658条
【参照条文】 保険法50条・79条
【外国法令】 ドイツ保険契約法33条・34条、フランス保険法典L. 113-2条、イタリア民法典1913条・1915条、スイス保険契約法38条-40条、ヨーロッパ保険契約法原則第6-101条・第6-102条

I 概　　要

　損害保険契約において、保険契約者または被保険者は保険事故による損害が生じたことを知ったとき、保険者に対し、その旨を遅滞なく通知する義務を課せられている。本条（14条）は、改正前商法658条の規定を維持している。なお、この規定は任意規定である。

II 沿　　革

　ロエスレル草案713条は、「被保険者ハ危険ノ生スルニ方リ可成的之ヲ防止減却スルコトニ尽力シ其既ニ生シタル後ハ速ニ其旨及紛失若クハ損害ノ有無其大小ヲ保険者又ハ其代人ニ通知スルノ義務アリ以テ此義務ヲ犯スカ為メニ生シタル損害ノ責ニ任ス可キモノトス」とし、総則において損害防止義務と損害発生の通知義務を1つの条文で規定していた。保険契約者は、通知義務の主体とはされていない。通知義務を被保険者に課す趣旨についてロエスレルは、発生した損害の詳しい調査を保険者にさせることを目的とすると説明していた[1]。そして、通知を遅滞したことにより保険者に損害を与えたときは、被保険者が責任を負うとする。違反の効果については、約款に明文があっても通知がなかったからといって保険金請求権を全く失うわ

1）　ロエスレル・135頁。

けではないと説明していた。また、「速ニ」とは、物品の性質と事情とに基づき遅滞がないことをいい、通常の場合、被害の翌日簡単な報告をなし、その後3日間に明細書を提出することで足りるとする[2]。

明治23年商法651条では、「被保険者ハ危険ノ生スルニ当リ成ル可ク其防止ニ尽力シ又其既ニ生シタル後ハ保険者又ハ其代人ニ遅延ナク其危険及ヒ喪失若クハ損害並ニ其大小ヲ通知スル義務ヲ負ヒ其義務ノ背反ニ因リテ生シタル損害ニ付キ保険者又ハ其代人ニ対シテ責任ヲ負フ」と規定している。この規定は、ロエスレル草案713条を継受したものである。「速ニ」から「遅延ナク」に文言が変更されているが、それが瞬間をいうのかいくらかの時間をいうのかは場合により裁判官が決すべきであるとしつつ、ロエスレルの前述の説明を引き合いに出しているところから、表現は変わっても同じ意味で用いているものと考えられる[3]。

そして、明治32年商法412条は、「保険者ノ負担シタル危険ノ発生ニ因リテ損害カ生シタル場合ニ於テ保険契約者又ハ被保険者カ其損害ノ生シタルコトヲ知リタルトキハ遅滞ナク保険者ニ対シテ其通知ヲ発スルコトヲ要ス」と規定し、改正前商法658条と同一文言の規定に至った（商法修正案理由書では411条）。明治32年商法では、通知義務は、損害保険と生命保険に各々規定された。変更点としてまず、被保険者だけでなく保険契約者にも通知義務を課した。また、被保険者または保険契約者が通知義務を負うのは損害が発生したことを知った場合に限定した。そして、通知の相手方として保険者の権限のある代人が通知を受けることができるのは当然であるから代人の文言を削除するとともに、義務違反の場合に保険者に対して損害賠償責任を負うのは当然であるためその旨の規定を削除した。その他は字句の修正にすぎない旨が解説されている[4]。

なお、明治23年商法まで同じ条文に規定されていた損害防止義務は、明治32年商法414条に規定された。

Ⅲ　改正前商法

1　趣旨・法的性質

保険者は、事故の発生を全く知らないか、知ったとしても事故発生後かなりの時日がたった後であることが多い。これに対し、保険契約者または被保険者は、事故発生の状況を最も早く正確に知りうる地位にある。そこで、改正前商法658条は、

2）　ロエスレル・135-136頁。
3）　長谷川喬『商法［明治23年］正義第5巻』88頁（1890、信山社・1995〔復刻版〕）。
4）　商法修正案理由書345頁。

§14 -Ⅲ2   *219*

　これらの者に通知義務を課すことにより、保険者に事故原因の調査、損害の種類・範囲の確定のほか、事故現場の保存、損害の拡大防止ないし加害者に対する請求権の保全に必要な措置をとる機会を与える趣旨である[5]。

　保険経営上は、既発生未報告損害が増加すると、期間損益計算および保険料率検証の正確性が損なわれるという理由もあげられる[6]。

　通知義務の法的性質については、法律上の真正義務であるとする真正義務説が通説である[7]。これに対し、契約締結時における告知義務と同じく履行の強制に親しまないので、たんに保険金請求権行使のための前提であるとする前提要件説がある[8]。前提要件説は、契約当事者ではない被保険者にも通知義務が課せられていることも理由としてあげる[9]。

2　要件

(1)　義務者

　通知義務の主体は、保険契約者および被保険者である。いずれか一方が保険者に通知すれば足りる[10]。

　通知は保険契約者または被保険者本人が自ら行う必要はなく、代理人または単なる履行補助者が行ってもよい。また、通知義務者が無能力者であっても法定代理人によって行う必要はない。その理由としては、単なる事実の通知にすぎず、保険者がその事実を了知すれば足りるからであるとする[11]。

(2)　通知の相手方

　通知の相手方は、保険者または保険者のために通知の受領権限を有する者である[12]。実務的には保険会社の営業担当部門ないし損害調査部門が受領しているといわれる[13]。また、代理店についても通知の相手方と解されるが、通知受領権限のある代理店は当該契約を取り扱った代理店にかぎられるべきであるとする[14]。

---

5)　大森・保険法168頁、石田・商法Ⅳ 167頁、基本法コンメンタール262頁［西島梅治］。
6)　山下・保険法416頁(注115)。
7)　大森・保険法168頁、石田満「保険契約法における損害発生の通知義務」『創立35周年記念損害保険論集』282頁（損害保険事業研究所・1969）。
8)　野津・法論294-298頁。
9)　田辺康平『新版保険法』128頁（ミネルヴァ書房・1976）。
10)　大森・保険法168頁、石田・商法Ⅳ 168頁、西島・保険法112頁。
11)　青谷・法論Ⅱ 428頁、伊沢・保険法270頁、露木修「火災保険事故発生の通知義務」田辺康平=石田満編『新損害保険双書1　火災保険〔補正版〕』337頁（文眞堂・1990）。
12)　大森・保険法168頁、西島・保険法112頁。
13)　露木・前掲注(11)338頁。
14)　露木・前掲注(11)338頁。

(3) 通知義務の発生

保険契約者または被保険者が、保険事故の発生によって損害が発生したことを知ったときに通知義務が発生する。たとえば自動車保険普通保険約款においては事故発生の通知を義務付けているところ、通説は、これらは別個の義務であると解している[15]。しかしながら、通常は保険事故と損害は同時点で発生するものとみてさしつかえないという見解がある[16]。また、損害発生が不明確でも契約で定められた保険事故が発生した段階でこれを通知する義務と解すべきであるとか、立法論としては「事故発生」の通知義務とすべきといった見解もある[18]。

他人のためにする保険契約において被保険者が保険契約の存在を知らなかった場合でも事故の発生を知っているときは通知義務が発生するものと解される。もっとも、保険契約の存在を知らなかったことにつき過失が認められないときは、義務違反の責任を負わないと解する余地がある[19]。

事実を知った場合にのみ通知の義務があり、これを知らない場合には、それが保険契約者または被保険者の過失に基づくと否とを問わず、義務を生じない[20]。

損害保険契約において保険契約者または被保険者が法人であるときは、当該保険の目的を管理する地位にある従業員が事故の発生を知っただけでは足りず、その部門の統括責任を負う者、たとえば支店長や工場長に知らせたときに、通知義務が発生すると解すべきである[21]。

保険者が損害の発生を何らかの方法で知った後は、もはや保険契約者または被保険者の通知義務はない。しかし、保険者が知らないかぎり、その不知が過失に基づくと否とを問わず、通知義務は消滅しない[22]。その立証責任は保険契約者側が負うことになる[23]。

(4) 通知の時期・方法

通知の時期は、「遅滞なく」となっているが、「遅滞なく」の意味は直ちにまたは即刻とは異なり、相当の注意を用いて、できるかぎり早くということである[24]。自動

---

15) 梅津和宏「通知義務」吉田秀文=塩崎勤編『裁判実務大系第8巻 民事交通・労働災害訴訟』301頁（青林書院・1985）。

16) 石田・商法IV 168-169頁。

17) 西島・保険法112頁。

18) 田辺・前掲注(9)127頁。

19) 竹濱修「保険事故発生の通知・説明義務の再検討(1)」立命館法学217号315頁（1991）。

20) 大森・保険法168頁、石田・商法IV 168頁。

21) 竹濱・前掲注(19)315頁。

22) 大森・保険法168頁、石田・商法IV 168頁。

23) 石田・商法IV 168頁。

24) 露木・前掲注(11)340頁、伊沢・保険法273頁。

車保険普通保険約款一般条項14条2号では「事故発生の日時、場所および事故の概要を直ちに当会社に連絡すること」、同条3号で「次の事項を遅滞なく、書面で当会社に通知すること（以下略）」となっており、ここでいう「直ちに」とは、一切の遅滞が許されないほど、一般的に時間的即時性が極めて強いものとされる[25]。

通知は発すれば足りる。到達するのが普通であるが、何かの事情で到達しなくても、その危険は保険者が負う[26]。

商法では格別の規定がないから通知は書面でも口頭でもよいが、約款では正確さを重んじて書面によることを要求していることが多かった（自動車約款一般条項14条3号など）。しかし、書面を待つのでは迅速な調査・確認ができないおそれがあるので、自動車事故などについては、電話による事故速報が信義則上要求される場合もありうる[27]。

(5) 通知に要する費用

一般原則に従い、義務の履行に要するものとして通知義務者が負担すべきものと解される[28]。

3 違反の効果

通知義務違反の効果について商法には規定がない。通説である真正義務説によれば、当然に保険者の免責を生じさせるものではなく、債務不履行の一般原則にしたがって違反者に損害賠償責任が生じるとする。この場合、通知義務違反により保険者が損害を被ったことを証明しなければならないと解されている。保険者が損害を証明したときは、支払うべき保険金からこの損害額を控除することができる[29]。

前提条件説も保険者の当然の免責を生じさせると解しているわけではなく、保険者は通知があるまで給付義務を履行しなくても債務者遅滞の効果を生じないと解するであるとか、義務が履行されなかったために生じ、または拡大されたであろう額について保険者はてん補責任を免れるとする[31]。

---

25) 梅津・前掲注(15)301頁。保険者に不利益が生じないように早期に通知すべきことを要求しているという意味で、同様の内容を意味していると解するものに、竹濱・前掲注(19)320頁。

26) 基本法コンメンタール262頁［西島梅治］。

27) 基本法コンメンタール262頁［西島梅治］。たとえば、対人賠償の自動車保険では通知義務履行期間を60日としている。

28) 露木・前掲注(11)341頁、伊沢・保険法274頁。

29) 大森・保険法169頁、石田・商法Ⅳ 170頁、西島・保険法112-113頁。

30) 野津・法論295頁。

31) 田辺・前掲注(9)128頁。

実務では、約款において、通知事項・方法・期間・場所について詳細に決めたうえ、正当な理由なしに通知義務に違反すると、その違反が保険者に損害をもたらしたかどうかを問わず保険者の免責を生ずると規定しているものが多かった。自動車保険普通保険約款において対人事故の場合、事故発生の日から60日以内に通知しなければ保険者が免責されるとするいわゆる60日条項が規定されているところ、対人事故から1年8か月後に事故通知した事件につき最高裁は、「保険契約者又は被保険者が保険金を詐称し又は保険者の事故発生の事情の調査、損害てん補責任の有無の調査若しくはてん補額の確定を妨げる目的等保険契約における信義誠実の原則上許されない目的のもとに事故通知をしなかった場合においては保険者は損害のてん補責任を免れうるものというべきであるが、そうでない場合においては、保険者が前記の期間内に事故通知を受けなかったことにより損害のてん補責任を免れるのは、事故通知を受けなかったことにより損害を被ったときにおいて、これにより取得する損害賠償請求権の限度においてである」と判示した（最判昭和62・2・20民集41巻1号159頁）。

4　立法論的批判

2(3)で述べたように「損害発生」の通知義務ではなく、外国法を参考に「事故発生」の通知義務とすべきであるという見解があった。[32]

また、改正前商法には、通知義務違反の効果が規定されていなかったが、約款上は正当な理由がある場合等を除いて、通知義務違反の効果として、保険者の損害てん補義務の全部免責を規定しているのが通例であった。この約款上の規定については、3で述べたように文言どおり全部免責が認められるのは、信義則上許されない目的で通知義務に違反した場合に限られ、そのような場合以外には、保険者は通知義務違反により被った損害についての損害賠償請求権を取得し、これを支払うべき保険金の額から控除できるにとどまると解釈されるというのが判例の立場であった。しかしながら、通知義務に関する規定の実効性をほとんどなくしてしまうような解釈をすることは問題であり、他方、約款規定が一律に保険者の全部免責としていることにも保険契約者の利益保護の観点からは問題であり、約款のあり方や立法論において工夫が必要であるという主張があった。[33]

そして、約款上、規定されている説明義務および証拠提出義務を法定すべきであるという主張があった。[34]

---

32)　田辺・前掲注(9)127頁。
33)　山下・保険法132-133頁。
34)　石田・商法Ⅳ 172頁。

Ⅳ　立法過程

1　保険法制定前試案

　損保試案658条では、「保険契約者または被保険者が保険事故の発生を知ったときは、保険者に遅滞なくその通知をしなければならない。通知は書面によるべき旨を約定することを妨げない」と規定していた。前段は、改正前商法658条と同じ規定であるが、後段では、通知は書面による旨約定することを妨げないということを新たに規定している。発生の通知は、すべて書面によりなすべきこととすることも考えられないではないが、口頭による通知でも保険者の目的は達せられると考えられるし、また、各国の保険契約法でも、保険事故発生の通知義務について書面によることを要するものとはしていないものが多いので、書面による通知を義務付けないこととしたものである。ただし、保険種類によっては、書面による通知を求めることの必要性が高いものもありうるので、通知は書面でなすことは妨げられないことを後段で明らかにした。なお、損保試案658条は、保険契約者側の不利益に変更することを許さない半面的強行規定とされた（損保試案663条の3第2項）。

　また、損保試案658条とは別に、同条の義務違反の効果を658条の3に新設した。同条1項が、「保険契約者または被保険者が前2条に規定する義務を履行しなかったときは、保険者のてん補額は、損害額からその義務の履行があったならば軽減することができたと認められる損害の額を控除した額を基礎として決定する」、同条2項は「前項の規定にかかわらず、保険契約者または被保険者が、保険者の保険事故発生の事情の調査または損害てん補責任の有無もしくはてん補額の確定を妨げる意図をもって、前2条に規定する義務を履行しなかったときは、保険者は、損害をてん補する責任を免れる」と規定していた。改正前商法658条では、義務違反の効果については規定されていないが、保険約款では義務違反の場合に保険者はてん補の責を免れるとするのが通例であり、保険契約者または被保険者に非常に酷なものとなっている。そこで、損保試案658条の3第1項で減額主義を原則とし、2項で定めた場合にのみ例外として保険者がてん補責任を免れるとした。義務違反の効果については、当然のこととして明治32年商法で削除されたが、より詳しい内容になって復活しているということもできると思われる。

　また、保険事故が発生した場合、保険約款では、通知義務とは別に、保険契約者

---

35)　損保試案理由書61-62頁。
36)　損保試案理由書64頁。

または被保険者に対し、事故発生事情の調査またはてん補責任の有無もしくはてん補額の確定に必要または有益と認められる事情について説明を行い、かつ、その証拠を提出する義務を負わせているのが通例であるとして、損保試案658条の2で説明義務について新設すると同時に、説明義務履行の費用負担についても規定した（半面的強行規定）（損保試案663条の3第2項）。したがって、損保試案658条の3は、通知義務と説明義務の両方に関する義務違反の効果について規定するという体裁をとっており、やはり半面的強行規定（損保試案663条の3第2項）である。

2 法制審議会保険法部会の審議

保険法部会では、改正前商法の規定を基本的に維持する方向で検討がなされた。

(1) 第1読会から中間試案まで

保険法部会開始当初にあげられた改正点は1点で、現代の通信手段の発達に鑑み、到達主義の原則によることとしている。なお、通知義務違反の法律上の効果については、特段の規定を設けないこととしているため、解釈論に委ねられる。そして、検討事項としては、2点あげている。まず、1点目は、実務上、保険契約者および被保険者に課されるいわゆる説明義務を法定すべきか否か、2点目として、規定の性質（任意規定か強行規定か）について、どのように考えるかである。[37]

改正点については、通知が保険者に到達しなければ迅速な損害の確認等のために通知を求めた趣旨が実現されないとして、通知が到達しなければならないことを前提とした規律に改めるべきとの意見もあり、[38]中間試案（担当者素案）[39]までは到達主義がとられていたが、現行商法の規律を改める必要まではないとの指摘もあったことから、中間試案（案）[40]では発信主義に変更されている。

検討事項の2点目、規定の性質には中間試案をとりまとめる段階で任意規定とするとされ、[41]中間試案では、「任意規定とすることでなお検討する」とされた。

最も議論されたのは説明義務である。説明義務を一般的な義務として課すことは、保険契約者側に過度の負担となる可能性があり、免責事由に関する証明責任を実質的に転換することにつながるのではないかといった指摘があり、法定化することに賛成できないといった意見が多かったが、個人情報保護法の施行により保険金支払に必要な書類の取付けや調査に被保険者側の協力を得ることがなかなか難しいケー

---

37) 部会資料(4)6頁。
38) 第3回議事録35頁。
39) 部会資料(14)9頁。
40) 部会資料(15)9頁。
41) 部会資料(10)1頁。

スが増えていることを理由に賛成する意見もあった[42]。

中間試案では、説明義務につき、怠った場合の効果を含めなお検討するとした。この義務については、保険契約者側の負担や説明等の対象となる事実の証明責任の所在との関係に留意しつつ、どの範囲で説明や協力を求めるのが相当か、これに違反した場合の効果をどのように考えるか、当事者間の信義則の問題としてとらえたり、約款において規律したりすることで十分ではないか等という観点から検討する必要があると考えられると説明されている[43]。

パブリックコメントでは、説明義務につき、保険契約者等の協力が得られなければ保険金の支払に必要な書類の取付けが困難な場合があるなどとして、規律を設けるべきとの意見があり、その効果については、一定の場合に保険者が遅滞の責任を負わないこととすべきとの意見等があった。他方で、一般的義務として法定するのは保険契約者側によって過度の負担となるとか、免責事由に関する証明責任が保険契約者側に転換されるおそれがあるなどとして、規律を設けることに反対の意見もあった[44]。

(2) **保険法の見直しに関する要綱**

要綱段階では、説明義務に関する規律を設けないこととなった。これに関しては、「保険金支払のために必要な保険契約者等の説明や協力の内容は事案に応じて様々であるため、これを法律上の義務として一義的かつ明確に定めることは困難であると考えられる。また、保険契約者等としては、迅速な保険金の支払を受けるために、保険者からの求めに応じて必要な協力を行うのが通常であることから、果たして保険契約者等の一般的な義務とするまでの必要性があるのかについては疑問の余地もある。そこで、保険契約者等の一般的な義務として法定するのではなく、保険契約者等が調査に不可欠な協力をしなかった場合等に限り、これにより調査が遅延した期間について保険者が遅滞の責任を負わないものとすることでよいと考えられるが、どうか」という提案がされ[45]、議論された結果である[46]。

---

42) 第3回議事録30-40頁。
43) 補足説明36頁。
44) 別冊商事法務321号161頁。
45) 部会資料(20)10頁。
46) 第19回議事録57-59頁。

V 条文解説

1 趣旨・法的性質

本条は、損害保険契約において、保険契約者または被保険者が保険事故による損害が生じたことを知ったとき、保険者に対し、その旨を遅滞なく通知する義務を課すことを定めている。改正前商法658条に該当する。

改正前商法におけると同様、事故発生の状況を最も早く正確に知りうる地位にある保険契約者または被保険者に通知義務を課すことにより、保険者に事故原因の調査、損害の種類・範囲の確定のほか、事故現場の保存、損害の拡大防止ないし加害者に対する請求権の保全に必要な措置をとる機会を与える趣旨である[47]。通知義務の法的性質は現在の通説である法律上の真正義務であると考えられる[48]。

2 要件

(1) 義務者

通知義務の主体は、保険契約者（2条3号）または被保険者（2条4号イ）である。いずれか一方が保険者に通知すれば足りる。

本条の「被保険者」は、傷害疾病損害保険契約（2条7号）にあっては35条で「被保険者（被保険者の死亡によって生ずる損害をてん補する傷害疾病損害保険契約にあっては、その相続人）」と読み替えるように定められている[49]。義務者については改正前商法658条で述べたところが同様にあてはまると解される。

(2) 通知の相手方

通知の相手方は、保険者（2条2号）または保険者のために通知の受領権限を有する者である。損害保険契約の締結の代理権を有する損害保険代理店は、通常、通知の受領権限を有する[50]。

(3) 通知義務の発生

保険契約者または被保険者が、保険事故の発生によって損害が発生したことを知ったときに通知義務が発生する。保険事故とは、損害保険契約によりてん補することとされる損害を生ずることのある偶然の事故として当該損害保険契約で定めるも

---

47)　潘・概説98頁。
48)　大串＝日生・解説保険法70頁［濱須伸太郎］。
49)　解釈上、保険金受取人も通知義務者とすべきとするものに、保険法コンメンタール48頁［岡田豊基］。
50)　潘・概説98頁。

のをいうとされている（5条1項括弧書）。改正前商法と同様、どのような損害が発生してくるかは、時間の経過とともに判明することもあるので、損害発生が不明確な場合でも、保険契約で定められた保険事故が発生したときは、これを通知すべきだとする見解もあるが[51]、一方、50条、79条とのバランスを考えるとあくまでも保険事故による損害の発生と考えるべきであるとする見解もある[52]。損保試案では、「保険事故の発生を知ったとき」となっていたが、保険法部会では、「保険事故の発生」なのか「保険事故による損害の発生」とするのかについては、特に議論はなされなかった。

事実を知った場合にのみ通知の義務があり、これを知らない場合には、それが保険契約者または被保険者の過失に基づくと否とを問わず、義務を生じない[53]。

保険者が損害の発生を何らかの方法で知った後は、もはや保険契約者または被保険者の通知義務はない。しかし、保険者が知らないかぎり、その不知が過失に基づくと否とを問わず、通知義務は消滅しない[54]。その立証責任は保険契約者側が負うことになる[55]。

(4) 通知の時期・方法

通知の時期は、「遅滞なく」となっているが、「遅滞なく」の意味は直ちにまたは即刻とは異なり、相当の注意を用いて、できるかぎり早くということであり、正当または合理的な理由による遅滞が許されると解される[56]。

通知は発すれば足りる。保険法部会では、当初、到達とすべきことが検討されたが、規律を改める必要まではないとの指摘があり、中間試案の段階では改正前商法同様、発信主義となった。しかしながら、火災保険約款では、通知は保険者に到達しなければ効力を生じないと解されている。約款上、通知不到達のリスクは通知義務者が負担することになるが、本条は後述のとおり任意規定なので（26条参照）、このような約款規定は有効である[57]。

通知の方法につき保険法には格別の規定はない。したがって、通知は書面でも口頭でもよいが、損害保険約款では事故内容を正確に把握する必要があることから書面による通知を求めるのが通例である。

51）　潘・概説99頁。
52）　保険法コンメンタール49頁［岡田豊基］。
53）　潘・概説93頁。
54）　大森・保険法168頁、石田・商法Ⅳ　168頁。
55）　石田・商法Ⅳ　168頁。
56）　潘・概説98-99頁。
57）　岡田・現代保険法188頁。

228　　　　　　　　　　§14-V 3～5

(5) **通知に要する費用**

　一般原則に従い、義務の履行に要するものとして通知義務者が負担すべきものと解される。

3　違反の効果

　通知義務違反の効果については、改正前商法と同様、保険法には規定がない。改正前商法では、真正義務説により、債務不履行により通知義務者に損害賠償責任が発生するものと解されていたところ、本条に規定される通知義務に通知義務者が違反したことにより保険者が損害を被った場合も、債務不履行あるいは不法行為による賠償責任が発生するものと考えられる[58]。

　多くの損害保険契約の約款では、正当な理由なく事故発生に関する通知義務違反があった場合、損害保険会社は保険金を支払わない旨が定められていたが、前掲最判昭和62年2月20日により現在60日条項は削除されている。保険法の趣旨である契約者保護の観点より、保険法対応約款においては、事故通知義務違反の効果が全部免責から控除払いに変更されている（自動車保険標準約款6章21条)[59]。

4　規定の性質

　損保試案では、半面的強行規定（663条の3第2項）とされており、保険法部会では当初、検討事項として、規定の性質について任意規定か強行規定かどのように考えるかということがあげられたが、本条は任意規定である（26条参照)。したがって、本条に基づく通知義務を一般に免除するような特約も有効である[60]。損害の発生後直ちに保険者に対して通知しなければならない旨の約定も基本的に許容されると考えられる[61]。また上述のように到達主義とすることも可能である[62]。

　もっとも、任意規定であるとしても、保険契約者等に実現不可能な義務を課すような約定は、公序良俗違反として無効とされる可能性があることに留意が必要である[63]。

5　保険契約者等の説明義務・協力義務

　改正前商法には規定がなかったが、約款上規定されていた説明義務は、損保試案

---

58)　大串=日生・解説保険法70頁［濱須伸太郎]。
59)　東京海上日動火災保険株式会社編著『損害保険の法務と実務』329頁（金融財政事情研究会・2010)、堀川泰彦「標準約款の改定」保険学610号178-181頁（2010)。
60)　大串=日生・解説保険法72頁［濱須伸太郎]。
61)　補足説明36頁。
62)　上松・ポイント解説56頁、福田=古笛・逐条解説49頁。
63)　大串=日生・解説保険法72頁［濱須伸太郎]。

では658条の2に新設された。また、保険法部会でも検討事項として説明義務を法定すべきか否かということが取り上げられた。議論の結果、Ⅳ2(2)で述べた理由により法定することは見送られた。もっとも、保険契約者等の調査妨害・不協力があった場合には、それにより調査が遅延した期間について保険者が遅滞の責任を負わされないものとされた（21条3項）。この規定は、片面的強行規定である（26条）。

Ⅵ　外国法令

通知義務の規定があることは共通するが、要件については各国で相違がみられる。わが国の規定との違いを中心に紹介する。[64]

ヨーロッパ保険契約法原則第6-101条1項2文には、第三者による通知も効力を有すると規定しているが、ヨーロッパ各国の保険法には、これに相当する明文規定はない。

わが国では、保険事故の発生によって損害が発生したことを知ったときに通知義務が発生するとしているが、ドイツ・フランス・イタリア・スイス法およびヨーロッパ保険契約法原則では、保険事故の発生となっている。

通知の時期については、各国で相違がある。わが国と同様、「遅滞なく」とするものにドイツ法がある。また、ヨーロッパ保険契約法原則では、「遅滞なく」としながら契約上で所定期間内とする場合は、5日以上かつ合理的な期間とする。フランス法・スイス法では「直ちに」とするが、フランス法では、「かつ遅くとも約定の期間内」とし、一定の場合を除き約定の期間を5営業日以上とする。スイス法では、保険事故のほか、保険から生ずる自己の請求権を知った後という文言がはいる。そして、イタリア法では、一定の場合を除き保険事故の発生した日またはその発生を知った日から3日以内とする。

通知義務違反については、ドイツ法では原則として違反の効果について規定がない。約款に規定が置かれることが通例であり、義務違反に対して保険者の免責を定めることが多い。他の国においても保険者が免責される旨を契約上で規定することがある。このような約定に対応しては明文の規定があり、減額が認められる場合と免責が認められる場合に大きく分けることができる。イタリア法（過失による不履行）、スイス法およびヨーロッパ保険契約法原則では、損害分の減額を認めており、フランス法（損害を被ったことを証明）・イタリア法（故意の不履行）・スイス法（適

---

64)　イタリア法・スイス法については『ドイツ、フランス、イタリア、スイス保険契約法集』を参照した。また、ヨーロッパ保険契約法原則については『ヨーロッパ保険契約法原則』を参照した。

時に調査することを妨げる目的）で、一定の場合に免責されることを規定している。

　最後に説明義務・協力義務については、ドイツ・スイス法およびヨーロッパ保険契約法原則に明文の規定がある。

Ⅶ　今後の展望

　損害発生の通知義務については、義務違反の効果は法定されていない。しかし、重大事由による解除の効力の規定（31条1項・2項3号）が片面的強行規定とされ、保険者が重大事由による解除をした場合であっても、保険者が免責となるのは当該重大事由が生じた時以降に発生した保険事故についてだけとされているのであるから、損害の発生後にその通知義務を怠っただけで当該損害について保険者が免責となるような免責事由を約款等で定めたとしても、立案担当者によれば無効と解することになるとする。[65]これに対し、保険者の保険契約からの解放を目的する重大事由解除の法理と保険給付過程における不正請求に対する制裁の併存を認めるべきであるとの有力な反対がある。[66]もっとも、現在、多くの約款はⅤ3で述べたように保険法に対応するよう改正が行われている。

　なお、保険法下においても、保険契約者等の説明義務・協力義務を約款上規定すること自体は可能であるが、上述した約款上の規定に関する問題は、説明義務・協力義務についても同様に指摘されている。[67]

〔藤田　祥子〕

---

65)　萩本修「保険法現代化の概要」落合＝山下・理論と実務25頁。
66)　山下友信「保険法と判例法理への影響」自由と正義60巻1号29-30頁（2009）。
67)　潘・概説102-103頁。

§15-I・II 1   231

> **（損害発生後の保険の目的物の滅失）**
> **第 15 条**　保険者は、保険事故による損害が生じた場合には、当該損害に係る保険の
> 　目的物が当該損害の発生後に保険事故によらずに滅失したときであっても、当該損
> 　害をてん補しなければならない。
>
> **改正前商法第659条**　保険ノ目的ニ付キ保険者ノ負担スヘキ損害カ生シタルトキハ其
> 後ニ至リ其目的カ保険者ノ負担セサル危険ノ発生ニ因リテ滅失シタルトキト雖モ保
> 険者ハ其損害ヲ塡補スル責ヲ免ルルコトヲ得ス

【条文変遷】　明治32年商法413条、改正前商法659条
【参照条文】　保険法26条
【外国法令】　ドイツ保険契約法68条参照、フランス保険法典L. 121-9条参照、ヨーロッ
　　　　　　　パ保険契約法原則第12-101条

I　概　要

　本条（15条）は、保険事故によって損害が発生した後、保険契約上の保険事故以
外の原因により保険の目的物が滅失した場合について規定する。すなわち、かかる
場合、保険者に損害てん補義務が一旦発生した以上は、その後に保険事故以外の原
因によって保険の目的物が滅失したとしても、事後の事情により遡及的な影響を受
けることなく、保険者の損害てん補義務が消滅することはないことを明確にした[1]。
　規律場面および効果ともに、本条は改正前商法659条（損害発生後における目的の
滅失）を維持しており、損害保険契約の本質上、当然の規定と評価されている[2]。
　本条は、注意規定と位置づけられながらも、26条により片面的強行規定とされる
ことにより、保険契約者に不利な約款の防止を実効化させる点に存在意義がある。

II　沿革・立法過程

1　沿革概要

　保険者の損害てん補義務が発生した後に、保険事故以外の原因によって保険の目
的物が滅失した場合について、ロエスレル草案および明治23年商法は規定を有して

1）　補足説明48頁、大串＝日生・解説保険法216頁［西脇英司］、福田＝古笛・逐条解説50頁。
2）　大串＝日生・解説保険法215頁［西脇英司］、保険法コンメンタール51頁［榊素寛］、福田＝
　　古笛・逐条解説50頁。

いなかった。明治32年商法において413条が新設され、「保険ノ目的ニ付キ保険者ノ負担スヘキ損害カ生シタルトキハ其後ニ至リ其目的カ保険者ノ負担セサル危険ノ発生ニ因リテ滅失シタルトキト雖モ保険者ハ其損害ヲ塡補スル責ヲ免ルルコトヲ得ス」と定められた。その後、改正前商法659条まで、法は、同一文言を維持してきた。

2　立法過程

(1)　保険法制定前試案

保険法制定に先立った損保試案においても、改正前商法659条は若干の文言修正を試みるにとどまり、「全損は分損を吸収しない」という原則を示した[3]。

ただし、規定の性質につき、改正前商法まで明文がなかったところ、損保試案663条の3第2項は明文化を試みて、本条を保険契約者側の不利益に変更をすることを許さない半面的強行規定と位置づけていた。

(2)　法制審議会保険法部会の審議

保険法制定にあたっては、本条の存在意義に疑義が呈され、規定削除の是非が議論の中心となった。削除を支持した見解は、根拠として、本条は損害保険契約の性質から当然のことを規定したにすぎないことをあげる（下記Ⅲ1参照）。特に、第一読会において、本条制定当時に懸念され、本条のような注意規定をもっても否定すべき学説（保険目的物が滅失した場合に支払義務も消滅する見解）について、現代では採用しうる余地がないことに異論なかった[4]ことも、同見解に拍車をかけた。

しかし、中間試案[5]および補足説明[6]では、本条が、明治32年商法の制定以降、一貫して、一旦保険者に保険金支払義務が発生した場合に、その保険金支払義務が消滅することはない旨を明確にする趣旨であったことを指摘した（下記Ⅲ1参照）。そのうえで、保険法でも、同様に、損害てん補義務を注意的に明確化する趣旨をもって、改正前商法659条を維持する方向性が示された。意見募集でも賛否の両見解があった[7]ものの、最終的に、要綱段階では削除しない方向へと固まるに至った[8]。

3）　損保試案65頁。
4）　第3回議事録41頁。
5）　中間試案12頁。
6）　補足説明47頁。
7）　萩本修ほか「『保険法の見直しに関する中間試案』についての意見募集結果の概要」別冊商事法務321号163頁。
8）　要綱7頁。

§15 -Ⅲ 1　　　　　　　　　　　　　　　　　　　233

Ⅲ　条文解説

　本条は、損害発生後に保険の目的物が保険事故によらずに滅失した場合、保険者の損害てん補義務が存続することを定める。明治32年商法以来の一貫した趣旨および内容を継受したものである。

1　意義・趣旨

　明治32年商法における新設趣意は、次のように説明されていた。[9]

　まず、想定場面は、保険期間内に相次いで生じた2個の事実によって被保険利益が消失した場合、すなわち、1番目の事故により保険契約上の危険が発生して被保険利益の一部が消失し、2番目に保険契約とは何ら関係のない事実が発生して、これにより被保険利益のすべてが消失した場合であった。具体例として、①盗難保険に付した目的物の一部が盗難にあった後、残部が火災によって滅失した場合、②火災保険に付した家屋の半分が火災に罹り、残余部分が洪水によって流出した場合、があげられる。[10]

　このような場合における保険者の損害てん補義務について、明治32年当時は、終局からみれば、第1の保険事故に遭遇しなかったとしても第2の事実により被保険者の被保険利益は滅失したはずであるとしたり、保険期間内に発生した危険を包括的に捉えることにより、保険者は、第1の保険事故によって消失した被保険利益の損害を含め損害てん補義務がないとする見解が存在していたことが指摘されていた。

　しかし、損害保険契約において、保険事故の発生により保険者の負担に帰すべき損害が生じた場合に、保険者の損害てん補義務は具体化するところ、その後に保険者の負担しない保険事故以外の事実の発生によって当該保険の目的物が消失したとしても、保険者は保険金支払義務を遡及的に免れることはできない。[11]すなわち、停止条件付法律行為は、停止条件が成就した時からその効力を生じることから（民法127条）、約定の保険事故発生により損害が発生した時点で、保険給付請求権および損害てん補義務は具体化し確定する。そして、本条が想定するように、保険金請求権が具体化した後の事情としての、保険事故以外の事実による目的物の滅失は、保

---

9)　商法修正案理由書345頁、齋藤孝治『註訓新商法要義〔3版〕』359頁（岡崎屋書店・1901）、青木徹二『商行為論』419頁（有斐閣書房・1910）、同旨。

10)　青木徹二『増訂改版新商法釈義』456頁（同文館・1919）。

11)　大森・保険法153頁。

234　　　　　　　　　　　　　　§ 15 - Ⅲ 2

険金請求権について何ら影響しないことを明確化している。[12]

　すなわち、本条は、損害保険契約における保険者の損害てん補範囲という当然の内容を規定したにすぎないと評価される。[13]

2　適用場面と効果

(1)　適用場面

　本条が規律する場面は、第1に、保険の目的物に保険者のてん補すべき損害が生じ、第2に、その後に、保険者の負担しない事実の発生によって保険の目的物が滅失した場合である。

　保険者のてん補すべき損害は、損害保険契約で定めた保険事故から因果関係のある範囲で目的物に生じた損害である（5条1項・6条1項7号）。改正前商法が「保険ノ目的」としていたのに対して「保険の目的物」として、保険事故発生の対象を明確にした。

(2)　効果―保険者による損害てん補義務の範囲

　保険者は、保険事故発生により損害が生じた場合に、当該損害をてん補しなければならない。損害てん補義務の発生要件は、①保険事故の発生、②被保険者に損害が発生したこと、③保険事故と損害との間に因果関係が存在する範囲、と解されてきた。[14] 被保険利益の限定性[15]を理由として、保険者の損害てん補義務は、契約所定の保険事故によって生じた損害の範囲にとどまり、後発的に生じた保険契約所定の保険事故以外の事実によって引き起こされた損害は保険者のてん補義務範囲から除外される。上記のような場合においても、一旦、保険者が負担すべき損害が発生した場合、事後の事情はこれに影響を与えず、保険の目的物が契約所定以外の事実の発生により滅失したとしても、保険者は損害てん補義務を免れられない。[16]

　一方で、保険者の損害てん補義務の範囲は、契約に定められた保険事故により保険の目的物に発生した損害であり、保険契約上の保険事故によって生じた損害（最初の保険事故と因果関係が存する分損部分）のみに限定される。

(3)　立証責任

　てん補されるべき損害の範囲についての立証責任は、保険給付請求権の発生を主

---

12)　潘・概説115頁。

13)　判例コンメンタール663頁、基本法コンメンタール263頁［西島梅治］、上松・ポイント解説57頁、同旨。

14)　島谷英郎『保険法・海商法』95頁（評論社・1970）、大森・保険法152頁。

15)　基本法コンメンタール263頁［西島梅治］。

16)　山下ほか・保険法157頁［山本哲生］。

張する者が負うのが原則である。一方で、改正前商法659条が想定するような、保険事故による損害発生後に別の事実によって保険の目的物が滅失した場合は、保険者が前後の事故により生じた各損害部分を証明しててん補額を確定しなければならないとの指摘もある。[17] その理由は、算定が困難になることが予想され、保険契約者よりも事業者たる保険者が適切に立証できると考えられるためと推測される。かかる見解が、本条のような場合に、立証責任の転換まで主張しているのか、または保険者に抗弁として損害の範囲の限定が許されるとの意味かは定かではない。しかし、いずれにせよ、改正前商法の段階から、保険者の損害てん補義務の範囲を、保険事故、損害発生、因果関係によって画することが明らかであり、その立証が重視されることを示している。

(4) 規定の性質

従来、規定の性質について明文がなかった。しかし、損害保険契約において、保険者の損害てん補義務の範囲は、契約所定の保険事故とこれとの因果関係が存する被保険者に発生した損害であることは明白であり、その要件以外によって損害てん補義務を認めることは、損害保険契約の本質に反することとなり許されない。すなわち、後発的な保険事故以外の事実によって生じた損害まで保険者にてん補義務を認めるとすれば、被保険者に利益を発生させることになる。また、反対に、沿革上も指摘されてきたとおり、保険事故発生時に被保険利益が存して、損害てん補義務が具体化したにもかかわらず、後発的な保険事故以外の事実による保険の目的物の滅失のために、損害てん補請求時に被保険利益が存しないことを理由に遡及して損害てん補義務を否定することもできない。

これに対して、保険法では本条が片面的強行規定であることが明文化され、本条に反する特約で被保険者に不利なものは無効とされる（26条参照）。特約の例としては、保険の目的物が保険事故の発生後に、保険事故によらずに滅失したときは、保険者は保険事故による損害をてん補する義務を免れる旨の約款条項があげられる。[18]

本条は、立法過程において上述のとおり削除が検討されてきたところ、26条と相俟って、保険事故および損害発生後の事情により目的物が滅失した場合に、保険者の義務を免れさせるような事態を防止するために、本条を維持したことが認められる。

なお、あえて本条を片面的強行規定に分類されると、本条と異なっても保険者に不利な特約であれば許容されるようにも読めてしまう危惧がある。たとえば、保険

---

17) 柳川勝二『改正商法〔明治44年〕正解』538頁（信山社・2002〔復刻版〕）。

18) 保険法コンメンタール52頁〔榊素寛〕、福田＝古笛・逐条解説50頁。

者は、保険事故による損害が生じた場合には、その後に保険の目的物が保険事故以外の事実によって減失したときであっても、目的物に発生したすべての損害をてん補する旨の約定が考えられる。理論構成と実務との関係が問題となるが、個別具体的な事例によって許容されるか否かが決定されよう。

Ⅳ　外国法令

本条に該当する条文を有する外国法は少ないように見受けられる。ただし、本条が想定するような保険事故と損害発生後に保険事故以外の事実により保険の目的物が減失した場合でも、保険者の損害てん補義務が存続するという帰結は各国ともに共通する。その根拠は、保険者の損害てん補義務の発生基準時が保険事故発生時であることがあげられよう（なお、関連事項として、各国法は、被保険利益が不存在の場合や保険の目的が全部減失した場合についての規定が存在する（ドイツ保険契約法68条、フランス保険法典L. 121-9条参照））。

Ⅴ　今後の展望

(1)　実務との関係

本条は、改正前商法659条を維持したものであることおよび当然の規定と解されてきたことから、実務へ影響を与えないと考えられている[19]。また、本条の適用場面はごく稀にしか発生しないことも、改正前商法時から指摘されてきた[20]。

(2)　残された問題

残された問題として、保険給付請求権の発生要件および立証内容の問題がある。すなわち、本条が想定しているような場面では、第1の保険事故と第2の保険事故以外の事実（事故）によって、保険の目的物に対する損害と減失という状態が生じる。保険者の損害てん補義務は、あくまで、第1の保険事故から発生した損害に限定されることも本条は定めている。しかし、第2の保険事故以外の事実により、保険の目的物が、すでに全部減失した状態で、第1の保険事故から因果関係がある損害を特定することは、事実上困難がつきまとい、損害範囲確定の便宜という点で、約定保険の活用など、実務上検討が必要となろう。

また、被保険利益の不存在や保険契約終了原因との関係についての規定はない。

---

19)　大串＝日生・解説保険法216頁［西脇栄司］。

20)　基本法コンメンタール263頁［西島梅治］。

本条の規定趣旨が、沿革上、被保険利益の存否の判断基準時についての議論を回避するためのものであったことからすれば、被保険利益の意義についての再考を促す。また、各国法にあるように、保険期間中に被保険利益を失った場合や、保険の目的物が全部滅失した場合の対応について明文はない。かかる対応についての規定のあり方についても検討が必要となろう。

〔金尾　悠香〕

（火災保険契約による損害てん補の特則）
第16条　火災を保険事故とする損害保険契約の保険者は、保険事故が発生していないときであっても、消火、避難その他の消防の活動のために必要な処置によって保険の目的物に生じた損害をてん補しなければならない。

改正前商法第666条　消防又ハ避難ニ必要ナル処分ニ因リ保険ノ目的ニ付キ生シタル損害ハ保険者之ヲ塡補スル責ニ任ス

【条文変遷】　ロエスレル草案694条・727条、明治23年商法634条・665条、明治32年商法
　　　　　　　419条・420条、改正前商法666条
【参照条文】　保険法13条
【外国法令】　ドイツ保険契約法83条、フランス保険法典L. 122- 2 条・L. 122- 3 条、ス
　　　　　　　イス保険契約法63条、ヨーロッパ保険契約法原則第 8 -101条 2 項・第 8
　　　　　　　-103条

I　概　　要

　火災保険契約は、火災を保険事故とする損害保険契約である。火災保険契約においては、保険者は、保険事故である火災が発生していないときであっても、消火、避難、その他の消防の活動のために必要な処置によって保険の目的物に損害が生じた場合、その損害についてもてん補義務が生じることを明文化した。

　従来、火災保険契約については、火災による損害のてん補・危険普遍の原則（改正前商法665条）、消防・避難による損害のてん補（同666条）、保管者の責任保険（同667条）、火災保険証券の記載事項（同668条）の計 4 か条が規定されていた。

　しかし、保険法では本条（16条）以外はすべて削除され、本条が火災保険契約に関する唯一の規定であり、基本的に改正前商法666条を維持している[1]。一方で、本条は、火災保険契約の定義の新設、従来は不明確であった本条適用の基準時の明確

化、損害てん補義務の範囲として「その他の消火の活動のために必要な」ことの明確化、文言の変更等を改正に含めた。

　なお、本条が、片面的強行規定に含まれなかったため（26条参照）、今後の議論として本条を任意規定とすることに対する根強い批判が残された。

Ⅱ　沿　革

　火災保険契約は、保険契約の代表的類型の1つとして、古くから法定されてきた。特徴として、保険事故である火災が、その性質上、発生から鎮火までの一連の事象の中で、現に火災が発生している物以外にも損害を生じさせ拡大させる可能性が高いことがあげられる。このため、火災保険契約における保険者の損害てん補範囲については、別途の特別規定を定める必要性が認識されてきた。

　まず、ロエスレル草案は、第1款「総則」と第2款「火災震災保険」を中心として火災保険契約を規律した。保険契約全般における保険者の賠償額の算定基準・範囲について、694条で「賠償額ハ身体ノ保険ニ在テハ保険額トシ物品ノ保険ニ在テハ危険ノ生シタルニ由テ直接又ハ間接ニ来タシタル損失ヲ被ムリタル保険利益ノ額トス　間接ノ損失中ニハ被保険者ニ於テ既ニ生シ又将ニ生セントスル危険ニ対シ已ヲ得サルノ防止若クハ避除ニ依テ生シタル別段ノ費用及損失ヲモ算入ス可シ」、727条で「火災ノ時消防或ハ救済ノ処置又ハ窃盗又ハ之ニ類似ノ因由ニ依リ被保険者ノ受ケタル損害ハ其火災ノ被保険者ノ許ニ起ルト近傍ニ起ルトヲ論セス亦火災損害ト視做ス可シ」と規定した。

　その中で、火災保険契約の保険者が負担すべき「費用及損失」とは、迅速安全に救助をなすために生じた物品の破損・紛失・かかった費用をさすとする。保険契約者や被保険者が自身の負担によって損害防止行為を多く行えば行うほど、保険者にとってはてん補すべき損害が減少することになり利得を得るという関係にあるから、かかる利得を生じさせる費用の負担は保険者がするべきという発想に基づく。

　さらに、「間接ノ損失」という表現により、損害には火災により直接焼失したものに限らず、間接的に生じた損害も含むことを明らかにした[2]。ここには、保険事故である火災が未発生であっても生じようとしている段階も含まれ、その発生を防止する費用なども算入される。具体例には、火災時の家屋の打開・門戸の撤去、救助の際における器物破損や紛失から生じる損失、火災中の混乱や救助のために犯され

---

1 ）　大串＝日生・解説保険法217頁［西脇英司］。

2 ）　ロエスレル・158頁。

§16-Ⅱ 239

た窃盗、火が迫った家屋を救助消防したために生じた損害等があげられた。[3] ただし、賠償額への算入要件には、当該防止行為等がやむを得ずになされたものであることを必要とした。賠償額を適切に制限するために解釈に委ねたようである。考慮すべき事情には、火災の程度・延焼の危険性・その他特別の事情として家屋の造り・風力風位・危険物の貯蔵の有無等をあげている。

続く明治23年商法も、基本的にロエスレル草案を踏襲して、保険者の賠償額範囲に、直接的損害と間接的損害の双方を含むことを示した。[4] 特に火災保険契約においては消防救済の処分や窃盗その他の事由による損害を含むと例示した。当時の解説によれば、ロエスレルと同様に、火災が自身の家に及ぼうとしている際にこれを防止する、家屋の毀壊、門戸を破って通路を開く、消防士への賞金贈与などがあげられていた。[5]

これに対して、明治32年商法に至って、火災保険は、はじめて第2款の419条以下（計4か条）で独立して規定された。[6] 特に、保険者の損害てん補義務の範囲については、2か条に分け、419条で「火災ニ因リテ生シタル損害ハ其火災ノ原因如何ヲ問ハス保険者之ヲ塡補スル責ニ任ス　但第395條及ヒ第396條ノ場合ハ此限ニ在ラス」、420条「消防又ハ避難ニ必要ナル処分ニ因リ保険ノ目的ニ付キ生シタル損害ハ保険者之ヲ塡補スル責ニ任ス」と規定した。

明治32年商法における改正として、火災の範囲およびてん補義務の範囲についての再定義と適正化があげられる。すなわち、明治23年法までは、火災保険契約の保険事故である火災と同視できるものを、雷・火薬、機関の破裂などとして例示列挙していたが、明治32年法は、419条で火災の原因を問わず火災によって生じた場合は保険者にてん補義務がある原則を明示した。[7] これは、保険事故を包括的なものと

3）　ただし、窃盗については、救助のために被保険者が他人物を窃盗して利用したことにより破損した場合に限定されるのか、火災中の混乱に乗じて第三者がした被保険者の所有物に対する窃盗も含むのか等、基準は不明確に見受けられる。

4）　634条「①弁済ス可キ賠償額ハ人ノ保険ニ在テハ被保険額トシ物ノ保険ニ在テハ被保険者カ危険ノ発生ニ因リテ直接又ハ間接ニ被フリタル損害ヲ以テ限トス　②間接ノ損害中ニハ現ニ生シ又ハ将ニ生セントスル危険ノ已ムヲ得サル防止ニ因リテ生シタル別段ノ費用及ヒ損害ヲモ包含スルモノトス」、665条で「火災カ被保険者ノ方ニ起リタルト近傍ニ起リタルトヲ問ハス消防若クハ救済ノ処分又ハ窃盗其他類似ノ事由ニ因リテ被保険者ニ加ヘタル損害モ火災損害ト看做ス」と規定した。

5）　長谷川喬『商法〔明治23年〕正義第5巻』37頁、139頁（信山社・1995〔復刻版〕）。

6）　震災保険は、当時あまり実施されていなかったこと、またわが国で地震が多いことから性質上将来的にも実施することが適切かは学説で定まっていないことなどを理由に、削除された（商法修正案理由書350頁）。

7）　明治23年商法666条。

しつつ拡張しすぎないことを目的としていた。さらに、420条は、火災保険契約における保険者のてん補すべき損害範囲について、火災保険においては消防や避難に必要な処分は当然あるものとして、直接的損害と間接的な損害の双方を含むことは維持しながらも、その具体例は縮小し、火災時の窃盗による損害を削除した[8]。その理由には、窃盗まで含むと保険者のてん補責任が過大になること、外国の立法例でも窃盗を含むかは結論が分かれていること等を指摘した。

その後、これらの明治32年法は改正前商法に継受され、改正前商法は、計4か条で火災保険契約を規律した。保険者のてん補義務の範囲については、665条「火災ニ因リテ生シタル損害ハ其火災ノ原因如何ヲ問ハス保険者之ヲ塡補スル責ニ任ス」、666条「消防又ハ避難ニ必要ナル処分ニ因リ保険ノ目的ニ付キ生シタル損害ハ保険者之ヲ塡補スル責ニ任ス」と規定しており、保険法16条が継受しているため、後述Ⅳの条文解説を参照されたい。

Ⅲ　立法過程

火災保険契約は、保険事故たる火災の性質から、損害保険契約の中でも特殊な地位にあり、その規律条文の整除が、常に模索されてきた。

1　保険法制定前試案

たとえば、保険法制定以前の損保試案では、666条「①保険者は、保険の目的物に火災が生じた場合、または延焼のおそれがある場合には、消防または避難に必要な処置によって保険の目的物に生じた損害をてん補する。②前項の規定は、契約当事者が特約しても、保険契約者、被保険者その他保険契約により利益を受ける者の不利益に変更することはできない」、666条の2で「保険者は、前条第1項の場合において、保険の目的物に生じた紛失または盗難の損害をてん補する」と提言していた。

提言要点として、①火災が生じた場合に限らず、まだ現実に火災が発生していない段階であっても延焼のおそれがある場合を含めることを明確化したことと、②規定の性質を片面的強行規定としたことがあげられる。

その理由には、保険の目的物に火災が発生した後に行われた行為だけでなく、保険の目的物に延焼のおそれがある場合に行われた行為であれば、保険者のてん補責任を認めるのが社会通念上妥当であり、法の趣旨・実務・他の立法例にもそうこと、

8）　ただし、損保試案では、666条の2に「紛失・盗難による損害のてん補」を復活提案している（後述Ⅲ1参照）。

本来は火災保険契約における保険者のてん補責任が生じるのは保険事故たる火災が発生したことを前提とし、しかも火災事故とは、少なくとも保険の目的物の一部が現実に燃焼したことと解するのが一般的であると指摘し、延焼のおそれがある場合はまだその段階に達しておらず本条の適用が危ぶまれるからとされる[9]。さらに、新設666条の2で、損害てん補範囲の具体例として、保険の目的物に生じた紛失または盗難の損害が含まれることを提言し、明治32年商法で削除されていたものを復活させ、損害に含める範囲を拡大させた。なお、紛失盗難損害については、従来の実務上、木造家屋が密集するわが国では保険者の負担を著しく増加するおそれがあること、被保険者が保険の目的物を故意に隠蔽する等のモラル・リスク誘発を防止する必要性があるとされることから、約款で免責されていた。これを踏まえ、両条文の性質については、666条は半面的強行規定であるが、666条の2は任意規定として想定されていた[10]。

2 法制審議会保険法部会の審議

これに引き続き保険法制定においては、中間試案[11]・補足説明[12]を通じて、保険者のてん補範囲については、改正前商法666条を維持する姿勢が明確にされた。ただ、その範囲については、場合にわけ、より明確化すべき議論があることを指摘され、試案と同様に、「客観的に必要な消防・避難行為による損害であれば、保険の目的物に火災が発生していない場合でもこれをてん補するのが通例……」として、規律内容の合理性・実務での実施を理由として、現に火災が発生していないが延焼のおそれがある場合に行われた消防・避難行為による損害も含めるべきとの提案をしている。

一方で、適用範囲が「火災発生のおそれ・延焼のおそれ」といった抽象的な概念によって曖昧になる危険性は検討課題として指摘された[13]。なお、規定の性質については、任意規定とした。

その後の要綱段階で、本条と同一文言になった[14]。

---

9) 損保試案理由書82頁、84頁。
10) 損保試案理由書85頁。
11) 中間試案15頁。
12) 補足説明61頁。
13) 第4回議事録31頁。
14) 要綱9頁。

Ⅳ 条文解説

火災保険契約とは、一般的に、火災をもって保険事故とする損害保険契約[15]、保険者が火災すなわち燃焼によって生ずることあるべき損害をてん補することを目的とする損害保険契約[16]、などと定義されてきた。

また、火災とはどこまでを含むかについても、たとえば、ある一定の火床なく発生した火または火床を離れかつ自力で拡がりうる火（損害火）、自立で延焼する力をもつもの[17]、などと定義され、見解は多岐にわたる[18]。結局のところ、契約内容として当事者がどのようなものを火災としたかの社会通念上の火災の意義の分析をすべきである[19]。

1 趣旨・意義

本条は、第1に、保険法上、火災保険契約に関する唯一の規定として、その意義を「火災を保険事故とする損害保険契約」と規定して、その損害てん補の範囲に関する特則と題することで、損害保険契約の一種と位置づけた。

また、第2に、火災保険契約における保険者の損害てん補義務の範囲を定めた。保険事故たる火災から直接に生じた損害のみではなく、保険事故発生がなくともてん補義務が発生することを明確化する文言を新設することで、保険事故たる火災が発生していないときであっても消火・避難・その他の消防の活動のために生じた損害も保険者の損害てん補義務の範囲となることを定めた。

一方で、火災保険契約については、改正前商法665条が削除され、また損保試案や立法過程で復活が検討された紛失盗難の損害をてん補責任に含めることは見送っている。

2 火災保険契約における保険者のてん補義務の範囲

本条は、効果として、火災保険契約の保険者のてん補義務を発生させるが、以下、いかなる要件でその範囲が決定されるか確認する。

---

15)　倉沢・通論88頁。

16)　島谷英郎『保険法・海商法』111頁（評論社・1970）。

17)　西島・保険法245頁。

18)　江頭・商取引法465頁。ドイツ火災保険普通約款の条文につき相馬勝夫「火災保険における被保険物と損害塡補」損保14巻4号102頁以下（1952）。

19)　倉沢・通論89頁。

§16-Ⅳ2 243

(1) 保険事故たる火災の不発生・発生

まず、火災保険契約において、保険事故たる火災が発生した場合（かつ、これにより損害が発生した場合）における保険者の損害てん補義務は、損害保険契約一般から規律すれば足りるため、本条の適用はない。本条は、あくまでも、火災保険契約において保険事故の火災が発生していないときについての規定であり、明文をもって、一定の場合に損害てん補義務が発生することを認めた。

損保試案においては、少なくとも延焼のおそれがある場合に限定した文言で規定していたことと比べれば、本条は、単に「保険事故が発生していないときであっても」と規定するのみで、延焼のような保険事故発生の可能性にも言及していないため、本条の適切な適用範囲を求めるためには、他の要件の解釈が重要となる。

(2) てん補義務の範囲を画する基準と因果関係

では、保険者の損害てん補義務の範囲は、どのように限定されるか。まず、保険契約全般と火災保険契約の意義からすれば、保険者がてん補すべき損害の範囲は、保険事故である火災が生じて、これによって発生した損害の範囲となるはずであるため、その両者を結ぶ因果関係がどこまで及ぶか、という問題として扱う見解が主張されてきた[20]。すなわち、火災保険契約における因果関係においては、いわゆる近因原則（保険者は、保険事故発生から生じる直接的な損害にのみてん補責任があり、間接的な損害には責任なしとする）を排しつつ、間接的な損害といえども無制限ではなく、火災と損害とが相当因果関係で結ばれていることを要件としててん補する責任を認める[21]。

これに対して、上記でいわれる間接的な損害は、契約上、保険事故は火災である以上、本来的な相当因果関係の範囲の外であることを指摘する見解もある[22]。すなわち、本条は、因果関係論で解決するものではなく、人命・財産の保護を奨励する公益目的により、特に法律で定められたものと解する[23]。そのほか、後者に通じる見解として、損害防止費用負担義務の具体化として把握すべきとするものもある[24]。

これらの見解は、てん補義務の範囲を、約款によって変更できるか、火災を契機として生じた損害について保険者免責ができるか、について結論を異にする。

---

20) 保険法における因果関係については、木村栄一「保険法における因果関係」一橋論叢代41巻2号45頁（1959）、加藤由作「保険法における因果関係の基礎理論」一橋論叢19巻5=6号129頁以下（1948）（民法の相当因果関係説の保険法への適用への反対、自然成行説）等参照。

21) 島谷・前掲注(16)112頁。

22) 岡野敬次郎『商行為及保険法』555頁（有斐閣・1928）。

23) 田中=原茂・保険法220頁、倉沢・通論90頁。

24) 基本法コンメンタール272頁以下［岩崎稜=山手正史］。

3 消防・避難に必要な処分

具体的には、消火、避難その他消防の活動のために必要な処置がとられたことを要する。「消防・避難」とは、本来、保険の対象である目的物自体を守るための消防や避難を意味しているが、人命救助のために保険の目的物を破壊する行為を排除する趣旨ではない[25]。また、「処分」とは、火災自体がもたらしたものでなく、火災に起因した人為的行動によって生じた損害をもてん補する趣旨である[26]。

4 規定の性質

規定の性質は、任意規定と解されている（26条参照）。その理由は、改正前商法からの制定経緯・保険事故未発生でも義務を負わせる意味があげられる。なお、損保試案においては、666条2項で「特約によっても保険契約者・被保険者その他保険契約により利益を受ける者の不利益に変更することはできない」として、保険法の片面的強行規定に該当する「半面的強行規定」としていたことは[27]、覆された。

V 今後の展望

まず、残された問題としては、火災保険契約全体の構造の理解があげられよう。すなわち、法は、本条により、火災保険契約について、保険事故たる火災が不発生の場合にも一定の範囲の損害てん補義務を保険者に発生させた。その理論的根拠として、従来から、因果関係論の拡張や法定の特別てん補責任とする各見解が主張されてきたが、いずれの見解によるか、その範囲は解釈に委ねられたままである。

沿革・規定趣旨からも、火災に伴って保険でてん補すべき妥当な範囲の基準を検討すべきであるが、火災と同視すべき危険の範囲、火災を防止するために必要な行為で生じた範囲とすれば、保険事故発生の現実的蓋然性がどこまで高かったことを要するかを検討する必要がある。具体的には、客観的には保険事故発生の危険性がなくとも、主観的に消防の活動のために必要と考えてした処置による損害をどのように解するか、客観的に保険事故が発生する蓋然性が必要とすれば、保険事故の発生過程（火災の定義・火炎具合・延焼の範囲）との関係の再考が必要である。実務上、保険事故が不発生であっても「消火、避難その他の消防の活動のために必要な処置」であったことについての立証問題として争われることが予想される。

〔金尾 悠香〕

---

25) 損保試案理由書83頁。
26) 倉沢・通論90頁。
27) 損保試案理由書83頁。

§ 17 - I   245

（保険者の免責）
第 17 条　①　保険者は、保険契約者又は被保険者の故意又は重大な過失によって生
　じた損害をてん補する責任を負わない。戦争その他の変乱によって生じた損害につ
　いても、同様とする。
　②　責任保険契約（損害保険契約のうち、被保険者が損害賠償の責任を負うことによ
　って生ずることのある損害をてん補するものをいう。以下同じ。）に関する前項の
　規定の適用については、同項中「故意又は重大な過失」とあるのは、「故意」とす
　る。

改正前商法第640条　戦争其他ノ変乱ニ因リテ生シタル損害ハ特約アルニ非サレハ保
　険者之ヲ塡補スル責ニ任セス
改正前商法第641条　保険ノ目的ノ性質若クハ瑕疵、其自然ノ消耗又ハ保険契約者若
　クハ被保険者ノ悪意若クハ重大ナル過失ニ因リテ生シタル損害ハ保険者之ヲ塡補ス
　ル責ニ任セス

【条文変遷】　ロエスレル草案695条・714条、明治23年商法635条・652条、明治32年商法
　　　　　　　　395条・396条、改正前商法640条・641条
【参照条文】　保険法51条・80条、商法829条
【外国法令】　ドイツ保険契約法61条・152条、フランス保険法典L. 113- 1 条・L. 121- 8
　　　　　　　　条、イタリア民法典1900条・1912条・1917条、スイス保険契約法14条・15
　　　　　　　　条、ヨーロッパ保険契約法原則第 8 -101条 2 項・第 8 -103条

I　概　　要

　本条（17条）は、損害保険契約における保険者の免責事由を定める。免責事由と
は、保険事故に該当する事実が発生しても、例外的に保険者が保険給付義務を負わ
ない事由である。[1] 改正前商法における保険者の法定免責事由（改正前商法640条・641条
の一部）を統合整理したものであり、保険契約類型に分けて個別条文化した（生命保
険契約につき51条、傷害疾病定額保険契約につき80条参照）。

　法定免責事由の内容として、改正前商法における故意重過失免責（改正前商法641
条）および戦争損害（その他の変乱による損害）（同640条）を維持したが、性質損害
（改正前商法641条）は削除された。

---

1 ）　改正前商法に条文見出しはなかったところ、17条の条文見出しは「（保険者の免責）」とさ
　　れた。保険者に損害てん補責任を発生させない事由の法的構成と免責事由との関係について
　　は、山下・保険法364頁参照。

また、本条2項は、責任保険に固有の規定3か条のうち、冒頭の規定に該当する。改正前商法において、責任保険に関する規定は、667条（他人の物の保管者の火災責任保険）のみであったが、保険法では計3か条となった（本条2項（定義規定および法定免責事由）、22条（損害賠償請求権者の先取特権）、36条（片面的強行規定の適用除外））。まず、ここでは、責任保険における保険者の法定免責事由の前提として、責任保険の定義を規定する。そして、責任保険における保険者の免責事由については、一般損害保険契約の免責事由の特則として、「故意」による事故招致に限定し、「重大な過失」による場合を除いた。

なお、規定の性質は、任意規定と解されている（26条参照）。

残る問題として、保険契約者または被保険者以外の第三者による故意または重大な過失による事故招致のような、明文のない保険者の免責事由が考えられる。

Ⅱ 沿　革[2]

法は、ロエスレル草案・明治23年商法・明治32年商法以来、改正前商法まで、一貫して、損害保険契約の法定免責事由として、戦争内乱損害・性質損害・故意の事故招致の三類型を規定してきた。

まず、ロエスレル草案は、714条で「戦争又ハ内乱ニ由テ起リタル危険ハ明約ヲ以テ擔當シタルニ非サレハ保険ノ責ニ任スルコトナシ」、695条では「被保険者己ヲ得サルニ非スシテ躬ラ隨意ニ起シ或ハ起サシメタル紛失或ハ損害又ハ保険物ノ性質功用或ハ固有瑕瑾ニ由テ直接ニ生シタル紛失或ハ損害ハ保険者之ヲ賠償スルノ義務ナキ者トス」と規定した。ロエスレルは、戦争内乱損害については、損害が非常に大きいこと・通常の保険契約の想定外の事態であること・政治的な性質を帯びるものであること等から保険の対象外とすると説明した。なお、特約を結ぶ場合には、戦争内乱損害に対して保険者に保険料を増加させる権利があることを明らかにしたものであることも説明する[3]。さらに、被保険者の故意によって事故が招致された場合についても、保険は本来、不随意な損害を担保するものであることから、保険者は免責されるとした。さらに、保険物の性質効用や固有の瑕疵によって直接生じた損害、いわゆる性質損害については、あらかじめ知りうべき危険や予知できる危険は保険の対象ではなく、隨意に危険に陥るのと同じであることを理由に、免責事由

2）　本条立法史につき、野口夕子「損害保険契約における保険者免責、その改正の問題点」金澤・新たな展開167頁以下参照。

3）　ロエスレル・136頁。

§ 17 - Ⅲ 1   *247*

とした。[4]

　これらの免責事由の三類型は、続く明治23年商法・明治32年商法に継受された。[5]
なお、明治32年改正時には、重過失によって保険事故が引き起こされた場合も、故
意によって保険事故が引き起こされた場合と同様に、保険の危険測度に違算を生じ
させ制度の基礎をゆらがせることから、明文で認められるようになった。[6]

Ⅲ　改正前商法（性質損害）

　改正前商法においても、ひきつづき、３つの法定免責事由を認め、640条「戦争
其他ノ変乱ニ因リテ生シタル損害ハ特約アルニ非サレハ保険者之ヲ塡補スル責ニ任
セス」、641条「保険ノ目的ノ性質若クハ瑕疵、其自然ノ消耗又ハ保険契約者若クハ
被保険者ノ悪意若クハ重大ナル過失ニ因リテ生シタル損害ハ保険者之ヲ塡補スル責
ニ任セス」を規定した。

　ここでは、改正前商法において性質損害をてん補範囲から除外する免責事由につ
いてのみ説明する。戦争内乱損害および故意の事故招致による損害については、保
険法のもとでも法定免責事由として継受されているため、後述Ⅴの条文解説を参照
されたい。

1　意義

　改正前商法の法定免責事由として、「保険ノ目的ノ性質若クハ瑕疵、其自然ノ消
耗」によって生じた損害は、性質損害と称され、てん補責任の範囲外とすることが
示されてきた。①保険の目的物の性質とは、その目的物に一般的に発生しうるもの
であり、具体例としては、果物や魚類の腐敗や石炭の自然発火による損害である。
また、②目的物の瑕疵とは、ある果物に特別にある損傷など、当該目的物に特有の
損害であり、③自然の消耗とは、人工の力を加えないで、自然のままに放置して生
ずる損害であり、たとえば揮発油の蒸発などをさすと解されてきた。[7]

---

4)　ロエスレル・102頁以下。

5)　故意の事故招致・性質損害については明治23年商法635条、明治32年商法396条、戦争損害
　については明治23年商法652条、明治32年商法395条に規定がみられる。

6)　修正案理由書330頁。なお、他人により損害を生じさせる場合は自ら損害を生じさせたの
　と同様とすれば足りると解説されている。

7)　自然消耗について、青山衆司『保険契約論　上巻』277頁（厳松堂書店・1920）、野津・法
　論233頁など参照。その他、基本法コンメンタール239頁［中西正明］、萩本・一問一答120頁
　など参照。

2 制度根拠

保険者の損害てん補範囲から性質損害を除くべきことは当然と考えられてきた。[8] その最大の理由は、性質損害までてん補することは保険契約の本質に反する点があげられる。すなわち、保険契約が本来偶然の事故によって生じうる損害に備えるものであるのに対して、性質損害は、事物の通常の成行きや性質によって生じており、もともと偶然性を欠くものであり、それによる損失は人が予測して対策を講ずべきものであることから、理論的に保険事故とはなしえないことがあげられる。[9] さらに、沿革上も、海上保険をはじめとして損害保険契約全般に古くから認められる免責事由であること、[10] 性質損害を含めるとすると、ほとんど損害額と同額の保険料を支払わなければならないこと、[11] 通常は特に保険の対象とする必要性が低いこと、[12] 性質損害の蓋然性の算定は困難であることからも保険経営の合理化をもとめる通常の当事者意思解釈であること等が理由とされた。

Ⅳ 立法過程

保険法制定にあたっては、従来からの法定免責事由の三類型についての整除が検討された。

1 性質損害

性質損害については、損保試案段階[13]から保険法の中間試案・要綱段階[14]まで、一貫して、削除が提示された。その理由には、従来から本質的に保険契約の損害に該当しない指摘、必ずしもすべての損害保険契約で生じる損害とはいえないこと、企業保険を中心として当事者意思に基づく特約によって性質損害を保険者の負担とする

---

8) 松本烝治『保険法17版』97頁（中央大学・1926）。

9) 村上隆吉『最近保険法論（全）』212頁（法政大学・1908）、西本辰之助＝島谷英郎『保険法・海商法』43頁（三笠書房・1939）、倉澤・通論55頁。これに対し、保険事故の要件としての偶然性という性格は皆無ではないとするものに山下・保険法365頁（ただし、危険分散をするのは適切ではなく、各保険契約者が予防することが望ましいとして結論は同じ）。

10) 加藤由作「保険の目的の性質または瑕疵について」『加藤由作博士論文集』127頁（喜寿記念加藤博士論文集刊行会・1970）、窪田宏「商法第641条前段の法定免責事由」『損害保険事業研究所創立四十周年記念損害保険論集』61頁（損害保険事業研究所・1974）。

11) 西本＝島谷・前掲注（9）43頁。

12) 大森・保険法147頁。

13) 損害試案理由書21頁。

14) 中間試案12頁。

§17-Ⅳ2,3   249

需要が増加している旨の指摘[15]、個別の契約に委ねれば足りる旨[16]、があげられる。

2 戦争損害

　次に、戦争損害については、まず損保試案が、その他の大規模に損害が生じる可能性ある事象を含めて、より詳細に列挙する形式への変更を提示していた。すなわち、640条で「保険者は、次に掲げる事由を原因とする事故によって生じた損害をてん補する責任を負わない」とし、同条1号～3号で、それぞれ1号「戦争、内乱、暴動その他の事変」、2号「地震、噴火、洪水、津波その他の天災」、3号「原子核反応」と定めた。その理由は、改正前商法640条の「戦争其他ノ変乱」は、保険事故の発生率を高める危険状態であって、正確には、このような危険状態を原因として生じた保険事故による損害について、保険者はてん補責任を負わないという趣旨の規定であるから、この意味を正確に表現することを意図しており、各号は現に行われている各種の保険約款を参考にしたことを明らかにしていた[17]。

　その後、法制審議会保険法部会においては、改正前商法640条の「戦争其他ノ変乱」の内容を明確化する意図で、中間試案段階で「戦争、内乱その他これらに準ずる変乱」との文言が提案された[18]。その他、検討事項として、「地震、噴火その他これらに準ずる天災」を法定の免責事由として掲げるか否かが指摘された。肯定的理由には、これらの事象による損害は実務の約款において典型的な免責事由として定めることが多いことがあげられた。一方で、否定的理由として、地震等の天災には様々な規模のものがあることや個別の契約に委ねれば足りるのではないかという意見があげられた。その後の意見募集においては、中間試案でも賛成意見のほか、テロ行為の被害も除くべきとの意見もみられた[19]。

3 故意・重大な過失の事故招致

　さらに、保険契約者または被保険者が故意または重大な過失によって保険事故を招致した場合の損害を免責することについては、試案段階から、要件の検討がなされた。

　すなわち損保試案641条1項は「保険者は、次に掲げる損害をてん補する責任を

---

　15)　野津・法論235頁。家畜保険・農業保険・機械保険等により漸増することは世界的傾向であるとの指摘、補足説明47頁等参照。

　16)　萩本・一問一答120頁参照。

　17)　損保試案理由書19頁以下。

　18)　中間試案12頁、補足説明47頁。

　19)　別冊商事法務321号163頁。

負わない。(1)保険契約者または被保険者の故意または重大な過失によって生じた損害　(2)保険契約者または被保険者のために保険の目的物を管理する者の故意または重大な過失によって生じた損害。ただし、保険金を被保険者に取得させる目的がなかった場合を除く」。また、同条2項で「保険契約者または被保険者の人道上の理由に基づく行為または保険者との共同の利益の保全のための行為による損害については、保険者は、前項の規定による免責を主張することはできない」と規定した。

　事故招致の主体について、従来は保険契約者または被保険者のみに限定されていたが、試案ではこれらの者と法的または経済的に特別な関係にある者、特に保険契約者または被保険者のために保険の目的物を管理する者についても、保険金の取得を目的とする主観的要件を満たす場合に免責対象としたことが特徴である[20][21]。主体を拡大した理由は、従来からの異論なき学説を踏襲したことがあげられる。なお保険の目的物を管理する者については保険金取得を目的とするような保険事故招致についてのみ保険者が免責されることにすれば十分であるということが指摘された。

　しかし、これに続く法制審議会保険法部会における中間試案では、補足説明において、「被保険者」に保険金請求権の譲受人、質権者等も含まれると解されていることを踏まえ、その範囲を検討する必要性が指摘されていたものの[22]、その主体は保険契約者と被保険者の二者のみに戻された。意見募集・要綱以降も、主体は限定されたままで維持された。

　そのほか、文言修正として、「悪意」が一般に「故意」と同義と解されていることから[23]「故意」へと変更し、「重大な過失」の意義は改正前商法と同様に解釈に委ねられるとして、従来学説として、①注意を著しく欠いていることをいうとする見解、②ほとんど故意に近い不注意をいうとする見解、③大判大正2・12・20（民録19巻1036頁）を紹介している[24]。なお、意見募集では、重大な過失を免責事由から外すことや、「損害の発生のおそれがあることを認識しながらした自己の無謀な行為」などに置き換えることも検討すべきとの意見も示された[25]。

　なお、これらの規定の性質については、中間試案段階より、任意規定とする方向

---

20)　損保試案理由書21頁。

21)　後述の代表者責任論を採用しつつ、保険金目的でないことの反証を請求者に求めている点については自己責任主義であり折衷的立場と評価されている（山野嘉朗〔判批〕判タ1063号74頁（2001）参照）。

22)　補足説明46頁以下。一般に、保険事故の発生前に抽象的な保険金請求権が発生し、被保険者はこの譲渡や質入れをすることができるといわれているとする。

23)　補足説明46頁。

24)　補足説明46頁。

25)　別冊商事法務321号163頁。

§ 17 - V 1　　　　　251

で検討された。このため、法定免責事由のほかに免責事由を約定することも許容される
と解された。反対に、保険契約者または被保険者の故意によって生じた損害をてん補す
る旨の約定が公序良俗に反する場合もあると考えられる。[26]

　要綱段階では、本条とほぼ同様の文言に定まった。

V　条文解説

　本条は、保険事故が発生したとしても、例外的に保険者が損害てん補義務を免れる
法定免責事由を定めている。具体的には、保険契約者または被保険者による故意
または重大な過失で保険事故が招致された場合（責任保険の場合は故意により保険事
故が招致された場合）および戦争その他の変乱による損害の場合に、保険者が損害
てん補義務を免れる旨を示す。

1　保険契約者または被保険者の故意・重大な過失による保険事故招致

(1)　趣旨

　まず、保険契約者または被保険者の故意または重大な過失によって損害が生じた
場合、保険者は損害てん補義務を免れる。その趣旨は、①民法の一般原則によれば、
自己の故意過失によって惹起させた不利益は自ら当然負担すべきこと、②保険事故
は偶然の出来事であることを要するのに対して、保険契約者側の故意過失により招
致された場合の保険事故は偶然性に欠けること[27]、さらに③保険契約者側の故意によ
って保険事故が引き起こされた場合は不法の動機・反倫理性を伴うことが多いこと
から、公序良俗に反すること[28]・危険としてもはや可保険性を有さないこと[29]・政策的
に保険者を免責すべきこと[30]、等がその理由としてあげられる。なお、③に関連して、
保険契約者と被保険者とでは公益に反する意味が違うとする指摘がある[31]。判例にお

---

26)　中間試案12頁、補足説明47頁。

27)　ただし、批判として島谷・前掲注(9)72頁参照。

28)　免責事由とされるのは、故意自体にあるわけではないとする（島谷・前掲注(9)72頁。
　「自動車事故の場合、保険契約者が故意に被害者（被保険者）を死亡に到らしめた場合、被
　害者が保険金の支払を受けても少しも公序良俗に反することはない。ただ、保険契約者と被
　保険者との間に通謀が行われた場合には、保険金請求権の行使を阻止することになる」)。

29)　窪田宏「被保険者の保険事故招致」国民経済雑誌116巻5号57頁（1967）。

30)　倉澤・通論55頁。

31)　山下・保険法369頁参照、すなわち、保険契約者は保険契約当事者間の信義則違反である
　のに対して、被保険者は信義則違反に加えて、保険制度の運営を破壊して社会的に見て不当
　な利得と評価される公益違反とする。

いても複合的な趣旨が示されており[32)]、保険法制定後も同様の議論がみられる[33)]。

(2) 事故招致の主体の範囲

　対象となる事故招致の主体について、本条は明文で保険契約者または被保険者のみを示して、改正前商法641条を維持している。

　これに対して、保険契約者または被保険者以外の第三者が事故招致をした場合にも保険者がてん補義務を免れるか、およびその範囲については、改正前商法と同様に、保険法のもとにおいても、解釈に委ねられたことになる[34)]。

　主体を厳格に限定する見解もありうるが、従来から事故招致をする者は保険契約者または被保険者以外の第三者にも拡張する可能性を認める見解が多かった（自己責任主義・代表者責任論）。

　まず、自己責任主義とよばれる見解がある[35)]。同見解は、原則として、保険契約者または被保険者自身以外の第三者による事故招致は当然には保険者の免責を生じさせない。そのうえで、例外的に、第三者による事故招致については、主体および主観についての一定の要件を満たした場合のみ免責を限定的に認める。すなわち、かかる第三者とは、被保険者と同様に保険の利益を享受する者、経済上または法律上被保険者と特殊の関係にある第三者に限定する。

　さらに、かかる第三者が事故招致をした場合であっても、主観的要件として、保険契約者や被保険者が事故招致に加功したとされない限り[36)]、保険者の免責までには至らないと解された。かかる要件は、改正前商法641条および本条の文理解釈から導かれること[37)]、また免責事由は不法行為や事故不招致義務の不履行などを理由とする帰責理論から考察すべき問題ではないこと[38)]、が指摘される。保険契約者または被

---

32)　たとえば、最判昭和44・4・25民集23巻4号882頁等。

33)　岡田豊基「損害保険契約における法人による保険事故招致免責」神戸学院法学38巻3＝4号213頁（2009）（公序良俗違反と解すべきとの見解）。

34)　保険法コンメンタール60頁［山下典孝］。改正以後の見解として、自己責任主義肯定として岡田・前掲注(33)245頁（法人の保険事故招致の場合の基準として、「ⅰ 保険契約の締結またはその維持・継続について決定する権限を付与されているか否か、ⅱ 保険金の受領または使用について決定する権限を付与されているか否か」をあげる）。

35)　大森忠夫『保険契約の法的構造』280頁（有斐閣・1952）、大森・保険法148頁。批判として、他人のためにする保険契約の場合の保険契約者による事故招致は、保険契約者は利益を受けないことが指摘されている。反論としては、実際上親密関係や立証困難な程度の共謀・黙契等がある場合が多いため例外事由としたこと（大森・上掲『保険契約の法的構造』268頁）があげられる。

36)　西島・保険法249頁、大森・保険法148頁。

37)　西島・保険法250頁。

38)　大森・保険法148頁。免責事由の制度趣旨たる公益に反するか否か、損害てん補契約の自

保険者みずからが、直接に事故を招致した場合に限らず、その悪意または重大な過失により第三者をして事故を招致せしめた場合も含むと解して、第三者が関与した[39]場合に因果関係を拡張できる関与方法や第三者を道具的位置づけにすることを理由とする見解もある。[40]

その他、同様に、第三者の範囲を限定する見解には、その地位に基づいて限定するものも多い。たとえば、代表者責任説と称される見解では、被保険者のために事[41]実上被保険者に代わって危険を管理する地位や被保険者と特殊の関係にある第三者[42]を被保険者の代表者と認め、これらの者による事故招致を被保険者の事故招致の場合と同視して免責事由とする。その理由は、保険契約者が保険の目的物の管理を他人に委ねた場合、危険管理が誠実に実行されなくとも保険者がてん補責任を負うのは不当であることや、保険契約者自ら管理するより第三者が管理する場合を優遇するのは保険契約者間で不均衡であることが示されている。[43]

そのほか、法人が保険契約者ないし被保険者である場合においては、法人の機関や代表者が契約上は第三者であっても、それらの地位にある者による事故招致は法人自身による事故招致と同一と評価できるとする見解（機関説）も類似の結論を導[44]

由の限界として捉えるべきであり、関係から直接的に決まるものではないとの趣旨か（「実際上、保険契約者や被保険者にも共謀・教唆・監督義務懈怠などの事実があることが少なく、しかもその立証が困難こと」等を理由に、特殊の関係者による事故招致を約款で免責することを指摘）。

39) 大森・保険法148頁。

40) ただし、一般責任理論（履行補助者の過失の理論、使用者責任、法人の機関の責任等）の適用を認めると、免責・被保険者の責任が広範囲に及び、免責を例外と位置づけるならば（包括引受主義を採用）明文なく免責の範囲が拡大することになる、被保険者が補助者を雇って管理を強化していた場合に免責とすると被保険者にとり二重の損失となり保険の価値は低くなる旨の指摘（竹濵修「保険事故招致免責規定の法的性質と第三者の保険事故招致(1)」立命館法学170号70頁（1983））。

41) 石田・商法Ⅳ 195頁、坂口光男「保険事故の招致」論叢43巻4＝5号195頁（1970）、坂口光男『保険契約法の基本問題』61頁（文眞堂・1996）、黒沼悦郎「保険事故の招致と保険者の免責」金判933号69頁（1994）、大森説を支持し約款の存在を重視し免責約款につき「特殊な関係にある第三者の行為」と解すべきとする見解として、門馬一徳「第三者の事故招致と保険会社の免責」保険学479号121頁（1977）。批判として、いかなる者が代表者かの基準が不明確であること（竹濵修「会社役員の保険事故招致」損保65巻3＝4号344頁（2004）、吉田健司〔判批〕法曹時報59巻1号168頁（2007））。

42) 坂口・前掲注(41)「保険事故の招致」236頁参照。「保険契約者が危険管理者としての地位を完全に退き、その代わりに保険の目的について事実上危険管理者の地位についた者」を保険契約者の代表者と捉える説を紹介している。

43) 坂口・前掲注(41)「保険事故の招致」219頁以下参照。

44) 出口正義「法人の機関の保険事故招致に関する一考察」損保65巻3＝4号222頁（2004）、

254   §17−Ⅴ1

く。[45]

(3) **判例**[46]

　具体的な事例においても、第三者が保険事故を招致した場合に、保険者が損害てん補義務を負うか否かは判断がわかれる。

　第三者により保険事故が招致された場合において、免責が認められた事例には、①大判昭和18・6・9（新聞4851号5頁）、②東京高判昭和59・10・15（判タ540号310頁）[47]、③札幌地判平成14・8・1（判タ1124号257頁）[48]、④熊本地判平成11・3・17（判タ1042号248頁）[49]、⑤最判平成16・6・10（民集58巻5号1178頁）[50]があげられる。第三者が保険契約者ないし被保険者に教唆されたり（①）、同一ないし準じた地位とみなさ

　　河森計二「法人の機関による保険事故招致について」保険学603号29頁（2008）（約款になければ原則保険者は免責されないとする）。批判として、法人の機関による行為を法人の行為とするには、代表権限内で法人の名においてなしたものであることを要するが、機関が法人の名において事故招致をなす権限を有することは考えにくいこと等があげられる（大森・前掲注(35)『保険契約の法的構造』282頁参照）。

45)　そのほか、動機説においては、原則として法人の機関による事故招致を免責事由とするが、法人側によって当該機関が法人に保険金を取得させる目的を有しなかったことを立証したときは、免責が否定される。批判として、法人契約の場合に誰が有する動機なのかを決する必要があること（出口・前掲注(44)213頁）、個人契約の場合には、被保険者自身の保険事故招致について保険金取得の目的や動機の有無を問わないのに、被保険者が法人の場合に動機を問題とするのは均衡を失すること（吉田・前掲注(41)168頁）。

46)　損害保険契約における保険者の免責に関するもの。生命保険に関する主たる事例は、最判昭和42・1・31民集21巻1号77頁、最判平成14・10・3民集56巻8号1706頁（法人による保険事故招致免責に関する規定が置かれていた場合に関する実質的基準について判示）。

47)　ほぼ事実認定のみ。

48)　出口正義〔判批〕ジュリ1284号141頁（2005）、堀井智明〔判批〕法学研究77巻10号111頁（2004）。

49)　山野嘉朗〔判批〕判タ1063号71頁（2001）。

50)　山下典孝「破産会社の取締役による保険事故招致免責の可否」NBL 799号41頁（2004）、加瀬幸喜「破産会社の取締役による保険事故招致」ひろば59巻3号65頁（2006）、吉田・前掲注(41)159頁、梅村悠〔判批〕損保67巻1号283頁（2005）。

　　1審（大阪地判平成9・1・20判タ1031号206頁）は、「当然に会社と取締役間の委任関係は終了せず、従前の取締役がその事務の執行にあたると解される。……破産宣告を受けた後もその取締役としての地位を失っておらず」本件免責条項の法定代理人に該当するから、免責の抗弁は理由があるとした。

　　原審（大阪高判平成11・9・30判タ1031号203頁、山下典孝〔判批〕金判1093号54頁（2000）、吉川栄一〔判批〕損保62巻3号197頁（2000）、福島雄一「破産会社の取締役による保険事故招致と保険者の免責」行政社会論集14巻1号17頁（2001）等）は、「保険契約者または被保険者が会社の場合には、取締役は会社の意思決定に自ら関わり、または業務執行に関わり、あるいは少なくともこれを監視し、さらにはこれらを通じて保険の目的の維持管理に関わり、通常は、保険の利益を受けるとも考えられる点で、保険契約者、被保険者または

れる場合（③、④）、第三者が保険契約者ないし被保険者のなかにおいて代表取締役という地位にあった場合（②、⑤）などがみられる。

反対に、保険者免責が認められなかった事例として、⑥大判昭和7・9・14（民集11巻1815頁）[51]、⑦大阪地判平成21・3・27（判時2045号139頁）[52]がある。特に、法人の機関の地位にあっても保険金給付目的とは異なる目的（自己の犯跡の隠蔽）であったこと（⑥）、第三者が保険事故を招致した場合でも保険契約者兼被保険者に一定の主観的要件が満たされていないこと[53]（⑦）を理由に、保険者は免責されないと結論づけている。

(4) 主観的要件─故意・重大な過失

保険契約者または被保険者は、故意または重大な過失によって損害を生じさせることを要する。

故意とは、改正前商法641条における「悪意」と同じ意味であり、「自己の行為が一定の結果を生ずべきことを知り、且つこれを容認する心理状態」[54]、「自己の行為が保険事故を生じさせることを知りながらその行為をなすこと」[55]、「自己の行為が保険事故を生じさせることを知りながら当該行為をなすこと」[56][57]と表現され、結果発生を意欲する確定的故意と、結果の発生を意欲するのではないが結果の発生を認容する未必の故意[58]の双方を含む[59]。そのほか、結果発生の蓋然性が低くこれを認容した場合は故意に該当せず、結果発生の蓋然性が高くこれを認識していた場合に故意に該当するとする説もある[60]。さらに、用語使用の統一的観点から、刑法における故意と同

その法定代理人とほとんど同視できる立場にあるから、取締役が招致した損害について一定の限度で免責されるものとすることに合理的理由がないとはいえない」「本件免責条項が前提とする前記のような取締役とはその性格が著しく異なる」として法定代理人に含まれないとした。

51) 田中耕太郎〔判批〕法協52巻5号986頁（1934）。

52) 西原慎治〔判批〕法学研究82巻11号148頁（2009）。

53) 同事案では、第三者と保険契約者兼被保険者とに共謀がないこと、保険契約者兼被保険者自身に保険金詐取の意図がないこと、第三者がいわゆる保険契約者兼被保険者の履行補助者あるいはこれに準ずる地位にあったとは認められないことを理由に、免責が否定された。

54) 基本法コンメンタール240頁［中西正明］。

55) 青山・前掲注(7)243頁。

56) 基本法コンメンタール240頁［中西正明］。

57) 保険法コンメンタール57頁［山下典孝］。

58) 認識ある過失（事故招致者が事実を認識しているにもかかわらず軽率に損害発生はありえないと確信した場合）とを区別する。西島・保険法252頁。

59) 弥永真生「故意による事故招致免責条項に関する一考察」損保56巻1号17頁（1994）、基本法コンメンタール240頁［中西正明］。

一の意味とすべき点も主張される。[61]

　保険契約者ないし被保険者の故意によって損害が引き起こされた場合は、信義則や公序良俗違反に該当することからその防止を制度趣旨としている。

　また、故意がなくとも、重大な過失によって損害を生じさせた場合は、保険者は免責される。重大な過失とは、一般民事法上、ほとんど故意に近い著しい注意欠如の状態をさし、相当の注意をなさず容易に違法有害な結果を予見し回避することができた場合に漫然としてこれを看過して回避防止しないような故意に近い注意を欠く状態とされ[62]、保険法においてもこれを踏襲したとされる。[63]

　その趣旨は、重過失のような危険性の高い行為により惹起された事故は、モラル・ハザードとなる可能性が高く抑止する必要性もあるし、一般的な保険契約者からみれば保険金が支払われることに対して抵抗感があるものと考えられ、故意と同視して防止すべきものだからである。[64]

(5)　主観的要件の対象

　では、保険契約者または被保険者は、認識・認容の対象として、どのようなことを認識している必要があるか。保険事故の原因事実を発生させることで足り、必ずしも保険金取得の意思や損害発生までの認識は必要としない見解[65]、保険事故の原因事実についての認識・認容の程度は、損害発生の蓋然性の高低との相関関係で決定するとの考えから、原因行為から損害が発生する蓋然性の認識・認容を対象とする見解[67]、保険金を詐取する意図まで必要とする見解などにわかれる。ただ、保険者が例外的に保険金の支払を免れる範囲はどのようなものとして合意されているのか、

---

60)　山下友信「故意の保険事故招致免責規定と未必の故意」ジュリ854号73頁（1986）。

61)　萩原一正『『故意』による事故招致」共済と保険41巻7号66頁（1990）。

62)　①大判大正2・12・20民録19輯1036頁参照。そのほか①判決を引用するものとして、失火責任に関する②最判昭和32・7・9民集11巻7号1203頁、③最判昭和57・7・15民集36巻6号1188頁・江頭憲治郎〔判批〕法協101巻6号973頁（1984）、保険法コンメンタール59頁〔山下典孝〕参照。

63)　基本法コンメンタール240頁〔中西正明〕、江頭・商取引法468頁は「重過失は故意に準ずる狭い範囲に限定」するとする。補足説明46頁参照。

64)　山下・保険法363頁。

65)　山下友信〔判批〕損保百選〔第2版〕124頁。

66)　大森・保険法148頁、青山・前掲注（7）243頁参照。

67)　落合誠一〔判批〕ジュリ1018号129頁（1993）、弥永・前掲注(59)28頁参照、原因行為による損害発生の蓋然性を基準とし、蓋然性が高い場合は損害発生についての故意がなくても原因行為に対する故意があれば免責、低い場合は原因行為に対する故意があっても損害発生に対する故意がなければ免責されないとする。

68)　黒沼・前掲注(41)65頁。

§ 17-V 2 , 3   257

当事者の意思解釈が重要と考えられる。[69]

2 「戦争その他の変乱」

(1) 制度趣旨

戦争その他の変乱による損害について保険者が免責される理由は、平均危険率の算定が困難であること、高率となり高額の保険料となり不適当であることという技術的理由が大きい。[70]すなわち、著しく高度な異常な危険であるため、保険者が通常の保険料では引き受けない、算定できないということである。

(2) 意義

その他の変乱とは、戦争に準ずるような大規模な革命や大規模な暴動といった大きな争乱状態をさし、一過性のテロ行為や人災的なテロが起こったという場合は除かれる。[71]

ただ、その判断基準は不明確である。立法過程でも指摘されたように（前述Ⅳ2参照）、天災・テロなどを含め付保される危険が過大である事象の具体例が増加している。保険制度の役割は、経済主体に存する共同の危険・不安への対応であるから、各時代の要請と保険技術上の可能性によりその範囲は変化すると考えられる（現行法のもとにおいても、後述4規定の性質において、本免責事由を任意規定と解することにより、範囲を広く解することは可能である）。

3 責任保険契約における免責

責任保険とは、被保険者が所定の事故のために他人の生命もしくは身体を害し、またはその財物を滅失、毀損もしくは汚損したことによって生じた法律上の損害賠償義務を負うことによって被る損害をてん補することを内容とする契約である。[72]

本来的には加害者となるおそれのある者の自衛手段であり、自己の賠償資力確保の必要性、[73]被保険者の賠償後の生活維持、被害者保護の必要性[74]などを理由に、一定の分野では加入が強制される[75]

---

69) 最判平成5・3・30民集47巻4号3262頁参照。傷害の故意で死亡の結果を生じさせた場合において保険者の免責を否定した。

70) 倉澤・通論55頁。

71) 保険法コンメンタール60頁［山下典孝］。

72) 遠山聡「責任保険契約」甘利=山本・論点と展望176頁。

73) 遠山・前掲注(72)177頁。

74) 倉澤・通論106頁、遠山・前掲注(72)177頁。否認見解の根拠につき言及するものとして、野津・法論548頁。

75) 遠山・前掲注(72)177頁。

このような保険契約の構造から、他の損害保険契約と異なり、故意による事故招致の場合のみ保険者免責がなされ、重過失による事故招致の場合は保険者が免責されず、被害者の救済や生活保護が優先されると解される。[76]

4　規定の性質

本条は、片面的強行規定に入っていないが、一律任意規定と解することが可能かという問題がある。いかなる免責事由をおくかは個々の保険商品性にかかわる。強行規定ないし片面的強行規定とした場合、損害保険契約の内容が硬直化すること、保険契約者による商品選択自由が奪われること[77]などからは、任意規定とも考えられる。

しかし、一方、各事由は、免責とされる趣旨・根拠が異なるため、自ずから各規定の性質も異なりうる。[78]

まず、戦争その他の変乱による損害は、負担の多大さ・危険率の算定困難さから規定されているため、原則として免責、例外的に保険料計算の基礎に影響を及ぼさないなどの客観的な条件を充たす場合に限定して、保険金の一部を支払う旨の特約が可能である。[79]

これに対して、故意・重過失による事故招致は、これらを放置すれば、犯罪行為の助長・財産の粗略的扱いを生じさせ、秩序・経済上不利益が生じる。さらに、保険制度全般の偶然性を欠き、さらには大数の法則も崩れること等から、強行規定であり、これに反する約定は公益に反して無効と解される。[80]

VI　今後の展望

本条は、保険者が損害てん補責任を免責されるべき事由を列挙している。改正前商法と同一であるため、実務上の影響はないと考えられる。しかし、故意または重大な過失による事故招致（ないし損害発生とそのてん補）に対する保険者の免責は、保険制度の偶然性・射倖性を担保して、モラル・ハザードを防止する役割を担っている。その法的性質に関する解釈を再考するとともに、その故意過失の内容は具体的な事案を積み重ねるべきであり、また約款や保険商品設計における免責事由の設

---

76)　補足説明67頁参照。
77)　萩本・一問一答121頁。
78)　青山・前掲注（7）286頁参照、改正前商法640条（戦争危険）は特約を許すが、同法641条は特約を許さないとする。
79)　萩本・一問一答121頁（注3）。
80)　基本法コンメンタール242頁［中西正明］。

§18-Ⅰ

定の仕方には注意する必要があろう。

〔金尾　悠香〕

（損害額の算定）
第18条　①　損害保険契約によりてん補すべき損害の額の（以下この章において
「てん補損害額」という。）は、その損害が生じた地及び時における価額によって算
定する。
②　約定保険価額があるときは、てん補損害額は、当該約定保険価額によって算定す
る。ただし、当該約定保険価額が保険価額を著しく超えるときは、てん補損害額は、
当該保険価額によって算定する。

改正前商法第638条　①　保険者カ填補スヘキ損害ノ額ハ其損害カ生シタル地ニ於ケ
ル其時ノ価額ニ依リテ之ヲ定ム
改正前商法第639条　当事者カ保険価額ヲ定メタルトキハ保険者ハ其価額ノ著シク過
当ナルコトヲ証明スルニ非サレハ其填補額ノ減少ヲ請求スルコトヲ得ス

【条文変遷】　ロエスレル草案690条・691条・692条、明治23年商法629条・630条・632条、
　　　　　　　明治32年商法393条・394条、改正前商法638条1項・639条
【参照条文】　保険法9条・23条
【外国法令】　ドイツ保険契約法55条、フランス保険法典L. 121-1条、イタリア民法典
　　　　　　　1908条、スイス保険契約法62条、ヨーロッパ保険契約法原則第8-101条2
　　　　　　　項・第8-103条

Ⅰ　概　　要

　損害保険契約において、保険者は保険事故によって生ずることのある損害をてん
補する義務を負っており（2条6号）、その前提として、てん補すべき損害額がいく
らとなるか具体的に算定する必要性が生じる。そこで、本条（18条）は、原則的な
てん補損害額の算定方法、および、例外として約定保険価額がある場合のてん補損
害額の算定方法について定める。
　すなわち、てん補損害額の算定方法・算定基準は、損害発生地および損害発生時
における価額によって算定する（本条1項）。また、本条は、保険者と保険契約者が
保険契約締結時にてん補価額を事前に一定額（約定保険価額）に約する保険契約
（約定保険契約ないし評価済保険）が適法であることを前提として、かかる約定保険

価額があるときは、てん補損害額は当該約定保険価額によることも規定する（本条2項）。ただし、当該約定保険価額が保険価額を著しく超えるときは、てん補損害額は、当該保険価額によって算定する（本条2項但書）。

　これらは、算定方法に関する改正前商法638条1項と評価済保険に関する639条を原則として維持しており、約定保険価額が保険価額より著しく高い場合には保険価額によることを明確にしつつ、保険者の証明責任についての文言が削除されている。

Ⅱ　沿　　革

　損害保険契約における損害の算定方法は、明治23年商法においては、保険契約につき一元論をとっており、629条「被保険利益ハ被保険物ノ普通価額ヲ以テ限トスルヲ通例トス　若シ其利益カ此価額ヲ超過ス可キトキハ特ニ之ヲ明約スルコトヲ要ス」（圏点―筆者）、630条「被保険物ノ価額ハ使用ニ供スル動産ニ在テハ修繕又ハ新調ノ費用ニ依リ商品ニ在テハ損害又ハ喪失ノ生シタル時及ヒ地ニ於ケル市場代償ニ依リテ之ヲ定ム[1]」としていた。その特徴は、算定基準を、保険の目的物を自己使用と商品としての動産とに区別して、前者は再調達価格、後者は市場価格を意識して定めた点にある。

　その後、明治32年商法393条および394条以降、改正前商法と同一文言になるに至った。

Ⅲ　改正前商法

　改正前商法は、損害額の算定について、638条1項で「保険者カ填補スヘキ損害ノ額ハ其損害カ生シタル地ニ於ケル其時ノ価額ニ依リテ之ヲ定ム[2]」と規定していた。その内容については、本条と同一であるため、後述Ⅴの条文解説を参照されたい。

Ⅳ　立法過程

　立法過程において、改正前638条1項は、変更を加えられず[3]、また法制審議会保

1）　その他、633条「保険セラレタル債権ノ価額ハ債務額ニ利息及ヒ取立費用ヲ合算シタル額トス」。
2）　638条2項は、てん補損害額の算定費用について、「前項ノ損害額ヲ計算スルニ必要ナル費用ハ保険者之ヲ負担ス」と規定した。保険法23条1項1号に独立・吸収された。
3）　損保試案理由書17頁参照。

§18-Ⅳ1,2 261

険法部会においても中間試案・意見募集・要綱を通じて一貫して同条を維持して、本条制定へと至る。ただし、約定保険価額がある場合の算定方法について明確化することが意識され、また算定にかかる費用負担（改正前商法638条2項）は損害防止費用とともに保険法23条に独立していくことになる。

1　算定基準の原則

まず、中間試案では、改正前商法638条1項は、てん補すべき損害額の算定基準を示すものにすぎないといわれており[4]、改正前商法は、規定の性質を任意規定とすること、いわゆる新価保険（保険の目的物の再調達価額によって損害額の算定をする旨の約定をいう）等も許容されることを示した[5]。

また、実務上の一般的な現状として、「特段の定めがない限り、全損の場合には目的物の評価額、分損の場合には修理費用等の額に基づいて算定するのが一般的」としている[6]。

2　約定保険・評価済保険

これに続き、約定保険・評価済保険については、かかる当事者間での合意が有効であることを前提として、改正前商法639条を実質的に維持して、算定基準に関する例外として、保険者のてん補すべき損害額は約定保険価額により決定されることを、中間試案段階から明らかにしてきた[7]。

一方で、約定保険価額が保険価額と比して著しく過当であった場合は、てん補損害額が、約定保険価額ではなく、保険価額による算定へと戻されることが予定された。そのなかで、規定方法について、①保険者が過当であることを証明する責任を負うことを規定するか否か、②効果は、保険者の保険契約者に対するてん補損害額減額請求という形式をとるか否か、さらに③てん補損害額が減額された場合、保険契約者はこれに対応する保険料返還請求ができるか否か、について見解が分かれた。

特に、②③の保険者のてん補損害額に関する減額請求権が認められる範囲、その場合の保険契約者側の保険料返還請求については、約定保険価額が保険価額を著しく超えていなかった期間については保険の利益を受けたと考えられることから保険料返還を認めないとするなど、減額請求の範囲が検討されたが、結局削除された[8]。

---

4)　補足説明37頁。
5)　中間試案9頁。
6)　補足説明37頁。
7)　補足説明37頁参照。
8)　補足説明37頁参照。

262   §18-V 1

その理由には、物の価額は変動することなどから、保険契約者が事実上どの範囲で保険の利益を受けていたかを事後的に計算することは極めて困難と判断されたことによる[9]。

　なお、規定の法的性質については、約定保険価額が著しく過大である場合において、保険者の損害額減額請求を禁止することは利得禁止原則に反することから、当該請求権は強行規定であるし、保険契約者保護の観点から、保険契約者の保険料減額請求権は片面的強行規定とすることが検討された。

　その後、意見募集の結果については、大要に賛成意見が多数であったが、約定保険価額が保険価額に比して過大である場合については、「保険契約締結後に発生した事由により」という文言を追加すべきとの意見や保険料減額請求権について反対意見がみられ、要綱段階で削除されるに至った。

V　条文解説

　損害保険契約が保険事故の発生によって生じる損害をてん補することを目的としていることから、損害額の算定方法を明らかにすることによって、これを具体的に可能とするための現実的・客観的算定基準を規定した。なお、損害保険契約の定義規定における保険者の義務たる「損害のてん補」の内容に関連して、被保険利益（保険事故が生ずることによって被保険者が損害をこうむるおそれのある利益）を金銭に評価した額が保険価額であり、保険者が支払う保険金額は保険価額の範囲内にとどまる[10]（保険金額が保険価額を超過する場合については§9解説V参照）。

1　損害額の算定基準に関する原則

　保険者がてん補すべき損害の額は、原則として、損害が生じた地におけるその時の価額によって定まる[11]。

(1)　趣旨

　損害額の評価が、かかる抽象的な規定にとどまっている理由には、すべての保険の目的物についての適正な基準を法律上明記・列挙することは困難であること、厳密に損害額を算定することも困難であること、迅速な保険給付の必要性に対応すべ

---

　9)　萩本・一問一答123頁(注4)。

　10)　倉沢・通論62頁。

　11)　算定基準に合理性が認められるとして、改正前商法を実質的に維持する（萩本・一問一答122頁）。

きこと、などがあげられる[12]。

(2) 要件・実際の算定

損害額の算定の原則は、損害発生の地におけるその時の価額を基準とする[13]。

一方で、その文言に抽象性があり、具体的にどのような方法で損害額を算定するかについては特段の規定がない。このため、任意規定と解することから、実務上は、保険価額を緩やかに解して、当事者が自由に選択することができると解されている[14]。かかる厳密には実損てん補といえないような場合についても、約定保険も認められることから、利得禁止原則に反しない範囲で社会通念に照らして損害てん補の枠を逸脱しない範囲で行われるものであるかぎり、許容されると解される[15]。

なお、保険価額不変更主義（運送保険契約の保険価額（改正前商法670条1項））や評価済保険は、本条の例外とする[16]。

2 約定保険 (評価済保険)

本条1項の例外として、2項は、約定保険価額があるときの損害額算定の基準について規定する。すなわち、①当事者の合意によって約定保険を締結しうること、②約定保険価額がある場合、損害の算定は当該約定保険価額が優先されること、しかし③約定保険価額が保険価額を著しく超える場合は、その価額が制限されて保険価額による算定に戻ること、を明確に規定した。

(1) 約定保険の意義・趣旨・沿革

約定保険（評価済保険）とは、当事者が保険契約時に保険価額を一定額に定めた保険契約のことをさす。

損害保険契約が実損てん補を目的とするところ、約定保険は、保険事故発生前に決定された任意の額たる保険価額の額でてん補を予定されることから、損害の実損額以上に被保険者が利する可能性がある。この点、約定保険契約を認める必要性として、損害発生後における損害額の算定は一般に困難を伴うこと、保険価額の未確定にともなう関係者の不安の除去、事故発生後の損害額の評価に関する紛争の事前

---

12) 損保試案理由書17頁参照。

13) 萩本・一問一答123頁（注1）参照。「物保険だけを規律の対象とするのではなく、責任保険契約や費用保険契約などを含めた損害保険契約一般についてのデフォルト・ルールであることを明らかにするため」とする。

14) 補足説明37頁、大串＝日生・解説保険法221頁［藤井誠人］参照。

15) 損保試案理由書17頁参照。なお、具体的な算定方法例として、基本法コンメンタール237頁［田辺康平］参照。

16) 大森・保険法155頁。

回避、保険金支払額の迅速な確定のための合理的処理制度であること、当事者の意思を尊重すること、等があげられ、保険価額の協定に拘束力を認めるとされる。[17]

一方で、約定保険価額への抑制として、利得禁止原則の趣旨があげられ、下記のとおり、約定保険価額が保険価額に比して著しく過当である場合には、規制がされることになる。

(2) 約定保険における損害額算定基準

約定保険価額がある場合、保険者のてん補損害額は約定保険価額となる。約定保険価額を定める必要性や利便性のほか、契約の内容であるから、契約当事者間において、「協定価額をもって保険価額とし、その保険関係で保険価額が問題となるすべての場合において協定価額を損害額の算定の基礎とする旨の拘束力ある合意が成立したこと」を要する。[18]

(3) 約定保険価額が保険価額より著しく過当である場合 (例外)

一方で、約定保険価額が保険価額と比較して著しく過当である場合、約定保険価額は排され、保険価額によって算定されることとなる。

その要件たる「保険価額を著しく超えるとき」とはいかなる場合か。社会通念に従って決まるとされ、具体的には、単に約定した価額が保険価額を上回っているだけでは足りず、公序良俗に反する程度に極端に保険価額を超過している場合に限定されると解される。[19]その理由は、保険契約が不労利得を禁止して、実損をてん補する契約であり、利得禁止原則がはたらくからであり、かつ、厳格な保険価額の算定は困難であるため、これを回避する目的で約定保険が認められているからでもある。

次に、約定保険価額が保険価額に比して著しく過当であった場合、事故発生時の現実の価額を基準として保険金支払額を決定できるところ、どのような手続や権利を伴って、損害額が保険価額の範囲まで限定されることになるのだろうか。[20]

改正前商法639条においては「……保険者ハ其価額ノ著シク過当ナルコトヲ証明スルニ非サレハ其塡補額ノ減少ヲ請求スルコトヲ得ス」としていたことから、本要件を充当しているかの立証責任は保険者が負い、かつ、保険者に損害てん補額減額請求権 (形成権) が認められると解されてきた。[21]これに対して、保険法においては、

---

17) 倉澤・通論63頁、西島・保険法144頁（協定の拘束力が改正前商法639条により絶対的なことでないことを根拠に、損害てん補原則の量的例外ではないとする）、補足説明37頁参照。

18) 小町谷・各論(1)155頁、単に保険金額を定めただけでは保険金額をもって協定価額になったとは認められない。

19) 西島・保険法144頁。

20) 保険価額の減少範囲について、西島・保険法145頁参照等。

21) 大森・保険法150頁参照、改正前商法において、保険者が減額請求権を行使しなかった場

単に「算定する」という文言へ修正されていることから、当該保険契約および過当部分の効力・算定をする場合の手続については、見解がわかれうるが、基本的に約定の効力が失われ、てん補損害額は保険価額によって算定することは明確にしている。[22]

3 規定の性質

本条1項および2項本文は、任意規定である。損害てん補額算定につき、本条と異なる約定も有効である。たとえば、契約締結時や特定期日における価額によって算定する等の約定が考えられる。これに対して、本条2項但書は、利得禁止という公序に関する規定であることから強行規定と解するべきである。[23]

VI 今後の展望

今後に残された問題として、以下のことが考えられる。

まず、約定保険価額が保険価額より著しく過当であった場合に、保険契約者に保険者に対する保険料減額請求権が認められるかがあげられる。本条は、損害額の算定について定めたが、立法過程において、保険者の損害額減額請求権という形式を削除し、保険契約者の保険料減額請求権も立法が見送られた。広義の超過保険について、保険法は、本条のほか、9条・10条で規律している。9条によれば、超過部分を含め、約定保険の全部が有効である。保険契約締結後に保険価額が著しく減少した場合、保険契約者に約定保険価額について、減少後の保険価額に対応するまでの保険料の減額請求権を認める（10条）、これに対して、保険契約締結前から約定保険価額が保険価額を著しく超えていた場合についてはその効力は無効であるのか、あるいは9条に基づき有効であるとした場合、本条を適用して実際の保険者のてん補損害額は保険価額に限定されるのに、保険契約者の保険料減額請求権は明文がなく、保険契約者の権利について、保険契約締結後に保険金額が著しく過当になった場合（10条適用）との公平さが問われる。[24]

合、その過当な保険価額を含む保険契約は有効であるのかは不明確であった。なお、中間試案段階でも、保険者による形成権として構成することが考えられていた（補足説明10頁参照）。

22) 土岐孝宏「一部保険、超過保険、評価済保険、利得禁止原則」落合=山下・理論と実務158頁。

23) 萩本・一問一答123頁。

24) 第21回議事録31頁。

第2に、損害保険契約の損害てん補は、現物給付も認められているところ（2条1号・6号）、現物との価格比較をいかに検討するか、損害額と現物価額に乖離がある場合は、約定保険・新価保険または超過保険として対処するか、より詳細に検討する必要がある。

第3に、新価保険との関係が考えられる。新価保険とは、保険事故発生時における時価ではなく、再調達価額を保険価額として、保険者の支払うべき保険金の額を定める保険である。保険法には新価保険に関する明文はないところ、実損以上の金額を支払うことになるため利得禁止原則違反の可能性が指摘されながらも、その効力は、約定保険価額を再調達価額や再取得価額とする本条2項約定保険の一類型として許容されるか、改正前商法と同様の課題となろう。

〔金尾 悠香〕

（一部保険）
第19条 保険金額が保険価額（約定保険価額があるときは、当該約定保険価額）に満たないときは、保険者が行うべき保険給付の額は、当該保険金額の当該保険価額に対する割合をてん補損害額に乗じて得た額とする。

改正前商法第636条 保険価額ノ一部ヲ保険ニ付シタル場合ニ於テハ保険者ノ負担ハ保険金額ノ保険価額ニ対スル割合ニ依リテ之ヲ定ム

【条文変遷】 ロエスレル草案700条、明治23年商法639条、明治32年商法391条、改正前商法636条
【参照条文】 保険法9条
【外国法令】 ドイツ保険契約法75条、フランス保険法典L. 121-5条、イタリア民法典1907条、スイス保険契約法69条、ヨーロッパ保険契約法原則第8-101条2項・第8-103条

---

25) 大串＝日生・解説保険法221頁［藤井誠人］。
26) 大串＝日生・解説保険法221頁［藤井誠人］、大森忠夫「新価保険の適法性」法学教室第1期6号43頁以下（1963）参照。
27) 山下・保険法405頁。
28) 大串＝日生・解説保険法222頁［藤井誠人］は、「18条1項の規定を排除する特約と考えているようにも解釈できる」としている。

I 概　　要

　保険の分類方法に、全部保険と一部保険がある。全部保険が保険価額の全部を付
保する場合であり保険金額と保険価額が一致する保険であるのに対し、一部保険と
は、一般に、「保険価額の一部を保険に付したる場合」、すなわち、保険金額が保険
契約の目的の価額（保険価額）に達しない場合[1]の保険をさす。

　本条（19条）は、一部保険における保険者の責任につき、比例てん補の原則（比
例てん補主義・比例按分主義）を規定する。改正前商法636条を基本的に維持したも
のと評価されている。

II 沿　　革

　商法は、その創成期より、一部保険の存在意義を認めてきたが、他方で、一部保
険における保険金額の決定方法は、論争になってきた。

　まず、ロエスレル草案700条は「保険利益ノ額ニ達セサル保険ハ其保険額ト保険
利益額トノ比例ヲ以テ有効トス　但別段ノ約定アル者ハ此限ニ存ラス」と規定した。
かかる保険を有効とする理由について、全額賠償は高価であるために、賠償額の一
部分について保険を受けることを禁ずるものではないことを説明する[2]。保険給付の
決定方法については、諸説を紹介するにとどまっていた。

　これに対して、明治23年・32年商法では保険給付の算定方法についても明文化し
ている。明治23年商法639条が「保険スルコトヲ得ル利益ノ額ニ満タサル保険ノ場
合ニ在テハ其残余ノ額ニ付キ被保険者ヲ自己ノ保険者ト看做シ被保険者ハ其額ノ割
合ニ應シテ損害ヲ負担ス　但別段ノ契約アルトキハ此限ニ在ラス」、つづく明治32
年商法391条[3]が、「保険価額ノ一部ヲ保険ニ付シタル場合ニ於テハ保険者ノ負担ハ保
険金額ノ保険価額ニ対スル割合ニ依リテ之ヲ定ム」と規定するに至り、以後同一文
言が保険法制定前まで維持されてきた。これらは、「一部保険の効力を規定」した
ものと位置づけられ、超過保険における超過部分に対する契約と対比し、これを有
効とする[4]。かかる規定をおいた趣旨には、実務に適合することや、付保した以外の

　1）　西島・保険法168頁、鈴木辰紀「一部保険と比例塡補原則」損保27巻3号70頁（1965）等。
　2）　ロエスレル・113頁。
　3）　修正案時には390条。修正案理由書327頁。
　4）　柳川勝二『改正商法［明治44年］正解』（法令審議会事務局・1916、日本立法資料全集別
　　　巻226、信山社・2002〔復刻版〕）506頁、青木徹二『〔増訂改版〕新商法釈義』（同文館・

残額についてはいわゆる自己保険になるものであり、被保険者自らがその割合において保険者と共同保険をしているのと同一の理解になるのであるから、その付保割合に応じて損害を負担すべきことが公平に資することが指摘される[6]。なお、本条は当事者の意思を推定して、これを補充したにすぎないことから、特約を可能として、任意規定である旨が解説された[7]。

Ⅲ　改正前商法

改正前商法636条は、明治32年商法を継受した。その内容は、保険法においても基本的に維持しているため、後述Ⅴの条文解説を参照されたい。

Ⅳ　立法過程

1　保険法制定前試案

保険法制定前の損保試案段階から、同636条で「保険金額が保険事故発生の時における保険価額よりも少ない場合（以下、この場合の保険を一部保険という。）には、保険者は、保険金額の保険価額に対する割合で、損害をてん補する責任を負う」と規定して、改正前商法に実質的変更を加えることには消極的であった。すなわち、一部保険の場合において、比例てん補原則がとられることが広く認められていることが指摘される[8]。ただ、同試案においては、改正前商法の規定からは、一部保険か否かを判断する基準時が不明確であることから、これを保険事故発生時として明確にした。保険事故発生時としたのは、一部保険か否かは、保険事故発生時における損害てん補額算定で問題になるためである。

2　法制審議会保険法部会の審議

これに引き続き、保険法部会においても、原則として改正前商法636条を維持す

　　1915）、青木徹二『商行為論〔第4版〕』（有斐閣・1910）365頁参照。
5）　柳川・前掲注（4）507頁。
6）　堀田正忠＝柿崎欽吾＝山田正賢『商法講義　下巻』（大阪製本印刷・1899、日本立法資料全集別巻198、信山社・2001〔復刻版〕）980-981頁、岸本辰雄『商法講義4巻』37頁以下（講法会出版・1895）参照。
7）　柳川・前掲注（4）507頁。
8）　損保試案理由書15頁参照。

る方向性にありながらも、中間試案段階から、検討事項として、①法的性質の検討、②一部保険における損害てん補額の算定方法を比例按分主義とすることの問題再考、③保険金額を上限とする損害全部てん補主義への転換の必要性が示された[10]。特に、②③については、比例てん補方式（A案）と保険金額上限の全部てん補方式（B案）の提案がなされている。特に、比例按分主義の算定方法を消費者へ説明することが困難である旨が指摘され、このために事実上、新価契約で実損型の保険を販売している状況が報告されている[11][12]。これに対して、比例按分主義を維持しようとする見解には、消費者の期待は保険金上限の全部てん補でも解消されないこと、保険金額を上限としても、全損の場合には不足額が発生する可能性もあること、全部保険に相当する保険料を負担する場合と一部保険に相当する保険料を負担する場合の保険契約者間の公平を図るべきこと、比例按分主義を採用する諸外国の立法例も指摘された[13]。

　そのほか、折衷的提案として、結局、任意規定であって特約と消費者への説明を付せば足りる旨、その説明における規定方法を明示すればよいということが示され、規定の性質は任意規定とすることで両者は解決できるとする傾向にあったことがみてとれる。

　これらは、要綱にも引き継がれ、比例てん補方式が維持されることになった[14]。

V　条文解説

1　趣旨・意義

　一部保険とは、保険価額の一部を保険に付す場合である。

　一部保険が認められる根拠は、損害保険契約において、保険価額の全部を付保するか否かは保険契約者の自由な決定に委ねられる点にある。特に、一部保険の必要性として、保険契約者側からは付保を一部に限定することにより保険料の節約が期待できることや、保険者側からは、被保険者に自己負担部分を残存させることによ

---

9)　中間試案10頁。

10)　部会資料（4）5頁。

11)　第3回議事録26頁、補足説明38-39頁参照。

12)　鈴木・前掲注（1）84頁は、旧来から、比例てん補主義の問題点として、消費者の理解不足・物価が上昇した場合の保険金額の調整等をあげていた。

13)　ドイツ保険契約法75条、スイス保険契約法69条2項、イタリア民法典1907条（ドイツ法は片面的強行規定に入ってない。いずれも「別段の特約がない限り」との明文あり）参照。

14)　要綱6頁。

270 §19-Ⅴ2,3

り被保険者の保険事故発生や損害発生に対する注意力の減殺の防止を期待すること
等があげられる。

　以上から、一部保険は、原則として、被保険者による損害の一部を自己負担する
旨の当事者合意であることに基づく。このため、当事者が全部保険の意図であった
場合や保険契約締結時の保険価額評価の誤りであったことにより一部保険となって
しまった場合等の問題が生じる。

2　要件─判断基準時

　一部保険か否かの判断基準時は、本法のもとでは明文化されず、改正前商法と同
様に解釈に委ねられる。保険価額が常に変動することから、その判断基準時につい
ては、保険契約締結時とする見解と保険事故発生時とする見解がある。[15]前者は改正
前商法636条の「付シタ」という文言を重視する。これに対して、後者は、本条が
損害額算定に関するものであり、[16]一部保険は効力の問題ではなく現実に発生した損
害のうちどの部分を保険者の責任とするかを決定する手続であることから、事故発
生時を基準とするのが妥当なこと、損害保険契約の保険期間は短く契約締結時と保
険事故発生時に時間差が少ないため、事故発生時に一部保険であれば締結時にも一
部保険であった蓋然性が高いこと、[17]などを理由にあげ、本法のもとでも支持されて
いる。[18]

3　効果─比例てん補方式

　一部保険における保険者の負担は、保険金額の保険価額に対する割合をてん補損
害額に乗じて決定される。いわゆる、比例てん補方式である。[19]

(1)　比例てん補原則の根拠[20]

　まず、当事者合意を根拠とする見解は、当事者が契約締結当初から保険価額の一

---

15)　大森・保険法155頁、野津・法論414頁、中西正明発言「シンポジウム　損害保険契約法の
　　改正」私法36号60頁（1974）、西島・保険法169頁。

16)　基本法コンメンタール237頁［田辺康平］は、「損害額を定めるについては、保険価額の算
　　定が必要であるが、それも損害発生の地におけるその時の価額による」とする。

17)　西島・保険法169頁。

18)　保険法コンメンタール65頁［小林登］。

19)　「てん補損害額」とは、損害保険契約によりてん補すべき損害の額であり（18条1項括弧
　　書）、常に保険事故により生ずる「損害額」と一致するわけではないところ、端的に保険の
　　目的物に生じた「損害額」に乗じるとすることを提示する見解もある（潘・概説119頁参照）。

20)　鈴木・前掲注（1）71頁は、「衡平の理念」と説明されることが多い根拠につき、保険者と
　　被保険者間か被保険者相互間の公平を意味するかという問題提起と学説整理を行う。

部のみを付保する意思であり、残額については被保険者が自家保険者であったものとみなすことができ、保険者と被保険者との共同保険となることを主張する。

また、保険制度の点から、一部保険において収受される保険料は実損てん補に必要なコストや真の危険に見合うに十分ではないという保険の技術的側面[21]、保険の目的物の各部分にはすべて付保割合にて保険が付されていると考えられること[22]、があげられる。

(2) 一部保険のてん補額の算定方法

具体的には、一部保険における保険者のてん補額は、保険事故により生じた損害額に、保険金額の保険価額に対する割合（付保割合）を乗じて算定する[23]。たとえば、保険価額1000万円であるところ、保険金額を600万円として保険契約を締結したところ、500万円の損害が発生した場合、てん補は損害額500万円×（保険金額600万円／保険価額1000万円）により表され、300万円となる。

①全部保険における全損は保険金額全額の支払いとなり、②全部保険における分損は、原則として発生した損害額全部のてん補であるのに対して、上記のように③一部保険においては全損・分損を問わず、損害額に保険金額の保険価額に対する割合を乗じて得た金額がてん補額となる。

なお、契約上は一部保険であったが、保険価額が実際は著しく過当であったために超過保険の状態であった場合に、真実の保険価額を基準として超過保険として扱った事案がある[24]。

4　法的性質

本条の法的性質は、解釈に委ねられるが、任意規定と解され（26条参照）[25]、特約によって排除すること、異なる約定を締結することができる。特約の例としては、てん補額を、実損てん補・全部てん補とする特約などがありうる[26]。

---

21)　西島・保険法169頁、鈴木・前掲注（1）73頁・77頁、伊沢・保険法154頁参照。

22)　基本法コンメンタール235頁［田辺康平］。この点、鈴木・前掲注（1）では、ここでいう「保険料」については、保険料決定の技術的基礎が、伝統的には全部保険を前提としていることを指摘するものとしてライザーの学説を紹介している。（同75頁）。

23)　基本法コンメンタール235頁［田辺康平］。

24)　大判昭和16・8・21民集20巻1189頁、石井照久〔判批〕法協60巻3号532頁（1942）。付保割合に応じた結論について、当時ドイツ保険契約法57条「保険金額が協定保険価額より少きときは、その協定が真実の保険価額を著しく超過する場合と雖も保険者は保険金額の協定額に対する割合に依ってのみ損害につき責任を負う」を解釈論として採用したと評価して正当としている。

25)　保険法コンメンタール65頁［小林登］。

Ⅵ 今後の展望

本条は、改正前商法を継受しており実務への影響はないと考えられる[27]。ただし、依然として、分損の場合の比例按分主義について消費者の理解を高めるための対応と適切な説明が必要とされていると考えられる[28]。

〔金尾 悠香〕

（重複保険）
第20条 ① 損害保険契約によりてん補すべき損害について他の損害保険契約がこれをてん補することとなっている場合においても、保険者は、てん補損害額の全額（前条に規定する場合にあっては、同条の規定により行うべき保険給付の額の全額）について、保険給付を行う義務を負う。
② 二以上の損害保険契約の各保険者が行うべき保険給付の額の合計額がてん補損害額（各損害保険契約に基づいて算定したてん補損害額が異なるときは、そのうち最も高い額。以下この項において同じ。）を超える場合において、保険者の１人が自己の負担部分（他の損害保険契約がないとする場合における各保険者が行うべき保険給付の額のその合計額に対する割合をてん補損害額に乗じて得た額をいう。以下この項において同じ。）を超えて保険給付を行い、これにより共同の免責を得たときは、当該保険者は、自己の負担部分を超える部分に限り、他の保険者に対し、各自の負担部分について求償権を有する。

改正前商法第632条 ① 同一ノ目的ニ付キ同時ニ数箇ノ保険契約ヲ為シタル場合ニ於テ其保険金額カ保険価額ニ超過シタルトキハ各保険者ノ負担額ハ其各自ノ保険金額ノ割合ニ依リテ之ヲ定ム
② 数箇ノ保険契約ノ日附カ同一ナルトキハ其契約ハ同時ニ為シタルモノト推定ス
改正前商法第633条 相次テ数箇ノ保険契約ヲ為シタルトキハ前ノ保険者先ツ損害ヲ負担シ若シ其負担額カ損害ノ全部ヲ塡補スルニ足ラサルトキハ後ノ保険者之ヲ負担ス

---

26) そのほか、「第一次危険保険」（鈴木・前掲注（1）72頁）、「付保割合条件付き実損塡補特約」（判例コンメンタール632頁）参照。
27) 大串＝日生・解説保険法228頁［藤井誠人］、武田俊裕「超過保険・一部保険」甘利＝山本・論点と展望109頁。
28) 武田・前掲注(27)112頁参照。

§20-Ⅰ・Ⅱ　　　　　　　　　　　　　　　273

改正前商法第634条　保険価額ノ全部ヲ保険ニ付シタル後ト雖モ左ノ場合ニ限リ更ニ
保険契約ヲ為スコトヲ得
　(1)　前ノ保険者ニ対スル権利ヲ後ノ保険者ニ譲渡スコトヲ約シタルトキ
　(2)　前ノ保険者ニ対スル権利ノ全部又ハ一部ヲ抛棄スヘキコトヲ後ノ保険者ニ約シ
　　　タルトキ
　(3)　前ノ保険者カ損害ノ塡補ヲ為ササルコトヲ条件トシタルトキ

【条文変遷】　ロエスレル草案697条・698条、明治23年商法637条・638条、明治32年商法
　　　　　　387条・388条、改正前商法632条・633条・634条
【参照条文】　保険法9条
【外国法令】　ドイツ保険契約法59条、フランス保険法典L. 121-4条、イタリア民法典
　　　　　　1910条、スイス保険契約法53条・71条、ヨーロッパ保険契約法原則第8
　　　　　　-101条2項・第8-103条

Ⅰ　概　　要

　一般に、広義の重複保険とは、同一の保険の目的物について、保険事故、被保険
利益および保険期間を共通にする数個の損害保険契約が併存する場合をさす[1]。その
中でも、各損害保険の保険金額の合計額が保険価額を超える超過重複保険を狭義の
重複保険という。同一の保険の目的物について、単に複数の損害保険契約が存在す
るのみならず、狭義の重複保険の場合は超過保険となるため、その法的規制の方法
が問題となる[2]。
　まず、保険法は、従来商法における同時重複保険（改正前商法632条）と異時重複保
険（同633条）による二分類を廃止した。次に、重複保険の効果および保険金支払の
処理方法については、従来商法が按分主義と契約締結順の優先負担主義をとってい
たのに対して、保険法はすべての保険者が全額支払をなした後に保険者間で求償権
を認めることによって保険金を処理することへと改正した。

Ⅱ　沿　　革

　重複保険の概念は、ロエスレル草案時からあり、697条で「既ニ全価額ニ係リ保
険ヲ受ケタル利益ヲ更ニ保険ニ付シタルハ無効トス　但最初ノ保険ノ無効或ハ無験

---

1)　大森・保険法108頁、保険法コンメンタール69頁［小林登］。
2)　保険法コンメンタール69頁［小林登］等。

ナルトキ又ハ被保険者ノ棄損其他ノ方法ヲ以テ結了シタルトキハ此限ニアラス」、
698条で「同時ニ於テシ或ハ各保険者ノ了知承諾ヲ以テ時ヲ異ニシ同一物品ノ同一
利益ニ係リ重複ノ保険ヲ受ケタルトキハ前條ヲ以テ論スヘカラサルモノニ限リ各保
険額ノ比例ヲ以テ各保険有効トス　但総保険額若シ保険利益ノ額ヲ超過スルトキハ
右ノ割合ヲ以テ各保険額ヲ低減ス可シ」と規定していた。

Ⅲ　改正前商法

1　趣　旨

改正前商法において、規制対象は、狭義の重複保険であり、超過保険の特殊な場
合と位置づけされる[3]。

その根拠は、重複保険において、各契約を個別的にみれば超過保険でなくても、
結果として被保険者が現実に受けた損害額を超える保険金を取得することになり、
道徳的危険の予防・公序良俗の維持のために規制を必要とすると解される[4]。ただし、
政策的な規制であるため、実際上の弊害を防止すれば足りる[5]。

これに対して、損害保険契約の本質より、複数個の保険契約が組み合わさること
によって超過部分が生じた場合、当該部分は被保険利益を欠くことから、従来商法
の超過保険規制（改正前商法631条）と比べれば、超過部分の契約は無効と解される可
能性がある[6]。その他、超過保険一般と同一の規制理由として、利得禁止原則に反し
て賭博の危険性を生じさせたり保険事故招致の危険性が高まったりすること、保険
契約者が高い保険料を支払わなければならなくなり、その保護に欠けることなどが
あげられる。

2　同時重複保険・異時重複保険

まず、改正前商法は、複数の保険契約が同時に締結されたか、または異なるとき
に締結されたかによって、条文をわけていた。すなわち、前者を同時重複保険とい
い改正前商法632条で規律して、後者を異時重複保険といい同633条で規律をした。

3）　倉澤・通論64頁、西島・保険法156頁。広義の重複保険は、数個の有効な一部保険が併存し
　　ているだけであり、格別問題ないとされる（大森・保険法108頁、西島・保険法156頁参照）。
4）　西島・保険法156頁参照。
5）　鴻常夫「重複保険論」『損害保険論集―損害保険事業研究所創立四十周年記念』（損害保険
　　事業研究所・1974）33頁。
6）　ただし、超過部分の無効は超過保険の規定（改正前商法631条）から導くが、重複保険の
　　場合、数個の保険契約からなっていることから、どの契約の部分が無効となるかについて問
　　題となると指摘される（倉沢・通論64頁参照）。

その対象は、重複保険契約である。要件は、複数の保険契約が締結され、契約内容が、同一の目的物・同一の被保険利益・同一の保険事故・同一の保険期間が定められ、保険金額の合計が保険価額を超過していることを要する。[7] 超過重複保険において超過しているか否かを判断する判断基準時は明文がなく、解釈に委ねられていた。[8][9]

3　効　　果

狭義の重複保険契約が生じた場合、契約自体の効果について明文はないが、各契約の保険者の損害額の分担方法について、同時重複保険と異時重複保険とに区別して規定されていた。

(1)　同時重複保険（改正前商法632条）

同時重複保険の場合は、各保険者の負担額は、按分主義がとられる。すなわち、保険金額の合計額に対する保険金額の割合を保険価額に乗じた額にとどまる。また、各契約は独立した契約であるから、保険者間に連帯責任はないと解される。

(2)　異時重複保険（改正前商法633条）

異時重複保険の場合は、契約締結順序による優先負担主義がとられる。すなわち、複数の保険契約のうち、先に締結された保険契約の保険者がまず損害を全部負担し、その後、当該負担額だけでは損害てん補額に不足して、損害のすべてはてん補できない場合に、後に締結された保険契約の保険者がこれを負担する。

(3)　事後的な超過保険の発生

同時重複保険も異時重複保険も、契約締結当初には保険金額の合計が保険価額を超過していなかったにもかかわらず、保険価額の減少により事後的に超過保険となった場合については、改正前商法637条による保険価額の著しい減少に関する規定の対応によらざるを得ないものとされた。ただし、その効果については、保険契約

---

7)　当事者については、同一保険者、異なる保険契約者が含まれていても対象とされる。同一保険者であっても、各契約における細目の条件が異なる場合や、異なる支店での別個の複数保険契約がありうる実務があることから、同一保険者との間の保険契約も対象となる（西島・保険法156頁参照）。また、異なる保険契約者との間での契約も、保険契約者は保険金を受け取って得得する立場にはないため、これも対象とされる（大森・保険法109頁参照）。

8)　なお、異時重複保険契約においては、明文では、保険金額の合計が保険価額を超過している状態にあることは規定されていなかったが、原則として一部保険に関する規定（改正前商法636条）に従えばいいところ、あえて異なる条文で規定してあることから、異時重複保険においても狭義の重複保険と解される（基本法コンメンタール232頁［田辺康平］）。

9)　超過保険について、勝呂弘「保険評価額」損保33巻3号6頁（1971）、野津・法論410頁等。

者の保険者に対する保険金額および保険料の減額請求を認める見解[10]、これに対して、かかる見解のもとでは保険契約者が保険価額の変動に注意を払わなければならないため、保険契約者保護に資するかは疑問とする見解にわかれた[11]。

Ⅳ　立法過程

　この後、保険法制定にあたっては、損保試案以降、重複保険の規制方法を大幅に変えることが検討されてきた[12]。

　法制審議会保険法部会においては、中間試案段階から、重複保険における保険者の対応を変更させることを検討していた。第1に、各保険者と被保険者との関係を規律したうえで、第2に保険者間の関係を規律することで、損害てん補を適切に行えるように整備をした。

　まず、重複保険とは、「二以上の保険者が同一の保険の目的物に発生した保険事故によって同一の被保険者に生じた損害をてん補する責任を負う場合には、各損害保険契約における保険金額の合計額が保険価額を超えるとき」と定義をして、その効果・対応としては「各保険者がてん補すべき損害の額は、各損害保険契約に基づき当該保険者がてん補すべき損害の額（以下「独立責任額」という）」とした。そのうえで、一の保険者が自己の負担部分（各自の独立責任額の割合に応じて損害額を按分した金額をいう）を超えて損害のてん補をしたときは、他の保険者に対して各自の負担部分について求償できるとした[13]。

　この後、要綱段階で、保険法と同様の規定となった[14]。

Ⅴ　条文解説

1　趣旨・意義

　本条は、重複保険を規律するものである。規律対象となる重複保険とは、同一の保険の目的につき、保険事故・被保険利益・保険期間を同一にする複数の損害保険契約が締結され、各保険金額の合計額が保険価額を超える場合をいう。このような場合、各保険契約を個別にみれば問題は生じないが、当該保険の目的物をめぐる契

---

10)　鴻・前掲注（5）27頁。
11)　西島・保険法158頁。
12)　損保試案理由書8頁。
13)　中間試案10-11頁参照。
14)　要綱6頁参照。

§20-Ⅴ2,3 277

約状況全体をみれば複数契約による超過保険状態が作出されていることになる。このため、超過保険と同様に、超過部分については被保険利益がないこと・超過部分について被保険者に保険金を支払った場合、被保険者に不労利得を生じさせ、モラル・ハザードの危険性があること・超過部分についての保険価額と保険料の調整を必要とすること、などから規定の検討を要するものである。

2 重複保険・原則―被保険者と保険者

まず、規制対象となるのは、損害保険契約においててん補すべき損害に対して複数の保険契約が成立している場合である（本条1項）。一の保険者との間であっても、複数の保険契約によって成立していれば対象となることは、従来の学説を踏襲している。

かかる複数の契約において、各保険者は、被保険者に対して、各保険契約に従い、てん補損害額の全額について保険給付責任を負う。従前は、複数の保険契約を全体としてみて各保険者が按分比例した保険給付を行っていたのに対して（比例按分主義）、本条においては、各保険契約を独立したものとして扱い、他保険契約に関係なく、保険者は独立して損害のてん補義務を負うことに改正された（独立責任主義）。

3 重複保険と超過状態―保険者間の調整

さらに、本条2項は、同一の保険目的物に対して、複数の損害保険契約の各保険者が行うべき保険給付の額の合計額がてん補損害額（各損害保険契約に基づいて算定したてん補損害額が異なるときは、そのうち最も高い額。以下この項において同じ）を超える場合、すなわち狭義の重複保険契約として、全体が超過保険状態になっている状態を調整する。

かかる狭義の重複保険契約の締結自体を認める趣旨は、契約成立後に保険価額が上昇する可能性を見込んで保険を備える必要性があげられる[15]。一方で、本条1項が、各保険者に独立責任を負わせたことに伴い、ある保険者が自己の負担額を超えて被保険者に損害をてん補した場合、他の保険者との公平を図る必要性がある。

これを解決するため、法は、重複保険契約においては、各保険者に自己負担額があることを明らかにする。自己負担額は、他の損害保険契約がないとする場合に各保険者が行うべき保険給付の額の合計額に対する割合をてん補損害額に乗じた額である。ある保険者が自己負担額を超えて被保険者に損害をてん補した場合は、他の保険者に対しても共同の免責を得られる。そして、自己負担額を超えて支払った場合は、各保険者の自己負担額に応じて、これを求償できることとした。

---

15) 補足説明40頁参照。

4 具体的計算例

　たとえば、保険価額1000万円の建物について、保険者Aが保険金額1000万円、保険者Bが800万円、保険者Cが200万円の損害保険契約を締結していた場合に、800万円の損害が発生したとする事案を想定する。この場合、独立責任額はAが800万円・Bが640万円・Cが160万円となり、自己負担額はAが400万円・Bが320万円・Cが80万円となる。

5 規定の性質

　本条は任意規定と解される（26条参照）。1項においては、各保険者がてん補すべき損害額について自由に決定する内容の約定が許される[16]。一方、2項においては、各保険者に求償範囲を異にするような内容の約定が考えられ許される。ただし、各保険者間における求償権に関する約定になることから、一の保険者と保険契約者が、他の保険者の求償権に関する約定をしたとしても、他の保険者がこれに拘束されることはない[17]。

VI 今後の展望

　残された問題として、立法過程では検討されたが、結局制定されなかったいくつかの事項があげられる。

　まず、保険者は他保険契約の締結状況に関する情報をどのように取得するか。立法過程においては、保険者が保険契約者または被保険者に対して、他保険契約に関する情報（他保険契約の内容・保険金支払の有無等）に関する通知を求めることができるようにすることが検討された[18]。しかし、通知を欠いた場合の効力などが検討事項とされたまま見送られた。各保険者は、他保険の有無を告知事項とするほか、改正保険法後の約款では事故発生時に他保険の通知義務を設けることで対応している。

　次に、保険契約者に保険料減額請求権が認められるか。独立責任主義を採用したことを重視して、各保険契約を考えれば、すべての保険料に該当する責任を各保険者が負っているため、返還対象となる保険料がないことになる。しかし、重複保険全体としてみて、一の保険者が他の保険者に対して求償などを行った場合、いずれ

---

16) 補足説明41頁参照。

17) 補足説明42頁参照。たとえば、求償権の行使や求償範囲の制限などを盛り込むことが考えられる。

18) たとえば、中間試案10頁(注2)参照。

かの保険者に支払った保険料から超過部分に該当する保険料が生じうる。それにもかかわらず、本条においては複数の契約が全体として超過状態を作出するのみであるため、その調整に関する明文がない。9条の超過保険に関する取消権の類推適用の可否は、保険契約者保護の観点から検討の必要があろう[19]。

　また、任意規定としたことにより、保険者ごとに重複保険における損害てん補の算定方式を決定したり、保険契約者・被保険者が一の保険者に対してのみ損害てん補請求権を放棄したりすることが考えられる。かかる場合においても、求償が可能かは疑問である。

　そのほか、保険契約者ないし被保険者が、重複保険を締結することにより、不法に利得を取得しようとした場合など、保険契約者側の主観に基づいた規制はない[20]。近年の保険契約の簡易化・多様化・複雑化により、保険契約者が意図せずして重複保険になるケースが少なくないことが指摘される一方[21]、保険契約者ないし被保険者が、不労所得の企図、利得禁止原則への違反をするといったモラル・ハザードの発生可能性も非常に高い。しかも、個々の保険契約自体は超過状態になっていないため、秘匿しやすい。これらが発覚した場合の対応を、上記第1点目の他保険契約を多数締結している保険契約者についての情報収集をどのようにするかとあわせて、実務において、告知義務違反による解除や重大事由による解除などで対応できるか検討を要する。

　以上、重複保険において、適切な保険契約者・被保険者と保険者との関係、保険者間の求償を運用するために、諸制度の活用と実務上の保険者間の協力体制は不可欠といえる。

〔金尾　悠香〕

---

19)　松村太郎「超過保険・重複保険」金澤・新たな展開120頁。

20)　損保試案634条参照。かかる場合に、保険契約を無効とする案を提示していた。

21)　松村・前掲注(19)120頁参照。かかる点からも第一点目における保険契約者側と保険者との間での他保険契約を含めた情報共有方法の構築は重要といえる。

（保険給付の履行期）

第21条 ① 保険給付を行う期限を定めた場合であっても、当該期限が、保険事故、てん補損害額、保険者が免責される事由その他の保険給付を行うために確認をすることが損害保険契約上必要とされる事項の確認をするための相当の期間を経過する日後の日であるときは、当該期間を経過する日をもって保険給付を行う期限とする。

② 保険給付を行う期限を定めなかったときは、保険者は、保険給付の請求があった後、当該請求に係る保険事故及びてん補損害額の確認をするために必要な期間を経過するまでは、遅滞の責任を負わない。

③ 保険者が前2項に規定する確認をするために必要な調査を行うに当たり、保険契約者又は被保険者が正当な理由なく当該調査を妨げ、又はこれに応じなかった場合には、保険者は、これにより保険給付を遅延した期間について、遅滞の責任を負わない。

【条文変遷】 新設
【参照条文】 保険法52条・81条、民法412条
【外国法令】 ドイツ保険契約法14条、ヨーロッパ保険契約法原則第6-104条

I 概　　要

　新設規定である。改正前商法には、保険金の支払時期に関する規定はなかったため、後述のように民法の原則により規律されていた。保険法では、期限を定めた場合と定めなかった場合に分けて保険給付の履行期につき民法の特則を規定している。保険契約者等の説明義務・協力義務については法定されなかったが（§14解説V5参照）、保険契約者等の調査妨害・不協力があった場合には、それにより調査が遅延した期間につき保険者が遅滞の責任を負わないことが3項に定められている。なお、1項と3項は、片面的強行規定（26条）である。

II 沿　　革

　ロエスレル草案では、総則や損害保険には規定がないが、生命保険に関する保険金の支払時期につき規定があった。その後、明治23年商法は同草案を継受したが、明治32年商法では、そのような規定はなくなった（§52解説II参照）。

Ⅲ 改正前商法

1 解釈

改正前商法には、保険金の支払時期について特別の規定が定められていなかったため、民法の原則により規律されていた（民法412条）。保険金債務の履行期については、保険金債務を期限の定めのない債務と解する見解と不確定期限のある債務と解する見解[2]に分かれていた。期限の定めのない債務（同条3項）であれば保険金請求権者による請求時から履行遅滞となり、不確定期限のある債務（同条2項）であるとすれば、債務者たる保険者が期限到来すなわち保険事故の発生を知った時から履行遅滞となる。不確定期限のある債務と考えた場合には、損害保険では保険事故の発生を知っただけでは具体的な履行はできず、損害の査定等によって債務の中身が確定して初めて履行が可能になるので、保険金債務の履行期は債務発生の時期とは異なり、保険者が被保険者の損害の発生とその損害額を知ったときと解される[3]。通常、保険者が保険事故の発生を知るのは、保険契約者側から通知を受けてからになるため、保険事故の発生のみで履行期になることは少ない。ただし、保険事故の発生によって保険金請求権が具体化したときには、その通知や保険金請求がなくとも、その事実を知った以上、保険者が保険金支払義務を履行しなければ当然に遅滞に陥る。期限の定めがない債務と解すると、その債務が発生するといつでも履行を請求できるが、債務者の履行遅滞となるためには、債権者の催告を必要とする。一般には、期限の定めのない債務とする見解が多かった。

2 実務

損害保険の場合、保険金を支払うには保険事故発生の確認に加えて支払保険金額を確定するための損害額の調査も必要になり、一定の時間がかかることになる。そこで、損害保険会社では一般的に「当会社は、保険契約者または被保険者が約款所

1） 田辺康平「保険金債務の履行期、履行遅滞の生ずる時期および消滅時効期間の始期」損保56巻2号4頁（1994）、肥塚肇雄「保険約款の支払猶予期間及び調査期間の意義」奥島孝康教授還暦記念第2巻『近代企業法の形成と展開』556頁（成文堂・1999）、竹濵修「保険金支払債務の履行遅滞」立命館法学304号101頁（2005）、山下・保険法533頁。

2） 倉澤康一郎「責任保険金債務の履行期」田辺康平先生還暦記念『保険法学の諸問題』50頁（文眞堂・1980）、笹本幸祐「保険金支払債務の履行期・遅滞責任発生時について―最判平成9年3月25日民集51巻3号1565頁を素材として」福岡大学法学論叢44巻3＝4号549頁（2000）、大澤康孝「保険金請求手続、保険金債務の履行期と消滅時効」中西喜寿・70-72頁。

3） 倉澤・前掲注（2）50頁。

定の手続をした日からその日を含めて30日以内に、保険金を支払います。ただし、当会社が、この期間内に必要な調査を終えることができないときは、これを終えた後、遅滞なく、保険金を支払います」といった内容の約款の定めを置いていた。

この約款規定につき最判平成 9 ・ 3 ・25（民集51巻 3 号1565頁）〔火災保険〕は、本文については「猶予期間の経過により保険金支払の履行期が到来することを定めた保険金支払時期についての約定と解することができる」としたものの、但書については、「文言は極めて抽象的であって、何をもって必要な調査というのかが条項上明らかでない」などの理由をあげ「保険契約者等の法律上の権利義務の内容を定めた特約と解すること」ができないとし、保険者は損保約款本文の定める30日経過により履行遅滞責任を負うと判示した[4]。判決の指摘する問題点を受けとめて速やかな約款の改正がのぞまれたが、その趣旨を踏まえた十分な対応はされなかったという指摘がある[5]。

Ⅳ　立法過程

1　保険法制定前試案

保険金の支払時期につき提案はなかった。

2　法制審議会保険法部会の審議

保険金の支払時期については、Ⅲで述べたように改正前商法に明文の規定はなく、解釈論や約款の定めに委ねられていたが、保険法部会では、これを明文で定めることを提案した。

(1)　第 1 読会（第 4 回会議）

第 1 読会においてなされた提案は、まず、①保険者は、被保険者から保険金の支払の請求があったときは、直ちに、保険金を支払わなければならないとし、②①に規定する場合において、「一定の調査をする必要があるとき」は、保険者は、①の規定にかかわらず、その必要な調査が終了した後、直ちに、保険金を支払わなければならないという規律を設けることである[6]。そして、検討事項としては、 2 点あげている。まず、 1 点目は、「一定の調査をする必要があるとき」として、損害保険

---

4)　このような約款但書の効力については、この判決があるものの、判例の傾向は定まっていず、学説における議論も錯綜しているとするものに山下=米山・解説462-466頁［後藤元］。

5)　大串=日生・解説保険法87頁［千葉惠介］。実務の対応については市川典継「保険給付の履行期」甘利=山本・論点と展望129頁(注20)参照。

6)　この提案に関する事務局の説明によれば、最判平成 9 年の趣旨を尊重しているかのようで

契約においては、保険事故および損害の有無、免責事由の存否、支払うべき保険金の額、告知義務違反による保険契約の解除等の当否等の調査が客観的に必要となるときがこれにあたると考えられるが、どうか。2点目として、規定の性質（任意規定か強行規定か）について、どのように考えるかである。[7]

(2) 第2読会（第9回会議）

第1読会での議論を受けて第2読会では、事務当局から期限の定めの有無により規律内容を区別する提案がなされている。まず、①保険金の支払について期限の定めがないときは、保険者は、保険金の支払の請求を受けた後、損害の確認のために通常必要な期間が経過するまでは、遅滞の責任を負わないものとする。そして、②保険金の支払について期限の定めがある場合において、その期限が「合理的な期間」を超えるときは、保険者は、その「合理的な期間」を経過した時から、遅滞の責任を負うものとする。最後に、③被保険者または保険契約者が保険金の支払のために必要な調査を故意に妨げ、またはこれに欠くことのできない協力を正当な理由なく拒み、これによってその調査が遅延することとなったときは、その遅延した期間について、保険者は、遅滞の責任を負わないものとする。そして、これらの問題点として3点あげている。まず、1点目は、②の「合理的期間」については、たとえば、保険金の支払の請求があった日から一定の日数とし、これを明示することも考えられるが、この点についてどのように考えるか。2点目として、③について、被保険者等が免責事由の存否等に関する調査を妨げ、またはこれに不可欠な協力を拒んだ場合を含めるべきか、それとも、損害の確認を妨げ、またはこれに不可欠な協力を拒んだ場合に限るべきか。3点目として、①の場合において、①の期間が経過する前に損害の確認を終了したときは、その時から保険者は遅滞の責任を負うものとすべきか。また、②の場合において、期限が経過する前に保険金の支払のために必要な調査が終了したときは、その時から保険者は遅滞の責任を負うものとすべきか。(注)として第1読会と同様に、規律の性質につきなお検討するとした。[8]

保険金支払義務は、一般に特別の定めがない限り、期限の定めのない債務であるといわれており、この場合、民法412条3項により保険金の支払の請求があった日の翌日から保険者は履行遅滞の責任を負うことになると考えられる。第1読会の①

あるが、提案②は同最判によって効力を実質的に否定された損保約款但書に類似しており、最判平成9年によって効力を否定された損保約款但書の内容を法律で定めることによって同最判の判示内容を覆す趣旨であるとも考えられるという指摘がある（後藤元「新保険法における保険金支払債務の履行遅滞」生保論集165号102-103頁（2008））。

7) 部会資料（5）1頁。
8) 部会資料（10）8頁。

は、民法412条3項と同一の規律であると考えられることから第2読会ではあげないこととしたが、実質的な変更は意図していない。②は、第4回会議および第6回会議において、保険金の支払のための調査が必要な場合でも、保険者がいつまでも履行遅滞の責任を負わないのは不合理であるとの指摘や、30日の猶予期間は認めうるとしても、その後は保険者は遅延損害金を支払うべきであるとの指摘等を踏まえたものである。実務の約款における保険金の支払時期の定めも、期限の定めに該当するとする見解があると部会資料では補足されている。[9]

「通常必要な期間」と「合理的な期間」については、事務当局から個別ではなく契約や保険事故の種類によってスペシフィックに考える点では共通しているが、期限の定めがない場合は損害の確認に絞っているのに対し、合理的な期間の場合は、期限の定めを尊重しており何日ということもありうると説明されている。[10]

(3) **中間試案**

中間試案は、第2読会の提案を維持している。①は、確認の対象に保険者が証明責任を負うこととなる事項（免責事由の存否等）を含めないこととして②の場合との区別をしている。②の期限の定めには、一律に支払の期限を定めるもののほか、場合を分けて支払期限を定めるものも含まれるとする。また、確認の範囲を明確にするため、期限の定めがない場合については損害の有無のほか保険事故の発生、損害の額も確認対象とし、[11]期限の定めがある場合は、「保険金の支払に当たり」必要な確認とした。そして、期限の定めがない場合について、「通常必要な期間」を「必要な期間」に、期限の定めがある場合については「合理的な期間」を「相当な期間」に変更した。なお、補足説明において「必要な期間」は、個々の保険金の請求ごとに必要な期間が判断されるのに対し、「相当な期間」は個々の保険金の請求ごとに判断するのではなく、契約の種類、保険事故の内容やその態様、免責事由の内容等に照らして、その類型の保険契約において相当な期間と認められるかどうかによって判断されることを前提としているとする。[12]検討事項としては「相当な期間」に関し一定の日数を法定するか否か、そして、①を任意規定とし、②および③を片面的強行規定とする方向でよいかということがあげられた。

パブリックコメントでは、中間試案の方向性に賛成の意見が多かった。[13]

---

9) 部会資料(10)9-10頁。
10) 第9回議事録40頁。
11) 第9回議事録31頁で「損害の確認」に関してなした説明を明確化したもの。
12) 補足説明44頁。
13) 別冊商事法務321号162頁。

(4) 第4読会から保険法の見直しに関する要綱まで

第4読会では、期限の定めがある場合の「相当な期間」は、具体的な日数を規定しないものとする方針が示され、「相当な期間」を超えることの証明責任を被保険者としつつ、保険契約で定めた期間が相当なものであることの証明の現実の必要性は、保険者にあるものという事務当局の考えが示された。[14]

第4読会後、要綱案第1次案では、まず、期限の定めがある場合とない場合の順番が逆になった。その上で期限の定めがある場合につき、保険事故、てん補すべき損害、保険者が免責される事由その他の保険金の支払をするために確認をすることが必要な事項に関する損害保険契約の定めに照らして、当該期限が当該事項の確認をするための相当の期間を経過する日後の日であるときは、当該期限の定めのうち当該期間を経過する日後に係る部分は、無効とするものとするとした。これは契約で定めた期限は短縮する方向にのみ働くものであることを明確にし、遅滞の責任を負うということは、すでに履行期は到来していることが前提であることから端的にそのことを明らかにしたものである。[15]

第2次案では、後半部分が「当該期間を経過する日をもって保険給付を行う期限とするものとする」に変更された。[16] また「保険金の支払」から「保険給付」へ表現が変更されたが、これは金銭の支払もあれば現物給付もあることから言葉の統一がなされたことによる。[17]

(5) 国会における審議

国会における審議の結果[18]、衆議院および参議院の法務委員会において、それぞれ保険給付の履行期につき以下の附帯決議がなされた。

① 衆議院法務委員会の附帯決議（平成20年4月25日）抜粋

　　4　保険給付の履行期については、保険給付を行うために必要な調査事項を例示するなどして確認を要する事項に関して調査が遅滞なく行われ、保険契約者等の保護に遺漏のないよう、約款の作成、認可等に当たり十分に留意すること。

② 参議院法務委員会の附帯決議（平成20年5月29日）抜粋

　　1　保険給付の履行期に関して、保険者による支払拒絶事由等の調査及び支払いの可否に関する回答が迅速かつ適正に行われるべき体制を確保すること。

---

14) 部会資料(20) 3頁。
15) 部会資料(23) 9-10頁。
16) 部会資料(26) 7-8頁。
17) 第23回議事録13頁。
18) 各議院での審議経過、その検討については後藤・前掲注(6)113-117頁参照。

2 保険法第21条第1項、第52条第1項及び第81条第1項における「相当の期間」に関しては、これらの規定の趣旨を踏まえ、契約類型ごとに確認を要する事項を具体的に示すなどした約款を作成するよう指導監督するものとし、その際、現行約款が規定する損害保険契約にあっては30日、生命保険契約にあっては5日、傷害疾病定額保険にあっては30日の各期限が「相当の期間」の1つの目安となることを前提に、その期限を不当に遅滞させるような約款を認可しないこと。

V 条文解説

1 趣旨・法的性質

改正前商法には、保険給付の履行期に関する規定がなかったことから、保険契約に民法の履行期に関する規定（民法412条）が適用されていた。しかし、保険契約の性質上、保険者は、保険給付をすべき事由について必要な調査を行った上でなければ保険給付を行うことができないため、保険者が行うべき調査に必要な合理的な期間については、保険者は遅滞に陥らないこととするのが相当である。他方、保険契約には、保険事故の発生後、迅速に保険給付が行われるべきであるという要請もあるため、両方の要請を満たすよう、本条は履行遅滞の時期に関する民法の特則を設けたものである。[19]

2 保険給付を行う期限を定めた場合

⑴ 期限を定めた場合

民法の一般原則によれば、約款で保険給付を行う期限を定めた場合には、保険者は少なくともその期限が経過するまでは遅滞の責任を負わないことになる（民法412条1項）。これに対し、本条1項は民法の特則として、保険給付を行う期限を定めた場合であっても、その期限が保険契約上必要とされる事項の確認をするための相当の期間を超える場合には、その相当の期間を経過する日をもって保険給付を行う期限とし、約定の期限が到来する前であっても保険者は遅滞の責任を負うものとしている。

なお、約定の期限が相当の期間よりも前に到来した場合、相当の期間まで保険給付の履行期を延長することを許容する規定ではない。[20]

---

19) 萩本・一問一答69頁。児玉康夫「保険給付の履行期」金澤・新たな展開42-43頁参照。
20) 第19回議事録19頁参照。

§21-Ⅴ2　　　　　　　　　　　　　　　　　　　287

　1項の「期限を定めた場合」に該当するには、通常、約款に保険給付を行う期限を定めていることが必要となる。そのような定めの例としては、「保険金の支払いの請求があった日から○日以内とする」といった一律に期限を定めるもののほか、「調査の必要がない場合は○日以内とし、調査事項を明示した上でその必要がある場合は○日以内とする」といった場合を分けて期限を定めるものがあげられる[21]

(2)　相当の期間

ア　相当の期間の意義

　相当の期間とは、合理的な期間の意味である。合理的な期間か否かは、個々の保険金の請求ごとに判断するのではなく、保険契約の種類、保険事故の内容やその態様、免責事由の内容等に照らして、その類型の保険契約において相当な期間と認められるかどうかによって判断される[22]。

イ　確認の必要な事項

　損害保険契約上、確認の必要な事項として明文で規定されているのは、保険事故、てん補損害額そして免責事由である。その他は約款の定めに委ねられる。確認事項をあらかじめ列挙することは、保険者にとって困難ではないから、保険契約者側の予測可能性を確保するために、約款に列挙されていない事項についての調査は許されず、また、「その他調査・確認を要する事項」といった規定も許されないと解される[23]。

ウ　起算点

　前掲最判平成9年では、損害見積書と保険会社の要求するその他の書類を提出した日から30日以内に保険金を支払うという約款規定に関して、保険契約者等が所定の書類を提出した日から30日の経過により保険金支払についての履行期が到来すると判示した。ところが、本条1項には保険給付の履行期の起算点につき規定されていない。したがって、基本的には各約款の保険給付の期限の定めに委ねられることになる[24]。一般的に多いのは「保険金の請求の日」または「約款所定の保険金請求に必要な書類を提出した日」を起算点と定める規定であろう。後者の場合、その必要書類のすべてが保険者（損害保険代理店も含む）に提出あるいは到達した日に履行期

---

21)　萩本・一問一答72頁。また、市川・前掲注(5)137-138頁参照。このほか、調査・確認の具体的手法が明示されている場合も期限の定めとして許容されるとするものに、山下=米山・解説469頁［後藤元］。

22)　補足説明44頁。

23)　潘・概説36頁。

24)　山下=米山・解説476頁［後藤元］。

25)　潘・概説36頁。

の起算点が到来することになると解されるが、必要書類のうち、保険事故の発生および損害額を証する資料がそろっていれば、程度や内容によるが、他の資料の不備があっても起算点は到来しているととらえて対応することも求められるであろう[26]。

なお、保険給付の履行期の問題に関係して、保険金支払債務の消滅時効の起算点（§95解説Ⅲ2参照）も問題となる[27]。

エ 立証責任

保険給付に関する約定の期限が保険給付を行うために調査を要する相当の期間を超えることを理由として、保険者に対して当該約定の期限の到来前に保険金の支払や相当の期間経過後の遅延利息の支払を請求する場合、相当の期間を超えることの証明責任は、保険契約で定めた合意の効果を覆すものであることから、不相当であることを主張する保険金請求者が負う[28]。

もっとも、保険給付のために調査が必要な事項がどのようなものであるか、調査には通常どのくらいの時間が必要かといったことについては、主に保険者側に情報があるので、訴訟においては、保険者側で定めた期間が相当かを示す資料の提出等が望まれる[29]。

3 保険給付を行う期限を定めなかった場合

(1) 期限を定めなかった場合

期限の定めがない場合、請求時から履行遅滞になる（民法412条3項）のが原則である。本条2項は、この点についての特則であり、必要な期間を経過するまで遅滞の責任を負わないことになる。

しかしながら、保険業法上、普通保険約款に「保険者としての義務の範囲を定める方法及び履行の時期」を記載することが要求されているため（保険業法4条2項3号、保険業法施行規則9条4号）、2項が適用されるような状況は現実には考えがたい[30]。

(2) 必要な期間

1項の「相当の期間」のように類型的に判断されるのではなく、個別の事案ごとに客観的に判断されることになる。あくまでも必要最低限の確認をするために必要

---

26) 市川・前掲注（5）140頁。

27) 甘利公人「保険金給付の履行期と消滅時効」落合＝山下・理論と実務197頁、201-203頁参照。

28) 第19回議事録19頁参照。部会資料(20) 3頁参照。

29) 第19回議事録19頁参照。大串＝日生・解説保険法89頁［千葉恵介］、山下＝米山・解説467頁［後藤元］。

30) 市川・前掲注（5）142-143頁、潘・概説37頁。なお、2項が適用される可能性として、保険業法上の免許を取得せずに保険業を営んでいた業者の締結した契約をあげるものに、山下＝米山・解説478-479頁［後藤元］。

§21-V 4, 5   289

な期間に限られるため、確認の対象は、保険事故やてん補損害額など保険給付の請求者側が証明責任を負う事項に限定される。したがって、1項の相当の期間と異なり、免責事由等の確認は対象とならない。[31] 必要な期間の立証責任は、遅滞の責任を負わないことを主張する保険者が負う。

4　保険契約者または被保険者による調査妨害・不協力

　通常、保険事故は、保険契約者側の生活圏で発生し、保険給付のための確認に必要な情報も保険契約者側が有していることが多い。そこで、正当な理由なく保険契約者または被保険者がなした調査妨害等により確認が遅延した期間について、保険者は遅滞の責任を負わないこととした。調査妨害等の立証責任は、保険者が負う。[32] 保険契約者または被保険者以外の者（医療機関、捜査当局、保険契約者・被保険者ではない被保険者の親族等）が調査を妨害し、または調査に協力しなかった場合には、保険者が履行遅滞責任を免れることにはならない。[33] また、1項に明示されていない事項や2項の確認対象となっていない事故調査を保険契約者または被保険者が妨害等しても、保険者が履行遅滞責任を免れるわけではない。[34]「正当な理由」には、どのようなものがあるのかは、具体的な事案の集積を待つことになる。[35]

　保険金請求者側に調査妨害・不協力があった場合、約款における制裁規定は、それにより保険者が被った損害額相当額（増加した調査費用、社員の増加稼働賃金相当額、弁護士委任費用等）の減額にとどまると解される[36]（下記5参照）。

5　規定の性質

　本条1項・3項は片面的強行規定である（26条）。したがって、本条1項については、保険契約上確認が必要とされる事項の確認をするための相当の期間を超えて保険者が遅滞の責任を負わないとする特約は、無効となる。[37] また、本条3項については、保険契約者等が調査に応じなかったことなどに正当な理由がある場合であって

---

31)　萩本・一問一答77頁。
32)　補足説明44頁。調査妨害等の例については、萩本・一問一答79頁参照。
33)　部会では、病院や警察等の第三者の事情で確認が遅延した場合にも、保険者は遅滞の責任を負わないこととすべきとの意見もあった。補足説明44頁参照。
34)　補足説明44頁。
35)　保険契約者等の体調不良のために聞取り調査に応じられない場合をあげるものに、山下＝米山・解説481頁［後藤元］。逮捕されて捜査当局の取調べを受けている場合をあげるものに、甘利・前掲注(27)201頁。
36)　児玉・前掲注(19)49頁。
37)　萩本・一問一答72頁。

も保険者が遅滞の責任を負わないとする特約や、保険契約者による調査妨害等があった場合に保険者がただちに免責される旨の特約は無効となる[38]。なお、本条2項は、期限を定めなかった場合の補充規定であるから任意規定である[39]。

6　経過措置

附則3条2項により、施行日前に成立した損害保険契約についても、施行日後に保険事故が発生した場合、本条が適用される。

VI　外国法令

ヨーロッパ各国の保険法の大半は履行期にかかる規定を設けているが、期限は様々である[40]。たとえば、ドイツ法[41]では、「保険事故および保険者の給付の範囲の確定のために必要な確認調査が終了したとき」とする[42]。

また、日本法には規定がないが、ヨーロッパ各国の一部では、損害保険につき全額の保障の速やかな支払に向けた一段階として一部支払につき規定しており、ドイツ法では「保険事故の通知から1か月経過」するまでに必要な確認調査が終了しなかったときは、保険契約者の責めに帰すべき事由がない限り、「保険者が最低限支払わなければならないと予測され得る保険金額の分割払いを請求することができる」とする。

VII　今後の展望

約款規定の定め方として、前述の但書の部分は、保険の種類や事故の種類、必要な調査の内容に応じて合理的な支払期限を定めることが必要となった。保険法の公布から施行までの限られた期間内に大量の保険種目の約款を改定するため、損害保険会社では、損害保険料率算出機構が作成する標準約款をベースに各社の約款改定

---

38)　萩本・一問一答78-79頁。ただし、免責する旨の約款規定については、過大請求目的での保険事故状況の不実申告のように、詐欺的なものに限定して許容されると解するものに、山下友信「保険法と判例法理への影響」自由と正義60巻1号30頁（2009）、児玉・前掲注(19)50頁。

39)　萩本・一問一答77頁。

40)　ヨーロッパ保険契約法原則・263-264頁参照。フランス保険契約法L.113-5条、スイス保険契約法41条など。

41)　竹濱・前掲注（1）103-119頁参照。

42)　訳は、『ドイツ保険契約法（2008年1月1日施行）』による。

が行われた。その結果、各社間でほぼ同じ内容の約款改定が行われただけでなく、保険種目間でもほとんど差異を設けない形で統一的な約款改定が行われた。

　損害保険会社の保険金の支払時期に関する約款改定では、ほぼ一律に、原則的な支払日数を30日とし、特別な調査・照会が不可欠な場合の延長事由についても、「警察、検察、消防その他の公の機関による捜査・調査結果の照会　180日」、「専門機関による鑑定等の結果の照会　90日」、「災害救助法が適用された被災地域における調査　60日」などと定められており、個別の延長事由だけでなく、それぞれの支払日数まで同一となっている。このことにつき、保険法は、片面的強行規定に反しない限り、保険種目や保険会社ごとの特性を約款に反映できるようにしているのであるから、約款の規定を各社ごとに再評価し、必要に応じて約款の改定を実施していく必要があるとの指摘がなされている。[43]

　一定の期限を定めた場合の起算点の管理も重要となる。保険者は、起算点を記録し、いつまでに保険金を支払うのかを管理するシステム、および遅延損害金を計算してもれなく支払うシステムの構築を検討することが必要となる。[44]なお、保険者が履行遅滞の責任を負う場合、その利率をどのくらいにするかも、それぞれの事業主体が決めなければならない問題となる。[45]

　また、免責事由や解除事由の存在が強く疑われる場合、捜査機関による捜査が終了する前に履行期が到来することが考えられる。この場合、保険者は、遅延損害金を支払う覚悟をしつつ保険金の支払を拒絶するケースや、免責事由が判明した時点で不当利得返還請求を行うことも考えて保険金を支払うケースが生ずる可能性がある。[46]

〔藤田　祥子〕

---

43)　嶋寺基「保険法立法時の想定と異なる実務の現状と今後の課題―片面的強行規定に関する問題を中心に」保険学638号99頁（2017）。

44)　浅湫聖志「保険契約法の改正について―実務面への影響を中心に」損保70巻1号64頁。（2008）。

45)　甘利・前掲注(27)201頁。

46)　竹濱・Q&A新保険法190-191頁〔井上亨〕。

（責任保険契約についての先取特権）

第22条 ① 責任保険契約の被保険者に対して当該責任保険契約の保険事故に係る損害賠償請求権を有する者は、保険給付を請求する権利について先取特権を有する。

② 被保険者は、前項の損害賠償請求権に係る債務について弁済をした金額又は当該損害賠償請求権を有する者の承諾があった金額の限度においてのみ、保険者に対して保険給付を請求する権利を行使することができる。

③ 責任保険契約に基づき保険給付を請求する権利は、譲り渡し、質権の目的とし、又は差し押さえることができない。ただし、次に掲げる場合は、この限りでない。

　(1) 第1項の損害賠償請求権を有する者に譲り渡し、又は当該損害賠償請求権に関して差し押さえる場合

　(2) 前項の規定により被保険者が保険給付を請求する権利を行使することができる場合

【条文変遷】 新設
【参照条文】 損保試案672条の6・672条の7・672条の8

I　概　　要

　責任保険契約とは、損害保険契約のうち、被保険者が損害賠償の責任を負うことによって生ずることのある損害をてん補するものをいうと定義される（17条2項括弧書）。改正前商法には、667条において、物の保管者の責任保険契約に関する規定は置かれていたが、責任保険契約に関する一般規定も定義規定も置かれていなかった。したがって、被保険者の保険給付請求権は被保険者の責任財産の一部を構成するのが原則となるから、被保険者が被害者に賠償する前に破産した場合、被害者は一般債権者と同様に、破産手続をとおして損害賠償を求めることになり、その結果、債権額に応じた按分弁済しか受けられなくなる[2]。しかし、責任保険契約に基づいて支

---

1) 実際に、被害者X（原告）が食品から健康被害を受けたところ、メーカーが破産宣告を受けたので、生産物賠償責任保険（PL保険）契約を締結していた保険会社に対し、メーカーに代位して保険金請求したという事案に対して、東京地判平成14・3・13判時1792号78頁は、「Xが債権者代位の前提として主張する被保全債権は、……損害賠償請求権であるから、破産債権であ」り、「破産手続……手続を離れて個別に行使することは許され」ず、PL保険契約では「被害者の救済はその反射的な利益に止まるといわなければならず」、債権者代位権の行使は認められない旨判示し、Xの請求を棄却した（控訴審〔東京高判平成14・7・31判例集未登載〕では控訴棄却となり、上告および上告受理の申立てをなしたが、平成14年12月20日に上告棄却・上告不受理となった）。甘利公人〔判批〕損害保険研究64巻4号245頁（2003）、土田亮〔判批〕ジュリ1297号154頁（2005）。

払われる保険金は、保険金額を上限に被保険者が負う賠償責任を限度として、被害者が被った損害を賠償するための原資となることが想定されるものであるから、被保険者が当該保険金で債務を弁済することは合理的であるとはいえない。被害者にとって、保険会社に対し直接に行使できる請求権を付与されることが最も簡便な被害者保護に資することになる。しかし、被害者は、保険契約者と保険会社との間で締結されている責任保険契約外の第三者であるから、保険者に対し何らの権利義務関係を有しない。

　そこで、保険法(案)検討過程において、被害者に法律で保険会社に対する一定の請求権を付与するか、保険給付請求権について法律上の優先権を認めるかが議論されたが[3]、保険法には、被害者は、責任保険契約に基づく保険給付請求権について特別の先取特権が付与され、法律上の優先権が認められることになった（本条1項）。

　責任保険契約を基礎にして、被害者の被害を優先的に回復させる方法を検討するにあたっては、改正前商法の物の保管者の責任保険契約に関する規定（667条）およびロエスレル草案等関係法令ならびに約款を含めて、考察するのが適当である。

II　沿　革

1　ロエスレル草案〜明治23年商法

　ロエスレル草案722条の規定には、「動産又ハ不動産ハ借用人、借地人、入額所得者、預リ主其他他人ノ為メニ現有若クハ保管スル者ニ於テ自己ノ為メ又ハ所有者ノ為ニ之ヲ保険ニ付スルコトヲ得其自己ノ為ニスル場合ニ在テハ自己ノ利益ノ関セサルトキニ限リ被保険者ヲ以テ所有者ノ代人ト視做シ被保険者ノ債主ハ其保険額ニ対シ要求権ヲ有セサル者トス」と定められ、また、所有者の直接請求権を定めるベルギー1874年法38条を範とすることが示されている[4]。ロエスレルは、上記草案722条の規定について、「現有者ノ自己ノ利益ニ供セサル保険額ハ総テ所有者ニ帰シ何トナレハ災難ノ為メニ消失シタル所有者ノ物品ヲ自己ノ財産ト為スコト能ハス他人ノ災難ニ拠テ己レヲ富マスコトヲ得サレハナリ……然レトモ地主ノ地位ヲ寛ニシ借地人等ノ之ヲ害スルコトヲ防カン為メニ補助的ニ（本文代人ト視做ス云々ヲ指ス）保険

2）　萩本・一問一答133頁。

3）　被害者に与える直接請求権には、改正前商法の物の保管者の責任保険契約の規定（667条）を敷衍し、被害者に保険者に対する保険金請求権を付与するか、それとも自賠法の自賠責保険契約における被害者の損害賠償額の支払請求権（自賠法16条1項）と同じ直接請求権を付与するかが考えられる。

4）　ロエスレル・153頁。

額ニ対スル直接権利ヲ之ニ与ヘタリ」[5]と説明している。この説明からは、被保険者に保険者に対する直接請求権を与える趣旨であったことが読み取れるが、その後の立法過程において、「被保険者ヲ以テ所有者ノ代人ト視做シ」という部分が削除されたことから、次に述べる明治23年商法660条の解釈としては、責任保険の保険金に対して所有者の優先権は認められるが、保険者に対する直接請求権までも認めているとは解されない[6]。

　明治23年商法では、上記草案を受けて、660条の規定で次のような規定が定められた（括弧内筆者挿入）。

（1項）「動産又ハ不動産ハ賃借人、用益者若クハ受託者其他ノ資格ヲ以テ之ヲ占有シ又ハ保管スル者ニ於テ自己ノ利益ニテモ所有者ノ利益ニテモ自己及ヒ所有者ノ利益ニテモ之ヲ保険ニ付スルコトヲ得但孰レノ利益ニテ保険ニ付シタルカニ付キ疑アルトキハ自己ノ利益ニテ保険ニ付シタルモノト看做ス」

（2項）「自己ノ利益ニテ保険ニ付シタル場合ニ在テハ第一ニ被保険者自己ノ損害ニ充テンカ為メ次ニ所有者ニ対スル自己ノ責任ニ充テンカ為メ保険ニ付シタルモノト看做ス其責任ニ充ツル被保険額ノ部分ニ対シテハ被保険者ノ債権者ハ総テ請求権ヲ有セス」

（3項）「所有者又ハ其他ノ者ノ損害賠償ノ要求ニ充テンカ為メ保険ニ付シタル場合ニ於テハ第639条ニ依リ自己ノ保険者ト看做ス可キトキト雖モ其被保険額ヲ限トシテ保険者独リ全部ノ損害ヲ負担ス」

　明治23年商法660条の規定から、物の占有者または保管者の責任保険契約が構想されていたことがみてとれる。第2項から、賃借人等の物の保管者がその保管する他人の物について自己のためにする損害保険契約を締結した場合には、その物の滅失によって保管者自身に損害が生じる限り通常の物保険となり、それを超える部分は、所有者に対する責任負担をてん補する責任保険契約とみなしてこれを有効とし、第3項で、保険者代位を排除し、被保険額を限度として、保険者が所有者等に負う損害賠償責任について責任を負う旨が示されており、責任保険契約の性格を有することを明らかにしている[7]。そして注意すべきは、所有者等が保険者に直接請求権を有することは定められていない点である[8]。

5）　ロエスレル・153-154頁。

6）　倉澤康一郎『保険契約法の現代的課題』124頁（成文堂・1978）。

7）　倉澤・前掲注（6）122頁。

8）　倉澤・前掲注（6）123頁。

2 明治32年商法

明治32年商法では、責任保険契約に関する規定は、物の保険者の421条の規定において、「賃借人其他他人ノ物ヲ保管スル者カ其支払フコトアルヘキ損害賠償ノ為メ其物ヲ保険ニ付シタルトキハ所有者ハ保険者ニ対シテ直接ニ其損害ノ塡補ヲ請求スルコトヲ得」と定められ、明治44年商法改正を経て、改正前商法667条に引き継がれた。

Ⅲ 改正前商法

1 物の保管者の責任保険契約（667条）の意義

改正前商法には、責任保険契約の定義規定は定められておらず、唯一、商法667条に物の保管者の責任保険契約についての規定が置かれていただけである。すなわち、改正前商法667条には、次のように定められていた。

「賃借人其他他人ノ物ヲ保管スル者カ其支払フコトアルヘキ損害賠償ノ為メ其物ヲ保険ニ付シタルトキハ所有者ハ保険者ニ対シテ直接ニ其損害ノ塡補ヲ請求スルコトヲ得」

この規定は、他人の物を保管する者は、その保管物が滅失または毀損した場合、当該保管者がその物の所有者に対し、その返還不能により負うべき損害賠償義務に備えて責任保険契約を締結したときの効果について定めている。[9] この場合の責任保険契約の被保険者は保管者自身であり、物の所有者は責任保険契約外の第三者である。したがって、当該物が滅失または毀損し保管者が損害賠償責任を負うことになった場合、被保険者である保管者は保険金請求権を取得するのに対し、当該物の所有者は保険会社に対し何らの請求もできないはずである。これでは、保管者が破産したり支払保険金を他の目的に費消したりした場合には、支払保険金が所有者の手に渡らないという不合理な結果となりうるから、改正前商法は、物の所有者の利益を保護して、所有者が保険会社に対し直接に保険金を請求できる権利を付与したの

---

9) 改正前商法667条の立法理由として、「本条ハ規成商法中ニ存セサル所ナリ蓋シ現今ノ実際ニ於テハ賃借人其他他人ノ物ヲ保管スル者カ火災ニ関シ所有者ニ対シ責任ヲ負ヒ損害ヲ賠償シタルノ例鮮シト雖モ将来此責任問題ヲ発生シ従テ賃借人其他ノ保管者カ所有者ニ対シテ支払フ可キ損害賠償ノ為メ其物ヲ火災保険ニ付スルニ至ルヘシ此場合ニ於テ火災ニ因リテ損害ヲ生シタルトキハ賃借人其他ノ保管者ヨリ保険者ニ対シテ其損害ノ塡補ヲ請求スルコトヲ得セシムルヨリモ却テ所有者ヲシテ保険者ニ対シ直接ニ其損害ノ塡補ヲ請求スルコトヲ得セシムルコト損害塡補ノ目的ヲ達スルニ便利ナルヘシ是レ特ニ本条ノ規定ヲ設ケタル所以ナリ」と示されている。法典質疑会『商法修正案参考書』178頁（法典質疑会・1898）。

である（趣旨）。したがって、改正前商法667条の規定に基づいて、物の所有者が自己固有の権利として保険会社に対する直接の保険金請求権を法定付与されたものである。[10] すなわち、第三者である物の所有者に付与された保険金請求権は責任保険契約一般に認められる本質的権利ではない。上記の趣旨から、保管者の保険会社に対する保険金請求権と所有者の保険会社に対する保険金請求権は併存するが、後者の請求権は前者の請求権に優先し、保管者が所有者に損害賠償義務を履行したことを証明するまでは、保険会社は所有者に保険金を支払うべきであり、上記証明がなされた場合にのみ、保管者は保険会社に保険金を請求できると解されていた。[11]

　責任保険契約を締結しているとき、保険事故が発生した場合、責任保険契約に基づきてん補するとされている損害は、被保険者が損害賠償の責任を負うことによって生じた損害であるから、被害者と被保険者（加害者）との間で訴訟や示談等による損害賠償額の確定をまって、責任保険契約に基づいて損害をてん補することになる。損害賠償額が確定し保険金が被保険者に支払われても、当該保険金が被保険者の債権者の弁済に充当されたり差押えされたり被保険者自身が費消してしまったり、とりわけ加害者が破産してしまうと、被害者に保険金が渡らないという不合理が生じうる。そこで、被害者を保護する措置が検討されるべきことになるが、改正前商法下においては、667条の規定を根拠に、被害者に保険会社に対して直接に損害てん補を請求することができるのかが問題となった。仮にこれが肯定された場合には、なぜ改正前商法667条の規定を削除し、保険法22条の規定を新たに設け被害者の先取特権を付与したのか、その趣旨が問われることになる。

2　責任保険契約の保険給付─責任免脱給付と権利保護給付

　責任保険契約は、個人主義的な過失責任原則を出発点とし、保険給付により不法行為者（加害者）の責任を免れさせるものであるから、責任保険契約は反倫理的なものとされていた。[12] ところが、産業の著しい発展に伴い、工業化・資本の集約化により巨大産業が誕生し、それにより被害の程度は深刻になってきた。すなわち、加害者は多額の損害賠償責任を負うことになってきたのである。もはや個人や一企業の資力だけでは不法行為に基づく損害賠償責任を果たすことには限界が生じ、ここに責任保険契約の必要性が社会的に受容され理念型が示されることとなった。

　すなわち、責任保険契約は、被害者の損害賠償請求に根拠があるか、根拠がある

---

10)　大森・保険法208頁。
11)　大森・保険法208-209頁。
12)　倉澤・通論106頁。

とされた場合、被害者と加害者（被保険者。以下同じ）の間の過失割合等を通して加害者の適正な賠償額はいくらか、が問題となり、適正な賠償額が算定された後は、その金額は加害者の責任財産でもって賠償責任を果たせる金額ではないときが多いのである。

　加害者が締結する責任保険契約に基づく保険給付は、理論上、①加害者の権利を保護するための給付（権利保護給付）と、加害者の責任を免脱させるための給付（責任免脱給付）である[13]。前者は、加害者が被害者（責任保険契約関係を基準にすると、被害者は、被保険者が損害賠償責任を負う相手方である第三者である）からの請求に対し自己の権利を防御するための費用をてん補することおよび保険者が被保険者に代わって権利防御の当事者となることであり（訴訟代行・示談代行）、後者は、加害者が賠償金を支払うことなく、保険者が被保険者の負担した賠償責任を代わって履行し、被保険者の責任を直接免脱させることである（責任免脱給付）[14]。

　自動車保険では、自賠法が昭和30年に制定されて以来、自賠法上、自賠責保険契約には保険会社に対する被害者の直接請求権が法定されていた（16条1項）。すなわち、自賠法16条1項は、「第3条の規定による保有者の損害賠償の責任が発生したときは、被害者は、政令で定めるところにより、保険会社に対し、保険金額の限度において、損害賠償額の支払をなすべきことを請求することができる」と定め、同条2項は、「被保険者が被害者に損害の賠償をした場合において、保険会社が被保険者に対してその損害をてん補したときは、保険会社は、そのてん補した金額の限度において、被害者に対する前項の支払の義務を免れる」と規定している。自賠法に基づく被害者の直接請求権は、自賠法という特別法に根拠を有する法定の損害賠償額の支払請求権なのである。

　これに対し、任意対人賠償保険契約においては、昭和49年3月にFAP約款が創設されるまでは[15]、被害者は保険会社に対し損害賠償額の支払請求権を有しないと解されていた（通説）[16]。しかし、そもそも責任保険契約である以上は、責任保険契約の構造に内在する本質的な要素として、責任保険契約一般に被害者は直接請求権を有するという見解[17]、責任保険契約一般について、先述した、物の保険者の責任保険契約に関する改正前商法667条の規定を類推適用して、被害者に直接請求権を認め

---

13)　倉澤・通論112頁。

14)　倉澤・通論112-113頁。

15)　FAP約款に直接請求権が導入されるまでは、被保険者の指図を受けて保険者が被害者に保険金を支払うという実務がとり行われてきた。補足説明62頁。

16)　鴻常夫編集代表『註釈自動車保険約款(上)』123頁［金澤理］（有斐閣・1995）。

17)　西島梅治『責任保険法の研究』264頁（同文館出版・1968）。

る見解も主張されていたが、結局、FAP約款で創設された被害者の直接請求権条項は、その後のPAP約款およびSAP約款にも導入され引き継がれた。これら任意自動車保険約款上の被害者の直接請求権条項は、次のように、その法的構成に照らすと、改正前商法667条が定める直接てん補請求権から、責任保険契約一般に直接てん補請求権が定められていると解することには無理がある。

すなわち、直接請求権は、当該権利が付与された被害者の視点からは、保険契約者と保険会社との間で締結された第三者のためにする契約としての任意対人賠償保険契約の効果として、被害者に付与された保険会社に対する損害賠償額の支払請求権である[19]。加えて、保険会社の視点からは、保険契約者と保険会社との間で締結された任意対人賠償保険契約の内容は、被保険者が将来負うべき損害賠償債務を保険会社とともに併存的債務引受するということであり[20]、その効果として、直接請求権は、被害者が保険会社に対し損害賠償額の支払請求をすることができるのである。

このように任意対人賠償保険約款においては、責任免脱給付の効果として、被害者に直接請求権が規定された。それに加えて、権利保護給付の効果として、保険会社による示談代行義務が定められた。示談代行義務を約款上定めた趣旨は、弁護士法72条の非弁行為の禁止の抵触を回避し、被保険者の負担する損害賠償責任の内容を確定させることによって、被保険者の負担を軽減させ、かつ被害者に対する損害賠償の履行を確保できるようにし、対人事故を早期に解決しようとしたことにある[21]。この2つの効果は、任意対物賠償保険約款においてもそのまま妥当する。

3　責任保険契約における被害者保護措置

以上のように、責任保険契約における被害者の法的地位は、被害者が責任保険契約の要素でありながら契約締結の際は契約外の第三者であるから契約内容の決定に関与できず、かつ、被保険者から損害を受けているのに、当該損害がてん補されるか否かわからないという点において不安定である。そこで、従来から、改正前商法667条の規定をめぐって、責任保険契約一般に対して、被害者に直接請求権が認められるか否かが学説上議論されてきたし、被害者の不安定な地位に鑑みて、特別法

---

18)　中西正明「責任保険における『第三者』の地位」香川大学経済論叢29巻4号48頁（1956）。

19)　鴻編集代表・前掲注(16)123頁［金澤］参照。

20)　併存的債務引受説（東京高判昭和54・10・30判時949号116頁）と履行引受説があるが、いずれの説に立っても被害者に直接請求権が付与されるという結果に差異はない。鴻編集代表・前掲注(16)124頁［金澤］。

21)　鴻編集代表・前掲注(16)104-105頁［庄司裕幸］。

§ 22 - Ⅳ 1   299

である自賠法および任意自動車保険約款において直接請求権を付与する形で、被害者の救済措置を講じてきたのである。

　しかしながら、保険法では、責任保険契約における被害者の法的地位の強化は直接請求権の導入という方法をとらず、次のとおり先取特権の法定化（22条）で決着を見たのである。

Ⅳ　立法過程

1　保険制定前試案

　損害保険契約法改正試案は2つある。保険法制研究会による1982年試案（以下「1982年試案」という）と損害保険法制研究会による1995年試案（以下「1995年試案」という）である。いずれの試案も責任保険契約に関する規定が新設されており、これに伴い、改正前商法667条の規定は削除されることとされた。その理由は、試案に責任保険契約に関する規定が672条の2以下で8か条新設される中に、「保険者に対する第三者の権利」が672条の6に設けられることに伴うものである[22]。

　まず、1982年試案によれば、「保険者に対する第三者の権利」として、672条の6が新設され、「保険者の抗弁の制限」に関する672条の7も新設された。

（保険者に対する第三者の権利）

672条の6　①　第三者は、保険者に対し、保険金額の限度において、損害賠償額の支払を請求することができる。

②　被保険者は、第三者に支払った限度においてのみ、保険者に対し保険金の支払を請求することができる。

③　被保険者の保険金請求権の差押その他の処分は、第三者に対してその効力を有しない。

（保険者の抗弁の制限）

672条の7　保険事故発生後の事由により保険者が被保険者に対する責任の全部または一部を免れる場合でも、保険者は、その抗弁をもって第三者に対抗することができない。

　1982年試案672条の6について、第1項は、被害者の保険者に対する直接請求権

---

22)　保険法制研究会編『損害保険契約法改正試案　傷害保険契約法（新設）試案　理由書』78頁（損害保険事業総合研究所・1982）、損害保険法制研究会編『損害保険契約法改正試案　傷害保険契約法（新設）試案　理由書（1995年確定版）』85頁（損害保険総合研究所・1995）。

を認め、被害者が保険金を確実に受け取れる途を講じて、被害者が債権者代位権または債権差押えの方法によらないでも、優先的に権利を実現できるようにし、第2項は、被保険者が受領した保険金を被害者への賠償にあてない状態が生じることを避けようとしたものであり、第3項は、被保険者の債権者による保険金請求権の差押えや被保険者による保険金請求権の譲渡・質入を許さないようにして、被害者の優先的地位を確実なものにした。同672条の7については、被害者である第三者の地位を強化するため、保険者の被保険者に対する抗弁のうち、保険事故発生後の事由に基づくものについては、被害者に対抗することができないものとしたものである。両規定はいずれも半面的強行規定である。

1995年試案では、1982年試案の「保険者に対する第三者の権利」に係る672条の6は第1項・第2項で規定され、第3項は「保険金請求権の差押え等」に係る条文とされ、672条の7として分けて規定され、これに伴い、「保険者の抗弁の制限」は、1つ後にずれ、672条の8とされた。

（保険者に対する第三者の権利）

672条の6　①　第三者は、保険者に対し、保険金額の限度において、損害賠償額の支払を請求することができる。

②　被保険者は、第三者に支払った限度においてのみ、保険者に対し保険金の支払を請求することができる。

（保険金請求権の差押え等）

672条の7　被保険者の保険金請求権の差押えその他の処分は、第三者に対してその効力を有しない。

（保険者の抗弁の制限）

672条の8　保険事故発生後の事由により保険者が被保険者に対する責任の全部または一部を免れる場合でも、保険者は、その事由に基づく抗弁をもって第三者に対抗することができない。

1995年試案が1982年試案と異なる点は、1982年試案は672条の6と672条の7がいずれも半面的強行規定であったが、1995年試案の「保険者に対する第三者の権利」に係る672条の6と「保険者の抗弁の制限」に係る672条の8が任意規定とされたの

---

23)　保険法制研究会編・前掲注(22)84頁。

24)　保険法制研究会編・前掲注(22)85頁。

25)　保険法制研究会編・前掲注(22)85頁。

に対し、「保険金請求権の差押え等」に係る672条の7が絶対的強行規定とされた点である。この変化は、特に1995年試案672条の6と、それに伴う672条の7に表れている。すなわち、責任保険が家計分野だけでなく企業分野にも広く関係することから、被害者の直接請求権をあらゆる責任保険契約の内容として強行的に認めることは、被害者保護の必要性が責任保険分野ごとに程度に違いがあるので、その特性に応じた柔軟な対応を可能とすることを考えてのことである。[26]とりわけ、一律・無条件の直接請求権を定める規定を強行規定とすると、保険者の損害査定の困難性等からコストの増加・保険料の上昇となり、それは結局、保険契約者の負担増となって保険契約者にマイナスとして跳ね返ってくるからである。[27]

2　法制審議会保険法部会の審議

中間試案においては、被害者が保険金から優先的な被害回復を受けるための法的枠組みとして、①被害者は、保険金額の限度において、被保険者が支払うべき損害賠償額の支払を保険者に対して請求できるとする考え方と、②被害者は、被保険者に対する損害賠償請求権に関し、保険金について、他の債権者に優先して弁済を受ける権利を有するものとする考え方が示された。[28]しかし検討の結果、上記②の考え方が採用され、被害者は保険給付を請求する権利について先取特権を有するものとされ、被保険者は、損害賠償債務について弁済をした金額または被害者の承諾があった金額の限度においてのみ、保険者に対して保険給付を請求する権利を行使することができるものとされ、保険給付請求権は原則として譲渡もしくは質権の目的または差押えできないものとされ、[29]現行の保険法22条に結実した。

V　条文解説

1　趣旨・意義

責任保険契約の被保険者が被害者に対し故意または過失に基づき損害を与え法律

---

26)　損害保険法制研究会編・前掲注(22)99頁。
27)　落合誠一「損害保険契約法の改正試案理由書（1995年確定版）の解説─責任保険」鴻常夫編『損害保険契約法改正試案理由書　傷害保険契約法（新設）試案理由書　海上保険契約法改正試案理由書（1995年確定版）の解説』86頁（損害保険事業総合研究所・1998）。山下・保険法436頁。
28)　中間試案16頁。
29)　要綱9-10頁。

上の損害賠償責任を負うことによる損害を被ったとき、責任保険契約に基づく保険金請求権が発生するが、支払われるべき保険金は被害者に対する損害賠償金に充当されるべきものである。しかし、責任保険契約に基づく保険金請求権は被保険者の責任財産の一部を構成するものであるから、被害者は、損害を受けた後、被保険者が倒産する等した場合は、一般債権者とともに債権額に応じた按分弁済しか受けられず、被保険者から十分な賠償を得られない。そこで、法制審議会保険法部会において、被害者が優先的に被保険者から賠償を受けることを可能とする方法が検討された。とりわけ、倒産法、民事執行法等の現行法体系を前提として合理的な結論を導きやすいのは、被害者に直接請求権を認めることより、先取特権を認めることであるとされた[30]。

　換言すれば、直接請求権を採用することは、複数被害者からの直接請求権の行使があった場合、被害者間の優劣関係を定めること、保険者が保険金支払による免責を受ける範囲が不明であること、被害者と加害者との責任関係が未確定の段階で直接請求権が行使され、被害者と保険者との間に損害賠償額支払請求関係（以下「直接関係」という）が発生すると、保険者が責任関係の当事者となって、訴訟費用等の保険者のコストが増大するおそれがあること、責任関係と直接関係が一致しないおそれがあること等が指摘されている[31]。その結果、責任保険契約に基づく保険金請求権について、被害者に法律上特別の先取特権を認め（22条1項）、被保険者には賠償金弁済の限度でまたは被害者が承諾した金額の限度で保険金請求権を認め（同条2項）、原則として、保険金請求権の譲渡、質入れおよび差押えを禁止したのである（同条3項）[32]。22条1項から3項は強行規定である。

2　成立要件

　先取特権の成立は、法的倒産手続の開始が要件とされていない[33]。法的倒産手続が開始した場合でも、倒産手続外でも先取特権を行使することができる（破産法2条9項・65条1項）。

---

30)　古笛恵子「責任保険における被害者の特別先取特権」落合＝山下・理論と実務228頁。
31)　肥塚肇雄「責任保険契約における特別先取特権と第三者保護措置」中西喜寿・215頁、八島宏平「責任保険契約における被保険者の破産と被害者救済―責任保険金の先取特権」金澤・新たな展開151頁。
32)　責任保険契約の被害者保護のための先取特権による構成は、すでに原子力損害の賠償に関する法律9条に見出すことができる。すなわち、同条1項において、「被害者は損害賠償請求権に関し、責任保険契約の保険金について、他の債権者に優先して弁済を受ける権利を有する」と定めている。なお、大串＝日生・解説保険法242頁［大串淳子］参照。
33)　古笛・前掲注(30)229頁、肥塚・前掲注(31)221-222頁。

3 行使要件等

被害者が特別先取特権を行使する（民事執行法193条・143条・145条・155条）ときにも、破産手続の開始は要件とされていないが、被害者が責任保険契約の保険事故に係る損害賠償請求権を有することを立証することが求められる。すなわち、「担保権の存在を証する文書」（同193条1項）を裁判所に提出し、被保険者の保険給付請求権に対する差押命令を申し立て、保険金請求権に対する差押命令に基づいて取立て等をすることになる（同条2項・143条）。求められる証明の程度は、疎明では足りず、立証の程度としては高度の蓋然性の立証が要求されており、債務名義（同22条）に限定されないが、被害者が判決文、和解調書または示談書等を得ていない限り、担保権の存在を証することは実際上困難である。

特別先取特権は、破産手続および再生手続においては別除権として扱われる（破産法2条9項、民事再生法53条1項）ことから、破産手続においては、特別先取特権（別除権）の行使によって弁済を受けることができない債権の不足額についてのみ、行使することができる（破産法108条2項）。会社更生手続においては、更生担保権として扱われ（会社更生法2条10項・168条1項1号・47条1項）、被害者は更生担保権者として平等に更生計画の定めによって弁済される（同47条1項）。

複数被害者間の調整が問題となるが、保険法には特別の規律は設けられなかったことから、債権差押えに関する民事執行法の規律にしたがうことになる。

次に、たとえば、健康保険等の社会保険の保険者が被害者の損害賠償請求権の一部を代位取得して（健康保険法57条）特別先取特権を行使する場合、被害者の損害賠償請求権との間で、最判平成20・2・19（民集62巻2号534頁）との整合性と関連して、優劣関係が問題となる。

---

34) その他、22条に係る特別先取特権の行使等については、大串＝日生・解説保険法240-242頁［大串淳子］および八島・前掲注(31)159-162頁に詳しい。

35) 古笛・前掲注(30)230頁、山下ほか・保険法204頁［山本哲生］。

36) 古笛・前掲注(30)231頁。

37) 古笛・前掲注(30)231頁。

38) 遠山聡「責任保険契約」甘利＝山本・論点と展望190-192頁。

39) 被害者と市町村長の取得した直接請求権の合計額が自賠責保険金額を超える場合に、被害者は未てん補損害について直接請求権を優先的に行使しうるかが争われた事案（積極）である。

40) 八島・前掲注(31)161-162頁。

VI 実務への影響

　保険法22条2項で定められているとおり、保険会社が保険金を被保険者に支払う場合は、被保険者が被害者に弁済したときかまたは被害者の承諾があったときに限られるが、これらのいずれもないままに保険会社が被保険者に保険金を支払った後、被害者から先取特権の行使を受けた場合は、二重払を余儀なくされるおそれがある。実務上は、保険者は、被保険者から被害者に賠償金が支払われたことを確認してから被保険者に保険金を支払うか、または被保険者の指図に基づき被害者に直接支払うことが求められる[41]。

　また、実務上、各種の責任保険約款において、被害者に対し保険金請求権に対する特別先取特権を手当することになるが、その手当には破産手続および民事執行手続等との整合性が求められる[42]ことはもとより、特別先取特権を被害者に付与した趣旨が没却されないように、責任保険契約外の第三者である被害者の脆弱な法的地位に配慮した各種の責任保険約款の制定が期待される。

〔肥塚 肇雄〕

---

41)　浅湫聖志「保険法改正について―実務面への影響を中心に」損害保険研究70巻1号66頁（2008）、大串=日生・解説保険法243頁［大串淳子］、東京海上日動火災保険株式会社編著『損害保険の法務と実務〔第2版〕』355頁（金融財政事情研究会・2016）。

42)　八島・前掲注(31)162-163頁。

§23-Ⅰ 305

（費用の負担）

第23条 ① 次に掲げる費用は、保険者の負担とする。

(1) てん補損害額の算定に必要な費用

(2) 第13条の場合において、損害の発生又は拡大の防止のために必要又は有益であった費用

② 第19条の規定は、前項第2号に掲げる費用の額について準用する。この場合において、同条中「てん補損害額」とあるのは、「第23条第1項第2号に掲げる費用の額」と読み替えるものとする。

改正前商法第638条 ② 前項ノ損害額ヲ計算スルニ必要ナル費用ハ保険者之ヲ負担ス

改正前商法第660条 ① 被保険者ハ損害ノ防止ヲ力ムルコトヲ要ス但之力為メニ必要又ハ有益ナリシ費用及ヒ塡補額力保険金額ニ超過スルトキト雖モ保険者之ヲ負担ス

② 第636条ノ規定ハ前項但書ノ場合ニ之ヲ準用ス

【条文変遷】 損害額算定費用につき、明治32年商法393条、改正前商法638条2項。損害防止費用につき、ロエスレル草案694条、明治23年商法634条、明治32年商法414条、改正前商法660条

【参照条文】 保険法13条・19条

【外国法令】 損害額算定費用につき、ドイツ保険契約法85条、スイス保険契約法67条。損害防止費用につき、ドイツ保険契約法83条、イタリア民法典1914条2項、スイス保険契約法70条、イギリス海上保険法78条、ヨーロッパ保険契約法原則第9-102条

Ⅰ　概　　要

本条（23条）は、損害額算定費用と損害防止費用の負担関係について規定する。すなわち、保険事故により損害が発生した場合、保険者がてん補すべき損害額を算定することが必要となるが（18条参照）、それに要する費用は保険者が負担する。保険契約者・被保険者が保険事故発生後に損害防止義務（13条）を履行するにあたって支出された費用のうち、損害の発生・拡大の防止のために必要または有益な費用も、保険者の負担となる。保険金額が保険価額に満たない一部保険の場合には、損害防止費用負担は保険金額の保険価額に対する割合に応じて計算される。

Ⅱ　沿　　革

　損害額算定費用については、明治32年商法393条に、改正前商法638条に相当する規定が置かれて以来、明治44年改正により条数が変更されたにすぎず、その内容に変更はない。

　損害防止費用については、ロエスレル草案では、713条に被保険者の損害防止義務が規定されていたが、そこに費用負担に関する定めはない。しかし、その立法理由には、「救助及其危険防止ノ為メ生シタル格別ノ費用ハ第六百九十四条ニ照シ保険者ヨリ支弁スヘキモノナリ」と説明されている[2]。694条では「賠償額ハ身体ノ保険ニ在テハ保険額トシ物品ノ保険ニ在テハ危険ノ生シタルニ由テ直接又ハ間接ニ来タシタル損失ヲ被ムリタル保険利益ノ額トス間接ノ損失中ニハ被保険者ニ於テ既ニ生シ又将ニ生セントスル危険ニ対シ已ヲ得サルノ防止若クハ避除ニ依テ生シタル別段ノ費用及損失ヲモ算入ス可シ」と規定されていた。そこでいう「費用及損失」とは、「迅速安全ニ救助ノ功ヲ奏セン為メニ生シタル物品ノ破損及紛失並ニ費用」をいい、それを保険者にてん補させるべき理由については、「是レ保険者ノ利益タルニ外ナラス何トナレハ被保険者ノ救助スル所愈々大ナレハ保険者ノ負担スル所愈々少ナケレハナリ百般ノ救助処分ヲ施スハ被保険者ノ第七百十三条ニ循ヒ負フ所ノ義務ニシテ保険者ハ其利益ヲ有スルカ如ク亦タ其費用ヲ担任スルノ義務アルヘシ」と説明されている[3]。

　明治23年商法634条は、「弁済ス可キ賠償額ハ人ノ保険ニ在テハ被保険額トシ物ノ保険ニ在テハ被保険者カ危険ノ発生ニ因リテ直接又ハ間接ニ被フリタル損害ヲ以テ限トス」「間接ノ損害中ニハ現ニ生シ又ハ将ニ生セントスル危険ノ已ムヲ得サル防止ニ因リテ生シタル別段ノ費用及ヒ損害ヲ包含スルモノトス」と規定し、文言を修正しつつもロエスレル草案を踏襲している。

　明治32年商法414条は、改正前商法660条に相当する規定を置き、明治44年改正により条数の変更を経た。その成立過程において、法典調査会では損害防止費用は保険金額を超えてまで保険者がてん補すべきかが議論され、保険金額の範囲内にとどめるべきことが盛んに主張されたが[4]、明治23年商法によれば、「仮令被保険者カ損

---

1)　損害防止費用に関する立法の変遷の詳細については、野口夕子『保険契約における損害防止義務』24頁以下（成文堂・2007）参照。
2)　ロエスレル・136頁。
3)　ロエスレル・102頁。
4)　「法典調査会商法委員会議事要録」法務大臣官房司法法制調査部監修『日本近代立法資料叢書19』495頁（商事法務研究会・1985）。

害ヲ防止スル為メニ必要又ハ有益ナリシ費用ト雖モ其費用ト塡補額トカ保険金額ヲ超過スルトキハ保険者ヲシテ其超過額ヲ負担セシムルコトヲ得サルノミナラス仮令保険金額ヲ超過セサルモ已ムヲ得サル防止ノ費用ニ限リテ保険者ニ負担セシムルコトヲ得ルニ過キス然レトモ此ノ如キハ決シテ被保険者ヲシテ専ラ損害ノ防止ニ力ヲ用ヒシムル所以ニアラス」として、損害を防止するために必要または有益な費用はてん補額と合算して保険金額を超過するときであっても保険者に負担せしめることとした[5]。

　改正試案では、損害額算定費用・損害防止費用のいずれについても、改正前商法と異なる提案はなされていない。保険法も、両者について規定を統合したにすぎない。保険法では、改正前商法660条1項但書に相当する規定は削除されているが、これは当然のことであると考えられるため、あえて明文で規定しなかったと説明されている[6]。

Ⅲ　条文解説

1　趣旨・意義

　損害額算定費用を保険者の負担とするのは、損害の調査・損害額の厳密な算定は損害保険に加入しているからこそ必要となる費用であるから、被保険者に負担させるのは妥当ではないし、損害額算定費用は保険者の損害てん補義務の履行に要する費用であるからである[7]。

　損害防止費用が保険者の負担に帰すべきものとされるのは、保険契約者・被保険者が損害の発生・拡大の防止に尽力すれば、保険者がてん補すべき損害額が減少し、保険者の利益につながるからである。それは、保険契約者・被保険者による損害防止義務の履行を促進することを意味し、いたずらに財貨を減失させないという公益的要請・社会経済的要請にも資する。有益費用も損害防止費用に含ましめたこと、てん補額と合算して保険金額を超えても保険者の負担としたことに関する立法理由としては、前述のように、損害防止の促進が重視されていた。

　一部保険の場合には、保険価額から保険金額を控除した残額については被保険者は自らその危険を引き受けているのであるから、損害防止費用についても付保割合に応じて分担することが公平である。

5）「商法修正案参考書」法務大臣官房司法法制調査部監修『日本近代立法資料叢書21』171頁（商事法務研究会・1985）。
6）萩本・一問一答119頁、第23回議事録13-14頁。
7）保険法コンメンタール83頁［小林登］。

2 要件

損害防止費用は、損害防止義務が生ずることを前提として、保険事故の具体的状況に応じて一般的かつ客観的に損害防止に必要または有益であると認められる費用であり、それが実際に損害防止に役立ったか否かを問わない。火災保険における消火活動に要した費用、自動車保険（対人賠償責任保険）における自動車事故の被害者の救護に要した費用などがこれにあたる。

かつての火災保険では、消火薬剤の使用に伴う消化液の詰替費用が損害防止費用にあたるかが問題となったが、現在の約款では、消火活動に費消した消火薬剤等の再取得費用は保険者が負担する旨定められており、実務上解決している[8]。

責任保険契約において、被保険者が第三者からの損害賠償請求に対して防御するための費用（損害賠償責任追及訴訟に対する応訴費用等）も、賠償責任の負担という損害を回避し、または軽減するために必要または有益である限り、損害防止費用となりうる[9]。他方で、被保険者が勝訴して責任を負わないことが確定すれば、責任負担という保険事故が発生していないことになるから、防御費用は損害防止費用にはあたらないことになる[10]。もっとも、責任が否定された場合の防御費用も費用損害として保険の対象とすることは可能であり、実際上も広く防御費用をてん補する責任保険契約が多い。

損害防止費用に該当するかが問題となった判例としては、以下のものがある。

東京高判平成21・1・21（判例集未登載）は、設計業務を遂行するにあたり職業上相当な注意を用いなかったことに基づき、当該設計業務の対象となった建築物に滅失・毀損が発生したことに起因して、被保険者が法律上の損害賠償責任を負担することによって被る損害をてん補する建築家賠償責任保険契約について、被保険者が設計した建物の安全性を確保するための補強工事のために支出した費用が損害防止費用にあたるかが争われた事例において、滅失・毀損とは建築物が物理的または化

---

8) この問題については、田辺・理論と解釈159頁以下、藤井一道「損害防止義務と消防損害」田辺康平=石田満編『新損害保険双書1 火災保険〔補正版〕』350頁以下（文眞堂・1994）参照。

9) この問題については、澤本百合「責任保険契約における防御費用のてん補」保険学624号203頁以下（2014）参照。被保険者には損害防止義務としての争訟義務はないから、損害防止費用として説明することには無理があり、損害額算定費用にあたると解するものとして、井野直幸「損害防止義務と費用負担」金澤・新たな展開138-139頁。

10) 大森・保険法220頁。応訴費用を損害防止費用として保険者に負担せしめるため、損害賠償請求を受けたことをもって責任保険における保険事故と解する見解もある（野津・法論557-558頁、石井=鴻・保険法221頁、鈴木竹雄『新版商行為法・保険法・海商法〔全訂第2版〕』95頁（弘文堂・1993））。

§23-Ⅲ3・Ⅳ　　　　309

学的に損傷する場合を意味し、本件事故のように、建築物に構造上の欠陥があり、そのため行政庁から使用しないよう行政指導されたにすぎない場合は、滅失・毀損に該当せず、保険事故が発生していないから、保険者が負担すべき損害防止費用にはあたらないとした。[11]

　東京地判平成22・3・24（判タ1377号178頁）は、火災発生後に現場保存のために行った通風バリケード加工工事の費用は、約款上の損害防止費用にあたらないとした。

3　効果

　損害の発生・拡大の防止のために必要または有益な費用は、てん補額と合算して保険金額を超える場合であっても、保険者の負担となる。一部保険において保険者が負担する損害防止費用の額は、保険金額の保険価額に対する割合を費用総額に乗じて得た額とされる。したがって、被保険者は保険者に対して、損害てん補としての保険金の支払に加えて、損害防止費用の償還を請求することができる。

　保険者が負担すべき損害防止費用は、消火・避難その他の消防活動によって生じた損害（16条）とは異なり、保険給付（てん補損害額）に含まれるものではない。保険給付に含まれるのであれば、保険金額を上限とするから、保険金額を超えて損害防止費用が支払われることはない。また、てん補の対象となる損害は保険の目的物について生じた損害でなければならないが、損害防止費用にこのような限定はない。したがって、損害防止費用は保険給付とは異なる給付である。[12]ロエスレル草案・明治23年商法では、損害防止費用は間接損害としててん補されるべき損害に含まれていたのに対して、明治32年商法は、保険者がてん補損害額とは別個に負担すべきものとしたと評価することができる。これは、保険法が損害防止費用を損害額算定費用とともに規定したことからも明らかである。

Ⅳ　外国法令

　諸外国の法律では、損害額算定費用は、保険者が負担することと定める場合（ドイツ保険契約法85条・135条、ただし、保険契約者が鑑定人等の委嘱のために支出した費用は除く）と、当事者が平等の割合で負担することとする場合（スイス保険契約法67条5項）がある。

---

11)　この判例については、山下典孝〔判批〕速報判例解説6号127頁以下（2010）、吉澤卓哉〔判批〕落合誠一=山下典孝編『保険判例の分析と展開』金判増刊1386号38頁以下（経済法令研究会・2012）参照。

12)　志田惣一「損害防止義務と損害防止費用」田中誠二監修『損害保険の法律問題』金判増刊933号98頁（経済法令研究会・1994）。

310 §23-V

　損害防止費用は、結果的な効果の有無にかかわらず、てん補損害額と合算して保
険金額を超える場合であっても、保険者が負担することを明定していることが多い[13]
（イタリア民法典1914条2項、スイス保険契約法70条1項、ヨーロッパ保険契約法原則第9-102条）。
併せて、一部保険の場合には、損害防止費用は付保割合に応じて分担することも定
められている。責任保険における被保険者の防御費用については、別途保険者の負
担とする旨定められていることもある（ドイツ保険契約法101条。イタリア民法典1917条3
項は、保険金額の4分の1を限度として保険者が負担するものとする）。

V　実務との関係

　本条は任意規定であるため、約款でこれと異なる定めを設けることも可能である。
　損害額算定費用について、約款上、保険価額・損害額をめぐって保険者と被保険
者との間で争いが生じたときは、当事者が選定する各1名の評価人の判断に委ねら
れ、評価人の間で意見が一致しないときは、双方の評価人が選定する1名の裁定人
の判断に委ねられることとし、その費用は被保険者も負担する旨約定されることが
あるが、このような約定も有効である。
　損害防止費用についても、約款上保険者の負担を制限することが多い[14]。保険者は、
てん補損害額と合算して保険金額の範囲内で損害防止費用を負担する旨の定め（損
害防止費用一部不担保約款）のほか、保険者は損害防止費用を全く負担しない旨の定
め（損害防止費用全額不担保約款）もある。住宅の火災保険の約款では、損害防止費
用を、消火活動に費消した消火薬剤等の再取得費用、消火活動に使用したことによ
り損傷した物の修理・再取得費用、消火活動のために緊急投入された人員または機
材の費用のみに限定した上で、その他の各種費用保険金との合計で保険金額を限度
として（または保険金額を超えるときであっても）支払うこととしている。これらの
約款の効力について、わずかに、改正前商法660条1項はモラル・ハザードの防止

---

13)　ドイツ保険契約法は、必要な損害防止費用は、その効果が生じなくても、保険者はこれを
　　てん補しなければならないとし（83条1項）、保険契約者が保険者の指示に従って支出した
　　費用または運送保険における損害防止費用については、てん補損害額との合計額が保険金額
　　を超えても、保険者はてん補しなければならないものとする（83条3項・135条1項）。イギ
　　リス海上保険法78条1項は、保険証券の損害防止約款に従って正当に支出した費用は保険者
　　から回収できるものとするが、他の保険金と合算して保険金額を超える場合であっても支払
　　の対象となる（木村栄一=大谷孝一=落合誠一編『海上保険の理論と実務』252頁（弘文堂・
　　2011）［中出哲]）。

14)　約款の規定例については、中出哲「損害防止費用とは何か」保険学618号103-106頁
　　（2012）参照。

§23-V

を目的とする強行規定であるとして、同項但書と異なる約款はすべて無効であると解する見解もあるが、少なくとも一部不担保約款については、被保険者の損害防止努力を阻止するほどの非公益的効力はないこと、保険者の負担を保険金額を上限とすることは保険技術上合理性があることなどを理由として、有効と解されている。[15]一方、全額不担保約款については、これを無効と解する見解もあるが、損害防止義務との相関関係を重視して、損害防止義務違反に基づく損害賠償請求権を放棄する[16]旨の定めとして、これを有効と解する見解もある。[17]家計保険と企業保険とで有効性を区別する余地もある。[18]保険契約者が消費者である場合には、保険契約者の義務を一方的に加重してその利益を害するものとして、消費者契約法10条に違反する可能性も指摘される。[19]これに対して、これを全面的に有効と解する見解もある。[20]その理由としては、損害防止義務は当然の義務であって、被保険者に特別の義務を課したものではないから、その見返りとして保険者は損害防止費用を必ず負担すべきことにはならないこと、費用損害としての損害防止費用を保険者が負担すべきか否かは保険料との関係で決定される問題であること、損害防止費用の種類が多岐にわたり負担の範囲が不明確なため、費用の算定をめぐって紛争が生ずるおそれがあることなどが挙げられる。

　この問題は損害防止義務の趣旨と密接に関係する。損害防止費用は公益保護のために損害防止義務の履行促進を目的として保険者に負担させたのであれば、約款により損害防止費用を保険者が負担しないことは許されないことになる。被保険者に損害防止義務を課した代償とみれば、保険者が損害防止費用を負担しなければ、損害防止義務違反を問えないことになる。また、保険者による損害防止費用の負担の根拠が損害防止義務の履行により保険者が利益を受けることに求められるのであれば、保険金額を超えてまで保険者が支払うべきいわれはないはずである。これに対して、損害防止義務違反を損害の発生・拡大に作用した原因力の1つとみれば、その損害については保険者は免責されることになるが、それは保険者による損害防止

---

15)　野口・前掲注(1)328-329頁。古くは、野津務『保険契約法論』173頁（有斐閣・1942）が公益的理由により無効を主張していた。

16)　大森・保険法173頁、石井=鴻・保険法210頁、田中=原茂・保険法189頁。

17)　松本烝治『保険法』114頁（巌松堂・1921）。大森・保険法173頁もその可能性を示唆する。

18)　石田・商法Ⅳ 178頁。

19)　坂口光男『保険法学説史の研究』406-408頁（文眞堂・2008）、潘・概説97頁、井野・前掲注(9)141頁。

20)　古瀬村邦夫「損害防止義務及び損害防止費用について」私法18号64頁（1957）、田辺・保険法148-149頁、西島・保険法212-213頁、山下・保険法415頁、坂口・保険法149頁、岡田・現代保険法187頁。

費用の負担の有無によって左右されるものではないから、損害防止義務と損害防止費用の本質的な関連は切断され、損害防止費用の支出は被保険者が保険金請求権を確保するために必要な費用損害として理解される[21]。

　思うに、物保険において保険事故により第一次的に損害を受けるのは、保険の目的物について被保険利益を有する被保険者であり、保険者は損害の発生・拡大の回避により損害てん補を免れるという点で間接的・結果的に利益を受けるにすぎない。火災のように保険事故により他人の財産・身体に損害を及ぼすおそれがある場合には、被保険者は社会的要請としてその損害の発生・拡大の防止に尽力すべきことになる。責任保険の場合も同様である。したがって、被保険者の損害防止義務は、自己の利益のために[22]または社会の一員として[23]当然に要求されるものであって、損害保険契約の効果として生ずる真正の義務とはいいがたい。その意味において損害防止義務は保険契約者・被保険者が保険事故の発生自体を回避する義務と大差はなく、その違反の効果は、故意または重過失による事故招致による保険者の免責（17条）と同様、義務違反によって発生・拡大した損害について保険者は免責されることになる。そうであれば、損害防止費用は本来被保険者が自ら負担すべきものであって、本条は損害防止義務の実効性確保と当事者間の利害均衡を考慮して政策的に保険者の負担とすることを原則としたと解される。損害防止義務においては無保険の場合と同程度の努力をすれば足りるため、損害防止費用を保険者が負担しないからといって、損害防止義務を尽くさなくてもよいということにはならない。したがって、約款上保険者による損害防止費用の負担を制限することも許されると解すべきである。むしろ、住宅の火災では多額の損害防止費用は要しないのに対して、化学工場の火災では多額の損害防止費用が想定されるように、保険の種類・目的物によって損害防止費用の多寡が異なることもあるから、これを費用損害としててん補の対象とし、保険料に反映させるのが合理的であろう[24]。

〔来住野　究〕

---

21)　古瀬村・前掲注(20)62頁。
22)　古瀬村・前掲注(20)63頁。第三者のためにする損害保険契約における保険契約者の損害防止義務については、被保険者の財産の管理者として被保険者の利益のために要求されることになる。
23)　金子晩実「火災保険の損害防止費用」保険学456号112頁（1972）。
24)　金子・前掲注(23)116頁。

§24-Ⅰ・Ⅱ   313

（残存物代位）
第24条 保険者は、保険の目的物の全部が滅失した場合において、保険給付を行った
ときは、当該保険給付の額の保険価額（約定保険価額があるときは、当該約定保険
価額）に対する割合に応じて、当該保険の目的物に関して被保険者が有する所有権
その他の物権について当然に被保険者に代位する。

改正前商法第661条 保険ノ目的ノ全部カ滅失シタル場合ニ於テ保険者カ保険金額ノ
全部ヲ支払ヒタルトキハ被保険者カ其目的ニ付キ有セル権利ヲ取得ス但保険価額ノ
一部ヲ保険ニ付シタル場合ニ於テハ保険者ノ権利ハ保険金額ノ保険価額ニ対スル割
合ニ依リテ之ヲ定ム

【条文変遷】　明治32年商法415条、改正前商法661条
【参照条文】　保険法25条
【外国法令】　イギリス海上保険法79条

Ⅰ　概　　要

　本条（24条）は、保険代位のうち残存物代位について定める。すなわち、保険者
が、保険の目的物の全部が滅失したこと（全損）により損害てん補として保険金を
支払った場合、保険の目的物について被保険者が有する所有権その他の物権につい
て当然に被保険者に代位する。たとえば、火災保険の目的物である住宅が全焼し、
もはや住むことができなくなった場合でも、石材・鉄材など相応の経済的価値のあ
るものが残存することがあるが、その場合において保険者が保険金を支払ったとき
は、保険者は残存物の所有権を取得する。また、盗難保険において、保険金が支払
われた後に盗品が被保険者に戻ってきた場合、保険者はその盗品の所有権を取得す
る。保険金額が保険価額に満たない一部保険の場合や、全部保険であっても保険者
が損害の一部しかてん補しない場合には、保険者は被保険者に支払った保険金額の
保険価額（評価済保険の場合は約定保険価額）に対する割合に応じて残存物の所有権
を取得し、被保険者と共有する。

Ⅱ　沿　　革

　残存物代位に関する規定はロエスレル草案にも明治23年商法にも存在せず、明治
32年商法に415条が新設され、商法修正案参考書ではその立法理由は次のように説

明されている。「本条ハ既成商法中ニ存セサルトコロナリ抑モ保険ナルモノハ損害ノ塡補ヲ以テ旨趣トスルモノナルヲ以テ此旨趣ヲ貫徹セント欲セハ仮令目的ノ全部カ滅失シタル場合ト雖モ保険ノ目的カ危険ノ発生前ニ有シタル価額ト其目的ニ付キ危険発生後被保険者カ有スル利益ノ価額トヲ精密ニ比較シテ其差額ヲ塡補スヘキモノトス然レトモ此ノ如キハ徒ラニ其計算ノ費用ト時日トヲ空費シ保険ノ効用ヲ減殺スルノ結果ヲ生スヘシ是レ啻ニ被保険者ニ不利益ナルノミナラス保険者ノ利益ニモアラサルヘシ是レ本案カ既成商法第六百二十八条ト同一ノ旨趣ニ基ツキ新タニ本条ヲ設ケ保険者カ保険金額ノ全部ヲ支払ヒタルトキハ被保険者カ其目的ニ付キ有スル権利ヲ取得スルコトト定メ同一ノ理由ニ依リ一部保険ノ場合ニハ保険金額ト保険価額トノ割合ヲ以テ其権利ヲ取得スルコトト定メタル所以ナリ」[1]。この規定が条数の移動により改正前商法661条に至る。

Ⅲ　改正前商法

改正前商法661条には、その適用範囲や要件をめぐって次のような問題点があった。

⑴　保険者が代位取得する権利は所有権に限られるか

かつては、保険の目的物の滅失により賃借権など所有権以外の権利も消滅するから、代位取得する権利は所有権に限ると解されていたが[2]、残存物代位は、有体物の滅失・毀損についての所有者利益の保険に限らず、保証保険・信用保険にも適用され、保険者が代位によって取得する権利には、所有権のほか債権・用益権・担保権も含まれると解されるようになった[3]。

しかし、株券の運送保険では、その被保険利益との関連において、保険金を支払った保険者はいかなる権利を代位取得するかということが問題となっていた[4]。株券

1）「商法修正案参考書」法務大臣官房司法法制調査部監修『日本近代立法資料叢書21』171頁（商事法務研究会・1985）。

2）伊沢・保険法304頁、田中＝原茂・保険法192頁、大森・保険法182頁。

3）野津・法論266-268頁、石田・商法Ⅳ 204頁、田辺・理論と解釈107頁、倉沢康一郎「保険代位について」同『保険契約の法理』157頁（慶應通信・1975）。

4）この問題については、新山一範「株券の運送保険」田中誠二監修『損害保険の法律問題』金判増刊933号108頁以下（経済法令研究会・1994）参照。新株券の運送保険については、株券の効力発生時期に関する議論も絡んで、問題はさらに複雑化する。株券は株主に交付された時に有価証券としての効力を生ずるという判例（最判昭和40・11・16民集19巻8号1970頁）の立場によれば、まだ株主に到達していない運送中に株券が盗難・紛失に遭い、その株券が流通して善意の第三者の手に渡ったとしても、その時点ではまだ株券としての効力を生

§24‐Ⅲ 315

の運送保険では、株券の盗難・紛失等の保険事故が生じた場合、株式の時価相当額
が保険金として被保険者たる株主に支払われるが、第三者に善意取得されない限り、
株券に表章された株式まで失うことにはならないからである。この点につき、判例
は、保険者が喪失株券についての権利を代位取得したとして、当時の商法230条お
よび民事訴訟法778条～780条に基づき公示催告の申立てをしたという事例において、[5]
運送保険の目的は株主権の化体した証券であり、保険者が代位取得する権利とは株
券とその表章する株主権を含むと解する一方、公示催告の申立てをなしうる者は証
書喪失当時その証書によって権利を主張できる形式的資格を有する者であるところ、
その地位は保険代位の効果として株式の移転に随伴してまたは単独で移転するもの
ではないと判示した（大阪地決昭和38・2・19下民集14巻2号219頁）。通説も、運送保険
の目的は株式（株主権）を表章した有価証券としての株券であり、その被保険利益
は株主権を有することについての利益であり、保険者が代位取得するのは株式（株
主権）であると解する。その理由としては、①被保険者が株券の喪失によって最も[6]
恐れるのは第三者の善意取得による株式の喪失であり、株券の運送保険はそのよう
な危険に対処するものであること、②被保険者は株券の喪失により、株式譲渡によ
る迅速な株式取引の商機を失い、株主名簿の名義書換未了であれば会社に対して株
主としての権利行使ができないという不利益を被り、しかも権利行使手段の回復も
容易ではないから、その損害は株主権の喪失に匹敵すること、③運送中の株券の喪

じていないから、善意取得は生ぜず、株主は株式を失うことはないからである。この問題に
ついては、大森忠夫ほか「座談会 株券の郵送と保険」商事法務研究258号34頁以下（1962）、
倉沢康一郎「株券の効力発生をめぐる判例と保険のあり方」同『会社法の論理』93頁以下
（中央経済社・1979）参照。

5）　現行法上は、喪失株券を無効としてその後の善意取得を封ずるとともに、株券の再発行を
可能にするための手続として、株券失効制度（株券喪失登録制度）がある（会社法221条以
下）。有価証券を喪失した者の救済を図る一般的な制度としては、公示催告・除権決定制度
があり（非訟事件手続法114条以下）、従来は株券についてもこの制度に従うべきものとされ
ていたが（平成14年改正前商法230条）、平成14年改正法は公示催告・除権決定に代わる制度
として新たに株券失効制度を創設し、株券について公示催告・除権決定制度は適用されない
ものとした（会社法233条）。

6）　大森ほか・前掲注（4）45頁〔大森発言〕、青谷和夫「株券の運送保険と保険者代位による
公示催告申立権」保険学422号88-89頁（1963）、保住昭一〔判批〕法律論叢38巻2号83-84頁
（1964）、大隅健一郎〔判批〕商事法務355号37頁（1965）、小町谷操三〔判批〕ジュリ339号
126頁（1966）、米沢明〔判批〕『証券・商品取引判例百選』179頁（有斐閣・1968）、西島梅
治〔判批〕『新証券・商品取引判例百選』191頁（有斐閣・1988）、河本一郎〔判批〕保険海
商百選70頁、河本一郎「株券の運送保険について」同『株券の法理』82頁（成文堂・2013）、
江頭憲治郎〔判批〕損保百選〔第2版〕152頁。さらに、判例に反対し、保険者は公示催告
申立権も有すると解する見解が多い。

失により被保険者は直ちに株式を失うわけではないのにこれを失ったものとして保険金が支払われることは、損害保険の本質に反するものではなく、保険者が株式を代位取得すれば被保険者の二重利得という弊害は避けられることなどが挙げられる。これに対して、保険の目的・被保険利益については通説と同様に解しながら、株券の喪失によって当然には株主権は失わないから、保険の目的の全部滅失には該当せず、残存物代位の規定の適用は困難であるとして、保険者に対する株式の移転の根拠をその旨の特約（保険委付に準ずる取扱いの特約）に求める見解[7]や、株式の時価を被保険利益の価額とする損害保険契約は運送保険ではありえず、運送保険として締結する以上、その被保険利益は株券の有する手段的価値、すなわち公示催告申立費用または再発行費用にとどまり、保険者は株式を代位取得しえないと解する見解も主張されていた[8]。一般の運送保険・盗難保険においては、目的物の盗難・紛失によりその所有者たる被保険者は当然に目的物の所有権を失うわけではないが、目的物に対する事実上の支配を失い、その使用・収益・処分ができない以上、所有者としての経済的利益は失われた（損害が生じた）と評価することができる。これに対して、株券の運送保険においては、株券が物理的に滅失した場合には善意取得の余地はないから、そこに表章された株式を失うことはなく、盗難・紛失の場合であっても、直ちに株式を失うわけではないし、株主名簿に株主として記載されていれば会社に対する権利行使にも支障はなく、公示催告手続を経て株券の再発行を受ければ株券喪失前の状態を回復することもできるから、株式に対する事実上の支配を失っているとはいえないことも多く、株券喪失者の利害と一般の運送保険・盗難保険における目的物の所有者の利害とは同一ではない[9]。したがって、これを被保険利益の問題と捉えるか全損の問題と捉えるかはともかく、少数説は株券の運送保険のあり方に重要な問題を提起していたということができる。

(2) **保険者が保険金額の全部を支払うことを要件とするのは妥当か**

これは全損処理として残存物の価額を控除せずに保険金を支払うことを意味するが、保険者は超過保険の超過部分についてまで保険金を支払うことを要しないから、

7）　田辺・理論と解釈113頁以下、田辺・保険法137頁、新山一範「株券の喪失に対する株主のための保険について」戸田修三ほか編『長谷川雄一教授還暦記念―有因証券法の研究』27頁以下（成文堂・1989）。

8）　倉沢康一郎「有価証券運送保険の被保険利益」綜合法学 6 巻10号26頁以下（1963）、同・前掲注（4）95-98頁。もっとも、この見解も、株式喪失の危険に備えるという株主の実際的需要を否定するわけではなく、株式そのものを保険の目的とし、その喪失を約定危険とした上で、株券喪失の場合に保険委付を認めるという新種保険の構想を提唱する（倉沢康一郎「委付による保険金支払の損害填補性」同『保険契約の法理』（慶應通信・1975）34頁以下）。

9）　倉沢・前掲注（8）「有価証券運送保険の被保険利益」28頁、新山・前掲注（7）48頁参照。

§24-Ⅳ1   317

保険金額の全部の支払を要件とするのは妥当ではないと指摘されていた。[10]

Ⅳ　立法過程

1　保険法制定前試案

損保試案における残存物代位の規定は以下の通りである。

第661条　①　保険の目的物が全部滅失した場合において、保険者が被保険者に
その負担額の全部を支払ったときは、その目的物について有する被保険者の権
利を取得する。ただし、一部保険の場合には、保険者は、保険金額の保険価額
に対する割合で、その権利を取得する。

②　保険者が被保険者にその負担額の一部を支払ったときは、被保険者に利得を
生じさせない範囲内においてのみ、前項に規定する権利を取得する。

③　前2項の規定は、保険の目的物が可分である場合には、その可分な各部分に
ついて適用する。

改正点を整理すると、第1項では、「保険金額ノ全部ヲ支払ヒタルトキハ」とい
う文言については、前述のように疑問が提起され、しかも損保試案631条では超過
保険の超過部分も当然には無効とならないとすることに伴い、「負担額の全部を支
払ったときは」と改めた。[11]

第2項では、保険者の資力不足等により負担額の一部しか支払われていない場合
には、いかなる範囲で残存物代位を認めるべきかがかねてから問題となっていたと
ころ、被保険者に利得を生じさせない範囲で残存物代位が認められると解されてき
たため、その明文化を試みた。[12]一部保険の場合と同じく、その支払った金額の支払
うべき金額に対する割合により代位を認めるとすれば、保険者が義務を完全に履行
していないだけに不当であり、かといって、全く代位を認めないとすれば、たとえ
ば有価証券の運送保険におけるように、有価証券を喪失しても、被保険者が除権決
定を受け、有価証券なしにまたは有価証券の再交付を受けて権利を行使できる可能
性がある場合には、被保険者に利得を生ぜしめるおそれがあるからである。[13]

---

10)　田辺康平「保険者の残存物代位」『創立四十周年記念・損害保険論集』227頁（損害保険事
業研究所・1974）。

11)　損保試案理由書68頁。

12)　石田・商法Ⅳ 203頁、西島・保険法178頁、山下友信「火災保険における保険者代位」田
辺康平＝石田満編『新損害保険双書1 火災保険〔補正版〕』377頁（文眞堂・1994）。田辺・
保険法138頁は、「被保険者に不利にならない範囲内で」代位を認めるべきであるとする。

13)　損保試案理由書69頁。

318   §24-Ⅳ2

第3項は、従来からの一般的な解釈を明文化しようとするものである。

2　法制審議会保険法部会の審議[14]

　保険法部会第4回会議（平成19年1月17日開催）において、残存物代位に関する規律について以下の提案がなされた。「損害保険契約の目的物〔の全部が滅失し〕〔について保険者がてん補することを約した損害の全部が生じ〕た場合において、保険者が被保険者に対しててん補すべき損害の額の全部を支払ったときは、保険者は、当該目的物について被保険者が有する権利を当然に取得するものとする。ただし、一部保険の場合においては、保険者が取得すべき権利は、保険金額の保険価額に対する割合によって定まるものとする」。これは、改正前商法661条の規律を基本的に維持しようとするものであるが、そこでの問題提起は、①全損はかなり緩やかな概念であるため、残存物代位の生ずる場合を「目的ノ全部カ滅失シタル場合」とする規律は狭いのではないか（〔　〕はそれを踏まえた2つの案を併記したものである）、②経済的価値のない残存物を代位の対象から除く必要はないか、③この規定は任意規定とすべきか強行規定とすべきかという点であった。[15]これに対して、会議では、実務上の観点から、①保険者が代位権を取得しないことができる旨の規定を設ければ、実務に即していてありがたい、②少なくとも約款で、保険者が代位権を取得しない、所有権を取得しないとすることを不当条項の観点から問題はないとしてもらわなければ、実務上困る、③盗難保険において保険金を支払った後に盗難物が出てきた場合を想定すれば、「滅失」という文言は適切ではないのではないかといった意見が述べられたが、提案に対して特に異論は出なかった。[16]

　中間試案では、「保険の目的物の全部が滅失した場合において、保険者が被保険者に対しててん補すべき損害の全部をてん補したときは、保険者は、当該目的物について被保険者が有する権利を当然に取得するものとする。ただし、保険者がてん補すべき損害の額が保険価額に満たない場合には、保険者が取得すべき権利は、保険者がてん補すべき損害の額の保険価額に対する割合によるものとする」とされ、要綱では、「保険者は、保険の目的物の全部が滅失した場合において、これによって生じた損害をてん補したときは、当該保険者が行った保険給付の額の保険価額（約定保険価額があるときは、当該約定保険価額）に対する割合に応じて、当該保険の

　14）　残存物代位に関する規定の改正における議論の状況については、笹本幸祐「保険代位に関する議論の推移と保険法改正」中西喜寿・164頁以下参照。
　15）　部会資料（5）2頁、第4回議事録12-13頁。
　16）　第4回議事録15-16頁。

§24-V1   319

目的物に関して被保険者が有する所有権その他の物権について当然に被保険者に代位するものとする」と改められ、本条に至る。中間試案の補足説明では、一部保険の場合に限らず、保険の目的物について損害の全部が生じたが、保険者がその損害の一部しかてん補する責任を負わない場合（たとえば、保険契約において被保険者の自己負担部分が定められている場合）において、保険者がその損害をてん補したときにも、同様の規律とする必要があると説明されており[17]、要綱のように改められた理由については、①一部保険について全部弁済が行われた場合と、全部保険について一部弁済が行われた場合とで、代位の必要性が生じることに変わりはないこと、②今回重複保険で独立責任額負担主義を採用する関係で、たとえば２つの全部保険の損害保険契約が締結されていた場合において、各保険者が損害額の２分の１ずつを按分して支払ったときは、「保険者が被保険者に対しててん補すべき損害の全部をてん補したとき」に該当しないことになるが、このような事例で残存物代位が起こらないという結論になるのは相当でないことが挙げられている[18]。本条の立法理由としても、改正前商法661条の趣旨を敷衍し、保険者が保険金額の全部を支払った場合に限って代位を認めていた点を改め、より一般的な形で代位を認めることとしたと説明されている[19]。また、保険者が代位によって取得する権利については「所有権その他の物権」とし、立法的な解決を図った。

　残存物代位に関する規定は当初は任意規定とする方向で検討されていたが、片面的強行規定とすることに改められた。

V　条文解説

1　趣旨・意義

　残存物代位の趣旨については、利得防止説と技術説が主張されている。利得防止説は、保険金の支払を受けた被保険者がさらに残存物について権利を有することは利得禁止原則に反するからであると解する[20]。しかし、一部保険において保険金額の全額が支払われても、残存物の価額がてん補されない損害額を超過しない限り、残存物を被保険者にとどめても、それによって被保険者を利得させることにはならないし、全部保険の場合でも、利得防止説では、被保険者に残存物をとどめておくべ

---

17)　補足説明48頁。
18)　部会資料(23)11頁。
19)　萩本・一問一答138頁。
20)　大森・保険法179頁、石井＝鴻・保険法212頁、田中＝原茂・保険法191頁、石田・商法Ⅳ
　　201頁、基本法コンメンタール265頁［岩崎稜＝山手正史］。

きではないことは説明できても、保険者がこれを取得すべき積極的理由を十分に説明できないと批判される。[21] 一方、技術説は、本来は残存物の価値を控除しててん補損害額を算定すべきであるが、それは技術的に困難であるし時間と費用もかかるため、迅速な保険金の支払を図るため、保険金を支払うのと引換えに保険者に残存物の取得を認めたと解する。[22] 技術説の中には、残存物代位は全損概念を制度的・技術的に拡張することに伴う事後処理制度であると解する見解もある。すなわち、残存物代位は保険制度を効用あらしめるための便宜的制度であるが、その意義は、残存物が存在するにもかかわらず全損として保険者に保険金全額の支払を認めることにより、保険制度上の全損概念を物理的な全部滅失に限らないものとして技術的に構成することにあり、残存物代位はそれに伴う付随的効果であると説明される。[23] 利得防止説と技術説は残存物代位を捉える側面が異なるだけであって相対立するものではないとして、利得防止と技術的理由の両者が趣旨として指摘されることが多くなっている。[24]

なお、全損ではないが、実際上全損に近いかその蓋然性が高い場合に、被保険者が保険金の支払を受けるために保険の目的の残存物について権利を保険者に移転する制度として、海上保険には委付の制度があったが（平成30年改正前商法833条）、わが国では約款上委付制度は否定されてきたため、全損処理における残存物の権利の帰趨は残存物代位によることになる。

2 要件

保険者の残存物代位は、①保険の目的物の全部が滅失したこと、②保険者が保険給付を行ったことを要件とする。

①「保険の目的物の全部が滅失した」とは、目的物が物理的に完全に滅失したことではなく、全損を意味する。これを文字通り物理的な全部滅失を意味するとすれば、残存物自体が存在しないことになるから、この規定の意味がなくなる。全損と

---

21) 田辺・保険法135頁。

22) 葛城照三「残存物代位によって保険者が取得する権利」損保37巻1号4-5頁（1975）、伊沢・保険法304頁、鈴木竹雄『新版商行為法・保険法・海商法〔全訂第2版〕』89頁（弘文堂・1993）、田辺・保険法135頁、西島・保険法176頁。

23) 倉沢・前掲注(3)147頁以下、倉沢康一郎「保険代位の対象たる『残存物』」同『保険契約法の現代的課題』207頁以下（成文堂・1978）、倉沢・通論72-73頁。全損概念については、中出哲『損害てん補の本質』324頁以下（成文堂・2016）参照。

24) 野津・法論263頁、今村有『海上保険契約法論 下巻』566-567頁（損害保険事業研究所・1980）、山下・保険法419頁、坂口・保険法151頁、岡田・現代保険法198頁、潘・概説134頁、福田=古笛・逐条解説77-78頁。

§24-V 2   321

は、保険の目的物が本来の経済的機能・効用を全面的に失った場合をいう。したが
って、たとえば運送保険において、運送中の穀物が水濡れして人の食料としては適
さなくなったが、家畜の飼料としては使用できるような場合も、全損にあたる。修
理・修復の費用が保険価額を超えるような場合も全損と評価できる。分損の場合に
は、目的物の一部にしか損害を生じておらず、てん補損害額は残存した目的物の価
値を控除して算定されるため、残存物代位は生じない[25]。ただし、目的物が可分であ
る場合には、包括して付保された目的物の全部が減失した場合でなくても、可分の
部分について全損は生じうるので、保険代位は生じうる。たとえば、複数の目的物
の盗難保険において、目的物の一部についてのみ盗難があり、その損害てん補とし
て保険金が支払われた後、盗難にあった目的物が発見された場合、保険者は目的物
を取得することができる。

　②保険給付は、保険金全額の支払である必要はない。保険者が保険契約に基づき
具体的に支払義務を負う金額について支払えば足りる。一部保険の場合や、重複保
険において複数の保険者が分担して保険金を支払った場合にも、残存物代位は認め
られる。損害防止費用を支払わずに代位を認めるのは公平ではないとして、保険者
が支払うべき金額には損害防止費用（23条1項2号）も含まれると解されている[26]。保
険者がその負担額の一部しか支払っていない場合については、25条2項の類推適用
により被保険者に利得を生じさせない範囲で残存物代位が認められるという従来の
解釈を維持する見解もあるが[27]、保険法は一部保険における全額支払の場合と全部保
険における一部支払の場合とを区別しないことを趣旨とする以上、実際に支払った
保険金額の保険価額に対する割合に応じて残存物の権利を取得すると解される[28]。

---

25)　分損の場合にも、損害額算定の困難を避けて保険保護を迅速に付与する必要があるとして、
　　残存物代位を認める見解もある（田辺・前掲注(10)226頁、田辺・保険法138頁、西島・保険
　　法177頁）。
26)　小町谷操三「保険者の残存物代位について」損保28巻4号6頁（1966）、野津・法論266頁、
　　山下・前掲注(12)377頁、西島・保険法177-178頁、岡田・現代保険法199頁。反対、今村・
　　前掲注(24)571頁。残存物代位は、全損概念を制度的・技術的に拡張することに伴う事後処
　　理制度であるとすれば、損害防止費用の支払まで要件とする必要はないし（中出・前掲注
　　(23)267頁）、「保険給付」には損害防止費用の支払は含まないと解するのが自然であろう
　　（損害防止費用の支払も要すると解する見解に懐疑的なものとして、山下＝永沢・保険法Ⅰ
　　225頁［土岐孝宏］）。
27)　江頭・商取引法483頁、岡田・現代保険法199頁。
28)　萩本・一問一答138頁、潘・概説135頁、陳亮「保険者の残存物代位について」『明治大学
　　法学部創立百三十周年記念論文集』297頁（2011）、山下＝永沢・保険法Ⅰ224頁［土岐孝宏］。

3 効果

　保険者は、保険金支払の効果として、被保険者が残存物について有する所有権その他の物権を当然に取得する。残存物代位は法定効果であって、保険者・被保険者間の権利移転を目的とする意思表示は必要ない。対抗要件（民法178条）の具備も必要ない。権利取得時期は保険金支払の時である。

　保険者が代位によって取得する権利は通常は所有権が想定されるが、他の物権もありうる。これに対して、債権については、25条は請求権代位の対象につき「債務の不履行その他の理由により債権について生ずることのある損害をてん補する損害保険契約においては、当該債権を含む」としたことに伴い、保証保険・信用保険の目的となる債権は、残存物代位ではなく請求権代位の対象に改められた。すなわち、従来は代位の対象が保険の目的について有する権利であるか否かが残存物代位と請求権代位の区別の基準となっていたのに対して、保険法では物権か債権かという権利の性質が区別の基準となった。ただし、株券の運送保険・盗難保険[29]において保険金の支払により保険者は株式を代位取得するとしても、株式は株主権という物権とも債権とも異なる特殊な財産権であると解されているため、本条の残存物代位と25条の請求権代位のいずれが根拠となるのか明らかではないが、本条が類推適用されることになろう。もっとも、現行会社法上株券は不発行が原則とされ（会社法214条）、上場会社等の株式は株券廃止を前提とした株式振替制度に組み込まれたため（社債、株式等の振替に関する法律128条以下）、株券を保険の目的とする需要は乏しくなった。

　一部保険・重複保険の場合、残存物代位は、支払った保険金額の保険価額（評価済保険の場合は約定保険価額）に対する割合に応じて生ずる。たとえば、保険価額1000万円の住宅に保険金額800万円（保険価額の80％）の火災保険をかけた場合において、その住宅の全焼により保険者が800万円の保険金を支払ったとき、保険者は80％の持分割合で残存物を被保険者と共有することになる。また、保険価額1000万円の住宅につきA保険会社とB保険会社の2社との間で火災保険契約を締結し、その住宅の全焼によりA・Bそれぞれが500万円ずつ保険金を支払った場合、AとBは2分の1の割合で残存物を共有することになる。

　被保険者が保険金の支払を受ける前に残存物の権利を処分した場合、保険者は、被保険者の処分がなければ取得したであろう残存物の価額の限度において損害てん補義務を免れると解される。[30]

29）　現在の約款では、喪失株券については被保険者が株券喪失登録の申請を行うものとし、それに要した費用もてん補されることになっている。

30）　田辺・前掲注(10)232頁、田辺・保険法137頁、西島・保険法180-181頁、山下・保険法420頁、坂口・保険法154頁、潘・概説137頁。

4 規定の性質

　海上保険などの一定の企業保険を除き（36条）、本条は片面的強行規定であり、本条に反する特約で被保険者に不利なものは無効となる（26条）。したがって、たとえば付保割合を問わず保険者が残存物の権利をすべて取得するような特約は無効であるが、反対に、保険者の代位の範囲を24条所定の範囲よりも狭める特約は有効であると解される。そして、被保険者に不利な特約として無効となるか否かは、保険者の代位の範囲が保険法所定の範囲よりも広いか否かによって決まり、残存物の価値の有無・除去費用の発生の有無・残存物の具体的な内容などによって特約の効力が決まるわけではない。残存物をめぐる具体的な事情によって特約の効力が左右されるとすると、実際に保険事故が生ずるまで特約の効力が不明であり、当事者間の法的安定性を著しく害する結果となるからである。[31]

Ⅵ　外国法令

　諸外国の立法において、海上保険については残存物代位に関する規定が置かれることがあるが、陸上保険については置かれないのが通例である。全損の場合に残存物の権利を被保険者が保持しても著しい利得は生じないということが前提の認識となっているからであると推測される。[32]ドイツ商法典859条2項には海上保険について残存物代位の規定があったが、海上保険に関する規定自体が全廃されている。

　イギリス海上保険法79条1項は、「保険者は、保険の目的物の全部、または貨物の場合には保険の目的物の可分な部分の全損に対して保険金を支払ったときは、これによって、保険金が支払われた保険の目的物の残存する部分について被保険者が有する利益を承継する権利を有し、かつ、これによって、損害を引き起こした災害の時から、保険の目的物自体について及び保険の目的物に関して被保険者の有する一切の権利及び救済手段に代位する」と規定する（2項は分損の場合に原則として残存物代位を否定する規定）。「利益を承継する権利を有する」という文言から明らかなように、保険者が代位権を行使するかは任意であり、保険金支払の効果として当然に残存物の権利が移転するわけではない。

---

31)　萩本・一問一答139頁。

32)　山下友信「損害保険契約法改正試案理由書（1995年確定版）の解説―総則・火災保険」損保58巻3号58頁（1996）。

Ⅶ 実務との関係

残存物代位は、保険者にとって有益であるとは限らない。たとえば、難破した船舶の残存物（漂流物・沈没物等）が航路を妨害する場合には公法上その除去義務が課せられたり（港則法26条）、火災に遭った建物の残存物が隣地の所有権を侵害する場合には私法上その除去義務や損害賠償責任を伴うことがあり、その場合には残存物を取得するとかえって余計な費用がかかるおそれがある。保険の目的物に担保権が設定されていた場合には、その全損に伴う保険金請求権に対して担保権者が物上代位権を行使しなかったときは、担保権は残存物について存続しうる。[33]

この点については、そもそも残存物代位によって移転するのは残存利益のみであって、除去義務などの負担は保険者に移転しないと解する見解もある。[34] しかし、残存物代位によってその所有権を失った被保険者には除去の権原はないから、除去義務が残存物の所有者に課される以上、保険者がそれを負担せざるをえない。保険者が自らの義務として残存物を除去する以上、事務管理（民法697条）にはあたらないから、それに要した費用を被保険者に負担せしめることもできない（民法702条1項参照）[35]。被保険者は負担を除去しなければ保険者に保険金を請求できないとすれば、残存物代位が保険金支払の前提要件となるが、全損が生ずれば免責事由がない限り無条件に保険者には保険金の支払が義務づけられるのであり、全損における事後処理制度としての残存物代位制度の趣旨と調和しない。[36]

そこで、負担を伴う残存物がすでにてん補された被保険者の損害を減縮するとき（残存物の利益の額とその負担に要する費用の額との差額が被保険者に不当な利益をもたらすとき）にのみ代位の対象となると解する見解が主張されている。この見解によれば、全損保険金の支払によって、保険契約当事者間では、残存物に対する権利はすべて保険者に移転するが、負担の履行の関係では、権利は被保険者にとどまるのであって（一種の関係的所有権理論）、被保険者の負担の履行は、保険者に対する関係では義務なくして他人の事務を管理することになり、被保険者は保険者に対する

---

33) 残存物に付着する負担の種類とその代位に伴う帰趨の詳細については、田辺・理論と解釈123頁以下、花房一彦「残存物代位によって取得した所有権を原因とする保険者の負担」保険学476号49頁以下（1977）参照。

34) 葛城・前掲注(22)7頁以下、今村・前掲注(24)574頁。

35) 倉沢・前掲注(23)212-213頁、坂口光男「残存物代位と負担の帰属」損保65巻1＝2号132-133頁（2003）。

36) 倉沢・前掲注(23)218頁、坂口・前掲注(35)131-132頁。

費用償還請求権と保険者がその権利を有している残存物の価額とを相殺し、その差額の利益は保険者に帰属するが、費用の額が残存物の価額よりも大きい場合には、被保険者は保険者に対して残存物の価額以上の償還を請求することはできないと解される[37]。しかし、この見解に対しては、消極的な評価しかなされていない関係的所有権理論を援用することに疑問が提起されている[38]。

　残存物代位により保険者には残存物に付着する負担も移転するとすれば、保険者としては残存物代位を回避したほうがよいこともある。そのため、約款では、保険者が残存物に関する権利を取得する旨の意思を表示しない限り、保険者に移転しないなどと定めることが多い。企業保険では、負担に伴う費用を被保険者の負担とする旨定められることもある。そこで、かかる約款の効力が問題となる。

　残存物代位の趣旨を被保険者の利得禁止原則に求めれば、それは公序良俗に関する規定であるから、代位取得を放棄することは許されないことになるが、利得禁止原則自体が弾力的に解されているし、残存物の経済的価値は僅少であることが多いから、これを無効とするほどではないといわれる[39]。また、保険者が残存物代位による権利取得を放棄する約定は、被保険者に不利にはならないため、許されると解されている。ただし、高価品の盗難保険のように、代位取得を放棄すれば被保険者に著しく利得を生ずる場合には、利得禁止原則に反する約定として無効となると解されている[40]。本条は権利移転についての規定であって費用負担について定めたものではないとすれば、保険者の代位を認めた上で費用を被保険者の負担としても本条には反しないと解されるし[41]、残存物除去費用をもてん補の対象とすることもできる。

---

37)　倉沢・前掲注(23)214頁以下。

38)　坂口・前掲注(35)137頁。

39)　福田＝古笛・逐条解説79頁。中出・前掲注(23)344頁は、盗難保険において盗品が後に発見された場合のように、残存物の存在が、利得禁止原則（経済主体の全体的な経済状態を基準にして、事故によってよりよい状態になってはならないという意味の利得禁止）から排除が要請されるような存在である場合には、本条は強行法的に適用されるべきであるが、火災保険における建物焼失のように利益関係の終結が状況から明らかで、残存物の存在が排除されるべき利得といえるほどのものでないような場合、その部分に対する利益の重複は損害てん補原則からは逸脱するとしても、社会的に排除されるべき利得とみる必要はないので、その帰属の扱いは当事者の任意に委ねられてよいと解する。

40)　田辺・前掲注(10)232頁、西島・保険法180頁、山下・前掲注(12)379頁、山下ほか・保険法177頁［山本哲生］、補足説明48頁。もっとも、実際の盗難保険約款では、保険金を支払えば保険者は盗難にあった目的物の所有権を取得するとしつつ、目的物が発見・回収された場合には、被保険者は支払を受けた保険金額を返還して目的物の所有権を回復できる旨定められているのが通例である。

41)　山下ほか・保険法177頁［山本哲生］。

確かに、残存物にかかる負担はその所有権に追随するものであるから、残存物の権利を被保険者にとどめれば、残存物に係る費用も被保険者に負担せしめることができる。残存物の価値が費用を償うのに十分でなければ、保険者は残存物の権利取得の意思表示をしなければよい。残存物の価値が費用を大きく上回るにもかかわらず保険者が権利取得の意思表示をしなければ、被保険者が利得することになるが、それは権利不行使の不当性の問題であって、約款の定めの効力を左右するものではない。他方で、保険者の意思表示に基づく残存物の権利取得は、本条に基づく法定効果ではないから、対抗要件の具備を要することになろう。とすれば、約款の定めは本条の適用を否定し、保険者に残存物の権利取得を目的とする形成権を与えるものであると評価すべきであろう。そして、本条の適用否定は被保険者にとって不利になるものではないし、保険者の権利は被保険者の利得防止を目的とするものであるから、かかる定めも有効であると解すべきである。

〔来住野 究〕

§25-I   327

（請求権代位）

第25条 ① 保険者は、保険給付を行ったときは、次に掲げる額のうちいずれか少な
い額を限度として、保険事故による損害が生じたことにより被保険者が取得する債
権（債務の不履行その他の理由により債権について生ずることのある損害をてん補
する損害保険契約においては、当該債権を含む。以下この条において「被保険者債
権」という。）について当然に被保険者に代位する。

(1) 当該保険者が行った保険給付の額

(2) 被保険者債権の額（前号に掲げる額がてん補損害額に不足するときは、被保険
者債権の額から当該不足額を控除した残額）

② 前項の場合において、同項第1号に掲げる額がてん補損害額に不足するときは、
被保険者は、被保険者債権のうち保険者が同項の規定により代位した部分を除いた
部分について、当該代位に係る保険者の債権に先立って弁済を受ける権利を有する。

改正前商法第662条 ① 損害カ第三者ノ行為ニ因リテ生シタル場合ニ於テ保険者カ
被保険者ニ対シ其負担額ヲ支払ヒタルトキハ其支払ヒタル金額ノ限度ニ於テ保険契
約者又ハ被保険者カ第三者ニ対シテ有セル権利ヲ取得ス

② 保険者カ被保険者ニ対シ其負担額ノ一部ヲ支払ヒタルトキハ保険契約者又ハ被保
険者ノ権利ヲ害セサル範囲内ニ於テノミ前項ニ定メタル権利ヲ行フコトヲ得

【条文変遷】 ロエスレル草案720条、明治23年商法658条、明治32年商法416条、改正前
商法662条

【参照条文】 保険法24条

【外国法令】 ドイツ保険契約法86条、フランス保険法典L. 121-12条、イタリア民法典
1916条、スイス保険契約法72条、ヨーロッパ保険契約法原則第10-101条

I　概　　要

　請求権代位とは、一般に損害保険契約において保険者の保険給付義務の発生事由
と同一の事由に基づき、保険給付請求権者が第三者に対して損害賠償請求権等の権
利を取得する場合において、保険給付義務を履行した保険者が保険給付請求権者の
第三者に対する権利を取得する制度をいう。本条（25条）は、改正前商法662条の規
定を基本的に維持している。保険法においては、保険契約者が第三者に対して有す
る権利を代位の対象としないこととし、解釈論に委ねられていた問題について差額
説を採用したところが改正点である。なお、この規定は片面的強行規定である（26
条）。

II　沿　革

　　ロエスレル草案720条は、「保険者ハ被保険者ニ保険額ヲ支払フタルニ於テハ損害ノ為メニ他人ニ対シ被保険者ノ有スル要求権ヲ受得シ要求権保険ノ場合ニ於テハ殊ニ負債者ニ対スル債主権ヲ受得ス被保険者ハ此場合ニ係リ保険者ニ損失ヲ加フ可キ行為ノ責ニ任スル者トス」と総則に規定していた。ロエスレル草案では、改正前商法662条と異なり、保険契約者の第三者に対する権利を代位の対象とはしていない。ロエスレルは、この規定につき、「被保険者ニシテ併セテ加害者ニ対シ要償スルヲ得ルニ於テハ理由ナク自カラ富マスニ至ルカ為メニ設クルモノナリ[1]」と説明し、被保険者の利得禁止をその根拠とするものであることを明らかにしていた。[2]

　　明治23年商法658条では、「①保険者ハ被保険者ニ被保険額ヲ支払ヒタルトキハ損害ノ生シタル為メ被保険者カ第三者ニ対シテ有スル請求権ヲ当然取得シ殊ニ債権ノ保険ノ場合ニ於テハ債務者ニ対スル債権者ノ権利ヲ当然取得ス但其支払ヒタル額ヲ限トス　②被保険者ハ此事ニ関シ保険者ニ害ヲ加ヘタル行為ニ付キ責任ヲ負フ」と規定している。この規定は、ロエスレル草案720条を継受したものである。ロエスレル草案との違いは、字句の修正を除き、保険者による請求権代位の範囲が保険者の支払った額を限度とする旨が明定されていることである。

　　そして、明治32年商法416条は、「①損害カ第三者ノ行為ニ因リテ生シタル場合ニ於テ保険者カ被保険者ニ対シ其負担額ヲ支払ヒタルトキハ其支払ヒタル金額ノ限度ニ於テ保険契約者又ハ被保険者カ第三者ニ対シテ有セル権利ヲ取得ス　②保険者カ被保険者ニ対シ其負担額ノ一部ヲ支払ヒタルトキハ保険契約者又ハ被保険者ノ権利ヲ害セサル範囲内ニ於テノミ前項ニ定メタル権利ヲ行フコトヲ得」と規定し、改正前商法662条と同一文言の規定に至った（商法修正案理由書では415条）。明治32年改正では、2点につき修正されている。まず、第1点目として、全部支払と一部支払を区別したことである。そして、第2点目は、被保険者が第三者に対して有する権利だけでなく、保険契約者が第三者に対して有する権利も両者を区別する理由がないとして加えたことである。[3]

1）　ロエスレル・148頁。

2）　岡田豊基『請求権代位の法理―保険代位論序説』31頁（日本評論社・2007）。なお、ロエスレルは、積極的な禁止命題ないし利得の禁止という価値判断を明示したわけではないから、利害回避を趣旨としていたと主張するものに、山下＝永沢編・保険法I　229頁［土岐孝宏］がある。

3）　商法修正案理由書348頁。

Ⅲ　改正前商法

改正前商法662条は、明治32年商法416条と同じ文言で規定されていた。

1　趣旨

保険者の請求権代位は、第三者の有責の行為によって保険事故が発生し、被保険利益に損害が生じたため、被保険者が、保険者に対し損害てん補請求権を有するとともに、第三者に対しても損害賠償請求権を有するに至った場合に認められる制度である。この場合、なぜ代位が必要とされるかについては、伝統的に被保険者にこの2つの請求権をともに行使させることによって利得させるべきではない、保険者の義務の履行によって有責の第三者を免責させるべきではないという2つの要請を同時に満足させるためであると考えることについてはあまり異論がなかった[4]。しかしながら、なぜ被保険者の利得を許すべきではないのか、第三者の賠償により保険者は免責されるのに、なぜ第三者は保険者のてん補により免責されてはいけないのか、また、なぜ保険者の権利取得が認められてよいのかという点については見解がわかれていた[5]。

主な見解として、まず、第1に、損害保険契約の本質を実損てん補とする見解（絶対説）がある[6]。この見解は、被保険者の両請求権を重畳的に行使することを認めると、保険により利得が生ずる可能性があることから、かかる利得の発生を防止するため両債権の重畳的行使は認められないと説明する。

第2に、保険給付の本質は、金銭給付であって、請求権代位の根拠は、公序政策的見地からする要請であるとする見解（相対説）がある。この見解によれば、いかなる利得が否認されるべきかは、政策的見地から決せられるべき問題であり、被保険者の重畳的請求権を否認するのは、保険事故の発生を放任したりする弊害を誘致するおそれがあるため慎重を期しているのであるとする[7]。

第3に、不確定損害肩代わり説（修正絶対説）がある[8]。この見解によれば保険金支払義務と損害賠償義務の対象となる損害に差があり、両者その外延的範囲について

---

4)　ただし、第2の第三者の免責阻止については、趣旨ではなく機能であるとするものに、笹本幸祐「保険代位に関する議論の推移と保険法改正」中西喜寿・169頁。

5)　諸学説の詳細については、西島・保険法181頁以下、岡田・前掲注（2）19頁以下。

6)　加藤由作『火災保険論』169頁（新紀元社・1950）。

7)　大森忠夫「保険者の求償権」同『続　保険契約の法的構造』102-104頁（有斐閣・1956）。

8)　西島・保険法184-185頁、田辺・基本構造260-263頁。

はともに被保険利益の減失額である点で共通だが、内容的には、前者が被保険者の有する賠償請求権を考慮にいれつつ暫定的に不確定損害を対象とするのに対し、後者は被保険者の有する保険金請求権を考慮しない確定損害を対象とする。したがって、第三者の賠償義務が被保険利益の減失額相当の確定損害を賠償すべき義務であるのに対し、保険者のてん補義務は、いちおう被保険利益の減失額相当の保険金を支払うとともに、被保険者の第三者に対して有する賠償請求権を取得すべきことを内容とする義務であり、履行不確実な賠償請求権を確実な保険金で肩代りする義務であると説明する。

2 要件

(1) 被保険者または保険契約者による権利の取得

請求権代位が認められるためには、まず、保険事故による損害が生じたことにより被保険者または保険契約者が第三者に対して権利を取得したことが必要である。

被保険者が第三者に対して有する権利とは、第三者の不法行為（放火など）による損害賠償請求権はもちろん、第三者の債務不履行（借家人の失火による借家の返還不能など）による損害賠償請求権も含む。そのほか、船長の行為により法律上発生する共同海損分担請求権（商法788条以下）や、消防員が延焼防止のために被保険建物を破壊した場合の補償請求権（消防法29条3項）のような保険事故を生じさせた第三者とは別の第三者に対して被保険者が有する請求権も含む。

ただし、保険事故による損害が第三者の行為によって生じた場合でも、それによって被保険者が行為者または第三者に対して何らの法的請求権を有しえない場合（失火の責任に関する法律や倉庫寄託約款の軽過失免責など）には、保険者の取得すべき権利はない。

また、保険契約者の有する権利とは、たとえば、他人の物の保管者がその他人のためにこれについて保険契約を締結し、第三者がその物に損害を加えたような場合、その保険契約者が加害者に対して有する損害賠償請求権があげられる[9]。

なお、保険事故による損害は、残存物代位と異なり、全損の場合のみならず分損の場合でもよい。

(2) 保険者による保険給付

保険者が被保険者に対し保険金を支払うことが必要であるが、負担額の全部を支払った場合のみならず、資力不足等により保険者が負担額の一部のみを支払った場合でも、一定の範囲内において請求権代位が生ずる。

---

9) 基本法コンメンタール267頁〔岩崎稜・山手正史補訂〕、大森・保険法183-184頁。

3 効果

保険者は、保険契約者または被保険者が第三者に対して有する権利を法律上当然に取得する。すなわち、当事者の意思表示を必要とせず、また、権利の移転をもって債務者またはその他の第三者に対抗するための対抗要件（民法467条）も必要としない。権利移転の時期は、保険者による保険金支払の時である。

保険金の支払により代位の効果が発生した後は、被保険者などがその移転した権利についてこれを自由に行使または処分することはできない。

しかし、保険金の支払がなされるまでは、被保険者らは第三者に対する権利を行使または処分することを妨げられない。保険金支払前に被保険者らが第三者から損害賠償を受けたときは、保険者はその分だけ支払保険金から減額でき、また、被保険者が第三者に対する権利を放棄または処分した場合には、保険金支払の際、保険者は、代位によって取得できたはずの権利の価額を支払保険金より控除することができる。約款の多くは、保険契約者や被保険者が第三者に対する請求権の行使または保存に必要な手続を怠ったときは、その賠償を受けることのできた金額を控除した残額を基礎として、保険者の責任の有無およびその額を定めるものとしている。この点において、請求権代位の規定は、被保険者の損害防止義務（改正前商法660条）とともに、被保険者の事故招致免責制度（同641条）の機能の延長上にある。[10]

保険者が第三者に対して代位取得できる権利の範囲については、一部保険で被保険者が第三者に対して有する権利が損害額より少ない場合、見解が3つに分かれている。第1説（絶対説）は、保険者は被保険者に優先して権利を行使できるとする。第2説（比例説）は、被保険者と保険者とは、それぞれの権利の額の按分比により、第三者の支払限度額に対して権利を行使できるとする。第3説（差額説）は、被保険者の権利行使についての優先権を認める。判例（最判昭和62・5・29民集41巻4号723頁）は、比例説を採用している。同様の問題は、一部保険で第三者が資力不足の場合も生ずる。

なお、改正前商法662条2項は、「其負担額ノ一部ヲ」支払った場合に限定しているが、その場合に限られないとする解釈が主張されていた。

4 規定の性質

改正前商法662条の性質については、明文の規定はなかったが、一般に任意規定であると解されていた。[11]

---

10) 基本法コンメンタール267-268頁［岩崎稜・山手正史補訂］。

11) 田辺・基本構造252頁、西島・保険法182頁。

5　立法論的批判

立法論的批判としては、大きく分けて3つあげられる。まず、第1に、改正前商法662条1項は、被保険者の第三に対する権利についてのみならず、保険契約者の第三者に対する権利についても代位する旨を定めているが、保険契約者の第三者に対する権利についての代位は認めなくてよく、約款にも同旨の規定は皆無であるから、「保険契約者」の文言を削除すべきであるという主張があった[12]。

第2に、保険者が負担額の全部を支払った場合でも被保険者の権利がなお残存するかぎり、被保険者の権利を優先させるべきであるため、改正前商法662条2項の「負担額ノ一部ヲ支払ヒタルトキハ」の文言を削除すべきであるという主張があった[13]。

第3に、被保険者の第三者に対する権利のうち、被保険者の同居の親族などに対する権利については、保険者は代位権を行使できないとすべきであるという主張があった[14]。この場合、保険者が代位権を行使できるならば、結局、被保険者は損害てん補を受けえないのと同じ結果になるからである。

Ⅳ　立法過程

1　保険法制定前試案

損保試案662条では、

「①　保険事故による損害が生じたことにより、被保険者が第三者に対して権利を取得した場合において、保険者が被保険者に損害をてん補したときは、そのてん補した額を限度として、第三者に対して有する被保険者の権利を取得する。ただし、第三者に対して有する被保険者の権利が損害額よりも少ない場合には、一部保険の保険者は、保険金額の保険価額に対する割合で、また、負担額の一部を支払った保険者は、被保険者の権利を害さない範囲内においてのみ、第三者に対して有する被保険者の権利を取得する。

②　保険者が前項の規定により権利を取得した場合において、第三者に対して有する被保険者の権利が残存するときは、保険者の権利は被保険者の権利におくれる。

③　第1項の場合において、被保険者が第三者に対して有する権利（その担保権を

---

12)　石田・商法Ⅳ 211頁、西島・保険法187頁、山下・保険法552頁。

13)　石田・商法Ⅳ 212頁。

14)　石田・商法Ⅳ 212頁、基本法コンメンタール267頁〔岩崎稜・山手正史補訂〕。

含む。）の保存もしくは行使について必要な手続を怠りまたは保険者の同意を得ないでその権利を放棄したときは、保険者は、手続の懈怠または権利の放棄がなければ第三者から支払を受けることができたと認められる額については、損害をてん補する責任を免れる。

④　第１項に規定する第三者が被保険者の同居の家族その他被保険者と生計を共にする者である場合には、保険者は、第１項の規定により取得した権利を行使することができず、また、前項により損害をてん補する責任を免れることはできない。ただし、保険事故がこれらの者の故意によって生じたときは、このかぎりでない」

と規定していた。１項は、改正前商法662条１項および２項に多少の変更を加えた上で、これをあわせて規定している。２項から４項は新たに規定している。１項では、一部保険と負担額の一部支払との場合に分けて、一部保険の場合に比例按分の方法で保険者が権利を取得することになるかは規定がなく解釈に争いがあったところ、残存物代位に関する損保試案661条１項但書にそろえて比例説をとったものである。２項は、１項の規定により保険者が取得した権利の行使につき、改正前商法662条２項の趣旨を「負担額ノ一部ヲ支払ヒタルトキ」に限定されないものとした。３項は、改正前商法662条に規定はないが、同様に解されているところを明らかにしたものである。４項は、外国の立法例を参酌して、第三者が被保険者の同居の親族である場合に関し、特則を設けたものである[15]。

　なお、損保試案662条は、保険契約者側の不利益に変更することを許さない半面的強行規定（損保試案663条の３第２項）である。

2　法制審議会保険法部会の審議

　保険法部会では、改正前商法の規定を基本的に維持する方向で検討がなされた。

(1)　第１読会（第４回会議）から中間試案まで

　第１読会においてなされた提案は、①保険事故による損害が生じたことにより被保険者が第三者に対して権利を取得した場合において、保険者が被保険者に対しててん補すべき損害の額を支払ったときは、保険者は、その支払った金額の限度において、そのてん補された損害について被保険者が第三者に対して有する権利を当然に取得するものとする、②被保険者が第三者に対して有する権利の額が被保険者の損害額を下回る場合には、一部保険の保険者は、被保険者の権利を害しない範囲において、①に規定する権利を当然に取得するものとする、③保険者が①または②の

---

15)　損保試案理由書71-72頁。

規定により被保険者の権利の一部を取得した場合には、保険者は、被保険者の権利を害しない範囲において、その権利を行使することができるものとするという規律を設けることである。この提案については、①において、いわゆる対応原則を明確にするとともに、保険契約者が第三者に対して有する権利については、従来から立法論的な批判がなされていることを考慮して代位の対象としないこととし、②は改正前商法上、解釈論に委ねられていた問題について差額説を採用して立法による解決を図るものであると補足されている。②は新設の規律である。そして、検討事項としては、2点あげている。まず、1点目は、③は改正前商法662条2項を現代語化したものであるが、その具体的な法的効果について、どのように考えるか、2点目として、規定の性質（任意規定か強行規定か）について、どのように考えるかである。[16]

この提案について審議会では、②と③に「被保険者の権利を害しない範囲において」という全く同じ表現が使われており、②において使われていることにつき疑義が提示された。[17]

第2読会（第9回会議）では、表現に若干の変更があった。①②では、「その損害に係る権利」と規定することにより、いわゆる対応原則を明確にした。また、②の「被保険者の権利を害しない範囲において」という表現に変更はないが、差額説の結論が導かれるような規律となるよう具体的に規定する必要があり、なお検討するとしている。そして、損害のうち一定額については被保険者の自己負担とする旨を定めた場合等にも、保険者が被保険者の権利の一部を取得することとすべきと考えられることから、併せてなお検討することとしている。③の「被保険者の権利を害しない範囲において」は、表現を変更し、内容については、なお検討することとするとされた。[18]

中間試案では、②において、「その損害に係る権利」、「被保険者の権利を害しない範囲内において」という表現がなくなっており、実質的な規律の内容を書いてみたものであると説明されている。[19]規定の性質については、残存物代位と平仄をあわせて任意規定とする方向（ただし、この規律に反する約定が利得禁止原則により効力を否定されることもあると考えられる）とした。また、補足説明では①の「当然に」を残存物代位と同様の意味とし、法律上当然に権利移転の効果が生ずることを明らか

---

16) 部会資料(5)2-3頁。
17) 第4回議事録18頁。
18) 部会資料(10)12-13頁。
19) 第13回議事録23頁。
20) 中間試案12頁。

§ 25 - V 1 335

にする趣旨とする。そして、③の「被保険者の権利を害しない範囲内においてのみ」という表現が復活しているが、この規律が具体的にどのような場面でどのように働くのかについては必ずしも明らかではなく、これを明確にすべきとも考えられるとしている。[22]

パブリックコメントでは、中間試案の提案にいずれも賛成の意見であり、規律の性質についても任意規定とすべきとの意見が多数であった。[23]

(2) 保険法の見直しに関する要綱

まず、要綱案第1次案では、中間試案と本文の文言は全く変わらず、（注2）で中間試案では残存物代位とともに任意規定の方向だったのを、片面的強行規定とするとしたことが大きな変更点である。これは法律上の当然代位といいながら任意規定とすることは説明しにくいためと説明されている。[24]この片面的強行規定と変更したことにつき両規定について議論された。[25][26]要綱案第2次案で、今まで3項に分けられていたのが2項にまとめられた。[27]

V　条文解説

1　趣旨

本条（25条）は、損害保険契約において保険者の保険給付義務の発生事由と同一の事由に基づき、保険給付請求権者が第三者に対して損害賠償請求権等の権利を取得する場合において、保険給付義務を履行した保険者が保険給付請求権者の第三者に対する権利を取得することを定めている。改正前商法662条に該当する。

本条では、保険契約者が第三者に対して有する権利を代位の対象としないことにした。

保険者が代位する権利の範囲については、解釈上見解が分かれていたが、改正前商法下の判例が採用した比例説ではなく、被保険者の保護が最も厚い差額説を採用した。また、代位取得した権利の行使については、改正前商法662条2項と異なり、保険者が被保険者に対してその負担額の一部を支払ったときに限定していない。な

---

21)　補足説明48頁。

22)　補足説明50頁。

23)　別冊商事法務321号163頁。

24)　部会資料(23)11-12頁。

25)　第21回議事録38頁。

26)　第21回議事録38、42-47頁。

27)　部会資料(26) 9 頁。

お、本条は片面的強行規定とされた (26条)。片面的強行規定とされたのは、改正前商法が念頭においてきた利得禁止原則を基本的枠組みとしつつ消費者保護を考慮した結果である[28]。

2　要件

　請求権代位が認められるためには、まず、保険事故による損害が生じたことにより被保険者 (被保険者の死亡によって生ずる損害をてん補する傷害疾病損害保険契約にあっては、その相続人。以下同じ) が第三者に対して権利を取得したこと、そして、保険者が被保険者に保険給付を行ったことが必要である (26条・35条)。保険者が負担額の全額を払うことは必要ではなく、負担額の一部の支払でもよい。

(1)　保険事故による損害

　保険事故によって被保険者に生じた損害は、残存物代位と異なり、保険の目的物の全損の場合のみならず分損の場合でもよい。

(2)　請求権代位の対象となる権利

　保険法では、被保険者が取得する債権を被保険者債権とする。被保険者債権には、不法行為や債務不履行による損害賠償請求権、損害賠償義務者間の求償権、不当利得返還請求権のほか、共同海損分担請求権や消防法29条3項に基づく損失補償請求権など改正前商法662条で述べたところと同様の権利があげられる。ただし、立法論的批判でもとりあげた保険契約者の第三者に対する権利は、請求権代位の対象とされないこととなったため含まれない。

　いわゆる保証保険契約については、保険の対象となっているのがそもそも債権であるという特徴があるが、このような保険契約で保険事故 (たとえば貸倒れや債務不履行) が生じて保険者が被保険者に生じた損害をてん補した場合、保証人に法定代位が認められる (民法500条) のと同様に、保険者に、保険の対象であった債権の代位を認めるのが合理的であるため、当該債権が対象となる旨を明確にした (本条1項柱書括弧書)[29]。

3　効果

(1)　一般原則

　保険者は、被保険者が第三者に対して有する権利を法律上当然に取得する。すな

---

28)　山野嘉朗「保険代位・請求権代位」落合=山下・理論と実務209頁、笹本・前掲注 (4) 174頁。
29)　萩本・一問一答142頁。

わち、当事者の意思表示を必要とせず、また、権利の移転をもって債務者またはその他の第三者に対抗するための対抗要件（民法467条）も必要としない。権利移転の時期は、保険者による保険金支払の時である。

保険金の支払により代位の効果が発生した後は、被保険者がその移転した権利についてこれを自由に行使または処分することはできない。

しかし、保険金の支払がなされるまでは、被保険者は第三者に対する権利を行使しまたは処分することを妨げられない。保険金支払前に被保険者が第三者から損害賠償を受けたときは、保険者はその分だけ支払保険金から減額でき、また、被保険者が第三者に対する権利を放棄または処分した場合には、保険金支払の際、保険者は、代位によって取得できたはずの権利の価額を支払保険金より控除することができる。

(2) 請求権代位される権利の範囲

保険者は、原則として被保険者が有する債権の額と保険者が行った保険給付の額のいずれか少ない額の範囲で代位する。一部保険の場合のように、てん補損害額の一部について保険給付がされたときは、保険給付後も被保険者に損害が残存することになるので、保険者は、被保険者債権の額から当該残存する額を控除した額と保険給付額のいずれか少ない額の範囲で代位することとし（本条1項）、被保険者保護の観点から差額説をとることを明確にした。

改正前商法では、一部保険でかつ過失相殺等により、被保険者債権が損害額よりも少ない場合に、保険者の代位が認められる範囲について明文の規定がなく、争いがあった。たとえば、損害額100の損害が起こり、被保険者の第三者に対する債権が80（被保険者の過失割合が2割）であった場合に、保険金額60の保険契約が締結されており、保険者が60の保険金を支払ったとすると、保険者が代位取得するのは、絶対説をとると60、比例説では48、差額説では40となる。改正前商法時の最高裁は比例説をとっていたが、それでは被保険者の保護に十分でないため差額説が明文によってとられることになった。

(3) 代位取得した権利の行使

被保険者の加害第三者に対する損害賠償請求権と、請求権代位に基づく保険者の加害第三者に対する債権とが並存する場合の、両権利の優劣が問題となる。改正前商法では、負担額の一部支払をした場合にのみ、被保険者の権利を害しない範囲で権利を行使できる旨が定められていた。しかしながら、一部保険で第三者資力不足の場合については規定がない。保険法は被保険者による損害の回復を優先すべきであるという趣旨で差額説を採用したことからしても、保険者による代位した債権を優先させるべきではないと考えられるため、改正前商法662条2項の規律を実質的

に維持して、このような場合に被保険者の債権が優先することとした（本条2項）。

4 規定の性質

損保試案では、半面的強行規定（663条の2第2項）とされており、法制審議会では当初、規定の性質について任意規定とするか強行規定とするかが検討事項としてあげられ、中間試案までは任意規定とする方向であったが、本条は片面的強行規定とした（26条）。したがって、被保険者に不利な特約、たとえば、どのような場合でも保険者が行った保険給付の額と同額だけ代位が生ずる旨の約款や、比例説を採用する約款などは、無効となる[30]。ただし、片面的強行規定が適用除外される36条各号の損害保険契約においては、比例説を採用している約款も有効と解されよう[31]。

Ⅵ 外国法令

ヨーロッパ各国の保険法では、同様の法制度が設けられている[32]。規定の性質は、ドイツ保険契約法（87条）、ヨーロッパ保険契約法原則（第1-103条2項）では、片面的強行規定であるが、スイス保険契約法72条は、3項（保険請求権者と密接な関係がある第三者）についてのみ片面的強行規定（98条）であり、フランス保険法典は任意規定（L. 111-2条但書）である。

また、日本では被保険者と密接な関係にある第三者について代位権の除外規定が損保試案に盛り込まれていたが、結局、規定されなかった。これについては、保護される人の範疇は国によって異なる。被保険者の配偶者、子供、両親ならびに被保険者と同居している者など、緊密な家族構成員が保護されるとするものにドイツ保険契約法（86条3項）、スイス保険契約法（72条3項）がある。加えて、被保険者の家計で雇われている者も含めるものとして、フランス保険法典（L. 121-12条3項）、イタリア民法典（1916条2項）、ヨーロッパ保険契約法原則（第10-101条3項）などがある。

Ⅶ 今後の展望

36条各号に掲げる損害保険契約に該当しない一般的な消費者の契約等の約款で比

---

30) 萩本・一問一答141頁。

31) 大串＝日生・解説保険法256頁［西脇英司］、福田＝古笛・逐条解説84頁、上松・ポイント解説85頁。

32) ヨーロッパ各国の保険法については、『ドイツ保険契約法（2008年1月1日施行）』、『ドイツ、フランス、イタリア、スイス保険契約法集』、『ヨーロッパ保険契約法原則』を参照した。

例説により規定されていたものは、法の趣旨に合わせた約款改訂作業が必要になる。

　ところで、保険者が代位できる範囲について差額説をとるとしても、その基準となるべき被保険者の損害額をどのようなものとして考えるかにつき、人身傷害保険において問題となっていた。約款所定の基準により積算された損害額（人傷基準損害説）と民法上認められるべき裁判基準による損害額（裁判基準損害額）とが乖離することがあり、通例、人傷基準損害額は裁判基準損害額より少額となる。特に問題となったのは、過失相殺される場合の代位取得の範囲である。この問題につき、最判平成24・2・20（民集66巻2号742頁）は、裁判基準差額説（裁判基準損害額）を採用した。この事件の保険契約は、保険法施行日前に締結されたため、改正前商法が適用されるが、この判決の示す解釈（裁判基準差額説）は、人身傷害保険の趣旨・目的を根拠とするところから、現行約款に及ぶ。[33] 裁判基準差額説を採用すると、人身傷害保険金の支払が賠償金支払に先行する場合と、賠償金の支払が人身傷害保険金の支払に先行する場合では、被害者側の回収額に違いが生じてしまうという難点がある。最判平成24・2・20以後、損保各社は約款を改定したため、現行約款では、このような回収額に違いがないようになっている。もっとも、旧約款が適用される事案は、依然として存在する。そこで、裁判基準差額説を採用する際に、支払の先後により回収額に違いがでないよう約款規定を合理的・整合的に解釈する必要があろう。[34] なお、最判平成24・2・20では、この他に被保険者の損害の元本をてん補し、損害の元本に対する遅延損害金をてん補するものでない約款の場合は、損害金の元本に対する遅延損害金は、保険代位の対象とならないことを最高裁として初めて判断した。

　請求権代位に関する規定について、本条1項と2項の趣旨を法文から理解することは保険消費者によって容易ではなく、今後、なお規定の仕方について工夫・改善の余地が残されているように思われるという指摘がある。[35]

〔藤田　祥子〕

---

33)　榎本光宏〔判批〕最判解民平成24年度(上)185-186頁。
34)　山下徹哉〔判批〕商事法務2106号55頁（2016）。
35)　山野・前掲注(28)209頁。25条1項の体裁につき言及するものに、笹本・前掲注(4)174頁。

（強行規定）

第26条 第15条、第21条第1項若しくは第3項又は前2条の規定に反する特約で被保険者に不利なものは、無効とする。

【条文変遷】 新設
【参照条文】 保険法15条・21条・24条・25条
【外国法令】 §7解説Ⅳ参照

Ⅰ 概　　要

　本条（26条）は、53条（生命保険契約）、82条（傷害疾病定額契約）との共通事項として、保険法第2章「損害保険」第3節「保険給付」に設けられている諸規定のうち、保険給付の履行期に関する規定（21条）を片面的強行規定とするものであるが、さらに損害保険契約に特有な損害発生後の保険の目的物の滅失（15条）、残存物代位（24条）、請求権代位（25条）についても片面的強行規定とすることを明らかにしている。

　規定の性質に関する分類、片面的強行規定の保険法への導入の経緯、趣旨、外国の立法例および今後の展望については、7条と41条の解説で述べられているところと基本的には同様である。

Ⅱ 条文解説

　本条は、「第15条、第21条第1項若しくは第3項又は前2条の規定に反する特約で被保険者に不利なものは、無効とする」ことを定め、以下に検討する規定の性質が片面的強行規定であることを明示する。

　したがって、本条の掲示する各条文の内容に反するような特約があった場合であっても、被保険者に不利とならないものであれば無効となることはなく、これらの者に不利な特約だけが無効となる。

1　15条

　保険事故により損害が発生したとしても、保険者に損害のてん補義務が課されるのは、保険事故と相当因果関係のある範囲についてだけである。そして、いったん、保険者に損害てん補義務が発生した場合には、その後の事情によって消滅することはない。このように、15条は、保険者に損害てん補義務がいったん発生した以上、

§26-Ⅱ2　　　　341

その後の事情によって義務が消滅することはないとする当然のことを定めた規定であるが、これが片面的強行規定となることを明らかにしている。

(1)　損害発生後の保険の目的物の滅失に関する規定の概要

15条は、「保険事故による損害が生じた場合には、当該損害に係る保険の目的物が当該損害の発生後に保険事故によらずに滅失したときであっても」保険者には損害てん補義務が課され、当該義務が消滅することはないとする。たとえば、保険事故により目的物の一部に損害が発生し保険者の損害てん補義務が認められる場合に、その後、保険事故以外の何らかの事情で全損に至ったとしても[1]、保険者は分損部分の保険給付の義務は免れないというものであり、いわば当然のことを定めただけである[2]。

(2)　不利な特約の対象者

損害保険契約における保険給付の対象者は被保険者であるから、もし保険者が保険給付を免れるような約款が問題となるとしたら、保険給付を受けるにつき不利な特約の対象となるのも被保険者である。

(3)　無効となる不利な特約

典型的には、15条に該当するような場面、すなわち損害が発生した後に保険事故以外の事由により目的物が滅失したような場合については、保険者は免責となるというような特約は、被保険者に不利なものとして無効となる。

2　21条1項

損害保険契約において、保険給付を行う期限を定めた場合に関する21条1項の規定を片面的強行規定とするものである。

(1)　保険給付の履行期に関する規定（期限を定めた場合）の概要

21条1項は、保険給付の履行期についての規定であり、保険給付を行う期限を定めた場合、「当該期限が、保険事故、てん補損害額、保険者が免責される事由その他の保険給付を行うために確認をすることが損害保険契約上必要とされる事項の確認をするための相当の期間を経過する日後の日であるときは、当該期間を経過する日をもって保険給付を行う期限とする」と定めている。保険給付は、たとえ、期限の定めがあったとしても、それが相当の期間を経過する日より後の日であるときには、当該期間を経過する日をもって保険給付の期限とするものである。すなわち履

1）　大森・保険法153頁は、火災保険の目的物である家屋が半焼した後、洪水で流失したような場合を例示する。

2）　福田=古笛・逐条解説50頁、保険法コンメンタール95頁［出口正義］。

行期として定められた約定の期限が到来する前であっても、当該事項を確認するために相当な期間を経過してしまうような場合には、その期間を経過する日をもって保険給付を行う期限とし、保険者は以後遅滞の責めを負うことになる[3]。

(2) 不利な特約の対象者

損害保険契約においては、保険給付を受けるのは被保険者であり、保険給付が遅滞することにより不利益を被るのは被保険者であるから、不利な特約の対象は被保険者である。

(3) 無効となる不利な特約

21条1項は、保険者は保険事故の確認等の調査を行った上で保険給付を行う必要があるという保険契約の性質と、保険事故が発生した場合には迅速に保険給付が行われるべきであるという2つの要請を考慮した規定であるから[4]、従来の約款のように、保険給付の履行期を具体的な日数で定めておきながら、「この期間内に必要な調査を終えることができなかったときは、調査後遅滞なく支払う」旨を内容とするような場合には、約款規定が無効となる。

3 21条3項

損害保険における保険給付の履行期について、保険契約者側が保険者の調査妨害を行ったような場合には、保険給付の履行が遅滞したとしても、保険者は遅滞の責任を負わないとする21条3項の規定は、片面的強行規定であるとする。

(1) 保険契約者側による調査妨害があった場合の規定の概要

21条3項は、保険契約者側による調査妨害があった場合に関する規定であり、保険者が保険事故等の確認をするための調査をするに際し、保険契約者または被保険者からの妨害行為があった場合、「保険者は、これにより保険給付を遅延した期間について、遅滞の責任を負わない」と定めている。

(2) 不利な特約の対象者

損害保険契約においては、保険給付を受けるのは被保険者であり、保険給付が遅滞することにより不利益を被るのは被保険者であるから、不利な特約の対象は被保険者である。

(3) 無効となる不利な特約

21条3項では、保険者が遅滞の責任を負わない場合として、保険契約者または被保険者が正当な理由なく保険者の調査を妨げ、またはこれに応じなかった場合を掲

3） 大串＝日生・解説保険法87頁［千葉恵介］。

4） 大串＝日生・解説保険法87頁［千葉恵介］。

げていることからすれば、これ以外の事由を掲げて（あるいは正当な理由があっても）遅滞の責任を負わないこととするような約款規定は無効となる。したがって、このような無効な約款規定を定めた場合には、当該事由が発生したか否かにかかわらず、保険者は遅滞の責めを負うこととなる[6]。

また、21条3項の効果は、単に遅滞の責任を負わないとするものであるから、義務違反があった場合には保険者が免責となるというような約款規定、あるいは病院や警察等第三者の事情により確認が遅延した期間については責任を負わないとするような約款規定も無効となる[7]。

4 24条

全損の場合において、保険給付を行った保険者は、当該保険給付の額の保険価額に対する割合に応じて、保険の目的物について被保険者が有する権利を当然に代位する、という制度が24条に定める残存物代位である。この規定に反する特約で、被保険者に不利なものは無効となる。

(1) 残存物代位に関する規定の概要

24条は、保険者は、保険の目的物の全部が滅失して保険給付を行った場合に、保険給付額の保険価額（または約定保険価額）に対する割合で、保険の目的物につき被保険者の有する所有権その他の物権について当然に代位すると定めているが、これは、目的物が残存物として存在する場合、保険給付を受けた被保険者がそれ以上の利得をしてしまうことを防止し、あるいは迅速な保険給付をするための技術的な制度として、被保険者が残存した目的物について有する権利を保険者が代位するとしたものである[8]。

(2) 不利な特約の対象者

損害保険契約においては、保険給付を受けるのは被保険者であり、被保険利益の目的物についての残存物代位をめぐる法律関係で不利益を被るのは被保険者であるから、不利な特約の対象は被保険者である。

(3) 無効となる不利な特約

たとえば、一部保険の場合に、保険者が残存物の権利をすべて取得する旨の特約などは、被保険者が受け取る保険給付に比して保険者が取得する権利が大きくなる

5）　保険法コンメンタール75頁［山野嘉朗］。
6）　大串＝日生・解説保険法90頁［千葉恵介］。
7）　上松・ポイント解説72頁、保険法コンメンタール95頁［出口正義］。
8）　大森・保険法180頁、西島・保険法175頁、山下・保険法419頁。

ことから、被保険者にとって不利な特約として無効となる。[9]

　一方、残存物代位による権利の取得を制限し、保険の目的物に残存物があったとしても当然にはこれを代位しない旨の特約に関しては、保険者は、保険の目的物に関して被保険者が有する権利を取得しないのであるから、被保険者に有利な特約であり、このような特約は本条に反するものではないとされている[10]（法制審議会保険法部会における整理）。とはいえ、「当然に」という文言があえて加えられたことや、残存物の除去が負担となる場合に保険者が代位しないことが許されるとすると、むしろ被保険者にとって不利となってしまうようなことを考えると、果たして保険法部会における整理に根拠があるのかについては疑問を禁じ得ない。[11]

5　25条

　保険事故による損害が第三者の行為によって生じた場合において、保険者が被保険者に保険給付を行ったときは、保険者は、被保険者が第三者（たとえば、加害者）に対して取得する損害賠償請求権等の権利について、代位することを認めているのが請求権代位である。被保険者による保険給付と損害賠償金との重複取得による利得を防止し（利得禁止原則）、同時に、保険者からの保険給付がなされることにより、（加害）第三者が免責されてしまうことをも防止するものである。

(1)　請求権代位に関する規定の概要

　①　25条1項は、代位取得できる被保険者債権の額について規定している。全部保険においては、被保険者債権の額が損害額と同額であるか否かを問わず（後述の例のように、被害者＝被保険者にも過失がある場合等）、保険給付を行った保険者は、常に、被保険者債権の額に相当する額を代位取得する。

　これに対し、一部保険の法的処理は複雑である。保険者は、保険給付の額が損害額に不足するときは、被保険者債権の額から当該不足額を控除した残額についてしか代位できない旨定める。これは、25条の解説（§25解説V 3(2)参照）のように、伝統的通説・判例の立場（比例説）を改め、差額説を採用することを明らかにしたものである。被保険者の利得防止という趣旨からは、被保険者に利得が生じない範囲では保険者による代位取得を認める必要はないし、被害者である被保険者の保護にも役立つと考えたからである。

　たとえば、保険価額100万円、保険金額50万円の車両保険契約を締結していたと

---

9)　第21回議事録35頁。
10)　大森・保険法182頁、第21回議事録38頁。
11)　保険法コンメンタール95頁［出口正義］。

ころ、他車からの追突事故によって100万円の損害が発生したとする。被害者である被保険者にも20％の過失が認められる場合（被保険者債権額は80万円）を想定すると、伝統的な通説・判例では、保険者が先に50万円支払った場合は、被害者＝被保険者が加害者に対して有する80万円の50％（保険金額／保険価額）である40万円を保険者は代位取得する。その結果、加害者は40万円を被害者に支払えばよく、被害者＝被保険者の総回収額は90万円となる。これに対し、保険法で採用された差額説によれば、保険者が先に50万円支払った場合でも、被害者＝被保険者の権利が優先するため、被害者は加害者に対し50万円請求できる。加害者はなお30万円（80万円－50万円）の賠償義務を負担しているので、保険者はその部分につき代位でき、被害者＝被保険者の総回収額は100万円となる[12]。

②　25条2項は、保険者が行った保険給付の額がてん補損害額に不足するときは、被保険者は、被保険者債権のうち保険者が同条1項の規定により代位した部分を除いた部分について、当該代位に係る保険者の債権に先立って弁済を受ける権利を有するものと定める。

これは、理由の何たるかを問わず、第三者との関係で保険者と被保険者の請求が競合した場合には、被保険者の利益を優先させるという趣旨である。

上記の例でいえば、被害者＝被保険者債権額80万円につき、被保険者が50万円、保険者が30万円の債権を有することになるが、第三者の資力が80万円に満たない場合に、被保険者に優先弁済権を認めるものである。

(2) 不利な特約の対象者

損害保険契約における請求権代位が問題であるから、そもそも他者の加害行為により保険事故が発生し、他者にも何らかの請求権を有しており、保険者からは保険給付を受ける対象となる者であるから、不利な特約の対象者は被保険者である。

(3) 無効となる不利な特約

25条1項は、絶対説や伝統的な通説・判例の立場（比例説）をとらず、いわば被保険者の保護に最も厚い近時の有力説たる差額説を採用したものであるから、絶対説や比例説によって代位の額を算出するような特約は無効となる。また、いかなる場合でも保険者が行った保険給付の額と同額の保険代位を認めるとするような特約も無効となる[13]。

25条2項に関していえば、被害者である被保険者の利益保護のため、被保険者に

---

12) 山野嘉朗「保険代位・請求権代位」落合＝山下・理論と実務206頁。なお、絶対説によれば、保険者が先に50万円支払えば、50万円全額につき代位権を取得し、加害者は被害者＝被保険者に30万円を支払えばいいから、被害者＝被保険者の総回収額は80万円となる。

13) 保険法コンメンタール96頁［出口正義］。

優先弁済権を認めるのが法の趣旨であるから、被保険者の優先弁済権を認めないような特約は、本条に反し無効となる。

〔宮島 司〕

§ 27 - I

第4節　終　　了

（保険契約者による解除）
第 27 条　保険契約者は、いつでも損害保険契約を解除することができる。

改正前商法第653条　保険者ノ責任カ始マル前ニ於テハ保険契約者ハ契約ノ全部又ハ一部ノ解除ヲ為スコトヲ得

【条文変遷】　明治32年商法407条、改正前商法653条
【参照条文】　保険法33条、民法90条・97条・540条・545条、消費者契約法10条
【外国法令】　ドイツ保険契約法11条、フランス保険法典L. 113-12条

I　概　　要

　契約の解除とは、当事者間で契約が有効に締結された後に、その一方の当事者の意思表示によって契約関係を遡及的に解消することである[1]。

　契約が締結された以上、特別な法規定や約定がない限り、これを任意に解除することはできないのが原則であるが、改正前商法653条[2]は、保険者の責任が始まる前においては、保険契約者は契約の全部または一部を解除することができるとして、限定的な任意解除権を認めていた[3]。

　現在の実務においては、保険者の責任開始の前後を問わず保険契約者の任意解除権を約款で認めるのが通例となっていることから、本条（27条）は上記規定を改め、保険者の責任開始の前後を問わず、保険契約者による任意解除を認めたものである[4]。

1）　そのため、解除の効力を将来効とするためには、特別な法規定が必要となる。保険法においては、31条、59条、88条で規定されている。
2）　「保険者ノ責任カ始マル前ニ於テハ保険契約者ハ契約ノ全部又ハ一部ノ解除ヲ為スコトヲ得」と規定。
3）　特に海上保険契約などにおいて古くから事情変更に基づく保険契約者の任意解除権が認められてきたことから、これを法制化したものであるといわれている（第2回議事録46頁）。
4）　第2回議事録46頁。

Ⅱ　沿　　革

　責任開始前の保険契約者の任意解除権の規定は、明治32年商法407条[5]で新設された。これが、そのまま改正前商法653条に引き継がれている。

Ⅲ　改正前商法

　契約当事者は、一旦契約を締結した以上、任意にこれを解除できないのが原則であるが、実際上は、保険者の責任が開始する前に、保険の目的に関する取引関係その他の事情の推移により、保険契約者や被保険者の側において、もはや保険を必要としない場合を生ずることもあるため、改正前商法653条は、特に保険契約者だけにこのような任意解除権を認めたものである[6]。

　保険契約者が改正前商法653条に従って契約の全部または一部を解除した場合には、契約は遡及的に消滅し、当事者は民法545条1項により原状回復義務を負うので、保険者は解除の範囲に対応する保険料の請求権を失い、すでに受領していた場合はこれを返還することを要する。ただし、改正前商法655条[7]はこの場合に、保険者はその返還すべき保険料の半額に相当する金額を請求する権利を有するものと規定していた。これは、保険契約者に任意解除権を認める代わりに、保険者が契約締結に要した費用や予定していた利益について保険契約者に一定の金額を補填させることで、当事者間の公平を図る趣旨であった。

Ⅳ　立法過程

　前述のとおり、実務においては、保険者の責任開始の前後を問わず保険契約者の任意解除権を約款で認めるのが通例となっていることから、法制審議会保険法部会では、改正前商法653条を「保険契約者は、いつでも保険契約の解除をすることができる」という内容に改める方向で提案がなされ、これについて異論はなかった[8]。

　中間試案でもそのように整理されている[9]。

5）　条文の文言は前掲注（2）と同じ。
6）　大森・保険法201頁。
7）　「前2条ノ場合ニ於テハ保険者ハ其返還スヘキ保険料ノ半額ニ相当スル金額ヲ請求スルコトヲ得」と規定。保険法では削除。
8）　第2回議事録46頁以下。

V 条文解説

1 趣旨

継続的な契約の場合、事情変更への対応が問題となる。保険契約において保険契約者に任意解除権を認める理由については、一般に、保険を必要としない事情が生じるなどして保険契約者が当該契約の継続を望まなくなった場合には、その継続を強要することは妥当ではないからである、と説明されている。[10]

しかしながら、保険契約者側にいくら事情変更があったといっても、契約終了により保険者は保険料収入がなくなるわけであり、その立場からすれば任意解除は必ずしも妥当とはいえない。継続性を有する不動産賃貸借契約では、むしろ法がその[11]契約終了の場面を限定していることを考えると、任意解除権を継続的契約性からの帰結と捉えることは困難であると言わざるを得ない。

むしろ、保険契約は保険契約者が契約による利益（危険の担保）を享受するために締結されるものであり、保険契約者がかかる利益享受を必要としなくなった場合は契約の拘束力から解放させることが適切であるとの観点から、政策的に規定されたものと解することが相当である。

2 要件

保険契約者の任意解除権は、保険契約の成立をもって発生する。

3 権利行使

(1) 保険契約者が解除権を行使できるのは条文上当然として、その他、当該契約に解約に伴う返戻金（未経過保険料等）が存する場合には、同請求権の質権者や債[12]   [13]   [14]
権者代位権行使の債権者、差押債権者、破産管財人も解除権を行使できる。

---

9) 中間試案13頁。

10) 岡田・現代保険法176頁。

11) たとえば、借地借家法6条は正当事由がなければ借地契約の更新拒絶はできない旨を規定している。

12) 損害保険契約の解除権は一身専属的権利ではないから、債権者代位権の行使の対象となる（山下＝米山・解説524頁［沖野眞已］参照）。

13) 生命保険の事案ではあるが、最判平成11・9・9民集53巻7号1173頁は「金銭債権を差し押さえた債権者は、民事執行法155条1項により、その債権を取り立てることができるとされているところ、その取立権の内容として、差押債権者は、自己の名で被差押債権の取立てに必要な範囲で債務者の一身専属的権利に属するものを除く一切の権利を行使することがで

(2)　解除権（法的性質は形成権）は、保険契約者が契約の相手方である保険者に対して意思表示をすることによって行使される（民法540条1項）。解除の意思表示は、保険者に到達した時点で効力を生じ（同97条）、到達後はこれを撤回することができない（同540条2項）。なお、解除の意思表示に条件を付けることは原則として許されない。[15]

　解除権行使の方式についての規定はない。約款において書面の提出が要求されている場合はそれに従うことになる。[16] 解除（解約）請求書の記載内容に不備があった場合、解除の効力が生じるかが問題となるが、保険者が保険契約者の解除権行使の意思を認識しうる程度の記載があればよく、些細な記載漏れは効力に影響しないと解すべきである。[17]

(3)　解除の範囲に制約はない。改正前商法653条が「全部又ハ一部ノ解除」と規定していたのに対し、本条が単に「解除」と規定しているのは、契約全部を解除す

　　きるものと解される」、「生命保険契約の解約権は、身分法上の権利と性質を異にし、その行使を保険契約者のみの意思に委ねるべき事情はないから、一身専属的権利ではない。また、生命保険契約の解約返戻金請求権は、保険契約者が解約権を行使することを条件として効力を生ずる権利であって、解約権を行使することは差し押さえた解約返戻金請求権を現実化させるために必要不可欠な行為である。したがって、差押命令を得た債権者が解約権を行使することができないとすれば、解約返戻金請求権の差押えを認めた実質的意味が失われる結果となるから、解約権の行使は解約返戻金請求権の取立てを目的とする行為というべきである。他方、生命保険契約は債務者の生活保障手段としての機能を有しており、その解約により債務者が高度障害保険金請求権又は入院給付金請求権等を失うなどの不利益を被ることがあるとしても、そのゆえに民事執行法153条により差押命令が取り消され、あるいは解約権の行使が権利の濫用となる場合は格別、差押禁止財産として法定されていない生命保険契約の解約返戻金請求権につき預貯金債権等と異なる取扱いをして取立ての対象から除外すべき理由は認められないから、解約権の行使が取立ての目的の範囲を超えるということはできない」として、生命保険契約の解約返戻金請求権を差し押さえた債権者は、これを取り立てるため、債務者の有する解約権（本事案では保険契約の特約に基づく）を行使することができると判示した。

14)　生命保険・傷害疾病定額保険では60条1項、89条1項で差押債権者、破産管財人を解除権の行使権者の例として挙げているが、損害保険にはこのような規定はない。しかしながら、解除（解約）に伴う返戻金があるのに、契約を解除し得ないというのは不合理であるから、規定の不存在は解除を許さないとする趣旨ではないと解すべきである。

15)　相手方の利益を不当に侵害しなければ、例外として許容される（大判明治43・12・9新聞695号27頁。催告期間内に履行しないことを条件として催告とともにした解除の意思表示を有効とした事例）。

16)　東京地八王子支判平成18・8・18判タ1238号270頁は、解除権の行使について保険契約の約款に解約請求書等保険会社所定の必要書類を提出することと定められている場合、保険契約に基づく支払請求権の差押通知ないし解約請求書用紙の送付依頼をしたことをもって解約権の行使があったとは認められないとした。

17)　少なくとも、解除の対象となる契約を特定するための事実の記載と署名は必要であろう。

ることができるのであれば当然に一部の解除もできることから、一部解除が可能であることにまで言及する必要はないとの考えによるものであり、一部解除を認めない趣旨ではない[18]。

一部解除の例としては、保険金額の減額や主契約に付加した特約部分を外すこと等が挙げられる[19]。

4　規定の性質

本条は片面的強行規定とはされておらず（33条）、任意規定である。

これは、約款で任意解除権を制限することについて必要性・合理性の認められる保険契約も存在することを踏まえた結果である。たとえば、保険料の算出との関係で、保険契約者の解除権を一定の時期に制限することに合理性が存する場合がある[20]。また、保険給付請求権上に質権または譲渡担保権が設定されている場合には、質権者または譲渡担保権者の同意を得なければ保険契約を解除できない旨を約款で定めることも合理的である[21]。

ところで、任意規定に関してこれと異なる約定がなされても強行法規違反のように直ちに無効となることはないが、だからといってどのような内容でも有効というわけではない。保険契約者が消費者である場合は消費者契約法の適用があり、当該約定が任意規定に比べて、①消費者の権利を制限しまたは消費者の義務を加重しており、②消費者の利益を一方的に害するものである場合には、同法10条により無効[22]となる。保険契約者が法人である場合は消費者契約法の適用はないが、任意規定といえども法律は社会一般に妥当する基準として規定されたものであるから、任意規定と異なる約定が必要性・合理性を欠き、社会的妥当性を備えていない場合には、公序良俗違反により無効となる（民法90条）。

5　保険料等の清算

損害保険契約の保険契約者が任意解除権を行使した場合の保険料等の返還につい

---

18)　萩本・一問一答82頁。

19)　山下＝米山・解説526頁［沖野眞已］参照。

20)　萩本・一問一答83頁。

21)　潘・概説181頁。

22)　「消費者の不作為をもって当該消費者が新たな消費者契約の申込み又はその承諾の意思表示をしたものとみなす条項その他の法令中の公の秩序に関しない規定の適用による場合に比して消費者の権利を制限し又は消費者の義務を加重する消費者契約の条項であって、民法第1条第2項に規定する基本原則に反して消費者の利益を一方的に害するものは、無効とする」と規定。

ては規定が置かれていないので、約款（約款に規定がなければ不当利得の規律）に従うこととなる。

Ⅵ　外国法令

ドイツ保険契約法[23]では、日本の保険法のような即時の解約[24]は認めていない。すなわち、期間の定めのない保険契約の場合には、保険契約者または保険者は、1か月以上3か月以内で約定された解約予告期間内に解約予告をすることで、保険料期間の終了時に解約することができる。この場合、契約当事者の合意により、契約から2年間は解約権を放棄することもできる。3年を超える有期の保険契約の場合は、保険契約者は3年目の末日または以後の各年度の末日に解約することができるが、3か月前までに解約予告をしなければならない。

フランス保険法典[25]では、条文上、即時の解約権を定めてはいないが、契約当事者の約定による即時解約を否定するものではない。解約についての約定がない場合でも、原則として、解約は1年ごとにできるが、ただしその場合には2か月前までに解約の通知をしなければならない。

Ⅶ　今後の展望

本条は、従来の実務に合わせる形で制定されたものであり、特段の影響はない。

〔岩井　勝弘〕

---

23)　11条2項「期間の定めのない保険関係が引き受けられたとき、両契約当事者は、その進行中の保険料期間の終了時に、解約することができる。両契約当事者は、合意により、2年の期間が経過するまで、解約権を放棄することができる」、同3項「解約予告期間は、両契約当事者のために同じ期間でなければならない。解約予告期間は、1か月以上3か月以内に設定することが認められるものとする」、同4項「保険契約者は、3年目の末日又はそれに続く各年度の末日に、3か月間の解約予告期間を遵守し、3年超の期間で締結された保険契約を解約することができる」（ドイツ保険契約法・12頁）。

24)　日本の保険法では、「解除は将来に向かってのみその効力を生ずる」（31条）とされているから、解約と同じ意味である。

25)　L. 113-12条1項「契約の期間および解約の条件は保険証券によって定められる」、同2項「保険契約者には、少なくとも契約期間の満期の2か月前に保険者に書留郵便を送付することにより、1年の期間満了後に契約を解約することができる。この権利は、同一の条件の下に、保険者にも帰属する。個人疾病保険契約及び個人に関する危険以外の危険を負担する契約については、保険者は、本項と異なる定めをなすことができる。契約を1年ごとに解約する権利は、各保険証券に記載されなければならない。解約に関する期間は、郵便局の消印に示された日から起算する」（保険契約法集・Ⅱ 15頁）。

§28-I 1   353

（告知義務違反による解除）
第28条 ① 保険者は、保険契約者又は被保険者が、告知事項について、故意又は
重大な過失により事実の告知をせず、又は不実の告知をしたときは、損害保険契約
を解除することができる。
② 保険者は、前項の規定にかかわらず、次に掲げる場合には、損害保険契約を解除
することができない。
　(1) 損害保険契約の締結の時において、保険者が前項の事実を知り、又は過失によ
　　って知らなかったとき。
　(2) 保険者のために保険契約の締結の媒介を行うことができる者（保険者のために
　　保険契約の締結の代理を行うことができる者を除く。以下「保険媒介者」とい
　　う。）が、保険契約者又は被保険者が前項の事実の告知をすることを妨げたとき。
　(3) 保険媒介者が、保険契約者又は被保険者に対し、前項の事実の告知をせず、又
　　は不実の告知をすることを勧めたとき。
③ 前項第2号及び第3号の規定は、当該各号に規定する保険媒介者の行為がなかっ
たとしても保険契約者又は被保険者が第1項の事実の告知をせず、又は不実の告知
をしたと認められる場合には、適用しない。
④ 第1項の規定による解除権は、保険者が同項の規定による解除の原因があること
を知った時から1箇月間行使しないときは、消滅する。損害保険契約の締結の時か
ら5年を経過したときも、同様とする。

改正前商法第644条 ① 保険契約ノ当時保険契約者カ悪意又ハ重大ナル過失ニ因リ
重要ナル事実ヲ告ケス又ハ重要ナル事項ニ付キ不実ノ事ヲ告ケタルトキハ保険者ハ
契約ノ解除ヲ為スコトヲ得但保険者カ其事実ヲ知リ又ハ過失ニ因リテ之ヲ知ラサリ
シトキハ此限ニ在ラス
② 前項ノ解除権ハ保険者カ解除ノ原因ヲ知リタル時ヨリ1个月間之ヲ行ハサルトキ
ハ消滅ス契約ノ時ヨリ5年ヲ経過シタルトキ亦同シ

【条文変遷】 ロエスレル草案715条、明治23年商法653条、明治32年商法398条、明治44
　　　　　　年商法399条の2、改正前商法644条
【参照条文】 保険法4条、損保試案644条・645条
【外国法令】 §55解説Ⅵ参照

Ⅰ　概　　要

1　規定改正の趣旨
　告知義務違反による解除の意義は、§4解説Ⅰ1の告知義務制度の意義を参照さ

れたい。

　告知義務違反の効果に関する規定は、改正前商法から規定されていた（改正前商法644条・645条）。すなわち、保険契約者の告知義務の趣旨を、不良危険を排除するという危険測定説から説明すれば、告知義務違反の有無は、保険契約者やまたは保険者の事実の知不知や過失の有無というような主観的要素を全く考慮に入れることなく、専ら客観的に定めるべきことになるし、告知義務違反の効果も、保険者に解除権を付保するのではなく、当該保険契約を当然無効とするのが理論的帰結である[1]。しかし、改正前商法は、644条において、告知義務違反の要件として、保険契約者の悪意または重過失を求め、告知義務違反の効果として、保険者に解除権を認めていたことからすれば、告知義務の趣旨は、不良危険を排除するという危険測定説からだけでは説明し尽されず、契約当事者間の利害の公正な調整（衡平）という見地は無視できないように思われる[2]。加えて、改正前商法645条1項の規定においては、保険者の契約解除の効力は遡及効ではなく将来効であると定めていた。したがって、保険者は解除の時を含む保険料期間までに対する保険料の請求権を失わない。これは、告知義務違反者に対する制裁のためであり、契約消滅により保険者に損失を与えないためでもある[3]。逆に、保険者が告知義務違反によって事実上何らの不利益を受けることにならないような場合、すなわち、保険事故の発生が保険契約者の黙秘または虚陳した事実に基づかなかったことを保険契約者が証明した場合は、保険者はその損害をてん補する義務を免れないし（同645条2項但書）[4]、保険契約者は保険料支払義務を免れない。

　このような改正前商法下における告知義務については、損害保険契約の被保険者を告知義務者に含めるべきであるとする立法論があったし[5]、損害保険約款では、被保険者を告知義務者に加えているのが通例である。また、保険料積立金のある保険契約について、解約返戻金の返還を認めるべきであるという立法論もあった[6]。

　保険法では、損害保険契約における告知義務違反について、改正前商法下の規律を一部維持しつつ、告知義務違反があった場合の規律について見直しを行った。

　すなわち、解除の要件について、保険契約者または被保険者の故意または重過失による告知義務違反があった場合には、保険者は原則として解除できる（28条1項）。

1）　大森・保険法120頁。
2）　大森・保険法120頁。
3）　大森・保険法129頁。なお、山下・保険法306頁。
4）　大森・保険法129頁。
5）　山下・保険法286頁。
6）　山下・保険法306頁。

例外的に、保険媒介者が告知妨害や不告知教唆をしたときは、保険契約を解除できないものとし（28条2項2号・3号）、さらにその例外として、保険媒介者による告知妨害や不告知教唆がなかった場合でも、保険契約者または被保険者が告知事項について告知義務違反があったと認められるときは、原則に戻って保険者による保険契約の解除を認めるという特則を定めた（同条3項）[7]。さらにまた、告知義務違反による解除の効果については、改正前商法の規律を実質的に維持している。すなわち、保険契約を解除した場合、その効果は、原則として、当該保険契約に基づく保険給付を行う責任から免責され（31条2項1号本文）、例外的に、保険給付の要件となる事実が告知義務違反に係る事実と無関係に発生した場合については、保険者の免責を認めない（同号但書）と規律した[8]。告知義務違反の効果（28条1項～3項・31条）は、片面的強行規定とされ（危険増加による解除〔29条1項〕および重大事由解除〔30条〕は、それぞれの解説に譲る）、この規定に違反する特約で保険契約者等に不利なものは無効となる（33条1項・2項）。

2 条文概要

　告知義務違反による解除権は、損害保険契約、生命保険契約、傷害疾病定額保険契約のいずれにも発生するが、これは3つの保険法上の典型保険契約の共通の法的効果である。そのうち、本条（28条）は、損害保険契約に関する規定である。以下は、その概要である。

　保険契約者または被保険者になる者が、損害保険契約の締結に際し、損害保険契約によりてん補することとされる損害の発生の可能性（以下「危険」という）に関する重要な事項のうち、保険者になる者が告知を求めたもの（以下「告知事項」という）について事実の告知をしなければならないところ、保険契約者または被保険者が故意または重大な過失により「不告知」または「不実告知」をしたときは、保険者は、原則として、損害保険契約を解除することができる（1項）。

　ただし、保険契約者等に告知義務違反があったとしても、次の3つの場合のいずれかが認められるときは、例外的に保険者は損害保険契約を解除することができない（2項）。すなわち、①損害保険契約締結時において、保険者が不告知等の事実を知っていたか、または過失によって知らなかった場合、②保険媒介者が、保険契約者等に対し事実告知を妨害した（以下「告知妨害」という）場合、③保険媒介者が、保険契約者等に対して不告知等を勧めた（以下「不告知教唆」といい、「告知妨害」と

7）　萩本・一問一答42-43頁。
8）　萩本・一問一答43頁。

併せて「告知妨害等」という）場合である。

もっとも、仮に当該告知妨害等がなくとも、保険契約者等が不告知等を行ったと認められる場合には、原則に戻って、保険者は告知義務違反による解除ができる（3項）。告知義務違反による解除権の除斥期間は、保険者が解除の原因を知った時から1か月または保険契約締結時から5年である（4項）。

本条1項から3項までの規定については、片面的強行規定とされ（33条1項）、除斥期間に関する本条4項については、絶対的強行規定であると解される。

なお、告知義務違反による解除の効力については、§31解説Ⅴ4を参照されたい。

Ⅱ　沿　革

§4解説Ⅱを参照されたい。

Ⅲ　改正前商法

1　改正前商法の規律

改正前商法では、損害保険契約における告知義務違反による解除に関しては、644条・645条・678条に定められており、うち、損害保険契約に関する644条2項と645条は生命保険契約に準用されていた。

これらの規定によれば、損害保険契約の当時、保険契約者が悪意または重大な過失により重要な事実を告げず、または重要な事実につき不実のことを告げたときは、保険者は、保険契約を解除することができる（改正前商法644条1項本文）。ただし、保険者がその事実を知り、または過失によってこれを知らなかったときは、この限りではない（同項但書）。

告知義務違反による解除権の除斥期間として、保険者が解除の原因を知った時より1か月間これを行わないときは消滅する。損害保険契約の時より5年を経過した時も同様である（改正前商法644条2項）。かかる解除権行使の効果には、遡及効はなく、将来に向かってのみその効力を生ずる（同645条1項）。

保険事故発生後に保険者が解除権を行使した場合、その効果は将来効であるから、保険金を支払う義務を免れないように思われるが、保険金を支払う義務を負わない。保険者がすでに保険金を支払った場合でも、その返還を請求することができる（改正前商法645条2項本文）。ただし、保険契約者において、保険事故の発生がその告知義務違反となった事実に基づかないことを証明したときは、この限りではない（同項但書）。

2 改正前商法の下での議論

改正前商法下では、告知義務違反に基づき解除権を行使する場合、生命保険契約においては、生命保険募集人の告知を受領する権限（いわゆる告知受領権）の有無をめぐって議論がなされてきた。告知は保険者に対してなされることにより効力を生じるものであるところ、告知は法律行為ではなく準法律行為であるため、法律行為に準じて効力が判定されることになる[9]。したがって、告知は、告知受領権を有する者に対してなされなければ告知としての効力が生じない。保険募集人が告知受領権を有するか否かは、保険者との契約の内容に委ねられる。生命保険契約においては、保険者は保険契約者となる者からの申込みに対し、承諾するか否かについては、被保険者となるべき者の医的診査を中心に危険選択を行う要請があることから[10]、生命保険募集人には、一般に、契約締結代理権、告知受領権および（第１回保険料相当額を除く）保険料領収権が与えられておらず（ただし、保険業法275条１項１号には、締約代理権を有する生命保険募集人の存在が予定されている）、いわゆる三無権といわれている。そのため、生命保険募集人に対する告知の効力が問題とされたのである（§55解説Ⅲ２参照）。

これに対し、損害保険契約においては、損害保険募集人（保険業法２条20項）には、媒介代理店の存在も認められており（同条21項・275条１項２号）、そのような媒介権限のみ有する損害保険募集人を除いて、一般に、損害保険募集人は、生命保険契約の申込みに対する承諾の際の医的診査のような高度な専門的判断が求められないこと、および自動車保険契約を典型として、自動車を購入後直ちに公道を走行する実際上の要請があることから、告知受領権が与えられているのが通例である。したがって、損害保険代理店は、保険契約の申込みを受けた場合には、本人である保険者に代わって承諾の意思表示を行うことにより、直ちに保険契約を成立させることができ[11]、生命保険募集人の告知受領権に係る問題は損害保険募集人においては議論されていない。

9）　山下・保険法287頁。

10）　生命保険会社の本社契約課等の担当部署において、申込者が生命保険に加入できるか否かが審査される。

11）　金澤理『保険法』63頁（成文堂・2018）。損害保険約款上、損害てん補条項が定められていても、保険契約者が損害保険代理店の承諾と同時に保険料を支払うことによって、被保険者は即時に保険保護を手にすることができる。金澤・前掲書64頁。

Ⅳ　立法過程

1　保険法制定前試案

損害保険契約法改正試案（1995年確定版）（以下「損保試案」という）では、次のように定められていた。

（告知義務）

644条　①　保険契約締結の当時保険者が質問した事項のうち、保険者がその危険を評価し、保険契約締結の可否またはその内容を決定するにあたりその判断に影響を及ぼすべき一切の事項（以下、重要な事項という。）について、保険契約者または被保険者が悪意または重大な過失により事実を告げずまたは不実のことを告げたときは、保険者は、契約を解除することができる。ただし、保険者がその事実を知りまたは過失によってこれを知らなかったときは、このかぎりではない。

②　保険者が書面で具体的に質問した事項は、重要な事項と推定する。

③　第1項の解除権は、保険者が解除の原因を知った時から1カ月内に行使しないときは消滅する。契約締結の時から5年を経過したときも同様とする。

④　保険者は、第1項の規定により契約を解除した場合であっても、解除の時の属する保険料期間の終りまでの保険料を取得することができる。

⑤　保険者は、保険事故発生の後に第1項の規定により契約を解除した場合でも、損害をてん補する責任を負わない。ただし、保険契約者または被保険者において、保険事故の発生がその告げなかった事実または不実に告げた事実に基づかないことを立証したときは、このかぎりではない。

損保試案によれば、告知義務について改正前商法644条および645条の2か条で規定されているものを1か条にまとめ、かつ、大幅な修正を加えたという[12]。すなわち、①告知義務を保険者の質問応答義務にしたこと、②保険者が文書で具体的に質問した事項は重要事項と推定するという規定を新設したこと、③被保険者も告知義務を負うことを明らかにしたことである。

(1)　質問応答義務

告知義務を質問応答義務として構成した場合、保険者は必ず質問しておかなければならず、危険測定上の重要事実であっても、保険者が保険契約締結の際に告知義務者に質問しなかった事項については、告知義務違反を問えなくなる。

---

12)　損保試案理由書28-30頁。

§28-Ⅳ1　　　359

　この結果の合理性は、保険技術上の専門知識を有しない保険契約者側が、何が危険測定上重要な事実であるかを判断することは困難であり、むしろ保険事業の専門家である保険者は、何が重要事項であるかについて精通していること、保険実務上保険者は保険契約者に対して質問するのが通例であり、保険約款上保険申込書の記載事項について告知せよと規定しているものが多いこと、告知義務者は、保険者が質問しなかった事項の中に、たとえ重要事項が含まれていても、保険者が質問しない事項は重要事項ではないと考えるのが通常であると思われることに求められる。[13]

　⑵　**書面上の質問事項の重要事項の推定**

　損保試案644条2項は、保険者が書面で具体的に質問した事項は重要事項と「推定」すると規定している。この規定の趣旨は、保険者が告知義務者に対し書面による具体的な質問について告知を求めるのは、その事項が危険測定上重要であるので、その告知を受けて危険測定の資料としたいと考えたものと認められるからである。[14]したがって、口頭の質問や書面による質問でも抽象的なものは、この「推定」が働かないことになるし、保険契約者側が反証によってこの「推定」を覆す余地が残されている。[15]

　⑶　**告知義務を負う者―被保険者**

　損保試案644条1項では、告知義務を負う者に、保険契約者のほか、被保険者が含まれるとされた。前述のとおり、改正前商法644条についての立法論として、告知義務を被保険者にも負わせるべきだという見解がみられたが、被保険者は保険の目的を最もよく知る立場にあることが多いと考えられるからである。[16]

　⑷　**保険料請求権の維持**

　なお、損保試案644条1項では、書き振りを改め、改正前商法645条1項の「将来ニ向テ」の文言を使用しないで、保険者は契約の解除にかかわらず保険料請求権を失わない旨を同条4項で直截に規定することとされた。[17]

　⑸　**半面的強行規定**

　損保試案644条は、保険契約者側の不利益に変更することを許さない半面的強行規定である（損保試案663条の3第2項）。[18]

---

13)　損保試案理由書29頁。
14)　損保試案理由書29頁。
15)　損保試案理由書29頁。
16)　損保試案理由書29頁。
17)　損保試案理由書30頁。
18)　損保試案理由書30頁。

2　法制審議会保険法部会の審議

ア　危険に関する告知―中間試案[19]

(a)　危険に関する告知についての契約解除の要件については、次のような案が示された。

　保険者が保険契約の締結に際し、保険契約者または被保険者に対して危険に関する重要な事項につき事実の告知を求めた場合において、保険契約者または被保険者が故意または重大な過失によって当該事項について事実の告知をしなかったときは、保険者は、保険契約の解除をすることができるものとする。

(b)　保険者が契約の解除をすることができない場合については、次のような案が示された。

　上記(a)にかかわらず、

(i)　保険者が、保険契約者または被保険者において告知をしなかった事実を知り、または過失によってこれを知らなかったときは、保険者は、保険契約の解除をすることができないものとする。

(ii)　〔保険者の使用人等のうち告知を受領する権限を有しない者が、保険契約者または被保険者において事実の告知をすることを妨げたなど一定の場合〕には、保険者は、保険契約の解除をすることができないものとする。

(c)　解除権の除斥期間については、保険者が解除の原因を知った時から1か月間行使しないときは、消滅するものとする。保険契約の成立の時から5年を経過したときも、同様とするものとする。

(d)　(a)による解除の効果については、将来効であることを前提にして、次の案が示された。

　A案：(a)によって契約の解除がされる前に保険事故が発生していたとしても、保険契約者または被保険者が告知をしなかった事実と当該保険事故との間に因果関係がないことを保険契約者において証明した場合を除き、保険者は、責任を全部免れるものとする。

　B案：(a)によって契約の解除がされる前に保険事故が発生していたとしても、

①　保険契約者または被保険者に故意があった場合には、保険契約者または被保険者が告知をしなかった事実と当該保険事故との間に因果関係がないことを保険契約者において証明した場合を除き、保険者は、責任を全部免れるものとし、

②　保険契約者または被保険者に重大な過失があった場合には、

(i)　正しい告知がされていたとすれば保険者が保険契約を締結しなかったであろ

---

19)　中間試案2-4頁。

§ 28 - Ⅳ 2   361

う場合には、保険契約者または被保険者が告知をしなかった事実と当該保険事故と
の間に因果関係がないことを保険契約者において証明した場合を除き、保険者は、
全部責任を免れるものとし、

　(ii)　(i)以外の場合には、保険契約者または被保険者が告知をしなかった事実と当
該保険事故との間に因果関係がないことを保険契約者において証明した場合を除き、
〔一定の方法〕により保険金が減額されるものとする。

　以下、危険に関する告知に係る法制審議会保険法部会（以下「部会」という）に
おける議論等を紹介する。

イ　告知義務に関する検討事項

　部会において、告知義務に関する検討事項は6点あったとされている（§55解説
Ⅳ2参照）。

ウ　告知義務違反に基づく契約解除の要件

　保険法の見直しに関する中間試案の補足説明によれば、告知義務違反に基づく契[20]
約解除の要件に関する規律については、実質的改正点は、①保険者が事実の告知を
求めたことを解除の要件としていること（自発的申告義務から質問応答義務への変更）、
②被保険者に対しても告知を求めることができるとしていることの2点である。

　①質問応答義務への改正については、保険契約者において何が重要な事実である
かを判断することは困難であること、保険者において重要な事実を判断したうえで
これについての告知を求める（質問する）のが合理的であること、実務におい
ても、企業保険の一部を除き、契約申込書や告知書（質問表）において告知を求め
るのが通例であること（生命保険契約等では、診査医が口頭で告知を求めることもあ
る）から、質問応答義務に改めるとされた。そのため、保険者が事実の告知を求め[21]
たことが解除の要件とされることとなったのである。

　②告知すべき者については、改正前商法下から立法論があったように、被保険者
も含まれることとされた。その理由は、被保険者は通常重要な事実の有無やその内
容を知る立場にあり、被保険者に対し告知を求めることには合理性があると考えら
れること、および告知をすべき者に被保険者を加えたとしても、保険契約者側の利[22]
益を害することはないと考えられることによる。

　③その他、解除の要件に関する保険契約者等の主観的要件として、改正前商法
644条1項では、「悪意」と定められていたが、「故意」の意味と解されていたので、

---

　20)　補足説明9頁。
　21)　法制審議会保険法部会では、保険契約者側にとって質問の内容に合理性があるものでなけ
　　　ればならないとの考え方もあることが指摘されたとのことである。補足説明9頁。
　22)　補足説明9頁。

「故意」という文言に改められた。また、実務上、保険期間が満了した後も契約が更新されてほぼ同一条件で契約が存続されることがあり、この場合、更新前の契約において告知しなかったことを理由として更新後の契約の解除をすることができるかが問題として指摘された[23]。

エ　保険者が契約解除をすることができない場合

　部会では、保険募集人による告知妨害や不告知教唆をめぐる消費者相談の事例があるとの指摘があったが、告知がされなかったその事情は個々の事案によって異なるとの指摘もあったことが示されており、(b)の(ii)の案に示されているとおり、〔保険者の使用人等のうち告知を受領する権限を有しない者が、保険契約者または被保険者において事実の告知をすることを妨げたなど一定の場合〕には、保険者は、保険契約の解除をすることができないものとする方向で議論が進められたようである[24]。〔一定の場合〕の範囲については、保険団体の衡平性や保険の健全性の観点から、保険者の使用人等の行為の態様だけでなく、告知義務違反の態様や程度といった保険契約者等の事情をも総合的に考慮すべきとの意見が出されたとのことである[25]。部会では、学説と同様に、保険契約者等が正しい告知をしていれば保険者は契約を締結しなかったであろう場合には契約の解除を認めるべきとの指摘がなされ、他方で、そのような場合でも、保険契約者または被保険者の不告知の事実につき、保険者に悪意または過失があったときは、解除できないのであり、〔保険者の使用人等のうち、告知受領無権限者による告知妨害など一定の場合〕だけ解除を認めないことは均衡を失するという指摘もあったという[26]。

　次に、保険募集人に告知受領権がないことを知らない保険契約者等もいることが指摘されていたが、この指摘については、保険募集人は基本的には重要な事項にあたるかを判断すべき立場になく、上記〔　〕内の場合が問題となるのは、保険契約者または被保険者に故意または重大な過失によって告知事項について事実の告知をせず契約解除の要件を具備し、かつ、保険者が不告知の事実につき悪意または有過失にあたらないことが明らかな場合であり、これらの解釈によって妥当な結論を導くことができるところは手当が不要であること等を踏まえ検討することとされた[27]。

　監督法上の概念を契約法である保険法にそのまま持ち込むことは適当ではないところ、「保険募集人」概念は監督法上のものであるから、保険法に持ち込むことは

---

23)　補足説明10頁。
24)　補足説明11頁。
25)　補足説明11頁。
26)　補足説明11頁。
27)　補足説明12頁。

§28-Ⅳ2   363

できず、それゆえ、上記〔　〕内で、「保険者の使用人等」と記載されているのであり、「保険者の使用人等」の範囲については、部会では、保険者と雇用関係にある者だけでなく、代理店のような委任関係にある者をも含めることが指摘されており、いわゆる紹介代理店等まで含むかが議論されたということである[28]。

　なお、危険に関する告知のうち、保険者が解除をすることができない場合の規律のあり方として、片面的強行規定とする方向で検討するとされた[29]。

オ　解除権の除斥期間

　改正前商法644条2項の規律を維持し、保険者が解除の原因を知った時から1か月間行使しないときは、消滅するものとし、保険契約成立の時から5年を経過したときも、同様とするという案が示された。もとより、本規定は、中間試案で示されているとおり、（注）で強行規定とされており、1か月または5年よりも長い期間の除斥期間を約定することは認められない[30]。

カ　契約解除の効果

　中間試案では、契約解除の効果が将来効であることを前提として、保険契約者または被保険者が告知をしなかった場合について、不告知が保険契約者または被保険者の故意によるか重過失によるかを問わず、保険者は原則として契約の解除の前に発生していた保険事故について保険金支払責任を全部免れるとするオール・オア・ナッシング主義（A案）と、保険契約者または被保険者の不告知が重過失による場合、一定の要件の下で、保険者は保険金支払責任を全部免れるのではなく、支払うべき保険金の減額の効果を発生させるにとどめるプロ・ラタ主義（B案）（プロ・ラタ主義は、イタリア、フランス、スウェーデンおよびドイツで導入されている）との2案が示された[31]。

　A案は、改正前商法645条2項の規定と同じである。同条2項但書には、保険契約者または被保険者の不告知の事実と保険事故との間の因果関係がないことの証明があれば、保険者は免責されない旨が定められている。A案では、この因果関係原則を採用するが、B案では、採用自体が論点となる[32]。また、B案では、保険契約者または被保険者の不告知が重過失による場合で、保険契約者または被保険者が告知

---

28)　補足説明12頁。なお、部会では、告知妨害の場合に、保険者が解除できない場合であっても、事案によっては、保険契約者側の事情を考慮して、保険事故により生じた損害の額を減額して支払うという趣旨の規律を設けることについても議論がなされたようである。補足説明12頁。

29)　補足説明12頁。

30)　補足説明13頁。

31)　補足説明14頁。§55解説Ⅳ2参照。

32)　補足説明14頁。

していれば、保険者が契約を締結しなかったであろうときは、保険者は免責となるのに対し、保険契約者または被保険者が告知をしていれば、割増保険料の支払を約定して契約を締結していたであろうときは、保険金の減額がなされることになる。ここがA案との違いである。

　部会では、結局、改正前商法645条2項＝A案を改める必要性について議論がされたようであるが、プロ・ラタ主義は、重大な過失で病気を告知しないままその病気が原因で死亡した場合でも、保険金を支払う点に、保険契約者または被保険者の保護に傾き過ぎており、他の保険契約者との間に不均衡が認められ、不合理性があるとされた[33) 34)]。結局、保険法では、最終的に、改正前商法645条を改変することなく、告知義務違反による解除の効果として保険者は全部免責されることとされた（31条2項1号本文・59条2項1号本文・88条2項1号本文）。

V　条文解説

1　保険法における告知義務違反の効果に係る規定

(1)　保険法の規定

　保険法では、保険契約者または被保険者の告知義務違反があった場合の効果につ

---

33)　補足説明14頁。部会でのその他の議論については、同・14-15頁参照。
　　プロ・ラタ主義では、支払われるべき保険金の額が減額される一定の条件が問題とされるが、部会では、3つの条件が議論された。
　　すなわち、第1案は、約定保険料の額（1万円）に対する約定保険金額（1000万円）の割合を基礎にして、不告知がなければ支払われるべきであった保険料の額（2万円）から支払われるべき保険金額（500万円）を求めるというものである。第2案は、保険者は正しい告知がなされていたとすれば締結していたであろう契約内容、たとえば、既往症による保険事故については保険者を免責とする旨の保険約款の内容であった場合、保険事故が当該既往症に基づく場合は、保険約款どおりの契約内容が成立したものとみて、保険者は免責されるが、既往症以外の原因により保険事故が発生した場合は、保険者は約定保険金額を支払うという案である。第3案は、保険者は保険契約者または被保険者において告知をしなかった事実が損害の発生に対して及ぼす影響等について、合理的な範囲内で保険金を減額するという案である。第1案および第2案については、保険者の引受基準が明らかにされる必要がある等の難点が、第3案については、保険者にとっても保険契約者または被保険者にとっても、予測可能性に欠けるという難点が指摘されたようである。以上については、補足説明15-16頁参照。
34)　プロ・ラタ主義については、部会において、①重過失の保険契約者または被保険者まで保護しようとすると、全体として保険金の支払額や支払のためのコストが増加するため、反射的に、正しく告知をした大多数の保険契約者の保険料まで上がってしまうことになり、かえって保険契約者の不利益となるという意見や、②このような規律は複雑であり、保険契約者または被保険者が告知義務に違反した場合に、結局いくらの保険金が支払われるのかがわか

いては、次のとおりである。

①保険契約者または被保険者の故意または重過失による告知義務違反があった場合、保険者は保険契約を解除できるのが原則でる（28条1項）。②しかし例外として、契約締結時に、保険者が①の事実を知っていたか、過失により知らなかった場合、または保険媒介者が告知妨害または不告知教唆をしたときは、保険者は保険契約を解除することはできない（同条2項）。③ただし、保険媒介者による告知妨害または不告知教唆がなかった場合でも、保険契約者または被保険者が告知をせずまたは不実の告知をしたと認められる場合には、保険者は保険契約を解除できる（同条3項）。④解除権の除斥期間については、保険者が解除原因を知った時から1か月間解除権を行使しないとき、または保険契約締結の時から5年を経過したときは、消滅する（同条4項）。

(2) 告知義務違反による解除権の発生要件と重要性の判断基準（1項）

改正前商法下では、損害保険契約においては保険契約者が、生命保険契約においては、保険契約者または被保険者が、「悪意又ハ重大ナル過失ニ因リ」告知義務に違反した場合に、保険者が保険契約を解除できるとしていた（644条1項・678条1項）。しかし、何が告知事項に該当するか否かの判断を保険契約者側が負わされ、告知事項でないと判断し告知しなかった場合の不利益を保険契約者側が負う点で不合理である。

本来、保険者は、収支相等の原則の下、保険ファンドを管理運営する立場にあることに照らせば、個別の保険契約が締結されるに際しては、保険者が、危険を測定し、保険契約者からいくらの保険料を収受して危険を引き受ければよいかを判断すべきである。しかし、危険測定の資料に保険危険事実と道徳的危険事実が考えられるところ、道徳的危険事実も危険測定の資料となるのであり、損害保険契約においては、約款上他保険契約の存在を告知義務の対象としてきた。保険法施行後も、損[35][36]

らなくなるという意見が出されたようである。萩本・一問一答56頁。

35) 山下・保険法292頁、325頁。これに対し、他保険契約の存在は保険法に定める告知事項に該当しないという見解（加瀬幸喜「告知義務」金澤・新たな展開25-26頁）もある。なお、告知事項となりうる事項につき、保険法上「危険に関する重要な事項」と抽象的に定めている趣旨は、保険契約にも様々な種類のものがあり、告知事項についても多様なものがありうるため、これ以上に個別の事項について、その事項が告知事項となりうるかどうかまでは具体的に規定するのは適当ではないとの判断からである。したがって、他保険契約の存在が、締結しようとしている保険契約における危険に関する重要な事項であるかどうかによって決まることになる。萩本・一問一答47頁。

36) 裁判例に照らせば、保険契約者もしくは被保険者が故意もしくは重過失により告知を怠っただけでは、他保険契約の告知義務違反を理由に解除し得ず、この告知義務違反が信義則違

害保険会社におけるこの取扱いは維持されている。

保険法では、そもそも何が危険測定のために必要な告知事項であるかについては、あらゆる保険者に共通するものとして決定される（客観的基準説[37]）ものではなく、保険者——保険契約者ではなく——が決定すべきものである（主観的基準説）から、「重要な事項のうち保険者になる者が告知を求めたもの」（4条・37条・66条）を告知事項と定めたので、当該事項に対し、保険契約者または被保険者が故意または重大な過失により不告知または不実告知をした場合に、それが質問応答義務違反となって保険契約を解除することができることとなった。

このように、保険者が保険契約を、告知義務違反を理由に解除できる場合の保険契約者または被保険者の主観的要件は、告知義務違反が保険契約者または被保険者の故意[38]（改正前商法における「悪意」と同じ意味である）または重大な過失に基づくことであり、この点では、改正前商法の規律が維持されている（28条1項・55条1項・84条1項[39]）。さらに、告知義務の対象は自発的申告から質問応答義務に変更され、そのとき、告げない事実が重要であることが告知義務違反の客観的要件とされる[40]。そして、質問応答義務ではなく自発的申告義務を定める特約は、保険法の規律に反

反となり、不正な保険金取得等の保険制度の趣旨もしくは目的に抵触する事態を招来する場合または不法に保険金を得る目的で重複保険契約を締結した場合等、当該保険契約を解除しまたは保険金の支払を拒絶するについて正当な事由があることを、保険会社において主張立証することができる場合であることがうかがわれる（名古屋地判平成15・6・4交民集36巻3号823頁、大阪高判平成14・12・18判時1826号143頁、東京地判平成15・5・12判タ1126号240頁、東京高判平成4・12・25判タ858号243頁。なお、名古屋地判平成15・4・16判タ1148号265頁、東京地判平成13・5・16判タ1093号205頁、東京高判平成3・11・27判タ783号235頁）。山下＝永沢・保険法Ⅰ 256頁［梅津昭彦］参照。判例においては、生命保険契約では、告知義務違反の対象となる事実は、保険危険事実に限定される。大判明治40・10・4民録13輯939頁、大判昭和2・11・2民集6巻593頁参照。山下・保険法292頁、299頁、321頁。

37) 大判大正4・6・26民録21輯1044頁。主観的基準説と思われる裁判例として、福岡高判平成19・11・8生判19巻546頁、東京地判平成25・5・21平成23(ワ)9562号がある。なお、山下・保険法294頁参照。

38) 故意は、①重要な事実のあること、②その事実が告知すべき重要な事実であること、③当該事実を告知しないことを知っている場合に認められる。山下・保険法303頁。

39) 保険契約者または被保険者が知らない事実は告知すべき重要な事実に該当するかという問題がある。判決例としては、保険契約者または被保険者が知らない事実でも、知らないことにつき重過失があれば告知義務違反を問いうるということを述べているものもあるが、実際上、事実を知らなかったことについて探知義務または特別な調査義務を課すことも無理があり、重過失を認めることは妥当ではなく、知っている事実を告知することで満足すべきであろう。大森・保険法127頁、西島・保険法51頁、山下・保険法297頁。

40) 山下・保険法292頁。

§28-Ⅴ2   367

するものであり、保険契約者または被保険者に不利なものは無効となる。[41]

(3) 解除の意思表示の相手方

　保険者は、告知義務違反に基づく保険契約の解除の意思表示を、保険契約者に対して行うことになる。[42]

2　解除権の阻却事由（2項）

(1) 解除権阻却の趣旨

　保険者が、損害保険契約の締結の時において、保険契約者または被保険者が告知事項について不告知または不実告知をしたことにつき知っていたかまたは過失により知らなかったときは、危険測定の機会があり、通常の注意を尽くせば危険測定上不利な事実を知り得たのであり、したがって、危険の引受けを拒否することもできたのであるから、その後、保険者に解除権を認める必要性がない。[43]

(2) 保険媒介者による告知妨害と不告知教唆

　保険媒介者とは、保険法上、保険者のために保険契約の締結の媒介を行うことができる者であって、保険者のために保険契約の締結の代理を行うことができる者を除いたものと定義できる[44][45]（28条2項2号）。保険媒介者による告知妨害または不告知[46]教唆が行われ告知義務違反がなされた場合、保険者は告知義務違反による保険契約を解除することができるであろうか。告知義務違反がなされた以上は、保険者は危

---

41)　以上については、萩本・一問一答44-46頁。

42)　保険法コンメンタール99頁［山下典孝］。

43)　山下・保険法311-312頁。

44)　損害保険の代理店は、契約締結権限を与えられているのが通常であるから、保険媒介者には該当しない。契約締結権限が付与されている代理人が、告知妨害または不告知教唆を行ったとき、告知義務違反の事実については、代理人は悪意または有過失とされるため、保険者は告知義務違反を理由に契約解除することができなくなることから、保険媒介者から契約締結権限がある代理人は除かれている。萩本・一問一答52頁。

45)　保険媒介者の典型は、生命保険募集人（保険業法2条19項）である。したがって、保険媒介者による告知妨害および不告知教唆については、§55解説Ⅴ2(2)を参照されたい。なお、生命保険募集人は、その権限について三無権（契約締結代理権、保険料受領権および告知受領権を有しない）といわれていた。金澤理「生命保険の募集」遠藤浩=林良平=水本浩監修『現代契約法大系6巻 担保・保証・保険契約』406頁（有斐閣・1984）。今日でも、生命保険募集人は、契約締結代理権および告知受領権を依然として有しないとされている（金澤・前掲注(11)66頁）が、保険料受領権については第1回保険料相当額の受領権限を与える等の改善が認められる。

46)　保険仲立人は、保険者のために媒介を行う者ではないから、保険媒介者に含まれない。保険法コンメンタール99頁［山下典孝］。甘利公人「告知義務違反による解除」甘利=山本・論点と展望38頁、山下=永沢・保険法Ⅰ259頁［梅津昭彦］参照。

険選択の機会が奪われたことになるから、保険契約の解除権が発生すると考えることは妥当ではない。告知義務違反が保険者の監督すべき保険媒介者によってなされたのであるから、保険者が保険媒介者に対し十分に監督しなかったことに通常は原因が認められ、保険者に発生した告知義務違反による不利益は保険者が自ら負うべきであるし、保険契約者側は、保険媒介者を信頼しその者に勧められるがまま、行為をするのが通例である。したがって、保険媒介者による告知妨害または不告知教唆がなされた場合は、保険者と保険契約者側の衡平の確保および保険契約者側の保護の観点から、保険者の保険契約の解除権が阻却される[47]。

これについての主張・立証責任に関し、保険契約者側が負うべきか保険者が負うべきかが問題となるが、保険契約者側による故意または重過失による告知義務違反の主張・立証責任については、解除を主張する保険者が負う[48]。

3 解除権阻却不適用の特則（3項）

告知妨害または不告知教唆があった場合でも、保険媒介者の行為がなかったとしても、告知義務者が重要な事実を告知しなかった、または不実告知したと認められるときは、告知妨害または不告知教唆と告知義務違反との間に因果関係がないのであるから、保険者の解除権を阻却して保険契約者等の利益を保護する必要がないので、保険者は告知義務違反による解除をすることができる（28条3項）[49]。

これについての主張・立証責任に関しても、保険契約者側が負うべきか保険者が負うべきかが問題となるが、保険者の解除権の阻却不適用事由、すなわち、告知妨害または不告知教唆がなかったとしても保険契約者または被保険者が告知義務違反をしたと認められる事実があったことについては、解除権を主張する保険者が主張・立証することを要する[50]。

4 解除権の除斥期間（4項）

告知義務違反による解除権は、保険者が解除の原因があること、すなわち、保険契約者側に告知義務違反があったことを知った時から1か月間行使しないときは、消滅し、損害保険契約の締結の時から5年を経過したときも、消滅する（28条4項）。このように保険者の解除権行使の制限は、除斥期間を定めたものであり、その性質

---

47) 萩本・一問一答54頁。
48) 保険法コンメンタール100頁［山下典孝］。
49) 萩本・一問一答54-55頁。なお、甘利・前掲注(46)39-40頁。
50) 金澤・前掲注(11)81頁。

§28-Ⅴ5   369

上、絶対的強行規定とされている。前者の1か月間という期間制限は法律関係の早期確定の理念に基づくものであり、後者の5年間という期間制限は保険契約締結後5年間も経過すれば不告知・不実告知の事実が事故発生率に影響を及ぼさないであろうと考えられることに基づくものである。除斥期間の規定を超えて、1か月または5年よりも長い期間を約定することは許されないと解される。

5　告知義務違反による解除の規律と隣接規定との関係

(1)　民法の詐欺・錯誤による取消しとの関係

　告知義務違反が認められた場合、民法上の錯誤（95条）および詐欺（96条）にも該当し、保険契約を取り消すことができるかが問題となる。保険法制定以前から議論されていた論点であるが、商法＝保険法として理解することができる。平成29年改正前民法下では、錯誤の効果は無効と定められ、改正後に、錯誤の効果として取消権が付与され、それが将来どのように告知義務違反が認められる場合に影響を与えるかは今後の推移を見守るしかないが、民法改正後も問題状況は変わらない。

　すなわち、保険者は、保険法上の告知義務違反解除も、詐欺による取消しも、錯誤による無効（改正後は取消し）も主張できる（重複適用説）とすれば、特に保険法上で告知義務違反の効果を詳細に定めた意義が没却されてしまうのである。そこで、民法と保険法は一般法と特別法との関係にあるから、保険法上の告知義務違反の効果に関する規定が優先的に適用されるのであり、民法上の錯誤および詐欺の効果に関する規定の適用は排除されるとする見解（保険法単特適用説）があった。この見解は、改正前商法下において、不可争期間の経過により、告知義務違反を理由とする解除権の消滅後に、錯誤または詐欺の主張を制限しようとするところに狙いがある。しかし、保険契約者が詐欺を働いている場合は、保険契約者を保護する必要はなく保険者に取消権を認めるべきであるが、錯誤については、詐欺の場合と比べて、害意のない保険契約者に要保護性に欠けるところはなく保険契約者も保護されるべきであるから、錯誤の適用は排除するが、詐欺による取消しは認めることが妥当ではないかとする見解（折衷説）が有力である。

---

51)　保険法コンメンタール100頁［山下典孝］。
52)　保険法コンメンタール100頁［山下典孝］。
53)　大串＝日生・解説保険法101頁［大串淳子］。
54)　大森・保険法135-136頁。大連判大正6・12・14民録23輯2112頁、大判大正7・4・5民録24輯539頁参照。
55)　松本・保険法106-107頁。金澤・前掲注(11)86頁。
56)　西島・保険法60-61頁。保険法の告知義務違反の効果の規定は、保険者の動機の錯誤の特

(2) 保険媒介者による告知妨害等と保険業法の規制との関係

保険媒介者が告知妨害または不実告知教唆を行うことは、保険業法により禁止されている（保険業法300条1項1号〜3号）。保険媒介者は、告知妨害または不実告知教唆をした場合、罰則を科せられる（同317条の2第7号）とともに、保険媒介者のうち、保険募集人が保険募集について保険契約者に損害を加えた場合は、所属保険会社等は、その損害を賠償する責任を負うことになる（同283条1項）。

VI 今後の課題

生命保険契約および疾病保険契約における新しい課題の1つとして、遺伝子診断と告知義務の関係が指摘されている[57]。遺伝子を含む個人の健康情報等（Personal Health Record：PHR）は、胎児段階からが常時取集されるようになってきており、今後は、個人の遺伝子に応じた医療または処方箋を提供するオンデマンド医療が現実化し、クリスパー（CRISPR/Cas 9）技術によりゲノム編集（genome editing）が可能となる途が拓かれうるが、保険法上の取扱いについては、議論がまたれる。

これに対し、損害保険契約および傷害保険契約においては、従来は告知義務の対象ではなかったものが、今後のビッグデータの解析の成果によっては告知義務の対象として保険者が告知を求める事項となりうる。たとえば、被保険者の行動範囲・行動様式、履歴および生活習慣等々が危険に影響を与える事項であるとされれば、危険測定にとって重要な事項になり保険者が告知を求めうる。しかし、これらの情報は、プライバシーに係る事項であり、個人情報になりうる事項である。

そもそも保険契約上の告知義務の対象に含める事項は、危険測定に関係がある重要な事項であるが、保険者は危険に関する重要な事項のうち必ずしも無制限に告知を求めることができるのではなく、そこには一定の合理的な制約があるように思われる。

〔肥塚 肇雄〕

別規定と考えられる（甘利公人=福田弥夫=遠山聡『ポイントレクチャー保険法〔第2版〕』76頁（有斐閣・2017））。
57) 山下・保険法301-303頁。

（危険増加による解除）

第29条　①　損害保険契約の締結後に危険増加（告知事項についての危険が高くなり、損害保険契約で定められている保険料が当該危険を計算の基礎として算出される保険料に不足する状態になることをいう。以下この条及び第31条第2項第2号において同じ。）が生じた場合において、保険料を当該危険増加に対応した額に変更するとしたならば当該損害保険契約を継続することができるときであっても、保険者は、次に掲げる要件のいずれにも該当する場合には、当該損害保険契約を解除することができる。

（1）　当該危険増加に係る告知事項について、その内容に変更が生じたときは保険契約者又は被保険者が保険者に遅滞なくその旨の通知をすべき旨が当該損害保険契約で定められていること。

（2）　保険契約者又は被保険者が故意又は重大な過失により遅滞なく前号の通知をしなかったこと。

②　前条第4項の規定は、前項の規定による解除権について準用する。この場合において、同条第4項中「損害保険契約の締結の時」とあるのは、「次条第1項に規定する危険増加が生じた時」と読み替えるものとする。

改正前商法第656条　保険期間中危険カ保険契約者又ハ被保険者ノ責ニ帰スヘキ事由ニ因リテ著シク変更又ハ増加シタルトキハ保険契約ハ其効力ヲ失フ

改正前商法第657条　①　保険期間中危険カ保険契約者又ハ被保険者ノ責ニ帰スヘカラサル事由ニ因リテ著シク変更又ハ増加シタルトキハ保険者ハ契約ノ解除ヲ為スコトヲ得但其解除ハ将来ニ向テノミ其効力ヲ生ス

②　前項ノ場合ニ於テ保険契約者又ハ被保険者カ危険ノ著シク変更又ハ増加シタルコトヲ知リタルトキハ遅滞ナク之ヲ保険者ニ通知スルコトヲ要ス若シ其通知ヲ怠リタルトキハ保険者ハ危険ノ変更又ハ増加ノ時ヨリ保険契約カ其効力ヲ失ヒタルモノト看做スコトヲ得

③　保険者カ前項ノ通知ヲ受ケ又ハ危険ノ変更若クハ増加ヲ知リタル後遅滞ナク契約ノ解除ヲ為ササルトキハ其契約ヲ承認シタルモノト看做ス

【条文変遷】　ロエスレル草案716条1項、明治23年商法654条1項、明治32年商法410条・411条、改正前商法656条・657条

【参照条文】　保険法4条・28条・31条・33条、民法97条・540条

【外国法令】　ドイツ保険契約法23条・24条・25条・26条・27条、フランス保険法典L.113-4条

I 概　　要

　損害保険契約における「危険」とは、「損害の発生の可能性」（4条）のことである。そして、「危険増加」とは、損害の発生可能性が継続的に増加することである。[1] 保険料の観点からいうと、「告知事項についての危険が高くなり、損害保険契約で定められている保険料が当該危険を計算の基礎として算出される保険料に不足する状態になること」である。

　本条（29条）は、危険の増加が生じた場合において、保険料を当該危険増加に対応した額に変更すれば当該損害保険契約を継続することが可能であっても、①当該危険増加に係る告知事項について、その内容に変更が生じたときは保険契約者または被保険者（以下、「保険契約者等」という）が保険者に遅滞なくその旨の通知をすべき旨が当該損害保険契約で定められており、②保険契約者等が故意または重大な過失により遅滞なくその通知をしなかった場合には、保険者は当該損害保険契約を解除することができる旨を規定している。

II 沿　　革

　危険の増加について、ロエスレル草案では716条1項が「契約取結ノ後其保険シタル危険ヲ増加若クハ変更スヘキ事情ノ変化保険物ニ就テ生シタルトキ……ハ保険者ハ契約上ノ責任ナキモノトス但シ右両場合トモ保険者ニ於テ契約ヲ保続スルトキハ此限ニ在ラス」と規定していた。

　そして、これに基づく明治23年商法では654条1項が「契約取結ノ後被保険物ニ付キ情況ノ変更カ発生シタル為メ其引受ケタル危険ノ増加シ若クハ変更スル場合……ニ於テハ保険者ハ其契約ニ覊束セラルルコト無シ但孰レノ場合ニ於テモ保険者其契約ヲ継続スルトキハ此限ニ在ラス」と規定していた。[2]

　明治32年商法では、それまでの規定を大きく変更した。保険期間中の危険増加について保険契約者等の責めに帰すべき事由による場合とそうでない場合とに分けて、前者の場合は410条が「保険期間中危険カ保険契約者又ハ被保険者ノ責ニ帰スヘキ

---

1)　第2回議事録31頁。
2)　ロエスレル草案では「保険者ハ契約上ノ責任ナキモノトス」として免責を規定していると読めるのに対し、明治23年商法では「保険者ハ其契約ニ覊束セラルルコト無シ」となっていて、覊束されないことの意味が免責か失効かが文言上明らかでないが、立法経緯からすれば免責の意味であると思われる。

事由ニ因リテ著シク変更又ハ増加シタルトキハ保険契約ハ其効力ヲ失フ」として、いわゆる主観的危険増加の場合には通知義務を課さずに当該契約は当然に失効するものとした。一方、後者の場合は411条1項が「保険期間中危険カ保険契約者又ハ被保険者ノ責ニ帰スヘカラサル事由ニ因リテ著シク変更又ハ増加シタルトキハ保険者ハ契約ノ解除ヲ為スコトヲ得但其解除ハ将来ニ向テノミ其効力ヲ生ス」、2項が「前項ノ場合ニ於テ保険契約者又ハ被保険者カ危険ノ著シク変更又ハ増加シタルコトヲ知リタルトキハ遅滞ナク之ヲ保険者ニ通知スルコトヲ要ス若シ其通知ヲ怠リタルトキハ保険者ハ危険ノ変更又ハ増加ノ時ヨリ保険契約カ其効力ヲ失ヒタルモノト看做スコトヲ得」、3項が「保険者カ前項ノ通知ヲ受ケ又ハ危険ノ変更若クハ増加ヲ知リタル後遅滞ナク契約ノ解除ヲ為ササルトキハ其契約ヲ承認シタルモノト看做ス」と規定して、いわゆる客観的危険増加の場合には通知義務を課し、通知があったときは、保険者は将来に向かって当該契約を解除できるとする一方、保険契約者等が通知義務を怠ったときは、保険者は当該契約が失効したものとみなすことができると定めていた。保険者がその通知を受けながら遅滞なく契約の解除をしないときは、その従前の契約を存続させることを承認したものとみなされる。

Ⅲ　改正前商法

明治32年商法の規定は文言そのままで改正前商法に引き継がれており、410条は656条に、411条は657条になっている。

改正前商法下の議論では、保険料を調整することにより保険契約の継続が可能な場合にも、当然にこれを失効させたり、通知義務を怠っただけで当該契約が失効したとみなしたりするのは、硬直的な処理で甚だ保険契約者等の保護（保険事故発生時の保険給付を期待する保険契約者等の保護）に欠けるので、立法論として、契約が存続することを前提とした規律に改めるべきとの指摘がなされていた[3]。実務では、契約を失効させないことを前提として、保険契約者等に通知義務を課すなどの規律を設けるのが通例であった[4]。また、危険の増加を含まない危険の変更は、保険者に不利益をもたらさないので、立法論としては「変更」を削除すべきであると指摘されていた[5]。

3）　補足説明26頁、潘・概説182頁。
4）　第2回議事録32頁。
5）　西島・保険法108頁。

Ⅳ　立法過程

法制審議会保険法部会では、上記立法論および実務の状況を踏まえ、契約の存続を前提として、保険契約者等が危険の増加を知った場合には保険者に通知する義務を負わせるという方向で検討がなされた。

1　中間試案[6]

中間試案では、①保険契約の締結後の危険増加についての保険契約者等の通知義務、②保険契約者等が故意または重大な過失によって通知をしなかった場合の保険者の契約解除権、③危険増加後契約解除前の保険事故における保険者の免責内容、④保険契約者等が通知義務を履行した場合の保険者の保険料増額等申入れおよび不承認等の場合の保険者の契約解除権、という内容で整理された。

改正前商法と比較すると、保険契約者等の責めに帰すべき事由による危険の増加であっても契約は失効しない、改正前商法の「著シク」の内容を明確にする、保険契約の締結後の規律であることを明確にする、という点が大きく改正されている[7]。すなわち、危険が増加したからといって契約を失効させる必要はないことから、契約は失効しないことを前提として、保険契約者等に通知を求める形の規律としている。また、「著シク」との文言については、改正前商法上、保険契約の締結時に存在していれば、保険者が保険契約を締結しなかったか、同一の条件（保険料の額等）では保険契約を締結しなかったであろう程度をいうものと解されているところ、保険者が告知を求める事実も契約締結の可否およびその内容に影響する事実という意味でこれと共通することから、これに変更が生じて危険が増加した場合を規律の対象とすれば足り、このような観点から、改正前商法の「著シク」は、中間試案では「契約の締結に際して保険者から告知を求められた危険に関する重要な事項についての事実……に変更が生じた」に置き換えられている。さらに、改正前商法は保険期間中に危険が増加した場合の規律となっているが、契約が成立してから保険期間が開始するまでの間に危険が増加した場合を規律の対象から除外する合理的理由はないことから、中間試案では、契約締結後に事実の変更が生じて危険が増加した場合を規律の対象としている。

---

6)　中間試案6頁以下。
7)　補足説明25頁以下。

§29-Ⅳ2・Ⅴ1   375

　なお、改正前商法は、危険の変更の場合にも契約の失効等の効果が生ずることと
しているが、ここにいう危険の変更は結局危険の増加をいうと解されていることを
受け、保険法では、危険の変更に関する規律を設けないこととした。

2　要綱案

　要綱案（第1次案）[8]では、①保険契約締結後の危険増加についての保険契約者の
通知義務、②引受範囲外の危険増加の場合の保険者の契約解除権、③引受範囲内の
危険増加の場合で、かつ保険契約者等が故意または重大な過失によって通知をしな
かった場合の保険者の契約解除権、④危険増加後契約解除前の保険事故における保
険者の免責内容、⑤解除権の除斥期間、という内容で整理されている。

　中間試案から変更されたのは、引受範囲外の危険増加の場合には、保険契約者側
の通知義務違反を問題とすることなく保険者に解除権が付与される点、解除権の除
斥期間を保険者が解除の原因があることを知ったときから1か月、危険増加が生じ
たときから5年と規律した点である。

　要綱案（第2次案）[9]では、②が削除されている（この場合には解除を制限する必要
はないため）。

　保険法では、④は解除の効力の条文（31条2項2号）で規定されている。

Ⅴ　条文解説

1　趣旨

　保険者は、保険契約締結時に保険事故の発生率を測定した上で、保険引受の可否
およびこれを引き受ける場合の保険料の額を決定するが、保険契約が成立した後に
おいて危険が増加することがあると、保険料が不足する状態となるため、給付反対
給付均等原則からこれに対する手当てが必要となる[10]。すなわち、将来の危険増加の
可能性を全て保険料に織り込むというのも1つの考え方ではあるが、これをすると
保険料が高額なものとなることから、危険増加があった場合にその時点で保険料の
調整をすることを認め、これによって給付反対給付均等原則を維持するほうが合理
的であり、保険料も低廉化できることとなる。

　そこで本条は、引受範囲内の危険増加（保険料を危険増加に対応した額に変更すれ

　8）　部会資料(23) 5頁。
　9）　部会資料(26) 4頁。
　10）　潘・概説181頁。

ば保険契約を継続することができる程度の危険増加）については、保険料の調整によって契約を継続させることを念頭に置いて、例外的に保険者が契約を解除できる場合を規律している。後述の４つの要件の主張立証責任は保険者にある。

一方、引受範囲外の危険増加[11]（保険料の増額では対応できない程度の危険増加）の場合については、保険法に規定はなく、解除は制限されていない。このような場合にまで保険契約の解除を制限して契約の存続を強制することは保険者に過度の責任を強いることになるし、保険契約者等はもともとこのような場合の保険契約の利益享受を期待する立場になかったからである[12]。引受範囲外の危険増加後に保険者が当然に契約を解除できるかどうかについては、肯定説[13]と否定説[14]が対立している。

2 要件

(1) 危険増加

「危険増加」とは、損害の発生可能性が継続的に増加することである。すなわち、①告知事項についての危険が継続的に増加し、②契約で定めた保険料が、当該危険を基礎として算出される保険料に比して不足する状態になることである。告知事項以外の事項についての危険が増加したとしても、当該事項については保険者がそもそも危険測定の対象としていなかったのであるから、保険料の調整が必要とされる[15]危険増加にはあたらない。

告知事項について、契約締結の時点で将来的に危険が高くなることが想定され、それを織り込んだ上で保険料が設定されているような場合には、かかる想定内の危険増加では保険料の不足状態が発生しないため、本条にいう「危険増加」には該当しない[16]。

---

11) 萩本・一問一答91頁は、引受範囲の内外の区別は危険増加が生じた段階になって保険者が恣意的に決することができるものではない、引受範囲は保険契約を締結した段階で料率表等により保険契約者側に示され契約当事者間の合意の内容となっていることが求められる、仮に引受範囲が不明確なまま保険契約が締結された場合は全て引受範囲内の危険増加として整理されることになる、とする。

12) 萩本・一問一答90頁。

13) 潘・概説183頁。

14) 保険者にこのような場合における法定の解除権を付与しているわけではないので、保険者が引受範囲外の危険増加を理由に保険契約を解除するには、その旨を約款で規定しておく必要がある（萩本・一問一答91頁）。

15) 保険法では、危険の測定は一般的には保険者が行うべき事項であると整理しており、それが最も端的に表れているのが、告知義務を自発的申告義務から質問応答義務に転換した点である（萩本・一問一答87頁）。

16) 萩本・一問一答87頁。

§29-V2

改正前商法では、保険期間中に危険増加があった場合を対象としていたが、契約成立後保険期間開始までの間に危険が増加した場合を除外すべき理由はなく、この間についても規律の対象とするのが合理的であることから、保険法では契約締結後の危険増加が対象となっている。

また改正前商法では、「危険カ……著シク……増加シタルトキハ」として危険増加が著しいことを要件としていたが、保険法では規定の文言からは削除されている。ただし、「危険増加」が告知事項についての危険増加に限定され、しかも保険料の不足状態発生も必要となることから、「著しい」という要件を設定しているのと実質的にほぼ同様である。[17]

危険増加の具体例としては、自動車の任意保険の被保険自動車を自家用から業務用に変更した場合[18]、火災保険の目的建物を居住用から工場用に変更した場合等が挙げられる。また、海上保険契約の目的物である貨物運搬船（総トン数405トン）が、遭難引揚げ後応急修理も未了でかつ乗組員を乗船させていない船舶（総トン数444トン）を曳船したことは、改正前商法下で危険の著増にあたるとした判例がある。[19]

(2) 通知義務の約定

当該危険増加に係る告知事項について、その内容に変更が生じたときは保険契約者等が保険者に遅滞なくその旨の通知をすべき旨が当該損害保険契約で定められていることが必要である。[20]

危険増加は一般に保険契約者側で生ずるものであるから、危険増加があったときに保険料の額の調整等をすることを実効あるものとするためには、保険契約者等において適時にこれを通知すべきものとすることが合理的であり、通知義務はこれを前提としている。[21]

もっとも、本条1項1号で「当該危険増加に係る告知事項について、その内容に変更が生じたとき」と規定しているのは、それが危険の増加にあたるのか、危険の減少にあたるのか、または危険に与える影響はないのかということについて保険契

---

17) 萩本・一問一答87頁。

18) 山形地酒田支判昭和62・5・28判時1252号95頁は「単に形式的に自動車登録上の用途が変更されたにとどまらず、これに伴ってその実質的な用途も重大な変更を受け、しかも、これにより事故発生の危険性も高くなったと認められる」と判示した。

19) 最判昭和50・1・31民集29巻1号16頁。もっとも、総トン数405トンの貨物運搬船が500トンの貨物を積載した結果、中央部の乾舷（満載喫水線から上甲板までの舷側）が0.5メートルとなったこと自体は危険の著増にはあたらないとしている。

20) 保険者は保険契約者に対し、本条の通知義務を記載した書面（保険証券、共済証券）を交付しなければならない（6条1項10号）。

21) 補足説明26頁。

約者側では判断するだけの情報が通常は存在しないため、何が危険の増加にあたるのかの判断責任を保険契約者側に負わせるのは相当でないと考えられたことによるものである。[22]

通知義務の約定が求められているのは、次の理由によるものと考えられる。①通知義務の約定がない場合は、それは契約の事後調整を不要とする保険者の意思の表れであるから、保険契約解除権の享受を予め放棄していると解することができ、かかる場合にまで解除権を付与する必要はない。②一方、通知義務の履行は、これをすると保険料の増額や引受範囲外になったという保険者の判断により契約を解除される可能性を生じさせるものであり、現在の契約を維持したいと思う保険契約者等にとって不利な状況を生み出しうるものである。そのため、保険契約者等に任意かつ自発的な危険増加通知を期待することは無理であり、[23]これを求めるためには、明示の約定によって義務化する必要がある。そして、それにもかかわらず保険契約者等が通知義務を履行しない場合には、保険者の事後調整利益を侵害したとみて、一種の制裁として契約解除を認めることも許容される。通知義務の約定は、契約解除を許容する前提要件である。

通知の方式について、保険法は特に規定していないので、通知義務の約定に従うことになる。多くの約款では、書面による通知を求めているが、特に指定がない場合は、口頭によっても通知が可能である。

通知の内容は、告知事項の内容に変更が生じた旨だけでは足りず、保険者において危険増加か否かの判断を可能にする具体的事実であることを要する。[24]

(3) 通知の懈怠 （通知義務違反）

客観的事実として、保険契約者等が当該危険増加に係る告知事項についてその内容に変更が生じた旨を保険者に対し遅滞なく通知しなかったことが必要である。反対に、保険者が過失により、通知義務に係る危険増加の事実があったことを知らなかったとしても、解除権発生要件を満たせばその行使は妨げられない。[25]

誰に通知すれば保険者に通知したことになるかという受領権者の問題については、原則として通知義務の約定に従うことになる。

「遅滞なく」の意義も問題となるが、[26]約款上、具体的に何日以内といった規定は

---

22) 萩本・一問一答90頁。
23) 通知義務は成立後の話で、普通は通知義務を負っているということをなかなか理解できない、との指摘もある（第21回議事録20頁）。
24) 栗田・保険法講義95頁［栗田和彦］。
25) 第21回議事録23頁参照。
26) 学説では、それぞれの保険契約の特性および通知を求める事項の内容に応じて妥当な日数

ないようである。しかし、一定の期限を定めておくことは、遅滞予防の観点から保険者・保険契約者等のいずれにも有益である。基本的には2週間程度が相当であり、契約の特殊性からそれを1週間延ばしたりすることは許容されるであろう。逆に、基本期間から短縮することは片面的強行規定違反となりうる。

(4) 故意または重過失

通知の懈怠について、保険契約者等に故意または重大な過失があること（主観的要件）が必要である。

「故意」とは、通知義務の対象として定められた告知事項の内容に変更が生じたことおよびそれが通知すべき事項であることを知っていたことをいう。一方、「重過失」とは、故意と同視しうる程度の不注意で、この2点のいずれかまたは両方を知らなかったことをいう。

保険契約者等に軽過失しかない場合は、モラル・リスクの防止および保険者の保険料事後調整を妨げた保険契約者等への制裁のための解除が必要であるとまではいえず、対象から除外されている。

3 権利行使

(1) 解除権の行使の相手方

条文に定めはないので、原則に従い、保険者は保険契約者に対して解除の意思表示を行い（民法540条1項）、到達した時点で効力が生じることとなる（同97条）。意思表示の到達後はこれを撤回することができない（同540条2項）。

(2) 解除の範囲

条文上、解除の範囲に制約はない。解除権が発生しても、保険者は解除しないという選択もできるので、保険者が必要と考える範囲の解除（一部解除）も可能であ

が考えられるべきとの見解（山下=米山・解説557頁〔竹濵修〕）があるが、具体的な日数は述べられていない。

27) 約款では、事実の発生が保険契約者等の責めに帰すべき事由によるときは、変更があるその時までに通知しなくてはならないと規定されていることが多い。その有効性については後掲注(35)参照。

28) 潘・概説185頁では「告知義務違反による契約解除とのバランスを考慮して、故意または重過失による通知の懈怠を解除権発生の要件として定めた」と述べているが、告知義務は契約成立前の問題であり、契約に基づく法的義務ではないが、通知義務は契約に基づく法的義務である。保険法上、両者の主観的要件は同じく定められているものの、義務の性質の違いに鑑みれば、バランスをとるべき必然性はない。

29) 潘・概説185頁。

30) 実務上は、保険者が契約成立後に生じた問題（保険料不払を除く）を理由として解除権を行使することはほとんどないようである。

380   §29 - V 4

り、主契約に付加した特約のみの解除も許される[31]。

(3) 除斥期間

　解除権は、保険者が解除の原因があることを知った時から1か月行使しないとき、または危険増加が生じた時から5年を経過したときに消滅する。

　1か月間の短期除斥期間は、保険契約者等を不安定な状態に長く置かないようにして保護する趣旨である。保険者が本条の危険増加による「解除の原因があることを知った時」とは、上記解除権発生4要件の存在を全て認知した時である。ただし、通知義務の約定の有無については保険者がすでに認知している事項であるから、実際に問題となるのはその他の3要件を保険者がいつ認知したかである。危険増加の事実を確認しただけでは解除権は発生しないから、解除原因があることを知ったことにはならない。

　5年の長期除斥期間は、危険増加後5年を経過してもその影響が見られなかったことをもって当該危険増加を問題にしないという趣旨である。客観的に危険増加が生じた時点から5年を経過することにより、たとえ保険契約者等が故意に通知を怠っていたとしても、保険者は解除権を失うことになる[32]。

　期間の計算は、保険法に規定がないので民法が適用される。短期除斥期間については、解除原因の認知日の翌日から起算して1か月後の日を経過することによって、長期除斥期間については、危険増加日の翌日から起算して5年後の日を経過することによって、解除権が消滅する[33]。

　訴訟上、除斥期間は短期・長期いずれについても、解除権を行使する保険者が請求原因として同期間を経過していないことを主張・立証すべきものではなく、保険者の解除権行使の阻止を欲する保険契約者が抗弁として同期間が経過したことを主張・立証しなければならない。

4　効果

　§31解説Ⅴ4参照。

---

31)　たとえば、火災保険に地震保険を付加した契約において、当該建物の基礎が傾いて地震による倒壊の危険が高まった場合は、地震保険のみを解除することができる。

32)　山下＝米山・解説561頁［竹濱修］。

33)　たとえば、危険増加日・解除原因認知日がともに2015年1月1日の場合、短期除斥期間は同年2月1日の経過をもって満了し、長期除斥期間は2020年1月1日の経過をもって満了することとなる。

5　規定の性質

　本条1項の規定は片面的強行規定であり、これに反する特約で保険契約者等に不利なものは無効である（33条1項）。したがって、通知義務者に軽過失があるにすぎない場合についても契約の解除を認める約定や、法定の通知義務者以外の者に通知を求めてその懈怠によって契約の解除を認めるような約定は許されない。[34] また、従来の約款では危険増加に係る告知事項について、その内容の変更が保険契約者等の責めに帰すべき事由によるときはあらかじめ通知すべきと規定されているのが通例であったが、その懈怠を理由に解除を認めることは保険契約者等に不利であるから許されない。[35]

　本条2項の規定は片面的強行規定の対象とはされていない。もっとも、上記除斥期間の趣旨からすれば、約款でその期間を延ばすことは許されないと解すべきであるから、絶対的強行規定にあたると考えるのが相当である。

6　付随問題

(1)　保険料増額請求

　保険法は、危険の減少については保険契約者に保険料減額請求権を付与している（11条）。この減額請求権の法的性質は、改正前商法646条の減額請求権と同じく、形成権であると解されているが、[36] そうであれば、保険者に「減額を請求する」必要はない。一方的に権利行使ができるのが形成権であるから、正しくは「保険料減額権」である。[37]

　一方、危険の増加については、保険者が保険料を増額できる権利を法定していない。[38] この点、保険料増額に保険契約者の同意を要するとしてしまうと、同意が得られなかった場合は従来の保険料しか請求できないこととなり、またその保険料が支払われる限り保険者は契約解除もできないので、給付反対給付均等原則に反する状態に陥ってしまう。そのため、危険の増加に伴う保険料の増額は、保険契約者の同意を要しない「保険料増額権」（形成権）によってする必要がある。[39] この権利を根

---

34)　潘・概説186頁。

35)　あらかじめの通知を求める約款の規定自体は本条1項違反とはならない。

36)　第2回議事録36頁。

37)　通常、保険契約者が保険料の計算をすることは困難であるから、保険料の減額計算請求権が付随しているものと解される。

38)　これは、危険の減少については保険契約者の保護の観点から権利を法定する必要があるのに対し、危険の増加については約款を作成する保険者が保険料増額を必要と考えればそれに盛り込むことは容易であり、あえて法定する必要はないからである（萩本・一問一答96頁）。

39)　1項本文の「保険料を当該危険増加に対応した額に変更するとしたならば当該損害保険契

拠づけるためには、約款でこれを明記しなければならず、そして、保険料の増額を危険増加時からとするには、遡及効も約定しておかなければならない。[40]

保険者が保険契約者に対し、保険料増額権を行使し、危険増加時に遡って増額した保険料を支払うよう相当の期間を定めて催告したにもかかわらず、保険契約者がこれを拒む場合は、保険料支払義務違反（債務不履行）に基づく解除ができる。[41]

(2) 目的物の譲渡に伴う危険の増加

改正前商法では、650条1項で「被保険者カ保険ノ目的ヲ譲渡シタルトキハ同時ニ保険契約ニ因リテ生シタル権利ヲ譲渡シタルモノト推定ス」と規定し、同2項で「前項ノ場合ニ於テ保険ノ目的ノ譲渡カ著シク危険ヲ変更又ハ増加シタルトキハ保険契約ハ其効力ヲ失フ」と規定していた。

しかし実務上は、目的物を譲渡した被保険者に、保険者への通知と保険証券への承認裏書を求めるのが通例であり、保険契約上の権利が目的物の譲渡に伴って当然に移転するものとはされていなかった。[42]

そのため、保険法では上記規定が削除され、目的物の譲渡についての新たな規定は設けられなかったので、目的物の譲渡についての保険契約上の合意がなければ、譲渡により被保険利益を喪失することで保険契約が失効してしまうことになる。[43]当該合意があれば保険契約は存続するが、譲渡によって危険の増加が生じる場合は本条の規律に服することとなる。

(3) 道徳危険の増加

道徳危険とは、故意に事故を起こし、あるいは事故を仮装して保険金を請求する危険をいう。[44]改正前商法下では、このような保険金の不当・不正請求に対して、656条の適用ないし類推適用によって保険者の責任を否定する裁判例[45]・学説[46]があった。

約を継続することができるとき」との規定は、保険者の保険料増額権設定が許容される1つの根拠とみることができよう。

40) 約款に保険料増額権の規定を置くこと自体は、片面的強行規定違反にならない（第21回議事録24頁）。

41) 石山・現代保険法153頁［田爪浩信］、萩本・一問一答95頁。危険増加による解除と結び付けることは片面的強行規定違反となる（第21回議事録19頁）。

42) 潘・概説188頁。

43) 潘・概説188頁。

44) 戸田＝西島・保険法・海商法60頁［竹濵修］。

45) 札幌地判平成2・3・26判時1348号142頁は、保険金額総額約7億円の保険契約のある被保険者が、マニラ市において頭部を銃撃され死亡したが、当該殺人が前記被保険者自身がマニラの殺し屋に嘱託したことによるものかどうかは不明であるものの、前記被保険者自身が殺し屋に殺人を依頼した事実が認められる場合には、被保険者が殺人を依頼したことにより

本条では、危険増加を「告知事項についての危険が高くなり、損害保険契約で定められている保険料が当該危険を計算の基礎として算出される保険料に不足する状態になること」と定義していることから、少なくとも道徳危険に直接適用することは困難である。[47]

VI 外国法令

1 ドイツ保険契約法[48]

ドイツ保険契約法では、危険の増加に関して5カ条を設け詳細に規定している。危険増加があっても契約を失効させず、保険者の解約権行使に委ねている点は日本の保険法と共通している。

まず、23条[49]では、保険契約者は保険者の同意なく危険を増加してはならない旨（1項）と危険増加の場合には保険者に通知しなければならない旨（2項・3項）を規定している。

次に、24条[50]では、保険契約者が故意または重過失で23条1項に違反した場合は保険者は即時に解約できる旨および単純過失（軽過失）の場合は1か月間の解約予告期間を置いて解約できる旨（1項）、保険契約者が危険増加を事後的に知って遅滞なく通知した場合は1か月間の解約予告期間を置いて解約できる旨（2項）、解約権は保険者が危険増加を知ったときから1か月間行使しない場合または危険が元の状態に戻った場合は消滅する旨（3項）を規定している。

被保険者の責めに帰すべき事由により危険が著しく増加したものであって、商法旧656条により保険金請求の根拠である海外旅行傷害保険契約は自動的に失効していた旨判示した。

46) 戸田＝西島・保険法・海商法61頁〔竹濵修〕は、「契約締結時にその事実があれば、保険者がその契約を締結しなかったと考えられる程度の著しい道徳危険の増加があることを要する」とする。

47) 重大事由解除のほうが適しているように思われる。

48) ドイツ保険契約法・15頁以下。

49) 1項「保険契約者は、契約の意思表示の後に、保険者の同意なく、危険を増加させてはならず、また、第三者により危険を増加させてはならない」、2項「保険契約者は、保険者の同意なく、危険を増加させたこと、または第三者により危険を増加させたことを事後的に知ったときは、その危険の増加について、保険者に遅滞なく通知しなければならない」、3項「保険契約者の契約の意思表示後に、保険契約者の意思とは無関係に、危険が増加したときは、保険契約者は、その危険の増加の事実を知った後に、遅滞なく保険者にその事実を通知しなければならない」。

50) 1項「保険契約者が、第23条第1項の義務に違反したときは、保険者は、即時に、その契約を解約することができる。ただし、保険契約者が、故意または重大な過失によらず、この義務に違反したときは、この限りでない。その違反が、単純過失によるときは、保険者は、

25条では、保険者は解約せずに保険料の増額を請求または増加危険を不担保とすることができる旨（1項）、10％超の保険料増額の場合または増加危険不担保の場合、保険契約者は1か月以内に即時解約ができる旨（2項）を規定している。[51]

　26条では、危険増加後に保険事故が発生した場合、保険契約者が故意に危険を増加させたときは免責、重過失によるときは責任の重大性に応じて保険者が給付額を減額できる旨（1項）、危険増加の通知をすべき時から1か月経過した後に保険事故が発生した場合は原則として免責の旨（2項）、危険増加が保険事故の発生または給付義務の範囲と因果関係がない場合または保険事故発生のときまでに解約期間が満了していて解約が行われなかった場合には給付義務を負う旨（3項）を規定している。[52]

　最後に、27条では、危険増加が軽微または当該危険増加を織り込み済みであった場合には、23条から26条までの規定は適用されない旨が規定されている。[53]

　　　1か月間の解約予告期間を遵守し、解約することができる」、2項「第23条第2項及び第3項の危険の増加の場合には、保険者は1か月間の解約予告期間を遵守し、その契約を解約することができる」、3項「第1項及び第2項の解約権は、保険者がその危険の増加を知ったときから1か月以内に行使されなかったとき、または、その危険の増加前に存在していた状態が回復されたとき、消滅する」。

51)　1項「保険者は、解約に代えて、危険が増加したときから、この増加した危険に対する保険者の業務原則に応じた保険料を請求することができ、また、この増加した危険の担保を排除することができる。この権利の消滅については、第24条第3項が、準用される」、2項「危険の増加の結果として、保険料が10％超引き上げられたとき、または、保険者が増加した危険の担保を排除したときは、保険契約者は、保険者の通知が到達したときから1か月以内に、その契約を即時に解約することができる。保険者は、保険契約者に対し、その通知において、この権利を指摘しなければならない」。

52)　1項「危険の増加後に保険事故が発生した場合に、保険契約者が、故意に第23条第1項の義務に違反したときは、保険者は給付義務を負わない。重大な過失による違反の場合には、保険者は、保険契約者の過責の重大性に応じた割合で、その給付を削減する権利を有する。重大な過失が存在しないことの証明責任は、保険契約者が負う」、2項「第23条2項及び第3項の危険の増加の場合に、その通知が保険者に到達していなければならなかったときから1か月経過した後に保険事故が発生したときは、保険者は給付義務を負わない。ただし、その通知が到達すべきときに保険者がその危険の増加を知っていた場合は、この限りでない。第23条2項及び3項の通知義務違反が、故意によらないときは、保険者は給付義務を負う。ただし、重大な過失による違反の場合は、第1項第2文が適用される」、3項「第1項及び第2項にかかわらず、保険者は、次の各号の場合には、給付義務を負う。(1)その危険の増加が、保険事故の発生または給付義務の範囲と因果関係がなかった場合。(2)保険事故発生のときまでに、保険者の解約期間が満了し、かつ、解約が行われなかった場合」。

53)　「危険の増加が軽微であるとき、または事情によっては、その危険の増加が共同付保されるべき旨の合意があったとみなされ得るときは、第23条から第26条までの規定は、適用されない」。

§ 29 –Ⅵ 2・Ⅶ

2　フランス保険法典[54)]

フランス保険法典では、危険の増加に関してL. 113- 4条[55)]を設けるのみである。危険増加があっても契約を失効させず、保険者の解約権行使に委ねている点は日本の保険法、ドイツ保険契約法と共通している。

まず、危険増加があった場合は、保険者には解約権または増額保険料の提示権がある（1項）。

解約の場合はその告知から10日後に効力を生じ、増額保険料の提示の場合（加えて提示書面をもって解約予告もした場合）は30日以内に保険契約者が承諾しないか拒絶したときはその期間終了後に保険者は解約できる（2項）。

保険者が危険増加の通知を受けた後に従前の保険料を受領し、または保険金の支払いをしたときは、危険増加を主張することはできない（3項）。

Ⅶ　今後の展望

前述の通り、引受範囲外の危険増加によって保険者は当然に契約を解除できるかという問題、「遅滞なく」とは具体的にどの程度の期間かという問題が残されている。

〔岩井　勝弘〕

---

54)　保険契約法集・Ⅱ 13頁。

55)　1項「契約の締結または更新のときに、新たな事情が告知されていたならば、保険者が契約を締結しなかったか、またはより高額の保険料を対価としてのみ契約を締結したであろうと考えられるような契約期間中の危険の増加のある場合には、保険者は、契約の解約を告知するか、または新たな保険料額を提示する権利を有する」、2項「前者の場合、その解約は、その告知より10日後にしか効力を生じず、その場合においては保険者は、危険を負担しなかった期間に対する保険料部分または掛金部分を保険契約者に返還しなければならない。後者の場合、提示から30日以内に、保険者の提示に保険契約者が応じないとき、または新たな提示額を明確に拒絶したときには、保険者は、提示書面中に明確な文字をもって記載するということにより、その解約権を保険契約者に通知した場合に限り、その期間終了時に、契約を解約することができる」、3項「保険者が、いかなる方法であろうと危険の増加の通知を受けた後に、特に保険料の継続した受領、または保険事故発生後に保険金を支払うことにより保険契約継続につき同意の意思を示したときは、保険者は、もはや危険の増加を主張することはできない」。

（重大事由による解除）

第30条 保険者は、次に掲げる事由がある場合には、損害保険契約を解除することができる。

(1) 保険契約者又は被保険者が、保険者に当該損害保険契約に基づく保険給付を行わせることを目的として損害を生じさせ、又は生じさせようとしたこと。

(2) 被保険者が、当該損害保険契約に基づく保険給付の請求について詐欺を行い、又は行おうとしたこと。

(3) 前2号に掲げるもののほか、保険者の保険契約者又は被保険者に対する信頼を損ない、当該損害保険契約の存続を困難とする重大な事由

【条文変遷】 新設
【参照条文】 保険法57条・86条
【外国法令】 §57解説Ⅴ参照

Ⅰ 概　要

　本条（30条）は、新設規定である。改正前商法には、重大事由による解除に関する規定はなかったが、学説および判例において特別解約権が認められており、また、生命保険契約の約款には、重大事由による解除の定めがあった。保険法では、保険者がモラル・リスク等の保険契約の不正な利用の意図が認められる事案に適切に対処することができるようにするため、学説および判例、生命保険の約款で認められてきた特別解約権ないし重大事由による解除を、すべての保険契約類型に共通の規律として承認するとともに、要件・効果を整理し、明文の規定とした。なお、この規定は、片面的強行規定（33条）である。

Ⅱ 改正前商法

　改正前商法には、重大事由による解除について特別の規定は定められていなかったが、中村敏夫氏は、昭和55年に発表した2つの論文において日本で初めて重大事由に基づく「特別解約権」の導入を主張した。また、昭和60年には、下級審ではあるが、替玉殺人による生命保険金支払請求について初めて重大事由による特別解約権が認められた（大阪地判昭和60・8・30判時1183号153頁）。このような動きを受けて、生命保険の約款では、昭和62年4月から医療保障保険に、昭和63年4月から主契約に重大事由による解除権が導入された（以上につき、§57解説Ⅱ1・3参照）。

§30 - Ⅲ 1   387

　損害保険の約款では、古くから保険契約者、被保険者に保険金の請求に関して詐欺行為があったことを保険者の将来に向かっての解除権発生事由としてきた。[1]また、損害保険では、生命保険と異なり、重大事由による解除を約款条項に置くことはせず、モラル・リスクに対応する規定として、他保険契約の告知・通知義務違反による契約解除および保険者の免責事項で一般的に対応してきた。[2]他保険契約の告知・通知義務とは、保険契約者または被保険者に対し、保険契約の締結時に当該保険契約が対象とする危険を対象とする他の保険契約の存在を保険者に告知させ（告知義務）、また、保険契約締結後に当該保険契約が対象とする危険を対象とする他の保険契約を締結する場合には、これを保険者に通知させる（通知義務）義務である。そして、保険契約者または被保険者がこの義務を故意または重過失により懈怠した場合には、保険者は当該保険契約を解除でき、かつ、解除までに生じた事故についても保険金を支払わないとされていた。損害保険実務においては、保険約款において独立責任額按分方式を採用していたため、保険者においてあらかじめ重複保険の存在を認識しておく意味があった。保険事故が発生した後に他保険契約の告知義務・通知義務違反で保険契約が解除された場合には、当該保険事故は免責となる。損害保険約款では、因果関係不存在特則（保険金請求者が保険事故と不告知事項との間の因果関係の不存在を立証した場合には保険者は免責されない）を削除していた。これにより、被保険者による事故招致などの不正請求の事実を立証することができない場合にも、保険者免責を得ることが可能となる。損害保険契約は1年契約がほとんどであるので、事故後解除の遡及効による保険者免責という機能が保険実務上は最も重要であると考えられた。[3]

Ⅲ　立法過程

1　保険法制定前試案

　生保試案（2005年）には、680条の3に重大事由による解除の規定があるが、1995年改正試案には、そのような提案はされていない。

---

1)　山下・保険法640頁。
2)　佐野誠「他保険契約の告知・通知義務」落合=山下・理論と実務89-90頁。
3)　佐野・前掲注(2)91-92頁。

2 法制審議会保険法部会の審議

(1) 第1読会（第4回会議）

第1読会においては、重大事由による解除（特別解約権）となっており、提案は、以下の通りである。

① 保険者は、次に掲げる場合には、損害保険契約の解除をすることができるものとする。

  ㈆ 保険契約者又は被保険者が故意によって損害を生じさせた場合

  ㈀ 被保険者が当該保険者に対する当該契約に基づく保険金の請求について詐欺を行った場合

  ㈁ その他の当該契約に関して当該保険者との信頼関係を損ない、当該契約の存続を著しく困難ならしめる事由がある場合

② ①の規定より保険契約の解除をした場合においては、保険者は、①に掲げる事由があった後解除までの間に発生した保険事故によって生じた損害をてん補する責任を負わないものとする。

そして、検討事項としては、2点あげている。

まず、1点目は、解除事由が生じた後保険者が契約の解除をするまでの間の保険料の取扱いについて、どのように考えるか、2点目として、本文の規定の性質（任意規定か強行規定か）について、どのように考えるかである。[4]

なお、生命保険に関する第6回会議では、損害保険における①㈆が入っておらず、損害保険に関する第4回会議で指摘された解除権の除斥期間が問題提起された。[5]

(2) 第2読会

第9回会議においては、損害保険契約についても重大事由による解除に関する規定を設けるものとするが、その具体的内容については、生命保険契約の終了関係のところでまとめて検討することとし、部会資料では、記載が省略された。[6]

生命保険に関する第11回会議においては、損害保険における①㈆が入り、損害保険では入っていなかった未遂行為を加えるとともに保険金を取得する「目的」を盛り込むことを提案した。また、いわゆる他保険契約の告知・通知義務とも関連し、たとえば、被保険者を同じくする保険契約が2以上締結され、これらの保険金額の合計額が著しく多額であることによって、当該契約を存続し難い場合を①㈁に含まれると考え、またはこれを解除事由の例示として掲げるものとすることについて、

---

4) 部会資料（5）4頁。

5) 部会資料（7）3-4頁。

6) 部会資料（10）14-15頁。

どのように考えるかが問題点としてあげられた。この問題は、すでに第4回会議で取り上げられていたものである。そして、本文の規律に反する特約〔で保険契約者、被保険者または保険金受取人に不利なもの〕は、無効とするものとするとされた[7]。

(3) 中間試案

第2読会の生命保険の規定に平仄をあわせる形で若干の修正がなされた。まず、①㋐が、「保険契約者又は被保険者が保険金を取得し、又は第三者に保険金を取得させる目的で故意に損害を生じさせ、又は生じさせようとした場合」となり、㋒「当該契約に関して」を削除するとともに「当該契約の存続を著しく困難ならしめる事由がある場合」から「当該契約を存続し難い重大な事由がある場合」に変更された。②については、変更点はなく、①による契約の解除の効力が将来効であることを前提としていると注書きされた。

検討事項としては、3点あげている。まず、1点目は、①による解除権の行使可能期間を定める必要があるか、2点目として、①において、たとえば、他の保険契約との保険金額の合計額が著しく多額であり、かつ、これによって保険制度の目的に反する事態がもたらされるおそれがある場合を解除事由として掲げること、3点目として、規定の性質を片面的強行規定とする方向である[8]。

パブリックコメントでは、規律の新設には賛成意見が多数であった。解除の要件に関し、①㋐および㋑については、賛成意見が多数であったが、①㋒については意見が分かれた。賛成の意見があった一方、保険者が保険料を取得しておきながら免責という効果を認めることに反対の意見もあった。

解除権の除斥期間については、これを設けるべきとの意見も多くあった一方で、制度趣旨からすると除斥期間を設ける必要はないし、危険に関する告知の解除とは異なり、画一的な規律にはなじまず、保険契約者の法的安定性は民法の一般法理に委ねることで十分図ることができるとの意見も相当数あった。他の保険契約の累積については、これを明示的に例示として掲げるべきとの意見は少数であった[9]。

(4) 保険法の見直しに関する要綱から保険法案まで

要綱案第1次案において、①による解除権の行使可能期間を定めることはせず、民法547条の規律や解除権の消滅に関する一般法理に委ねるものとした。また、他の保険契約を含む保険金額の合計額が著しく多額であり、かつ、これによって保険制度の目的に反する事態がもたらされるおそれがある場合を解除事由の例示として

---

7) 部会資料(12)17-18頁。
8) 中間試案14頁。
9) 別冊商事法務321号164頁。

390   §30 -Ⅳ 1

掲げないものとした。これは、他の保険契約において保険者との信頼関係が破壊されるに至っている場合、①(ウ)の包括条項にあたるケースもありうることを前提としている。規定の性質については、片面的強行規定とする提案がなされた。[10] 要綱案第2次案において、①(ア)から「故意に」という文言が削除された。[11]

　保険法案は、基本的に要綱を踏襲しているが、2号事由を「詐欺を行ったこと」から「詐欺を行い、又は行おうとしたこと」に変更した。

(5)　国会における審議

　国会における審議の結果、衆議院および参議院の法務委員会において、それぞれ重大事由による解除につき以下の附帯決議がなされた。[12]

①　衆議院法務委員会の附帯決議（平成20年4月25日）抜粋

　　5　重大事由による解除については、保険者が解除権を濫用することのないよう、解除事由を明確にするなど約款の作成、許可等に当たり本法の趣旨に沿い十分に留意すること。

②　参議院法務委員会の附帯決議（平成20年5月29日）抜粋

　　3　重大事由による解除（保険法第30条第3号、第57条第3号及び第86条第3号）に関しては、保険金不払いの口実として濫用された実態があることを踏まえ、その適用に当たっては、第30条第1号若しくは第2号等に匹敵する趣旨のものであることを確認すること。また、保険者が重大事由を知り、又は知り得た後は、解除が合理的期間内になされるよう、政府は、保険者を適切に指導・監督すること。

Ⅳ　条文解説

1　趣旨・法的性質

　保険契約については、当事者間の信頼関係が契約の大前提として強く求められる契約類型であり、保険契約者等の側でモラル・リスク事案のように信頼関係を破壊するような行為が行われた場合には、もはや当該契約関係を維持することができないものとして、保険者に解除による契約関係からの解放を認める必要があるため、規定を新設した。[13]

---

10)　部会資料(23)13頁。
11)　部会資料(26) 9頁。
12)　審議の要旨をまとめたものとして、榊素寛「保険法における重大事由解除」中西喜寿・366頁。
13)　萩本・一問一答97-98頁。

重大事由による解除の法的根拠は、保険法においては、継続的契約説（§57解説Ⅱ3(2)参照）を基礎としてとらえているものと考えられる。[14]

2　要件

本条は、解除の要件を明確化するため、典型的な場合を1号および2号に例示し、解除事由を具体的に示したうえで、さらに包括的な条項を3号に設けている。[15]

また、本条により解除できる保険契約は、当該損害保険契約という限定がなされているので、解除事由が発生した損害保険契約のみである（§57解説Ⅳ1(4)参照）。これは、損害保険契約については、保険契約者等が1つの保険契約について故意の事故招致を行ったまたは行おうとしたことが、ただちに同じ類型の他の保険契約についても重大事由を構成するとは考えられないからである。[16]

(1)　1号事由（保険金取得目的の損害発生招致）

保険契約者等が故意に損害を生じさせた場合、保険者は免責される（17条1項）。しかし、この場合であっても、当該保険契約は存続するので、保険契約の解除事由ともなることを明示したものである。[17]

当初、故意免責に関する規定では、保険金取得目的の有無を問題としておらず、故意に事故招致がされれば、当事者間の信頼関係が損なわれたといえると考えられることなどから、解除事由として保険金詐取目的であることを掲げていなかった。[18]しかしながら、未遂行為の適用範囲が広くなることなどから保険金取得目的が解除の要件となった。[19]なお、文言上、保険契約者等が保険給付を目的とせずに損害を生じさせたとしても、重大事由による解除の要件を満たさない。[20]

条文上、保険金取得目的での招致の対象は、保険事故ではなく、損害の発生である。したがって、たとえ保険事故自体は真正に発生したものであったとしても、保険金取得目的で損害発生拡大防止義務（13条）を意図的に履行しなかったような場合にも、重大事由解除の解除事由になると考えられる。[21]

---

14)　榊素・前掲注(12)367頁。
15)　第4回議事録20-21頁参照。
16)　萩本・一問一答100頁（注2）。
17)　補足説明53頁。
18)　第4回議事録21頁。
19)　部会資料(12)18-19頁。
20)　萩本・一問一答100頁（注1）。
21)　東京海上日動火災保険株式会社編著『損害保険の法務と実務〔第2版〕』383頁（金融財政事情研究会・2016）。

392　　　　　　　　　　　§30-Ⅳ2

　本号では未遂行為も規定されているが、保険法部会では、当初、未遂行為は例示
されなかった。これは刑事法でいうところの実行行為なるものを観念し、予備や嘱
託といった未遂以前の段階と実行行為に着手した後とを明確に分けることができる
のかといった問題があるため、民事基本ルールである保険法においては、未遂とい
う概念を前提とした規定を設けることは相当でないと考えたためである。[22] その後、
生命保険契約につき、いわゆる殺人未遂行為、予備行為、他の保険契約に関する事
由が当該契約の解除事由となるか等につき、どのように考えるかという提案がなさ
れた。[23] 結局、現に損害が生じたかどうかではなく、これを故意に生じさせようとい
う行為自体に契約を存続させることを困難ならしめる要因があることに着目し、未
遂行為も例示された。[24]

　予備行為が含まれるかどうかは、文言上明らかではないが、予備行為であっても、
当事者間の信頼関係破壊と考えられるような事情が存在すれば、重大事由に該当し、
保険者の解除が認められるとする見解もある。[25]

　重大事由による解除が認められる例として、たとえば、自動車保険契約において、
被保険者が保険金取得目的で故意に当該自動車保険契約についての保険事故を起こ
したような場合や、被保険者が保険金取得のため故意にケガをした、または故意に[26]
傷害を生じさせようとした（偽装事故）場合、[27] 本号が適用されると考えられる。

(2)　2号事由（詐欺行為）

　保険者を錯誤に陥らせ、保険金を支払わせる意思で保険者に対して欺もう行為を
行ったという意味であり、現に保険金の支払を受けることまで要件とする趣旨では
ない。[28]

　たとえば、盗難保険契約において被保険者が自己の自動車を隠匿した上で、盗難
にあったとして保険給付を請求したような場合[29] や被保険者等が入院日数を実際の日
数よりも多く申告して請求した場合[30] に本号が適用されると考えられる。

22）　第4回議事録21頁。
23）　部会資料(7)4頁。
24）　補足説明53頁。
25）　大串=日生・解説保険法117頁［藤井誠人］。
26）　萩本・一問一答100頁。
27）　山下信一郎「保険法施行にともなう損害保険約款の改定と実務の対応―自動車保険・火災
　　　保険・傷害保険を中心に」生保論集175号157頁（2011）。
28）　補足説明53-54頁。
29）　萩本・一問一答100頁(注3)。
30）　山下・前掲注(27)157頁。

(3) 3号事由（包括条項）

どのような場合に3号にあたるかは、1号および2号の2つの例示があることを踏まえて解釈することになる。3号にあたるといえるには、①保険者の保険契約者等に対する信頼を損なうこと、②当該損害保険契約の存続を困難とすることという2つの要件を満たす必要がある。[31]

保険法部会では、保険者を共通にする他の契約または保険者を異にする他の契約において解除事由にあたる行為があった場合も、事案によっては本号にあたると考えるべきとの指摘がされており、これに対する異論は見られなかった。[32]損害保険の場合には、発生した損害以上のてん補はないのであるから、生命保険のような定額保険とは異なるが、他保険の重複については、たとえば、保険契約者がごく短期間の間に著しく重複した保険契約に加入し、結果として毎月の保険料の支払額が自己の月収を超えるような状況となり、かつ、保険者にそれを秘匿していたというような事情があった場合が本号にあたると説明されている。[33]

本号は、直接には1号や2号に該当しないが、これらと同程度に強度の背信行為を行った場合に解除権を認めるものであるため、本号の適用にあたっては、1号や2号と同様に保険金の不正取得目的が存することが必要であるとする見解[34]と、保険金の不正取得目的がある場合は、1号または2号で解除できるのであるから、不正取得目的は必要ないとする見解がある（§57解説Ⅳ3(2)参照）。[35]

なお、こうした包括条項を設けることについては、保険者の解除権の濫用を招くのではないかとの指摘もあり、保険者が濫用することのないようにしなければならない。[36]

3 効果

解除の効力は将来効とされた。また、保険者は、所定の重大事由が発生した時から解除がされた時までに発生した保険事故による損害について、責任を負わないとされた（31条1項・2項3号）。たとえば、損害保険契約において保険事故が発生し、当該保険契約の被保険者が保険給付の請求について水増し申告による過大請求等の詐欺を行った場合、重大事由による解除の対象となるが、免責の対象となるのは重

---

31) 萩本・一問一答99頁。
32) 第4回議事録27-29頁、第6回議事録28-32頁参照。
33) 萩本・一問一答100頁。
34) 勝野義孝「重大事由による解除」落合＝山下・理論と実務217頁。
35) 山下＝米山・解説557頁［甘利公人］。
36) 萩本・一問一答100-101頁。

大事由が生じた時以降に生じた保険事故のみであるから、当該保険事故に基づく損害について、特段の事情のない限り、保険者はてん補責任を負うことになる。[37]

4 規定の性質

当初は、規定の性質（任意規定か強行規定か）について、どのように考えるかとされていた。中間試案では、片面的強行規定とする方向で、なお検討するとなり、最終的に片面的強行規定とされた（33条）。したがって、たとえば保険者の任意解除権を定めることや、常に契約成立時に遡って契約の解除の効力が生じる旨の約定をすることは許容されないと考えられる。

5 経過措置

附則3条1項により、保険法施行日前に締結された損害保険契約にも本条が適用される。

6 除斥期間および因果関係不存在特則

重大事由による解除については、告知義務違反による解除や危険増加による解除に関して定められている除斥期間を設けなかった。これは、除斥期間の定めを設けると、重大事由による解除の規定が目的とする不正利用事案への適切な対処を通じた不正利用のリスクの軽減が期待できなくなってしまうからである。加えて、重大事由による解除については、保険契約者等の側の悪質性が非常に大きく、不正利用防止の必要があること等から、基本的には保険者の解除権行使を制限して法的安定性を図るべき場合でないからである。[38]

また、告知義務違反による解除や危険増加による解除の場合と異なり、因果関係不存在特則を設けていない。これは、重大事由が発生した場合には、当該重大事由と因果関係のある保険事故であるか否かを問わず、当該重大事由が生じた後のすべての保険事故について保険者の免責を認めることとするのが、前述した重大事由による解除を設けた趣旨に合致するからである。[39]

---

37) 萩本・一問一答103頁。
38) 萩本・一問一答102-103頁。
39) 萩本・一問一答103頁。

V　外国法令

　外国法では、本条のような明文規定を設けている立法例は見られない。しかしながら、いくつかの国においては、類似の制度が存在する。

1　アメリカ

　ニューヨーク州保険法3403条(e)は、標準火災保険証券の様式を定めている。それによれば、被保険者が重要な事実に関して故意に不告知または不実告知したときは、保険契約を無効とするとしている[40]。

　また、テキサス州保険法705.003条は、損害または死亡の証明に際して、不実告知および詐欺を理由とする保険契約の無効または取消しを認めている。しかしながら、きわめて限定的にしか認められておらず、損害または死亡に関して不実告知ないしは虚偽の陳述が詐欺的になされたことに加えて、それが保険会社の支払責任について重大な影響を与え、かつ、保険会社が抗弁を失うような具体的な不利益を被ったことが要求される[41]。

　アメリカ以外の国については、§57解説Ⅴ参照。

Ⅵ　今後の展望

1　実務との関係

　保険法施行に伴い、損害保険約款の改定が行われた。保険法において重大事由による解除規定が新設されたことにより、保険契約の解除に関する約款規定につき、重大事由による解除の規定を新設した。傷害保険においては、固有の重大事由として、著しい重複契約の存在を規定している。重大事由による解除規定新設に伴い、改定前約款における保険契約の解除として規定されていた「故意の事故招致の場合」、「保険金請求に関する詐欺の場合」および「その他保険会社が保険契約を解除

---

40)　https://codes.findlaw.com/ny/insurance-law/ins-sect-3404.html. 様式の当該箇所の文言は、1943年ニューヨーク州標準火災保険約款と同じである。鈴木辰紀監訳「米国の標準火災保険契約書（下）」損保44巻1号79頁（1982）、福田弥夫「詐欺行為による保険金請求と保険者の重大事由解除—アメリカ法におけるフォルス・クレイムを中心に—」保険学591号100-101頁（2005）。

41)　https://codes.findlaw.com/tx/insurance-code/ins-sect-705-003.html. 福田・前掲注(40)102-103頁。

する相当の理由があると認めた場合（相当事由）」に、保険会社が解除権を取得する旨の規定については、重大事由解除の規定に吸収させる形で廃止された。同様に、法定解除権以外に約定で保険契約にかかわる義務違反や協力拒否に伴う解除権を設けることは、保険法の趣旨・構成との整合性および消費者契約法対応の観点から適当でないと考えられるため、自動車保険約款等における管理義務違反および調査拒否に係る解除規定を削除し、悪質なケースは重大事由による解除規定で対応することとされた[42]。

　平成19年6月19日の犯罪対策閣僚会議幹事会申合わせ「企業が反社会的勢力による被害を防止するための指針」（以下「政府指針」という）および平成20年3月26日に改正された金融庁の各監督指針に置かれた「反社会的勢力による被害の防止」に関する規定（以下「改正監督指針」という）においては、企業に対して暴力団その他の反社会的勢力との一切の関係遮断を求めており、その一環として約款等に暴力団排除条項を導入することを求めた。これに対し、日本損害保険協会では、損害保険業界における暴力団を始めとする反社会的勢力の排除に向けた対応について検討を進め、「損害保険業界における反社会的勢力への対応に関する基本方針」[43]を平成25年6月に制定し、「反社会的勢力への対応に関する保険約款の規定例」[44]を定めた。会員各社は、これを受けて各種損害保険約款に暴力団排除を盛り込む改定を行った。日本損害保険協会の作成した規定例には、暴力団排除条項による解除権は、重大事由による解除に準拠していると記載されているが、保険法制定過程において、保険約款に暴力団排除条項を置くことにつき検討された形跡はなく、本条3号の要件を充足しているか否かが問題となる。しかしながら、信頼関係破壊および契約存続の困難性といういずれの要件も満たしており、片面的強行規定に反することにはならないと解される（§57解説Ⅵ1(1)(2)参照）。

　暴力団排除条項導入前の自動車保険契約に基づく反社会的勢力からの人身傷害保険金の請求に対し重大事由解除の可否が争われた裁判例として、宇都宮地判平成29・11・30（自保ジャーナル2025号149頁。高見直史〔判批〕共済と保険722号25頁）、公刊物上、暴力団排除条項を適用した保険契約の解除の有効性が争われた裁判例として、広島高岡山支判平成30・3・22（金法2090号70頁）がある。

42）　山下・前掲注(27)155-158頁。

43）　www.sonpo.or.jp/about/guideline/hansha/pdf/index/hanshahoushin.pdf

44）　www.sonpo.or.jp/about/guideline/hansha/pdf/index/hanshakitei.pdf

2 残された問題

損害保険会社としては、他保険契約の告知義務・通知義務の保険法への導入に積極的であったが、これは閉ざされた結果となった。また、改正前商法の告知義務は自発的申告義務であったのに対し、保険法では義務の性質を転換し、質問応答義務となった。他保険契約の有無が常に告知事項となりうるわけではないが、保険契約の内容によっては、危険に関する重要な事項として告知事項となりうる。ただし、保険者が他保険契約の有無につき告知義務違反を理由に保険契約を解除しても、告知されなかった事実と保険事故等の発生との間に因果関係がない場合には、保険者が免責されることにはならない。[45] 保険者の免責が認められる余地があるのは、重大事由による解除に該当する場合である。損害保険会社が販売している商品の中でも傷害保険（傷害疾病定額保険）の約款には、重大事由による解除の条項において他の保険契約との重複が規定されている。しかし、損害保険契約は実損てん補契約であり、重複しても実際の損害額を超えた保険金支払はないことから、重複保険のみをもって重大事由による解除を認めることは難しい。傷害保険以外の損害保険契約においても包括条項（本条3号）に該当するか否かを検討することになろう。この場合、保険契約締結に関する諸事情、その後の保険金請求における不正請求を高度に疑わせる諸事情等、総合的に考慮し、保険者との信頼関係破壊に該当するかを判断する必要がある。[46][47]

〔藤田 祥子〕

---

45) 萩本・一問一答47-48頁。

46) 山下=永沢・保険法 I 282頁［山下典孝］。

47) 実務の状況・学説の状況等については、山下友信ほか「座談会 保険法の論点と課題」ジュリ1522号14-21頁（2018）参照。

（解除の効力）

第31条　①　損害保険契約の解除は、将来に向かってのみその効力を生ずる。

②　保険者は、次の各号に掲げる規定により損害保険契約の解除をした場合には、当該各号に定める損害をてん補する責任を負わない。

(1)　第28条第1項　解除がされた時までに発生した保険事故による損害。ただし、同項の事実に基づかずに発生した保険事故による損害については、この限りでない。

(2)　第29条第1項　解除に係る危険増加が生じた時から解除がされた時までに発生した保険事故による損害。ただし、当該危険増加をもたらした事由に基づかずに発生した保険事故による損害については、この限りでない。

(3)　前条　同条各号に掲げる事由が生じた時から解除がされた時までに発生した保険事故による損害

【条文変遷】　解除全般の将来効につき、新設。告知義務違反解除の免責につき、新設。危険増加解除の免責につき、ロエスレル草案716条1項参照、明治23年商法654条1項参照。重大事由解除の免責につき、新設。

【参照条文】　保険法28条・29条・30条・33条、民法541条・620条

【外国法令】　ドイツ保険契約法26条・27条・28条、フランス保険法典L. 113-1条

I　概　　要

契約の解除とは、当事者間で契約が締結された後に、その一方の当事者の意思表示によって契約関係を遡及的に解消することである。そのため、解除全般の効力を将来効とするためには、その旨の法規定が必要となる。

本条（31条）は、解除事由を問わず、損害保険契約の解除を将来効とするとともに（1項）、保険者が告知義務違反を理由として契約を解除した場合には、解除時までに発生した保険事故による損害についてはてん補責任を負わない（2項1号）、保険者が危険増加についての通知義務違反を理由として契約を解除した場合には、当該危険増加時から解除時までに発生した保険事故による損害についてはてん補責任を負わない（同項2号）、保険者が重大事由を理由として契約を解除した場合は、当該重大事由発生時から解除時までに発生した保険事故による損害についてはてん補責任を負わないとし（同項3号）、ただし告知義務違反解除または危険増加通知義務違反解除の場合は、告知義務違反に係る事実または当該危険増加をもたらした事由に基づかずに発生した保険事故による損害については免責されない旨（因果関係不存在特則）を規定している。

§31 -Ⅱ・Ⅲ　　　　　399

Ⅱ　沿　　革

　従来、告知義務違反および危険増加への対処は、免責・無効（失効）・解除（遡及的無効）の間で変遷してきた。詳細は**§4解説Ⅱ**および**§29解説Ⅱ**を参照されたい。

　解除の将来効が規定されたのは明治32年商法で、405条2項・3項で保険者・保険契約者の破産による解除の将来効が、411条1項但書で危険増加等による解除の将来効が明記された。なお、この時の告知義務違反への対処は398条で無効とされていた。

　明治44年商法では、399条の2第1項で告知義務違反への対処を解除に改めるとともに、399条の3第1項で解除の将来効を規定しているが、免責に関する規定は置かれていない。

　因果関係不存在特則は、明治44年商法399条の3第2項但書に表れている。[1]

Ⅲ　改正前商法

　改正前商法においても、保険契約の解除の効力を一般的に定めることはせず、告知義務違反による解除（645条1項）、保険者の破産による解除（651条1項）、危険増加等による解除（657条1項）が将来効であることが規定されていた。もっとも、告知義務違反解除については、学説上、その文言にかかわらず遡及効とし、ただし保険者は制裁の趣旨で継続中の保険料期間について保険料請求権を有すると解釈されていた。[2]

　責任開始前の任意解除（653条）では解除の効力が明示されておらず、その効力は遡及効であると解されていた。[3]

　保険料不払（債務不履行）に基づく解除（民法541条）については、解除の効力は将来効と解されていた。[4]

---

1)　「但保険契約者ニ於テ危険ノ発生カ其告ケ又ハ告ケサリシ事実ニ基カサルコトヲ説明シタルトキハ此限ニ在ラス」。
2)　山下＝米山・解説596頁［山下友信］。
3)　補足説明57頁。
4)　補足説明57頁。保険契約が解除されたとしても、その前に保険者は危険（リスク）を負担していたから、保険料を取得することができ、またすでに保険事故が発生していた場合にはその保険金が支払われるべきとの考えによる。

Ⅳ　立法過程

　法制審議会保険法部会では、解除全般の効力の問題と、解除に伴う免責の問題は別立てで議論されていた。

　解除の効力については、遡及効を貫くべきとの意見もあったが、継続的契約である賃貸借契約に関する民法620条に倣い、将来効とすることで決着している。なお、当初の提案では、「保険者の責任が開始した後の解除については将来に向かってのみその効力を生ずる」として対象が責任開始後に限定されていたが[5]、責任開始前か後かで解除の効力を区別すべき理由は必ずしも明らかではないとして、中間試案では責任開始の前後の区別は削除されている[6]。そして、要綱案でもこれが維持されている[7]。

　免責については、要綱案の段階まで、告知義務違反解除、危険増加通知義務違反解除、重大事由解除の各項目内で保険者の免責内容を規定する形をとっていたが[8]、保険法では本条にまとめて収められている。

Ⅴ　条文解説

1　将来効の趣旨

　継続的契約関係においては、契約解除の効力を原則通り遡及効とすると、当事者は履行済みの債務について原状回復をしなければならないが、それが現物の引渡しではなく利益の提供であった場合には原状回復は困難であり、相応の金銭の給付によって原状回復義務を果たすことになる。結局のところ、利益の提供に対し相応の対価（金銭）を支払う関係となって、契約関係が存在するのと実質的に何ら変わらない結果となるから、むしろ契約解除の効力を将来効として契約解消場面の簡素化を図るほうが合理的といえる[9]。

　そこで本条は、保険契約も継続的契約関係の1つであること、保険者が提供した

5）　部会資料（3）8頁。つまり、責任開始前の解除は遡及効を有することとなる。
6）　中間試案14頁以下。
7）　部会資料（23）13頁。
8）　告知義務違反解除につき中間試案3頁以下・部会資料（23）3頁、危険増加通知義務違反解除につき中間試案6頁・部会資料（23）5頁、重大事由解除につき中間試案14頁・部会資料（23）12頁。
9）　民法620条は、継続的契約である賃貸借契約の解除の効力を将来効としている。

保険利益（保険給付責任負担）およびその周辺事項（たとえば、保険契約締結後の保険証券の交付に係る事務処理負担）については保険契約者は金銭をもって原状回復義務を履行することしかできないことに基づき、契約解除の効力を将来効としたものである。

2 免責および因果関係不存在特則の趣旨

(1) 告知義務違反解除に伴う免責

告知義務違反による解除を認める趣旨は、故意または重過失の告知義務違反というモラル・リスクある契約の排除および保険者の危険測定を妨害した保険契約者等への制裁（ひいては適法な告知義務の履行を促す）にある[10]。保険契約者等に軽過失しかない場合は、排除・制裁は不要であるとの価値判断により、解除は認められていない。

保険契約者等に故意または重過失があったか否かにかかわらず、客観的事実として不告知または不実告知があると、保険者が当該部分について危険測定できず、その危険を引き受けなかったと評価されることになる（対応する保険料の支払いもない）から、当該危険によって発生した保険事故による損害に対しては、保険者はてん補責任を負わないとするのが論理的である。しかしながら、本条2項柱書は契約解除を前提とした免責を定めているから、保険契約者等に軽過失しかなく、保険者が契約を解除できない場合には、当該危険によって発生した保険事故による損害であっても免責されない。28条および本条は片面的強行規定であるから（33条1項）、保険契約者等に軽過失があれば保険者は契約を解除でき、免責となる、という約定を許容していない。

すなわち、（責任開始から）保険者が解除するまでの間に保険事故が発生した場合の免責を定める本条2項1号本文は、不告知または不実告知に係る引受外危険から生じた損害についてはてん補責任を負わないことを基礎として、軽過失しかない保険契約者等に対する保険者のてん補責任を政策的に認めることでこれを保護する一方、故意または重過失ある保険契約者等に対しては原則通り保険者はてん補責任を負わないとすることで、モラル・リスクある契約を予防・排除するものである。

もっとも、告知義務違反に係る事実と因果関係のない保険事故であれば、保険者が測定をした上で引き受けていた危険が現実化したにすぎないから、保険者は保険契約に基づいててん補責任を負うべきであり、保険契約者等が告知義務を怠ったこ

---

10) 保険契約者等が軽過失の場合に解除できないことに鑑みれば、単に「瑕疵ある契約を排除すること」と捉えるのは適当ではない。

とに乗じて本来負うべきてん補責任を免れるのは不当であるため、本条2項1号但[11]
書は保険者にてん補責任を負わせている。なお、条文の構成からみて、この但書の
要件事実は保険契約者側に立証責任があると解されるから、因果関係の不存在が立
証されない限り、保険者は免責されることになる[12]。

(2) 危険増加通知義務違反解除に伴う免責

危険増加通知義務違反解除を認める趣旨は、モラル・リスクある契約の排除にあ[13]
る。保険契約者等に軽過失しかない場合は、排除は不要であるとの価値判断により、
解除は認められていない。

保険契約者等に故意または重過失があったか否かにかかわらず、客観的事実とし
て引受範囲内の危険増加があると、従来の保険料では不足となり、給付反対給付均
等原則が崩れることになるから、増加危険によって発生した保険事故による損害に
対しては、保険者はてん補責任を負わないとするのが論理的である[14]。しかしながら、
本条2項柱書は契約解除を前提とした免責を定めているから、保険契約者等に軽過
失しかなく、保険者が契約を解除できない場合には、増加危険によって発生した保
険事故による損害であっても免責されない。29条および本条は片面的強行規定であ
るから（33条1項）、保険契約者等に軽過失があれば保険者は契約を解除でき、免責
となる、という約定を許容していない。

すなわち、危険増加時から保険者が解除するまでの間に保険事故が発生した場合
の免責を定める本条2項2号本文は、危険増加通知義務違反に係る増加危険（引受
外危険）から生じた損害についてはてん補責任を負わないことを基礎として[15]、軽過
失しかない保険契約者等に対する保険者のてん補責任を政策的に認めることでこれ
を保護する一方、故意または重過失ある保険契約者等に対しては原則通り保険者は
てん補責任を負わないとすることで、モラル・リスクある契約を予防・排除するも
のである。

---

11) 潘・概説186頁。
12) 保険契約者等の故意または重過失によって適切な危険測定ができなかった保険者の立証失
　　敗による犠牲の下で、保険契約者等が保険給付を受ける結果となることは不当である、との
　　公平の見地によるものと思われる。
13) 故意または重過失で通知義務に違反することは、モラル・リスクの発現とみることができる。
14) 萩本・一問一答93頁は「通知義務違反という保険契約者または被保険者の責めに帰すべき
　　事由により、危険増加が生じた時以降は、保険者が保険料に比して過大な危険（すなわち増
　　加後の危険）を引き受けていたことになりますから、ちょうど告知義務違反があった場合と
　　同様に、保険者をその過大な責任から免れさせる必要があります」と述べている。
15) 危険増加通知義務違反解除権は、危険増加時ではなく、保険契約者等が遅滞なく通知しな
　　かった時点で発生する。ところが本号本文は、解除時からではなく、危険増加時からの免責
　　を定めているから、引受外危険の不担保が基礎となっていると解される。

§31-Ⅴ3　　　　　403

　もっとも、危険増加通知義務違反に係る事実と因果関係のない保険事故であれば、保険者が測定をした上で引き受けていた危険が現実化したにすぎないから、保険者は保険契約に基づいててん補責任を負うべきであり、保険契約者等が通知義務を怠ったことに乗じて本来負うべきてん補責任を免れるのは不当であるため、本条2項2号但書は保険者にてん補責任を負わせている。なお、条文の構成からみて、この但書の要件事実は保険契約者側に立証責任があると解されるから、因果関係の不存在が立証されない限り、保険者は免責されることになる。

(3) 重大事由解除に伴う免責

　重大事由解除を認める趣旨は、保険契約者等が信義誠実の原則に違反したことでモラル・リスクが発現した契約の排除にある。

　保険契約の解除には将来効しかないので、重大事由発生から解除までの間に保険事故が発生した場合、保険者はてん補責任を負うことになってしまうが、これでは重大事由解除を規定した趣旨を達成できない。そのため本条2項3号は、重大事由発生時から解除までの間に保険事故が発生しても損害てん補を不要とするための手当てとして、政策的に規定されたものである。[16]

　なお、告知義務違反解除および危険増加通知義務違反解除とは異なり、重大事由解除においては因果関係不存在特則は規定されていない。これは、当該重大事由と保険事故との因果関係の有無にかかわらず、重大事由が発生した以上は全ての保険事故について免責とすることが重大事由解除を規定した趣旨に合致するからである。[17]

3　要件

(1) 1項

　解除の将来効について、これを生じさせるための要件はない。

(2) 2項柱書

　免責の効果は、保険者がした解除に付随して発生するので、独自の要件はない。

(3) 2項1号

　通常は、保険給付請求に対する免責の抗弁という位置づけになる。「(○年○月○日に)保険事故が発生したこと」、「損害が発生したことおよびその数額」は請求原因で主張されるので、保険者は告知義務違反解除権発生の要件のほか、「(○年○月

---

16) 信頼関係を破壊する保険契約者側の行為は保険事故発生後に判明することが多いので、そのような場合に将来効では保険給付義務からの解放という目的を達成できない（山下=米山・解説599頁［山下友信]）。

17) 萩本・一問一答103頁。

○日に）契約を解除したこと」を主張立証すれば足りる。

　なお、解除後に保険事故が発生した場合は、保険者は解除の効果として当然に保険給付の責任を負わないことを主張できる。

　但書の「保険事故が告知義務違反に係る事実に基づかずに発生したこと」の主張立証責任は、保険契約者側にある。改正前商法の下では、因果関係不存在特則が有する問題を踏まえ、要件を厳格に解釈して適用をできる限り制限することが妥当であるとされていた。[18][19]

(4)　2項2号

　1号本文と同様に、保険者は危険増加通知義務違反解除権発生の要件のほかに、「（○年○月○日に）契約を解除したこと」を主張立証すれば足りる。

　但書の「保険事故が当該危険増加をもたらした事由に基づかずに発生したこと」の主張立証責任は、保険契約者側にある。[20]

(5)　2項3号

　1号本文と同様に、保険者は重大事由解除権発生の要件のほかに、「（○年○月○日に）契約を解除したこと」を主張立証すれば足りる。

4　効果

(1)　将来効

　保険者の解除は将来に向かってのみその効力を生じる。したがって、解除時までに保険事故が発生した場合には、それが免責事由にあたらない限り、保険者は損害てん補を行わなければならない。

　保険者が保険契約者の保険料不払いを理由として解除する場合も同様であり、解除前に保険事故が発生した場合は、保険者は解除時までの不払保険料を保険契約者に請求して、保険金との相殺をなしうるのみである。[21]

(2)　免責

　保険者が告知義務違反を理由として契約を解除した場合には解除時までに発生し

---

18)　正直に告知した者が契約を拒否される一方で、不告知の者が同特則で保険給付を受けることの不公平など。詳しくは西島・保険法56頁を参照されたい。

19)　西島・保険法57頁。生命保険の事案ではあるが、大判昭和4・12・11新聞3090号14頁は、不告知の事実と保険事故との間に全然因果関係がないことが必要であることを前提として、既往症である梅毒性脊髄炎と死因である尿毒症の因果関係不存在を否定した。

20)　危険増加通知義務違反解除による免責の例外規定であるから、保険契約者側に因果関係が全くないことの立証まで要求しても酷ではないと思われる。告知義務違反解除の場合も同様。

21)　最判昭和37・6・12民集16巻7号1322頁は、損害保険の保険料不払による保険者の解除は債務不履行解除であって遡及効を有する旨判示したが、この判例は本条に抵触する。

§31 - V 5 405

た保険事故、危険増加についての通知義務違反を理由として契約を解除した場合には当該危険増加時から解除時までに発生した保険事故、重大事由を理由として契約を解除した場合には当該重大事由発生時から解除時までに発生した保険事故による損害について免責となる。

解除の時までに保険者が損害てん補を行っていた場合は、民法の規定により、不当利得返還請求をなしうる[22]。

保険者が契約を解除せずに本条2項の免責のみ主張することが可能かという問題については、柱書に「解除をした場合には」との文言がある以上、保険者が本項に基づいて解除せずに免責を主張することを認めるのは、文理解釈上困難であると言わざるを得ない。

なお、前述のとおり、本項の免責の趣旨はモラル・リスクある契約の排除等であり、保険団体の保護（ひいては保険団体構成員たる各保険契約者の保護）の観点からの規定であるから、本来は片面的強行規定ではなく、絶対的強行規定とすべき性質のものである。しかし、本項が片面的強行規定として整備された以上、これに従った解釈をせざるを得ず、保険者が契約を解除せずに免責の主張をすることを認める約定は保険契約者側に不利とはいえないから[23]、当該約定は片面的強行規定違反にはならず、保険者がこれに基づいて免責の主張をすることは許されるということになる[24]。

(3) **因果関係不存在特則**

告知義務違反解除または危険増加通知義務違反解除の場合は、告知義務違反に係る事実または当該危険増加をもたらした事由に基づかずに発生した保険事故による損害については免責されない。

5　規定の性質

本条の規定は片面的強行規定であり、これに反する特約で保険契約者等に不利な

---

22)　山下=米山・解説605頁［山下友信］。

23)　ただし、告知義務違反解除および危険増加通知義務違反解除について、因果関係不存在特則が付されている必要がある。

24)　山下=米山・解説608頁［山下友信］は「本条（59条―筆者注）2項の保険者の免責の効果は、本条1項の保険契約の解除があったことを前提としているので、免責の効果のみを保険者が主張することを本条2項は想定していないようにもみえるが、告知義務違反の効果につき保険契約の解除と保険者の免責が実質的には一体として本条1項および2項で規定されているとすれば、免責のみを主張することは全体として認められる効果の一部のみを保険者が主張することにほかならず、また実質的に考えても保険契約者側に不利益とはいえないので、免責のみの主張も本条2項の片面的強行規定性には反しないものと考えられている」と述べ、条項の解釈でこれを認め、約定は要求していない。

ものは無効である（33条1項）。

したがって、解除の遡及効を認めて給付済み保険金の返還を求めることを可能とする約定や、本条2項に列挙された事由以外で免責を認めるような約定は許されない。

一方、保険者が本条2項の免責を主張できる場面において一部の免責にとどめるような約定は、因果関係不存在特則の適用を排除しない限り、保険契約者側に有利なものであるから有効である。[25] 一定期間保険料の支払を猶予した場合において、その期間内に保険料が支払われなかったときに、当初の支払期日まで解除の効力が遡及するという約定も保険契約者側に有利であるから有効である。[26]

VI　外国法令

1　ドイツ保険契約法

ドイツ保険契約法において、解除の効力を将来効とする規定および告知義務違反解除に伴う免責の規定は見当たらない。

危険増加解除については、26条で次のように定めている。①保険契約者が、故意に危険を増加させた後に保険事故が発生した場合は、保険者は給付義務を負わない。重過失の場合はその重大性に応じた割合で、保険者は給付を削減する権利を有する。重過失が存在しないことの立証責任は保険契約者が負う。②危険増加通知が保険者に到達していなければならなかった時から1か月経過した後に保険事故が発生した場合は、保険者は給付義務を負わないが、その通知が到達すべき時に保険者がその危険の増加を知っていた場合は給付義務を負う。危険増加通知義務違反が、故意によらないときは、保険者は給付義務を負うが、重過失による違反の場合は、重大性に応じた割合で、保険者は給付を削減する権利を有する。③保険者は、その危険増加が保険事故の発生または給付義務の範囲と因果関係がなかった場合、保険事故発生の時までに保険者の解約期間が満了し、かつ解約が行われなかった場合は給付義務を負う。また、27条では、危険の増加が軽微である場合、または増加した危険も保険対象とする合意があったとみなされる場合は、解約や免責の規定は適用されないとしている。

重大事由解除については、これに伴う免責を直接規定した条文は見当たらないが、

---

25)　山下＝米山・解説609頁［山下友信］。

26)　部会資料(23)13頁。

§ 31 -Ⅵ 2 ・ Ⅶ　　　　　　　407

28条2項[27)]が適用されうる。

2　フランス保険法典

　フランス保険法典においても、解除の効力を将来効とする規定は見当たらない。免責についてはL. 113-1条2項[28)]を置いている。

Ⅶ　今後の展望

　因果関係不存在特則については、免責の例外規定であり、公平の観点からするとその適用は厳格になされるべきというのが従来の考え方である。

　もっとも、一般に「ないこと」の証明には困難が伴うため、保険契約者側に要求されている因果関係不存在の立証の程度については、緩和できる余地がないか検討されることが望ましい。

〔岩井 勝弘〕

---

27)　「保険契約者が、履行すべき契約上の責務に違反した場合に、保険者が給付義務を負わないことを契約で定めているときは、保険契約者が故意にその責務に違反した場合に、保険者は給付免責される。重大な過失による責務違反の場合には、保険者は、保険契約者の過責の重大性に応じた割合で、その給付を削減する権利を有する。重大な過失が存在しないことの証明責任は、保険契約者が負う」（ドイツ保険契約法・17頁）。

28)　「保険者は、被保険者の故意的もしくは詐欺的行為失態によって生じた減失および損傷については責を負わない」（保険契約法集・Ⅱ 11頁）。

（保険料の返還の制限）

第32条 保険者は、次に掲げる場合には、保険料を返還する義務を負わない。

(1) 保険契約者又は被保険者の詐欺又は強迫を理由として損害保険契約に係る意思
表示を取り消した場合

(2) 損害保険契約が第5条第1項の規定により無効とされる場合。ただし、保険者
が保険事故の発生を知って当該損害保険契約の申込み又はその承諾をしたときは、
この限りでない。

改正前商法第643条 保険契約ノ全部又ハ一部カ無効ナル場合ニ於テ保険契約者及ヒ
被保険者カ善意ニシテ且重大ナル過失ナキトキハ保険者ニ対シテ保険料ノ全部又ハ
一部ノ返還ヲ請求スルコトヲ得

改正前商法第683条 ① 第640条、第642条、第643条、第646条、第647条、第649条
第1項、第651条乃至第653条、第656条、第657条、第663条及ヒ第664条ノ規定ハ生
命保険ニ之ヲ準用ス

【条文変遷】 明治23年商法657条、明治32年商法399条・433条、改正前商法643条・683条
【参照条文】 民法96条・703条・704条・705条・708条、保険法5条1項・33条2項
【外国法令】 ドイツ保険契約法39条1項・74条2項・78条3項・80条3項、フランス保
険法典L. 113-8条1項2項・L. 121-3条1項・L. 121-4条3項・L.
121-15条・L. 172-2条1項3項・L. 172-6条1項

I 概　　要

　本条（32条）は、本条所定の理由により保険契約が無効または取り消された場合
に、すでに保険者が収受した保険料の返還の制限について定めたものである。

　契約が無効または取消しとなった場合、民法の原則によるとすれば、それ以前に
保険者が収受した保険料は不当利得の規定に基づき、保険契約者に返還すべきこと
になる（受益者が善意の場合は民法703条、悪意の場合は同704条）。ただし、保険契約者が、
債務の不存在を知って（保険契約が無効であることを知って）保険料を支払った場合、
および不法な原因のために保険料を支払った場合には、返還を請求することはでき
ない（民法705条および708条）[1]。本条は保険法上、民法の原則を一部修正する特則にあ
たる。

---

1) 大串＝日生・解説保険法128-9頁［花田さおり］。

II 沿革・改正前商法

　明治23年商法657条[2]では、被保険者の過失なくして無効の場合と任意に解除した場合とを区別せず、保険者に対して危険の生ずべきに至らない場合には、既払保険料の全部を返還し、重複保険、超過保険、被保険利益の減少およびその他の事由による無効または取消しの場合には、危険減少の割合に応じて保険料を返還する義務があるとしていた。これに対し、改正前商法643条[3]では、保険契約の全部または一部が無効である場合に、保険契約者および被保険者が善意無重過失のときに限り、保険料の全部または一部の返還[4]を請求できるとしたものであり[5]、これは、悪意・重過失の保険契約者等に制裁を与える規定であるとされていた[6]。ところが、これによると、たとえば保険契約者が未成年者である場合の取消し（民法5条2項）、保険契

2）　明治23年商法657条「契約カ被保険者ノ過失ナクシテ無効タリ又ハ任意ニ解カルルトキハ保険者ニ対シテ危険ノ生ス可キニ至ラサル場合ニ在テハ既ニ支払ヒタル保険料ノ全部ヲ被保険者ニ償還シ又重複保険若クハ超過保険ノ場合、被保険利益ノ減少ノ場合又ハ其他ノ事由ニ因レル場合ニ在テハ現保険料支払期間ノ為メ既ニ支払ヒタル保険料ヲ危険減少ノ割合ニ応シテ被保険者ニ償還スルコトヲ要ス但慣習上保険者カ受ク可キモノヲ扣除ス」。なお、商法修正案理由書333頁の解説部分参照。

3）　明治32年商法制定時の議論においては、民法121条と相まって適用される（取り消された行為は無効とみなされる）結果、商法では取消しの場合については別に明文を設ける必要はなく、故に明治32年商法399条（改正前商法643条）においては、単に「契約ノ無効ナルトキハ」とされている、との説明がなされていた（商法修正案理由書333頁以下）。よって、改正前商法643条においては、取消しによる場合も適用される（萩本・一問一答105頁）。また、改正前商法では、明治23年商法のように保険料の全部返還と一部返還とを無効の原因で分けず、単に契約の全部無効と一部無効とによって区別する方式に改めたのは、列挙に漏れがあることを考慮したからにほかならない。たとえば、（明治23年商法657条によると）契約当事者間で無効の原因を定めた場合や、「公安秩序」に反して無効となる場合を含まないが、これは明治23年商法の欠点であり、またこれらを列挙すれば、法文の体裁を失するおそれがあるから、としていた（商法修正案理由書334頁）。

4）　明治23年商法657条では、「現保険料支払期間ノ為メ既ニ支払ヒタル保険料ヲ危険減少ノ割合ニ応シテ……」としていたが、保険料返還の割合は、一方において保険の種類によって大きな差があり、他方において、習慣、特約によって定まることが多いことから、単に「全部又ハ一部ノ返還」と変更した。また、同条但書以下は、民法92条がある故に削除された（商法修正案理由書334頁）。

5）　なお、改正前商法では、保険者の責任開始前に保険契約者が任意に解除した場合（653条）および、同じく責任開始前に被保険利益が消滅した場合（654条）に、返還すべき保険料の半額の返還手数料の収受を認めていた（655条）が、保険法では、保険者に保険料の半額を一律に取得させる合理性はないことから削除された（福田＝古笛・逐条解説104頁）。

6）　大森・保険法159頁、西島・保険法86頁。

約者による消費者契約法４条および５条に基づく取消し、保険契約者の錯誤による無効（電子消費者契約及び電子承諾通知に関する民法の特例に関する法律３条本文が適用される場合に限る）等のように、悪意または重大な過失があるかだけで規律するのでは不合理な結論となる場合が生じてしまう、との指摘[7]がなされていた。

Ⅲ　立法過程

　保険法の立法過程においては、保険契約が無効・取消しとなった場合の保険料返還に関する規律につき、３つの案が議論された。すなわち、特段の規定は設けず、民法の規定に委ねる案（A案）、保険契約者等による詐欺の場合には、保険者は保険料を返還する義務を負わない旨の規定を設け、その他の場合については特段の規定は設けず、民法の規律に委ねる案（B案）、保険契約者等が保険契約締結時に無効・取消事由の存在について悪意（または重過失）で、かつ、保険者が善意（無重過失）あった場合には、保険者は保険料を返還する義務を負わないものとする案（C案）[8]である。

　保険法では、不当利得の原則に従い、保険者は保険料を返還することを原則としつつ（民法703条・704条。一方、705条・708条は返還せず）、その上で例外的に不返還の対象とすべき無効・取消しの場合を保険契約者等の詐欺・強迫および遡及保険の場合に限定した[9]。すなわち、保険契約者等の詐欺・強迫の場合は、不正の手段により契約が締結されたことから、また遡及保険（５条１項）の規定によって無効となる場合（保険契約の申込みまたはその承諾時に保険契約者等が保険事故の発生を知っていた場合）には、不当な利得を防止する遡及保険の規定の趣旨に照らして、それぞれ制裁の対象とし、保険契約者が保険料の返還を受けられないものとした[10]。なお、保険者に契約締結費用の請求を認めるべきとの立法論に対しては、保険者が善意であれば、現存利益の範囲内で保険料を返還すれば足り（民法703条）、場合によっては損害賠償請求も可能であるから、明文の規定を設ける必要はないとされた[11]。

7）　補足説明22頁。なお、平成29年民法改正によって、錯誤の効果は「無効」から「取消し」に変わった（民法95条）。
8）　部会資料(8)8頁、部会資料(11)15頁。
9）　福田＝古笛・逐条解説104頁参照。すなわち、民法705条および708条が適用できない場面で、保険料を保険契約者に返還するのが相当でない場合につき、民法の不当利得の特則として、規定が置かれることとなった（萩本・一問一答107頁(注３)、保険法コンメンタール112頁［小林登］および第10回議事録44頁以下参照）。
10）　萩本・一問一答106頁。
11）　補足説明23頁。

§ 32 –Ⅳ・Ⅴ   411

Ⅳ　条文解説

　保険法においては、保険契約者または被保険者によって詐欺または強迫がなされ
たことにより、保険者が保険契約を取り消した場合（本条1号）および遡及保険（5
条1項）の規定により保険契約が無効となる場合（本条2号）については、保険者は
保険料を返還する義務を負わないとする[12]。改正前商法に見られた契約の一部無効・
取消しの場合には、それにより保険料の一部に相当する保険料の返還請求権だけが
発生することを規定したものであり、これは民法の不当利得の規律によっても同様
の効果が導かれるので、保険法の規定からは除外されている[13]。

　なお、遡及保険の場合のうち、保険者が保険事故や給付事由の発生を知って保険
契約の申込みや承諾をした場合には、そのような場合にまで保険者に保険料の取得
を認める理由はないことから、例外的に保険者は保険料を返還しなければならない
（本条2号但書。なお、64条2号但書、93条2号但書も同旨[14]）。また、民法90条（公序良俗違
反）による無効の場合は、本条の適用ではなく、民法の適用によって解決が図られ
る[15]。

　本条は、片面的強行規定である。これらの規定に反する特約で保険契約者にとっ
て不利になるものは無効とする（33条2項）。よってたとえば、本条所定の理由以外
の無効・取消事由についても、保険者側が保険料を返還する義務を負わないとする
特約は無効となる[16]。

Ⅴ　外国法令

　ドイツ保険契約法39条1項では、総則において保険料期間の経過する前に保険関

---

12)　これ以外の取消事由、たとえば未成年者による取消し（民法5条2項）、消費者による取
　　消し（消費者契約法4条）等については、民法の不当利得によって規律されることになる
　　（保険法コンメンタール112頁［小林登］）。
13)　補足説明22頁。
14)　萩本・一問一答106頁。なお、詐欺・強迫による取消しの場合につき、保険者側の悪意に
　　ついては特に規定されていないが、遡及保険の場合にこの点を明記していることとの対比か
　　ら考えて、保険者が悪意の場合を除外する趣旨であると考えるのは難しい（保険法コンメン
　　タール112-113頁［小林登］）。
15)　具体的には、民法708条によって、保険料は返還されないとの結論になろう（補足説明22
　　頁）。
16)　萩本・一問一答106頁。

係が終了した場合には、保険者は合意された保険料のうち、時期割合に応じて負担した危険に対応する部分に限り保険料の権利を有するとし、19条2項違反（告知義務違反）による解除、または詐欺を理由とする取消しによって終了した場合、その意思表示が効力を生じた時までの保険料につき、権利を有するとしている。また、37条1項（一時払または第1回保険料の支払の遅滞があった場合）による解除においては、保険者は相当の営業費用を請求できるとしている[17]。ただし、保険契約者が超過保険、重複保険により不法な財産上の利益を得る目的で契約を締結した場合（74条2項・78条3項）、および不法な財産上の利益を得る目的で存在しない利益について契約を締結した場合（80条3項）にはいずれも契約を無効とし、保険者はその無効を基礎づける事実を知った時までの保険料につき権利を有するとしている[18]。

　フランス保険法典では、非海上損害保険および人保険に共通の規定として、故意の告知義務違反や超過保険等の場合に契約を無効とし、保険契約者・被保険者側に対する既払保険料の不返還等の規定を置く。まず、告知義務違反に関し、一般的な無効原因の他に、かつL.132-26条の規定（被保険者の年齢の錯誤の場合）を留保して、保険契約者・被保険者側の故意の不告知・不実告知の場合に、その不告知または不実告知が危険の目的を変更しまたは保険者の危険の評価を低くさせるときは、保険契約は無効となる（L.113-8条1項）。この場合に、既払保険料は保険者に帰し、保険者は損害賠償として支払期日の到来したすべての保険料の支払を請求することができる（同条2項）[19]。非海上損害保険においては、契約時において、保険の目的がすでに滅失している場合、または危険がもう生じない場合には、契約を無効（L.121-15条1項）としたうえで、既払保険料は、代理人または仲立人に対して支払われた手数料以外の、保険者が支出した費用を控除して保険契約者に返還される（同条2項）。ただし、同条1項の場合において、悪意が証明された当事者は、相手方に対して年間保険料の倍額を支払わなければならない（同条3項）[20]、とする。海上保険

---

17) ドイツ保険契約法39条1項「保険料期間の経過する前に保険関係が終了した場合には、保険者はその保険料期間については、保険保護の存在した期間に対応する保険料部分に限り、権利を有する。保険関係が第19条第2項の規定に基づく解除または詐欺を理由とする保険者の取消しにより終了した場合には、保険者はその解除又は取消しの意思表示が効力を生じた時までの保険料につき、権利を有する。保険者が第37条第1項の規定に基づき解除した場合には、保険者は相当の営業費用を請求することができる」。
　　2項（略）。ドイツ保険契約法・204-206頁参照。
18) ドイツ保険契約法・257頁、282頁、286頁。
19) 保険契約法集・Ⅱ14頁。なお、同条2項の規定は生命保険には適用しない（同条3項）。
20) 保険契約法集・Ⅱ22頁。このほか、L.121-3条1項、L.121-4条3項では、故意または詐欺によって超過保険、重複保険がなされた場合の契約の無効および損害賠償請求に関する定めを置く。保険契約法集・Ⅱ19頁。

においては、被保険者のすべての告知事項の不告知・不実告知で、保険者の危険評価を著しく低下させる性質のものは、保険者の主張により保険契約を無効とし（L. 172-2条1項)[21]、さらに被保険者の詐欺がある場合には、保険者は保険料の返還義務を負わないとする（同条3項)。同様に超過保険である場合も、被保険者またはその代理人の側に詐欺があったことを保険者が立証したときは、保険の目的の時価を超える金額で締結された保険契約は無効であり、かつ保険者は保険料の返還義務を負わない、とする（L. 172-6条1項)[22]。

〔堀井　智明〕

（強行規定）
第33条　①　第28条第1項から第3項まで、第29条第1項、第30条又は第31条の規定に反する特約で保険契約者又は被保険者に不利なものは、無効とする。
②　前条の規定に反する特約で保険契約者に不利なものは、無効とする。

【条文変遷】　新設
【参照条文】　保険法28条・29条・30条・31条・32条
【外国法令】　§7解説Ⅳ参照

Ⅰ　概　　要

　本条（33条）は、65条（生命保険契約）、94条（傷害疾病定額保険契約）との共通事項として、保険法第2章「損害保険」第4節「効力」に設けられている諸規定のうち、告知義務違反による解除（28条）、危険増加による解除（29条）、重大事由による解除（30条）、解除の効力（31条）、保険料の返還の制限（32条）に関する規定を片面的強行規定とするものである。

　規定の性質に関する分類、片面的強行規定の保険法への導入の経緯、趣旨、外国の立法例および今後の展望については、7条と41条の解説で述べられているところと基本的には同様である。

---

21)　保険契約法集・Ⅱ 59頁。
22)　なお、保険価額が協定価額である場合も同様とする（同条2項)。保険契約法集・Ⅱ 60頁。

II　条文解説

　本条１項は、「第28条第１項から第３項まで、第29条第１項、第30条又は第31条の規定に反する特約で保険契約者又は被保険者に不利なものは、無効とする」と定め、また２項は、「前条の規定に反する特約で保険契約者に不利なものは、無効とする」と定め、以下に検討する規定の性質が片面的強行規定であることを明示する。

1　28条

　告知義務違反による契約解除に関する28条１項から３項までを片面的強行規定とし、これに反する特約で保険契約者または被保険者に不利なものを無効としている。

⑴　告知義務違反による解除の規定の概要

　４条は、保険契約者または被保険者になる者に対し、保険者になる者から告知を求められた危険に関する重要事項について事実を告知する義務（質問応答義務）を課し、28条１項は、これらの者の故意または重大な過失に基づく告知義務違反があった場合には、保険者は保険契約の解除をなしうるとして告知義務違反の要件を規定している。

　一方、告知義務違反に基づく解除が制限される場合として、28条２項１号は、保険者が告知義務違反の事実につき悪意または過失により知らなかった場合、２号・３号は、保険契約の締結の媒介を行う者（締結の代理を行う者は除く）が事実の告知をすることを妨害し、事実の不告知または不実の告知を勧めた場合について規定している。そして、28条３項は、さらに保険媒介者の行為がなくとも、保険契約者または被保険者が事実の告知をせず、または不実告知をし、保険媒介者の行為と因果関係が存在しないと認められる場合には、保険者の解除権は制限されないともしている。

⑵　不利な特約の対象者

　告知義務違反による解除の場合の不利な特約の対象者として、33条１項は保険契約者または被保険者をあげている。告知義務は保険契約者または被保険者のどちらかに課されていることからすれば（28条１項）、告知義務違反による解除に関する特約についても、保険契約者または被保険者にとって不利か否かが問われることとなる。

⑶　無効となる不利な特約

　28条１項は、故意または重大な過失による告知義務違反がある場合に初めて解除をなしうるとしているのであるから、保険契約者または被保険者にとって、より過

§33-Ⅱ2　　　　　　　　　　　　　　　　　　　　　　　　　　　　　*415*

酷な要件となる軽過失によっても告知義務違反となり解除をなしうるとするような特約は無効である。その他、重要でない危険に関する事項についての告知を課し、これを前提として契約が解除できるとするような特約も無効である。[1]

2　29条

　危険増加（告知事項についての危険が高くなり、契約で定められている保険料が当該危険を計算の基礎として算出される保険料に不足する状態になること）があったにもかかわらず、保険契約者または被保険者がその通知を故意または重過失により怠ってしまった場合の、保険者による契約解除に関する29条1項を片面的強行規定とし、これに反する特約で保険契約者または被保険者に不利なものを無効としている。

(1)　危険増加による解除の規定の概要

　29条の規定の基本は、危険増加の場合にも原則的には保険料の増額で対応することで契約の継続を保持することとするが、この場合であっても、約款において保険契約者または被保険者に対する通知義務の定めがあり、かつ、これらの者が故意または重過失でこの義務に違反した場合に限って、保険者に契約の解除権を与えるとするものである。[2]

(2)　不利な特約の対象者

　危険増加について最も知ることができるのが保険契約者または被保険者であるため、これらの者に危険増加についての通知義務が課されている（29条1項1号・2号）。それゆえ、通知義務違反による解除に関する特約についても、保険契約者または被保険者にとって不利な内容であるか否かが問われることとなる。

(3)　無効となる不利な特約

　29条1項の1号および2号の趣旨からすれば、通知義務違反がある場合に限り、保険者からの解除が認められるものであるから、通知の有無にかかわらず、増加した危険が契約締結時に存在していたとすれば保険者は契約を締結しなかったであろう場合には、保険者に危険の増加に伴う契約解除を認めるとするような特約は無効となる。その他、危険増加（告知事項についての危険が高くなり、当初予定された保険料では賄えなくなる）に関する法の趣旨からすれば、危険増加に関連しない告知事項についても通知を求め、これを怠った場合には保険者に解除権が発生するとしたり、保険契約者または被保険者に軽過失があって通知をしなかった場合にも、保険者に解除権が発生するなどとする特約も無効とならざるを得ない。[3]

1）　保険法コンメンタール115頁［出口正義］、福田＝古笛・逐条解説91頁。
2）　保険法コンメンタール104頁［出口正義］。
3）　保険法コンメンタール115頁［出口正義］、福田＝古笛・逐条解説95頁。

3 30条

保険契約は、保険金を取得する目的で保険事故を故意に招致するなどというモラル・リスクに関わる危険性を常に内包している。そして、保険事故を故意に招来させたような場合には、保険の健全性を維持するため、法律上も保険者に契約の解除を認める必要性が出てくる。そこで、保険法は、このような事故招致が行われた場合を含め重大事由による解除の規定を設け、解除事由の例示を具体的にあげた上で、包括規定を置くという方法を採用した。

(1) 重大事由による解除の規定の概要

30条は、保険者が契約を解除できる重大事由として、保険契約者または被保険者が、保険者に保険給付を行わせる目的で損害を生じさせまたは生じさせようとしたこと（1号）、被保険者が保険給付の請求について詐欺を行いまたは行おうとしたこと（2号）、その他、保険者の保険契約者または被保険者に対する信頼を損ない、当該損害保険契約の存続を困難にするような重大な事由が認められた場合には、保険者に契約の解除権を与えるとするものである。

(2) 不利な特約の対象者

保険者に解除権が発生するのは、故意の事故招致については保険契約者または被保険者によるもの、詐欺については被保険者によるもの、その他の重大事由については保険契約者または被保険者によるものであるが、保険者に解除権という重大な武器が与えられることを勘案すると、不利な特約が作成されることにより保護の対象とされるのは、保険契約者または被保険者となる。

(3) 無効となる不利な特約

30条1号は故意の事故招致、2号は詐欺による保険給付、3号は、1号・2号以外で保険者の保険契約者または被保険者に対する信頼を損ない、当該損害保険契約の存続を困難とする重大事由がある場合に、保険者に解除権が発生するという規定である。3号については重大事由とは何かについての解釈上の問題はあるものの、重大事由に該当しない事由について保険者に解除権を認めたり、31条2項3号の規定（30条各号の事由が生じた時から解除された時までに発生した保険事故による損害について、てん補責任を負わない）に反して、常に契約成立時に遡って契約解除の効力が生ずる旨の特約[4]は、保険契約者または被保険者に不利となる内容となるところから、無効となる。

---

4) 保険法コンメンタール115頁［出口正義］。

4 31条

損害保険契約の解除に関し、基本的には、その種類にかかわらず一般的に将来効を生ずるものとし、①告知義務違反による契約解除（28条1項）、②危険増加の通知義務違反による契約解除（29条1項）、③重大事由による契約解除（30条）の3つの場合につき、①については、解除された時までに生じた保険事故による損害、②については、危険増加が生じた時から解除された時までに生じた保険事故による損害、③については、重大事由が生じた時から解除がされた時までに生じた保険事故による損害については、保険者はてん補責任を負わないものとした。

(1) 解除の効力に関する規定の概要

31条1項は、解除の効力は将来効である旨を規定し、2項1号本文・2号本文は、告知義務違反による解除および危険増加の通知義務違反による解除の場合には、解除がされた時までに発生した損害については保険者の免責が認められるが、2項1号但書・2号但書は、保険事故による損害が、告知しなかった事実または危険増加をもたらした事由と関係なく発生したものであるときは、免責されないとしている。2項3号は、重大事由による解除の効力の規定であり、重大事由が生じた時から解除がされた時までに生じた保険事故による損害については、保険者は免責されるものとしている。重大事由解除の場合では、解除の効力が将来に向かって生じるとしても、保険者は既発生事故の損害てん補責任を免れる[5]。

(2) 不利な特約の対象者

31条2項は、告知義務違反、危険増加または重大事由による解除がされた場合に、保険者は一定の範囲で損害をてん補する責任を負わないと定めると同時に、これら解除に伴い保険者が免責となる範囲を制限するものである。その意味では、保険契約者または被保険者の保護に資するものであるから、不利な特約が作成されることにより保護の対象とされるのは保険契約者または被保険者となる。

(3) 無効となる不利な特約

解除の効力は将来効とされているところからすれば（31条1項）、解除の効力に遡及効を与えることにより、すでに支払った保険金の返還を求めるなどとしたり、解除までの間に発生した保険事故については保険金の支払義務を負わないとする等の特約は、保険契約者あるいは被保険者に不利な内容のものであるから無効である[6]。また、31条2項1号但書・2号但書関連でいえば、損害の発生が、告知しなかった

---

5) 福田=古笛・逐条解説100頁。
6) 保険法コンメンタール116頁［出口正義］。

事実または危険増加をもたらした事由に基づいていない場合であっても保険者が免責される旨の特約は、因果関係原則に反する約定であり、保険者または被保険者に不利な内容であるから無効である[7]。

なお、保険料分割払特約では、保険期間の開始後一定期間経過後まで保険料の支払を猶予し、その期間が経過しても保険料が支払われなかった場合には、契約の当初に遡って契約を解除するとしているが、これは保険契約者にとっても、保険料支払義務を免れるという点で、必ずしも保険契約者に不利な内容とはいえないところから、有効と解される[8]。

5 32条

損害保険契約が効力を失った場合、原則として、保険者は保険料を返還しなければならないが、32条に掲げる2つの場合は、保険契約者に対する制裁として、保険者は保険料を返還する義務を負わないものとされている[9]。そして、この規定は片面的強行規定とされているから、保険契約者に不利な内容の特約は無効とされる。

(1) 保険料の返還の制限に関する規定の概要

32条は、不当利得の原則に従い、保険契約が効力を失った場合には保険者は保険料を返還することを原則としつつ、保険契約者または被保険者の詐欺・強迫により契約を取り消した場合（1号）、および5条1項の規定により損害保険契約が無効とされる場合（2号）のみ、制裁的効果として保険料返還義務を負わないこととした。5条1項によれば、損害保険契約を締結する前に発生した保険事故による損害をてん補する旨の定めは、保険契約者が当該保険契約の申込みまたはその承諾をした時において、当該保険契約者または被保険者がすでに保険事故が発生していることを知っていたときは、無効とするものであって、32条2号は、そのような場合、遡及保険における保険契約者側の悪意への制裁という意味で、保険者は保険料の返還義務を負わないものとされるのである[10]。

また、32条2号但書は、遡及保険により保険契約が無効とされる場合であっても、保険者が保険事故の発生を知って当該保険契約の申込みまたはその承諾をしたときは、保険者は保険料返還義務を免れないとしている。

7）保険法コンメンタール116頁［出口正義］。
8）補足説明58頁。
9）福田=古笛・逐条解説103頁。
10）福田=古笛・逐条解説104頁。

§33-Ⅱ5

⑵ **不利な特約の対象者**

保険料支払義務を負うのは保険契約者であり、保険料の返還を求めうるか否かが32条の規定の意味であるから、不利な特約の対象となるのは、保険契約者である。

⑶ **無効となる不利な特約**

32条1号に規定されている詐欺・強迫以外の取消原因を定めたり、あるいは勝手に無効原因を定めることは、基本的に不当利得の原則に則った保険料の返還義務の範囲を狭め、保険契約者には不利な内容の特約になってしまうところから、無効である。詐欺・強迫以外の取消しに基づく保険料の返還の問題については、32条の解釈問題としてではなく、一般法である民法の不当利得の考え方で解決すべきであろう。[11]

〔宮島　司〕

---

11) 保険法コンメンタール112頁〔小林登〕。

第5節　傷害疾病損害保険の特則

（被保険者による解除請求）

第34条　① 被保険者が傷害疾病損害保険契約の当事者以外の者であるときは、当該被保険者は、保険契約者に対し、当該保険契約者との間に別段の合意がある場合を除き、当該傷害疾病損害保険契約を解除することを請求することができる。

② 保険契約者は、前項の規定により傷害疾病損害保険契約を解除することの請求を受けたときは、当該傷害疾病損害保険契約を解除することができる。

【条文変遷】新設
【参照条文】保険法38条・58条・67条・87条

I　概　　要

本条（34条）は、保険法において初めて条文化された傷害疾病損害保険において、被保険者による解除請求権を規定したものである。

II　沿革・改正前商法

傷害疾病保険自体は、明治23年商法においては「病傷保険[1]」という名で観念されており、「一般ニ生命保険ト称スル[2]」中の一種として位置づけられていたが、明治32年商法では、法律上の区分としては損害保険と生命保険という二分法を採用し、

---

1) 明治23年商法においては、第11章 保険 第5節に「生命保険、病傷保険及ヒ年金保険」という見出しがある。なお、明治23年商法では、第2節「火災及ヒ震災ノ保険」、第3節「土地ノ産物ノ保険」、第4節「運送保険」があり、これらが物・財産保険なのに対し、第5節は人保険について規律したものといえる。それら生命保険、病傷保険および年金保険の根拠となる明治23年商法677条では「人ノ生命又ハ健康ハ終身其他或ル期間中之ヲ保険ニ付スルコトヲ得」と規定されていた。

2) 上記明治23年商法677条の基となるロエスレル草案740条の解説によれば、「一般ニ生命保険」とは、「人ノ身体ニ関スル各種保険」をいうが、特別の称ヲ下すときは、人の死亡に対する生命保険、終身または年限を定めて幾許かの年金を約する年金保険と並んで、「疾病又ハ傷痍其他生命ニ罹ラサル身体上ノ禍災」に対するものを「病患保険」という、と説明されていた（ロエスレル・174頁）。

§34-Ⅲ

「病傷保険」はいったん条文から消えた。しかし、明治32年商法制定時の説明では、「病傷保険ヲ除外セルハ勿論之ヲ禁止スルノ意思アルニアラス現今我国ニ之ヲ行フモノ殆ント絶無ナレハ暫ク之カ規定ヲ設クルヲ止メテ実際保険ノ原則ト当事者間ノ特約トニ譲リタリ[3]」としているところからみると、傷害疾病保険が普及するまでは、契約当事者間での特約と生命保険、損害保険の原則とで対処しようとしていたことがうかがわれる。

ところで、損害保険と生命保険という分類を保険契約の分類であるとするならば、その基準は不統一であって、分類方法としては全く非論理的であるといわれる。すなわち、もし約束された給付の内容を基準とするのであれば、損害保険（不定額保険）に対応するものは定額保険でなければならず、一方、保険事故の種類を基準とするならば、生命保険に対応するものは、傷害保険、火災保険、地震保険等々無数の種類があることになるからである[4]。このような非論理的な分類があえてとられてきたのは、定額保険契約には不労利得のおそれが大きいため、事故の種類を法律政策的に限定する必要があったからであるが、この二分法によると、たとえば定額型の傷害疾病保険契約は、人保険ではあるが保険事故が人の生死ではないため、生命保険契約とも異なり、損害保険契約とも異なるので、どちらの定義規定にも属さないということになる[5]。このような中で、傷害疾病保険契約をどのように位置づけるかが問題となってきた[6]。

Ⅲ　立法過程

傷害疾病保険には、保険事故発生によって支払われる保険金の支払方法において、

3）　商法修正案理由書356頁。

4）　倉澤・通論16頁。

5）　倉澤・通論16頁、145頁。

6）　この点、村田敏一教授は、定額構成にせよ、損害てん補構成にせよ、およそ傷害・疾病保険契約に適用されるべき規律が、各々生命保険契約あるいは（物保険としての）損害保険契約の規律内容と大きくは相違せず、かつ、わずかではあるものの相違点はある以上、結局のところ、傷害・疾病保険を第三の契約類型として、別出し規定化する必要性・必然性は乏しく、保険契約の大類型としては実損てん補保険と定額人保険という二分法を（人に関する実損てん補保険を有名契約化するという点等で若干、修正しつつ）維持し、各々（二大類型毎）の箇所で必要な範囲で傷害・疾病保険についての特則を設けるというのが最も簡潔かつ立法経済学的にも効率的な構成であるとした。そして、そのうえで考えられる特則として、実損てん補型については、保険金受取人等の意思による保険契約の存続や被保険者の意思による契約関係からの離脱が想定されるとした。村田敏一「新保険法立法の意義と課題—体系論的視座を中心として」保険学600号115頁（2008）。

定額保険と損害てん補型である保険（損害保険）とがある。これらを「傷害疾病保険」として損害保険、生命保険に対して1個の区分として設ける方法もあろうが、保険法では、傷害疾病定額保険契約を損害保険、生命保険各契約と並ぶ第三の類型として独立させ、損害てん補型であるところの傷害疾病損害保険契約は、損害保険契約に含まれることとした[8]。そのうえで、人保険でもあることに基づき、一部特則を置くこととしたものである[9]。

　傷害疾病損害保険契約は「損害保険契約のうち、保険者が人の傷害疾病によって生ずることのある損害（当該傷害疾病が生じた者が受けるものに限る。）をてん補することを約するもの」と定義されている（2条7号）。括弧書部分を付した意味であるが、もし、その部分がないとすれば、当該傷害または疾病が生じた者以外の者が受ける損害をてん補する保険契約（たとえば、出演者の傷害や疾病に基づく出演中止によって興行主に生じた損害をてん補する興行中止保険など）までが含まれることになってしまうため、これらを本条のような人保険であることに基づく特則から排除するためである[10]。実務上、傷害疾病損害保険に属する保険としては、海外旅行傷害保険における治療費用保険金支払条項や、自動車保険における無保険者傷害条項、人身傷害条項などがある[11]。

　傷害疾病損害保険契約は人保険であり、保険契約者と被保険者とが異なる保険もありうる。このような場合、改正前商法下では賭博的利用、道徳的危険の抑止のほか、自らの生命が他人により勝手に保険に付されないという人格権的な利益の保護[12]のため、生命保険（他人の死亡の保険契約）においては、被保険者の同意を必要としていた（改正前商法674条1項）。

　現行の保険法においても、生命保険、傷害疾病定額保険各契約では被保険者の同意を要することもある（38条・67条）が、他人を被保険者とする傷害疾病損害保険契

---

7)　なお、保険業法の免許に関する規定においては、①人の生存または死亡に関して一定額の保険金を支払う保険（第一分野）、②一定の偶然の事故によって生ずることのある損害をてん補する保険（第二分野）および③人が疾病にかかったことや傷害を受けたことに基づいて一定の保険金を支払う保険または当該人の損害をてん補する保険（第三分野）に分類しており、人の疾病による死亡にかかる保険を基本的に第一分野に分類したり、傷害疾病保険は定額型と損害てん補型を分けていない等の点で、保険法の分類とは一致しない点がある（萩本・一問一答34頁(注3)参照）。

8)　第1回議事録9頁。部会資料(2)2頁。

9)　傷害疾病損害保険に関する議論については、第22回議事録52頁以下参照。

10)　萩本・一問一答35頁。

11)　潘・概説297頁。

12)　山下・保険法268頁。

約では、被保険者の同意は必要とはされていない。これは、損害てん補方式の傷害疾病保険契約においては、そもそもけがをした本人のみが医療費の負担等により損害を被った者（損害保険でいうところの被保険者）として保険金の支払いを受けることになるから、問題は特に生じない[13]と考えられるからである。

　一方、契約関係が長期にわたる中、被保険者が同意する前提となった被保険者と保険契約者の人間関係が変わる可能性もあり、被保険者に契約関係の解消、または離脱の機会を認める必要がある。この点につき、これまで議論されてきたのは、被保険者に同意の撤回を認めるか否かであるが、同意の撤回を認めると法的な安定性が大きく損なわれる可能性があることから、これについては否定的な見解が一般的[14]であった。そのうえで改正試案等では、被保険者に離脱の機会として、解除請求権を与えるべきとする試案[15]もあった。これを受けた形で、保険法では、同意の撤回の代わりに、保険者ではなく保険契約者に対する解除請求権を認めた[16]。

IV　条文解説

1　意義・趣旨

　被保険者による解除請求権は、傷害疾病定額保険、傷害疾病損害保険、生命保険各契約に共通する規定であるが、傷害疾病損害保険契約における場合、その趣旨は被保険者の「保険を望まない」という意思の尊重[17]にあるとみるべきであろう。この

---

13)　洲崎博史「日本私法学会シンポジウム資料　保険法改正―Ⅱ　総論(1)新保険法の射程と構造」商事法務1808号10頁（2007）。また、実務上、たとえばイベントの主催者が顧客のために傷害疾病損害保険に加入したり、搭乗者傷害保険のように被保険者の個別的な同意を得ることが難しいとともに、これらの保険は責任保険代替的な要素もあるとの指摘（第20回議事録22頁）もあった。なお、実際には、傷害疾病損害保険契約においても、医療保険や介護費用保険のように被保険者の同意を得ているものも数多く存在する（保険法コンメンタール117頁［山下典孝］）。

14)　大森・保険法272頁、西島・保険法325頁等。

15)　生保試案674条の3、疾病試案7条、傷害試案7条は、いずれも保険法58条に類似している。生保試案理由書・疾病試案理由書58頁・210頁、傷害試案理由書52頁参照。

16)　保険法のもとでは、従前の同意の撤回の議論は解除請求の制度に収斂されたと解すべきであり、法律上の解除請求の要件に該当しない場合にはもはや同意の撤回を認める余地はない。嶋寺基「被保険者の解除請求に関する一考察」金法1898号59頁（2010）。

17)　本条と類似の規定である87条1項1号につき、山下＝米山・解説582頁［洲崎博史］参照。傷害疾病定額保険においても、67条1項但書に該当する場合（保険契約締結時に被保険者の同意を必要としない場合）には、これ自体を被保険者に解除請求権が発生する要件としているので（87条1項1号参照）、このような場合には、被保険者の同意を要する場合のように重大事由等を要求しないことになり、傷害疾病損害保険における場合と軌を一にする。山下

424   §34 -Ⅳ 2 , 3

規定は、生命保険や傷害疾病定額保険各契約における被保険者による解除請求（58
条・87条）の規定と同様（§58解説Ⅳ 6 、§87解説Ⅲ 6 参照）、公序に関する規定であ
り、強行規定である。[18]

2 　要件

　生命保険契約や傷害疾病定額保険契約において被保険者による解除請求が問題と
なる場面では、一部例外を除き、原則として契約締結時に被保険者の同意を効力発
生要件とし、一度被保険者の意思を確認していることから、被保険者が解除請求で
きる場合は重大事由解除の要件を満たす場合や被保険者同意の基礎となった事情が
著しく変更した場合、といった制限が加えられている（§58解説Ⅳ 2 、§87解説Ⅲ 2
参照）。これに対し、傷害疾病損害保険契約の場合は、契約締結時に被保険者の同
意を求めていないため、被保険者の解除請求の場面では特に制限は課せられず、被
保険者と保険契約者との間で「別段の合意[19]」がない限り、被保険者の解除請求は認
められる。

3 　効果

　被保険者の解除請求は保険者に対してではなく、保険契約者に対してなされる。
これは、58条 1 項・87条 1 項 2 号～ 4 号の場合では、解除請求が認められるための
要件の存否につき、保険者ではその調査、判断が難しいからである[20]とされるが、契
約締結の際に被保険者の同意を必要としない本条や87条 1 項 1 号（67条 1 項但書に
該当するケース）のような場合、被保険者が保険契約者に対して解除請求を行った
ならば、保険契約者から（保険者に対する）解除権の行使を待つことなく、直ちに
保険契約が失効することを約款に定めることができるか[21]については議論の余地があ
る。本条のような場合は、保険契約の当事者・関係者が実質的不利益をこうむるわ
けではなく、法律関係の安定性が不当に害されるわけでもないから、かかる約款規
定は有効と解してよいものと思われる。[22] [23]

　　　=米山・解説591-592頁［洲崎博史］参照。
　18)　山下=永沢・保険法Ⅰ 428頁［肥塚肇雄］。
　19)　具体的には、生計維持者が 1 名でその者が保険契約者となり、収入のない家族を被保険者
　　　とする傷害保険や疾病保険をかける場合、保険契約者と被保険者と合意で解除しない旨の合
　　　意をしているような例が考えられる（保険法コンメンタール117頁［山下典孝］）。
　20)　第18回議事録 5 頁、大串=日生・解説保険法173頁［小川和之］。
　21)　87条 1 項 1 号につき山下=米山・解説592頁［洲崎博史］参照。
　22)　87条 1 項 1 号につき、山下=米山・解説592頁［洲崎博史］。なお、さらに進んで、約款で
　　　被保険者が保険者に対して直接解除権を行使することも認めるならば、保険契約者が知らな

§34 – V・Ⅵ 1　　　　　　　　　　425

被保険者が解除請求したにもかかわらず、保険契約者が解除の意思表示をしない場合には、被保険者が保険契約者に対して、当該保険契約の解除の意思表示を求める裁判を起こし、その勝訴判決が確定したときは、それをもって保険契約の解除の意思表示がなされたとみなされる（民事執行法174条1項[24]）。

V　外国法令

傷害疾病損害保険契約については、たとえばフランス保険法典においては、L.131-1条1項において、「生命保険および人身傷害保険に関しては、保険金額は契約によって定められる」とし、原則としては定額保険であるとするも、代位について定めたL.131-2条2項で、「人身傷害から生じた損害のてん補を保障する契約においては、保険者は……代位することができる」と定め、損害てん補型の傷害保険も存在することが想定されている[25]。ただ、本条のような被保険者による解除請求権については、外国に類例を見ない、とされる[26]。

Ⅵ　今後の展望

1　実務での対応

保険法制定時の議論においてではあるが、傷害疾病保険契約で被保険者の同意を契約の効力要件としていない場合にモラル・リスク上の問題はないか、かなり活発な議論がなされた。それを受けて損保業界では、傷害疾病保険のうち、特に被保険者の同意を取り付けていない契約形態において、モラル・リスクを生じさせないた

　　いうちに保険契約が解除されてしまうこともありうるので、保険契約者の利益を考慮するならば、約款で保険者から保険契約者に対し、（被保険者による解除請求権行使があった場合）、その旨の通知をするよう定める条項が必要であるとの指摘もある（保険法コンメンタール181頁［山下典孝］）。

23)　さらには、かかる約款規定がなくても（87条1項1号・2項の）解釈問題として、被保険者から保険契約者に解除請求をした時点で、保険契約者からの解除権行使があったものと擬制し、被保険者の離脱希望がはっきりした時点で契約を解消させることが望ましいとの見解（山下=米山・解説592頁の(注21)［洲崎博史］参照）もある。

24)　大串=日生・解説保険法172頁［小川和之］、保険法コンメンタール118頁［山下典孝］。第18回議事録5頁参照。

25)　条文につき、保険契約法集・Ⅱ 35頁、なお、金澤理「傷害保険契約の本質と保険法」金澤・新たな展開395頁参照。また、ドイツ保険契約法200条でも、疾病保険において、利得禁止の規定を置き、損害てん補型の契約の存在を認めている（ドイツ保険契約法・542頁）。

26)　58条、87条につき、江頭憲治郎「他人の生命の保険」中西喜寿・239頁。

めのいくつかの自主的な取組みがなされる旨、合意がなされた。具体的には、モラル・リスクを生じさせないための引受基準等を社内規則として適切に定める、同意を取り付けずに著しく高額の保険金額を販売しているものについては、販売内容・方法の見直しを行うほか、被保険者の離脱制度について、被保険者の同意を取り付けていない傷害・疾病保険にも、現実的に対応可能な制度運営のもと適用することである。[27]

2 残された問題

保険法制定時の保険法部会においても、被保険者死亡の場合、保険金の支払額算定につき実損害額を算定して、定額給付型の人保険のように被保険者またはその法定相続人以外の第三者に支払うといったような保険契約は認められるか、といった議論があった。[28] また、人身傷害保険契約においても、人身傷害事故により身体に傷害を被った者（約款上の「被保険者」）に生じた損害のほか、自身は直接傷害を被っていないが、人身傷害事故によって、被保険者の「配偶者、父母又は子」に発生した損害も約款によっててん補されることが予定されているが、後者の部分は傷害疾病損害保険契約の定義からは外れる（ただし損害保険契約には含まれる）ことになる[29]とされる。（人身傷害保険は措くとして、）傷害疾病損害保険契約に定義されない人保険的な損害保険契約は、本条のような人保険的性格に基づく特則の適用外であるとして問題はないか、さらには、（傷害疾病損害保険契約も含め、）それ以外の人保険的な損害保険契約において被保険利益をどう観念するかといった問題があろう。[31]

〔堀井 智明〕

---

27) 第22回議事録44頁以下。
28) 第22回議事録52頁以下。
29) 山下＝永沢・保険法Ⅰ 423頁以下［肥塚肇雄］。
30) この問題に言及するものとして、山下＝米山・解説143頁［洲崎博史］参照。
31) 傷害疾病損害保険契約につき被保険利益を観念しえないものとして、山下＝永沢・保険法Ⅰ 422頁［肥塚肇雄］。

§35-Ⅰ・Ⅱ　　　　　　　　　*427*

（傷害疾病損害保険契約に関する読替え）

第35条　傷害疾病損害保険契約における第1節から前節までの規定の適用については、第5条第1項、第14条、第21条第3項及び第26条中「被保険者」とあるのは「被保険者（被保険者の死亡によって生ずる損害をてん補する傷害疾病損害保険契約にあっては、その相続人）」と、第5条第1項中「保険事故が発生している」とあるのは「保険事故による損害が生じている」と、同条第2項中「保険事故が発生していない」とあるのは「保険事故による損害が生じていない」と、第17条第1項、第30条及び第32条第1号中「被保険者」とあるのは「被保険者（被保険者の死亡によって生ずる損害をてん補する傷害疾病損害保険契約にあっては、被保険者又はその相続人）」と、第25条第1項中「被保険者が」とあるのは「被保険者（被保険者の死亡によって生ずる損害をてん補する傷害疾病損害保険契約にあっては、その相続人。以下この条において同じ。）が」と、第32条第2号中「保険事故の発生」とあるのは「保険事故による損害が生じていること」と、第33条第1項中「、第30条又は第31条」とあるのは「又は第31条」と、「不利なものは」とあるのは「不利なもの及び第30条の規定に反する特約で保険契約者又は被保険者（被保険者の死亡によって生ずる損害をてん補する傷害疾病損害保険契約にあっては、被保険者又はその相続人）に不利なものは」とする。

【条文変遷】　新設
【参照条文】　保険法5条・14条・17条1項・21条3項・25条1項・26条・30条・32条1号2号・33条1項

Ⅰ　概　　要

　傷害疾病損害保険契約には損害保険に関する規定のうち物保険のみに関する規定、たとえば超過保険、保険価額の減少、残存物代位等については適用されないが、本条（35条）はその他の規定を、傷害疾病損害保険契約に適用するにあたり、損害保険の規定の読替えが必要であるところについて規定したものである。[1]

Ⅱ　条文解説

　一般の損害保険であれば、保険契約に関係する者は保険者、保険契約者のほか、被保険者であるが、被保険者の死亡によって生じる損害をてん補する内容の傷害疾

1）　萩本・一問一答144頁（注）参照。

病損害保険契約においては、被保険者に代わってその相続人が保険給付請求権を有する場合がある。そうすると、そういった相続人の行為や主観的態様が契約当事者の利害に影響する場面において、これら相続人を保険契約上、被保険者と同等の立場として扱う必要が生ずる。たとえば、21条3項において、被保険者が死亡したとき、上述の「相続人」が保険者の調査を妨害した場合にも、妨害者が保険契約者または被保険者以外の者であるということで、保険者が保険給付の遅滞の責任を負うとするのは、契約当事者の衡平という観点からも問題があろう。そこで、本条のような読替えが行われる。このほか同様に読替えがなされるのは、5条1項（遡及保険）、14条（損害発生の通知）、17条1項（故意の事故招致による免責）、30条（重大事由による解除）および32条1号（保険料の返還の制限）、25条1項（請求権代位）、26条・33条1項（片面的強行規定）がある。

　また、傷害疾病損害保険の場合は保険事故が発生しただけではなく、それにより損害が生じたときに、（原則として）被保険者に保険給付がなされるものである。そこで、条文中、「保険事故が発生している（発生していない）」とされているところを「保険事故による損害が生じている（生じていない）」と読み替える。具体的には、5条1項・2項（遡及保険）や32条2号（保険料の返還の制限）で読み替えを行う[2]。

〔堀井　智明〕

---

2)　保険法コンメンタール119頁以下［山下典孝］。

§36-I 1　　　　429

第6節　適用除外

> **第36条**　第7条、第12条、第26条及び第33条の規定は、次に掲げる損害保険契約については、適用しない。
> (1)　商法（明治32年法律第48号）第815条第1項に規定する海上保険契約
> (2)　航空機若しくは航空機により運送される貨物を保険の目的物とする損害保険契約又は航空機の事故により生じた損害を賠償する責任に係る責任保険契約
> (3)　原子力施設を保険の目的物とする損害保険契約又は原子力施設の事故により生じた損害を賠償する責任に係る責任保険契約
> (4)　前3号に掲げるもののほか、法人その他の団体又は事業を行う個人の事業活動に伴って生ずることのある損害をてん補する損害保険契約（傷害疾病損害保険契約に該当するものを除く。）

【条文変遷】　新設
【参照条文】　保険法7条・12条・26条・33条
【外国法令】　ドイツ保険契約法187条、フランス保険法典L. 111-1条3項

I　概　　要

1　法の趣旨―適用除外の意味

　保険法は、いくつかの規定を片面的強行規定として保険契約者側に不利な特約は無効であるとしている（損害保険に関していえば、7条により4条・5条2項、12条により8条・9条本文・10条・11条、26条により15条・21条1項3項・24条・25条、33条により28条1項～3項・29条1項・30条・31条・32条）。これは、**§1解説 II** にあるように、私法の根本原理から考えれば、私法規定は任意規定であることの方が優れているとはいえ、通常の保険契約にあっては、他の契約類型と違って、契約の個別の事情を考慮して最終的に契約内容が定まっていくという締結過程が想定されにくいし、また保険の団体的性質からして、本来個別の事情は考慮されるべきではないという要請もあり、保険契約者保護という観点からすると、契約者間に対等・平等の地位が措定されるような任意規定だけで構成されることにはかなり無理な要素が含まれているためである。むしろ、契約自由のお題目にとらわれ、すべてを任意規定としてしまい、あとは当事者間での約定に任せるとしてしまうと、結局保険者の側で、保険法の規定のうち自己に不利なものの適用を排除した約款を作成してしまうということにもなりかねないことから（保険契約が約款に基づく契約（**§2解説 II 1(4)参照**）である以上、契

430　　　　　　　　　　　　　§36-I 2

約締結の際には、保険契約者側はそのような内容の約款を受諾するか否かの自由しかな
い)、リスクの特殊性を勘案して、保険契約者側に不利な特約となる可能性の強い
いくつかの制度について片面的強行規定化することとしたのである[1]。

　ところが、損害保険契約の中には、保険消費者である保険契約者の利益保護を考
慮しなくてはならない一般の家計保険とは異なり、36条各号に定めるようないわゆ
る事業リスクをカバーする企業保険もあり、これらの保険にあっては、片面的強行
規定化されてしまうと、保険の引受け自体が困難となり、あるいは保険料が非常に
高くなるなど、保険契約者である企業のニーズに応じた保険契約が締結されなくな
るおそれが出てくる[2]。このような保険においては、「大規模保険者」対「保険消費
者である保険契約者」という対立図式を考える必要はなく、危険の特殊性に応じ、
「事業者たる保険者」対「事業者たる保険契約者」の対立図式を考えれば足るため、
ここでは対等・平等の契約当事者間の関係として、基本的に契約自由の原則が妥当
することとなる[3]。

　本条は、このようにリスクの特殊性から、片面的強行規定によって保険契約者の
利益保護を考える必要のない損害保険契約を1号から4号に定めることにより、こ
れらの契約については、7条、12条、26条および33条に定める一定の規定につき片
面的強行規定とする旨の規定の適用を除外するものとしたのである。

2　条文概要

　本条（36条）は、「第7条、第12条、第26条及び第33条の規定は、次に掲げる損害
保険契約については、適用しない」と規定し、その条文中の「次に掲げる損害保険
契約」の例として、1号で、「商法（明治32年法律第48号）第815条第1項に規定す
る海上保険契約」、2号で、「航空機若しくは航空機により運送される貨物を保険の
目的物とする損害保険契約又は航空機の事故により生じた損害を賠償する責任に係
る責任保険契約」、3号で、「原子力施設を保険の目的物とする損害保険契約又は原
子力施設の事故により生じた損害を賠償する責任に係る責任保険契約」、4号で、

---

1)　萩本・一問一答20頁。
2)　萩本・一問一答146頁（注1）は、告知義務を質問応答義務とし、これを片面的強行規定と
　したこと（7条・4条）に関し、特殊なリスクを対象とする企業保険では、保険契約者や被
　保険者の側から自発的にリスクに関する情報提供がなされないと、保険者は何が危険に関す
　る重要な事項に該当するか判断できない。したがって、このような保険契約についてまで告
　知義務を自発的申告義務とする特約が認められないこととなると、保険者は適正なリスク評
　価ができないことから、保険の引受けを躊躇せざるを得なくなってしまったり、予測できな
　いリスクであるので高い保険料でしか引き受けられないことになってしまう、とされる。
3)　保険法コンメンタール121頁［落合誠一］。

§ 36 - Ⅱ

「前3号に掲げるもののほか、法人その他の団体又は事業を行う個人の事業活動に
伴って生ずることのある損害をてん補する損害保険契約（傷害疾病損害保険契約に該
当するものを除く）」をあげている。

すなわち、7条、12条、26条および33条は、①告知義務および遡及保険（7条）、
②第三者のためにする損害保険契約、超過保険、保険価額の減少および危険の減少
（12条）、③損害発生後の保険の目的物の滅失、保険給付の履行期、残存物代位およ
び請求権代位（26条）、④告知義務違反による解除、危険増加による解除、重大事由
による解除、解除の効力および保険料の返還の制限に関し、保険契約者側（各条、
各号により、保険契約者、被保険者、あるいは両者にとって不利な内容となるか否かとい
う要件が異なるが、これは守られるべき利益がどのようなものであるかに関わる）に不利
な特約は無効となるものとして片面的強行規定である旨を定めている。それに対し
て本条は、これらいくつかの保険制度について片面的強行規定とする規定は、本条
各号に定める損害保険契約には適用されないものとする。したがって、本条各号に
定める損害保険契約については、基本的に契約自由の原則が妥当することとなる。

Ⅱ　立法経緯

元来（生来的に）、保険契約は附合契約であるところから、一方的に保険契約者
は保険者が定めた条件を受諾するか否かの自由しか有さない。ところが、保険者と
保険契約者との間では力関係・情報収集能力の相違などが顕著となり、そのことか
ら交渉力に開きがでてきてしまうという宿命を持っていた。

明治時代に制定された商法中の保険契約に関する規定は、その生まれからして基
本的には任意規定と解されてきたため、上述のような現実の不都合に対処すること
が困難になっていた。そのため、かなり早い段階から、保険契約に関する規定の一
部について（片面的）強行規定である旨を法律上明示すべきであるとの立法的な提
案がなされてきており、それを受け（片面的）強行規定化が保険法制定の大きな目
的の1つともされていた。しかし、保険消費者として保険契約者を保護しなくては
ならない場面ばかりではなく、保険者に対峙する企業の保険をどのように扱うべき
か、あるいはそもそも危険の特殊性を考えたときに、一律に保険契約者の保護だけ
を考えるのはいかがなものかとの考慮が働き、どのような形で強行規定の適用除外
を考えるかが問われることとなった。

損保試案の段階では、一般大衆を対象とする家計保険と、企業を対象とする企業
保険に関し、強行規定性について検討はされたものの、同一保険種目の中にも上記
二種の保険（火災保険は両者ありうるし、また取締役の生命保険等は、受取人を企業と

するか家族とするかでどちらにもなりうる）が含まれているものもあり、家計保険と企業保険を区別することは技術的にきわめて困難であることを理由に、損害保険総則中でこの区別を設けることは断念している[4]。

　保険法の制定にあたっては、法制審議会保険法部会立上げの当初より、保険消費者向けの保険については一部の規定を片面的強行規定とする方向で議論が進む一方で、企業保険契約についても議論がなされ、これについては基本的に強行規定の対象から外す（任意規定とすべき）か否かも議論の対象とされていた[5]。その後、中間試案[6]、中間試案に対する意見募集[7]の段階を経て、ほぼ現行の片面的強行規定の適用除外規定の基礎となった、平成20年2月13日法制審議会総会決定の「保険法の見直しに関する要綱」に至ることになる。最終的に、保険法部会においては、片面的強行規定の対象に含まれるか否かは、それぞれの約款の効力に関わる大問題となるものである以上、基準として明確性が求められるので、形式的に定めざるを得ないし、あいまいな基準で片面的強行規定の対象を定めることは、保険引受けについて保険者の萎縮を招来し、かえって事業者の事業活動を阻害することとなり、保険契約者の利益とならない結果となるなどとして、現行のように規定することとした[8]。

Ⅲ　条文解説

　1号の海上保険契約、2号の航空保険契約、3号の原子力保険契約は、いったん

4）　損保試案理由書「はしがき」xii。

5）　補足説明3頁。第14回・第19回議事録等。中間試案の段階では、いかなる規定を強行規定から外すべきかについて、①海上保険契約や再保険契約、国際的な関連を有する航空保険や海外PL保険のように、保険契約の種類による特性から任意規定とすべきものと、②事業活動に密接に関係するという特性から任意規定とすべきものがあるなどの指摘がなされたが、多くの議論は、消費者保護の関係で零細な事業者をいかに保護すべきかの観点から、②事業活動に伴うリスクの特性に費やされた。

6）　中間試案では、海上保険や再保険契約その他（一定の契約）については、この記載にかかわらず、各規律を強行規定から外す（任意規定とする）ものとする。この「一定の契約」の具体的内容（企業保険契約をどこまで含めるか）や、具体的にどの規律を強行規定の対象から外すかについては、保険契約の種類に応じてどのような特性があるか、事業活動との関連性の程度に応じてどのような特性があるかなどを踏まえて、検討するとしている。

7）　意見の中には、法人を保険契約者とする保険契約に限って強行規定の対象から外すべきとする意見や、中間試案の補足説明のように、保険契約の種類による特性から任意規定とすべきものと事業活動に密接に関連するという特性から任意規定とすべきものとがあるとの意見や、ドイツなどのように信用保険契約の特殊性からこれを強行規定の適用対象から除外すべきとの意見などがあった（別冊商事法務321号157頁）。

8）　大串＝日生・解説保険法263頁［加藤健］。

§36-Ⅲ1　　　　433

保険事故が発生すると、きわめて巨大な損害が生ずるという特殊性があり、類型的に特殊なリスクを担保する損害保険契約であるところから、本条は、これらの損害保険契約を片面的強行規定の対象から除外している[9]。

　また、法人等の事業活動に伴って生ずるリスクについても、巨大な損害が発生するおそれがあり、あるいはリスクの評価に必要な情報がもっぱら保険契約者側に偏在していることが通常であるという特殊性があるところから[10]、本条は、このような「法人その他の団体又は事業を行う個人の事業活動に伴って生ずることのある損害をてん補する損害保険契約」も片面的強行規定の対象から除外している。

1　海上保険契約（1号）

　本号は、「商法（明治32年法律第48号）第815条第1項に規定する海上保険契約」を片面的強行規定の適用除外としている。この点は、平成20年の整備法により新設された商法815条2項が、「海上保険契約ニハ本章ニ別段ノ定アル場合ヲ除ク外保険法（平成20年法律第56号）第2章第1節乃至第4節及ビ第6節並ニ第5章ノ規定ヲ適用ス」と規定し、海上保険契約にも保険法の一定の規定の適用があることを明らかにしているので、本条1号によって保険法の片面的強行規定の定めを適用除外とする必要があったのである[11]。

　ところで、海上保険とは、航海における事故によって生じた損害をてん補する保険（商法815条1項）である。海上運送される貨物の所有者等のための「積荷保険（積荷自体、希望利益等）」と、船舶の所有者や運航者のための「船舶保険（船舶自体、属具）」を併せた概念であり、後者の船舶保険には、船主、傭船者、造船者等の船舶に関連する事業主体の類型に応じた物保険、費用保険、責任保険等がある[12]。また、あまりに多額となる船主の損害賠償責任に対しては、その賠償責任のリスクをてん補するものとして、船主同士による相互保険という形式のP&I（Protection & Indemnity Insurance）保険でカバーすることとしている[13]。

　航海における事故には、沈没、座礁、座州、火災、衝突などの海上危険だけでな

9）　保険法コンメンタール121頁［落合誠一］は、リスクの巨大性、国際的事業活動性、再保険への準拠性も特殊なリスクとしてあげられる。

10）　萩本・一問一答145頁。

11）　保険法コンメンタール122頁［落合誠一］。

12）　山下・保険法50頁。

13）　保険法コンメンタール122頁［落合誠一］。P&I保険専門のP&Iクラブという保険者が引き受けることになるが、これは船主や運航者からなる相互保険組合であり、日本では船主相互保険組合法に基づく日本船主責任相互保険組合がある（山下ほか・保険法222頁［山本哲生］）。

く、海賊、強盗、襲撃、拿捕、抑留、船長あるいは船員による悪行、暴動、ストライキ、投荷など航海上の種々の危険があり、海上保険は、これらの危険を包括的に引き受けるものである。

海上保険には、①船舶自体に生じた損害をてん補する「船舶保険」、②積荷、貨物、商品に生じた損害をてん補する「貨物海上保険（積荷保険）」、③運送品が事故によって滅失してしまったため、着払い運送賃が支払われないような場合に、これを担保する「運送賃保険」、④燃料、潤滑油、食料品など船舶の運航に要する費用（船費）は運送賃に含まれるものであるが、運送賃が支払われなくなってしまったため船費が無駄払いになってしまう損害をてん補する「船費保険」がある。

海上保険契約は、航空保険契約（2号）や原子力保険契約（3号）と同様、航海において事故が発生した場合には、きわめて巨大な損害が発生する可能性があり、保険会社と対峙するような海上事業者向けの典型的な企業保険であるから、これを片面的強行規定の適用除外とすることには合理性が認められる。

2　航空保険契約（2号）

本号は、「航空機若しくは航空機により運送される貨物を保険の目的物とする損害保険契約又は航空機の事故により生じた損害を賠償する責任に係る責任保険契約」を片面的強行規定の適用除外としている。

航空保険契約とは、航空機にかかわる種々の危険を対象とする保険であり、具体的には、①物保険として、航空機体自体に生じた損害をてん補する機体保険、②賠償責任保険として、航空会社が機外の第三者に対して負担する賠償責任を担保する第三者賠償責任保険、乗客に対する賠償責任を担保する乗客賠償責任保険、積荷に関して貨物賠償責任保険などがある[14]

航空機の大型化により、事故が発生するときわめて巨額な損害が発生することとなることから、現在では、航空保険は航空会社にとって不可欠の存在となっている。航空保険は、事故が発生した際に支払われる保険金も保険料も、ともに巨額である[15]ところから、航空会社側も保険会社側もグループ各社が集まり保険契約をするのが通常である[16]。このような特殊性や、さらには契約者数が家計保険に比較してはるか

---

14)　松嶋隆弘=中島智之「航空保険の現状と課題」日本法学78巻3号7頁（2013）。

15)　リスクの平準化を図るためのリスク数が限定的であるため、保険料が高額とならざるを得ない。

16)　松嶋=中島・前掲注(14) 6頁。安定的な運営を行うため、全損害保険会社による共同的引受けと（日本航空保険プール）、海外での再保険の消化を目的とする特殊な再保険機構が設けられている。

§36 - Ⅲ 3 　　　　　　　　　　　　　　　　　　　　　435

に少なく、大数の法則に則ることが困難であるため、定型的に保険料等を定めることができない等、保険契約者である航空会社の意向や状況が契約条件に色濃く反映されるという特色を有している。したがって、これらの特殊性を考えると、保険消費者保護のための片面的強行規定化は、航空保険契約には不要ということとなる。

3　原子力保険契約（3号）

　本号は、「原子力施設を保険の目的物とする損害保険契約又は原子力の施設の事故により生じた損害を賠償する責任に係る責任保険契約」を片面的強行規定の適用除外としている。

　原子力保険とは、原子力関係の事故による保険の総称で、新種保険の一種である。原子力施設の事故に起因する損害賠償責任を対象とする原子力損害賠償責任保険[17]と、原子力施設の物的な財産損害を対象とする原子力財産保険[18]がある。

　原子力事故がいったん発生した場合の施設への損害や第三者に対する賠償責任はきわめて巨額なものになる危険が大きいし、また未知の保険でもあるため[19]、損害保険会社としては1社でその引受けをすることには躊躇せざるを得ないことから「原子力保険プール」を組織するなどしており、通常の危険に対処する保険契約とはその様相を大きく異にしている。さらに、保険契約者である原子力企業に不利な特約は認めないとして多くの規定が片面的強行規定とされてしまうと、保険者側としては、保険の引受け自体が困難となり、あるいは保険料が非常に高くなるなど、保険契約者である企業のニーズに応じた保険契約が逆に締結されなくなるというおそれ

---

17)　原子力事故に対する民間の賠償責任保険であるが、「原子力損害の賠償に関する法律」により強制保険とされている。この法律によれば、原子力事業者は、無過失責任を負い、また賠償責任も無制限である。ただし、共同再保険や、政府による原子力損害賠償補償契約により損失補償がなされる。

　　次の3種類の賠償責任がある。①原子力施設において発生した事故による損害賠償責任に関する「原子力施設賠償責任保険」、②核燃料物質等の輸送中に生じた原子力事故による損害賠償責任に関する「原子力輸送賠償責任保険」、③原子力船の運航に伴って生じた原子力事故による損害賠償責任に関する「原子力船運行者賠償責任保険」。

18)　原子力施設にかける保険であり、原子力事故のほか、火災、爆発、落雷、航空機の墜落など一般的災害によって、原子力発電所などの原子力施設に生じた損害をてん補する保険。

19)　原子力事故による被害者救済からすれば、一原子力事業者のみで損害賠償責任を負担することは不可能であるから、どうしても責任保険に頼らざるを得ないこととなるが、その場合にも損害保険会社が1社でその莫大な保険金支払の可能性を持つ保険契約を締結するということは困難である。そこで、このように保険金額がきわめて高額となることが多く、かつ未知の危険を含むという特質をもつ原子力事故に対する損害保険については、危険の分散を図り、日本の損害保険会社と外国の損害保険会社とが「原子力保険プール」を組織してこれに対処することとした。

がある。そこで、原子力保険契約については、本号のように片面的強行規定の適用除外とした。

4 法人等の事業活動に伴う損害をてん補する損害保険契約（4号）

(1) 概要

本号は、「法人その他の団体又は事業を行う個人の事業活動に伴って生ずることのある損害をてん補する損害保険契約（傷害疾病損害保険契約に該当するものを除く）」を片面的強行規定の適用除外としている。基本的には、本条1号から3号までに掲げられたもの以外の保険契約であっても、企業保険として片面的強行規定の適用除外とすることが合理的である場合もあることから、一定の要件の下、そのような保険契約も適用除外の対象とすることができるとした。ただ、注意すべきは、本条4号の包括条項に該当する事業活動にかかる損害保険契約か否かは、保険契約者側が事業者であるか消費者であるかがメルクマールとなるのではなく、損害保険契約が引き受けるリスクが事業活動に特有のものであるか否かが区別の基準となるという点である。[20] すなわち、保険契約者あるいは被保険者が事業者であるか否かという形式的基準で定めるのではなく、リスク自体が事業に関わるものであるか否かという実質的な観点から規定されているということである。[21]

傷害疾病損害保険契約については適用除外とならない（本号括弧書）としていることから、当該契約は片面的強行規定の適用を受け、保険契約者（7条・12条・33条2項）、被保険者（12条・26条）、保険契約者または被保険者（7条・33条1項）にとって不利な特約は無効となる。

なお、本号の典型的な例は、再保険契約、信用保険契約、保証保険契約、PL保険契約などがあげられる。[22]

(2) 本号適用のための要件

ア 法人その他の団体または事業を行う個人

(i) 「法人」とは、自然人以外のもので、法律上権利義務の主体となる能力を与えられたものである。したがって、公法人・私法人、社団法人・財団法人、営利

---

20) 山下＝永沢・保険法Ⅰ 434頁［肥塚肇雄］。

21) 大串＝日生・解説保険法264頁［加藤健］。

22) 上松・ポイント解説117頁は、さらに店舗を保険の目的物とする火災保険契約も通常これに含まれるとされるが、はたして中小企業向けの標準的な商品の約款に関しても、4号により片面的強行規定の適用が排除されると考えてよいかは疑問があろう。というよりは、そもそも、立法過程において、具体的にいかなる保険契約を適用除外とするかが議論の対象とされていたように（萩本修ほか「保険法の解説(4)」NBL887号89頁（2008））、特に4号の規定の曖昧さからすれば、その適用範囲をめぐって種々の疑問が提起されるものと考えられる。

法人・非営利法人（中間法人、公益法人）、内国法人・外国法人などである[23]。とはいえ、公法人や私法人の分類等は、講学上の分類にすぎないため、国や地方公共団体は公法人であるとするものもあれば、公法人には該当しないが「法人」には含まれるとするものもある。

(ii) 「法人その他の団体」との文言を考えると、「法人」「その他の団体」ということであるから、「その他の団体」は法的人格者である法人を除いた（すなわち法人格を持たない）「団体」ということになる。「団体」とは、人の集合体（社団）や財産の集合体（財団）など何らかの集合体のことであるから、これらを併せ考えると、最も典型的なものは、権利能力なき社団または財団ということになる。

問題は、どのような団体までがこの範疇に含まれるかである。後述イとの関係を考慮すると、個人でさえ「事業を行う」ことが要件とされているのであるから、ここでも当然に「事業を行う」ために組織された人の集合体または財産の集合体を意味することになるはずである[24]。「法人」は何らかの事業を行うために生まれた目的的存在であるし、「個人」もまたここでは「事業を行う個人」に限られるのであるから、これら前後の条文の脈絡からして、「団体」だけ事業を行うという要件がはずされるとは考えにくい。そして、事業を行う「団体」が当然であるとしても、どの程度組織化された「団体」であるかも問題となる。権利能力なき社団や財団以外に、どの程度組織された団体であることが必要であるかについては、個々の具体的事実関係の中で判断するしかないが、損害保険契約が対象となる保険契約とされている以上、原則的には被保険利益が問題とならざるを得ない。その意味で、少なくとも被保険利益の実質的な帰属主体と評価できるような組織である必要があるであろう[25]。

(iii) 「事業を行う個人」とは、事業を行う自然人である。「事業を行う」とは、一定の目的をもって、自己の名をもってまた自己の計算において同種の行為を反復・継続して行うことであり、ここに営利目的があるか否かは問われるものではないから、本号の「事業を行う」の範囲はきわめて広範なものとなる。営利目的を持った個人事業者が含まれるのは当然として、個人的な意図はどうであれ、社会的に営利目的はないとされる個人開業の医師や弁護士のような専門的職業人、さらには公益目的で同種の行為を反復・継続的に行う自然人もここに含まれる[26]。

---

23) 保険法コンメンタール123頁［落合誠一］。
24) 保険法コンメンタール123頁［落合誠一］。
25) 保険法コンメンタール123頁［落合誠一］。
26) 保険法コンメンタール124頁［落合誠一］。

438   §36-Ⅳ

イ　事業活動に伴って生ずることのある損害をてん補する損害保険契約

　上記**ア**の要件に該当する主体にとって、その「事業活動に伴って生ずることのある損害をてん補する損害保険契約」でなければならないから、この主体が行う事業活動に伴ってこの主体に損害が生ずる可能性が存在しなくてはならない[27]。積極保険であれば、いわゆる被保険利益をこの主体が有する場合であるし、責任保険のような消極保険であれば、この主体に損害賠償責任が帰属するという意味で損害の可能性を有する場合である。

　そして、その文言からして、損害をてん補するための損害保険契約（2条6号）である必要があるから、生命保険契約（2条8号）あるいは傷害疾病定額保険契約（2条9号）ではあり得ないし、また本号括弧書であえて除外している傷害疾病損害保険契約でもあり得ない。

ウ　アおよびイに該当する契約であっても、傷害疾病損害保険契約は除く

　事業者が従業員を被保険者として傷害疾病保険などの人保険に加入することがあるが、物損と異なり、これら傷害疾病保険により担保される人の傷害・疾病や死亡というリスクは事業活動に関連するか否かで特に差異があるものではない。仮に事業活動と何らかの関連性があったとしても、リスク自体に特殊性があるためではない。したがって、そもそも人保険については、リスクの特殊性を根拠に片面的強行規定の適用除外とする理由はなく、むしろ片面的強行規定を一律に適用する必要性が高いといえる。

　それゆえ、生命保険契約や傷害疾病定額保険契約には、損害保険契約におけると同様の適用除外の規定は置いていないし、また損害保険契約の中でも傷害疾病損害保険契約には適用除外がない旨をあえて規定したのである（本号括弧書）。

Ⅳ　外国法令

　Ⅱで述べたように[28]、強行規定の適用除外の方法には種々考えられるが、ドイツ保険契約法では、契約自由の制限を定めた規定は、信用保険には適用されない旨を定めるのに対し（187条1項）、フランス保険法典では、信用保険取引は陸上保険契約に関する同法典1章ないし3章（陸上保険契約法）の規制を全面的に受けない（L. 111-1条3項）旨定めるなど、種々である。

　また、EU諸国では、企業保険契約については保険契約法の強行規定性の適用除

――――――――――――

27）　保険法コンメンタール124頁［落合誠一］。
28）　前掲注（5）～注（7）参照。

§36-Ⅴ 1　　439

外をしていることが多いが、その基準は大規模リスクに該当するか否かとされている。その具体的な基準は、保険の種類により異なるが、一般的には総資産額、正味売上高、被用者数などの基準を用いている。[29)]

Ⅴ　今後の展望

1　実務との関係

　とりわけ問題となるのは、企業の事業活動であるから契約自由の原則が妥当するといっても、必ずしもそうとは言い切れない場合をいかに考えるかである。もちろん、たとえば小規模な事業者であっても、ベンチャー企業などではその事業に特有なリスクが存在し、いったん保険事故が発生すると巨大損害が生ずる可能性もあるから、片面的強行規定の適用除外を認めていく必要性があるが、はたして、小規模事業者の多くがそういうものであろうか。保険法部会では、「実質的に個人と変わらないような小規模事業者が適切な保護を奪われるべきではない」との指摘がなされ、これに対してそれを立法技術的にどのように実現できるかが議論となっていた[30)]が、むしろ多数を占めるであろうこれらの者の保護が十分であるかについて疑問が[31)]ないとはいえない。であるとすれば、必ずしも十分な保護を得られないこれら小規模事業者の保護をいかに考えていくかが実務に与えられた課題といえよう。[32)]具体的には、本条4号に該当する保険として、通常、再保険契約、信用保険契約、保証保険契約、PL保険契約があげられており、その他として、店舗を保険の目的物とする火災保険契約もこれに含まれるとされるが、零細な事業者のことを考えると、中小企業向けの標準的な商品の約款については、個人の約款と同様に片面的強行規定を適用するような実務が望ましい。[33)]

　その他、事業リスクとは関係のないようなリスクを担保する保険については片面的強行規定とすべきであるから、約款の認可の際には対象となる事業リスクの内容の精査が必要となるし、保険会社も商品開発に際して、対象とされる事業リスクや対象とされる事業者の規模なども検討した上で、約款規定を設定すべきであるとの意見も見られる。[34)]

---

29)　山下・保険法43頁（注8）。
30)　萩本・一問一答147頁。
31)　第19回議事録15頁。
32)　零細事業者は消費者と同様に保護されるべきであるとの議論には異論がなかった（第19回議事録18頁）。福田=古笛・逐条解説110頁。
33)　上松・ポイント解説117頁。

2 残された課題

本条4号が包括条項であるところから、いくつもの解釈論上の課題が提起されてこざるを得ない。「法人その他の団体」とあるが、一体どの程度組織化された団体である必要があるのか。Ⅲ4(2)ア(ⅱ)でも触れたように、一般的には「権利能力なき社団・財団」がこれに該当するのであろうが、一般民事判例法上の「権利能力なき社団・財団」に該当しなければ、保険法上の「その他の団体」にも該当しないと言い切ってしまってよいかは問題であろう。

また、Ⅲ4(2)ア(ⅲ)でも触れたように、「事業を行う個人」との文言はきわめて抽象的かつ広範で、一体何を意味するのかが直ちには明らかとならない。個人というのであるから自然人であることは疑いない。問題は、「事業を行う」との意味である。「事業」の概念もまた抽象的で意味が捉えにくい。「事業」に関する定義規定はどこにもないが、一般には、一定の目的をもって、自己の名をもってまた自己の計算において同種の行為を反復・継続して行うことであり、ここに営利目的があるか否かは問われるものではないとされている。したがって、4号の「事業を行う」の範囲はきわめて広範なものとなる。前述したように、営利目的を持った個人事業者が含まれるのは当然として、個人的な意図はどうであれ、社会的に営利目的はないとされる個人開業の医師や弁護士のような専門的職業人、さらには公益目的で同種の行為を反復・継続的に行う自然人もここに含まれる[35]こととなるが、はたしてそのような理解をした場合、法の趣旨を超えることにならないのか問題であろう。

さらに具体的な場面を考えてみたとき、メーカーの製造物責任による損害賠償責任負担というリスクを引き受ける保険は、問題なく事業活動に特有のリスクを引き受けるものといえるが、事業者が所有する普通自動車の任意の自動車保険も事業活動に特有のリスクを引き受けるものといってよいであろうか。これについては否定的に解される[36]ことが多いが、これもまた合理的な線引き基準であるのか疑わしい。[37]

〔宮島 司〕

---

34) 浅湫聖志「保険契約法の改正について―実務面への影響を中心に」損保70巻1号68頁(2008)、山下典孝「保険法の適用範囲と除外規定」落合=山下・理論と実務42頁。

35) 保険法コンメンタール124頁〔落合誠一〕。

36) 山下ほか・保険法96頁〔山本哲生〕。

37) 多くの課題があることは、保険法部会における議論を見ても明らかである(第19回議事録18頁)。実質基準か形式基準で行くべきかの間で、かなりのやり取りがなされており、当時は結局結論がでなかったようである。

§37 - I 1 　　　441

第3章　生命保険

第1節　成　　立

（告知義務）
第37条　保険契約者又は被保険者になる者は、生命保険契約の締結に際し、保険事故（被保険者の死亡又は一定の時点における生存をいう。以下この章において同じ。）の発生の可能性（以下この章において「危険」という。）に関する重要な事項のうち保険者になる者が告知を求めたもの（第55条第1項及び第56条第1項において「告知事項」という。）について、事実の告知をしなければならない。

改正前商法第678条　①　保険契約ノ当時保険契約者又ハ被保険者カ悪意又ハ重大ナル過失ニ因リ重要ナル事実を告ケス又ハ重要ナル事項ニ付キ不実ノ事ヲ告ケタルトキハ保険者ハ契約ノ解除ヲ為スコトヲ得但保険者カ其事実ヲ知リ又ハ過失ニ因リテ之ヲ知ラサリシトキハ此限ニ在ラス

【条文変遷】　ロエスレル草案715条、明治23年商法653条、明治32年商法429条、明治44年商法429条、改正前商法678条
【参照条文】　保険法4条・66条、生保試案678条・678条の2
【外国法令】　ドイツ保険契約法19条、フランス保険法典L. 113-2条、イタリア民法典1892条、スイス保険契約法4条・5条

I　概　　要

1　告知義務制度の意義

　保険契約の締結に際し、保険契約者側は、一定の事項について、事実の告知をしなければならない。これを「告知義務」という。当該義務を負う者を「告知義務者」という。告知義務に故意または重大な過失により違反したときは、保険者は保険契約を解除することができる。これが告知義務制度である。
　告知義務制度が設けられた意義は、保険制度の特性と関係する。保険制度は、収支相等および給付反対給付均等の原則に従い、保険事故発生の蓋然率（危険率）を基礎として保険料を算定し、これによって被保険者の死亡・入院・手術等による保

険契約者側の経済的な負担を保障し、相互扶助を実現する制度である。しかし、実際の保険事故発生率がその予定率を上回るようなことがあれば、保険者は損失を被ることになり、保険制度を円滑に運用できなくなる。そこで、保険者は、危険測定の基礎事実を知ったうえで的確な危険選択を行い、保険事故や給付事由の予定発生率を著しく超過すると判断される契約の申込みについては、拒絶または加入条件の変更（割増保険料の徴収、保険金額の減額、特定部位の不担保等）により承諾するかの判断をする必要がある。保険業界において「入口の生保、出口の損保」（加入時が厳しい生命保険会社、保険金支払時が厳しい損害保険会社の意味）とよくいわれている。

　ところが、保険者が危険選択を行うために必要な情報、とりわけ被保険者の健康状態等の事実は構造的に保険契約者側の支配圏内に偏在し、保険者が容易に知ることはできず、単独で調査することも困難である。一方、保険契約が射倖契約であるという特質から、健康に不安のある人や危険な職業に従事している人、保険金を詐取しようとする人が進んで保険に加入するという、いわゆる保険契約者側の逆選択が生じやすく、モラル・ハザードが起こりうる。

　そこで、保険法は、保険契約者側に対して誠実に事実を告知する義務を負わせ、告知義務違反の場合には契約解除によって保険契約者側の保険給付請求権の喪失という制裁的効果をもたらすこととしている。これが告知義務制度である。告知義務制度は、保険契約に特有のものであり、保険者の危険選択にとって重要かつ不可欠な制度である。

2　規定改正の趣旨

　告知義務に関する規定は、改正前商法から存在していた。しかし、改正前商法では、告知義務違反の効果が明示されていたものの、告知義務の内容については解釈に委ねる部分が多かった。告知義務に関する保険法の大きな改正点は、改正前商法の自発的申告義務から質問応答義務へと転換したこと、および告知義務の対象が「危険」に関する重要な事項であることを明確化することである。これは、これまでの学説・判例の流れおよび保険実務の現状を踏まえ、消費者である保険契約者側の保護を強化するためである。

3　条文概要

　立法形式上、改正前商法では、告知義務を課すことに加えて告知義務違反の効果についても定めていたが、保険法では、告知義務を課すこと自体に関する規定と、告知義務違反の効果に関する規定とは別条に定めている。また、解除の効力については、改正前商法では、損害保険契約の規律を生命保険契約に準用するとしていた

が、保険法では、別々の条文を設けている。告知義務、告知義務違反による解除およびその効力は、保険法における損害保険契約、生命保険契約、傷害疾病定額保険契約の共通事項として、告知義務（4条・37条・66条）については「成立」の節の中、告知義務違反による解除（28条・55条・84条）および解除の効力（31条・59条・88条）については「終了」の節の中にそれぞれ置かれている。そして、これらの規定は、各保険契約の固有の事柄を除き、ほぼ共通している。また、除斥期間の規定を除き、いずれも片面的強行規定である（7条・41条・70条・33条・65条・94条）。

　本条（37条）は、生命保険契約の告知義務についての規定である。保険契約者または被保険者になる者（以下「保険契約者等」と記する場合がある）が、生命保険契約の締結に際し、保険者になる者が保険事故に関する重要な事項のうち告知を求めたものについて、事実を告知しなければならない旨を定めている。

Ⅱ　沿　革

1　ロエスレル草案

　ロエスレル草案715条では、「被保険者又ハ其代人ニ於テ契約取結ノ際緊要ノ事情ニ就キ無実ノ陳告ヲ為シ或ハ之ヲ黙止スルトキハ其情ヲ知リ不正ノ意趣ニ出ルト否トヲ論セス保険者ハ契約上ノ責任ナキ者トス但被保険者悪意ナク其知ル所ヲ盡クシテ保険者ノ問ニ答ヘタルトキハ罪過ナキモノトス」と定めている。すなわち、被保険者またはその代理人において、契約締結の際に重要な事情につき、不実告知または不告知をした場合は、それを知り不正の意図に出ると否とを論ぜず、保険者は契約上の責任を免れるものとする。ただし、被保険者が悪意なく、その知っていることを尽くして保険者の質問に答えた場合は、その過ちを問わないものとしている。ここにいう「緊要の事情」とは、保険者がその危険を判定し、保険を引き受ける決断と保険料の計算とに関する重要な事情をいう[1]。また「罪過なきものとす」との規定の効果は、その場合において保険者は契約上の責任を免れるものの、被保険者は保険者に対し支払った保険料の返還を請求することができるということである[2]。

　同条は「総則」に置かれていることから、損害保険にも生命保険にも適用されるものと考える。

　同条により、告知義務者は被保険者となっているが、当時の生命保険契約は、保険契約者と被保険者が同一である自己の生命の保険契約のみ認められていたため、

1）　ロエスレル・137頁。
2）　ロエスレル・138頁。

告知義務者は、被保険者すなわち保険契約者でもある。

　なお、ロエスレル草案の理由書により、当時の外国の立法例として、オランダ商法251条、1878年のベルギー法9条およびドイツ商法810条においても同様な規則が存在していた。[3]

2　明治23年商法

　明治23年商法653条では、「保険者ハ被保険者カ契約取結ノ際重要ナル情況ニ付キ虚偽ノ陳述ヲ為シ又ハ其情況ヲ黙スルトキハ悪意アリタルト否トヲ問ハス契約ヲ解ク権利アリ但被保険者カ保険者ノ総テノ問ニ対シテ其知ル所ヲ竭シ且善意ニテ答ヘタルトキハ過失ナキモノト看做ス然レトモ保険者ノ有スル解約ノ権利ハ此カ為メニ妨ケラルルコト無シ」と定めている。すなわち、保険者は、被保険者が契約締結の際に重要な情況につき不実告知または不告知をした場合は、悪意があるか否かを問わず、契約を解約する権利がある。ただし、被保険者が保険者のすべての質問に対し、その知っていることを尽くしかつ善意に答えた場合は、過失なきものとみなす。もっとも保険者の有する解約の権利はこれがために妨げることなしとしている。

　明治23年商法は基本的にロエスレル草案を踏襲しているが、告知義務違反の効果については、次の2点ほど修正があった。①ロエスレル草案では保険者の免責としたが、明治23年商法では契約の解約に改めた。②被保険者が悪意なく、その知っていることを尽くして保険者の質問に答えた場合は、過失なきものとみなすとするものの、保険者の契約解約権を妨げないこととしている。かかる規定の解説により、[4]①にいう契約の解約は、契約の解除と同義である。②に定める「保険者の契約解約権を妨げないこととしている」という意味は、契約を解除するか否かは、保険者が選択することができ、解除した場合には、被保険者は、保険者から保険料の全額または積立金を取り戻すことができるということである。

3　明治32年商法

　明治32年商法429条では「保険契約ノ当時保険契約者又ハ被保険者カ悪意又ハ重大ナル過失ニ因リ重要ナル事実ヲ告ケス又ハ重要ナル事項ニ付キ不実ノ事ヲ告ケタルトキハ其契約ハ無効トス但保険者カ其事実ヲ知リ又ハ之ヲ知ルコトヲ得ヘカリシトキハ此限ニ在ラス」と定めている。すなわち、保険契約の当時、保険契約者または被保険者が悪意または重大な過失により重要な事実を告げず、または重要な事項

　3）　ロエスレル・137頁。
　4）　長谷川喬『商法〔明治23年〕正義第5巻』93-94頁（信山社・1995〔復刻版〕）。

につき不実のことを告げたときはその契約は無効とする。ただし、保険者がその事実を知り、または知ることができたときは、この限りではないとしている。

　明治32年商法は、明治23年商法の規定を大きく改正した。その主要な改正点は、①被保険者、保険契約者とも告知義務者となったこと、②告知義務違反の要件として「悪意または重大な過失」が必要であること、③告知義務違反の効果は契約の無効であること、④保険者の知りまたは知ることができたことが契約無効の阻却となること、および⑤損害保険と分離して独立した条文を設けていること、である。

　告知義務者が被保険者と保険契約者になった理由は、当時、被保険者を保険契約者以外の者にする他人の生命の保険も許されるようになったからであると思われる。また、なぜ損害保険における告知義務に関する同398条を生命保険に準用しないで特に429条を設ける必要があるかというと、損害保険の場合においては、告知義務者は保険契約者のみであるのに対して、生命保険の場合においては、被保険者の生命を保険の目的とするものなので、必ず被保険者について身体検査を行うものとする。故に身体検査を受ける被保険者にも告知義務を負わせることが妥当であるからと説明されている。[5]

4　明治44年商法

　明治44年商法429条1項では、「保険契約ノ当時保険契約者又ハ被保険者カ悪意又ハ重大ナル過失ニ因リ重要ナル事実ヲ告ケス又ハ重要ナル事項ニ付キ不実ノ事ヲ告ケタルトキハ保険者ハ契約ノ解除ヲ為スコトヲ得但保険者カ其事実ヲ知リ又ハ過失ニ因リテ之ヲ知ラサリシトキハ此限ニ在ラス」と定めている。すなわち、保険契約の当時、保険契約者または被保険者が悪意または重大な過失により重要な事実を告げず、または重要な事項につき不実のことを告げたときは、保険者は契約の解除をすることができる。ただし、保険者がその事実を知り、または過失によりこれを知らなかったときは、この限りではないとしている。そして、同条2項では、損害保険399条の2第2項（解除権の除斥期間）および同399条の3（解除の効力）の規定は前項の場合にこれを準用すると定めている。

　同条は、明治32年商法の規定について、次の3点を改めている。①告知義務違反の効果は、保険契約の無効から保険契約の解除に、②阻却事由は保険者の知または可知から保険者の知または過失による不知に改められた。③損害保険の条文を準用して解除権の除斥期間と解除の効力を加えることとした。いずれも告知義務違反の

5）　西川一男＝丸山長渡『改正商法〔明治32年〕要義上巻』656頁以下（信山社・2005〔復刻版〕）。

効果に係る改正である。

この規定は、そのまま改正前商法678条（もっとも同条2項は、損害保険契約の告知義務に関する644条2項・645条を準用する）に受け継がれて、保険法の制定まで維持されていた。

Ⅲ　改正前商法

改正前商法の下で生命保険の告知義務に関して、主に以下の議論がなされていた。

1　自発的告知義務に対する批判

改正前商法では、「重要ナル事実」の不告知、または「重要ナル事項」につき不実告知があった場合には告知義務違反による契約解除ができる（改正前商法678条1項）とされていただけで、何が重要な事実または重要な事項にあたるかは、保険者側の質問の有無にかかわらず、告知義務者は自発的に判断し告知をしなければならない、いわゆる「自発的申告義務」とされていた。そのため、実務上、損害保険、生命保険とも告知書を使用する質問応答の慣行が確立しているとはいえ、保険契約者側としては、告知書で問われた質問事項に答えたとしても告知義務を完全に履行することはできず、後に保険契約者が告知義務違反を問われる余地もあった。[6]

しかし、保険の専門的知識が乏しく、いかなる事実が危険測定上の重要な事実に該当するのかを容易に認識できない告知義務者が、自ら判断して正確に告知することを期待するのは酷である。一方、保険者は、保険事業の専門家であるから、何が危険測定のための重要な事項であるかについて精通し、契約締結の際にすべての重要事項について書面で質問することが可能である等を理由に、保険契約者等にこのような自発的な申告義務を課すことは相当でなく、質問応答義務に改めるべきとの立法論的指摘があった。[7]

2　他保険契約の告知義務

生命保険における他保険契約とは、被保険者が同一の保険契約をいう（以下「他保険契約」という）。他保険契約の告知義務とは、契約締結の際に、告知義務者が、他保険契約が存在するか否かを告知すべきことをいう。

6）　札幌高判昭和58・6・14判タ506号191頁、東京高判昭和61・11・12判時1220号131頁等。

7）　大森・保険法125頁、損保試案理由書29頁以下、生保試案理由書89頁、部会資料（18-1）18頁等参照。

§37 -Ⅳ 1   447

　損害保険および損害保険における傷害保険の約款では、一般に他保険契約の存在
を告知事項として定めている。これは、損害保険では、他保険契約によって保険契
約者等が利得する構造から、重複保険が生ずる場合には保険金の支払について補償
される限度額を全契約通算によって調整する必要があるからである。また、他保険
契約は、道徳的危険事実にもかかわる。ことに、傷害保険では、同一の被保険者に
ついて短期間ないし集中して多数・多額の傷害保険契約に加入し、保険金を詐取し
ようとする事例が増えているため、そのような道徳的危険を防止する必要がある[8]。
　一方、生命保険およびこれに附帯する傷害特約の約款では、古くより他保険契約
の有無を告知事項とはしないのが通例である。その背景には、損害保険会社は、代
理店が契約締結代理権を有しているため契約は即時に締結され、事後的に他保険契
約の存在が判明するのに対し、生命保険会社は、契約内容登録制度により、他保険
の有無を確認したのちに保険引受の承諾をすることができるからである[9]。
　改正前商法には、他保険契約の告知義務に関する明文の規定はないため、他保険
契約の存在が告知事項の対象である重要な事実に該当するか否かについて、議論が
盛んに行われ、否定説が多数説であるが、肯定説も有力である。詳細については、
§4解説Ⅲ2を参照されたい。
　古くには、他保険契約を告知義務の対象として否定する大審院の判例があったが[10]、
近時、それを肯定する下級審裁判例が多くみられている[11]。

Ⅳ　立法過程

1　保険法制定前試案

　生保試案では、告知義務違反をめぐる紛争を可及的に回避するために、簡易生命
保険法の関連規定を参照するとともに生命保険実務の現況を踏まえて、一般の告知
義務と他保険契約の告知義務を分けて、異なる条文を設けることとした。そして、
他の改正試案も同様である（§4解説Ⅳ1、§66解説Ⅱ1参照）。

8）　岡田・現代保険法128頁、加瀬幸喜「告知義務」金澤・新たな展開20頁。
9）　保険契約、特約付加の引受け、あるいは保険金、給付金の支払判断の参考とすることを目
　　的として、一般社団法人生命保険協会、一般社団法人生命保険協会加盟の各生命保険会社の
　　保険契約等に関する登録事項を共同してシステムに利用する制度である。全国共済農業協同
　　組合連合会との間では「契約内容照会制度」という。
10）　大判明治40・10・4民録13輯939頁、大判昭和2・11・2民集6巻593頁等。
11）　東京地判昭和63・2・18判時1295号132頁、東京高判平成3・11・27判タ783号235頁、東
　　京高判平成5・9・28判時1479号140頁、東京地判平成13・5・16判タ1093号205頁、大阪高
　　判平成14・12・18判時1826号143頁等。

(1) 一般の告知義務について

生保試案は、678条1項本文前段において「保険契約締結の当時、保険者が告知を求めた事項のうち、保険者がその危険を評価し、保険契約締結の可否またはその内容を決定するにあたり、その判断に影響を及ぼすべき一切の事項（以下、重要な事項という。）について保険契約者または被保険者」に告知義務を課すことを定め、同条2項において「保険者が書面で具体的に質問した事項は、重要な事項と推定する」と定めていた。

同条1項は、自発的告知義務から完全な質問応答義務に改めたうえ、重要事項の定義を明確化するとともに、告知事項の範囲を明らかにした。同条2項は、新設したものである。規定上「みなす」のではなく、「推定」にとどめているのは、保険契約者側が、反証によって、この推定を覆す余地を残すという趣旨であると説明されている。なお、同条1項、2項とも、保険契約者側の不利益に変更することができない半面（片面）的強行規定であるとしている。

以上より、生保試案678条は、改正前商法678条の規定を基本的に受け継ぎながらも、告知義務に関して改正前商法678条との主要な相違点は、①改正前商法の下での自発的告知義務から完全な質問応答義務に改めたこと、②重要事項の定義および告知事項の範囲を明確化したこと、③質問表記載の事項を重要な事項と推定する条文を新設したこと、である。

(2) 他保険契約の告知義務について

生保試案は、生命保険が定額保険契約であることから、複数の生命保険契約の累積により高額な保険金額となりうることに目をつけた悪質な保険犯罪が多発している状況に照らして、他保険契約の告知義務を認めることが必要かつ有益であるという趣旨から、678条の2で他保険契約の告知義務に関する規定を独自の条文として新設した。

同条1項本文前段は、「保険契約締結の当時、保険者が保険契約者または被保険者に対し、同一の被保険者につきすでに存在する他の生命保険契約または契約の申込みがなされまだ諾否の通知がなされていない他の生命保険契約の告知を求めた場合において、保険契約者または被保険者」に告知義務を課すことを定めていた。

本項は、他保険契約の存在に関する事実を道徳危険の徴憑として保険者が危険選択の判断材料に使用している場合に限って、保険者は本条の告知義務の違反を理由として保険契約を解除できるとする趣旨で、その他の点では、一般の告知義務に関

---

12) 生保試案理由書89頁。
13) 生保試案理由書91頁。

§37-Ⅳ2　　　　　　449

する生保試案678条1項と特に変わりはないと説明されている[14]。

　もっとも、同条1項では、損保試案645条1項とは異なり、すでに存在する他の生命保険契約のみならず、契約の申込みがなされたがまだ諾否の通知がなされていない他の生命保険契約も告知義務の対象になりうることが明記されている。これは、生命保険の実務においては、保険契約者が契約の申込みをしてから保険者が承諾して保険契約が成立するまでにある程度の日数がかかるのが普通であることから、この間に集中的に契約の申込みをすることで、他保険契約の告知義務が潜脱されることを防止しようとするものであると説明されている[15]。

　同条1項も、保険契約者側の不利益に変更することができない半面（片面）的強行規定であるとされている（生保試案683条2項）。

2　法制審議会保険法部会の審議

　保険法部会において、告知義務に関する検討事項として次の6点があげられた[16]。①不告知または不実告知があった場合の規律（オール・オア・ナッシング主義とプロ・ラタ主義のどちらを採用するか）[17]、②自発的申告義務か質問応答義務か、③保険者が契約の解除ができない場合（いわゆる告知妨害の場合）、④解除権の除斥期間、⑤規律の性質、および⑥他保険契約の告知義務違反による解除である。

　これらの検討事項のうち、保険法が改正前商法の規定を踏襲する事項は、①および④である。①の告知義務違反の効果は、オール・オア・ナッシング主義が採用され、改正前商法と同一の規律が維持された。④の解除権の除斥期間に関する規定も改正前商法と同一である。保険法により、改正または新規の立法がなされた事項は②、③および⑤である。②の告知義務の性質は、改正前商法に定める自発的申告義務から質問応答義務へと改正がなされた。③の解除権の阻却事由は、保険媒介者が告知を妨害または不告知を教唆した場合には、保険者は解除権を行使することができない旨が新設された。⑤の告知義務の法的性質については、従来、任意規定と解されていたが[18]、それを片面的強行規定と法定した。②と⑤の事項については、特段の異論なしで採用された[19]。⑥の他保険契約の告知義務については立法が見送られ

14）　生保試案理由書93頁。
15）　生保試案理由書93頁。
16）　部会資料（2）7-10頁。
17）　オール・オア・ナッシング（all-or-nothing）主義は全額免除主義で、改正前商法が採用している立場である。プロ・ラタ（pro-rata）は比例減額主義で、諸外国（フランス、イタリア、スウェーデン、ドイツ等）で比較的多く採用されている立場である。
18）　大判大正5・11・21民録22輯2105頁等。
19）　部会資料（2）9頁（補足）、第2回議事録2頁、第14回議事録9-10頁。

た（かかる審議事項の詳細について§4解説Ⅳ2参照）。

Ⅴ　条文解説

1　告知義務の法的根拠および法的性質
(1)　告知義務の法的根拠
　告知義務の法的根拠について、学説上、早くから多様な理論が提示されてきたが、主に以下の危険測定説と射倖契約説に大別することができる。
　「危険測定説」は「技術説」ともいい、古くよりの判例・学説の立場であり、今日の通説といってよい。この説は、告知義務を危険選択という保険制度の特有の技術的構造をもって告知義務の法的根拠とするものである。[20]
　これに対し、「射倖契約説」は「善意契約説」ともいい、有力説といわれている。[21]この説は、保険契約の構造上の特質である射倖契約および善意契約性に依拠して、不公正に利益を害されるおそれのある保険者の地位を保護すべく、保険契約者等に告知を要求したものとするものである。
(2)　告知義務の法的性質
　告知義務はいわゆる「責務」の1つであるから、その法的性質は真正の法的義務であると解されうるが、それを否定する学説が有力である。[22]その理論構成は、次のとおりである。告知義務が保険契約成立前に履行を要求されるものであるため、保険者は、保険契約者・被保険者になる者に対し告知義務の履行を強制すること（民法414条）はできず、その違反に対して損害賠償を請求すること（同415条）もできない。したがって、告知義務は保険契約の効果として生じる真正の法的義務ではなく、保険契約者側が保険契約上の利益を享受するための前提要件として履行すべき、いわゆる自己義務ないし間接義務の一種であり、法律の規定により特に認められるものである。
(3)　告知行為の法的性質
　告知は、意思表示ではなく観念の通知、すなわち事実を認識して通知することにより法律上で定められた効果が生じるものであり、準法律行為である。すなわち、民法の法律行為（意思表示に基づいてなされた私法上の権利義務を発生させる行為）に

---

　20)　大連判大正6・12・14民録23輯2112頁等の多数の判例もこの立場に近い。学説として、松本・保険法107頁、野津・法論155頁、田中・保険法171頁、大森・保険法119頁、山下・保険法283頁等。
　21)　大森・保険法119-121頁、中西・生保入門109頁等。
　22)　大森・保険法117頁、西島・保険法39頁以下、田中・保険法171頁、田辺・保険法34頁。この立場にある判例として、大連判大正6・12・14民録23輯2112頁等がある。

準じて、告知が告知受領権を有する者へと到達することによって効果が生じる（民法97条）。また、告知は一身専属的な行為ではない。[23]

2 告知義務者

(1) 保険契約者または被保険者になる者

改正前商法上、告知義務者は、生命保険については保険契約者または被保険者であるのに対して（改正前商法678条1項）、本条は、「保険契約者又は被保険者になる者」は、告知事項について「事実の告知をしなければならない」と定めている。これにより、告知義務者は保険契約者または被保険者になる者である。ここに「になる者」の意味は、告知義務は、保険契約の成立前に履行されることから、保険契約者または被保険者「になる者」と表されているのである（本稿において「保険契約者等」と記することがある）。実質的には改正前商法の規定と変更はない。

保険契約者になる者と被保険者になる者が同一の自己の生命の保険契約が多いが、両者が異なる他人の生命の保険契約の場合は、保険契約者になる者のみならず被保険者になる者も告知義務者とされる。これは、被保険者自身が自己の健康状態や既往症等をもっとも知っているはずだからである。

一方、保険金受取人は告知義務者とはされていない。これは、保険金受取人は、契約当事者ではないこと、被保険者に関する情報を詳しく知らない場合が多いこと、および保険金受取人は受益者の地位に立つものであって、自分の知らない間に契約が締結されることもありうるからである。[24]

(2) 未成年者の告知

親権者が保険契約者として未成年者を被保険者とする他人の生命の保険契約を締結する場合には、原則として親権者が告知することになる。もっとも、民法では、親族法・相続法のいくつかの規定において、未成年者の意思能力を前提として行為の年齢基礎を15歳としている（民法791条3項・797条・811条2項・961条等）。保険実務上は、これを勘案して、満15歳以上の未成年者も告知義務者になる取扱いをしている。下級審裁判例もこれを認めている。[25]

(3) 代理人による告知

学説上、告知は法的には観念の通知で準法律行為であり、かつ一身専属的な性質をもつものではないと解されていることを理由に、代理人による告知義務の履行も

---

23) 同旨、長谷川仁彦ほか『生命保険・傷害疾病定額保険契約法実務判例集成 上』104頁（保険毎日新聞社・2016）。

24) 倉澤康一郎「告知義務の法的根拠」同『保険契約の法理』34頁（慶應通信・1975）。

25) 広島高判昭和58・6・29生判3巻353頁。

452   §37 –V 3

有効なものと認めるのが一般的である[26]。裁判例も代理人による告知が有効であることを前提に告知義務違反の有無を問題としている[27]。

　代理人による告知は、委任による代理人の告知、法定代理人の告知、法人代表者の告知に分けられる。うち、法人代表者の告知については、保険契約者が法人である場合は、法人の代表者に告知義務が課せられる。そして、法人代表者による告知は、法人自身の告知となる。

(4)　告知義務者が複数いる場合の告知

　告知義務者が複数いる場合に誰が告知義務を履行すべきかについては、改正前商法も保険法も明示しておらず、解釈に委ねられている。

　学説上は、告知義務者が複数の場合には、そのうちの1人に違反の事実があれば、その責任は全員で負うこととなる。もっとも、同一事実については、代理人も含めそのうちの1人が告知義務を履行すれば足りると解される[28]。

　保険実務上は、保険契約者になる者と被保険者になる者が別人の契約の場合には、通常、被保険者になる者が告知書を記入すべき旨が告知書に記載されている。被保険者になる者が複数の場合には、被保険者の属性が重要であるため、被保険者ごとに告知する必要がある。

3　告知受領権者

　告知は、準法律行為であるから、民法の法律行為に準じて告知受領権を有する者へと到達することによって効果が生じる（民法97条）。告知受領権のない者に対して告知をしても告知をしたことにならないため、問題が起きやすいところである。

　ところが、告知の相手方については、改正前商法も保険法も明確に定めていない。通常、告知の相手方は、保険者または保険者に代わって告知受領権を付与された者と解される[29]。保険者の範囲につき、保険法では、「保険契約の当事者のうち、保険給付を行う義務を負う者」（2条2号）と定義されていることから、保険会社および共済者（以下、保険会社には共済者を含むことがある）と解すことができる（2条1号）。

　生命保険の実務においては、保険者は、申込みの勧誘、申込みの意思表示の受領、申込みに対する承諾の意思決定という一連の行為において、診査医、生命保険面接士、生命保険募集人など各種の補助者を用いるのが通例である。これらの補助者に

---

26)　山下＝米山・解説163頁［山下友信］参照。
27)　東京地判昭和26・12・19下民集2巻12号1458頁、千葉地判昭和60・2・22判時1156号149頁、大阪地判平成7・4・7生判8巻107頁、東京地判平成12・5・31判時1726号167頁等。
28)　大森・保険法123頁、西島・保険法44頁、中西・生保入門110頁。
29)　大森・保険法122頁。

§37-V 3

どこまで代理権が付与さているかは各保険者の意思次第であるが、一般的に以下のとおりである。

(1) 診査医

　診査医は医師であり、保険者との間に雇用関係のある社医と、保険者から委託を受けた嘱託医の2種類がある。診査医は保険契約の締結の際、被保険者になる者の身体および健康状態について医的診査を行い、保険者が申込みを承諾するか否か、特別条件等を付加するか否か等の判断を行うために必要な情報を調査したうえ保険者に報告することを職務としている。

　診査医には、契約締結権がないが、告知受領権を有することについて、判例・学説ともに古くから異論はない[30]。もっとも、その職務の性質について、かつての学説上、機関説、意思推測説、衡平説、告知受領代理権説など諸説があった。うち、診査医が会社の機関となり被保険者の健康状況を診査する地位にあるものであるとする「機関説」と、診査医が被保険者の身体・健康状態につき医的診査を行い保険加入に適当か否かの調査・報告を保険者から委託されているものとする「告知受領代理権説」が有力であるが、多くの判例・裁判例は前者の見解に立っている[31]。

(2) 生命保険面接士

　生命保険面接士は生命保険会社の使用人である[32]。生命保険面接士は、被保険者になる者に面接し、告知義務者が記入した告知書の回答を確認するとともに、被保険者の身体および健康状態について面談や外観により調査報告書を作成し、保険者に報告することを職務としている。

　生命保険面接士は、医療資格を有しないため、触診・血圧測定等も含めた診査はできない。そのため、約款上、生命保険面接士には告知受領権が与えられていない。下級審裁判例も学説も基本的にこれを肯定している[33]。もっとも、生命保険面接士は、表見代理の法理が適用されるような場合にはもちろんのこと、そうでない場合も、

---

30)　大判明治40・5・7民録13輯483頁、大判明治45・5・15民録18輯492頁、大判大正4・6・26民録21輯1044頁、大判大正4・9・6民録21輯1440頁、大判大正5・10・21民録22輯1959頁、大判大正9・12・22民録26輯2062頁、大森・保険法283頁、山下・保険法289頁等。

31)　前掲注(30)大判明治40・5・7、大判明治45・5・15、大判大正4・9・6、長谷川仁彦ほか『生命保険・傷害疾病定額保険契約法実務判例集成　中』106頁（保険毎日新聞社・2016）等。

32)　生命保険面接士の制度は、診査医の不足に対処するために昭和46（1971）年から導入された。社団法人生命保険協会が独自に設けた資格であり、国家資格ではない。創設当時は、「検査員」という名称であり、その後、「検定調査士」を経て1986年に現行の「生命保険面接士」に変更された。生命保険協会編『生命保険協会80年小史』372頁（社団法人生命保険協会・1989）。

33)　東京地判平成13・7・25生判13巻594頁、岡田豊基「告知制度における生命保険面接士の法的地位」神戸学院法学24巻2号371頁（1994）、山下・保険法289-290頁等。

一定の要件のもとに告知受領権を肯定すべきであるとする見解もある[34]。その理由は、主に①生命保険面接士は、生命保険協会の認定資格を有しており、危険選択資料の収集能力を有する専門職であると判断されること、②被保険者と面談して告知書の内容を確認し、被保険者の身体および健康状態について診査医の報告事項と類似した健康調査報告書を作成し保険者に報告する任務を負っていることなどである。

(3) 生命保険募集人

　生命保険募集人は、生命保険会社の役員もしくは使用人等またはその生命保険会社の委託を受けた者等であって、その生命保険会社のために保険契約の締結の代理または媒介を行うもの（保険業法2条19項）であり、営業職員、保険外交員などの呼称がある。

　保険募集人は、保険募集を行うとき、必ずあらかじめ顧客に対して「自己が所属保険会社等の代理人として保険契約を締結するか、又は保険契約の締結を媒介するか」を明示するよう義務付けられている（保険業法294条3項2号）。

　告知受領権を与えるかどうかに関して法令上特に定めがない。実務上、損害保険代理店については、実損てん補を目的とする損害保険の引受けは申込みに即応する必要があるため、契約締結の代理権も告知受領権も付与されている。他方、生命保険募集人（個人代理店、窓販代理店[35]を含む）については、契約締結の媒介に限られ、生命保険会社から告知の受領権を付与されていないのが通例である。古くから判例・多数説ともこれを容認している[36]。その理由は、①契約締結権限がないこと、②危険選択の能力がないこと、③生命保険募集人の悪意・過失が保険者の悪意・過失になる懸念、④告知受領権を与えるか否かは保険者の意思次第であることなどである。

　これに対して、前述のように、近時の学説には、解釈論として生命保険募集人に告知受領権を認めるべきであり、少なくとも告知扱い（医的診査のない）保険契約については、生命保険募集人の告知受領権限を認めてもよいという見解がある[37]。

　しかしながら、告知受領権は、代理権に準じて付与するかどうかは保険者の意思次第であり、保険者の意思がないのに付与されたものと扱うことは、特別の法律の規定がない限り無理である。また、保険会社各社とも、募集用資料・告知書・告知

---

34) 岡田豊基「告知義務」倉澤康一郎編『新版 生命保険の法律問題』金判1135号60頁（2002）。

35) 生命保険会社の代理店として窓口などで保険募集を行う銀行や信用金庫等の金融機関を指す。

36) 大判大正5・10・21民録22輯1959頁、大判昭和9・10・30新聞3771号9頁、名古屋高判平成14・3・29生判14巻173頁、岡山地倉敷支判平成17・1・27判タ1200号264頁、山下・保険法157頁等。

37) 西島・保険法344頁等。

§37-Ⅴ4，5　　　　　　455

説明用資料、ホームページ等において、生命保険面接士、生命保険募集人（代理店を含む）は告知受領権がない旨を明示している以上、表見代理の適用も困難であると考えられる。[38]

4　告知の時期

　告知義務の履行の時期について、改正前商法678条1項は、「保険契約ノ当時」と規定していた。判例・通説とも契約の申込みから契約成立の時までが告知時期であると解されている。[39]保険法は、告知の時期を一層明確化するために、「保険契約ノ当時」を「生命保険契約の締結に際し」に改めた。これにより、告知時期は保険契約締結の過程、すなわち保険契約者になる者が保険者になる者に対して保険契約の申込みを行った時から、保険者が承諾の意思表示をする時（法律上の契約成立の時点）までの間であることが明らかになった。

　保険実務上、約款により保険契約の締結のほかに、復活、特約の途中付加等の際も、新たに危険測定をする必要があるために告知時期と定められている。かかる規定の効力は認められている。[40]本条は解釈上、復活、特約の途中付加等における告知義務にも準用されることになる。

5　告知の方式

　告知の方式については、保険法上も改正前商法と同様に特段の規定を設けていない。そのため、理論的には口頭でも書面でもよいと解することができる。

　生命保険の実務上は、契約する保険種類、保険金額等によって、①診査医扱い、②生命保険面接士扱い、③告知書扱いのいずれかの方法で告知が行われる。約款により原則として書面で求めた事項についてはその書面により告知するが、会社の指定する医師が口頭で質問した事項については、その医師に口頭により告知することを要する旨を定めている。具体的には、保険契約申込書の受理の段階で、あらかじめ申込書に告知事項記入欄を設け、または別に告知書を添えて、これに告知義務者が告知書に記載されている保険者の質問に対する回答を記入し、署名捺印または記名押印したうえ保険者に交付する。診査医扱いの場合は、診査医が口頭で告知義務者に確認した内容を告知書に書いて、それを告知義務者が確認のうえ、相違がなけ

---

38)　同旨、山下・保険法288頁。
39)　大森・保険法123頁、西島・保険法45頁・353頁、山下・保険法290頁、中西・生保入門111
　　頁、静岡地富士支判平成14・6・27生判14巻441頁等。
40)　大判大正11・8・28民集1巻501頁、東京地判昭和60・5・24生判4巻180頁、静岡地富士
　　支判平成14・6・27生判14巻441頁等。

れば告知書に署名をするという事務手続をしている。

(1) 自発的申告義務と質問応答義務の相違

改正前商法は、告知義務について何が告知の対象となる重要な事実であるかを保険契約者側において自ら判断して申告しなければならないとしていることから、告知義務の性質は「自発的申告義務」であった。これに対し、本条は、告知義務の対象を危険に関する「重要な事項のうち保険者になる者が告知を求めたもの」としている。これにより告知義務の性質は質問応答義務となった。

自発的申告義務においては、告知事項について保険者側の質問の有無にかかわらず、告知義務者は自発的に告知をしなければならない。質問表が使用される場合に、質問表に記載された事項以外にも、告知すべき事項があれば、さらに自発的に告知しなければならない。これに対して、質問応答義務においては、告知義務者は保険者になる者の質問に回答すればよい。保険者が質問表を使用した場合において、質問表による質問以外には、告知義務は及ばない。たとえ危険測定上の重要事項であっても、保険者になる者がそれを質問しない限り、告知義務違反を問うことはできない。つまり、質問表で質問しなかった場合は保険者の過失となり、告知義務違反による解除ができないことになる。[41]

(2) 質問表とその効力

「質問表」とは、すなわち保険実務上の「告知書」である。告知書は保険者が保険契約を引き受けるかどうかの重要な判断材料として使うものである。従来、判例・学説とも質問表の効力を認めている。保険者が質問表を使用した場合には、告知義務者は、質問表に記載された事項について回答すれば告知義務を履行したことになる。

しかし、質問表の効力の解釈については、改正前商法の下で多様な見解があった。その中では、推定的効力説[42]が支配的であり、それを明示的に肯定した下級審裁判例[43]が多数ある。この説によれば、質問表は保険の技術に精通する保険者が作成したものであるから、これに掲げられた事項はすべて重要な事項と推定される。以下の経緯から、保険法の下においても、推定的効力説が採用されるものと考えられる。

保険法部会では、告知義務の対象範囲を明文化するために、判例・学説を踏まえ、保険者が書面によって告知することを求めた事項や生命保険契約において診査医が口頭によって告知することを求めた事項については、「危険に関する重要な事項」

---

41) 大判大正11・10・25民集 1 巻612頁、大阪地判平成 9・11・7 判時1649号162頁等。

42) 大森・保険法125頁、西島・保険法352頁、山下・保険法297頁。

43) 東京地判平成 3・4・17判タ770号254頁、東京地判平成 7・1・13生判 8 巻 1 頁、大阪地判平成13・11・1 生判13巻807頁等。

と推定する旨の規定を設けるべきとの立法案が提示された[44]。しかし、このような規定を設けると、「重要な事項に当たらない」ことの立証責任が告知義務者側に課せられることになる。これは、専門的な知識に欠ける告知義務者にとって著しく不利な結果をもたらすことから、推定規定は設けないこととされた。

(3) 抽象的な質問は認められない

質問表に記載される事項が抽象的で漠然として適切な回答が難しい場合は、それが重要事項であるとの推定は認められないと考えられる[45]。たとえば、「過去3年以内に肝疾患で2週間以上にわたり医師の指示・指導を受けたことがあるか」との質問事項は、抽象的な質問に該当するとされる[46]。なぜなら、「指示・指導」は通常単発的であり、治療等と同列にはできないと考えられるからである。また、質問の対象期間が過度に長期および広範にわたる(たとえば、成人に対して幼少時も含めて、通院期間の長短にかかわらず通院したかどうかなど)ことや、「その他、健康状態や病歴など告知すべき事項はないか」といった告知すべき具体的内容を告知義務者の判断に委ねるようなものは許容されないものと考えられる。

6 告知事項

改正前商法678条1項では、告知義務者は「重要ナル事実」を告げること、または「重要ナル事項」について不実のことを告げないことのみ定めていた。しかし、何が重要な事実か、何が重要な事項かについて明文の規定を設けておらず、解釈に委ねていた。

保険法は、「告知事項」を「重要な事項のうち保険者になる者が告知を求めたもの」とし、「重要な事項」とは、危険に関するものであり、そして、「危険」の定義については、保険契約の類型ごとに書き分けられている。本条では、生命保険契約における危険とは、「保険事故(被保険者の死亡または一定の時点における生存)の発生の可能性」であると定めている。しかし、具体的に何が重要な事項に該当するかは依然として解釈に委ねられている。これは、保険契約には様々な種類があり、告知事項も多様なものであるからと説明されている[47]。

(1) 「危険」の分類および重要な事項に関する解釈

生命保険契約における「危険」について、保険実務上は、①身体的危険(医学的危険ともいう)すなわち被保険者の身体、健康上の危険(既往症や現症を含む健康状

---

44) 部会資料(2)9頁(注2)、第2回議事録3頁以下。

45) 同旨、山下=米山・解説171頁[山下友信]。

46) 盛岡地判平成22・6・11判タ1342号211頁。

47) 萩本・一問一答47頁、萩本修ほか「保険法の解説(2)」NBL885号25頁(注17)(2008)。

態）、②環境的危険すなわち被保険者の生活環境全般に関する危険（業種・仕事の内容）、③道徳的危険（モラル・リスク）すなわち人為的な要素によって保険事故等を生じさせると考えられる精神的もしくは心理的状態をいう（保険金殺人や入院給付金不正受給が加入目的である場合等）の３つに分類される[48]。そして、危険の事実は、講学上、保険危険事実と道徳的危険事実に大別されている。

危険に関する「重要な事項」の解釈について、改正前商法の下では、それは危険測定に必要な事実であり、保険者が当該事実を知っていたならば保険契約の締結を拒絶したか、または少なくとも同一の条件（保険料等）では契約を締結しなかったであろうと考えられるものを意味すると解されている（判例・通説）[49]。保険法の下でも、この確立した解釈が維持されると解されている[50]。

(2) 重要性の判断基準

改正前商法の下では、告知事項の重要性を判断する基準について、学説上、客観的基準説と主観的基準説が対立していた。客観的基準説は、保険技術に照らして、かつあらゆる保険者に共通する保険取引の通念に従い、客観的に判断すべきであるとしている[51]。これに対し、主観的基準説は、具体的に保険契約を締結するのは個々の保険者であり、保険商品の多様化に伴う保険引受基準は保険者によって必ずしも同じではないことなどを理由に、各保険者が保険契約締結の当時に準拠していた危険選択の基準によるべきである、としている[52]。しかし、判例・裁判例は従来、客観的基準説の立場に立っているといわれている[53]。

保険法の下でもかかる重要性の判断基準は、依然として解釈問題とされている[54]。主観的基準説の立場が合理的であると支持している学説が多い。その理由は、保険法では告知義務の性質を質問応答義務としたので、質問事項は各保険者が設定するのであるから、重要性の判断基準は保険者ごとに異なるという主観的基準説を採用

---

48) 生命保険協会『生命保険講座 危険選択』4頁（2017）参照。

49) 大判明治40・10・4民録13輯939頁、大判大正4・4・14民録21輯486頁、大判大正4・6・26民録21輯1044頁、大阪控判大正7・4・9新聞1462号24頁、大判昭和2・11・2民集6巻593頁、東京高判昭和61・11・12判時1220号131頁、岡山地判平成2・5・31生判6巻201頁、松本・保険法107頁、中西正明『保険契約の告知義務』12頁（有斐閣・2003）、山下・保険法292頁。

50) 山下=米山・解説169頁［山下友信］、木下孝治「告知義務」中西喜寿・39頁、萩本・一問一答47頁、甘利公人=福田弥夫=遠山聡『ポイントレクチャー保険法〔第2版〕』68頁（有斐閣・2017）。

51) 大森・保険法124頁、西島・保険法46頁。

52) 中西・前掲注(49)12頁以下、中西・生保入門115頁以下、山下・保険法294頁以下。

53) 山下・保険法294頁等。

54) 同旨、山下=米山・解説170頁［山下友信］。

§37 - V 6　　　　　　　　　459

するのが妥当であるというものである。[55]

　しかし、「客観的」と「主観的」は必ずしも保険者一般か個々の保険者かを意味するものではない。判例・裁判例において、明確的に各保険者の主観的基礎ではなく、あらゆる保険者に共通する客観的基礎によるべきであると判示したのは、大判大正 6 ・10・26（民録23輯1612頁）、熊本地判昭和56・ 3 ・31（判時1028号108頁）のみである。多くは、保険の技術に照らして、当事者の主観に関わりなく、客観的になすべきものであるとされている。たとえば、大判明治40・10・ 4 （民録13輯939頁）、大判大正 4 ・ 6 ・26（民録21輯1044頁）、千葉地判昭和60・ 2 ・22（判時1156号149頁）、東京地判平成13・ 9 ・21（生判13巻741頁）等。さらに、判例にいう「客観的に」という意味が、保険者に共通する客観的基礎によるべきとする意図であるかは必ずしも明確ではない。個々の保険者の客観的基礎とも解すことができる。

　したがって、「主観的」という表現が適切かどうかはともかくとして、重要性の判断基準は、判断の主体と判断基準の内容に関わるから、個々の保険者の危険選択基準により判断すればよい。もっとも、保険者一般の基準から著しく乖離し恣意的なものは許されないと考えられる。[56]

　そして、重要性があるかどうかについて、本来はそれを主張する保険契約者側が立証しなければならないが、保険技術に馴染みのない保険契約者側がそれを立証することは容易でないため、保険契約者側が重要でないと主張している場合には、保険者においてその重要性を立証すべき責任を負うと解される。[57]

(3)　告知事項の具体例

ア　既往症・現症・自覚症状

　被保険者の既往症または現症のうち、癌、悪性黒色腫、脊髄腫瘍、腹部大動脈瘤、子宮筋腫、睾丸の腫れ、肺結核、結核性腹膜炎、肺炎、気管支炎、気管支喘息、胃潰瘍、慢性胃酸過多症、胆石病、肝炎・肝硬変、てんかん、精神病（うつ病等）、心臓病、糖尿病、高血圧症、低血圧症等の受診・入通院・投薬の事実、咽頭痛、口内炎、歯根膜炎、急性咽頭炎、ベーチェット病に対する通院・加療の事実、アルコール依存症の治療・入院の事実など。[58]

---

55)　山下=米山・解説169-170頁［山下友信］、山下=永沢・保険法 II　16頁［遠山聡］、岡田豊基「告知義務」落合=山下・理論と実務80頁等。

56)　同旨、中西・前掲注(49)12頁。

57)　山下=米山・解説170頁［山下友信］、山野嘉朗『現代保険・海商法30講〔第 9 版〕』31頁（中央経済社・2013）、中西・前掲注(49)21頁、東京地判平成 3 ・ 4 ・17判タ770号254頁。

58)　東京地判昭和53・ 3 ・31判時924号120頁、大阪地判昭和54・ 4 ・13判時935号108頁、札幌高判昭和58・ 6 ・14判タ506号191頁、大阪地判昭和58・12・27判時1120号128頁、東京地判昭和61・ 1 ・28判時1229号147頁、大阪地判昭和63・ 1 ・29判タ687号230頁、東京高判昭和

被保険者は癌など病名を知らなくても自覚症状および入通院による治療がある事
実、入院の勧告を受け、入院の予約をした事実、過去2年以内の健康診断において
異常な結果が出ていた事実など。

イ　職業・身分関係・収入

古い時代の判例では、身分関係、職業の種類、保険契約者の保険料支払継続能力
の有無については、被保険者の生命に関する危険測定に関係ないことを理由にその
重要性が否定されていた。現在の保険実務においては、危険度の高い職業に従事し
ている人を無条件に引き受けると、保険契約者間の保険料負担の公平性が保たれな
いという理由で、職業および仕事の具体的内容が告知事項とされている。学説もそ
の重要性を肯定している。

もっとも、保険契約者がその収入に比して著しく高額の生命保険に加入している
事実や多数の生命保険契約に加入しているような事実について告知すべきであるか
については、従来から議論がある。現在一部の生命保険会社では、年収、他社加入
状況も告知事項としている。保険法では、これらの事項は非重要事項として排除さ
れる規定があるわけではないから、その有効性が認められるであろう。

ウ　被保険者の年齢・性別

生命保険契約においては、被保険者の年齢や性別は、疾病にり患する可能性や生
存余命にかかわってくるから、保険の種類ごとに引受可能な年齢範囲を定めるとと
もに、保険料率は契約日現在の被保険者の契約年齢を基礎として定める。そのため、
被保険者の年齢や性別は危険を測定するための重要な事項であると考えられる。古
くには、被保険者の年齢を危険測定の重要な事実としている判例・裁判例があった。
現在、年齢や性別に関する不実告知や誤りの取扱いについては、約款上、告知義務
違反による解除から切り離して定められている。

エ　遺伝子情報

古い判例では、被保険者の血族、特に尊属親の遺伝子疾患の存否・健否および死

　61・11・12判時1220号131頁、東京高判昭和63・5・18判タ693号205頁、東京地判平成3・
　　4・17判タ770号254頁、東京地判平成17・10・14生判17巻757頁等。
59）　大判大正7・3・4民録24輯323頁等。
60）　大判昭和10・12・10法学5巻653頁等。
61）　福岡地判平成18・7・7生判18巻461頁、福岡高判平成19・11・8生判19巻546頁等。
62）　大判大正2・3・31民録19輯185頁、大判明治40・10・4民録13輯939頁等。
63）　山下・保険法299頁。
64）　オリックス生命等。
65）　東京地判大正5・5・29新聞1141号25頁、大判大正6・5・12新聞1261号12頁。

亡年齢・死因も重要な事項（事実）とした判例があった[66]。一方、血族が遺伝性疾患に罹患していたからといって、その人も発症することが確実であるとまではいえず、その人の責任に帰することができないものを告知義務の対象として危険選択に利用することは不当な差別にもつながるとの理由で否定している判例があった[67]。また、学説上も、告知義務の対象は、既往症・現症にとどまるべきであり、将来生ずるかもしれない疾病に関する遺伝子情報については、生存に不可欠な保険に加入する権利を脅かすものであることを理由に、告知義務の対象とするべきではないとの否定的な見解が多くみられる[68]。現在の生命保険実務ではそれらの遺伝子情報は告知の対象としていない。

(4) 保険実務

保険実務上、告知書の記載事項は通常、被保険者の属性と健康状態に大別されている。属性に関する事項として、名前や生年月日、性別、身長、体重、勤務先名・業種・仕事の具体的内容等であって、健康状態に関する事項として、①最近3か月以内の健康状態について、②過去5年以内の病気やけがについて、③癌の罹患有無について、④過去2年以内の健康診断・人間ドックの結果について、⑤身体の障害について、⑥女性特有の告知項目等がある。質問に対しては、告知書の「はい」か「いいえ」にチェックする。「はい」に該当する場合は、告知書の別欄に詳細を記入する必要がある。そして、契約者または被保険者が告知した事項が正確に保険会社に伝達されたかどうかを契約者において確認する機会を与えるために、告知書の写しは、保険証券とともに保険契約者に送付されるのが通常である。

7 規定の性質

本条は、保険契約者または被保険者保護の観点から、片面的強行規定とされている（41条）。これに反して、保険契約者または被保険者に不利な特約を定めても無効となる。たとえば、自発的申告義務を課す旨の特約や保険契約者等以外の者に告知義務を課す特約、重要事項に該当しないものについても告知を求めることができる旨の約定などは、無効となる[69]。

もっとも、書面による告知を求める約款の定めが書面によることを要するものと

---

66) 大判大正4・4・14民録21輯486頁、大判大正13・4・18民集3巻132頁等。
67) 大判大正15・9・27新聞2639号9頁。
68) 山下・保険法302頁、山下＝永沢・保険法Ⅱ 22頁［遠山聡］、今川嘉文＝内橋一郎編著『保険法Map─消費者のための保険法ガイドブック 解説編』93頁（民事法研究会・2013）、岡田・前掲注(34)61頁、甘利ほか・前掲注(50)68頁以下等参照。
69) 補足説明10頁。

はしていない本条の片面的強行規定性に違反するかどうかについて、告知義務者が告知受領権者に口頭で告げれば、告知義務は履行され、または少なくとも保険者の解除権阻却事由としての保険者の悪意には該当すると考えられることから、書面を要求するということの意義は訓示的な効果しかないという理由で、片面的強行規定性に反するものではないと解される[70]。

8 告知義務をめぐる解釈問題

以下は、告知義務をめぐって学説上議論のある解釈問題であり、一部は改正前商法の下でも議論されていた。

(1) 重要性を満たす事項以外の質問は不可か

保険者としては重要性を満たす事項以外の質問を一切してはならないことになるかについて、学説上、否定説と肯定説がみられる。

否定説の論拠は、保険法では、告知義務の性質が質問応答義務に転換されたとはいえ、保険者がどんな事項でも告知の対象とすることができることになったわけではない。本条が片面的強行規定であるとされた関係で、質問は重要性の要件を満たすものでなければならず、仮に保険者が危険に全く関係のない事項や、危険に関係はあっても重要でない事項を質問したとしても、それは保険法にいう「告知事項」には該当しないため、保険契約者等はかかる質問に答える義務はなく、保険者は告知義務違反で解除することはできないということである[71]。

一方、肯定説の論拠では、本条の規定は、質問事項を絶対的重要性のある事項に限定するものではなく、保険者が重要性を満たさない事項の告知を求めることが直ちに片面的強行規定に反することにはならない。重要性を満たさない事項について告知を求めるべきではないというのは、行為規範としての意義しかない。告知義務者がそれに対し告知をしなかった、または事実と異なる告知をしたとしても、告知義務違反が成立することが認められないだけで、本条の片面的強行規定違反の効果として生ずるわけではないということである[72]。

しかしながら、保険法では告知事項を危険に関する重要な事項と明確に定め、かつ片面的強行規定とされている以上、約款で危険に関する重要性を満たさない事項

---

70) 山下＝米山・解説166頁［山下友信］。

71) 萩本・一問一答45-46頁（注２）、木下・前掲注(50)41-43頁、萩本修ほか「保険法の解説(2)」NBL885号25頁、木下・前掲注(50)42頁、松澤登「告知義務違反による解除」甘利＝山本・論点と展望34頁以下、岡田・前掲注(55)80頁等。

72) 大串＝日生・解説保険法43頁以下［大串淳子］、潘・概説73頁以下、山下＝米山・解説168-172頁［山下友信］、山下＝永沢・保険法Ⅱ 16頁［遠山聡］等。

についても告知を求めることができる旨の規定を設けることは、保険法よりも保険契約者等に不利な特約に該当するため無効となることは明らかである。もっとも、重要性を満たすかどうかは、告知義務者の解釈に委ねるべきではない。告知書に記載されている質問事項はすべて重要性を満たすものと推定されるとの従来の解釈が妥当である。保険者としては、商品性・申込承諾時の引受基準等を勘案のうえ、告知書に記載されている事項が重要性を満たすかどうかを適宜に見直す必要がある。

(2) 軽微な事実は告知事項の対象外か

軽微な疾患等の事実について、重要な事実に該当しないから告知しなくてもよいかという問題がある。学説上、既往症および現症は、生命に危険を及ぼすほど重いものに限定されないが、軽微なものまですべて重要事実に該当するとはいえないことを理由に告知する必要はないという見解がある。[73]

しかしながら、軽微な事実かどうか、あるいは危険測定とは無関係な事由に該当するかどうかは、保険技術、医的知識に精通しているわけではない告知義務者（保険契約者等）が判断することに無理がある。それこそが保険法で自発的告知義務から質問応答義務に転換された趣旨である。そのため、保険法では、告知義務者が告知しなければならない対象を改正前商法678条1項の「重要ナル事実」から単に「事実」に改めた。これにより、告知義務者は、告知すべき事実が重要か軽微かを判断する必要がなく、保険者になる者から求められる質問に対し、ありのままに告知すれば足りることになる。

保険実務上は、従来、軽微とされる事実も告知の対象に含まれる。なぜなら、軽微と思われる既往症または現症は、重大な疾病が隠れている場合もあり、このような事実は危険選択に影響を及ぼしうるための重要な事項に該当するからである。そのため、約款などには「重要な事実」という文言が用いられていない。告知説明用資料等では「事実をありのままに正確にもれなく告知ください」との旨の注意喚起をしている。

(3) 質問表の告知事項に限定されるか

改正前商法の下では、質問表は重要事項のすべてを含むという推定を認める説、下級審裁判例がある。[74]この説によれば、質問表に危険測定の判断に重要な事項とされる記載事項がすべて網羅され、かかる記載事項の他には重要事実は存在しないと推定される。それゆえ、保険法の下でも、告知の対象は、質問表の記載事項に限定

---

73) 中西・生保入門119頁、山下＝米山・解説175頁［山下友信］。
74) 東京高判平成元・8・28生判6巻61頁、広島地判平成9・3・6生判9巻131頁、広島高判平成10・1・28生判10巻30頁等。

すべきであり、質問表の記載事項につき告知すれば、告知義務のすべてを履行したことになり、それ以外の質問に対して回答する必要はないと解される可能性があると思われる。

確かに、質問表は保険の技術に通暁する保険者の作成したものであるから、これに掲げられた事項はすべて重要な事項と推定されると同時に、重要な事項は一応質問表に網羅されているものと推定することができる。しかし、保険法では、告知方式が質問表によるものに限定する規定は設けられていないから、保険者は告知義務者記入の質問表（告知書）の内容について疑義がある場合には、繰り返し追加質問したり、新たな関連資料の追加提出を求めたりすることが可能であると考える。もっとも、これはあくまでも保険者から告知を求められた場合に限られる。なぜなら、保険法の下で告知義務の性質は質疑応答義務となっているからである。

(4) 告知義務者が知っている事実に限定されるか

告知義務の対象となるのは、告知義務者の知っている事実に限定されるかどうかについて、改正前商法の下から議論がある。学説上、告知義務者の知っている事実に限られると解すべきとする見解と、知らない事実でも知らないことにつき重過失があれば告知義務違反が成立しうるとする見解が対立している[75]。

前者の理由は、知らない事実を告知することはできないということである。知らないことを告知しなかった場合に重過失があるとして告知義務違反の成立を認める余地を残すのであれば、告知義務者にその知らない事実の探知義務ないし調査義務を課する結果となり、適当でない。したがって、知っている事実のみを告知すれば足りる。告知義務者の知らない事実は、その不知がその過失に基づくかどうかを問わず、告知義務の対象とはならない[76]

保険法部会では、告知の対象が告知義務者において知っている事実に限られることを明示し、ある事実が存在していることを知らなかったことについて重大な過失があったとしても契約の解除をすることができないことを明確にすべきとの意見が出されていた[77]。また、その立場を支持する学説が多い[78]。

しかし、保険法では、告知事項について、故意または重過失により事実を不告知または不実告知をした場合に告知義務違反による解除ができると定められている趣旨に鑑み、原則として告知義務の対象となるのは、告知義務者の知っている事実に限定するが、保険者を欺罔する意図によって不知とする場合（思い出せなかったこ

---

75) 山下=米山・解説172-173頁［山下友信］参照。
76) 大森・保険法124頁、中西・生保入門114頁等。
77) 補足説明10頁。
78) 山下=米山・解説173頁［山下友信］、岡田・前掲注(55)80頁。

§37-Ⅴ8　　　　　465

とを口実とする場合を含む）には、故意または重過失に該当し、告知義務違反による解除が認められるものと考える。

(5)　告知書提出後の事実も告知義務に該当するか

告知書提出（保険契約申込時になされることが多い）の後に、告知していない事実、または新たに生じた事実を告知義務者が知った場合には、これらの事実も告知すべき事実に含まれるかが問題となる。これについて、告知書記入の後に告知すべき事実が発生しても、その事実を追加告知する義務はないという見解がある[79]。

しかし、告知時に告知対象の有無・告知内容等についてすぐに思い出せないことがありうる。それに法文上、告知時期が契約申込の時から保険者の承諾の時までであることが明白になっていることから、告知期間中に判明した事実または新たに生じた事実も告知すべき事実に含まれる。もっとも、これもあくまでも告知義務者の告知書提出後に改めて保険者から質問により告知を求められた場合に限られる[80]。もちろん、保険者になる者の承諾の時までは、告知義務者はすでに告知した内容について自ら訂正や補充を行うことができるが、保険契約成立後に訂正や補充がなされた場合には、理論的に告知としての効力は生じないと考えられる[81]。

保険実務では、保険者の申込みの承諾通知の代わりに保険証券を保険契約者に送付する際に告知書の写しを同封して告知漏れや誤りがないかの確認を求め、訂正・補充告知の機会を設けているのが一般的である。訂正・補充がなされた場合は、これに対し保険者が承諾したのであれば、契約の成立に影響を及ぼさない。しかしそのまま承諾できない場合は、前の承諾は錯誤無効として契約を取り消すか、特別条件付により改めて契約を締結することになるであろう。理論的に前者は、承諾という法律行為が訂正・補充前の告知内容に基づいたものであり、法律行為の要素に錯誤があったときは無効とすることができる（民法95条。平成29年民法改正施行後は「取り消すことができる」）。後者は、収支相等の原則に基づき、および健康な加入者との公平性を保つために割増保険料等の特別条件付契約を締結する必要がある。その場合は、保険者が申込者で、保険契約者になる者が承諾者となる。保険者から新たに提示された特別条件を保険契約者になる者が承諾しなければ、契約は成立しないことになる。一方、告知すべき事実があるにもかかわらず、告知書の写しの送付に対して何も訂正・補充がなかった場合は、少なくとも重大な過失にあたるとして、契約

---

79)　甘利ほか・前掲注(50)65頁。
80)　同旨、山下=米山・解説165頁［山下友信］、山野・前掲注(57)29頁。
81)　同旨、中西・前掲注(49) 4頁、山下=永沢・保険法Ⅱ 19頁［遠山聡］。

が成立しても、告知義務違反による解除を認める可能性がある。[82]

Ⅵ　外国法令

各国とも、以下のとおり保険契約締結の際に告知義務制度を設けている。

1　ドイツ

ドイツ保険契約法19条1項では、「保険契約者は、契約の意思表示のときまでに、保険者が合意された内容でその契約の締結を決定するために重要であり、かつ、保険者が文書方式で質問した、保険契約者の知っている危険事実について、保険者に告知しなければならない。保険契約者の契約の意思表示後であるが、契約承諾前に、保険者が、第1文の意味での質問を行ったときは、保険契約者はその質問についても告知する義務を負う」と定められている。これにより、告知義務者は保険契約者とされ、告知の対象範囲は、保険者が契約締結の可否を決定するための重要なもので、かつ原則的に保険者が文書方式で質問した事項であって、保険契約者の知っている危険事実である。告知時期は基本的に保険契約者の申込時であるが、契約承諾前に保険者から質問された場合、申込後にはじめて発生し、または保険契約者が知るに至った事実についても、告知する義務を負うものとされている。告知義務の性質は原則として文書方式による質問応答義務であると解することができる。

2　フランス

フランス保険法典L.113-2条1項2号では、保険契約者・被保険者は「保険者が、とりわけ契約締結時に用いる危険に関する告知書において、その引受危険を保険者に評価させるのに適した事情について、保険者が尋ねた質問に対して正確に回答する」義務を負うと定められている。これにより、告知義務者は保険契約者と被保険者とされ、告知義務の性質は、告知書による質問応答義務である。告知事項は保険契約引受危険に関する事実である。

3　イタリア

イタリア民法典1892条1項では、「保険者が事物の真の事実状態を知っていれば同意しなかったか、または、同一条件では同意しなかったであろう事情に関する保

---

82)　東京地判昭和47・11・1判時700号108頁、東京地判昭和53・3・31判時924号120頁、大阪高判昭和59・11・27生判4巻118頁、静岡地富士支判平成14・6・27生判14巻441頁。

§37−Ⅵ4，5　　　　467

険契約者の不実告知および不告知は、保険契約者が悪意または重大な過失によって
それをなした場合には、契約の取消事由となる」と定められている。これにより、
告知義務者は保険契約者とされ、告知事項は「保険者が事物の真の事実状態を知っ
ていれば同意しなかったか、または、同一条件では同意しなかったであろう」事実
であり、告知義務の性質は自発的な告知義務と解することができる。

4　スイス

　スイス保険契約法は、告知義務に関して4条（保険契約締結時の告知義務—通則）
と5条（代理人による契約締結時の告知義務・他人のためにする保険契約締結時の告知義
務）の2か条を設けている。告知義務者は原則として保険契約者であるが（同4条1
項）、他人のためにする保険契約締結の場合には被保険者にも告知義務を課すもの
とする（同5条2項）。告知方法は「質問表または他の書面による質問に基づいて、
保険者に対し、契約締結の時点において知り、または知ることができたあらゆる危
険測定上の重要な事実を書面によって告知しなければならない」と定めている（同
4条1項）。これにより、告知義務の性質は質問表による質問応答義務である。告知
義務の対象となる重要な事実とは、「保険者が契約を締結するかどうか、また当該
合意された条件で締結するかどうかを決定するのに影響を及ぼすべき危険事実」
（同4条2項）であるとされている。さらに、「保険者の書面による質問において一定
の明確な文言で表示される危険事実は、重要な事実と推定する」（同4条3項）とし
て質問表の推定的効力も明記している。

5　小括

　以上より、告知義務を保険契約者のみに課すのはドイツ保険契約法とイタリア民
法典であり、フランス保険法典においては保険契約者のみでなく被保険者も告知義
務者としている。スイス保険契約法においては他人のためにする保険契約の場合に
限って被保険者にも告知義務を課すこととしている。
　告知義務の性質について、大半は文書方式による質問応答義務である。イタリア
民法典は自発的告知義務である。なお、自発的な告知義務を課する立法例として、
ほかにオーストリア保険契約法21条、韓国商法651条・651条の2もあるようである。[83]
　告知義務の対象となる事項について、ドイツ保険契約法、フランス保険法典、ス
イス保険契約法とも、保険者が保険契約の締結を決定するのに影響を及ぼすべき危
険事実である旨を定めている。そして、スイス保険契約法はさらに質問表に記載さ

---

83)　傷害試案理由書93頁。

れている危険事実は重要な事実であるとの推定的効力も明記されている。一方、イタリア民法典では、保険者がかかる事実を知っていれば同意しなかったか、または、同一条件では同意しなかったであろう事実としている。

　なお、他保険契約の告知義務に関する規定が設けられている立法例は見当たらない。

Ⅶ　今後の展望

1　実務との関係

　金融庁では、保険法の改正に伴い、『保険会社向けの総合的な監督指針』において、告知事項については、「保険法において、告知義務が自発的申告義務から質問応答義務となったことの趣旨を踏まえ、保険契約者等に求める告知事項は、保険契約者等が告知すべき具体的内容を明確に理解し告知できるもの」とし、「保険契約者等の判断に委ねるようなもの」にしないことこと、告知書の様式については、「保険契約者等に分かりやすく、必要事項を明確にしたもの」とすることを求めている[84]。

　そして、生命保険協会では、「正しい告知を受けるための対応に関するガイドライン」において、正しい告知がなされない原因を分析し、「告知書が分かりにくいことからの告知対象外との誤認」、「軽微な疾患・事象のため告知対象外との誤認」は告知義務違反が生じる典型的な原因の一部として挙げられ、対応策として、「わかりやすい告知書の作成」に向けて、①各項目の告知対象の明確化、②文言・表現の明瞭化、③告知記入例の記載、④告知義務者の認識サポート、告知内容・項目に関する見直しを提示し、告知義務者からの正しい告知受領の促進を図っている[85]。

　保険会社は、関連法令および監督指針に則り、生命保険協会ガイドラインの内容を参考としつつ、告知書の質問事項の具体化・明確化、質問方法・表示方法の工夫、必要な注記等で解釈が分かれる余地のない表現などにより、商品の特性や事務形態などに応じた適正な対応を確保するよう努めていく必要がある。

2　残された課題

　以上から分かるように、保険契約の締結に際し保険契約者または被保険者に告知

---

84)　金融庁「保険会社向けの総合的な監督指針」〔http://www.fsa.go.jp/common/law/guide/ins/02d.html〕（最終アクセス日：2017年12月1日）。

85)　社団法人生命保険協会「正しい告知を受けるための対応に関するガイドライン」〔http://www.seiho.or.jp/activity/guideline/pdf/announce.pdf〕（最終アクセス日：2017年12月1日）。

義務を課すということは、これを法制史的にみても、比較法的に見ても、ほとんど例外なく一般的であり、いわば、保険契約に必然的に付随する法制度といってよいと考える。[86]

　保険法では、告知義務に関する改正前商法上の課題の多くが立法で解決されたが、前述のように、なお明文化されていない課題が存在し、依然として解釈に委ねられている。とりわけ告知義務違反の有無を判定する要件の１つとなる告知事項および告知書の文言の解釈が重要な論点になるであろう。また、遺伝子情報を告知義務の対象として保険者の危険選択に利用することができる「重要な事項」に含めてよいかについては、今後、社会情勢の変化に伴い問題が顕在化した場合には、改めて立法措置のあり方を慎重に議論することになろう。[87]

〔李　鳴〕

---

86)　同旨、倉澤・前掲注(24)27頁。
87)　同旨、木下・前掲注(50)39頁以下。

470   §38-Ⅰ1

（被保険者の同意）
第38条　生命保険契約の当事者以外の者を被保険者とする死亡保険契約（保険者が
　　被保険者の死亡に関し保険給付を行うことを約する生命保険契約をいう。以下この
　　章において同じ。）は、当該被保険者の同意がなければ、その効力を生じない。

改正前商法第674条　①　他人ノ死亡ニ因リテ保険金額ノ支払ヲ為スヘキコトヲ定ム
　　ル保険契約ニハ其者ノ同意アルコトヲ要ス但被保険者カ保険金額ヲ受取ルヘキ者ナ
　　ルトキハ此限ニ在ラス

　【条文変遷】　ロエスレル草案741条・742条、明治23年商法678条・679条、明治32年商法
　　　　　　　　428条、明治44年商法428条１項、改正前商法674条１項
　【参照条文】　保険法45条・47条・67条、生保試案674条・674条の２・682条の５
　【外国法令】　ドイツ保険契約法150条（旧159条）、フランス保険法典L. 132-２条・L.
　　　　　　　　132-３条・L. 132-４条、イタリア民法典1919条、スイス保険契約法74条、
　　　　　　　　ニューヨーク州保険法3205条(c)項・3207条(b)項

Ⅰ　概　　要

1　諸概念

　生命保険契約には、契約の当事者である保険契約者自身を被保険者として（すな
わち、保険契約者と被保険者が同一）、その生死を保険事故の対象とする「自己の生
命の保険契約」と、保険契約者以外の第三者を被保険者として（すなわち、保険契
約者と被保険者が別人）、その生死を保険事故の対象とする「他人の生命の保険契
約」がある。他人の生命の保険契約には、さらに他人の生存を保険事故の対象とす
る「他人の生存の保険契約」と、他人の死亡を保険事故の対象とする「他人の死亡
の保険契約」（以下「他人の死亡保険契約」という）がある。[1]

　他人の死亡保険契約は、各国法制でも認められ、日本でも広く普及している。た
とえば、配偶者の一方が他方を被保険者として締結する「夫婦保険」（夫婦連生保
険）、親権者が子どもを被保険者として締結する「こども保険（学資保険）」、企業等
が保険料を負担し、従業員を被保険者として定期保険に加入させる「総合福祉団体
定期保険」、企業が保険契約者となり中小企業経営者を被保険者として定期保険契
約を締結する「事業者保険」、債権者である信用供与機関（銀行等）または信用保

　1）　大森・保険法267頁、西島・保険法321頁、山下・保険法267頁等参照。

§38-Ⅰ2　　　　　　　　　　　　　　　　　　　　471

証機関が保険契約者・保険金受取人となり、債務者を被保険者、未返済債務額を保険金額として締結する「団体信用生命保険」等がその例である。[2]

2　趣旨

　他人の死亡保険契約については、もし、保険契約者がこれを自由に締結しうるものとすれば、次の3つの弊害または危険性が生じるおそれがあるといわれている。[3]すなわち、①保険の賭博的利用の弊害—保険契約者が自分と全く利害関係のない者を被保険者として賭博的な動機で死亡保険契約を締結する危険性、②道徳危険（モラル・リスク）の弊害—保険契約者や保険金受取人が保険金詐欺を目的として故意に被保険者の生命を害するという犯罪誘発の危険性、③人格権侵害の弊害—保険契約者が勝手に他人を被保険者とすることで、その他人の人格権を侵害する危険性である。その防止を図るために法的に何らかの制限を加えるのが通例である。弊害防止の立法類型は、①利益主義、②親族主義、③同意主義の3つに区分されて、その概要は以下のとおりである。[4]

　利益主義とは、保険契約者および保険金受取人が被保険者の生死につき利益（被保険利益）を有しない限り締結できないとする主義であり、保険契約者の経済的損害のてん補を目的とする契約すなわち損害保険的性格をもっているといわれる。[5]利益主義は、各国で最も古くから弊害防止の立法制度に取り入れられ、後述のようにイギリスおよびアメリカでは現在でも採用されている。もっとも、利益主義は、保険の賭博的利用の弊害を防止するために効果的であるが、①損害保険契約的な要素で生命保険契約とは相容れない問題、②利益主義の要件を厳しく限定すると社会的要請に応じられない問題、③モラルリスクの弊害防止が不十分であり、人格権侵害の弊害防止が考慮されていない問題等が存在するとの批判がある。[6]

　親族主義とは、被保険者の親族のみが保険契約者として保険契約を有効に締結す

2）　酒巻宏明「未成年者を被保険者とする保険」金澤・新たな展開214-215頁。

3）　三宅一夫「他人の死亡の保険契約」大森=三宅・諸問題307頁、江頭憲治郎「他人の生命の保険契約」ジュリ764号58頁（1982）、大森・保険法267頁、西島・保険法321頁、遠山優治「他人の生命・身体の保険契約について」生保論集160号178頁以下（2007）等。

4）　三宅・前掲注（3）298-306頁、今井薫「他人の生命の保険」倉澤康一郎編『生命保険の法律問題』金判986号70-71頁（1996）、潘阿憲「生命保険契約における被保険利益の機能について―英米法および中国法の視点から」文研129号125頁（1999）、江頭・前掲注（3）58頁、山下・保険法267頁（注1）、酒巻・前掲注（2）205頁以下等参照。

5）　倉澤・通論129頁。

6）　三宅・前掲注（3）300頁、潘・前掲注（4）125頁、酒巻・前掲注（2）216頁参照。

ること、または被保険者の親族のみを保険金受取人とすることができるとする主義
である。親族主義は、親族であれば、保険の賭博的利用の危険、道徳の危険、人格
権侵害の危険のいずれも回避されるであろうとの見地に立っているものと思われて
いる。[7] しかし、親族主義も他人の生命の保険契約の利用範囲を極めて狭く限定して
しまうので、親族以外の者（たとえば特定の債権者など）に保険金を取得させる社会
的需要が増大するような生命保険のニーズに対応しきれないという問題、仮に親族
を保険金受取人とする場合でも、道徳的な危険性がまったく生ずるおそれがないわ
けではないという問題等が存在するとの批判がある。[8]

　同意主義とは、他人の死亡保険契約を締結するために、その他人（被保険者）の
同意を要するとする主義である。同意主義は、利益主義と異なり、その要件が極め
て明確であるとともに、親族主義と異なり、他人の死亡保険契約の有用性も阻害さ
れないうえ、道徳的危険の防止という点でも、その危険性を被保険者の判断に委ね
ることによって、他の二主義よりは効果的であり、加えて、同意を要件とすること
によって、人格権侵害の危険にも応えているとして最も妥当な立法例だと評価され
ており、[9] 後述のように日本を含め、今日多くの国の保険契約法で採用されている。

　本条（38条）の趣旨は、他人の死亡保険契約の締結の際における保険の賭博的利
用、道徳危険、人格権侵害の３つの弊害を防止することにより、被保険者を保護す
ることにある。[10] 保険法では、生命保険契約に関して被保険者の同意が必要とされる
のは、他人の死亡保険契約の締結についてのみではなく、契約締結後から保険事故
発生前までにおける保険金受取人の変更（§45解説Ⅴ参照）および保険金請求権の
譲渡（§47解説Ⅴ参照）についても同様である。

3　条文概要

　本条（38条）は、改正前商法674条１項に対応する規律であり、改正前商法の規律
を維持しつつ、保険契約者以外の者を被保険者とする他人の死亡保険契約について、
例外なく、当該被保険者の同意がなければ、その効力を生じないものとして、被保
険者の同意が保険契約の効力要件であることを条文上明確にしている。

　なお、本条の規定は、絶対的強行規定である。

7）　酒巻・前掲注（2）216頁。
8）　三宅・前掲注（3）300頁、潘・概説211頁、山下・保険法267頁（注１）等。
9）　三宅・前掲注（3）304頁、大森・保険法267頁、西島・保険法321頁等。
10）　補足説明69頁、江頭憲治郎「他人の生命の保険」中西喜寿・233頁等。

II 沿　革

　他人の死亡保険契約における被保険者の同意に関する規制は、日本の立法上、以下のように変遷してきた。

1　ロエスレル草案

　ロエスレル草案741条1項は、「保険ハ自己ノ生命若クハ健康ニ就キ又ハ保険ヲ受ル時ニ方テ財産上ノ利益ノ関係アル他人ノ生命若クハ健康ニ就テ之ヲ為スコトヲ得」と規定し、契約時に財産上の利益関係のある他人の生命もしくは健康については、保険契約を締結することができるとしている。同条2項は、「夫婦、兄弟、姉妹、尊属親、卑属親ノ生命健康ニ係ル相互ノ利益ハ法律上ノ証拠ヲ挙クルヲ要セス」と規定し、夫婦、兄弟、姉妹、直系尊属、直系卑属の生命健康にかかる相互の利益については、法的証明は不要であるとしている。そして、同742条は、「他人ノ生命若クハ健康ニ係ル保険ヲ受ルニハ其人ノ承諾若クハ了知スルヲ要セス」と規定し、他人の死亡保険または健康保険については、被保険者の承諾は必要としないとしている。その理由として、被保険者は保険契約のために何らの義務も負うものではないこと、また、同意を必要とすると保険契約者が正当に契約を締結することが被保険者の悪意等により妨げられるおそれがあることが挙げられている。[11]

　以上から、ロエスレル草案では利益主義が採用されていることは明らかである。その理論構成としては、他人の生命保険契約の締結時に被保険利益が存在すればよく、契約締結後に被保険利益が消滅した場合でも保険契約は有効である。また、これにより保険の賭博的利用など弊害の防止ができることから、当然に被保険者の同意の不要が導かれる。

2　明治23年商法

　明治23年商法678条は、1項では「何人ニテモ自己の生命若クハ健康ヲ保険ニ付スルコトヲ得又保険ニ付セントスル時ニ於テ他人ノ生命若クハ健康ニ付財産上ノ利益ヲ有スル者ハ其他人ノ生命若クハ健康ヲ保険ニ付スルコトヲ得」とし、同条2項では「配偶者、兄弟姉妹、尊属親及ヒ卑属親ノ生命若クハ健康ニ関スル相互ノ利益ニ付テハ証拠ヲ挙クルコトヲ要セス」と規定している。そして、同679条は「他人ノ生命又ハ健康ノ保険ノ有効ナルニハ其人ノ承諾若ハ了知ヲ要セス」と規定してい

---

11)　ロエスレル・180頁。立法沿革については、山下＝米山・解説187頁［山本哲生］参照。

る。明治23年商法は、ロエスレル草案に比べ、文言は修正されているものの、内容はロエスレル草案がそのまま引き継がれている。すなわち、契約締結時に財産上の利益を有する者が他人の生命保険契約を締結することができるという利益主義が採用され、被保険者の同意は不要とされている。その理由も、ロエスレル草案と同様のものと考えられている[12]。

3 明治32年商法

明治32年商法428条1項は「保険金額ヲ受取ルヘキ者ハ被保険者、其相続人又ハ親族ナルコトヲ要ス」と規定し、保険金額受取人が被保険者、その相続人または親族であることを要件とし、親族主義を採用している。明治32年商法では、利益主義から親族主義に改められた理由としては、財産上の利益を有する者が他人の死亡保険契約を締結することができるとすると、保険詐欺の弊害があることなどが挙げられている[13]。

4 明治44年商法

明治44年商法428条1項は「他人ノ死亡ニ因リテ保険金額ノ支払ヲ為スヘキコトヲ定ムル保険契約ニハ其者ノ同意アルコトヲ要ス」と定め、はじめて同意主義を導入した。同年改正の際に親族主義が弊害防止の方策として不十分であるという説明や議論がされていたわけではなく、保険金受取人が被保険者の相続人または親族に限られるという親族主義の制度は範囲が極めて狭く保険の利用を妨げるため、むしろ親族等以外の第三者が保険金受取人となる余地を認めることによって保険事業の発達を図ることが改正の理由とされていた[14]。ただ、同条の但書において、「被保険者カ保険金額ヲ受取ルヘキ者ナルトキハ此限ニ在ラス」、すなわち、被保険者を保険金受取人と定める契約についてはこの限りではないと定め、同意の例外を規定していた。これは、その当時には「養老保険ノ場合」（被保険者が保険金受取人である場合）には、被保険者の同意はもちろん不要であるが、疑義が生じるのを避けるために明確に規定したものと説明されていた[15]。

その後、昭和13年の商法改正により、明治44年商法428条1項がそのまま改正前商法674条1項として引き継がれた。それ以来、保険法改正までは、改正前商法の

---

12) 長谷川喬『商法〔明治23年〕正義第5巻』172-176頁（信山社・1995〔復刻版〕）。
13) 西川一男=丸山長渡『改正商法〔明治32年〕要義上巻』654頁（信山社・2005〔復刻版〕）。
14) 柳川勝二『改正商法〔明治44年〕正解』554頁（信山社・2002〔復刻版〕）、第5回議事録3頁。
15) 補足説明71頁。

§38-Ⅲ 1, 2　　　*475*

ような形で、保険契約者以外の第三者を被保険者とする他人の死亡保険契約を締結
する際に被保険者の同意が必要とされていた。

Ⅲ　改正前商法

1　改正前商法の規律

改正前商法674条1項は、他人の死亡保険契約について、原則として被保険者の
同意を要するものとし、同意主義を採用している。もっとも、同項但書では、他人
の死亡保険契約であっても被保険者自身を保険金受取人とする場合には、例外的に
当該被保険者の同意は不要と規定している。これは、被保険者自身が保険金受取人
となるのであるなら、賭博的悪用やモラル・リスクの弊害は乏しいとの理由による
ものと考えられている[16]。

なお、改正前商法では、他人の死亡保険契約における被保険者同意の方式、時期、
相手方および同意の法的性質に関して何らの規定も設けられておらず、解釈論や約
款に委ねられていた。

2　立法論的批判

改正前商法のもとで、他人の死亡保険契約における被保険者の同意に関する法規
制のあり方について、以下の立法論的な批判があった。

(1)　被保険者同意の例外的不要に関する指摘

改正前商法674条1項但書では、被保険者が保険金受取人である場合には、前述
のように賭博的な悪用やモラル・リスクの弊害が乏しいとみて、被保険者の同意が
例外的に不要とされている。しかし、保険事故の発生時（被保険者の死亡時）に保
険金の支払を受ける者は、実際には当該被保険者の相続人であり、すなわち、被保
険者の相続人が当初から保険金受取人に指定されていた場合と結局は同じであるか
ら、賭博的悪用やモラル・リスクの弊害が乏しいとは必ずしもいえない。また、諸
外国でもこのような立法例はみられない。したがって、立法論として、保険の賭博
的利用やモラル・リスクの防止等という趣旨で被保険者の同意を求める観点からは、
このような例外を認めるのは相当ではないとの指摘がされていた[17]。

---

16)　山下・保険法273頁、江頭・前掲注(10)235頁、福田弥夫「被保険者の同意」甘利=山本・
　　論点と展望197頁。
17)　大森・保険法269頁(注2)、西島・保険法322頁、山下・保険法273頁、補足説明71頁等。

(2) 被保険者の同意方式の未規整に関する指摘

改正前商法上、被保険者の同意の方式は規整されていない。立法論としては、被保険者保護の観点から、証拠の明確性の担保および被保険者に事柄を認識させる機会を確保する必要性があることを理由に、書面による同意を求めるべきであるとの指摘が多かった。[18] また後述のように、外国においては同様な観点から、書面性を要求する立法例が多数みられる。

(3) 被保険者が未成年者である場合の取扱いに関する指摘

改正前商法上、未成年者を被保険者とする死亡保険契約において被保険者の同意をどのように得るかについて直接規定した規律はなく、解釈論や約款に委ねられていた。

学説上は、意思能力があるか否かを問わず、親権者等の法定代理人が代わりに同意することができるかをめぐって肯定説と否定説が対立していた。

肯定説では、被保険者の同意は準法律行為としての性質を有するため、民法の法律行為に関する一般原則が類推適用されることから、被保険者が意思能力を有しない未成年者である場合には、民法の一般原則（民法5条・818条3項）に従い、親権者等の法定代理人による同意が可能と解するほかはないとされている。[19]

これに対し、否定説では、親の保険金目当ての子殺しは、歴史的にも各国でしばしば見られる現象であり、日本でも実例があること、また、親権者等の法定代理人が保険契約者兼死亡保険金受取人であると、未成年者の被保険者との間で実質的には利益相反となることから、親権者等による代理にはなじまないと解されている。[20] 立法論として、意思能力のある未成年者については、意思能力のある未成年者と法定代理人双方の同意を要求すべきであり、意思能力のない未成年者については、諸外国の立法例を参考に、死亡保険契約の締結を禁止しまたは葬儀費用程度に限定するなど保険金額を低く制限するか、あるいは家庭裁判所が選任する特別代理人による同意を必要とすべきとの指摘がされている。[21]

(4) 団体生命保険契約の取扱いに関する指摘

団体生命保険契約とは、一定の客観的区分で他と区別できる人間の集団を包括して被保険者とする生命保険契約のこと（代表例：団体定期保険、団体信用生命保険）

---

18) 三宅・前掲注（3）315頁、大森・保険法271頁、西島・保険法325頁、山下・保険法270頁、生保試案理由書52頁。

19) 大森・保険法271頁、西島・保険法324頁等。

20) 山下・保険法272頁、江頭・前掲注（3）64頁。

21) 田中=原茂・保険法275頁・293頁、青谷・法論Ⅰ 119頁（注3）、西島・保険法324頁、江頭・前掲注（3）64頁、山下・保険法272頁。

をいう。団体定期保険は、会社が保険契約者兼保険金受取人となり、従業員を被保険者とするものが多い。団体定期保険には、団体に属する者が全員被保険者となる全員加入型と、団体に属する者のうち、希望する者のみが被保険者となる任意加入型がある。実務上、前者は通称「Ａグループ保険」、後者は通称「Ｂグループ保険」という。団体信用生命保険は、金融機関が保険契約者兼保険金受取人となり、その金融機関から融資を受けた債務者を被保険者とし、保険金額を債務残額とする保険契約である[22]。

　改正前商法には、団体生命保険契約に関する独立した規律はなかった。団体定期保険は、他人の死亡の生命保険であるから、改正前商法674条1項本文により被保険者の同意が必要である。Ｂグループ保険のような任意加入型の場合においては、被保険者本人が加入申込書を記入するので、必然的に被保険者の同意が得られることになり、問題は生じない。しかし、全員加入型のＡグループ保険では、以下の背景により従来から被保険者の同意のとり方が問題となっていた。

　当該保険契約の趣旨は、保険金を従業員が死亡した際の遺族への死亡退職金等の支払の原資に充てるというような形で、従業員の福利厚生を図るためであること、従業員が多数であるうえ、変動があるため実務上個別に同意をとることが困難であること、労働組合の代表者による一括同意での労働協約または就業規則に保険条項があれば足りるとする実務があることから、必ずしも厳格な同意は求められてこなかった。しかし、従業員や遺族から、知らない間に従業員が被保険者とされ、会社が高額の保険金を受け取りながら遺族への死亡退職金等の給付額はわずかであるという実態を疑問視する声があがり、保険金相当額を遺族に引き渡すことを求める訴訟が多発し、しかも遺族の権利を認める裁判例も多かった[23]。

　そこで、「団体生命保険契約の内容等が被保険者となるべき者に書面で通知され、かつその者に同意を拒絶する機会を保証する場合には、被保険者の書面による同意を要しない旨」の特則を定めるべきであるとの立法論的指摘がされていた[24]。

---

22)　山下＝米山・解説207頁［山本哲生］参照。

23)　大阪地判昭和54・2・27判時926号115頁、名古屋地判平成7・1・24判タ891号117頁、東京地判平成7・11・27判タ911号121頁、青森地弘前支判平成8・4・26判時1571号132頁等。静岡地浜松支判平成9・3・24判時1611号127頁は、被保険者の同意の不存在を理由に契約を無効として遺族の請求を棄却した。

24)　西島・保険法322頁。

Ⅳ　立法過程

1　保険法制定前試案

　生保試案は、前述の立法論的批判を踏まえ、他人の死亡保険契約における被保険者の同意に関する規律について、以下のとおり改正前商法674条1項の改正を試みた。

⑴　被保険者の同意に関する規定

　生保試案674条1項は、「他人の死亡に関して保険金の支払をすることを定める保険契約を締結するには、その者の書面による同意がなければならない」と規定しており、改正前商法と同様に同意主義を採用したが、改正前商法と異なって、被保険者の同意を契約の成立要件としており、かつ書面による方式を求めていた。

⑵　改正前商法674条1項但書の削除

　生保試案は、改正前商法674条1項但書、すなわち、他人の死亡保険契約であっても、被保険者自身を保険金受取人とする場合には同意は不要であるとの規定を削除した。その理由として、①被保険者と保険金受取人とが同一である死亡保険契約の場合、保険事故の発生により保険金を受け取るのは被保険者の相続人であることに鑑みると、その場合につき被保険者の同意を不要とする合理的理由はないこと、②諸外国の法制にも、このような規定を設けている例はないこと、および、③現行実務でも、被保険者と保険金受取人とが同一である生命保険契約の場合について、被保険者の同意を要求している点が挙げられていた。[25]

　なお、本条は、契約当事者において変更することができない絶対的強行規定とされていた（生保試案683条1項）。

⑶　未成年者の死亡保険契約に関する規定の新設

　生保試案は、未成年者の死亡保険契約に関して独立した条文を新設した（生保試案674条の2）。被保険者が満15歳以上の未成年者、すなわち意思能力のある未成年者である場合につき、被保険者およびその法定代理人の双方の書面による同意が必要である旨を明文化することにしていた（同条1項）。一方、被保険者が満15歳未満の未成年者または成年被後見人、すなわち意思無能力者である場合については、特別な規定を設けず、改正前商法と同じく条文の解釈論や約款に委ねることとしていた。また、法定代理人が満15歳以上の未成年者を保険契約者兼被保険者とする死亡保険契約を締結する場合にも、被保険者の書面による同意が必要であるとしていた（同

---

　25)　生保試案理由書51頁以下。

§38-Ⅳ2 479

条2項前段)。これは、満15歳以上の未成年者である被保険者の意思を尊重する趣旨であると考えられる。

なお、本条も絶対的強行規定であった(生保試案683条1項)。

(4) 団体生命保険契約に関する規定の新設

生保試案は、さらに団体生命保険に関して別途詳細に定めていた(生保試案682条の5・682条の6)。不加入の申し出をした者を除き、団体に属する者の全部または契約所定の条件に適合する者の全部を被保険者とする団体生命保険契約が一定の要件を満たした場合には、特則として被保険者の同意を要しないものとしていたが、被保険者の書面による同意を要する約定を妨げない旨の但書を設けていた。

2 法制審議会保険法部会の審議

保険法部会の検討過程において、前述の立法論的な批判を踏まえ、他人の死亡保険契約における被保険者の同意のあり方をめぐって特に議論されていた点は、①被保険者の同意方式(書面が必要か)、②同意不要に該当する「一定の場合」、③被保険者が未成年者等である場合の取扱い、および、④団体生命保険契約の特別規律の要否である。

(1) 被保険者の同意方式に関する検討

保険法部会では立法論や外国の立法例に鑑み、被保険者の同意を書面でしなければ契約の効力を生じないものとすべきかが審議されていたが[26]、以下の理由により、被保険者の同意方式を書面に限定するような特段の規定を設けないこととした[27]。

① 書面性を契約の効力と直結させると、かえって被保険者の真意に反する場合が生ずること。たとえば、被保険者が生前に口頭で真意に基づいた同意をしていたにもかかわらず、書面の欠缺という形式的な理由だけで同意として無効とされ、保険者が保険給付の責任を免れるのは、被保険者の保護の趣旨に反することになる。

② 保険金請求権者に過重な負担を課すことになるから合理的ではないこと。すなわち、被保険者の同意を効力要件とすれば、同意の有無が争いとなった場合には、保険金請求権者において「書面による」同意があったことの立証責任を負うことになる。

③ 契約によっては、通知による被保険者への確認という取扱いが許容される場合もあること。たとえば、団体生命保険契約では、書面で同意を求めるのではなく、契約の内容によっては、従業員に対してその者を被保険者とする死亡保険契約を締

---

26) 部会資料(6)2頁・(11)3頁以下、中間試案18頁(注1)、補足説明69頁以下。

27) 部会資料(19)4頁、補足説明69頁以下、萩本・一問一答175頁。

結することを通知するなどして、従業員から異議のない限り、その者を被保険者とする契約を締結することとしている場合もありうる。

④　被保険者の保護は、監督法による規律等で担保すれば足りること。情報化社会に対応した形で被保険者の同意を得ることを阻害しないためにも、保険者がどのようにして同意を確認するかは監督法上の規律に委ねるべきである。

なお、保険業法施行規則11条2号では、事業方法書等の審査基準として、同意の方式が、被保険者の書面により同意する方式その他これに準じた方式であり、かつ、当該同意の方式が明瞭に定められていることが掲げられており、保険会社に原則として書面により被保険者の同意を得るという事業運営が義務付けられている。

(2)　同意不要に該当する「一定の場合」に関する検討

保険法部会では、被保険者の同意を効力要件としない「一定の場合」を考慮する際に、原則として被保険者の同意が求められている趣旨を踏まえ、例外が際限なく広がらないように留意しつつ、保険契約者、保険金受取人、被保険者の相互関係、保険事故の内容、保険契約者が他人を被保険者とする死亡保険契約を締結する合理性の有無、被保険者の同意を個別的に求めることの必要性・合理性、および新設される被保険者の意思による契約関係からの離脱の規律が認められる範囲等という視点から検討されていた。[28]　検討の結果、被保険者自身が保険金受取人となる場合の他人の死亡保険契約に関しては、例外的に被保険者の同意を不要とする改正前商法674条1項但書に相当する規律を設けないこととしたが、被保険者自身が保険金受取人となる場合の他人の傷害疾病定額保険契約に関しては、改正前商法674条1項但書を維持することとした（§67解説Ⅲ2参照）。

(3)　被保険者が未成年者である場合の取扱いに関する検討

保険法部会では、被保険者が未成年者等の制限行為能力者である場合の規律のあり方について議論されていた。道徳的危険の防止の観点から未成年者の死亡保険契約は禁止すべきであるとの意見、親権者等の法定代理人がするものとすることでよく、実務上問題は生じていないとの意見、公序良俗（民法90条）に反する場合等を除き、このような保険契約も有効であるとの意見、特別の規律を設けて、葬儀費用程度に保険金額を制限すべきであるとの意見などがあった。[29]　しかし、審議の結果、最終的に以下の理由により、特別の規律を設けないこととされた。[30]

①　契約法上一律に保険金額を制限することは、実務上保険金額を含む種々の事

---

28)　部会資料(14)30頁・(21)2頁、中間試案18頁(注3)・28頁、補足説明72頁。

29)　部会資料(19)5頁、第18回議事録29頁、部会資料(11)4頁（補足3）、補足説明70頁。

30)　部会資料(21)5頁(補足)。

情を総合的に考慮する形でモラルリスク対策が講じられているにもかかわらず、その一定要素である保険金額だけを取り出してこれに一定の枠をはめ、契約者の選択の自由や保険者による工夫の余地を奪うことになってしまう点で適切でないこと。

②　仮に保険金額を限定するとしても複数の契約があるときに実効性がないこと。

③　保険金額を制限する旨の規律を新たに設けることでコンセンサスを得るのは難しく、契約法で規律するのではなく、実務上の対応または監督法上の規律に委ねることが適切であること。

　もっとも、国会における保険法案の衆議院附帯決議（平成20年4月25日法務委員会）において、「未成年者を被保険者とする死亡保険契約については、未成年者の保護を図る観点から適切な保険契約の引受けがなされるよう、特に配慮すること」とされた。

(4)　団体生命保険契約の特別規律の要否に関する検討

　保険法部会では、団体生命保険契約について、被保険者の同意に関する特則を設けるべきかどうかが議論されていた[31]。しかし、総合福祉団体定期保険契約の導入とそれにかかる金融庁の監督指針が遵守される限り、被保険者の同意に関する紛争が[32]将来的に多発することは考えにくく、他方で有用性を阻害する可能性も考慮するという理由により、最終的に保険法は、改正前商法と同様、団体生命保険契約につき被保険者の同意に関する特別の規律を設けることは見送られた[33]。

　もっとも、被保険者の同意や被保険者およびその家族に対する情報提供のあり方について注意すべき観点から、衆議院法務委員会、参議院法務委員会ともそれぞれによる附帯決議では、雇用者が保険金受取人となる団体生命保険契約について、被

---

31)　部会資料（7）5頁以下・(11)4頁（補足4）、補足説明70頁。

32)　前述のような社会問題の背景のもとで、平成8（1996）年以後、生命保険業界では、団体定期保険の仕組みを変更し「総合福祉団体定期保険」を導入した。この保険の主契約は企業の弔慰金・死亡退職金規程等の運営に資するとともに、遺族等の生活保障を目的とし、保険金額は企業等の死亡退職金・弔慰金額を上限とする。特約としては保険契約者を保険金受取人とするヒューマン・ヴァリュー特約を付加することができる。これは従業員等の死亡による保険契約者である企業の損失を補填することを目的とし、保険金額は主契約の保険金額の半分以下で、かつ2000万円以下でなければならない。被保険者の同意について、主契約に関しては、①被保険者となる本人の署名捺印または記名押印、②企業等が被保険者となるべき全員に保険契約内容を通知した旨の確認書・同意をしなかった者の名簿等のいずれかを保険契約者より提出してもらう方法（いわゆる「通知同意方式」）により確認するが、特約に関しては、①の方法のみにより確認する。さらに保険金請求時には被保険者の遺族が了知しているかを確認する。久保田秀一「総合福祉団体定期保険の開発」生保経営65巻3号56頁（1997）。

33)　補足説明96-98頁、部会資料(11)3頁（注4）。

保険者となる被用者やその家族に対して、保険金受取人や保険金額等の契約の内容に関する適切な情報提供がなされるよう努めるべきこととされている。

なお、改正前商法までの日本の立法作業においては、保険契約者と被保険者が別人である生命保険契約について、保険の賭博的利用、道徳危険および人格権侵害の３つの弊害のうち、人格権侵害はあまり意識されていなかったようであるが、保険法部会では大きな問題意識とされていたことが窺われる[34]。

V 条文解説

1 同意の対象契約

本条では、被保険者の同意を必要とする対象保険が「生命保険契約の当事者以外の者を被保険者とする死亡保険契約（保険者が被保険者の死亡に関し保険給付を行うことを約する生命保険契約をいう。）」であるとされ、改正前商法674条１項と同じく、いわゆる他人の死亡保険契約のみである。自己を被保険者とする自己の死亡保険契約については、保険契約者自身が被保険者であるから、契約締結の際には必然的に被保険者の同意があることになる。また、他人の死亡保険契約には、定期保険や終身保険のような死亡保険に限らず、養老保険のような生死混合保険も含まれる[35]。

保険法は、改正前商法と同じく、他人の生命の保険契約のうち被保険者が一定時期まで生存した時のみを保険事故とする純粋な生存保険契約については、被保険者の同意を必要とする規定は設けられていない。他人の生存保険契約が被保険者の同意の対象外とされる理由については、生存保険契約は通常相当長期であって、かつ、保険契約者が払い込むべき保険料の総額と満期時に支払われる保険金額との間に通常大差がないことから、賭博行為への悪用や道徳的な危険の弊害が少ないと考えられるからである[36]。

また、改正前商法674条１項但書を削除した保険法のもとでは、他人の死亡保険契約について、被保険者が保険金受取人として指定されている場合でも、例外なく、当該被保険者の同意が必要である。

---

34) 第５回議事録８頁・14頁、第18回議事録８頁・17頁、第20回議事録20頁など。同旨、山下＝米山・解説183頁［山本哲生］。

35) 山下・保険法270頁。

36) 大森・保険法268頁以下、西島・保険法322頁、三宅・前掲注（３）294頁、江頭・前掲注（３)58頁、中西・生保入門64頁参照。

2 同意の法的性質およびその効果

本条は、改正前商法の同意主義を維持し、「当該被保険者の同意がなければ、その効力を生じない」と定めて、かかる同意が効力要件であることを明確化している。

改正前商法674条1項は、単に「同意アルコトヲ要ス」としていたが、果たして被保険者の同意は、他人の死亡保険契約の成立要件なのか、それとも同意があるまでは当該契約の効力が発生しないという効力要件にすぎないのかは文理上明らかではなかった。もっとも、判例[37]、学説[38]ともこの同意は、保険契約の成立要件ではなく効力要件であると解していた。

成立要件とは法律行為が成立し存在するための要件であるのに対し、効力要件とは一旦成立した法律行為が意図したとおりの法律上の効力を発生するための要件であることから、これを欠くときは無効となる。

保険契約は、当事者である保険契約者と保険者の意思表示、すなわち申込みと承諾により成立する諾成契約であり、かつその成立と同時に効力を生ずることを原則とする。他人の死亡保険契約にあっても、この諾成契約性を否認すべき理由はない。ただ、被保険者の同意があるまでその効力が生じないとすれば、規定の立法目的は達せられる。同意のみ単独になされても、法律上なんらの効力も生じない。また、同意がなければ保険契約の効力を生じないことから、両者が共に存してはじめて保険契約は効力を生ずる[39]。

したがって、本条では他人の死亡保険契約について、被保険者の同意がないときは、効力要件を欠くものとして当該保険契約は無効であるということを明確にした。

被保険者の同意の法的性質について、古くからこの同意は被保険者が自己の生命・身体に関して保険契約が締結されることに同意する意思の表明であり、準法律行為に該当し、準法律行為には法律行為に関する民法の一般原則が準用されるため、法定代理人による同意も可能であり[40]、錯誤による無効や詐欺による取消しも認められると解されてきた[41]。

---

37) 最判平成18・4・11民集60巻4号1387頁、今井薫〔判批〕保険法百選112頁。
38) 松本・保険法209頁、野津・法論638頁、大森・保険法270頁、三宅・前掲注(3)310頁、西島・保険法324頁、山下・保険法269頁等。
39) 野津・法論439頁参照。
40) 伊沢・保険法347頁、大森・保険法270頁以下、西島・保険法324頁、倉澤・通論129頁、山下・保険法269頁。
41) 山下・保険法269頁。

3　同意の内容

　保険法は、改正前商法と同様、被保険者同意の内容についても特に規定は設けていない。したがって、以下のように従来どおりの解釈によるものと考える。

(1)　包括的な同意は認めない

　被保険者の包括的な同意が認められるかどうかという問題がある。下級審裁判例の中には、被保険者の同意は、多少の包括性がある同意で足りるとされた事例がある[42]。これに対し、ここまで同意要件を緩和する解釈は不当であるとの批判があった[43]。

　学説上は、同意主義の形骸化ないし空洞化を防ぐ観点から、内容が未確定の保険契約について包括的に同意が与えられても、それは同意として有効ではないとしている。たとえば、今後自己を被保険者として締結される一切の死亡保険契約に同意するとか、保険金をいくら掛けられてもよいというような同意は認められず、各保険契約につき個別的に同意を行うことを要するとされている[44]。

(2)　基本的事項の認識が必要

　同意に際して、保険契約の基本的事項に対する被保険者の認識が必要かという問題がある。同意を要する法の趣旨に鑑み、漠然と保険に付するということだけを認識しての同意は有効な同意とはいえない。被保険者の同意は、保険契約の基本的事項について正確に認識した上でなされることが必要である[45]。具体的には、保険契約者、保険金受取人および保険事故（40条1項2号・4号・5号）についてはもちろん、さらに保険期間および保険給付の額（40条1項6号・7号）についても認識されているべきであるとされている[46]。

(3)　認識と実際の内容にずれがある場合

　被保険者が認識した内容と実際の内容とにずれが生じた場合には、その同意が有効なものかどうかという問題がある。保険金額や保険期間などについては、実際に締結された契約内容と認識の間に若干のずれがあっても、同意の効力は有効である

---

42)　東京高判昭和53・3・28判時889号91頁。同判決では、被保険者が自己、妻または自己の親族名義で保険契約者となる保険契約の被保険者となることにつき「お前達が掛けられるならいくら掛けてもよい」と言ったことについて、「被保険者の多少の包括性ある同意（将来締結されるすべての保険について予め同意するといった同意の空洞化を招くような広い包括的同意ではなく）をもってその有効要件を充すに足ると解するのを相当とする」と判示された。

43)　山下・保険法270頁（注7）。

44)　大森・保険法272頁、西島・保険法325頁、山下・保険法270頁、潘・概説219頁、酒巻・前掲注(2)218頁。

45)　三宅・前掲注(3)316頁、大森・保険法272頁、西島・保険法325頁、山下・保険法270頁。

46)　江頭・商取引法516頁。

§38-V 4, 5 485

と解されている[47]。もっとも、その実際上のずれがどの程度であれば有効であるか、換言すればどの程度のずれがある場合に同意が無効となるのかは線を引き難い。少なくとも、実際に締結された保険契約の保険金額ないし保険期間では、被保険者が同意をしなかったであろうと明らかに考えられる場合には、同意は無効と解さざるを得ないとの見解がある[48]。

4　同意の方式およびその相手方

被保険者の同意の方式について、保険法では改正前商法と同様、特段の規定は設けられていない。したがって、一般原則に従い、法律上は不要式のものである。学説上も従来から、書面か口頭かを問わず、また明示的であるか黙示的であるかを問わず、同意として有効に成立しうると解されてきた[49]。もっとも、監督法のもとで書面による同意をルール化することを全く妨げず、書面で同意をとることに意味があることについて否定するものではないとされている[50]。

また、被保険者の同意の相手方についても、保険法では特に定められていない。したがって、これも学説の従来の解釈が引き続き維持されるものと考えられる。同意の法的性質が準法律行為であるとされ、相手方の受領を必要とする単独行為であると解されることから、一般に保険契約の当事者である保険者でも保険契約者でもよいとされ、被保険者の同意の意思が明瞭に表明されていれば、それで足りるものと解されている[51]（通説）。もっとも、実際の生命保険契約の申込みに際しては、保険会社に対する契約申込書に被保険者の同意欄が設けられているから、これは保険者に対する同意の表示と理解できるという見解もある[52]。

5　同意の時期

保険法では、被保険者の同意を必要とする時期について、改正前商法と同様に特に規定が置かれておらず、従来どおり解釈論や約款に委ねることとされた。学説上、同意は事前ないし保険契約成立時までになされることが通例であるが、事後でもよ

---

47)　青谷和夫「他人の生命の保険契約について―道徳的危険防止のための立法的措置を中心として」生保経営48巻4号637頁（1980）。
48)　福田・前掲注(16)203頁(注34)。
49)　松本・保険法47頁、野津・法論440頁、大森・保険法271頁、西島・保険法325頁、山下・保険法270頁、山下ほか・保険法235頁［竹濱修］等。
50)　第18回議事録23頁。
51)　松本・保険法244頁、野津・法論439頁、三宅・前掲注(3)314頁、大森・保険法270頁、西島・保険法324頁以下、倉沢・通論130頁、山下・保険法269頁、部会資料(11)3頁(注1)。
52)　福田・前掲注(16)204頁。

いかについては、以下のように否定的見解と肯定的見解に分かれている。

改正前商法のもとでは、かつて同意は事後の同意が認められず、契約成立時までになされなければならないという否定的見解が有力であった。その理由として、事後の同意を認めると、①同意があるまでは契約が効力を生じない状態で成立してしまうこと、②同意なき契約は強行規定に反すること、③同意の強制が行われるおそれがあることなどが挙げられた。[53]

これに対し、事後の同意を有効としても何らの弊害もなく、事前ないし保険契約成立時までの同意に限って有効とする理由はないから、同意は、保険契約成立時までにあるのが原則となるが、同意のないまま契約が締結された場合でも、事後的に被保険者が同意すれば保険契約の有効性を認めてよく（たとえば、団体保険において事前の同意を得ることが困難な場合）、事後的に同意があれば成立時に遡って契約は有効であるという肯定的な見解が多数であった。[54] もっとも、「同意のないまま成立した保険契約が不健全であることは間違いなく、事後の同意でよいとしても、成立と同意の時期が多少前後してもかまわないという程度のことであるというべき」との見解が有力に提示されている。[55]

保険法のもとにおいても、被保険者の保護を重視する法の趣旨（被保険者の同意に関する規律の整備のほか、被保険者による解除請求も新設されている）に鑑み、契約成立時までの被保険者の同意を原則とすべきものとされる見解があるのに対して、[56]38条は後述のように被保険者の同意が保険契約の効力要件であると明確に規定したことから、同意は契約成立前ないし契約締結と同時になされる必要はなく、契約成立後であっても、保険事故発生前までに同意が与えられれば足りるとの見解もあるが、改正前商法のもとでの学説と異なり、事後の同意が認められる場合には、当該保険契約の効力は、その同意があった時点から生ずることになると解されている。[57]

---

53) 松本烝治「他人ノ生命ノ死亡保険ニ於ケル被保険者ノ同意ニ付テ」同『私法論文集』207頁、214頁（巌松堂書店・1926）、田中＝原茂・保険法295頁等。

54) 伊沢・保険法348頁、野津・法論440頁、大森・保険法271頁、西島・保険法325頁、石田・商法Ⅳ 281頁、山下・保険法269頁、山下ほか・保険法235頁［竹濱修］、福田・前掲注(16)270頁。

55) 山下・保険法269頁（注4）。

56) 大串＝日生・解説保険法156頁［渡橋健］、同旨、田口城「他人の生命の保険」落合＝山下・理論と実務104頁。

57) 福田・前掲注(16)202頁、潘・概説219頁。

6 規定の性質

本条は、被保険者の生命・身体の安全など公序にかかわる内容であるため、その性質上絶対的強行規定とされている[58]。これは改正前商法674条1項の規定が強行規定といわれていることを踏まえたものである[59]。

したがって、死亡保険契約の締結時に、保険契約の当事者間の合意により、一律に被保険者の同意を不要とする特約は無効であるものと考えられる。

VI 外国法令[60]

1 弊害防止の立法例

(1) 同意主義の採用

ドイツ保険契約法150条2項（旧159条2項）、フランス保険法典L.132-2条、イタリア民法典1919条、スイス保険契約法74条1項等、多くの国の保険契約法においては、保険契約を締結する際に被保険者の同意を必要とする、いわゆる同意主義が採用されている。また、被保険者が保険金受取人である場合や、団体定期保険のような場合における同意不要の例外は認められていない。

(2) 利益主義の採用

アメリカやイギリスなどの英米法系諸国の立法においては、自己の生命の保険契約しか認めず、他人の生命の保険契約は、被保険者と保険契約者または保険金受取人との間に被保険利益の存在を要求する。すなわち、被保険者の生死に実質的利害関係を有する者（たとえば親族、被保険者の債権者）のみがその利害関係を被保険利益として締結しうるものとし、いわゆる利益主義が採用されている[61]。

もっとも、アメリカにおいて、多数の州では被保険者の同意も同時に要求している。たとえば、ニューヨーク州保険法3205条(c)項[62]は、他人の生命の保険契約を締結する場合について被保険者の書面による同意を要するが、例外として、配偶者が保険契約者として人保険契約を締結する場合、および14歳6カ月未満の未成年者の生命について、被保険利益を有する者が所定の限度を超えない金額での保険契約を締

---

58) 中間試案18頁(注5)、要綱案第1次案。

59) 補足説明73頁。

60) 立法例の比較については、三宅・前掲注(3)255頁、田辺康平「生命保険法に於ける利益主義と同意主義」新潟大学法経論集3集357頁（1952）、江頭・前掲注(3)59頁、潘・前掲注(4)129頁以下。

61) 倉澤・通論129頁。

62) 今井薫＝梅津昭彦監訳『ニューヨーク保険法（2010年末版）』（生命保険協会・2012）。

結する場合には、被保険者の同意を得なくてもよいとしている。

(3) 親族主義の採用

諸外国では、純粋な親族主義を採用する立法例は見当たらない。純粋な親族主義を採用したのは、日本の明治32年商法428条1項のみであり、外国では純粋にこの立場をとらないようである。

2 書面による同意の立法例

書面による同意を要求する立法例としては、ドイツ保険契約法150条2項（旧159条2項）、フランス保険法典L.132-2条1項、イタリア民法典1919条2項、スイス保険契約法74条1項等がある。証拠の明確性および被保険者に事柄を認識させる機会の確保の必要性の観点から、同意主義を採用する国の保険契約法では、ほとんど規定上明確に書面による同意を要求している。

3 未成年者の死亡保険契約に関する立法例

ドイツ保険契約法150条3項（旧159条3項）は、両親の一方が、未成年の子を被保険者とする保険契約を締結する場合には、その子が満7歳に達する前に死亡した場合にも保険給付がなされるものであって、かつその給付額が通常の葬儀費用の額を超えるときは、その子の同意を要するとする。反対解釈によれば、両親の一方が、満7歳未満の未成年者を被保険者とする保険契約を締結する場合には、通常の葬儀費用の額を超えない限りは被保険者の同意を要しないとしている。なお、通常の葬儀費用の額については、監督官庁が特定の金額を決めたときは、この金額が基準となる（同条4項）。オーストリア保険契約法159条も同じである。

フランス保険法典L.132-3条1項は、12歳未満の未成年者の死亡保険契約を禁止している。同条2項でその禁止に違反して締結された契約を無効にするとともに、同条5項でそのような契約を締結した保険者および保険契約者に罰金を科している。L.132-4条2項で12歳以上の未成年者を被保険者とする死亡保険契約については、親権者等の承諾を要するほか、未成年者自身の同意も必要とする。

スイス保険契約法74条1項は、行為無能力者を被保険者とする死亡保険契約の締結に、その法定代理人の書面による同意を要する旨を明定している。

ニューヨーク州保険法3207条(b)項では、14歳6か月未満の未成年者を被保険者とする生命保険契約について、かかる契約の締結時点で当該未成年者の生命に関する他の既契約と合算して、5万ドルまたは既契約の50％限度（4歳6か月未満の未成年者については25％限度）のいずれか大きい方を超える金額の保険契約の締結を禁止する旨を定めている。

Ⅶ　今後の展望

1　実務との関係

　改正前商法のもとにおいても、生命保険実務上、他人の死亡保険契約を締結する際に、被保険者の同意を取得しなければならないとされていたことから、基本的に実務には大きな影響は生じていないといわれるが、保険法改正の趣旨を踏まえ、以下の点については、被保険者の保護を強化している。

　第1に、被保険者の同意方式について、保険法施行後、生命保険実務では、被保険者と保険契約者が同一ではない場合は、被保険者に保険契約者が申し込んだ契約の内容を説明のうえ、保険契約者、被保険者、保険金受取人、保険金額等契約の基本事項が記載されている被保険者用の契約申込内容控えを手交し、申込書の所定欄に被保険者の同意・受領印（記名押印）を求めることによって、被保険者の同意を確認する取扱いをしている会社が多い。

　第2に、被保険者が未成年者である場合について、改正前商法のもと、生命保険実務上、被保険者が15歳未満の場合には親権者が代理して同意することが認められていた。一方、15歳以上の場合には基本的に未成年者本人およびその親権者等の法定代理人双方の同意を得る取扱いが通例であるが、法定代理人の同意のみで足りるとする取扱いもあった。

　保険法公布後、金融審議会第二部会「保険の基本問題に関するワーキング・グループ」において、未成年者の死亡保険契約についてはモラル・リスクが高いものがあるため、何らかの対応を図るべきであるとの意見が大勢であった。そこで、15歳未満の未成年者を被保険者とする死亡保険契約を保険会社等が引き受けるにあたっては、保険の不正な利用の防止を図るための保険金の限度額その他引受けに関する社内規則等を定めるとともに、当該社内規則等に基づいて業務が運営されるための十分な体制を整備することを内閣府令で義務付けることとされた。それに従い、金融庁は保険業法施行規則（53条の7第2項）、保険会社向けの総合的な監督指針（Ⅱ-3-5-1-2⒁）の関連規定改正を行い、平成21年4月1日から施行・適用することとした。

---

63)　大串=日生・解説保険法136頁［渡辺格］。

64)　補足説明70頁。15歳に達した者は、親権者の同意なく単独で遺言をすることができることから（民法961条）、意思能力があると認められるという考え方によるものと思われる。

65)　生保試案理由書56頁、福田・前掲注(16)205頁。

そして、生命保険協会では、上記監督法上の施策に基づき、平成21年1月29日付で、未成年者、特に15歳未満の者が被保険者となる死亡保険契約については、適切な引受保険金限度額の社内基準の設定、適切な被保険者同意の取得、契約内容登録制度等の結果を踏まえた引受判断等を内容とした「未成年者を被保険者とする生命保険契約の適切な申込・引受に関するガイドライン」を策定した。[68]

一般的には、15歳未満の未成年者を被保険者とする死亡保険契約については、各保険会社等において、他社契約を通算して死亡保険金額の引受上限額を1000万円とする社内規則を設けている例が多いようである。

第3に、団体生命保険契約について、保険法公布後、金融庁は早速「保険会社向けの総合的な監督指針」を改正し、生命保険会社に対し、次の措置を講じることを義務付けた。[69] すなわち、①企業が従業員を被保険者として締結する保険契約では（団体的保険、事業保険も含む）、被保険者の同意を得るにあたって、被保険者となる者が保険金受取人や保険金の額等の保険契約の基本的な内容を確実に認識できるような措置、②被保険者本人が家族等に対して容易に情報提供できる措置、③保険金額の設定については、保険契約の目的・趣旨を踏まえ、保険金額の引受基準の設定等、道徳危険の排除の観点から適切な運用をする措置。

2　残された課題

他人の死亡保険契約における被保険者の同意のあり方をめぐって残された課題は、以下のものがあり、今後も引き続き議論されていくであろう。

第1に、保険法は、被保険者の同意を契約の成立要件ではなく効力要件としている。しかし、事後の同意が認められる場合には、当該保険契約の効力は契約締結時に遡って有効であった（遡及効）と解釈するのか、それともかかる遡及効は認められず、同意があった時点から効力を生じるとするのか。仮に遡及効が認められない

---

66)　金融庁2008年8月28日「『保険業法施行規則の一部を改正する内閣府令(案)』及び『保険会社向けの総合的な監督指針』の一部改正(案)の公表について」参照。

67)　各生命保険会社等は、保険契約・共済契約・特約付加の引受けの判断あるいは保険金・給付金・共済金等の支払の判断の参考とすることを目的として、「契約内容登録制度」（全国共済農業協同組合連合会との間では「契約内容照会制度」という）に基づき、各生命保険会社等の保険契約等に関する登録事項（①保険契約者および被保険者の氏名、生年月日、性別、住所、②死亡保険金額、災害死亡保険金額、③入院給付金の種類および日額、④契約日、復活日、増額日および特約の中途付加日、⑤取扱会社名）を共同して利用する制度である。生命保険協会HP http://www.seiho.or.jp/personal/contract/（最終アクセス日：2019年1月23日）

68)　生命保険協会HP http://www.seiho.or.jp/activity/guideline/pdf/miseinen.pdf（同上）

69)　監督指針II-3-3-4、II-3-3-7（2008）。

場合には、契約締結から同意時点までの保険料をどのように処理するのか。[70]

第2に、被保険者の同意がないときは、効力要件を欠くものとして当該保険契約は無効となると解釈されうる。しかし、契約無効の主張者は誰であろうか。被保険者およびその相続人だけとすればよいとの見解があったが、契約当事者でもその承継人でもない者だけが主張することができるとすること自体、契約法の規律として適切かどうか疑問がある。また、仮に被保険者の相続人が無効を主張することが認められる場合には、被保険者の相続人が複数存在するとき、そのうち1人でも無効を主張すれば契約が全体として無効となるのか。[71]

第3に、被保険者の同意の方式・相手方について、保険法も改正前商法と同様に何らの規定も設けていない。そのため、柔軟な解釈や対応が可能になる一方、同意の空洞化ないし形骸化が生じる危険がある。[72] また、情報化社会を念頭に置くと、インターネット上での契約締結がますます増加すると考えられ、電磁的な方法による被保険者の同意を取得する際の、被保険者本人の同一性をどのように確実に確認するのか。

第4に、今回の保険法の改正において、一定年齢未満の未成年者の死亡保険金額などに制限を設ける立法論が採用されなかったが、現行法のもとでは、親族間の保険金殺人に対する効果的なモラルリスク対策にやはり限界があると考えられる。

第5に、同意不要とされる生存保険契約については、被保険者の人格権という観点から、なお議論する余地がある。

〔李　鳴〕

---

70)　福田・前掲注(16)202頁参照。

71)　部会資料(21)4頁、第18回議事録20頁以下参照。

72)　福田・前掲注(16)199頁参照。本条の趣旨から保険者は被保険者の同意を確認する義務を負うべきであるとの指摘がある。同223頁。

492   §39 - I 1, 2

（遡及保険）
第39条 ①　死亡保険契約を締結する前に発生した保険事故に関し保険給付を行う旨
　　の定めは、保険契約者が当該死亡保険契約の申込み又はその承諾をした時において、
　　当該保険契約者又は保険金受取人が既に保険事故が発生していることを知っていた
　　ときは、無効とする。
②　死亡保険契約の申込みの時より前に発生した保険事故に関し保険給付を行う旨の
　　定めは、保険者又は保険契約者が当該死亡保険契約の申込みをした時において、当
　　該保険者が保険事故が発生していないことを知っていたときは、無効とする。

改正前商法第683条　①　（略）第642条……ノ規定ハ生命保険ニ之ヲ準用ス
改正前商法第642条　保険契約ノ当時当事者ノ一方又ハ被保険者カ事故ノ生セサルヘ
キコト又ハ既ニ生シタルコトヲ知レルトキハ其契約ハ無効トス

【条文変遷】　ロエスレル草案745条、明治23年商法682条、明治32年商法397条、明治44
　　　　　　　年商法397条、改正前商法642条
【参照条文】　保険法5条・68条、生保試案673条の4
【外国法令】　§5解説Ⅵ参照

Ⅰ　概　　要

1　遡及保険の意義

　遡及保険とは、保険期間の始期を保険契約の成立の時よりも前に遡らせることを
いう。[1]通常、保険期間の始期は契約成立の時またはそれ以後であり、保険契約の成
立前に発生した保険事故については、保険者は危険負担（保険給付）をする義務を
負わないはずである。しかし、遡及保険によれば、保険契約の成立前に発生した保
険事故についても保険者の危険負担の責任が認められることになる。

　典型的には、海上保険において、船が出港した後になって、保険者の責任開始を
出港時に遡らせて危険負担をする保険契約を締結する場合、また運送保険において、
貨物を船積した後であっても、保険者の責任開始を貨物の船積時に遡らせて危険負
担をする保険契約を締結する場合などが遡及保険に該当する。

2　規定の趣旨

　遡及保険は、もともと保険金受取人に保険保護を与えることを企図したものであ

1）　基本法コンメンタール242頁［中西正明］、萩本・一問一答61頁等。

る。しかし、かかる保険を無制限に認めると、悪用される弊害が生じかねない。たとえば、保険契約者側においては、保険事故がすでに発生していること（以下「発生」または「既発生」という場合がある）を知っている場合に、保険契約を不正に利用して保険金を取得しようとすることや、保険者側においては、保険事故が発生していないこと（以下「不発生」という場合がある）を知っている場合に、実質的な危険負担がないにもかかわらず保険料を取得しようとすることである。

　そこで、改正前商法から、保険契約時に当事者の一方または被保険者（生命保険の場合では、「保険金受取人」に読み替える）が保険事故の不発生または既発生を知っているときは、保険契約を無効とする規定が設けられていた（改正前商法642条。生命保険は同683条1項で準用）。当該規定の趣旨は、保険事故の不発生・既発生の確定を知る関係者が相手方の不知に乗じて不当な利得を企図する弊害を防止するところにあった。[2]

　保険法は、改正前商法642条の趣旨を維持しつつ、遡及保険が効力を有する場合を整理し、改正前商法の下での疑義を解消すべく条文の内容を改めている。[3]

3　条文概要

　保険法における遡及保険は、損害保険、生命保険および傷害疾病定額保険の共通事項である。いずれも遡及保険が原則として有効であることを前提に、例外的に保険契約者側が保険給付を受けることが不当利得となる場合と、保険者が保険料を取得することが不当利得となる場合に限って、遡及保険の定めを無効としている。

　本条（39条）は、生命保険に関する遡及保険を規律するものである。死亡保険契約の締結前に発生した保険事故に関し保険給付を行う旨の定めは、保険契約者がその保険契約の申込みまたは承諾をした時点で、当該保険契約者または保険金受取人（以下「保険契約者側」という場合がある）が保険事故の既発生を知っていた場合（1項）、また、死亡保険契約の申込み時点より前に発生した保険事故に関し保険給付を行う旨の定めは、保険者または保険契約者がその保険契約の申込みをした時点で、当該保険者が保険事故の不発生を知っていた場合（2項）は、いずれも無効としている。

　1項は絶対的強行規定であるのに対し、2項は片面的強行規定である（41条）。

2）　大森忠夫『続保険契約の法的構造』187頁（有斐閣・1956）。

3）　補足説明20頁。

Ⅱ　沿　革

1　ロエスレル草案

　　ロエスレル草案745条は、「保険ハ左ノ場合ニ於テ無効トシ又ハ無効トナル者トス」「一　保険セラレタルノ死亡若クハ病患既ニ契約取結ノ時ニ生シタル時但保険申込人ニ於テ之ヲ知ラサリシ時ハ此限ニ在ラス」[4]と定め、契約締結の際にすでに死亡しまたは病気に罹患していたときは、その契約は無効となるが、保険契約申込人がこれを知らなかったときはこの限りではないものとされていた。

　　これは、損害保険に関する同696条に対応するものである（§5解説Ⅱ1参照）。これにより、遡及保険の文言が明記されていないものの、遡及保険の有効性が認められているものと考えられる。

2　明治23年商法

　　明治23年商法は、生命保険および病傷保険に関して682条で「保険ハ左ノ場合ニ於テハ無効トス　第一：保険シタル死亡又ハ病傷カ保険契約取結ノ際既ニ生シタルトキ但保険申込人カ其事ヲ知ラサルトキハ此限ニ在ラス」と定めていた。すなわち、保険契約を無効とする1つの場合は、保険対象である死亡または疾病・傷害が保険契約締結の際にすでに生じたときである。ただし、保険契約申込人がその事実を知らなかったときはこの限りではないとされていた。

　　明治23年商法682条1号は、文言を修正したものの、規定の内容はロエスレル草案745条を踏襲したものである。また、その規定は損害保険に関する明治23年商法636条に対応するものである（§5解説Ⅱ2参照）。もっとも但書の規定振りは異なる。その理由は、以下のとおり、当時の生命保険・疾病保険・年金保険はほとんど貯金の性質を帯びており、一般保険（損害保険）と同視することができないからであると説明されている[5]。

　　つまり、損害保険については、保険契約の当事者双方が保険事故発生について知らず、かつ、遡及保険を有効とする明示的な特約がある場合のみ、遡及保険が有効であるとされていたのに対し、生命保険および傷害疾病保険については、契約締結時にすでに死亡または傷害疾病が生じていた場合でも、保険契約申込人が善意である限りは、すなわち保険契約申込人にして契約の当時その死亡または傷害疾病がす

---

　4)　ロエスレル・183頁。
　5)　長谷川喬『商法〔明治23年〕正義第5巻』181-182頁（信山社・1995〔復刻版〕）。

でに生じたことを知らなかったときは、遡及保険を有効とする明示的な特約がなくても、遡及保険を有効とする。たとえば、夫の洋行中に妻が夫を被保険者として生命保険契約を締結したところ、その契約締結時に夫がすでに死亡していたとしても、妻がそれを知らない場合においては、当該保険契約は有効なものとし、契約に基づく保険金請求権を有する。

なお、条文上は、「保険申込人がその事実を知らざるときは」とし、保険者がその事実を知っているか否かを問わないとされていた。しかし、保険者が当該事実を知った場合は決して当該契約を締結すべき合理的な理由がないことから、実際上当事者双方ともこれを知らない場合に限るものであると説明された[6]。

3　明治32年商法～改正前商法まで

明治32年商法は、397条で「保険契約ノ当時当事者ノ一方又ハ被保険者カ事故ノ生セサルヘキコト又ハ既ニ生シタルコトヲ知レルトキハ其契約ハ無効トス」と定め、同433条1項で生命保険に準用するとされた。明治32年商法は、明治23年商法までの立法との違いは、①遡及保険について法的に正面から定めていないこと、②保険契約が無効である場合のみ定めていること、および、③生命保険にも準用することを明記したことである。同規定は、昭和13年商法改正の際には条文番号が642条に改められた（同683条1項で生命保険に準用）だけで、保険法改正前まで続いた。

Ⅲ　改正前商法

改正前商法の下では、642条をめぐる議論は、生命保険と損害保険とで概ね共通していた（§5解説Ⅲ2参照）。しかし、同条は生命保険に準用するとされたため、次のように、約款上の責任遡及条項との関係においても問題が存在していた。

(1)　約款上の2つの条項

生命保険契約は諾成・不要式の契約であるから、保険契約者になる者の申込みに対して、保険者が承諾をして意思表示が合致すれば契約は成立する。本来は、保険者の危険負担という責任は、特別な事情がない限り、契約の成立と同時に開始するので、保険事故（被保険者の死亡など）が発生すれば、保険料の支払いがなくても、保険者は保険金の支払義務を負うはずである。しかし、生命保険の普通保険約款は、保険者の危険負担が開始する時期に関して、契約の成立とは別に次の2つの規定を置いているのが通常である。①保険会社が保険契約の申込み承諾後に第1回保険料

6）　長谷川・前掲注(5)182頁以下、214頁。

を受け取った場合は、第1回保険料を受け取った時から、②保険会社が第1回保険料相当額[7]を受け取った後に保険契約の申込みを承諾した場合は、被保険者に関する告知の時、または第1回保険料相当額を受け取った時の、いずれか遅い時から、保険契約上の責任を負う。①の規定は「責任開始条項」、②の規定は、保険者の責任の開始時期が保険契約成立前に遡るので「責任遡及条項」と呼ばれる。責任遡及条項は、保険者の責任開始を保険者の承諾による保険契約成立の時より前に遡らせるものであり、遡及保険の一種であると解されている[8]。

　責任開始条項の歴史は非常に古く、明治34年頃から存在している。これに対して責任遡及条項が約款に登場するのは昭和20年代の後半からである。そして、生命保険各社が責任遡及条項を導入したのは昭和31年4月の約款改正の時であった[9]。

　責任開始条項の趣旨は、生命保険制度の健全性の維持の観点から、その「保険料前払いの原則」の確保を目的とするものである[10]。というのは、現代の生命保険制度は、保険数理に基づいて算出された保険料を加入者から徴収し積み立てて運用し、保険事故が発生した場合に確実に保険金を支払うために、「保険料前払いの原則」を前提に経営が行われているからである。

　一方、責任遡及条項の趣旨は、第1回保険料相当額の事前徴収の円滑化を図るという保険者側の要請と、第1回保険料相当額を支払った時点から保険保護を受けられるという保険契約者側の事実上の期待といった2つの利害関係を調整すること、および保険契約者が申込みをしてから保険者の承諾により契約が成立するまでの時間的間隔[11]が生じることに対する危険負担の考慮にあるものである[12]。

　そして、生命保険実務上、保険契約の申込みが承諾された後に（通常、保険証券を送付して承諾通知に代える）、第1回保険料の支払いがなされるケースは稀である。ほとんどのケースにおいては、保険会社が申込者から申込書を受け取る際に、第1

---

7)　実務上、「第1回保険料充当金」とも呼ばれる。この金員は、後に契約の申込みが承諾されたときには改めて第1回保険料に充当され、不承諾になったときには、保険契約は成立せず、申込者に返還される。

8)　大森・前掲注(2)177頁、中西正明「生命保険契約にもとづく保険者の責任の開始」所報47号66頁 (1979)、山下・保険法213頁、萩本・一問一答63頁(注2)、大森・前掲注(2)182頁、同・保険法259頁。

9)　中西・前掲注(8)39頁・47頁以下、石井隆「責任遡及条項と承諾前事故の取扱い」保険学459号86-89頁 (1972)。

10)　大森・前掲注(2)177頁、中西・前掲注(8)57頁等。

11)　生命保険契約の申込みを受けた保険会社は、被保険者の健康状態等を検討した上で諾否を決定する。そのため、保険契約者が申込みをしてから保険会社の承諾によって契約が成立するまでの間に、若干の期間が必要である。

12)　中西・前掲注(8)64頁以下、石井・前掲注(9)97頁以下等。

§39 -Ⅲ

回保険料相当額を受領している。したがって、責任開始条項は、今日もはや重要性がなさそうであるが、一方、責任遡及条項は適用される場合が大多数であるため、重要な意味をもっている。

(2)　責任遡及条項と改正前商法642条との抵触

責任遡及条項は、遡及保険の一種であるから、改正前商法642条の規律に服することになる。責任遡及条項との関係で特に問題となるのは、保険者が保険契約者の申込みに対して承諾する前に被保険者となるべき者が死亡（通称「承諾前死亡」）した場合である。

具体的には、保険者が申込みを承諾した時点（すなわち保険契約締結時）では、保険者、保険契約者および保険金受取人が被保険者死亡の事実を知らなかった場合は、当該契約が改正前商法642条によって無効となる余地はなく、保険者は、責任遡及条項に基づいて保険金を支払うことになる。これに対して、保険者の承諾の当時、保険契約者または保険金受取人が被保険者死亡の事実を知っていた場合には、改正前商法642条がそのまま適用されるとするならば、保険者はその申込みを承諾することができず、仮に承諾をしたとしても、無効とならざるを得ず、保険者は保険金を支払わなくてよいこととなる。

しかし、この結論は、責任遡及条項をほとんど無意味にする結果になってしまうとの疑問が指摘された。[13]なぜなら、保険契約者または保険金受取人（これらの者が被保険者と別人であるとき）は被保険者の家族である場合が多く、被保険者の死亡をすぐに知るのが通例である。これによれば、被保険者が死亡したのに保険契約者および保険金受取人がその死亡を知らず、保険者もその死亡を知らないで承諾したという実際上稀な場合にのみ責任の遡及が効力を生ずることになるからである。

(3)　責任遡及条項における改正前商法642条適用の排除

そこで、上記のような不都合に対処するために、改正前商法642条の規定は、責任遡及条項との関係では、次の理論構成によりその適用が排除されるとする解釈がなされてきた。[14]

すなわち、改正前商法642条を任意規定とするのか強行規定とするのか必ずしも明らかではないが、任意規定であるとすれば、責任遡及条項による適用または準用を排除する旨の特約も有効である。また、仮に同条が強行規定であるとしても、責任遡及条項が適用される場面においては、同条が防止しようとする契約当事者・関

---

13)　大森・前掲注(2)185頁。
14)　大森・前掲注(2)185頁以下、中西・前掲注(8)70頁、同「生命保険契約の成立および責任の開始」ジュリ734号32頁（1981）、山下・保険法213頁以下等。

係者による不当な利得という弊害は基本的になく、保険契約者が被保険者の死亡を知ったことを悪用して、詐欺的手段により不当な利益を得るという状況が生ずる可能性は少ないため、同条の適用または準用は排除されうる。

　以上より、責任遡及条項の下では、保険者が申込みに対して承諾をした時点で、保険者、保険契約者または保険金受取人が被保険者の死亡の事実を知っていた場合でも保険契約は無効にならないという結論は、今日ではほぼ一般的に認められている。[15]

Ⅳ　立法過程

1　保険法制定前試案

　生保試案では、前述の問題を解決するために、学説の指摘と解釈を踏まえ、改正前商法683条1項による同642条の生命保険への準用を廃止するとともに、生保試案673条の4において「保険者の責任の遡及」として、生命保険約款上の責任遡及条項に対応した規定のみを設けることにしていた。[16]

　同条1項は、「保険者が契約成立前に第1回保険料相当額の支払いを受ける場合において保険契約の申込みを承諾したときは、保険者は、第1回保険料相当額の支払いがあった時（第678条第1項または第678条の2第1項の告知がこれより後であるときは、告知の時）から契約上の責任を負う」と定めていた。1項が定めていることは、実質的には約款の責任遡及条項が定めていることと同じである。これによれば、保険者の責任の開始の時期が保険契約の成立の時よりも前に遡り、保険者は保険契約成立前における被保険者の死亡についても保険金支払義務を負うことになる。同条1項によって生ずる遡及保険は、保険者の責任の開始時期を保険契約の申込みの時より前の時期まで遡らせるものではなく、申込みと同時またはそれよりも後に行われる第1回保険料相当額の支払いの時（告知がこれより後であるときは告知の時）まで遡らせるものである。この形の遡及保険の場合には、保険者の承諾により保険契約が成立する時点で保険契約者、保険金受取人または保険者が被保険者の死亡を知っている時でも保険契約は有効であるとする。

　同条2項は、「前項の場合において、被保険者の死亡後に保険者が申込みを承諾したときは、保険者の承諾の当時に保険契約者、保険金受取人または保険者が被保険者の死亡の事実を知っていても、そのために保険契約が無効となることはないも

---

15)　大森・前掲注（2）69-70頁、同・保険法258-259頁。
16)　生保試案理由書47-50頁。

のとする」と定めていた。同項は、保険契約の締結時に当事者の一方または保険金受取人のいずれかが保険事故の既発生・不発生が確定したことを知っていれば、保険契約は一律無効とされていた改正前商法642条の疑義を解消するために特に規定したものである。

同条3項は、「第1項の場合において、被保険者が保険者の責任開始の時よりも前に死亡しているときは、保険契約は無効とする」と定めていた。これにおいて、被保険者が保険契約の申込みの時までに死亡している場合は本項に該当し、また被保険者が保険契約の申込みの後、保険者の責任開始の時までに死亡している場合も該当する。本項は、保険契約者、保険金受取人または保険者が被保険者の死亡を知っていると否とを問わない。

生保試案673条の4は、保険契約の成立前に第1回保険料相当額の支払いが行われる場合における保険者の責任の開始時期等の原則的形態を示す趣旨の規定であることから、任意規定とされている。[17]

2 法制審議会保険法部会の審議

保険法部会の検討過程において、生命保険契約の実務上の責任遡及条項が遡及保険の一種であることを認め、その合理性と有効性について特段の異論はなかった。そして、遡及保険の立法について、責任遡及条項を念頭において、以下の議論がなされていた。[18]

(1) 知・不知の基準時

生命保険契約の責任遡及条項において問題となったのは、契約の申込みから承諾までの間に時間的な間隔があるという点である。申込みの通知を発するときには保険契約者および保険金受取人は保険事故の既発生を知らなかったものの、その後保険契約が成立する時までの間に知ることになる場合も生じうるところである。保険契約の成立時を基準に知・不知の規律を適用すると、責任遡及条項が無効とされるという不合理な結論が相当生じてしまう問題が考えられ、そうなると、責任遡及条項を定めた意味がなくなってしまいかねないとの指摘があった。[19]

そこで、保険法部会では、保険者の承諾の時に保険契約者側が保険事故の既発生を知っていたとしても、責任遡及条項が無効とされることをなくすために、初期の

---

17) 生保試案理由書50頁。
18) 部会資料(2)3-4頁、第1回議事録21頁以下、第8回議事録50頁以下、補足説明76頁、第21回議事録2頁。
19) 部会資料(9)11頁。

段階から、保険契約者が契約の申込みの通知を発した時を基準として知・不知を規律していた[20]（§5解説IV2参照）。

(2) 承諾前死亡の場合における保険者の承諾義務

また責任遡及条項と関連し、いわゆる承諾前死亡（契約の申込み後、保険者が承諾する前に被保険者が死亡）のうち、保険者が被保険者の死亡を知らないで承諾した場合については、契約の成立について特別の問題は生じないが、保険者が承諾前に被保険者の死亡を知った場合については、保険者はそれでも申込みを承諾しなければならないかが問題となる。

保険法部会では、承諾前死亡につて、保険者が一定の要件のもとで信義則上の承諾義務を負うとの条文を置くことについて議論されていた。また、承諾義務の代わりに、消費者契約法という観点から、承諾するかどうかの決定が長引くことを防ぐために、承諾擬制というルールを設けて、たとえば、8週間以内という保険者の承諾期間を法定するという提案もあった[21]。

しかし、前者に関しては、学説上は見解が分かれている。信義則に基づくものが多いが、承諾の拒絶ができないという契約法の一般原則からは導かれない強い効果を信義則により認めることは妥当とはいえないことから、端的に責任遡及条項により、承諾前死亡の場合に関する限り、保険者は承諾の自由を放棄したとする見解もある[22]。後者に関しては、契約一般の規律として、民法および商法に承諾期間を定めた申込みと定めのない申込みの規律が置かれているので、それとの関係で、保険法に何か特別の規律を置くのが適切なのかとの疑念があることなどを考慮して、結局、立法をあきらめて、従来どおり保険実務上の運用で対応することとされた[23]。

なお、保険法部会の検討過程において、遡及保険条文の1項は生命保険契約の実務を意識して制定され、2項は損害保険契約の実務を意識して制定されていた[24]。

V 条文解説

保険法において、生命保険について設けられた遡及保険の規定は、基本的に損害保険のそれと同一である。損保保険についての5条に「損害をてん補する」とあるのが、本条では「保険給付を行う」とされ、5条に「保険契約者又は被保険者」と

---

20) 部会資料（9）11頁以下、第8回議事録50頁以下。
21) 部会資料（2）4頁、第8回議事録54頁以下。
22) 山下・保険法216頁。
23) 第8回議事録54-55頁。
24) 第8回議事録53頁、補足説明21頁・76頁。

あるのが、本条では「保険契約者又は保険金受取人」とされている。詳細については、§5解説Vを参照されたい。

　なお、本条は、死亡保険契約のみに関する規律であり、生存保険契約は適用されない。これは、生存保険契約については、保険契約の締結時よりも前に被保険者が生存していたことを保険事故として、保険者の責任の開始を遡及させることは観念し難いからである。[25]

VI　今後の展望

1　実務との関係

　遡及保険は、もともと海上保険や運送保険の損害保険実務に対応するものであるから、生命保険会社の約款には、遡及保険という条項は存在していない。したがって、以下のように損害保険の実務との相違に照らしながら、本条の生命保険の実務との関係を整理する。

(1)　39条1項との関係—責任遡及保険との抵触なし

　前述のように、本条1項は、生命保険契約の実務を意識して制定されたものである。損害保険実務においては、保険契約者となるべき者の契約申込に対し、保険会社の担当者または契約締結の権限を有する損害保険代理店が即時に承諾をするため、時間的間隔はないのが通常である。

　これに対し、生命保険契約の責任遡及条項に関して問題となったのは、前述のように、保険契約者による契約の申込みから保険者による承諾までの間に時間的な間隔があることによる不都合である。本条1項において、死亡保険契約が締結される前に、保険事故がすでに発生している場合について、当該保険契約者または保険金受取人の保険事故の既発生に対する知・不知の基準時を申込みの時として、遡及保険の有効性を判断する。これにより、保険契約の申込時点で保険契約者側が保険事故の既発生を知っていた場合に限って遡及保険を無効としているため、保険契約の申込みの後、保険者の承諾の時において、保険契約者側が保険事故の既発生を知っていたとしても、保険者の知・不知とは関係なく、責任遡及条項が無効となることはない。[26]したがって、本条1項は、生命保険契約の現行実務に影響を与えていない。

---

25)　第22回議事録2頁。

26)　同旨、萩本・一問一答63頁(注2)、大串＝日生・解説保険法54頁［花田さおり］、山下＝米山・解説218頁［洲崎博史］。

(2) 39条2項との関係—生命保険実務上の非適用

本条2項では、保険契約の申込み前に発生した保険事故について保険給付を行う遡及保険の規定である。前述のように、本条2項は、損害保険契約の実務を意識して制定されたものである。損害保険契約の実務においては、保険者の責任開始時期を保険契約の成立時期以前に遡らせるということにとどまらず、保険契約の申込みの時よりも以前に遡らせる場合もある。ここにいう「保険事故が発生していないこと」は、保険事故発生の可能性が消滅しその不発生が確定していることを意味する。

損害保険契約の場合は、たとえば、海上保険において、その船舶または積荷についての保険契約の申込み前に船舶がすでに沈没し、あるいはすでに目的地に無事到着していることが考えられる。保険者がその事実を知らない限り、遡及保険の定めは有効となる。一方、保険者がその事実を知りながら保険契約を申し込む場合は、遡及保険の定めを無効とする。

これに対して、生命保険契約の実務上、保険契約者による契約の申込みより前に発生した保険事故について保険者が保険金を支払う旨の定めをすることはないため、保険者の責任開始時期を保険契約の申込みの時よりも以前に遡らせることはない。保険契約者が申込みをする前に被保険者が死亡している場合には、そもそも保険給付の対象とはならない。また、死亡保険契約においては、申込みの時点で保険事故が発生していないこと（未発生）、すなわち、被保険者が生存することを前提として、保険者が生存確認などによりその未発生の事実を知りうるのが通常である。

もっとも、本条2項においては、契約の申込みから承諾前までの間に発生する保険事故による保険給付を行う旨の責任遡及条項が無効とされる場合について規定されていないことから、これを反対解釈すれば、保険者が保険契約の申込みを承諾する前にそれ以前の保険事故不発生について悪意であるときも、かかる責任遡及条項は有効と解されている。[27]

したがって、同項の生命保険契約への適用は考えられない。[28]もっとも、同項の存在は、生命保険の実務上、差し支えがない。[29]

2 残された課題

本条は、改正前商法の下での疑義は解消したものの、以下の点について、責任遡

---

27) 大串=日生・解説保険法54頁［花田さおり］。
28) 補足説明76頁、萩本・一問一答63頁（注2）、新井修司「契約の成立と遡及保険」中西喜寿・21頁以下、山下=米山・解説218頁［洲崎博史］、萩本・一問一答63頁（注2）。
29) 同旨、第8回議事録53頁。

及保険との関係で理論構成をどのように整理するかは、今後の課題として残ると思われる。

(1) 承諾前死亡に関する承諾義務の解釈

保険法では、遡及保険において、承諾前死亡に関して、保険者が一定の要件のもとで信義則上の承諾義務を負うとの条文を設けないこととされた。しかし、本条1項の反対解釈によれば、保険契約申込み後、保険者が承諾する前に被保険者が死亡したとき、その事実につき保険者の知・不知を問わず、遡及保険の定めは有効である。これを根拠とする承諾前死亡に対する保険者の承諾義務については、解釈上の論点として引き続き残ると考える。

(2) 承諾前死亡における条件付変更承諾との関係

本条1項では、保険契約者または保険金受取人の保険事故の既発生に対する知・不知の基準時を「保険契約者が当該死亡保険契約の申込み又はその承諾をした時」としている。これは、承諾前死亡における条件付変更承諾の場合では、責任遡及条項がかかる条項に抵触し無効となる可能性がある。なぜなら、保険者による変更承諾の意思表示が新たな申込みと解され、このような申込みを保険契約者（保険契約者が死亡している場合にはその相続人）が承諾した場合に、承諾時に保険契約者または保険金受取人が被保険者の死亡を知っていることがありうるからである。

これについて、保険金受取人が保険金の支払いを受けることになっても、不当な利得をすることにはならず、本条1項によって責任遡及条項が無効になることはないと解されている。[30] 確かに責任遡及条項の趣旨から考えれば、それに一理がある。しかし、責任遡及条項は遡及保険の一種であると解される以上、遡及保険の規定に服することになる。したがって、それとの整合性をどのように整理するか、今後の学説の展開に注目したい。

(3) その他

保険事故の主観的偶然性および告知義務違反による解除（55条）、あるいは重大事由による解除（57条）との適用競合については、損害保険と同様な課題が残される（§5解説Ⅶ2(4)参照）。

〔李 鳴〕

---

30) 山下ほか・保険法251頁〔竹濵修〕。

（生命保険契約の締結時の書面交付）

第40条 ① 保険者は、生命保険契約を締結したときは、遅滞なく、保険契約者に対し、次に掲げる事項を記載した書面を交付しなければならない。

(1) 保険者の氏名又は名称

(2) 保険契約者の氏名又は名称

(3) 被保険者の氏名その他の被保険者を特定するために必要な事項

(4) 保険金受取人の氏名又は名称その他の保険金受取人を特定するために必要な事項

(5) 保険事故

(6) その期間内に保険事故が発生した場合に保険給付を行うものとして生命保険契約で定める期間

(7) 保険給付の額及びその方法

(8) 保険料及びその支払の方法

(9) 第56条第1項第1号の通知をすべき旨が定められているときは、その旨

(10) 生命保険契約を締結した年月日

(11) 書面を作成した年月日

② 前項の書面には、保険者（法人その他の団体にあっては、その代表者）が署名し、又は記名押印しなければならない。

改正前商法第683条 ① ……第649条第1項……ノ規定ハ生命保険ニ之ヲ準用ス

改正前商法第679条 生命保険証券ニハ第649条第2項ニ掲ケタル事項ノ外左ノ事項ヲ記載スルコトヲ要ス

(1) 保険契約ノ種類

(2) 被保険者ノ氏名

(3) 保険金額ヲ受取ルヘキ者ヲ定メタルトキハ其者ノ氏名

改正前商法第649条 ① 保険者ハ保険契約者ノ請求ニ因リ保険証券ヲ交付スルコトヲ要ス

② 保険証券ニハ左ノ事項ヲ記載シ保険者之ニ署名スルコトヲ要ス

(1) 保険ノ目的

(2) 保険者ノ負担シタル危険

(3) 保険価額ヲ定メタルトキハ其価額

(4) 保険金額

(5) 保険料及ヒ其支払ノ方法

(6) 保険期間ヲ定メタルトキハ其始期及ヒ終期

(7) 保険契約者ノ氏名又ハ商号

(8) 保険契約ノ年月日

(9) 保険証券ノ作成地及ヒ其作成ノ年月日

§40-I 1, 2

【条文変遷】 ロエスレル草案703条・708条〜712条、明治23年商法642条・646条〜650条、明治32年商法403条・430条、明治44年商法403条・430条、改正前商法649条・679条

【参照条文】 保険法6条・69条・38条、生保試案679条

【外国法令】 ドイツ保険契約法3条〜5条・18条および33条、フランス保険法典L. 112-4条〜L. 112-6条・L. 132-6条・L. 111-2条、スイス保険契約法11条〜13条・73条、イタリア民法典1889条

I 概　　要

1 書面交付の意義

ここにいう書面とは、保険契約の成立およびその内容を証するために、保険者から保険契約者に交付される証書である。保険証券、保険証書、共済証書等はこれに該当する。

保険契約は、当事者の間における申込みと承諾の意思表示が合致することにより成立する諾成かつ不要式の契約であることから、本来は、その成立には必ずしも書面の交付は必要とされない。しかし、書面の交付は、保険契約者側にとって、保険契約の成立と内容を証する手段として重要な機能を有する書類であるから、法において、かねてから書面交付の規定が設けられている。書面の記載事項は法定されているが、これらの一部の事項を欠いても、また法定記載事項以外の事項を加えても書面の効力には影響がない。書面の法的性質は、たとえ「証券」の用語が用いられているとしても、有価証券性はなく、単に証拠証券にすぎないというのが従来の通説である。

2 規定改正の趣旨

保険法は、改正前商法の規律を基本的に維持しているものの、保険契約者保護の観点から、かつこれまでの立法論や保険実務の実態を踏まえ、保険者が契約成立後迅速に保険契約の成立およびその内容を明確にするために、主に以下の点において、改正がなされている。[1]

第1に、改正前商法では、保険者は、保険契約者の請求がある場合に限り、保険契約者に対して保険証券という書面を交付しなければならないとしていた（改正前商法649条1項・683条1項）。これに対し、保険法では、契約締結後、保険契約者の請

---

1) 補足説明76頁参照、萩本・一問一答64頁等参照。

求の有無にかかわらず、書面を交付しなければならないことに改めている。

第2に、改正前商法では、損害保険契約に関する649条2項の記載事項を生命保険契約に準用し、その他、生命保険契約に特有な事項を定めるという方法を採用していた（改正前商法679条）。これに対し、保険法では、書面の記載事項をより明確化するために、生命保険契約の特質に応じて、直接その書面に記載すべき事項を定めている。

第3に、改正前商法の規定では「保険証券」という文言が用いられていたが、保険法では、有価証券との混同等を避けるために、単に「書面」という用語を使用することとしている。

3 条文概要

保険契約締結時の書面交付は、損害保険契約、生命保険契約および傷害疾病定額保険契約の共通事項である。書面の法定記載事項については、各保険契約の特質に応じて若干の差異が設けられている。

本条（40条）は、生命保険契約締結時の書面交付に関する規定である。本条1項では、保険者は生命保険契約を締結したときは、遅滞なく、保険契約者に対し、1号から11号までの所定事項を記載した書面を交付しなければならないとし、本条2項では、保険者が1項の書面に署名または記名押印することを要することを定めている。

本条の規定の性質は、任意規定である。

II 沿　革

1 ロエスレル草案～明治23年商法

ロエスレル草案も明治23年商法も、書面に関する規定は総則に置かれ、共通事項として損害保険契約と生命保険契約に適用されていた（ロエスレル草案703条、708条～712条、明治23年商法642条、646条～650条）。明治23年商法は、ロエスレル草案をベースにしたものであるから、書面の交付義務、交付時期、交付先、記載事項、書式等について、文言を修正するものの、基本的にロエスレル草案と同様であった。保険者はいずれの場合にあっても、契約締結後に、直ちに保険証書ないし保険証券を作成し被保険者に交付しなければならない。これを交付せずまたは遅延する場合は、被保険者に対し損害賠償の責任を負うものとしていた（ロエスレル草案703条、明治23年商法642条）。もっとも、書面の名称は、ロエスレル草案で用いられていた「保険証書」が、明治23年商法では、「保険証券」に改められた。

詳細については、§6解説Ⅱを参照されたい。

2　明治32年商法

　明治32年商法は、保険証券に関して、明治23年商法までの規定を大幅に改正し、保険証券の交付および法定記載事項を含む保険証券の書式を定めることにとどめることとした。

　同403条1項は、保険証券の交付について定めたが、改正点として、その1、保険証券の交付先は、「被保険者」から「保険契約者」に改められた。これは、保険契約者が契約の当事者であるから、契約当事者の権利義務を記載する保険証券を当然に保険契約者に交付すべきだからである。その2、保険証券の交付義務について、明治23年商法までの規定では、被保険者側の請求の有無にかかわらず、契約締結後に直ちにまたは即時に、保険者は保険証書ないし保険証券を交付しなければならないとされていたのに対し、明治32年商法では、保険契約者の請求により交付義務が生じるものとするように改められた。改正の理由について、次のように解説されていた。[2]

　保険証券は契約の成立を証明するものにすぎず、かつ、必ずしも保険証券のみがそれを証明するわけではなく、他の書面をもってなすこともできるから、本来保険証券の交付を保険者の義務として規定する必要はない。しかし、保険証券は、保険契約上の権利関係を証明するのに便利なだけではなく、保険契約の譲渡を容易にすることにもなること、かねてから保険者は保険証券を発行する慣習があることに鑑み、保険契約者から交付の請求がある場合には、保険者は必ずこれに対応しなければならない義務があることを規定したわけである。

　同403条2項は、保険証券の書式および記載事項について定めていた。明治23年商法までの規定で必要とされた保険証書の作成日、保険者またはその代理人の署名から、保険者の署名のみに改められた。同条2項に掲げられている法定記載事項は、各種の保険に適用される一般原則である。それとは別に、火災保険は422条、運送保険は425条、海上保険は661条、および生命保険は430条で、各種の保険ごとの特有の記載事項を追加するという立法方法を採用していた。

　法定記載事項についての明治23年商法の規定に対する改正点は、文言の修正、重要度に応じた並べ替え、および次の3つの事項の追加である。すなわち、①保険金額、②保険契約の年月日、および③保険証券の作成地と作成年月日である。追加の

2）西川一男=丸山長渡『改正商法〔明治32年〕要義上巻』615-616頁（信山社・2005〔復刻版〕）。

理由は、次のように解説されている。保険金額については、保険金額は保険事故が生じた際に保険者がてん補すべき負担であり、保険契約者の契約締結の主要な目的であるため。保険契約の年月日については、それが契約上の権利関係を定めるうえで最も必要な要素であるため。そして、保険証券の作成地と作成年月日については、保険契約の締結日と締結地は必ずしも保険証券の作成地と作成日と一致しないため。

　そして、430条において、生命保険の特有の記載事項として、1号「保険契約ノ種類」、2号「被保険者ノ氏名」、3号「保険金額ヲ受取ルヘキ者ヲ定メタルトキハ其者ノ氏名及ヒ其者ト被保険者トノ親族関係」を掲げていた。このうち、保険金受取人に関する事項は、明治32年商法で他人の生命の保険契約に関する規定を親族主義に改めた（§38解説Ⅱ3参照）ことによるものである。

3　明治44年商法

　明治44年の商法改正においては、430条を除き、全般的に明治32年商法の規定をそのまま維持していた。430条では、生命保険の保険証券に関する法定記載事項のうち、3号の保険金受取人の氏名および被保険者との親族関係に関する事項が「保険金額ヲ受取ルヘキ者ヲ定メタルトキハ其者ノ氏名」に改められた。これは、明治44年の改正により、他人の生命の保険契約において、被保険者の同意を要するという同意主義を導入するに伴い（§38解説Ⅱ4参照）、親族主義で求められていた被保険者と保険金受取人との親族関係は不要となったためである。

　保険証券の作成と交付に関する規定は、その後の大正13年改正を経て条文番号が変わったものの、内容はそのまま改正前商法に受け継がれていた。

Ⅲ　改正前商法

1　改正前商法の規律

　改正前商法では、生命保険の書面交付について、同649条1項（同683条1項において生命保険契約に準用される）は、「保険者ハ保険契約者ノ請求ニ因リ保険証券ヲ交付スルコトヲ要ス」と定め、保険契約の成立後、保険契約者から求められる場合には、保険者は、生命保険証券を保険契約者に交付することを必要としている。

　また、改正前商法679条各号および同649条2項各号において、生命保険証券の法

3）　西川＝丸山・前掲注（2）617-618頁。
4）　同旨、山下＝米山・解説227頁［千々松愛子］。
5）　同旨、山下＝米山・解説227頁［千々松愛子］。

§40-Ⅲ2・Ⅳ1

定記載事項を列挙していた。すなわち、同679条では、①「保険契約ノ種類」、②「被保険者ノ氏名」、③「保険金額ヲ受取ルヘキ者ヲ定メタルトキハ其者ノ氏名」（保険金受取人の氏名。ただし、その者を定めたときに限る）も要すると定めていた。そして、同649条2項（損害保険証券一般の記載事項の準用）では、①「保険ノ目的」（保険の目的物）、②「保険者ノ負担シタル危険」（保険事故）、③「保険価額ヲ定メタルトキハ其価額」（保険価額。ただしそれを定めた場合に限る）、④「保険金額」、⑤「保険料及ヒ其支払ノ方法」、⑥「保険期間ヲ定メタルトキハ其始期及ヒ終期」（保険期間。ただしそれを定めた場合に限る）、⑦「保険契約者ノ氏名又ハ商号」、⑧「保険契約ノ年月日」（保険契約の締結日）、および⑨「保険証券ノ作成地及ヒ其作成ノ年月日」であった。もっとも、上記の①保険の目的と③保険価額については、事柄の性質上、生命保険の記載事項に該当しないものである。その限度で、損害保険の一般記載事項を準用したのは立法上のミスとの指摘がある[6]。

上記所定事項を記載した生命保険証券には、保険者が署名することを要すると定められていた（改正前商法649条2項柱書・679条）。

2　改正前商法の下での議論

改正前商法の下での学説上の議論は、§6解説Ⅲ2を参照されたい。

Ⅳ　立法過程

1　保険法制定前試案

生保試案は、保険証券に関する改正前商法の規定の妥当性を認めつつ、保険証券の意義および保険実務の現状を踏まえ、以下のような改正を提案した[7]。そして、立法方法として、改正前商法のように損害保険の条文を準用するのではなく、生命保険の特質に応じて、独立した条文を設けることとした。

生保試案679条1項は、「保険者は、保険契約の成立後遅滞なく、保険契約者に保険証券を交付しなければならない」としていた。改正前商法と異なり、保険契約者の請求の有無にかかわりなく保険者に保険証券発行義務を課すこととした。これは、保険実務の現状、保険証券の性質、ならびに保険関係者の一般的需要や認識を踏まえたものである。

同条2項は、生命保険証券の一般的記載事項として、「①保険契約の種類、②被

---

6)　西島・保険法358頁。

7)　生保試案理由書104-106頁。

保険者の氏名、生年月日、性別、③保険者の負担した危険、④保険金額、⑤保険金受取人を定めたときは、その者の氏名、商号もしくは名称またはその者を特定できる事項、⑥保険料およびその支払方法、⑦保険期間、⑧保険契約者の氏名、商号または名称、⑨保険証券の作成の年月日、⑩その他重要な契約内容」を掲げていた。同条２項の法定記載事項は、基本的に改正前商法649条２項、679条を踏襲しながら、若干の部分を変更し、また文言を改めていた。主な改正点とその理由は、以下のとおりである。

　２号で「被保険者の氏名」に「生年月日、性別」を加えたのは、被保険者を特定し、保険料を計算する上でも重要な要素となり、実際の保険証券においても記載されているからである。５号では保険金受取人の氏名だけでなく、商号、名称なども記載事項とされたのは、会社など法人の場合には商号、名称となることおよび相続人といった指定の方法を考慮したものである。８号に「名称」を付加したのは、保険契約者が中間法人や公益法人などの場合を考慮したものである。

　改正前商法649条２項１号「保険ノ目的」と同項３号「保険価額ヲ定メタルトキハ其価額」を削除したのは、立法論として生命保険証券には、それらを記入する余地がないとの指摘があったからである。同項８号「保険契約ノ年月日」を削除したのは、保険実務では、保険証券には保険契約成立の年月日を記載しないのが通常であることなどを考慮したものである。同項９号「保険証券ノ作成地」を削除したのは、かかる記載事項は準拠法上の意味しかなく、保険約款に準拠法に関する規定があるため保険証券に重ねて記載する必要がないからである。

　10号の「その他重要な契約内容」は新規記載事項である。保険約款（普通保険約款および特約）はこれに含まれる。

　そして、生保試案679条２項の柱書では、上記事項を記載した生命保険証券には、保険者が「署名または記名捺印しなければならない。ただし、その署名または記名捺印は複写によってすることができる」としていた。これは、全ての保険証券に保険会社の代表者の署名または記名捺印を求めることは難しいことに鑑み、株券における署名または記名捺印の原型をとって印刷する方法を参考にしたものである。なお、将来、保険証券が電磁的記録の方法により作成されることになれば、電子署名の方法が同条でいう署名に代わりうることも想定されていた。

　同条３項は、「保険者が保険証券の交付の時までに前項第10号の内容を記載した書面を交付したときは、それをもって前項同号の記載に代えることができる」としていた。保険実務上は、保険者が保険契約の申込みを受ける段階で申込者に保険約款を交付するのが通例である。同項は、このような現状を踏まえ、保険約款は保険証券と別の書面としてもよいこと、保険者が保険証券の交付時までに保険約款をす

でに保険契約者に交付しているときは、保険証券の交付の時に保険約款を再度交付する必要はないという趣旨である。

同条規定の性質は、任意規定である（生保試案683条参照）。

生保試案679条は、損保試案649条と、保険種類の特質に関わる記載事項を除き、ほぼ同様であるが、損保試案649条3項（指図式または無記名式の保険証券の発行に関するもの）に相当する規定は設けられていない。また、疾病試案・傷害試案19条の規律と全く同じであり、理由もほぼ同様である。

2 法制審議会保険法部会の審議

保険法部会の検討過程で、保険契約締結時の書面交付について、もっとも議論されていたのは、本条規定の性質を強行規定とし、保険者は必ず書面を交付しなければならないとすべきかということである[8]。保険証券が果たしている実際上の機能に照らして、多くの保険契約者（いわゆる消費者）にとっては「書面」で交付されることに意味があるため、保険契約者等の保護の観点から、書面の交付義務を強行規定とすべきであるとの意見等があった。

しかし、議論を重ねた結果、以下の観点から、最終的には任意規定とされた[9]。すなわち、①小規模な共済を含む全ての保険者に同一の対応を求めることは困難であること、②将来的には書面に代わる電磁的方法による情報提供を認める余地を残しておく必要があり、強行規定としてしまうと、それに対応できない硬直的な規律となってしまうこと、③消費者契約法や保険業法によって保険契約者の保護を図ることも可能であること、④書面の交付を望まない保険契約者への強制となることへの懸念があること（詳細については、§6解説Ⅳ2参照）。

Ⅴ 条文解説

1 「書面」という名称

改正前商法では「保険証券」という用語を用いていた。保険法部会では、「保険証券」の法的性質が有価証券ではなく、単なる証拠証券にすぎないと解されることから、「証券」という名称を用いることによる誤解を避ける必要があることに鑑み、過去の立法例を参考して、初期案で仮称として「保険証書」という用語が使用され

8） 第1回議事録27-29頁、第15回議事録33頁、第21回議事録11-16頁、第22回議事録5-6頁、部会資料（2）4-6頁等。
9） 第21回議事録11-16頁、萩本・一問一答66頁（注3）。

ていた。しかし、保険法の適用範囲が共済契約などにも及ぶことになり、共済契約では従来から「共済証書」等の名称が用いられている。そこで、保険法では、最終的にいずれの固有名称も採用せず、単に「書面」という名称に改められた。もっとも、「保険証券」や「共済証書」という名称を用いることを排除する趣旨ではない。実際に本条の趣旨に基づいて交付される書面であれば、名称は問わない。

2 書面交付の義務

本条1項柱書は、「保険者は、生命保険契約を締結したときは、遅滞なく、保険契約者に対し、」法定記載事項を記載した「書面を交付しなければならない」と定めている。

改正前商法は、保険者の書面交付の義務は、保険契約者の請求により生じるという立場をとっていた（改正前商法649条1項・683条1項）。保険法は、前述のように書面が保険契約者にとって保険契約の成立および内容を証明する手段としての重要な機能を有すること、実務上は、保険契約締結後、保険契約者からの請求を待たずに保険証券等が交付されるのが一般的であること等を踏まえ、保険契約者保護の観点から、契約者からの請求の有無にかかわらず、保険者は、保険契約締結後、遅滞なく保険契約者に対し書面を交付しなければならないと改められている。これにより、書面交付は、保険者の自主的な法定義務とされ、保険契約者は、契約締結後、遅滞なく法定の記載事項を明確に記載した書面の交付を請求する権利を有することになる。事業者と一般消費者との間で締結される契約に関する法規制において、事業者は、契約締結後、遅滞なく所定の記載事項を記載した書面を相手方に交付しなければならないという書面の交付義務を課す条文が設けられていることが多い（たとえば、割賦販売法4条1項・2項、特定商取引に関する法律5条1項・2項等）。保険契約も消費者契約の一種であるから、本条1項により、事業者である保険者に対し書面交付の義務を課すのは当然なことであるといえよう。

もっとも、本条の書面交付の義務は、保険契約締結に際しての付随義務として保険者が負担するものにほかならず、保険者の保険金支払義務と保険契約者の保険料支払義務のような対価関係に該当するものではない。保険契約者は、書面の交付がないことをもって、同時履行の抗弁として、保険者に対し保険料の支払を拒むことはできないと解されている。

---

10) 部会資料（2）6頁、第1回議事録28頁。
11) 第21回議事録2頁、萩本・一問一答64頁。
12) 部会資料（2）5頁、萩本・一問一答64頁等参照。

§40-V3   513

なお、書面の作成費用も郵送料も、保険者の負担である。また、書面には収入印紙を添付することを要するが（印紙税法4条）、その違反は書面の私法上の効力とは関係がない[14]。

本条1項では、「生命保険契約を締結したとき」とされているが、ここにいう「契約を締結したとき」とは何であるか、新たに保険契約を締結する場合のみであるのか、それとも、転換、更新、復活、特約中途付加等のときも適用されるのかが、条文上は必ずしも明らかではない。これに関する指摘がある[15]。転換、更新、復活、特約中途付加等の場合は、契約内容が変わるから、本条の趣旨および書面の意義に照らせば、かかる内容を証明するために本条を適用し書面の交付が必要であると考えられる[16]。

また、本条1項では、保険者の書面交付義務の履行期限を「遅滞なく」とされているが、「遅滞なく」とはどのくらいの期間を意味するのかについて、判例では、正当なまたは合理的な理由による遅滞は許容されるものと解されている[17]。契約の特質によって異なるが、割賦販売法、特定商取引に関する法律における契約締結時の書面交付義務に関しては、一般に、遅滞なくとは3～4日以内の意味であると解されている[18]。保険契約においては、約款は契約申込の際に保険契約者になる者に渡されていること、契約申込書の控えが保険契約者の手元に残ることなどを考えれば、それよりは多少長い期間を要しても問題にならないと解される[19]。

3 法定記載事項等

(1) 法定記載事項

本条1項では、書面の法定記載事項として、1号「保険者の氏名又は名称」、2号「保険契約者の氏名又は名称」、3号「被保険者の氏名その他の被保険者を特定するために必要な事項」（被保険者を特定する事項）、4号「保険金受取人の氏名又は名称その他の保険金受取人を特定するために必要な事項」（保険金受取人を特定する

---

13) 大森・保険法139頁、西島・保険法75頁、山下＝米山・解説229頁［千々松愛子］、山下＝永沢・保険法Ⅰ 80頁［金岡京子］。

14) 大森・保険法137-138頁、西島・保険法76頁。

15) 井上享「保険法施行に伴う生命保険約款の改正―法施行後の契約に適用される旧法主義条項を中心に」生命保険論集171号122頁以下（2010）。

16) 萩本・一問一答217頁（注1）、同旨。

17) 大阪高判昭和37・12・10判時327号46頁等。

18) 江頭・商取引法124頁、165頁参照。

19) 保険法コンメンタール26頁、137頁［小林登］。

事項）、5号「保険事故」、6号「その期間内に保険事故が発生した場合に保険給付を行うものとして生命保険契約で定める期間」（保険期間に関する事項）、7号「保険給付の額及びその方法」（保険給付金に関する事項）、8号「保険料及びその支払の方法」（保険料に関する事項）、9号「第56条第1項第1号の通知をすべき旨が定められているときは、その旨」（危険増加の通知義務に関する事項）、10号「生命保険契約を締結した年月日」（契約締結日）、および11号「書面を作成した年月日」（書面作成日）を掲げている[20]。

上記法定記載事項は、基本的には改正前商法649条2項各号および同法679条各号の記載事項を維持しているものの、一部は追加、削除および文言の修正がある。その理由は、以下のとおりである[21]。

ア 記載事項の追加

同項1号の保険者の氏名または名称の追加理由については、保険者が契約当事者であるためである。同項9号の通知義務に関する事項の追加理由については、保険法では、危険の増加に関する改正前商法の規律を全面的に改め、保険者が危険増加を理由として保険契約を解除するためには、危険増加に係る告知事項について通知義務の約定があることを要件とし、かかる約定の有無は保険給付にかかわる重要な事項であるためである。

イ 記載事項の削除

一方、改正前商法649条2項1号の保険の目的、同項3号の保険価額、同項9号の保険証券作成地および同679条1号の保険契約の種類は記載事項から削除された。それらの削除の理由は、次のように説明されている。

保険の目的（保険物を意味するもの）や保険価額については、生命保険の契約内容ではなく、実務上も、保険証券の記載事項とされていない。保険証券の作成地については、それが準拠法上の意味しかないところ、準拠法は各種保険の普通保険約款で定められているのが通例であることから、わざわざ保険証券にその作成地を記載する必要がないからである[22]。もっとも、保険契約の種類については、当初案では記載事項として掲げられていたが、その削除の理由は明らかではない[23]。

ウ 文言の修正

改正前商法649条1項2号「保険者ノ負担シタル危険」が単に「保険事故」（本条

---

20) 括弧書は筆者注。
21) 部会資料（2）5頁、第1回議事録27-28頁、補足説明23-24頁、上松・ポイント解説43頁、萩本・一問一答64-66頁等参照。
22) 部会資料（2）5頁、第1回議事録27頁。
23) 第1回議事録27頁。

1項5号）に、同1項6号「保険期間ヲ定メタルトキハ其始期及ヒ終期」が「その期間内に保険事故が発生した場合に保険給付を行うものとして生命保険契約で定める期間」（本条1項6号）に改められたのは、一般消費者にとって分かりにくい用語を避けるためである。

改正前商法649条2項7号「保険契約者ノ氏名又ハ商号」が「保険契約者の氏名又は名称」（本項2号）に改められたのは、保険契約者が公益法人などの場合を考慮したものである。後述の保険金受取人に関する事項を「保険金受取人の氏名又は名称」としたのも同様の趣旨である。

改正前商法679条3号「保険金額ヲ受取ルヘキ者ヲ定メタルトキハ」の部分は削除され、「保険金受取人の氏名又は名称その他の保険金受取人を特定するために必要な事項」（本条1項4号）に改められたのは、保険法では、保険金受取人の指定について、保険契約締結時に必ず指定されるとの整理をしたことによるものである。[24]

(2) 書面の署名または記名押印

書面の効力を証明するために、作成者が書面に署名するのが通例である。改正前商法では、保険証券に保険者の署名を要すると規定していた（改正前商法649条2項柱書・683条1項）。本条2項では、それを、書面には「保険者（法人その他の団体にあっては、その代表者）が署名し、又は記名押印しなければならない」に改めている。これによれば、保険者の署名に代えて保険者の記名押印をすることも認められている。

(3) 6条・69条の法定記載事項との相違

本条は、傷害疾病定額保険契約の締結時の書面交付に関する69条の規律と、「生命保険契約」から「傷害疾病定額保険契約」、「保険事故」から「傷害疾病又は給付事由」と置き換えられている以外は全く同じである。また、書面の法定記載事項は、損害保険契約のそれと全体としてほぼ同様である。もっとも、保険契約の特質が異なるところがあるため、若干の差異が設けられている。すなわち、損害保険契約、生命保険契約、傷害疾病定額保険契約が共通するものは、①保険者、保険契約者および被保険者に関する事項（もっとも、生命保険契約と傷害疾病定額保険契約にあっては被保険者の氏名のみ）[25]、②保険事故（傷害疾病定額保険契約にあっては給付事由）、③保険期間、④保険金額、⑤保険料に関する事項、⑥危険増加の通知義務に関する事項、⑦契約締結日、⑧書面作成日である。

---

24) 補足説明76頁。

25) 生命保険契約と傷害疾病定額保険契約においては、被保険者の生死が保険事故とされるから、被保険者は自然人であり、公益法人等の場合は考えられないからである。

保険の目的物（6条1項7号）と保険価額（同項8号）は、損害保険契約のみに関する規定であると位置づけられている。一方、保険金受取人に関する事項は、生命保険契約および傷害疾病定額保険契約に特有の法定記載事項である（本条1項4号・69条1項4号）。

4　法定記載事項と異なる書面の効力

　本条書面は、後述のように、保険契約の成立およびその内容に関する一応の証拠としての効力ないし事実上の推定的効力を有するにすぎず、法定記載事項を具備することは、書面の効力要件ではないから、法定の記載事項を欠いても、書面としての効力に影響はない。逆に法定の事項以外の記載も当事者間に異議なく授受された場合に限り、一応の証拠力を有する。[26]

　もっとも、書面は、保険契約者にとっては契約上の権利行使のためには極めて重要な意味をもつため、書面に誤った記載がある場合には、保険契約者は保険者に対して当該記載の訂正を求めることができる。その反対に、誤った記載のある書面が交付されたが、保険契約者が異議を唱えなかったことをもって、契約内容が書面記載の内容であることを承認したと扱うのは、保険契約者の一般的な理解力からみて妥当ではない。したがって、書面の記載が契約内容と異なることを主張する者が、これを立証して、その一応の証拠力を覆すことができる。[27]　また、記載事項の誤りによって保険契約者に損害を与えたときは、保険者は損害賠償を負うことになると考えられる。

5　書面の法的性質

　本条書面の法的性質は、改正前商法が規定していた保険証券のそれと変わらない。改正前商法の下では、保険証券は、保険契約の成立およびその内容に関し争いがある場合にそれを証明する一応の証拠となるものであるから、その法的性質は、証拠証券・免責証券・記名式証券であり、契約成立の要件あるいは契約書でもなく、有価証券・設権証券・受戻証券でもないのが通説ないし多数説である（§6解説V5参照）。なお、今回の法改正において誤解を避けるために「証券」という名称を用いないという趣旨から、本条書面の法的性質に有価証券性がないことは一層明確である。

---

26)　伊沢・保険法102頁以下、石井照久『改訂商法II（商行為法・海商法・保険法・有価証券法）』196頁（勁草書房・1957）、大森・保険法138頁以下。

27)　野津・法論173頁、大森・保険法139頁、西島・保険法76頁以下、山下・保険法221頁、山下＝米山・解説231頁［千々松愛子］、山下＝永沢・保険法I 85頁［金岡京子］。

§40-V6　　　　　　　　　　　517

6　規定の性質

　本条は、改正前商法と同様に任意規定である。[28]したがって、法定記載事項の一部を省略したり、法定以外の事項を記載したりすることのほか、書面交付に代えて電子メールなどの電磁的方法（電子メールやインターネットを利用した電子信書サービス等）による情報提供を行う旨、保険契約者の請求があってから書面を交付する旨を約定することも許される。[29]

　もっとも、任意規定であるからといって、本条の記載事項と異なる記載を求める

※改正前商法との相違表

改正前商法649条・679条	保険法40条
名称：保険証券	名称：書面
（法定記載事項）	（法定記載事項）
保険ノ目的（649条2項1号）	削除
保険者ノ負担シタル危険（同2号）	保険事故（1項5号）
保険価額ヲ定メタルトキハ其価額（同3号）	削除
保険金額（同4号）	保険給付の額及びその方法（同7号）
保険料及ヒ其支払ノ方法（同5号）	保険料及びその支払の方法（同8号）
保険期間ヲ定メタルトキハ其始期及ヒ終期（同6号）	その期間内に保険事故が発生した場合に保険給付を行うものとして生命保険契約で定める期間（同6号）
保険契約者ノ氏名又ハ商号（同7号）	保険契約者の氏名又は名称（同2号）
保険契約ノ年月日（同8号）	生命保険契約を締結した年月日（同10号）
保険証券ノ作成地及ヒ其作成ノ年月日（同9号）	書面を作成した年月日（同11号）
保険ノ種類（679条1号）	削除
被保険者ノ氏名（同2号）	被保険者の氏名その他の被保険者を特定するために必要な事項（同3号）
保険金額ヲ受取ルヘキ者ヲ定メタルトキハ其者ノ氏名（同3号）	保険金受取人の氏名又は名称その他の保険金受取人を特定するために必要な事項（同4号）
（新設）	保険者の氏名又は名称（同1号）
（新設）	第56条第1項第1号の通知（注：危険増加に係る告知事項の変更の通知）をすべき旨が定められているときは、その旨（同9号）
交付義務：保険契約者の請求により発生	交付義務：あり
保険者の署名：要	保険者の署名：要。記名押印も可能（2項）
規定の性質：任意規定	規定の性質：任意規定

旨の約定や本条の記載事項を省略する旨の約定が、本条を適用する場合に比し、保険契約者等の権利を制限し、または義務を加重するものである場合、あるいは、信義則に反して保険契約者等の利益を一方的に害する場合には、消費者契約法10条により、その約定の効力が認められない可能性がある。[30]

Ⅵ　外国の立法例

　諸外国の立法例では、フランス保険法典L. 112-4条を除き、多くは、書面の記載事項を詳細に法定しておらず、保険者に委ねている。書面の性質について証拠証券として明記されているのは、ドイツ保険契約法3条1項のみである。そして、指図式または無記名式の保険証券を認める立法例が少なくない（ドイツ保険契約法4条、フランス保険法典L. 112-5条、スイス保険契約13条・73条、イタリア民法典1889条）。諸外国の立法にはいわゆる生命保険証券にも指図式を認めているものもある（フランス保険法典L. 132-6条）。さらに、保険証券記載の内容と契約当事者合致の内容に相違がある場合の取扱いについて、ドイツ保険契約法とスイス保険契約法では、ほぼ同様に追認の規定を設けている（ドイツ保険契約法5条、スイス保険契約法12条）。これについては、日本の立法論として、ドイツ、スイスの規定を参考に同様な規定を設けるのが望ましいとの見解がある。[31]しかし、保険契約者の異議申立てのないことをもって書面の内容を承認したとするのは、保険契約者の理解力からみて妥当ではないとする見解が有力である[32]（詳細については、§6解説Ⅵ参照）。

Ⅶ　今後の展望

1　実務との関係

　保険法施行後、保険業界では、保険契約の種類および性質に応じて、保険証券の書式や記載事項を見直している。その概況は以下のとおりである。

(1)　書面の名称

　従来の名称は社会的に浸透しているため、保険法施行後についても、生命保険会社では、保険証券（たとえば、生命保険証券など）、共済組合では、共済証書（たとえ

---

28)　第21回議事録15頁。
29)　荻本・一問一答65頁等、同旨。
30)　荻本・一問一答65頁、潘・概説32頁、山下=永沢・保険法Ⅰ　88頁［金岡京子］。
31)　石井・前掲注(26)196頁、大森・保険法140頁。
32)　山下・保険法221頁。

ば、生命共済証書等）という用語を使用している会社が多い。契約内容通知書など
の名称を使用する会社もある。

(2) 書面の記載事項

書面の記載事項については、保険会社や保険商品によって異なるが、概ね以下の
事項や情報が記載されている。[33]

表紙においては、「当会社は、定款および普通保険約款ならびに特約付の場合は
各該当の特約に基づいて保険契約者とこの保険契約を締結しました」と記し、会社
名・本社住所・代表取締役社長記名押印、印紙税関連事項が記載され、本文におい
ては、①証券番号、②証券作成地・作成日、③保険の種類、④保険契約者（氏名）、
⑤被保険者（氏名・生年月日・性別・契約年齢）、⑥受取人等（氏名）、⑦契約日、⑧
保険料内訳、⑨保険料払込期間・払込方法等、⑩保障内容（主契約・特約）等が掲
げられている。

以上より、本条1項9号の危険増加の通知義務に関する事項は記載されていない。
これは、生命保険契約の約款においては通常、危険増加に関する通知をすべき旨を
定めていないためである。一方、本条1項に法定記載事項とされていない保険の種
類、証券作成地等が記載されている。前述のように、法定事項以外の記載がなされ
ている書面を保険契約者が受領して異議を申し出なければ、法定事項以外の記載に
ついても、一応の証拠力を有することが認められる。

(3) 書面の交付

契約内容の変更や保険金・給付金支払請求等各種の手続において、保険証券の提
出が不要とされている会社が増えている。また、保険会社から年1回書面で契約内
容を保険契約者に知らせるのは一般的である。そこで、保険契約者側の利便性の向
上や環境への配慮といった観点から、ペーパーレス化の推進による手続の簡素化を
図るために、従来の保険証券を廃止して、保険契約締結後、契約の成立および契約
の内容を知らせる「契約内容通知書」等を交付する会社がある。[34] かかる通知は、本
条の趣旨に基づいて必要とされる一定の事項を記載しているのであれば、本条の書
面に該当し認められるものと考えられる。

そして、保険証券または通知等の書面は、通常、契約締結後1週間ないし2週間
以内に保険契約者に郵送される。

---

33) 生命保険文化センター「資料編（書類・書面の見本）」参照。
http://www.jili.or.jp/consumer_adviser/pdf/data.pdf#search='% E7% 94% 9F% E5% 91%
BD%E4%BF%9D%E9%99%BA%E8%A8%BC%E5%88%B8+%E3%82%B5%E3%83%
B3%E3%83%97%E3%83%AB' （最終アクセス日：2018年7月29日）

34) 日本生命等。

2 残された課題

　電子情報技術や高度情報化社会の一層の進化および情報メディアの国民生活への一層の浸透に伴い、各分野において書面のペーパーレス化の流れがますます進んでいることは疑いようもない。Web証券のような電磁的方法による情報提供は、保険契約者側にとっては、契約内容の確認、書類の保存などの利便性があり、保険者にとっても、コスト面はもちろんのこと、事務リスクの面でも相当の削減が期待できる。加えて、紙資源の節約による環境保護に寄与することもできることから、紙ベースの書面に代わるWeb証券のような電磁的方法による情報提供はますます広まって主流となる可能性がある。したがって、書面の交付義務について、改正前商法649条1項やドイツ保険契約法3条1項のように、保険契約者の請求があったときに限り生じるという立法論が近い将来、再び現れるのではないかと思われる。

　そのほか、前述のように、書面交付の期限にかかわる本条1項の「遅滞なく」の定義、および本条の射程範囲は新契約締結時のみでなく、転換、更新、復活、特約中途付加等の場合にも及ぶかについて、解釈論として今後検討の余地があると考えられる。

〔李　鳴〕

§41-I 1, 2

（強行規定）
第41条 第37条の規定に反する特約で保険契約者又は被保険者に不利なもの及び第39条第2項の規定に反する特約で保険契約者に不利なものは、無効とする。

【条文変遷】　新設
【参照条文】　保険法7条・37条・70条・39条2項、生保試案683条
【外国法令】　§7解説Ⅳ参照

I　概　　要

1　規定の性質に関する分類

　規定の性質について、講学上、強行規定（強行法規ともいう）と任意規定（任意法規ともいう）の2つに大別されることが多い。強行規定は、さらに絶対的強行規定と片面的強行規定（半面的強行規定ともいう）に分けることができる。

　絶対的強行規定とは、当事者間の合意の如何に関係なく適用される規定をいう。片面的強行規定とは、当事者の一方の不利益になるように変更することができない規定をいう。そして、任意規定とは、当事者が合意すれば適用を排除することができる規定をいう。

　詳細については、§7解説Ⅰ1を参照されたい。

2　片面的強行規定導入の趣旨

　改正前商法の規定は、損害保険における被保険利益の要件や、生命保険における被保険者の同意要件など公益に基づく規整であるため解釈上絶対的強行規定であるとされる少数の規定を除き、基本的には任意規定であると解されていた[1]。それ故に、約款でこれと異なる定めをした場合には、原則として約款の規定が優先されていた。

　保険法改正にあたり大きな見直しの1つとして、片面的強行規定の導入がある。この趣旨は、以下にあると考えられている[2]。

　保険契約は、その性質上附合契約であることが一般的であり、消費者が保険契約者となる消費者保険[3]では、保険契約者側と保険者との間の情報量、交渉力、保険に

1）　大森・保険法45頁（注4）、大判大正5・11・21民録22輯2105頁以下。山下・保険法88頁以下、山下=米山・解説236頁［萩本修=嶋寺基］、補足説明3頁。
2）　大森・保険法51頁、山下・保険法110頁、萩本・一問一答20頁、21頁（注1）。
3）　保険論上、従来保険加入者が企業であるものを企業保険、一般大衆であるものを家計保険と呼んでいる。しかし、今日では、保険加入者が個人ないし消費者である保険は、消費者保

関する知識経験などに格差があることから、保険法の規定をすべて任意規定としてしまうと、当事者間での約定によりその適用を排除することができることになりかねない。

そこで、保険法は、契約法として契約自由の原則に基づき、当事者間の合意を尊重しつつも、保険契約者・被保険者・保険金受取人（以下「保険契約者等」という）の保護を確実なものとするため、保険契約に関する規定の一部について片面的強行規定である旨を法律上明示し、かかる規定に反する特約で保険契約者等に不利なものを無効としている。[4]

詳細については、§7解説 I 1を参照されたい。

3 条文概要

保険法は、規定の性質の観点からみると、「任意規定」、「絶対的強行規定」、「片面的強行規定」から構成されている。「任意規定」は、保険法の規定に反する約款の定めがあっても契約は無効とならない。「絶対的強行規定」は、保険法の規定に反する約款の定めは無効となる。そして、「片面的強行規定」は、保険法の規定に反して保険契約者、被保険者、保険金受取人に不利な内容とする約款の定めが無効となる。

立法形式としては、損害保険契約、生命保険契約、傷害疾病定額保険契約のいずれについても、「成立」、「効力」、「保険給付」「終了」のそれぞれの節ごとに、まとめて片面的強行規定を明確に掲げている。一方、絶対的強行規定か任意規定である旨を明示する条文を設けていない。もっとも条文の見出しでは、片面的強行規定ではなく単なる「強行規定」とされている。また、規定振りは共通して、「○○の規定に反する特約で○○○に不利なものは、無効とする」となっている。さらに、対応する規定の内容に応じて、「保険契約者」、「被保険者」、「保険金受取人」のいずれに不利な特約が無効となるかを区別して明記している。

本条（41条）は、7条（損害保険）、70条（傷害疾病定額保険）との共通事項として、保険法第3章（生命保険）第1節（成立）に設けられている諸規定のうち、告知義務および遡及保険における保険者不知に関する規定を片面的強行規定とするものである。

4 損害保険との相違

損害保険契約のうち海上保険契約、再保険契約、航空保険契約、原子力保険契約

険と呼ぶのが適当であるとの見解がある。山下・保険法43頁。
4） 補足説明3頁。

などといった企業保険については、事業活動に密接に関係し、そのリスクが特殊であることなどの要因があるため、片面的強行規定を設けた趣旨にそぐわないとして、各種の規定を片面的強行規定とする旨の規定の適用が除外されている（§36解説Ⅲ参照）。

これに対し、生命保険契約、傷害疾病定額保険契約、傷害疾病損害保険契約といったいわゆる人保険については、このような除外の規定が設けられていない。これは、団体保険契約でも保険契約の利益は直接または間接に団体構成員たる非事業者（消費者）に帰することが通例であることや、仮に事業活動となんらかの関連性があってもリスク自体に特殊性があるとは認められないからである。[5]

Ⅱ　立法過程

1　保険法制定前試案

生保試案は、683条において、生命保険契約に関する諸規定の中で、強行規定とすべき条項を「強行規定性」というタイトルで一括して掲げていた。

同条は、2つの項に分かれ、1項は絶対的強行規定であり、2項は半面（片面）的強行規定である。絶対的強行規定であることを示すために、かかる「規定は、契約当事者において変更することができない」という表現をとり、また、半面的強行規定であることを示すために、かかる「規定は、契約当事者が約定しても、保険契約者、被保険者または保険金を受け取るべき者の不利益に変更することはできない」と表現していた。後者の「保険金を受け取るべき者」という文言には、たとえば保険金請求権等の質権者や譲受人も含めるという趣旨であると説明されていた。[6]

生保試案の諸規定中、絶対的強行規定とされているものは、保険金不法取得目的の保険契約、他人の死亡保険等、未成年者の死亡保険、被保険者の保険契約者に対する解除請求、保険金受取人指定または変更における被保険者の同意、保険金請求権者等の先取特権、短期消滅時効、保険金請求権の差押禁止、保険者の倒産の場合の処理および団体生命保険契約における被保険者の同意と被保険者の同意がない場合の効果、年金請求権の消滅時効、各年度の年金額支払請求権の差押禁止について定めた諸規定である。

次に、生保試案の諸規定中、半面的強行規定とされているものは、死亡保険金の

5）　山下友信「新しい保険法―総論的事項および若干の共通事項」ジュリ1364号15頁（2008）、萩本・一問一答146頁(注4)、山下＝米山・解説236-237頁［萩本修＝嶋寺基］。

6）　生保試案理由書177頁。

524　　§41-Ⅱ2・Ⅲ1

支払時期の諸規定である。保険金受取人の権利の取得、保険金受取人の指定または
変更の対抗要件、保険金受取人の介入権、告知義務、他の生命保険契約の告知義務、
重大事由による解除および死亡保険金の支払時期について定めた諸規定である。

　以上の点に関しては、損保試案663条の３も、傷害試案44条、疾病試案44条も、
生保試案と同様の立場を示していた（§７解説Ⅱ１、§70解説Ⅱ１参照）。

2　法制審議会保険法部会の審議

　§７解説Ⅱ２を参照されたい。

Ⅲ　条文解説

　本条は、「第37条の規定に反する特約で保険契約者又は被保険者に不利なもの及
び第39条第２項の規定に反する特約で保険契約者に不利なものは、無効とする」と
定め、次の規定の性質が片面的強行規定であることを明記している。

1　37条に関する規定

　本条の前半部分は、生命保険における告知義務に関する37条の規定を片面的強行
規定とするものである。

(1)　告知義務規定の概要

　37条の規定は、生命保険契約の締結に際し、保険契約者または被保険者（以下、
保険契約者等という場合がある）に、保険事故の発生の可能性（危険）に関する重要
な事項のうち保険者が求める告知事項に対する告知義務を課すものである。保険契
約者等の告知義務は、改正前商法644条の下におけるいわゆる自発的申告義務から
質問応答義務に変更された。保険契約者等がこの告知義務に違反した場合において、
保険者は契約を解除できる（55条１項）。かかる解除は将来に向かってのみその効力
を生じ（59条１項）、解除がされた時までに発生した保険事故について保険者はその
保険給付を行う責任を負わないこととされる。ただし、保険事故が不告知・不実告
知にかかる事実と因果関係のない場合はこの限りでない（同条２項１号）。詳細につ
いては、それぞれの条文の解説を参照されたい。

　告知義務が自発的申告義務から質問応答義務に変更された主な理由は、何が危険
測定上重要な事項であるかを正確に判断することは、保険の技術について専門知識
をもたない保険契約者等には困難であるということにある。[7] 同規定によれば、保険

---

　7)　損害試案理由書28頁以下参照。

者が求めるべき告知事項、すなわち質問事項は、保険事故発生の可能性（危険）に関する重要事項に該当しなければならない。

(2) 不利な特約の対象者

保険契約者および被保険者が告知義務者であるため、特約により不利益を被る可能性がある。したがって、本条の前半部分は、保険契約者および被保険者の保護に資する規定であり、不利な特約の対象者は、保険契約者または被保険者である。

(3) 無効とする不利な特約

以下のような特約は、保険契約者または被保険者が不利益を被ることになるため、本条の前半部分に掲げる37条の規定に反する特約で「保険契約者又は被保険者に不利なもの」として無効になると考えられる[8]。

① 質問応答義務ではなく自発的申告義務を課す特約

② 質問事項を拡大し、重要事項にあたらない質問事項について事実の告知を求め、その不告知・不実告知を理由に契約を解除し、または保険給付を行わない旨の特約

③ 保険契約者等以外の者に応答義務を課し、これを前提に契約の解除ができる旨の特約

④ 保険契約者等に軽過失による告知義務違反があるにすぎない場合にも契約の解除ができる旨の特約

ところが、保険契約者等が告知してから保険契約が成立するまでの間に告知していない事実が保険契約者等に判明し、または新たな事実が生じて保険契約者等がこれを知った場合には、これらの事実も告知すべき事実に含まれる旨の特約は、同規定に反する特約で保険契約者等に不利なものとして無効になるかどうかが問題となる。

これについては、立法論的な考え方としては、通常、保険契約者等は、いったん告知をした以上、改めて告知を求められなくても自ら進んで告知をしなければならないという意識に乏しいことから、別途追加で事実の告知を求められない限り、告知を発する時、すなわち告知書を提出し、または診査医による診査が終わる時までの事実を告知すれば足りるとされている[9]。したがって、かかる特約は41条の規定に反する特約にあたり、無効になると解されることが考えられる。

一方、学説上、一度重要事項の告知が求められれば、保険者の求める重要事項が何であるか保険契約者等に分かるはずであり、告知していない事実や新たに生じた

8）　部会資料（9）7頁、補足説明10頁。
9）　部会資料（9）4頁。

事実が重要事項に該当するかどうかの判断は困難とはいえず、保険契約成立の間までにこの告知を求めることが必ずしも不当とは思われない。また、告知義務制度が保険契約者等の逆選択[10]を防止し、保険契約成立後の保険契約者等のモラル・ハザードを事前に抑止する機能を有することも考慮すれば、かかる特約が37条の規定に反する特約にあたらず、有効であると解することが一概に不合理であるともいえないとの見解もある[11]。

2 39条2項に関する規定

本条の後半部分は、生命保険における遡及保険に関する39条2項の規定を片面的強行規定とするものである。

(1) 遡及保険関連規定の概要

39条は、生命保険契約の遡及保険を定める規定である。同条2項は、死亡保険契約の申込み時点より前に発生した保険事故に関し保険給付を行う旨の定めは、保険者または保険契約者がその保険契約の申込みをした時点で、当該保険者が保険事故の不発生を知っていた場合は、無効としている。

(2) 不利な特約の対象者

同条2項の趣旨は、保険者が保険事故の不発生を知りながら保険契約を締結し、保険料を不当に取得することを防止し、仮に保険者が不当に保険料を取得した場合にも保険契約者が保険者に対して保険料の返還を請求できるようにするものである。したがって、本条の後半部分は、保険契約者の保護を図る規定であり、不利な特約の対象者は、保険契約者である。

(3) 無効とする不利な特約

たとえば、保険契約者の契約申込時に保険者が保険事故の不発生を知っていた場合でも遡及保険の定めを有効とし保険料の取得が認められる旨の特約等は、保険契約者が不利益を被ることになるため、本条の後半部分に掲げる39条2項の規定に反する特約で「保険契約者に不利なもの」として無効になると考えられる[12]。

---

10) 自分の健康状態等からみて保険事故（死亡・入院）発生の可能性が高いと自覚する者が進んで保険に加入しようとする傾向を保険者が行う選択に対比して「逆選択」という。

11) 保険法コンメンタール29頁［出口正義］参照。

12) 第21回議事録2頁。

Ⅳ 今後の展望

1 実務との関係

約款や特約条項の作成または改定にあたって、かかる規定が保険法の片面的強行規定性に反するか否かについて、保険法の関連規定の趣旨およびその内容を十分に踏まえたうえで、当該約款規定の目的、要件および効果等を総合的に勘案して、慎重に逐一検証し判断する実務対応が強く求められている。[13]

とりわけ、不利な特約には、片面的強行規定よりも形式的にみて不利になっている特約が含まれるのはもとより、実質的に片面的強行規定の趣旨を没却するような特約も含まれる。また、「約款上は保険者の権利を非常に強く認めてはいるが、実際にそうした権利を主張する際には保険者の側で謙抑的な運用をしている」という考え方も通用しないことに留意する必要がある。[14]

2 残された課題

保険法が片面的強行規定を導入したことは、保険契約者等を保護することを図るとともに、高い法的安定性を達成したものとして評価されている[15]一方、以下のように、なお様々な解釈問題が生じうる。

(1) 片面的強行規定における不利な特約に関する解釈問題

保険法では、片面的強行規定の定め方は、共通して「○○の規定に反する特約で○○○に不利なものは、無効とする」としている。どのような態様の特約が「不利」に該当するかの判断基準が今後の焦点となる。[16]たとえば、前述のように、告知してから契約が成立するまでの間に判明した事実、あるいは新たに発生した事実も告知すべき事実に含まれる旨の特約は、本条前半の規定に反する特約で保険契約者等に不利なものに該当するかという解釈問題がある。

(2) 約款に定められていない規律の適用問題

本条の片面的強行規定にかかわる39条2項については、生命保険契約の実務上、保険契約者による契約の申込みより前に発生した保険事故について保険者が保険金を支払う旨の定めをすることはないため、保険法施行後も、従来どおり同条2項に

---

13) 萩本・一問一答22頁(注5)。
14) 萩本・一問一答21頁以下。
15) 村田敏一「絶対的強行規定・片面的強行規定・任意規定—新保険法の構造分析の視点」保険学602号148頁(2008)。
16) 同旨、村田・前掲注(15)131頁。

対応する条項が置かれていない（§39解説Ⅵ1(2)参照）。このような場合、すなわち、片面的強行規定とされる規律の中で、約款に規定しなかった規律の適用、あるいは、約款でその規律内容の一部のみを規定した場合には、規定しなかったその余の規律の適用をどのように解するのかという適用問題がある[17]。

(3) 絶対的強行規定と任意規定の解釈問題

保険法では、片面的強行規定を明示する条文の見出しは、いずれも単に「強行規定」とされているので、どの規律が片面的強行規定に該当するかに関する解釈問題は生じる余地はない。しかし、一方、その他の規律については、絶対的強行規定か任意規定かの区別は明らかにされておらず、引き続き解釈に委ねられている。この結果、片面的強行規定以外の規律については、絶対的強行規定か任意規定かのいずれに類別されるのかという規定の性質に関する解釈問題が生じる[18]。

(4) 任意規定と消費者契約との抵触に関する解釈問題

基本的に任意規定の場合には、契約自由に委ねることができると考えられる。もっとも、任意規定についても、保険契約者が消費者である場合には、消費者契約法により、保険法の規定よりも保険契約者等の権利を制限し、または保険契約者等の義務を加重する約款の定めは無効となる場合がある（消費者契約法10条）。したがって、任意規定から乖離した約款規定を定める場合に、消費者契約法上の不当条項規制への抵触に関する解釈問題が生じうる[19]。

その他については、§7解説Ⅴで述べたことが基本的に同様であるので、参照されたい。

〔李 鳴〕

---

17) 村田・前掲注(15)146頁。
18) 同旨、村田・前掲注(15)130頁。
19) 山下・保険法124頁、萩本修『新しい保険法』24頁（金融財政事情研究会・2008）、村田・前掲注(15)131頁(注2)。

§42-Ⅰ1　　　　　　　　　　　　　529

第2節　効　　力

　（第三者のためにする生命保険契約）
第42条　保険金受取人が生命保険契約の当事者以外の者であるときは、当該保険金受取人は、当然に当該生命保険契約の利益を享受する。

改正前商法第675条　①　保険金額ヲ受取ルヘキ者カ第三者ナルトキハ其第三者ハ当然保険契約ノ利益ヲ享受ス但保険契約者カ別段ノ意思ヲ表示シタルトキハ其意思ニ従フ
改正前商法第683条　①　（略）第647条（略）ノ規定ハ生命保険ニ之ヲ準用ス
改正前商法第647条　保険契約ハ他人ノ為メニモ之ヲ為スコトヲ得此場合ニ於テハ保険契約者ハ保険者ニ対シ保険料ヲ支払フ義務ヲ負フ

【条文変遷】　ロエスレル草案702条、明治23年商法681条、明治32年商法433条・401条、明治44年商法433条・401条・428条ノ2、改正前商法683条・647条・675条、生保試案674条の4・675条
【参照条文】　保険法8条・71条・38条・46条、生保試案674条の4・675条、民法537条
【外国法令】　フランス保険法典L. 132-9条・L. 132-12条、ドイツ保険契約法159条、イタリア民法典1920条・1921条、スイス保険契約法16条・76条・77条・78条

Ⅰ　概　　要

1　第三者のためにする生命保険契約の概念

　保険契約者自身を保険金受取人とする生命保険契約を自己のためにする生命保険契約という。これに対し、保険契約者以外の第三者を保険金受取人とする生命保険契約を第三者のためにする生命保険契約という[1]（改正前商法までは「他人のためにする生命保険契約」と称された）。第三者のためにする生命保険契約には、次の3つの類型がある[2]。
　①　保険契約者が自己を被保険者、第三者を保険金受取人として（たとえば、自己を保険契約者兼被保険者、妻を保険金受取人として）締結する保険契約。すなわち、

1）　大森・保険法272頁参照。
2）　野津・法論445頁、青谷・法論Ⅰ124頁参照。

保険契約者と被保険者が同一人で、保険金受取人が別人の場合。

② 保険契約者が自己と異なる被保険者を保険金受取人として（たとえば、自己を保険契約者、妻を被保険者かつ保険金受取人として）締結する保険契約。すなわち、被保険者と保険金受取人が同一人で、保険契約者が別人の場合。

③ 保険契約者が、自己および自己と異なる被保険者以外の第三者を保険金受取人として（たとえば、自己を保険契約者、妻を被保険者、子を保険金受取人として）締結する保険契約。すなわち、保険契約者、被保険者、保険金受取人がそれぞれ別人の場合。

①は自己の生命の保険契約で、②と③の場合は他人の生命の保険契約でもある。保険実務上は、上記①の場合が最も多い。

2 趣旨

本条（42条）は、8条（損害保険）、71条（傷害疾病定額保険）との共通事項として、改正前商法683条1項、647条および675条1項本文に対応するものである。

生命保険契約では、多くは、保険契約者が自己の扶養している親族や相続人など特別の関係にある者に保険給付金を受領させることによって、死後扶養の目的を達成するという重要な機能を有している。したがって、保険法は、改正前商法の規定を維持して第三者のために生命保険契約を締結することを認めるものとしている。そして、かかる契約にも民法537条以下が適用されることを前提としつつ、民法上の第三者のためにする契約の特則として、保険金受取人の受益の意思表示を不要とするのが本条の立法趣旨である[3]。

3 条文概要

本条は、保険契約者が契約当事者以外の第三者のために生命保険契約を締結することができることを前提として、その場合において、保険金受取人が生命保険契約の受益、すなわち保険事故発生（被保険者死亡）による保険給付請求権（保険金請求権）を自己固有の権利として当然に取得する旨を定めている。また、本条の規定に反する特約で保険金受取人に不利なものは無効とする片面的強行規定とされている（49条）。

---

3) 大森忠夫「保険金受取人の法的地位」大森=三宅・諸問題2頁、山下=米山・解説281頁［山野嘉朗］参照。

Ⅱ 沿　革

1　ロエスレル草案〜明治23年商法

　第三者のためにする保険契約が日本の保険法制上に登場したのは、明治17（1884）年のロエスレル草案である。同草案702条2項において、「他人ノ為ニナシタル保険ハ保険額要求権ノ譲渡ト同視ス」としていた。これについて、ロエスレルは、「是レ生命保険ニ最モ多ク行ハルヽモノナリト雖モ他ノ保険ニ於テモ之ヲ行ナフコトアリ被保険者ハ之ニ依リテ保険額ヲ受クヘキ人ヲ指定スルモノニシテ已定人未定人（其受取ルトキ何人タルヲ論セス例ヘハ寡婦子孫若クハ相続人等）ヲ論セス譲渡ヲ為サシムルコトヲ得ヘシ」と説明していた。[4]

　これにより、当時は、①他人のためにする保険は生命保険において最も多く行われる契約であること、②保険金受取人の指定権は被保険者に帰属すること、③保険金受取人となる者は制限されず、配偶者、子孫、相続人でもよいこと、および④契約締結時に保険金受取人を指定するが、確定とすることも未確定とすることも可能であることが窺える。

　明治23年商法はロエスレル商法を踏まえ、681条において「他ノ生命又ハ健康ハ其人ノ為メ又ハ第三者ノ為メ契約上ノ義務ニ依リテ之ヲ保険ニ付スルコトヲ得」と規定し、契約によっては他人の生命をその人または第三者（遺族）のために保険に付することが認められていた。

2　明治32年商法

　明治32年商法は、生命保険については、「保険契約ハ他人ノ為メニモ之ヲ為スコトヲ得此場合ニ於テハ保険契約者ハ保険者ニ対シ保険料ヲ支払フ義務ヲ負フ」（401条）との損害保険の規定を準用している（433条）。

　明治32年商法では、第三者のためにする生命保険契約を締結することができることをより明文化したうえ、第三者のためにする保険契約において保険契約者が保険者に対し保険料を支払う義務を有することも定めた。また、第三者である受取人に関しては、明治32年商法428条1項では、「保険金額ヲ受取ルヘキ者ハ被保険者、其相続人又ハ親族ナルコトヲ要ス」と第三者である保険金受取人になりうるのは被保険者または被保険者の相続人ないし親族に限るものとされている。これは、保険金

4）　ロエスレル・121-122頁。

532　　　§42-Ⅱ3

をめぐるモラル・リスクを回避するため、および親族の家計維持を重視するために
親族主義を採用したものと考えられる。

　もっとも、明治32年商法までは、保険金受取人が第三者であるときは、民法上の
第三者のためにする契約のように、第三者の利益享受の意思表示が必要かという第
三者の権利取得の方式、および利益を直ちに享受するかという第三者の権利取得の
時期が不明であった。しかし、他人のためにする損害保険契約について「被保険者
ハ当然其契約ノ利益ヲ享受ス」と定めた402条が生命保険には準用されなかった
（明治32年商法433条）ことに鑑み、他人のためにする生命保険契約においては、保険
金受取人が利益の享受について意思表示をする必要があり、直ちに権利を取得する
ことはできなかったと考えられる。

　また、大判大正5・7・5（民録22輯1336頁）は、明治32年商法には生命保険契約
に関して民法537条の適用を除外するとの特則が存在しない以上、保険金受取人が
第三者であるときはその者の権利は民法の通則に従い、利益享受の意思表示をした
時に発生しかつ確定するのであって、第三者が保険者に対する利益享受の意思表示
もなく契約と同時に当然に権利を取得するものではないとの判断を示していた。

3　明治44年商法

　明治44年の商法改正では、改正前商法のような形で、第三者のためにする生命保
険に関しては、従来と同様に損害保険の規定を準用する（433条／改正前商法683条、
401条／改正前商法647条）としている一方、428条ノ2（改正前商法675条）という独立し
た条文を設けたうえ、同条1項において、保険金受取人は当然に利益を享受するこ
とを追加した。また、明治44年の商法改正により、保険金受取人となる者の範囲が
被保険者の親族に限定されるという制限はなくなった（§38解説Ⅱ4参照）。

　428条ノ2の立法趣旨として、明治32年商法において、保険金受取人が第三者で
ある場合に直ちに利益を享受するのか、それとも受益の意思表示をした時から利益
を享受するのかが明らかでない点について、保険金受取人は別段受益の意思表示を
することがなくても当然保険契約による権利を取得すべきことを原則とするが、保
険契約者が保険金受取人の変更権を留保する意思表示をした場合にはそれに従うこ
とを明らかにするためであると説明されていた。[5]

　5）　法律新聞社編纂『改正商法理由〔増補4版〕』377頁以下（1912）参照。

§ 42 - Ⅲ・Ⅳ 1　　　　　533

Ⅲ　改正前商法

　改正前商法675条1項は、保険金受取人が第三者であるときは、保険契約者が別段の意思表示をしない限り、その受取人は、受益の意思表示なしに、当然に保険契約上の権利を取得することができるとしていた。

　また、改正前商法683条1項により同647条の規定は生命保険契約に準用された。そして、改正前商法647条は、他人のためにする損害保険契約に関する規定であるが、①他人のためにも保険契約を締結することができること、②その場合には保険契約者は保険者に対し保険料支払義務を負うことを規定していた。

　改正前商法に定める他人のためにする生命保険契約は、他人のためにする損害保険契約と同様、民法にいわゆる「第三者のためにする契約」の一種であるが、民法の一般原則（民法537条3項）と異なり、第三者である保険金受取人による受益の意思表示を必要としない改正前商法の規定は、民法に対する特則であると、古くから解されてきた。[6]

　改正前商法では、他人のためにする生命保険契約における保険金受取人の権利取得の時期、保険金受取人の権利取得と相続との関係、保険金受取人が保険金請求権以外に解約返戻金請求権なども取得できるかなどについて明らかではなく、解釈や約款の定めに委ねられていたため、第三者のためにする契約に関する民法の一般規定だけでは、法的規整として十分ではないとの立法論的な批判があった。[7]

Ⅳ　立法過程

1　保険法制定前試案

　生保試案でも他人のためにする生命保険契約の有効性を認めているが、改正前商法（683条1項・647条）と異なり、他人のためにする損害保険契約に関する規定を生命保険契約に準用するという規定の仕方を採用せず、674条の4において、「保険契約は、他人のためにも締結することができる」（任意規定）とする生命保険契約独自の規定を設けていた。これは、他人のためにする保険契約とはいいながら他人のためにする損害保険契約と他人のためにする生命保険契約とでは、法的構造が異な

6）　松本・保険法246頁、野津・法論71頁、大森・保険法277頁・100頁、西島・保険法329頁、中西・生保入門186頁、山下・保険法487頁等。

7）　生保試案理由書60頁以下・63頁参照。

るので、前者に関する規定を後者に単純に準用するだけでは必ずしも適当でないという理由によるものと説明されていた[8]。そして、改正前商法683条1項により準用される同647条後段で明記されている保険契約者の保険料支払義務については、自明のことであるとして、その旨の規定を削除した[9]。

また、生保試案675条では、保険金受取人の権利取得につき、「保険契約において、第三者が保険金受取人として指定されているときは、指定された第三者は、当然にその契約の利益を享受する」と規定することによって、改正前商法675条1項本文と同様に、他人のためにする生命保険契約の場合にも、その第三者である保険金受取人の受益の意思表示を要しないとする民法537条3項の特則を設けていた。ただ改正前商法675条1項但書に相当する規定、すなわち保険契約者が保険金受取人の指定変更権を留保している場合に関する規定については、保険金受取人の権利の取得に関する本条に置くのは適切ではないという理由で削除し、生保試案675条の2に組み込むこととした[10]。

生保試案675条は、保険契約者側の不利益に変更することができない半面的（片面的）強行規定とされた（生保試案683条2項）。その理由は、他人のためにする生命保険契約のもとで保険金受取人が受益の意思表示をしなければ権利を取得できないとすることに合理的な必要性はないと考えられるからであると説明されていた[11]。

2 法制審議会保険法部会の審議

保険法部会においては、第三者のために生命保険契約を締結することができることは民法上当然のこととして、さらに保険金受取人は当然に生命保険契約の利益を享受するとの改正前商法の規定を維持する一方、以下の点については、改正前商法の規律とは異にしている。

(1) 規律の方式

保険法は、他人のためにする損害保険契約に関する規定を生命保険契約についても準用する改正前商法683条1項と異なり、生保試案のように生命保険契約について独立して規定する仕方を採用した。

そして、改正前商法647条前段は「保険契約ハ他人ノ為メニモ之ヲ為スコトヲ得」と規定していたが、保険契約にも民法537条〜539条の規定が適用されることから、第三者のためにする契約の一種として第三者のためにする生命保険契約を締結でき

8）　生保試案理由書60頁。
9）　生保試案理由書61頁。
10）　生保試案理由書63頁。
11）　生保試案理由書63頁。

ることは当然であり、保険法では、あえて改正前商法647条前段のような明文の規定は設けないものとした。[12]

改正前商法においては「他人のためにする生命保険契約」という用語が使用され、講学上も従来「他人のためにする生命保険契約」と呼ばれることが多かった。保険法においては「第三者のためにする生命保険契約」という見出しが付されている。これは、他人のためにする保険契約が民法上の第三者のためにする契約の一種であることを明確にするために変更したのである。[13]

⑵　保険契約者の保険料支払義務に関する条文の削除

改正前商法683条1項および647条により、他人のためにする生命保険契約について、他人のためにする損害保険契約と同様に、保険料の支払義務を負うのは保険契約者であることが注意的に規定されていたが、保険法は同規律を削除した。なぜなら、民法上の第三者のためにする契約について、これが双務契約である場合には要約者が諾約者に対して契約上の債務を負うと解されており、民法上の第三者のためにする契約の一種とされる第三者のためにする生命保険契約も双務契約であり、保険契約者が保険料支払義務を負うことは当然の理であることから、あえて明文の規定を設ける必要がないからである。[14]

⑶　保険金受取人に対する保険料請求できる条文の削除

改正前商法683条1項および652条により、他人のためにする生命保険契約では保険契約者が破産手続開始の決定を受けたときは、他人のためにする損害保険契約と同様に保険者は保険金受取人に対して保険料を請求できるが、保険金受取人はその権利を放棄することにより、保険料の支払義務を免れるものとされていた。この規律の趣旨は、改正前商法制定時に保険契約者の破産による保険者の解除権を認める規定が存在していたこととの関係で、保険金受取人が保険料を支払うことによって保険契約を存続させる余地を認めるところにあった。

保険法は、以下の観点からこの規律を削除した。[15]すなわち、①大正11（1922）年の旧破産法の制定に伴い保険者の解除権に関する規定が削除されたこと、②破産管財人のみに解除権が認められるようになったことから現在では上記のような説明は妥当しないこと、③そもそも破産手続開始の決定前に保険料全額が支払われている場合には同条の適用は問題とならず、保険料全額が支払われていない場合であっても、第三者のためにする保険契約における保険金請求権は破産財団に帰属しないた

---

12)　部会資料（2）6頁以下。
13)　補足説明19頁参照。
14)　部会資料（2）6頁以下、補足説明19-20頁。
15)　第3回議事録43頁以下、補足説明56頁。

め、破産管財人としては保険契約の解除（破産法53条1項）を選択するのが通例であること、④実務上も同条に基づいて保険者が保険金受取人に保険料を請求することによる。

(4) 保険金受取人の指定関連

第三者のためにする生命保険契約が成立するためには、保険契約者により第三者が保険金受取人として指定されなければならないと解されているが[16]、保険法においては、保険金受取人の指定という概念を法律上なくしている。これは、契約当事者は、保険金受取人を不定のまま契約するのではなく、誰かを保険金受取人と決めて契約を締結しているはずであるから、契約締結時の保険金受取人の指定という概念はなくしてもよいという考え方であると解される[17]。

そして、改正前商法上、保険金受取人の指定方式に関しては特に明確な規定が設けられてはいなかった。保険法改正の検討経過においては、保険金受取人の指定方式に関し任意規定として「保険金受取人は、保険契約の締結時に、保険契約者が保険者に対する意思表示によって指定するものとする」という規定の新設が検討されていた[18]。しかし、保険契約は契約当事者の合意により成立されるものであり、契約（約款）によっては保険金受取人が被保険者と一定の関係にある者に限定されている場合もあり、詳細な指定方法に関する規律を設けることによって、かえって保険契約者に分かりにくくなる懸念もあるとの指摘があった[19]。

そこで、保険法は、保険金受取人の指定方式等に関して、生命保険契約の締結時に交付する書面の記載事項として、「保険金受取人の氏名又は名称その他の保険金受取人を特定するために必要な事項（40条1項4号）」を定めるにとどまり、具体的な定め方については、明確な規定を設けておらず、改正前商法と同様、依然として解釈や個々の約款上の取扱いに委ねることとした[20]。

V　条文解説

本条は、改正前商法のもとの判例・多数説の立場も踏襲するものといわれている[21]。したがって、以下において、それらの判例・学説に照らしながら解説する。

---

16) 大森・保険法273頁、西島・保険法327頁。
17) 山下ほか・保険法276頁［竹濵修］。
18) 中間試案19頁。
19) 補足説明75頁以下、部会資料(25) 3頁、第22回議事録5頁。
20) 部会資料(25) 3頁。
21) 山下典孝「保険金受取人の権利」中西喜寿・265頁。

1 第三者のためにする生命保険契約における関係者の相互関係

本条に定める「保険金受取人が生命保険契約の当事者以外の者であるとき」とは、すなわち第三者のためにする生命保険契約のことである。第三者のためにする生命保険契約が民法上の第三者のためにする契約の一種であるとすれば、①保険契約者（要約者）と保険者（諾約者）との補償関係、②保険契約者（要約者）と保険金受取人（第三者）との対価関係、③保険者（諾約者）と保険金受取人（第三者）との現実の給付関係という概念があるので、まずそれらの相互関係を整理する必要があろう。[22]

(1) 保険契約者と保険者との関係

保険契約者が第三者を保険金受取人と指定し、保険者との間でその第三者をして契約上の利益、すなわち保険金請求権を取得させることを目的とする生命保険契約を締結した場合には、保険契約者は、保険者に対し保険料の支払義務を負う（2条3号）。これに対し、保険者は保険事故発生の場合に保険金受取人に保険給付を行う義務を負う（同条2号）。

(2) 保険契約者と保険金受取人との関係

保険契約者と第三者である保険金受取人との間には、当該第三者に保険金を受領させる何らかの特別の関係が存在することが一般と考えられる。しかし、この関係はあくまでも両者の内部関係にすぎず、保険契約上の法律関係そのものには直接何らの影響を及ぼすものではない。[23] そもそも保険金受取人は自己が保険金受取人に指定されていることを全く知らないこともよくある。

(3) 保険金受取人と保険者との関係

保険金受取人は、保険事故発生後における保険者に対する保険給付請求権（2条5号）および契約解除効力の発生を阻止する介入権（60条〜62条）を有するが、保険契約の当事者ではないことから、保険者に対し保険料の支払、契約締結時の告知義務など契約上の義務を負うことはない。もっとも、保険金受取人は、被保険者が死亡したことを知ったときは、遅滞なく保険者に通知する義務がある（50条）。

保険者は保険契約者との契約そのものに基づく各種の抗弁、たとえば、保険契約者または被保険者の告知義務違反による契約解除権、保険契約者の未払保険料と保険金支払債務との相殺、免責事由等に基づく抗弁をもって保険金受取人にも対抗することができる。[24]

---

22) 内田貴『民法Ⅱ 債権各論〔第3版〕』80頁以下（東京大学出版会・2011）。
23) 大森・保険法275頁。
24) 野津・法論452頁、大森・保険法275頁、山下=米山・解説287頁〔山野嘉朗〕。

2 保険金受取人の法的地位

(1) 権利取得の方式

本条は、第三者のためにする生命保険契約の場合において、「当該保険金受取人は、当然に当該生命保険契約の利益を享受する」と規定している。ここにいう「当然」とは、第三者は保険契約者から保険金受取人と指定されたときに、保険金受取人として保険者に対し生命保険契約の利益を享受するために何ら受益の意思表示を必要としないことを意味する。[25]

民法の一般原則によれば、第三者のためにする契約においは、第三者が権利を取得するためには、当該第三者による受益の意思表示を権利発生要件としている（民法537条3項）。すなわち、第三者は契約の利益を享受する意思表示をした時にはじめて諾約者に対する権利を取得するものである。このような受益の意思表示が必要とされる根拠としては、①第三者に付随的な負担を負わせることがある場合の第三者の意思の尊重、および②権利を取得できるだけの場合でも、これをむりやり押しつけるのは妥当ではないという価値判断が挙げられている。[26]

しかしながら、第三者のためにする生命保険契約においては、受益の意思表示自体は、契約の成立にとって本質的な要素ではないこと[27]、その第三者は保険金受取人となることによって不利益を被ることがなく、かつ別段の負担を課されるわけではない以上、通常は受益を特に拒否する理由がないこと、またその取得する地位も放棄することはもとより自由であることから[28]、本条は、受益の意思表示を不要とする特則を定めた改正前商法675条1項本文を維持して、保険金受取人に指定された第三者は、当然に当該生命保険契約の利益を享受するとしている。[29]

したがって、第三者のためにする生命保険契約において、その権利取得の効力は契約上当然に発生しているから、第三者である保険金受取人による権利取得の知・不知、能力の有無などを問わないと解されている。[30]

(2) 権利取得の内容

本条に定める「生命保険契約の利益」とは、保険者に対する保険給付請求権（保

---

25) 大森・前掲注(3)43頁参照。

26) 内田・前掲注(22)81頁、山下=米山・解説284頁［山野嘉朗］。

27) 倉澤康一郎「保険金受取人の変更」文研87号8頁（1989）、同旨、宮島司「他人のためにする生命保険契約」法学研究66巻12号101頁以下（1993）。

28) 大森・前掲注(3)42頁以下、山下=米山・解説284頁［山野嘉朗］。

29) 補足説明19頁。

30) 野津・法論450頁、水口吉藏「生命保険契約後の受取人の指定と変更」法律論叢20巻3号9頁（1941）、大森・前掲注(3)43頁参照。

険金請求権）のみである。これは、改正前商法と変わらない。[31]第三者のためにする
生命保険契約の保険金受取人は、保険契約の当事者ではないから、契約解除権（54
条）、保険料の返還または減額請求権（64条・48条）、保険料積立金返還請求権（63条）、
保険証券交付請求権（40条）、保険金受取人の変更権（43条）は、いずれも契約当事
者である保険契約者に帰属する。また、約款上の解約返戻金請求権、契約者配当請
求権（利益（剰余金）配当請求権、相互保険会社の場合には社員配当請求権）なども、
原則として保険契約者に属するが、約款により、これらの権利を保険金受取人に認
めることも妨げない。[32]なお、保険実務上、保険金を支払うときには保険金とともに
配当金等を保険金受取人に支払うのが通例である。

(3) 権利取得の時期

改正前商法も保険法も、保険金受取人がいつ権利を取得するかについて明確な規
定を置いていない。改正前商法のもとでは、保険金受取人が受益の意思表示を要す
ることなく当然に生命保険契約の利益を享受するとされていたことから、保険金受
取人の指定時から直ちに権利を取得することになる。すなわち権利取得の時期は、
保険契約締結時に保険金受取人を指定した場合は契約締結時、保険契約締結後に指
定した場合はその指定の時と解されていた。[33]保険法のもとでも、このように解釈す
ることができると考えられる。もっとも、保険法上は、後述のように締結後の指定
という概念がなくなったため、変更と読み替えることになる。

(4) 権利取得の性質

第三者のためにする生命保険契約における保険金受取人の権利取得の性質につい
て、改正前商法ないし保険法上、直接定めた明文規定はないが、古くから以下のよ
うに主に不確定性と固有権性があるものと解されてきた。

ア 不確定性

保険契約者は別段の意思表示がない限り、保険事故が発生するまでは保険金受取
人を変更する権利を有する（43条1項）。また、保険契約者はいつでも生命保険契約
を解除することができる（54条）。保険者も保険契約者または被保険者の告知義務違
反による解除権（55条）、危険増加による解除権（56条）および重大事由による解除
権（57条）を有する。このように保険契約者もしくは保険者が生命保険契約を解除
し、または保険契約者が保険金受取人を他人に変更することにより、保険金受取人
はその地位を失うことも当然ありうる。

---

31) 大森・保険法275頁、西島・保険法329頁、山下・保険法510頁参照。
32) 野津・法論452頁、大森・保険法275頁、石田・商法Ⅳ 285頁、潘・解説226頁。
33) 大森・保険法274頁、西島・保険法329頁、石田・商法Ⅳ 285頁、中西・生保入門186頁。

540   §42-V2

　したがって、保険金受取人が取得する権利は、確定時期が保険事故発生時であり、それまではまだ具体化しないいわば条件付権利であり、この権利自体も確定的な財産権ではなく、単なる期待権にすぎないものと解される[34]。[35]

イ　固有権性

　古くには、保険金請求権は保険契約者の相続財産に属し、保険金受取人は、保険契約者が一旦取得したこの権利を保険契約者から承継的に（死因贈与ないし遺贈によって）取得するとされた判例・学説があった（相続財産・承継的取得説[36]）。しかし現在では、保険金受取人は、保険金請求権を保険契約者から承継的に取得するのではなく、当初から自己固有の財産としてこれを原始的に取得するというのが確立した判例・通説（固有財産・原始的取得説）の考え方である[37]。したがって、保険契約者の相続人が保険金受取人に指定された場合でも、保険金請求権は保険契約の効力発生と同時に当該相続人である保険金受取人の固有財産ないし固有権利となり、保険契約者の遺産から離脱していると解される。その根拠として、保険金請求権は第三者のための契約の当然の効果として、保険金受取人が保険者に対して直接取得することが挙げられる[38]。

　もっとも、相続人である保険金受取人の固有財産とはいえ、相続税法上は、当該保険金受取人は死亡保険金を受けたとき、かかる死亡保険金をみなし財産として相続税を課すこととされている（相続税法3条）。

⑸　保険金請求権と特別受益の持戻し・遺留分減殺との関係

　複数の相続人の中の特定の者が保険金受取人であるような場合において、死亡保険金請求権が保険金受取人の固有の権利であり原始取得されるとしても、当該相続人が取得した保険金請求権が他の相続人との関係で特別受益の持戻し（民法903条）または遺留分減殺（民法1043条～1045条）の対象となるかが問題となる[39]。

　この問題について、下級審判決は分かれているが[40]、最高裁判決は否定している。

---

34)　大森・前掲注(3)14頁。

35)　倉澤・前掲注(27)15頁、宮島・前掲注(27)111頁。

36)　東京地判大正11・4・20新聞1992号17頁、松本・保険法224頁。

37)　大判昭和10・10・14新聞3909号7頁、大判昭和11・5・13民集15巻877頁、最判昭和40・2・2民集19巻1号1頁、最判昭和48・6・29民集27巻6号737頁、伊沢・保険法351頁、大森・保険法275頁、西島・保険法327頁、山下・保険法511頁、山下=米山・解説294頁［山野嘉朗］、潘・概説227頁。

38)　山下友信「生命保険金請求権取得の固有権性(一)」民商83巻2号207頁（1980）。

39)　山下・前掲注(21)267頁、山下=米山・解説294頁以下［山野嘉朗］等。

40)　肯定：福島家審昭和55・9・16家月33巻1号78頁、長野家審平成4・11・6家月46巻1号128頁。否定：広島高岡山支決昭和48・10・3家月26巻3号43頁、東京高決昭和55・9・10判タ427号159頁。

§42−Ⅴ2

最判平成14・11・5（民集56巻8号2069頁）は、保険契約者兼被保険者が相続人以外の者に保険金受取人を変更した事案において、死亡保険金請求権は、①保険金受取人が自己の固有の権利として取得するのであって、保険契約者から承継取得するものではなく、②被保険者の死亡時に初めて発生するものであり、保険契約者の払い込んだ保険料と等価の関係に立つものでもなく、③被保険者の稼働能力に代わる給付でもないことから、実質的に保険契約者または被保険者の財産に属していたものとみることはできないことを理由に挙げて、その変更行為は民法旧1031条（改正後1046条1項）に規定する遺贈・贈与またはこれに準ずるものに該当せず、その保険金請求権は遺留分減殺の対象にならないと判示した。

その後、最決平成16・10・29（民集58巻7号1979頁）は、共同相続人の1人または一部の者が受取人に指定された事案において、前記最判で示された理由を踏襲したうえで、かかる保険金請求権は、特別受益の持戻しの対象にならないが、保険金受取人である相続人とその他の共同相続人との間に不公平が著しい特段の事情が存在する場合に限り、民法903条の類推適用により、当該保険金請求権は特別受益に準じて持戻しの対象になると解するのが相当とし、その特段の事情の有無については、「保険金の額、この額の遺産の総額に対する比率のほか、同居の有無、被相続人の介護等に対する貢献の度合いなどの保険金受取人である相続人及び他の共同相続人と被相続人との関係、各相続人の生活実態等の諸般の事情を総合考慮して判断すべきである」と判示している。

これに対し、学説の多数説は、保険金受取人として死亡保険金請求権を得た相続人等に対する遺留分減殺および特別受益の持戻しを肯定する。これは主に、保険金受取人の指定変更ないし保険金請求権の取得は遺贈・贈与と同視できる実質的な財産無償処分ないし価値の移転が認められることと、相続人間の公正を保つ必要性等が考えられるからと解される。[41]

もっとも、肯定説によれば、遺贈あるいは生前贈与として保険金受取人が生命保険契約から取得した財産についてどのように評価すべきかが問題となる。これについて、①相続債権者（相続財産に属する債務の債権者）に対するのと同様に解約返戻金相当額と解する見解、②生前贈与と考える限りは支払保険料を基礎に評価すべきであるという見解、③払込済保険料額と支払うべき保険料総額の比率を保険金額に乗じた金額と解すべきであるという見解、④相続開始時点でその財産の評価が行わ

41）　大森・前掲注（3）59頁、山下・現代78頁以下、内田貴『民法Ⅳ　親族・相続〔補訂版〕』
　　　371頁以下（東京大学出版会・2004）、千藤洋三〔判批〕平成14年度重判解82頁（2003）、山
　　　本哲生〔判批〕保険レポ185号3頁以下（2004）、同〔判批〕平成16年度重判解89頁（2005）
　　　参照、山下ほか・保険法279頁以下〔竹濱修〕。

れることを考慮すると、保険金請求権が具体化していることから、支払保険金額総額と解すべきという見解などが見られている。[42]

保険実務においては、約款により死亡保険金受取人またはその相続人が2人以上あるときには、保険契約者側で代表者1人を定め、その代表者に対して死亡保険金が支払われることになる。相続人が得た死亡保険金は特別受益の持戻しまたは遺留分減殺の対象となるかについては、保険会社は関与しないようにしている。

(6) 権利処分の可能性

保険金受取人は保険事故の発生後においては、具体的かつ確定的な保険金請求権を取得し、その権利を一般の金銭債権として処分権の対象としうることはいうまでもない。しかし、保険事故発生前におけるその権利を、譲渡・質入れ・差押え・破産財団編入など処分しうるか否かについては議論がある。

保険金受取人は保険金請求権を自己に固有の財産権として原始的に取得するのであれば、保険金受取人自身の意思によってそれを処分しうるはずである。ところが、かつての多数説・裁判例は、撤回権を留保する場合の指定受取人の権利がいつでも撤回（変更）されうることから、保険金受取人自身にその処分権が認められておらず、保険金受取人によるその権利の譲渡・質入れなどは無効であると解されている。[43]

これに対し、保険金受取人が保険事故発生前において有する権利も、原則としてこれを自由に処分することができる。仮に保険契約者により保険金受取人の変更権が留保され、保険金受取人の保険金請求権が不安定なものであっても、そのことはその処分可能性の妨げとならない。したがって、保険事故発生前の抽象的な保険金請求権は、受取人の債権者からする差押え・質入れの対象となり、または受取人の破産財団へ編入することができるとの反対の意見がある。[44]

もっとも、保険実務においては、保険金受取人は保険契約の当事者ではないから、保険契約者および被保険者の同意のない保険金受取人による権利処分は認められていない。

(7) 保険金受取人の権利の拒絶または放棄

保険契約関係において保険金受取人は、受取人となることによって不利益を被ることがない以上、通常これを拒絶または放棄する理由はない。もとより、保険金受取人と指定される第三者は権利の取得を強要されるわけではないから、その権利の取得を拒絶することができるのみならず、取得後もこれを放棄することは差し支え

---

42) 竹濱修「保険金受取人の死亡と相続」金判1135号83頁以下（2002）、山下ほか・保険法280頁［竹濱修］、山下・前掲注(21)269頁参照。

43) 大森・前掲注(3)34頁参照。

44) 大森・前掲注(3)34頁以下、山下・保険法542頁。

ない。保険金請求権が放棄されるケースとして、離婚後再婚した元妻が「前の夫の死亡保険金など欲しくない」という場合や、多額の負債を負っている保険金受取人が債権者の追及を避けるために保険金請求権を放棄する場合などが考えられる[45]。かかる拒絶または放棄は、保険金受取人と指定された第三者または保険金受取人の保険者に対する、一方的意思表示をもってする到達を要する法律行為である[46]。

保険事故発生前に保険金請求権が放棄される場合においては、権利がまだ確定していないから、指定の時に遡って権利を取得しなかったものとみなされることになり、当該保険契約は保険契約者の自己のためにする保険契約となると解される[47]。これについては概ね争いがない。

一方、保険事故発生後に保険金請求権が放棄される場合において、当該保険契約は保険契約者の自己のためにする保険契約となしうるのかどうかについては、以下のように見解が対立している。

改正前商法のもとで、保険事故発生によって保険金受取人の権利は確定的となり、この保険金請求権は通常の債権と変わりがなく保険金受取人はこれを自由に処分することができるから、保険金受取人が保険金請求権を放棄すれば、保険金請求権は確定的に消滅し、保険者は保険金支払義務を免れるとする判決があった[48]。この判決を支持する学説もみられたが[49]、保険者に利得させる合理的理由はないから、放棄の時期を問わず保険契約者の自己のためにする保険契約とすべきとの批判があった[50]。前者は保険事故発生により保険契約者の保険契約に対する処分権が消滅し、保険金請求権の帰属が確定する点を重視するものであり、後者は保険契約者の意思を重視

---

45)　遠山優治「保険法における保険金受取人の権利」日本保険学会創立70周年記念大会第Ⅲセッション資料10頁注43（2010）。

46)　野津・法論450頁、大森・前掲注（3）43頁参照。

47)　野津・法論450頁、大森・保険法274頁、山下・保険法509頁、山下典孝「保険金受取人による保険金請求権の放棄再考」法学新報107巻11=12号607頁（2001）、笹本幸祐「生命保険契約の保険金受取人の権利取得と放棄—大阪高判平成11年12月21日金判1084号44頁を素材として」奥島孝康=宮島司編『倉澤康一郎先生古稀記念—商法の歴史と論理』363頁（新青出版・2005）。遠山・前掲注（45）13頁以下、山下ほか・保険法277頁〔竹濵修〕、山下=米山・解説296頁〔山野嘉朗〕。

48)　京都地判平成11・3・1金判1064号40頁、同控訴審・大阪高判平成11・12・21金判1084号44頁。

49)　出口正義〔判批〕損保61巻4号151頁（2000）、竹濵修〔判批〕保険レポ153号3頁（2000）、西原慎治「保険金受取人による保険金請求権の放棄」法学研究74巻7号155頁以下（2001）。

50)　山下・保険法509頁（注152）、中村・理論と実務193頁以下、中西正明・保険レポ153号4頁（2000）、笹本・前掲注（47）327頁以下、広瀬裕樹「保険金受取人が放棄した保険金請求権の帰趨」法政論集190号355頁以下（名古屋大学・2001）、山下典孝・前掲注（47）591頁以下・607頁。

するものである。[51]

　そして、保険法のもとでは、後者の見解について、保険契約者を保険金受取人とするのが保険金受取人指定の趣旨であるとする点はかなりの擬制であると否定して、保険金請求権が消滅する前者と同じ見解がみられる。もっとも、保険事故発生後における保険金請求権の放棄により保険金請求権の消滅という結論になっても保険会社の利得を許すものではないことは当然であるとしている。[52]ただ、その場合における保険金の取扱いについては必ずしも明らかではない。

　保険実務においては、かつて、自己のためにする契約として扱う会社もあれば、保険金請求権は消滅するとの立場を採用している会社も存在するように、各社の対応は必ずしも一致していないといわれていたが、[53]現在、生命保険制度が果たすべき役割に鑑み、保険契約者または被保険者の相続人に支払うようにして、死亡保険金等を誰にも支払わないというような事態を極力回避する実務をとることが通例である。

3　規定の性質

　改正前商法においては、第三者のためにする保険契約に関する規定が強行規定か任意規定かは必ずしも明らかでないが、改正前商法の保険契約に関する規定は、一部の規定（改正前商法674条等）を除き任意規定と解されていた。[54]一方、本条は、明確に保険金受取人の不利益に変更できない片面的強行規定とされている（49条）。[55]その趣旨は、生命保険契約の特質から、第三者のためにする契約における権利の発生要件である受益の意思表示（民法537条3項）を不要とし、当然の利益享受であることが導かれること、および保険金受取人の保護の観点からというところにある。[56]

　したがって、保険金受取人のこの当然の利益享受に何らかの条件などを付する約定は認められない。たとえば、生命保険約款において保険金受取人が保険金支払請求権を取得するためには受益の意思表示を必要とし、あるいは受益の意思表示を権利発生要件とする旨の規定を設けても無効となる。

---

51)　遠山・前掲注(45)10頁。
52)　遠山・前掲注(45)13頁以下。
53)　山下＝米山・解説296頁［山野嘉朗］。
54)　萩本修「保険法現代化の概要」落合＝山下・理論と実務15頁。
55)　要綱（第1次案）では「強行規定とすることで、どうか」とされていたが、第1次案で片面的強行規定に改められた。その経緯は不明であるが、「公の秩序に関する規定ではないという程度の意味を持つにすぎない」と解されている。遠山・前掲注(45)11頁。
56)　部会資料(9)11頁、補足説明19-20頁参照。

4 保険金受取人の指定

前述のとおり、保険法上保険金受取人の指定という概念はなくなっている。もっとも、生命保険契約の締結にあたって契約当事者が誰を保険金受取人にするかを定める行為、すなわち指定することが必要であり、保険金受取人の指定と呼ぶことまで否定されてはいない[57]。したがって、保険金受取人の指定に関する法理が依然として存在すると考えられる。

(1) 保険金受取人の資格

保険金受取人となる者の資格については、学説上、被保険者との間に法律上または経済上の関係に立つものであることが必要とされないことから、自然人であろうと法人であろうとその資格に制限はないと解され[58]、また、その員数についても制限はなく、同一の契約において数人を保険金受取人に指定することも可能であると解される[59]。

一方、生命保険契約等締結における保険金受取人の指定について、保険金受取人が何人であるかは保険金を支払う保険者にとって知るべき重要な事柄であり、後述のように指定された保険金受取人の属性や被保険者との関係に鑑み、場合によっては保険の引受けを拒絶することもありうる点からみれば、保険金受取人の指定は、保険契約者と保険者との合意によって成立し、あるいは保険者の承諾を必要とする意思表示として取り扱われているとみることもできると考えられる[60]。しかし、誰が保険金受取人に指定されるかということ自体につき重要な利害関係を有する当事者は保険契約者のみであり、保険者はこの点につきあまり特別な利害関係を有していないから、保険契約者が指定する保険金受取人を拒否する何らの利益もない[61]。したがって、保険者は、保険金受取人の指定に関する保険契約者の意思決定を尊重し、それには介入しないのが通常である[62]。

(2) 保険金受取人指定の法的性質・権利取得の内容

保険金受取人指定の法的性質をどのように捉えるかについては、従来から議論がある。学説の多くは、契約締結時の保険金受取人指定は、契約締結後に行われる保険金受取人変更の場合と同様、保険者の承諾を要しない保険契約者の一方的意思表

---

57) 同旨、山下ほか・保険法276頁。
58) 山下典孝「保険金受取人指定の道徳性について」文研121号123頁（1997）、大森・保険法273頁、西島・保険法327頁等。
59) 青谷・法論Ⅰ124頁、西島・保険法326頁。
60) 同旨、潘阿憲「保険金受取人の指定・変更」落合=山下・理論と実務116頁。
61) 大森忠夫「保険金受取人指定・変更・撤回行為の法的性質」大森=三宅・諸問題74頁。
62) 山下・保険法488頁。

示でなされる単独行為であり、その方式については、法律上格別の制限はなく、明示的に限らず、黙示的で足りるのであり、その意思表示の相手方は保険者に限られると解してきた[63]。判例も、保険金受取人の指定について、保険者を相手方とする意思表示として判示している[64]。したがって、保険契約者による保険金受取人の指定権は、形成権としての性質を有している。

(3) 保険金受取人の指定に関する制限

保険金受取人の指定は、原則として保険契約者の自由な意思に委ねられるが、絶対的なものではない。保険者において保険金受取人が誰に指定されるかを考慮した上で契約を締結するか否かの判断をすることは妨げられないとされている[65]。具体的には、①保険契約者と被保険者が別人の場合における被保険者の同意がない場合（§38解説Ⅴ参照）、②公序良俗に反する場合（たとえば、不倫関係にある女性が保険金受取人に指定された場合[66]）、③約款等に定めがある場合（たとえば、生前給付型保険および高度障害の特約においては、約款の規定により高度障害保険金の受取人が被保険者に固定されているのが通例である）、保険金受取人の指定が制限され、保険契約締結の段階であれば、保険者は保険契約の引受けを拒否することができる。保険契約締結後の段階であれば、保険契約が無効とされることもある[67]。

(4) 保険金受取人指定の表示に関する解釈

保険金受取人の指定にあたって、保険契約者が具体的に保険金受取人の氏名を表示することにより行う場合には、誰が保険金受取人であるかは明確であるので、保険者が保険金を支払う際に、保険金請求権者をめぐる争いが生じる余地はない。しかし、指定表示の態様によっては保険金受取人が誰であるかが不明な場合がある。そこで、保険金受取人指定の表示に関して、以下のような解釈の問題が生じうる[68]。

ア　無指定の場合

仮に保険契約者が契約申込書等に保険金受取人の指定に関して何も記載せず、かつ、約款においてその場合の規律が設けられていなかったときは、保険契約者の意思を解釈して保険金受取人を定めることになるが、特段の事情のない限り、保険契約者自身（死亡保険契約の被保険者でもある場合にはその相続人）を保険金受取人に指

---

63) 大森・保険法279頁、山下・保険法490頁、補足説明75頁。
64) 最判昭和48・6・29民集27巻6号737頁、最判昭和58・9・8民集37巻7号918頁。
65) 補足説明75頁。
66) 東京地判平成8・7・30金判1002号25頁。
67) 山下典孝「生命保険金受取人指定の適格性に関する若干の考察」保険学563号108頁（1998）、山下・保険法490頁（注98）。
68) 特に断らない限り保険契約者が同時に被保険者である。

§42-V 4

定したものと解釈されると考えられる（通説[69]）。

　もっとも、保険契約者による具体的な指定がなくとも、約款において特定の者が保険金受取人になると規定され、たとえば、「保険金受取人の指定のないときは、保険金を被保険者の相続人に支払う」旨の条項がある場合は、保険契約者の意思が約款によって補充されているものと解釈することができるから、保険契約者がその特定人を保険金受取人として指定したと解されることになる[70]。

　イ　氏名と続柄が併記された場合

　保険金受取人の指定は、保険契約申込書の受取人欄に氏名を記載して行われるが、同欄には、被保険者からみた続柄を記載する欄が設けられているのが通例である。仮に保険証券にはそのまま表記されるとすれば[71]、その続柄を失ったときには、当該指定の保険金受取人は保険金受取人としての地位を失うのかということが問題となる。たとえば、保険契約者兼被保険者が、保険金受取人を「妻　○○子」として指定した場合、保険事故が発生したときにおいて、保険契約者と指定された保険金受取人との関係が契約締結時と変わらない場合には、何の問題もない。しかし、保険契約者はその妻と離婚または死別後、他の人と再婚したが、保険金受取人を変更しなかった場合には、保険金受取人は、保険契約締結時に指定された前妻であるか、それとも保険事故発生時の後妻であるかが問題となる。

　判例は、続柄「妻」という表示は、客観的解釈の立場から、単に氏名によって人物を特定するための補助的意味を有するにすぎず、その者が被保険者の妻である場合に限って、これを保険金受取人として指定する意思表示等の特段の趣旨を有するものではなく、仮にそうである場合にはさらに特段の表示がなされていなければならないと判示し、保険契約締結時に指定された前妻は依然として保険金受取人であるとした[72]。

　学説は、具体的な氏名と続柄を併記した場合について、①合理的客観的に解釈さ

---

69)　青谷・法論Ⅰ126頁、大森・保険法273頁、西島・保険法327頁、山下・保険法490頁・491頁（注100）、宮島・前掲注(27)93頁、山下ほか・保険法276頁［竹濵修］、補足説明75頁。

70)　最判昭和48・6・29民集27巻6号737頁、山野嘉朗「保険金受取人の指定のないときは保険金を被保険者の法定相続人に支払う旨の約款の趣旨」奥島孝康＝宮島司編『倉澤康一郎教授還暦記念論文集—商法の判例と論理』770頁（日本評論社・1994）、山下＝米山・解説291-292頁［山野嘉朗］。

71)　実際には保険証券に氏名と続柄が併記されないのが通例である。後述の保険実務参照。

72)　最判昭和58・9・8民集37巻7号918頁。夫である保険契約者により「妻・甲野花子」という表示がなされていたところ、上記花子が不倫の末出奔し離婚が成立したが、指定は変更されないまま夫が死亡した場合において、花子が保険金受取人であるかどうかが争われた事例。

れるべきであるという見解（表示主義的解釈）、②保険契約者の真意が探求されるべきであるという見解（真意探求的解釈）、③保険者と保険金受取人間の関係と、保険金受取人としての地位を争う者との間での解釈基準を区別し、前者については客観的解釈により、後者については主観的解釈によって解決するべきであるという見解（相対的解釈）がある。うち、相対的解釈は、多くの賛同を得ている。[73] もっとも、このような見解に対しては、実体法上、権利者が相対的に決定されるとすることには論理的な難点があり、かえって法律関係が複雑になるおそれがあるとの批判がみられる。[74]

ウ 単に「相続人」のみと表示された場合

ⅰ) 指定の有効性について

単に「相続人」のみというような抽象的指定方式は、生命保険契約の締結時から保険事故発生時までの長い年月の間に親族に変動が生ずることを考慮し、その変動のたびに保険金受取人を変更せずに済むという便利な面があり、合理的であるとし、指定の有効性を判例も通説も認めている。[75] しかし、かかる指定は抽象的であるため、次の議論がある。

古い学説では、単に「相続人」と指定しその氏名を記載しない場合には、保険金受取人を指定したものとみることはできないから、無指定の場合と同じく自己のためにする生命保険契約となり、かかる指定は保険契約者自身を保険金受取人に指定したものとみなし、保険金請求権は一旦保険契約者の相続財産に帰属し相続人がこれを承継するものと解すべきであるとされた。[76] 大審院判決にもこれに同調し、保険金受取人を単に「相続人」と定めた場合には保険金請求権は相続財産に属すると解するかのような判示をしたものがあった。[77]

しかし、近時の通説は、保険金受取人が単に「相続人」と指定されている場合でも指定として有効であるとし、他人のためにする生命保険契約による相続人保護などの政策的見地から、保険金請求権は相続財産に帰属せず、相続人はその氏名によ

---

73) 山下・現代12-13頁、上柳克郎〔判批〕商事法務1028号33頁（1984）、竹内昭夫〔判批〕生保百選213頁、松岡浩「生命保険金受取人の指定に関する諸問題」三田法曹会編『慶応義塾大学法学部法律学科開設百周年記念論文集』151頁（1990）、洲崎博史「保険金受取人の指定・変更」商事法務1330号20頁（1993）、山下典孝「保険金受取人の指定・変更に関する若干の考察」千葉商大論叢39巻4号26頁以下（2001）等参照。

74) 遠藤賢治〔判解〕最判解民昭和58年度346頁（1988）。山下＝米山・解説293頁〔山野嘉朗〕。

75) 西島・保険法328頁、竹濱修『保険法入門』159頁（日本経済新聞出版社・2009）。最判昭和40・2・2民集19巻1号1頁等、潘・解説224頁。

76) 松本・保険法224頁。

77) 大判昭和11・5・13民集15巻877頁。

§42－Ⅴ4　　　　　　　　　　　　　　　549

り保険金受取人に指定されている場合と同じく直接保険契約に基づき、自己の固有
財産として保険金請求権を取得すると解すべきであるとしている。[78]判例もこのよう
な立場をとり、保険金受取人を単に「相続人」と指定したときは、保険金請求権は
保険契約の効力発生と同時に相続人の固有財産となり、相続財産より離脱している
とした。[79]

　これは、保険金請求権が相続の効果として一旦相続財産に帰属しこれを相続人が
承継する場合と、保険契約の効力として直接相続人に帰属する場合との法律の適用
上で重大な差異を生ずる問題である。

ⅱ）　保険契約者の相続人かそれとも被保険者の相続人かについて

　単に「相続人」と指定された場合には、保険契約者と被保険者が同一のときは、
その相続人は、保険契約者の相続人か被保険者の相続人かのどちらに解釈しても、
結果としては同じであるから、問題は生じない。しかし、保険契約者と被保険者が
異なるときは、その相続人は保険契約者の相続人とみるべきか、それとも被保険者
の相続人とみるべきかについては、利害関係人にとって大きな差異が生じるので、
見解が分かれている。判例は古くから、その相続人は被保険者の相続人と解するこ
とで一貫しているが、[80]従前の多数説は保険契約者の相続人と解している。[81]しかし、
被保険者の相続人と解する見解も有力とされている。[82]

　保険契約者の相続人と解する説について、その理由は必ずしも明らかではないが、
「商法の建前からすれば、保険契約者は自己のために保険契約をしたものと解する
のが普通であるから」との説明がみられた。[83]これに対し、「相続人」との指定によ
って他人のためにする保険であると解されるならば、商法の自己のためにする保険
が原則であることは理由にならないとの反論があった。[84]

　被保険者の相続人と解する説について、その理由は、①保険契約者がわざわざ
「相続人」と指定している意思解釈からすれば、「相続」という、人の死亡と関連し
た抽象概念による指定をしており、保険事故が被保険者の死亡である死亡保険金の
受取人に関する限り、被保険者の相続人を指すものと解すべきこと、②相続に結び
つく死亡は被保険者に生じ、そのときに損害を被るのは通常被保険者の相続人であ

---

78)　伊沢・保険法350頁、大森・保険法273頁、西島・保険法327頁、石田・商法Ⅳ 284頁等。

79)　最判昭和40・2・2民集19巻1号1頁、宮島司〔判批〕保険法百選144頁。

80)　東京控判大正7・3・26新聞1401号22頁、大判昭和13・12・14民集17巻2396頁。

81)　大森・保険法273頁、石田・商法Ⅳ 283頁、青谷・法論Ⅰ 126頁。

82)　山下孝之〔判批〕生保百選27頁、潘・前掲注(60)115頁。

83)　青谷・法論Ⅰ 126頁。

84)　山下・前掲注(82)26頁。

って保険契約者の相続人ではない、こと等が挙げられている[85]。

iii）保険契約締結時の相続人かそれとも保険事故発生時の相続人かについて

契約締結時から保険事故発生時までの間に相続人に変動が生じることはありうる。たとえば、締結時は独身であったが、その後、結婚し、子も誕生した場合には、そのたびに相続人が、「両親」、「配偶者と両親」、「配偶者と子」というように変動する。したがって、「相続人」と指定されている保険金受取人は、契約締結時と事故発生時とで相続人に変動がないときには、どちらの時点の相続人と解しても差異がないが、変動があるときには、保険契約締結時における相続人であるべきか、それとも保険事故発生時における相続人であるべきかについて、利害関係人にとっては大きな差異が生じるため、問題となる。

この場合には、古くには保険契約締結時における相続人と解された裁判例もあった[86]が、最高裁判決は、特段の事情のない限り、この指定は、被保険者死亡時、すなわち保険事故発生時における相続人たるべき者個人を受取人として特に指定した、いわゆる他人のための保険契約と解するのを相当とすると判示している[87]。学説も大勢がこれに賛成している[88]。その理由としては、保険契約者は、契約締結時から保険事故発生時までの変動を想定し、また、このような結果になることを意識していると解するのが、保険金受取人を相続人と指定した保険契約者の意図に合致するからである[89]。

iv）相続人が複数ある場合の割合

保険金受取人として指定された相続人が複数存在する場合に、各人の保険金請求権の割合が問題となりうる。判例は、保険契約者が保険金受取人を「相続人」と指定した場合においては、相続人に対してその相続分の割合により保険金を取得させる趣旨が含まれていると解するのが保険契約者の通常の意思に合致しかつ合理的であることから、特段の事情のない限り、民法427条にいう別段の意思表示である相続分の割合によって権利を有するという指定があったことになり、各保険金受取人の有する権利の割合は、相続分の割合になるとし[90]、他方で、保険金受取人が先に死亡したとき、死亡した保険金受取人の相続人が受取人となるが、複数の受取人が存

85）　山下・前掲注(82)26頁参照。

86）　大阪地判明治44年(ワ)672号新聞768号20頁（判決年月日不詳）。

87）　最判昭和40・2・2民集19巻1号1頁、最判昭和48・6・29民集27巻6号737頁。

88）　伊沢・保険法350頁、青谷・法論Ⅰ127頁、大森・保険法273頁、西島・保険法328頁、鶴　　直明「保険金受取人と相続人」金判986号79頁（1996）、中西・生保入門189頁等。

89）　鶴・前掲注(88)79頁。

90）　最判平成6・7・18民集48巻5号1233頁。

在する場合においては、保険契約者が通常想定していないため、合理的な意思解釈によりその割合を決めることができないことに鑑み、各保険金受取人の有する権利の割合は、民法427条の規定により平等の割合になるとしている[91]。かかる判例の立場は妥当であるとの見解がある[92]。もっとも、この場合にも相続人割合によるべきであるとする見解も多い（§46解説Ⅴ4(3)参照）。

ⅴ）　相続人に内縁の配偶者が含まれるかについて

単に「相続人」のみと指定された場合には、その相続人の範囲に内縁の配偶者が含まれるとみるべきかどうかについて激しく議論されており、内縁の配偶者は相続人の範囲に含まれないという消極説と、それに含まれてもよいという積極説に分かれている[93]。消極説が通説で支配的である。

消極説の理由としては、①相続人の範囲は、民法890条の規定によって定まるべきであり、同条にいう配偶者の中には内縁は含まれないこと、②内縁の配偶者に対しては、いわゆる準婚姻論によっても相続権を認めることが困難であること[94]、および③内縁の配偶者が含まれないとすることは、内縁自体にまつわる通常の不利益にすぎないということである[95]。

一方、積極説の理由としては、保険契約法上の受取人指定における相続人の範囲はただ民法の規定によって定まるものではなく、「相続人」という指定が誰を指すかにつき、通常の場合における保険契約者の合理的意思解釈によって判断されるべきものとされ、保険契約者が内縁の配偶者も相続人に含めるとする特別な事情を明確に表示しているような場合には、内縁の配偶者も保険金受取人に含まれる[96]、というものである。

これに対して、消極説は、保険契約者が内縁の配偶者を保険金受取人とする意思を持ち、相続人と指定したということが立証されれば、それに従った解釈をとることが保険契約者の真意に添うともいえると認めるものの、以下の観点から、保険金受取人は、保険者に伝えられている保険契約者の表示によって決定すべきとし、「相続人」の範囲には内縁の配偶者を含めるべきではないと反論している[97]。すなわ

---

91)　最判平成4・3・13民集46巻3号188頁、最判平成5・9・7民集47巻7号4740頁。

92)　潘・解説228頁。

93)　我妻栄『親族法』法律学全集(23) 205頁（有斐閣・1961）。

94)　届出婚主義と両立させるために、事実上の婚姻としての内縁の性質を婚姻に準ずる理論。
　　中川高男『親族・相続法講義〔新版〕』95頁（ミネルヴァ書房・1995）、二宮周平『事実婚の
　　現代的課題』11頁（日本評論社・1990）。

95)　古瀬村邦夫〔判批〕生保百選29頁、山下典孝・前掲注(73)30頁等。

96)　石田満〔判批〕判時919号165頁（1979）。

97)　山下典孝・前掲注(73)30頁以下。

ち、①保険契約者の内心的効果意思を推定することは実際に困難な問題であり、個別的な事情（たとえば、内縁の配偶者との関係が悪化して別居しているとか）によってはそのような意思を有しない場合も生じうること、②保険契約者の個別的な事情によって保険金受取人の範囲が異なる解釈方法は、保険契約者間の公平性を害する解釈方法であること、③保険者の保険金の二重払いの問題が生じ、保険者の立場が不安定となること。

　裁判例も消極説を採用し、「相続人」を保険金受取人と指定した場合の相続人の範囲は、民法の規定により定められるものであって、特段の事情のない限り、内縁の配偶者はこれに含まれないとしている。[98] ただ婚約者は、「保険契約者兼被保険者の表示を合理的かつ客観的に解釈する」ことによって相続人の範囲に含まれるのが合理的であるとして、これを認める判例もある。[99]

vi）　相続放棄または限定承認・相続欠格または相続人の廃除の場合

　保険金受取人と指定された相続人が相続を放棄しまたは限定承認をした場合については、判例・裁判例は、古くから一貫して当該保険金受取人は、保険契約の効果に基づき自己固有の権利として保険金請求権を原始取得するので、保険金受取人となった者が相続放棄または限定承認をしたとしても保険金請求権の取得には影響がないとしている。[100] これに関しては、学説もほぼ異論はない。[101]

　しかし、保険金受取人と指定された相続人に相続欠格事由がある場合（民法891条）、または相続人の廃除の審判があった場合（同892条）に保険金請求権を取得することができるかどうかについては、見解が分かれている。

　肯定説は、相続欠格と相続人の廃除は、被相続人に対し法定の相続権を有しその期待を有する者の行動が、両者間の相続的協同関係を破壊し、または破壊の蓋然性がある場合について、相続より排斥しようとするものである。[102] しかし、保険金受取人は、相続的協同関係によって保険金請求権を取得するのではなく、保険契約によってその権利を取得するのであるから、「相続人」とされた場合に、相続欠格と相続人の廃除まで考慮する必要はないとの理由で、保険金請求権の取得を認めるとし

98）　大阪地判昭和53・3・27判時904号104頁、東京地判平成8・3・1金判1008号34頁。

99）　最判昭和62・10・20生判5巻183頁。

100）　大判昭和10・10・14新聞3909号7頁、大判昭和11・5・13民集15巻877頁、最判昭和40・2・2民集19巻1号1頁、東京地判昭和60・10・25判時1182号155頁、名古屋地判平成4・8・17判タ807号237頁。

101）　大森・保険法275頁、西島・保険法327頁、山下・保険法510-512頁、潘・概説227頁、山下・前掲注(21)266頁、山下=米山・解説294頁［山野嘉朗］。

102）　相互に相続権を付与されている者の家族的協同生活関係のこと。

ている。[103]

　否定説は、相続欠格はその事由が相続制度の趣旨に反するものであるため法律上当然に相続資格を失うものであり、また、相続人の廃除は被相続人の意思によって相続人の相続権を失わせる制度であるから、一般的に相続人廃除を受けた者や欠格者が相続人には含まれないと考えるのが合理的であり、そうであれば、その者も保険金受取人に含めないと解するのが保険契約者の意思と合致するものとして、保険金受取人として保険金請求権の取得は認められないと解している。[104]

　もっとも、保険契約者が自分の宥恕の意思により欠格者を許したことが証明され、または法的手続により廃除を取り消した場合（民法894条）に限って、保険契約者の意思に合致するから、その者に保険金請求権を認めるべきであると考えられる。[105]

Ⅵ　外国法令

1　ドイツ法

　ドイツ保険契約法では、生命保険を含む他人のためにする保険契約を締結することができることを明確に認めている（43条1項）。他人のためにする保険契約が諸事情から認められない場合には、その契約は保険契約者の自己のために締結されたものとみなすとしている（同条3項）。また、保険契約者は疑義があるときには保険者の同意を得ることなく、第三者を保険金受取人に指定できるとし、かつその指定受取人をさらに変更することができる（159条1項）。

　ドイツ保険契約法では、そのうえで、保険金受取人の保険金請求権の取得時期についても詳細に定めている。すなわち、保険契約者が保険金受取人の指定撤回（変更）権を留保している場合は、保険事故発生時に取得するが（159条2項）、保険金受取人の指定撤回（変更）権をあらかじめ放棄した場合は、受取人指定時に保険金請求権を取得することになる（同条3項）。さらに、保険金受取人指定の解釈についても特別の規律を設けている。すなわち、保険金受取人が複数で受取割合を定めるこ

---

103)　山下・前掲注(82)27頁。

104)　松岡・前掲注(73)143頁、山下典孝・前掲注(73)31-32頁、塩崎勤「保険金受取人の指定と変更」塩崎勤=山下丈編『新・裁判実務大系19 保険関係訴訟法』290頁（青林書院・2005)、竹濱修〔判批〕平成21年度重判解134頁（2010)。

105)　宥恕を否定する実益も乏しいとして、欠格の場合にも、宥恕を認めるべきとする学説がある。中川善之助=泉久雄編『新版注釈民法26』314頁以下［加藤永一］（有斐閣・1992)、小川富之「相続の効力」柳澤秀吉=緒方直人編『親族法・相続法』新現代社会と法シリーズⅤ256頁（嵯峨野書院・2006）等参照。

となく指定されている場合は、各人は同一の割合で保険金請求権を取得するが（160条1項）、保険契約者死亡後に保険契約者の相続人が保険金受取人になった場合は、その相続割合に応じて保険金請求権を取得し、かつ相続放棄は、受取人指定に影響を及ぼさない（同条2項）とする。もっとも、保険金受取人が保険者に対する保険金請求権の取得を拒絶したときは、その権利は保険契約者に帰属する（同条3項）。

　ドイツ保険契約法では、第三者のためにする生命保険契約における保険金請求権の性質に関して明確な条文を置いていないが、多数説は、保険金請求権は相続財産に属さないと解している。[106]

2　フランス法

　フランス保険法典では、第三者のためにする生命保険を認め、受取人指定方式については具体的な規律がみられる（L.132-8条）。そして、保険金受取人が保険金を得るには受益の意思表示を要し、保険金受取人がひとたび受益の意思を表示すれば、保険契約者は保険金受取人の指定を撤回（変更）することができない（L.132-9条1項）。他方で、保険金受取人が保険金受益の意思表示をしない限り、保険契約者は保険金受取人の指定を撤回（変更）することができるとされる。その撤回（変更）権は保険契約者のみに帰属する（L.132-9条2項）。

　保険金受取人が受益の意思を表示した場合の保険金請求権の取得時は契約日である（L.132-12条後段）。保険金受取人の指定なしに締結された場合における保険金請求権は保険契約者の財産もしくは相続財産の一部となる（L.132-11条）。さらに、死亡保険金等は被保険者の相続財産の一部とはならず、保険金受取人の固有財産であることを明確に定めている（L.132-12条前段）。

3　イタリア法

　イタリア民法典では、第三者のためにする生命保険契約について、第三者のためにする生命保険の有効性と保険金請求権が保険金受取人の固有財産であることを明確に認めている（1920条1項・3項）。受取人指定変更権は保険契約者の一身専属権であり、保険契約者の相続人はそれを受け継ぐことができない（1921条1項但書前段）。保険金請求権は保険事故発生後、保険金受取人が受益の意思を表示した時に確定することとされている（同項但書後段）。そして、保険金受取人が保険金受益の意思表示をしない限り、保険契約者は保険金受取人の指定を撤回（変更）することができる（1921条2項前段）。他方、保険契約者が受取人の指定撤回権を放棄し、または保

　106）　山下・現代57頁、山下=米山・解説285頁［山野嘉朗］。

険金受取人が書面により受益の意思を表示した場合には、その受取人の指定は撤回（変更）不能になる（同項後段）。

4　スイス法

　スイス保険契約法典では、第三者のためにする生命保険契約を認め（16条1項）、保険契約者は、保険者の同意を得ることなく保険金受取人の指定ができる（76条1項）。そして、保険金受取人が存在しないなど疑いがある場合は、自己のためにする生命保険契約と推定する（16条2項）。保険金受取人の指定撤回権が留保され、保険契約者は自由に保険金受取人を変更することができる（77条1項）。保険金受取人の指定撤回（変更）権を放棄する場合には、フランス法、イタリア法のように保険金受取人の受益の意思表示が必要とされないものの、保険契約者はその旨の署名をなした保険証券を保険金受取人に交付しなければならない（同条2項）。さらに、保険金請求権が保険金受取人の固有の権利であることを明確に認めている（78条）。

　なお、第三者のためにする生命保険契約の有効性を認める趣旨の諸外国の立法例として、上記以外にベルギー保険契約法、スウェーデン保険契約法、デンマーク保険契約法、ノルウェー保険契約法、カナダのオンタリオ州保険法などにも明確な規律が設けられている。そのような規定を設けていない国においても、第三者のためにする生命保険契約が有効であることについては例外なく肯定されている。[107]

VII　今後の展望

1　実務との関係

(1)　保険金受取人の指定時期

　従来の約款においては、保険金受取人の指定時期に関し明確な規定が設けられていなかった。しかし、保険法施行に伴う改訂約款においては、生命保険会社が保険契約の申込みを承諾したときに保険証券を発行する規定を新設している会社が多い。[108]その保険証券には、「受取人」を必須の記載事項としている。これにより、保険金

---

107)　生保試案理由書60頁参照。
108)　改正前商法では、保険者は、保険契約者の請求がある場合に限り、保険証券を交付しなければならないとされていた（改正前商法649条1項・683条1項）が、保険法では、保険契約者の請求の有無にかかわらず、保険契約の締結時に保険者は遅滞なく保険契約者に対して書面（保険証券）を交付しなければならないと定められ（40条1項柱書）、かつ、法定事項として保険金受取人を特定することが必要とされている（同項4号）。

受取人の指定時期は、保険契約締結時であることが明らかとなった。したがって、保険金受取人の指定が保険契約締結後に行われることはない。また、保険契約締結時における保険金受取人無指定の問題は生じないと考えられる。

(2) **保険金受取人の指定方式**

保険金受取人の指定は、契約締結時に保険契約者になる者が保険申込書の受取人欄に記入することによって行われる。生命保険契約申込書の受取人欄には、①「死亡保険金受取人」、②「受取割合」、③「被保険者との続柄」の3つの項目があり、いずれか1つが未記入の場合には、申込書の不備となるのが通例である。

「死亡保険金受取人」項目においては、通常具体的氏名で記載される。保険契約者の要望により具体的な氏名は記載せず、単に受取人たるべき者の資格・地位等を記載することも可能である。ただ、保険事故発生時に死亡保険金受取人たる権利者が誰であるかを特定できることが必要である。生命保険会社は、保険事故発生後等に、関係者の間に要らざる期待感を与えたりすることや、無用な紛争を避けるために、死亡保険金受取人の指定は明確に行い、極力戸籍上の個人名で指定し、やむを得ず個人名で指定できない場合には、一般的に「被保険者の法定相続人」と指定するように誘導している。

死亡保険金受取人数について、一契約に1人という限定はされていない。複数人を指定することもできる。ただ、2人以上指定した場合には、必ず受取割合を具体的に記入しなければならず、また、代表者1人を定める必要もある。その代表者は、保険金請求について他の保険金受取人を代理するものとされ、生命保険会社が保険金受取人の1人に対しなした行為（たとえば、保険金の支払など）は、他の保険金受取人に対しても効力を有するものとされる。これは、主に保険金を迅速に支払うことが求められることを理由とする。

被保険者との続柄は、①法定相続人、②父母、③配偶者、④子、⑤祖父母・孫、⑥兄弟姉妹、⑦法人・雇用主、⑧内縁、⑨その他などに分類され、いずれかを選択し記入する。この項目は、生命保険会社がモラル・リスク防止の観点から保険金受取人と被保険者との関係を確認する上での不可欠な項目である。

(3) **単に「相続人」と指定された場合**

「死亡保険金受取人」欄に単に「相続人」と記入することは認められる。この場合は通常「被保険者との続柄」欄の「法定相続人」が選択されるため、被保険者の法定相続人と解される。「相続人」と「法定相続人」とで区別すべきとの見解があ[109]るが、法律に精通する者を別として、保険契約者が両者を区別して使用することは

---

109) 山本忠弘〔判批〕ジュリ932号104頁（1989）。

§ 42 - Ⅶ 1　　　　557

考え難いから、法定相続人が通常の場合における保険契約者の合理的意思に合致すると解される。[110] もっとも、ごく稀であるが、保険契約者の特段の意思により、指定された「相続人」は、被保険者の法定相続人ではなく保険契約者自身の法定相続人であり、さらに「法定相続人」に限らず、遺言による相続人であることもある。この場合には、「被保険者との続柄」欄の「その他」を選択のうえ、詳細にその旨を記入することが求められる。

(4)　保険金受取人指定の制限

ア　続柄が第三者となる場合

ここでいう「第三者」とは、被保険者の配偶者および2親等以内の血族（子・父母・孫・祖父母・兄弟姉妹）以外の続柄を指す。具体的には、法人、雇用主、内縁、その他（伯父・叔父、伯母・叔母、甥、姪、従兄弟・従姉妹、義父、義母など）である。第三者のためにする生命保険契約については、保険金取得目的による殺人等のモラル・リスクの事前防止を強化するために、生命保険会社は、極めて慎重に取り扱っている。被保険者との続柄欄に第三者に該当する者が記載された場合には、営業職員など取扱者による第三者受取人取扱報告書の会社への提出が必要となると同時に、成立前契約確認（専門会社による調査）を実施する。道徳的危険の面から当該保険金受取人の指定が不適切であると判断する場合には、保険契約の引受けを拒絶する。

イ　続柄が内縁とされる場合

内縁が明らかに公序良俗に反した不倫関係である場合は別として、被保険者との続柄欄に単に「内縁」と記載されるのみでは、生命保険会社は一律に保険契約の引受けを拒絶しない。すなわち、内縁の実態、たとえば、その内縁関係の継続年数、実態的に婚姻に準ずる生活がなされているか、内縁の配偶者との間に子がいるか等を総合的に審査したうえ、保険契約を引き受けるかどうかを決定する。したがって、受取人が被保険者の内縁である場合は、上述の第三者受取人取扱報告書の提出および成立前契約確認（専門会社による調査）の実施以外に、さらに、被保険者と内縁の配偶者の同居年数の確認をするために各々の住民票の提出が必要とされる会社がある。

ウ　続柄が債権者となる場合

生命保険会社では、債権の保全を目的とした保険契約の取扱いは不可としているのが通例である。したがって、被保険者との続柄欄の記載から、受取人が保険契約者または被保険者の債権者と判明した場合は、仮に被保険者の同意を得たとしても、その保険契約の引受けを拒絶することができる。これは、金融機関から融資を受け

---

110)　同旨、鶴・前掲注(88)80頁。

る場合において金融機関または保証機関が契約者兼保険金受取人となって債務者を被保険者とする団体信用生命保険制度と違って、債権担保のために他人の生死によって個人生命保険を利用することに保険金殺人の危険、不当利得の取得など弊害の生じるおそれが大きいからであると解される。[111]

(5) 生命保険証券における保険金受取人の表記

生命保険証券の「受取人等」欄においては、「死亡保険金受取人」、その受取割合（％）および「代理請求人」の３つの項目が印字されており、死亡保険金受取人と被保険者との続柄の項目は設けられていないのが通例である。「死亡保険金受取人」項目に、通常、受取人の氏名が記載されるが、生命保険申込書で「死亡保険金受取人」を単に「相続人」または「法定相続人」とのみ指定された場合には、保険証券に自動的に「被保険者の法定相続人」と印字される。

「代理請求人」項目を除き、古くからそのようになっている。[112]その趣旨は、保険会社としては、モラル・リスクを回避するために必要とされる被保険者との続柄が保険契約の引受審査の際にすでに確認したから、保険契約締結後にもはや重要ではなく、保険金受取人を特定できれば足りるということである。

2 残された課題

保険法は、第三者のためにする生命保険契約に関しては改正前商法の規定を維持しているが、改正前商法のもとに存在する以下の課題について、なお明らかになっていない。そのため、今後も引き続き議論することになろう。

(1) 民法上の第三者のためにする契約との関係について

第三者のためにする生命保険契約は、第三者のためにする損害保険契約と同様に民法上の第三者のためにする契約の一種と整理されるのが一般的であるが、①保険金受取人に関する合意が契約の要素的内容になること、②権利取得の発生時期および確定時期、③権利取得の性質、④保険金受取人の変更が要約者である保険契約者の一方的意思表示によって成立し諾約者である保険者の同意または承諾は必要としないことなどに鑑み、第三者のためにする生命保険契約が、民法上の第三者のためにする契約一般に関する原則に対し、大きな特異性を持つものであるとの指摘があ

---

111) 倉澤康一郎〔判批〕生保百選32-33頁、福田弥夫=矢作健太郎=平澤宗夫編『生命保険の法律相談』157頁（学陽書房・2006）。

112) もっとも、団体定期保険等では、保険証券は団体の代表者に渡されるので、被保険者には契約内容のお知らせとして被保険者票などの通知書が渡される。団体によって、その通知書の受取人欄には、保険金受取人氏名と被保険者との続柄が併記されることもある。

§ 42 - Ⅶ 2　　　　　　　　559

[113)]
る。したがって、第三者のためにする生命保険契約論を十分に理解するためには、それと民法上の第三者のためにする契約との関係について周到な検討が不可欠である。

(2)　**保険金受取人の権利の固有性と債権者との関係について**

古くは、社会政策的考慮から保険契約者の被扶養者保護を重要視して、第三者のためにする生命保険契約における保険金受取人の権利の固有権性を強調し、もって保険契約者の債権者からの干渉を徹底排除しようとしていたが、生命保険制度が必ずしも保険契約者の被扶養者保護のためにのみ行われるものではなく、資産運用としての意味をも有するに至っている現代においては、悪用されることも考えられる。したがって、一方において、第三者のためにする生命保険契約における保険金受取人の権利を固有権性として解する必要がありながら、他方において、保険金受取人の指定または変更の背後にあるその実質関係を考慮して債権者が不利益を不当に被ることを防止することも、立法論的または解釈論的に重要な課題である。[114)]

(3)　**その他**

前述のように、①保険金請求権と特別受益の持戻し・遺留分減殺との関係、②保険事故発生前における保険金受取人による権利処分の可否、③保険事故発生後における保険金受取人の権利放棄による保険金請求権の帰属などについて、保険法には特段の規定が設けられていないため、議論があるものの、結論は必ずしも明らかではない。

また、単に「相続人」と指定された場合におけるその相続人は、保険契約者の相続人かそれとも被保険者の相続人かについて、保険契約者の相続人であるとする判例・多数説と、被保険者の相続人であるとする保険実務とのギャップが大きい。これに関しては、今後一層の議論が必要と考えられる。

〔李　鳴〕

---

113)　水口・前掲注(30)33頁、大森忠夫「保険金受取人指定・変更・撤回行為の法的性質」大森=三宅・諸問題77頁、倉澤・前掲注(27) 8 頁以下。宮島・前掲注(27)110頁以下、李鳴「第三者のためにする生命保険契約に関する考察」法学政治学論究83号95頁以下 (2009)。

114)　大森・前掲注(3)68頁以下参照。

560   §43 - I 1

（保険金受取人の変更）
第43条 ①　保険契約者は、保険事故が発生するまでは、保険金受取人の変更をすることができる。
②　保険金受取人の変更は、保険者に対する意思表示によってする。
③　前項の意思表示は、その通知が保険者に到達したときは、当該通知を発した時にさかのぼってその効力を生ずる。ただし、その到達前に行われた保険給付の効力を妨げない。

改正前商法第675条　①　保険金額ヲ受取ルヘキ者カ第三者ナルトキハ其第三者ハ当然保険契約ノ利益ヲ享受ス但保険契約者カ別段ノ意思ヲ表示シタルトキハ其意思ニ従フ
②　前項但書ノ規定ニ依リ保険契約者カ保険金額ヲ受取ルヘキ者ヲ指定又ハ変更スル権利ヲ有スル場合ニ於テ其権利ヲ行ハスシテ死亡シタルトキハ保険金額ヲ受取ルヘキ者ノ権利ハ之ニ因リテ確定ス
改正前商法第677条　①　保険契約者カ契約後保険金額ヲ受取ルヘキ者ヲ指定又ハ変更シタルトキハ保険者ニ其指定又ハ変更ヲ通知スルニ非サレハ之ヲ以テ保険者ニ対抗スルコトヲ得ス
②　第674条第1項ノ規定ハ前項ノ指定及ヒ変更ニ之ヲ準用ス

【条文変遷】　明治32年商法428条3項・4項、明治44年商法428条の2・428条の3・428条の4、改正前商法675条・677条・674条1項
【参照条文】　保険法72条・42条・44条・45条・46条、生保試案675条の2・676条、民法97条1項
【外国法令】　ドイツ保険契約法159条（旧166条）、スイス保険契約法76条・77条、スウェーデン保険契約法102条・103条、デンマーク保険契約法102条・103条、カナダオンタリオ州保険法190条2項、フランス保険法典L. 132-8条6項・L. 132-9条、イタリア民法典1921条1項・1920条2項、ノルウェー保険契約法15-2条・15-3条、ベルギー陸上保険契約法106条・112条

I　概　　要

1　用語の変遷

　改正前商法の規定上は、保険金受取人の「指定」と「変更」の文言が使用されていたが（改正前商法675条2項・676条・677条）、その概念は必ずしも明らかではない。学説上は従来、契約締結時（保険加入時）に保険契約者が保険金受取人を定める行為を保険金受取人の「指定」と呼ぶことで一致していた。しかし、契約期間中に保険

§43-I2　　　　　　　　　561

金受取人が変わる場合の用語として、「指定」、「変更」、「指定変更」、「指定の撤回」、「再指定」がみられており、それらの用語は次のように変遷していた。

　古くは、保険金受取人が死亡した場合において新たにこれを指定することも「指定」といい、その生存中において他人を指定することを「変更」といっていた。しかし、保険金受取人が死亡した場合における新たな指定も別人に変更する概念にほかならないという理由により、両者を合わせて「指定変更」と解釈されていた。[1]

　また、保険金受取人の変更は、旧受取人指定の撤回と新受取人指定とを含み、一旦なされた受取人指定を単純に撤回して、保険契約者が自ら受取人となる場合を「指定の撤回」といい、すでにある他人が受取人に指定されているがこれをさらに別の他人をもって変える場合を「変更」という解釈もあった。[2]

　さらに、保険金受取人の指定は、保険契約の締結に際して行われるばかりでなく、契約締結後においても行われうる。契約締結後の指定には、従前には保険金受取人の指定が存在しない場合と、すでに保険金受取人の指定が存在するが、その者の死亡により新たに保険金受取人を指定する場合などがあった。前者は契約締結時と同様に保険金受取人の「指定」といい、後者は保険金受取人の「再指定」または「変更」という整理がなされていた。[3]

　保険法では、保険金受取人の「変更」のみを規定しており、保険金受取人の「指定」という文言は使用されていない。これは、たとえ契約締結時に保険金受取人が「指定」されていなかったとしても、保険事故が発生すれば、保険者は誰かに対しては保険金を支払わなければならず、その意味で、保険金受取人は常に存在するということができるから、契約締結時には保険金受取人は定められ、契約締結後は全て保険金受取人の「変更」になるものとして整理するのが合理的であることなどを踏まえたものであると解説されている。[4]これにより、従来使用されてきた「指定」、「指定変更」、「指定の撤回」、「再指定」は一律に「変更」となった。

2　趣旨

　本条（43条）は、改正前商法675条・677条に対応する規律である。

　第三者のためにする生命保険契約は、民法537条所定の第三者のためにする契約の一種であるから、指定された保険金受取人が権利（保険給付請求権）を取得した以上、本来、保険契約当事者はその者の同意なしに変更または消滅させることがで

1）　松本・保険法249頁。
2）　大森忠夫「保険金受取人指定・変更・撤回行為の法的性質」大森＝三宅・諸問題72頁注①。
3）　山下友信「保険金受取人の指定・変更」ジュリ747号279頁（1981）。
4）　萩本修ほか「保険法の解説(4)」NBL887号92頁（注43）(2008)。

きないはずである（民法538条1項）。しかし、生命保険契約は通常は長期にわたる契約であり、契約期間中に契約締結当初における諸事情の変更により、一旦定めた保険金受取人を変更する必要が生ずることがある。「このことは、遺言において受遺者を指定していたが、その後の事情の変化により遺言を書き換えるのとある意味では類似している」ものとたとえられている。また、保険者にとっては、誰に保険金を支払うかについてあまり重要な利害関係を有しないのが通常である。そのため、保険契約者が保険金受取人を変更する権利は、従来から法律上認められてきたのである。

　もっとも、これまで様々な議論が行われてきたように、保険金受取人の変更に関する改正前商法の規律の内容は必ずしも明確ではなかった。そこで、保険法はそれを全面的に見直している。かかる整備は、保険法の主要な改正点の1つである。

3　条文概要

　保険法では、生前の意思表示による保険金受取人の変更と遺言による保険金受取人の変更に分けて規律されている。43条は、生前の意思表示による保険金受取人の変更に関する規律である。

　本条は、まず、保険契約者が契約締結時に保険金受取人の変更権を留保した場合に限らず、保険事故が発生するまでは保険金受取人の変更は原則可能としている（1項）。次に、保険金受取人の変更の意思表示は相手方のあるものであり、その相手方が保険者であることを明文で規定している（2項）。また、変更の意思表示の効力発生時期について、意思表示の通知が保険者に到達したときは、当該通知の発信時に遡って効力が生ずるものとしている（3項本文）。さらに、当該通知の到達前に旧受取人に対して行われた保険給付は有効としている（3項但書）。

　本条1項は任意規定であり、2項・3項は絶対的強行規定である。

　なお、遺言による保険金受取人の変更については、44条の解説を参照されたい。

Ⅱ　沿　革

　ロエスレル草案にも明治23年商法にも、保険金受取人の変更に関する規律は設けられていなかった。

　明治32年商法428条おいては、「保険金額ヲ受取ルヘキ者カ死亡シタルトキ又ハ被

5）　山下・保険法495頁。
6）　伊沢・保険法352頁、大森・保険法277頁等。
7）　萩本・一問一答177頁、山下=米山・解説297頁［山野嘉朗］。

保険者ト保険金額ヲ受取ルヘキ者トノ親族関係カ止ミタルトキハ保険契約者ハ更ニ保険金額ヲ受取ルヘキ者ヲ定メ又ハ被保険者ノ為メニ積立テタル金額ノ払戻ヲ請求スルコトヲ得」（3項）、「保険契約者カ前項ニ定メタル権利ヲ行ハスシテ死亡シタルトキハ被保険者ヲ以テ保険金額ヲ受取ルヘキ者トス」（4項）とし、保険金受取人が死亡しまたは被保険者と保険金受取人間の親族関係がなくなったときは、保険契約者はさらに保険金受取人を指定することができるが、それを行わずに死亡した場合は、被保険者を保険金受取人として確定する旨を定めていた。

　以上より、明治32年商法のもとでは、保険契約者は自由に保険金受取人を変更することができなかった。保険金受取人の変更権の行使時期は、指定した保険金受取人が死亡したとき、または被保険者と保険金受取人間の親族関係がなくなったときに限定されていた。さらに、その保険金受取人の変更権は、保険契約者の一身専属権であり、保険契約者の相続人が承継できないものであった。

　そして、改正前商法のような形で保険金受取人を指定・変更することができるようになったのは、明治44年商法改正以降である。明治44年商法428条の2（改正前商法675条）・428の3（同676条）・428条の4（同677条）は、明治32年商法428条3項と4項を修正して追補したものである[8]。改正趣旨の1つとして、保険金受取人の指定変更権は保険契約者の一身専属権であり、保険契約者の死亡に伴い保険金受取人の地位が確定することを明確化するところにあると説明されていた[9]。

Ⅲ　改正前商法

1　改正前商法の規律

　保険金受取人の変更に関する改正前商法の規律構成は、以下のとおりである。

⑴　保険金受取人の指定変更権の留保

　改正前商法675条1項は「保険金額ヲ受取ルヘキ者カ第三者ナルトキハ其第三者ハ当然保険契約ノ利益ヲ享受ス但保険契約者カ別段ノ意思ヲ表示シタルトキハ其意思ニ従フ」と規定していた。同項本文では、保険契約者が第三者を保険金受取人に指定しているときは、その第三者は当然に保険契約の利益を享受するものとし、他人のためにする生命保険契約が民法上の第三者のためにする契約の一種ではありながら、第三者である保険金受取人は受益の意思表示なくして保険者に対する権利を

8）　柳川・論綱631頁、同『改正商法〔明治44年〕正解〔第4版〕』575頁（信山社・2002〔復刻版〕）。
9）　法律新聞社編纂『改正商法理由』377頁（1911）。

取得するとしていた（§42解説Ⅲ参照）。

一方、同項但書では、保険契約者が別段の意思を表示したときはその意思に従うとしていた。ここでいう「別段の意思表示」とは、保険契約者が一旦行った保険金受取人の指定を変更する権利を留保している場合を意味すると解されている[10]。要するに、改正前商法は、保険契約者が保険金受取人を変更できないことを原則としつつ、例外的に保険金受取人を変更できることを認めていた[11]。

(2) 保険金受取人の権利の確定時期

改正前商法675条2項では、「前項但書ノ規定ニ依リ保険契約者カ保険金額ヲ受取ルヘキ者ヲ指定又ハ変更スル権利ヲ有スル場合ニ於テ其権利ヲ行ハスシテ死亡シタルトキハ保険金額ヲ受取ルヘキ者ノ権利ハ之ニ因リテ確定ス」と規定していた。つまり、1項但書により保険契約者が保険金受取人の指定変更権を留保している場合には、保険契約者が指定変更権を行使しないで死亡したときは、指定されている保険金受取人の権利が確定するものとしていた。

相続法の一般原則によれば、保険契約者が死亡しても、保険契約者と被保険者が別人である限り、保険契約者の地位はその相続人に承継され、相続人が指定変更権を行使することができるものと考えられる。しかし、改正前商法は相続法の一般原則の例外として、保険契約者が死亡したときは、指定された保険金受取人の権利が確定し、保険契約者の相続人は指定変更権を行使することができないものとした[12]。これは立法政策として、保険金受取人の個性に着目する保険契約者の意思を尊重すると同時に、保険金受取人に指定されていた者の地位の安定を図るために、指定変更権を保険契約者の一身専属性のものとして認めた結果であると考えられる[13]。

(3) 保険者への対抗要件

改正前商法677条1項は、「保険契約者カ契約後保険金額ヲ受取ルヘキ者ヲ指定又ハ変更シタルトキハ保険者ニ其指定又ハ変更ヲ通知スルニ非サレハ之ヲ以テ保険者ニ対抗スルコトヲ得ス」と規定していた。つまり、保険契約者が保険金受取人の指定変更権を行使したときは、保険者にその指定・変更を通知しなければ保険者に対抗することができない。改正前商法は、指定変更の効力発生要件（意思表示）と保険者に対する対抗要件（通知）とを区別するという立場をとっていたものと考えられ、これにより、保険金受取人指定変更に関する保険契約者の意思を可及的に尊重するという要請と、保険金の支払義務者である保険者が保険金受取人を適確に把握

---

10) 柳川・論綱631頁、生保試案理由書65頁参照。

11) 生保試案理由書65頁、山下・保険法495頁、山下=米山・解説298頁［山野嘉朗］。

12) 倉澤・通論133頁、生保試案理由書66頁参照。

13) 柳川・論綱631頁、大森・保険法278頁、西島・保険法332頁参照。

して旧保険金受取人に保険金を支払わないようにする二重払いの防止という要請の双方を満たすものと解されている[14]。

(4) 被保険者の同意

改正前商法677条2項は、「第674条第1項ノ規定ハ前項ノ指定及ヒ変更ニ之ヲ準用ス」と規定していた。つまり、保険契約者が保険金受取人の指定変更をする場合に、他人の死亡保険契約の締結時における被保険者の同意に関する改正前商法674条1項の規定に従い、その指定変更により保険金受取人となるべき者が被保険者以外の者であるときは、被保険者の同意を必要としていた（§45解説Ⅲ参照）。

なお、改正前商法においては、保険金受取人指定変更の方式、行使時期、効力発生要件および効力発生時期については、明確に定められていなかった。

2 立法論的批判

保険金受取人の指定変更に関する改正前商法の規定について、立法論的には主に以下の批判ないし議論がみられた。

(1) 改正前商法675条2項に関する批判

改正前商法675条2項のもとでは、保険契約者が保険金受取人変更権を行使しないまま死亡したときは保険金受取人の権利が確定し、保険契約者の相続人は保険金受取人の指定変更権を行使することができないとされていた。

しかし、変更権の一身専属性を認める合理的根拠がなく、ことに保険料支払義務や契約解約権を承継する相続人が指定・変更権を有する方がむしろ合理的であること、仮に相続人が変更権を行使できないとしても、相続人は契約者の地位を承継するので、保険契約を解約したり、保険料を支払わないことにより契約を失効させたりすることができるから、受取人の変更を認めないとすることにあまり意味は見出せないなどの批判があった。また、保険実務上も、従来から約款により保険契約者またはその承継人（相続人）が指定変更権を有することが明記され、保険契約者の相続人による変更権が認められているのが通例である。

そこで、立法論としては改正前商法675条2項を削除すべきものとされていた[15]。

(2) 意思表示の相手方があるかに関する議論

改正前商法においては、保険金受取人変更の効力発生要件について明確な規定は置いていなかったが、解釈論としては、保険契約者の意思表示であると解されることについて学説上ほぼ異論はなかった。しかし、従来、相手方のある意思表示であ

---

14) 生保試案理由書68頁。

15) 青谷・法論Ⅰ 345頁、大森・保険法278頁、西島・保険法332頁、山下・保険法496頁等。

るか否か、仮に相手方のある意思表示とした場合はその相手方が誰か（保険者に限られるか、新・旧の保険金受取人でもよいか）については、以下のように判例・学説において激しく議論されていた。

古い判例は、一貫して受取人指定変更の意思表示には相手方を必要とし、かつその相手方を保険者に限定していたが、その後、最判昭和62・10・29（民集41巻7号1527頁）[17]は、「保険契約者がする保険金受取人を変更する旨の意思表示は、保険契約者の一方的意思表示によってその効力を生ずるものであり、また、意思表示の相手方は必ずしも保険者であることを要せず、新旧保険金受取人のいずれに対してしてもよ」いと解するのが相当であると判示した。さらに、意思表示の相手方は要しないとの裁判例もみられる[18]。もっとも、いずれも遺言による保険金受取人の変更の事例であった。

一方、学説上は、保険金受取人変更の権利を有する保険契約者の意思を可能な限り尊重するという立場から、保険契約者の相手方のない単独行為として最も広く保険金受取人変更を認めるべきとするのが多数説であった[19]。もっとも、相手方のない意思表示とする学説の大きな動機は、遺言による指定変更を認めることにあるといわれていた[20]。これに対して、相手方のない意思表示とした場合に、果たして受取人変更の意思表示があったのかという観点から、保険金受取人変更の意思表示を相手方のある意思表示として捉える反対の見解もあった[21]。

そして、立法論として、保険金受取人変更の意思表示の明確性を確保するために、受取人変更の意思表示の相手方を保険者に限定したうえで、保険者以外の者への意

---

16) 大判昭和13・5・19民集17巻1021頁、大判昭和15・12・13民集19巻2381頁。

17) 保険者に保険金受取人の変更通知がなされておらず、保険金受取人変更の意思表示が保険契約者による念書で新保険金受取人に対しなされただけで、保険金受取人変更を認めた事案。

18) 大阪地判昭和60・1・29生判4巻146頁、東京地判平成9・9・30金判1029号28頁、同控訴審・東京高判平成10・3・25判タ968号129頁。

19) 野津務〔判批〕民商13巻6号975頁（1941）、水口吉蔵「生命保険契約後の受取人の指定と変更」法律論叢20巻3号18頁（1941）、大森・保険法279頁、西島・保険法329頁、青谷・法論Ⅰ343頁、石田・商法Ⅳ290頁、山下・現代8頁、同・保険法497頁以下、洲崎博史「保険金受取人の指定と変更」商事法務1330号21頁（1993）、山下典孝「保険金受取人の指定・変更」倉澤康一郎編『生命保険の法律問題〔新版〕』金判1135号75頁（2002）等。

20) 山下・保険法498頁。

21) 中村敏夫「保険金受取人の指定変更権の行使」保険学雑誌475号38頁以下（1976）、中村・理論と実務9-12頁、田辺・保険法269頁、藤田友敬〔判批〕法協107巻4号708頁以下（1990）、竹濱修「生命保険契約に固有の問題」商事法務1808号51頁（2007）。倉澤・通論134頁、同〔判批〕昭和62年重判解115頁（1988）も相手方のない意思表示とする通説に疑問を示している。

§ 43 -Ⅳ 1   567

思表示による変更を認める場合には、意思表示の方法について特定の方式を要求するなどの措置をとるべきであるとの見解が有力に主張されてきた[22]。

(3) 意思表示の効力発生時期に関する議論

改正前商法のもとでは、保険金受取人変更の意思表示の効力発生時期についても、判例・学説上の見解が分かれていた。これは、意思表示の効力発生時期が到達主義によるべきものか、それとも発信主義によるべきかについて、相手方のある意思表示とみるかどうかと関係している。

相手方のある意思表示とみる立場からは、法が特則を設けていない限り、意思表示の一般原則（民法97条1項）に従い、受取人変更の意思表示は相手方への到達が効力発生の要件となるべきであるとされていた[23]。これに対し、相手方のない意思表示であるとする立場からは、保険者または新旧保険金受取人への到達が不要とされ、発信主義による結論は当然のこととなる[24]。もっとも相手方のある意思表示という立場からしても、発信主義で考えることができるとの見解もあった[25]。

Ⅳ 立法過程

1 保険法制定前試案

生保試案は、保険金受取人の変更に関しては、675条の2と676条の2つの条文を設けることとした。その規律構成は以下のとおりである。

(1) 保険金受取人指定変更の原則と例外

生保試案675条の2第1項は、「保険契約者は、保険事故の発生の時までは、保険金受取人を指定しまたは指定を変更することができる。ただし、保険契約者が保険者に対して別段の意思を表示した場合には、このかぎりでない」と規定していた。

同条1項本文においては、保険契約者が保険事故発生の時まで保険金受取人を指定しまたは指定した保険金受取人を変更できることを原則とし、同項但書においては、保険契約者が保険者に対して別段の意思を表示したとき、すなわち、保険契約者が指定変更権を留保しない（放棄する）旨の意思表示をしたときは、それに従うものとしていた（任意規定）。同条は、完全に改正前商法675条1項の原則と例外を逆転させていた。これは、保険契約者が保険金受取人の指定変更権を留保するのが

---

22) 藤田・前掲注(21)711頁以下、藤田友敬〔判批〕保険海商百選81頁等。
23) 前掲注(16)判例、江頭憲治郎〔判批〕生保百選215頁、藤田・前掲注(22)81頁、田辺・保険法244頁、中村・理論と実務270頁。
24) 前掲注(18)裁判例、山下・保険法499頁。
25) 山下・保険法498頁以下参照。

原則である生命保険の実務にも合致するという趣旨であると説明されていた。[26]

生保試案675条の2第2項では、保険契約者と被保険者が異なる他人の死亡の保険においては、締結当初の保険金受取人を変更する場合には、改めて被保険者の書面による同意が必要であるとされていた（§45解説Ⅳ1参照）。

(2) 保険者への対抗要件

生保試案676条は、「保険契約者が保険契約締結後に保険金受取人を指定しまたは変更したときは、保険者にその指定または変更を通知しなければ、これを保険者に対抗することができない。通知は書面によるべきことを約定することを妨げない」と規定していた。

同条前段は、保険金受取人の指定変更について、できる限り保険契約者の意思を尊重しようとする保険契約者の利益保護の立場に基づく規定である（半面的強行規定）[27]。本来は、保険者に対する通知を効力発生要件とすれば、より一層の法的安定を図ることができるという考え方もありうるところであるが、保険金受取人の指定変更の効力発生要件と保険者に対する対抗要件を区別する改正前商法の立場は、保険実務上長年定着してきたものであって、それを改める実益が少ないという理由により、改正前商法677条1項の立場をそのまま維持することとした。[28]

同条後段は、法律関係の明確性を高めるために、保険金受取人の指定変更の対抗要件としての保険者への通知について、約款などで書面による約定を妨げない旨を規定していた（任意規定）。

(3) 改正前商法675条2項を削除した理由

生保試案では、改正前商法675条2項に対応する規定は設けないことにした。その理由は、①保険契約者の死亡により保険金受取人としての権利が確定するとしても、保険契約者の相続人が保険契約を解約すれば、保険金受取人の権利は消滅してしまうことになるのであって、実質的に保険金受取人の保護を図ることはできず、規定の意味は乏しいこと、②現に生命保険の実務でも保険契約者が死亡した場合には、保険契約者の相続人が保険契約者の地位を承継し、指定変更権を行使することができるとしていること、③外国の立法例をみても、改正前商法675条2項と同趣旨の規定は存在しないことなどが挙げられていた。[29]

なお、指定変更権の行使の相手方があるかどうか、ある場合は誰か、また指定変更権の効力がいつ発生するかなどについては、生保試案も改正前商法と同様に、明

---

26) 生保試案理由書65頁。
27) 保険契約者側の不利益に変更することができない強行規定。保険法の片面的強行規定に相当。
28) 生保試案理由書69頁以下。
29) 生保試案理由書67頁。

文化をすることはせず、解釈に委ねることにしていた。[30]

2 法制審議会保険法部会の審議

保険金受取人の変更に関して、保険法部会において主に議論されていた点は、①意思表示の相手方、②意思表示の効力発生時期、および③保険者の同意を効力要件とすべきかである。その概要は、以下のとおりである。

(1) 意思表示の相手方について

保険法部会検討過程では、遺言による保険金受取人の変更に関する規律（44条1項）を新設するために、生前の意思表示による変更について相手方のない意思表示とする必要が薄れることを踏まえ、保険金受取人の変更の意思表示は相手方のある意思表示であるとすることを前提に、その相手方について、保険者とする考え方（A案）と保険者、保険金受取人（旧受取人）または変更によって保険金受取人になるべき者（新受取人）とする考え方（B案）を両論併記し議論されていた。[31] その結果、最終的に以下の観点から従来の判例・通説とは異なるA案を採用することとされた。[32]

① 保険金受取人を誰にするかは保険契約をなす重要な要素の1つであり、一般の保険契約者の意識としても、その変更の意思表示について契約当事者である保険者を相手方とするのが自然な法律構成であること。

② 保険契約の内容の変更であるという観点からは、その変更は、変更権を保険契約者が一方的意思表示により行使できる形成権として有しているとしても、契約相手方である保険者に対する意思表示により行うことが契約法の一般原則に合致するし、法律関係として簡明であること。

③ 保険者、新・旧受取人のいずれでもよいとして意思表示の相手方を広く認めると、旧受取人やその関係者（保険給付請求権の譲受人や差押債権者等）の法的安定性を害するおそれがあり、法律関係も複雑になること。[33]

---

30) 生保試案理由書66頁。

31) 部会資料(19) 7 頁。補足説明79頁。

32) 第 5 回議事録31頁以下、部会資料(11)20頁、部会資料(19) 8 頁以下、補足説明79頁。

33) 最判昭和62・10・29に従えば、新旧受取人のどちらかに対する意思表示さえあれば保険金受取人変更の効力が生じることになるが、それが保険者に通知されない限り対抗要件（改正前商法677条1項）は満たされないため、保険者としては、旧受取人に保険金を支払えば足りる（すなわち、その限りで保険者は免責される）。しかし、この場合は、保険金受取人の変更自体は効力を生じているから、新受取人は保険金を受け取った旧受取人に対して、不当利得返還請求を行うことができることになるが、法律関係をいたずらに複雑化させることになってしまうと解される（萩本・一問一答181頁）。

(2) 意思表示の効力発生時期について

　保険法部会では、保険金受取人変更の効力発生の時期についても検討が行われていた。すなわち、隔地者に対する意思表示に関する民法の到達主義の原則（民法97条1項）によれば、その通知が保険者に到達したときに保険金受取人の変更の効力が生ずることになる。そうすると、特別の規定を設けない限り、保険契約者が保険金受取人の変更の意思表示を発した後、その通知が保険者に到達する前に保険事故が発生した（被保険者が死亡した）場合には、もはや保険金受取人の変更の効力は認められず、当該保険事故に基づく保険金は旧受取人に支払われることとなる。そのような結果は、保険契約者の意思に反するものである。それに鑑み、保険法部会では中間試案の段階まで、受取人変更の意思表示については、「その通知を発信した時に、その効力を生ずるものとする」というように最判昭和62・10・29と同様の発信主義の立場が提案されていた。[34]

　しかしながら、発信主義をそのまま採用すると、受取人変更の意思表示が保険者に到達しなかった場合であっても保険金受取人変更の効力が発生するため、改めて保険者への通知（対抗要件）がされない限り、受取人変更の事実を知らない保険者が旧受取人に対し保険給付を行うことになり、新受取人（変更後の保険金受取人）が旧受取人に対して不当利得返還請求権を行使するという事態を招き、旧受取人やその関係者の法的安定性を害するおそれがあるという問題が生じうる。また、受取人変更の意思表示としての通知とは別に、保険者に対する対抗要件としての通知も必要とされるため、この結果、あたかも保険者に対する通知を二度しなければならないかのような誤解を招きかねず、保険契約者にとって分かりづらいという問題も考えられる。[35]

　そこで、保険法は、最終的に後述の本条3項のような規律で決着することとした。

(3) 保険者の同意を効力要件とすべきかについて

　学説上、保険金受取人の指定または変更について保険者の同意を必要とする旨を約款等で定めたとしても、保険金受取人の指定または変更を自由とした趣旨から無効と解されていた。[36] 他方、保険実務上、保険契約締結時には保険金受取人が誰であるかを考慮したうえで保険を引き受けるかどうかを決定することができるのに対し、契約締結後に保険金受取人が変更される場合には、保険者がこれを拒絶できないことは、モラル・リスク防止の観点から問題があるとの指摘があった。[37]

---

34)　中間試案21頁、補足説明80頁。

35)　部会資料(19)8頁以下。

36)　潘・概説230頁参照。

§43 - V 1   571

　そこで、保険法部会では、保険金受取人変更にあたって、保険者の同意を効力要件とすべきかについて検討されていた。しかし、検討の結果、契約締結後のモラル・リスクを防止するための制度としては、保険法により、保険金受取人の故意免責、被保険者の同意規律、重大事由による解除などがあり、この他に民法により強迫や公序良俗違反等によって否定されることもあることから、最終的に保険者の同意を規律することは不要とされた。[38]

V　条文解説

1　保険金受取人変更の通則

　本条1項は、「保険契約者は、保険事故が発生するまでは、保険金受取人の変更をすることができる」と定めている。これは、保険金受取人変更権の通則に関する規律である。

(1)　保険金受取人の変更可能が原則

　改正前商法においては、保険契約者が保険金受取人の指定変更権を有することが明確に定められていないものの、保険契約者が契約の締結時に保険金受取人の変更権を留保していた場合に限って、例外的に保険金受取人の変更が認められていた（改正前商法675条1項但書）。

　しかしながら、生命保険契約は長期間にわたる継続的な契約であることが多いことや、保険契約者と保険金受取人との間には何らかの属人的な関係があるのが通常であるので、契約の存続期間中に、諸事情の変動（たとえば、家族構成員の変更、婚姻関係や養子縁組関係の終了など）により、当初の保険金受取人を別人に変更する必要性が生じうることに鑑み、保険契約者が保険金受取人をいつでも自由に変更できるようにすることが合理的と考えられる。[39] また生命保険実務上も、保険契約締結後に保険金受取人を変更できることが前提とされているのが通例である。なお、立法論として指定変更権が留保されるのを原則とすべきであるということについて、学説においても異論はない。[40]

　そこで、保険法は以上の観点から、改正前商法の規律を改めて、原則として保険金受取人の変更ができることを明確に定めることとした。

---

37)　遠山優治「生命保険実務への影響」ひろば61巻8号36頁（2008）、竹濱修「生命保険契約および傷害疾病保険契約特有の事項」ジュリ1364号44頁（2008）等参照。
38)　第5回議事録33頁、補足説明78頁。
39)　補足説明78頁参照。
40)　山下・現代5頁、生保試案理由書64頁参照。

(2) 保険金受取人変更権の行使時期

改正前商法においては、保険契約者が保険金受取人をいつまで変更できるかといった変更権の行使時期については明文の規定はなかった。学説上、従来から保険金請求権が保険事故の発生により具体化され、その時点の保険金受取人の権利として確定すると同時に保険金受取人の変更権が消滅することになることから、保険契約者は、遅くとも保険事故の発生までに保険金受取人の変更権を行使する必要があると解されてきた。[41] 保険実務上も、保険金受取人の変更ができるのは保険事故発生前に限られている。

そこで、保険法は、解釈論や保険実務の現状を踏まえ、保険金受取人変更権の行使時期を「保険事故が発生するまで」と明確に定めることとした。[42]

(3) 保険金受取人変更権の相続

保険法部会においては、保険契約者が死亡したとしても、保険料支払義務等の保険契約者の地位はその相続人に承継されるのであるから、保険金受取人の変更権だけ承継されないとすることは相当でないとの立法論的な指摘が合理的と考えられ、異論はなかった。[43] そこで、保険法は、改正前商法675条2項に相当する規律を設けないこととした。同様に、保険金受取人が死亡した場合に保険契約者が新たな保険金受取人を指定することなく死亡したときは、保険金受取人の相続人全員が新たな保険金受取人となるとする改正前商法676条2項の規定についても、保険契約者が死亡したことをもって保険金受取人が確定するとすることが相当でないことから、保険法は、同項に相当する規律も設けないこととした（§46解説Ⅴ3参照）。

したがって、保険契約者が保険事故発生前に死亡した場合には、保険契約者が生前に保険金受取人の変更をしない旨の意思を明確に表示していた場合を除き、その地位を承継した相続人が保険金受取人の変更をすることができることとなる。[44]

2 保険金受取人変更の方式

本条2項は、「保険金受取人の変更は、保険者に対する意思表示によってする」と定めている。これは、保険契約者の生前における保険金受取人変更の方式に関する規律である。

保険法は、前述のように、一方で保険契約者の意思を尊重しつつ、他方で、保険金受取人とされていた者、保険給付請求権の譲受人または差押債権者等および被保

---

41) 石田・商法Ⅳ 288頁、大森・保険法278頁。
42) 補足説明78頁。
43) 補足説明78頁。
44) 中間試案21頁、萩本・一問一答179頁。

§43-Ⅴ 3   573

険者の相続人等利害関係者の法的安定性を図るために、保険金受取人の変更は相手
方のある意思表示であるとし、その相手方を保険者に明確に限定している。これに
より、これまでの論争に終止符が打たれたとともに、最判昭和62・10・29の判例と
しての意義も失われた。

　また、前述のように改正前商法では、受取人変更の意思表示の方式に関する規定
は設けられていなかった。保険法においても、その点について特に限定しておらず、
約款の規定や解釈に委ねることにしている。そのため、従来どおり書面でも口頭で
もよいと考えられる。[45]もっとも、口頭では、その意思表示の内容をめぐって、保険
事故発生後に保険金受取人の地位を主張する者同士あるいは保険金受取人・保険者
間での紛争を誘発しやすいことは否定できない。したがって、通知の確実性や通知
内容の明瞭性を期するために、保険約款において、書面によることを定めることは
許されると考えられる。[46]

3　保険金受取人変更の効力発生要件と効力発生時期

　本条3項は、「前項の意思表示は、その通知が保険者に到達したときは、当該通
知を発した時にさかのぼってその効力を生ずる」と定めている。これは、保険金受
取人変更の効力発生要件と効力発生時期に関する規律である。

(1)　保険金受取人変更の効力発生要件

　保険金受取人変更の効力発生要件について、改正前商法のもとでの解釈論として
は、前述のとおり保険契約者の意思表示であると解されている。保険法のもとでも
それは変わらない。また、その意思表示についても、改正前商法における解釈論と
同様、原則として保険者や新旧保険金受取人の同意などを要することなく、保険契
約者の一方的意思表示によって行われる単独行為であり、形成権の一種であると解
されている。[47]これについては、判例・学説上一貫して争いがみられない。[48]

---

45)　これまで、新保険金受取人に対する口頭の意思表示による受取人変更を認めた裁判例とし
　　て、東京地判平成10・2・23生判10巻81頁がある。
46)　潘阿憲「保険金受取人の指定・変更」落合=山下・理論と実務122頁。同旨、遠山・前掲注
　　(37)35頁。
47)　大森・保険法279頁、石井・商法Ⅱ369頁、倉澤・通論132頁、山下・保険法496頁等、山
　　下典孝・前掲注(19)75頁、輿石進「保険金受取人の変更」金澤・新たな展開254頁、潘・前
　　掲注(46)119頁、補足説明78頁参照。
48)　その理由として、誰を保険金受取人に指定または変更するかは保険契約者の自由であり、
　　これについて保険者が利害関係を有するとしても、設けられている指定変更の対抗要件（改
　　正前商法677条1項）で対応すれば十分だと考えられるからである（大森・保険法279頁、西
　　島・保険法331頁、山下・現代6頁、同・保険法496頁、江頭・商取引法518頁。

本項にいう「通知」とは、保険金受取人変更の意思表示であり、「その通知が保険者に到達した」ことは、意思表示の効力発生要件である。加えて、保険契約者と被保険者が別人の場合においては、被保険者の同意も保険金受取人変更の効力発生要件として不可欠であるとされている（§45解説V参照）。

(2) 保険金受取人変更の効力発生時期

前述のように、改正前商法のもとでは、保険金受取人変更の意思表示の効力発生時期について判例・学説上の見解が分かれていたが、この点を立法的に解決したのが本条3項である。

保険法では、保険契約者は「保険事故が発生するまでは」保険金受取人の変更をすることができるとし（本条1項）、また、保険金受取人変更の意思表示の相手方は保険者に限定されている（本条2項）から、保険金受取人変更の効力を生じさせるためには、保険者にこの意思表示が到達することを要することとなる。一方で、本条3項では、効力発生時期は「当該通知を発した時」であるとされている。

つまり、保険法は、到達主義（民法97条1項）の原則の例外として、保険契約者の意思表示の通知が保険者に到達することを前提（効力要件）としつつ、その効力発生時期を通知の発信時に遡らせることにしている。これにより、特に保険契約者が被保険者でもある場合には、当該意思表示が保険者に到達する前に保険事故が発生したとしても、保険契約者の意思を尊重することが図れるうえ、改正前商法677条1項のような対抗要件に関する規律は不要となり[49]、実に巧妙な立法手法であると高く評価できよう[50]。もっとも、保険法では、何をもって「発信」、何をもって「到達」とするかについては明確な規律が設けられておらず、約款や解釈に委ねられている。

(3) 意思表示の「発信」に関する解釈

民法上の解釈によると、「発信」とは、表意者が意図した内容を記号（音声または書面）にして相手方に到達するように適当な状態を作出する段階を意味する[51]。換言すれば、表意者の支配領域から離れ、通常であれば相手方に到達する状況が「発信」と解することができる[52]。

本条3項でいう「当該通知を発した時」とは、保険金受取人変更の意思表示が保険者に対して発信されたと客観的に認識されうる時と解される[53]。かかる「発信」と

---

49) 部会資料(19)9頁、部会資料(25)5頁、第18回議事録46頁、補足説明79頁以下。

50) 同旨、潘・概説231頁。

51) 川島武宜=平井宜雄編『新版注釈民法(3)』512頁［須永醇］(有斐閣・2003)。

52) 山下=米山・解説308頁［山野嘉朗］。

53) 潘・概説231頁、長谷川仁彦「保険金受取人の変更の意思表示と効力の発生」中西喜寿・253頁。

§43-Ⅴ 3

認められるためには、「保険金受取人変更の意思表示が保険契約者の支配領域内から外に向けて保険者に通知するために発せられた」ことが必要とされている[54]。たとえば、郵便ポストに投函、保険者の本社または支社に提出、生命保険募集人（営業職員、外務員等とも呼称）に書類交付をすることなどが挙げられる。以下において、実務上の代表的なケースを取り上げて意思表示の発信と認められるかどうかについて、学説上の見解を整理する[55]。

① 保険契約者が必要書類を保険会社宛に郵便ポストに投函ないし郵便局の窓口に差し出した時 ⇒ 肯定。これは典型的なケースで異論はみられない[56]。

② 保険契約者が必要書類を生命保険募集人に渡した時 ⇒ 肯定。これは、保険法部会でも検討され、ほぼ異論はなさそうである[57]。

③ 保険契約者が保険会社のコールセンターに電話し、新受取人の名前等を言って保険金受取人を変更したい旨を口頭で伝え、必要書類を請求した時 ⇒ 検討の余地がある。

コールセンターという保険者の支配領域内へ向けて音声による通知を行っていて、それが同支配領域内に到達していることから、変更の内容が具体的に伝達されている限り、発信も到達も認められるとの見解がある。しかしながら、消印がある郵便の場合とは異なり、コールセンターの担当者が具体的な保険金受取人変更の通知を受けたか否かの証明については困難が伴う可能性がある。また、必要書類を請求しただけでは撤回されることもあり、電話では本人の確認も困難であるという疑問もある[58]。

④ 保険契約者が新受取人その他の保険者以外の者に必要書類（または保険金受取人を変更したい旨の手紙・メモ）を渡し「保険会社に出しておきなさい」と言った時 ⇒ 見解が分かれている。

肯定の見解としては、近親者は保険契約者の意思表示を伝達するための使者であるというように、その機能的・外形的な側面に着目するのであれば、その役割は郵便の集配人と何ら変わらないと解することができよう。また、保険契約者の発信の意思が明確である以上、保険契約者の意思を尊重するという立法趣旨を考慮すれば、

---

54) 竹濱・前掲注(37)43頁。

55) 山下=米山・解説307頁［山野嘉朗］参照。

56) 第18回議事録46頁、潘・概説231頁以下、長谷川・前掲注(53)253頁、山下=米山・解説308頁［山野嘉朗］等。

57) 第11回議事録4頁以下、第18回議事録45頁、潘・概説232頁、長谷川・前掲注(53)253頁、山下=米山・解説308頁［山野嘉朗］等。

58) 山下=米山・解説308頁［山野嘉朗］参照。

発信の効果を認めるという価値判断が働いてもよいものと思われるし、表意者である保険契約者が採用した意思伝達手段が適正でないとはいえないであろうから、発信があったと解するべきである。[59]

これに対し、否定の見解としては、郵送等を託された近親者は、保険契約者の使者としての立場にあるにすぎず、その近親者が必要書類を保険者に向けて発送するまでにおいては、かかる意思表示は保険契約者の支配領域にあり、取り戻すこともできると考えられるから、まだ保険者に対するその通知は発せられていないと解される。[60]また、改正前商法のもとにおける解釈論のように、相手方のない意思表示とされる場合、または相手方のある意思表示であるが、その相手方が保険者以外の者でもよいとされる場合であれば、肯定の見解のとおり解釈できるが、保険法のもとでは、意思表示の相手方は保険者に限定されることから、もはやそのような解釈はできなくなると考えられる。

⑤　保険契約者が、生前に保険金受取人を変更する旨を保険会社に対するメモや手紙に書いて机の中にしまった時、また死後にそれが発見された時 ⇒ 否定。

書面が保険契約者側の支配領域内にとどまっていることは明らかであるから、これをもって発信したとはいえないと解される。[61]保険法のもとでは、これに対する反論はみられない。

(4)　意思表示の「到達」に関する解釈

民法上の解釈によると、「到達」とは、相手方の勢力範囲内に入ることであり、了知しうる状態になることと解される。[62]

本条3項でいう「その通知が保険者に到達した」の「到達」とは、保険金受取人の変更の意思表示が保険者の支配領域内に入り、保険者にとって了知可能な状態に置かれることと解される。[63]たとえば、通知が保険者の本社または支社もしくは営業所（営業部等とも呼称）に到達した時が挙げられる。以下において、実務上の代表的なケースを取り上げて意思表示の到達と認められるかどうかについて、学説上の見解を整理する。

---

59)　山下友信「保険法と判例法理への影響」自由と正義60巻1号32頁（2009）。

60)　第18回議事録45頁以下、竹濱・前掲注(37)43頁、山下ほか・保険法283頁［竹濱修］、長谷川・前掲注(53)253頁。

61)　第11回議事録4頁、山下＝米山・解説309頁［山野嘉朗］。山下ほか・保険法283頁［竹濱修］。

62)　我妻・民法総則317頁。

63)　山下＝米山・解説308頁［山野嘉朗］等参照。最判昭和36・4・20民集15巻4号774頁では、到達とは、意思表示が相手方にとって了知可能な状態に置かれることを意味し、それが相手方の支配圏内に置かれることをもって足りると判示している。

§43 -Ⅴ3

① 通知が本社に到達した時 ⇒ 肯定。これは最も確実なケースでいうまでもない。

② 通知が支社に到達した時 ⇒ 肯定。支社は本社より処理権限が委譲されているから、従来から「到達」と解することに異論はない。[64]

③ 通知が保険会社の営業所に到達した時 ⇒ 肯定。

従来では、営業所は処理権限がないから、保険契約者が変更請求書類を営業所に交付した場合に、それが保険者に到達したと評価できないとする否定説が通説であった。しかし、生命保険の販売拠点である営業所の機能は、各種請求書類等の取次機関とされ意思表示の受領能力はないとされているものの、限定的な範囲での支社機能を有する。また、保険契約者の意思の効力発生時期をより早い段階で実現すべきとの要請から、かつ近時の情報機器による通信機能の発達等からみて、保険者の営業所に達した時をもって「到達」とみることに合理性があると解される。[65]なお、近時はこれについて、異論はなさそうである。

④ 保険契約者が保険金受取人変更を記載した書面を生命保険募集人に手渡した時 ⇒ ほぼ肯定。

従来では、生命保険募集人は受取人変更の意思表示の受領権限を有しないのが通常であるから、生命保険募集人に対し変更請求書類を交付しただけでは、保険者に対して意思表示が到達したとはいえないことを理由として、否定するのが通説であった。[66]

これに対し、保険法のもとにおける肯定の見解としては、情報伝達手段が著しく発達した現在において、変更請求書類の交付を受けた生命保険募集人が、それを本店または支店に伝達することが簡単かつ容易であること、生命保険募集人は一般に保険金受取人変更の意思表示の受領権限を有していないとはいえ、保険契約者としては、当該生命保険募集人が遅滞なく受領権限のある部門に伝達してくれるものと期待するのが通常であり、このような期待を保護することには保険法の立法趣旨からして合理性が認められるので、当該生命保険募集人への交付の時点で到達があったとみるべきであり、[67]遅くとも当該生命保険募集人が保険者の支社等の事業拠点にその書面を持ち帰った時点で到達があったと考えられる。[68]

---

64) 長谷川・前掲注(53)252頁。

65) 長谷川・前掲注(53)252頁、潘・概説234頁。

66) 長谷川・前掲注(53)252頁。

67) 潘・前掲注(46)122頁、潘・概説234頁、山下・前掲注(59)32頁、山本哲生「保険金受取人の指定・変更」甘利=山本・論点と展望264頁(注19)。

68) 山下ほか・保険法284頁[竹濵修]。

4 到達前に行われた保険金支払の効力

(1) 保険金支払効力の肯定

本条3項但書は、「ただし、その到達前に行われた保険給付の効力を妨げない」と定めている。これは、到達前に行われた保険金支払の効力に関する規律である。

同項本文により、保険金受取人の変更の「意思表示は、その通知が保険者に到達したときは、当該通知を発した時にさかのぼってその効力を生ずる」とされているが、当該通知の「発信」から「到達」までの間に保険事故が発生し、保険者が受取人変更の事実を知らずに旧受取人からの請求に対して保険給付を行ってしまうこともありうる。この場合に当該意思表示の効力が遡及的に生ずることから、保険者には二重払いの危険が生じてしまう。そこで、保険法は、このような事態の発生に備えて、意思表示の「到達前に行われた保険給付の効力を妨げない」という規定を設けて、保険者が二重弁済の危険を負うことを防止している[69]。

したがって、通知到達前に保険事故が発生し、受取人変更の事実を知らない保険者が旧受取人からの請求に応じて行った保険給付はその効力を否定されない。そして、発信時からの遡及的効力発生により保険給付請求権は新受取人に帰属すべきものとなるから、旧受取人に支払われた保険金は不当利得になるので、新受取人は旧受取人に対して不当利得返還請求権を行使することができる（民法703条）。

(2) 改正前商法677条1項との相違

改正前商法677条1項に定める「通知」は明らかに保険者に対する「対抗要件」であるのに対し、本条3項に定める「通知」は、保険金受取人変更の意思表示の「効力発生要件」である。

改正前商法677条1項の「対抗要件」と本項「但書」の趣旨は双方とも、保険者が二重弁済の危険を負うことを防止するためのものである。つまり、保険者との関係においては、どちらの規定によっても通知が保険者に到達する前に行われた保険金支払の効力が認められ、保険者が二重弁済の危険から保護される。

一方、新旧受取人間の関係においては、通知が保険者に到達する前に旧受取人に支払われた保険金の帰属について、改正前商法のもとでは、解釈によっては結果が異なる。意思表示は相手方があるものであり、かつその相手方が保険者であるという解釈によれば、意思表示が保険者に到着しない限り、受取人変更の効力が生じないため、旧受取人が受け取った保険金はそのまま旧受取人に帰属する。これに対し、意思表示は相手方がないもの、または相手方があるものであるが、その相手方が保険者もしくは新旧受取人のどちらでもよいという解釈によれば、意思表示が発せら

---

69) 部会資料(25)5頁。

れた時点、または新旧受取人のどちらかに到達した時点で、通知が保険者に到達したか否かにかかわらず、受取人変更の効力が生じるため、保険給付請求権は新受取人に帰属する。

本項の「通知」は、保険金受取人変更の意思表示の「効力発生要件」であるから、保険者に通知が到達したか否かによって結果が異なる。すなわち、通知が到達しない場合は、保険金受取人の変更は効力を生じないため、保険者が支払った保険金は、そのまま従来の受取人に帰属するが、通知が到達した場合は、発信時からの遡及的効力発生により保険金は新受取人に帰属することになる。

以上より、本項但書は、改正前商法677条1項に定められていた対抗要件に類似するが、本条では、保険契約者の意思表示の相手方が保険者に限定されつつ、その意思表示が保険者に到達することが前提とされている以上、それとは似て非なるものであるといわれる[70]。

5　規定の性質

本条の性質について、1項は任意規定であるが、2項・3項は強行規定とされている[71]。詳しくは、以下のとおりである。

(1)　1項の規定の性質

本条1項は、保険金受取人を一定の者に固定する旨の約定や、保険金受取人となることができる者の範囲を一定の範囲に限定する約定を許容するという趣旨から、その性質上任意規定とされている[72]。したがって、約款により保険契約者の保険金受取人変更権を排除または制限することは有効である。ただし、合理的な理由が必要である[73]。

たとえば、短期間の生命保険契約において保険金受取人変更を予定する必要がない場合など、保険金受取人の変更権が保険契約者に与えられなくとも、一般に不合理とはみられないことがある。また、共済において、保険金受取人が協同組合の立法の趣旨に沿い、予め約款で配偶者や同居の親族等を保険金受取人とする旨を画一的に規定され、変更権を認めないことを原則としつつ、変更の必要があるときに限って共済事業者の承諾を要するという制度に合理性も認められる[74]。

---

70)　山下＝米山・解説304頁［山野嘉朗］。

71)　部会資料(25)5頁、第22回議事録27頁、第23回議事録19頁、補足説明78頁。

72)　補足説明78頁。

73)　山下・保険法524頁参照。同旨、萩本ほか・前掲注(4)91頁、竹濱・前掲注(37)43頁、山下ほか・保険法285頁以下［竹濱修］、山下＝米山・解説306頁［山野嘉朗］。

74)　第5回議事録33頁、第22回議事録27頁。

なお、保険契約者の保険金受取人変更権を排除または制限する約定に合理性を欠く場合は、原則に戻り、本規定が適用され、保険契約者に保険金受取人の変更権があるものと解すべきである。

(2) 2項・3項の規定の性質

本条2項については、意思表示の相手方に関する規律であり、3項については、保険金受取人変更の効力発生要件および効力発生時期に関する規律であることから、両方とも性質上絶対的強行規定である。したがって、保険金受取人の変更がなされる場合において、受取人変更の方法について保険者以外の者に対する意思表示によるとする約定、保険者の承認を要求するような変更権の行使要件の加重（ただし、前述のように保険金受取人変更権の排除または制限が認められる場合を除く）、また通知の効力を発信時に遡らず保険者の本社への到達時とする旨を定める約款は無効となると考えられる。

(3) 1項と2項・3項との関係

任意規定とされる1項では、保険金受取人の変更に保険者の承諾を要するという約款も有効である。これは、絶対的強行規定とされる2項において、保険金受取人変更の意思表示が保険契約者の一方的単独行為であり、保険者の承諾を不要とする形成権であるとの解釈、また絶対的強行規定とされる3項において、保険金受取人変更の効力が保険契約者の意思表示発信時に遡って生じるとの解釈と矛盾があるようにみられるかもしれない。

保険法部会では、受取人変更ができることを定める43条1項は任意規定であるが、受取人変更を認める場合には43条2項・3項が絶対的強行規定として適用され、その関係は、次のように整理されているものと考えられる[75]。つまり1項により保険金受取人の変更に保険者の承諾を要することは、保険者の了解がある場合に限って受取人変更ができる（変更権を持つ）ということを認める。保険金受取人の変更を認める場合には、変更の効力発生要件や効力発生時期については、2項と3項の定めに従わなければならないということである。

VI 外国法令[76]

保険金受取人の変更に関する諸外国の立法例には、以下の共通点がある。

---

75) 萩本ほか・前掲注(4)91頁、潘・前掲注(46)122頁。
76) 山下＝米山・解説305頁以下［山野嘉朗］、大森・前掲注(2)77頁・95頁以下、生保試案65頁以下等参照。

§43-Ⅵ

(1) 保険契約者は原則として保険金受取人の変更権を有する

保険契約者が保険金受取人の変更権を有するという原則を法定している立法例として、ドイツ保険契約法159条1項（旧166条1項）、スイス保険契約法77条1項、スウェーデン保険契約法102条、デンマーク保険契約法102条2項、カナダオンタリオ州保険法190条2項がある。フランス保険法典L.132-8条6項、イタリア民法典1921条1項、ノルウェー保険契約法15-2条、ベルギー陸上保険契約法106条・112条も実質的には同趣旨である。なお、フランス保険法典L.132-9条1項においては、保険金受取人が保険金受取人と指定されることにつき明示または黙示の承諾をしたときは、保険金受取人変更権が排除されるとされ、イタリア民法典1920条2項、スイス保険契約法77条2項においては、指定変更権の放棄は、書面によらなければならないとされている。

保険金受取人の変更の行使時期について、明確に保険事故発生までと定められている立法例は、ドイツ保険契約法159条（旧166条）2項およびイタリア民法典1921条1項である。

(2) 保険金受取人変更権は保険契約者の一身専属の権利とするのが通例

フランス保険法典L.132-9条2項は、保険金受取人の変更権が「保険契約者にのみ帰属し、保険契約者の生存中は、その者の債権者または法定代理人によっても、その権利を行使することはできない」として、変更権が保険契約者の一身専属の権利であることを明確に定めている。

イタリア民法典1921条1項も、保険金受取人の変更が「保険契約者の死後、その相続人によってなされることはできない」と明記し、変更権が保険契約者の一身専属の権利とされていることが窺える。

そして、ベルギー陸上保険契約法106条Ⅰ第1項は、保険金受取人の指定変更権は「排他的な権利として保険契約者に帰属し、その配偶者、法定代理人、相続人もしくは権利承継人または債権者がこれを行使することはできない」として、変更権が保険契約者の一身専属の権利であることを最も明確かつ詳細に定めている。

ドイツ保険契約法やスイス保険契約法上には明確な条文はないが、古くから受取人の指定・変更・撤回権をもって保険契約者の一身専属的な人格権であると解する説が有力で、多数説であるといわれている[77]。

(3) 変更の効力発生要件と保険者に対する対抗要件は区別されていない

ドイツ保険契約法159条1項（旧166条1項）、スイス保険契約法76条1項および77条1項では、保険契約者は保険者の同意を得ることなく、第三者を受取人として指

---

77) 大森・前掲注(2)96頁。

定または変更することができるとされ、保険金受取人の変更行為は、保険契約者の一方的意思表示による法律行為であることが認められる。保険金受取人変更の方式について、フランス保険法典L. 132-8条6項も、イタリア民法典1920条2項も書面による方式を明確に定め、また両方とも遺言による変更も認めている。

保険者に対する通知を効力発生要件とするものとして、スウェーデン保険契約法103条、デンマーク保険契約法103条、ノルウェー保険契約法15-3条1項がある。ベルギー陸上保険契約法106条Ⅲでは「保険者は、保険金受取人の指定を変更する書面の受領前に保険金受取人に対して善意で支払を行ったときは、あらゆる義務を免れる」とされているが、かかる書面が対抗要件であるか否かは明らかではない。

保険金受取人の指定・変更の効力発生要件と保険者に対する対抗要件とを区別して法律の規定を設けている改正前商法のような法的技術は見当たらず、遺言によることを認める場合の他は、保険者に対する一方的意思表示としての通知によるのが原則であるといわれている。[78]

Ⅶ　今後の展望

1　実務との関係

保険法の改正により、保険実務への影響が以下のように考えられる。

(1)　保険金受取人の変更可否に関する明示が必要

保険実務においては、従来、保険契約者（その承継者を含む）が保険金受取人の変更をできることとしているのが通例である。また、43条1項は任意規定であるから、実務への影響は少ないものと考えられる。もっとも、保険法においては、保険契約者が保険金受取人を変更できることを原則とするものになったので、保険金受取人を一定の者に固定するような保険契約については、約款で保険金受取人を変更することができない旨を一層明確に説明するように求められている。[79] そこで、保険会社は、保険法の規定に従い約款を整備した。

(2)　承認裏書が不要

保険金受取人変更の方式について、改正前商法のもとでは、生命保険約款において、保険契約者は保険会社所定の請求書類等を保険会社に提出し、保険証券に裏書を受けることを要する旨の規定が設けられているのが通例であった。かかる承認裏

---

78)　生保試案理由書69頁、山下・保険法496頁（注117）。

79)　遠山・前掲注(37)36頁、山下＝米山・解説307頁［山野嘉朗］、大串＝日生・解説保険法143頁［渡橋健］。

書の性質について、判例・学説の多くでは、それは対抗要件であり、改正前商法677条1項の対抗要件を加重したものとされていた。[80]

保険法では保険者に対する保険金受取人変更の通知の到達が効力要件とされているため、遺言による受取人変更の場合は別として、対抗要件として保険者に対し変更の通知をする必要はなくなった。そのため、約款では従来必要とされた承認裏書は不要とした保険会社が多い。もっとも、保険金受取人の変更を通知するにあたって、保険会社の定める書類を保険会社に提出する必要があり、保険会社に保険金受取人の変更の効力を主張するためには通知が保険者に到達する必要がある点では、保険法も改正前商法と同じである。

(3) **意思表示が到達した場合の二重払いのリスク回避の対応**

実務では、保険契約者が保険会社の営業所や生命保険募集人に対して受取人変更を申し出る場合が少なくない。改正前商法のもとでは、営業所は処理権限、生命保険募集人は受領権限をそれぞれ有しないことを理由に、変更請求書類を営業所や生命保険募集人に交付しただけでは、それが保険者に到達したと評価できないとされていた。しかし、前述のように保険法のもとでは、これらの場合にも、保険者に到達したものとされることになった。

そのため、保険金受取人の変更請求書類の交付を受けた生命保険募集人が、本社または支社に伝達するのを遅滞した場合またはこれを怠ったことに起因し、受取人変更の効力発生後にもかかわらず、旧保険金受取人に保険金が支払われた場合は、保険者に帰責事由があり債権準占有者への弁済の要件である善意・無過失を欠き保護されない（民法478条）可能性がある。その結果、旧保険金受取人に支払われた保険金は有効な弁済とは認められず、保険会社はさらに新保険金受取人に保険金を支払わなければならない二重払いのリスクを生じる。

したがって、保険会社は、営業所、特に生命保険募集人に対し、通知が到達したことおよびその時期の証明をするために、保険金受取人変更の請求を受け付けた日をきちんと記録したうえ、速やかに支社または本社へ伝達するよう徹底している。

2　残された課題

本条は、保険金受取人変更の効力要件の問題を根本から解決したという点でその意義が極めて大きい。確かに、保険法の規律のもとでは、保険契約者の意思を可及的に尊重するという点ではやや後退している感は否めないものの、保険金受取人の

---

80)　東京地判昭和45・3・12判時601号91頁、同控訴審・東京高判昭和47・7・28下民集23巻
　　5＝8号403頁、青谷和夫〔判批〕判例評論606号14頁（1970）、山下・保険法504頁。

変更の要件が明確化された点、保険金受取人変更をめぐる当事者・関係者の利害調整が適切に図れる点、そして何よりも紛争の未然の防止により法的安定性が確保されるという点では、極めて妥当な立法と高く評価されている。[81]

しかし、保険金受取人変更権の行使をめぐっては、かねてから議論されている以下の問題を含め、保険法のもとでもなお解釈上の問題が残されている。

第1に、保険契約者の債権者による保険金受取人変更の可否について、債権の回収を図るために、保険契約者の債権者が、債権者代位権（民法423条）によって保険契約者の保険金受取人変更権を行使することができるか。また保険契約者の債権者が債権者代位権を行使して、すでになされた保険金受取人の指定を撤回（変更）して、これを自己のための保険契約としたうえで、解約返戻金請求権や保険給付請求権を差し押えることができるか。

第2に、保険金受取人の変更と詐害行為取消権・否認権について、保険金受取人変更権の行使により保険契約者や保険金受取人の債権者を詐害するときは、債権者に民法上の詐害行為取消権または破産法上の否認権が認められるか。

第3に、保険金受取人の変更と会社法上の利益相反取引規制について、保険契約者である会社が会社を保険金受取人とする自己のためにする生命保険契約を締結していたところ、同社が保険金受取人を同社の取締役や執行役等に変更する場合に、会社法上の利益相反取引規制（会社法356条・365条・419条・595条）の適用対象とすべきか。

第4に、保険者の同意について、保険契約者が保険者の同意または承諾を要せずに保険金受取人を変更できる権利は、法が生命保険契約制度の趣旨に鑑み保険契約者を保護したものであるが、保険金受取人の変更につき保険者の同意を要件とする約定が許容される余地は全くないのか。

第5に、発信時と到達時の意義について、保険法では、保険金受取人の変更の意思表示の保険者への到達を効力要件として規律し、その効力は通知を発した時に遡って生ずることとされている。また、受取人変更ができるのは保険事故発生前に制限されるので、保険事故発生前にその意思表示の通知が発信されていなければ、仮に当該通知が後に保険者に到達したとしても、受取人変更の効力は生じないことになる。したがって、今後、「到達したとき」や「発した時」の意義が論点となると考えられる。

〔李　鳴〕

---

81)　潘・前掲注(46)121-122頁、大串＝日生・解説保険法141頁〔渡橋健〕。

§44-Ⅰ1　　　　　　　　　　　　　　　　　585

（遺言による保険金受取人の変更）
第44条　①　保険金受取人の変更は、遺言によっても、することができる。
②　遺言による保険金受取人の変更は、その遺言が効力を生じた後、保険契約者の相続人がその旨を保険者に通知しなければ、これをもって保険者に対抗することができない。

【条文変遷】　新設
【参照条文】　保険法73条・43条・45条、民法960条以下
【外国法令】　フランス保険法典L. 132-8条6項・L. 132-25条、イタリア民法典1920条2項、スイス保険契約法77条、ノルウェー保険契約法15-3条2項、ドイツ民法332条

Ⅰ　概　　要

1　趣旨

　民法では、遺言事項（遺言により法律上の効果を発生させることができる事項）は法定事項である（民法960条）。しかし、保険金受取人の変更は、民法上遺言事項として明記されていない。改正前商法でもそれに関する規律は特に設けられていなかった。そのため、遺言による保険金受取人の変更が可能かどうか、可能とした場合にいかなる法律構成のもとで認められるか等について、学説も裁判例も従来見解が分かれていた。

　保険法は、高齢化社会における遺言の重要性が増すこと、および生命保険がより有効に機能する必要性があることに鑑み、保険契約者の意思を尊重し保険契約者の多様なニーズに応えることができるようにするという趣旨から、遺言による保険金受取人の変更を認める規律を新設した。これにより、保険法には、保険金受取人の変更について、生前の意思表示による変更と遺言による変更の2つの異なる法的類型の規律が存在している。

　44条は、遺言による保険金受取人の変更に関する規律である。生前の意思表示による保険金受取人の変更については、43条の解説を参照されたい。

1）　補足説明80頁、法務大臣諮問第78号の別紙「見直しのポイント」第一の三）（平成18年9月6日）、平成20年5月22日参議院法務委員会第11回における倉吉敬の答弁。

2 条文概要

本条（44条）は、遺言による保険金受取人の変更ができることとした（1項）。もっとも、保険契約者と被保険者が異なる場合は、被保険者の同意を要する（45条）。また、遺言自体については、民法の遺言に関する規定が適用される。

遺言の効力が生じた後に、保険契約者の相続人がその旨を保険者に通知しなければ、保険者に対抗できず、保険者が旧受取人に対して行った保険給付は有効である（2項）。保険契約者の相続人が複数いる場合でも、保険者への通知は、相続人全員でする必要はなく、相続人の1人がすればよい。また、相続人の代理人とみなされる遺言執行者も通知をすることができる。

本条1項は任意規定であり、2項は絶対的強行規定である。

II 改正前商法

1 従来の学説

改正前商法のもとでは、遺言による保険金受取人の変更の可否等をめぐって、古くから様々な議論がなされ、学説上否定説と肯定説が対立していたが、近時はこれを肯定するのが多数説であった。[2]

(1) 否定説

否定説の理論構成として、①遺言の効力の発生時期は、遺言者死亡時となる（民法985条1項）。そうすると、遺言者である被相続人が保険契約者兼被保険者であるとき、受取人変更権は生前しか行使できず、同人が死亡すると、保険金請求権が直ちに受取人の財産に帰属するので、遺言による受取人変更の余地はない。[3]②保険金請求権は相続財産に属さないから、保険金受取人の変更を遺贈に準ずる被相続人の財産処分行為とみるのは相当でなく、保険金受取人の変更は被相続人が生前になしうることであり、あえて死因処分とする実益に乏しい。[4]③民法は、遺言によってなすことができる事項は法定事項に限定しており、受取人の変更はそれに該当しない。[5]

(2) 肯定説

肯定説はさらに、①遺言事項と解する説（「遺言の効力と解する説」ともいわれる）と、②「遺言の場を借りた意思表示説」に分かれている。

---

2) 保険法コンメンタール144頁［山野嘉朗］。
3) 中西正明「追加説明」保険レポ188号23頁（2004）。
4) 「平成4年10月6日日本公証人連合会法規委員会協議」公証102号224頁以下（1993）。
5) 肥塚肇雄「不明確な遺言による保険金受取人変更に関する若干の考察」奥島孝康=宮島司編『倉沢康一郎先生古稀記念—商法の歴史と論理』272頁（新青出版・2005）。

遺言事項と解する説の理論構成では、受取人を変更する権利は、遺言における財産処分（民法964条）を類推して、遺言事項と解する。これによって、遺言による受取人変更を認め、保険金受取人の指定・変更行為を相手方のない意思表示とし、保険金受取人変更の効力が遺言者死亡時に生じるものとする。もっとも同説によれば、保険金受取人の変更と遺言の効力が連動するので、保険金受取人変更を記載した遺言が民法所定の遺言の成立要件を欠き、遺言としての効力を認められない限りは、その中に含まれた保険金受取人変更もその効力を生じない[6]。

一方、遺言の場を借りた意思表示説の理論構成では、遺言事項としてではなく、保険契約者（遺言者）は、単に遺言という場を借りて、相手方のない保険金受取人変更の意思表示を行っただけであるとし、かかる意思表示の効力発生時期は遺言作成時と解されるので、遺言の効力と変更の効力は直接関係しない[7]。同説によれば、民法所定の成立要件を欠いた遺言が無効とされても、保険金受取人変更の効力は遺言作成時に生じているので、保険金受取人の変更はなお有効である。

「遺言事項と解する説」と「遺言の場を借りた意思表示説」とも、保険金受取人の変更の意思表示を相手方のない意思表示とする点においてはほぼ一致しているが[8]、最も異なる点は、遺言に瑕疵があった場合の取扱いにあると考える。前者によれば、形式的には遺言として意思表示がなされる以上、遺言の要式を欠けば有効な保険金受取人の変更の意思表示とはならないのに対し、後者によれば、受取人変更の意思表示は遺言の場を借りた意思表示であるとされることで、遺言が形式不備で無効となっても、受取人変更の意思表示はなお有効である。

2　従来の判例・裁判例

改正前商法のもとでは、遺言による保険金受取人の変更について、否定例も肯定例もみられたが、近時はこれを肯定するのが主流となっていた。

6）　水口吉蔵「生命保険契約後の受取人の指定と変更」法律論叢20巻3号18頁・28頁（1941）、大森忠夫「保険金受取人の指定と包括遺贈」法律論叢78巻3＝4号230頁（1966）、中村・理論と実務288-295頁、山本哲生〔判批〕平成10年度重判解113頁（1999）、山下・保険法500頁、時岡泰「遺言による生命保険金受取人の変更」公証法学30号299頁以下（2001）、矢野慎治郎「『遺言による保険金受取人の変更』の法制化について」生保論集159号213頁（2007）等。

7）　大塚英明〔判批〕生保百選217頁、山下典孝「遺言による保険金受取人の指定・変更について」文研124号160頁以下（1998）、鈴木達次「遺言による保険金受取人指定・変更の可否」奥島孝康＝宮島司編『倉沢康一郎先生古稀記念―商法の歴史と論理』636頁（新青出版・2005）。

8）　一部は、保険金受取人の指定・変更行為を相手方のある意思表示と解しつつ、遺言の効力としてはこれを認める。中村・理論と実務288頁以下。

(1) 否定例

遺言による受取人変更を否定する裁判例として、古くは、指定がある以上、保険金請求権は保険契約者の相続財産には属さず、保険金受取人の固有財産として、保険契約者が保険金請求権の一部を第三者に遺贈する旨の遺言の効力は認められないとした大審院判例（大判昭和6・2・20新聞3244号10頁）、死亡保険金請求権は、保険契約の効力発生と同時に受取人の固有財産として保険契約者兼被保険者の遺産より離脱していることを理由として、包括遺贈の遺言による保険金遺贈を否定した判例（最判昭和40・2・2民集19巻1号1頁）があった。

(2) 肯定例

遺言による受取人変更を肯定する裁判例として、新保険金受取人が保険契約者から生前に「遺贈」と記載がある公正証書遺言を示された時点において、受取人変更の効力が生じているとした裁判例（大阪高判昭和63・12・21生判5巻388頁、原審・神戸地判昭和62・10・28生判5巻159頁）、秘密証書遺言による保険金受取人の変更を認めた裁判例（東京高判平成10・3・25判タ968号129頁、原審・東京地判平成9・9・30金判1029号28頁）、自筆証書遺言による保険金受取人の変更を認めた裁判例（神戸地判平成15・9・4平成14年(ワ)2505号）、自筆証書遺言と認められた念書による保険金受取人指定の変更を認めた裁判例（東京高判平成17・6・2保険レポ221号9頁）などがあった。

また、遺言による保険金受取人の変更を認めたものの、受取人変更の意思表示は明確でなければならないとして、無効行為の転換を否定した裁判例として、名古屋地豊橋支判平成12・11・27（生判12巻579頁）、名古屋高判平成13・7・18（保険レポ173号8頁）があった。

Ⅲ 立法過程

1 保険法制定前試案

遺言による保険金受取人の変更については、生命保険法制研究会においてそれを生保試案に盛り込むことが検討されたようである。しかし、理由は必ずしも明らかではないが、特別な規律を設けることは見送られ、その可否は解釈に委ねられるとの立場が採用されていた。

---

9) 遺言としては無効であっても、遺言者の行為が保険者に対する受取人変更の意思表示の趣旨を含むものと認められる場合には、無効である遺言書になされた意思表示を保険者に対する意思表示と解釈することはありうる。蕪山厳ほか『遺言法体系』154頁［吉井直昭］（西神田編集室・1995）。

10) 生保試案理由書66頁。

2 法制審議会保険法部会の審議

遺言による保険金受取人の変更に関して、保険法部会において主に議論されていた点は、①他人の生命の保険契約への適用の要否、②遺言の必要的記載事項を法定する必要性、および③保険者への対抗要件を具備する主体者である。

(1) 他人の生命の保険契約への適用の要否について

保険法部会の検討過程においては、他人の生命の保険契約（保険契約者以外の者を被保険者とする保険契約）について、保険契約者が遺言で受取人を変更する場合には、実際上以下の問題が生じうることから、認める必要があるかどうかが議論されていた[11]。

つまり、①保険契約者よりも被保険者が先に死亡した場合には、保険事故発生時点では遺言は効力を生じていないため、従来の保険金受取人が保険金請求権者となる。その結果、遺言による保険金受取人の変更は空振りに終わることになる。②被保険者より先に保険契約者が死亡した場合、保険契約者が生前、保険金受取人を変更しない旨の意思を表示しない限り、遺言による保険金受取人の変更がなされても、保険契約者を承継した者が、保険事故発生時（被保険者死亡時）までに保険金受取人を変更したり、契約を任意解除したりする可能性があり、保険契約者（遺言者）の意思が確実に実行される保証はない。③保険契約者は被保険者の同意を得ていないままで遺言を作成したが、遺言の効力が発生した後（保険契約者が死亡した後）に被保険者の同意がなければ、保険金受取人変更の効力は生じないこととなる。その結果、保険契約者の真意が尊重できなくなる。加えて、遺言に保険金受取人の変更とその他の遺言事項も書かれていた場合、被保険者の同意が得られないため、保険金受取人の変更が無効となるときは、遺言全体の効力に影響を及ぼすおそれがある。

しかしながら、以下の事情が他人の生命の保険契約においてもありうることに鑑み、例外なく遺言による保険金受取人の変更を認めるべきとの肯定的な意見が大勢であった[12]。まず、保険契約者にとっては、生前の意思表示による方法だけでなく、遺言による保険金受取人の変更を利用するニーズ（たとえば、保険契約者が、周囲に知らせず遺言の形で保険金受取人変更を行いたいと希望する場合や、遺言により相続財産の処分と合わせて死亡保険金請求権の帰属者も見直そうとする場合など）が考えられる。次に、保険者にとっても、新旧受取人への二重払いによる過払いとか、直接利害関係のない遺言の解釈をめぐる争いに巻き込まれて、迅速・確実な保険金の支払に影

---

11) 第5回議事録40頁・43頁、第18回議事録42頁・48-50頁、補足説明82頁。

12) 部会資料(6)6頁、第5回議事録37-43頁、第18回議事録43-50頁、第22回議事録34頁、補足説明80頁以下、萩本・一問一答185頁(注1)。

響を及ぼすことのないよう、規制を明文化しておくことが必要である。さらに、保険契約者の生前においては、保険契約者以外の者を被保険者とする保険契約についても保険金受取人の変更が可能である以上、遺言の場合にのみ不可能とする特段の理由も合理性もない。

　そこで、保険法は、他人の生命の保険契約を含め、遺言による保険金受取人の変更ができることを明文で認めることとした。

(2) 遺言の必要的記載事項を法定する必要性について

　保険法部会の検討過程においては、迅速・確実な保険金の支払の観点から、遺言によって受取人を変更する場合の必要的記載事項（受取人変更である旨の明示や、どの保険契約のどの保険金請求権について、誰を受取人とするのか、その権利の取得割合等）を法定すべきとの意見があった[13]。しかし、最終的に保険法では遺言の必要的記載事項に関する規律を特に設けないこととした。

　その理由として、①いかなる意思表示があったときに保険金受取人の変更の意思表示があったとみるべきかという問題は、生前の意思表示による保険金受取人の変更の場合にも生じうる問題であり、遺言の場合にだけ何らかの特別の規律を設けることは考え難いこと、②遺言そのものについて民法上厳格な方式が定められているにもかかわらず、さらなる要件を加重することは、遺言による保険金受取人の変更を認めることで保険契約者の意思を尊重しようとする趣旨を減殺しかねないこと、③他の遺言事項と合せて保険金受取人を変更する旨の遺言がなされたような場合に、必要的記載事項を形式的に欠いているだけで受取人変更の部分のみが無効となれば、他の部分についての遺言を解釈する上で支障が生じるおそれがあること、および④遺言の内容が不明確である場合には、保険者は、債権者不確知（民法494条2項）として保険金を供託することで対応する余地もあることが取り上げられた[14]。

(3) 保険者への対抗要件を具備する主体者について

　保険法部会の検討過程においては、保険者への対抗要件を誰が具備するものとすべきか、保険契約者の相続人がするか、遺言執行者がするか、相続人が複数存在した場合に相続人全員とすべきか、あるいは相続人の1人でも足りるかについても、検討されていた[15]。

　遺言者が生前に通知をしておかなければならないとすることも考えられていたが、

---

13)　第5回議事録37頁以下、第18回議事録44頁、補足説明81頁等。
14)　部会資料(6)6頁、部会資料(11)24頁以下、部会資料(19)7頁以下、第5回議事録37頁以下、第18回議事録49頁以下、補足説明81頁。
15)　第5回議事録36頁以下、第18回議事録43頁以下、第22回議事録33頁以下、補足説明80頁。

§44 -Ⅲ2

保険金受取人の指定または変更を遺言事項とする意味を減殺させる他、遺言の解釈
をめぐる争いに巻き込まれるなどにより保険者の地位が不安定になりかねないとい
う観点から採用されなかったようである[16]。また、保険金の迅速かつ確実な支払のた
めに、保険契約者の相続人が全員で、または遺言執行者がすることとすべきとの意
見等があった。これを踏まえ、中間試案の段階では、次の試案が提示されていた。
「遺言による保険金受取人の変更は、遺言の効力が生じた後、保険契約者の相続人
が〔全員で〕、又は遺言執行者が保険者に通知をしなければ、保険者に対抗するこ
とができないものとする」。

　しかし、保険法上は最終的に中間試案と異なり、保険契約者の相続人「全員で」
が削除され、遺言執行者を保険者への通知の主体として掲げないこととされた[17]。

　保険契約者の相続人全員で通知することが必要とされない理由として、①対抗要
件としての通知が必要とされるのは、保険者が二重弁済の危険にさらされるのを防
ぐためであることからすれば、相続人間で遺言の効力について争いがなく、保険者
としても遺言の内容を明確に確認することができる場合等もありうることから、常
に相続人の全員で通知をしなければならないとする理由は乏しいこと、②遺言で保
険金受取人を変更する場合は、新旧保険金受取人の関係が親族、あるいは第三者で
利害が相反することが多いため、相続人の1人でも反対すれば、対抗要件を具備で
きないとすると、遺言者である保険契約者の意思を尊重する規定の趣旨が損なわれ
る結果となること、③遺言による保険金受取人の変更の有効性について、相続人間
や新旧受取人間に争いがある場合には、債権者不確知の場合（民法494条2項）とし
て保険金を供託することにより対応する余地もあること等が挙げられた。

　そして、遺言執行者が通知することの法定が必要とされない理由として、①認知
（民法781条2項、戸籍法64条）や推定相続人の廃除・取消し（民法893条・894条2項）等と
同じく、遺言執行者によることとすべきとの考え方もありうるが、このような考え
方を採用すれば、保険契約者の相続人が通知することに異存がない場合であっても、
常に遺言執行者を選任する必要があることになり、相当でないこと、②民法1010
条・1012条1項・1015条から、遺言執行者による通知はもとより可能であること、
③遺言執行者を選任するには費用等がかかること等が挙げられた。

---

16)　第5回議事録37頁。
17)　部会資料(11)24頁以下、部会資料(19)7頁以下、部会資料(25)5頁、第5回議事録36頁以
　　下、第18回議事録44頁以下、第22回議事録2頁・33頁以下。

IV　条文解説

1　遺言による保険金受取人変更の通則

本条１項は、遺言による保険金受取人変更権の通則に関する規律である。

保険金受取人の変更は、保険契約者が生前の意思表示により行うのが通例である。保険法上では、生前の意思表示による保険金受取人変更は、原則として保険者に対する一方的意思表示によって行われる相手方のある単独行為であるとされている（43条２項）。これに対し、遺言は相手のない単独行為であることから、遺言による保険金受取人変更の意思表示は、保険者への意思表示によらず、一方的意思表示によって行われる相手方のない単独行為である。したがって、本条は43条の例外規定であると解される[18]。[19]

また、本項により保険契約者以外の者を被保険者とする保険契約についても、遺言による保険金受取人の変更は許容される。

2　遺言による保険金受取人変更の効力発生要件

(1)　遺言自体が有効であること

保険法では、保険金受取人の変更は、前述の理由により遺言の必要的記載事項として法定されていないものの、遺言の方式、遺言の効力および遺言の撤回・抵触については、民法の遺言の規定（民法960条以下）が適用ないし準用されることになる。[20]そして、遺言に関する民法の規定は強行規定であると解されているため、たとえ約款で遺言の記載事項についてそれと異なる内容を定めたとしても、当該約款の定めの効力は否定される[21]。したがって、遺言は、以下の要件を満たさなければその有効性が認められない。

ア　方式等を満たすこと

遺言は厳格な要式行為であって、遺言者の真意確保のために民法で定める方式に従わなければならないとされている（民法960条）。遺言の方式は普通方式と特別方式の２つに大別され、前者はさらに自筆証書遺言、公正証書遺言、秘密証書遺言の３

---

18)　四宮和夫=能見善久『民法総則〔第９版〕』201頁（弘文堂・2018）。

19)　山下ほか・保険法286頁〔竹濱修〕。

20)　補足説明80頁以下、第18回議事録49頁、長谷川仁彦「保険金受取人の変更の意思表示と効力の発生」中西喜寿・256頁、岡田豊基「保険法における遺言による保険金受取人の変更」保険学雑誌608号177頁（2010）。

21)　萩本・一問一答186頁（注３）。

つに分けられる。また、後者には、危急時遺言と隔絶地遺言の2つの方式がある。遺言による保険金受取人の変更において、保険実務上トラブルがもっとも多く発生するのは、自筆証書遺言である。

　自筆証書によって遺言をするには、遺言者が遺言書の全文、日付、氏名を自書し、これに押印しなければならない。さらに、自筆証書中の加除その他の変更は、遺言者がその場所を指示し、これを変更した旨を付記して署名し、かつ、その変更の場所に押印しなければ、その効力を生じないとされている（民法968条）。したがって、所定の方式によらない保険金受取人の変更に関する保険契約者の念書やメモは、遺言としては認められない。

　イ　撤回・抵触のないこと

　複数の遺言が存在し、内容が抵触する場合には、抵触部分について、後の遺言で前の遺言を撤回したものとみなされる（民法1022条・1023条1項）。したがって、保険契約者が受取人変更をする旨の遺言をした後で、さらに別の者を保険金受取人とする旨の遺言をした場合は、その部分について前の遺言が撤回されたことになる。

　また、遺言後に生前処分など遺言と抵触する法律行為がなされた場合も、遺言の抵触部分が撤回されたものとみなされる（同1023条2項）。したがって、保険契約者が受取人変更をする旨の遺言をした後、生前さらに遺言とは別の者を保険金受取人に変更した場合は、後者の保険金受取人の変更が有効であり、遺言によって保険金受取人とされた者は、その遺言が撤回されたものとみなされるため、受取人ではなくなる。なお、改正前商法のもとで、遺言による保険金受取人変更を行った後の、生前の意思表示による保険金受取人変更の効力を認めた裁判例があるが、保険法のもとでも変わらないと考えられる。[22]

　保険金受取人変更を記載した遺言が民法所定の成立要件を欠き、遺言としての効力を認められないときは、その中に含まれた保険金受取人変更の意思表示も効力を生じないとされ[23]、その理論構成は、以下のように考えられる[24]。

　つまり、保険契約者が遺言の中で他の財産処分と合わせて保険金受取人変更を行うのが通例であり、遺言内容の全体が遺言者の最終意思と考えられるので、遺言が無効であれば、保険金受取人変更も無効になるほうが自然である。受取人変更の遺言事項のみを認めると、遺言者の最終意思が反映されない結果が生じることがあり

---

22)　仙台高判平成20・3・27保険レポ235号11頁・保険レポ237号1頁。
23)　補足説明81頁、山下＝米山・解説316頁［山野嘉朗］、山下ほか・保険法258頁・287頁［竹濵修］、潘・概説235頁等。
24)　山下＝米山・解説316頁［山野嘉朗］参照。

うることから、遺言書における受取人変更だけが特別な扱いを受けるべきではない。したがって、遺言という厳格な要式を用いた以上、遺言に瑕疵がある場合は、遺言自体が無効となり、ひいては受取人変更も無効になるものと解さざるを得ないことになる。

(2) 保険金受取人の変更の意思が認められること

遺言の要件を満たしたとしても、それが保険金受取人の変更として認められるかは別の問題である[25]。遺言書に「保険金受取人を変更する」旨が明確に記載された場合には、変更の意思表示があったと容易に認められるが、問題となるのは不明確な遺言事項の解釈である。遺言の解釈については、一般に表意者の内心が探究される必要があるとされ[26]、判例も、遺言の文言を形式的に解釈するだけでは十分ではなく、遺言書の全記載との関連、遺言書作成当時の事情および遺言者の置かれていた状況などを考慮して遺言者の真意を探究し、当該条項の趣旨を確定すべきものである[27]としている。以下は、保険実務上よくある事例を取り上げて検討する。

ア 「遺贈する」旨の遺言（たとえば、遺言書に「生命保険金を遺贈する」、「全財産を遺贈する」と記載された場合）

保険契約者が、保険金受取人をAとする生命保険契約について、「生命保険金をBに遺贈する」旨の遺言をした場合においては、遺言者の真意は保険金受取人変更にあると解することができる[28]。しかし、「全財産をBに遺贈する」旨の遺言をした場合においては、保険金受取人変更の意思が含まれているか否かについて、判例・学説の見解が分かれている。これは、解釈論でもっとも議論の多いところである。

「全財産遺贈」という表示が記載されている遺言に保険金受取人変更の意思表示が全く含まれていないと断言することもできないこと、かかる表示は新受取人に対する一種の遺贈ないしは遺贈に準ずるものとして取り扱うべきであるとするのが、肯定する裁判例・学説の立場である[29][30]。これに対し、保険金給付請求権は保険金受取人の固有の財産に属し、保険契約者の相続財産に含まれないから、「全財産遺贈」

---

25) 大串=日生・解説保険法147頁［渡橋健］。

26) 内田貴『民法Ⅳ〔補訂版〕親族・相続』476頁（東京大学出版会・2004）等。

27) 最判昭和58・3・18判時1075号115頁、最判平成17・7・22判時1908号128頁。

28) 大阪高判昭和63・12・21生判5巻388頁。

29) 神戸地判昭和62・10・28生判5巻159頁、同控訴審大阪高判昭和63・12・21生判5巻388頁、京都地判平成18・7・18金判1250号43頁。

30) 大森忠夫「保険金受取人の指定と包括遺贈」同『保険契約法の研究』354-436頁（有斐閣・1969）、倉澤康一郎「死亡保険金の帰属」同『保険契約法の法理』320-321頁（慶応通信・1975）、山下・保険法501頁、蕪山・前掲注（9）247頁［田中永司］、岡田・前掲注(20)177頁等。

§44 – Ⅳ 2 595

という表示がなされていたとしても、これを遺言による保険金受取人変更の意思表示と解すべきではないとするのが、否定する判例[31]・裁判例・学説[32]の立場である。

イ 「相続させる」旨の遺言（たとえば、遺言に「生命保険契約を相続させる」、「全財産を相続させる」と記載された場合）

判例上、「相続させる」旨の遺言については、原則として、遺贈と解すべきでなく、遺産の分割の方法（民法908条）が定められた遺言とされる[33]。したがって、「生命保険契約を相続させる」、「全財産を相続させる」旨の遺言について、それだけでは、一般的には、遺言による保険金受取人変更の意思表示とは認められず、むしろ、保険契約者の変更と解するのが適当であるとの見解がみられる[34]。

ウ 対象の特定（たとえば、複数の生命保険契約が存在する場合）

遺言中に保険金受取人の変更である旨が表示されていたとしても、複数の生命保険契約が存在する場合に、どの生命保険契約についての保険金受取人の変更であるかを特定することが必要である。裁判例には、そのような場合について、遺言者の合理的意思を推測して、各死亡保険金額に応じた按分額で、各保険契約の保険金受取人および受取額を変更するものと判示したものがある[35]。これに対し、学説の中で、その変更行為に「内容の確定性」が欠けていることを理由として、無効と解すべきとの反対の見解がみられる[36]。

(3) 被保険者の同意があること（保険契約者と被保険者が別人の場合）

保険法は、モラル・リスクや保険の賭博的利用の防止および被保険者人格権の保護の観点から、他人を被保険者とする死亡保険契約について遺言による受取人変更をする場合には、被保険者の同意が効力発生要件となっている。したがって、被保険者が同意せずに死亡した場合、遺言による保険金受取人変更は無効となる（§45解説Ⅴ2参照）。

---

31) 大判昭和6・2・20新聞3244号10頁、最判昭和40・2・2民集19巻1号1頁、東京高判昭和60・9・26金法1138号37頁、名古屋高判平成13・7・18保険レポ173号8頁、東京高判平成10・3・25判タ968号129頁等。

32) 矢野慎治郎「遺言による受取人変更」落合=山下・理論と実務130頁、大串=日生・解説保険法148頁〔渡橋健〕、長谷川・前掲注(20)257頁、輿石進「保険金受取人の変更」金澤・新たな展開261頁。

33) 最判平成3・4・19民集45巻4号477頁。

34) 大串=日生・解説保険法148頁〔渡橋健〕、若林雅満「遺言記載事項から保険金受取人変更の意思が認められるか」保険レポ250号6頁（2011）。

35) 神戸地判平成15・9・4平成14年(ワ)2505号。

36) 肥塚肇雄「不明確な遺言と保険金受取人の変更」判タ1162号108-116頁（2004）。

3 遺言による保険金受取人変更の効力発生時期等

民法985条1項は「遺言は、遺言者の死亡の時からその効力を生ずる」としている。これにより、保険契約者と被保険者が同一の場合には、遺言による受取人変更は、遺言者（保険契約者）の死亡時から効力が発生し、保険金受取人の権利が確定することになる。しかし、保険金受取人の変更は保険事故発生前に行わなければならないので（43条1項）、保険契約者と被保険者が別人の場合、すなわち、他人の生命の保険契約の場合には、保険契約者である遺言者が死亡する前に被保険者が死亡した（保険事故が発生した）ときは、保険金受取人の変更の効果が生じない。その意味では、遺言による保険金受取人変更の効力の実効性は、被保険者の死亡時期に左右されることになる。

4 遺言による保険金受取人変更の対抗要件

本条2項は、遺言によって保険金受取人の変更がされた場合における保険者への対抗要件に関する規律である。

(1) 対抗要件の意義

生前の意思表示による保険金受取人変更の場合においては、意思表示の相手方が保険者に限定され（43条2項）、かつ、意思表示の通知が保険者に到達することを条件として、意思表示の発信時にその効力が生じると規定されているので（同3項）、対抗要件の問題は生じない。しかし、遺言による保険金受取人変更の場合においては、遺言は相手方のない単独行為であり、保険金受取人の変更は遺言の効力発生時、すなわち遺言者（保険契約者）の死亡時に効力を生じる。そのため、通常、保険者は遺言による保険金受取人の変更があった事実を直ちには知り得ないので、旧受取人に保険給付を行ってしまい、その後、遺言による変更後の保険金受取人から保険金を請求されるという二重弁済の危険にさらされるおそれがある。

そこで、この危険を防止するために、本項は遺言の効力発生後、保険契約者の相続人による保険者への通知を対抗要件としているのである。

(2) 保険者への通知主体

ア 保険契約者の相続人

本項は、「保険契約者の相続人がその旨を保険者に通知」するとしている。これは遺言による保険金受取人の変更の場合、遺言が保険契約者の死亡時から効力を生

---

37) 部会資料(11)24-26頁。

38) 同旨、山下＝米山・解説317頁［山野嘉朗］。

39) 第5回議事録36頁以下。

§ 44 - Ⅳ 4　　　　　　597

ずる（民法985条1項）ため、一般原則からすれば、保険契約者ではなくその相続人が通知の主体とされるからである[40]。改正前商法のもとでも、保険契約者の死亡後は保険契約者の地位を承継する相続人が通知をするしかないとの見解があった[41]。

　遺言者である保険契約者の相続人が複数存在する場合には、相続人全員による通知か、あるいは相続人の1人で足りるかが問題となる。本項の文言上、「相続人全員が行う」という解釈と「相続人の1人が行えば足りる」という解釈がありうる。しかし、前述のように保険法部会の検討過程において相続人「全員で」が削除された理由、また、本項では単に「相続人」という文言が使用され、46条の「相続人の全員」という文言と明らかに区別して規定されていること、加えて、保険者への通知の趣旨は二重弁済の防止であり、保険者が遺言による受取人変更の事実を知ればよいことなどに鑑み、相続人全員が共同して通知する必要はなく、相続人のうちの1人が通知すれば足りるものと考えられる[42]。

　イ　遺言執行者

　保険法上、遺言執行者は通知の主体として規定されていないが、前述のように、遺言執行者を選任して保険金受取人変更の通知を行うこともできるとされている。改正前商法のもとでも、特にそれを論じることなく、遺言執行者により通知することを認めている裁判例がある[43]。

　遺言執行者とは、遺言の内容を実現するために特に選任された者であり、相続人の代理人とみなされる（民法旧1015条）。遺言執行者は、遺言によって指定することができるが（民法1006条1項）、指定されていないとき、または遺言執行者が死亡した場合などは、家庭裁判所は遺言執行者を選任することができる（同1010条）。申立権者は相続人、受遺者、その他遺言の執行につき法律上の利害関係を有するすべての者である[44]。

　遺言で保険金受取人が保険契約者の相続人以外の者に変更された場合等には、その相続人と新受取人との間で感情的な対立等が生じうることから、保険者への通知がなされないおそれがあると考えられる。このような場合には、新受取人は遺言執行者の選任申立てをすることで対処が可能である。また、すでに選任された遺言執

---

40)　第5回議事録36頁以下、大串=日生・解説保険法150頁〔渡橋健〕。

41)　山下・保険法502頁。

42)　部会資料(19)10頁、第18回議事録49-52頁、第22回議事録34頁参照。

43)　東京地判平成9・9・30金判1029号28頁、同控訴審・東京高判平成10・3・25判タ968号129頁。

44)　中川善之助=加藤永一編『新版注釈民法⒅〔補訂版〕』324頁・319頁〔泉久雄〕（有斐閣・2002）。

行者が保険者へ通知をしないような場合には、家庭裁判所に遺言執行者の解任を申し立てることもできる（同1019条1項）[45]。

(3) 通知の時期および対抗要件の効果

保険法上、通知の時期は、「遺言が効力を生じた後」（本条2項）とされている。したがって、遺言による受取人変更をした場合に、保険者への通知は、保険契約者（遺言者）の死亡後、すなわち遺言の効力発生後に行われる。仮に遺言の効力発生前にその旨が保険者に通知されたとしても、それで対抗要件が具備されたことにはならない。

相続人からの通知によって対抗要件が具備された場合は、保険者に対し遺言による保険金受取人の変更を対抗することができる。他方で、対抗要件が具備されていない場合、保険者は、新受取人に対して保険金を支払う義務はない。すなわち、保険者への対抗要件である相続人からの通知が到達する前に、保険者が旧受取人に対して行った保険金給付は有効となるので、保険者はさらに新受取人に対し保険金を支払う必要はない。後は遺言による変更後の新受取人が、保険者からの支払を受けた旧受取人に対して、不当利得の返還請求（民法703条・704条）を行うことによって解決を図ることとなる[46]。

改正前商法下の保険金受取人の変更については、対抗要件が充足されていない限り、保険金受取人の変更につき悪意であっても、保険者は旧受取人に支払えば免責されると解されていた[47]。保険法のもとでも、従来の解釈論が妥当であるが、対抗要件が充足されていなくても、保険者自身が二重弁済のリスクを覚悟の上で新受取人に支払うことはできると考えられる[48]。

5 規定の性質

本条1項は任意規定である[49]。これは、生前の意思表示による保険金受取人の変更を定めた43条1項と同じく、保険の種類によっては、そもそも保険金受取人の変更を認めない旨の約定も許容される。したがって、遺言による保険金受取人の変更を認めない約定や、遺言による保険金受取人の変更を認めるとしつつ、保険金受取人の範囲を一定の者に限定する約款も、それが不合理でない限り有効である。

---

45) 山本哲生「保険金受取人の指定・変更」甘利=山本・論点と展望278頁。

46) 第22回議事録35頁。

47) 山下・保険法503-504頁、上柳克郎〔判批〕生保百選43頁。

48) 山本・前掲注(45)280頁。

49) 部会資料(11)24頁、部会資料(25)6頁、第22回議事録27頁、第23回議事録19頁、補足説明82頁。

本条 2 項は、意思表示の相手方や効力発生時期、対抗要件等に関する規定であるため、その性質上絶対的強行規定である[50]。したがって、前項の任意規定により遺言による保険金受取人の変更を排除せず認めた場合には、同項に反する内容を約定することは許されない。たとえば、遺言執行者によることはできず、常に保険契約者の相続人が通知しなければならない旨を約定する約款は無効となる。

Ⅴ　外国法令

諸外国では、遺言による保険金受取人の指定・変更を認める立法例が多くみられる。遺言その他の死因処分による指定変更権行使に関する明文の規定を置いている立法例として、フランス保険法典L. 132-8 条 6 項（保険金受取人の指定・変更）、イタリア民法典1920条（他人のためにする保険）2 項、スイス保険契約法77条（保険契約者の処分権限）1 項、ノルウェー保険契約法15-3 条 2 項などがある。

ドイツ保険契約法においては、指定変更が相手方のある意思表示であるとするのが支配説であるが、遺言による保険金受取人の変更ができるという明文の条文は置いていない。もっとも、ドイツ民法332条の「要約者が諾約者の同意なくして契約に定めたる第三者に代えるに他の者を以てする権限を留保している場合には、疑わしいときは、死後処分を以てこれをすることができる」という遺言による財産処分の規定を類推して、遺言でも指定変更ができると解されている[51]。

そして、遺言による保険金受取人の指定変更において、保険者は旧保険金受取人に保険金を支払うことで免責されるという対抗要件の効果を明確に定めている立法例として、フランス保険法典L. 132-25条があり、「保険者が、遺言もしくはその他の方法による保険金受取人の指定、または他の保険金受取人の承諾または指定の撤回を知らなかったときは、その指定、承諾または撤回がなければ権利を有したであろう者に対してなされた保険金または年金の支払は、善意の保険者を免責する」と規定する。

Ⅵ　今後の展望

1　実務との関係

遺言は特殊な意思表示であるので、従来から、保険会社は利害関係者のトラブル

---

50)　部会資料(25) 5 頁、第22回議事録27頁、第23回議事録19頁、補足説明82頁。
51)　中村・理論と実務288頁。

に巻き込まれ、二重弁済の危険にさらされることを回避するために、遺言による受取人の指定変更を認めることには基本的に消極的であった。もっとも、保険金受取人を変更する保険契約者の意思表示が外部（たとえば、確定判決、調停調書など）から明確に確認できる場合に限って、遺言による変更を認めるものとして取り扱ってきた。

保険法のもとでは、遺言自体が適法な方式であることが遺言による保険金受取人変更の要件となっていることから、遺言の有効性や遺言による受取人変更がなされたことの確認が必要となる。したがって、遺言による受取人変更においては、以下のように生前の保険金受取人変更よりはるかに慎重な対応が保険者に求められている[52]。

(1) 遺言による保険金受取人変更の手続

本条の新設を受けて、保険会社は約款において以下の内容を明確に定めることとした[53]。つまり、①保険契約者は、災害死亡給付金、死亡保険給付金または死亡保険金の支払事由が発生するまで、法令上有効な遺言により、死亡保険金受取人を変更することができること、②遺言による死亡保険金受取人の変更は、被保険者の同意がなければ、その効力を生じないこと、③遺言による死亡保険金受取人の変更は、保険契約者が死亡した後、保険契約者の相続人が保険会社に通知しなければ、これを会社に対抗することができないこと、④保険契約者の相続人が上記③の通知をするときは、保険会社の定める書類を保険会社に提出することである。

ここにいう所定の書類とは、従来と変わらず、保険金受取人変更の請求書、戸籍謄本または除籍謄本（保険契約者の死亡確認のため）、遺言書謄本、検認済証明書、他人の生命の保険の場合には被保険者の同意書などである。保険会社が遺言内容を確認する過程で不明確さが認められた場合は、さらに利害関係者全員からの同意ある「通知」（念書）などの提出を求めることもある。

このような手続については、手続の明確化や支払の迅速化の観点から、過度の負担を課すものでない限り、その正当性を肯定できると考えられる[54]。

(2) 遺言の内容が不明確な場合の対応

遺言の内容が不明確で死亡保険金を誰に対して支払うべきかの判断が困難な場合、または新旧保険金受取人の間で争いがある場合に、死亡保険金を支払うと保険者は二重払いの危険にさらされる。

---

52) 輿石・前掲注(32)264頁、遠山優治「生命保険実務への影響」ひろば2008年8月号36頁。

53) 明治安田生命の約款参照。

54) 大串=日生・解説保険法152-153頁〔渡橋健〕、長谷川・前掲注(20)259頁。

§44-Ⅵ2   601

　保険会社は、債権者不確知として保険金を供託することができる（民法494条2項）[55]
が、「弁済者に過失があるときは、この限りでない」（同項但書）から、近時、供託
所において、供託の要件を厳密に解釈し供託を拒絶することがある。また、保険会
社に過失があったとして供託無効を主張する訴訟もみられる[56]。したがって、保険会
社としては、正当な保険金受取人を知らないことに過失のないよう業務上の注意を
払うことが求められている。

(3) 遺言の抵触や撤回の場合の対応

　遺言の抵触や撤回行為により、保険者が無効な遺言に従って保険金を支払った場
合の保険者の責任が問題となりうる。

　保険会社は、遺言の抵触や撤回の事実を知らずに、提出された遺言に基づいて旧
保険金受取人に保険金を支払ってしまった場合に、債権の準占有者への弁済である
（民法478条）として、かかる保険金の支払が有効であることを主張することができる。
もっとも、債権の準占有者の制度は、保険者の善意無過失を要件とすることから、
遺言の効力などの確認に過失があると判断される場合には、保険会社は免責になら
ない。したがって、保険会社としては、遺言の方式、遺言の日付、受取人変更の経
緯、保険契約者の生前における保険金受取人変更届出書の有無等の点検により、十
分な注意を払う実務態勢の構築が求められている。

2　残された課題

　保険法において遺言による保険金受取人の変更が新設されたことにより、これに
関する解釈論上の疑義のかなりの部分が解決されることになったが、依然として解
釈に委ねられる部分が存在している。また遺言一般の法理との関連で検討すべき課
題が多いと思われ、特に以下の課題をめぐって今後議論が展開されるものと予測さ
れる。

(1) 保険金請求権取得の固有権性との関係

　改正前商法のもとでは、判例・通説とも保険金受取人は、保険契約者の権利を承
継取得するのではなく、当初から自己固有の権利として原始的に保険金請求権を取
得すると解している。保険法のもとでは、保険金受取人の変更が遺言事項とされる
ことにより、保険金受取人が取得する保険金請求権の固有権性との関係に影響が生
じないであろうか。

55）　第18回議事録50-51頁、部会資料(19)10頁以下、供託を認めた裁判例として、東京地判平
　　　成10・11・13生判10巻447頁。
56）　大阪地判平成2・12・14生判6巻278頁。

学説上、保険法のもとにおいてもその解釈論は変わらないと解される[57]。しかし、他方で、保険法のもとで保険金受取人の変更が遺言事項とされることから、遺言で他の遺産と保険金請求権を合わせて遺産として処分するのがむしろ一般の遺言者の合理的な意思であり、他の遺産と保険金請求権は法的性質が異なり、同じ遺言の中で保険金だけが相続法のルールの適用を免れるということについて、一般の人にとっては理解しがたく、かえって混乱を生じる。したがって、保険金請求権の固有権性をそのまま維持することがよいかに疑問が呈されている[58]。

(2) 遺言の解釈基準との関係

遺言による保険金受取人変更の解釈と遺言自体の解釈基準について、改正前商法のもとでは、遺言者の真意を探究するという遺言の解釈基準に基づいた保険契約者の保険金受取人変更の意思表示の探究と、不明な遺言内容から生じうる保険者の二重弁済の防止という2つの観点から、対保険者関係については客観的解釈、新旧保険金受取人相互の関係については主観的解釈を行うという「相対的解釈」方法が提唱されてきた[59]。

しかし、保険法のもとでは、遺言の解釈において、保険金受取人の変更については客観的に解釈し、その他の事項については遺言者の真意を尊重する解釈をすると、遺言者が同じにもかかわらず、解釈基準が遺言事項により異なることになるという問題があるとして、遺言による保険金受取人変更の意思表示の解釈基準は、全体として遺言者の真意を尊重する統一した解釈基準が妥当であるとの見解がある[60]。

このように、遺言による保険金受取人変更における遺言の解釈基準として、統一した遺言の解釈基準を採用すべきか、それとも相対的解釈方法を採用すべきかについて、今後一層の議論が展開されることになろう。特に「遺贈」に関する解釈は、その争点の1つであると考えられる。

(3) 「遺言の場を借りた意思表示説」、「無効行為の転換説」との関係

改正前商法のもとでは、無効な遺言書中に記載されている「保険金受取人の変更の意思表示」は、「遺言の場を借りた意思表示説」または「無効行為の転換説」により、有効とされていたが、保険法のもとでは、これらの解釈論はなお認められるであろうか。

遺言によっても保険金受取人の変更ができるとする保険法のもとでは、もはや

---

57) 奥石・前掲注(32)261頁。

58) 山下友信「保険法と判例法理への影響」自由と正義60巻1号33頁（2009）、山下=米山・解説319頁［山野嘉朗］。

59) 山下・現代38頁。

60) 山本・前掲注(45)285頁。

§44 -Ⅵ 2

「遺言の場を借りた意思表示説」のような見解を持ち出す必要がなくなり、保険金受取人の変更が民法の定める遺言の要件に依拠する以上、保険金受取人変更の意思表示の効力発生時期は遺言作成時ではなく、遺言による保険金受取人変更の方式も民法の規定（民法960条以下）に定める方式に従ってはじめて有効となる。したがって、「遺言の場を借りた意思表示説」という概念は保険法のもとでは適切でないこととなったと解される[61]。この点については、異論はみられない。

　一方、「無効行為の転換説」については、他の財産処分も遺言で書かれており、保険金受取人変更だけを認めることは全体として遺言者の真意に反するであろう場合には、無効行為の転換は認められないが、遺言では受取人変更だけが記載され、受取人変更の効力を認めることが遺言者（保険契約者）の真意に沿うであろう場合には、無効行為の転換を認めることができるという見解がある[62]。

〔李　鳴〕

---

61)　萩本修ほか「保険法の解説(4)」NBL887号91頁（2008）、竹濵修「生命保険契約および傷害疾病保険契約特有の事項」ジュリ1364号45頁（2008）、山本・前掲注(45)274頁、矢野・前掲注(32)127頁、長谷川・前掲注(20)258頁、村田敏一「新保険法における保険金受取人に関する規律について」生保166号46頁（2009）。

62)　山本・前掲注(45)275-276頁。

（保険金受取人の変更についての被保険者の同意）

第45条 死亡保険契約の保険金受取人の変更は、被保険者の同意がなければ、その
　　効力を生じない。

改正前商法第677条　②　第674条第1項ノ規定ハ前項ノ指定及ヒ変更ニ之ヲ準用ス
改正前商法第674条　①　他人ノ死亡ニ因リテ保険金額ノ支払ヲ為スヘキコトヲ定ム
　ル保険契約ニハ其者ノ同意アルコトヲ要ス但被保険者カ保険金額ヲ受取ルヘキ者ナ
　ルトキハ此限ニ在ラス

【条文変遷】　明治32年商法428条3項、明治44年商法428条ノ4第2項・428条1項、改
　　　　　　正前商法677条2項・674条1項
【参照条文】　保険法74条・38条、民法985条1項
【外国法令】　フランス保険契約法典L. 132-8条6項

I　概　　要

1　趣旨

　死亡保険契約の締結時には被保険者の同意があったとしても、その後保険金受取
人が変更されれば、保険金を取得する権利があるのは新受取人であるから、新受取
人につき、保険の賭博的利用、故意に被保険者の生命に危害を加えるなど契約締結
時と同様な弊害が生じるおそれがある。そこで、改正前商法では、被保険者の保護
等の観点から、契約締結後に保険金受取人を変更する際にも被保険者の同意が必要
とされていた（改正前商法677条2項・674条1項[1]）。

　保険法は、改正前商法のその立法趣旨を維持し、死亡保険契約の締結時と同様に、
保険の賭博的利用、道徳危険および人格権侵害の3つの弊害の防止をするために、
契約締結後における保険金受取人の変更についても被保険者の同意を必要とする本
条（45条）を設けることとした[2]。

　また、本条の趣旨は、死亡保険契約の締結における被保険者の同意を必要とする
38条の潜脱防止にもあるといわれている[3]。

---

1)　江頭・商取引法515頁、潘・概説217頁、山下=米山・解説326頁［山本哲生］。
2)　第5回議事録32頁参照。
3)　大串=日生・解説保険法154頁［渡橋健］、福田弥夫「被保険者の同意」甘利=山本・論点と
　　展望223頁。

§45−I 2・II　　　605

　なお、死亡保険契約の締結後における被保険者の同意が必要とされるのは、保険金受取人変更だけではない。保険事故発生前の保険金請求権の譲渡・質入れについても、被保険者の同意を必要としている（§47解説V参照）。

2　条文概要

　本条（45条）は、改正前商法677条2項と674条1項に対応する規律であり、死亡保険契約の締結後における保険金受取人の変更についても、契約締結時（38条）と同様、被保険者の同意を効力要件とする。本条は、基本的に改正前商法の規律を維持しているが、当該保険金受取人が被保険者に変更されるとしても、例外なく被保険者の同意を必要とするのが改正前商法と異なる。

　なお、本条の規定は、絶対的強行規定である。

II　沿　　革[4]

　他人の死亡保険契約には、保険の賭博的利用、道徳危険、人格権侵害の3つの弊害または危険性が生じるおそれがあることから、このような弊害を防止するために何らかの制限を設ける必要があるが、立法論的にいわゆる利益主義、親族主義、同意主義の考え方がある。日本では、ロエスレル草案および明治23年旧商法では利益主義がとられ、明治32年商法では親族主義がとられ、明治44年改正により同意主義が導入された（§38解説II 4参照）。保険金受取人の変更についての被保険者の同意に関する規制は、日本の立法上、以下のように変遷してきた。

　ロエスレル草案では、保険金受取人の変更に関する規律は設けられていなかったものの、被保険者利益は契約締結時に存在していればよく、契約締結後に被保険者利益が消滅した場合でも保険契約は有効であるとの考え方、および保険金請求権の譲渡が認められることなどから、契約締結後の保険金受取人の変更についても自由に行われていたことが窺われる。[5]そして、明治23年商法でも同じ考え方がとられていたものと解されている。[6]

　明治32年商法では、採用された親族主義のもとで、被保険者と保険金受取人の間に親族関係が求められていた（明治32年商法428条1項）。保険金受取人の変更は原則として認められていなかったが、「保険金額ヲ受取ルヘキ者カ死亡シタルトキ又ハ被

　4）　山下=米山・解説327頁［山本哲生］参照。
　5）　ロエスレル・179頁、181頁、120頁。
　6）　山下=米山・解説327頁［山本哲生］。

保険者ト保険金額ヲ受取ルヘキ者トノ親族関係カ止ミタルトキハ保険契約者ハ更ニ保険金額ヲ受取ルヘキ者ヲ定メ又ハ被保険者ノ為メニ積立テタル金額ノ払戻ヲ請求スルコトヲ得」（同条3項）と規定され、被保険者と保険金受取人間の親族関係がなくなったときは、保険契約者は被保険者の親族である保険金受取人を再指定することができることとされた。

明治44年商法では、同意主義の導入に伴い、他人の死亡保険契約における保険金受取人を変更する際にも被保険者の同意が必要とされるようになった（明治44年商法428条ノ4第2項・428条1項）。その後、昭和13年の商法改正により、明治44年商法の上記規定がそのまま改正前商法677条2項・674条1項として引き継がれた。

Ⅲ　改正前商法

改正前商法677条2項では、保険契約者と被保険者が異なる他人の死亡保険契約における保険金受取人の指定・変更について、同674条1項の規定を準用して、他人の死亡保険契約の締結時と同様に、原則として被保険者の同意を効力要件としつつ、その例外として、被保険者が保険金受取人となる場合には被保険者の同意は不要とされていた（改正前商法674条1項但書）。

また、改正前商法では、他人の死亡保険契約の締結時に関する規律と同様に、締結後の保険金受取人の変更における被保険者の同意の方式、時期、相手方および同意の法的性質に関して何らの規定も設けられておらず、解釈論や約款に委ねられていた。

改正前商法のもとにおいて、立法論として「日本国民道徳心の昂揚・今日の保険の発達より推して」、保険契約締結後における保険金受取人変更や譲渡の際には、被保険者の「同意を不要とするも最早や可なのではあるまいか」との見解もあった。[7]これは、契約締結後、保険金受取人の変更などにより保険の賭博的利用や道徳危険が新たに問題になることは実際にはないという認識によるものである。これに対しては、日本では、モラル・リスク事案が後を絶たないことに鑑み、被保険者の同意を必要とする改正前商法の考え方を維持することが望ましいという見解が多数であった。[8]

7）　三宅一夫「他人の死亡の保険契約」大森=三宅・諸問題311頁。

8）　江頭憲治郎「他人の生命の保険契約」ジュリ764号62頁（1982）、福田弥夫「他人の生命の保険契約」日本大学法学紀要27巻266頁（1985）、山下・保険法274頁（注15）等。

§ 45 - Ⅳ 1, 2 　　　　　*607*

Ⅳ　立法過程

1　保険法制定前試案

　生保試案では、他人の死亡保険契約における保険金受取人の指定・変更について、生命保険独自の規定として、以下のとおり新たな条文を起こした。

　生保試案675条の2第2項は、「被保険者以外の者である保険契約者が被保険者の死亡に関する保険金受取人を指定または変更するには、被保険者の書面による同意がなければならない」と規定していた。他人の死亡の保険契約においては、保険契約者が死亡保険金受取人の指定変更権を行使することにより、締結当初に被保険者の同意を前提として指定されていた死亡保険金受取人が新たな死亡保険金受取人へと変更されることになるので、指定変更権の行使のためには改めて被保険者の同意を必要とすることにしたものであると説明されていた[9]。

　同2項は、改正前商法677条2項の規定内容を実質的に維持しつつ、他人の死亡保険契約の締結に関する生保試案674条1項と同様に、被保険者の書面による同意を指定変更の効力要件としていた[10]。なお、同2項は、契約当事者において変更することができない絶対的強行規定であった（生保試案683条1項）。

2　法制審議会保険法部会の審議

　保険法部会において、死亡保険契約の締結後における保険金受取人の変更について被保険者の同意を必要とする前提のもとで、主に検討されていた事項は、遺言による保険金受取人の変更についての被保険者の同意の相手方であった。しかし、最終的に遺言による保険金受取人の変更の場合に限って、被保険者の同意の相手方について特段の規律を設ける必要はなく、他の場合と同様に解釈論や約款に委ねれば足りるとされた[11]。

　また、保険法部会では、保険契約の更新における被保険者の同意の要否についても検討された。しかし、契約が更新または更改されることを前提とした契約について、被保険者がそのことおよび更新または更改の内容を認識した上で同意した場合には、最初に被保険者となるときに同意を得れば足りる理由で、その後の更新または更改の都度、同意を得ることまでは要しないとされた[12]。

---

9)　生保試案理由書67頁。

10)　生保試案理由書67頁。

11)　部会資料(19)10頁、補足説明82頁。

12)　部会資料(11) 4 頁。

さらに、保険法部会の検討過程においては、モラル・リスク対策等の観点から、保険者の同意を保険金受取人変更の要件とすべきであるとの意見もあった。しかし、保険金受取人の変更に際しての被保険者の同意（45条）や保険金受取人の故意免責（51条）等、契約締結後のモラル・リスクを防止するための規律が設けられていることから、常に保険者の同意を必要とするまでの必要性はないと考えられ、法律上の要件とはしないこととされた。[13]

V 条文解説

本条は、死亡保険契約の締結後における保険金受取人の変更について被保険者の同意が必要であることを定める規律である。

1 同意の対象保険

本条は、38条と同じく、被保険者同意の対象保険を死亡保険契約のみとしている。ただ、ここにいう死亡保険契約には、定期保険や終身保険のような死亡保険に限らず、養老保険のような生死混合保険も含まれる。一方、純粋の生存保険契約については、賭博行為への悪用や道徳的な危険の弊害は少ないことから、同様の規律は設けないものとされている（§38解説V1参照）。

もっとも、38条では、保険契約締結に際し被保険者の同意が必要となるのは、「生命保険契約の当事者以外の者を被保険者とする死亡保険契約」であるとし、つまり、他人の死亡保険契約であると明確に定められている。これに対し、本条では、保険金受取人の変更に際して被保険者の同意が必要とされるのは「死亡保険契約」であるとし、死亡保険契約一般において同意が必要であるという形式になっている。これは、「自己の死亡の保険契約において保険金受取人を変更することができるのは、被保険者である保険契約者であるから、受取人を変更する際には必然的に被保険者の同意があることになるので、実質的には他人の死亡の保険契約で問題になることに変わりはない」と解される。[14]

改正前商法では死亡保険契約において、被保険者が保険金受取人となるときには、被保険者の同意は不要とされていた（改正前商677条2項・674条1項但書）が、保険法では、被保険者の死亡時に保険金の支払を受けるのは実際上被保険者の相続人であり、賭博的悪用やモラル・リスクの弊害が存在することなど、38条で改正前商法674条

---

13) 第5回議事録32頁。
14) 山下=米山・解説328頁 [山下哲生]。

1項但書が削除されたのと同様の理由（§38解説Ⅳ1(2)参照）から、このような例外を設けないこととされた。[15]

したがって、保険金受取人が被保険者に変更される場合においても、被保険者の同意が必要である。

2 同意の法的性質およびその効果

本条は、「死亡保険契約の保険金受取人の変更は、被保険者の同意がなければ、その効力を生じない」と規定している。これにより、本条は、弊害防止の措置として同意主義を採用し、かかる同意の法的性質が保険金受取人の変更の効力要件であることを明確化している。これは、他人の死亡保険契約の締結時に被保険者の同意が保険契約の効力要件とされている38条と同趣旨で、死亡保険契約における保険の賭博的利用、道徳危険、人格権侵害の防止によって被保険者を保護するためである（§38解説Ⅰ2参照）。

したがって、死亡保険契約について保険金受取人を変更する際に、被保険者の同意がないときは、効力要件を欠くものとして当該保険金受取人変更は無効となり、元の保険金受取人のまま保険契約が存続される。

同意の法的性質は、効力要件の他に、準法律行為あるいは単独行為であると解しうることも38条と同様である（§38解説Ⅴ2参照）。

3 同意の方式・内容

死亡保険契約における保険金受取人の変更に対する被保険者の同意の方式および内容については、改正前商法と同じく、保険法も何らの規定も設けていない。したがって、38条と同様に、同意の方式については、法律上は格別な制限はなく、書面か口頭かを問わず、また明示的のみならず、黙示的な同意も同意として成立しうる。もっとも、監督法のもとで書面による同意をルール化することは全く妨げない。そして、同意の内容については、包括的な同意は認められず、基本的事項の了知が必要であると考えられる（§38解説Ⅴ3・4参照）。

4 同意の相手方

保険金受取人の変更について被保険者は誰に対して同意をすべきか、という点についても、改正前商法と同様に、保険法も特段の規定を設けておらず、前述のように解釈論や約款に委ねることとしている。

---

15) 第5回議事録4頁。

保険法で遺言による保険金受取人の変更が認められる規律が新設されている（44条）ことに鑑み、被保険者の同意の相手方については、通常の保険金受取人の変更の場合と遺言による保険金受取人の変更の場合に分けて解釈する必要がある。前者の場合は、他人の死亡保険契約の締結時と同様に、従来の学説の解釈に従い、保険者に対してでも保険契約者に対してでもよいと考えられる（§38解説Ⅴ4参照）。一方、後者の場合も、同意の相手方が保険者でも保険契約者でもよいとされるが、保険契約者（遺言者）がすでに死亡しているから、保険契約者の相続人になると考えられている。[16] この場合は、保険契約者の相続人が保険者に対し被保険者の同意を得た旨と併せて、遺言による保険金受取人の変更を保険者に通知することになると解されている。[17]

5 同意の時期

死亡保険契約における保険金受取人の変更に対する被保険者の同意をいつまでに取得すべきか、という同意の時期についても、保険法は改正前商法と同様に明確な規定を設けておらず、解釈論や約款に委ねることとしている。

学説上、保険法に定める保険金受取人の変更の効力の発生時期（43条3項、民法985条）や対抗要件（43条3項但書・44条2項）との関係があるから、本条の被保険者の同意の時期も、以下のように通常の保険金受取人の変更と遺言による保険金受取人の変更に分けて解釈されている。

(1) 通常の保険金受取人の変更の場合

通常の保険金受取人の変更の場合においては、保険契約者による保険金受取人変更請求時に被保険者の同意もなされるのが通例である。また、被保険者の同意の重要性や被保険者の保護を重視する保険法の趣旨（被保険者の同意に関する規律の整備の他、被保険者による解除請求も新設されている）に鑑み、事前に被保険者の同意を得て保険金受取人の変更を行うことを原則とすべきであると考えられている。もっとも、他人の死亡保険契約の締結における被保険者の同意の時期に関する解釈と同様に、事後の同意も有効とされる。ただ、被保険者の同意が事後になっても、保険契約者による保険金受取人の変更の意思表示と同意の時期は多少前後してもかまわない程度にとどめるべきである。[18] なお、その場合は、保険金受取人変更の効力は、

16）　部会資料(19)10頁、補足説明82頁、竹濱・Q&A新保険法98頁［平尾正隆］。

17）　大串=日生・解説保険法155頁［渡橋健］。

18）　山下・保険法269頁、大串=日生・解説保険法156頁［渡橋健］。

§45-Ⅴ5   611

同意があった時点から生ずる。[19]

(2)　遺言による保険金受取人の変更の場合

　第1に、遺言による保険金受取人変更の場合において、保険契約者（＝遺言者）が受取人変更につき被保険者の同意を得ずに死亡したときは、保険契約者死亡後に被保険者の同意を取得することができるかについては、被保険者の同意の時期は遺言の効力発生前である必要はなく、事後でもよい。遅くとも保険事故が発生するまでに被保険者の同意が得られていれば足りるとされている。[20]　なぜなら、受取人変更の際の同意が事前でなければならないとすると、被保険者の同意を事前に得ておかなければ受取人変更は無効となる。しかし、遺言の効力は遺言者の死亡の時にはじめて生じることとされ（民法985条1項）、遺言が通常密かに行われるため、被保険者が保険金受取人の変更を含む遺言の存在を知らされておらず、迅速に同意することが困難な場合もありうるからである。[21]

　第2に、被保険者の同意が保険契約者（＝遺言者）の死後に取得された場合における保険金受取人変更の効力がいつの時点から生じるかについて、解釈が分かれている。被保険者の同意の時点から将来に向かって受取人変更が効力を生じるとの見解があるが[22]、他方、保険契約者の相続人から遺言による保険金受取人の変更の通知が保険者に到達したとき、かつ同意が確認できたときに、民法985条1項の規定に定める時期から変更の効力が認められるものとの見解もある。[23]　すなわち、保険金受取人変更の効力は、通常の保険金受取人の変更の場合と異なって、被保険者の同意があった時点から生ずるのでなく、保険契約者の遺言の効力を生じた時に遡って変更の効力を生じる。

　第3に、遺言による保険金受取人の変更の特有の問題として、被保険者の同意の時期と保険者への通知である対抗要件具備との関係について、保険法に定める対抗要件（43条3項但書・44条2項）は有効な保険金受取人の変更を前提とするものであるから、同意がなければ対抗要件も具備するとはいえないと考えられる。したがって、被保険者の同意の重要性を考えれば、同意を得てから保険契約者の相続人が保険者に通知を行うことを原則とすべきであるが、保険契約者の相続人から保険者への通知がなされた後に被保険者の同意を得た場合は、保険者に対して改めて通知する必

---

19)　潘・概説219頁、輿石進「保険金受取人の変更」金澤・新たな展開262頁等参照。

20)　部会資料(14)23頁、部会資料(15)22頁、中間試案22頁、補足説明82頁。

21)　大串＝日生・解説保険法156-157頁［渡橋健］、山下＝米山・解説328頁［山本哲生］参照。

22)　山下＝米山・解説328頁［山本哲生］、輿石進「保険金受取人の変更」金澤・新たな展開263頁。

23)　竹濱・Q&A新保険法98頁［平尾正隆］。

要がある。[24]

6 規定の性質

本条の規律は、被保険者の生命・身体の安全など公序にかかわる内容であるため、被保険者の同意に関する他の規律（38条・47条等）と同様に、その性質上絶対的強行規定とされている。[25] したがって、死亡保険契約において、約款等で遺言によって保険金受取人を変更する場合に被保険者の同意を不要とする等、本条の適用を排除する約定は無効となる。

VI 外国法令

保険金受取人の変更における被保険者同意に関しては、外国の立法例上明文の規定はあまりみられないが、ドイツ保険契約法、スイス保険契約法等は、解釈上契約締結後の保険金請求権の処分（保険金受取人の変更を含む）に被保険者の同意を要しないとしている。[26] それは、保険契約成立段階で賭博的利用を防止するという点を重視する趣旨から同意を要件とするが、契約成立後の道徳的危険のおそれについては故意の保険事故招致免責で対処すればよいという考え方によるものと解されている。[27]

これに対し、フランス保険法典は、保険契約者の「その指定または変更は、被保険者が保険契約者でない場合には、被保険者の同意を伴う場合にのみ効力を生じ、そうでない場合には無効となる」として、譲渡はもとより、契約締結後の保険金受取人の指定・変更の場合にも、すべて被保険者の同意を要することを明確に定めている（L. 132-8条6項）。

VII 今後の展望

1 実務との関係

生命保険実務においては、従来から保険金受取人の変更の際に書面による被保険者の同意を得ることが必要とされてきた。被保険者の同意は、保険会社所定の保険

---

24) 大串＝日生・解説保険法157頁〔渡橋健〕、輿石進「保険金受取人の変更」金澤・新たな展開263頁等。

25) 部会資料(25)5頁、中間試案21頁、補足説明73頁等。

26) 三宅・前掲注(7)311頁、山下・保険法274頁(注15)参照。

27) 山下・保険法274頁(注15)。

金受取人変更請求書（名義変更請求書）に被保険者が署名押印することによりなされ、また、被保険者の近親者以外に変更する場合は、さらに被保険者の印鑑証明書が求められる会社が多い。保険法実施後、従来の取扱いを維持するうえ、原則として保険者の担当者が被保険者に面接して同意の取得を確認するなど一層慎重な取扱いが行われている。このような手続は、手続の明確化やトラブル防止の観点から合理性のあるものであり、過度の負担を課すものでない限り、その正当性が認められるとされる。[28]

2 残された課題

死亡保険契約における保険金受取人の変更についての被保険者の同意のあり方をめぐって、以下の課題が残されているものと考えられる。

まず、上記でも言及しているが、事後の同意が認められる場合には、当該保険金受取人の変更の効力は、保険法または民法の規定に基づき、通常の場合は対抗要件とされる通知を発した時に遡って有効であって（43条3項本文）、遺言による場合は、遺言者（保険契約者）の死亡時に遡って有効であった（民法985条1項）と解釈するのか、それともかかる遡及効は認められず、同意があった時点から効力を生じると解釈するのか。

次に、保険契約の更新、保険金額の増額等の保険契約内容の更改について、保険の賭博的利用、道徳危険、人格権侵害の3つの弊害が発生しうることから、被保険者の同意が必要な場合があるかどうかという類推適用の是非の課題もなお検討の余地があろう。

その他、①同意がない場合の保険金受取人の変更無効の主張者、②同意の空洞化ないし形骸化の防止、および③未成年者を被保険者とする契約の場合の保険金受取人の変更に関するモラル・リスクの対策など、他人の死亡保険契約の締結時における被保険者の同意のあり方と類似している課題も挙げられる（§38解説Ⅶ2参照）。

〔李　鳴〕

---

28)　山下ほか・保険法235頁〔竹濵修〕、大串＝日生・解説保険法156-157頁〔渡橋健〕参照。

614 §46-Ⅰ1

> **（保険金受取人の死亡）**
> **第46条** 保険金受取人が保険事故の発生前に死亡したときは、その相続人の全員が
> 保険金受取人となる。
>
> **改正前商法第676条** ① 保険金額ヲ受取ルヘキ者カ被保険者ニ非サル第三者ナル場
> 合ニ於テ其者カ死亡シタルトキハ保険契約者ハ更ニ保険金額ヲ受取ルヘキ者ヲ指定
> スルコトヲ得
> ② 保険契約者カ前項ニ定メタル権利ヲ行ハスシテ死亡シタルトキハ保険金額ヲ受取
> ルヘキ者ノ相続人ヲ以テ保険金額ヲ受取ルヘキ者トス

【条文変遷】 ロエスレル草案743条2項、明治23年商法680条2項、明治32年商法428条
3項・4項、明治44年商法428条の3、改正前商法676条
【参照条文】 保険法75条・38条・43条、生保試案677条、民法32条の2・427条
【外国法令】 ドイツ保険契約法159条2項・160条、フランス保険法典L.132-11条・L.
132-9条3項、スウェーデン保険契約法106条、デンマーク保険契約法106
条、ベルギー保険契約法111条、オンタリオ州保険法194条1項、アメリカ
『同時死亡統一モデル法』、ニューヨーク州保険法3213条等

Ⅰ 概　　要

1　趣旨

　本条（46条）は、改正前商法676条に対応する規律である。

　改正前商法676条では、保険金受取人が被保険者以外の第三者である場合におい
て、契約締結時に指定された保険金受取人（改正前商法のもとでは「指定保険金受取
人」または「指定受取人」という）が被保険者よりも先に死亡した場合（いわゆる
「保険金受取人先死亡」）は、保険契約者は保険金受取人を別の者に変更することが
できるが（1項）、その変更権（改正前商法のもとでは「指定変更権」または「再指定
権」という）を行使しないで死亡した場合は、先に死亡した指定保険金受取人の相
続人が保険金受取人になるとされていた（2項）。

　これによれば、最終的な保険金受取人は保険契約者の死亡時に確定し、かつ、保
険金請求権は、保険金受取人の相続人に帰属することとなる。もっとも、保険金受
取人死亡後、保険契約者が新たな保険金受取人を指定するまでの間に保険事故が発
生した場合において、誰が保険金受取人となるのか、そして保険金受取人の相続人
であった者も保険事故発生前に死亡した場合などにおいて、改正前商法676条2項
をどのように適用するかについて条文上は必ずしも明らかではなかった。そのため、

保険金受取人先死亡の場合における保険金請求権の帰属をめぐって学説上は争いがあった。一方、これに関する約款の規定や最近の判例によって明らかになってきたところを明文化することが必要とされていた。

また、保険法の改正による介入権の規律の新設に伴い、保険金受取人先死亡の場合に誰が新たな保険金受取人になるかという問題が介入権者の特定の問題として具体的に生じることとなったため、実質的にも「保険金受取人が存在しない状態を生じないこと」とすることが必要とされる[1]。

そこで、保険法は改正前商法676条を全面的に改正した。本条の趣旨は、保険金受取人先死亡により保険金受取人が誰か不明確になることを可能な限り回避するところにある。

2 条文概要

本条は、保険金受取人先死亡の場合に誰が保険金受取人となるのかを規律するもので、任意規定である。同規定より、生命保険契約においては、保険金受取人となっている者が保険事故の発生前に死亡したときに、保険契約者が生存するか否かを問わず、その保険金受取人の相続人全員が新たな保険金受取人となる。もっとも、保険契約者は保険金受取人の変更権を有するので、保険事故が発生するまでは、保険金受取人の変更が可能となっている(43条1項)。

Ⅱ 沿 革

1 ロエスレル草案

ロエスレル草案743条2項は「被保険者ノ死亡ニ由テ保険額支払ノ期ニ至リ之ヲ請取ル可キ者ナキ時ハ保険額ハ死亡者遺産ノ一部トシテ之ヲ処分ス可シ」と定め、被保険者の死亡により保険金を支払う場合において、保険金を受け取るべき者が存在しないときは、保険金は、死亡者(被保険者)の遺産(相続財産)の一部としてこれを処分するものとしていた。

2 明治23年商法

明治23年商法680条2項は、「被保険者ノ死亡ニ因リ被保険額ヲ支払フ可キニ至リタル場合ニ於テ其被保険額ヲ受ク可キ人カ其際存在セサルトキハ其被保険額ハ死亡

---

1) 村田敏一「新保険法における保険金受取人に関する規律について」生保論集166号49頁(2009)。

者ノ遺産ノ一部トシテ之ヲ処分スルコトヲ要ス」と定め、文言は修正したものの、内容はロエスレル草案と全く同じである。

明治23年商法時点で、保険金受取人が先死亡等により不存在の場合においては、被保険者自身が保険金受取人となり、保険金がその相続財産に組み込まれることとされていた。因みに、当時のフランス保険契約法、ドイツ保険契約法とも、保険事故発生時に保険金受取人が生存していることを条件に保険金受取人の受給権が与えられるのであり、保険事故発生前に保険金受取人が死亡するとその権利が消滅し、生命保険金請求権が被保険者に帰属するという被保険者中心主義を採用していた。[2]

なお、ロエスレル草案にも明治23年商法にも、保険金受取人が被保険者よりも先に死亡した場合において、保険契約者がさらに別の保険金受取人を指定できるか否かについては明文の規定は設けられていなかった。

3 明治32年商法

明治32年商法428条においては、保険金受取人先死亡等における保険金請求権の帰属に関し次のように詳細に定めている。「保険金額ヲ受取ルヘキ者カ死亡シタルトキ又ハ被保険者ト保険金額ヲ受取ルヘキ者トノ親族関係カ止ミタルトキハ保険契約者ハ更ニ保険金額ヲ受取ルヘキ者ヲ定メ又ハ被保険者ノ為メニ積立テタル金額ノ払戻ヲ請求スルコトヲ得」(3項)、「保険契約者カ前項ニ定メタル権利ヲ行ハスシテ死亡シタルトキハ被保険者ヲ以テ保険金額ヲ受取ルヘキ者トス」(4項)。

同規定より、明治32年商法では、それまでの被保険者中心主義をそのまま忠実に承継し、保険金受取人の範囲を被保険者、被保険者の相続人または親族に限定し、保険金受取人が先に死亡したときは保険契約者がさらに別の者を受取人に再指定（変更）できることとしたうえで、保険契約者がその指定変更権を行使しないで死亡したときは、被保険者が保険金受取人となることを明確に定めた。この点につき、保険金受取人が先に死亡した場合に保険金受取人の相続人が保険金受取人となるとしている現行法とは明らかに異なっている。

4 明治44年商法

明治44年の商法改正では、保険金受取人となる者の範囲が被保険者の親族に限定されるという制限はなくなった（§38解説Ⅱ4参照）とともに、改正前商法のような形で保険金受取人が被保険者よりも先に死亡した場合に保険契約者はさらに保険金受取人を指定することができるが、保険契約者がその指定をなさずに死亡した場

---

2) 西島・変容と考察8頁。

合に保険金請求権は、保険金受取人の相続人に帰属することとした（明治44年商法428条の3第1項・2項、改正前商法676条1項・2項）。なお、死亡した保険金受取人の相続人（新受取人）に帰属する保険金請求権は、新受取人の固有財産であり、相続の効果ではないことが注意的に説明されていた[3]。

　ここで留意すべきことは、明治44年商法以降においては、保険金受取人が保険事故前に死亡した場合に保険金受取人の相続人が新たな保険金受取人となるところである。このように、明治44年の商法改正により、保険金請求権の帰属に関し、被保険者中心主義から受取人中心主義に変わった。

Ⅲ　改正前商法

1　改正前商法の規律

　改正前商法676条1項は、保険契約者が保険金受取人の指定変更権を留保しているか否かを問わず、保険金受取人が被保険者より先に死亡した場合においては、保険契約者はさらに別の保険金受取人を指定することができるとしていた[4]。

　保険契約者が保険金受取人の指定変更権を留保している場合において、被保険者が死亡する時まで、保険契約者はいつでも指定変更権を行使して、新たな保険金受取人を指定することができるのはもちろんのことである。一方、保険契約者が指定変更権を留保しない（放棄する）場合においても、保険契約者と保険金受取人との間の個人的事情により、受取人先死亡のときに当然に死亡した指定保険金受取人の相続人に保険金受取人の地位が相続されることが適切であるとは一概にはいえず、保険契約者に対して改めて指定の機会を与える方が適切である。

　改正前商法676条2項は、保険金受取人が被保険者よりも先に死亡した後に、保険契約者が同条1項に定める指定変更権を行使しないまま死亡した場合には、保険契約者の意思が明らかでないため、指定変更権（再指定権）は消滅し、死亡した保険金受取人の相続人をもって確定的な保険金受取人としていた[5]。

　もっとも、改正前商法においては、次の場合における保険金請求権の帰属について直接定めていなかった。つまり、①保険金受取人先死亡の場合、②保険金受取人の相続人も保険契約者より先に死亡した場合、③被保険者と保険金受取人が同時死亡した場合、④保険金受取人の相続人が存在しない場合、および⑤保険金受取人となる者が複数存在する場合における保険金請求権の取得割合という問題点が存在し

---

3)　法律新聞社編纂『改正商法理由』337頁以下（1911）。

4)　生保試案理由書71頁、山下・保険法519頁参照。

5)　法律新聞社・前掲注(3)377頁以下。

ていた。

2 従来の学説

以下において、上記問題点をめぐる従来の学説を整理する。

(1) 保険金受取人先死亡の場合

保険金受取人先死亡後、保険契約者が新たな保険金受取人を指定するまでの間に保険事故が発生（被保険者が死亡）した場合に誰が保険金受取人となるかという問題について、従来の学説は、以下のように対立していた。

ア 指定失効説

指定失効説（「自己保険説」とも呼ばれる）は、保険金受取人の指定が保険契約者と保険金受取人との間の特別な人的関係に基づいてなされるものであるとして、当初指定された保険金受取人が先に死亡した場合は、もはやその人に保険金請求権を享受させるべき実質的な根拠がなくなることから、当初の指定効力が失われ、その保険契約は保険契約者の自己のためにする保険契約となるという理論構成であった。[6]

もっとも、この説によれば、本来保険契約者が改正前商法676条1項の規定により再指定権を行使せずに死亡した場合には、保険金請求権は保険契約者の相続財産になるはずであるが、同条2項はこれと異なり保険金受取人の相続人に保険金請求権が帰属するものとしている点に、指定失効説による676条の説明の難しさがあるとの指摘もあった。[7]

イ 指定非失効説

一方、指定非失効説（「指定存続説」とも呼ばれる）が多数説であり、第三者のためにする生命保険契約が指定保険金受取人またはその遺族の生計維持を目的とするものであることを重視し、指定保険金受取人が死亡した場合にも当初の指定の効力は失われず、不確定ながらその指定保険金受取人の相続人が受取人の地位を承継し、保険契約者が改正前商法676条1項により別人を保険金受取人として再指定せずに死亡したときは、その権利が確定するという理論構成であった。[8]

上記両説の理論構成において、保険契約者と保険金受取人が同一である自己のためにする保険契約では、指定失効説と指定非失効説のいずれの説であっても結論に

---

6) 水口吉蔵『保険法論』699頁（清水書店・1927）、岩瀬茂雄『保険法論』226頁（明治大学・1928）、青谷和夫「商法第676条について」所報24号59頁（1973）等。

7) 岩瀬・前掲注(6)226頁。

8) 松本・保険法248頁、伊沢・保険法354頁、野津・法論656頁、石井=鴻・保険法252頁、大森・保険法279頁、西島・保険法332頁、石田・商法Ⅳ 289頁、山下友信「保険金受取人が死亡した場合の保険金請求権の帰属」民商100巻2号191頁（1989）等。

差異はない。具体的な結論に違いが生ずるのは、保険契約者と保険金受取人が別人である第三者のためにする保険契約であって、かつ、保険契約者の死亡前に被保険者が死亡した場合に限られる。指定失効説によれば、保険金受取人は保険契約者自身となるのに対し、指定非失効説によれば、保険金受取人は指定保険金受取人の相続人ということになる[9]。

ウ　指定失効・受取人未定説

上記両説の中間説ないし補完説として、「指定失効・受取人未定説」がみられる[10]。同説は、指定受取人の死亡によって当初の保険金受取人指定の効力は失われるが、第三者を保険金受取人とする契約を締結した保険契約者の趣旨を尊重すれば、直ちに保険契約者を保険金受取人とする自己保険となると解すべきものではないから、保険金受取人は未定の状態となり、保険契約者が改正前商法676条１項により、保険金受取人の再指定権を行使せずに死亡したときは、指定受取人の相続人をもって保険金受取人の欠缺を補充するという理論構成であった。

(2)　保険金受取人の相続人も保険契約者より先に死亡した場合

保険金受取人の相続人であった者も保険契約者より先に死亡した場合に、改正前商法676条２項がどのように適用されるかという点についても、従来の学説上、一回適用説と二段階適用説に分かれていた。

一回適用説（「被保険者死亡時判定説」、「仮定的・暫定的適用説」とも呼ばれる）は、保険契約者が保険金受取人を再指定しないまま被保険者が死亡した場合には、その時点で一度だけ改正前商法676条２項を適用し、生存する相続人（または順次の相続人）を新受取人として確定すると解していた[11]。つまり、同項が適用されるのは保険事故発生時（被保険者死亡時）の一回に限り、それ以前の受取人資格は、仮定的・暫定的なものにすぎないという考え方であった。

これに対し、二段階適用説（「多段階適用説」とも呼ばれる）とは、指定受取人の死亡時に当該受取人の相続人が新受取人の地位につき（一段階適用）、その相続人が保険事故発生時までに死亡した場合には、その相続人がさらに新受取人となる（二段階適用）と解した[12]。つまり、受取人の相続人が死亡するたびに改正前商法676条２項が適用され、指定受取人の相続人が保険契約者兼被保険者である場合も、同項

9）　竹濱修「保険金受取人の死亡と相続」金判1135号84頁（2002）、甘利公人『生命保険契約法の基礎理論』27頁以下（有斐閣・2007）、潘・概説240頁以下。

10）　富越和厚「時の判例」ジュリ1004号80頁（1992）。

11）　西島梅治「死亡保険金受給者の資格判定基準と判定基準時」文研100号24頁（1992）、山下典孝「指定受取人の死亡による保険金請求権の帰属」生保経営62巻６号221頁（1994）。

12）　山下・現代136頁等。

の適用があり、保険事故発生により保険契約者兼被保険者の相続人が受取人になるのである。

「一回適用説」は「指定失効説」になじむものであり、「二段階適用説」は指定非失効説になじむものであるとの見解があった。[13]

(3) 被保険者と保険金受取人が同時死亡した場合

同時死亡のケースとして、交通事故や飛行機事故あるいは一家心中等が考えられる。保険契約者と保険金受取人が同時死亡し被保険者が生存する場合には、保険契約者の相続人が保険金受取人を変更することができるから問題ない。同時死亡の問題として、被保険者と保険金受取人が同時死亡した場合、あるいは保険契約者兼被保険者と保険金受取人が同時に死亡した場合[14]にも約款ないし改正前商法676条2項は適用されるのかという問題と、保険金受取人とその相続人が同時に死亡した場合には、相続法における同時存在の原則によりその相続人が受取人の相続人の範囲から排除されるのか、あるいは死亡した相続人が一度受取人の地位を取得したものとみて、その順次の相続人が受取人となるものとするのかという問題に分けることができる。学説上、以下のように見解が対立していた。

ア 改正前商法676条2項の非適用説と準用（適用）説の対立

非適用説によれば、同時死亡の場合においては、保険契約者が再指定権を行使する可能性がないため、改正前商法676条2項を適用することなく、保険金受取人が存在しないものとして、保険金請求権は保険契約者に戻り、保険契約者自身を受取人とする契約となり、保険契約者自身が死亡した場合には、保険金請求権は保険契約者の相続人に帰属すべきと解されていた。[15]

一方、準用説によれば、次の理由づけで保険金受取人が先に死亡したものとして、改正前商法676条2項を準用し、保険金受取人の相続人が新たな保険金受取人となると解されていた。[16]

① 同時死亡の場合には指定受取人が保険金請求をする可能性がないこと。

② 生命保険契約が保険金受取人の生活保障を目的とした貯蓄的性格を有してい

---

13) 山野嘉朗「保険金受取人の死亡」金判986号94頁（1996）。

14) 被保険者と保険金受取人が同時死亡した場合、および保険契約者兼被保険者と保険金受取人が同時死亡した場合とは、日本の法律に基づく解釈論による差はあまりないと思われる。

15) 加藤一郎「同時死亡の推定」法協75巻4号401頁（1958）。

16) 甘利公人〔判批〕ジュリ868号92頁（1986）、石田満〔判批〕判時1114号193頁（1994）、中村・理論と実務365頁、野村修也「死亡保険金受取人をめぐる三つの最高裁判決」民商114巻4＝5号724頁（1996）、山下典孝「保険金受取人の死亡」塩崎勤=山下丈編『新・裁判実務大系19 保険関係訴訟法』305頁以下（青林書院・2005）、山下・保険法523頁等。

ることに鑑み、債権者の干渉から保険金受取人の地位の保護を図るべきであること。

③　指定非失効説の立場から、保険金受取人の死亡後も指定の効力は存続しその相続人が保険金受取人の地位にあること。

④　保険金受取人の死亡が保険契約者よりも先でも後でも保険金受取人の相続人が保険金請求権をもつのに、その中間の同時死亡のときだけ、保険契約者の方に全部または一部の権利が戻るのは合理性がなく、保険契約者の再指定の可能性を問題にするならば、保険金受取人の死亡後まもなく保険契約者が死亡した場合や、保険契約者が保険金受取人の死亡を知らなかった場合にも、同じ問題が起こり、その適用の限界が不明確になってしまうこと。

イ　民法32条の2[17]の適用説と非適用説の対立

保険契約者兼被保険者と保険金受取人が同時に死亡した場合に、仮に改正前商法676条2項の準用説（適用説）が肯定されるとしても、保険金受取人の相続人の範囲をどのように決定するかという問題がある。

民法32条の2の適用説によれば、そもそも死亡した者同士間に相続は生じない。つまり、被相続人の財産が相続によって相続人へと移転されるためには、相続開始の時点で相続人が存在していなければならないとされており（いわゆる「同時存在の原則」）、被相続人と相続人とが同時に死亡した場合には、一方の死亡時に他方も存在していない以上、相続はできないこととなる（民法32条の2・882条）。そのため、保険契約者兼被保険者は、受取人の相続人の範囲に含めないものと解されていた。[18]

一方、民法32条の2非適用説によれば、保険料を支払ってきた保険契約者兼被保険者側の遺族が全く保険金を受け取ることができないのは妥当性を欠く結論となることを理由に、民法32条の2の適用はないとして、保険金受取人先死亡に準じて（改正前商法676条2項）、受取人の相続人の範囲を決定すると解されていた。[19]

(4)　保険金受取人の相続人が存在しない場合

死亡した保険金受取人の相続人またはその順次の相続人がいない場合には、保険金請求権が誰に帰属すべきかが問題となる。これに関して、学説上以下のように激しく議論されてきた。

---

17)　民法32条の2（同時死亡の推定）「数人の者が死亡した場合において、そのうちの1人が他の者の死亡後になお生存していたことが明らかでないときは、これらの者は、同時に死亡したものと推定する」により、同時死亡の場合には、相続が生じないと解されている（民法882条）。四宮和夫=能見善久『民法総則〔第9版〕』42頁（弘文堂・2018）等。

18)　内田貴『民法Ⅳ　親族・相続〔補訂版〕』335頁（東京大学出版会・2004）、桜沢隆哉「同時死亡の推定と保険金請求権の行方」生保論集167号212頁（2009）、中川善之助=泉久雄『相続法〔第4版〕』76頁（有斐閣・2000）。

19)　潘・概説243頁以下。

ア　自己のためにする保険契約に転化する見解

この見解によれば、保険金受取人が不存在の場合には、一般に自己のためにする保険契約となると解されていた（多数説）[20]。

これに対し、現時の保険契約者の一般的意識を強調して、次のような理論構成により反対する見解もあった。「自己のためにする保険契約」と「他人のためにする保険契約」は、本質的に異なるものであることから、締結時に他人を保険金受取人に指定した以上、保険契約者自身は保険契約から受益する権利を放棄したものと解すべきであり、後日、保険契約者自身を保険金受取人とする契約に変更する旨を保険契約者が積極的に意思表示した場合を別として、その契約の全部または一部が自己のためにする保険契約に転化する余地はない。そして、それが日本人の国民性の根幹の1つである「いさぎよさ」から形成された意識であると解していた[21]。この見解によれば、保険金請求権は行使されないまま、時効の到来により消滅するか、国庫に帰属される結果になると考えられる。

イ　指定受取人の第二順位の相続人への保険金受取人範囲を拡張する見解

この見解によれば、被保険者の死亡時に生存する保険金受取人がいない場合には、民法889条により、保険金受取人の範囲をさらに拡張して指定受取人死亡時における相続順位に従った第二順位の相続人またはその順次の相続人を保険金受取人とする考え方も理論的に成り立ち得るというものである[22]。この拡張説の理由としては、相続財産管理人が保険会社に保険金の請求をしなければ、保険会社は保険金の支払をする義務はないことになり、また相続財産管理人の請求があって保険金が支払われた場合においても、保険契約者兼被保険者の相続財産となるとの前提であれば、保険契約者兼被保険者の債権者や特別縁故者（民法958条の3）がいないときは、当該保険金額は国庫に帰属することが考えられる。よって、保険金を次順位の相続人に支払う方が合理的である[23]。

これに対し、保険金受取人の範囲を指定受取人の第二順位の法定相続人まで拡張することが、保険契約者の合理的な意思に合致すると考えることは困難であること、法律の理論構成においても問題があること、および保険金支払実務上も相続人の範

20）　野村修也〔判批〕西南学院大学法学論集22巻4号242頁（1990）、宮島司「他人のためにする生命保険契約」法研66巻12号112頁（1993）、竹濱・前掲注（9）84頁。

21）　西島・変容と考察63頁以下。この理論は、最判平成4・3・13民集46巻3号188頁に採用されている。

22）　野村修也「『順次の相続人』の不存在と商法676条2項」保険レポ168号16頁（2001）。

23）　山下典孝「指定保険金受取人の相続人またはその順次の相続人が不存在の場合における商法676条2項の適用が争われた事例」金判1110号67頁（2001）。

§46-Ⅲ2   623

囲をさらに拡張すると混乱を生じるおそれがあることから、反対する見解もある。[24]

(5)　**保険金受取人が複数存在する場合における保険金請求権の取得割合**

　死亡した保険金受取人の相続人が保険事故発生前に死亡したときは、その相続人の順次の相続人が保険金受取人になる。その結果、保険金受取人が複数存在する場合の各受取人の権利の取得割合が問題となる。学説上、以下のように均等割合説と相続割合説が対立していた。

　ア　**均等割合説**

　均等割合説では、保険事故発生時に生存している相続人の間で平等の割合で保険金請求権を取得することになると解されていた。その理論構成としては、保険金受取人死亡時のその相続人が複数人の場合、それらの者の間で、金銭債権として民法の分割債権の原則の適用を受け（民法427条）[25]、平等の割合で保険金請求権を取得することになる。[26]　また、遺族保障および契約者の意思等の観点から、保険金受取人が保険金請求権を原始的に取得するということを重視し、原始取得である以上、民法の原則に従い、均等割合説をとることも可能であると解されていた。[27]

　イ　**相続割合説**

　相続割合説では、以下の理由により、法定相続分の割合に応じて保険金を取得すると解すべきとの見解が有力に主張されていた。[28]

　①　保険契約者の意思を尊重し、不自然な受取割合を避けようとする見地から、指定受取人死亡の場合には、法定相続分の割合に従って相続人が保険金請求権を原始的に取得するのが合理的である。相続人が頭割りの均等割合で保険金請求権を取得するとした場合の違和感を回避しようとするのがこの立場である。

　②　保険金受取人が死亡してその相続人が保険金受取人になる以上、相続の効果ではないとしても、それと類推する解釈として、その相続人間の権利の取得割合は、法定相続分の割合によって決定されるべきである。

　③　契約当初、保険契約者がおよそ想定していなかった者まで平等の割合で保険

---

24)　山下・前掲注(23)67頁、小川和之「保険金受取人が死亡したがその相続人またはその順次の相続人が不存在の場合」保険レポ167号 8 頁（2002）。

25)　民法427条（分割債権及び分割債務）「数人の債権者又は債務者がある場合において、別段の意思表示がないときは、各債権者又は各債務者は、それぞれ等しい割合で権利を有し、又は義務を負う」。

26)　山下＝米山・解説334-335頁［竹濱修］参照。

27)　和田一雄「保険事故発生前に保険金受取人が死亡した場合」落合＝山下・理論と実務140頁参照。

28)　山下孝之〔判批〕民商113巻 3 号419頁（1995）、野村・前掲注(15)729頁、山下友信〔判批〕法協112巻 5 号711頁（1995）、竹濱・前掲注(9)83-85頁、山下・保険法523頁。

金受取人となったり、保険金額が細分化されるなど、保険契約者の意思とは相当かけ離れた結果が生じかねないこと等。

3 重要な判例・裁判例

保険金受取人先死亡に関する以下の事例は学説上も実務上も注目を集めてきた。

(1) 保険金受取人先死亡の事例

保険金受取人先死亡の事例として、①大判大正11・2・7（民集1巻19頁）、②最判平成4・3・13（民集46巻3号188頁）、③最判平成5・9・7（民集47巻7号4740頁）の3つの重要な判例があり、いずれも保険契約者（兼被保険者）によって指定された保険金受取人の死亡後に、指定受取人の法定相続人の1人である保険契約者が受取人の再指定をしないまま死亡した場合に誰が保険金受取人となるかについて判断を示したものである。①は、保険契約者兼被保険者以外に指定受取人の法定相続人が存在しなかった点において、他の2つの判例と異なる。また、②は、保険金受取人が保険事故発生前に死亡した場合についての約款規定が設けられていた事件であり、この点で約款規定が設けられていなかった他の判例とは異なる。以下は、保険法の改正に最も影響を与えている③を取り上げて説明する。

保険金受取人Bが契約者兼被保険者Aよりも先に死亡した。その後Aも保険金受取人の変更をすることなく死亡した。X_1・X_2・X_3の3名は、Aの死亡時に生存するBの法定相続人であるから、改正前商法676条2項によりXら3名が本件保険契約上の保険金受取人として確定したと主張して、保険会社に対しそれぞれ保険金額の3分の1ずつの支払を請求した。

なお、S_1からS_3、K_1からK_8までの11名はAの異母兄弟姉妹等で、Bの法定相続人ではないが、Aの法定相続人である。

【相関図】

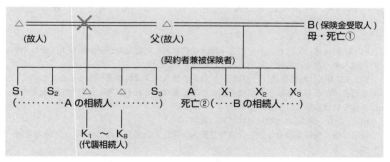

※同相関図は実際より簡略化している。

§46-Ⅲ3   625

　本判決は、①および②で示された相続人拡張および生存条件を基本的に踏襲して、改正前商法676条2項にいう「保険金額ヲ受取ルヘキ者ノ相続人」とは、「保険契約者によって保険金受取人として指定された者の法定相続人又はその順次の法定相続人であって被保険者の死亡時に生存する者をいう」としたうえ、「この理は、指定受取人の法定相続人が複数存在し、保険契約者兼被保険者が右法定相続人の1人である場合においても同様である」。さらに、相続人が複数いる場合において、「各保険金受取人の権利の割合は、民法427条の規定の適用により、平等の割合になるものと解すべきである」と明確に判示し、Xら3名の他、Aの11名の異母兄弟姉妹等の「合計14名が保険金受取人となったものというべきであるから、右死亡保険金額の各14分の1について上告人らの請求を認容」するとした。
　また、②において明らかにされていなかった点、すなわち、指定受取人の相続人が複数存在し、そのうちの一部の者が被保険者死亡時以前に死亡している場合、あるいは、指定受取人死亡時の法定相続人の1人に保険契約者兼被保険者が含まれている場合において、生存している相続人が独占的に保険金受取人になるのか、それとも死亡した相続人の順次の相続人もまた保険金受取人になるのかという点について、後者の立場をとることを明らかにした[29]。

(2)　**保険金受取人不存在の事例**
　保険金受取人Bが契約者兼被保険者Aよりも先に死亡した。その後Aも保険金受取人の変更をすることなく死亡した。Bの第二順位の相続人またはその順次の相続人となる兄弟姉妹およびその子や孫であるXらは、自分が改正前商法676条2項の適用ないし準用により保険金受取人になると主張して、保険会社に対し保険金の支払を求めた。

【相関図】

　名古屋地判平成12・12・1（判タ1070号287頁）は、大判大正11年と最判平成5年の両判例を前提としつつ、このような場合には保険金受取人は不存在となり、Xらが

---
29)　山野・前掲注(13)93頁。

主張する保険金受取人の死亡時の第二順位の相続人またはその順次の相続人にまで改正前商法676条2項を適用することを明確に否定し、明言ではないものの、結論から保険契約は保険契約者自身を保険金受取人とする自己のための契約となる旨を示唆した。

(3) **被保険者と保険金受取人が同時死亡した事例**

保険契約者Aと保険金受取人Bが事故により同時に死亡した。AとBの間には子はなく、両者の両親もいずれもすでに亡くなっており、Aの弟CとBの兄X以外に兄弟姉妹はいなかった。Xは改正前商法676条2項の適用により、保険金受取人の相続人で生存している自分のみが保険金受取人になると主張して、保険会社に対し保険金全額の支払を求めた。

【相関図】

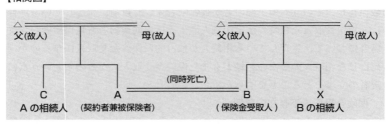

最判平成21・6・2（民集63巻5号953頁）[30]は、改正前商法676条2項にいう「受取人の相続人」とは、民法の規定に基づく法定相続人であり、指定受取人死亡時を基準に判断され、その時点において生存していなかった者は相続人になる余地はないため（民法882条）、「指定受取人と当該指定受取人が先に死亡したとすればその相続人となるべき者とが同時に死亡した場合において、その者又はその相続人は、同項にいう『保険金ヲ受取ルヘキ者ノ相続人』には当たらないと解すべきである。そして、指定受取人と当該指定受取人が先に死亡したとすればその相続人となるべき者との死亡の前後が明らかでない場合に、その者が保険契約者兼被保険者であったとしても、民法32条の2の規定の適用を排除して、指定受取人がその者より先に死亡したものとみなすべき理由はない」と判示し、Xのみが保険金受取人であることを認めることとした。

この判例の立場によると、保険料を支払っていた保険契約者の法定相続人には保険金請求権が認められず、保険金受取人の法定相続人のみが保険金請求権を独占するという不合理な結果になるので、これは、保険契約者の合理的意思に合致すると

---

[30] 同日に同じ事例のもう1つの最判（判タ1302号108頁）もある。

§ 46-Ⅳ 1　　　　　　　　　　627

は言い難いとして、学説の批判が多い。[31]

Ⅳ　立法過程

1　保険法制定前試案

　生保試案は、677条において保険金受取人先死亡に関する規定を設けていた。

　677条1項は、「保険金受取人が被保険者以外の者である場合において、保険金受取人が死亡したときは、保険契約者が第675条の2第1項ただし書の規定により別段の意思を表示していても、保険契約者はさらに保険金受取人を指定することができる」と定めていた（任意規定）。同項は、改正前商法676条1項を受け継ぐこととしていたが、改正前商法676条1項では文言上保険契約者が保険金受取人の指定変更権を留保していない場合に関する規定であるということが必ずしも明確でないので、同項では、保険契約者が保険者に対して「別段の意思を表示していても」という文言を追加して、それを明確化していたのである。[32]なお、保険契約者が指定変更権を留保している通常の場合には、保険契約者が保険金受取人を新たに指定することができることは当然のことである。

　677条2項は、被保険者以外の者である保険契約者が同条1項により被保険者の死亡に関する保険金受取人を再指定するに際して、被保険者の書面による同意を要するとするもので、生保試案675条の2（保険金受取人の指定または変更）第2項と同趣旨であった（§43解説Ⅳ1(1)参照）。[33]

　677条3項は、「保険契約者が第675条の2第1項ただし書きの規定により別段の意思を表示していたか否かを問わず、保険金受取人が死亡した後、保険契約者が新たな保険金受取人を指定しない間に保険事故が発生したときは、保険事故発生の時に生存している保険金受取人の相続人または順次の相続人をもって保険金受取人とする」と定めていた（任意規定）。これは、改正前商法676条2項のもとにおける前述のような問題を踏まえて、これに関する約款の規定および明らかになった判例の立場を明文化したものである。すなわち、指定保険金受取人の相続人の保険金受取人としての地位が最終的に確定するのは保険契約者の死亡時ではなく、保険事故発

---

31)　山下・前掲注(23)66-67頁、清水耕一「保険金受取人と保険契約者兼被保険者の同時死亡の場合の保険金の帰属について」海上保安大学校研究報告53巻1号57頁（2008）、桜沢・前掲注(18)201頁。
32)　生保試案理由書72頁。
33)　生保試案理由書72頁。

§ 46-Ⅳ 2

生の時であること[34]、指定保険金受取人の相続人が保険契約者兼被保険者を含む複数の者である場合には、保険事故の発生により、生存している指定保険金受取人の相続人（その者が死亡していればその順次の相続人）および保険契約者兼被保険者の順次の相続人が最終的な保険金受取人となることとしていた[35]。

保険金受取人の複数の相続人または順次の相続人が最終的な保険金受取人となる場合におけるそれらの者の間の権利取得の割合については、生保試案でも規定を設けず解釈に委ねることとした[36]。

2 　法制審議会保険法部会の審議

保険法部会において、学説、保険実務の現状および最近の判例の判示を踏まえ、前述の問題点について議論がなされ、保険金受取人先死亡に関する立法案としては、以下のような推移があった。

(1) 「保険金受取人が被保険者でない場合」の前提について

要綱案の直前までの立法案では、保険金受取人先死亡における保険金請求権の帰属について、「保険金受取人が被保険者でない場合」を前提としていた。その理由は明らかではないが、おそらく被保険者と保険金受取人が同一である場合においては、保険金請求権はどちらの相続人に帰属しても結果は同じであるから、あるいは、保険金請求権は保険金受取人兼被保険者の相続財産となるとする通説が意識されていたからと思われる[37]。

(2) 「相続人」または「その順次の相続人」の表現について

当初の検討段階においては、立法案は、平成5年最高裁判決（前掲・最判平成5・9・7）の結論部分とほぼ同内容の「保険金受取人の相続人のうち保険事故発生時に生存している者、その相続人が保険事故発生時までに死亡しているときはその相続人（その相続人が死亡しているときはさらにその順次の相続人）を保険金受取人とする[38]」ものとし、判例で示された解釈を明文化しようとしたことが窺える。しかし、紆余曲折を経た結果、要綱案の段階から、「保険金受取人が保険事故の発生前に死

---

34)　なぜなら、保険契約者と被保険者が別人である場合において、保険契約者が死亡しても、保険契約者の相続人が保険契約者の地位を相続し、その者による保険金受取人の指定変更が可能であるから、保険金受取人の指定変更権行使の可能性がなくなる保険事故発生の時にはじめて最終的な保険金受取人が確定することが明らかにされている。

35)　生保試案理由書73頁以下。

36)　生保試案理由書76頁。

37)　遠山優治「保険金受取人の死亡について」生保論集169号201頁（2009）。

38)　部会資料(6)7頁、部会資料(11)27頁以下。

§ 46-Ⅳ 2　　629

亡したときは、その相続人の全員が保険金受取人となる」との規定になった。その
趣旨は、これにより、保険金受取人が死亡してから保険事故が発生するまでの間に
誰が保険金受取人であるかが明確になるからであると説明されている。[39]

(3)　**生存条件について**

保険法部会では、保険金受取人の相続人となる者が従来の学説や最高裁判所の判
決および約款の規定で示している「生存している者」という条件について検討すべ
きとの意見があった。しかし、最終的に次の視点から生存条件を条文から外すこと
とされた。[40] つまり、多くの場合は保険金受取人が途中で死亡したときにはその相続
人に承継されることから、「生存している者」という条件が働く可能性はほとんど
ないこと、また、保険事故発生時において相続人をもたない者が先に死亡していた
場合の保険金受取人の請求権、未必的保険金請求権の帰属というのが、「生存して
いる者」という要件によって排除されるというロジックになっている可能性がある
こと、などである。

(4)　**保険金受取人の変更を留保しない場合の取扱いについて**

中間試案の段階までは、保険金受取人先死亡の場合には、「保険契約者は、保険
金受取人の変更をしない旨の意思を表示していたときであっても、保険金受取人の
変更をすることができるものとする」旨が記載されていたが、これは、43条1項の
保険金受取人の変更に関する通則に委ねることとして削除された。[41]

(5)　**相続人複数存在の場合における保険金請求権の取得割合が法定されない理
由について**

保険金受取人が死亡したときはその相続人が「保険金受取人」となり、当該相続
人が死亡したときは、さらにその相続人が「保険金受取人」となるため、その結果、
保険金受取人が複数人存在することが考えられる。保険法部会では、保険金受取人
が複数人存在する場合、その取得割合を分割債権に関する民法427条の原則どおり
平等割合（均等割合）にするのか、それとも民法427条の特則を設けて相続割合にす
るのかについて議論されていた。[42]

当初の検討段階においては、平等割合に対する反対意見が多数であった。保険契
約者の意思を尊重することや相続分で決まることが一番普通の人の理解に合ってい

---

39)　補足説明83頁。

40)　第5回議事録47頁参照。

41)　部会資料(25)6頁（注2）。

42)　第5回議事録47頁以下、第11回議事録6頁以下、部会資料(11)27頁以下、中間試案23頁、
　　補足説明83頁以下、第14回議事録31頁以下。

るという観点から、民法427条の規定の特則として、たとえば保険金受取人の相続人が相続割合によって権利を取得するという定めを設けるべきと強く主張された。特に学者委員から、相続割合によるべきとして最判平成5・9・7をむしろ修正すべきとの意見さえあった。

しかし、最終的に保険金請求権の取得割合に関する民法の特則（権利取得割合を相続分の割合とする規定）を設けることが見送られ、個々の契約の定めに委ねることとされた。その理由としては、次のようなことが挙げられていた。[43]

① 保険事故の発生前に保険金受取人が死亡した場合には、保険契約者はいつでも保険金受取人を変更できるにもかかわらず、保険契約者が保険金受取人を変更しなかった場合に、相続人全員が民法の規律に従い平等割合で保険金請求権を取得することが保険契約者の意思に反するとまでは言い難いこと。

② 仮に権利の取得割合を相続分によって定めるとすると、保険者において具体的相続分を知ることは困難な場合も想定されるから[44]、結局保険契約者の意思を尊重しようという趣旨を徹底することはできないこと。

③ 相続ではない場面（相続による取得でなく、法律の規定による固有の権利の取得であるにかかわらず）において相続分の考え方を借用する形になるため、保険金受取人の相続人が相続人なく死亡した場合について複雑な規定を設けなければならなくなること[45]。

④ 最判平成5・9・7の平等割合による取扱いは実務上定着しており、多くの保険会社が平等割合で支払う旨の約款を定めているのに、法律でこれと異なる取得割合を定めるのは誤認を招きかねないこと、など。

---

43) 部会資料(25) 6 頁エ(注 1)、萩本・一問一答189頁(注 1)、山下=米山・解説337頁［竹濱修］。

44) たとえば、被相続人（兼保険契約者）が遺言による相続分の指定（民法902条）をしていたときや特別受益（同903条・904条）や寄与分（同904条の 2 ）を考慮する必要があるときには、それを前提に「相続分」を計算する必要がある場合（部会資料(11)27頁以下）。

45) 保険事故が発生した時に保険金受取人の相続人が全員生存していれば、その相続分によって権利の割合を決することで問題ないと考えられるが、相続人のうち一部の者が死亡していた場合等には、その者を含めた相続分によって計算することはできないから、便宜上その相続人は相続人ではなかったと仮定して民法900条以下の規定に従って「相続分」の計算をし直すこと等が必要となる（部会資料(11)27頁以下）。

§46-Ⅴ1 　　　　　　　　　　　　　　　　　　　　　　　　　　　*631*

Ⅴ　条文解説

　本条は、保険金受取人が死亡した場合全般に適用される規律とし、保険金受取人
となっている者が「保険事故の発生前に死亡したときは」、保険契約者の死亡を待
つことなく、「その相続人の全員が保険金受取人となる[46]」としている。

1　受取人先死亡の場合の通則
⑴　「その相続人の全員」の範囲
　ここにいう「その相続人」とは、保険金受取人の死亡時の法定相続人[47]、ここにい
う「その相続人の全員」とは、死亡した保険金受取人の法定相続人またはその順次
の法定相続人であって、被保険者の死亡時に現に生存する者の全員を指すものと解
される[48]。これにより、保険金受取人先死亡の場合であっても、保険金受取人が誰か
不明確になることを回避することを図る。
　この規定によれば、「保険金受取人が保険事故の発生前に死亡した」場合が対象
であるから、受取人死亡後、契約者が受取人を変更する前に給付事由が発生した場
合は常に保険金受取人の法定相続人が保険金受取人となる。また、本条に規定する
「保険事故の発生前に死亡したとき」に何らの制限もされていないことから、保険
法は従来の学説にいう「指定失効説」と「指定非失効説」のうち、「指定非失効説」
が採用されているものと解釈されている[49]。これについては概ね異論はみられない。
しかし、従来の学説にいう「一回適用説」と「二段階適用説」のどちらが採用され
ているかについては議論がある。
　多くは、「二段階適用説」が採用されているものと解釈している[50]。たとえば、保

---

46)　保険金受取人が死亡した場合には、指定が失効して自己のためにする保険契約になるとの
　　理論構成で、保険契約者が死亡する前に保険事故が発生した場合には、保険契約者が保険金
　　受取人となるとする学説上の見解があるが、保険契約者が保険事故の発生前に死亡した場合
　　と、保険事故の発生時に保険契約者が生存していた場合とで、誰が保険金受取人となるのか
　　が異なるのは合理的ではないことなどから、採用されなかった（第5回議事録44頁参照）。
47)　遠山・前掲注(37)208頁。「法定相続人」と「相続人」とは、法的に意味が異なる。前者は
　　民法上の規定による相続人をいう（相続税法19条の3）。これに対し、後者は、法定相続人
　　のうち相続を放棄した者および相続権を失った者を除いた者をいう（同3条）。
48)　潘・概説241頁、山本哲生「保険金受取人の指定・変更」甘利=山本・論点と展望291頁。
49)　山本・前掲注(48)291頁。
50)　村田・前掲注(1)50頁、遠山・前掲注(37)208頁、潘・概説241頁、和田・前掲注(27)140
　　頁、山下典孝「保険金受取人の権利」中西喜寿・272頁、萩本修ほか「保険法の解説(4)」
　　NBL887号92頁（2008）。

険金受取人Aが死亡しその相続人がB・Cの2名で、その後Cが死亡してその相続人がD・Eであった場合には、Aが死亡した時点で本条が適用され、その時点ではBとCの2名が保険金受取人となり、その後にCが死亡した時点で再度本条が適用され、その時点で新たにD・Eの2名が保険金受取人となり、その後に保険事故が発生したときは、B・D・Eの3名が保険金を受け取ることになる（この場合の取得割合に関する解釈は後述参照）。

これに対し、保険法では最判平成5年の法理が維持されていることは明らかであることから、本論点に関する判例の解釈を変更する必要はないという見地に立てば、[51] 最判平成5年で採用された「一回適用説」的な解釈が妥当であるという見解もみられる。[52] この見解によれば、前述の設例では、保険事故が発生した時点のみ本条が適用され、Bの1名だけ保険金を受け取ることになる。

(2)　保険契約者の生存との関係

保険金受取人が死亡した時点で保険契約者が生存する場合においては、そもそも保険契約者は保険金受取人の変更権を有するので、保険事故が発生するまでは、保険金受取人をいつでも他の者に変更することができるとされている（43条1項）。仮に契約締結の当初は保険契約者が保険金受取人変更を留保しない（放棄する）意思表示をしていても、保険金受取人が被保険者より先に死亡した場合には、事情が変わったから、保険契約者は保険金受取人の相続人に受取人の地位を相続させる意思がないのであれば、保険金受取人を他の者に変更することができる。[53] また、これを変更せずに保険契約者が死亡した場合においても、その地位を承継した保険契約者の相続人が保険金受取人を変更することができる。

したがって、受取人先死亡の場合における新たな保険金受取人の決定については、保険金受取人の死亡時に保険契約者が生存しているか否かを問わないこととされる。

(3)　保険金受取人の確定時

保険金受取人が保険事故の発生前に死亡した場合には、その相続人の全員が保険金受取人となるものの、当該受取人の地位はまだ暫定的で一時的なものにすぎない。保険契約者が保険金受取人を変更しない間に保険事故が発生したか、あるいは保険契約者が保険金受取人を変更せずに死亡しその相続人も変更しない間に保険事故が発生した場合に、初めて当該受取人が保険金受取人に確定する。[54]

---

51)　補足説明83頁。

52)　大串＝日生・解説保険法161頁［中澤正樹］、山本・前掲注(48)292頁。

53)　中間試案22頁。

54)　潘・概説237頁。

§ 46-V 2, 3   633

したがって、保険金受取人の確定時は、保険事故発生時である。

(4) 取得する保険金請求権の性質

保険金受取人の死亡に関する規定が適用される場合に、保険金請求権が固有財産となるか、相続財産となるかという点について、保険法部会の検討によれば、立法者は保険金請求権の固有財産という性質を特に変更する意図がなかったと窺われる[55]。これにより、保険金受取人の死亡によりその相続人全員が新たな保険金受取人となる場合において、その取得する保険金請求権は相続による効果ではなく、それぞれの相続人の固有財産として原始的に取得するものと解すべきである。

したがって、保険金請求権は死亡した保険金受取人の相続財産に属しないから、死亡した保険金受取人の債権者は、新たな保険金受取人として固有に取得した保険金請求権を死亡した保険金受取人に対する債権の引当てにすることができない。反対に、保険金受取人の死亡後、その相続人が新たな保険金受取人になった段階では、その相続人（新保険金受取人）の債権者が保険金請求権を差し押さえることが可能になると解される[56]。

2 規定の性質

保険契約者が保険金受取人の死亡後に「相続人の全員」と異なる者への保険金受取人の変更をしたり、約款等で本条と異なる規定を設けたりしている場合には、その変更または規定が優先すべきという理由から、本条規定の性質は、任意規定とされている[57]。

したがって、約款等において、保険金受取人が死亡した場合に誰が保険金受取人となるか、保険金受取人が複数の場合にそれぞれの権利の割合をどのように決めるのかについて、あらかじめ合理的な範囲で定めることも許容される。

3 改正前商法676条との異同

第1に、本条は、「保険金受取人が保険事故の発生前に死亡したとき」とされているとおり、改正前商法と同様、直接的には被保険者と保険金受取人が異なる場合で、かつ保険金受取人が被保険者よりも先に死亡した場合に適用されているが、改正前商法676条と異なり、その適用場面を保険契約者の死亡時に限定せず、およそ

---

55) 同旨、遠山・前掲注(37)206頁。
56) 山下＝米山・解説334頁［竹濱修］。
57) 部会資料(11)27頁、中間試案23頁、補足説明84頁以下、部会資料(25)6頁等。

§46-V 3

保険金受取人が死亡した場合に適用されることとされ[58]、保険金受取人が死亡してから保険事故が発生するまでの間に誰が保険金受取人であるかを明確にしている点に特色がある。

第2に、改正前商法による相続人の権利は、被相続人である保険金受取人からの相続による取得ではなく、法律の効果として、原始的に取得されるものである。つまり、保険金受取人の権利は、相続の対象にならないというのが改正前商法の趣旨である[59]。保険法もそれと変わらない。

第3に、改正前商法676条1項では、保険事故発生前に保険金受取人が死亡した場合につき、保険金受取人の変更権が留保されていない場合でも保険契約者はさらに保険金受取人を指定変更することができるとしている。これに対し、保険法では、保険金受取人を変更できるのが原則とされているから（43条1項）、約款に特に変更を認めない旨の規定がない限り、保険事故発生前に保険金受取人が死亡した場合に保険金受取人の変更ができるのは当然のことであることから、改正前商法のような規定は設けていない[60]。

第4に、保険金受取人の地位の確定時期について、改正前商法676条2項は、保険契約者が死亡したときは保険金受取人の権利が確定する旨を規定しているが、保険法は、保険事故発生時までの間は保険契約者の相続人が保険金受取人を変更できるということを前提としているので、43条1項により、保険金受取人の相続人の保険金受取人としての地位が、保険契約者の死亡時ではなく、保険事故の発生時に初めて確定することになると解することができる。

第5に、改正前商法676条2項の趣旨は、「指定受取人が死亡した後、保険契約者が受取人の再指定をしないうちに死亡した場合に、保険金受取人が不存在となることをできる限り避けるために、保険金受取人についての指定を補充するもの[61]」と解されていた。保険法もその考え方を踏襲している。

第6に、改正前商法においては、同時死亡の場合、保険金受取人が不存在の場合および保険金受取人の複数の相続人が保険金受取人となる場合における保険金請求権の取得割合について明文の規定は設けられていなかった。保険法においても、それに関して明文化されていない。

第7に、改正前商法676条は任意規定と解されており、従来より約款において保

---

58) 補足説明82頁。

59) 山下・保険法519頁。

60) 萩本・一問一答188頁、山本・前掲注(48)285頁。

61) 最判平成5・9・7判旨。

険契約者の相続人に指定変更権を認めるなど、改正前商法とは異なる規律を設けてきた。本条についても、任意規定という性質には変更はない。

4 未定事項に関する解釈

(1) 被保険者と保険金受取人の同時死亡の場合

被保険者と保険金受取人の同時死亡の場合に誰が保険金受取人になるかについて、保険法では明文の規定は設けられていない。民法32条の2を適用し、それによる相続関係に従うと、結果として公平妥当な結論が導かれないことが多いと思われる（前述の最判平成21・6・2参照）。そのため、46条の適用が認められるか否かについて、見解が分かれている。

同時死亡の場合も、保険金受取人先死亡と同様に、新たな保険金受取人の指定がなされない間に被保険者が死亡した場合の一類型として46条を適用することは理論的にも成り立つものであるとの見解がある。

これに対し、46条の法文上、「保険事故の発生前」（圏点筆者。以下同様）とされていることから、被保険者（または保険契約者兼被保険者）と保険金受取人が同時死亡した場合は含まれていない。したがって、この場合には、46条が直接適用されることはなく、約款で別段の定めがなければ、保険金請求権は保険金受取人の相続財産を構成することとなるとの見解もある。

(2) 保険金受取人の法定相続人が不存在の場合

46条の趣旨によれば、保険金受取人が死亡した場合であっても、保険金受取人が存在しない状態は生じない。つまり、保険金受取人は常にいると解される。しかしながら、46条の適用に関して保険金受取人の相続人が不存在の場合として、次のケースが十分に考えられる。

① 保険金受取人死亡時にその法定相続人がすでに不存在であった場合

② 保険金受取人の死亡時にはその法定相続人が存在したが、その後その法定相続人が死亡した時にその死亡した法定相続人の法定相続人が不存在であった場合

③ 保険金受取人死亡時の法定相続人が複数存在し、その一部の者が保険事故発生前に死亡し、その者に法定相続人が存在しない場合

---

62) 大串=日生・解説保険法163頁［中澤正樹］。
63) 山下・前掲注(50)278頁。
64) 遠山・前掲注(37)207頁。
65) 萩本ほか・前掲注(50)92頁、萩本修「新保険法―立案者の立場から」生保論集165号23頁(2008)。同氏は、本条の適用により自己のためにする契約に一旦復帰するというようなことも考えなくてよいとしている。

上記の場合について、解釈論として、次のような考え方がみられる。
　①と②の場合については、同じく保険金受取人が不存在となるため、通説に従い[66]、特段の事情のない限り、当該契約は自己のためにする保険契約となり、保険契約者自身を保険金受取人に変更したものと解され、保険契約者と被保険者が同一人であれば、保険金請求権は保険契約者の相続財産となる[67]。
　③の場合については、当該法定相続人が保険金受取人である部分は、原則に戻り、保険契約者自身を保険金受取人に変更したものとして、その分の保険金請求権を保険契約者またはその相続財産に帰属する考え方と、本来当該法定相続人に帰属される予定の保険金請求権を残りの受取人に再配賦させる考え方がある。

【設例】　保険契約者兼被保険者Aが、妻Bを死亡保険金受取人とした生命保険契約を締結した。AとBの間には子がいない（他にも法定相続人はいない）が、Bと前夫の間には子C_1とC_2がいる。BがAより先に死亡した場合には46条が適用され、A・C_1・C_2が保険金受取人に変更される。次にC_1が死亡した場合、C_1には子Dがいるがその他の法定相続人はいない。その場合には再度46条が適用され、A・D・C_2が保険金受取人に変更される。その後Dも死亡して（Dには法定相続人はいない）、Aが死亡した場合には、Dが受け取る予定の保険金請求権の割合は一体、どこに帰属するかが問題である。

【相関図】

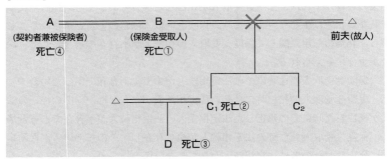

　前者の考え方によれば、保険金請求権はAの相続財産になるため、国庫に帰属することとなるが、後者の考え方によれば、C_2に再配賦されるということになる。前

---

[66]　大森・保険法273頁、倉沢康一郎『保険契約の法理』（慶應義塾大学出版会・1975）316頁、宮島・前掲注(20)93頁、山下・保険法518頁以下。
[67]　遠山・前掲注(37)209頁以下、山下・前掲注(50)274頁。

者の考え方は、法文の文言を忠実に解釈する結果だが、保険契約者の意思を考慮すると適切でないのに対し、後者の考え方は、保険契約者の意思に沿うものと考えられている[68]。また、後者の理論構成として、保険事故発生時に生存している相続人が保険金受取人になると解することができるのであれば、それを条件として、相続人が全くいない例を除いては、相続人が死亡するたびに当該相続人について本条を適用して、生存相続人に保険金請求権を取得させるということである[69]。

(3) 保険金受取人の相続人が複数存在する場合における保険金請求権の取得割合

　本条は、保険金受取人が死亡した場合に相続人の全員が保険金受取人になることだけを定めているが、保険金受取人の相続人が複数存在する場合における保険金給付請求権の取得割合については何ら規定していない。そのため、解釈に委ねられることになる。

　解釈論として相続分割合説のほうが素直であるとの見解がなお強いが[70]、多くは、約款等で別段の定めがない限り、民法の一般原則（民法427条）が適用されて、各相続人は平等割合で保険金給付請求権を取得することとなると解している[71]。これは、最判平成5年9月7日の趣旨に合致するからである。もっとも、本条は任意規定であるので、個々の約款で相続分によるという定めをすることも妨げられないと考えられている。

　しかし、平等割合による取得とする場合においては、保険金受取人が死亡するたびに46条により保険金受取人の変更が生じ、その保険金給付請求権の取得割合も人数に応じてその都度全体として均等となるように変更が生じると解するべきか、それとも一旦保険金受取人となった相続人がさらに先死亡したときは、その相続人が取得していた部分についてのみ保険金受取人変更が生じてその順次の相続人に応じて均等となると解するべきか、という問題が生じ得ると思われる。

【設例】　保険契約者兼被保険者Aが、後妻甲を死亡保険金受取人とし、死亡保険金額6000万円の生命保険契約を締結した。Aは後妻甲との間に子B・Cがおり、前妻乙との間には子D・Eがいる。甲がAより先に死亡した場合、46条が適用されA・B・Cが保険金受取人になる。次にAが死亡。この場合も46条が適用され、D・Eも保険金受取人の一部に変更されることになる。

68）　保険法部会では、その場合の保険金請求権が国庫に帰属することはあり得ないので、他の方々のところに応分な形で分配されていくことになるとの意見があった。第5回議事録49頁。

69）　山下＝米山・解説336-337頁［竹濵修］、村田・前掲注（1）50頁。

70）　山下友信「保険法制定の総括と重要解釈問題（生保版）」生保論集167号30頁（2009）。

71）　第22回議事録2頁・27頁、遠山・前掲注(37)209頁。

【相関図】

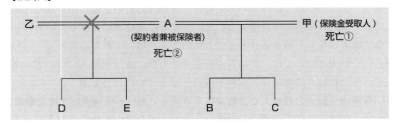

　前者の解釈によれば、B・C・D・Eが各1500万円を自己固有の権利として取得する。後者の解釈によれば、当初の相続人のうち、生存しているB・Cの権利は何ら影響を受けず、それぞれ2000万円の保険金請求権を維持することとなり、Aが取得する予定であった2000万円の保険金請求権はAの相続人B・C・D・Eに500万円ずつ均等に配賦され、B・Cの保険金請求権は、それを加えそれぞれ2500万円となる。前者の解釈は、最判平成5年の結論から導かれたものと考えられるが、後者の解釈の方が、同じく民法427条を適用するとしても、条文の文言からは自然であり、多くの場合は保険金受取人に親等の近い者に保険金が厚く配分されることになると考えられる[72]。

VI　外国法令

1　保険金受取人先死亡における保険金請求権の帰属に関する立法例

　保険金受取人先死亡の場合における保険金請求権について、保険契約者または保険契約者の相続人に帰属させる立法例としては、ドイツ保険契約法160条3項（旧168条）、フランス保険法典L.132-11条、スウェーデン保険契約法106条、デンマーク保険契約法106条、ベルギー保険契約法111条、カナダオンタリオ州保険法194条1項、マカオ商法1034条5項等があり、被保険者の相続人または被保険者の相続財産に帰属させる立法例としては、中国保険法42条1項、台湾保険法113条、ロシア民法934条2項などがある。保険金受取人の相続人に帰属させる立法例は、日本の改正前商法をそのまま踏襲しているともいえる韓国商法（733条3項）のみである。

2　保険金受取人の生存条件に関する立法例

　フランス保険法典L.132-9条4項においては、「特定人に対する生命保険の利益

---

[72]　同旨、山下＝米山・解説336頁以下［竹濵修］。

の無償譲与は、保障された一時金または年金を請求し得る時期に、保険金受取人の存在を条件としてなされたものと推定する。ただし、これに反する事実がその約定の文言から推定される場合はこの限りでない」と定められ、保険事故発生時に保険金受取人が生存していることを条件に保険金受取人を判定することが明らかである。

　ドイツ保険契約法159条2項（旧166条2項）においては、「撤回の可能性がある受取人に指定された第三者は、保険事故発生によってはじめて、保険者に対する給付請求権を取得する」旨が定められ、保険金請求権の取得は、保険金受取人が被保険者死亡時（保険事故発生時）に生存していることを条件としていると解釈できる[73]。

3　被保険者と保険金受取人の同時死亡に関する立法例

　同時死亡の場合における保険金請求権の帰属に関する立法例は多くはみられないが、アメリカで大半の州が採用している『同時死亡統一モデル法』（Uniform Simultaneous Death Act）[74]は、次の旨の規定を設けている。保険契約者兼被保険者と保険金受取人が同時に死亡した場合、または両者が共に死亡したが、死亡順序を示す明白な証拠がない場合において、その他の保険金受取人が存在するときは、その他の保険金受取人がその保険金請求権を取得することになる。その他の保険金受取人が存在しないときは、保険金受取人が被保険者よりも先に死亡したものと推定し、保険金請求権は保険契約者兼被保険者の相続財産となる（5条）。ただし、当該保険契約が保険契約者とその配偶者の共有財産であり、また他の保険金受取人がいないか、または保険契約者の相続人を除き代わりの保険金受取人がいない場合には、その保険金請求権は、保険契約者兼被保険者とその配偶者に各々2分の1ずつ配分される（同但書・4条）。

　ドイツ保険契約法は、同時死亡における保険金請求権の帰属について明確な条文を置いていないが、同159条（旧166条）の規定により被保険者の死亡時（保険事故発生時）を基準としてその時点に生存していることを条件として保険金請求権を取得するということである。他方、保険金受取人が保険事故発生前に死亡した場合には

---

73)　改正試案理由書75頁、桜沢・前掲注(18)217頁。

74)　1940年制定、1993年に適用範囲を広げるために改正。1993年の改正により、被保険者と保険金受取人が共通の災害から120時間以内に死亡した場合に、保険金受取人が被保険者よりも長く生存したことにつき明白かつ確信的な証拠を有しないときは、被保険者よりも先に死亡したものと推定される。Jerry, supra note (39) at 368. 8B Uniform Laws Annotated 159 (2001)、Robert H. Jerry Ⅱ, Understanding Insurance Law 3rd ed., at 368 (Matthew Bender, 2002)、同法に関する詳細な比較法的研究として、甘利・前掲注(9)27頁以下、桜沢・前掲注(18)214-217頁参照。

保険金請求権が保険契約者に帰属するものとされるから（同160条3項、旧168条）、保険金受取人の相続人がそれを取得する可能性がないのは明らかであると解されている[75]。

4 保険金受取人複数存在の場合における保険金請求権の取得割合に関する立法例

多くの国は、保険金受取人が複数存在するがその取得割合が契約などで事前に定められていない場合における保険金請求権の取得割合について、平等割合とする立法例が多い。たとえば、ニューヨーク州保険法3213条、ドイツ保険契約法160条1項、マカオ商法1037条3項、中国保険法40条2項などがある。スイス保険契約法84条では、複数の保険金受取人が保険契約者の相続人である場合は、相続割合により保険金請求権を取得するが、保険契約者の相続人ではない場合は、平等割合により保険金請求権を取得する。複数の保険金受取人のうち、1人が死亡等により欠けることとなった場合には、当該受取人の保険金請求権の取得分は、平等割合をもって他の保険金受取人の取得分に帰属するとされる。

以上のとおり、指定保険金受取人が被保険者よりも先に死亡した場合の保険金請求権の帰属に関する諸外国の立法例を概観すると、保険金受取人の確定時期は保険事故発生時であり、保険事故発生前に保険金受取人が死亡するとその権利が消滅し、保険契約者またはその相続人が保険金請求権を取得するという立法例が多く（いわゆる「保険契約者中心主義」）、指定保険金受取人の相続人またはその順次の相続人を最終的な保険金受取人とする改正前商法676条2項および本条のような解決（いわゆる「保険金受取人中心主義」）は他に例がない。

VII 今後の展望

1 実務との関係

(1) 改正前商法下の生命保険実務

保険金受取人先死亡の場合の取扱いについて、最判平成5・9・7に至るまでは、保険会社の約款規定は統一されていなかった。しかし、平成4年と平成5年の最高裁判決に平仄を合せて、平成6年4月に生命保険会社全体で約款の改定を行った。

---

75) 桜沢・前掲注(18)217頁以下。

約款の文言は会社によって若干の表現上の差はあるものの、ほとんど全ての会社において、以下のような内容となっていた。

「死亡保険金受取人の死亡時以後、死亡保険金受取人の変更が行われていない間に保険金または給付金の支払事由が発生したときは、死亡保険金受取人の死亡時の法定相続人（法定相続人のうち死亡している者があるときは、その者については、その順次の法定相続人）で保険金または給付金の支払事由の発生時に生存している者を保険金受取人とします」。ここにいう「死亡保険金受取人の死亡時以後、死亡保険金受取人の変更が行われていない間に保険金または給付金の支払事由が発生したとき」とは、その時点で保険契約者が生存している場合とすでに死亡している場合の両方を含むものと解されていた。

保険金受取人の相続人が不存在の場合について、1社のみ次順位の相続人に支払を認めるが、ほとんどの生命保険会社は、保険事故発生時に先死亡保険金受取人の唯一の相続人が保険契約者兼被保険者の場合には、この者を最終保険金受取人として保険金請求権をこの者の相続財産に帰属させ、相続財産管理人に保険金を支払うこととしていた。[76] 理論構成はともかくとして、学説もこのような取扱いを支持していた。[77] しかし、保険契約者、被保険者、保険金受取人が異なる場合においては、どのように取り扱うべきかについて、明らかではなかった。

そして、被保険者と保険金受取人が同時死亡した場合について、約款では明確な規定は設けられていないが、保険金受取人先死亡の場合に準じる取扱いをするのが通例であった。

また、保険金受取人が先死亡で、その法定相続人または順次の法定相続人で被保険者死亡時に生存している者が複数人いる場合の取得割合について、約款で多くの保険会社は受取人の取得割合を均等（平等）とする規定を設けているのに対し、数社は法定相続割合とする規定を設けていた。

(2) 保険法改正後の生命保険実務

本条は任意規定であるので、約款等で別段の定めを置くことが許されていることから、保険法の改正により実務に与える影響はさほど大きくないものと考えられる。[78] もっとも、改正前商法のもとの約款規定は、必ずしも明確ではないところがある。そのため、保険法改正後、生命保険各社は保険法の趣旨に沿って約款を整備し、以

---

76) 野村・前掲注(22)11頁。
77) 西島・変容と考察69頁、野村・前掲注(22)17頁、山下・前掲注(23)66頁。
78) 同旨、桜沢隆哉「保険金受取人先死亡事例の再検討─最高裁判例が示した準則の適用方法・範囲をめぐって」金澤・新たな展開271-272頁、大串＝日生・解説保険法164頁［中澤正樹］。

下の旨の規定を明文化している。[79]

　第1に、死亡保険金の支払事由の発生以前に死亡保険金受取人が死亡し、死亡保険金受取人の変更が行われていない間は、死亡保険金受取人の死亡時の法定相続人を死亡保険金受取人とする。[80]

　第2に、死亡保険金受取人となった者が死亡した場合に、この者に法定相続人がいないときは、死亡保険金受取人となった者のうち生存している他の死亡保険金受取人を死亡保険金受取人とする。

　第3に、死亡保険金受取人となった者が2人以上いる場合、その受取割合は均等とする。

　被保険者と保険金受取人が同時死亡した場合の取扱いについて、約款上なお明確な規定を設けていないが、留意すべきは多くの保険会社の約款では、法文の「保険事故の発生前」と異なり、支払事由の「発生以前」または「発生時以前」とされていることである。これは、被保険者と保険金受取人の同時死亡の場合にも適用されることを意味するもので、従来通りの取扱いをしていると解釈することができる。

　なお、保険金受取人の法定相続人が存在しない場合の取扱いについて、保険契約者を保険金受取人とする旨を約款で明確に定めている会社がある。[81]

2　残された課題

　46条は、保険事故の発生前に保険金受取人が死亡した場合の保険金受取人の決定のあり方（いわゆる受取人先死亡の問題）について、デフォルトルールとして、簡潔・明瞭な規定を置いたと、立法論的に高く評価されている。[82] とはいえ、解釈論の余地が全く生じないわけではない。特に前述のように、①本条の適用回数、②被保険者と保険金受取人の同時死亡の場合の新たな保険金受取人の決定、③保険金受取人の相続人が不存在の場合の取扱い、および、④保険金受取人の相続人複数存在の場合における保険金請求権の取得割合については、今後も引き続き議論されると考えられる。

〔李　鳴〕

---

79)　日本生命、第一生命、明治安田生命、住友生命等の約款による。

80)　住友生命の約款では、それを「承継受取人」と定義する。

81)　住友生命の約款。

82)　村田・前掲注（1）49頁では「保険金受取人の不存在状態の回避・一義的な確定の必要性と、保険契約者意思の尊重、任意規定としての合理的な範囲での柔軟性の確保の要請を、全て同時に満たした、保険法の当該規律は、傑作の名に値するもの」と評価されている。

§47-I1   643

（保険給付請求権の譲渡等についての被保険者の同意）

第47条　死亡保険契約に基づき保険給付を請求する権利の譲渡又は当該権利を目的
　　とする質権の設定（保険事故が発生した後にされたものを除く。）は、被保険者の
　　同意がなければ、その効力を生じない。

改正前商法第674条　②　前項ノ保険契約ニ因リテ生シタル権利ノ譲渡ニハ被保険者
　ノ同意アルコトヲ要ス
③　保険契約者カ被保険者ナル場合ニ於テ保険金額ヲ受取ルヘキ者カ其権利ヲ譲渡ス
　トキ又ハ第1項但書ノ場合ニ於テ権利ヲ譲受ケタル者カ更ニ之ヲ譲渡ストキ亦同シ

【条文変遷】　明治32年商法428条2項、明治44年商法428条1項、改正前商法674条2
　　　　　　項・3項
【参照条文】　保険法76条・38条、生保試案674条
【外国法令】　フランス保険法典L.132-2条2項、デンマーク保険契約法108条・109条、
　　　　　　スウェーデン保険契約法108条・109条、スイス保険契約法74条2項

I　概　　要

1　趣旨

　一般に保険契約者が保険金受取人の変更権を有しているにもかかわらず、保険金
受取人は契約締結時または保険金受取人に変更された時から抽象的な保険金請求権
（すなわち、保険事故発生まではまだ具体化しない権利。保険法上は「保険給付請求権」
と表記されている）を取得し、これを譲渡や質入れすることができると解されてい
る（後述III2参照）。そして抽象的な保険金請求権は保険事故が発生した場合に具体
化し、その譲受人や質権者が保険金を取得することになる[1]。

　保険法は、死亡保険契約の締結後から保険事故発生前までに、被保険者の同意が
必要とされる行為として、保険金受取人の変更（45条）の他に、47条において、保
険給付請求権の譲渡および保険給付請求権への質権設定[2]が挙げられている。本条
（47条）の趣旨も保険の賭博的利用、道徳危険、人格権侵害の三弊害防止を目的とす
るものである（§38解説I2参照）。つまり、契約締結後に新たに保険の賭博的利用、
道徳危険、人格権侵害が問題になるのは、保険金受取人変更だけでなく、保険事故
発生前の保険給付請求権の譲渡・質入れにもある。たとえば、保険金以外に弁済の

1）　第5回議事録4頁参照。
2）　改正前商法のもとおよび保険実務上は、「保険金請求権」という。

あてのない保険金受取人とその債権者が共謀して故意に保険事故を発生させて保険金を取得し、それによって債務の弁済および債権の回収を図ることをもくろみ、保険給付請求権に関し譲渡契約または質権設定契約を締結することが考えられる。また、保険金受取人以外に保険給付請求権に関して権利を有する者が被保険者の知らない間に増えていくことに対する被保険者の人格権の保護の観点からも、被保険者の同意が必要である。[3]

2　条文概要

　本条（47条）は、死亡保険契約における保険給付請求権の譲渡または当該権利を目的とする質権の設定については、被保険者の同意が必要であり、もし同意がない場合は譲渡または質権の設定は無効としている。

　本条は、改正前商法674条2項・3項に対応する規律である。保険給付請求権の譲渡等について被保険者の同意を必要とする改正前商法の規律の考え方を基本的に維持しつつ、次の点に関して改正している。すなわち、①改正前商法では、他人の死亡保険契約と自己の死亡保険契約とを区別して規定を置いていたが、保険法では、それを一本化している。②保険給付請求権の譲渡の場面に加えて新たにその質入れの場面についても被保険者の同意を必要としている。③保険事故発生後の譲渡または質権設定については明文で除外し、被保険者の同意は不要としている。④被保険者の同意は、譲渡または質権設定の効力要件として明記している。

　なお、本条の規定は絶対的強行規定である。

Ⅱ　沿　革[4]

　他人の死亡保険契約には、保険の賭博的利用、道徳危険、人格権侵害の3つの弊害または危険性が生じるおそれがあることから、このような弊害を防止するために何らかの制限を設ける必要があるが、立法論的には、いわゆる利益主義、親族主義、同意主義の考え方がある。日本では、ロエスレル草案および明治23年商法では利益主義がとられ、明治32年商法では親族主義がとられ、明治44年改正により同意主義が導入された（§38解説Ⅱ4参照）。保険給付請求権の譲渡等についての被保険者の同意に関する規制は、日本の立法上、以下のように変遷してきた。

　ロエスレル草案では、保険給付請求権の譲渡等に関する直接的な規律は設けられ

3）　同旨、竹濱・Q&A 新保険法103-104頁［平尾正隆］。
4）　山下＝米山・解説343頁［山本哲生］等参照。

ていなかったものの、被保険者利益は契約締結時に存在していればよく、契約締結後に被保険者利益が消滅した場合でも保険契約は有効であるとの考え方から、契約締結後の保険給付請求権の譲渡等についても自由とされていたようである[5]。明治23年商法でも同じ考え方がとられていたものと思われる。

明治32年商法の親族主義のもとにおいては、被保険者と保険金受取人の間に親族関係が求められていた。保険金請求権の譲受人も被保険者の親族に限られていた（明治32年商法428条2項）。このように明治32年商法の親族主義では、契約締結後も非常に厳格な形で規律されていた。

明治44年商法改正により同意主義が導入されたときから、改正前商法のような形で死亡保険契約において保険金請求権を譲渡する際にも被保険者の同意が必要であるという制度になった（明治44年商法428条2項・3項、改正前商法674条2項・3項）。

Ⅲ　改正前商法

1　改正前商法の規律

改正前商法は、死亡保険契約における保険金請求権を譲渡する場合について、次の3つの場合に分けて被保険者の同意が必要であるとしている。

(1)　同意を得た保険契約より生じた権利の譲渡に対する同意

保険契約者と被保険者が異なる他人の死亡保険契約が、被保険者の同意を得て締結されて効力を生じた後に、その保険金受取人が、その契約によって生じた権利（保険事故発生前の保険金請求権）を他人に譲渡する場合（改正前商法674条2項）。

(2)　保険契約者が被保険者の場合の保険金受取人の権利譲渡に対する同意

保険契約者が被保険者である自己の死亡保険契約において、保険金受取人として指定されている第三者がその権利を他人に譲渡する場合（改正前商法674条3項前段）。この場合は他人の死亡保険契約ではないが、他人の死亡保険契約におけると同じ弊害がありうるからである。

(3)　被保険者たる保険金受取人より権利を譲り受けた者がさらにこれを譲渡する場合の同意

被保険者が保険金受取人である他人の死亡保険契約であって、その締結につき被保険者の同意なしで有効に成立した場合でも（改正前商法674条1項但書）、当初の被保険者である保険金受取人が保険給付請求権を譲渡した後に、その権利の譲受人がさ

5）　ロエスレル・120頁、179頁、181頁。

らにこれを他人に譲渡する場合（改正前商法674条3項後段）。

　以上より、改正前商法は、保険契約者と被保険者が同一人であるか否かを問わず、死亡保険契約における保険給付を請求する権利の譲渡について、被保険者の同意を要するものとしている。

　規定の性質については、改正前商法では明記されていなかった。しかし、その立法の趣旨は、被保険者の生命に対する犯罪の発生を防止するため、ならびに利害関係の少ない他人の生命に基づき投機をするのを防ぐためであって、社会公共の秩序に直接に関係するので、強行規定であると解されている[6]。

　なお、改正前商法では、保険金請求権に質権を設定する場合に関して明確な規定を置いていないが、解釈上はこの場合にも同意が必要とされ、保険実務上も同意を得る取扱いとされていた。

2　立法論をめぐる議論

　改正前商法のもとで、契約締結後の権利譲渡等における被保険者の同意の要否について、学説上以下のように見解が分かれていた。

(1)　契約締結後の権利譲渡等についての被保険者の同意不要論

　契約締結後の権利譲渡等について被保険者の同意を不要とする見解では、次の理由が挙げられていた[7]。すなわち、①保険契約締結時に同意が得られていればそれで十分であり、契約が締結された後で、保険金請求権の譲渡等により道徳危険が高まることは実際にはあまりなく、仮にあっても、保険金受取人による被保険者故殺の保険者免責規定（改正前商法680条1項2号）があれば足りること、②一度有効に成立した保険契約に基づく権利は契約者または受取人の財産となるものであるから、権利の経済的利用を妨げるべきではないこと、③同意主義を採用する外国立法例においては、契約締結後の権利譲渡等について被保険者の同意を必ずしも要求していないことなどである。

(2)　契約締結の一定期間後の権利譲渡等についての被保険者の同意不要論

　また、契約締結後の一定期間内の譲渡については被保険者の同意を要するが、一定期間経過後は不要であるとの見解もあった。その理由は次のように説明されていた[8]。すなわち、契約締結後当分の間は、権利が未知の第三者に譲渡された場合、被

6）　田中・保険法275頁等。

7）　大森・保険法270頁（注5）、三宅一夫「他人の死亡の保険契約」大森＝三宅・諸問題311頁。

8）　田辺康平「生命保険法における利益主義と同意主義」新潟大学法経論集3巻357頁・385頁（1952）。

§47-Ⅳ1   647

保険者との関係では新たに保険契約が締結されたのとほとんど同様の状況となるが、契約締結後相当の期間が経過し、保険料の払込額が大きくなるにつれ、保険金請求権は期待権を超えた現実的権利となり、財産権として保護する必要が大きくなる。さらに、被保険者の生命の危険も漸次希薄になるということである。

(3) 契約締結後の権利譲渡等についての被保険者の同意必要論

　他方、日本では、モラル・リスク事案が後を絶たないことに鑑み、また譲受人または質権者が誰かについて被保険者が認識する必要があることからも、免責の規定のみではなく被保険者の同意も必要とするべきであるとして、契約締結後の権利譲渡等について改正前商法の考え方を維持することが望ましいとの見解が多数説で有力であった[9]。

Ⅳ　立法過程

1　保険法制定前試案

　生保試案では、改正前商法の趣旨と規制を維持しつつ、保険給付請求権の譲渡等に関して、以下のとおり改正前商法674条2項・3項の改正を試みた。

　生保試案674条2項は、他人の死亡の「保険契約に基づく保険金請求権を譲渡しもしくは質入れし、または保険契約者を変更するには、被保険者の書面による同意がなければならない」と規定し、同3項は「保険契約者が被保険者である場合において、死亡に関する保険金を受け取るべき者がその権利を譲渡しまたは質入れするには、被保険者の書面による同意がなければならない」と規定していた。

　生保試案における改正前商法の規律に対する主な改正点は、次のように整理できる[10]。すなわち、①他人の死亡保険契約締結時と同様、被保険者の同意を書面による方式としたこと、②生命保険契約に関する質権設定が珍しくなくなっている現状を踏まえ、またフランス保険法典等外国の立法例を参照して、質権設定の場合における被保険者の同意も必要であることを明記したこと、③2項において、現行の約款にならい保険契約者の変更の場合における被保険者の同意も必要であることを追加したこと、④3項において、生存保険契約でも保険金請求権を譲渡等する場合には被保険者の書面による同意が必要であるとの解釈上の疑義を避けるために、「死亡に関する保険金」という規定振りとしたことである。

　なお、生保試案674条は、契約当事者において変更することができない絶対的強

---

9)　山下・保険法274頁(注15)、石田・商法Ⅳ 281頁(注1)、第5回議事録4頁等以下参照。

10)　生保試案理由書53頁参照。

行規定であった（生保試案683条1項）。

2　法制審議会保険法部会の審議

　保険法部会において、保険金請求権の譲渡等の規律に関して、モラル・リスク防止の観点から、あるいは被保険者に保険金請求権者が誰であるかを認識させるために、改正前商法の規律を維持することとして、免責制度に加えて被保険者の同意を必要とすること自体について異論はみられなかった[11]。検討過程において、特に検討されていたのは、①保険契約者の変更（契約上の地位の譲渡）における被保険者の同意の要否、および②質権設定の規律の追加である。

⑴　保険契約者の変更についての被保険者の同意

　保険実務上、保険契約者の変更に関しては、約款において保険契約者は被保険者の同意および保険者の承諾を得て保険契約上の一切の権利義務を第三者に承継させることができる旨が定められるのが通例である[12]。保険者の承諾を求める根拠は、契約上の地位の移転に関する民法の一般法理に基づくものであり、道徳危険の増加をチェックする意味もあるといわれる[13]。一方、被保険者の同意を必要とする根拠は、保険契約者が誰であるかは被保険者にとって重要な事柄であるからなどとされている[14]。

　そこで、保険法部会の中間試案の段階までは、死亡保険契約における保険契約者の変更（保険契約者が保険契約上の一切の権利義務を第三者に承継させること）については、被保険者の同意がなければその効力を生じないとする案が提示されていた[15]。しかし、最終的には次の理由により条文化は見送られた[16]。

　すなわち、①保険契約者の変更については様々な場合が考えられるから、一律に被保険者の同意を必要とするのは相当ではないこと。たとえば、企業が保険契約者となりその従業員全員を被保険者とする団体生命保険契約においては、事業譲渡があった場合でも従業員全員の同意を得なければその保険契約が移転しないとするのは不合理であること、②保険契約者の変更により道徳的な危険のおそれが常に高ま

---

11)　第5回議事録4頁。

12)　山下・保険法274頁以下、竹濱・Q&A新保険法54-55頁〔平尾正隆〕。

13)　山下・保険法590頁。

14)　中間試案21頁、補足説明77頁。

15)　部会資料(14)21頁以下、部会資料(15)21頁、第5回議事録18頁。ただ、ここにいう保険契約者の変更は保険契約者と第三者との間で保険契約者の地位を承継させる合意をすることであり、保険契約者の相続や合併による地位の承継を含むものではないとされていた（補足説明77頁）。

16)　第22回議事録2頁、部会資料(25)「保険法の見直しに関する要綱案（第1次案・下）4頁。

§47 - V 1 649

るとは考えにくく、保険契約者の変更に伴って保険金受取人が変更される場合や、保険契約者の変更後に保険金受取人が変更される場合には、被保険者の同意を要すれば足りることである。

(2) 質権設定の規律を加える理由

改正前商法では、保険金請求権に質権を設定する場合に被保険者の同意が必要かどうかについて明文の規定はなかった。しかし、学説上、質権設定にも改正前商法674条等が類推適用され、被保険者の同意を求めるべきであるとの見解があった[17]。実務上、保険金請求権について質権が設定されることは珍しくなく[18]、この場合にも被保険者の同意を求めているのが通常である。

そこで、保険法では、質権が設定されると、質権者が保険給付請求権（保険金請求権）を直接に取り立てることができることになり（民法366条1項）、譲渡される場合と実質的に同様でモラル・リスクが生じること、改正前商法の解釈論では肯定されていること、立法論的な提案（生保試案674条2項）および実際に同意を得る取扱いとされている実務等を踏まえ、保険給付請求権を目的とする質権設定の際にも被保険者の同意が必要であることを明文で定めることとされた[19]。

V 条文解説

1 同意の対象保険

本条は、死亡保険契約のみに関する規律である。ただ、ここにいう「死亡保険契約」には、定期保険や終身保険のような死亡保険に限らず、養老保険のような生死混合保険も含まれる。一方、純粋の生存保険契約については、弊害がないことから同様の規律は設けないものとされている（§38解説V1参照）。

また、本条の「死亡保険契約」は、第三者を被保険者とする他人の死亡保険契約に限定されていないため、保険契約者自身を被保険者とする自己の死亡保険契約および被保険者を保険金受取人とする死亡保険契約に基づく保険給付請求権の譲渡または質権設定についても、被保険者の同意が必要であると解される[20]。これは、契約締結時には道徳危険等の問題はないと判断したとしても、道徳危険等のおそれは、誰が保険給付請求権を有するかによって変動しうるので、他人の死亡保険契約であ

---

17) 大森・保険法305頁、山下・保険法274頁以下。
18) ただ契約当事者ではない保険金受取人による保険給付請求権への質権設定等はほとんどない。
19) 部会資料（6）1頁、部会資料(11)17頁(注1)、第5回議事録4頁、補足説明77頁。
20) 潘・概説217頁。

れ、自己の死亡保険契約であれ、被保険者以外の者が保険金受取人であって保険給付請求権を譲渡する場合には、必ず被保険者の同意が必要であるとするからと解される[21]。

改正前商法674条では、第三者を被保険者とする他人の死亡保険契約の場合（同条2項）と保険契約者自身を被保険者とする自己の死亡保険契約（同条3項）とを分けて規律していたが、譲渡等に関する規律という点で共通していることから、本条はそれを一本の規律としている[22]。したがって、保険法では、規定振りが異なるものの、改正前商法674条2項と3項の規律が実質的に受け継がれている[23]。

2 譲渡または質権設定による処分の対象

(1) 保険事故発生前の保険給付請求権であること

本条にいう「死亡保険契約に基づき保険給付を請求する権利」とは、保険事故発生前の保険給付請求権を意味する。これが本条で規律する「譲渡又は当該権利を目的とする質権の設定」による処分の対象である。なお、ここにいう「当該権利を目的とする質権の設定」には転質権の設定も含まれる[24]。

保険事故発生前の保険給付請求権は、いわば条件付（生死の条件成就以前）ないし期限付（期限到来以前）権利であり、保険契約者がいつでも保険金受取人を自由に変更できるため、不安定なものであるといわれる。

かつて、保険契約者が自己を保険金受取人とする自己のためにする保険契約の場合においては、保険契約者（＝保険金受取人）が有する保険金請求権につき譲渡・質入れなどの処分をすることが当然できるのに対し、保険契約者と保険金受取人とが異なる他人のためにする保険契約の場合においては、保険金受取人の有する保険金請求権の処分が可能かについては、議論があった。保険契約者の受取人変更権が留保されていない（変更できない）場合は可能であるが、変更権が留保されている（変更できる）ときは、受取人の権利は不確定であるから、かかる権利の処分は無効である、とする学説・判例があった[25]。しかし、通説は変更権の留保がない場合でも、保険契約者に任意解約権が認められ、しかも解約返戻金は原則として保険契約者に

---

21) 山下＝米山・解説341頁［山本哲生］。

22) 部会資料(11)17頁(注1)。

23) 萩本・一問一答190頁、大串＝日生・解説保険法165頁［奥野健介］、福田＝古笛・逐条解説118頁［福田弥夫］、山下＝米山・解説341頁［山本哲生］。

24) 補足説明77頁。転質権（てんじちけん）とは、質権者が自己の負っている債務の担保に供する目的で、その権利の存続期間において、自己の責任でさらに質物を他の債権者に対して質入れすることができる権利のことである（民法348条）。

25) 大浜信泉『保険法要論』244頁（広文堂書店・1941）、田中耕太郎『保険法講義要領』159

帰属する以上、保険金受取人の地位が不確定であることは同様であるという理論構成で、保険金請求権の処分可能性を肯定してきた。[26]

本条のもとにおいても、従来の通説と同様に、保険事故発生前の保険給付請求権は条件付ないし期限付権利であっても処分できる（民法129条）し、保険金受取人は保険契約者に指定されることによって直ちにこの権利を取得するものである。したがって、権利性を認める以上、保険給付請求権につき譲渡、質権設定等の処分をなしうることは当然であるとされる。

(2) 保険事故発生後の保険給付請求権が除外される理由

本条は、括弧書で「保険事故が発生した後にされたものを除く」と定め、保険事故が発生した後における保険給付請求権の譲渡や質入れについては、被保険者の同意は不要であることを明確にしている。その理由として、保険事故の発生により（免責事由がない場合）、保険給付請求権が保険金受取人の具体的な金銭債権として確定しており、その処分（譲渡や質権設定など）ももっぱら保険金受取人の意思によってのみ自由に行うことが当然可能であること、また、保険事故が発生した後は、通常の指名債権として具体化した保険給付請求権を目的として被保険者の生命・身体に危害が加えられるモラル・リスクは考えにくいこと、などが挙げられている。[27]また、従来の学説・判例も同旨の見解を示していた。[28]

3 同意の法的性質・相手方・方式等

(1) 同意の法的性質

本条は、保険事故発生前の保険給付請求権に対する譲渡または質権設定について、「被保険者の同意がなければ、その効力を生じない」と定め、かかる同意の法的性質が保険給付請求権の譲渡契約および質権設定契約の効力要件であることを明確化している。したがって、同意がない場合には債権譲渡契約や質権設定契約の効力が生じないものとなる。

同意の法的性質は、効力要件であることの他に、準法律行為あるいは単独行為であると解しうることは、38条と同様である（§38解説Ⅴ2参照）。

　　頁（田中耕太郎・1929）、東京地判昭和9・2・5評論23巻商167頁。

26)　大森・保険305頁以下、西島・保険法372頁、石田・商法Ⅳ317頁、山下・保険法509
　　頁・541頁。

27)　萩本・一問一答190頁、大串＝日生・解説保険法166頁［奥野健介］、山下＝米山・解説345頁
　　［山本哲生］、竹濱・Q&A新保険法105頁［平尾正隆］、潘・概説216頁以下。

28)　田中・保険法276頁、伊沢・保険法346頁、大森・保険法305頁、西島・保険法371頁以下等、
　　大判明治41・6・19民録14輯756頁。

(2) 同意の相手方

被保険者の同意の相手方について、改正前商法にも保険法にも特段の定めはない
が、譲渡の場合には譲渡契約の当事者である譲受人または譲渡人のいずれかに対し、
質権設定の場合には質権設定契約の当事者である質権者または質権設定者のいずれ
かに対して行えばよいものと考えられている[29]。

(3) 同意の方式

被保険者の同意の方式について、改正前商法でも保険法でも特に規定は設けられ
ていない。したがって、38条と同様に一般原則に従い、法律上は不要式のものと解
されうる（§38解説Ⅴ4参照）。もっとも、保険給付請求権の譲渡および質権設定の
方法については、指名債権の譲渡・質入れの場合に関する民法の一般規定（民法467
条・364条）に従うことになり、譲渡または質権設定の効力を保険者に対抗するため
には、譲渡人または質権設定者から第三債務者である保険者への通知または保険者
の承諾が必要である。

なお、同意の時期に関しては、本条のもとにおいても特に規定されていない（§
38解説Ⅴ5参照）。

4 譲渡または質権設定の主体

保険給付請求権について譲渡や質入れをすることができる主体に関しては、法文
上は明記されていない。改正前商法674条3項の規律上「保険金額ヲ受取ルヘキ者
カ」、生保試案674条3項の規律上「受け取るべき者が」、また、従来の学説上にお
いも、しばしば「保険金受取人による」と記されていることから、主体は保険金受
取人であろうと考えられるが、以下のように保険契約者も可能とされる見解と保険
金受取人に限られるとされる見解が分かれている。

(1) 保険契約者も可能とされる見解

これまでには保険契約者が死亡保険金請求権について質権を設定することが認め
られた裁判例がみられる[30]。同判旨によれば、譲渡については、生命保険契約では保
険契約者が保険金受取人の指定または変更権を留保しており、保険契約者はいつで
も保険金受取人の指定を変更ないし撤回することができたのみならず、受取人の指
定・変更・撤回権を含む生命保険契約上の権利を他へ譲渡することもできるものと
し、また、質権については、保険契約者は、死亡保険金の受取人として指定した者

---

29) 部会資料(11)17頁(注2)。
30) 東京高判平成22・11・25判タ1359号203頁（原審・東京地判平成22・1・28判タ1359号211
頁）。

§ 47 - V 5   653

の承諾がなくとも死亡保険金請求権について質権を設定することができるものと判断すべきであると判示した。

　また、学説上、保険契約者は第三者を保険金受取人に指定した後でも、保険金受取人の指定または変更権を有している限り、保険金請求権を質権の目的とすることができ、この場合には、保険金受取人は保険金請求権を失わず、質権者の権利が優先するにすぎないとされることがあるが、保険金受取人が保険金請求権を有しているとしつつ、保険契約者にも保険金請求権が帰属していると解されている[31]。

⑵　保険金受取人に限るとする見解

　この見解によれば、保険給付請求権について譲渡や質入れをすることができるのは、当然のことながら当該保険給付請求権を有している保険金受取人のみである。なぜなら、保険給付請求権は、当該生命保険契約の効力発生と同時に、保険金受取人の固有財産となり、保険契約者の財産から離脱しているからである。したがって、保険契約者は、保険金受取人の保険給付請求権を処分することはできない。もっとも、保険契約者は、保険事故が発生するまでは保険金受取人を変更する権利を有するから（43条1項）、保険金受取人ではない保険契約者が保険給付権を譲渡ないし質入れしようとする場合には、保険事故が発生するまでに、保険金受取人を自己に変更して、自己のためにする生命保険契約としたうえで、譲渡や質権設定を行う必要があると解される[32]。

　また、保険契約者の債権者も、当然ながら保険金受取人の有する保険給付請求権を差し押さえることはできない。ただ保険契約者が変更権を行使して、自己を受取人に変更すれば、債権者は保険給付請求権を差し押さえることができる。もっとも、保険契約者がその変更権を行使しない場合には、債権者は債権者代位権（民法423条）に基づいて、受取人変更権を代位行使し、保険契約者の自己のためにする保険契約に変更したうえで、保険給付請求権を差し押さえることができると解される[33]。

5　規定の性質

　本条は被保険者の生命・身体の安全にかかわる公序の内容であるため、被保険者の同意に関する他の規律（38条・45条等）と同様に、その性質上、絶対的強行規定と考えられている[34]。したがって、死亡保険契約に基づく保険給付請求権の譲渡・質入れについて、被保険者の同意を一律に不要とする旨の特約等は無効である。

---

31)　第5回議事録4頁以下参照。
32)　第5回議事録4頁以下参照、萩本・一問一答191頁、潘・概説258頁。
33)　潘・概説258頁。
34)　中間試案18頁、補足説明73頁等。

Ⅵ　外国法令

　保険契約成立後に保険給付請求権が処分される場合について、被保険者の同意を要するかどうかは諸外国の立法例では分かれている。

1　被保険者の同意を要する立法例

　フランス保険法典L. 132-2条2項は「被保険者の同意が無効とならないためには、すべての債権譲渡もしくは質権設定に対して、および第三者により被保険者について締結された契約の利益の移転に対して、書面をもって同意が与えられなければならない」とし、すべての債権譲渡もしくは質権設定について、被保険者の書面による同意がなければ無効であると明確に定めている。

　その他に、譲渡、質権設定時に被保険者の同意が必要とされる立法例としては、デンマーク保険契約法108条・109条、スウェーデン保険契約法108条・109条などがある[35]。

2　被保険者の同意を不要とする立法例

　スイス保険契約法74条2項は「保険金請求権は、第三者の同意を得ないでこれを譲渡することができる」と定め、権利の譲渡には被保険者の同意を必要としない旨を明言している。

　ドイツ法では、旧保険契約法でも新保険契約法でも、これに関する明確な条文は置いていないものの、一般にドイツ保険契約法150条（旧159条）2項第2文「その契約を有効なものとするためには、他人の書面による同意を要する」規定は、契約の締結のみに関するもので、締結後の処分（権利の譲渡等）には適用されないと解されている[36]。

　アメリカでは、テキサス州を除き、生命保険証券はその譲渡が賭博の手段と認め

---

　35)　生保試案理由書53頁。

　36)　中川正『独逸商法〔Ⅳ〕保険契約法』228頁（有斐閣・1939）、大森・保険法270頁、山下・保険法274頁(注15)。三宅一夫によると、ドイツでは、かつて、契約締結後の保険金請求権の譲渡その他の処分につき被保険者の同意を要するか否かは議論があった。譲渡その他の処分にも同意を要するとする見解がある一方、「一般にドイツ保険契約法第159条第2項第2文は契約の締結のみに関して締結後の処分には適用なしとする。1931年の改正模範約款は、これを要するとしていた従前の約款を改正し既に監督官庁の認可をも得たるが故に一応不要なりとすることに解決されたものとみるべきであろう」と説明された。三宅・前掲注(7)258頁。

§47 −Ⅶ 1　　　　655

られない限り、被保険利益を有していない者に対しても、それを自由に譲渡することができるとされている。[37]

Ⅶ　今後の展望

1　実務との関係

　本条における改正前商法からの実質的な改正点は、保険給付請求権に対する質権設定についても被保険者の同意が必要であることを明確化した点である。しかし、この点は保険実務でも従来から行われているから、本条によって特に保険実務に影響を与えている事項はないと考えられる。[38]

　保険契約者と保険金受取人が別人である「第三者のためにする保険契約」においては、保険金受取人による保険給付請求権の譲渡や保険給付請求権への質権設定はほとんどない。[39]なぜなら、債権者側からみても、保険金受取人が保険給付請求権を譲渡しまたはその権利に質権を設定したからといって、保険契約者の保険金受取人変更権（43条）や任意解除権（54条）があるため、保険事故発生前の保険給付請求権が単なる期待権にすぎず、極めて不安定なものであり、したがって、そのような実益の乏しい処分が行われることはあまり意味がないからといわれる。[40]

　そして、「第三者のためにする保険契約」における保険契約者による保険給付請求権の譲渡についてもあまり実例がみられない。仮に保険契約者が保険給付請求権を譲渡しようとする場合には、保険会社としては、前述のように、まず保険金受取人を保険契約者に変更して、「自己のためにする生命保険契約」としたうえで、譲渡を行うように誘導することになると考えられる。それに、他人を被保険者とする他人の死亡保険契約である場合は、当然ながら被保険者の同意が必要となる。

　なお、保険実務では、保険給付請求権に対する質権設定に際しては、トラブルに巻き込まれないように、保険会社所定の質権設定契約書等に保険契約者（債務者）・被保険者・保険金受取人（法人契約では保険契約者と保険金受取人）をすべて質権設定者に固定するのが通例である。[41]かかる質権設定関係書類に質権者、保険契約者、

---

37)　三宅・前掲注（7）283頁。
38)　同旨、大串＝日生・解説保険法168頁以下［奥野健介］。
39)　同旨、糸川厚生「生命保険と担保」星野英一ほか編『担保法の現代的諸問題』別冊
　　NBL10号172頁（1983）。
40)　竹濵修「第三者のためにする生命保険契約における質権設定権者」立命館法学339号=340
　　号135頁（2012）、山下孝之「生命保険金請求権の処分と差押」ジュリ751号105-107頁参照
　　（1981）。
41)　同旨、加藤昭「生命保険に基づく権利の担保化」ジュリ964号57頁参照（1990）。

被保険者、保険金受取人全員が署名・押印しなければならない。さらにそれらの関係者の印鑑証明書の提出も求められている。これにより、質権設定に対する被保険者の認識や同意を確認する取扱いをとっている。

2 残された課題

保険事故発生前の保険給付請求権の譲渡・質入れについての被保険者の同意などに関しては、上記に言及したものを含め以下の課題が残されており、今後引き続き議論されていくであろうと思われる。

第1に、保険法では、保険事故発生前の保険給付請求権について、保険契約者による譲渡または質権設定ができるか否かは明確に定められていないので、保険契約者と保険金受取人が異なる「第三者のためにする生命保険契約」について、権利者は保険金受取人であるから、保険契約者が保険事故発生前の保険給付請求権を譲渡し、またはその権利に質権を設定することができるか、仮にできるとする場合は、どのような手続が必要であるか。

第2に、保険実務上、保険契約者と保険金受取人が異なる「第三者のためにする保険契約」においては、権利者である保険金受取人が保険給付請求権を譲渡し、またはその権利に質権を設定する事例は極めて稀であることから、本条の制度がどのように利用されるか。

第3に、会社の合併、分割、事業譲渡（たとえば、団体信用生命保険の保険契約者兼保険金受取人である金融機関が合併した場合、会社分割により当該部門が他の会社に移転した場合、当該部門が事業譲渡された場合など）に伴う保険契約者の変更について、保険給付請求権の譲渡として被保険者全員の同意が必要になるのかどうか。[42]

第4に、生命保険契約の買取り（たとえば、保険契約者兼保険金受取人が第三者に保険契約者としての権利義務を承継させるとともに、その第三者を保険金受取人とし、その対価として一定の金額の支払を受けるという取引）について、道徳危険等の防止のための被保険者の同意、契約の相手方である保険者の承諾等に関する立法論である。この点は、特に社会的に注目されている課題となっている。[43]

〔李　鳴〕

42）　第22回議事録26頁以下。

43）　保険法部会では、生命保険契約の買取りについて検討する必要があるとの指摘があった（補足説明77頁）。

§ 48 - I 1　　　　　　　657

（危険の減少）
第 48 条　生命保険契約の締結後に危険が著しく減少したときは、保険契約者は、保険者に対し、将来に向かって、保険料について、減少後の当該危険に対応する保険料に至るまでの減額を請求することができる。

改正前商法第683条　①　（略）第646条（略）ノ規定ハ生命保険ニ之ヲ準用ス
改正前商法第646条　保険契約ノ当事者カ特別ノ危険ヲ斟酌シテ保険料ノ額ヲ定メタル場合ニ於テ保険期間中其危険カ消滅シタルトキハ保険契約者ハ将来ニ向テ保険料ノ減額ヲ請求スルコトヲ得

【条文変遷】　ロエスレル草案717条、明治23年商法655条・657条、明治32年商法400条、明治44年商法400条、改正前商法646条・683条１項
【参照条文】　保険法11条・77 条、生保試案678条の 4
【外国法令】　ドイツ保険契約法41条、フランス保険法典L. 113- 4 条、イタリア民法典1897条

I　概　　要

1　意義

　保険料の算定は、給付・反対給付均等の原則に基づいて行われている。給付・反対給付均等の原則とは、保険契約者が支払う保険料と保険事故発生の際に支払われる保険金の数学的期待値が等しくなるようにする原則のことである。この原則は、保険契約者が支払う保険料が公平になるために用いられることから、「公平の原則」とも呼ばれている[1]。

　保険契約の締結に際し、保険者は、保険契約者または被保険者の告知から得た情報に基づいて危険選択を行っている。しかし、保険契約は継続契約であるから、保険期間中に危険が増加したり減少したりすることがある。それは危険の変動と呼ばれている。危険の変動が給付・反対給付の均等を崩す場合は、それを修復するために保険契約の内容を調整する必要がある。

　危険が減少した場合は、従前から支払われている保険料が、減少後の危険に相当する保険料よりも高くなり、過剰徴収となる可能性がある。これを減少後の危険と

---

1 ）　収支相等の原則との相違について、保険料と保険金の均衡を保つ意味で同義であるが、収支相等原則は、保険会社全体のことを指す。すなわち、保険料総額（＋運用益）＝保険金総額（＋諸経費）。これに対し、給付・反対給付均等の原則は、個々の保険契約のことを指す。すなわち、１人当たりの保険料＝保険事故の発生率×１事故当たりの保険金。

保険料とが釣り合うように是正し、保険料減額を請求する権利を保険契約者に与えたのが、危険の減少に関する法規制の意義である[2]。

2 規定改正の趣旨

改正前商法には危険の減少に関する直接の規定はなかったが、同646条（同683条1項により生命保険契約にも準用）では、特別の危険を斟酌して保険料の額を定めた場合において、保険期間中にその危険が消滅したときに、保険契約者は保険料の減額を請求することができるとした規定が置かれていた。これは、特別の危険が消滅したときに限って保険料の減額請求が認められるものであり、危険の減少一般について適用されるものではない。加えて、「特別の危険」とは具体的に何を意味するのかが必ずしも明らかではないとの指摘があった。

立法論上、外国の立法例では危険の減少の場合の保険料減額請求について規定されており、約款でも同様の規定が置かれていることがある。危険の増加との均衡からすれば、特別の危険を斟酌していない場合であっても、危険が減少したときに、保険料の減額請求を認めるべきであるとの見解があった。

そこで、保険法では、保険契約者の利益を保護するために、改正前商法の規律を改め、危険が減少した場合の一般的な規律を設けることとし、保険料減額請求権の適正化を図っている[3]。

3 条文概要

危険の減少による保険料の減額請求についての規定は、保険法における各契約の共通事項である。損害保険契約にあっては11条、生命保険契約にあっては48条、傷害疾病定額保険契約にあっては77条である。保険契約の種類のみが異なる以外は、全く同一である。

本条（48条）は、生命保険契約の締結後に危険が著しく減少したときは、保険契約者は保険者に対し、将来に向かって、保険料について、減少後の危険に対応する保険料に至るまでの減額を請求することができることと定めている。

本条により、保険料の減額請求は、契約締結時に斟酌した特別の危険に限定せずに、事由の如何にかかわらず、危険が減少した場合には、当該減少後の危険に見合った保険料に変更することを認める一方、危険の減少の程度が、保険料の変更をもたらさないような微細な減少にすぎない場合には保険料の減額請求を認めないとさ

2） 萩本・一問一答68頁（注1）。

3） 補足説明31頁、部会資料(23)6頁、萩本・一問一答67頁参照。

れ、減額請求権の効力は、将来に向かって生ずる。

本条は、片面的強行規定である（49条）。

II　沿　　革

明治23年商法までは、危険の減少に関する規律は、特別の危険を斟酌した場合に限定されておらず、単純な危険減少の制度であった（ロエスレル草案717条、明治23年商法655条・657条）。また、ロエスレル草案の当初から、保険料不可分の原則を採用してきた。

明治32年商法は、明治23年商法とは立場を変え、保険契約の当事者が特別の危険を斟酌して保険料の額を定めた場合において保険期間中その危険が消滅したときは、保険契約者は将来に向かって、保険料の減額を請求することができるとしていた（明治32年商法400条、同433条1項により生命保険契約にも準用）。その後、明治44年商法、大正13年改正を経て条文番号が変わったものの、内容はそのまま改正前商法に受け継がれていた。

詳細については、§11解説IIを参照されたい。

III　改正前商法

1　改正前商法の規律

改正前商法646条（同683条1項により生命保険契約にも準用されている）は、「保険契約ノ当事者カ特別ノ危険ヲ斟酌シテ保険料ノ額ヲ定メタル場合ニ於テ保険期間中其危険カ消滅シタルトキハ保険契約者ハ将来ニ向テ保険料ノ減額ヲ請求スルコトヲ得」と定めていた。その理論構成については、以下のように解釈されている[4]。

ここにいう特別の危険とは、事故発生率に影響を及ぼすべき事情をいう。危険の減少は通常保険契約に何らの影響を及ぼさないが、保険契約の当事者が特別の危険を斟酌して、特に普通より高い保険料が定められていた場合であって、保険期間中、その危険が消滅したときは、保険契約者が保険料の減額請求をすることが認められる。生命保険においては、たとえば、航空旅行または熱帯地旅行を担保するものとして特別保険料を定めて契約したが、後にその旅行が中止された場合などである。

4）　松本・保険法127頁、石井照久『改訂商法II（商行為法・海商法・保険法・有価証券法）』321頁（勁草書房・1957）、伊沢・保険法186頁、大森・保険法164-165頁、西島・保険法95頁、山下・保険法588頁等参照。

特別の危険の消滅は、危険が客観的になくなった場合はもちろん、当該保険者の保険技術によって、これを特別の危険と認めなくなった場合も含まれる。

保険料減額請求権の性質は形成権に該当し、減額の効果は将来に向かってのみ生ずる。しかも保険料不可分の原則により、減額請求時に属する保険料期間の次の保険料期間以後の保険料が減額されることになる。したがって、既経過期間についての保険料は遡及的に減額されないし、保険者はその部分について、すでに受け取った保険料を返還する義務はない。

2 改正前商法の下での議論

改正前商法の下では、危険の減少について盛んな議論もなく、公刊の判例・裁判例も見当たらない。もっとも、改正前商法においては、特別の危険の消滅に関する規定があるのみであり、危険の減少について特に規定されていないことについて異論があった。また、そもそも改正前商法646条は、保険契約者が現実に利益を受けることの少ない制度であること、「特別の危険」にあたるのはどのような場合であるかは必ずしも明らかではないという評価もみられた。[5]

立法論としては、危険の増加に関する規律との均衡を図ること、契約当事者間の衡平に合致すること、保険契約者の利益に資することなどの観点から、特別危険の消滅という制度ではなく、より一般的に危険の著しい減少の場合における保険契約者の保険料減額請求権を認めるべきであるとの見解が存在した。当該規定は、任意規定と考えられていた。[6]

もっとも、後述の理由（Ⅶ1参照）で、個人の生命保険契約については改正前商法の規定の適用が排除されているといわれていた。[7]

Ⅳ 立法過程

1 保険法制定前試案

生保試案は、678条の4（危険の著しい減少）をもって「保険契約の締結後に危険の著しい減少があった場合には、保険契約者は、危険の著しい減少があった時以後に履行期が到来する保険料の減額を請求することができる」とする規定を提案した。

改正前商法の規定に比べ、同条では、改正前商法646条にいう「特別の危険の消

---

5) 西島・保険法95頁、山下・保険法588頁。

6) 山下・保険法589頁。

7) 大森・保険法308頁、山下・保険法581頁。

減」の代わりに「危険の著しい減少」という概念を用いるほか、改正前商法646条の「保険期間中」を生保試案678条の3にならって「保険契約の締結後」に変えた。また、損保試案646条と異なり、生保試案のほかの規定と同様に「保険料期間」の概念を用いず、保険契約者は、危険の著しい減少があった時以後に履行期が到来する保険料の減額を請求することができるものとされている。同条は、「危険の著しい増加」に関する生保試案678条の3に対置する規定として位置づけられている[8]。

同条は、任意規定とされた。これは、危険の著しい減少に対して、従前の保険料額を維持したまま保険金額を引き上げるなど、本条が定める保険料減額請求権以外の方法で対処することにも合理性が認められないわけではなく、そのような対処方法をあえて排除する必要はないと考えられるからである[9]。

2 法制審議会保険法部会の審議

保険法部会において、危険増加の問題については盛んに議論がされていたが、危険減少の問題については、実質的議論は少なかった（§11解説Ⅳ2参照）。

Ⅴ 条文解説

1 保険料減額請求権の発生要件

本条は、「生命保険契約の締結後に危険が著しく減少したときは、保険契約者は、保険者に対し」、「保険料について、減少後の当該危険に対応する保険料に至るまでの減額を請求することができる」と定め、保険料減額の請求が認められるには、「危険が著しく減少した」ことが必要とされている。

ここにいう「危険」とは、「保険事故の発生可能性」（37条）を意味する。そして、「危険が著しく減少したとき」とは、保険料に影響する（跳ねる）程度になって、約定の保険料の額が過剰になっている場合を意味する。換言すれば、保険料の変更をもたらす場合と解される[10]。

危険の軽微な減少は、本条で認められる保険料減額の請求対象に該当しない。なぜなら、危険の減少はあっても、保険料にほとんど影響しない軽微な減少についてまで保険契約者に保険料減額請求権を認めると、その減額請求に対応することで契

---

8) 生保試案理由書100頁。
9) 生保試案理由書102頁。
10) 山下ほか・保険法152頁［山本哲生］、岡田豊基「保険契約の変動」甘利=山本・論点と展望61頁、上松・ポイント解説51頁、福田=古笛・逐条解説42頁、福田弥夫「危険の変動」落合=山下・理論と実務143頁、大串=日生・解説保険法66頁［千葉恵介］、土岐孝宏「保険法における危険減少の規律の解釈と保険者の開示義務」中京法学45巻3=4号310頁（2011）等。

約処理の煩雑化を招き、保険者の負担を増加させて、結果的にかえって保険契約全体のコストが増大することになりかねないからであると説明されている。[11]

なお、著しい危険増加といえるためには、継続的な状態が必要であると解されていることから、著しい危険の減少も、同様に一時的な危険の減少までは含まないものと解される。[12]

2 保険料減額効果の発生時期

本条は、「保険契約者は、保険者に対し」、「保険料について、減少後の当該危険に対応する保険料に至るまでの減額を請求することができる」と定めている。

しかし、保険料減額の効果はどの時点から発生するのかについて、学説上、請求時説と減少時説に分かれている。[13]

保険料減額の効果は、原則として保険契約者の減額請求時からであると解しているのが多数説である（以下「請求時説」という）。[14]その理由として、条文上の「将来に向かって」という文言より、保険料減額の効果は、将来に向かってのみ生ずることが明らかであり、保険料減額請求権は形成権であるから、減額請求がなされた時点から減額の効果が生じるのが一般的である。

これに対して、保険料減額の効果は、危険減少の時点であると解している少数説もある（以下「減少時説」という）。[15]その理由として、条文上の「減少後の当該危険に対応する保険料」という文言より、危険の減少が生じた時から減額の効果が生じるのが原則である。仮に減額請求時からであると解すべきとしても、本条は、後述のように、保険契約者の不利に変更することができない片面的強行規定であるから、反対解釈によれば、契約上、保険契約者の有利に変更することが可能である、とする。

請求時説と減少時説のどちらも理論的には成り立つようにみえるが、保険契約者の利益を保護する観点からすれば、減少時説がより妥当であると考える。

立法担当者より、「保険法では保険料不可分の原則を当然の前提とはしないとすれば，減額の効果が生ずる時期についても個々の契約にゆだねることとなり，何ら

---

11) 萩本・一問一答67-68頁。

12) 竹濱・Q&A新保険法118頁［波多江崇］、山下・保険法571頁。

13) 土岐・前掲注(10)311頁。

14) 山下=米山・解説350頁［竹濱修］、福田=古笛・逐条解説42頁、潘・概説91頁、保険法コンメンタール40頁［榊素寛］、大串=日生・解説保険法67頁［千葉恵介］、土岐・前掲注(10)311頁以下。

15) 岡田・前掲注(10)62頁、福田・前掲注(10)144頁。

§48-Ⅴ3,4・Ⅵ   663

の規律も設けない場合には減額請求の時から減額の効果が生ずることとなる」との
考え方も示されている。[16]これに鑑みて、保険料減額の効果が危険減少時以降となる
旨を約款で定めても本条規定に抵触しないものと考えられる。

3 保険料減額請求権の法的性質および立証責任

　本条は、「保険契約者は、保険者に対し」、保険料について、減額を請求すること
ができるとしている。これにより、保険料減額の請求権者は、保険契約者である。
　保険料減額請求権の法的性質は、改正前商法646条と同様に、形成権（単独の意思
表示のみによって法律効果を生じさせることのできる権利）である。[17]したがって、保険
者の承諾がなくても保険契約者の一方的意思表示によって保険料の減額請求権を行
使しただけでその効果を生じる。もっとも、保険者は、危険の著しい減少が生じた
との事実を確認する必要があるため、保険契約者から請求があったからといって、
保険料減額の効果が自動的に発生するわけではない。[18]
　危険の著しい減少が生じたことを保険者側が直接知ることは困難であるため、そ
れを証明する責任は、保険料の減額を請求する保険契約者側が負うことになると考
えられる。[19]一方、保険料率の変更を伴う危険の減少があったか否かは、保険契約者
は容易に知りえないため、保険者は、保険料の減額請求を拒否する場合において、
保険料が下がることにならないという事実の存在について、証明責任を負担すると
する見解もある。[20]

4 規定の性質

　本条は、保険料減額請求の主体である保険契約者の保護を図る規定であるから、
規定の性質は、保険契約者に不利な約定を無効とする片面的強行規定とされる（49
条）。したがって、本条の規律に反する約定で保険契約者の不利に変更することは
できない。

Ⅵ　外国の立法例

　諸外国においても、危険の減少に対応する立法例がみられる。改正前商法646条

---

16)　第2回議事録36頁。
17)　第2回議事録36頁参照。
18)　福田・前掲注(10)144頁、保険法コンメンタール40頁［榊素寛］、同旨。
19)　伊沢・保険法187頁以下参照。
20)　土岐・前掲注(10)19-21頁。

は、保険料の減額請求ができるのを、特別危険の消滅に限定するドイツ保険契約法
41条の規定に類する立場をとっている。本条は、危険が減少した場合の一般的な規
定とする点でフランス保険法典L. 113-4条、イタリア民法典1897条の立場をとっ
ていると考えられる。もっとも、フランス法・イタリア法のいずれも、本条のよう
に危険減少の程度に関し「著しい」という制限が設けられていない。保険料減額効
果の発生時期について、フランス法は明らかでないが、ドイツ法・イタリア法とも
請求時以降とされている。規定の性質が（片面的）強行法規である点は、ドイツ法、
イタリア法、フランス法で共通している。なお、いずれも保険料不可分の原則を採
用していないようである。

　詳細については、§11解説Ⅵを参照されたい。

Ⅶ　今後の展望

1　実務との関係

(1)　健康状態等の身体的危険の改善は対象外

　理論的には、生命保険契約においても危険の減少は現実にありうる。たとえば、
契約締結時、被保険者の健康状態などが会社の標準とする普通危険に適合しない保
険契約について特別保険料を徴収するという条件で引き受けられていたが、契約締
結後に健康状態が改善されたときは、危険の減少に該当し、保険料の減額を請求す
ることは可能であると考えられる[21]

　しかしながら、生命保険実務上、危険の減少はほとんど問題とならない。危険の
減少による保険料の減額請求に関する規定は、約款には設けられていない[22]。一般に、
生命保険契約においては、契約の締結時に将来にわたっての危険の変動、すなわち
被保険者の健康状態の変化の可能性も織り込んだうえで保険料が算定されているか
ら、保険契約締結後に被保険者の健康状態が変化してもそれは危険の著しい増加に
も危険の著しい減少にも該当しない[23]。したがって、健康状態が改善したとしても、
「危険が著しく減少した場合」にはあたらず、原則として保険料の減額請求は認め
られない。換言すれば、本条の適用はないと解されている[24]。これについて、「個人
の死亡保険契約のように、危険の増加の通知を求めていないことによって危険の増

21）　同旨、潘・概説244頁、土岐・前掲注(10)19頁。

22）　日本生命保険 生命保険研究会編『生命保険の法務と実務〔第3版〕』195頁（金融財政事
　　情研究会・2016）、第2回議事録39頁。

23）　生保試案理由書101頁、部会資料(25)7頁、萩本・一問一答68頁(注4)。

24）　山下＝米山・解説350-351頁［竹濵修］。

加に関する規律の適用がない契約においては、合わせて危険の減少に関する規律の適用を除外することは強行規定性に反しない」と説明されている[25]。

(2) **職業変更に伴う本条適用の可能性**

生命保険契約において危険の著しい減少による保険料の減額請求の対象となりうるのは、被保険者の安全な職業や安全な就業先への変更など環境的危険の変更のみである[26]。たとえば、保険者が被保険者の職業の危険度に応じてA（普通の危険）、B（AとCの中間の危険）、C（最も危険）という三種類の保険料率を設定している場合で、被保険者がCからAにまたはCからBに職業を変更したときは、危険の著しい減少にあたるといえるから、保険契約者は保険料減額請求権を取得することになる[27]。

もっとも、従前は、被保険者が採石業や炭鉱業等の危険度の高い職業に従事している場合に「職業による特別保険料」を徴収し、離職または異動した場合にはこれを減免する取扱いを行っていたが、現在はかかる制度が廃止されている[28]。

(3) **団体保険の保険料調整**

生命保険会社が取り扱う団体保険、たとえば、企業等の団体またはその代表者が保険契約者となり、その役員・従業員等の所属員を一括して被保険者（被保険団体）とし、保険料は団体が負担する毎年自動更新の総合福祉団体定期保険において、個々の被保険者の健康状態についてすべてを把握することは困難であるため、保険契約者による被保険者の勤務状態の告知（勤務告知）のみで危険選択が行われるのが原則である。保険料は、契約締結（更新）時に、所属員の性別・年齢別保険料の合計を平均し保険金総額で除して算出される。いわゆる平均保険料率が用いられる。各団体の契約に適用される平均保険料率は、毎年見直され、団体全体の支払率によって、割引や割増を適用されることもある[29]。

団体保険の保険料調整制度の趣旨は、保険法の危険の減少（危険増加も含む）の規律と同様である。もっとも、団体ごとに適用される平均保険料率は、原則として保険期間の終期まで変更されることはない[30]。したがって、保険期間の始期に決定された平均保険料率は、保険期間の途中で若い新入社員が増えることにより被保険者の年齢構成等に若干の相違が発生したとしても、保険料の減額を請求することは認められないと考えられる。

---

25) 部会資料（9）21頁。

26) 日本生命保険 生命保険研究会編・前掲注(22)195頁。竹濵・Q&A新保険法119頁 [波多江崇]、福田・前掲注(10)143頁。

27) 生保試案理由書101頁参照。

28) 日本生命保険 生命保険研究会編・前掲注(22)195頁。

29) 日本生命保険 生命保険研究会編・前掲注(22)330-357頁参照。

30) 日本生命保険 生命保険研究会編・前掲注(22)345頁参照。

2 残された課題

§11解説Ⅶ2において記載されている課題のほか、学説上、危険の変動の「保険料織り込み済み」という理論について異論がある[31]。その理由は、将来における危険の変動（危険増加や危険の減少）を契約締結当時に保険料に織り込んで高額の保険料が設定されるよりも、危険の増加や危険の減少が実際に起こった場合に保険料を調整するほうが保険料の低廉化に資するし、保険契約者にとっても望ましいこと、および「保険料織り込み済み」という手法は、保険契約者による保険料減額請求権の行使を事実上困難ならしめ、ひいては、保険契約者の権利を片面的強行規定として保障している本条の趣旨を没却しかねないことである。そして、本条に定める保険契約者の保険料減額請求権を現実には画餅に帰せしめないよう、何らかの形で解釈論に反映させる必要があるとの見解がある[32]。

これも今後一層の議論が期待される。

〔李　鳴〕

（強行規定）

第49条　第42条の規定に反する特約で保険金受取人に不利なもの及び前条の規定に反する特約で保険契約者に不利なものは、無効とする。

【条文変遷】　新設
【参照条文】　保険法42条・48条・7条・41条
【外国法令】　§7解説Ⅳ参照

Ⅰ　概　　要

本条（49条）は、12条（損害保険）、78条（傷害疾病定額保険）との共通事項として、保険法第3章（生命保険）第2節（効力）に設けられている諸規定のうち、第三者のためにする生命保険契約および危険の減少に関する規定を片面的強行規定とするものである。

---

31)　第2回議事録31頁、萩本・一問一答68頁(注2)、土岐・前掲注(10)320頁、山下=永沢・保険法Ⅱ 101頁以下［土岐孝宏］。

32)　土岐・前掲注(10)303頁。

§49-II 1   667

　規定の性質に関する分類、片面的強行規定の保険法への導入の趣旨、立法過程、外国の立法例および今後の展望については、§7と§41の解説で述べたところと基本的に同様であるので、これらの解説を参照されたい。

II　条文解説

　本条は、「第42条の規定に反する特約で保険金受取人に不利なもの及び前条の規定に反する特約で保険契約者に不利なものは、無効とする」ことを定め、次の規定の性質が片面的強行規定であることを明記している。

1　42条に関する規定
　本条の前半部分は、第三者のためにする生命保険契約に関する42条の規定を片面的強行規定とするものである。

(1)　第三者のためにする生命保険契約規定の概要
　42条は、「保険金受取人が生命保険契約の当事者以外の者であるときは、当該保険金受取人は、当然に当該生命保険契約の利益を享受する」と定めている。保険法では、保険契約者が契約当事者以外の第三者を保険金受取人とする生命保険契約を締結することができることを前提として、その場合において、保険金受取人が生命保険契約の受益、すなわち保険事故発生（被保険者死亡）による保険金請求権を自己固有の権利として当然に取得する（§42解説V 2参照）。

(2)　不利な特約の対象者
　42条は、生命保険契約の特質から、第三者のためにする契約における権利の発生要件である受益の意思表示（民法537条3項）を不要とし、保険金受取人の保護を図る規定である。したがって、本条の前半部分における不利な約款の対象者は、保険金受取人である。

(3)　無効とする不利な特約
　本条の前半部分によれば、保険金受取人の当然の利益享受に何らかの条件などを付する特約は認められない。たとえば、約款で、保険金受取人が保険金請求権を取得するためには受益の意思表示を必要とする場合、あるいは受益の意思表示を保険金受取人の権利発生要件とした場合には、保険金受取人が不利益を被ることになるため、本条の前半部分に掲げる42条の規定に反する特約で「保険金受取人に不利なもの」として無効になると考えられる[1]。

────────────

1 ）　山下=米山・解説352頁［萩本修=嶋寺基］等。

2 48条に関する規定

本条の後半部分は、生命保険における危険の減少に関する48条の規定を片面的強行規定とするものである。

(1) 危険の減少規定の概要

48条は、「生命保険契約の締結後に危険が著しく減少したときは、保険契約者は、保険者に対し、将来に向かって、保険料について、減少後の当該危険に対応する保険料に至るまでの減額を請求することができる」と定めている。保険法では、契約締結後に、給付反対給付均等原則に基づき、危険（保険事故の発生可能性）が著しく減少し、契約締結時に定められた保険料が過剰となった場合に、危険の減少が起こった事由を問わず、将来効として、保険契約者に保険者に対する保険料減額請求権が与えられている（§48解説Ⅴ参照）。

(2) 不利な特約の対象者

48条は、危険の減少の場合における保険料減額請求権を適正化し、保険料減額請求の主体である保険契約者の保護を図る規定である。したがって、本条の後半部分における不利な約款の対象者は、保険契約者である。

(3) 無効とする不利な特約

たとえば、危険が著しく減少した場合でも保険料の減額請求を認めない旨の特約や、減額請求の範囲を保険法の規定よりも制限する特約などは、保険契約者が不利益を被ることになるため、本条の後半部分に掲げる48条の規定に反する特約で「保険契約者に不利なもの」として無効となると考えられる[2]。

〔李　鳴〕

2）　山下=米山・解説351頁［竹濵修］、352頁［萩本修=嶋寺基］等。

§50-I・II   669

第3節　保険給付

（被保険者の死亡の通知）
第50条　死亡保険契約の保険契約者又は保険金受取人は、被保険者が死亡したこと
を知ったときは、遅滞なく、保険者に対し、その旨の通知を発しなければならない。

改正前商法第681条　保険契約者又ハ保険金額ヲ受取ルヘキ者カ被保険者ノ死亡シタ
ルコトヲ知リタルトキハ遅滞ナク保険者ニ対シテ其通知ヲ発スルコトヲ要ス

【条文変遷】　ロエスレル草案713条、明治23年商法651条、明治32年商法432条、改正前
　　　　　　商法681条
【参照条文】　保険法14条・79条
【外国法令】　ドイツ保険契約法33条・34条、イタリア民法典1913条・1915条、スイス保
　　　　　　険契約法38条-40条、ヨーロッパ保険契約法原則第6-101条・第6-102条

I　概　　要

　生命保険契約において、死亡保険契約の保険契約者または保険金受取人には、被
保険者が死亡したことを知ったとき、保険者に対し、その旨を遅滞なく通知する義
務が課せられている。本条（50条）は、改正前商法681条の規定を維持している。な
お、この規定は任意規定である。

II　沿　　革

　ロエスレル草案713条およびそれを継受した明治23年商法651条は、総則規定であ
って生命保険にも適用があるものと解される（§14解説II参照）。
　明治32年商法では、生命保険の通知義務は損害保険と別の規定となっている。明
治32年商法は、明治23年商法と異なり、保険の章を損害保険と生命保険の2節とし
た。その理由は、明治23年商法では生命保険の意義を狭く解し、生存保険年金保険
等を除外していたが、明治32年商法は広義に解し、報酬を受け人の生死に関して金
額を支払うことを約する契約はことごとく生命保険に包含することとしたので、二
者同一の規定を適用することができないものが多いためであるとする[1]。ただし、商

670   §50-Ⅲ1,2

法修正案理由書段階では、生命保険における通知義務の規定（430条）は、損害保険
の規定（411条）を準用するとして、独自の規定は定められていなかった。そして、
明治32年商法432条は、「保険契約者又ハ保険金額ヲ受取ルヘキ者カ被保険者ノ死亡
シタルコトヲ知リタルトキハ遅滞ナク保険者ニ対シテ其通知ヲ発スルコトヲ要ス」
という独自の規定になり、改正前商法681条と同一文言の規定に至った。明治32年
商法432条は、被保険者を通知義務者から除いているが、それは被保険者が死亡す
る場合であるからであると説明されている[2]。その他、明治23年商法からの規定の変
更点については§14解説Ⅱ参照。

Ⅲ　改正前商法

1　趣旨・法的性質

　生命保険契約において保険事故が発生した場合には、保険者は、損害保険契約に
おけるように損害額を算出する必要はなく、原則として約定保険金額の支払をすべ
き義務を負うが、免責事由に該当しないかなど保険給付義務があるかどうかを判断
する必要があるため、改正前商法681条には、保険契約者または保険金額を受け取
るべき者に被保険者の死亡を保険者に通知する義務が課せられている[3]。条文上は死
亡だけに限定されているが、約款では、支払事由が生じたときは、ただちに保険者
に通知すべき旨を求めている。

　通知義務の法的性質については、法律上の真正義務であるとする真正義務説が通
説である[4]。これに対し、契約締結時における告知義務と同じく履行の強制に親しま
ないので、たんに保険金請求権行使のための前提であるとする前提要件説がある[5]。
前提要件説は、契約当事者ではない保険金額を受け取るべき者にも通知義務が課せ
られていることも理由としてあげる[6]。

2　要件

(1)　義務者

　通知義務の主体は、保険契約者または保険金額を受け取るべき者である。いずれ

---

1)　商法修正案理由書319頁。
2)　堀田正忠=柿崎欽吾=山田正賢『商法講義下巻』1044-1045頁（信山社・2001〔復刻版〕）。
3)　山下・保険法485頁。
4)　大森・保険法168頁。
5)　野津・法論294-298頁、田辺康平『新版保険法』198頁、128頁（ミネルヴァ書房・1976）。
6)　判例コンメンタール765頁〔吉川吉衛〕。

か一方が保険者に通知すれば足りる。[7] 保険契約者、被保険者および保険金額を受け取るべき者が同一人であって、その者が死亡した場合には、その地位を相続した者が通知義務を負うと解すべきである。[8]

通知は通知義務者本人が自ら行う必要はなく、代理人または単なる履行補助者が行ってもよい。[9] 事実の通知にすぎないから通知義務者が無能力者の場合、必ずしもその法定代理人が行う必要はない。[10]

(2) 通知の相手方

通知の相手方は、保険者または通知の受領権限のある第三者である。外務員が相手方になるかどうかは問題である。[11] 外務員は、主として生命保険の勧誘事務に従事する者であり、とくに授権されていない限り、通知を受領する権限を有しないのが原則だからである。[12]

(3) 通知義務の発生

保険契約者または保険金額を受け取るべき者が被保険者の死亡を知ったときに通知義務が発生する。保険契約者および保険金額を受け取るべき者は、死亡の事実を知らない場合には、過失に基づくと否とを問わず通知義務を負わない。[13]

保険者が保険事故の発生を何らかの方法で知った後は、通知義務違反があったことをもって対抗できないが、通知義務者において、保険者が保険事故の発生を知っていたことの立証責任を負う。[14]

(4) 通知の時期・方法

「遅滞なく」については§14解説Ⅴ2(4)参照。「遅滞なく」とは、相当の注意を用いて、できるかぎり早くという意味であり、直ちにという意味でもなく、即刻という意味でもない。[15]

通知は発すれば足りる。到達するのが普通であるが、何かの事情で到達しなくてもその危険は保険者が負う。[16]

---

7) 竹濱修「保険事故発生の通知・説明義務の再検討(1)」立命館法学217号312頁（1991）。
8) 竹濱・前掲注(7)313頁。
9) 竹濱・前掲注(7)313頁。
10) 青谷・法論Ⅰ 340頁、久留島隆「被保険者・保険金受取人の義務」金判986号109頁（1996）。
11) 外務員にはないとするものに石田・商法Ⅳ 327頁。
12) 竹濱・前掲注(7)314頁。
13) 判例コンメンタール765-766頁［吉川吉衛］、久留島・前掲注(10)110頁。
14) 久留島・前掲注(10)110頁。
15) 久留島・前掲注(10)110頁。
16) 久留島・前掲注(10)110頁。

672　　　　　　§50 -Ⅲ 3・Ⅳ 1

死亡の通知方法については、商法上格別の規定はないから、口頭でも書面でもよく、各場合の事情に応じて、信義誠実の原則に照らして解釈すべきことになる。

⑸　通知に要する費用

一般原則に従い、義務の履行に要するものとして通知義務者が負担すべきものと解される。

3　違反の効果

通知義務違反の効果について商法には規定がない。通説である真正義務説によれば、通知義務者が通知を怠っても保険者の保険金支払の責任を免れることはなく、ただ、そのために保険者が調査費用の支出を余儀なくされた場合には、その損害額を支払うべき保険金から差し引くことができることになる。しかしながら、定額保険である生命保険契約では、実際には損害賠償という解決は不可能であると指摘される[17]。

前提要件説では支払義務を免れるものではなく、通知があるまでは保険金支払義務の履行期が到来しないと解される[18]。

Ⅳ　立法過程

1　保険法制定前試案

2005年生保試案（以下「生保試案」という）658条は、「保険契約者または保険金を受け取るべき者は、被保険者が死亡したことを知ったときは、保険者に対し、遅滞なく、その通知をしなければならない」と規定していた。本条は、損害保険の規定が半面的強行規定であるのに対し、任意規定である。改正前商法681条と同趣旨であり、通知は書面によりなすことを要しない[19]。損保試案と異なる点は、まず義務違反の効果に関する規定を新設していないことである。損保試案（658条の3第1項）のように減額できるという規定を設けることも一考に値するとしつつ、死亡保険の場合には、保険者にそのような損害が発生することはあまり考えられないので、特に規定は設けないと説明されている[20]。

次に説明義務の規定が新設されていないことである。説明義務が新設されなかっ

---

17)　石田・商法Ⅳ 328頁、山下・保険法486頁。
18)　判例コンメンタール765頁［吉川吉衛］。
19)　生保試案理由書130頁。
20)　生保試案理由書130頁。

§50−Ⅳ2　　　　　　　　　　　　　　　　　　　673

たのは、死亡保険の場合には、死亡の事実の確認はそれほど困難とは考えられず、事情説明や証拠提出に過大な費用を要することはないと思われるためである。[21] そのかわり死亡に関する事情の調査について新設し、生保試案681条の2は、「保険者は、被保険者の死亡に関する事情の調査をする必要があるときは、保険契約者または保険金を受け取るべき者に対して事情の説明および証拠の提出を求めることができる」と規定していた。なお、通知義務と同様に任意規定であるとする。改正前商法では明文の規定はなく、約款で保険契約者または保険金受取人のいわゆる事実確認応諾義務が定められていた。本条は、保険契約者および保険金受取人の義務という形ではなく、保険者の協力または説明を求める権利という形で規定を設ける方法を採用している。本条を置く商法上の意味は、保険契約者または保険金受取人について、立証責任から通常導かれる以上の協力義務のようなものを認める点にあるため、病死の場合に医師の死亡診断書の提出を求めることができるのは、本条の規定がなくても当然であり（約款中に規定しておくことが望ましい）、交通事故の場合のように、被保険者の死亡を確認する必要がある場合を念頭においている。[22]

2　法制審議会保険法部会の審議

保険法部会では、改正前商法の規定を基本的に維持する方向で検討がなされた。

(1)　第1読会から中間試案まで

保険法部会開始当初（第1読会）にあげられた改正点は、損害保険契約と同様に発信主義を採用しないものとすることである。そして、検討事項としては、3点あげている。まず、1点目は、損害保険契約で検討事項としてあげられた説明義務（§14解説Ⅳ2⑴参照）を法定すべきであるとの考え方について生命保険契約に固有の問題はあるか、2点目は、「保険金額ヲ受取ルヘキ者」という規定は、保険金受取人以外の者が含まれるのか必ずしも明らかでないため、保険金請求権の譲受人、質権者等を含めるべきかについてどのように考えるか、そして、3点目は、規定の性質（任意規定か強行規定か）について、どのように考えるか。[23] 到達主義については特に反対はでていない。また、実務上、いわゆる生存保険契約に関しても約款で保険契約者等に保険事故発生の通知義務を課すのが通例であるようだが、死亡保険契約のように法律上の一般的な義務として通知義務を課す必要がないと考えられ、約款で規定していることが否定されないのであれば、法定しないことにつき問

---

21)　生保試案理由書132頁。

22)　生保試案理由書131-132頁。

23)　部会資料(6)4頁。

題はないとする意見があった。説明義務については、生命保険としてはぜひ立法化してもらいたいとの意見がでた。理由は、生命保険に固有の問題として、個人情報保護法の関係で、契約者あるいは医療機関の協力が得られないと、亡くなったときの状態が確認できないため調査が進まず、保険給付金の支払の迅速化に対する支障になっているというケースがあるからである。ただし、義務違反のペナルティーを重くすることは考えておらず、調査義務が履行されるまで保険者は給付義務を負わない、遅延利息の付利期間に入らないといった希望がでた。[24]

第2読会における発信主義を改める、説明義務の法定の採否、規律の性質に関しては、§14解説Ⅳ2(1)参照。保険金受取人には、保険金請求権の譲受人、質権者等を含めない方向で、なお検討することとし、生存保険契約については、規律は設けないものとされた。[25]

中間試案作成途中で到達主義から発信主義に変更された（§14解説Ⅳ2(1)参照）。規定の性質、説明義務についても§14解説Ⅳ2(1)参照。

(2)　**保険法の見直しに関する要綱**

要綱段階では、説明義務に関する規律は設けないことになった（§14解説Ⅳ2(2)参照）。

Ⅴ　条文解説

1　趣旨・法的性質

本条は、死亡保険契約において、保険契約者または保険金受取人は被保険者が死亡したことを知ったとき、保険者に対し、その旨を遅滞なく通知する義務を課すことを定めている。改正前商法681条に該当する。

改正前商法におけると同様、免責事由に該当しないかなど保険給付義務があるかどうかを判断する必要があるため、その確認が迅速かつ的確に行われることを確保する趣旨である。[26]被保険者の死亡は保険契約者側から通知を受けない限り、保険者は認識することができないことから、保険契約者または保険金受取人に通知義務を課している。[27]生存保険契約には適用されない。これは被保険者の一定の時点における生存を保険事故とする場合には、保険事故に関する証拠の散逸等のおそれが少な

---

24)　第5回議事録28-29頁。
25)　部会資料(12)11-12頁。
26)　福田=古笛・逐条解説146-147頁、石山・現代保険法306-307頁。
27)　岡田・現代保険法337頁。

§50-Ⅴ2　　　　　　　　　　　　　　675

いからである。[28] このほか、実務上、保険契約者側からの通知がなくとも保険者側から生存保険金の請求案内を行っていることも根拠の1つとされている。[29]

　通知義務の法的性質は、真正義務説が通説である。[30]

2　要件

(1)　義務者

　通知義務の主体は、保険契約者または保険金受取人である。いずれか一方が保険者に通知すれば足りる。

　保険金受取人とは、「保険給付を受ける者として生命保険契約又は傷害疾病定額保険契約で定めるもの」（2条5号）となっているため、保険金受取人から保険金請求権を譲り受けた者や保険金請求権に質権の設定を受けた者は、保険金受取人には含まれない。そのため、これらの譲受人や質権者は一般に被保険者の死亡の発生を直ちに知りうる立場にはないが、たまたまその発生を知った場合にも、通知義務は課せられないことになる。[31]

(2)　通知の相手方

　通知の相手方は、保険者または通知の受領権限のある第三者である。担当の営業職員などが該当する。[32]

(3)　通知義務の発生

　保険契約者または保険金受取人が被保険者の死亡を知ったときに通知義務が発生する。保険契約者および保険金受取人は、死亡の事実を知らない場合には、過失に基づくと否とを問わず通知義務を負わない。

　保険者が保険事故の発生を何らかの方法で知った後は、通知義務違反があったことをもって対抗できないが、通知義務者において、保険者が保険事故の発生を知っていたことの立証責任負う。

(4)　通知の時期・方法

　「遅滞なく」については§14解説Ⅴ2(4)参照。

　死亡の通知方法については、保険法上格別の規定はないから、各場合の事情に応じて、信義誠実の原則に照らして解釈すべきことになる。口頭でもよいが、約款で書面によることを要求することも可能である。

---

28)　第5回議事録28頁。
29)　山下=米山・解説422頁［後藤元］。
30)　岡田・現代保険法337頁。
31)　山下=米山・解説422頁［後藤元］。
32)　山下=米山・解説423-424頁［後藤元］。

(5) 通知に要する費用

一般原則に従い、義務の履行に要するものとして通知義務者が負担すべきものと解される。

3 違反の効果

通知義務違反の効果については、改正前商法と同様、保険法には規定がない。この問題は、通知義務の法的性質とからめて論じられてきた。しかしながら、被保険者の死亡に関する定額保険である生命保険については、通知義務違反によって損害が生ずることは考えがたい[33]。

約款においても通知義務違反の効果については特段の定めはない。通知がなければ、多くの場合、保険者が被保険者の死亡を知ることはなく、したがって、保険給付に向けた手続が進んでいかないことになる。約款では、保険金の支払事由が生じた場合には、保険金受取人は、遅滞なく保険金の支払に必要な書類を提出して保険金を請求するよう規定しているが、この請求が遅れても保険金受取人に特段の不利益は生じない[34]。

4 規定の性質

生保試案でも任意規定とされていたが、保険法部会で規定の性質が検討された結果、本条は任意規定とされた（53条参照）。したがって、通知義務を加重することも軽減することも可能である[35]。もっとも、任意規定であるとしても、保険契約者等に実現不可能な義務を課すような約定は、公序良俗違反として無効とされる可能性があることに留意が必要である[36]。

5 保険契約者等の説明義務・協力義務

改正前商法には、説明義務の規定はなかった。約款上は、損害保険契約の約款と異なり、事実確認応諾義務が定められていた。生保試案では、IV1で述べたように損害保険契約と異なり説明義務の規定は新設せず、その代わり死亡に関する事情の調査という見出しで保険契約者等の義務ではなく、保険者の説明または協力を求める権利という形で規定を設けた。保険法部会では、説明義務を法定するか否か検討され、生命保険固有の問題があるかどうかも議論されたが、法定はされなかった

---

33) 山下＝米山・解説424頁［後藤元］、石山・現代保険法307頁。
34) 石山・現代保険法307頁。
35) 山下＝米山・解説421頁［後藤元］。
36) 大串＝日生・解説保険法72頁［濱須伸太郎］。

（§14解説Ⅴ5参照）。もっとも、保険契約者等の調査妨害・不協力があった場合には、それにより調査が遅延した期間について保険者が遅滞の責任を負わないものとされた（52条3項）。この規定は、片面的強行規定である（53条）。

Ⅵ　外国法令

　ドイツ・イタリア・スイス法およびヨーロッパ保険契約法原則については§14解説Ⅵ参照。なお、フランス保険法典L.113-2条に規定されている通知義務は、生命保険には適用されない。

Ⅶ　今後の展望

　§14解説Ⅶ参照。ただし、生命保険の約款には、Ⅴ3で述べたように通知義務違反の効果については特段の定めはない。

〔藤田　祥子〕

（保険者の免責）

第51条 死亡保険契約の保険者は、次に掲げる場合には、保険給付を行う責任を負わない。ただし、第3号に掲げる場合には、被保険者を故意に死亡させた保険金受取人以外の保険金受取人に対する責任については、この限りではない。

(1) 被保険者が自殺をしたとき。

(2) 保険契約者が被保険者を故意に死亡させたとき（前号に掲げる場合を除く。）。

(3) 保険金受取人が被保険者を故意に死亡させたとき（前2号に掲げる場合を除く。）。

(4) 戦争その他の変乱によって被保険者が死亡したとき。

改正前商法第680条 ① 左ノ場合ニ於テハ保険者ハ保険金額ヲ支払フ責ニ任セス

(1) 被保険者カ自殺、決闘其他ノ犯罪又ハ死刑ノ執行ニ因リテ死亡シタルトキ

(2) 保険金額ヲ受取ルヘキ者カ故意ニテ被保険者ヲ死ニ致シタルトキ但其者カ保険金額ノ一部ヲ受取ルヘキ場合ニ於テハ保険者ハ其残額ヲ支払フ責ヲ免ルルコトヲ得ス

(3) 保険契約者カ故意ニテ被保険者ヲ死ニ致シタルトキ

改正前商法第683条 ① 第640条（略）ノ規定ハ生命保険ニ之ヲ準用ス

改正前商法第640条 戦争其他ノ変乱ニ因リテ生シタル損害ハ特約アルニ非サレハ保険者之ヲ塡補スル責ニ任セス

【条文変遷】 ロエスレル草案745条、明治23年商法682条、明治32年商法431条・433条・395条、明治44年商法431条・433条・395条、改正前商法680条・683条・640条、生保試案680条・680条の2

【参照条文】 保険法17条・80条・63条、生保試案680条・680条の2、民法891条

【外国法令】 ドイツ保険契約法161条・162条、フランス保険法典L. 113-1条・L. 132-24条・L. 132-7条、イタリア民法典1900条・1922条・1927条、スイス保険契約法14条・15条、ニューヨーク州保険法3203条(b)項(1)・3203条(c)項(1)、スウェーデン保険契約法100条、ベルギー保険契約法9条、韓国商法660条

I 概 要

1 趣旨

　保険法では、保険者の免責について、17条（損害保険契約）、51条（生命保険契約）、80条（傷害疾病定額保険契約）にそれぞれ規定が設けられている。それは各契約の共通事項である。

§51-Ⅰ2   *679*

　生命保険契約における「保険者の免責」とは、かかる保険契約が有効であるにも
かかわらず、保険事故（被保険者の死亡）が発生しても、例外的に保険者が保険給
付を行う責任を負わない場合をいう。
　生命保険契約は有償双務契約であり、一方当事者である保険契約者は、保険契約
の成立により保険料の支払義務を負うのに対し（2条3号）、他方当事者である保険
者は、所定の時期に被保険者が生存または死亡したときに、保険金受取人に対し、
保険給付（満期保険金または死亡保険金）の支払義務を負うのが原則である（2条2
号）。
　しかし、生命保険契約のうち、生存保険契約または生死混合保険（養老保険）契
約においては、被保険者が所定の時期に生存したときには、保険者は保険金受取人
に対し満期保険金を必ず支払わなければならないが、死亡保険金については、公益
的見地（たとえば、公序良俗、モラル・リスク防止）または保険制度上の要請（たとえ
ば、保険収支の悪化防止）から、被保険者の死亡の原因いかんによっては、保険金を
支払うことが好ましくないと考えられる場合がある。そのため、死亡事故が保険法
ないし約款に規定される一定の事由により発生した場合については、保険者の保険
給付義務を免れさせる必要がある¹⁾。

2　条文概要

　本条（51条）は、被保険者の自殺（1号）、保険契約者の故意による被保険者の死
亡（2号）、保険金受取人の故意による被保険者の死亡（3号）、戦争その他の変乱に
よる被保険者の死亡（4号）を保険者の免責事由としている。改正前商法の犯罪免
責事項（同680条1項1号）に相当する規定が設けられなかったこと、および免責事由
の適用の優先順位が明記されている点を除き、基本的に改正前商法680条1項およ
び683条1項で準用される640条の規律を維持している²⁾。

　改正前商法680条2項に規定されていた、保険者免責の場合のいわゆる保険料の
積立金の払戻しについては、本条とは別に定めることとされている（§63解説Ⅴ参
照）。なお、本条は、任意規定である。

───────────────

1)　山下・保険法363頁、倉澤・通論137頁、潘阿憲「保険金支払義務と免責事由」金判1135号
　106頁（2002）、山下=米山・解説427頁［潘阿憲］参照。
2)　第5回議事録19頁以下、補足説明90頁。

Ⅱ 沿　革

1　ロエスレル草案

　ロエスレル草案においては、生命保険および疾病保険に関する免責事由の規定が
745条に置かれていた。同条 3 号において「処刑ノ為メ或ハ処刑中或ハ重軽罪ヲ犯
シタル直接ノ結果トシテ死亡シ或ハ病患ニ遭ヒ又ハ果合或ハ其他随意及ヒ故意ヲ以
テ死亡シ若クハ病患ニ遭フタル時」に保険は無効とすると定められていた。条文上
は「無効」とされていたが、それは、「保険上の無責任」であると解説されていた[3]。
これにより、ロエスレル草案では、保険者の免責事由として犯罪免責と被保険者の
自殺免責があることが分かる。

　犯罪免責事由としては、被保険者が死刑に処せられたときもしくは囚獄中に死亡
したとき、または被保険者が重罪もしくは軽罪を犯したことを直接の原因として死
亡したとき（たとえば、窃盗の際、逃げようとして窓から飛び降りて死亡または負傷し
たときなど）[4]である。なお、犯罪免責事由は、1874年のベルギー法41条にならった
ものといわれている[5]。

　また、自殺免責としては、「自殺」という文言は用いられておらず、「随意及ヒ故
意ヲ以テ死亡」とされていた。これについて、ロエスレルは、次のように説明して
いた[6]。「自殺ハ随意ニ故意ヲ以テ為シタルトキ即チ死セントノ意趣ヲ以テ自カラナ
ス可キノ行為ニ出テタル時ニ限ル」。「精神ノ錯乱若クハ思力知力ノ衰弱ニ依リテ決
断ノ自由ヲ失ナフタルトキハ随意ト看做スヘカラス」。すなわち、自殺は、死のう
とする意思をもって自ら行うに至ったときに限るものである。そして、精神錯乱ま
たは思力・知力の衰弱により自由に決断する能力を失ったときは、自殺とみなすべ
きではないということである。

2　明治23年商法

　明治23年商法においては、生命保険および疾病保険に関する免責事由の規定が
682条 3 号に置かれ、「死亡若クハ病傷カ重罪若クハ軽罪ニ付テノ有罪判決ノ執行ニ
因リ若クハ其執行中ニ生シ又ハ重罪若クハ軽罪ヲ犯シタル直接ノ結果トシテ生シ又
ハ決闘其他故意ノ所為ニ因リテ生シタルトキ」は、「保険ハ……無効トス」と定め

---

　3)　ロエスレル・184頁。
　4)　ロエスレル・188頁。
　5)　青谷・法論Ⅰ　313頁（注 1 ）。
　6)　ロエスレル・189頁。

られていた。ロエスレル草案と同様に、犯罪免責と自殺免責のみが法定免責事由とされていたが、文言を含め改正されていた。これについて、以下のとおり解説された[7]。

「重罪若しくは軽罪についての有罪判決の執行により」とは、たとえば、死刑の執行によって生命を失い、または禁錮刑の執行を受けたため、その釈放後に至り健康を害したようなこと、「その執行中に生じ」とは、徒刑・流刑・懲役・禁錮のような処刑を受け、その執行中に死亡または傷病に罹ったこと、そして、「重罪若しくは軽罪を犯したる直接の結果として生じ」とは、強盗を行うために、他人の家に侵入したところ、その家主に殴られ負傷し、あるいはその他の犯罪が発覚し逃亡した際に墜落して死傷したように犯罪に起因する直接の結果である。

また、明治23年商法では、「決闘」により死傷した場合が無効（免責）の事由として追加された。その理由について、当時、決闘を行う者は、軽罪以上の刑に処されることになるので、本来は明記する必要はないが、時勢の変遷に従い、決闘が重軽罪とされない時期が来るかもしれないことを踏まえ、仮にそのような時勢になったとしても、決闘によって死傷した場合に保険者を免責とする旨を明らかにするために、「決闘」という文言を記載した経緯があった。

明治23年商法においても、「自殺」という文言は用いられていなかったが、「その他故意の所為」とは、主として自殺の場合をいい、その他自ら身体を損傷するような場合もこれに該当する。もっとも、精神錯乱のように精神の自由を失った者が自殺した場合には、無効とすることができないということである。

3　明治32年商法

明治32年商法は、431条1項において、生命保険契約に関し「保険者ハ保険金額ヲ支払フ責ニ任セス」と、すなわち、保険者が保険金額支払の責任を免れる法定免責事由を次のように掲げていた。①「被保険者カ自殺」（1号前段）、②「決闘其他ノ犯罪又ハ死刑ノ執行ニ因リテ死亡シタルトキ」（1号後段）、③「保険金額ヲ受取ルヘキ者カ故意ニテ被保険者ヲ死ニ致シタルトキ但其者カ保険金額ノ一部ヲ受取ルヘキ場合ニ於テハ保険者ハ其残額ヲ支払フ責ヲ免ルルコトヲ得ス」（2号）、そして、433条1項において、損害保険契約の法定免責事由に関する395条の規定は生命保険に準用するとして、④「戦争其他ノ変乱」により被保険者が死亡したときとされていた。

①と②の免責事由は、明治23年商法のそれと同様であったが、「自殺」という文

7）　長谷川喬『商法〔明治23年〕正義第5巻』185-186頁（信山社・1995〔復刻版〕）参照。

言をはじめて用いるようになり、自殺免責事項を明確に定めていた。また、ここにいう自殺には、特約がない限り、精神錯乱者（精神障害者）の自殺は含まれない。なぜなら、精神障害者の自殺は故意に自ら招致した死亡ではないからであると解説されていた[8]。これも明治23年商法の趣旨と変わらないと考える。

一方、③と④は、免責事由として新たに追加されたものである。

③の免責事由を追加した趣旨について、次のように解説されていた[9]。生命保険には保険金額を受け取るべき者は被保険者のほかに存する場合がある。被保険者以外の保険金受取人は、死亡保険金を早く取得するために、被保険者の生命を奪うことがあり、それを防ぐこと、また、保険金を取得するために不法行為をした保険金受取人に利益を与えないことが必要とされるからである。ただし受取人が保険金額の一部を受け取るべき場合には、保険者はその部分についてのみ責任を免れ、その残額については、払い戻さないと保険者の不当利得になるから、これを支払う責任を免れることができないということである。しかしながら、その残額を誰に支払うべきかについては、条文も解説も明らかではなかった。

④の免責事由について、損害保険の免責事由を準用する理由は説明されなかったが、生命保険も損害保険と同様に、戦争その他の変乱（たとえば、暴動のような変乱）による損害は、当事者において予想していない事実であり、かつかかる非常なる危険に対して保険契約をなすには保険料もまた多額にならざるを得ず、そのため、別途法律または特約がない限り、保険者は免責されるという趣旨と解されていた[10]。

4 明治44年商法

明治44年商法では、生命保険契約における保険者の免責規定は、条文数を含め基本的に明治32年商法を受け継いでいたが、免責事由として431条1項3号で「保険契約者カ故意ニテ被保険者ヲ死ニ致シタルトキ」を追加した。追加の趣旨について、次のように説明されていた[11]。つまり、保険金受取人が被保険者を死に致したときに保険者が免責されることはもちろんのこと、これと同じ趣旨で、保険契約者にかかる犯罪があった場合も保険者は免責されるべきである。明治32年商法の規定上、保険契約者と保険金受取人の混同がみられたので、その不備を補ったのである。

---

8) 西川一男＝丸山長渡『改正商法〔明治32年〕要義上巻』660頁（信山社・2005〔復刻版〕）。

9) 西川＝丸山・前掲注（8）661頁。

10) 西川＝丸山・前掲注（8）602頁参照。

11) 政府委員斉藤十一朗氏。法律新聞社編纂『改正商法理由〔明治44年〕〔増補4版〕』389頁以下（信山社・2004〔復刻版〕）、柳川勝二『改正商法〔明治44年〕正解』563頁（信山社・2002〔復刻版〕）参照。

§51 - Ⅲ 1　　　　　683

　明治44年商法431条・433条・395条は、昭和13年の商法改正により、そのまま改正前商法680条・683条・640条として引き継がれた。

Ⅲ　改正前商法

1　改正前商法の規律

　改正前商法は、生命保険契約に関して、以下の事由に該当するときには保険者は保険金を支払う責めに任じないものと定めていた。いわゆる法定の免責事由である。
　①　被保険者の自殺　　改正前商法680条１項１号により、被保険者が自殺により死亡したときは、法定の免責事由に該当する。いわゆる被保険者の自殺免責条項である。これは、被保険者の自殺に対して保険金を支払うことは、射倖契約としての生命保険契約の性質上要請される当事者間の信義誠実の原則に反するからであり、また生命保険契約が不当の目的に利用されるのを防ぐためである[12]。免責期間は、生命保険契約の締結ないし責任開始後の全保険期間にわたるものとされていた。
　②　決闘その他の犯罪または死刑の執行　　改正前商法680条１項１号により、自殺免責のほかに、被保険者が決闘その他の犯罪または死刑の執行により死亡したときも、法定の免責事由に該当する。いわゆる被保険者の犯罪免責条項である。これは、被保険者の犯罪等による死亡に対し保険金を支払うものとすれば、犯罪者をして遺族等の保険金受取人に保険金を残すことにより安んじて犯罪行為に走らせることになり、またそのような事情がなくとも、被保険者の犯罪等による死亡に対して保険金を支払うことは、公益に反するからである[13]。
　③　受取人による故殺　　改正前商法680条１項２号により、保険金額を受け取るべき者が故意に被保険者を死に至らしめたときは、法定の免責事由に該当するとともに、その者が保険金額の一部を受け取るべき場合には、保険者はその残額を支払う責めを免れることができないものとしていた（同号但書）。いわゆる保険金受取人の故殺免責条項である。これは、自ら被保険者を故殺した者が保険金を取得することを認めるのは、信義誠実の原則に反するばかりでなく、公益にも反するからである[14]。
　④　保険契約者による故殺　　改正前商法680条１項３号により、保険契約者が故意に被保険者を死に至らしめたときは、法定の免責事由に該当する。いわゆる保

---

12)　大森・保険法292頁。
13)　大森・保険法292頁、西島・保険法363頁、倉澤・通論138頁、山下・保険法461頁、田辺康平「生命保険契約と保険者の免責事由」ジュリ736号109頁（1981）参照。
14)　大森・保険法292頁以下、山下・保険法470頁以下。

険契約者の故殺免責事項である。これは、保険金受取人による故殺の免責趣旨と同様である。[15]

⑤ 戦争その他の変乱 改正前商法640条は、損害保険契約につき、戦争その他の変乱による損害は、特約がない限り、保険者は免責される旨を規定しているが、これが同683条1項により、生命保険にも準用されていた。これにより、被保険者が戦争その他の変乱により死亡したときには、特約がない限り、保険者は保険金の支払いの責任を負わない。いわゆる戦争免責条項である。これは、損害保険の場合と同様に、危険率算定という保険制度の技術的な理由によるものであり、つまり、死亡率が増加すれば、保険料算定の基礎に変更が生ずるからである。[16]

規定の性質について、①自殺免責条項、②犯罪免責条項および⑤戦争免責条項は任意規定であり、③保険金受取人の故殺免責条項と④保険契約者の故殺免責事項は、強行規定、うち、③は絶対的強行規定と解されていた。[17]

2 立法論的議論

改正前商法のもとにおいては、免責事項に関して以下のような立法論的議論または批判があった。

(1) 被保険者の自殺免責事項に関して

ア 約款の規定およびその趣旨

改正前商法は保険全期間にわたって被保険者の自殺を免責事由としていた。しかし、自殺することを計画して保険に加入する者は少ない。かりに契約締結時に自殺の意思を有していても、一定期間経過後の自殺については、人間の心理状態からして自殺の計画を実行する者がさらに少ない。そして、自殺の真の動機、原因が何であったかを事後において解明することは極めて困難であり、ことに保険者がそれを立証することは不可能に近い。また、契約締結後の被保険者の自殺の多くは、経済的事情の極端な悪化、仕事上の問題、疾病に起因するものであって、後に残された遺族の生活保護を重視するのが妥当である。さらに、近時の立法例の傾向を見ても、契約締結後一定期間経過前の被保険者の自殺だけを強行法規的に免責とするものが

---

15) 大森・保険法293頁。ただし、西島・保険法364-365頁は、受取人による故殺は公益に反する観点から、保険契約者による故殺は信義則に反する観点から異なる免責趣旨を挙げる。

16) 西島・保険法366頁、倉澤・通論139頁。

17) 第5回議事録20頁以下参照。強行規定には、当事者の意思や利益・不利益いかんに関係なく適用される「絶対的強行規定」と、当事者の一方の不利益において変更することができない「相対的強行規定」がある。相対的強行規定は、「半面的強行規定」または「片面的強行規定」とも呼ばれる。

多い。以上を踏まえ、健全な保険団体を維持していくうえからは、すべての自殺を免責とする必要はなく、あらかじめ自殺を計画して保険契約を締結し、計画どおりにそれを実行するような、いわばモラル・リスク的な自殺を排除すれば足りる[18]。

そこで、生命保険約款では、一般的には保険者の責任開始の日または契約復活の日から起算して一定の期間以内に被保険者が自殺した場合に限って、保険者は死亡保険金を支払わないとされ、この期間経過後は、改正前商法の規定にかかわらず自殺でも保険者が保険金支払の責めを負うものとしており、改正前商法の規定を緩和していた。かかる約款は妥当なもので有効であると解されてきた（通説・判例）[19]。

約款の自殺免責期間については、次のように変遷があった。1930年～1940年は1年、1940年～1971年は2年、1971年以後は1年というのが通例であった。しかし、免責期間経過直後の自殺が増加傾向にあることから、生命保険業界では、保険金目当ての自殺をある程度抑止するために、1999年4月から約款改正が行われ、自殺免責期間が1年から2年ないし3年に延長された約款が多くなった[20]。

イ　免責期間経過後の自殺

90年代初期のバブル崩壊により、自殺免責期間経過の直後に自殺をして保険金を取得しようとするケースが増えてきた。そのため、自殺免責期間経過後の自殺免責の可否が問題となった。

学説上、肯定説と否定説が対立していた[21]。肯定説（有力説）では、自殺免責は免責期間経過後の自殺には通常保険金取得目的を有しないとの推定を前提としたものであるから、被保険者が保険金を受け取るべき者に保険金を取得させることを唯一または主要の目的として自殺したと立証された場合については、公益の観点から、約款では明記されていないにもかかわらず免責とすべきものとしていた。

一方、否定説（通説）では、免責期間内の自殺についてはその動機を問わず一律に保険者免責とするかわりに、免責期間経過後の自殺については、保険会社の側でそれが保険金取得を目的としてなされたものであるということを立証しえたとしても、保険金支払の責任を免れることはできない。いわゆる不可争約款の一種である

---

18)　最判平成16・3・25民集58巻3号753頁、補足説明90-91頁、日本生命保険　生命保険研究会『生命保険の法務と実務〔第3版〕』217頁（金融財政事情研究会・2016）参照。

19)　大森・保険法292頁、西島・保険法361頁、山下・保険法467頁、倉沢康一郎〔判批〕生保百選150頁、潘・前掲注(1)109頁、大澤康孝「生命保険における自殺免責」エコノミア89号10頁以下（1986）、竹濱修「人保険における自殺免責条項」立命館法学225=226号1079頁（1992）、札幌地判昭和59・12・18判時1180号134頁、最判平成16・3・25民集58巻3号753頁。

20)　山下・保険法466頁(注46)、山下=米山・解説433頁〔潘阿憲〕、補足説明90頁以下参照。

21)　学説に関して、大森・保険法292頁、山下・保険法466頁以下、山下=米山・解説432頁〔潘阿憲〕等参照。

と解されていた。

　下級審裁判例では、改正前商法に定められる全期間免責の規定にかかわらず、保険者の責任開始日から一定期間内の自殺を免責とする約款の有効性を認めるとともに、自殺免責期間経過後においても免責を認めた裁判例が多数みられていた。[22]いずれも、被保険者の自殺が保険金受取人に保険金を取得させることを唯一または主要な目的としてなされたものであるときは、約款の自殺免責期間という規定の適用がなくなり、保険者は改正前商法の全期間にわたる自殺免責規定により保険金支払義務を免れるとされた。

　最判平成16・3・25（民集58巻3号753頁）では、自殺免責期間経過後の被保険者の自殺について、当該自殺に関し犯罪行為等が介在し、自殺による死亡保険金の支払いが公序良俗に反するおそれがあるなど、特段の事情がない限りは、自殺の動機、目的を問わず、保険者は死亡保険金の支払いを免れないと示し、前述の下級審裁判例の立場を改めた。[23]

ウ　精神障害中（うつ病）の自殺と自殺免責との関係

　近時、精神疾患、特にうつ病に罹患した被保険者が自殺した場合、精神病その他の精神障害により自己の生命を断ったとして、自殺免責条項の適用を排除されることになるかについて、下級審裁判例において争われていた。精神障害中の自殺として保険者の免責が認められなかった事例として、大阪高判平成16・12・15（保険レポ202号1頁）、大阪高判平成17・4・28（判例集未掲載）、大分地判平成17・9・8（判時1935号158頁）、奈良地判平成22・8・27（判タ1341号210頁）等があり、精神障害中の自殺とせず保険者の免責が認められた事例として、大阪高判平成15・2・21（金判1166号2頁）、東京高判平成18・11・21（判例集未登載）、東京地判平成21・3・13（判例集未登載）等があった。

　裁判例の多くは、精神障害中の自殺か否か、つまり自由な意思決定があったか否かの判断は、医学的見地（精神障害の程度）、自殺行為に至るまでの被保険者の言動および精神状態、自殺行為の態様等を総合的に見て評価している。[24]医学的見地からいうと、自殺するうつ病罹患者のすべてが、自己の自由意思に基づかずに自殺を引き起こすものではない。うつ病罹患患者の自殺はその極期ではなく、回復期に多くみ

---

22)　岡山地判平成11・1・27金法1554号90頁、山口地判平成11・2・9判時1681号152頁、大阪高判平成9・6・17判時1625号107頁、東京高判平成13・1・31高民集54巻1号1頁。

23)　前掲注(22)下級審裁判例。この最高裁判決の立場に従い、東京地判平成16・9・6判タ1167号263頁は、免責期間経過後の自殺について特段の事情があるとして免責を認めた。

24)　長谷川仁彦「精神障害（うつ病）による自殺と保険者免責」保険学616号153-154頁（2012）。

られることから、うつ病であるということで当然に精神障害中にあるというわけではない。[25]

(2) 犯罪免責条項に関して

学説上、古くは被保険者の犯罪行為や死刑の執行（以下「犯罪行為等」という）による死亡に保険金を支払う特約は公序良俗に反するものとして無効であるとの見解もあった[26]が、現在では次の理由から、犯罪行為等による死亡の場合にも保険金受取人に保険金を支払う旨の約定の有効性を肯定するのが一般的な立場である[27]。すなわち、①被保険者が保険金を受け取るべき者に保険金を取得させる目的で死亡したものとはいえないこと、②生命保険契約の存在が犯罪を誘発するような例は極めて稀であること、③保険金受取人の立場から見れば、やはり偶然の出来事による被保険者の死亡にほかならないこと、④被保険者の犯罪行為等に対する制裁は被保険者本人に限定されるべきであり、犯罪行為等に関係のない遺族等の保険金受取人にまで及ぶのは妥当ではないこと、⑤規定の文言上、どの範囲の犯罪行為等を免責の対象とすべきであるかも不明確であることなどである[28]。もっとも、犯罪行為等による死亡に対し保険金を支払うことを認めると、被保険者をして後顧の憂なく犯罪行為に走らせるおそれがあり、しかも、犯罪行為等が自殺と異なり、明らかに反社会的行為であることに鑑み、何らかの制御措置を講じてよいとも考えられる。立法論としては、犯罪を計画して保険契約を締結し犯罪行為等を実行することを阻止するために、契約締結後一定期間内の犯罪死に対する保険者の免責を定めるのも1つの方法であるとの見解もあった[29]。

(3) 保険金受取人の故殺免責条項に関して

学説上、保険契約者は保険金の支払いにつき間接的利益を有するのが一般的であるが、保険契約者ではない保険金受取人による被保険者故殺については、保険契約者が関与していないにもかかわらず、保険者の免責を認めることが妥当ではなく、公益違反にあたるものと批判されていた[30]。

---

25)　平尾正治「法体系と保険医学」生保経営57巻5号9頁（1982）、山下・保険法468頁。

26)　野津・法論626頁、伊沢・保険法366頁。

27)　大森・保険法292頁、山下・保険法461頁、倉澤・通論138頁、補足説明90頁等参照。

28)　山下・保険法462頁は「刑事罰の科される犯罪にも責任の重さには千差万別のものがあり、犯罪すべてを含むとするのは明らかに広すぎる。しかし、どのような基準により限定的に解釈するかについては定説はない」と指摘していた。下級審裁判例で、免責とする犯罪行為等の範囲について判示したのは、大阪高判昭和62・4・30判時1243号120頁、大阪地判平成元・2・23判時1326号147頁、大阪地判平成元・3・30判時1322号144頁、控訴審・大阪高判平成元・12・26判タ725号210頁、大阪地判平成元・3・15判時1328号111頁等がある。

29)　田辺・前掲注(13)109頁。

立法論としては、保険金受取人は保険契約者により単に指定された者にすぎないことから、保険金受取人による被保険者故殺の場合について、完全に保険者の免責を認めるのではなく、ドイツなど外国立法例のように保険金受取人としての指定がなかったものとして扱うのが妥当だとする見解が多い[31]。

また、被保険者を死亡させた保険金受取人自身が保険金の支払いを受けることは公序良俗の観点から認めるべきでないことは言うまでもないが、被保険者の遺族等に保険金を支払うことは必ずしも公序良俗に反するものではないし、被保険者の遺族の保護という観点からむしろ望ましい場合もありうるとの批判もあった[32]。

立法論としては、保険金受取人が複数ある場合に、被保険者を殺害した者を除いて、他の保険金を受け取るべき者に対し、残額ではなくて、保険金全額を支払うことを認めてよいとする見解がある。なぜなら、故殺者の保険金取得を排除しさえすれば、本条の目的は達せられるからである[33]。もっとも、保険金受取人による被保険者故殺は、高度の反公益性および保険者に対する信義則違反性を有するから、保険金支払を認めるべきではないとして反対する見解も有力であった[34]。

(4) 保険契約者の故殺免責条項に関して

学説上、保険金受取人は保険金支払につき直接的利益関係者であり、保険契約者の被保険者故殺について、関与していないにもかかわらず、保険金を取得できない結果を生ずることは不合理であり、被保険者を故殺した保険契約者に対する制裁は刑事責任に任せれば足るものと批判されていた。立法論としては、保険契約者の被保険者故殺の場合に保険金受取人との関係を分離して保険者免責としない方向で改正すべきであるとの見解があった[35]。

これに対し、保険料を支払って保険契約を存続させているのは保険契約者である。ことに生命保険契約にあっては、被保険利益による制約がないので、被保険者の同意さえ得れば、保険契約者は自由に保険金受取人を変更できる。保険契約者の地位

---

30) 田辺・前掲注(13)110頁。

31) 鴻常夫〔判批〕保険海商百選107頁、田辺・前掲注(13)110頁、大澤康孝〔判批〕生保百選153頁、潘・前掲注(1)110頁。

32) 生保試案理由書119頁参照。

33) 倉澤・通論139頁、西島・保険法365頁。

34) 山下・保険法471頁(注60)。

35) 西島・変容と考察397頁。

36) 被保険利益とは、保険事故が発生することにより不利益を被ることのあるべき経済的利益であり、損害保険契約の効力要件である。同意主義をとる日本では、生命保険契約には被保険利益は不要または存在しないと解されている(通説)。大森・保険法260頁、西島・保険法316頁、山下・保険法247頁、267頁。

§51 -Ⅳ 1   689

は、保険金受取人のそれに比して甚だ強力で、保険利益の真の帰属者であるといえ
る。したがって、かかる保険契約者の被保険者故殺につき、保険者の免責が認めら
れるのはむしろ当然であって、各国の立法例においても、その例外を認めるものが
ないことは、これを裏付けるものといえると有力に反論されていた。[37]

Ⅳ　立法過程

1　保険法制定前試案

　生保試案は、680条と680条の2において保険者の免責事由 - 1と保険者の免責事
由 - 2に分けて規定を設けていた。前者は故意事故招致の免責事由であり、後者は
それ以外の免責事由であって、両方とも任意規定であった。[38]

(1)　保険者の免責事由 - 1

　生保試案680条は、「保険者は、次の事由によって生じた被保険者の死亡について
は保険金を支払う責任を負わない」と定めていた（1項）。

　①　被保険者による自殺　　同項1号は、改正前商法680条1項1号前段と同様
に、自殺の態様により免責となるかどうかを分けて規定することはせず、自殺を一
律に免責事由としていた。もっとも、改正前商法680条1項1号とは異なり、「保険
者の責任開始の時から2年以内の被保険者の自殺」に限り、その自殺が保険者の免
責事由となるものとしていた。これは、期間限定の免責が諸外国の立法例でも広く
みられることや、現状では2年などを免責の期間とすることが多い生命保険契約の
約款を踏まえ、法的に免責の期間を限定しても弊害がないであろうと見込まれる2
年間としたものであった。

　②　保険金受取人による故殺　　同項2号は、改正前商法680条1項2号と同様
に、「保険金を受け取るべき者の故意」による被保険者の死亡を免責事由としてい
た。保険金を受け取るべき者が故意に被保険者を死亡させた場合に、保険者を免責
とすることは公序良俗の要請するところであり、改正前商法の立場を維持すべきも
のであった。なお、保険金を受け取るべき者の範囲については、保険金受取人のみ
ならず、保険金請求権の譲受人、質権者など保険金請求権を有する者が含まれるも
のとした。

　また、保険金を受け取るべき者が複数存在する場合において、生保試案は、改正
前商法680条1項2号但書と同様に、「保険金の一部を受け取るべき者が故意に被保

---

37)　田辺・前掲注(13)112頁以下。
38)　生保試案理由書117-123頁。

険者を死亡させたときは、保険者は、その残額を支払う責任を免れることができない」（同条2項）と定め、他の保険金を受け取るべき者に対してその残額を支払わなければならないとしていた。

③　保険契約者による故殺　同項3号は「保険契約者の故意」による被保険者の死亡を免責事由としていた。改正前商法680条1項3号の書き振りを修正しただけで、その内容は同じであった。

(2)　保険者の免責事由−2

生保試案680条の2第1項は、「①戦争またはこれに準ずる変乱を原因として被保険者が死亡したときは、保険者は、保険金を支払う責任を負わない」と定めていた。これは、改正前商法683条1項が準用する同640条に対応する規定で、実質的な変更を加えていなかった。

なお、生保試案は、改正前商法680条1項1号後半に定めるような、被保険者が決闘その他の犯罪または死刑の執行により死亡した場合の免責を残すだけの合理性はあまりないとして、これを規定しないこととした。

2　法制審議会保険法部会の審議

保険法部会においては、保険者の免責事由に関する重要論点は、以下のように、自殺の免責期間と犯罪免責条項の要否の2点に絞られていた。

(1)　自殺免責期間について

保険法部会では、法律上、自殺の免責期間を限定することが必要か否か、免責期間を法定する場合に免責期間を何年とするのが適当かについて、議論が重ねられ、法定すべきとする意見とすべきでないとする意見に分かれていた[39]。

中間試案の段階までは、どちらかというと、2年や3年または5年の免責期間を法定すべきとの意見が多かった。その理由として、次のようなものが挙げられていた[40]。つまり、①自殺の原因には様々なものがあり、保険金取得目的に限られないから、全期間で自殺免責とするのは、被保険者やその遺族にとって酷であること、②免責期間を一定の期間に限定し、免責期間経過後の自殺について保険金を支払うことは、被保険者の遺族など保険金受取人側の保護に資するという側面もあること、③現行約款でも保険者の責任開始後一定期間（2年または3年）経過前の自殺に限り免責事由とするのが通例であること、④諸外国の立法例の中には契約締結時から2年または3年の免責期間を法定する例が広くみられることである。

---

39)　第5回議事録19-25頁、部会資料(12)15頁、中間試案25頁、補足説明91頁。

40)　第5回議事録21-23頁。

しかし、次の諸事情を勘案した結果、最終的には改正前商法と同様、自殺免責期間を法定しないこととした。その理由は、①保険者を免責とする期間の相当性については、そのときどきの社会情勢等に応じて異なる判断がされる可能性があり、それにもかかわらず、一定の期間を法定すると自殺をめぐる社会情勢に応じた迅速な対応が妨げられる懸念があること、②免責期間を法定することはその期間経過後の被保険者の自殺を助長することに繋がるおそれがあること、③本条を任意規定とすれば、約款によって自殺免責期間を設けることができる。自殺免責期間は、一般法において期間を定めることは相当でなく、自殺の発生率などを踏まえて、時代に応じた適切な期間を約款で定めた方がむしろ適当であること、④一定の期間を定めるとしても、何年とするのが適当なのかにつき、合理性を根拠づけてコンセンサスを得るのが困難であること（遺族の生活保障を重視すれば短くする方向に作用し、自殺防止を重視すれば長くする方向に作用するものと考えられるから）である。

(2) 犯罪免責条項の要否について

保険法部会では、改正前商法680条1項1号の「決闘其他ノ犯罪又ハ死刑ノ執行」、いわゆる犯罪行為等を法定免責事由として維持すべきかについて、これらの立法論的批判や実務の取扱い等を踏まえて議論されていた。

テロや強盗など生命を賭しての計画的な犯罪行為が後を絶たない現状等に鑑み、犯罪行為については、引き続き法定の免責事由として維持することが望ましいとの声もあったが、以下の観点から、犯罪免責等は法定の免責事由から削除された。

第1に、改正前商法がこれを免責事由として規定した趣旨は、遺族等の保険金受取人に保険金を残すことにより安んじて犯罪に走るというモラル・ハザードを防止しようとすることにあったといわれているが、生命保険契約があるからといって被保険者が犯罪に走るとは考えにくい。

第2に、被保険者の犯罪行為等に対する制裁は被保険者本人に科されるべきであ

---

41) 第5回議事録22-24頁、萩本・一問一答192頁以下、補足説明90頁以下、部会資料(25)9頁（注2）、第22回議事録36-39頁、萩本修ほか「保険法の解説（5・完）」NBL888号39頁（注46）(2008)。

42) 平成18（2006）年の貸金業法の改正（平成19年12月19日施行）により、一定の例外を除き、借主の自殺によって貸金業者が保険金の支払いを受けることとなる生命保険契約を貸金業者自身が締結することが禁止されているという例がある（同12条の7）が、これは貸金業者が借主の死亡を保険事故として生命保険契約を締結することが不適切な取立て行為を招き、ひいては、借主等の自殺を誘発しているのではないか等の社会的批判が見られたことを踏まえたものであると説明されている。第5回議事録19-20頁。

43) 部会資料(18-1)219頁以下。

44) 第5回議事録21頁・23頁、補足説明90頁、竹濵修「生命保険契約に固有の問題」商事法務1808号50頁（2007）、萩本・一問一答192頁、山下ほか・保険法306頁［竹濵修］。

り、遺族等の保険金受取人は不利益を受けるべき立場にはなく、遺族等の保険金を受け取るべき者に保険金を支払うことが公序良俗に反するとは考えられない。

第3に、保険者の免責の規定は任意規定であるため、犯罪免責の可否は個々の保険契約の定めに委ねれば足るなどである。

V　条文解説

1　本条が適用される保険契約

本条により、生命保険契約のうち、一定の事由が生じた場合に保険者の免責が認められるのは死亡保険契約のみであり（柱書本文）、改正前商法と同じく、生存保険契約に関しては同様の規律を設けないものとされている[45]。これは、以下の理由によるものと考えられる[46]。

死亡保険契約の場合には、被保険者自身が自殺したり、保険契約者または保険金受取人が故意に被保険者を死亡させたりすることにより、死亡保険金の不正取得を図ること（いわゆるモラル・リスク）がある。これらの場合に保険金を支払うと、公益ないしは公序に反するおそれがある。これに対し、保険金が支払われる生存保険契約の場合には、およそこのようなモラル・リスクは考えられない。また、たとえば、戦争その他の変乱による被保険者の死亡については、通常、そのような危険が料率算定の基礎とされていないという事情がありうるのに対し、生存保険契約の場合には、このような事情はないからである。

2　法定免責事由

本条は、死亡保険契約の被保険者が以下に掲げる免責事由により死亡した場合には、保険者は、保険給付を行う責任を負わないと定めている。

(1)　被保険者の自殺免責事項

本条1号は、「被保険者が自殺をしたとき」を保険者の免責事由とし、自殺の免責期間は、改正前商法680条1項1号の全期間免責とする立場を維持している。

ア　法定免責事由とする趣旨

被保険者の自殺を法定免責事由とする趣旨は、改正前商法のそれと変わらない。つまり、被保険者が故意に保険事故を招致することは、射倖契約の性質を有する保険制度の運営を破壊すること、また、保険金受取人に保険金を取得させることが被

---

45)　第5回議事録19頁、中間試案25頁（注3）、補足説明91頁、部会資料(25)9頁（注3）。

46)　田辺・前掲注(13)105頁、山下=米山・解説429頁〔潘阿憲〕参照。

保険者の自殺の唯一または主要な動機である場合に保険金の支払いを認めると、自殺を誘発または助長し、生命保険契約が不当の目的に利用される危険が大きくなり公益に反することになるから、それを防ぐ必要がある[47]。

イ　被保険者自殺の定義

被保険者の自殺とは、もっぱら被保険者が自らの命を断つことを目的とし、意識的に死亡の結果を招く行為をいい、過失行為や精神病その他精神障害中の動作に起因する場合は、これにあたらない。ここにいう「精神病」とは、様々な精神障害の総称であり、自分の行為の結果について判断する能力を全く欠いている状態を意味し、統合失調症や心神喪失がそれに該当する（通説・判例)[48]。これについては、保険法が従来の解釈に影響を与えることはない[49]。

保険法部会では、被保険者の精神障害中の自殺は免責事由にあたらないことを法文上明記すべきであるとの意見が寄せられていることを踏まえ、「自殺」には、精神障害中の自殺は含まれない旨を規定に盛り組むことが提案された。しかし、精神障害によるものかどうか断定できるとは限らないため、定めることは技術的に難しいことに鑑み、従来と同様に解釈に委ねることとし、それは採用されなかった[50]。

自殺であると認定するには、故意があることを要するのみならず、死亡を目的としたことも要するから、たとえば、人命救助、職務上の義務遂行（刑法35条)、正当防衛（同36条)、緊急避難（同37条）などのために、危険を冒す場合には、被保険者が自己の死亡を意識していたとしても、死亡を目的としない限り、結果として死亡しても、自殺には該当しない（通説・判例)[51]。また、無理心中に巻き込まれたときは、被保険者が自己の殺害を依頼したわけではないから、自殺ではない[52]。

ウ　自殺の方法の如何を問わない

自殺の方法については、改正前商法も保険法も制限を設けていないから、その遂行の方法の如何は問われない。したがって、自動車事故の惹起、毒物の嚥下、縊死

---

47)　第5回議事録19頁、山下典孝「生命保険契約における保険者免責」金澤・新たな展開308頁等参照。

48)　大判大正5・2・12民録22輯234頁、大判昭和13・6・22判決全集5輯13号14頁、大判昭和15・7・12判決全集7輯25号5頁、東京地判昭和28・11・27下民集4巻11号1770頁、大阪地判昭和48・2・12判タ302号278頁、大森・保険法291頁、西島・保険法361頁、倉沢・通論137頁、笹本幸祐「人保険における自殺免責条項と証明責任(1)」文研123号118頁（1998)、山下・保険法468頁、田辺・前掲注(13)106頁。

49)　第5回議事録25頁、第22回議事録40頁、補足説明90頁。

50)　部会資料(12)15頁、第5回議事録26頁、第22回議事録37頁以下。

51)　大森・保険法291頁、西島・保険法361頁、山下ほか・保険法300頁［竹濵修]、笹本・前掲注(48)119頁、東京控判大正7・12・16法律評論7巻上商法871頁。

52)　笹本・前掲注(48)120頁、山下ほか・保険法300頁［竹濵修]。

というように被保険者が自らの手で自己を死に至らしめる場合だけでなく、嘱託殺人、自殺幇助のように他人の手によって、自己を死に至らしめた場合でも、被保険者自身が自らの死亡を認識しかつ目的としている限り、自殺に含まれるものと解されている（多数説・裁判例[53]）。もっとも、嘱託殺人には、他人による殺害行為が介在している点で、自殺に比べて反社会性の度合いが格段に強く、同情すべき点が比較的少ないと考えられるから、必ずしも嘱託殺人を自殺と同列に取り扱わなければならないものではないとして、生命保険約款の自殺免責条項にいう自殺には嘱託殺人が含まれないと解釈した上で、約款所定の自殺免責期間経過後の嘱託殺人について保険者免責を認めた裁判例もある[54]。学説はこれに相当の説得力があるとして支持している[55]。

エ　自殺の立証責任

被保険者の死亡が自殺によるものか否かについて争いがある場合に、自殺であることの立証責任はいったい誰が負うべきかが問題となる。自殺が保険者の法定免責事由とされていることから、その立証責任は保険者にあり、もっとも、被保険者の精神障害中の自殺などであって、免責事由となる自殺には該当しないという立証責任は保険金受取人（保険金請求者側）にあると解されている（通説・判例[56]）。

(2)　保険契約者の故殺免責事項

本条2号は、「保険契約者が被保険者を故意に死亡させたとき」を保険者の免責事由としている。もっとも、保険契約者が被保険者と同一であるときは、被保険者の自殺となり、保険契約者故殺免責規定の適用の余地はないため、本号ではなく、1号が適用される（本号括弧書）。

法定免責事由とする趣旨について、保険契約者が故意に保険事故を招致することは、射倖契約の性質を有する保険制度の運営を破壊すること、および、保険契約者が被保険者を故殺した場合に保険金受取人に保険金を支払うと、生命保険契約が不当の目的に利用される危険が大きくなり公益に反することになる。これらは、被保

---

53)　大森・保険法291頁、西島・保険法361頁、石田・商法Ⅳ 331頁、青谷・法論Ⅰ 308頁、倉澤・通論137頁、東京高判平成5・11・24生判7巻289頁。

54)　東京地判平成4・11・26判時1468号154頁。

55)　山下・保険法469頁、石田清彦「安楽死の場面での嘱託殺人と生命保険請求権の可否」塩崎勤＝山下丈編『新・裁判実務体系19 保険関係訴訟法』341頁以下（青林書院・2005）、笹本・前掲注(48)121頁。もっとも、竹濵修「保険事故招致免責の主観的要件―学説・判例法の最近の展開」保険学547号39頁（1994）では反論がある。

56)　東京控判大正7・12・16法律評論7巻上商法871頁、大森・保険法294頁、西島・保険法361頁、潘・前掲注(1)108頁、山下＝米山・解説430頁［潘阿憲］、山下ほか・保険法301頁［竹濵修］、山下・前掲注(47)313頁。

険者の自殺免責の趣旨と同様である。それに加え、保険契約者または保険契約者兼被保険者が故意に保険事故を招致したことは、保険者との関係では、生命保険契約上要請される当事者間の信義誠実の原則に反するからであるという趣旨もある。

　被保険者の遺族等であることの多い保険金受取人の生活保障を重視すれば、保険契約者の被保険者故殺の場合において保険金受取人が被保険者の故殺に関係していない限り、保険契約者に対する制裁は刑事責任に委ね、保険者免責としない方がよいという立法論的な見解があったが、保険法では、生保試案と同様に、このような考え方は採用されていない。これは、保険契約者が自ら被保険者を故意に殺害した場合、保険契約者自身は必ずしも直接に保険の利益を受ける立場にはない。しかし、保険契約者が自ら保険契約を締結して第三者に保険の利益を与えるのは、通常は、一般的または間接的に保険契約者もその保険金支払に利益を有するからであると考えられる。したがって、契約当事者であって、このような利害関係をもつ保険契約者が故意に保険事故を招致するのは、契約上の信義則に反することになるから、保険者の免責は妥当である。[57]

(3)　保険金受取人の故殺免責事項

　本条3号は、「保険金受取人が被保険者を故意に死亡させたとき」を保険者の免責事由としている。もっとも、保険金受取人が被保険者または保険契約者と同一であるときは、本号ではなく、1号または2号が適用される（本号括弧書）。

ア　法定免責事由とする趣旨

　保険金受取人の被保険者故殺により保険事故を招致することは、射倖契約の性質を有する保険制度の運営を破壊すること、および、被保険者を故殺した保険金受取人に保険金を支払うことは、生命保険契約が不当の目的に利用される危険が大きくなり公益に反するからという趣旨は、被保険者の自殺免責の趣旨と同様である。それに加え、保険金受取人兼保険契約者が故意に保険事故を招致させた場合は、保険者との関係では、生命保険契約上要請される当事者間の信義誠実の原則に反するという趣旨もある。[58]

　前述のように、保険金受取人による被保険者の故殺免責を除外すべきであるとの立法論的な見解があったが、[59] 保険法も生保試案と同様に、そのような立場を採用せず、改正前商法の規律を維持している。[60] これは、悪質な保険金受取人による殺人が

---

57)　生保試案理由書120頁参照。

58)　第5回議事録19頁以下、第22回議事録42頁、大串＝日生・解説保険法74頁以下［藤井誠人］。

59)　中間試案の段階では、「受取人による故殺免責についての条項は削除し、受取人の指定がなかったものとみなし、他の者（残りの受取人又は「次順位の受取人」）に保険金全額を受け取らせる制度を導入すべきである」などの指摘があった。部会資料(18-1)219頁以下。

60)　第5回議事録19頁、第22回議事録41頁参照。

少なからず発生する現状においては、遺族に対し保険金の支払いを行うことは社会的に望ましくない結果を発生させる可能性が懸念されるからである。[61]

イ　保険金受取人の定義

改正前商法680条1項2号でいう「保険金額ヲ受取ルヘキ者」とは、保険契約で保険金受取人として指定された者のみならず、被保険者の死亡によって法律上当然に保険金を受け取るべき者（たとえば、被保険者が受取人である場合のその相続人）のほか、保険金受取人からその権利を譲り受けた者、すなわち、保険金を受け取るべき地位にある者（たとえば、保険金請求権の譲受人、質権者および差押債権者）をも含むと解されていた（通説・判例）[62]。

保険法においては、保険金受取人の定義は明確に「保険給付を受ける者として生命保険契約又は傷害疾病定額保険契約で定めるものをいう」と規定され（2条5号）、改正前商法の「保険金額ヲ受取ルヘキ者」が「保険金受取人」に改められている。この定義規定からすると、第三者による故殺免責が問題となる場合を除き、改正前商法での免責の対象となる保険金受取人の意義について同様に解することは難しいとの見解もある[63]。しかし、保険金請求権を取得する質権者等による被保険者故殺の場合について保険者が免責されないのは不当であることから、従来どおり、保険金受取人の範囲には、保険金受取人のみならず、保険金請求権の譲受人、質権者等保険金請求権を有する者も含まれるものと解するのが妥当である[64]。

ウ　保険金受取人が複数ある場合

保険法は、改正前商法と同様に、保険金受取人が複数あって、そのうちの一部の者が被保険者を故殺した場合には、「被保険者を故意に死亡させた保険金受取人以外の保険金受取人に対する責任については、この限りではない」としている（本条柱書の但書）。これは、その残額について払い戻さないと保険者の不当利得になること、および他の善意の保険金受取人の利益を保護するためである。したがって、保険者は、死亡保険金のうち被保険者を故殺した当該保険金受取人の受け取るべき部分については支払いの責任を負わないが、被保険者を故殺したこととは関係のない

---

61)　生保試案理由書119頁、第22回議事録41頁以下参照。

62)　大森・保険法293頁、西島・保険法364頁、田辺・前掲注(13)110頁、倉澤・通論138頁、大阪地判昭和62・10・29生判5巻172頁（保険金受取人の親権者である法定代理人が被保険者を殺害した場合に、実質上その親権者が保険金受取人であるとして保険者免責が認められた事例）。

63)　山下ほか・保険法303頁［竹濵修］、山下・前掲注(47)317頁。

64)　補足説明47頁、遠山優治「生命保険契約における保険者の免責」落合=山下・理論と実務192頁。

他の保険金受取人については免責にはならず、その残額を支払う義務がある。

　もっとも、被保険者かつ保険金受取人である者に複数の相続人が存在し、そのうちの1人が被保険者を故殺した場合には、本条を適用すべきかどうかという問題が生じうる。たとえば、Aは、自らを被保険者かつ保険金受取人として保険会社との間で保険金2000万円の契約を締結した。Aの法定相続人は父Bと母Cである。したがって、Aの死亡による保険金請求権は、BとCにそれぞれ1000万円帰属することになる。しかし、Bは故意にAを死亡させた。46条の立法趣旨から、保険金受取人と被保険者が同時に死亡した場合は、その相続人の全員が保険金受取人となる。そうすると、本条柱書の但書によれば、その故殺者（保険金受取人B）の相続分に該当する保険金の一部（1000万円）について保険者は免責され、その部分を除く残額（1000万円）を他の保険金受取人（相続人C）に支払う義務を負うと解されうる。一方、民法891条1号によれば、被相続人を故殺した相続人は相続欠格事由に該当するため法定相続人から排除され、相続人ではなくなる。そうすると、被保険者を故殺した相続人Bが受取人でなくなることによって、残りの相続人C（保険金受取人）が保険金全額（2000万円）を受け取れるという解釈にもなりうると考えられる。後者の方が本号免責の趣旨にも民法891条1号の相続欠格の趣旨にも抵触しないのみでなく、被保険者の遺族等を保護する観点からもより妥当と考える。

エ　遺言による保険金受取人変更の場合

　保険法では、遺言による保険金受取人変更が認められていることから（44条）、保険金受取人による故殺のケースが複雑となる可能性が出てくるとの問題意識が提起されている。[65] たとえば、保険契約者兼被保険者Aが、有効な遺言により保険金受取人をBからCに変更する場合において、BがAを故殺したときと、CがAを故殺したときに本条3号を適用するかどうかをめぐって、以下のように見解が分かれている。

(i)　旧受取人故殺と新受取人故殺のいずれの場合も適用されないとする見解[66]

　この見解は、次のように解釈されている。旧受取人の故殺については、Bが被保険者を故意に殺害したとしても、A死亡と同時に保険金受取人の変更の効力が認められることから（43条1項）、有効な遺言によってCが保険金受取人となり、Bが保険金受取人ではなくなる。そのため、本条3号の適用はない。そして、新受取人の故殺については、保険者免責の対象となる保険金受取人とは、故殺者が故殺行為の当時保険金受取人である必要があることから、遺言書中に保険金受取人とされてい

---

65)　山下＝米山・解説452頁以下［潘阿憲］、山下・前掲注(47)318頁。
66)　山下・前掲注(47)。

るＣが被保険者を故殺した時には、まだ保険金受取人の変更がなされておらず、保険金受取人による故殺とは解釈できないため、この場合も本条３号の適用はないということである。

しかし、この見解の旧受取人の故殺の場合と新受取人の故殺の場合についての理論構成は異なっている。保険者免責の対象となる保険金受取人について、前者では、遺言効力発生時を基準として認定されているのに対し、後者では、被保険者故殺時を基準として認定されている。結局、どちらも本条３号は適用されない。その結果、後者の場合においては、保険者は免責されないため、被保険者を故殺した新受取人に保険金を支払わなければならない。これは公益に反することになる。これについて「遺言による保険金受取人変更については、通常の保険金受取人とは異なることから、従来の議論とは切り離し、保険法51条３号の立法趣旨から適用の可否を考えればよいとする考え方もあり得る。理論的問題があるならば、約款でこの点の手当てをしておくことが必要ではないかと考える」との解決方法が提示されている。[67]

(ii) 旧受取人故殺には適用されるが、新受取人故殺には適用されないとする見解[68]

この見解の根拠は、保険者免責の対象となる保険金受取人とは、故殺者が故殺行為の当時保険金受取人である必要があることにある。すなわち、旧受取人の故殺については、ＢがＡを故殺した時点において、Ｂが保険金受取人の地位にあった以上、実際に保険金を取得するか否かにかかわらず、本条３号が適用される。一方、新受取人の故殺については、遺言により新しい保険金受取人として指定されているＣがＡを故殺した時点においてＣが未だに保険金受取人の地位になかったことから、本条３号は適用されない。

この見解では、旧受取人の故殺の場合と新受取人の故殺の場合についての理論構成は前後一致し、どちらも保険者免責の対象となる保険金受取人は、被保険者故殺時を基準として認定されている。しかし、前者の場合においては、保険者が免責されるため、遺言によって保険金受取人を変更した保険契約者の意思を叶えることができなくなり、新受取人を保護することはできない。特に保険金受取人に変更された者が遺族である場合には、その生活保障等を考えると、この結果に実質的な妥当性が欠けるものと思われる。また、後者の場合においては、保険者は免責されないことにより、被保険者を故殺した新受取人に保険金を支払うことになる。その結果は公益に反する。これについて、「遺言による受取人変更により保険金受取人の地位を確実に取得できる者による故殺として、51条３号・80条３号を類推適用して、

---

67) 山下・前掲注(47)318頁。
68) 山下＝米山・解説453頁［潘阿憲］。

保険者免責を認めるのが妥当であろう」との解決方法が提示されている[69]。

　(iii)　**旧受取人の故殺には適用されないが、新受取人の故殺には適用されるとする見解**

　以上のように、両方の見解とも、保険契約者兼被保険者である遺言者を故意に殺害した者が保険金請求権を取得するという、公益に反する結果に繋がってしまう。その原因は、いずれも保険者免責の対象となる保険金受取人が被保険者故殺時を基準として認定されることにある。その不都合な結果を避けるために一応解決方法が提示されているものの、いずれも、理論的に整合性に欠け、無理があるものと思われる。

　私見としては、保険契約者の意思を尊重する44条の立法趣旨、および公益に反する行為を防ぐなど本条3号の立法趣旨に照らして、遺言による保険金受取人の変更の場合における保険金受取人による故殺について、保険者免責の対象とする保険金受取人は、被保険者の死亡により実際に保険金請求権を取得する者を、すなわち遺言効力発生時（民法985条1項）を基準として認定するべきであると考える。これをもって上記の例で検証してみよう。BがAを故殺したとしても、44条1項により、Aの死亡と同時に遺言による保険金受取人の変更の効力が発生し（民法985条1項）、BからCに受取人変更が行われるため、Bは保険金受取人の地位を失い、その結果、本条3号の免責の対象とならないことになり、保険金は新受取人Cに支払われる。これに対して、CがAを故殺した場合には、51条3号でいう保険金受取人となり、免責の対象となることになる。

　⑷　**戦争免責事項**

　本条4号は、「戦争その他の変乱によって被保険者が死亡したとき」を保険者の免責事由としている。これは、改正前商法683条1項で準用される同640条の規定を基本的に維持するものである。保険法部会でもこれについて特に異論はなかった。

　ここにいう「戦争」とは、宣戦の有無を問わず、国家間または交戦団体間の交戦状態をいう[70]。「その他の変乱」とは、戦争に準ずるような大きな争乱状態をいう。一過性のテロ行為である場合や、小規模にもかかわらず大きな人災（テロ事件）が起こったという場合は除かれ、大規模な革命ないし大規模な暴動というものを意味するものと解されている[71]。

　戦争その他の変乱による被保険者の死亡を法定免責事由としている趣旨について、改正前商法と同様に、戦争その他の変乱は異常な危険であり、これにより死亡率が

---

69)　山下＝米山・解説453頁以下［潘阿憲］。

70)　田辺・前掲注(13)114頁。

71)　第169回国会参議院法務委員会13号（平成20年5月29日）倉吉敬法務省民事局長答弁参照。

増加するが、その発生の蓋然性を測定することは技術的に困難であり、保険料算定の基礎とされるべき通常の危険には含まれていないので、通常の保険料ではこれを保険者に担保させるべきではないと解されている。[72]

3 保険契約者の故殺と保険金受取人の故殺の免責事項の共通点

(1) 保険金詐取目的の要件性

改正前商法のもとで、故意免責については、保険金詐取目的が要件とされるのかについて議論があった。当該条文の立法趣旨から、被保険者の故殺により保険金を取得することが公益に反するため、被保険者殺害当時、殺害者に保険金取得の意図がなかったときでも、改正前商法680条1項2号・3号の適用があり、保険者は保険金支払の責めを免れると解されていた（通説・判例）[73]。保険法においても免責の立法趣旨に変更はなく、殺害という行為自体に高度の反公益性および保険者に対する信義則違反性があることを根拠とすることから、保険金詐取目的は要件とされないものと解される。[74]

したがって、保険契約者または保険金受取人が故意に被保険者を殺害した場合であれば、保険金取得の意図の有無は問われない。たとえば、保険金受取人が被保険者と無理心中したり、被保険者を殺害し後追い自殺した場合などでは、受取人には保険金取得の意思は認められないであろうが、故殺免責が適用される。[75]

(2) 故意の殺害行為に限定

保険者の免責は、保険契約者または保険金受取人による被保険者故殺の場合に限られ、過失による致死の場合は含まない。また、保険契約者または保険金受取人が心神喪失の状態で被保険者を殺害したときは、意思決定の前提である責任能力を欠くので、故意には該当しない。[76]

そして、故意に基づく以上、被保険者を死亡させる手段の如何を問わない。自ら直接手を下した場合に限らず、他人を教唆して被保険者を殺害させた場合（教唆

---

72) 西島・保険法366頁、第5回議事録20頁参照、竹濱・Q&A新保険法158頁［平尾正隆］。

73) 最判昭和42・1・31民集21巻1号77頁、大阪高判平成元・1・26高民集42巻1号9頁、最判平成16・6・10判例集未登載、江頭・商取引法529頁、山下・保険法472頁、中西・生保入門176頁等。もっとも、これに対し、生命保険金の遺族に対する生活保障機能の観点から免責とすべきでないという批判もある（西島・変容と考察378頁）。

74) 遠山・前掲注(64)188頁、第22回議事録42頁。

75) 和歌山地田辺支判昭和63・8・10判時1312号137頁、同控訴審・大阪高判平成元・1・26高民集42巻1号9頁、山下ほか・保険法305頁［竹濱修］。

76) 大森・保険法293頁、西島・保険法364頁、田辺・前掲注(13)110頁、東京地判昭和56・10・6判時1038号346頁、山下ほか・保険法305頁［竹濱修］。

犯）、他人と共同して被保険者を殺害した場合（共同正犯）、他人による被保険者殺害を幇助した場合（幇助犯）[77]をも含む。もっとも、正当防衛・緊急避難に基づく行為により被保険者を死亡させた場合はこれに該当せず、保険者はその責めを免れない[78]。

(3) 括弧書の趣旨

　本条2号と3号においては、それぞれ「前号に掲げる場合を除く」「第2号に掲げる場合を除く」と定められているが、これは、保険料積立金の払戻し（63条1号）の問題に関わってくるため、保険契約者や保険金受取人による被保険者故殺から自殺免責（保険契約者や保険金受取人が被保険者を兼ねている場合）を明文で除外する必要があるためと解される。具体的に、以下のようなケースごとに説明する[79]。

　【ケース1】　被保険者が保険契約者を兼ねる場合において当該被保険者が自殺したときには、1号と2号の免責事由のいずれにも該当する。しかし、2号の保険契約者による故殺として取り扱われるとすると、保険者が保険料積立金の払戻義務も負わないため、保険契約者側に不利である。そこで、保険法は、この場合には1号の被保険者の自殺の規定が優先的に適用されることを明示し（2号括弧書）、保険者は保険料積立金の払戻義務を免れないこととしている。

　【ケース2】　保険契約者が保険金受取人を兼ねる場合において当該保険契約者兼保険金受取人が被保険者を故殺したとき、または保険契約者と保険金受取人とは別人であるが、両者が共謀して被保険者を故殺したときには、2号と3号の免責事由のいずれにも該当する。しかし、3号の保険金受取人による故殺等として取り扱われるとすると、保険者は、保険契約者に対し保険料積立金を払い戻さなければならない。故意に被保険者を死亡させた者に保険料積立金を払い戻すのは、63条1号の趣旨に抵触することになる。したがって、2号の保険契約者による故殺の規定が優先的に適用され（3号括弧書）、保険者は保険料積立金の払戻しを免れることとなる。

　【ケース3】　被保険者が保険契約者および保険金受取人を兼ねる場合において当該被保険者が自殺したときには、1号、2号および3号の免責事由のいずれにも該当するが、上述と同様な趣旨で、2号の保険契約者または3号の保険金受取人による故殺等ではなく、1号の被保険者の自殺の規定が優先的に適用され、被保険者の自殺として取り扱われる（2号括弧書・3号括弧書）。これにより、保険者は保険料積

---

77)　大森・保険法293頁、倉澤・通論139頁、山下・保険法472頁、田辺・前掲注(13)110頁。

78)　田辺・前掲注(13)110頁以下。

79)　山下=米山・解説459頁〔潘阿憲〕、村田敏一「生命保険契約における保険者の免責事由」中西喜寿・355頁(注1)。

立金の払戻義務を免れないこととなる。

(4) 法人が保険契約者兼保険金受取人である場合の被保険者故殺免責の可否

法人が保険契約者兼保険金受取人である場合において、法人自体は間接的存在であるから、この行為は法人を構成する自然人である機関による行為として捉える必要がある。そのゆえ、法人に属する自然人のどの範囲の者の行為をもって法人自身の行為と見るべきか、特に法人の代表権を有しない機関（理事・取締役等）が被保険者を殺害した場合には、保険者は、法定免責規定により免責されるかについて解釈論上問題となる。

これまでの学説・裁判例とも、法人の代表者が故意に被保険者を殺害した場合については、法人自身による被保険者故殺と評価できるとして、保険者免責を認めていた。しかし、法人の代表権を有しない機関が被保険者を殺害した場合については、これをもって法人自身による被保険者故殺と評価できるかの判断基準について議論がなされている。当該機関が会社を実質的に支配しているか、保険金の受領による利益を直接享受する地位にあるという事情があれば、当該法人の機関による被保険者故殺も、保険契約者兼保険受取人である法人による被保険者故殺と同一視することができるとして、保険者免責を認める見解が多かった。[80]

最判平成14・10・3（民集56巻8号1706頁）[81]も、法人の代表者による被保険者故殺の場合のみならず、代表権を有しない法人の機関による被保険者故殺の場合についても、当該機関が会社を実質的に支配もしくは事故後直ちに会社を実質的に支配しうる立場にあるか、または当該機関が保険金の受領による利益を直接享受しうる立場にあると認められる場合には、法人の行為と同一のものとして評価でき、保険者免責になることを示していた。

保険法部会においては、この最高裁判決を受け、保険契約者または保険金受取人と同視すべき第三者に関する規律を設けることも検討されていたが、このような第三者の故意による事故招致については、保険契約者または保険金受取人の行為と同

---

80) 山下典孝「生命保険契約における法人による保険事故招致免責に関する若干の考察」生保論集141号181頁（2002）、中西正明「生命保険の法人契約と事故招致免責」大阪学院大学法学研究30巻1＝2号21頁（2004）、岡田豊基「生命保険契約における法人による被保険者故殺免責」生保論集157号125頁以下（2006）。法人の代表者が故意に被保険者を殺害した場合の保険者の免責を認めた事例として、名古屋地判昭和59・8・8判時1168号148頁、東京高判平成13・3・13判時1744号125頁、法人の代表権を有しない機関が被保険者を殺害した場合の保険者の免責を認めた事例として、東京地判平成11・10・7判タ1023号251頁、札幌地判平成11・10・5判タ1059号187頁等がある。

81) 会社を保険契約者兼保険金受取人とし、会社の代表取締役を被保険者とする生命保険契約において、当該代表取締役が平取締役である妻に個人的動機によって殺害された事案。

一のものと評価できるかどうかという観点から、事案に応じてケース・バイ・ケースで判断するのが適当であるため、明文の規定を設けないものとされた。[82]しかし、保険法のもとにおいても、最判平成14・10・3の法理は変更されるものではないと考えられる。[83]

4 規定の性質

　故意免責を含めて本条各号はいずれも任意規定として整理されている。[84]

　したがって、保険約款において本条の規律と異なる約定を設けることは許容される。たとえば、①被保険者自殺に関する保険者の免責期間を責任開始後3年とする約定、[85]②保険契約者による被保険者故殺で、保険金受取人に保険金を取得させることが唯一または主要の目的ではない場合には保険者が保険金を支払うものとする約定、③保険金受取人が複数の場合であって、一部の保険金受取人による被保険者故殺の場合に、保険者が保険金額の残額ではなく、その全額をそれ以外の保険金受取人に支払う旨の約定、④保険金受取人による被保険者故殺の場合でも、保険者を免責とするのではなく、保険契約者または被保険者の遺族等に死亡保険金を支払う約定、⑤戦争その他の変乱について保険料の計算の基礎に影響を与える限りにおいて保険給付の一部または全部を免責とすること、あるいは、保険者が特別の保険料を徴収して戦争等の危険を引き受ける約定など。

　また、法定されていない免責事由を定める特約も許容される。たとえば、被保険者の決闘その他の犯罪行為や死刑の執行による死亡を免責事由とすることを約款で定めることができる。[86]

　もっとも、任意規定であるが故にどのような免責事由を置くことも許容されるというわけではない。保険法の片面的強行規定の趣旨（すなわち、保険契約者等に不利な約定を無効とする趣旨）に反し、または片面的強行規定を潜脱するような内容もしくは脱法的な内容（すなわち、片面的強行規定に形式的には抵触しないが間接的・実質的に抵触する内容）の免責事由、公序良俗に反する内容の免責事由の約定は当然許

---

82)　第5回議事録19頁以下。

83)　遠山・前掲注(64)192頁、山下・前掲注(47)319頁以下。

84)　萩本・一問一答193頁、第3回議事録22頁、第5回議事録21頁以下。

85)　保険金受取人の生活保障も考慮すれば、自殺免責が公益に基づく絶対的強行規定であるとする必要はないというのが従来の支配的理解であるとされ、その理由として、自殺は犯罪行為ではないし、宗教的または倫理的にも非難されるべき行為か否かの意見は分かれることが挙げられている。西島・保険法362頁、山下=永沢・保険法Ⅰ　145頁［山下友信］。

86)　第5回議事録23頁以下、竹濵・Q&A新保険法159頁以下［平尾正隆］、萩本・一問一答193頁、萩本ほか・前掲注(41)39頁、山下ほか・保険法306頁［竹濵修］。

されない。たとえば、保険法が告知義務違反による解除や危険増加による解除を片面的強行規定として一定の要件を制限しているにもかかわらず、約款にこれらの解除に伴うのと同様の免責の効果が認められる旨の免責事由の規定を設けたとしても、そのような規定は、片面的強行規定の趣旨を潜脱するものとして無効となるものと考えられる。また、保険金受取人の被保険者故殺の場合に当該保険金受取人に対し保険金を支払うとする内容、また保険契約者の故意による保険事故について保険金受取人に保険金を支払う旨の約定は許されるものの、保険契約者と保険金受取人が保険金支払に関して明らかに何らかの経済的利害を有する場合については、やはり公序良俗に反するものとして、その効力が否定されると考えられる[87]。

5 損害保険の免責事項との異同

保険法において、保険者の免責は、損害保険契約、生命保険契約および傷害疾病定額保険契約の共通事項であるが、生命保険契約における保険者の免責事項は、損害保険契約におけるそれとは以下のところに相違がある[88]。

保険法は、生命保険契約と損害保険契約とも、戦争その他の変乱を法定の免責事由としている。一方、損害保険契約については保険契約者等の故意または重過失による事故招致（ただし、責任保険契約の場合は故意のみ）を、生命保険契約については被保険者の自殺、保険契約者による被保険者故殺、保険金受取人による被保険者故殺を、それぞれ法定の免責事由としている。

また、保険法は、基本的には改正前商法の規律を維持しているが、損害保険契約における保険の目的物の性質・瑕疵や自然の消耗、生命保険契約におけるいわゆる犯罪行為等は法定の免責事由としていない。

	損害保険	生命保険
同様の免責事由	戦争その他の変乱による損害	戦争その他の変乱による被保険者の死亡
相違の免責事由	故意または重過失による損害のてん補責任	①被保険者の自殺 ②保険契約者による故殺 ③保険金受取人による故殺
免責事由の要件	故意または重過失（ただし、責任保険契約の場合は、故意のみ）	故意のみ

---

87) 部会資料(12)15頁、補足説明47頁、萩本修「新保険法―立案者の立場から」生保論集165号10頁（2008）、萩本修『新しい保険法』62頁（金融財政事情研究会・2008）、遠山・前掲注(64)190頁以下。
88) 萩本修「保険法の概要」自由と正義60巻1号19頁（2009）参照。

生命保険契約における免責事由およびその要件は、損害保険契約より比較的単純であるが、その公益ないし公序維持の機能は、損害保険契約のそれに比較して甚だ強い。それは、生命保険契約は人の死亡を取り扱うのに対し、損害保険契約は財産的損害を取り扱うことによる。また、損害保険契約における保険者の給付は損害てん補であるため、保険金支払による被保険者の利得なるものが、原則としてあり得ないのに対し、生命保険契約における保険者の給付は損害とは無関係な約定金額の給付であるため、保険事故による保険金の支払いが直接に利得に結びつく場合があることにもよる。すなわち、損害保険契約における免責事由およびその要件には、料率算定に関する保険技術上の理由によるものが比較的多いのに対し、生命保険契約における免責事由およびその要件は、公益ないし公序維持に関するものがその大半であるところにその特色がある[89]。

Ⅵ　外国法令

以下のように、各国の立法例においても、概ね死亡保険契約についての保険者の免責事由に関する条項が置かれている。

1　被保険者の自殺免責

ドイツ保険契約法161条（旧169条）は、死亡保険契約において、「被保険者が保険契約締結のときから3年経過する前に、故意に自殺したときは、保険者は給付義務を負わない」としている。被保険者の自殺行為が「自由な意思決定を不可能にする、精神活動の病的な障害状態においてなされたものであるときは、この規定は適用されない」（1項）と、自殺の免責期間、自殺行為の定義を明確に定めている。もっとも、免責期間の3年について、「個別合意により、拡張することができる」（2項）とし、かかる免責期間の短縮または放棄は保険契約者に有利な合意であるため、片面的強行規定としている[90]。

フランス保険法典では、保険者は、各契約の共通事項として、「被保険者の故意的行為もしくは詐欺的行為自体によって生じた滅失および損傷については、責めを負わない」（L. 113-1条2項）としたうえ、死亡保険契約については、被保険者が「故意に自らを死に至らしめた場合は、無効とする」（L. 132-7条1項）と定め、被保険者が自発的かつ意識的に自殺した場合は保険者は免責されるとしている。また、

---

89)　田辺・前掲注(13)105-106頁参照。
90)　政府法案理由書448頁以下。

保険者は死亡保険契約が締結されて「2年後からは、自殺危険を保障しなければならない」（同条2項）と定め、自殺の免責期間は2年とされている。

イタリア民法典は、1900条において、「保険者は、保険契約者、被保険者または保険金受取人の故意または重大な過失により生じた保険事故については、責任を負わない」との保険者の一般的免責事項を定めているが、1927条1項においては、その特則として「被保険者が契約の締結の時から2年が経過する前に自殺した場合には、保険者は、反対の特約がない限り、保険金額を支払う責任を負わない」と定め、自殺の免責期間は2年としている。

その他、自殺の免責期間に関して、ニューヨーク州保険法3203条(b)項(1)号は、2年とし、かつ片面的強行規定である（同項(2)号）。スウェーデン保険契約法100条は3年としている。

以上から分かるように、保険者の責任開始後一定期間に限り自殺を免責事由とする立場は、諸外国の立法例においても広く見られている。

なお、スイス保険契約法は、保険金受取人でない被保険者の自殺による保険者の免責規定は存在していない。

2　保険契約者による保険事故の招致

ドイツ保険契約法162条（旧170条）1項は、「保険契約者とは別の、他人の死亡事故のためにする保険が引き受けられた場合に、保険契約者が、故意に違法な行為により、その他人の死亡を招致したときは、保険者は給付義務を負わない」と定め、他人の生命の保険契約について、保険契約者が故意に被保険者を死亡させた場合には、保険者は給付義務を免責するとしている。

スイス保険契約法は14条において、保険契約者の有責的な保険事故の招致に関する保険者の免責について、「故意」、「重過失」、「第三者の故意または重過失」「軽過失」の場合に分けて、次のようにそれぞれ詳細に定めている。

①　保険契約者が故意に保険事故を招致した場合には、保険者は保険金支払の責任を負わない（1項）。

②　保険契約者が重大な過失により保険事故を招致した場合には、保険者は過失の程度に応じた割合で、その給付を減額することができる（2項）。

③　保険事故が、保険契約者と家庭的共同生活を営んでいる者、またはその行為につき保険契約者が責任を負うべき者によって、故意または重大な過失により招致された場合において、保険契約者がこれらの者の監督、任用もしくは採用について重大な過失を有するときは、保険者は、保険契約者の過失の程度に応じた割合で、その給付を減額することができる（3項）。

§51-Ⅵ3　　　　　　707

④　保険契約者が軽過失によって保険事故を招致したとき、もしくは第三者による保険事故招致の場合において保険契約者が軽過失を有するとき、または第三者が軽過失によって保険事故を招致したときは、保険者は全部の責任を負う（4項）。

もっとも、14条に掲げる者が、人道の命ずるところに従って行動することにより保険事故を招致した場合には、保険者は全部の責任を負う（15条）としている。

イタリア民法典では、保険者は、保険契約者の故意または重過失により生じた保険事故については、責任を負わないが、重大な過失の場合について反対の特約がある場合には、この限りではないと定め（1900条1項）、重大な過失の場合に関する免責は任意規定としている。

一方、フランス保険法典では、保険契約者の故意による保険事故の招致に対する保険者の免責事項について明確な条文が置かれていない。

このように、他の国の立法例の多くは、保険契約者の故意による保険事故の招致を保険者の免責事由とするが、過失の場合については緩和している。

3　保険金受取人による保険事故の招致

ドイツ保険契約法162条（旧170条）2項は、「第三者が受取人に指定された場合に、その第三者が、故意に違法な行為により、被保険者の死亡を招致したときは、その受取人指定はなされなかったものとみなす」と定めている。第三者のためにする生命保険契約において、保険金受取人が故意に被保険者を死亡させた場合に、保険者を免責とするのではなく、保険金受取人指定が効力を失うものとし、それにより保険契約者またはその相続人が保険金を取得するものとしている。たとえば、保険契約者兼被保険者の数人の相続人のうちの1人である保険金受取人が被保険者を故殺した場合には、他の相続人が故殺した受取人たる相続人の取得すべき保険金につき相続することになる。[91]

フランス保険法典L.132-24条は「保険契約は、被保険者の死を故意にもたらしたことについて有罪判決を受けた保険金受取人に関して、その効力を失う」（同条1項）として、保険金受取人が被保険者を故殺した場合には、保険金受取人の指定は失効する旨を定めている。また、仮に保険契約者は「保険金受取人が自己のためになされた約定をすでに承諾していたとしても」、それを取り消すことができる旨を定めている（同条3項）。

イタリア民法典1900条1項は「保険者は、保険契約者、被保険者または保険金受取人の故意または重大な過失により生じた保険事故については、責任を負わない。

---

91)　田辺・前掲注(13)112頁。

ただし、重大な過失の場合について反対の特約がある場合には、この限りではない」と、事故招致一般として保険者の免責を定め、さらに、1922条1項においては「保険金受取人の指定は、撤回不能であっても、保険金受取人が被保険者の生命を奪おうとした場合には、効力を有しない」とし、保険金受取人の被保険者故殺未遂の場合につき受取人指定が効力を失うものとする。

スイス保険契約法14条は、保険金受取人による保険事故の招致における保険者の免責に関しては、保険契約者による保険事故の招致の場合と同様の条文を定めている（上記2参照）。

以上のように、諸外国の立法例の多くは、保険金受取人による保険事故の招致の場合について、保険者の免責を定め、かつ保険金受取人指定の効力を否定している。

4　その他の免責事由

戦争免責条項について、外国の立法例では多くみられないが、ベルギー保険契約法9条、韓国商法660条は、生命保険契約につき戦争危険に関する保険者の免責を定めている[92]。また、ニューヨーク州保険法3203条(c)項(1)号においては、生命保険証券は、被保険者が「戦争または戦争行為」の「結果としての死亡の場合における責任を除外または制限する規定を含むことができる」とされている。

また、法定免責事由として規定されていないものの、約款ではこれを定めるものがある。たとえば、ドイツの標準普通生命保険約款には、被保険者が直接的または間接的に戦争事故により死亡したときは、法律または監督庁の命令によってより高額の給付が定められていない限り、現存の責任準備金のみを支払うべき旨を定めた例がみられる[93]。

犯罪免責条項については、法定免責事由として規定されないのが通例であるが、ラテンアメリカ諸国では、かかる条項が設けられているといわれている[94]。

Ⅶ　今後の展望

1　実務との関係

本条は改正前商法の規定を基本的に維持し、かつ任意規定であることから、保険法改正後に、保険者の免責事由について、基本的には既存の約款の規定振りが維持

---

92)　生保試案理由書122頁。
93)　田辺・前掲注(13)114頁。
94)　生保試案理由書118頁、田辺・前掲注(13)110頁。

§51 -Ⅶ 1　　　　　　　　709

され、大きな影響はないと考える。もっとも、保険実務上、保険給付の種類および
保険金受取人が被保険者であるか否かによって、免責事由が異なる（§80解説Ⅲ参
照）。死亡保険については、保険法に定められる保険者の免責事由とほぼ同様の免
責条項が設けられているが、以下の２点が保険法の定めと異なる。[95]

　第１に、被保険者の自殺の免責期間は、保険法のように全期間免責ではなく、従
来どおり責任開始の日から一定の期間（３年が通例）以内に限定されている。そこ
で、免責期間経過後の自殺が原則的に一律に免責としない取扱いがされている。も
っとも、免責期間経過後の自殺にも免責の余地を認めた最判平成16・３・25（民集
58巻３号753頁）の法理が保険法においても維持されるものと解されている。[96]

　第２に、戦争免責事項について、戦争その他の変乱を原則的に免責事由とするが、
その事由によって死亡した被保険者の数の増加が保険計算の基礎に及ぼす影響が少
ないと保険会社が認めた場合は、その程度に応じ、死亡保険金の全額を支払いま
たはその金額を削減して支払う旨の規定を約款に設ける会社もあれば[97]、それと逆に、
戦争その他の変乱を原則的に免責事由としないが、その事由によって死亡した被保
険者の数の増加が保険計算の基礎に影響を及ぼすと保険会社が認めた場合は、その
程度に応じて死亡保険金を削減して支払う旨の規定を約款に設ける会社もある[98]。こ
れは、保険法改正前の約款と変わらない。この趣旨は、保険金受取人等の保護の観
点から、戦争その他の変乱の場合であっても、それによる被保険者の死亡者の数が
保険料算定の基礎に影響を及ぼさない限り、保険金全額を支払っても何ら問題はな
く、また計算の基礎に影響を及ぼしたとしても、その影響の程度に応じて保険金を
削減して支払うことが妥当であると考えられるためである。[99]

　なお、犯罪行為による免責事由については、改正前商法の下での生命保険会社の
約款には、①改正前商法と同様に、被保険者の犯罪行為を保険者の免責事由とする
もの、②保険者の責任開始日から一定期間以内の被保険者の犯罪行為のみを免責事
由とするもの、③被保険者の犯罪行為を保険者の免責事由から完全に除外するもの
の三種類があったが[100]、犯罪行為を法定の免責事由としない保険法改正に伴い、死亡
保険金に関しては、犯罪免責条項がすべて約款から削除された。

---

95)　日本生命、第一生命、明治安田生命および住友生命の約款を参照。
96)　山下・前掲注(47)309頁、遠山・前掲注(64)191頁。
97)　第一生命約款、明治安田生命約款。
98)　日本生命約款、住友生命約款。
99)　日本生命ほか・前掲注(18)225頁。
100)　田辺・前掲注(13)109頁、第５回議事録20頁。

2 残された課題

保険法は、保険者の免責事項に関しては基本的に改正前商法の規定を維持している。もっとも、改正前商法の下で議論されていた課題には、保険法においてもなお明らかになっていないものがある。たとえば、前述のように、自殺の範囲について、嘱託殺人・自殺幇助が自殺に該当するかどうか、うつ病が精神障害中のものに該当するかどうか、また、保険金受取人が複数ある場合について、被保険者かつ保険金受取人である者に数人の相続人が存在し、そのうちの1人が被保険者を故殺したときには、故殺者の相続分に該当する保険金の給付につき、本条を適用して保険者は免責されるか、それとも民法の相続法理に従い、故殺者は法定相続人から排除され、他の相続人（受取人）に保険金全額が支払われるべきかなど、引き続き議論する必要がある。合わせて、改正前商法においてすでに認められていた判例法理が保険法においても、従前どおり適用されるかどうかという点について、なお詳細な検討が必要となる場合も考えられる。

そして、保険法改正に伴い、保険者の免責事由をめぐる新たな課題も発生することが考えられる。たとえば、前述のように、遺言による保険金受取人の変更の場合における保険金受取人の故殺について、保険者免責の対象とする保険金受取人を、被保険者故殺時を基準として認定すべきか、それとも遺言効力発生時を基準として認定すべきかについて、今後の学説の展開や裁判例・判例の動向が注目される。

〔李 鳴〕

§52-I・II   711

（保険給付の履行期）

第52条 ①　保険給付を行う期限を定めた場合であっても、当該期限が、保険事故、保険者が免責される事由その他の保険給付を行うために確認をすることが生命保険契約上必要とされる事項の確認をするための相当の期間を経過する日後の日であるときは、当該期間を経過する日をもって保険給付を行う期限とする。

②　保険給付を行う期限を定めなかったときは、保険者は、保険給付の請求があった後、当該請求に係る保険事故の確認をするために必要な期間を経過するまでは、遅滞の責任を負わない。

③　保険者が前2項に規定する確認をするために必要な調査を行うに当たり、保険契約者、被保険者又は保険金受取人が正当な理由なく当該調査を妨げ、又はこれに応じなかった場合には、保険者は、これにより保険給付を遅延した期間について、遅滞の責任を負わない。

【条文変遷】 ロエスレル草案743条、明治23年商法680条
【参照条文】 保険法21条・81条、民法412条
【外国法令】 ドイツ保険契約法14条、ヨーロッパ保険契約法原則第6-104条

I　概　　要

　新設規定である。改正前商法には、保険金の支払時期に関する規定はなかったため、後述のように民法の原則により規律されていた。保険法では、期限を定めた場合と定めなかった場合に分けて保険給付の履行期につき民法の特則を規定している。保険契約者等の説明義務・協力義務については法定されなかったが（§14解説IV・§50解説IV参照）、保険契約者等の調査妨害・不協力があった場合には、それにより調査が遅延した期間につき保険者が遅滞の責任を負わないことが3項に定められている。なお、1項と3項は、片面的強行規定（53条）である。

II　沿　　革

　ロエスレル草案では、生命保険に関する保険金の支払時期につき743条に「保険額ハ支払期限ノ来リタルヤ直チニ被保険者又ハ保険証書ノ条款ニ依リ保険ノ利益ヲ受クヘキ者又ハ保険額ノ要求権ヲ譲受ケタル者（第702条）ニ払渡ス可シ」と規定していたが、特に説明はない。その後、明治23年商法680条は同草案を継受して

─────────────
1）　ロエスレル・180頁参照。

「被保険額ハ其支払フ可キニ至リタルトキ直チニ被保険者又ハ保険証券ニ依リテ保険ノ為メ益ヲ受クル者又ハ被保険額請求権ノ転付ヲ受ケタル者ニ之ヲ支払フコトヲ要ス」と規定した。明治23年商法680条は、被保険額を支払うべき時期を定めたものと説明されている[2]。しかしながらその後、明治32年商法には同様の規定は置かれなかった。

Ⅲ　改正前商法

1　解釈

　改正前商法には、保険金の支払時期について特別の規定が定められていなかったため、民法の原則により規律されていた（民法412条）。保険金債務の履行期については、保険金債務を期限の定めのない債務と解する見解[3]と不確定期限のある債務と解する見解[4]に分かれていた。期限の定めのない債務（同条3項）であれば保険金請求権者による請求時から履行遅滞となり、不確定期限のある債務（同条2項）であるとすれば、債務者たる保険者が期限到来すなわち保険事故の発生を知った時から履行遅滞となる。一般には、期限の定めのない債務とする見解が多かった。

2　実務

　生命保険会社では一般的に「保険金または生存給付金は、事実の確認のため特に時日を要する場合のほか、その請求に必要な書類が会社の本社に到着した日の翌日から起算して5営業日以内に、会社の本社で支払います」といった内容の約款の定めを置いていた[5]。なお、損害保険の約款が30日としているのに比して生命保険の場合が5日と極端に短いのは、その対象とされる保険事故が被保険者の死亡（あるい

2）　長谷川喬『商法〔明治23年〕正義第5巻　日本立法資料全集別巻51』176頁（信山社・1995〔復刻版〕）。

3）　田辺康平「保険金債務の履行期、履行遅滞の生ずる時期および消滅時効期間の始期」損保56巻2号4頁（1994）、肥塚肇雄「保険約款の支払猶予期間及び調査期間の意義」『奥島孝康教授還暦記念第2巻—近代企業法の形成と展開』556頁（成文堂・1999）、竹濵修「保険金支払債務の履行遅滞」立命館法学304号101頁（2005）、山下・保険法533頁。

4）　倉澤康一郎「責任保険金債務の履行期」『田辺康平先生還暦記念—保険法学の諸問題』50頁（文眞堂・1980）、笹本幸祐「保険金支払債務の履行期・遅滞責任発生時について—最判平成9年3月25日民集51巻3号1565頁を素材として」福岡大学法学論叢44巻3＝4号549頁（2000）、大澤康孝「保険金請求手続、保険金債務の履行期と消滅時効」中西喜寿・70-72頁。

5）　生保約款但書の文言が損保約款但書と異なっている故か、生命保険に関する裁判例では、履行遅滞の猶予が広く認められる傾向にあったと指摘するものに、後藤元「新保険法における保険金支払債務の履行遅滞」生保論集165号96頁（2008）。

§52-Ⅳ1,2　　　713

は生存）という簡明な事実にかかることによると解される。

　損害保険の約款但書については、最判平成9・3・25（民集51巻3号1565頁）で効力を否定されたが（§21解説Ⅲ2参照）、その後、生命保険については、下級審ではあるが福岡高判平成16・7・13（判タ1166号216頁）が、「本件約款の本文が保険金支払いの猶予期間を定めたものであり、同ただし書は、保険会社と保険契約者等との間の法律上の権利義務の内容を定めた特約ではなく、保険会社において、所定の猶予期間内に調査を終えることができなかった場合であっても、速やかにこれを終えて保険金を支払うべき旨の事務処理上の準則を明らかにしたものと解するのが相当である」と判示した。

Ⅳ　立法過程

1　保険法制定前試案

　保険金の支払時期につき提案はなかった。

2　法制審議会保険法部会の審議

　保険金の支払時期については、Ⅲで述べたように改正前商法に明文の規定はなく、解釈論や約款の定めに委ねられていたが、保険法部会では、これを明文で定めることを提案した。

(1)　第1読会（第6回会議）

　第1読会では、損害保険契約と同様に（§21解説Ⅳ2(1)参照）、死亡保険金の支払時期を明文で定めることを提案している。そして、検討事項としては、3点あげている。まず、1点目は、保険金の支払時期に関する規律について、生命保険契約に固有の問題はあるか、2点目は、「保険金受取人」の範囲につき、保険金請求権の譲受人、質権者等を含めるべきか、3点目は規定の性質（任意規定か強行規定か）について、どのように考えるかである[6]。この規律は、一般に期限の定めのない債務であると解されている死亡保険金の支払義務に関するものである。これは、生存保険契約における保険支払義務については、一般に確定期限付き債務と解されており、かつ、実務上は期限到来前に保険者から生存保険金の請求案内を行い、住民票等により被保険者の生存が確認できれば、生存保険金が支払われることが多いといわれていること等から、特に保険金の支払義務に関する規律を設ける必要はないと考え

6)　部会資料(6)8頁。

714   § 52 -Ⅳ2

られたためである[7]。

(2)　第2読会（第11回会議）

　損害保険契約と同様の提案がなされた（§21解説Ⅳ2(2)参照）。問題点も3点でほ
とんど損害保険契約と同じであるが、2点目については、さらにこの点について①
の場合と②の場合とで分けて考えるべきかという文言が付け加えられている。これ
は、第9回会議において②の場合には、その期間内に免責事由の存否等の調査を行
うことが予定されているため、その調査が妨げられた場合等に保険者が遅滞の責任
を負わないとすることにも合理性があるが、①の場合には、その期間内に免責事由
の存否等の調査を行うことが予定されていない以上、仮にその調査が妨げられるな
どしたとしても、保険者が遅滞の責任を免れる理由はないのではないかとの指摘を
踏まえて併せ問題提起したものである。また、①の「通常必要な期間」および②の
〔合理的な期間〕の意義に関し、第9回会議において、個々の保険契約者ごとに判
断するのか、それともその生命保険契約全体について判断するのかについて指摘が
あったことから、両者は、その保険契約の種類、保険事故の内容、免責事由等に照
らして、一般的に必要または合理的と認められる期間を意味するものとし、規定振
りについては、なお検討すると(注2)に示している。同会議において、そもそも期
限の定めがない場合の猶予期間を法定する必要はないのではないかとの指摘もあり、
期限の定めがない場合に関する規律全体のあり方としてさらに検討する必要がある
とする[8]。

(3)　中間試案

　第2読会の提案を基本的に維持している（§21解説Ⅳ2(3)参照）。損害保険契約と
異なる点は、①の「保険事故の発生並びに損害の有無及び額」を「被保険者の死
亡」とし、③の「保険契約者又は被保険者」を「保険契約者又は保険金受取人」と
しているところである。

(4)　保険法の見直しに関する要綱

　損害保険契約と同様に期限の定めがある場合を最初にもってきている（§21解説
Ⅳ2(4)参照）。生命保険契約に固有の変更としては、中間試案では死亡保険契約の
みに関する規律としていたが、生存保険契約についても保険事故の発生の確認等が
必要であることから、同様の規律とすることを提案したことである[9]。

---

7)　第6回議事録2頁。
8)　部会資料(12)12-14頁。
9)　部会資料(25)8頁。

§52-Ⅴ1〜6・Ⅵ・Ⅶ　　　　715

(5)　**国会における審議**

　国会における審議の結果、衆議院および参議院の法務委員会において、それぞれ保険給付の履行期につき附帯決議がなされた（§21解説Ⅳ2(5)参照）。

Ⅴ　条文解説

1　趣旨・法的性質　　§21解説Ⅴ1参照。

2　保険給付を行う期限を定めた場合

　21条と異なる点は、確認の必要な事項として、てん補損害額がはいっていないことである。その他は§21解説Ⅴ2参照。

3　保険給付を行う期限を定めなかった場合　　§21解説Ⅴ3参照。

4　保険契約者、被保険者または保険金受取人による調査妨害・不協力

　保険金受取人が調査妨害等した場合を含むこと以外は、§21解説Ⅴ4参照。

5　規定の性質

　§21解説Ⅴ5参照。本条1項・3項は、片面的強行規定である（53条）。

6　経過措置

　附則4条2項により、施行日前に成立した生命保険契約についても、施行日以後に保険事故が発生した場合には、本条が適用される。

Ⅵ　外国法令

　§21解説Ⅵ参照。

Ⅶ　今後の展望

　§21解説Ⅶ参照。　　　　　　　　　　　　　　　　　　　　〔藤田　祥子〕

---

10)　各議院での審議経過、その検討については後藤・前掲注(5)113-117頁参照。

（強行規定）

第53条 前条第1項又は第3項の規定に反する特約で保険金受取人に不利なものは、無効とする。

【条文変遷】 新設
【参照条文】 保険法52条
【外国法令】 §41解説Ⅳ参照

Ⅰ 概　　要

　本条（53条）は、26条（損害保険）、82条（傷害疾病定額保険）との共通事項として、保険法第3章「生命保険」第3節「保険給付」に設けられている諸規定のうち、保険給付の履行期（52条）に関する規定を片面的強行規定とするものである。

　規定の性質に関する分類、片面的強行規定の保険法への導入の経緯、趣旨、外国の立法例および今後の展望については、7条と41条の解説で述べられているところと基本的には同様である。

Ⅱ 条文解説

　本条は、「前条（52条）第1項又は第3項の規定に反する特約で保険金受取人に不利なものは、無効とする」ことを定め、生命保険契約の履行期に関し、以下に検討する規定の性質が片面的強行規定であることを明示するとともに、片面的強行規定により保護される対象者を明らかにする。

　したがって、本条の掲示する各条文の内容に反するような特約があった場合であっても、保険金受取人に不利とならないものであれば無効となることはなく、これらの者に不利な特約だけが無効となる。

1　52条1項

　52条1項は、生命保険契約において、保険給付を行う期限を定めた場合に関する規定である。改正前商法には保険給付の期限に関する規定がなく、特約のない限り、民法の一般原則に従い、期限の定めのない債務（民法412条3項）とされてきたが、この一般原則に従えば、保険金支払請求を受けた時から保険者は遅滞の責めを負わなければならなかった。しかし、保険者としても、保険給付を正当に行うよう免責事由や告知義務違反の有無等について確認する時間が必要であることから、実務で

は、調査のために必要な一定の期間を特約で設けていた。とはいえ、支払猶予期間に何の制限もないとすると、調査の遅滞という形での保険者のモラル・ハザードを招くおそれもでてくる一方、保険事故発生後遅滞なく保険給付がなされるという保険契約者の期待も裏切る結果ともなりかねないところから、本条のような規定を設けることとしたのである[1]。

(1) 保険給付の履行期に関する規定（期限を定めた場合）の概要

52条1項は、保険給付の履行期についての規定であり、保険給付を行う期限を定めた場合、「当該期限が、保険事故、保険者が免責される事由その他の保険給付を行うために確認をすることが生命保険契約上必要とされる事項の確認をするための相当の期間を経過する日後の日であるときは、当該期間を経過する日をもって保険給付を行う期限とする」と定めている。保険給付は、たとえ、期限の定めがあったとしても、それが相当の期間を経過する日より後の日であるときには、当該期間を経過する日をもって保険給付の期限とすることにより、保険者が、あまりに長期の調査期間を設けて保険金受取人の請求にいつまでも答えないようなことを避けるためである。

(2) 不利な特約の対象者

生命保険契約においては、保険金の給付を受けるのは保険金受取人であり、保険給付が遅滞することにより不利益を被るのは保険金受取人であるから、不利な特約の対象は保険金受取人である。

(3) 無効となる不利な特約

52条1項は、保険者は保険事故の確認等の調査を行った上で保険給付を行う必要があるという保険契約の性質と、保険事故が発生した場合には迅速に保険給付が行われるべきであるという2つの要請を考慮した規定であるから、従来の約款のように、保険給付の履行期を具体的な日数で定めておきながら、「この期間内に必要な調査を終えることができなかったときは、調査後遅滞なく支払う」旨、すなわち確認をするための相当の期間を超えても保険者が遅滞の責任を負わないような内容の場合には、約款規定が無効となる[2]。

2 52条3項

(1) 保険契約者側による調査妨害があった場合の規定の概要

52条3項は、保険契約者側による調査妨害があった場合に関する規定であり、保

---

1) 保険法コンメンタール73頁［山野嘉朗］、萩本・一問一答69頁。
2) 萩本・一問一答72頁。

険者が保険事故等の確認をするための調査をするに際し、保険契約者、被保険者、保険金受取人からの妨害行為があった場合、「保険者は、これにより保険給付を遅延した期間について、遅滞の責任を負わない」と定めている。

(2) 不利な特約の対象者

生命保険契約においては、保険金の給付を受けるのは保険金受取人であり、保険給付が遅滞することにより不利益を被るのは保険金受取人であるから、不利な特約の対象は保険金受取人である。

(3) 無効となる不利な特約

52条3項では、保険者が遅滞の責任を負わない場合として、保険契約者、被保険者、保険金受取人が正当な理由なく保険者の調査を妨げ、またはこれに応じなかった場合を掲げていることからすれば、これ以外の事由を掲げて遅滞の責任を負わないこととする（調査に応じなかった正当な理由がある場合であっても保険者が遅滞の責任を負わない[3]）ような約款規定は無効となる。したがって、このような無効な約款規定を定めた場合には、当該事由が発生したか否かにかかわらず、保険者は遅滞の責めを負うこととなる[4]。

また、52条3項の効果は、単に遅滞の責任を負わないとするものであるから、義務違反があった場合には保険者が免責となるというような約款規定も無効となる[5]。

〔宮島 司〕

3） 萩本・一問一答78頁。
4） 大串=日生・解説保険法90頁［千葉恵介］。
5） 上松・ポイント解説72頁。

§54-Ⅰ・Ⅱ・Ⅲ・Ⅳ・Ⅴ1

第4節　終　　了

（保険契約者による解除）
第54条　保険契約者は、いつでも生命保険契約を解除することができる。

改正前商法第683条　①　（略）第653条（略）ノ規定ハ生命保険ニ之ヲ準用ス
改正前商法第653条　保険者ノ責任カ始マル前ニ於テハ保険契約者ハ契約ノ全部又ハ
　一部ノ解除ヲ為スコトヲ得

【条文変遷】　明治32年商法433条1項・407条、改正前商法683条1項・653条
【参照条文】　保険法27条・65条、民法90条・97条・540条・545条、消費者契約法10条
【外国法令】　ドイツ保険契約法11条

Ⅰ　概　　要

§27解説Ⅰ参照。

Ⅱ　沿　　革

§27解説Ⅱ参照。なお、明治23年商法688条[1]では被保険者に任意解除権を認めていたが、明治32年商法では削除されている。

Ⅲ　改正前商法

§27解説Ⅲ参照。

Ⅳ　立法過程

§27解説Ⅳ参照。

Ⅴ　条文解説

1　趣旨　§27解説Ⅴ1参照。

1）　同1項は「総テ生命保険、病傷保険及ヒ年金保険ノ場合ニ於テハ被保険者若クハ其権利承継人ハ正当時期ニ予告ヲ為シタル後保険契約ニ従ヒ若クハ第683条ニ従ヒ自己ニ属スル償還金ヲ受ケテ契約ヲ解除スル権利ヲ有シ又ハ予告ヲ以テ償還ヲ求ムルコトヲ得ヘキ利息附ノ預ケ金ニ其契約ヲ変換スル権利ヲ有ス」と規定していた。

2 要件　　§27解説Ⅴ2参照。

3 権利行使　　§27解説Ⅴ3参照。

4 規定の性質

　本条（54条）は片面的強行規定とはされておらず（65条）、任意規定である。これは、約款で任意解除権を制限することについて必要性・合理性の認められる保険契約も存在することを踏まえた結果である。

　生命保険の分野では、たとえば個人年金保険契約において、被保険者の死期が近いことを知った保険契約者が、期待される年金支払総額よりも高額となる解約返戻金の請求をすることを防止するため、年金支払開始後に保険契約を解除できない旨を約款で定めることは必要的かつ合理的である[2]。

　その他は§27解説Ⅴ4参照。

5 保険料等の清算

　生命保険の保険契約者が責任開始前に任意解除権を行使した場合、保険者はその時点における保険料積立金を払い戻さなければならない（63条2号）[3]。

　一方、責任開始後の任意解除権行使の場合については規定がないので、未経過保険料や解約返戻金の返還は約款（約款に規定がなければ不当利得の規律）に従うこととなる。

Ⅵ 外国法令

　§27解説Ⅵ参照。なお、ドイツ保険契約法11条は総則規定として生命保険契約にも適用があるが、フランス保険法典L.113-12条は生命保険契約には適用されない（同3項）。

Ⅶ 今後の展望

　§27解説Ⅶ参照。

〔岩井　勝弘〕

2）　第2回議事録46頁。
3）　実務上は、約款により初回保険料が支払われないと責任が開始しないこととなっているから、責任開始前に任意解除権を行使しても、保険料積立金の払戻しは問題とならない。

（告知義務違反による解除）

第55条 ① 保険者は、保険契約者又は被保険者が、告知事項について、故意又は重大な過失により事実の告知をせず、又は不実の告知をしたときは、生命保険契約を解除することができる。

② 保険者は、前項の規定にかかわらず、次に掲げる場合には、生命保険契約を解除することができない。

(1) 生命保険契約の締結の時において、保険者が前項の事実を知り、又は過失によって知らなかったとき。

(2) 保険媒介者が、保険契約者又は被保険者が前項の事実の告知をすることを妨げたとき。

(3) 保険媒介者が、保険契約者又は被保険者に対し、前項の事実の告知をせず、又は不実の告知をすることを勧めたとき。

③ 前項第2号及び第3号の規定は、当該各号に規定する保険媒介者の行為がなかったとしても保険契約者又は被保険者が第1項の事実の告知をせず、又は不実の告知をしたと認められる場合には、適用しない。

④ 第1項の規定による解除権は、保険者が同項の規定による解除の原因があることを知った時から1箇月間行使しないときは、消滅する。生命保険契約の締結の時から5年を経過したときも、同様とする。

改正前商法第678条 ① 保険契約ノ当時保険契約者又ハ被保険者カ悪意又ハ重大ナル過失ニ因リ重要ナル事実を告ケス又ハ重要ナル事項ニ付キ不実ノ事ヲ告ケタルトキハ保険者ハ契約ノ解除ヲ為スコトヲ得但保険者カ其事実ヲ知リ又ハ過失ニ因リテ之ヲ知ラサリシトキハ此限ニ在ラス

② 第644条第2項及ヒ第645条ノ規定ハ前項ノ場合ニ之ヲ準用ス

改正前商法第644条 ② 前項ノ解除権ハ保険者カ解除ノ原因ヲ知リタル時ヨリ1个月間之ヲ行ハサルトキハ消滅ス契約ノ時ヨリ5年ヲ経過シタルトキ亦同シ

【条文変遷】 §37解説Ⅱ参照

【参照条文】 保険法28条・84条・37条・31条、生保試案678条

【外国法令】 ドイツ保険契約法19条・21条・157条、フランス保険法典L. 113- 9 条・L. 191- 4 条、イタリア民法典1892条・1893条・1926条、スイス保険契約法 6 条・ 8 条

I 概　要

1　規定改正の趣旨

　告知義務違反による解除の意義は、§37解説Iの告知義務制度の意義を参照されたい。

　告知義務違反の効果に関する規定は、改正前商法から存在している（改正前商法678条・644条2項等）。しかし、改正前商法では、告知義務違反の効果が明示されていたものの、解釈に委ねる部分が多かった。また保険現場では、告知受領権のない生命保険募集人が契約を獲得し自己の営業実績を上げるために告知妨害や不告知教唆をする行為が多発して、保険者の指揮・監督の問題として社会的に批判されていた。

　そこで、保険法では、これまでの学説・判例の流れを踏まえ、消費者である保険契約者側の保護を強化するという観点から、これらの問題を立法的に解決することを図った。

　保険法は、告知義務違反による解除に関して、改正前商法の規律を実質的に維持しているものの、以下の点において改められている。①生命保険募集人を含む保険媒介者による告知妨害または不告知教唆があった場合には、保険者が告知義務違反を理由に保険契約を解除することができない旨の解除権阻却事由の規定を新設したこと、②これらの保険媒介者の行為がなかったとしても、保険契約者側の過失または重過失による告知義務違反が認められた場合には、解除権阻却不適用の特則を新設したこと、③改正前商法では、告知義務と告知義務違反の効果を同一条文で定めていたが、保険法では、告知義務を課すこと自体に関する規定と、告知義務違反の効果に関する規定とは別条に定めている。④解除権の除斥期間および解除の効力については、改正前商法では、損害保険契約の規律を生命保険契約に準用するとしていたが、保険法では、別々の条文が設けられている。

2　条文概要

　告知義務違反による解除は、保険法における損害保険契約、生命保険契約、傷害疾病定額保険契約の共通事項である。本条（55条）は、生命保険契約に関する規定である。以下は、その概要である。

　生命保険契約の締結時に告知事項に関して、保険契約者または被保険者（以下「保険契約者等」という場合がある）が故意または重大な過失により、事実の告知をせず（以下「不告知」という）、または不実の告知をした（以下「不実告知」といい、「不告知」と併せて「不告知等」という場合がある）場合は、保険者は、原則として生

命保険契約を解除することができる（1項）。

　ただし、保険契約者等に告知義務違反があったとしても、次の3つの事情のいずれかが認められる場合には、例外的に保険者は生命保険契約を解除することができない（2項）。すなわち、①保険者が不告知等の事実を知っていたか、または過失によって知らなかったとき、②保険媒介者が、保険契約者等に対し事実告知を妨害した（以下「告知妨害」という）とき、③保険媒介者が、保険契約者等に対して不告知等を勧めた（以下「不告知教唆」といい、「告知妨害」と併せて「告知妨害等」という場合がある）とき。

　もっとも、仮に当該告知妨害等がなくとも、保険契約者等が不告知等を行ったと認められる場合には、原則に戻って保険者は告知義務違反による解除ができる（3項）。

　告知義務違反による解除権の除斥期間は、保険者が解除の原因を知った時から1か月、あるいは保険契約の締結の時から5年間経過したときである（4項）。

　本条1項から3項までの規定については、片面的強行規定とされ（65条1号）、除斥期間に関する本条4項については、絶対的強行規定であると解される。

　なお、告知義務違反による解除の効力については、§31解説Ⅴ4を参照されたい。

Ⅱ　沿　　革

　§37解説Ⅱを参照されたい。

Ⅲ　改正前商法

1　改正前商法の規律

　改正前商法では、生命保険契約における告知義務違反による解除に関しては、同678条・644条・645条に定められており、うち、損害保険契約に関する644条2項と645条は生命保険契約に準用されていた。

　これらの規定によれば、保険契約の当時、保険契約者または被保険者が悪意または重大な過失により重要な事実を告げず、または重要な事項につき不実のことを告げたときは、保険者は保険契約を解除することができる（改正前商法678条1項本文）。ただし、保険者がその事実を知り、または過失によってこれを知らなかったときは、この限りではない（同項但書）。

　告知義務違反による解除権の除斥期間として、保険者が解除の原因を知った時より1か月間これを行わないときは消滅する。契約の時より5年を経過した時も同様

である（改正前商法678条2項・644条2項）。かかる解除は、将来に向かってのみその効力を生ずる（同678条2項・645条1項）。

　保険者は保険事故発生後に解除をした場合においても、保険金を支払う義務を負わない。すでに保険金の支払をしていたときは、その返還を請求することができる（改正前商法678条2項・645条2項本文）。ただし、保険契約者において保険事故の発生がその告知義務違反となった事実に基づかないことを証明したときは、この限りではない（同678条2項・645条2項但書）。

2　改正前商法の下での議論

　改正前商法の下で告知義務違反による解除に関し、主に生命保険募集人の告知受領権の有無をめぐって議論がなされていた。

　生命保険募集人は告知受領権を有しないため、古くから、特に保険者から告知受領権を付与されたような例外的な場合、または表見代理の法則が適用されるような事情がある場合を除いて、生命保険募集人に対する告知は、保険者に対する告知とはならず、生命保険募集人が重要な事実を知りまたは過失によってこれを知らなかった場合にも、当然にこれが保険者の知または過失による不知と同視されるものではないのが通説・判例の立場であった。[1]

　その結果、生命保険募集人は保険契約締結の勧誘に際し、保険加入者（保険契約者等）から口頭で事実を告げられたりしたにもかかわらず、保険者にこれを知らせることを怠ったり、契約を獲得し自己の営業実績を上げるために、保険加入者に対し重要事実の不告知または不実告知を教唆したり、面接せずに代筆または加入者の告知内容に反する記入を代行したりする告知妨害を行う場合において、保険加入者は告知義務違反を問われるが、保険会社の過失というものは認められなかった。

　そこで、解釈論も判例も、現行体制では保険契約者等の保護が必ずしも十分ではないとして、以下のように立法論的に考慮をすべきという指摘や見解があった。[2]

　保険者と保険契約者との間の負担の衡平という見地から、この問題は、告知の受領などと異なり、保険者の補助者の対外的な代理権の有無とは関係なく、むしろ業務上の補助者の過失による不利益を民法715条（使用者等の責任）に基づき、保険者

1）　大判大正5・10・21民録22輯1959頁、大判昭和9・10・30新聞3771号9頁、東京地判昭和
　　37・2・12判時305号29頁、岡山地倉敷支判平成17・1・27判タ1200号264頁、仙台高判平成
　　19・5・30金法1877号48頁等。
2）　河森計二「生命保険募集人の告知妨害に関する一考察」生保論集160号123頁（2007）で整
　　理されている。

がどの程度まで負担しなければならないかを考えるべきであるとする見解[3]があった。

　また、この問題を解決するために、保険募集制度の適正化や保険契約者保護という観点から、生命保険募集人の告知受領権を肯定すべきであり、少なくとも無診査保険については、生命保険募集人が診査医に準ずる任務を負わされていることから、生命保険募集人の知または過失による不知が保険者の知または過失による不知と考えるべきであるとする見解もあった[4]。

　そして、生命保険募集人が告知受領権を有しないことはやむを得ないとしても、生命保険募集人のなす助言や行為を信頼する善意の保険契約者等は許されてしかるべきであり、生命保険募集人の告知妨害や不告知教唆に起因する告知義務違反が生ずる場合には、信義則に基づき、生命保険募集人を監督すべき保険者の責めに帰すことを認めてよいとする見解が有力説として展開され、裁判例にもそのような考え方を採用するものがみられてきた[6]。

IV　立法過程

1　保険法制定前試案

　生保試案では、告知義務違反をめぐる紛争を可及的に回避するために、簡易生命保険法の関連規定を参照するとともに、生命保険実務の現況を踏まえて改正を試みた。

　生保試案678条は、改正前商法678条の規定を基本的に受け継ぎながらも、かなり多数の修正を加えている。告知義務違反による解除に関しては、改正前商法678条との間の主要な相違点は、①解除権の除斥期間の起算点についての規定を新設したこと、②解除の意思表示の相手方に関する規定を新設したこと、③契約解除の効果につき詳細な規定を設けたこと、④解除の場合における保険者の保険契約者に対する保険料の払戻義務について規定したこと、である。

　また、生保試案は、定額保険契約であることから複数の生命保険契約の累積により高額な保険金額となりうることに目をつけた悪質な保険犯罪が多発している状況に照らして、他保険契約の告知義務を認めることが必要かつ有益であるという趣旨から、678条の2で他の生命保険契約についての告知義務に関する規定を独自の条

3）　大森・保険法132頁以下。
4）　西島・保険法344頁。
5）　山下・保険法315頁。
6）　岡山地判平成9・10・28生判9巻467頁、東京地判平成10・10・23生判10巻407頁、盛岡地花巻支判平成11・6・4生判11巻333頁等。

文として新設した。同条は、一般の告知義務違反解除における因果関係原則を不適用とする特別の規定であり、他保険契約の存在に関する事実を道徳危険の徴憑として保険者が危険選択の判断材料に使用している場合に限って、保険者は本条の告知義務の違反を理由として保険契約を解除できるとする。これは諸外国の立法例とは異なる[7]。損保試案、傷害試案および疾病試案も同様である。

2　法制審議会保険法部会の審議

　保険法部会において、告知義務に関する検討事項として、次の6点があげられた[8]。①不告知または不実告知があった場合の規律（オール・オア・ナッシング主義とプロ・ラタ主義のどちらを採用するか）、②自発的申告義務か質問応答義務か、③保険者が契約の解除ができない場合（いわゆる告知妨害の場合）、④解除権の除斥期間、⑤規律の性質、および⑥他保険契約の告知義務違反による解除である。

　これらの検討事項のうち、保険法が改正前商法の規定を踏襲する事項は、①および④である。①の告知義務違反の効果は、オール・オア・ナッシング主義が採用され、改正前商法と同一の規律が維持された。④の解除権の除斥期間に関する規定も改正前商法と同一である。保険法により、改正または新規の立法がなされた事項は②、③および⑤である。②の告知義務の性質は、改正前商法に定める自発的申告義務から質問応答義務へと改正がなされた。③の解除権の阻却事由は、保険媒介者が告知を妨害しまたは不告知を教唆した場合には、保険者は解除権を行使することができないとされる規定である。⑤の告知義務の法的性質については、従来、任意規定と解されていたが[9]、それを片面的強行規定と法定した。②と⑤の事項については、特段の異論なく採用された[10]。⑥の他保険契約の告知義務については立法が見送られた。以下は、保険法部会で特に議論が重ねられた①、③および⑥の審議概要およびその理由である。

(1)　プロ・ラタ主義が採用されなかった理由

　保険法部会においては、保険契約者等が故意または重大な過失によって事実を告知せず、または不実の告知をした場合において、保険事故が発生していたときの規律、すなわち告知義務違反の効果について、以下のA案とB案が提出され、審議さ

---

7)　生保試案理由書93頁。

8)　部会資料（2）7-10頁。

9)　大判大正5・11・21民録22輯2105頁等。

10)　部会資料（2）9頁（補足）、第2回議事録2頁、第14回議事録9-10頁。

れていた。[11]

　A案は、保険契約者等に告知義務違反があった場合には、それが保険契約者等の故意か重大な過失かを問わず、告知されなかった事実と当該保険事故との間に因果関係がない場合を除き、保険者は契約解除前に発生した保険事故について保険金支払責任を全部免れるものとして、いわゆるオール・オア・ナッシング（all-or-nothing 全額免除）主義である。

　これに対し、B案は、保険契約者等に告知義務違反があった場合には、それが保険契約者等の故意か重大な過失かに分けて規律する。契約解除前に保険事故が発生していたとしても、①告知義務者に故意があった場合については、保険者は責任を全部免れるものとし、②告知義務者に重大な過失があった場合については、正しい告知がされていたら保険者が保険契約を締結しなかったであろうときは、原則として保険者は責任を全部免れるものとし、それ以外の場合は、保険者は約定保険料の額の本来支払われるべきであった保険料に対する割合により保険金を減額した責任を負う。ただし、いずれも告知されなかった事実と当該保険事故との間に因果関係がないことを保険契約者において証明した場合は除かれるものとする。いわゆるプロ・ラタ（pro-rata 比例減額）主義である。

　オール・オア・ナッシング主義は、改正前商法が採用している立場であるが、プロ・ラタ主義は、諸外国（フランス、イタリア、スウェーデン、ドイツ等）で比較的多く採用されている立場である。

　保険法部会およびそれに先立った研究調査等[12]においては、最初はオール・オア・ナッシング主義ではなく、プロ・ラタ主義が有力的に提案されていたが、検討がなされた結果、最終的には、以下の理由によりプロ・ラタ主義は採用されなかった[13]。

　①改正前商法の規定は、プロ・ラタ主義に比べても決して保険契約者等に不利なものではない。②告知義務者の重過失は故意に近似するものであると解されるので、重過失でも告知義務違反に該当しないこととなると、告知をするインセンティブが低くなるという懸念がある。③全体として保険金の支払額や支払のためのコストが増加するため、保険料が上がってしまうとともに、これにより、正しく告知をした

---

11)　部会資料（2）7-9頁、補足説明13-16頁。

12)　生命保険会社にとって大変関心が高いテーマの1つが、プロ・ラタ主義の導入の是非である。そのために2007年1月29日〜同年2月6日までの間に生命保険協会が欧州諸国を訪問しプロ・ラタ主義に関する海外調査を行った（生命保険協会『生命保険契約に係るいわゆるプロ・ラタ主義に関する海外調査報告書（フランス・イギリス・ドイツ）』（生命保険協会・2007）。

13)　部会資料(11) 7-12頁、山下友信「保険法制定の総括と重要解釈問題（生保版）―成立過程の回顧と今後に残された課題」生保論集167号4-11頁（2009）参照。

善良な保険契約者との衡平性を損なう。④故意と重過失は主観的な問題であり、実務上これを明確に区別した上で保険金を支払うかどうかを判断することは困難であり、規律も複雑になりすぎて、保険契約者にとってわかりにくい結果になるなど。

これにより、保険法においても、改正前商法と同様に、告知義務違反の効果は、保険者は保険給付の全部が免責されることとしている。

(2) 告知妨害等の解除権阻却事由規定の新設の理由

保険法部会では、保険者の使用人等のうちいわゆる告知受領権のない者による告知妨害等があった場合には、保険者は告知義務違反を問うことができない旨の規定を設けるべきであるとの考え方を踏まえ、検討がなされていた。[14]

告知受領権のない保険者の使用人の告知妨害等が問題となる事案は様々なものがあり、画一的な規律では結論の妥当性を図ることができない場合もありうるとの指摘があった。告知妨害等の「一定の場合」の要件設定が法技術的に困難であるとともに、かかる規律を設けることは、本来保険者が引き受け得なかった契約について保険金支払義務を生じさせることにもつながり、保険群団の公平性に反し保険の健全性を損なう観点からも懸念が生ずる余地が大きいとの指摘もあり、告知妨害等がある場合は、契約の解除を認めた上で、過失相殺の類推適用（民法418条）や不法行為による損害賠償（同709条）などで救済すれば足りるとの提案もなされていた。

しかし、検討を重ねた結果、以下の観点から、最終的に、告知受領権のない者による告知妨害等があった場合における保険者解除権の阻却事由、および告知妨害等と関係ない告知義務違反の場合における阻却事由不適用の特則を設けることとした。[15]

告知義務違反があった場合であっても、なお、信義則や当事者間の衡平等に照らして、契約の解除を認めることが相当でない場合がある。保険契約者等が保険契約の勧誘を行う保険者の使用人等の言葉を信じて告知義務を履行しなかったような事情がある場合には、保険契約者等の信頼を保護する必要がある。したがって、生命保険募集人が告知妨害や不告知教唆をしたりして保険契約者等の判断を歪める行為を行った場合には、それによる不利益は、妨害や教唆を受けた保険契約者等ではなく、保険募集人等の指揮や監督を適切に行わなかった保険者に課するのが適切である。もっとも、保険者の使用人等の行為の態様だけでなく、告知義務違反の態様や程度といった保険契約者等の事情をも総合的に考慮すべきである。

(3) 他保険契約の告知義務の立法が見送られた理由

保険法部会で、保険契約の締結に際して保険契約者等に他保険契約の存在や内容

---

14) 部会資料（2）9頁、第2回議事録5-8頁、第16回議事録21-31頁、部会資料（9）5-6頁、補足説明11頁。

15) 萩本・一問一答50頁等参照。

§ 55 - Ⅳ 2   *729*

等に関する告知義務を課し、それに違反した場合には保険者による契約の解除等を
認めるものとすることに関し、最初はA案、B案、C案の3案が提起された。[16] A案
は、いずれの種類の保険契約についても規定を設けるとする考え方、B案は、損害
保険契約については規定を設けるが、生命保険契約および傷害・疾病保険契約につ
いては特段の規定は設けないとする考え方、C案は、いずれの種類の保険契約につ
いても特段の規定を設けず、解釈論に委ねるとする考え方である。審議の過程にお
いて意見が分かれていたが、C案に賛成する意見が比較的多数表明された。[17] 最終的
にC案を採用し、他保険契約の告知義務について特別の規定を設けないとの結論に
達した。その理由は主に以下のとおり挙げられている。[18]

　①他保険契約の告知義務違反の効果が生じるための要件、義務違反の効果を規律
することは容易ではない。②他保険契約が危険に関する重要な事項にあたる程度に
存在する場合には、告知事項とすることができるから、かかる告知義務に違反した
ときは、告知義務違反による解除ができる。③保険金を詐取する目的で加入した多
数・多額の他保険契約について重大事由解除のその他包括条項の中で読み込むこと
ができるから、保険事故が発生したときは、保険者は重大事由による解除権を行使
することができる。④なお、他保険契約の存在を含む道徳的危険を防止するために
生命保険会社の契約内容登録制度などの機能で対応できること等。[19]

　なお、2008年4月25日の衆議院法務委員会での採決時に、留意事項の1つとして、
次の附帯決議がなされていた。「告知義務の質問応答義務への転換や告知妨害に関
する規定の新設により、告知義務違反を理由とする不当な保険金の不払いの防止が
期待されていることを踏まえ、改正の趣旨に反しないよう、保険契約者等に分かり
やすく、必要事項を明確にした告知書の作成など、告知制度の一層の充実を図るこ
と」が挙げられていた（保険法案及び保険法の施行に伴う関係法律の整備に関する法律案に対
する附帯決議第3項）。

---

16)　部会資料（2）10頁。
17)　第2回議事録12-18頁、第11回議事録36-45頁、部会資料（17）7-8頁、第17回議事録31-33
　　頁。
18)　第17回議事録31-33頁参照。
19)　保険契約、特約付加の引受け、あるいは保険金、給付金の支払判断の参考とすることを目
　　的として、一般社団法人生命保険協会、一般社団法人生命保険協会加盟の各生命保険会社の
　　保険契約等に関する登録事項を共同してシステムに利用する制度である。全国共済農業協同
　　組合連合会との間では「契約内容照会制度」という。

V 条文解説

1 保険者の解除権（1項）

本条1項は、「保険者は、保険契約者又は被保険者が、告知事項について、故意又は重大な過失により事実の告知をせず、又は不実の告知をしたときは、生命保険契約を解除することができる」と定めている。本項は、告知義務違反による解除の通則といえ、告知義務違反があった場合の効果すなわち告知義務違反による保険者の解除権を規定し、改正前商法678条1項本文に相当する規律である。改正前商法の「悪意」を「故意」に、「重要ナル事実」を「事実」に、「重要ナル事項」を「告知事項」に改めているが、実質的に改正前商法の規定を維持しているといわれる[20]。

(1) 規定の趣旨

告知義務違反があった場合には、告知義務者である保険契約者または被保険者の責めに帰すべき事由により、保険契約の締結の時点で保険者が保険料に比して過大な危険を引き受けるとともに、保険契約者間の公平性を害することになるため、保険者をその過大な責任から免れさせる必要がある。こうした本項の趣旨は改正前商法の規定と同様であることに異論はないものの、理論構成には後述のように若干の変化がある。

(2) 告知義務違反による解除権の発生要件

本項において、告知義務違反による解除権の発生要件は、客観的要件と主観的要件で構成され、客観的要件としては、「不告知」または「不実告知」があり、主観的要件としては、告知義務者の「故意又は重大な過失」があることである。

ア 「不告知・不実告知」の客観的要件の判定

事実の不告知または不実告知があったか否かは、告知すべき事実と告知義務者の告知した内容とが一致するか否かを基準に判断される。これについて、学説上、告知義務者が事実の重要性あるいは重要な事実であることを知っているかどうかも判断の基準の1つであるとされている[21]。

しかしながら、本項では、何が重要な事実かを保険技術に精通していない告知義務者側の判断に委ねるのが適切ではないという趣旨から、改正前商法規定の「重要ナル事実」は単に「事実」に改められている。したがって、保険法の下で、もはや

---

20) 竹濵・Q&A新保険法228頁［平尾正隆］、山下=米山・解説532頁［山下友信］、萩本・一問一答44頁等。

21) 潘・概説206頁。

告知義務者が事実の重要性を知っているかどうかは問わず、保険者から求められている告知事項について、ありのままに事実を告知しているかを基準にして不告知または不実告知の客観的要件を満たすかを判断すれば足りるものと考える。

イ 「故意又は重大な過失」の主観的要件の判定

故意とは、一般的にある行為が意図的なものであることを指し、法律上は、他人の権利や法益を侵害する結果を発生させることを認識しながらそれを容認して行為する心理状態をいう[22]。保険法上は、告知すべき事項に該当することを知っていながら、意図的に不告知または不実告知をすることをいい、かかる故意は、詐欺の意思までは要求されないと解されている[23]。

重大な過失には、過失の程度が大きい場合と故意に非常に近い場合との2通りがあるが、本項にいう重大な過失とは、判例・通説とも一致して、「故意に近くかつ著しい注意欠如の状態」を指すものと解している[24]。本項は、改正前商法の「悪意」という文言が単に「故意」に変更されただけであって、主観的要件については改正前商法と全く同じであると考える。

告知義務違反があった場合の効果については、上記の客観的要件と主観的要件の両方が満たされる場合にのみ、保険者が保険契約を解除することができることとされている。したがって、保険契約者等に告知義務違反に該当する事実があったとしても、その違反について保険契約者等が無過失または軽過失である場合には、保険者に解除権は発生しないことになると解される[25]。

告知義務違反の故意による不告知または不実告知を認定することは実際上困難であることから、判例・裁判例では、故意か重過失かの判断を区分せず、認定事実に基づき「故意または重過失があった」、あるいは「故意または少なくとも重過失があった」と判示する判例・裁判例が多い[26]。

(3) 告知義務違反の有無を判断する基準時

告知義務違反の有無をどの時点を基準として判断すべきかについて、改正前商法の下では申込時とする説、契約成立の時とする説、責任開始日とする説、および告知日とする説があった。

---

22) 内田貴『民法II〔第3版〕債権各論』355頁（東京大学出版会・2011）参照。

23) 潘・概説206頁。

24) 大判大正2・12・20民録19輯1036頁、最判昭和57・7・15民集36巻6号1188頁、江頭憲治郎「最高裁判所民事判例研究」法協101巻6号183頁（1984）。

25) 竹濵・Q&A新保険法221頁［平尾正隆］。しかし、告知義務違反があるものの、故意または重過失がないことを理由に告知義務違反による解除が認められない判例・裁判例は見当たらない。

26) 東京地判昭和47・11・1判時700号108頁、東京地判平成3・4・17判タ770号254頁等。

申込時とする説の根拠は、生命保険の約款では、保険契約申込以前または申込みと同時に第1回保険料相当額が払い込まれた場合に申込時に告知することが要求されるだけで、その後契約成立時までに新たに生じた重要事実は告知義務の対象としないことから、契約申込時を基準として告知義務違反の有無を決定することになる。[27]

契約成立の時とする説の根拠は、改正前商法の規定上「保険契約ノ当時」と定められているから、告知義務違反の有無を判断する基準は、契約申込の時でなく、契約成立の時と解される。したがって、契約成立後において成立前にすでに告知してしまった内容を修正・撤回・追加することにより、成立時における告知義務違反の事実を補正することはできない。[28]

責任開始日とする説の根拠は、保険者の契約上の責任の開始時期[29]が契約成立の時よりも前に遡る場合には、告知義務の基準は、通常、保険者が承諾の通知を発した時という意味での保険契約の成立の時（民法旧526条）ではなく、それよりも前の時点である保険者の責任の開始の時であると解すべきである。告知義務者は保険者の責任開始時期までに存在する事実を告知することで足りる。責任開始時期以後に生じた事実は告知を要しないと解されている。[30]

告知日とする説の根拠は、告知義務が保険者の質問に対して回答する義務である場合は、保険者から質問を受けたときに、その時までに存在する事実を告知すれば足りるから、告知義務の有無を判断する基準時は告知日であると解される。[31]判例・裁判例は告知日と示唆したものが多い。[32]

生命保険の約款では、告知の時期を、生命保険契約締結の際に保険者から書面または口頭で告知を求められた時としており、告知義務違反の有無は告知を行った時点を基準としている。

告知義務の性質が自発的申告義務から質問応答義務に転換された保険法の下では、

---

27) 中西正明『保険契約の告知義務』4頁（有斐閣・2003）等。

28) 大森・保険法123頁、西島・保険法353頁。

29) 生命保険実務上、責任開始日と契約日は異なる。契約上の責任（保険金・給付金の支払など）を開始する時期を「責任開始日（期）」といい、「申込み」「告知・診査」「第1回保険料の払込み」の3つすべてが完了した時となる。一方、契約日は、責任開始時の属する月の翌月1日とされる。ただし、責任開始日から契約日の前日までの間に保険事故が発生し、かつ、死亡保険金が支払われることとなった場合（すなわち当該契約の承諾を認めた場合）は、責任開始日が契約日とみなされる。

30) 岡田豊基「告知義務」倉澤康一郎編『新版生命保険の法律問題』金判増刊1135号62頁（経済法令研究会・2002）、山下・保険法290頁。

31) 中西・前掲注(27) 4頁、中西・生保入門111頁。

32) 横浜地判平成2・12・20生判6巻286頁、広島地判平成9・3・6生判9巻131頁、同控訴審・広島高判平成10・1・28生判10巻30頁等。

§55-Ⅴ1 　　　　　　　　　　　　　　　　　　　　　733

保険者になる者が質問をしたことにより、はじめて告知義務者がそれに対して回答するという形で告知義務を履行するのであるから、告知義務違反の有無は、告知を行った時点を基準として判断するのが妥当と考える[33]。これは改正前商法の解釈論のうち告知日とする説、判例・裁判例の示唆および保険実務上の取扱いと同様の結論となった。

　告知義務違反が告知義務者の故意または重大な過失によることについての立証責任は保険者が負う。

(4)　解除の意思表示の相手方

　告知義務違反による契約解除は、民法の一般原則に従って、契約の相手方である保険契約者またはその代理人に対する一方的意思表示によって行い（民法540条1項）、その到達時から効力を生じる（同97条1項）。保険契約者がすでに死亡している場合、または保険契約者と被保険者が同一人であり同人が死亡した場合には、保険事故発生後のその意思表示の相手は、保険契約者の相続人全員またはその代理人となる（同544条1項）[34]。相続人が不存在の場合の意思表示は、相続財産管理人に対してすることになる。保険契約者が行方不明の場合は公示による意思表示（同98条）の方法がある。

　生命保険の約款においては、告知義務違反による解除は、保険契約者に対する通知によって行う。ただし、保険契約者が不明であるか、もしくはその所在が不明であるとき、またはその他正当な理由によって保険契約者に通知できないときには、被保険者または保険金等の受取人に通知し、正当な理由によって保険契約者、被保険者または保険金等の受取人のいずれにも通知できないときには、指定代理請求人に通知する。死亡保険金受取人に解除の通知を行うときには、保険受取人が2人以上いるときも、会社がそのうちの1人に対して行った通知はその他の死亡保険金受取人に対してもその効力を有するものとする規定が置かれている。これは、長期間にわたる生命保険契約においては、保険契約者の変更があったり、保険契約者の所在が不明なこともありうることを考慮しているものである。解除の効力をめぐる紛争を回避するために、約款のこの規定により、保険契約者が被保険者または保険金受取人に対し解除の意思表示受領の代理権をあらかじめ授与するものと解される[35]。

---

33)　同旨、山下＝米山・解説164頁以下［山下友信］、岡田豊基「告知義務」落合＝山下・理論と実務80頁。

34)　大阪地判昭和63・1・29判タ687号230頁、同上告審・最判平成5・7・20損保企画536号8頁。

35)　大森・保険法287頁、山下・保険法307頁。

734   §55‐Ⅴ2

(5) 事例

故意または重過失が認められた事例	判例・裁判例
①少し注意すれば思い浮かべることができる重要な事実を告知しなかった事例	大判大正4・6・26民録21輯1044頁、大判大正7・4・27新聞1422号20頁等
②人間ドックで異常を指摘され、要経過観察の判定を受けた事実や精密検査等を勧められた事実を告知しなかった事例	大判大正7・3・4民録24輯323頁、大阪高判昭和53・7・19判時909号91頁、東京高判平成17・2・2判タ1198号259頁、神戸地姫路支判平成17・11・28判時1932号142頁等
③ガンについては、医師から病名等の説明を受けていなくとも、重大な症状を自覚しているにもかかわらず、この事実を告知しなかった事例	大判大正6・10・26民録23輯1612頁、大阪地判昭和47・11・13判タ291号344頁、札幌高判昭和58・6・14判タ506号191頁、東京地判昭和61・1・28判時1229号147頁、東京高判昭和63・5・18判タ693号205頁等
④自覚症状があり、明らかに身体状態の異常を認識していたにもかかわらず、この事実を告知しなかった事例	東京高判平成20・3・19保険レポ237号9頁等
⑤自身が重篤な病気に罹患していることを知っているにもかかわらず、それよりも軽微な病名を告げた（過小告知）事例	佐賀地唐津支判平成13・1・19判例集未登載等

2　解除権の阻却事由（2項）

　本条2項は、「保険者は、前項の規定にかかわらず、次に掲げる場合には、生命保険契約を解除することができない」と定めている。つまり、保険契約者等が故意または重大な過失によって不告知または不実告知を行った場合には、保険者は保険契約を解除できるが、次の3つの事由のいずれかが認められる場合には、例外的に保険者の告知義務違反による解除権の行使が阻却される。

(1)　保険者の知・過失による不知の場合

　解除権の阻却事由①「生命保険契約の締結の時において、保険者が前項の事実を知り、又は過失によって知らなかったとき」（本項1号）。これは改正前商法678条1項但書に相当する。規定の趣旨も同様である。したがって、改正前商法の下での理論構成は変わらないと考える。

ア　規定の趣旨

　本号規定の趣旨は、保険者が保険契約者等の告知義務違反の事実を知っていたのであれば、危険選択の機会があったこと、また取引上における公平の見地からみて保険者にも注意を尽くさせる必要があることから、知または過失による不知の保険者を保護することが相当でないというところにある。

イ　知・過失による不知の主体の判断基準

告知受領権を有する者の知・過失による不知の場合は、保険者のそれと同視され、本号の規定が適用される（民法101条の類推適用）。換言すれば、保険者の故意・過失の有無は、告知受領権を有する者について判断される。診査医は、告知受領権が付与されているから、診査医の知・過失による不知が保険者の知・過失による不知となるのは、古くから判例・学説が一致している[36]。したがって、告知義務者が診査医に対して告知したならば、保険者に対して告知したことになる。その際に、診査医が告知事項に関する重要な事実を知りまたは過失によって知らなかった場合には、それが保険者の知または過失による不知として、告知義務違反による保険者の解除権行使を妨げることになる。

一方、告知受領権を有しない生命保険面接士および生命保険募集人の知・過失による不知は、直ちに保険者の知・過失による不知に該当しないのが古くからの判例・多数説の立場である[37]。

ウ　診査医の過失の有無の判断基準

診査医に過失なしとするには、医師が診断に使用する全ての診査を尽くすことを要するものではなく、告知がなくても通常容易に重要な事実を発見できる程度の注意を診査医が払えば足りる。つまり、診査医の立場は、患者から症状を告げられて積極的に診療を行う一般開業医の場合と全く同じものではないから、血液検査や心電図検査、生体検査を行わない場合でも、採用した診査方法が保険診査の制度の目的に照らして合理性を欠くものとは認められないこと、かつ保険業界で一般的であることが必要であると解される[38]。

(2)　保険媒介者による告知妨害と不告知教唆

解除権の阻却事由②「保険媒介者が、保険契約者又は被保険者が前項の事実の告知をすることを妨げたとき」（本項2号、いわゆる告知妨害）および解除権の阻却事由③「保険媒介者が、保険契約者又は被保険者に対し、前項の事実の告知をせず、又は不実の告知をすることを勧めたとき」（本項3号、いわゆる不告知教唆）は、いずれも新たに設けられた解除権阻却事由である。

---

36)　大森・保険法283頁・131頁、西島・保険法55頁、山下・保険法312頁、大判明治40・5・7民録13輯483頁、大判明治45・5・15民録18輯492頁、大判大正4・9・6民録21輯1440頁、大判大正5・10・21民録22輯1959頁、大判大正9・12・22民録26輯2062頁、大判大正11・2・6民集1巻13頁、大判昭和10・9・10新聞4870号6頁、福岡地小倉支判昭和46・12・16判タ279号342頁等。

37)　大判昭和9・10・30新聞3771号9頁等。

38)　西島・保険法342頁、中西・前掲注(27)53頁以下、山下=米山・解説537頁［山下友信］、東京高判平成7・1・25判タ886号279頁。

ア　規定の趣旨

保険媒介者による告知妨害等の効果について、改正前商法では明示の規定が設けられていなかった。保険法が、保険媒介者による告知妨害等を解除権の阻却事由として新たに加えた趣旨は、信義則に基づき、保険契約の勧誘を行った保険媒介者の言葉を信じた保険契約者側の信頼を保護する見地から、告知妨害等により告知義務違反となった場合の不利益を保険契約者側に負わせるのは適切ではなく、保険媒介者の指揮・監督を行う保険者の側に負わせるのが妥当であるという学説・裁判例の見解を採用したものと考える[39]。

イ　保険媒介者の範囲

本項2号・3号では、告知妨害または不告知教唆の主体を「保険媒介者」と表している。「保険媒介者」とは、保険者のために保険契約の締結の媒介だけを行い、告知の受領権を有しない者で、生命保険募集人がその典型例である。通常、委任関係にある代理店等と雇用関係にある営業職員の双方が含まれる。保険者のために保険契約の締結の代理を行うことができる者が除かれる理由は、保険契約における重要事項の告知は契約締結の応否を決定するためのものであるから、性質上、保険契約の締結の代理権を与えられている者は、告知受領権を有しており、そのような代理権のある者が告知妨害や不告知教唆をする場合は、保険者の知または過失による不知となるため、本条2項1号の阻却事由に該当するものと考えられるからである[40]。

ウ　告知妨害・不告知教唆の判定

告知妨害とは、告知義務者の意思が介在しておらず、保険媒介者による制圧の場合であると整理されている[41]。また、告知義務者に告知の機会を与えなかった場合も含まれると解される[42]。そして、不告知教唆とは、保険媒介者による不当な勧誘・誘導があったうえで、告知義務違反自体については告知義務者の意思が介在している場合であると整理されている[43]。

保険法では、保険媒介者による告知妨害と不告知教唆の阻却事由が分けて規定されている。しかし、どちらに分類されても法律上の効果に差異はない。告知妨害は単純に判断できるのに対し、不告知教唆にはいろいろなケースが考えられる。抽象的に不告知を勧めただけでは直ちに不告知教唆に該当すると認めるべきではない。

---

39)　萩本・一問一答50頁等参照。
40)　山下=米山・解説540頁［山下友信］等。
41)　第19回議事録30頁。
42)　木下孝治「告知義務」中西喜寿・45頁、加瀬幸喜「告知義務」金澤・新たな展開16頁等参照。
43)　第19回議事録30頁。

§ 55 - V 2　　　　*737*

保険媒介者が告知すべき事実を知りつつも告知義務違反をそそのかしたような行為
で、かつ保険契約者等の告知義務違反への寄与度が高い場合は不告知教唆に該当す
るのが妥当と考えられる。[44]

エ　事例

告知妨害等の事例[45]	該当行為
①告知義務者が告知書に既往症があることを記載して保険媒介者に提出したが、保険媒介者がこれを無断で改竄して既往症はないという内容の告知書にして保険者に提出した。	告知妨害
②保険媒介者が告知義務者に告知書の白紙に署名だけさせて、記載を代筆し、記載内容を告知義務者に確認しないまま保険者に提出した。	告知妨害
③告知義務者が口頭で保険媒介者に疾患を告知したが、保険媒介者が「それは私が記載する」と言って当該事項を記載しないまま告知書を保険者に提出した。	告知妨害
④告知義務者がある既往症を告知すべく告知書に記入しようとしたところ、保険媒介者が「それはしなくてもよい」と言って告知をさせなかった。	告知妨害
⑤告知義務者が、熱っぽい状況で風邪を引いているようで、これを告知しなければならないかを保険媒介者に訊ねたところ、保険媒介者が「風邪程度だったらいいでしょう」とアドバイスしたため、告知がされなかった。	不告知教唆
⑥告知義務者には告知すべき既往症があったが、保険媒介者が2年経過したら告知義務違反が問われなくなるから、何かあっても何も告知しない方がよいとアドバイスしたため、告知がされなかった。	不告知教唆
⑦告知義務者が既往症を有することを知っていた保険媒介者は、告知義務者が当該既往症を告知していないのに気がついたが、当該既往症を告知するようアドバイスしなかった。	?

オ　事例に関する解説

　上記の各事例のうち⑤⑦以外の類型については、保険媒介者として告知義務制度
を害する不当な行為あるいは不適切な行為であることは明らかである。

　⑤のような類型では、保険媒介者は、告知義務者から告知すべきかとの質問を受
けて、告知受領権がないにもかかわらず、独断でアドバイスしてしまった。その結
果、告知義務違反に至った。保険媒介者には積極的に不告知を教唆する意図がなく、
過失による行為とも考えられる。しかし、本条2項2号・3号は、保険媒介者が告
知妨害や不告知教唆をしたことについて故意や過失を要求していないので、このよ
うな場合についても、不告知教唆として認められることになると考えられる。[46]

　⑦のような類型について、保険媒介者側が積極的に告知妨害や不告知教唆をした

---

44)　部会資料(20)5頁参照。

45)　木下孝治「告知義務」中西喜寿・45頁以下、山下=米山・解説540頁以下［山下友信］等参照。

46)　同旨、山下=米山・解説541-542頁［山下友信］。

わけではない場合については、告知妨害や不告知教唆には該当しないとする考え方と、告知すべき事実を保険媒介者が知っていた以上は告知義務者に告知をするようアドバイスするのが保険媒介者の責務であり、このような行為も告知妨害や不告知教唆にあたるとする考え方がある[47]。しかし、不指摘まで不告知教唆と評価されるのには疑問がある。不告知等を促すような保険媒介者からの言動等が認められない限り、単に知っていただけという状況では、直ちに保険者の解除権が否定されることは必ずしも保険法の本項の趣旨に合致するものではないと考える。もっとも、⑦のような類型においては、明確な告知妨害、不告知教唆とまでは言えないが、保険媒介者の対応に問題があることは否定できない。告知義務者に事実をありのままに正確かつ漏れなく告知するように促すことや、取扱報告書等で会社に報告することなどの対応が必要である。

なお、保険者の知・過失による不知、保険媒介者の告知妨害および不告知教唆についての立証責任は保険契約者側が負う。

3　解除権阻却不適用の特則（3項）

本条3項は「前項第2号及び第3号の規定は、当該各号に規定する保険媒介者の行為がなかったとしても保険契約者又は被保険者が第1項の事実の告知をせず、又は不実の告知をしたと認められる場合には、適用しない」と定めている。これは、新設規定であり、解除権阻却不適用の特則を規定するものである。

(1)　規定の趣旨

本項規定の趣旨は、保険媒介者による告知妨害等の有無にかかわらず、はじめから告知義務違反をして保険契約を締結しようとする悪質な保険契約者等については、解除権阻却の規定による保護をする必要はないというところにある。逆にそのような告知義務違反についてまで解除権阻却の規定を適用して保険者の解除権を認めないことは、当該規定の趣旨とも合致しないから、その場合は、原則に戻って保険者による保険契約の解除を認めることが妥当である[48]。

(2)　因果関係不存在の要件

本項では、告知妨害等と告知義務違反との間に因果関係が存在しないことが特則の要件とされる。しかし、それは容易に判断できるものではない。告知義務違反が告知妨害等と関係なく行われると認められるか否かの判断にあたっては、保険媒介者が告知妨害等をした行為の態様と、保険契約者等が告知義務違反をした行為の態

---

47)　山下=米山・解説542頁［山下友信］、大阪高判平成27・4・24判例集未登載。

48)　萩本・一問一答54頁。

様を総合的に比較考量することが必要になると考えられる[49]。

　また、この因果関係の不存在については、それを主張する保険者が立証責任を負う。しかし、これを証明するには、保険者は、告知義務者が不告知または不実告知をする意思を有していたことを直接または間接の事実をもって証明することが必要とされることから、相当に困難である。最終的には司法の判断によると思われる[50]。

　改正前商法の下では、保険媒介者と告知義務者とのやりとりがあったうえで告知義務違反が行われた場合について、告知義務違反の態様や程度といったことを含め、告知義務者と保険媒介者の双方の諸事情などが検討され、その結果として、信義則などの法理に照らして保険者からの解除を認めるかどうかの判断がなされた下級審裁判例が多かった[51]。

(3)　**事例**

解除権阻却不適用の事例
①被保険者になる者が、自身が重篤な病気に罹患していることを知っているにもかかわらず、それよりも軽微な病名を保険媒介者にことさらに申し述べ、保険媒介者の「その程度であれば告知しなくてもよい」との発言を引き出し、重篤な病気を不告知とした。
②保険媒介者が自己の親族と通謀して、親族の保険加入が認められるよう告知書を作成して提出した。
③保険媒介者が、告知義務者から手渡された告知書を改竄したうえで保険者に提出することによって告知妨害を行ったが、実はその告知書にもともと虚偽のものがあった。
④保険媒介者が、不告知手法を教示することによって不告知教唆を行ったが、告知義務者は、もともと自己の病歴からすると保険に加入できないことを認識しながら、保険媒介者と共謀して、加入が認められるような虚偽の告知書を作成して保険者に提出した。

4　解除権の除斥期間（4項）

　本条4項は「第1項の規定による解除権は、保険者が同項の規定による解除の原因があることを知った時から1箇月間行使しないときは、消滅する。生命保険契約の締結の時から5年を経過したときも、同様とする」と定めている。これは、改正前商法644条2項（同678条2項において準用される）に相当し、変更が加えられていない。

---

49)　盛岡地花巻支判平成11・6・4生判11巻333頁、山下友信「保険法と判例法理への影響」自由と正義60巻1号26頁（2009）。

50)　同旨、山下＝米山・解説544頁［山下友信］、竹濱・Q&A新保険法226頁以下［平尾正隆］等。

51)　松澤登「告知義務違反による解除」甘利＝山本・論点と展望40頁、盛岡地花巻支判平成11・6・4生判11巻333頁。

ア　規定の趣旨

本項では、告知義務違反を理由とする保険者の解除権については、短期の除斥期間が定められている。その趣旨は、1か月の除斥期間については早期に法律関係を安定させるためであり、また、5年の除斥期間についてはこれだけの期間が経過すると告知されなかった事実が保険事故の発生率に影響を及ぼさないであろうと考えられるからである。[52]

イ　除斥期間の起算点

本項に定められた期間はいずれも時効期間ではなく、除斥期間である。したがって、時効のように利益を受ける者からの援用を必要とせず、期間の経過とともに保険者は解除権を行使できなくなる。除斥期間の起算点は、保険者が解除の原因があることを知った時とされる。「解除の原因があることを知った時」とは、単に保険契約の解除原因の存在につき疑いをもったのみでは足りず、保険者が解除権行使のために必要と認められる諸要件（「不告知」または「不実告知」がある客観的要件と、「故意又は重大な過失」がある主観的要件）を確認したときを意味すると判示した裁判例がある。[53]　保険実務上は、保険会社の内部組織において解除の権限を有する部署（通常は保険金等の支払部門）が知った時である。

そして、調査会社が100％子会社であるとしても当該調査会社が知った時を保険者の知った時と同視することはできないとされ、調査を委託した調査会社の告知義務違反を結論づける内容の報告書が保険者に提出された時をもって知った時となると判示した裁判例がある。[54]

なお、解除の効力が発生するには解除の意思表示がこの期間内に保険契約者に到達することを要する（民法97条1項）。

ウ　約款規定上の除斥期間

生命保険の約款では、会社が、保険契約の締結、復活または特約の付加・変更後、解除の原因となる事実を知り、その事実を知った日から1か月が経過したとき、また責任開始日の属する日から2年を超えて有効に継続したときには、会社は告知義務違反による解除をすることができないとし（いわゆる不可争約款）、ただし、責任開始時の属する日から2年以内に解除の原因となる事実に基づいて保険金等の支払[55]

---

52)　大森・保険法131-132頁、第1回議事録34頁参照。
53)　大判昭和14・3・17民集18巻156頁、大阪地判昭和58・12・27判時1120号128頁、東京地判昭和61・1・28判時1229号147頁等。
54)　東京地判昭和61・1・28判時1229号147頁、東京地判昭和53・3・31判時924号120頁。
55)　生命保険契約では、損害保険契約とは異なり、契約締結の時と保険者の責任開始の日とが一致しない場合が少なくないため、保険者の責任開始の日を除斥期間の起算点としている。

§55-Ⅴ5 *741*

事由が生じていた場合を除く旨を定めるのが通例である。この規定によれば、責任開始日から2年以内に保険給付事由（被保険者の死亡など）が発生しなかった場合には、2年経過時で解除権は消滅するから、保険法の5年の除斥期間を短縮することになる。一方、2年以内に保険給付事由が生じた場合には、保険者は解除できることを知ってから1か月または契約締結から5年の除斥期間に関する本項の定めが適用されると解される。[56]

5 告知義務違反による解除の規律と隣接規定との関係

保険法では、モラル・リスクを排除するために、告知義務違反による解除のみでなく、保険者の免責条項（51条）、重大事由による解除（57条）も規定している。さらに、民法の詐欺取消や公序良俗による無効の規定が適用されることもある。したがって、以下において、告知義務違反による解除の規律とそれらの隣接規定との関係についても、若干検討する。

(1) 保険者の免責条項および重大事由による解除との関係

告知義務違反による解除、保険者の免責条項および重大事由による解除の法理における相違点は、以下のようにあげられると考える。

第1に、告知義務違反による解除、保険者の免責条項および重大事由による解除は、共通してモラル・リスクを排除するものであるが、告知義務違反による解除は契約締結時を基準とするのに対し、保険者の免責条項および重大事由による解除は契約締結後を基準とすると解される。[57]

第2に、告知義務違反による解除の事由は、保険契約者等が告知事項について故意・重大な過失により事実の告知をせず、または不実の告知をしたことである。一方、保険者の免責条項の事由は、被保険者の自殺、保険契約者の故意による被保険者の死亡、および保険金受取人の故意による被保険者の死亡など故意の事故招致である。そして、重大事由による解除の事由は、被保険者に対する殺害、保険金詐取、保険金詐取目的での偽造・虚偽であり、かかる行為が犯罪性を帯びることから、刑事事案になる可能性がある。

第3に、告知義務違反による解除、保険者の免責条項および重大事由による解除が適用される場合の効果は、共通して保険者が保険給付金の支払を免責されることになる。告知義務違反による解除も重大事由による解除も全額免責となり、かつ、

---

56) 山下＝米山・解説546頁［山下友信］、潘・概説209頁、岡田・前掲注(33)82頁。

57) 勝野義孝「重大事由による解除」落合＝山下・理論と実務214頁、遠山優治「重大事由解除規定をめぐる判決例の動向と課題」生保経営66巻1号137頁以下（1998）等参照。

保険契約者に対し保険料または保険料積立金を払い戻す義務をも免れると解される[58]。一方、保険者の免責条項では、保険金受取人が複数あって、そのうちの一部の者が故意に事故を招致した場合には、当該保険金受取人に対してのみ免責とするが、他の保険金受取人に対しては免責にならず、残額を支払う義務がある。また保険契約者本人が故意に事故を招致した場合を除き、保険料積立金は払い戻されなければならないとされている（63条1号）。

第4に、告知義務違反による解除も重大事由による解除も、保険契約は解除により消滅する。一方、保険者の免責条項を適用する場合において、死亡保険契約については、保険給付が免責となるとともに、被保険者の死亡により保険契約が消滅するが、傷害疾病定額保険契約については、給付事由が発生して保険給付が免責となっても必ずしも保険契約は消滅しない。

第5に、重大事由による解除も保険者の免責条項も、告知義務違反による解除と異なり、因果関係不存在特則（59条2項1号但書）および除斥期間（本条4項）の規定が設けられていない。

なお、重大事由解除権は、他の規律に比べ「伝家の宝刀」として位置づけられている。

(2) 民法の詐欺による取消し、錯誤・公序良俗による無効との関係

故意または重過失による告知義務違反があって、告知義務違反による解除権が認められる場合には、民法上の詐欺取消（民法96条）、公序良俗による無効（同90条）および錯誤無効（同95条。平成29年民法改正施行後は「取り消すことができる」）の規定が競合して適用されることがある。また、保険法上の除斥期間経過後、または因果関係不存在の理由により、告知義務違反による解除権を行使することができない場合にも、保険者は、民法上の上記規定に基づき契約の取消しまたは無効を主張し、保険給付を行う責任を免れる効果を得る可能性があると考えられる[59]。保険約款においては、告知義務違反による解除のほかに、保険契約を締結、復活または特約の付加等をした時には、保険契約者、被保険者または保険金受取人に詐欺がある場合に、会社が保険契約または特約を詐欺による取消し、および不法取得目的により無効とする規定[60]が設けられている。かつ、それらの場合には、すでに払い込まれた保険料は戻さないことができる（64条1号）。

---

58) 山下=米山・解説658頁［金岡京子］参照。

59) 同旨、山下=米山・解説548頁［山下友信］。

60) 従来の保険約款では詐欺による保険契約について無効としていたが、保険法施行に伴う保険約款の見直しの中で、民法と同じ取消しの文言に改められた。

§55-V 5

ア　詐欺取消（民法96条）または詐欺無効（約款の規定）の適用事例

　詐欺取消については、保険契約締結時の保険契約者等の主観的事情、すなわち保険金の「不正受給目的」を重視して判断している[61]。たとえば、短期集中加入、不必要入院など、特に傷害疾病定額特約ではよく問題となる。民法の詐欺取消または約款の詐欺無効と認められた裁判例として、札幌地判昭和58・9・30（生判3巻397頁）、高松地判平成2・10・22（生判6巻241頁）、東京地判平成2・10・26（判時1387号141頁）、秋田地判平成3・3・11（生判6巻301頁）、東京高判平成3・10・17（金判894号27頁）、福岡地判平成7・8・25（生判8巻186頁）等がある。

イ　公序良俗による無効（民法90条）の適用事例

　一方、公序良俗違反に基づく無効については、主に保険契約締結時に当該契約が社会通念上の合理性を有していたかという客観的事情を中心に判断している。それに加え、保険事故の態様および契約者ないし保険金受取人の主観的事情（不労利得を得る目的）も考慮して判断している[62]。たとえば、もっぱら入院給付特約付保険契約を利用して不法な利益を得ることを目的として締結された場合、公序良俗に反するものとして無効である。公序良俗に反し無効と認められた裁判例として、高松地判平成2・10・22（生判6巻241頁）、大阪地判平成3・3・26（生判6巻307頁）、東京地判平成6・5・11（判時1530号123頁）等がある。

ウ　錯誤無効（民法95条）の適用事例

　古くには、改正前商法所定の告知義務に関する規定は、意思表示の瑕疵の要件が充足されれば、民法上の錯誤無効に関する規定の適用を排除しないとされていた。保険契約における危険測定の重要な事項に関する錯誤無効を認めた裁判例として、大判大正6・12・14（民録23輯2112頁）、大判昭和13・3・18（判決全集5輯18号22頁）等があった。最近、仮に錯誤無効の主張が許されるとの見地に立ったとしても動機の錯誤にすぎず、この動機は表示されていなかったので要素の錯誤があったとはいえないことを理由に認められなかった裁判例として、最判平成5・7・20（損保企画536号8頁）、広島地判平成9・3・6（生判9巻131頁）（同控訴審・広島高判平成10・1・28生判10巻30頁）がある。学説上も現在錯誤無効の適用を否定している見解が有力であると解される[63]。

(3) 保険媒介者による告知妨害等と保険業法の規制との関係

　保険会社に対する監督・規制等を規律する保険業法において、保険募集の適正化、

---

61)　遠山・前掲注(57)137頁。
62)　遠山・前掲注(57)137頁。
63)　山下＝米山・解説547頁［山下友信］。

保険契約者等の保護を図るために、保険募集を行う際の保険募集人による告知妨害および不実教唆が禁止行為として掲げられている（保険業法300条1項2号・3号）。これらの行為をした者に対する罰則がある（同317条の2第7号）。また、保険募集人が保険募集により保険契約者に加えた損害について、保険者は賠償する責任を負うこととされている（同283条1項）。

6 規定の性質

本条1項から3項までの規定は、告知義務違反の効果に関するものであり、片面的強行規定とされている（65条1号）。これらの規定に反する特約で、保険契約者または被保険者に不利なものは無効となる。たとえば、保険契約者等の軽過失による告知義務違反の場合においても、あるいは、本条2項に掲げる事由がある場合であっても、保険者が契約の解除をすることができる旨の約定は許容されないと考えられる[64]。

本条4項は、解除権の除斥期間に関するものであり、絶対的強行規定である。したがって、法定よりも長い期間を行使期限として約定することは許されないと解されている[65]。そして絶対的強行規定であるから、本来は、除斥期間を長くすることも短くすることも無効になる。しかし、前述のように実務上、生命保険契約の約款では、責任開始後2年以内に保険事故が発生しなかった場合には、2年経過時で保険者が告知義務違反の主張をすることはなくなるので、本条4項の5年の除斥期間を短縮していることになると解されているが、保険者が自ら約定しているので、その有効性は認めてよいと考えられる[66]。

VI 外国法令

各国とも、以下のとおり告知義務違反の効果等に関する規定を設けている。

(1) 告知義務違反の効果に関して

告知義務違反の効果について、国によって異なるが、契約の解除または解約はドイツの立法例（ドイツ保険契約法19条2項・3項）、契約の解約はフランスおよびスイスの立法例（フランス保険法典L.113-9条2項、スイス保険契約法6条1項前段）、契約の取消しはイタリアの立法例（イタリア民法典1892条1項）である。

---

64) 補足説明10頁、12頁。
65) 補足説明13頁、萩本・一問一答225頁。
66) 山下=米山・解説546頁［山下友信］等。

告知義務違反効果の発生要件について、多くの立法例では告知義務違反のみでなく、過失または重過失も必要とされる（ドイツ保険契約法19条3項、同21条2項・3項、フランス保険法典L.113-9条1項、イタリア民法典1892条1項）が、過失または重過失が必要とされない立法例もある（スイス保険契約法6条1項前段）。

諸外国では、過失または重過失の有無、そして保険事故の発生が契約解除等行使の前後を区分して保険者の支払責任を全額免責とするかどうかが規定されている（ドイツ保険契約法19条3項、フランス保険法典L.113-9条2項・3項、イタリア民法典1892条・1893条、スイス保険契約法6条3項）。契約解除等行使の前に発生した保険事故について、過失または重過失による告知義務違反がある場合には、保険者の保険金給付義務を全額免責とする。ただし、保険事故の発生と告知義務違反との間に因果関係が存在しない場合には保険者は給付義務を免れないとされる（ドイツ保険契約法19条2項、フランス保険法典L.113-9条2項、イタリア民法典1892条3項、スイス保険契約法6条3項）。契約解除等行使の後に発生した保険事故、また過失または重過失のない場合については、保険料の割増変更か比例減額をして保険金が支払われて契約を継続する（フランス保険法典L.113-9条3項、イタリア民法典1893条2項）、といういわゆるプロ・ラタ主義が採用されている。

なお、ドイツ保険契約法157条では年齢の不実告知について、イタリア民法典1926条では職業の変更について、告知義務違反の一般的効果とは別に特別の規定を設けている。なお、他保険契約を告知事項とする外国の立法例はみられない。

(2) 解除権の除斥期間に関して

契約解除権の除斥期間を設けている立法例は、ドイツ保険契約法21条1項前段、イタリア民法典1893条1項後段、スイス保険契約法6条2項があり、保険者の告知義務違反の知等による阻却事由を設けている立法例は、ドイツ保険契約法19条4項前段・5項後段、フランス保険法典L.191-4条、スイス保険契約法8条がある。うち、保険者側の告知妨害と類似の行為を解除権等の阻却事由として明文化しているのはスイス保険契約法の立法例である。

ドイツ保険契約法では、保険契約者が詐欺的意図をもって告知義務違反をした場合について、保険事故の発生との因果関係の有無にかかわらず、給付義務は全額免責とし（同21条2項）、解除権の除斥期間は通則の5年より長く10年とされる（同21条3項前段）。

以上より、告知義務制度に関する諸外国の立法例は、契約当事者間の衡平性、保険群団の公平性および保険制度上の収支相当の原則等を重視しているようにみえる。

Ⅶ　今後の展望

1　実務との関係

　保険法の改正による告知義務の質問応答義務への転換や告知妨害に関する規定の新設などに伴い、生命保険業界では、告知制度の一層の健全化を図るために以下の具体策を講じている[67]。

(1)　保険契約者側に対して

　募集・告知時の諸ツールへの記載・説明等によって、①告知の重要性、②告知受領権、③契約確認・保険金給付金確認、④傷病歴等がある方でも引受可能なケースがあること、⑤正しく告知されない場合のデメリット等のさらなる周知を行うとともに、次のように告知環境の整備と告知状況のチェックを実施している。①告知関係の照会先の設定、②告知書の封緘提出等、③告知内容の保険契約者等による確認および④申込内容等に関する契約確認。

(2)　生命保険募集人等に対して

　告知に関する適切な募集管理態勢を確保するための方策として、保険法の規定の趣旨を踏まえ、保険業法の関連規定に基づき、生命保険募集人等に対し、次の内容を含めて徹底的に教育する努力をしている。①告知妨害等の行為を行った場合には、社内規程等に基づき、厳正に処分されること。②取扱報告書等で報告するよう徹底すること、③募集管理部門および事務部門の連携を強化すること、その他、④医師等の診査機関や生命保険面接士に対しても、適切な告知受領・補助が行われるよう継続的に指導を行うこと。

(3)　告知義務違反があった場合の対応

　告知義務違反があった場合について、①「告知義務違反の成立」、②「解除権の行使」、および③「保険金等の支払可否」の各観点から対応する。告知義務違反の成立に関しては、保険法に定める告知義務違反による解除権の発生要件すなわち、客観的要件（告知書で質問した事項について、事実と異なる回答があること）と主観的要件（故意または重大な過失があること）の存否を確認する。解除権の行使に関しては、解除権行使の阻却事由（会社の知・過失不知、取扱者による告知妨害または不告知教唆の行為）の有無について、個別具体的事情に応じ判断するとともに、除斥期間

---

67)　生命保険協会平成23年10月24日「保険金等の支払いを適切に行うための対応に関するガイドライン」参照　http://www.seiho.or.jp/activity/guideline/pdf/payment.pdf（最終アクセス日：2018年1月22日）。

の始期と終期を適切に管理する。具体的には、解除権の行使に係る通知が1か月という除斥期間内に確実に遂行される態勢を整備し、営業店窓口等で保険金等の請求に係る診断書等を受け付けた場合は、速やかに保険金等支払部門等に回付する。保険金等の支払可否に関しては、保険金等の支払事由の発生と解除の原因となった事実との間に因果関係の有無について、必要に応じて専門医等による医的評価を踏まえて慎重に判断することなど。

2　残された課題

保険法では、告知義務違反による解除の効果について整理し、保険媒介者の告知妨害等に起因する告知義務違反があった場合の保険者の解除権を阻却する事由、および不実の告知と告知妨害との間に因果関係がない場合は解除権の阻却を否定する規律がバランスよく法定された。こうして、改正前商法の下での課題の多くが立法により解決された。

規定の新設に伴い、今後、学説の展開、判例・裁判例の蓄積が期待される。特に保険契約者等の重大な過失の認定、新設の規定の適用、告知妨害等の立証、隣接規定との関係について、過去の裁判例からどのように変容していくかを注意深く留意しておく必要があると考える。

〔李　鳴〕

（危険増加による解除）

第56条　① 生命保険契約の締結後に危険増加（告知事項についての危険が高くなり、生命保険契約で定められている保険料が当該危険を計算の基礎として算出される保険料に不足する状態になることをいう。以下この条及び第59条第2項第2号において同じ。）が生じた場合において、保険料を当該危険増加に対応した額に変更するとしたならば当該生命保険契約を継続することができるときであっても、保険者は、次に掲げる要件のいずれにも該当する場合には、当該生命保険契約を解除することができる。

　⑴　当該危険増加に係る告知事項について、その内容に変更が生じたときは保険契約者又は被保険者が保険者に遅滞なくその旨の通知をすべき旨が当該生命保険契約で定められていること。

　⑵　保険契約者又は被保険者が故意又は重大な過失により遅滞なく前号の通知をしなかったこと。

　②　前条第4項の規定は、前項の規定による解除権について準用する。この場合において、同条第4項中「生命保険契約の締結の時」とあるのは、「次条第1項に規定する危険増加が生じた時」と読み替えるものとする。

改正前商法第683条　①　（略）第656条、第567条（略）ノ規定ハ生命保険ニ之ヲ準用ス

改正前商法第656条　保険期間中危険カ保険契約者又ハ被保険者ノ責ニ帰スヘキ事由ニ因リテ著シク変更又ハ増加シタルトキハ保険契約ハ其効力ヲ失フ

改正前商法第657条　①　保険期間中危険カ保険契約者又ハ被保険者ノ責ニ帰スヘカラサル事由ニ因リテ著シク変更又ハ増加シタルトキハ保険者ハ契約ノ解除ヲ為スコトヲ得但其解除ハ将来ニ向テノミ其効力ヲ生ス

　②　前項ノ場合ニ於テ保険契約者又ハ被保険者カ危険ノ著シク変更又ハ増加シタルコトヲ知リタルトキハ遅滞ナク之ヲ保険者ニ通知スルコトヲ要ス若シ其通知ヲ怠リタルトキハ保険者ハ危険ノ変更又ハ増加ノ時ヨリ保険契約カ其効力ヲ失ヒタルモノト看做スコトヲ得

　③　保険者カ前項ノ通知ヲ受ケ又ハ危険ノ変更若クハ増加ヲ知リタル後遅滞ナク契約ノ解除ヲ為ササルトキハ其契約ヲ承認シタルモノト看做ス

【条文変遷】　ロエスレル草案716条1項、明治23年商法654条1項、明治32年商法433条（410条・411条を準用）、改正前商法683条（656条・657条を準用）

【参照条文】　保険法29条・31条・37条・48条・55条・65条

【外国法令】　ドイツ保険契約法158条

I　概　　要

　生命保険契約における「危険」とは、「保険事故（被保険者の死亡又は一定の時点における生存）の発生の可能性」(37条)のことである。そして、「危険増加」とは、保険事故の発生可能性が継続的に増加することである。保険料の観点からいうと、「告知事項についての危険が高くなり、生命保険契約で定められている保険料が当該危険を計算の基礎として算出される保険料に不足する状態になること」である。

　本条 (56条) は、危険の増加が生じた場合において、保険料を当該危険増加に対応した額に変更すれば当該生命保険契約を継続することが可能であっても、①当該危険増加に係る告知事項について、その内容に変更が生じたときは保険契約者または被保険者が保険者に遅滞なくその旨の通知をすべき旨が当該生命保険契約で定められており、②保険契約者または被保険者が故意または重大な過失により遅滞なくその通知をしなかった場合には、保険者は当該生命保険契約を解除することができる旨を規定している。

II　沿　　革

　危険の増加について、ロエスレル草案では716条1項が「契約取結ノ後其保険シタル危険ヲ増加若クハ変更スヘキ事情ノ変化保険物ニ就テ生シタルトキ……ハ保険者ハ契約上ノ責任ナキモノトス但シ右両場合トモ保険者ニ於テ契約ヲ保続スルトキハ此限ニ在ラス」と規定していた。「保険物」と表現されているものの、生命保険契約にも適用されるものであった。[1]

　そして、これに基づく明治23年商法では、654条1項として総則部分に規定が置かれ、生命保険契約にも適用されるものであったが、「被保険物」と表現されている関係で、やはり文言に難点があった。[2]

---

1) 生命保険については、その契約の性質に従ってこの規則を判定する。生命保険契約は、契約時における被保険者の身体状況によりその死期を推測して締結するのであるから、被保険者が後日契約締結時には有していなかった病気を発症して死亡の危険が高まった（近づいた）としても、保険者が契約を解除できる事由には該当しない。保険者は突然の死亡にも病症上の死亡にも同じく責任を有しているからである（ロエスレル・139頁の要旨）。

2) 「契約取結ノ後被保険物ニ付キ情況ノ変更カ発生シタル為メ其引受ケタル危険ノ増加シ若クハ変更スル場合……ニ於テハ保険者ハ其契約ニ覊束セラルルコト無シ但孰レノ場合ニ於テモ保険者其契約ヲ継続スルトキハ此限ニ在ラス」。

750 §56-Ⅲ・Ⅳ・Ⅴ1～3

　明治32年商法では、433条1項が準用する410条および411条がこれまでの規定を大きく変更し（§29解説Ⅱ参照）、また「保険物」という文言を使用しなくなった。

Ⅲ　改正前商法

　明治32年商法の規定は文言そのままで改正前商法に引き継がれており、410条は656条に、411条は657条になっている。そして、683条でこれらの規定を生命保険契約に準用していた。

　その他は§29解説Ⅲ参照。

Ⅳ　立法過程

　§29解説Ⅳ参照。

Ⅴ　条文解説

1　趣旨　　§29解説Ⅴ1参照。

2　要件

　損害保険契約の場合と異なり、生命保険契約では危険増加が問題となる場面は少ない。生命保険契約約款では、被保険者がどのような業務に従事し、またはどのような場所に転居し、また旅行しても、保険料の変更をしない旨の定めが置かれているのが通例である。被保険者の加齢とともに病気になる可能性は高くなるが、保険者はそのような危険増加を契約締結の時点で認識して平準保険料を設定しているから、これは保険法にいう危険の増加には該当しない。

　もっとも、団体定期保険等では、いわゆる環境的危険（被保険者の職種や就業場所等）の増加について定められることがあり、この場合は本条が適用されることとなる。

　その他は§29解説Ⅴ2参照。

3　権利行使　　§29解説Ⅴ3参照。

---

3)　保険料払込期間を通して一定額になるように平準化した保険料のこと。
4)　部会資料(3)2頁。

§56-Ⅴ4〜6・Ⅵ・Ⅶ   *751*

4 効果　§31解説Ⅴ4参照。

5 規定の性質　§29解説Ⅴ5参照。なお、本条1項の規定が片面的強行規定であることは、65条1号による。

6 付随問題　§29解説Ⅴ6参照。なお、生命保険契約において、危険の減少による保険料減額請求権を付与しているのは48条である。

Ⅵ　外国法令

　ドイツ保険契約法158条[5]では生命保険について、明示的合意で危険の増加とみなされるべきものとされた危険事実の変化に限って危険の増加とする（1項）、危険増加から5年、保険契約者に故意または詐欺的意図があった場合は10年を経過すると保険者はその危険増加を主張することができない（2項）と規定している。
　フランス保険法典L.113-4条は生命保険契約には適用されない（同6項）。

Ⅶ　今後の展望

　§29解説Ⅶ参照。

〔岩井　勝弘〕

5）　1項「明示的合意により、危険の増加とみなされるべきものとされた危険事実の変化に限り、危険の増加とみなされる。この合意は、文書方式を要する」、2項「危険が増加したときから5年経過したときは、保険者は、これ以後、その危険の増加を主張することはできない。ただし、保険契約者が、故意または詐欺的意図をもって、第23条の義務に違反したときは、この期間は10年とする」。

（重大事由による解除）

第57条 保険者は、次に掲げる事由がある場合には、生命保険契約（第1号の場合にあっては、死亡保険契約に限る。）を解除することができる。

(1) 保険契約者又は保険金受取人が、保険者に保険給付を行わせることを目的として故意に被保険者を死亡させ、又は死亡させようとしたこと。

(2) 保険金受取人が、当該生命保険契約に基づく保険給付の請求について詐欺を行い、又は行おうとしたこと。

(3) 前2号に掲げるもののほか、保険者の保険契約者、被保険者又は保険金受取人に対する信頼を損ない、当該生命保険契約の存続を困難とする重大な事由

【条文変遷】 新設
【参照条文】 保険法30条・86条・59条、生保試案680条の3
【外国法令】 スイス保険契約法40条

I　概　　要

1　趣旨

　生命保険契約は、保険契約者の保険料を支払う義務と保険者の保険給付を行う義務の契約関係が一定の期間継続する、いわゆる継続的契約である。また、保険期間中に被保険者の生死といった偶然の事象（保険事故）に対して保険給付金が支払われる、いわゆる射倖契約という固有の性質を有するため、最大善意の契約でもある。したがって、生命保険契約は、契約当事者間の信頼関係が契約の大前提となり、その契約の成立から履行に至るまで、相手方に対し信義誠実の原則に従って行動すべきことが特に強く要請される。保険契約者、被保険者、保険金受取人（以下「保険契約者等」という）によって信頼関係を破壊する行為が行われた場合には、保険者に一方的解除による保険契約関係からの離脱を認めることが必要である[1]。

　そこで、保険法は、保険制度の健全性を維持し、モラル・リスクを排除するために、学説や判例、約款で認められてきた保険者の特別解除権ないし重大事由による解除を損害保険契約、生命保険契約および傷害疾病定額保険契約の共通事項として、重大事由による解除（以下「重大事由解除」という）の規定を設けて、その要件と効果を明文化した。

---

1)　大森忠夫『保険契約法の研究』1-4頁（有斐閣・1970）、萩本・一問一答97頁等参照。

2 条文概要

本条（57条）は、生命保険契約の重大事由解除に関する規定である。本条では、保険契約者等の保険金取得目的による故意の事故招致（1号事由）、保険給付の請求詐欺（2号事由）および包括条項の行為（3号事由）がある場合（未遂を含む）には、保険者は催告や解約期間を置くことを要せず、直ちに契約を解除することができるとしている。

本条は、保険法施行前に締結された生命保険契約にも適用される（附則4条1項）。規定の性質は片面的強行規定である（65条2号）。本条本文の括弧書および1号事由を除き、損害保険契約（30条）、傷害疾病定額保険契約（86条）とほぼ同様の規律としている。

II 改正前商法

改正前商法のもとでは、法定上重大事由解除に関する規定は存在しなかったが、理論上においては「特別解約権」、約款上においては「重大事由による解除権」の規定がすでにあった。以下は、その導入の経緯である。

1 理論上の「特別解約権」導入の経緯

昭和50（1975）年代に入って、生命保険会社から、高倍率の大型保障商品（満期保険金に対する死亡保険金の倍率が20〜25倍）、限度額引上げの災害疾病関係特約（入院日額7,500円から2万円へ）の商品等が相次いで発売された[2]。それ以降、保険契約者等の契約関係者が故意に保険事故の招致またはその未遂行為をしたり、仮装事故等による不正な保険金または給付金を請求したりするようなモラル・リスク事例の発生が顕著となった。しかし、改正前商法には重大事由解除に関する明文の規定はなかった。このような悪質な事例に対し、保険者の免責、告知義務違反による解除、詐欺無効等の規定により対応することには限界があった。

日本の民・商法には、信頼関係を基礎とする一部の継続的契約について、当事者が信頼関係を破壊したという事由による即時解約権を認める規定がある。たとえば、雇用契約（民法628条）、委任契約（同651条2項）、寄託契約（同663条2項）、組合契約（同678条）、代理商（商法30条2項）、匿名組合契約（同540条2項）などである。また、判例は、これ以外の継続的契約（保証、賃貸借、使用貸借等）についても類似の解約権を認めている（最判昭和27・4・25民集6巻4号451頁等）。これら民・商法の規定や判

---

2) 刀禰俊雄=北野実『現代の生命保険〔第2版〕』99頁（東京大学出版会・1997）。

例法理をみると、継続的契約において「当事者の一方の強度の不信行為により信頼関係が破壊され、信義則上相手方に契約関係の維持を期待し得ないときは、相手方はその契約を即時に解約することができる」という法原則が存在する。生命保険契約も継続的契約の一種であり、特に高度の信頼関係が要求される射倖契約性と善意契約性に鑑みれば、上記の法原則は、生命保険契約にも適用されることが妥当であると考えられる。

そこで、昭和55（1980）年に、学説では、ドイツ（当時の西ドイツ）の学説・判例を参考に、継続的債権契約における信頼関係破壊の法理等を根拠に、契約締結後における保険者による特別解約権の法理を日本に導入すべきと提唱された。[3] 重大事由解除権は、従来の学説上、「重大事由による特別解約権」または「特別解約権」と呼ばれていた。これは、通常の解約権と異なり、非常の場合の解約との意味であると説明された。[4]

初めて理論上の特別解約権を認めた判決は、大阪地判昭和60・8・30（判時1183号153頁）〔替玉殺人事件[5]〕である。その後もこれを認める下級審判決がみられるようになった（東京地判昭和63・5・23判時1297号129頁、同控訴審・東京高判平成元・11・14生判6巻105頁等）。

しかし、どのような場合に特別解約権の行使が認められるかという要件などに不明な点が多く、これらを明確にしなければ保険契約者側の保護に欠ける旨の指摘もされていた。[6]

2　約款上の「重大事由による解除権」[7] 導入の経緯

損害保険会社の約款では、古くから保険契約者または被保険者に保険金の請求に

---

3)　初めて日本で保険者による特別解約権を提唱したのは、中村敏夫弁護士である。同氏は1980年9月22日の日本保険学会で「生命保険・疾病保険における保険者の特別解約権」を発表。同論文は保険学雑誌491号73-97頁（1980）、中村・理論と実務387-397頁に掲載。その後、広く支持されてきた。中西正明「故意の事故招致と保険者の解約権—特別解約権を中心として」所報63号1-75頁（1983）、石田満「危険の増加と特別解約権」上智法学論集34巻2=3号3頁以下（1991）、西島梅治=長谷川仁彦『生命・傷害保険にかかわるモラル・リスク判例集』245頁（生命保険文化研究所・2000）、勝野義孝『生命保険契約における信義誠実の原則』429頁（文眞堂・2002）、榊素寛「特別解約権の基礎」小塚荘一郎=高橋美加編『落合誠一先生還暦記念—商事法への提言』741頁（商事法務・2004）。

4)　中村・理論と実務383頁以下。

5)　保険契約者兼被保険者が死亡保険金を取得し多額の債務を返済するために、自己に似た第三者を身代わりに殺害し、交通事故で死亡したかのように装ったが、替玉殺人が発覚し自殺した事件。

6)　補足説明53頁参照。

7)　山口誠「重大事由による解除権とガイドライン」生命保険協会会報69巻1号2頁（1989）

関して詐欺行為があったことを保険者の将来に向かっての解除権発生事由とする規定が置かれてきた。これは、任意解除権として損害保険会社の傷害保険普通保険約款にも導入されている。しかし、生命保険会社の約款ではそのような規定はなかった。

生命保険業界では、新設の医療保障保険（個人型）と既存の医療商品（疾病特約等）の約款においては昭和62（1987）年4月から、主契約である生命保険普通保険約款においては翌年の昭和63（1988）年4月から、「重大事由による解除権」の規定を導入した。主契約である生命保険普通保険約款への導入が1年遅れたのは、保険契約者等が重大事由に該当する事実を惹起した場合、民法の信義則（民法1条2項）等の規定を根拠として契約を解除することが可能であるから、重大事由解除権を約款に導入しなくてもよいとの議論があったからである。しかし、主契約については、民法の信義則等に準拠して処理せざるを得ないのでは、特約解除の処理との整合性を欠くことになることなどから、主契約の約款についても特約と同様の重大事由による解除権が導入された。

生命保険協会では、損害保険の規定を参考にモデル約款における重大事由解除の規定を作成するとともに、条文の解釈・運用の統一性を確保するためのガイドラインを策定した。各会社はそれに従い、若干文言が異なるものの、次の解除事由を約款に設けることとした。①保険契約者、被保険者または保険金の受取人が保険金（高度障害保険金、保険料払込免除を含む。また、他の保険契約の保険金等を含み、保険種類および保険金の名称の如何を問わない。以下、本項において同じ）を詐取する目的もしくは他人に保険金を詐取させる目的で事故招致（未遂を含む）をした場合、②保険金の請求に関し、保険金の受取人に詐欺行為があった場合、③この保険契約に付加されている特約が重大事由によって解除された場合、④その他この保険契約を継続することを期待しえない①から③までに掲げる事由と同等の事由がある場合。傷害特約や疾病特約、あるいは単独の傷害保険や疾病保険では、上記①～④事由に加え、⑤として、他の保険契約との重複によって、被保険者にかかる給付金額等の合計額が著しく過大であって、保険制度の目的に反する状態がもたらされるおそれがある場合も例示されていた。

初めて約款に基づく重大事由解除を認めた判決は、東京地判平成7・9・18（判タ907号264頁）〔重複契約事件〕である。その後の下級審裁判例においても、重大事由

等を参照。

8）保険契約者が10社との間で重複契約を締結したという事情を含む諸事情から、故意の事故招致または偽装事故であると認定された事例。

による解除権を認めるものが現れた（広島地判平成8・4・10判タ931号273頁、徳島地判平成8・7・17生判8巻532頁、大阪地判平成12・2・22判時1728号124頁等）。

3　特別解約権ないし重大事由解除権の法的根拠をめぐる解釈論

　改正前商法のもとでは、特別解約権ないし重大事由解除権の法的根拠に関する見解は、必ずしも一致しておらず、以下のように、①債務不履行説、②継続的契約説、③危険増加類推適用説がみられていた。[9]

(1)　債務不履行説

　債務不履行説は、故意に保険事故を仮装する行為等、保険契約に基づき民法1条2項の信義則上要求される義務に違反し、信頼関係を裏切って契約継続を著しく困難ならしめるような行為をした場合を債務不履行ととらえ、保険者に債務不履行を理由とした解除を認める考え方である。しかし、「信義則上要求される義務」とは故意の事故招致や事故発生の仮装などをしない義務を意味することになるが、保険契約者等にこれらの義務があると構成することは適当ではないこと、および、債務不履行による解除の効果は、通説判例によると直接効果説の帰結である遡及効が原則となるが、原状回復は不公平であり無意味であることなどの批判がある。[10]

　なお、債務不履行説を採用した裁判例は見られない。

(2)　継続的契約説

　継続的契約説は、継続的契約における信頼関係破壊法理の一環であるとする考え方である。後述のようにドイツの判例法理も継続的契約説の考え方を採用している。生命保険契約は、継続的契約であるから、保険契約者がその契約の基礎をなす信頼関係を破壊し、契約関係の継続を著しく困難にしたときは、保険者は、何らの催告もせずに、生命保険契約を解除することができるものと解される。

　日本の下級審判例の多くも継続的契約説によるものである。たとえば、前述の大阪地判昭和60・8・30（判時1183号153頁）、東京地判昭和63・5・23（判時1297号129頁）、徳島地判平成8・7・17（生判8巻532頁）、大阪地判平成12・2・22（判時1728号124頁）のほかに、岐阜地判平成12・3・23（金判1131号43頁）、東京地判平成14・6・21（生判14巻385頁）、大分地判平成14・11・29（生判14巻807頁）等がある。

(3)　危険増加類推適用説

　危険増加類推適用説は、改正前商法上の危険増加に関する規定が「道徳的危険の

9）　生保試案理由書125頁、田口城「重大事由による解除」甘利=山本・論点と展望158頁以下参照。

10）　出口正義〔判批〕ジュリ911号101頁（1988）、中西正明『傷害保険契約の法理』366頁（有斐閣・1992）、吉川吉衛〔判批〕生保百選246頁等。

増加」の場合にも適用または類推適用されるという考え方である。[11] 改正前商法683条で生命保険に準用される同656条は、保険期間中、危険が保険契約者または被保険者の責めに帰すべき事由によって著しく変更または増加したときは、保険契約はその効力を失う、と定めていた。

危険増加類推適用説を認めた裁判例として、札幌地判平成2・3・26（判時1348号142頁）、札幌地判平成3・10・28（生判6巻404頁）、東京地判平成4・11・26（判時1468号154頁）、東京地判平成6・5・11（判時1530号123頁）、東京地判平成11・7・28（判タ1008号296頁）等がある。

一方、学説上、①生命保険契約の約款では、危険の変更増加に関する改正前商法の規定の適用を排除するのが一般的であること、②危険の変更増加の規定を適用するにはその危険が継続性のものでなくてはならないこと、③主観的である道徳的危険に危険の変更増加を適用することは容易でないことを理由に、それらの規定は道徳危険を規制するのに適当ではないと批判的な見解もあった。[12]

III　立法過程

1　保険法制定前試案

生保試案では、重大事由解除について立法を試みた。[13] 同680条の3第1項は、約款規定を参考にして、以下の各号に掲げる重大事由のいずれかに該当する場合に、保険者は、「保険契約者、被保険者または保険金受取人との間の保険契約の全部または一部を解除することができる」としていた。

1号　「保険契約者、被保険者または保険金受取人が第680条第1項第2号または第3号の行為をした場合（その未遂の場合を含む）」。生保試案680条1項2号・3号は、保険金受取人および保険契約者の故意による被保険者の死亡に関する規定である。これにより、生保試案680条1項1号（被保険者自殺）の場合は含まれないこととなる。したがって、被保険者の自殺または自殺未遂の場合には、保険者は解除権を有しない。また、本号により、故意の事故招致があるだけで解除権が認められ、故意の事故招致については、保険金・給付金の詐取目的があることを必要としない。

2号　「保険契約者、被保険者または保険金受取人が保険金の請求に関して詐欺

---

11)　石田・前掲注（3）14-18頁、山下・保険法645-646頁、竹濱修「被保険者の道徳危険と危険の増加」近畿大学法学35巻1=2号97-99頁（1987）。

12)　大森忠夫「保険金受取人の法的地位」大森＝三宅・諸問題28頁、中村・理論と実務373-378頁。

13)　生保試案理由書126-129頁。

を行った場合」。本号でいう「詐欺」とは、実際上は保険金受取人等が保険金請求権を有しない場合であるのに、保険者を欺罔して保険金の支払いを受けるため、保険事故の発生、その発生原因、それによる被害の程度などに関し保険者に対して虚偽の事実を述べ、または事実を告げないことをいい、保険契約締結時の詐欺をいうのではない。

3号　「その他保険者に保険契約の継続を期待することができない事由であって、前2号に定めるものと同等のものがある場合」。本号では、保険契約者、被保険者または保険金受取人が、直接には1号または2号には該当しないが、この2つの場合と同程度に強度の背信的行為を行った場合が考えられている。

生保試案680条の3第1項は保険契約者側の不利益に変更できない半面的強行規定である（生保試案683条2項）。

2　法制審議会保険法部会の審議

保険法部会は、以下の段階を経て法制化した。

(1)　中間試案作成までの段階

立法検討のための初案の1項では、解除事由として保険法の1号事由はなかった。[14] これは、保険契約者等による故殺には免責規定があるからであると説明された。[15] しかし、その後議論を重ね、解除事由を過不足なく列記すべきであること、詐欺行為があった場合だけでなく、故意による保険事故の招致を解除事由として掲げたほうが包括条項の解除事由も明確になること、未遂行為も契約存続を困難ならしめる要因であること、および適用範囲の拡大防止、約款規定との整合性が必要であるなどの指摘と提案を踏まえ、1号事由として「保険契約者又は保険金受取人が保険金を取得し、又は第三者に保険金を取得させる目的で故意に被保険者を死亡するに至らせ、又は至らせようとした場合」を追加した。[16] これにより、条文に①故意による保険事故の招致、②保険金取得の目的、③未遂行為等を盛り込み、かつこれが中間試案とされた。

(2)　要綱案の作成段階から保険法案まで

「保険法の見直しに関する要綱案」（以下「要綱案」という）は、中間試案の段階と比較して、以下の点において大きな変更があった。①柱書において、1号事由は死亡保険契約に限定する規律であり、生存保険契約については同様の規律が適用さ

---

14)　部会資料（7）3頁。
15)　補足説明91頁。
16)　第4回議事録20頁以下、第6回議事録33頁以下等。

れないことを明確化した。②包括条項の濫用防止の観点から、1号事由や2号事由と比肩する程度に信頼関係が破壊されるに至った場合に3号事由に該当することが明確となった。③重複保険については、他の保険契約との保険金の合計額がどの程度であれば著しく多額であるとするかの判断基準が必ずしも明らかではないことから、例示することは見送られ、包括条項で処理することとされた。④解除権の除斥期間については、起算点の判断が難しいこと等を理由に制定せずに、民法547条の規律や催告による解除権の消滅に関する一般法理に委ねることとされた。[18]

　要綱案は、そのまま「保険法の見直しに関する要綱」（以下「要綱」という）に採用された。そして、保険法案は、基本的に要綱を踏襲したが、以下の表現が変更された。要綱は2号事由を「詐欺を行ったこと」と表現していたが、保険法案では「詐欺を行い、又は行おうとしたこと」に変更された。また、要綱は3号事由の包括条項における破壊の対象について「保険者の保険契約者又は保険金受取人に対する信頼」と表現していたが、保険法案では被保険者が追加され「保険者の保険契約者、被保険者又は保険金受取人に対する信頼」と変更された。なお、それまでの2項（解除の効力）は、本条から削除され、59条へ移された。

(3) 国会審議

　保険法案が審議された第169回国会においては、重大事由解除の規定に関し包括条項の解釈をめぐる質問が相次いだ。保険法案は原案のとおり可決・成立したものの、衆議院（平成20年4月25日）では、「重大事由による解除については、保険者が解除権を濫用することのないよう、解除事由を明確にするなど約款の作成、認可等に当たり本法の趣旨に沿い十分に留意すること」、参議院（平成20年5月29日）では、「保険金不払いの口実として濫用された実態があることを踏まえ、その適用に当たっては、第1号若しくは第2号等に匹敵する趣旨のものであることを確認すること。また、保険者が重大事由を知り、又は知り得た後は、解除が合理的期間内になされるよう、政府は、保険者を適切に指導・監督すること」として、それぞれ附帯決議がなされた。

IV　条文解説

　本条の本文は「保険者は、次に掲げる事由がある場合には、生命保険契約（第1号の場合にあっては、死亡保険契約に限る。）を解除することができる」と定めている。

---

17)　第21回議事録34頁参照。
18)　補足説明55頁、部会資料(23)13頁、第21回議事録35頁参照。

ここでは、「解約」という語を使用せず、「解除」という語を使用している。これは「解約」の場合には、将来に向かってのみ契約の効力が消滅するという意味を有するが、保険法では重大事由が生じた時に遡って解除することができる（59条2項3号）として例外的に遡及効を認めることから、「解約」より「解除」が適当であるという理由によるものと思われる。

1　保険金取得目的の故意事故招致（1号事由）

本条1号では、「保険契約者又は保険金受取人が、保険者に保険給付を行わせることを目的として故意に被保険者を死亡させ、又は死亡させようとしたこと」を解除事由として掲げている。

(1)　死亡保険契約に限定

本文の括弧書によれば、1号事由の対象契約は、「死亡保険契約に限る」としている。これは、生命保険契約に関しては、被保険者が契約時に定める一定期間を経過した時点で生存する場合に、保険金を受け取ることができるとする生存保険契約（たとえば、年金保険など）について、本号に定めるような事態を故意に作出するということは考えられないからであると解される。[19]

(2)　保険金取得目的と故意の両方を要件とする趣旨

1号事由に該当するためには、保険金取得目的と故意の両方が必要とされている。保険金詐取目的での事故招致行為は、保険者と保険契約者の信頼関係を破壊し、保険制度そのものの根本を揺るがすことになるから、社会的観念からも許されない。

立法論上は、故意による事故招致がなされれば、当事者間の信頼関係が損なわれたといえるから、保険金詐取目的があることを必要としないという見解があった。[20] しかし、故意による事故招致のみのケース、たとえば、怨恨を理由として被保険者を殺害した場合、保険者の免責事項（51条）を適用すれば足りる。また、故意事故招致の未遂行為だけでは、直ちに信頼関係が破壊されるわけではない場合も考えられる。[21] なお、約款上は、保険金を詐取する目的が規定されるのが通例である。

そして、通常は保険金取得目的という要件は故意の要件をも包括するのであるから、故意をわざわざ要件とする必要はなく、現に損害保険や傷害疾病定額保険の重大事由解除の規定では故意は要件となっていない（30条1号・86条1号）との見解もある。[22] これにも一理あるが、前述の立法過程から分かるように、これは単に包括条

---

19)　萩本・一問一答100頁。

20)　生保試案理由書125頁参照。

21)　部会資料(12)18-19頁、山下＝米山・解説570頁［甘利公人］参照。

22)　山下＝米山・解説570頁［甘利公人］。

項の解除事由を明確にするための立法的対策のようである。

(3) 保険金「詐取」としない表現

1号事由では「保険者に保険給付を行わせることを目的」という表現がされているが、約款上は保険契約者等が保険金を詐取する目的というような表現が通例である。また、本条2号でも「保険給付の請求について詐欺を行い」として「詐取」と同定義の表現が採用されているが、かかる表現は異なるものの、実質は変わらない旨が説明された[23]。しかし「詐取」という表現は、「保険給付を行わせる」という表現に比べ、保険者を欺き不当に取得するという強く否定的なニュアンスを含むため、「同じ趣旨と考えられる」との説明にやや無理があるような気もする。立法上、なぜ保険金「詐取」という表現が採用されないのか、その趣旨は必ずしも明らかではない。ただ、保険者が実際に重大事由解除を主張するのは最低でも「詐取」が疑われる場合に限られると考えれば、約款上は保険法と異なる表現を維持しても、保険契約者側にとって不利とならないことに鑑み、特に問題は生じないと解されている[24]。

(4) 「当該」という限定的な文言を用いていない趣旨

本条2号、3号においては、「当該生命保険契約」とし、損害保険や傷害疾病定額保険の重大事由解除の規定（30条・86条）の各号においても、「当該損害保険契約」や「当該傷害疾病定額保険契約」として、「当該」という限定的な表現が用いられている。しかし、本条の1号事由には、このような限定はない。これに関して、以下のように説明されている[25]。

損害保険契約および傷害疾病定額保険契約については、保険契約者等が1つの保険契約について故意の事故招致を行ったまたは行おうとしたことが、直ちに同じ類型の他の保険契約についても重大事由を構成するとは考えられない。たとえば、保険者が、火災保険契約を締結している保険契約者に対して、当該保険契約者が自動車保険契約で故意の事故招致を行ったまたは行おうとしたことを理由として、当該火災保険契約を解除することを認めるべきではない。そのため、「当該」保険契約について故意の事故招致を行おうとしたような場合にのみ解除が認められることとしている（30条1号・86条1号）。これに対して、生命保険契約については、たとえ他の保険契約であっても保険契約者等が被保険者を死亡させまたは死亡させようとした以上、保険契約の不正利用の意図が顕在化していることから、損害保険契約および傷害疾病定額保険契約における「当該」保険契約のような限定を文言上付してい

---

23) 補足説明53頁。

24) 榊素寛「保険法における重大事由解除」中西喜寿・368頁。

25) 萩本・一問一答100頁（注2）。

ないというわけである。

(5) 被保険者が主体に含まれない理由

保険法では1号事由の主体について、損害保険契約は「保険契約者又は被保険者」（30条1号。被保険者は保険金受取人でもある）と、傷害疾病定額保険契約は「保険契約者、被保険者又は保険金受取人」（86条1号）とされ、保険契約者側のすべての関係者が含まれる。しかし、本号は、これらとは異なり、保険金詐取目的による事故招致の主体を「保険契約者又は保険金受取人」と規定し、被保険者は除かれている。

従来の約款1号事由および生保試案1号事由においては、生命保険・傷害疾病定額保険契約のいずれも形式上被保険者の自殺を含む形となっていた。保険金取得目的で被保険者が自殺する（未遂を含む）場合が実際上多々存在するので、被保険者の自殺を解除事由に含むべきかについて保険法部会で議論されていた。[26] 最終的に被保険者を1号事由の主体に含まないこととした理由について、次のように説明されている。[27] 生命保険契約における「被保険者による故意の事故招致」とは、すなわち被保険者の自殺である。被保険者の自殺によって信頼関係が破壊され、契約を存続し難い事態となることは、典型的な事案ではない。また、一般に自殺には被保険者の複雑な背景事情を伴うことや遺族保護の要請が働くことから、通常自殺は犯罪ではないと考えられている。なお、被保険者の自殺は、免責規定（51条1号）の適用の問題とすることが基本となる。

したがって、被保険者の自殺および自殺未遂は、本条1号の解除事由には該当しない。もっとも、後述するように、悪質な自殺は包括条項で処理することが考えられる。

(6) 未遂行為・予備行為

1号事由では、文言上「死亡させ、又は死亡させようとしたこと」と規定されている。これは、現に故意に死亡させた場合だけでなく、故意に死亡させようとした場合にも契約を存続させることを困難ならしめる要因があると考えられるからである。[28]

保険法部会では、当初、刑法でいう未遂行為や予備行為[29]も、保険金取得目的によ

---

26) 第6回議事録36-40頁、第13回議事録45頁以下、部会資料(14)27頁・33頁、第23回議事録37頁以下。

27) 補足説明91頁、榊・前掲注(24)369頁以下、田口・前掲注(9)161頁参照。

28) 補足説明53頁参照。

29) 「未遂」とは、実行行為に着手したが結果発生に至らないもの。予備とは一般にその実行行為の着手に至らないもの。

る故意の事故招致の例示として掲げるかを提案されて議論されていた[30]。しかし、具体的に何が未遂行為なのか、何が予備行為なのか、法律上定立することが困難であること、民事基本ルールである保険法においては、未遂という概念を前提とした規定を設けることは相当ではないとの見解があった。そこで、保険法は、改正前商法のもとでの約款上の括弧書「(未遂を含む)」および生保試案上の括弧書「(その未遂の場合を含む)」のような文言を用いないこととしたと推測される。

以上より、本条の「させようとした」という文言には、未遂行為のみでなく予備行為も含まれる。予備行為であっても、当事者間の信頼関係破壊と考えられるような事情が存在すれば、重大事由に該当し、保険者の解除が認められると考えられる[31]。

改正前商法のもとで1号事由が認められた裁判例として、函館地判平成13・11・22（生判13巻836頁）、東京地判平成14・6・21（生判14巻385頁）等がある。

2　保険金詐取行為（2号事由）

本条2号では、「保険金受取人が、当該生命保険契約に基づく保険給付の請求について詐欺を行い、又は行おうとしたこと」を解除事由として掲げている。

ここにいう「詐欺」とは、保険者を欺いて錯誤に陥らせ、保険金等を支払わせる意思で保険者に対して欺罔行為を行ったという意味であり、現に保険金等の支払いを受けることまで要件とする趣旨ではないと説明された[32]。たとえば、保険金受取人が保険者を欺罔して保険事故発生を仮装して保険金を請求したり、実際よりも多額の保険金を取得する意図をもって診断書を偽造したりした場合等は、ここでいう詐欺の場合にあたる。このような詐欺行為も、保険者と保険契約者側との信頼関係を破壊することになるため、解除が認められる。もっとも、かかる行為は、詐欺その他の犯罪行為を構成するに足るだけの強度の違法性を帯びた行為を指すものであり、軽微なものまで含むべきではないと解される[33]。

なお、本号形式上の「行おうとしたこと」には、1号事由と同様に未遂行為のみでなく、予備行為までも含まれる可能性があると考えられる（前記1(6)参照）。

改正前商法のもとで2号事由が認められた裁判例として、東京地判平成7・9・18（判タ907号264頁）、広島地判平成8・4・10（判タ931号273頁）、福岡地久留米支判平成9・11・28（生判9巻527頁）、同控訴審・福岡高判平成11・3・16（判例集未登載）、

---

30)　第4回議事録21頁・28頁、第6回議事録28-40頁。

31)　大串=日生・解説保険法118頁［藤井誠人］。

32)　補足説明53頁以下。

33)　山下・保険法643頁参照。

大阪地判平成12・2・22（判時1728号124頁）、札幌地判平成13・8・20（生判13巻657頁）、長崎地判平成14・10・31（生判14巻737頁）、同控訴審・福岡高判平成15・3・27（生判15巻218頁）、仙台高判平成20・9・5（平成19年（ネ）532号）等がある。

3 包括条項（3号事由）

本条3号では、「前2号に掲げるもののほか、保険者の保険契約者、被保険者又は保険金受取人に対する信頼を損ない、当該生命保険契約の存続を困難とする重大な事由」を解除事由として掲げている。これは、包括条項（バスケット条項ともいう）である。

(1) 包括条項の意義

本条1号や2号は、保険金取得目的の故意事故招致や保険金詐取行為といった信頼関係破壊行為の典型例として規定されるものである。しかし、1号事由や2号事由以外にも、不正利用事案に適切に対処するために、保険者による解除を認める必要がある。解除事由はできる限り具体的に例示することが望ましいが、不正利用事案には様々な態様のものがあり、想定しえない事象が生じることもありうる。これらをすべて法律で列挙することは困難であるうえ、列挙することによってかえってその要件を形式上満たさないように仕組まれた不正利用事案に対処することができなくなる。そこで、保険法は、直接には1号事由または2号事由に該当しないが、これらに比肩するほどの重大な事由が生じた場合に限って保険者による解除権を認めるものとしてこのような包括条項を設けることとした。[34] なお、3号事由は、1号事由および2号事由を補完する位置づけのものでもある。[35]

(2) 適用要件

3号事由を適用するためには、①保険者の保険契約者等に対する信頼を損なうこと、②保険契約の存続を困難とすることの2要件を満たす必要がある。要件①は、解除のために必要な事由の性質との関係を、要件②は、必要とされる事由の程度との関係を、それぞれ定めていると解される。[36]

3号事由の適用要件に関して、1号事由と2号事由と同様に、保険金の不正取得目的を要件とすべきか否かについて見解の対立がある。1号事由、2号事由に比肩する重大な事由の存在が必要であることに鑑み、信頼関係破壊が認められるためには、1号や2号と同様に保険金不正取得目的の存することが必要であるとする見解

---

34) 萩本・一問一答99頁・101頁（注4）。

35) 宮根宏一「重大事由解除に関する包括条項」金法1898号31頁（2010）。

36) 萩本・一問一答99頁、宮根・前掲注(35)30頁。

が多数である[37]。しかし、保険金不正取得目的がある場合には、1号事由または2号事由による解除が可能であるため、3号事由に基づく解除においては、保険金の不正取得目的がなくとも適用されるという見解もある[38]。たとえば、反社会的勢力であるとの重大事由が保険金不正取得目的を有していない場合であっても、3号に基づく解除は妨げられないと考えられている。

私見としては、次の観点から後者の見解を支持する。前述のように想定しえない不正利用事案すなわちモラル・リスクに対処することが包括条項の意義である。保険金不正取得目的の存在を3号事由の適用の要件として限定的に解することは、包括条項の有用性を減殺してしまうおそれがある。したがって、3号事由の適用にあたって、法文上明記されている信頼破壊と存続困難の2要件を満たせば足りるものであり、個々の事案ごとに総合的に判断すべきであると考える。

(3) 重複保険契約

包括条項に適用される典型的なケースとしては、重複契約が考えられる。前述の立法経緯から分かるように、保険法は、保険契約の重複が重大事由解除となる可能性を否定するわけではない。もっとも、単に短期間に重複した保険契約に加入したという事由だけでは、保険者との信頼関係を破壊し保険契約の存続を困難とするという要件を満たすことにはならない。また、重複契約の給付金額等の合計額が著しく過大であることは、その要件を満たすかを判断するための間接事実の1つにすぎない[39]。たとえば、他の保険契約の過度の集中加入により給付金等の合計額が著しく過大で保険制度の目的に反するとともに、事故招致の蓋然性が著しく高い状態に達する場合、かつ、保険者にそれを秘匿していたというような事情があった場合には、1号や2号には直接あたらないものの、3号事由に該当する可能性がある[40]。「過大」「過度」「集中加入」「著しく高い状態」とは、被保険者の年齢、性別、職業、社会的地位、治療費の水準、社会通念等を総合的に判断して決定すると解される[41]。

また、給付金額等の合計額が「著しく過大」かを判断するにあたっては、生命保険会社のみならず、損害保険会社および共済事業団が取り扱う他の保険契約も対象とするのが合理的である。なぜなら、生保、損保、共済のそれぞれの保険者では、被保険者1人あたりの入院日額の引受け限度額を制限しているので、不正利用を目

---

37) 学説については、宮根・前掲注(35)29頁以下参照。
38) 山下=米山・解説577頁［甘利公人］。
39) 生保試案理由書128頁、洲崎博史「保険契約の解除に関する一考察」法学論叢164巻1＝6号225頁（2009）。
40) 萩本・一問一答100頁参照、山下=米山・解説578頁［甘利公人］。
41) 山口・前掲注(7)8頁。

的とする保険契約者は各保険者に分散して加入しなければ所期の目的を達することができないこと、入院関係特約として、生保、損保、共済の商品は内容的にみても大きな相違がないからである。[42]

(4) 悪質な免責期間経過後の自殺

最判平成16・3・25（民集58巻3号753頁）では、自殺免責の期間を限定した約款の解釈について、保険金取得目的の自殺の場合に、免責が認められないにもかかわらず、重大事由解除が認められることは背理であるという観点から、自殺免責期間経過後、仮に当該自殺の動機、目的が保険金の取得にあることが認められるときであっても、重大事由解除事由には該当しないと判示している。もっとも、当該自殺に関し犯罪行為等が介在し、当該自殺による死亡保険金の支払いを認めることが公序良俗に違反するおそれがあるなどの特段の事情がある場合はこの限りではないとしている。保険法では平成16年最高裁判決を否定していないことから、大阪地判昭和60・8・30（判時1183号153頁）のような替玉殺人の発覚後に被保険者が自殺免責期間経過後に自殺した事案や、自殺を事故と偽装するなど保険金詐取目的でなされた自殺の場合について、被保険者の悪質の程度を勘案して、3号事由の該当性を判断することが許され、また、その適用を認める余地を残しておくこと自体は、本条の趣旨に合致するものとの見解が多数みられる。[43]

改正前商法のもとで3号事由が認められた裁判例として、徳島地判平成8・7・17（生判8巻532頁）、東京地判平成11・3・26（判時1788号144頁）、札幌高判平成13・1・30（生判13巻58頁）、東京高判平成16・9・7（生判16巻680頁）等がある。なお、過度の重複加入だけによる解除を明らかに認めた事例は存しない。

4 「他の保険契約」の解釈

前述のとおり、本条1号事由と3号事由のいずれも「他の保険契約」にかかわる。しかし、1号の「他の保険契約」と3号の「他の保険契約」が適用上異なるのかについて、保険法では明確に定められていないため、解釈問題が多数存在する。

まず、「他の保険契約」は、①主契約に付加される他の保険契約、②保険者を共通にする他の保険契約、③保険者を異にする他の保険契約、④保険業界を異にする他の保険会社の契約に分類することができると考える。以下において、それぞれ検討してみる。

---

42) 山口・前掲注(7)9頁、同旨。
43) 山下・保険法643頁、榊・前掲注(24)369頁・372頁、山下=米山・解説573頁［甘利公人］、田口・前掲注(9)162頁、勝野義孝「重大事由による解除」落合=山下・理論と実務215頁、山下=永沢・保険法Ⅱ208頁［山下典孝］。

(1) 主契約に付加される他の保険契約

　生命保険契約においては、主契約として死亡保険金や高度障害保険金の給付が約定され、特約として入院給付金、手術給付金、通院給付金、障害給付金、災害死亡保険金等、傷害疾病定額保険契約が約定されることがあり、1つの主契約において複数の特約が付加されるのが一般的である。そこで、たとえば、入院給付金の不正請求の事実が判明したので、保険者が2号事由に基づき入院特約を解除した場合は、主契約はどうなるのかという解釈問題がある。特約の独自性を強調する観点からすれば、特約は解除、主契約は存続という限定的な処理もありうる。たとえば、災害特約が付加された死亡保険契約で、被保険者が病死したが、保険金受取人はその死亡が災害によるものと装って多額の保険金を請求し、または請求しようとした場合に、災害特約は解除されるが、保険金不正請求の前に死亡したことには変わりがないので、死亡保険金が支払われるということも考えられる。

　しかしながら、特約に重大事由が存在することは、生命保険契約の大前提である契約当事者間の信頼関係が破壊されたということにほかならないため、特約の解除事由は同時に主契約の解除事由でもある。したがって、特約において重大事由のいずれかにあたる場合には、契約を全体として解除することができる[44]。

　改正前商法のもとで特約につき重大事由による解除が認められた場合に主契約についても解除が認められた裁判例として、札幌高判平成13・1・30（生判13巻58頁）、長崎地判平成14・10・31（生判14巻737頁）、同控訴審・福岡高判平成15・3・27（生判15巻218頁）、仙台高判平成20・9・5（平成19年（ネ）532号）、東京地判昭和63・5・23（判時1297号129頁）、東京地判平成7・9・18（判タ907号264頁）等がある。

(2) 保険者を共通にする他の保険契約

　同一の保険者との間で締結された複数の契約の場合、たとえば、保険契約者Xが甲保険会社との間において、①Aを被保険者とする終身保険契約と、②Aを被保険者とする養老保険契約を締結したほか、③Bを被保険者とする終身保険契約も締結したとする。Xが、死亡保険金を詐取する目的でAを故殺したとき（未遂を含む）、甲保険会社は、1号事由に該当することを理由に解除権を行使して、①の終身保険契約を解除するとともに、②の養老保険契約も解除することができる。一方、③の終身保険契約については、XがBを殺害しておらず（未遂を含む）、保険金請求もしていない。この場合、甲保険会社は、1号事由ないし2号事由による解除ができないものの、Xの行為は保険者との重大な信頼関係の破壊であり、当該保険契約の存

44）　山口・前掲注（7）11頁、日本生命保険 生命保険研究会『生命保険の法務と実務〔第3版〕』315頁（金融財政事情研究会・2016）、補足説明92頁参照。

続も困難とすることに鑑み、3号事由に該当することを理由に解除することができると考えられる。

(3) 保険者を異にする他の保険契約

自社ではなくて他の生命保険会社の契約であって、たとえば、保険契約者Xが、甲保険会社との間でAを被保険者とする終身保険契約を締結するとともに、乙保険会社との間でBを被保険者とする終身保険契約も締結している場合において、Xが死亡保険金を詐取する目的でBを故殺したとき（未遂を含む）は、乙保険会社が本条1号事由により自社の保険契約を解除できることは明らかである。ところが、甲保険会社もそれを理由として自社の保険契約を解除できるかどうかは解釈問題となる。この行為は当然に甲保険会社が自社の保険契約を解除しうる事由とはならないが、保険契約締結の状況、保険契約者と被保険者との関係など、保険契約に関する諸事情からみて、乙保険会社との契約のBを殺害したXは、次には甲保険会社の契約のAも殺害するなど、甲保険会社との契約に関して故意の事故招致を行うなど存続し難い信頼関係破壊行為がある蓋然性が高いと認められる場合は、甲保険会社が自社の保険契約を解除しうると考えられる。しかし、1号事由に該当するのか、3号事由に該当するのかは解釈問題となる[45]。

私見としては、本条1号の対象となる契約には、他の死亡保険契約も含まれるから、他社が1号事由により契約を解除した場合は、自社の死亡保険契約も1号事由に該当するものと考える。一方、他社が2号または3号事由により契約を解除した場合は、自社の生命保険契約の解除は3号事由を適用するものと解すべきである。

(4) 保険業界を異にする他の保険契約

他の保険契約の範囲が生保業界の保険契約に限るのか、それとも隣接業界の保険契約、たとえば、損保業界で取り扱う損害保険契約も含まれるのか、仮に含まれる場合に本条の何号事由に該当するのかについて、改正前商法から議論がある。裁判例（東京地判平成14・6・21生判14巻385頁）は、他の保険契約について、損害保険契約[46]も含むおよそすべての保険契約であることと、解除事由は約款の1号事由（本条1号事由に相当）に該当することを示唆したが、学説上は以下のように否定説と肯定説が分かれている。

---

45) 生保試案理由書127頁は3号の包括条項を適用するのに対し、山下＝米山・解説［甘利公人］570は1号事由に該当すると解されている。

46) 船舶の賃貸等を主たる業務とする企業の代表者である被保険者が損害保険金を詐取する目的で船舶を沈没させたが、官憲の捜査から逃れきることはできないと悲観し、飛び降り自殺した事案につき、船舶保険金詐取目的で船舶を沈没させることは、生命保険契約における上記の重大事由による解除の条項に該当するとして、解除が認められた事例。

§ 57 - Ⅳ 4   *769*

　否定説の理論構成では、他の保険契約について損害保険契約も含むおよそすべて
の保険契約であるというように解するのは、保険者に対して絶対な解除権を付与す
ることを意味し、その結果、保険契約者側に不利益を強いることになること、他の
保険契約も含まれるとして解除権を行使できるとしても、被保険者の危険を担保す
る保険契約の内容が同じでなければならないこと、つまり、一方は人の死亡により
一定の金額を支払う生命保険契約であり、他方は損失をてん補する損害保険契約で
あるから、全く担保内容が異なるとしている。[47]

　すなわち、否定説は、保険者と保険契約者との信頼関係が破壊されたというため
には、保険者が引き受けている危険について保険契約者等が不正行為を行った場合
に限定されるべきであり、本条3号の解釈としても、他の保険契約は当該生命保険
契約という限定があるから、上記東京地裁の判旨の結論を支持することは、保険法
のもとではもはやできないものと指摘している。[48]

　一方、肯定説の理論構成では、生命保険契約における被保険者がした損害保険の
事故招致から事故発覚までの一連の行動は、社会的にも非難されるべきであること、
保険契約の継続を期待しえないことから、解除することができると考えられる。も
っとも、1号事由の拡張解釈ではなく、3号の包括条項の適用として考えるべきで
あるとしている。[49]

　私見としては、本条1号にかかわる他の保険契約は死亡保険契約に限定され、損
害保険契約が含まれないことは明らかである。しかし、本条3号では他の保険契約
には損害保険契約が含まれないことが明確に規定されていないことから、損害保険
契約も含まれると解釈する余地があると思われる。3号事由において、保険種類な
いし範囲を限定的に解することは、モラル・リスクへの対応手段としての包括条項
の有用性を著しく減殺してしまうおそれがある。したがって、損害保険契約も含め
てその種類等を問わず、すべて3号の包括条項の適用にあたって勘案しうるものと
考える。[50]

　保険法施行後、他の保険契約に損害保険契約が含まれると認められた裁判例とし
て、福岡高判平成24・2・24（判タ1389号273頁）[51]がある。

---

47)　甘利公人〔判批〕保険レポ182号6頁以下（2003）。山下＝米山・解説572頁〔甘利公人〕。

48)　木下孝治〔判批〕保険レポ182号18頁（2003）。

49)　甘利・保険レポ182号7頁、山下＝米山・解説〔甘利公人〕572頁。

50)　同旨、宮根・前掲注(35)29頁以下。

51)　同一の共済事業者との間で生命共済契約と火災共済契約とを締結していた共済契約者が、
　　故意に火災事故を起こし当該共済事業者に共済金を請求した行為が詐欺にあたるとして、火

5 規定の性質

本条は、片面的強行規定である（65条2号）。これは、重大事由解除の濫用について懸念されているからである。したがって、保険法の規定に反する特約で、保険契約者等に不利なものは無効とされる。たとえば、約款において、保険者の任意解除権を定めることや、この規定よりも軽微な事由でも保険者は契約の解除をすることができるとすることを定めることなどは認められない。また、保険契約者等が保険者に保険給付を行わせることを目的とせずに、故意に保険事故に相当する事態を招致した場合にも、保険者は一律に本条1号事由による保険契約を解除できるとする約款の規定は無効になるものと考えられる。[53]

6 隣接規定との関係

生命保険会社は、モラル・リスクを排除する際に、しばしば公序良俗違反無効、詐欺無効、免責事由、重大事由解除あるいは危険著増による失効などを複数主張する。判例や学説においても、それらの要件や相互関係は必ずしも明らかにされていないのが現状である。そこで、以下において、重大事由解除の規定とこれらの隣接規定との関係を整理してみる。

(1) 保険者の免責条項との相違

故意の事故招致は、もともと保険者の免責条項においても認められている（51条2号・3号）が、重大事由解除は保険者の免責条項との関係においては、以下の相違が挙げられる。

【相違点1】 51条2号・3号の保険者の免責条項では、保険契約者または保険金受取人が被保険者を故意に死亡させたときには、保険者は免責され、当該行為者の主観的な理由は要件とされていない。これに対し、本条1号の重大事由解除では、故意による事故招致のほかに、保険金取得目的という主観的要件も必要とされている。

【相違点2】 51条2号・3号の保険者の免責条項では、被保険者を故意に死亡させたという事実が必要とされる。これに対し、本条1号の重大事由解除では、保険金詐取目的をもって故意に事故招致をなす行為自体に契約を存続させることを困難とならしめる要因があることが重視されるため、未遂行為等も含まれる。

災共済金のみならず、生命共済金の請求についても共済事業者による解除を認めて、共済事業者の免責を肯定する事例。

52) 補足説明55頁、萩本修ほか「保険法の解説(3)」NBL886号45頁（2008）。

53) 竹濵・Q&A新保険法248頁［平尾正隆］。

【相違点3】　保険者の免責条項を適用する場合には、死亡保険契約については、死亡により保険契約が消滅するため、当該保険契約を解除する必要はなく免責になるが、傷害疾病定額保険契約については、給付事由が発生しても必ずしも保険契約は消滅しない。これに対し、重大事由解除を適用する場合には、契約は解除により消滅する。

【相違点4】　保険者の免責条項では、保険金受取人が複数あって、そのうちの一部の者が故意に事故を招致した場合には、当該保険金受取人に対してのみ免責するが、他の保険金受取人に対しては免責にならず、残額を支払う義務がある。これに対し、重大事由解除では、同一の契約における信頼関係破壊が問題となることから、他の保険金受取人が存在するとしても、保険者に保険金の支払義務が一切ない。

　以上より、本条1号の重大事由解除と51条2号・3号の保険者の免責事項との関係では、保険金取得を目的とした故意の事故招致の場合には、適用の競合が可能となり、重大事由解除と保険者の免責のいずれも適用しうる。相違点4を除き、いずれの考え方をとっても、その効果に大きな差は生じない。[54]もっとも、傷害疾病定額保険に関しては、保険者免責となると同時に、保険契約者等が保険金取得目的を有していたときは、さらに契約の解除事由にもなる。たとえば、被保険者が偽装の追突事故によって受けた傷害について、災害入院給付特約に基づく保険給付金を詐取しようとした行為がこれにあたる。

(2)　他の解除規定との相違

　保険法では、保険者が保険契約を解除しうるのは、損害保険契約、生命保険契約、傷害疾病定額保険契約に共通して、告知義務違反による解除（28条・55条・84条）、危険増加による解除（29条・56条・85条）、重大事由による解除（30条・57条・86条）の3つである。重大事由解除は他の解除規定との関係においては、以下の相違が挙げられる。

【相違点1】　重大事由解除と告知義務違反による解除は、ともにモラル・リスクを排除するものである。告知義務違反による解除は契約締結時を基準とするのに対し、重大事由解除は契約締結後を基準とする。

【相違点2】　告知義務違反、危険増加に比べ、重大事由としては、被保険者に対する殺害、保険金詐取、保険金詐取目的での偽造・虚偽のような行為が犯罪性を帯びることから、刑事事案にもなる可能性がある。

---

54)　遠山優治「重大事由解除の効力と保険者の免責について―保険事故についての虚偽申告を中心に」保険学606号104頁（2009）、東京地判昭和63・5・23判時1297号129頁、広島地判平成8・4・10判タ931号273頁、さいたま地判平成14・7・24生判14巻490頁等参照。

【相違点3】　重大事由解除の場合は、告知義務違反による解除と危険増加による解除の場合と異なり、因果関係不存在特則が設けられていない（59条2項3号）。重大事由が発生した後のすべての保険事故や給付事由について、当該重大事由との因果関係の有無を問わず、保険者が保険金の支払義務を負わないことが認められる。これは、重大事由解除の規定を設けた趣旨に合致する。因果関係不存在特則が設けられると、たとえば、被保険者を殺害しようとした保険金受取人が、たまたま当該被保険者が交通事故により死亡した場合に保険金を取得することができることとなるが、これは、社会通念上是認し難いからである[55]。

【相違点4】　告知義務違反による解除と危険増加による解除とも、解除権の行使可能期間につき、保険者が解除の原因を知った時から1カ月間行使しないとき、および契約締結の時または危険の増加が生じた時から5年を経過したときに消滅するものとされている（55条4項・56条2項）。これに対し、重大事由解除においては、保険金詐取目的などでの犯罪性の強い行為に対する保険契約者等の帰責性、非難性、および保険者側の立証の困難性が大きいという観点から、このような除斥期間は設けられていない。

(3)　他の抗弁事由との関係

保険者が保険金不法取得目的や詐欺行為のモラル・リスク排除のために用いてきた抗弁事由として、保険法に基づく前述の抗弁事由以外に、さらに以下のとおり、民法に基づく公序良俗違反による無効や詐欺無効（詐欺取消）がある。

民法90条は、公序良俗に反する事項を目的とする法律行為は無効とすると規定している。公序良俗違反については、主に保険契約締結時に当該契約が社会通念上の合理性を有していたかという客観的事情を中心に判断している。それに加え、保険事故の態様および契約者ないし保険金受取人の主観的事情も考慮して判断している[56]。たとえば、もっぱら入院給付特約付保険契約を利用して不当な利益を得ることを目的として締結された場合、公序良俗に反するものとして無効である。公序良俗違反無効と認められた裁判例として、大阪地判平成3・3・26（生判6巻307頁）、東京地判平成6・5・11（判時1530号123頁）等がある。

民法96条は、詐欺による意思表示は取り消すことができると規定している。従来の保険約款では詐欺による保険契約について無効としていたが、保険法施行に伴う保険約款の見直しの中で、民法と同じ取消しの文言に改められた。詐欺無効につい

---

55)　萩本・一問一答103頁以下。

56)　遠山優治「重大事由解除規定をめぐる判決例の動向と課題」生保経営66巻1号137頁（1998）。

ては、保険契約締結時の保険契約者等の主観的事情、すなわち保険金の「不正受給目的」を重視して判断している。[57] たとえば、短期集中加入、不必要入院など、特に傷害疾病定額特約で問題となる。詐欺無効と認められた裁判例として、札幌地判昭和58・9・30（生判3巻397頁）、高松地判平成2・10・22（生判6巻241頁）、東京地判平成2・10・26（判時1387号141頁）、秋田地判平成3・3・11（生判6巻301頁）、東京高判平成3・10・17（金判894号27頁）、福岡地判平成7・8・25（生判8巻186頁）等がある。

　公序良俗違反は保険契約が累積しているという客観的事情、詐欺無効（詐欺取消）は不正受給目的という保険契約者の主観的事情をそれぞれ重視しているという違いがあるが、いずれも契約締結時の事情が問題となる。一方、重大事由解除は、保険契約締結時には何ら問題はなかったが、その後の保険金詐取目的あるいは詐取行為など保険契約の継続を期待できない事情が問題となる。[58]

V　外国法令

　外国法では、重大事由解除に関する明文の規定を設けている立法例は見られないが、以下の国などにおいては、類似の制度が存在する。[59]

1　ドイツ

　ドイツでは、1900年代のはじめごろから一般民事法において「重大事由による特別解約権」として確立している。ドイツの特別解約権の法理は、継続的債権関係においては契約当事者相互の信義誠実義務および継続的協力が必要であるから、これが当事者の一方の行為により破壊され、契約の継続を期待しえない事情がある場合には、相手方当事者は無催告で契約を将来に向かって解約することができるとしている。[60]

　ドイツの学説・判例は、保険契約は継続的契約であるから、継続的債権関係における重大事由による特別解約権に関する法理は当然保険契約にも適用することを認めるべきであるとしている。[61] そして、保険契約の特別解約権が認められる重大事由として、①故意の保険事故招致の場合、②保険契約者が第三者に対して保険事故の

---

57)　遠山・前掲注(56)137頁。

58)　遠山・前掲注(56)140頁。

59)　生保試案理由書126頁、同旨。

60)　中村・理論と実務405頁、中西・前掲注(3)14頁以下、山下・保険法640頁参照。

61)　中村・理論と実務385頁以下、中西・前掲注(3)17頁以下。

招致を教唆した場合、③重過失による保険事故招致の場合、④保険事故発生の仮装による保険金支払請求の場合、⑤保険契約者が保険金支払請求に際して保険者を欺罔する意思をもって保険事故発生の原因等につき故意に虚偽の説明をした場合等が挙げられている[62]。

　ドイツの保険実務上、私的疾病保険模範約款においては、次のように定めている。「保険契約の存続中に保険契約者が故意の虚偽の説明、特に疾病の仮装により、保険給付を詐取したとき、又は詐取しようとしたときは、会社は給付義務を免れ、保険契約を即時に解約することができる[63]」。本規定は、保険事故発生の仮装による保険金支払請求の場合について、既遂の場合のみではなく、未遂の場合にも解約権が発生するものとしている。

2　スイス

　スイスでは、保険契約法40条（詐欺的な保険請求）において次の規定が設けられている。「保険金請求権者またはその代理人が、保険者の給付義務を免除し、または軽減することとなる事実を、詐欺の目的をもって不実を告知し、もしくは黙秘し、または第39条（保険金請求権者の協力義務―筆者注）に基づいてしなければならない通知を、詐欺の目的をもって遅延し、もしくは完全に怠った場合においては、保険者は保険金請求者に対して契約の拘束から免れる」。この規定の解釈として、請求権者（またはその代理人）が詐欺の目的をもって保険者の給付義務を免除・軽減させる事実に関して虚偽のことを告げ、または黙秘した場合には、保険者は保険契約を解除することができるという結論が認められている[64]。

3　イギリス

　イギリスでは、判例により、保険契約締結後も、保険契約締結前と同様に最大善意義務が求められているため、詐欺的な保険金請求があった場合に、保険者は契約を解除することができると認められている。もっとも、契約締結後の最大善意義務の内容は契約締結前とは異なり、義務違反により契約解除が認められる範囲に次のように一定の制約が課されている。①契約締結後は、継続的情報開示は要求されず、詐欺に該当しない限り最大善意義務違反には該当しないこと、②詐欺が保険者の最終的な責任に影響を及ぼし、かつ欺罔行為等が重大である場合に限られること、③

---

62)　中西・前掲注(3)33頁以下、田口・前掲注(9)156頁。
63)　中西・前掲注(3)38頁。
64)　中西・前掲注(3)35頁、生保試案理由書126頁。

架空または水増し請求等、裁判所の判決により詐欺的請求に該当すると認められること、④詐欺的請求の法理の適用において契約の遡及的解除は否定されること（ただし極めて悪質で遡及的解除を認めなければ救済として不十分な場合は認める可能性がある[65]）。

Ⅵ 今後の展望

1 実務との関係

(1) 約款規定における保険法と異なる点

保険法公布後、生命保険会社は従来の約款を見直した。重大事由解除について、以下の点において保険法と相違がある[66]。

第1に、本条1号事由に対応する約款の規定では、死亡保険金に関しては、事故招致（未遂を含む）の主体は、保険法と同様に保険契約者と死亡保険金受取人とし、死亡保険金は他の保険契約の死亡保険金を含み、保険種類および給付の名称の如何を問わないとしている。一方、当該保険契約の災害死亡給付金および高度障害保険金（保険料払込の免除を含む）に関しては、事故招致（未遂を含む）の主体は、保険契約者、被保険者、死亡保険金受取人、高度障害保険金受取人としている。また、目的に関しては、保険法のように「保険給付を行わせる」の表現ではなく、「詐取する目的」という文言が用いられる。さらに、「または他人に詐取させる目的」との定めが加えられている。

第2に、本条3号事由に対応する約款の規定では、1号・2号に掲げる事由と同等の事由がある場合を掲げたうえで、この保険契約に付加されている特約または他の保険契約が重大事由によって解除されること、保険契約者、被保険者または保険金、給付金もしくは年金の受取人が他の保険者との間で締結した保険契約または共済契約が重大事由により解除されることが3号事由に該当することを明確に定めている会社がある。

第3に、保険法にない反社会的勢力の解除事由（暴力団排除条項）を導入した。具体的には、保険契約者等が反社会的勢力に該当し、または反社会的勢力に対する資金等の提供もしくは便宜の供与、または反社会的勢力の不当な利用を行うなど、これらの反社会的勢力と社会的に非難されるべき関係を有していると認められるときに、重大事由に該当することとしている。ここにいう反社会的勢力とは、暴力団、

---

65) 榊・前掲注（3）750頁以下、田口・前掲注（9）156頁以下参照。

66) 日本生命、第一生命、明治安田生命、住友生命の約款参照。

暴力団員（脱退後5年を経過しない者を含む）、暴力団準構成員または暴力団関係企業その他の反社会的勢力をいう。かかる条項は、保険法重大事由解除の3号事由（包括条項）を具体化したものと考えられる。

(2) 暴力団排除条項導入の背景およびその理論構成

保険業界は、反社会的勢力との関係徹底遮断を求める政府指針[67]や金融庁の監督指針[68]に基づき、保険契約から反社会的勢力を排除するため、平成24年4月1日に暴力団排除条項を生命保険約款に導入した。かかる条項は、保険法重大事由解除の3号事由（包括条項）を明確化かつ具体化したものとして整理されている。

これについて、保険約款に置かれた暴力団排除条項が有効であるためには、本条3号の要件とされた①信頼関係破壊、および②契約存続の困難性、という2つの要件がそれぞれ充足されるか、重大事由による解除規定との関係で片面的強行規定性に抵触しないか等の問題点が指摘されている[69]。一方、以下の観点から包括条項の具体化として暴力団排除条項も許容するとの見解がある[70]。

まず、従前より暴力団関係者による保険金詐欺が多発し、反社会的勢力を社会から排除しないと、保険金が反社会的勢力の資金源とされる可能性があり、これにより保険者の業務の適正性および健全性を害するおそれがある。また、反社会的勢力に属する者が、保険金詐取等の犯罪行為に関与することが通常人に比べて極めて多いことから、将来、保険金の不正請求に関与する蓋然性も通常人に比べて相当に高く、このこと自体で信頼関係が破壊され、契約継続が困難となるといえる。さらに、反社会的勢力は違法な集団であり、保護すべき対象者ではなく、しかも暴力団排除条項は「暴力団員等の反社会的勢力との関係の遮断」のみを目的としており、モラル・リスク排除を目的とした重大事由解除の趣旨に合致するから、契約者保護という片面的強行規定に実質的には反することにならない。

(3) 監督指針およびガイドライン

金融庁の保険会社向けの総合的な監督指針（IV-1-17）では、重大事由解除の規定について、解除権が濫用されることのないよう、保険契約者等の故意による保険給

---

67) 犯罪対策閣僚会議幹事会申合せが平成19年6月19日に公表した「企業が反社会的勢力による被害を防止するための指針」。

68) 平成20年3月26日に改訂された金融庁の各監督指針に置かれた「反社会的勢力による被害の防止」。

69) 山下＝永沢・保険法II 214頁以下［山下典孝］、宮根・前掲注(35)5頁、渡邉雅之「保険約款への暴力団排除条項の導入」金法1898号41頁（2010）等。

70) 藤本和也「暴力団排除条項と保険契約」保険学621号89頁以下（2013）、天野康弘「重大事由解除と反社会的勢力の排除について」保険学629号179頁（2015）、渡邉・前掲注(69)43頁等。

付事由の発生および保険金受取人等の保険給付請求の詐欺以外の事項を定めようとする場合は、当該内容に比肩するような重大な事由であることが明確にされている必要がある、ということが示されている。

生命保険協会の「保険金等の支払いを適切に行うための対応に関するガイドライン」では、保険金等の支払可否判断にあたっての基本的な考え方として、①重大事由に該当するか否かについて事実に基づいて判断すること、②事実関係に不詳・不明な点があるときは事実関係の確認を行い、問題点を明確にしたうえで判断すること、③公平性・健全性の観点から、入院給付金の詐取等モラル・リスクへの対応の視点にも留意しつつ慎重に判断すること、④立証責任が保険会社側にあるか、保険金等の請求者側にあるかにかかわらず、保険会社として必要な事実の確認を行うこと、⑤高度な法的判断または医的判断を要するものについては、法務部門・弁護士・医師等による見解を踏まえた最終判断が必要であることとされている。

2 残された課題

重大事由解除の結果として、保険者は保険給付の支払責任を負わないこととなるから（59条2項3号）、みだりに重大事由解除権を行使すると、保険契約者等の利益が不当に損なわれることがある。そのため、衆参両院で附帯決議が成立するほど、重大事由解除の濫用については懸念されている。したがって、重大事由解除権は、そのモラル・リスクの予防的効果を発揮すべく、まさに「伝家の宝刀」として行使すべきであるといわれている。[71]

しかし、他方で、重大事由解除権を一切使用しないといった安易な対応も、必ずしも重大事由解除の規律を設ける保険法の趣旨に沿ったものであるとは考えられない。保険者としては、保険金等の支払業務について公平性・健全性に留意しつつ、重大事由解除制度の有用性を発揮し、不正利用事案には重大事由解除の規定を適切に運用することによって毅然として重大事由解除権を行使することも必要である。[72]

したがって、どのような着地点が適切であるかが今後の重要な課題となり、とりわけ、包括条項である3号事由の解釈問題や適用基準については、今後の判例の蓄積や学説の一層の展開を待つとともに、保険者のより高度な実務対応も期待されるといえよう。

〔李　鳴〕

---

71)　山口・前掲注（7）14頁、遠山・前掲注（56）120頁等。

72)　萩本・一問一答101頁（注5）、萩本ほか・前掲注（52）45頁（注25）、榊・前掲注（24）374頁、同旨。

（被保険者による解除請求）

第 58 条 ①　死亡保険契約の被保険者が当該死亡保険契約の当事者以外の者である
場合において、次に掲げるときは、当該被保険者は、保険契約者に対し、当該死亡
保険契約を解除することを請求することができる。
(1)　前条第 1 号又は第 2 号に掲げる事由がある場合
(2)　前号に掲げるもののほか、被保険者の保険契約者又は保険金受取人に対する信
頼を損ない、当該死亡保険契約の存続を困難とする重大な事由がある場合
(3)　保険契約者と被保険者との間の親族関係の終了その他の事情により、被保険者
が第38条の同意をするに当たって基礎とした事情が著しく変更した場合
②　保険契約者は、前項の規定により死亡保険契約を解除することの請求を受けたと
きは、当該死亡保険契約を解除することができる。

【条文変遷】　新設
【参照条文】　保険法87条・38条・57条、生保試案674条の 3

I　概　　要

1　趣旨

　本条（58条）は、保険法において新設された規定である。

　他人の死亡の保険契約における被保険者による解除請求の制度とは、死亡保険契
約の締結後に一定の事由が生じたときは、被保険者は保険契約者に対して保険契約
を解除することを請求することができる（いわゆる「離脱」）というものである。

　被保険者による解除請求ができる旨の規定は、改正前商法にはなく、外国にも類
似の立法例はみられない[1]。改正前商法のもとでは、契約成立後に、被保険者が同意
したものを撤回して契約関係から離脱する手段は、保険契約の法的安定性を害する
こと等の観点から認められておらず、重大事由による解除の要件を満たす場合には、
保険者において契約の解除をすることができるとすることで十分であり、立法する
必要はないとされてきた。しかし、他方で、被保険者が同意をした後に、モラル・
リスクのおそれが生じ、保険契約者や保険金受取人に対する信頼関係が失われる場
合や、同意の基礎となった事情が大きく変わる場合等には、被保険者が自らの意思
でその地位を一切免れることができないというのでは、契約時に被保険者の同意を
求める趣旨に反することになるから、被保険者は契約関係から離脱することができ

---

1)　同旨、江頭憲治郎「他人の生命の保険」中西喜寿・239頁。

§58-Ⅰ2・Ⅱ   779

る旨の解釈も有力に主張されているが、その要件等は必ずしも明確ではない[2]。そこ
で、保険法は、「被保険者による解除請求」という制度を導入した。

　本条の趣旨は、被保険者が自らの生命に関しモラル・リスクに直面した場合や、
保険契約締結時に同意の基礎となった身分関係その他の事情が著しく変更した場合
において、被保険者の意思による契約関係からの離脱を認め（実質的には同意の撤
回といってもよい）[3]、もって被保険者を保護するところにある。もっとも、保険契
約の法的安定性を考慮して離脱が認められるのは、「一定の事由」がある場合に限
られている。

2　条文概要

　本条は、契約の当事者以外の者を被保険者とする死亡保険契約について、契約締
結後に、①57条（重大事由による解除）1号と2号に掲げる事由、すなわち、保険
給付目的による故意の事故招致と保険給付の請求に関する詐欺行為に該当する場合、
②被保険者の保険契約者または保険金受取人に対する信頼を損ない、契約の存続を
困難とする重大な事由がある場合、③保険契約者と被保険者との間の親族関係の終
了（離婚、離縁など）その他の事情（離職、役員退任など）により、被保険者が38条
の同意をするにあたって基礎とした事情が著しく変更した場合において、被保険者
が保険契約者に対して、保険契約の解除を請求することができるものとする（1項）。

　保険契約者は、被保険者からの解除請求を受けたとき、これに応じて死亡保険契
約を解除する義務を負う。この場合は、54条に基づく任意解除権が制限されている
ような場合であっても、保険契約者はその契約を解除することができる（2項）。

　本条の性質は絶対的強行規定である。

Ⅱ　改正前商法

　改正前商法までは、法律上被保険者による同意の撤回についての規定を設けてい
ないため、解釈論によってそれが可能であるかが議論されてきた。

　契約成立前にする同意の撤回については認められることで学説上の争いはみられ
ず[4]、被保険者は契約が成立する以前においては、一度与えた同意を任意に撤回する

---

2)　補足説明73頁、萩本修ほか「保険法の解説（5・完）NBL888号40頁（2008）等。

3)　平成20年4月25日衆議院法務委員会における神崎武法議員の質問に対する倉吉敬法務省民
　　事局長答弁により、立法者は同意の撤回を認めない代わりに被保険者の保険契約者に対する
　　解除請求の制度を導入したことが窺える。

ことができると解されてきた。争いがあったのは、以下のとおり契約成立後の被保険者による同意撤回の可否であった。

否定論（通説）においては、被保険者がいつでも一方的に特段の理由なく同意を撤回できるとすれば、保険契約の効力を著しく不安定にすること、保険契約者、保険金受取人あるいは保険者等利害関係者の利益を害すること（たとえば、信用生命保険）等の理由により、保険契約の成立後に被保険者が任意に同意を撤回する（契約関係から離脱する）ことを認めるべきではないとする見解が多かった[5]。もっとも、同意行為自体に瑕疵があるときは、一般原則に従い、その同意の無効・取消を主張することはもちろん差支えないとされていた[6]。

これに対し、肯定論（有力説）においては、生命保険契約は長期にわたり継続するので、保険契約締結当時に被保険者が同意をする前提となった事情が契約成立後に著しく変化している場合には、当該被保険者が同意を撤回することによって契約関係から離脱することを認めるべきとの見解が強く主張されてきた[7]。たとえば、①保険契約者や保険金受取人が保険金取得目的で殺害を企図し、被保険者の生命や身体が危機にさらされている場合、②婚姻中に配偶者を被保険者として保険契約を締結したが、離婚して当該保険契約の存続意義を喪失している場合、③会社の役員や使用人を被保険者として当該被保険者が死亡した場合の経営上の損失に備えて会社が保険契約者兼保険金受取人として生命保険を締結したが、当該被保険者が退任・退職した場合、④債務の担保として債権者を保険契約者兼保険金受取人とする契約が締結されたが、その後に債務が完済された場合などが挙げられていた。

また、仮に被保険者による同意の撤回権が認められる場合は、それが形成権なのか、それとも請求権なのかという法的性質の問題、さらに請求権とした場合は、それを保険会社が認めるか否かの基準の問題、保険会社の犯罪可能性の調査・判断能

4）　同旨、大串＝日生・解説保険法170頁（注1）［小川和之］、福田弥夫「被保険者の同意」甘利＝山本・論点と展望207頁。

5）　松本・保険法243頁、松本烝治「他人ノ生命ノ死亡保険ニ於ル被保険者ノ同意ニ付キテ」『私法論集第1巻』300頁以下（1961）、野津・法論638頁・640頁、大森・保険法272頁、三宅一夫「他人の死亡の保険契約」大森＝三宅・諸問題266頁・314頁、西島・保険法325頁、江頭憲治郎「他人の生命の保険契約」ジュリ764号59頁・64頁（1982）、山下・保険法271頁参照。

6）　大森・保険法272頁。

7）　三浦義道『再訂保険法論』335頁（厳松堂書店・1930）、青山衆司『保険契約法』184頁（1929）、石田・商法Ⅳ 281頁、中西正明「他人の生命の保険契約と被保険者の同意」保険レポ102号6頁（1994）、岡田・現代保険法365頁、田辺・保険法266頁、福田弥夫「他人の生命の保険契約―同意主義の問題点とその課題」日本大学法学紀要27巻278頁（1986）、今井薫「他人の生命の保険」金判986号70頁（1996）等。

§58-Ⅲ1   781

力の問題などがあるとの有力な指摘がなされてきた。[8]

Ⅲ　立法過程

1　保険法制定前試案[9]

(1)　試案趣旨

生保試案では、同意撤回権の規定を設けないこととされた。その理由として、他人の死亡の保険契約の被保険者に、一度与えた同意を任意に撤回する権限を与えることは、信用生命保険契約等の場合を考えると、適当ではないことが挙げられた。しかし、モラル・リスクの問題が頻発する状況に鑑み、生命の危険を感じた当該被保険者に何らかの方法で保険契約を失効させる道を開くべきであるとの強い意見を踏まえ、被保険者の保険契約者に対する解約請求権を規定し、当該被保険者に将来に向かって保険契約を解約できる権限を賦与することによって、同意の撤回と同様な法的効果を図る立法的提案がなされた（生保試案674条の3）。

(2)　試案の規律構成

生保試案に定める被保険者の解約請求権は、以下のような法律構成である。

生保試案674条の3は「第674条第1項の保険契約の被保険者は、次の各号の事由がある場合には、保険契約者に対し、保険契約を解約すべきことを請求することができる」と規定し（1項柱書）、他人の死亡の保険等を締結する際に同意が必要とされた被保険者は、所定の解約請求事由に該当した場合において、保険契約者を相手方として、保険契約の解約を請求することができるとしていた。これは、この方が、被保険者が保険者を相手方として主張する制度よりもストレートな問題解決となると考えられたためである。

そして、被保険者が、保険契約者に対し保険契約の解約を請求することのできる事由として、次の場合を掲げていた。①保険契約者または保険金受取人が故意の事故招致をした場合（既遂・未遂を問わない。1号）、②保険契約者または保険金受取人が保険金の請求に関して詐欺を行った場合（2号）、③前2号に定めるものと同等のものがある場合、すなわち、同人らが別の保険者との間で締結した別の保険契約につき故意の事故招致（既遂・未遂を問わない）または保険金の請求に関して詐欺を行った場合（3号）。

---

8)　石田満ほか「座談会・生命保険と犯罪」ジュリ752号24頁［吉田明発言］（1981）、江頭・前掲注（5）64頁、福田・前掲注（4）208頁参照。

9)　生保試案理由書58-59頁参照。

上記各号に掲げられた事由は、ことがらの性質上当然関係ないものを除いて、生保試案680条の3（重大事由による解除）第1項各号の事由にほぼ対応していた。保険者の保険契約者または保険金受取人に対する解除の重大事由は、被保険者が保険契約の解約を請求する場合についても適用されるという趣旨と考えられる。

なお、生保試案674条の3の規定の性質は、契約当事者が変更できない絶対的強行規定であるとされていた（生保試案683条1項）。

(3) その他

生保試案では、被保険者が所定の解約請求に該当し保険契約者に対し解約請求をしたにもかかわらず、保険契約者がそれに応じない場合の対応については、明確な規定は設けていなかったが、被保険者が保険契約者を相手方とする当該訴訟に勝訴したときは、意思表示に代わる裁判により、保険契約者の保険契約解約の意思表示がなされたことになると説明されていた。

また、生保試案では、会社の役員・従業員を被保険者、会社を保険契約者とする契約が、被保険者の退職後も保険契約者の意思表示がない限り存続することは、モラル・リスク防止の上から好ましくないとの指摘について、それは被保険者の退職等の一定事由を解除条件とする保険契約を締結することによって解決すべきもので、契約上の処理に委ねれば足りると考えられるという理由により、特別な規定を設けないこととした。

2　法制審議会保険法部会の審議

法制審議会保険法部会では、同意の撤回規定を設けることはせず、一定の場合に被保険者から保険契約者に対する契約の解除請求（離脱）を認めるという、生保試案の立場を引き継ぐことについて反対の意見はほとんどなかったが、主に議論されていたのは、以下のように被保険者の保険者に対する直接解除請求の可否および解除請求要件の設置の要否であった。

(1) 被保険者の保険者に対する直接解除請求の可否について

学説上は、被保険者が保険契約者に対して契約の解除を請求することができるようにすべきとの立法論的な提案がされているが、この提案は、保険契約者が拒んだ場合には被保険者が保険契約者の意思表示に代わる裁判を求めることを前提とするものであり、迂遠であるとの指摘もされていた。[10] 保険法部会では、かかる指摘を踏まえ、被保険者が保険者に対して契約関係からの離脱の意思表示を直接行うことに

---

10)　補足説明74頁、第18回議事録6頁。

§58-Ⅳ   783

よって保険契約の効力を消滅させるという法律構成も検討されていた[11]。

　しかし、解除請求の要件である、被保険者の保険契約者に対する信頼が失われた
かどうかや、被保険者の同意の基礎となった事情変更の有無・程度は、もっぱら保
険契約者と被保険者との関係にかかわる問題であり、これを保険者が調査し正確に
認識することは困難であること、被保険者に対し直接の契約解除権を与えると、同
意の撤回と同じく、保険契約の効力を不安定にするおそれがあることなどから、こ
れについて最も利害関係を有している保険契約者と被保険者との間で争わせて決着
をつけさせるのが相当であると考えられる[12]。そこで、保険法では、被保険者が保険
者に対する直接解除請求を認めないこととしている。

(2)　解除請求要件の設置要否について

　保険法部会においては、どのような場合に解除請求（離脱）を認めるべきかとい
う「一定の場合」について、意見が分かれていた。被保険者は何らの利益を受ける
立場にはなく、生命保険契約は長期の契約であること等から、できるだけ広く契約
関係からの離脱が認められるべきこと、被保険者の自由な意思を尊重すべきこと、
保険者に要件該当性の判断をさせるのは適当でないことなどから、要件を限定すべ
きでないとの意見があった。一方で、保険者としては、たとえば、被保険者と保険
契約者や保険金受取人との間で何があったのかを確認する術をもたないことから、
客観的に確認できるような要件が必要であるとの意見が多数であり、なお、重大事
由による解除の要件を満たす場合には、保険者において契約の解除をすることがで
きるとすることで十分との意見等もあった[13]。

　しかし最終的に、保険契約の法的安定性が害されないこと、保険契約者の意思を
尊重する必要もあること、保険者に被保険者側の事情を確認する手段をもたないこ
となどの視点から、被保険者による解除請求の事由を法定し制限的なものとするこ
とで意見が一致していたようである[14]。

Ⅳ　条文解説

　本条の見出しでは、保険契約者による「解除」(54条)、告知義務違反による「解

---

11)　補足説明74頁。

12)　部会資料(19) 6 - 7 頁、萩本・一問一答196頁以下。萩本ほか・前掲注（2）41頁(注49)、
　　潘・概説286頁、大串＝日生・解説保険法173頁［小川和之］、山下＝米山・解説584頁［洲崎博
　　史］。

13)　補足説明73-74頁。

14)　部会資料(14)19頁、中間試案18頁(注 1)、補足説明73頁等。

除」（55条）、危険増加による「解除」（56条）、重大事由による「解除」（57条）と異なり、被保険者による「解除請求」とされている。それは、保険契約の当事者ではない被保険者は保険契約を直接「解除」することができないことから、「解除請求」とされているものと考えられる。

1 解除請求の対象契約

本条1項では、被保険者が解除請求をすることができるのは、「死亡保険契約の被保険者が当該死亡保険契約の当事者以外の者である場合」と規定している（1項柱書）。それは、38条により「当事者以外の者を被保険者とする死亡保険契約」を締結するのに被保険者の同意が必要とされる場合である。本柱書の書き振りからも、本条1項は38条に対応するものと考えられる。

なぜ死亡保険契約の被保険者が当該契約の当事者以外の者に限定されるかについては、仮に死亡保険契約の被保険者が当該契約の当事者（保険契約者）であって、死亡保険金受取人の誠実さに疑念を抱き、この者に保険金を取得させたくないと考えた場合には、保険契約者として54条に基づいて保険契約を解除するか、あるいは43条に基づいて保険金受取人を変更することができるからと考えられる[15]。

本条は死亡保険契約のみに関する規律であり、生存保険契約については、38条と同様、対象外とされているが[16]、生死混合保険契約については、被保険者が解除請求できるのは死亡保険部分に限られるのか、それとも生死混合保険契約全体の解除請求をすることができるかという問題が考えられる。生存保険部分のみで独立して存続させることが可能かどうか等は、具体的な保険契約の内容等に応じて個別に判断することになるが、通常は死亡保険の部分と生存保険の部分とが不可分一体のものであるから、死亡保険部分だけを解除して生存保険部分を存続させることは不可能である。したがって、特段の事情がない限り、被保険者は、生死混合保険契約全体の解除請求が認められる[17]。

2 解除請求の法定事由

本条1項は、以下のとおり被保険者が死亡保険契約の解除を請求することができる法的事由を定めている（1項1号〜3号）。

---

15) 同旨、山下=米山・解説585頁［洲崎博史］。

16) 中間試案19頁（注3）。

17) 萩本・一問一答197頁（注1）、山下=米山・解説585頁［洲崎博史］、潘・概説287頁。

§58-Ⅳ 2

(1) 重大事由による解除が認められる場合（1号。57条1号・2号参照）

本条1項1号は、「前条第1号又は第2号に掲げる事由がある場合」と規定している。前条の57条1号に掲げる事由とは、「保険契約者又は保険金受取人が、保険者に保険給付を行わせることを目的として故意に被保険者を死亡させ、又は死亡させようとしたこと」であり、前条の57条2号に掲げる事由とは、「保険金受取人が、当該生命保険契約に基づく保険給付の請求について詐欺を行い、又は行おうとしたこと」である。いずれも既遂・未遂を問わない。ここにいう「保険給付の請求についての詐欺」とは、たとえば、保険金受取人が保険金詐取の目的をもって替え玉殺人を行った場合[18]、保険者を欺罔して実際よりも多額の保険金を取得する意図をもって、保険事故の原因や被害に関して虚偽の説明をした場合[19]、被保険者が生存しているにもかかわらず死亡診断書等を偽造して死亡保険金を請求した場合が挙げられる[20]。

57条1号または2号に掲げる重大事由に該当する場合には、保険者は、保険者の保険契約者または保険金受取人に対する信頼を損なう行為であるとして、保険契約を解除することができる、いわゆる重大事由による解除であるが、そのような行為は同時に被保険者の保険契約者または保険金受取人に対する信頼をも損なう行為であることから、これを被保険者による解除請求事由としたものである[21]。

もっとも、被保険者が1人である死亡保険契約は、被保険者が死亡した場合に契約が失効することから、57条1号のうち、「被保険者を死亡させ」の部分は適用されないと考えられている[22]。この点は、58条においても同様である[23]。

(2) 保険契約者等に対する信頼関係が破壊された場合（2号。57条3号参照）

本条1項2号は、「前号に掲げるもののほか、被保険者の保険契約者又は保険金受取人に対する信頼を損ない、当該死亡保険契約の存続を困難とする重大な事由がある場合」と規定している。57条3号において、「前2号に掲げるもののほか、保険者の保険契約者、被保険者又は保険金受取人に対する信頼を損ない、当該生命保険契約の存続を困難とする重大な事由」が掲げられている。規律の書き振りから、信頼の主体が保険者ではなく被保険者となっている点を除いて、58条1項2号も、

---

18) 大阪地判昭和60・8・30判時1183号153頁。

19) 福岡高判平成15・3・27生判15巻218頁。

20) 長谷川仁彦「被保険者による解除請求について―生命保険・傷害疾病定額保険契約を中心として」金澤・新たな展開245頁参照。

21) 山下=米山・解説586頁［洲崎博史］、田口誠「他人の生命の保険」落合=山下・理論と実務198頁参照。

22) 補足説明91頁。

23) 同旨、山下=米山・解説586頁［洲崎博史］。

57条3号に対応するものと考えられる。

すなわち、重大事由解除においては、被保険者が保険者の信頼を損なうような重大な行為をした場合にもこれを重大事由として保険者による解除権行使を認めているが、被保険者による解除請求においては、被保険者自身が信頼破壊行為をした場合にこれを解除請求事由とするのは不合理であるから、58条1項2号からは、このような場合を除外することとしたものである。[24]

57条3号は包括的な条項（いわゆるバスケット条項）であるとされる。[25] したがって、本号も同様に包括的な条項と解することができる。たとえば、保険契約者または保険金受取人が、当該保険契約とは別の生命保険契約において、保険金取得目的による故意の事故招致または詐欺行為が行われたような重大事由がある場合には、本条1項1号には該当しないものの、2号の解除請求事由にあたることが考えられ、57条1号・2号と同程度に保険契約者、保険金受取人と被保険者間の信頼関係を破壊する行為ということになる。[26]

次に、他の保険契約者との重複によって、被保険者にかかる保険金額の合計額が著しく過大であることが本号に掲げる解除請求事由にあたるかについて、被保険者は個々の契約それぞれにつき同意していることから、保険契約の重複により保険金額の合計額が著しく過度となっていること自体が決定的なのではなく、単に信頼関係破壊のおそれのある兆候事実にすぎず、それに加えて保険金の不正請求行為等他の要素と相まって、はじめて本号の解除請求事由に該当するものであると考えられる。[27]

(3) 同意の基礎とした事情の著しい変更があった場合（3号）

本条1項3号は、「保険契約者と被保険者との間の親族関係の終了その他の事情により、被保険者が第38条の同意をするに当たって基礎とした事情が著しく変更した場合」と規定している。

ここにいう「親族関係の終了」の例示として、離婚（事実婚の解消も含む）や離縁（養子縁組の解消）が挙げられている。[28] もっとも、被保険者による解除請求が可能となるためには、親族関係が終了しただけでなく、それにより「同意をするに当たって基礎とした事情が著しく変更した」ことが必要である。離婚や離縁した場合

---

24) 同旨、山下＝米山・解説586頁［洲崎博史］。
25) 補足説明54頁。バスケット条項とは、それだけでは規定しきれない場合や、弾力的に運用する余地を残そうとする場合、幅広に対象としようとする場合などに定める規定である。
26) 萩本・一問一答198頁、山下＝米山・解説586頁［洲崎博史］、福田・前掲注(4)210頁参照。
27) 長谷川・前掲注(20)246頁参照。
28) 第18回議事録5頁。

には、特段の事情がない限り同意をするにあたって基礎とした事情が著しく変更した場合にあたることが多いといえるが、親族を被保険者として保険契約を締結する目的は様々であって、保険契約者と被保険者との間の親族関係の終了があったからといって、当然に解除請求事由になるわけではないと考えられる[29]。たとえば、妻が夫を被保険者とする死亡保険契約を締結していた場合でも、当該保険契約が夫死亡後の妻の生活保障のみならず、当該夫婦間の子供の生活保障をも目的としていたとみられるようなケースでは、被保険者が「同意をするに当たって基礎とした事情が著しく変更した場合」には該当しない。したがって、結局のところ、ケースバイケースで判断せざるを得ないと考えられる[30]。

　また、「その他の事情」の例示として、たとえば、会社の役員であるということに基づいて、会社が保険契約者兼保険金受取人、当該役員を被保険者として保険契約（いわゆる事業保険）を締結したが、その後、当該役員を退任したような場合、また、債務の担保目的で、債務者を被保険者、債権者を保険契約者兼保険金受取人として保険契約をしたが、債務が完済された場合等がこれにあたると考えられる[31]。これらの場合には、被保険者にとって保険契約を継続させる正当な理由を欠くことになると考えられることから、解除請求ができるものとされたのである。

(4) 小括

　以上より、死亡保険契約の被保険者が当該死亡保険契約の当事者以外の者である場合において、被保険者が保険契約者に対し死亡保険契約の解除を請求することができる法定事由は、①保険給付目的による故意の事故招致と保険給付の請求に関する詐欺行為、②被保険者の保険契約者または保険金受取人に対する信頼関係の破壊、③同意の基礎とした事情の著しい変更の3つである。

　上記①と②については、被保険者の保険契約者・保険金受取人に対する信頼を損なうような事由（モラル・リスクの具体化）がある場合に被保険者が保険関係から離脱することを認めるのに対し、上記③は、親族関係等の変動により、同意の基礎と

---

29)　山下友信「保険法制定の総括と重要解釈問題（生保版）―成立過程の回顧と今後に残された課題」生保論集167号31頁（2009）、萩本・一問一答199頁（注）、山下＝米山・解説588頁［洲崎博史］、山下ほか・保険法232頁［竹濵修］、萩本ほか・前掲注（2）41頁（注48）。なお、「離婚調停中で親族関係が完全に終了していない段階であっても、両者の関係が険悪となり、信頼関係が破綻しているとみられる場合にはやはり解除請求事由を認めてよい」との見解がある（山下＝米山・解説588頁［洲崎博史］）。

30)　山下＝米山・解説588頁［洲崎博史］。山下ほか・保険法232頁［竹濵修］参照。

31)　山下・保険法271頁、部会資料(16)7頁以下、大串＝日生・解説保険法171頁［小川和之］、長谷川・前掲注(20)247頁。

なった事情が著しく変更した場合にも被保険者の保険関係からの離脱を認めるものである。[32]

前者は基本的に重大事由による解除の場合と同様と考えられることから、当該事由に該当した場合は、被保険者による保険契約解除の請求のみでなく、保険者においても重大事由による解除の規定に基づいて、保険契約解除を行使することができるものと考えられる。一方、後者の場合にも保険関係からの離脱を広く認めるべきであるという立法論は、従来、必ずしも一般的に主張されていたわけではなかった。前述のように生保試案674条の3においては、被保険者の保険契約者に対する解約請求として58条1項1号・2号に相当する規律を設けていたが、同項3号に相当する規律は設けられていなかった。同意の基礎とされた事情が著しく変更した場合一般について解除請求を認めることとしたのは、保険法独自の規律である。[33]

なお、上記法定事由のほかに、被保険者の同意がない場合、あるいは被保険者が意思表示の瑕疵を理由とする同意の無効・取消を主張する場合、および被保険者が未成年者などの制限行為能力者である場合においても、被保険者が契約から離脱できるということは当然であるとされている。[34]

3 解除請求の相手方

本条1項柱書では、「当該被保険者は、保険契約者に対し、当該死亡保険契約を解除することを請求することができる」と規定している。条文の形式から、被保険者による解除請求の相手方が保険契約者にほかならないことは明らかである。それでは、被保険者が保険者に対して直接に解除を請求した場合はどうなるかについて、以下のように法定事由ごとに検討してみよう。[35]

法定事由①（保険給付目的による故意の事故招致と保険給付の請求に関する詐欺行為）の場合において、保険者はそれを確認できれば、57条1号および2号に基づき契約解除が可能になる。しかし、刑事事件として立件される場合は別として、多くの場合、保険者は自力でそのような事実を確認することが困難であるため、被保険者からの解除請求だけでは対処のしようがなく、生命の危険を感じる被保険者に対して警察への通報を行うよう助言することになろう。

法定事由②（被保険者の保険契約者または保険金受取人に対する信頼関係の破壊）の場合において、被保険者は、それが57条3号にも該当する（たとえば、保険金受取人

---

32) 山下＝米山・解説587頁［洲崎博史］参照。

33) 同旨、山下＝米山・解説583頁・587頁［洲崎博史］。

34) 第18回議事録5頁。

35) 福田・前掲注（4）211頁、江頭・前掲注（1）240頁参照。

を共通する保険契約者が被保険者を故意に死亡させようとした）と主張して、保険者に対し保険契約を解除するよう依頼するとき、保険者がその事実を確認できれば、自己の意思で57条3号に基づき契約を解除することは考えられるが、被保険者が保険者に対し解除するように強制することはできない。その理由は、上記法定事由①の場合と類似である。多くの場合、保険者には、その事実を確認できる証拠がなく、保険者は被保険者から解除請求されても、対処のしようがないからである。

法定事由③（同意の基礎とした事情の著しい変更）の場合において、親族関係の終了等にもいろいろの事情があり得るから、たとえば、離婚をしたという事実のみをもって解除請求を認めるのではなく、将来の養育費等に備えるために保険契約を維持する必要性があるような場合には、同意をするにあたって基礎とした事実が著しく変更したとは認められないことは前述のとおりである。同様に、雇用関係の終了や債権債務関係の終了も、そのことだけで基礎とした事情が大きく変化したと認めることは困難な場合も考えられる。したがって、被保険者から保険者に対する直接解除請求があっても、保険者としては、通常対処する方法がない。

以上より、いずれの場合においても、被保険者から契約解除の請求を受けた保険者は、解除請求事由の発生の有無につき調査・判断することが困難であることなどにより、やはり保険契約者を介して解除請求するか、保険契約者を相手方として保険契約の解除を求める訴訟を提起するよう促すしかないと考えられる。

4　解除請求の効果

本条2項は、「保険契約者は、前項の規定により死亡保険契約を解除することの請求を受けたときは、当該死亡保険契約を解除することができる」と規定している。ここに文言上「解除することができる」となっているが、これは、54条の任意解除権と関係するものである。54条では、「保険契約者は、いつでも生命保険契約を解除することができる」と定められている。しかし、同条は任意規定であることから、合理的理由に基づき、任意解除を禁止する約定も有効であるとされている。これに対して、本項は、生命保険約款において54条に基づく保険契約者の任意解除権が制限されているような場合であっても、被保険者から死亡保険契約の解除請求を受けたときは、保険契約者は保険者に対し契約解除権を行使できるという趣旨である。すなわち、法律により保険契約者に解除の権限を付与することを意味するものであり、解除するかしないかを保険契約者の自由な意思に委ねているものではない。[36]

---

36)　萩本・一問一答200頁、萩本ほか・前掲注（2）41頁（注50）、江頭・前掲注（1）240頁、潘・概説287頁等参照。

790　　　　　　　　　　　　　　　§58-Ⅳ5

　また、本条1項は、被保険者に保険契約者に対して保険契約を解除するよう請求する権利を付与するにとどまり、被保険者が1項による請求をしただけで直ちに保険契約の解除という効果が生ずるわけではない。被保険者からの解除請求を受けた保険契約者は本条2項に従い、保険者に対して解除権を行使してはじめて保険契約の解除の効果が生ずることになる[37]。そして、その効果が将来に向かって生じる（59条）から、被保険者は、将来に向かって契約関係から離脱することになる[38]。

　保険契約者が被保険者からの請求に応じて解除権を行使した後、特に解除後まもなく被保険者が死亡した場合には、解除を撤回したり、解除の無効を主張することが考えられる。しかし、解除事由の有無は、被保険者と保険契約者との問題であり、保険者は関知しないのが通例であることから、54条に規定する任意解除の規定と同様に、保険契約者が有効に解除権を行使した以上、解除の撤回や無効の主張は許されないものと思われる[39]。

5　保険契約者の解除権行使の義務

　本条2項により、58条1項各号に定める解除請求事由のいずれかに該当し、かつ、被保険者が当該保険契約からの離脱を望んで、保険契約者に対して当該保険契約の解除を請求した場合には、保険契約者はそれに応じて保険者に対して保険契約を解除する義務を負う[40]。これを拒否したり、懈怠したりすることは許されず、かかる義務を履行しない場合には、法定義務不履行となり、遅延損害を賠償する義務を負うと考えられる[41]。

　被保険者が58条1項による解除請求をしたにもかかわらず、保険契約者がその請求に応じない場合（保険者に対して解除の意思表示をしない場合）には、被保険者が保険契約者を被告として「意思表示に代わる裁判」、いわゆる意思表示の擬制を求めて訴えを提起する方法が考えられる。そして、被保険者が勝訴判決を受け、かつ当該判決が確定した場合には、債権者である被保険者が確定判決等の債務名義の正本または謄本を第三債務者である保険者に送付または提示したときは、債務者である保険契約者の擬制された解除の意思表示が到達して法律効果が発生し（民事執行法

---

37)　山下＝米山・解説589頁［洲崎博史］、大串＝日生・解説保険法172頁［小川和之］。

38)　中間試案18頁。

39)　同旨、福田・前掲注（4）213頁参照。

40)　萩本・一問一答197頁（注2）、萩本ほか・前掲注（2）41頁（注50）、山下＝米山・解説589頁［洲崎博史］、田口・前掲注(21)108頁、山下ほか・保険法323頁［竹濵修］、潘・解説288頁等。

41)　同旨、長谷川・前掲注(20)241頁等。

174条1項本文)、当該保険契約は解除されることになる[42]。なお、被保険者が保険契約の解除を実現するには、上記の方法による意思表示の擬制の他に、民事執行法172条1項による間接強制もとりうると考えられる[43]。

6　規定の性質

　本条は、被保険者の同意に関する規定と同様に、被保険者の意思を尊重するとともにモラル・リスクの防止などを目的とする公序に関する規定であるため、1項・2項ともその性質は絶対的強行規定であると解される[44]。

　したがって、約款で被保険者が解除請求できる場合を保険法の規定よりも狭く設定するような被保険者に不利な約定は許容しないこととしている[45]。また、法律関係の安定性を維持する観点から、逆に被保険者が解除請求できる場合を広げる約定も認められないと考えられる[46]。さらに、被保険者から解除請求がされたことに基づく保険契約者からの保険契約の解除を禁止・制限することを定めることはできず、仮にそのような約款の規定を設けても、その規定は無効となる[47]。

V　今後の展望

1　実務との関係

　保険法の公布・施行に伴い、生命保険業界は、保険契約者・被保険者に、被保険者による解除請求の制度の趣旨・内容を周知させるために、契約締結に際して「ご契約のしおり」、「重要事項説明書」等において、①被保険者と契約者が異なる死亡保険契約において、一定の事由が生じた場合に被保険者は保険法の規定に基づき、契約者に対し契約の解約[48]を請求することができること、②契約解約を請求できる法定事由、③被保険者から解約の請求を受けた契約者は、契約を解約する必要があること、④解約される場合には特約も含まれること、⑤解約請求先は保険会社ではなく、契約者に対して行うことなどの説明の記載を加え、保険契約者・被保険者それ

---

42)　大串＝日生・解説保険法172頁(注5)［小川和之］、長谷川・前掲注(20)241頁。

43)　大串＝日生・解説保険法172頁(注4)［小川和之］。

44)　第18回議事録5頁、部会資料(26)15頁、中間試案19(注4)、萩本・一問一答197頁、山下友信「新しい保険法」ジュリ1364号15頁(2008)等。

45)　補足説明74頁。

46)　竹濵・Q&A新保険法253頁［平尾正隆］。

47)　萩本・一問一答200頁(注1)。

48)　すなわち解除。実務上は通常「解約」という。

ぞれに適切な情報を提供するように努めている。

2　残された課題

　保険法では、同意の撤回そのものを規律せず、代わりに被保険者に保険契約者への解除請求権を付与するという手段を選択した。それは、モラル・リスクの防止、被保険者の意思の尊重および解除事由に該当するか否かをめぐる紛争解決に重要な意義を有することは否定しえない。他方で、以下の課題ないし議論が存在している。

　第1に、法定事由の解釈について、58条1項に定める解除請求の法定事由、特に2号の包括条項に関して、どのような場合が当該条項にあたるかについては一義的に明らかではないことから、濫用のおそれがあり、契約当事者側の保護に欠けるとの批判が存在する。[49]

　第2に、制度の実効性について、被保険者から解除請求がなされても、保険契約者が解除権を行使しない限り、保険契約は被保険者の意思に反して有効に継続することとなる。被保険者は、契約解除の請求を確実に実現するためには、訴訟を提起せざるを得ないが、多大な費用・時間と労力を要することになる。したがって、この解除請求権の制度は十分な機能を発揮できないとの指摘が存在する。[50]

　第3に、保険者の対応について、解除請求事由のうち、重大事由による解除の要件に該当した場合（58条1項1号）に、保険契約者が解除権を行使しないときには、保険者としては、少なくとも57条に基づき当該死亡保険契約を解除する等の対応をする必要があろうが、情報量は極めて限定されるなか、事実調査を行い、重大事由による解除要件の充足の有無を判断し、立証責任を負うことは、保険者にとって酷であるのみでなく、二重払（保険契約者への解約返戻金の支払と保険金受取人への保険給付金の支払）のリスクがあるとの指摘もある。[51]

　第4に、被保険者による保険者への直接解除（同意の撤回）の再検討について、本制度は、保険契約者を経由して解除するといった迂遠なものであり、被保険者の負担、制度の実効性などの観点から、保険法のもとでも、被保険者による保険者への直接解除ないし同意の撤回権の可否についてなお検討の余地があるとの見解がみられる。[52]これに対して、被保険者による直接解除（同意の撤回）の適法性には疑問

---

49)　部会資料(18-1)120頁、山下友信・前掲注(29)30頁以下。

50)　長谷川・前掲注(20)247頁、潘・概説288頁。

51)　大串＝日生・解説保険法173頁［小川和之］、潘・概説286頁、長谷川・前掲注(20)247頁以下。

52)　潘・概説288頁以下、山下友信・前掲注(29)30頁以下。もっとも、保険者が保険契約者または被保険者等において解除事由に該当するか否かをめぐって紛争に巻き込まれることや、

があるとして反対する見解もある。[53]

　第5に、保険契約締結時に未成年であった者を被保険者とする死亡保険契約については、保険契約締結時には法定代理人が未成年者を代理して38条の被保険者同意を与えたが、当該被保険者が成人後、当該死亡保険契約の被保険者となり続けることを望まないという場合には、87条1項1号を類推適用することができないかという課題がある。[54]

〔李　鳴〕

　　　保険契約者または保険金受取人の利益を害するようなことがないかという問題点を慎重に検討し、たとえば、代位権のごとく保険者に対して被保険者の解除請求が図れる方法、具体的には、約款において58条1項各号の事由があることを被保険者が保険者に主張した場合には、保険者がその旨を保険契約者に通知したうえ、保険契約が失効する旨の規定を設けるとの考え方が示されている。長谷川・前掲注(20)248頁、保険法コンメンタール181頁［山下典孝］。

53)　山下=米山・解説591頁［洲崎博史］。その理由は次のように挙げられている。①被保険者が保険契約から離脱するためには、保険者に対して直接同意の撤回をするのでは足りず、保険契約者に対して解除請求をしなければならないとされたのは、法に定められる解除請求の事由が真に存するかどうかについて被保険者と保険契約者とで意見が相違することがありうるからである。その事由の存否につき保険契約者に争う機会を与えることなく、直ちに解除を認めることは相当ではない。②保険者に対する直接解除権の行使（同意の撤回）という方法では、被保険者の思い込みによって保険契約が不当に消滅させられるという事態が生じかねない。③被保険者と保険者だけで契約を解消することを認めるような約款規定は、保険法が予定している保険契約者・被保険者間の利害調整の枠組みを逸脱するものである。

54)　このケースは、67条1項但書により被保険者同意なしに傷害疾病定額保険契約が締結されたが、その後被保険者が被保険者たることを望まない場合には理由の如何を問わず保険契約の解除請求をすることができるとする87条1項1号に近い状況が生じているといえる。したがって、被保険者が被保険者たることを望まないという明確な意図を有している場合には、58条1項3号の解除請求事由を緩やかに認定してよいとの見解がある。山下=米山・解説589頁［洲崎博史］。

§ 59 - I

（解除の効力）
第 59 条　① 　生命保険契約の解除は、将来に向かってのみその効力を生ずる。
② 　保険者は、次の各号に掲げる規定により生命保険契約の解除をした場合には、当
　　該各号に定める保険事故に関し保険給付を行う責任を負わない。
　(1)　第55条第 1 項　解除がされた時までに発生した保険事故。ただし、同項の事実
　　に基づかずに発生した保険事故については、この限りでない。
　(2)　第56条第 1 項　解除に係る危険増加が生じた時から解除がされた時までに発生
　　した保険事故。ただし、当該危険増加をもたらした事由に基づかずに発生した保
　　険事故については、この限りでない。
　(3)　第57条　同条各号に掲げる事由が生じた時から解除がされた時までに発生した
　　保険事故

【条文変遷】　解除全般の将来効につき、新設。告知義務違反解除の免責につき、新設。
　　　　　　　　危険増加解除の免責につき、ロエスレル草案716条 1 項参照、明治23年商
　　　　　　　　法654条 1 項参照。重大事由解除の免責につき、新設。
【参照条文】　保険法31条・55条・56条・65条、民法541条
【外国法令】　ドイツ保険契約法26条・27条・28条、フランス保険法典L. 113- 1 条

I　概　　要

　契約の解除とは、当事者間で契約が締結された後に、その一方の当事者の意思表
示によって契約関係を遡及的に解消することである。そのため、解除全般の効力を
将来効とするためには、その旨の法規定が必要となる。
　本条（59条）は、解除事由を問わず、生命保険契約の解除を将来効とするととも
に（ 1 項）、保険者が告知義務違反を理由として契約を解除した場合には、解除時ま
でに発生した保険事故について保険給付責任を負わない（ 2 項 1 号）、保険者が危険
増加についての通知義務違反を理由として契約を解除した場合には、当該危険増加
時から解除時までに発生した保険事故について保険給付責任を負わない（同項 2 号）、
保険者が重大事由を理由として契約を解除した場合には、当該重大事由発生時から
解除時までに発生した保険事故について保険給付責任を負わないとし（同項 3 号）、
ただし告知義務違反解除または危険増加通知義務違反解除の場合は、告知義務違反
に係る事実または当該危険増加をもたらした事由に基づかずに発生した保険事故に
ついての保険給付は免責されない旨（因果関係不存在特則）を規定している。

II　沿　革

従来、告知義務違反および危険増加への対処は、免責・無効（失効）・解除（遡及的無効）の間で変遷してきた。詳細は§37解説IIおよび§56解説IIを参照されたい。

解除の将来効が規定されたのは明治32年商法で、405条2項・3項で保険者・保険契約者の破産による解除の将来効が、411条1項但書で危険増加等による解除の将来効が明記され、いずれも433条で生命保険に準用されていた。なお、この時の告知義務違反への対処は429条で無効とされていた。

明治44年商法では、429条1項で告知義務違反への対処を解除に改めるとともに、399条の3第1項で解除の将来効を規定しているが（399条の3は429条2項で生命保険に準用）、免責に関する規定は置かれていない。

因果関係不存在特則は、明治44年商法399条の3第2項但書に表れている。[1]

III　改正前商法

改正前商法においても、保険契約の解除の効力を一般的に定めることはせず、告知義務違反による解除（678条2項が準用する645条1項）、保険者の破産による解除（683条が準用する651条1項但書）、危険増加等による解除（683条が準用する657条1項但書）が将来効であることが規定されていた。もっとも、告知義務違反解除については、学説上、その文言にかかわらず遡及効とし、ただし保険者は制裁の趣旨で継続中の保険料期間について保険料請求権を有すると解釈されていた。[2]

責任開始前の任意解除（683条が準用する653条）では解除の効力が明示されておらず、その効力は遡及効であると解されていた。[3]

保険料不払（債務不履行）に基づく解除（民法541条）については、解除の効力は将来効と解されていた。[4]

1）「但保険契約者ニ於テ危険ノ発生カ其告ケ又ハ告ケサリシ事実ニ基カサルコトヲ説明シタルトキハ此限ニ在ラス」。
2）　山下＝米山・解説596頁［山下友信］。
3）　補足説明57頁。
4）　補足説明57頁。保険契約が解除されたとしても、その前に保険者は危険（リスク）を負担していたから、保険料を取得することができ、またすでに保険事故が発生していた場合にはその保険金が支払われるべきとの考えによる。

IV 立法過程

§31解説IV参照。

V 条文解説

1 将来効の趣旨　§31解説V1参照。

2 免責および因果関係不存在特則の趣旨

§31解説V2参照。なお、55条、56条および本条が片面的強行規定であることは、65条1号・2号による。

3 要件

§31解説V3参照。なお、損害保険とは異なり、生命保険は一定の保険給付がなされる契約であるから、「損害が発生したこと及びその数額」は保険金給付請求の請求原因とはならない。

4 効果　§31解説V4参照。

5 規定の性質　§31解説V5参照。

VI 外国法令

§31解説VI参照。

VII 今後の展望

§31解説VII参照。

〔岩井 勝弘〕

§60-Ⅰ1 　　797

（契約当事者以外の者による解除の効力等）

第60条　①　差押債権者、破産管財人その他の死亡保険契約（第63条に規定する保険料積立金があるものに限る。次項及び次条第1項において同じ。）の当事者以外の者で当該死亡保険契約の解除をすることができるもの（次項及び第62条において「解除権者」という。）がする当該解除は、保険者がその通知を受けた時から1箇月を経過した日に、その効力を生ずる。

②　保険金受取人（前項に規定する通知の時において、保険契約者である者を除き、保険契約者若しくは被保険者の親族又は被保険者である者に限る。次項及び次条において「介入権者」という。）が、保険契約者の同意を得て、前項の期間が経過するまでの間に、当該通知の日に当該死亡保険契約の解除の効力が生じたとすれば保険者が解除権者に対して支払うべき金額を解除権者に対して支払い、かつ、保険者に対してその旨の通知をしたときは、同項に規定する解除は、その効力を生じない。

③　第1項に規定する解除の意思表示が差押えの手続又は保険契約者の破産手続、再生手続若しくは更生手続においてされたものである場合において、介入権者が前項の規定による支払及びその旨の通知をしたときは、当該差押えの手続、破産手続、再生手続又は更生手続との関係においては、保険者が当該解除により支払うべき金銭の支払をしたものとみなす。

【条文変遷】　新設
【参照条文】　保険法89条・58条、生保試案677条の2
【外国法令】　フランス保険法典L.132-14条、イタリア民法典1923条1項、スイス保険契約法80条・81条・86条、スウェーデン保険契約法116条、カナダのオンタリオ州保険法196条、ニューヨーク州保険法3212条2項、アメリカ1978年連邦破産法522条、ドイツ保険契約法170条（旧177条）、オーストリア保険契約法150条

Ⅰ　概　　要

1　背景

　生命保険契約に基づいて、保険金請求権、解約返戻金請求権、積立金払戻請求権、保険契約者配当請求権その他の権利が発生するが、それらの権利のうち、保険金請求権以外の権利は、保険契約者に帰属するのが原則である[1]。しかし、債権回収等を図るために、保険契約者の差押債権者や破産管財人（以下「差押債権者等」という）

1）　大森・保険法298頁、石田満『保険と担保』254頁（文眞堂・1997）、生保試案理由書78頁。

が解除権[2]（解約権）を行使して生命保険契約を終了させて解約返戻金の支払を受けることがある。

第三者のためにする生命保険契約における保険金受取人の指定は、保険事故発生後の保険金受取人の生活保障を目的としていることが一般であるが、保険契約が差押債権者等による解約権の行使により消滅させられると、保険金受取人の生活保障という目的が達成されなくなるため、保険金受取人の受ける不利益は甚だ大きいという問題がある。

差押債権者等による解約返戻金請求権の差押えを禁止する（これにより保険契約者の権利は破産財団にも属さないことになる。破産法34条3項2号参照）ことが立法論としては考えられるが、日本では、欧米諸国のように差押債権者等による生命保険契約の解約権行使の禁止または制限を法定することには社会的支持を得ることも技術的にも甚だ困難であるといわれている[3]。

他方、生命保険契約上の権利である解約権は差押債権者等により無制限に行使されるわけではない。立法論としては法的な手当てが必要であり、特に保険金受取人の生活保障を目的とする生命保険契約については、差押債権者等からなされる差押えや代位請求を何らかの形で制限することが望ましいとの指摘があった[4]。そこで、保険法は保険金受取人の介入権制度を創設した。

2 趣旨

「保険金受取人の介入権」とは、保険契約者以外の者が解約返戻金を求めて保険契約を解除しようとした場合に、保険契約の直接の当事者ではない保険金受取人が、保険契約を存続させるために契約関係に介入し、解除の効力の発生を阻止する権利をいう[5]。保険法上は「契約当事者以外の者による解除の効力等」として規律されているが、講学上は「保険金受取人の介入権」または「介入権」と呼ぶのが一般的である。

生命保険契約の介入権制度に関する立法の趣旨は、利害関係者間の利益を調整し

---

2) ここにいわゆる「解除」は、契約締結時に遡って契約を消滅させる遡及的効力を有する真の意味の契約の解除ではなく、将来に向かってのみその効力を生じるものであるとされている。保険実務上は通常「解約」という。

3) 生保試案理由書79頁。

4) 大森忠夫「生命保険契約にもとづく権利に対する強制執行」大森＝三宅・諸問題105頁、青谷・法論I 493頁（注1）、山下・現代158頁、同・保険法661頁。

5) 大森・保険法305頁（注2）、高山崇彦「保険金受取人の介入権」甘利＝山本・論点と展望295頁、山下＝米山・解説612頁［萩本修＝嶋寺基］参照。

つつ、死亡保険契約を可能な限り存続させることにより、保険契約者または被保険者の遺族等である保険金受取人に対する死亡保険契約の生活保障的機能を維持することにある[6]。

3　条文概要

60条〜62条は、生命保険に関する保険金受取人の介入権を定める規律である。傷害疾病定額保険に関しても同様な規定が設けられている（89条〜91条）

本条（60条）においては、保険契約者の差押債権者・破産管財人等（解除権者）が保険料積立金のある死亡保険契約を解除しようとしたときは、その解除の効力は保険者が解除の通知を受けた時から1か月を経過した日に発生する（1項）。その間に、保険契約者を除く保険金受取人のうち、保険契約者もしくは被保険者の親族または被保険者である者（介入権者）が、保険契約者の同意を得て、解除通知日に保険者が解除権者に対して支払うべき金額を支払い、その旨を保険者に通知することによって、解除の効力を生じないものとし、保険契約を存続させることができる（2項）。そして、介入権者が介入権を行使し、介入権に係る所定の手続を履行したときは、かかる差押手続、破産手続、再生手続または更生手続との関係においては、保険者が当該解除により支払うべき金銭の支払をしたものとみなされる（3項）。

なお、本条は絶対的強行規定である。

Ⅱ　改正前商法

1　問題の所在

解約返戻金請求権について、改正前商法では差押禁止債権とする規定が存在せず、私人間の合意で差押禁止財産を作出することができないことからすれば、保険契約者の債権者はそれを差し押さえることができると解されていた[7]。またこれ自体については、学説上古くからおおむね異論がない[8]。

問題は、解約返戻金請求権が条件付権利であるから、保険契約者が解約権を行使しない限り差押債権者等が自ら解約権を行使することができないか、また仮に差押債権者等による解約権の行使が可能であるとしても契約者側の生活保障や遺族保障

---

6)　部会資料(12) 3頁、補足説明85頁。
7)　大森・保険法307頁、中野貞一郎『民事執行法〔増補新訂6版〕』652頁以下（青林書院・2010）、岡田・現代保険法367頁等。
8)　宮島司「債権者代位による傷害保険契約の解約権の行使が認められた事例」法学研究64巻11号80頁（1991）、生保試案理由書79頁。

の観点からすれば、それは果たして許されるべきかというところにある。そして前者に関しては、①債権執行として保険契約者の有する解約返戻金請求権を差し押さえ、取立権（民事執行法155条）に基づき解約権を行使する方法、②債権者代位権（民法423条）に基づき保険契約者に代位して解約権を行使し、保険者に対し解約返戻金の支払を請求する方法、および③解約返戻金払戻請求権を差し押さえ、譲渡命令（民事執行法161条）を得た上で自らの権利として解約権を行使する方法、の３つの方法が考えられている[9]。

　上記③の方法について、譲渡命令の対象となるのは、解約権のみでなく保険契約者としての地位も含むものになるため、被保険者の同意を得ることが必要とされることと、譲渡命令を発しうるとの根拠が乏しいことから、学説上、否定されている[10]。なお、これを肯定する判例も見当たらない。

　上記①の方法について、差押債権者が第三債務者である保険者に対して取立権に基づき取立をするためには解約権の行使が必要である。しかし、取立の対象が債務者の一身専属的権利でないこと、および取立の目的・範囲を超える権利行使でないことが取立権の前提条件である[11]。それゆえに、解約権は契約者の一身専属の権利に属するかどうかが問題となった。

　上記②の方法について、債権者代位権は、①と③の場合と異なり債務名義がなくとも行使することができるが、債権者代位権を行使するには、㋐代位の対象となる権利が債務者の一身専属でないこと（民法423条１項但書）、㋑債務者が無資力であること、㋒債務者が自らその権利を行使しないことの３つの要件が必要とされている。このうち、保険契約の解約権の代位行使に関しては、問題となるのは主として㋐と㋑であるといわれている[12]。

　以上より、核心問題としては、①解約権の一身専属性、②差押債権者の取立権または債権者代位権に基づく解約権行使の可否、③差押債権者による解約権行使の当否の３つに絞ることができると考えられる。そして、後述のように学説や判例も、これらの核心問題をめぐって論じていたのである。

---

9)　山下・現代152頁、伊藤眞「解約返戻金請求権の差押えと解約権の代位行使」金法1446号22頁(注１)（1996）、髙部眞規子「生命保険契約の解約返戻金請求権の差押債権者がこれを取り立てるために解約権を行使することの可否」ジュリ1174号88頁等（2000）。

10)　山下・現代152頁、久保井一匡「生命保険契約の解約返戻金請求権に対する差押と債権者代位請求について」『三宅一夫先生追悼論文集—保険法の現代的課題』363頁（法律文化社・1993）、糸川厚生「保険金受取人の権利の差押」金判986号99頁（1996）。

11)　香川保一監修『注釈民事執行法(6)』456頁［富越和厚］（金融財政事情研究会・1995）。

12)　大高満範『生命保険の法律相談』155頁（青林書院・2011）。

§60 - Ⅱ2   *801*

2　従来の学説

学説では、差押債権者の取立権または債権者代位権に基づく解約権行使の可否および差押債権者による解約権行使の当否について、以下のように見解が分かれていた。

(1)　肯定説（多数説）

解約権の一身専属性について、肯定説は、生命保険契約の解約権はその行使によっていわば条件的な解約返戻金請求権を具体化・現実化せしめる機能を有し、その意味において財産的価値を有するのみならず、この権利は他人に行使されることによってその本質的内容に何らの変化を生ずるものではないから、この権利を当然に契約者の一身専属的権利と解すべき根拠はないとしている。[13]

また、差押債権者の取立権に基づく解約権行使について、解約権は解約返戻金請求権と結合してのみ財産的価値を有し、解約返戻金請求権と一体となって初めて債権者を満足させることができる（すなわち「一体不可分」）という観点から、解約返戻金請求権の差押えには解約権の差押えも当然に含まれると解される。[14] 一方、債権者代位権に基づく解約権行使について、差押えがなされる債務者は無資力要件が充たされるのが通常であるという理由で、差押債権者は、契約者の解約権を代位行使することができると解されている。[15]

そして、差押債権者による解約権行使の当否について、肯定説は、次の角度から妥当と主張する。すなわち、①契約者の保険加入の意図も必ずしも被養者の将来の生活資金の確保の手段というような程度に止まらず、単なる通常の貯蓄または投資としての手段にほかならない場合も少なくないこと、[16]②現行法上保険契約による生活保障のみが債権者の利益に優先して保護されてよいという判断を導くだけの根拠はないこと、[17]③解約返戻金請求権は、保険事故により「雲散霧消してしまう権利」（つまり、保険金請求権の発生によりその権利が失われる可能性がある）という特殊性から、差押債権者による解約権行使を認めないと解約返戻金請求権の差押えを認める

---

13)　同旨、大森忠夫『保険契約法の研究』338頁（有斐閣・1969）、大森・前掲注(4)113頁。山下・保険法657頁等。

14)　大森・前掲注(4)113頁、出口正義「生命保険契約の解約返戻金請求権の差押えと解約権の行使」法学教室234号111頁（2000）、中野・前掲注(7)652頁以下、平井宣雄「債権者代位権の理論的位置」星野英一＝森島昭夫編『加藤一郎先生古稀記念―現代社会と民法学の動向（下）』232頁以下（有斐閣・1992）。

15)　大森昭夫「保険金受取人の法的地位」大森＝三宅・諸問題17頁、大森・前掲注(13)337-338頁、山下・現代152頁、平井・前掲注(14)232頁等。

16)　大森・前掲注(4)105-106頁。

17)　山下・現代146頁。

実質的意味がほとんどなくなることである。[18]

(2) 否定説（有力説）

　解約権の一身専属性について、否定説も「生命保険契約者の解約権は、社会保障給付を受ける権利のような意味での一身専属たる性質を固有にもつものではない」として、肯定説と同様な見解を示している。[19]

　また、差押債権者の取立権または債権者代位権に基づく解約権行使の可否について、否定説は、以下の理由により否定している。①解約権は形成権であって、それ自体が財産的価値を内包するものではなく、債権者が差し押さえたものは条件付解約返戻金請求権という期待権であって、決して解約後の具体的な解約返戻金請求権ではないこと[20]、②差押債権者の取立権は、執行債務者に対して差押命令が送達されてから1週間の経過により当然に発生し、執行開始申立てから取立権の行使ができるまでの間に執行債務者には手続関与の機会がないことに鑑み、保険契約の解消という重大な効果を発生させる解約権行使が何らの手続も経由せずに許されることは相当ではないこと[21]、③差押債権者による取立権行使には執行債務者の無資力要件は必要でないが、執行債務者が無資力でない場合にまで、条件付権利の差押債権者に解約権行使を許すことは無条件の権利を差し押さえたと同じ結果を認め、取立の範囲を逸脱することになる。[22]

　そして、差押債権者による解約権行使の当否について、否定説は、解約返戻金請求権は生命保険契約の目的からすれば付随的ないし特殊な効果であり、これを保険契約者の債権者がその債権確保のために利用することによって、保険金請求権等（生活保障）という契約の主たる効果を排除することは、合理的ではなく行き過ぎであると批判している。[23]

---

18)　山下・現代149頁以下、伊藤眞=山下孝之=山下友信「生命保険契約の解約返戻金請求権の差押と差押債権者による解約権の行使（上）」NBL677号13頁（1999）、久保井・前掲注(10)363頁。

19)　同旨、倉澤康一郎「保険契約解約返戻金請求権の法的性質とその差押え」法学研究66巻1号71頁（1993）、伊藤・前掲注(9)26頁。

20)　同旨、倉澤・前掲注(19)71頁・72頁。大澤康孝「積立金に対する保険契約者の権利」ジュリ753号109頁（1981）。

21)　山下孝之「解約払戻金請求権」三宅追悼・前掲注(10)386頁以下。

22)　山下・前掲注(21)384頁、伊藤・前掲注(9)22頁以下、伊藤眞〔判批〕損保百選195頁。

23)　倉澤・前掲注(19)70頁・73頁。ただ、保険契約者貸付請求権を担保に供することが考えられると提案した（74頁）、同「傷害保険契約における解約返戻金請求権の差押えと差押債権者による解約」法学研究65巻8号138頁（1992）、伊藤・前掲注(22)195頁、伊藤・前掲注(9)22頁等。

(3) 二分説（少数説）

保険契約を加入の目的によって貯蓄型（貯蓄、資産運用、節税などを目的とするもの）と生活保障型（被保険者または保険金受取人の生活保障、社会保障の補完を主な目的とするもの）に分けた上で、前者に限って解約権を行使できるが、後者については、その解約権が一身専属権であることを認め、差押債権者による解約権行使を否定する、という主張も導きうると解される。[24]

3 重要な判例・裁判例

差押債権者等による解約権行使に関する問題をめぐって、以下の判例・裁判例が重要である。

(1) 大阪地判昭和59・5・18（判時1136号146頁）[25]

本判決は、保険契約者の差押債権者による解約権行使の可否の問題に関し初めて判断を示したものである。同判決は、解約権は保険契約者の「一身専属的なものとして格別に尊重することを要するもの」と認められないこと、生命保険制度は保険契約者の資産の運用のために利用される場合も多いから、それを「専ら保険契約者及びその被養者の保護の面からのみ考えるのは相当でない」ことを理由として、解約返戻金請求権を差し押さえた債権者の取立権に基づく解約権の行使を認めている。その影響で、後述のように、その後の下級審判決も保険契約者の差押債権者による解約権の行使を認めるようになった。[26]

(2) 東京地判昭和59・9・17（判時1161号142頁）[27]

本判決は、初めて差押債権者が債権者代位権に基づいて解約権を行使することを認めたものである。同判決は、生命保険契約の解約権の一身専属権について、一律に論ずべきではなく、生命保険を保障型と貯蓄型に区分して、前者に限って一身専

---

24) 糸川・前掲注(10)99頁以下、山本克己「生命保険解約返戻金を差し押さえた債権者による解約権行使」金法1581号217頁（2000）。

25) 判例評釈として、倉澤康一郎・法学研究65巻8号134-138頁（1992）、同・下級審商事判例評釈〔昭和55年〜59年〕〔慶応義塾大学法学研究会叢書59〕385-391頁（1995）、山野嘉朗〔判批〕保険海商百選130-131頁、伊藤・前掲注(22)194-195頁等がある。

26) ただ、同じ立場に立ったことを判示した裁判例は、その後、しばらく見られなかった。福岡地判平成7・7・28判タ901号242頁、その控訴審である福岡高判平成8・2・15金法1466号41頁は、解約返戻金請求権を差し押さえた税務当局が取立権に基づいて解約権を行使することはできるとしたが、通常の民事債権による差押えの事例で取立権に基づく解約を認めたものはない状態が続いていた。伊藤ほか・前掲注(18)8頁。

27) 判例評釈として、宮島司・法学研究64巻11号77-83頁（1991）、同・下級審商事判例評釈〔昭和55年〜59年〕〔慶応義塾大学法学研究会叢書59〕440-449頁（1995）等ある。

属権を認め、後者については一身専属権を否定すべきであるという二分説論を提唱しており注目される。この判決は、その後に続く多数の下級審の判断に大きな影響を与え、かかる下級審判決はいずれも、その二分説論を踏襲し、しばしば生命保険の生活保障機能と貯蓄機能という観点から論じられていた。[28]

(3) **最判平成11・9・9**（民集53巻7号1173頁）[29]

　本判決は、保険契約の解約権の一身専属性を否定した上で、差押債権者が取立権に基づいて解約権を行使することを認めた。また、保険金債権については預貯金と異なる扱いをするものではないとして、生命保険にあっては保険契約者や被養者保護の面のみから判断することは相当ではないとした。その代わり、権利濫用または民事執行法153条による差押命令の取消など、解除権行使の際の債権者・債務者間の諸事情が考慮されるべき余地がある旨も示唆した。ただ、学説上、権利濫用の法理による救済の実効性については疑問視されている。[30]

　本判決は、債権者代位による解約権行使の可否について直接言及していないものの、解約権の一身専属性を否定した以上、差押債権者の取立権に基づく解約権行使と並列的に認めると解されている。[31]また、本判決は下級審裁判例が統一されておらず、学説上の争いもある生命保険契約の解約返戻金の差押債権者による解約権行使の可否と当否の問題について、最高裁判所として初めての判断を示したものであり、理論および後述の保険法の立法には極めて大きな影響を与えている。そして、本判決は実務に与えた影響も極めて大きい。従来この問題に対し否定的に考える多くの保険会社は、その後、差押えがされてそれに基づく取立が行われるという事案については、そのまま判決の結論に従って取立てに応じる取扱いになった。

---

28) 大阪地判平成5・7・16判時1506号126頁（保険契約者の破産管財人による解約権代位の行使が認められた事例）、東京地判平成6・2・28金判973号34頁（保険契約者の質権者による解約権の代位行使が認められた事例）、東京地判平成10・7・28金判1059号50頁（貯蓄型の生命保険に限っては、民事執行法上の取立権による解約権の行使が可能であるとし、債務者が無資力となった場合には、全て債権者は解約権代位に基づいて解約権を行使することができるとされた事例）。

29) 判例評釈として、伊藤ほか・前掲注(18)6-14頁、倉澤康一郎・私法判例リマークス〔21〕〈2000（下）〔平成11年度判例評論〕〉法律時報別冊106-109頁（2000）、竹濱修〔判批〕保険法百選188-189頁等ある。

30) つまり、保険会社にとって、債権者による解約権行使が権利濫用にあたるか否かの判断は相当困難なものと考えられる。伊藤眞＝山下孝之＝山下友信「生命保険契約の解約返戻金請求権の差押と差押債権者による解約権の行使（下）」NBL678号45頁（1999）。

31) 吉田徹「生命保険契約の解約返戻金請求権の差押債権者がこれを取り立てるために解約権を行使することの可否について判断した最高裁判決」ひろば53巻2号67頁（2000）。

Ⅲ　立法過程

1　保険法制定前試案

　生保試案677条の2では、保険金受取人の利益を保護することを目的として、ドイツ旧保険契約法177条を参考としながら、介入権制度の立法を試みた。その法律構成は、以下のとおりである[32]。

　保険契約者の債権者が生命保険契約に基づく権利を仮差し押さえまたは差し押さえたときは、第三者である保険金受取人は介入権者として、保険契約者の同意を得て、債権額または仮差押命令もしくは差押命令の送達の時に解約がなされたならば保険者から支払われるべき解約返戻金のいずれか少ない額を債権者に支払うことにより、保険契約者に代わって自ら保険契約者となることができる（1項前段）。保険契約者が破産手続開始の決定を受けた場合、および保険契約者の債権者が民法423条（債権者代位権）の規定により保険契約者に代位して保険者に対し保険契約を解約してこれにより支払われるべき金額の支払を請求する場合においても、同様である（2項前段・5項）。

　また、介入権は、保険金受取人が仮差押命令もしくは差押命令の送達の時または破産手続開始の決定の時から1か月以内に行使しなければ消滅する。この期間が経過するまでは、保険契約の解約はできない（3項）。そして、保険金受取人による保険契約者の地位の取得は、介入権を行使した保険金受取人が保険者に対して通知しなければ、介入をもって保険者に対抗することができない（4項）。

　なお、介入権行使の要件としての保険契約者の同意および対抗要件としての保険者への通知は書面によるべきことを約定することを妨げない（1項・2項・4項後段）。

　本条は、半面的（片面的）強行規定とされている（生保試案683条2項）。

2　法制審議会保険法部会の審議

　保険法部会においては、主に介入権に関する立法的措置の必要性、保険者から介入権者への通知義務の要否、および介入権行使後の保険契約者の地位の移転をめぐって議論された。

(1)　介入権に関する立法的措置の必要性について

　介入権に関する立法的措置を行う必要性については、保険法部会の初期段階において、次の観点から法律上の制度として介入権をあえて盛り込む必要はないとする

---

32)　生保試案理由書79-85頁。

反対意見が多かった[33]。

　すなわち、①実効性がないこと——保険金受取人も無資力のケースがほとんどであり、また受取人が契約解除された事実および制度の存在を確認できない場合が多い。②保険金受取人の地位が上がる合理的な説明はできないこと——保険事故発生時に至るまでの保険金受取人の地位が確定していない。③保険実務上問題が多すぎること——解約返戻金や保険金の二重払のリスク、制度の複雑さで保険者にもたらす事務的・経済的負担が大きい。④破産管財人との和解などほかの解決方法があること——たとえば、解約返戻金相当額が20万円を下回る場合には財団を構成しないという取扱いや、20万円以上の解約返戻金相当額が一旦は財団に組み入れられた場合でも、管財人は契約の解除をせずに解約返戻金請求権を財団から放棄するという取扱いがある[34]。また、現行の破産法下でも自由財産の範囲拡張の裁判等により、保険契約の存続を認めることも可能である。

　上述の反対見解を踏まえ、保険法部会では、以下のように他の解決方法も検討してみたが、いずれも契約解除を回避するには十分ではないことが明らかになった[35]。

　まず、権利濫用による排除方法を検討した。しかしながら、解約権の行使が権利濫用にあたるかどうかについて、保険者では判断が難しく裁判で争うしかない。

　次に、差押禁止債権の範囲の変更方法（民事執行法153条）も検討した。しかしながら、その方法では、保険金受取人にはその申立権がなく、また差押命令が全部取り消されない限り契約の解約を防ぐことはできない。

　さらに、破産管財人との和解などその他の解決方法を探ってみた。しかしながら、破産実務では対応できるとしても、差押債権者や債権者代位権によって解約が行われた場合に保険金受取人の権利を守る手立ては現行法上ない。また、利益関係者による和解という方法もあるが、常に和解が成立するとは限らない。

　最終的に以下の理由により、契約を存続させる方法として介入権制度の導入に関する立法的措置をとるほかないとの結論に至った[36]。

　第1に、立法的措置を講じなければ、保険契約者の差押債権者が生命保険契約を解除した場合には、直ちに解除の効力が発生することになり、たとえ保険金受取人が保険契約を存続させたいと考えたとしても、もはや一旦生じた解除の効力を覆滅させることはできない。

---

33)　第6回議事録17-24頁。
34)　伊藤眞『破産法・民事再生法〔第4版〕』414頁（有斐閣・2018）。
35)　部会資料(12)3-4頁、補足説明85頁。
36)　部会資料(7)1頁以下、部会資料(12)3頁、補足説明85頁、第6回議事録11頁。

§60 - Ⅲ 2 　807

第2に、解除の効力が生じた場合に差押債権者等において支払を受けることができる金額（解約返戻金等の額）と、保険事故が発生した場合に保険金受取人が取得することができる金額（保険金額）との間には差があることが多く、一般には前者よりも後者の方が大きい。保険契約が解除されると、保険金額をも当然に喪失させてしまうことになる。これによって、遺族等の生活保障等を目的とする生命保険の機能を大きく損なうことになりかねない。

第3に、生命保険契約は長期契約であることが一般的であり、一旦解除されると、被保険者の健康状態や年齢等によっては、従前と同様の条件で再度保険契約を締結することができなかったり、仮に同様の条件での保険契約を締結することができるとしても、保険料が従前に比して高額となるなどの事態がありうる。

(2) **保険者から介入権者に対する解除通知義務の要否について**

実務上、解除権者が差押債権者または破産管財人の場合には、保険契約者は解除権が行使されたことを知りうることから、保険契約者を通じて介入権者も当該事実を知ることができる。しかし、質権や債権者代位権により解除権の行使がされた場合には、解除権者は契約の解除を保険契約者または保険金受取人に知らせないこともあるので、当事者である保険契約者は、当然には解除の事実を知り得ない。それが果たして妥当かという疑問があった。また、そもそも介入権者が解除権者による解除の事実を知らず、またはその事実を知っていたとしても、介入権の存在やその行使方法を知らなかった場合には、介入権の行使が充分期待できないのではないかという疑問もあった。

そこで、保険法部会では、解除の通知を受けた保険者に、その旨を保険契約者および介入権者に対し通知する義務を課すことが検討されていた[37]。

しかし、最終的には通知を義務化することまでは採用されなかった。その理由は、保険契約者は解約返戻金の差押えや破産手続開始決定の事実を認識しており、かつ、介入権者が保険契約者の親族に限られるため、保険契約者と介入権者とは密接な関係にあるのが通常であることからすれば、介入権者は保険契約者を通じて解除の事実や介入権の存在を知ることが期待できること、保険者は保険金受取人の連絡先まで常に把握しているわけではないこと、義務違反の効果も不明確であることなどから、保険者に対して一律にこのような法的な義務を課すことは相当でないということであった[38]。

---

37) 部会資料(7) 2 - 3 頁。
38) 第18回議事録54-57頁、山下=米山・解説626頁［萩本修=嶋寺基］。

(3) 保険契約者の地位の移転等について

　介入権者が差押債権者等に一定の金額を支払って契約解除が回避できたとしても、保険契約者が解約返戻金請求権、受取人変更権などの権利義務を有するから、次の事態が生じ、介入権の意義が失われてしまう懸念がある。すなわち、①解約返戻金等相当額（通知日における支払金相当額）が被担保債権額に満たない場合、または保険契約者が再び債務不履行もしくは破産状態に陥った場合に、解約返戻金請求権が再度差し押さえられ同じ状況が繰り返される。②保険契約者の意思によって任意解除権を行使したり、保険金受取人を介入権者から別人に変更したりすることによって、結局「一定の金額」を支払ったその介入権者が保険金を取得することができなくなる。③介入権行使後、保険契約者が保険料の払込みを遅滞することによって保険契約が失効してしまう等。

　そこで、以上の事態を防ぐために、保険法部会中間試案の段階までの審議過程においては、介入権の行使の効果として以下の行使効果を認めるものとする方向で検討されていた[39]。

　第1に、保険契約者の地位移転。これは、ドイツ法におけるいわゆる介入権を参考にして、保険金受取人が債権者または破産管財人に対して解約返戻金相当額を支払った場合には、保険契約者の地位を移転し保険契約者の権利義務を承継させるという考え方である。その法理は、以下のように説明された[40]。

　一定の金銭を支払った者（介入権行使者）は、基本的には、その時に保険契約者としての権利義務を保険契約者から承継するものとし、これによって、解約返戻金請求権等の保険契約者の権利を介入権行使者に帰属させるとともに、保険料支払義務もその者に課すことになる。ただし、保険契約者の同意を要件とし、また保険者がそのことを知った後遅滞なく反対の意思を表示したときはこの限りでないものとする。なぜなら、民法の一般法理により、契約上の地位の移転には原則として契約当事者の同意（承諾）が必要であることから、保険契約者の意思を尊重するとともに、保険者に反対の意思を表示する機会を与える必要があるからである。

　第2に、保険金受取人の変更。これは、所定の金銭を支払った以上、その者を当然に保険金受取人とするのが素直であるという観点から、仮にその者が実体法上その時点で保険金受取人でなかったとしても、その者が通知日における支払相当額を支払った場合には、保険契約者がその者だけを新たな保険金受取人に変更したもの

---

39) 部会資料（7）1頁、部会資料(19)14頁、第6回議事録13-24頁、中間試案23頁。

40) 補足説明86-88頁、部会資料(12) 4頁。

とみなされ、その者以外の受取人は保険金受取人ではなくなるという考え方である。[41]

第3に、保険契約者の保険金受取人変更または契約解除の禁止。これは、介入権が行使された後、保険契約者は保険金受取人の変更をしたり保険契約の解除をしたりすることができないものとし、これによって保険契約者の権利を制限する。ただし、保険金受取人が承諾したときはこの限りでないという考え方である。[42]

しかし、最終的に政策判断で上述の考え方に関する規定は設けないこととされた。その理由は以下のとおりであった。[43]すなわち、①制度がいたずらに複雑になると同時に分かりにくくなること。②これまで保険金受取人の指定変更権を持っていなかった人が保険契約者になることによって、自由に保険利益の帰属先を決めることができ、あるいは使われ方によっては受取人として相応しくない人が受取人になったというようなモラル・ハザードの問題があること。③これらはあくまでも介入権を行使する受取人と保険契約者との両者間の合意に委ねるのが相当であり、あえて介入権を行使するための要件を重くしてまで介入権の効果として保険契約者の地位の移転を認める必要性は乏しいこと。

IV　条文解説

本条は、一定の要件を満たせば保険金受取人が契約当事者以外の者による契約解除に対し介入権を行使することができる旨を定めた規律である。1項は主に契約当事者以外の者による解除、2項は主に保険金受取人による介入権の行使、3項は主に介入権行使の効果について、それぞれ定めている。

1　解除権者

本条1項前段は、「差押債権者、破産管財人その他の死亡保険契約の当事者以外の者で当該死亡保険契約の解除をすることができるもの」を「解除権者」と定義している。条文上、解除権者の典型例として差押債権者と破産管財人が掲げられているが、「その他」を含め、一般に以下に掲げる者が解除権者に該当するものと解される。[44]

---

41)　部会資料(12)5頁、補足説明87頁。
42)　部会資料(7)3頁、第6回議事録13-14頁、部会資料(19)11頁。
43)　第6回議事録11頁以下、第23回議事録34-35頁。
44)　第6回議事録11頁・24頁、部会資料(12)2-3頁、部会資料(19)12-13頁、補足説明85頁、
　　　髙山・前掲注(5)300頁等。

(1) 差押債権者

保険契約者の債権者は、解約返戻金請求権を差し押さえたうえ、取立権に基づき保険契約を解除することができる。具体的には、債権者が裁判所に差押命令の申立てを行い（民事執行法144条）、裁判所が発令した差押命令が第三債務者である保険者に送達された場合には（同145条・146条）、その後1週間を経過した時点で、当該債権者は取立権を取得することになる（同155条1項本文）。取立権を取得した債権者は、契約解除に伴い保険契約者が取得する解約返戻金請求権等を現金化させるために当該保険契約の解除を行うことができる。

実務上は、国税局、税務署、年金事務所[45]、市役所等の税徴収機関が解除権者として滞納国税・地方税および滞納処分費を徴収するために国税徴収法第5章（滞納処分）またはその例による処分の規定（地方税法331条6項等）に基づき保険契約の解除権を行使する事案が極めて多い。

(2) 破産管財人・再生管財人・更生管財人

保険契約者が破産手続開始または再生手続開始（ただし、管理命令が発令された場合に限る—民事再生法64条）もしくは更生手続開始の決定を受けた場合には、保険契約者の権利（たとえば、保険契約の任意解除権など）は破産財団等に属し、保険契約者の財産管理処分権は破産管財人または再生管財人もしくは更生管財人（以下、あわせて「破産管財人等」という）に専属することとなる（破産法78条1項、民事再生法66条、会社更生法72条1項）。このため、これらの者は、解約返戻金請求権等を換価して破産財団の増殖または保険契約者の経済生活・事業の再生・維持更生をするために、保険契約を解除することができる。

(3) 質権者

保険契約者が解約返戻金請求権を質権の目的とした場合には、保険契約者から質権の設定を受けた質権者は、質権の実行としての取立権（民法366条1項）に基づき、保険契約を解除することができる。

保険実務上、一般に保険会社へ所定の質権設定契約書・質権設定承認請求書・保険契約解約権の代理権付与通知書、または質権設定承諾依頼書・質権設定約定書を送付することによって行われる。保険契約者の債務不履行などにより、質権者が解除権者として質権を実行（保険契約を解約）する場合、かかる請求手続は裁判外であるため、トラブルを回避するために、保険会社は、解約手続がなるべく保険契約者からなされるように誘導している。

---

45) 2009年までは社会保険事務所。社会保険庁廃止・日本年金機構発足により年金事務所に転換。

§60-Ⅳ2　　　　811

⑷　**債権者代位権を行使する者**

　保険契約者の債権者は、債権者代位権（民法423条）に基づき、保険契約者の任意解除権（54条）を代位行使して、保険契約を解除することもできる。

　もっとも、保険実務上、債権者代位権に基づく解除権者による解約返戻金請求権の行使はまずみられない。第三債務者である保険会社の立場で考えると、裁判外の債権者代位等の請求に応じるには、要件とされる代位債権（債権者の保険契約者に対する債権）の存在と当該債権が履行期にあること（民法423条2項）および債務者の無資力を自らの判断で見極めなければならず、この判断を誤ると二重払いのリスクを負うことになる。このため、保険会社は仮に債権者から代位権に基づく請求があったとしても裁判外での代位請求に対しては支払を拒み（保険契約者からの同意書がある場合を除く）、訴訟の提起を待ってその結果に従い処理するとの対応をとっている。[46]

2　介入権の対象となる保険契約

　本条1項前段は、介入権の対象となる保険契約が「死亡保険契約」であって、「保険料積立金があるものに限る」としている。その理由は、次のとおりである。

⑴　**死亡保険契約とされる理由**

　死亡保険契約は、保険期間が長期に及ぶことがあり、一旦解約されると、被保険者の年齢や健康状態によっては新たに保険契約を締結することができない場合があることから、従前の契約を継続する必要性が高い。[47]また、これらの保険契約の保険金受取人である遺族等の生活保障的機能を維持するという介入権の趣旨からすれば、生命保険契約のうち、死亡保険契約についてのみ介入権の制度の利用を認めれば足りるとされた。[48]

⑵　**生存保険契約は対象外とされる理由**

　これは、生存保険契約は一般に貯蓄的性格を有し遺族保障等の保障性が希薄であることや、いわゆる解約返戻金の額と保険金額との間に大きな差がないことから、制度の趣旨が妥当しないことによるとされる。もっとも、生存保険契約にも死亡保険金が含まれることがあるから（たとえば、養老保険契約のような生死混合保険契約）、保険金受取人の生活保障の機能もあることは否定できないが、生存保険契約は一定の時点における被保険者の生存を保険事故とするものであり、必ずしも被保険者の死亡に備えて締結されるわけではなく、生活保障の役割が期待されているとまでは

---

46)　大高・前掲注(12)157頁。

47)　部会資料(12)3頁。

48)　部会資料(19)11-14頁。

いえない。[49]

　また、介入権制度によって解除権者の早期債権回収に制約を課せられることになるから、介入権行使の対象となる保険契約は必要最小限度のものとすべきという観点から、生活保障的機能が弱い純粋な生存保険契約は介入権行使の対象とされていない。[50]

(3) 保険料積立金のある保険契約に限定される理由

　保険料積立金があるのは保険料の計算方法として平準保険料方式を採用した保険契約であり、平準保険料方式を採用した保険契約は一般に保険期間が長期の契約である。そのため、一旦解約されると再加入が困難な場合があることから、保険契約を継続することによる保険金受取人の生活保障が強く必要とされる。[51]

　また、死亡保険契約であっても、保険料積立金のないものがある。通常、解除権者が保険契約を解除する目的は、解約返戻金を取得して債権回収を図るためである。しかし、保険料積立金のない保険契約には解約返戻金もないのが通例である。そのため、これがない死亡保険契約は、解除権者が解除しても弁済を受けられず、解除する意味がないため、介入権を認める理由がないと解される。[52]

　したがって、立法趣旨から、本条以下62条までにおける生命保険契約は63条に規定する保険料積立金があるものに限られ、保険料積立金が存在しない団体定期保険契約および団体信用生命保険契約は介入権の対象外とされている。[53]

3　解除の効力発生日

　本条1項後段は、解除権者がする「当該解除は、保険者がその通知を受けた時から1箇月を経過した日に、その効力を生ずる」としている。保険契約の解除は、民法の到達主義の原則（民法97条1項）によれば、解除の通知が保険者に到達した時からその効力を生じることになるが、保険法はそれとは異なり民法の特則として債権者による解除の効力発生日を一律に1か月遅らせ、かつ将来に向かってその効力を生ずるものとしている。[54]これは、後述のように介入権者が一定の金額の支払をして解除の効力が発生するのを防ぐ機会を確保するための合理的な期間と解除権者に及

---

49)　部会資料(19)13頁、補足説明85頁。
50)　部会資料(19)13頁。
51)　部会資料(19)12頁。
52)　山下ほか・保険法324頁。
53)　保険法部会の検討過程では、団体保険契約については、介入権に関する規律の対象外とすることが明示されていた。部会資料(19)12頁。
54)　実務上、その期間を「解約停止期間」と称する約款もある。

§ 60 - Ⅳ 4   813

ぼす不利益とを総合的に考慮したものである[55]。

　したがって、仮に明らかに介入権者にあたる者が存在しない場合や（たとえば、後述のように保険金受取人が保険契約者や法人である場合等）、介入権者が介入権を放棄したような場合であっても、解除権者は解除の効力発生日までに保険事故が発生した場合を除き、債権を回収することができない。これは「介入権者としての要件を満たすかどうかといった判断を経ることなく画一的な取扱いを可能にするという観点からこのような規律にされたもの」と解されている[56]。

　保険実務上、解除の効力発生日は、解除の通知が保険会社に到達した日の翌日から起算して、その起算日の1か月後に応当する日である（民法140条・143条）。たとえば、解除の通知が2019年6月24日（月）に保険会社に到達した場合は、同年7月25日（木）に解除の効力が生ずる。

　また、1か月後の応当日の前日（期間の末日）が、休日等にあたるときは、1か月の期間は、その翌日に満了するため、解除の効力は、さらにその翌日に生ずることとなる（民法142条）。たとえば、解除の通知が2019年6月28日（金）に保険会社に到達した場合は、同年7月28日（日）が1か月後の応当日の前日であるため、同月30日（火）に解除の効力が生ずる。

4　介入権者

　本条2項前段は、介入権者の定義として「保険金受取人（前項に規定する通知の時において、保険契約者である者を除き、保険契約者若しくは被保険者の親族又は被保険者である者に限る）」を規定している。すなわち、解除の「通知の時」を基準時として、以下の要件を全て満たす者が介入権者となるのである。

⑴　保険金受取人であること

　保険金受取人に限ったのは、保険契約が解除されることにより不利益を被るのは保険金受取人であり、保険契約が解除されずに存続した場合に保険金等を取得しうる者は保険金受取人であることから、介入権の行使主体を保険金受取人とすることは自然であると考えられている。

　もっとも、保険法部会では、制度の実効性を重視する観点および遺族の生活保障を重視する制度の趣旨から、保険金受取人であるか否かを問わず保険契約者または被保険者の相続人もしくは親族であれば介入権者としてよいとの意見等もあったが[57]、

---

55)　補足説明86頁、部会資料(12)4頁、第18回議事録56頁以下、山下＝米山・解説620頁［萩本修＝嶋寺基］。

56)　髙山・前掲注(5)304頁。

57)　部会資料(7)2頁、第6回議事録12-13頁、中間試案23頁、補足説明89頁、部会資

保険金受取人でない者はそもそも保険事故が発生したときに保険金等を受け取ることができるとの期待権さえも有していないことから、これを介入権者として認めることは妥当ではないとして[58]、最終的にはその意見は採用されなかった。

(2) **保険契約者でないこと**

保険契約者本人が保険金受取人である場合に介入権の行使を認めるべきかについても保険法部会で議論がされたが[59]、最終的には、次のように政策的な判断により保険契約者が介入権者から除かれたものと考えられる[60]。すなわち、①保険契約者自身が介入権者になるような場合の技術的な手当てが極めて困難である。②自ら債務の履行を怠った結果として解約返戻金の差押えや破産手続開始の決定等を受けたような保険契約者を介入権によって保護する必要性は乏しい。これを認めると、本来の制度趣旨とは異なる結果を招く懸念がある。③なお、保険契約者以外の保険金受取人は一般的に保険契約者の親族が多い。保険契約者としては、親族である保険金受取人に依頼して介入権を行使してもらうことも可能である。したがって、保険契約者自身が介入権者に含まれないことによって特に不合理な事態が生じることになるわけではない。

(3) **保険契約者もしくは被保険者の親族または被保険者であること**

これは、全ての保険金受取人が介入権を行使できるわけではなく、生活保障的機能を維持するという介入権制度の趣旨からすれば、保険金受取人のうち、その生活保障に特に配慮する必要がある保険契約者または被保険者の親族である者に介入権の行使を認めれば足りるからであるとされる。ここにいう「親族」の範囲は、原則として民法725条により、①6親等内の血族、②配偶者、③3親等内の姻族であるとされる[61]。また、本項は親族の場合に限らず、保険契約者と非同一人の被保険者本人が保険金受取人である場合にも、その被保険者本人に介入権の行使を認めることとしている。これは、遺族の生活保障のために保険契約の存続を図ることができるからである[62]。

以上より、介入権者は保険金受取人のうち自然人に限るものとされ[63]、仮に事業保険や法人保険のように法人が契約上の保険金受取人であっても介入権者にはなれな

料(19)11頁。

58) 補足説明89頁。

59) 部会資料(7)2頁、部会資料(12)2頁、中間試案23頁、部会資料(19)11頁。

60) 第23回議事録35-36頁、山下=米山・解説624頁［萩本修=嶋寺基］。

61) 中間試案23頁(注2)。

62) 山下=米山・解説624頁［萩本修=嶋寺基］。

63) 第6回議事録12頁。

いのである。

5　介入権行使の方法

本条 2 項後段は、介入権行使の方法について、介入権者は「保険契約者の同意を得て、前項の期間が経過するまでの間に、当該通知の日に当該死亡保険契約の解除の効力が生じたとすれば保険者が解除権者に対して支払うべき金額を解除権者に対して支払い、かつ、保険者に対してその旨の通知を」することとしている。具体的に以下の要領にて介入権を行使することとされる。

(1)　保険契約者の同意を得ること

保険契約者は、保険契約の直接の当事者であり、保険料の支払義務を負い（2 条3 号）、保険金受取人の変更権（43条 1 項）や保険契約の任意解除権を有すること（54条）から、契約の存続について最も利害関係を有する者といった特質がある。これに鑑み、介入権による保険契約の存続を認めるかどうかについては、保険契約者の意思を尊重すべきであり、契約の継続を希望しない場合の保険契約者の意思に反してまで介入権の行使による保険契約の存続を認めるのは、保険契約者等の遺族の生活保障のために介入権の制度を設けた趣旨からしても相当ではないと考えられている。[65]

介入権の行使にあたって、被保険者の同意は要件とされていない理由について、契約内容を変更する制度ではないこと、介入権者を親族である保険金受取人に限定すること、および介入権の行使が直ちに被保険者による解除請求の事由（モラル・リスク等。§58解説Ⅳ 6 参照）に該当することはないからと解されている。[66]

(2)　解除権者に対して一定の金額を支払うこと

本条 2 項後段にいう「保険者が解除権者に対して支払うべき金額」とは、解除権者による解除の通知が保険者に到達した日を基準にして算出された解約返戻金相当額に配当金等（未経過保険料や前納保険料の保険料精算額、祝金などの給付金未払額等がある場合にはそれらも含まれる）を加えた額から、保険料自動振替貸付や契約者貸付が行われた場合にそれらの残高を控除した額になるものと解される（以下「通知日における支払金相当額」という）。[67]

---

64)　補足説明86頁。

65)　山下＝米山・解説625頁［萩本修＝嶋寺基］。

66)　遠山優治「契約当事者以外の者による解除の効力等（介入権）について」生保論集165号177頁（2008）。

67)　岡野谷知広「保険契約者の破産と介入権」落合＝山下・理論と実務235頁、山崎哲央「債権者による債権保全・回収と介入権」事業再生と債権管理122号94頁（2008）。「保険料

もっとも、その通知日における支払金相当額は、後述のように必ずしもその全額ではなく差押え等のなされた範囲に限られると考えられている[68]。これは、解除の効力が生じないことにより解除権者に経済的損失を負わせないようにするために、解除通知の時点で解除権者が受取を期待することができた金額の全部を介入権者に支払わせれば足りることと、保険契約を存続させるのに過不足のない金額である必要があることを踏まえて設けた方策である[69]。

(3) 保険者に対して支払済の旨を通知すること

これは、介入権者がすでに解除権者に対して通知日金額の支払をしたことを保険者に知らせることによって、保険者が二重弁済の危険にさらされることを防止する趣旨である。つまり、介入権者は介入権を行使するために、解除権者に対し解約返戻金等の相当額を支払わなければならないが、実際に支払があったかどうかについては、通常、保険者はそれを知ることができない。そのため、保険者は、介入権者から解除権者へ支払がされた事実を知らずに、解除通知の日から1か月が経過した時点で解除の効力が発生したものと誤信して解約返戻金等を解除権者に支払ってしまうという事態が生ずる可能性がある。保険者に対してその旨の通知を要求するのは、そのような事態の発生を防ぐためである[70]。

通知の方法については、保険法上は特段の規定が設けられていないが、実務上、保険会社は、事後の関係者間の紛争および保険会社がその紛争に巻き込まれることの防止等の観点から、介入権者に対し「解約の効力発生日」の前日までに、保険会社宛に次の書類の提出を求めている。すなわち、①保険契約存続通知書、②債権者への支払の事実が確認できるもの（領収書等）の写し（上記①に債権者の署名・押印があれば不要）、③介入権者が保険契約者、被保険者の親族である事実が確認できるもの（戸籍謄本等。ただし、介入権者が被保険者自身である場合は不要）、④介入権者の印鑑証明書、⑤保険契約者の印鑑証明書、および⑥債権者等の押印がある場合の印鑑証明書（債権者等が公印を使用する場合は不要）である。

(4) 1か月以内に行使すること

これは、1か月を経過する時、本条1項により解除権者による保険契約の解除効

自動振替貸付」とは、保険料が払い込まれないままで猶予期間が経過した場合に、保険会社が解約返戻金の額を超えない範囲内で自動的に保険料を貸付という形で立て替え、保険契約を有効に継続させる制度のことをいう。「契約者貸付」とは、保険契約者が解約返戻金の範囲内で、保険会社の定める利率で貸付を受けることができる制度のことをいう。

68) 生保試案677条の2第1項・第2項は、債権額か差押時の解約返戻金額のいずれか少ない額、または破産債権額か破産手続開始決定時の解約返戻金のいずれか少ない額とした。

69) 中間試案24頁、補足説明86頁。

70) 部会資料(19)14頁。

力が発生し、保険者が解除権者に対して支払うべき金額を解除権者に対して支払うことになるからである。保険法部会では、保険者が解除権者からの解除通知を受けてから、介入権者による保険契約者の同意の取り付け、解約返戻金等相当額の資金調達、解除権者に対する支払、保険者への通知までの一連の行為を行うために要する期間は1か月が相当であるとした。[71]

　もっとも、保険法では、差押債権者等から保険契約の解除通知（実務上、所定の解約請求書）が保険会社に到達した場合において、保険会社が介入権者に介入権制度を知らせる手続について特に定められておらず、実務の運用に委ねられている。保険実務上、介入権制度の趣旨を踏まえ、解除の効力発生日前までに介入権者が迅速に介入権を行使できるように、保険会社は、通常差押債権者等から解除通知を受領した日の翌営業日に保険契約者を通じて（保険会社は、保険金受取人の住所まで管理していない場合が多いため）、保険金受取人に対し差押債権者等からの解約請求書受領についての案内状を送付するような体制をとっている。かかる案内状には、解約請求書受付日、解約返戻金額（受付日現在）、解除の効力発生日等を明記するとともに、介入権制度の説明、介入権行使の可能期間およびその手続方法も記載されている。

6　介入権行使の効果

　まず、介入権が所定の方法により行使された場合には、解除権者がした保険契約の解除はその効力を生じないこととなり（2項後段）、当該保険契約は従前と同様の内容で存続する。これが介入権の本来的効果である。ここで留意すべきことは、保険法が規定するのは、保険契約解除の効力が発生する前における介入権行使による保険契約の存続のみであり、解除の効力が発生した後に介入権行使により契約が解除されなかったものとみなすものではないということである。

　次に、解除権者による解除権の行使が差押手続または破産手続、再生手続または更生手続でなされた場合には、第三債務者である保険者が債務の支払を行う必要があるはずであるところ、介入権の行使がなされたときは、当該差押手続、破産手続、再生手続または更生手続との関係においては「保険者が当該解除により支払うべき金銭の支払をしたものとみなす」（3項）とされ、それぞれの手続が終えられることになる。すなわち、差押手続との関係であれば、保険契約が解除されたのと同様の状態で第三債務者である保険者が差し押さえられた債務を差押債権者に弁済したもの（民事執行法155条2項）とみなして、仮に解約返戻金相当額が執行債権および執行

---

71)　部会資料(12) 4頁、第18回議事録56頁以下参照。

費用の合計額に不足していたとしても当該差押手続は終了することとなる。

　また、破産手続との関係であれば、介入権者が支払った金額は、破産管財人が保険契約等を解除して保険者から解約返戻金等の相当額の支払を受けたのとみなして破産財団に組み入れることとなる。

　その他、再生手続や更生手続との関係においても、同様な法理により取り扱われるものと考えられている。

7　規定の性質

　保険法は、介入権規定の法的性質については明確に定めていない。保険法部会の審議過程において、中間試案までは片面的強行規定として検討されていたが[72]、その後、保険契約の解除の効力発生時期、介入権の行使期間、介入権の行使における効力要件・対抗要件、民事執行法等の他の法令に基づく手続との調整などについて規定するものであることから、契約当事者が合意でその内容を変更しうることは不適当であり、いずれも（絶対的）強行規定であるとの説明がなされている[73]。

　したがって、本条も絶対的強行規定である。介入権を排除する約定、介入権の行使における効力要件を緩和または加重する約定、解除権者がした解除の効力発生時期、たとえば、保険者が解除の通知を受けた時から3週間を経過した日に効力が生じる旨の約定が約款に織り込まれていても、無効とされる。

V　外国法令

1　解約権行使禁止または制限の立法例

　欧米諸国においては、契約当事者以外の者による解約返戻金請求権につき、保険契約者と保険金受取人の関係など具体的な要件は一様ではないが、差押禁止債権もしくは一身専属的なものとして禁止する立法例として、スイス保険契約法80条、フランス保険法典L. 132-14条、イタリア民法典1923条1項、スウェーデン保険契約法116条、カナダのオンタリオ州保険法196条などがあり、制限する立法例として、アメリカ合衆国の多くの州（たとえば、ニューヨーク州保険法3212条2項）および1978年連邦破産法522条等がある。

---

72)　中間試案24頁、部会資料(19)11頁。

73)　部会資料(26)18頁、第23回議事録19頁以下。

§60-V 2,3

2 介入権の立法例

ドイツでは、保険契約者の解約権の一身専属性を否定するのが通説である[74]。ドイツ保険契約法も、保険契約者の差押債権者等による解約権の行使を禁止していない。同170条（旧177条）においては、保険金受取人（または保険契約者の配偶者および子）による介入権を法定している。かかる規定は、表現および内容で若干異なるが、おおむねオーストリア保険契約法150条の介入権規定を踏襲したものであるといわれている[75]。なお、その他、スイス保険契約法81条・86条も類似の介入権規定を設けている。

ドイツの介入権制度は、遺族等である保険金受取人の生活保障を目的とする立法措置を講ずるにあたっては、保険金受取人の利益のみならず、保険契約者の債権者の立場にも適切に配慮し、「理論的にはもっとも調和的に双方の利益の保護をはかっているものといい得る[76]」と、従来から有力説としてその導入が唱えられてきた。

3 ドイツの介入権制度との比較

保険法の介入権は、ドイツ保険契約法を参考にしたものである[77]。以下において、両国の介入権制度を比較してみたい。

(1) 規律の仕組みに関する相違

ドイツ保険契約法においては、介入権に関する規律は170条の1か条のみであり、主に介入権者の要件と介入権の行使について定められている。介入権の対象となる契約については明確に定められていないが、学説上、適用されるのは「保険料積立金の存しうる保険契約であって、被扶養者の経済生活に対する配慮を目的とする保険に限られる。故に、死亡保険金及び生死混合保険については介入制度が適用されるが、純然たる生存保険にはその適用はない」と解釈されている[78]。

これに対し、日本の保険法においては、介入権に関する規律は生命保険契約と傷害疾病定額保険契約を分けてそれぞれ3か条が設けられている。内容は解除権者、解除効力の発生時期、介入権の対象となる契約、介入権者の要件、介入権の行使方法・行使期間・行使効果、利害関係者間の調整等について詳細にわたって定められている。

---

74) 大森・前掲注(15)21頁(注15)。

75) 大森忠夫「保険契約者の破産と受取人の介入権」大森＝三宅・諸問題144頁以下。

76) 大森・前掲注(75)160頁。

77) 部会資料(7)1頁。

78) Laun, S. 19; Ehrenzweig, R-O., S. 438等、大森・前掲注(75)148頁。

(2) 介入権者の要件に関する相違

ドイツ保険契約法においては、介入権者は保険金受取人が指定されている場合には、その保険金受取人となり（170条1項後段）、保険金受取人が指定されていない場合には、保険契約者の配偶者または内縁の配偶者および保険契約者の子であるとしている（同条2項）。

これに対し、日本の保険法においては、介入権者となる者は、①保険金受取人であること、②保険契約者ではないこと、③保険契約者もしくは被保険者の親族または被保険者であることの3つの要件を全て満たさなければならないとされており、ドイツ保険契約法よりも厳しく限定されている。また、日本の保険法においては、ドイツ保険契約法のように受取人が指定されない場合の手当てはされていないが、無指定の場合と同じ理論で解釈されることになると考えられる。保険金受取人が無指定の場合は、従来の通説によれば、かかる保険契約は自己のためにする保険契約となり、保険金受取人は保険契約者自身であると解される[79]。そうすると、保険契約者は介入権者になれないことから、介入権の行使が認められないと考えられる。

(3) 介入権の行使に関する相違

ドイツ保険契約法では、介入権の行使は、①保険契約者の同意を得ること、②保険金受取人が一定の金額を債権者等に支払うこと、③保険者に対し通知すること、④行使期間が1か月以内であることが必要とされている（170条1項前段・3項）。日本の保険法においても、ほぼこれと同じように法定されている。

しかし、行使期間の起算点には相違がある。ドイツ保険契約法の起算点は、介入権者がその差押えを知った時またはその倒産手続が開始された時とされている。すなわち、介入権者が差押えを知らなければ所定の行使期間が進行しないことを意味する[80]。これに対し、日本の保険法の起算点は、保険者が差押債権者等からの解除通知を受けた時とされている。すなわち、介入権者が解除権者による保険契約の解除通知を知っても知らなくても関係なく、所定の行使期間が進行することを意味する。これは、介入権者の主観的事情を基準として期間を定めると、介入権の行使期限がかなり長くなることがあり、その間、差押債権者や破産管財人による解約権の行使ができるかという問題を生じると考えられたためである[81]。

---

79) 大森・保険法273頁、西島・保険法327頁、山下・保険法490頁、宮島司「他人のためにする生命保険契約」法学研究66巻12号93頁（1993）、李鳴「第三者のためにする生命保険契約に関する考察」法学政治学論究83号87頁（2009）。

80) 岡野谷・前掲注(67)236頁。

81) 生保試案理由書83頁参照。

§60 - Ⅵ

　ドイツ保険契約法のもとでは、債権者にとっては地位が不安定であるのに対し、日本の保険法のもとでは、債権者の地位がより厚く考慮されている一方、介入権制度の実効性は、ドイツ保険契約法より弱いと思われる。また、ドイツ保険契約法のもとでは、介入権者の介入権と差押債権者・破産管財人の解除権の優劣について学説上争いがあるといわれているが[82]、日本の保険法のもとでは、解除の効力発生日までに介入権が行使される限り、介入権が優先することは明らかである。

⑷　介入権行使の効果に関する相違

　ドイツ保険契約法においては、介入権を行使した者は自ら保険契約者の地位に立つことができる権利を有することとされている（170条1項前段）。日本の保険法においては、介入権者が保険契約者の地位を承継するような立法は採用されなかった。その理由は前述のとおりである。

　ドイツ保険契約法のもとでは、介入権を行使した者が保険契約者の地位を承継することで、再び保険契約解除等による保険金受取人の不利益を回避することができると考えられる。「ドイツ法の特徴として、保険金受取人の権利は原則として被保険者死亡時まで生じないことを考慮すれば、このような考え方はある意味で説得的である」と評価されている[83]。

　改正前商法から保険金受取人の権利はドイツ保険契約法と同様に被保険者死亡時まで生じないとされていた。したがって、日本の保険法のもとでは、差押債権者等による解除の効力の発生を介入権の行使によって一旦阻止することができたとしても、その後に同一解除権者または別の解除権者から再び解約返戻金等を求めるために保険契約を差し押えられることが考えられ、その場合には再度の介入が必要となる。また、保険金受取人が介入しても、その後に保険契約者が保険契約を解除したり保険金受取人を変更したりする可能性も考えられる。その結果、介入権者がせっかく契約を存続させた意味が没却されてしまう懸念がある。その意味から、日本の保険法における介入権者の地位はドイツに比べ脆弱であると思われる。

Ⅵ　解釈論および保険実務

　保険法は、介入権制度の基本的な仕組みに関する規律を設けるにとどまり、不透明な部分が少なくないため、これらの解釈問題をめぐって議論がなされている[84]。以

---

82)　岡野谷・前掲注(67)236頁。
83)　今井薫「保険契約者以外の者による解除」金澤・新たな展開330頁。
84)　李鳴「保険金受取人の介入権に関する一考察」法学政治学論究88号37-72頁（2011）。

下において、これらの論点を整理するとともに、保険実務の状況を紹介する。

(1) 生死混合保険契約の場合

　保険商品は、死亡保険と生存保険とが一体となり両者の性質を有するように設計されている、いわゆる生死混合保険契約がほとんどである。しかし、保険法は生死混合保険契約が介入権の対象と認められるかどうかについて何も定めていない。そのため、1つの契約で介入権の規律の対象となる死亡保険契約とその対象外である生存保険契約の性質を併せ持つ生死混合保険契約について、介入権の規律の適用の可否が問題となりうる。

　学説上、生死混合保険における死亡保険と生存保険とは不可分一体のものであって、それぞれ独立しては存在しえず、死亡保険契約の性質を有する以上、契約全体が介入権の規律の適用対象となると解されるのがほとんどである。[85]

　保険実務上も、このように取り扱っている。もっとも、個人年金保険契約について、年金開始前に被保険者が死亡したときは死亡保険金が支払われるので、生死混合保険として介入権の対象とされているが、解除の効力発生日までに年金支払の開始日を迎える契約については、介入権に関する規定が適用されないものとされる。これは被保険者の死期が近づいている保険契約者が、期待される年金支払総額よりも高額となる解約返戻金の請求をすることを防止し、予定していた保険事故発生率（生存率）を維持するためで、一般的に約款で年金開始後に保険契約を解約できない旨の規定が設けられているからである。[86] この場合は解約の通知が保険会社に到達した時に保険契約の解除の効力が生じることになる。

(2) 無解約返戻金型の死亡保険契約の場合

　近年、保険会社の中では、保険料を引き下げるために解約返戻金のない商品が設計されている。[87] したがって、例外的に保険料積立金があっても解約返戻金が生じない死亡保険契約等（特約を含む）もある。保険法では、無解約返戻金型の死亡保険について特に除外されていない。そこで、無解約返戻金型の死亡保険契約が介入権の対象となる保険契約に該当すべきかが問題となりうる。

---

85) 山崎・前掲注(67)92頁、遠山・前掲注(66)188頁以下、潘・概説296頁以下等。

86) 山下・保険法640頁(注6)、第2回議事録46頁。年金制度の場合、死亡保険とは逆に、長生きした者に対する給付を早期に死亡した者のファンドで支える形で商品の設計が行われているので、年金受取開始後の解約を認めると、長生きの被保険者の契約だけ残り、保険料の計算上、制度運営に支障を来たしかねないことになる。山下=米山・解説526頁(注25)[沖野眞已]参照。

87) 日本アクチュアリー会テキスト『保険1（生命保険）第2章』36頁（2009）、遠山・前掲注(66)184頁。

学説上は、無解約返戻金型の死亡保険契約について、保険料積立金がある以上、介入権の対象となるという肯定的見解と、解約返戻金がない死亡保険契約は、解除権者が解除しても弁済を受けられず、解除する意味がないので介入権を認める理由はないという否定的な見解がみられる[88][89]。

保険実務上は、解約返戻金がなくても他の精算額があるから、無解約返戻金型の死亡保険契約も介入権適用の対象契約として取り扱っている。

(3) 失効中の保険契約の場合

失効、復活とも「保険法上の制度ではなく約款によって認められているものであり、介入権との関係でどのような取扱いがされるかは、解釈に委ねられている[90]」。そこで、解除されようとする死亡保険契約等が解除の通知を受けた時点ですでに失効しているか、または解除の効力発生日までに失効となったときは、介入権の対象契約となるかどうかが問題となりうる。

学説上は「死亡保険契約等は失効により消滅しているため、介入権の行使により存続させるべき保険契約が存在せず、理論的には介入権の行使は認められないもの」であるが「介入権者としては、保険契約者に代わって未払保険料を支払うなどして死亡保険契約等を復活させた上で、介入権を行使するほかない」という見解がある[91]。

実務上は、解約請求の到着日において契約状態が失効中の契約および解除の効力発生日までにおいて失効となった契約について、介入権の対象契約とする会社もあれば、介入権の対象契約としない会社もある。

(4) 介入権者が複数存在する場合

介入権者が複数存在する場合としては、同一の保険給付請求権に対し保険金受取人が複数いる場合と、2つ以上の保険給付請求権が競合して保険金受取人が複数いる場合に大別することができるが、保険法は介入権者の要件を満たす保険金受取人が複数存在する場合の取扱いについて特に定めていないため、議論がなされている。

ア 同一の保険給付請求権に対し保険金受取人が複数存在する場合

学説上は、同一の保険給付請求権に対し保険金受取人が複数存在する場合について、保険金受取人全員が共同で介入権を行使しなければならないと定めると、介入権を行使するにあたって制限された期間内に全員が所定の手続を済ますことが困難な場合に、保険金受取人の生活保障等という介入権の趣旨を十分に実現できない可

---

88) 髙山・前掲注(5)298頁(注3)、潘・概説290頁等。
89) 山下ほか・保険法324頁。
90) 髙山・前掲注(5)316頁。
91) 髙山・前掲注(5)317頁。

性があり、介入権の趣旨を生かすためには、保険金受取人のうち一部の者が単独
で保険契約全体について介入権を行使できると解することが相当であるとされてい
る。また、複数の介入権者が別々に介入権を行使することも考えられるが、この場
合において、最初に介入権の適格要件を満たした者の介入権行使が有効になると解
される[92]。これに対する異論はみられない。かかる法的根拠は必ずしも明らかではな
いが、民法428条（不可分債権）を類推適用して介入権者全員の共同行使が必要でな
いと解釈することができると考えられる。因みに、ドイツ保険契約法の介入権制度
においては、「複数の介入権者が介入したときは連帯して権利義務を有する」と解
されている[93]。

　保険実務上も、解除の効力発生日までに介入権者の要件を満たした者から、介入
権を行使した旨の通知を受領すれば、先着者を介入権者として認識して手続を受理
するという取扱いをとっている。

イ　死亡保険金の受取人と傷害疾病定額保険金の受取人が別人である場合

　個人保険の死亡保障商品では、通常、生命保険と傷害疾病定額保険を組み合わせ
て設計されている。これにより、死亡保険金請求権と傷害疾病定額保険金請求権が
競合し、それぞれの保険金受取人が異なることがありうる。たとえば、終身保険に
おいては、死亡保険金受取人と高度障害保険金受取人は別々であり、高度障害保険
金受取人は約款上被保険者とされることが通例である。

　学説上は、次の理由により、死亡保険金受取人および傷害疾病定額保険金受取人
のいずれも介入権者となることができ、最初に法定の介入権の要件を満たした者の
介入権が有効となるものと考えるべきであるとする[94]。つまり、死亡保険金受取人と
傷害疾病定額保険金受取人に平等に介入権行使の機会を与えなければ、死亡保険契
約に係る介入権者が介入権を行使しなかった場合には、傷害疾病定額保険金受取人
が不利益を被ることとなり、介入権制度の趣旨が図れなくなる。また、解除権者と
しても、どちらの保険金受取人が行使するかに関係なく解除権の効力の発生が停止
され、介入権制度の適用があることになるから、通知日における支払金相当額の支
払を受けることができるのであれば、特段の不利益を受けることはないといえる。

　保険実務上も、死亡保険金の受取人と傷害疾病定額保険金の受取人かを問わず、
上述アの場合の実務と同様に取り扱い、解除の効力発生日までに介入権者の適格要
件および介入権の行使要件を満たした者から、その者を介入権者として認識して手

---

92)　遠山・前掲注（5）187頁。
93)　Laun, S. 72；Hagemann, S. 35等、大森・前掲注(75)159頁。
94)　遠山・前掲注(66)188頁。

§60-Ⅵ

続を受理するという取扱いをとっている。

ウ　死亡保険金の受取人と生存保険金の受取人が別人である場合

生死混合保険契約（たとえば、養老保険）における死亡保険金受取人と生存保険金受取人（たとえば、満期保険金受取人）が異なる場合における生存保険金受取人による介入権行使の可否について、学説上は、否定的見解と肯定的見解が分かれている。

否定的見解は、生存保険契約を対象外とした立法趣旨から、死亡保険金受取人のみが介入権者になるとし、満期保険金受取人に介入権行使を認めるべきではないとしている[95]。これに対し、肯定的見解は、満期保険金受取人による介入権の行使を認めても、解除権者に不利益をもたらすおそれはないのであるから、満期保険金受取人も介入権者としての保険金受取人に含まれると拡大解釈しても差し支えないとしている[96]。

保険実務上は、満期保険金受取人を介入権者として認めず、介入権者は必ず死亡保険金受取人であることとし、かつ生存給付に係る部分も含めた保険契約全体の解約返戻金等の範囲で解除権者に金額を支払わなければならないという取扱いをとっている。

(5)　受取人が内縁の配偶者である場合

保険法は、介入権者になる者は保険契約者もしくは被保険者の親族または被保険者である者に限るとしている（本条2項前段）（前述Ⅳ4参照）。ここには、いわゆる内縁関係にある者も親族に含まれるかという問題が生じうる。

学説上は、内縁関係にとどまる者であったとしても保険契約者または被保険者の親族と実質的に同様の生活実態にある者については、介入権制度の趣旨を及ぼすべきであると考えられることに鑑み、実質的に親族関係と同視できる生活実態を有する内縁関係にある者は、解釈上、「親族」に含まれると解してよいという見解がある[97]。しかし、その内縁関係にある受取人が保険契約者と生活実態を有するか否かについて保険者が判断するのは難しいことから、保険実務上相当数の保険会社では、内縁の配偶者は介入権者として認められない取扱いをとっている。

(6)　解除の効力発生日までに保険金受取人が変更された場合

保険法では、介入権者の適格を判断する基準時は、前述のとおり解除の「通知の時」であるとされている（本条2項）（前述Ⅳ4参照）。しかし、解除の通知後から解

---

95)　萩本・一問一答202頁、遠山・前掲注(66)189頁。

96)　潘・概説292頁。

97)　髙山・前掲注(5)302頁、山下=米山・解説624頁［萩本修=嶋寺基］。

除の効力発生日までに保険金受取人が変更された場合、変更後の保険金受取人が介入権者となりうるかどうかについて、条文上は必ずしも明らかではない。そのため、以下のように肯定的な見解と否定的な見解が対立している。

肯定的見解は、立法趣旨に鑑み、解除の通知時には所定の要件を満たしていた保険金受取人から解除の効力発生日までに当該要件を満たしている保険金受取人に変更された場合、または解除の通知時には所定の要件を満たしていなかった保険金受取人が解除の効力発生日までに当該要件を満たした場合には、それぞれ変更後の保険金受取人に介入権の行使を認めるのが相当であるとする。逆に「解除通知時には所定の要件を満たしていたが、解除の効力発生日までに離婚するなどして親族要件を欠いた場合には、その後は介入権を行使できない」としている[98]。

これに対し、否定的見解は、条文上は「前項に規定する通知の時において」と明確に規定されていることから、介入権者は解除通知がされた時において、法定要件を全て満たしている保険金受取人に限定されると解釈するのが素直であること、また、解除の通知後に新たに保険金受取人となった者を含むとした場合、結局法的に介入権の行使が可能とされている1か月が経過するまでは、保険金受取人の変更手続の未完了などにより介入権者が特定されない可能性があり、場合によっては介入権行使の期間がいたずらに失われるおそれも生じうることを理由としている[99]。

保険実務上は、解除の効力発生日までに送付された介入権行使の通知により、介入権を行使した者が保険契約者でなく、かつ保険契約者もしくは被保険者の親族または被保険者である保険金受取人と確認できれば足りるとしている。

〔李　鳴〕

---

98)　髙山・前掲注（5）303頁。
99)　山下＝米山・解説624頁［萩本修＝嶋寺基］、遠山・前掲注(66)175頁以下。

§61-I   827

> **第61条** ① 死亡保険契約の解除により保険契約者が保険者に対して有することとな
> る金銭債権を差し押さえた債権者が前条第1項に規定する通知をした場合において、
> 同条第2項の規定による支払の時に保険者が当該差押えに係る金銭債権の支払をす
> るとすれば民事執行法（昭和54年法律第4号）その他の法令の規定による供託をす
> ることができるときは、介入権者は、当該供託の方法により同項の規定による支払
> をすることができる。
> ② 前項の通知があった場合において、前条第2項の規定による支払の時に保険者が
> 当該差押えに係る金銭債権の支払をするとすれば民事執行法その他の法令の規定に
> よる供託の義務を負うときは、介入権者は、当該供託の方法により同項の規定によ
> る支払をしなければならない。
> ③ 介入権者が前二項の規定により供託の方法による支払をしたときは、当該供託に
> 係る差押えの手続との関係においては、保険者が当該差押えに係る金銭債権につき
> 当該供託の方法による支払をしたものとみなす。
> ④ 介入権者は、第1項又は第2項の規定による供託をしたときは、民事執行法その
> 他の法令の規定により第三債務者が執行裁判所その他の官庁又は公署に対してすべ
> き届出をしなければならない。

【条文変遷】 新設
【参照条文】 保険法60条・90条

I 概　　要

　供託とは、「法令の規定により、金銭や物品を供託所又は一定の者に寄託するこ
とをいう。供託には債権者の受領拒絶・受領不能などの場合に債務者が債権者の協
力なしに債務を免れるためにする弁済供託や民事執行の目的たる金銭を当事者に交
付するために行う執行供託などがある」と解されている[1]。

　本条（61条）にいう供託は「金銭債権を差し押さえた債権者」が取立てのために
解除通知をした場合の供託であることから執行供託である。執行供託には、供託を
する権利を有する場合（権利供託）と供託する義務を負う場合（義務供託）がある[2]。
本条1項では権利供託、2項では義務供託に関してそれぞれ定められ、いずれも絶
対的強行規定である。

1）　福田=古笛・逐条解説187頁。
2）　中野貞一郎『民事執行法〔増補新訂6版〕』705-708頁（青林書院・2010）参照。

解除権者が債権を回収するために保険契約を解除した場合における介入権者は、第三債務者である保険者と類似の地位にある[3]。介入権を行使するに際し、保険者と同様の取扱いとしなければ、介入権の行使に不都合を生じるおそれがある。そこで、保険法では、介入権者による供託を定めている。これによって、介入権者は、解除権者との関係において、第三債務者である保険者が供託をしたのと同じ法律関係が生ずるようにしている[4]。

Ⅱ　条文解説

1　権利供託

本条1項は、差押債権者が取立権に基づいて保険契約の解除通知をした場合において、通知日における金額の支払の時に、「保険者が当該差押えに係る金銭債権の支払をするとすれば民事執行法……その他の法令の規定による供託をすることができるときは、介入権者は、当該供託の方法により」解除権者に対する「支払をすることができる」としている。

ここにいう「民事執行法その他の法令」とは、民事執行法、滞納処分と強制執行等との手続の調整に関する法律（以下「滞納強制調整法」という）など、債権執行にかかる法令を指すものと解される[5]。

保険者は第三債務者として、解約返戻金請求権に対し差押えがあった場合（民事執行法156条1項）や、滞納処分による差押えがされている解約返戻金請求権に強制執行による差押えがあった場合（滞納強制調整法20条の6第1項）等に供託をすることができる。これがいわゆる権利供託である。差し押えられた債権の合計額が解約返戻金の額を超えない場合であっても解約返戻金相当額の全額を供託できるが、差し押えられた部分に対応する金銭だけを供託することもできる[6]。

介入権者は、保険者が供託するときと同様の方法により解除権者に対して支払うべき金銭を供託すればよいと考えられる。これによって、仮に解除権者が弁済の受領を拒んだ場合であっても、介入権者は介入権の行使の効果を発生させることができる。

3）　髙山崇彦「保険金受取人の介入権」甘利＝山本・論点と展望310頁参照。
4）　萩本修ほか「保険法の解説（5・完）」NBL888号42頁（注51）（2008）。
5）　大串＝日生・解説保険法183頁［遠山優治］。
6）　福田＝古笛・逐条解説187頁。

2 義務供託

本条2項は、差押債権者が取立権に基づいて保険契約の解除通知をした場合において、「保険者が当該差押えに係る金銭債権の支払をするとすれば民事執行法その他の法令の規定による供託の義務を負うときは、介入権者は、当該供託の方法により」解除権者に対する「支払をしなければならない」としている。

保険者は第三債務者として、差押えが競合した場合（差押えと仮差押えを含む）、複数の差押えの合計額が通知日における支払金相当額を超えた場合（民事執行法156条2項）や、強制執行による差押えと滞納処分による差押えが競合した場合（滞納強制調整法36条の6第1項）等に供託をする義務を負う。これがいわゆる義務供託である。

介入権者も、保険者が供託の義務を負う場合には供託が義務付けられることになり、保険者が供託するときと同様の方法により解除権者に対する支払をしなければならない。したがって、介入権者が供託をしないで、特定の差押債権者にのみ通知日における支払金相当額を支払ったとしても、他の差押債権者にはその介入権の行使の効果を対抗できないため、保険契約は解除の効力の発生日に解除されることとなる。

3 供託の効果

本条3項は、介入権者が所定の規定により供託の方法による支払をしたときは、差押手続との関係においては、「保険者が当該差押えに係る金銭債権につき当該供託の方法による支払をしたものとみなす」としている。

これは、介入権者が権利供託または義務供託の方法により通知日における支払金額相当額を解除権者に支払った場合は、保険者による供託が行われた場合と同様、供託した金銭について「配当等の手続（民執166条1項1号参照）を行うことができるようにするなど、第三債務者である保険者が当該供託の方法による支払をした場合と同様の処理を可能とするための手当てである」と解されている。[7]

一方、介入権者の供託による支払は第三債務者である保険者の供託による支払とみなされることから、保険者は解除権者への債務は免れることになると考えられる。

4 届出義務

本条4項は、介入権者は、所定の規定による供託を行ったときは、「民事執行法その他の法令の規定により第三債務者が執行裁判所その他の官庁又は公署に対してすべき届出をしなければならない」としている。

7）　山下=米山・解説631頁［萩本修=嶋寺基］。

§61-Ⅱ5・§62

ここにいう「届出」は「事情届出」と呼ばれており、差押事件の表示、差押債権者および債務者の氏名または名称、供託の事由および供託した金額を記載した書面で行い、供託書の正本を添付することを要する（民事執行規則138条）。

保険者が第三債務者として供託をしたときは、執行裁判所や徴収職員等に対して事情届出をしなければならないとされている（民事執行法156条3項、滞納強制調整法20条の6第2項・36条の6第2項、民事保全法50条5項）ことから、介入権者も供託をしたときは、同様に事情届の提出義務を負うこととなっている。

5 規定の性質

保険法は、介入権規定の法的性質については明確に定めていないが、保険契約の解除の効力発生時期、介入権の行使期間、介入権の行使における効力要件・対抗要件、民事執行法等のほかの法令に基づく手続との調整などについて規定するものであることから、契約当事者が合意でその内容を変更しうることは不適当であり、いずれも（絶対的）強行規定であるとの説明がなされている[8]。したがって、本条は民事執行法等にかかわる規定であるので、性質上は絶対的強行規定であると考えられる。

〔李 鳴〕

第62条 ① 第60条第1項に規定する通知の時から同項に規定する解除の効力が生じ、又は同条第2項の規定により当該解除の効力が生じないこととなるまでの間に保険事故が発生したことにより保険者が保険給付を行うべきときは、当該保険者は、当該保険給付を行うべき額の限度で、解除権者に対し、同項に規定する金額を支払わなければならない。この場合において、保険金受取人に対しては、当該保険給付を行うべき額から当該解除権者に支払った金額を控除した残額について保険給付を行えば足りる。

② 前条の規定は、前項の規定による保険者の解除権者に対する支払について準用する。

【条文変遷】新設
【参照条文】保険法60条・61条・91条

---

8) 部会資料(26)18頁、第23回議事録19頁。

Ⅰ 概　要

60条1項により、介入権者が存在するか否かにかかわらず、また、存在する場合に介入権者が介入権を行使するか否かにかかわらず、解除権者がする解除は、一律にその通知がされてから1か月が経過しなければその効力が生じないこととしている。それゆえ、その間に保険事故が発生した場合には、保険給付請求権が具体化するため、解除権者は解約返戻金等の支払を受けることができなくなってしまい、介入権の規律を設ける前にはなかった不利益を被ることになる。

すなわち、保険事故発生時に当該保険契約は存続しているので、保険金受取人は自己の固有の権利として保険金請求権を取得することとなり、保険者が保険金受取人に保険金を支払ったことにより、保険契約が終了し解約返戻金請求権等の保険契約者の権利が消滅する。そのため、解除権者による契約解除の効力がもはや発生する余地はなくなるからである。

しかし、本来解除の効力はその通知が到達した時点で直ちに生ずるのが原則であるところ、それを1か月間遅らせたのは介入権者が解約返戻金相当額の支払をして解除の効力が発生するのを防ぐ機会を確保するためであるから、これに伴って解除権者に不利益が及ぶのは、これにより利益を受ける保険金受取人との関係で公平性を欠き相当ではない。

そこで、保険法はこのような事態を回避し、解除権者の利益を保護するために本条（62条）を設けることとした。なお、本条は絶対的強行規定である。[1]

Ⅱ 条文解説

1 保険者の支払方法

本条1項は、解除権者から解除の通知がされた後、解除の効力が生ずるか、または介入権の行使がされるまでの間に、保険事故が発生した場合の取扱いについて規定している。具体的には以下のとおりである。

(1) 解除権者に対する支払

本条1項前段においては、①解除権者による解除の通知が到達した時から介入権が行使されないまま1か月を経過して解除の効力が生じるまでの間（60条1項）、または、②解除権者による解除の通知が到達した時から1か月が経過する前に介入権

---

1) 第23回議事録33頁以下、部会資料(12)5頁、補足説明86頁、要綱16頁。

が行使され、解除の効力が生じないこととなるまでの間（同条2項）に「保険事故が発生したことにより保険者が保険給付を行うべきときは、当該保険者は、当該保険給付を行うべき額の限度で、解除権者に対し」、保険者が受けた解除通知の日に解除の効力が生じたとすれば保険者が解除権者に対して支払うべき金額を「支払わなければならない」とされている。これによって、解除効力の発生が解除通知から1か月間遅れることによる不利益が解消されることとなる。

ここに「当該保険給付を行うべき額の限度」と規定する趣旨は、保険給付が行われる場合において、保険金受取人の権利と解除権者の権利を調整するものであり、保険者に対し当該保険給付を超えた支払義務を負わせるものではない。したがって、保険者の解除権者に対して支払うべき金額は、本条により当該保険給付で支払われる金額を限度としている[2]。

(2) 保険金受取人に対する支払

本条1項後段においては、保険者は、解除権者に対し解除通知日における支払金相当額を支払った場合において、「保険金受取人に対しては、当該保険給付を行うべき額から当該解除権者に支払った金額を控除した残額について保険給付を行えば足りる」とされている。

すなわち、解除通知がなされた後、その効力が生じまたは介入権者の支払により解除の効力が生じないことになる前に保険事故が発生した場合には、保険者は、保険給付金額のうち解約返戻金相当額を解除権者に対して支払い、その残額を保険金受取人に対して支払うものとされている。これは、保険金受取人に対して本来の保険給付以上の金額を保険者に支払わせることは妥当でないと考えられているからである[3]。

2 供託の方法による支払規定の準用

本条2項は、保険者が解除権者に対し通知日における支払金相当額を支払うにあたり、61条の供託の方法による支払の規定が準用されることとしている。

3 規定の性質

本条は保険契約の解除の効力発生時期、介入権の行使期間、介入権の行使における効力要件等にかかわる規定であるので、性質上は、60条および61条と同様、絶対的強行規定であると考えられる。

---

2) 福田=古笛・逐条解説191頁。
3) 福田=古笛・逐条解説188頁参照。

Ⅲ　今後の展望

　介入権の行使には多くの利害関係者の利益が複雑に絡むため、簡明な制度を構築することは決して容易ではない。保険法に創設された介入権制度は、遺族等である保険金受取人の生活保護の必要性を重視しつつ、以下に列挙するようにほぼあらゆる関係者の利害を巧みに調整しており、全体としてはバランスのとれた立法的措置として高く評価されている。[4]

　つまり、①介入権者と解除権者との利害関係—解除権者に対して一定の金額を支払うこと（60条2項）、②介入権者と保険契約者との利害関係—保険契約者の同意を得ること（60条2項）、③介入権者と保険者との利害関係—保険会社に対する通知をすること（60条2項）、④解除権者同士の利害関係—差押競合による供託（61条）、⑤保険者と解除権者との利害関係—解除効力の発生前に保険事故が発生した場合の取扱い（62条）、⑥さらに、解除の効力発生時期、介入権の行使要件などについて、民事執行法等の他の法制度との平仄も考慮している。

　しかし、以下のように保険法が創設した介入権制度には残された課題も多数内在している。今後さらなる議論が展開されていくと考えられる。

　つまり、①介入権の実効性—介入権者の資金調達の困難性、介入権者が解除通知を知る機会の確保の限界、②規律上の不透明な部分—生死混合契約、主契約・特約の組合せの契約の取扱いおよび規定の性質、③権利濫用等の一般法理の適用可否—少額の債権の回収、またはわずかな解約返戻金請求権からの回収を企図して解除権を行使した場合における権利濫用等の一般法理による解除権行使の否定がなされなくなる可能性、および④解除が繰り返される懸念—保険契約者の地位が承継されないため、解除権者により次々と差押えがなされるおそれ、⑤介入権者の求償権の有無—介入権者が債務者である保険契約者の代わりに解除権者に支払った金額についての保険契約者に対する求償権の有無、および介入権を行使しなかった他の保険金受取人に対するその受取割合に応じた求償権の有無、またその理論構成である。

〔李　鳴〕

---

4)　岡野谷知広「保険契約者の破産と介入権」落合=山下・理論と実務239頁。

（保険料積立金の払戻し）

第63条 保険者は、次に掲げる事由により生命保険契約が終了した場合には、保険契約者に対し、当該終了の時における保険料積立金（受領した保険料の総額のうち、当該生命保険契約に係る保険給付に充てるべきものとして、保険料又は保険給付の額を定めるための予定死亡率、予定利率その他の計算の基礎を用いて算出される金額に相当する部分をいう。）を払い戻さなければならない。ただし、保険者が保険給付を行う責任を負うときは、この限りでない。

 (1) 第51条各号（第2号を除く。）に規定する事由

 (2) 保険者の責任が開始する前における第54条又は第58条第2項の規定による解除

 (3) 第56条第1項の規定による解除

 (4) 第96条第1項の規定による解除又は同条第2項の規定による当該生命保険契約の失効

改正前商法第680条　②　前項〔保険者の免責〕第1号及ヒ第2号ノ場合ニ於テハ保険者ハ被保険者ノ為メニ積立テタル金額ヲ保険契約者ニ払戻スコトヲ要ス

改正前商法第683条　②　第640条〔保険者の免責〕、第651条〔保険者の破産〕、第653条〔責任開始前の契約解除〕、第656条及ヒ第657条〔危険の増加〕ノ場合ニ於テ保険者カ保険金額ヲ支払フコトヲ要セサルトキハ被保険者ノ為メニ積立テタル金額ヲ保険契約者ニ払戻スコトヲ要ス

   ※〔　〕は筆者注。

【条文変遷】 ロエスレル草案746条、明治23年商法683条、明治32年商法431条2項・433条2項、明治44年商法431条2項／改正前商法680条2項、明治44年商法433条2項／改正前商法683条2項

【参照条文】 保険法92条・58条、生保試案682条の3・681条の4、保険業法施行規則10条3号・69条

【外国法令】 ドイツ保険契約法169条、フランス保険法典L. 132-18条・L. 132-24条、ノルウェー保険契約法12-3条・12-5条、アメリカ標準不没収価格法

Ⅰ　概　　要

1　諸用語の概念

(1)　保険料積立金

　生命保険契約では、保険者が将来支払う保険給付金と保険契約者が支払う保険料の間に収支相当の関係が成り立つ必要がある。特に死亡保険契約では、保険期間を長くした場合は、本来、被保険者の到達年齢が上がるにつれて死亡率が上昇するた

め、毎年の保険料が高くなっていくはずである。これを自然保険料という。しかし、実務上は、被保険者の到達年齢にかかわらず契約時と同額の保険料を支払い続ける、いわゆる平準保険料式を採用するのが一般的である。この平準保険料式により、将来の保険給付の支払に充当するために積み立てられている金額が「保険料積立金」である。

(2) 責任準備金

保険料積立金と密接に関連する概念として、「責任準備金」がある。また、責任準備金には、「保険契約上の責任準備金」と「企業会計上の責任準備金」の2つの意味がある。前者は、保険業法施行規則（以下「規則」という）10条3号に規定される契約者価額（個々の保険契約ごとに保険契約者の権利に係る金額）の一種といわれる。これに対し、後者は、保険業法116条に規定されるものであり、生命保険会社の貸借対照表に計上される負債性の引当金に該当し、保険料積立金（個々の保険契約ごとに保険数理に基づいて計算された保険料積立金の総計額）を中心として、未経過保険料、払戻積立金、危険準備金で構成されている（規則69条1項各号）。以下にいう責任準備金は、保険契約上の責任準備金である。

(3) 解約返戻金

保険料積立金と密接に関連するもう1つの概念として、「解約返戻金」がある。解約返戻金とは、保険者の責任開始後に保険契約者が任意解除を行った場合（実務上、「解約」と呼んでいる）の他、所定の事由（保険料の不払いによる契約の失効、告知義務違反による解除、重大な事由による解除等）により保険契約が終了した場合に、保険契約者に支払われる金額をいい、これも契約者価額の一種といわれる。伝統的かつ一般的な定額の生命保険の解約返戻金額は、保険料積立金額から一定の控除をした金額（新契約費を基準とした一定率の額、「解約控除金」という）となっている。

上記諸概念の相関関係を公式で示すとすれば、以下のとおりである。

　　保険料積立金＝保険契約上の責任準備金

　　解約返戻金＝保険料積立金－解約控除金

保険会社の約款では、保険料積立金については、「責任準備金」または「積立金」と表記され、「解約返戻金」については、「返戻金」、「解約払戻金」、「解約返還金」等と表記されることもある。

---

1) 山下・保険法653頁、西島・保険法396頁、竹濵・Q&A新保険法280頁〔井上享〕、大串＝日生・解説保険法192頁〔坂井明〕。

2) 井上享「保険契約終了時の保険料積立金の支払と解約返戻金」落合＝山下・理論と実務243頁。

3) 責任準備金中の保険料積立金とは切り離された現行保険業法下では、もはや約款で「責任準備金」という用語を使用すべきではないとの批判がある。山下・保険法653頁。

2 趣旨

本条（63条）は、改正前商法680条2項および683条2項の規律に対応する規定である。保険契約が保険事故の発生または保険期間の満了という目的到達による終了の前に中途消滅した場合には、保険契約者は保険者に対して、保険者のもとに積み立てられていた保険料積立金の返還を請求する権利を有するのが原則となっている[4]。

本条の趣旨は、改正前商法の規律を基本的に維持しつつ、その保険料積立金の算出方法を明確化し、さらにこの規律を片面的強行規定とすることにより、契約当事者間の衡平性の確保とその適切な利益の調整という保険法の重要な規範目的を具現化するというところにあると解されている[5]。

3 条文概要

本条では、保険契約が中途で消滅した場合における「保険料積立金」を払い戻すべきことが保険者の法律上の義務として規定されたとともに、「保険料積立金」について、「受領した保険料の総額のうち、当該生命保険契約に係る保険給付に充てるべきものとして、保険料又は保険給付の額を定めるための予定死亡率、予定利率その他の計算の基礎を用いて算出される金額に相当する部分をいう」とされ、保険料積立金の計算方法が明確化された。

また、保険料積立金の払戻所定事由については、①保険者の免責事由の発生、②被保険者の解除請求に基づくことを含む保険者の責任開始前における保険契約者による解除、③危険増加による解除、および④保険者の破産による解除または失効の場合であると定められた。

本条は片面的強行規定である。なお、傷害疾病定額保険に関しても、同様な規定が設けられている（92条）。

II 沿 革

1 ロエスレル草案

ロエスレル草案746条は「渾テ保険ノ無効トナル場合ニ於テハ保険契約中ニ定メタル金額若クハ被保険者ノ為ニ既ニ積立テタル儲金額ノ半額以上ヲ被保険者ニ償還スヘシ但保険者詐偽若クハ悪意ヲ以テ自ラ無効ヲ速キタル時ハ此限ニ在ラス」と定めている。すなわち、保険契約が無効となる場合においては、（保険者は）保険契

---

4) 山下・保険法647頁。
5) 山下=米山・解説642頁以下［金岡京子］。

約中に定めた金額または被保険者のためにすでに積み立てた貯金額の半額以上を被保険者に払い戻さなければならないとされている。

ロエスレル氏の解説によれば、本条にいう「被保険者ノ為ニ既ニ積立テタル儲金額」とは、被保険者（兼保険契約者）から払い込まれた保険料に複利を加えた保険料積立金であるということである。[6]

2　明治23年商法

明治23年商法683条は、ロエスレル草案746条を承継したうえ、「総テ保険無効ノ場合ニ於テハ保険契約ヲ以テ此場合ノ為メニ約定シタル額若シ約定ナキトキハ少ナクトモ被保険者ノ為メニ既ニ積立テタル貯金ノ半額ヲ被保険者ニ償還スルコトヲ要ス但被保険者カ詐欺若クハ悪意ニ因リテ自ヲ無効ニ至ラシメタルトキハ此限ニ在ラス」に改めた。すなわち、保険契約が無効となる場合においては、（保険者は）保険契約で約定した金額、もし約定しなかったときは、少なくとも被保険者のためにすでに積み立てた貯金額の半額を被保険者に払い戻すことを要する。ただし、被保険者が詐欺もしくは悪意によって自ら無効に至らしめたときはこの限りではないとしている。

本条にいう「保険無効ノ場合」とは、同682条に掲げられる①保険契約締結の際に死亡または疾病・傷害がすでに発生していた場合、②被保険者の自殺または保険契約者・保険金受取人による故殺もしくは健康毀損の場合、③被保険者の決闘、犯罪および有罪判決執行中における死亡または疾病・傷害発生等の場合の他に、637条（無断重複加入）、653条（告知義務違反）、654条（危険の増加または変更）に定める事由を総称するものであり、本条にいう「被保険者ノ為メニ既ニ積立テタル貯金」とは、保険料積立金およびその複利を合算した金額であると解説されている。[7]しかし、なぜ少なくともその半額なのかは、必ずしも明らかではない。

3　明治32年商法

明治32年商法は431条2項および433条2項において、次の場合には、保険者は保険金を支払う責任はないものの、「保険者ハ被保険者ノ為メニ積立テタル金額ヲ払戻スコトヲ要ス」とされている。すなわち、①保険者の免責事由に該当する場合、すなわち、(i)被保険者が自殺、決闘その他の犯罪または死刑の執行により死亡した場合（ただし、保険金受取人の故意による被保険者の死亡の場合は除かれている。明治32

---

6)　ロエスレル・190-194頁。

7)　長谷川喬『商法〔明治23年〕正義第5巻』190-192頁（信山社・1995〔復刻版〕）。

年商法431条2項)、(ii)戦争その他の変乱により被保険者が死亡した場合（同395条)、
②保険者の破産による契約の解除または失効の場合（同405条)、③保険者の責任開
始前における保険契約者による任意解除の場合（同407条)、④危険の変更または増
加による契約の失効または解除の場合（同410条・411条)。

　以上のように、明治32年商法は、保険者が「被保険者ノ為メニ積立テタル金額」
を支払わなければならない事由を明確化している。支払義務の理由としては、それ
が払い戻されなければ、保険者の「不当ノ利得ヲナス」からと解説されている[8]。も
っとも、誰に払い戻すべきかは明らかではない。

　なお、ここで留意されたいのは、明治32年商法では、ロエスレル草案746条およ
び明治23年商法683条と異なって、払戻金額については「被保険者ノ為ニ既ニ積立
テタル儲金額ノ半額以上」または「少ナクトモ被保険者ノ為メニ既ニ積立テタル貯
金ノ半額」のように具体的な金額が定められていないことである。

4　明治44年商法

　明治44年商法では、明治32年商法431条2項および433条2項の条文がほぼそのま
ま引き継がれ、それぞれ改正前商法の次の条文にあたる。明治44年商法431条2項
／改正前商法680条2項、同433条2項／683条2項、同395条／640条、同405条／
651条、同407条／653条、同410条・411条／656条・657条。

Ⅲ　改正前商法

1　改正前商法の規律

　改正前商法680条2項および683条2項では、保険契約が中途で消滅した場合には、
保険者は保険契約者に対して「被保険者ノ為メニ積立テタル金額」を払い戻すべき
ことが定められていた。また、保険者が「被保険者ノ為メニ積立テタル金額」を支
払わなければならない事由として、明治32年商法の法定事由に照らして保険金受取
人の故意による被保険者の死亡の場合が追加された。ただし、明治44年商法改正に
より新設された保険者の免責事由である「保険契約者カ故意ニテ被保険者ヲ死ニ致
シタルトキ」（改正前商法680条1項3号）は含まれないものとしている。また、同改正
により明治32年商法で定める「保険者ハ被保険者ノ為メニ積立テタル金額ヲ払戻ス
コトヲ要ス」から、「保険者ハ被保険者ノ為メニ積立テタル金額ヲ保険契約者ニ払
戻スコトヲ要ス」に改められ、払い戻す相手は保険契約者と明確化された。もっと

---

8)　西川一男＝丸山長渡『改正商法〔明治32年〕要義上巻』660頁（信山社・2005〔復刻版〕)。

§63-Ⅲ2,3   839

も、改正前商法では、「被保険者ノ為メニ積立テタル金額」の定義、「積立テタル金額」の基準およびその具体的計算方法については特段に定められていなかった。

なお、改正前商法680条2項、683条2項は任意規定であると解されていた。[9]

2　従来の学説

従来の学説は、改正前商法の「被保険者ノ為メニ積立テタル金額」の定義、「積立テタル金額」の基準およびその具体的計算方法に関する解釈について、以下のように変遷してきた。

古くには、「被保険者ノ為メニ積立テタル金額」とは、「責任準備金ニシテ被保険者死亡ノ場合ニ支払フヘキ資金ニ充ツル為メ保険料ノ一部ヲ積立テタルモノ」との解説があった。[10]

平成7年改正前保険業法のもとでは、保険料の計算基礎と保険料積立金の計算基礎は同一のものであり、かつ、保険契約者に払い戻すべき金額も保険料積立金と同一のものを使用するのが通例であった。したがって、改正前商法にいう「被保険者ノ為メニ積立テタル金額」とは、保険者が決算期ごとに保険業法に基づき積み立てる責任準備金中の保険料積立金のうち、当該被保険者のために積み立てた保険料積立金に対応する部分であるという見解が学説上は一般的であった。[11]

その後、平成7年の保険業法の改正によって、保険料の計算基礎と保険料積立金の計算基礎とは概念上区別された。これに伴い、保険契約者が保険料積立金に対して有する権利も、責任準備金中の保険料積立金とは切り離された。したがって、その後改正前商法にいう「被保険者ノ為メニ積立テタル金額」とは、保険契約者価額を意味するものであり、その具体的計算方法は、保険業法に基づき保険料および責任準備金の算出方法書の記載事項とされている「被保険者のために積み立てるべき額」を基礎として計算した金額（規則10条3号）であると説明された。[12]

3　従来の保険実務

実務では、「契約者価額責任準備金」または「保険契約上の責任準備金」は保険

---

9)　山下・保険法651頁。

10)　柳川勝二『改正商法〔明治44年〕正解』563頁（信山社・2002〔復刻版〕）。

11)　大森・保険法297頁、山下・保険法652頁、倉澤康一郎「保険契約解約返戻金請求権の法的性質とその差押え」法学研究66巻1号69頁（1993）、志田惣一「解約返戻金」金判986号136頁（1996）、大澤康孝「積立金に対する保険契約者の権利」ジュリ753号98頁（1981）、田中淳三「責任準備金と不没収価格」生保経営67巻2号3頁（1999）、石田・商法Ⅳ323頁。

12)　山下・保険法652-653頁。

料積立金を意味する。具体的計算方法については、付加保険料が保険料払込期間にわたって一定額であることを前提として算出される純保険料式、初年度のみ付加保険料を多くし、事業費（新契約費）を初年度に多く出せるようにしているチルメル式、純保険料ベースの保険料積立金に付加保険料部分の累計収支を反映した営業保険料ベースの保険料積立金算出方法、または、その他の様々な算出方法があり、それらにより、算出されるといわれている。生命保険会社は、保険業法に則り、「保険料及び責任準備金の算出方法書」のなかで、①保険料の計算の方法に関する事項、②責任準備金の計算の方法に関する事項、③契約者価額の計算の方法およびその基礎に関する事項を定めている。そして、前述の「企業会計上の責任準備金」は②で定められ、前述の「保険契約上の責任準備金」は③で定められている。[14]

Ⅳ　立法過程

1　保険法制定前試案

(1)　保険料積立金の払戻しに関して

生保試案では、保険契約の中途消滅の場合の保険者の保険契約者に対する支払義務については、基本的に改正前商法の規律を維持している。

もっとも、法定事由については、中途消滅事由ごとに個別に規定することとしている。また、改正前商法680条1項に定める、被保険者が決闘その他の犯罪または死刑の執行により死亡した場合（同条1項1号）における保険者の免責事由が削除された。また、改正前商法683条2項に定める保険者の責任開始前における保険契約者による任意解除の場合（同653条）の事由に対応する規定は設けられていない。

払い戻すべき金額については、改正前商法で用いている「被保険者ノ為メニ積立テタル金額」の語は、保険者の破産による解除または失効の場合を除き、「保険契約で定める金額」に改められた。その理由として、改正前商法の用語が厳密にはいかなる意味であるのかは議論のあるところであり、これを基礎にして生保試案の規定を作成することが適当かについて疑問の余地があるからとしている。[15]そして、保険者の破産による保険契約の解除または失効の場合（生保試案682条の3第2項）に関しては、保険会社が破産した場合に清算手続において払い戻すべき金額について規定している保険業法177条3項と平仄を合わせるために、「被保険者のために積み立

---

13)　山下=米山・解説646頁［金岡京子］。

14)　竹濵・Q&A新保険法281頁［井上享］。

15)　生保試案理由書137頁。

てた金額および未経過期間に対応する保険料」に改められた[16]。

なお、生保試案682条の3第2項は破産手続上の要請が強い問題であるから強行規定とされるが、その他は任意規定とされている[17]。

(2) 解約返戻金に関して

生保試案は、生命保険の実務や諸外国の立法例にならって、681条の4において、任意規定として、保険契約者の保険契約を解約する権利と、保険契約の解約がなされた場合の保険者の保険契約者に対する解約返戻金の支払義務を法定化することを試みた。もっとも、保険契約の解約の場合に保険者が保険契約者に対して支払うべき金額については、保険監督法上解約返戻金の支払が義務付けられること、および私法規定としての保険契約法において算出方法を含めて規定することは不可能であることから、特に内容を特定せず、「この場合について保険契約で定める金額」と規定し、保険契約上の約定に委ねることにとどめている[18]。

2 法制審議会保険法部会の審議

保険法部会において、保険料積立金の払戻しに関して、以下のとおり主に保険料積立金の定義およびその具体的内容について検討が重ねられていた。

(1) 最初の段階

保険法部会の最初の検討段階では、解約返戻金を含む保険料積立金等に関する規律として、次の4つの考え方が提示された[19]。すなわち、A案：特段の規定は設けない。B案：保険者が保険契約者に対し被保険者のために積み立てた金額を支払わなければならない旨の規定を設ける。C案：B案の内容に加え、保険者が保険契約者に対し解除等によって生じた費用等の償還を請求できる旨の規定を設ける。D案：保険者が保険契約者に対し、公正な保険数理等に照らし、合理的かつ妥当な方法で算出された金額を支払わなければならない旨の規定を設ける。

その後の検討を経て、たたき台として、「生命保険契約が終了した場合には、保険者が保険契約者に対し〔一定の金額〕を支払わなければならないものとする」内容に変更された。そして、その「生命保険契約が終了した場合」とは、契約が解除され、または失効した場合と例示され、その「一定の金額」とは、具体的には①保険契約の終了までに保険契約者が支払った保険料の総額のうち、②将来の保険金の支払に充てるべきものとして相当な金額から、③保険事故発生率、予定利率その他

---

16) 生保試案理由書149頁。
17) 生保試案理由書99頁・120頁・123頁・150頁。
18) 生保試案理由書137頁。
19) 部会資料(3)10頁。

の当該保険契約において保険料の計算の基礎とされるべきものを維持するために必要な金額を除いた金額であるとされた。[20]

(2) 中間試案

中間試案の検討段階では、「保険料積立金等の支払」として「保険期間満了前に保険契約が終了した場合には、保険者は、保険契約者に対し、将来の保険金の支払に充てるべき保険料をもとに算定した〔一定の金額〕を支払わなければならないものとする」という形で提案された。[21]その注によると、ここにいう〔一定の金額〕の具体的内容については、契約の終了事由ごとに検討すべきであり、たとえば、保険者の破産の場合には、保険契約の終了までに保険契約者が支払った保険料の総額のうち将来の保険金の支払に充てるべき保険料として相当な金額とすることが考えられ、また、保険契約者による任意解除の場合には、保険契約において保険料の計算の基礎とされるべきものを維持するために必要な金額（保険契約者が契約の解除をしたこと等によって保険料の計算の前提が維持されない場合におけるその維持のために必要な金額）を考慮した規律を設けることが考えられるが、改正前商法の規律との関係やその実効性を含め、なお検討するとされた。

(3) 審議会要綱案（第1次案）

審議会要綱案（第1次案）の検討段階では、「保険料積立金及び解約返戻金の支払」とする条文1項において、保険料積立金については、「当該保険契約者から受領した保険料の総額のうち、予定死亡率、予定利率その他の生命保険契約において保険料の金額を算出する際に用いた計算の基礎により、当該生命保険契約の終了の時において当該生命保険契約に基づく将来における保険者の債務の履行に備えるために積み立てていた金額に相当する金額」とされ、また、保険料積立金の払戻しの法定事由については、「①保険者の破産による契約の解除又は失効、②保険事故の発生による契約の終了（被保険者の自殺、保険金受取人の故意による保険事故招致、戦争その他の変乱を理由として保険者が保険金を支払う責任を負わない場合に限る）、③危険の増加による契約の解除（保険者が保険金を支払う責任を負わない場合に限る）」とされた。[22]

これにより、保険料積立金の払戻しの法定事由は、改正前商法の定めを基本的に承継しているものの、生保試案と同様、被保険者が「決闘その他の犯罪または死刑の執行により死亡」したことによる保険者の免責事由（改正前商法680条2項・同条1項1号）および保険者の責任開始前における保険契約者による任意解除（改正前商法683

---

20) 部会資料(12)25頁。

21) 中間試案26頁。

22) 部会資料(25)10頁。

条2項・653条）が削除された。

(4) 審議会要綱案（第2次案）

審議会要綱案（第2次案）の検討段階では、保険料積立金について、「保険料の金額を算出する際に用いた計算の基礎」以外の基礎をも用いて算出される商品があること、契約法である保険法において規定を設ける以上は、裁判規範として一義的な金額が導かれ、かつ用いる概念も明確なものである必要があるとの指摘を踏まえ、「保険契約の終了の時までに保険契約者から受領した保険料の総額のうち、当該終了の時において当該保険契約に係る保険給付に充てるべきものとして、保険料又は保険給付の額を定めるための予定死亡率、予定利率その他の計算の基礎を用いて算出される金額に相当する部分をいう」ものと改められた。なお、その段階では、解約返戻金に関する規律については、設けないこととされた。[24]

その後、文言上の修正が加えられ、最終的に保険法の見直しに関する審議会要綱で本条の規律が確定した。

(5) 解約返戻金の法制化の検討およびそれに至っていない経緯

改正前商法上、保険者の責任開始後の保険契約者による任意解除、告知義務違反または重大な事由による契約の解除、保険料未払による契約の失効等の場合については、「被保険者ノ為メニ積立テタル金額」を払い戻す旨の規律は設けられていない。実務上は、これらの場合には解約返戻金を支払うこととされるのが通例である。裁判例もそれを認め、解約返戻金は約款によって定まることを前提にしているものと解されている。[25]しかし、保険契約者保護の観点から、契約法上も何らかの規律を設けることが必要であるとの指摘があった。[26]

そこで、法制審議会保険法部会において、保険料積立金の払戻しの法改正とともに、解約返戻金についても法律で明記すべきであるか否かが重要な論点の1つとして取り上げられ、民法の不当利得（民法703条以下）、消費者契約法（特に9条1号）および保険業法との関係についても慎重に検討が繰り返された。保険法部会第22回会議までは、解約返戻金に関する規律を設ける方向で検討が進められていた。

審議会要綱案（第1次案）の検討段階では、保険料積立金の払戻しに関する規律とともに、解約返戻金に関する規律も提案された。具体的には、「保険料積立金及

---

23) 部会資料(25)11頁。

24) 部会資料(26)20頁。

25) 東京地判昭和56・4・30判時1004号115頁。解約返戻金の法的根拠として、解約返戻金の合意内容をなす保険約款の規定に加えて、解約返戻金の算定の基礎およびその計算方法については、保険業法上の種々の内容規制および開示規制を受けていることが挙げられる。長谷川宅司「解約返戻金」中西喜寿・324頁。

26) 部会資料(12)26頁、補足説明93頁。

び解約返戻金の支払」とする条文2項（解約返戻金）において、片面的強行規定と
して、解約返戻金については、保険料積立金のうち、「当該生命保険契約と同一の
計算の基礎を用いて保険料の金額を算出している他の生命保険契約に基づく将来に
おける保険者の債務の履行に備えるために必要な金額として当該計算の基礎により
算出される金額を超える部分に相当する金額」とされ、その支払う法定事由につい
ては、「①保険者の責任開始後の保険契約者による契約の任意解除、②告知義務違
反又は重大事由による契約の解除（保険者が保険金を支払う責任を負わない場合に限
る）」の場合には、保険者が保険契約者に対し支払わなければならないとされた。[27]

　しかしながら最後の検討過程において、立法技術上困難であることから、結局法
制化は見送られた。それは次の問題意識や指摘を踏まえたものであると考えられる。[28]
①「保険料の金額を算出する際に用いた計算の基礎」以外の基礎をも用いて算出さ
れる解約返戻金もあること、②解約返戻金は、個々の契約ごとの商品設計とも密接
不可分であり、実務上は複数の仕組みをもとに算出されることとされているから、
これを1つの規律で書き尽くすことは非常に困難であること、[29]③契約法である保険
法において規定を設ける以上は、裁判規範として一義的な金額が導かれる規律であ
る必要があるところ、そこで用いる概念も明確なものである必要があることである。

V　条文解説

　本条は、保険期間満了前に保険契約が終了した場合の保険料積立金の払戻しに関
する一般的な規律である。

1　保険料積立金の定義

　本条柱書の括弧書においては、保険料積立金の定義とは、次のように定めている。
すなわち、「受領した保険料の総額のうち、当該生命保険契約に係る保険給付に充
てるべきものとして、保険料又は保険給付の額を定めるための予定死亡率、予定利
率その他の計算の基礎を用いて算出される金額に相当する部分」をいう。これは、
改正前商法680条2項および同683条2項の「被保険者ノ為メニ積立テタル金額」と
同義であると説明されているが、[30]改正前商法では「被保険者ノ為メニ積立テタル金

---

27)　部会資料(25)10-11頁。
28)　部会資料(25)11頁、部会資料(26)20頁、第22回議事録3頁、第23回議事録20頁。
29)　伝統的には、保険積立金からいわゆる解約控除を差し引いた金額として算出するのが一
　　般的であったが、現在では、いわゆる無解約返戻金型商品や低解約返戻金型商品もある。
30)　部会資料(12)26頁、部会資料(22)2頁。

額」の内容については特段の規定がされていないのに対し、保険法においては、「保険料積立金」の内容について、詳細に規定された。

本条で定めている保険料積立金は、実質的に、従来と同様、保険業法施行規則10条3号が保険料および責任準備金の算出方法書の記載事項としている契約者価額に該当すると解されている[31]。もっとも、保険料積立金が存在しない商品（保険期間が1年未満の短期の死亡保険等）もあることに留意されたい。

保険料積立金の算出例[32]として、たとえば、保険金額5000万円の定期保険契約を締結し、月々3万円の保険料を支払うという場合において、その月々支払うべき3万円の保険料については、まずその中から営業費（新契約費・維持費1万円）を引き去り、さらに年々死亡する者に支払うべき保険金の割合（危険保険料1万円。他の者に対する保険金の支払に充てられる部分）を引き去り、その残額（貯蓄保険料1万円）を保険者において被保険者のために積み立てたものが保険料積立金である。

2 保険料積立金の払戻義務と算出基準日

本条柱書では、保険者は、所定の事由により「生命保険契約が終了した場合には、保険契約者に対し、当該終了の時における保険料積立金」を払い戻さなければならないとしている。これは保険者の法的義務である。

その理由としては、平準保険料式を採用している場合には、契約者は実質的に将来の保険金の支払に充てる部分の保険料を予め支払っていることになるため、保険料積立金は契約者に帰属すると考えられるからである。したがって、一定の事由により保険契約が保険期間の途中で消滅した場合には、保険者が保険料積立金を保有する理由がなく、これを保険契約者に返還しないと保険者の不当利得となるという見解[33]や、積立の必要がなくなった保険者が利益として取得することは衡平ではないという見解[34]がある。

保険料積立金の算出基準日は「当該終了の時」とされ、すなわち、①保険者の法定免責事由の発生、②保険契約者による解除、③危険増加による解除、④保険者の破産による解除または失効により生命保険契約が終了した時である[35]。

---

31) 萩本・一問一答209頁、長谷川・前掲注(25)332頁。

32) 補足説明92頁参照。

33) 西島・保険法369頁。なお、保険料積立金に対応する資産も法的には保険者の所有に属するものであるから、これを返還しないで保険者が保有することが法律上の不当利得とまではいえないとの見解もある。山下・保険法651-652頁、大澤・前掲注(11)100頁、萩本・一問一答209頁。

34) 山下・保険法652頁。

35) 同旨、山下=米山・解説655頁［金岡京子］。

846　　　　　　　　　　　　　　§63-V 3

　ただし、いずれの場合においても、「保険者が保険給付を行う責任を負うときは、この限りでない」(本文柱書但書)とされている。なぜなら、保険給付を行うことによって保険料積立金が存在しなくなるからである。

　なお、保険料積立金の払戻しを請求する権利は、3年の時効によって消滅するとされている (95条1項)。

3　保険料積立金払戻しの法定事由 (1号〜4号)

　本条では、保険料積立金を払い戻すべき法定事由として、以下のとおり定めており、改正前商法のそれとほぼ同じである。

(1)　保険者の免責事由への該当 (1号)

　本号は、保険事故 (被保険者の死亡) が発生したが、保険者の保険金支払義務が免責される (51条各号) 事由に該当した場合に関する事由である。

　具体的には、①被保険者が自殺したとき (51条1号)。②保険金受取人が被保険者を故殺したとき (同条3号)。③戦争その他の変乱によって被保険者が死亡したとき (同条4号) である。

　ただし、保険契約者が被保険者を故殺したとき (51条2号) には、保険者はその保険料積立金を保険契約者に払い戻す義務を負わない (63条1号括弧書)。保険契約者の故意による保険事故の招致の場合が除外される趣旨は、改正前商法の立場を維持し、信義則に違反した保険契約者に対する制裁にあるものと解される[36]。もっとも、実務上、保険契約者による被保険者の殺害があった場合にも、保険者が利得する理由もないという観点から、保険契約者に対して解約返戻金相当額を支払う旨を約款に規定している会社もある[37]。このような約定は法的に否定されないと考えられている[38]。

　また、被保険者が自殺した場合であっても、その自殺が責任開始時の属する日から、所定の年数 (通常3年) 経過後であって、保険者が約款に基づき保険給付を行う責任を負う場合には、保険契約者に対し保険料積立金を払い戻す義務を負わない。同様に、保険者は、戦争その他の変乱による死亡であっても、その事由によって死亡した被保険者の数の増加が、この保険の計算の基礎に及ぼす影響が少ないと認められ、死亡保険金の全額を支払う場合には、保険契約者に対し保険料積立金を払い戻すことを要しない[39]。

---

36)　山下・保険法478頁、潘阿憲「保険金支払義務と免責事由」金判1135号111頁 (2002)、大串＝日生・解説保険法190頁 [坂井明]。
37)　たとえば、日本生命。
38)　大森・保険法293頁、山下・保険法478頁、補足説明96頁。
39)　明治安田生命等の約款、山下＝米山・解説656頁参照 [金岡京子]。

§63-Ⅴ3　　　　　　　　847

　改正前商法では、被保険者が決闘その他の犯罪または死刑の執行により死亡した
場合も保険者の免責事由に該当するとされていたが（改正前商法680条1項1号）、保険
法では、それを免責事由として定めていない。この理由は、先進諸国の立法例には
見当たらないこと、犯罪に対する制裁は犯罪者本人に科されるべきであり、遺族等
は何らの不利益をも受けるべき立場にはなく、遺族等の保険金受取人に保険金を支
払うことが公序良俗に反するとは考えられないこと、および保険実務上、これらを
免責としない約款が多いことから、削除されたものと考えられる。[40]

(2)　保険者の責任開始前における保険契約者による解除（2号）

　本号は、保険者の責任が開始する前に保険契約者が保険契約を任意解除し（54条）、
または被保険者の解除請求に基づき保険者の責任が開始する前に保険契約者が保険
契約を解除した場合（58条2項）に関する事由である。

　本号では、保険者の責任開始前の任意解除による生命保険契約終了の場合の保険
料積立金払戻しの規定は改正前商法683条2項と同様であるが、保険法では被保険
者による解除請求に基づき保険契約者が保険契約を解除する規定が新設されたこと
に伴い（§58解説Ⅰ1参照）、かかる場合も保険料積立金の払戻しの対象とすべきで
あるため、本号に加えられた。なお、これは法定事由として唯一追加されたもので
ある。

(3)　危険増加による解除（3号）

　本号は、危険増加により保険者が保険契約を解除した（56条1項）場合に関する事
由である。

　改正前商法683条2項（改正前商法656条・657条の準用）では、危険増加に対応する法
的処理は、保険契約者または被保険者の責めに帰すべき事由による危険の変更また
は増加に伴う保険契約の失効の場合と、保険契約者または被保険者の責めに帰すべ
からざる事由による危険の変更または増加に伴う保険者の解除の場合とで区別され
ていたが、保険法では、そのような区別をせずに、危険増加による解除（56条1項）
の規律に一本化された。

(4)　保険者の破産による解除または失効（4号）

　本号は、改正前商法と同様に、保険者が破産手続開始の決定を受けたときに保険
契約者が保険契約を解除した場合、または保険者が破産手続開始の決定を受けたと
きから3か月以内に保険契約者が保険契約を解除しなかったことにより保険契約が
失効した場合（96条1項・2項）に関する事由である。

　もっとも、保険者は、破産手続開始の決定の日から3か月を経過するまでに、保

---

40)　生保試案理由書118-119頁参照。

848   §63・Ⅴ 4，5・Ⅵ 1

険給付を行う責任を負った場合には、保険契約者に対し保険料積立金を払い戻すことを要しない。[41]

4　本条に掲げられた以外の事由

本条に掲げられた以外の事由について、たとえば、保険者の責任開始後の保険契約者による任意解除（54条）、告知義務違反による解除（55条）、重大事由による解除（57条）、保険者の責任開始後の被保険者の解除請求による解除（58条）、保険料未払による契約の失効等により生命保険契約が終了した場合には、本条は適用されず、保険者は、保険契約者に対し保険料積立金を払い戻す義務を負わないものと考えられる。これは改正前商法と同様である。もっとも、保険実務上は従来どおり、解約返戻金がある場合にはそれを保険契約者に支払うこととされている。

本条が適用される場合と適用されない場合の基準は、必ずしも明らかではないが、保険契約者側には落ち度がない場合、または保険者側の都合による生命保険契約終了時は本条に適用されるのに対し、告知義務違反または重大事由解除のように、保険契約者側に何らかの落ち度がある、または保険契約者側の都合による生命保険契約終了時には、同条は適用されないというように解釈できると考えられる。[42]

5　規定の性質

保険法では、契約者保護の観点から本条の規定は片面的強行規定とされている（65条3号）。したがって、これに反する約定で保険契約者に不利なものを約款で定めても無効となる。たとえば、所定の事由により保険契約が終了した場合において、終了の時に保険料積立金が存在したときに、その金額を保険契約者に払い戻さない、または一部しか払い戻さない旨の約款の規定は許されないと考えられる。[43]

Ⅵ　外国法令

1　ドイツ保険契約法

2008年に施行されたドイツ改正保険契約法169条（旧176条）[44]は、解約返戻金に関する規律として、主に次のように定めている。

---

41)　山下＝米山・解説658頁［金岡京子］。

42)　山下＝米山・解説658頁参照［金岡京子］。

43)　萩本・一問一答209頁、同『新しい保険法』121頁（金融財政事情研究会・2008）、山下＝米山・解説642頁［金岡京子］、潘・概説273頁等。

44)　同条はドイツ改正前保険契約法176条（解約返戻金）の規定とは相当異なっている。

① 保険契約者の解約または保険者の解除もしくは取消により、保険契約が消滅したときは、保険者は解約返戻金を支払わなければならない（同1項）。

② 解約返戻金は、解約時に保険事故時の給付を上回らない限度において支払われること、支払われなかった部分については、保険料払済保険に充当されること。解除および取消の場合には、解約返戻金の全額が支払われなければならない（同2項）。

③ 解約返戻金は、承認された保険数理の算式に従い、保険料算出の計算基礎に基づき、保険料期間の終了時に計算された、その保険契約の責任準備金である。保険契約の解約時には、解約返戻金は、契約締結費用および販売費用を当初の契約年度から5年間にわたり均等に分割償却した場合に積み立てられる責任準備金の金額になる（同3項）。

④ 上記③の算出方法にあてはまらない変額保険等の生命保険契約の解約返戻金の算出方法については、承認された保険数理の算式に基づき、その保険の時価額として計算されなければならない。なお、計算原則は、契約において示されなければならない（同4項）。

⑤ 解約控除については、その金額を保険契約者に数字で示して合意しかつ適切である場合に限り可能であるが、未償却の新契約費および販売費用を控除する合意は無効である（同5項）。

法改正により、旧契約法176条2項に定められた保険契約者または受取人の被保険者の殺害による保険者免責に該当する場合には「保険者は解約返戻金支払義務を負わない」という規定が削除された。

2 フランス保険法典

フランス保険法典は、責任準備金に関する規律として次のように定めている。

① 保険契約者・被保険者の告知義務違反もしくは所定期間内の被保険者の自殺などによる保険契約の無効の場合、または保険者の免責の場合には、保険者は、保険金受取人に対して、契約の責任準備金に相当する金額を支払う（L. 132-18条）。

② 保険金受取人による被保険者の故殺の場合には、保険者は、保険契約者またはその相続人に対し、契約の責任準備金に相当する金額を支払わなければならない。ただし、その者が被保険者故殺の主犯または共犯として有罪判決を受けた場合はこの限りではない（L. 132-24条）。

3 アメリカ標準不没収価格法

アメリカにおいては、多くの州で採用されている「標準不没収価格法」がある

850   §63−Ⅶ1

（たとえば、ニューヨーク州法4221条）。アメリカでは解約返戻金をキャッシュ・サレンダー・バリュー（Cash surrender value）と呼び、不没収価格（Non-forfeiture value）とは、すなわち最低解約返戻金で、将来支出現価から許容される費用の額を差し引いて得られる金額のことをいう。解約返戻金の最低水準を定める「標準不没収価格法」では、保険料および積立金返戻金を計算する場合と、企業会計上の責任準備金の計算をする場合を切り離して、異なる基礎率を使用することとされている。これは、日本の保険業法が採用する考え方に近いものといわれている。[45]

　その他、解約返戻金を定める立法例として、ノルウェー保険契約法12−3条・12−5条などある。[46]

　以上のように、諸外国においては、日本のように保険料積立金（責任準備金）の支払と解約返戻金の支払を分けて定める立法例はあまりみられず、解約返戻金＝責任準備金（保険料積立金）とされるのが通例のようである。詳細は異なるが、保険契約者の解約か保険者の解除かを問わず、保険契約が中途消滅した場合には、保険者は、保険契約者側に対し解約返戻金または責任準備金の払戻しを義務付けられている。また、ドイツ保険契約法では責任準備金の算出と付加保険料との関係を詳細に明示的に定めているのが特色である。

Ⅶ　今後の展望

1　実務との関係

　保険料積立金の払戻しについて、保険法は、改正前商法の規律を基本的に維持していることから、保険実務上、特段に与える影響はないものと考えられる。[47]

(1)　約款等の規定

　保険料積立金の定義については、「将来の保険金等をお支払するために、当社の定める方法により計算される保険契約に対する責任準備金のことをいいます。この保険の主契約の積立金は予定利率で運用されますが、不慮の事故による死亡保障のための費用、契約の維持管理や資産運用のための諸経費などが差し引かれるため、積立金の実際の利回りは予定利率を下回ります」と説明されている。[48]

---

45)　井上・前掲注（2）249頁、田口城「被保険者のために積み立てた金額と解約返戻金」生保論集第162号301頁以下（2008）、金融審議会「保険の基本問題に関するワーキング・グループ」（第51回）議事録（2009年4月24日）参照。

46)　生保試案理由書135頁。

47)　大串＝日生・解説保険法192頁［坂井明］、長谷川・前掲注(25)332頁等。

48)　明治安田生命の2012年「ご契約のしおり」。

そして、保険料積立金の払戻しの所定事由については、会社によっては文言が異なるものの、おおむね以下のように定められている[49]。すなわち、次のいずれかの事由によって死亡保険金または死亡給付金を支払わない場合には、保険会社は、保険契約の積立金を保険契約者に支払う。①責任開始時の属する日から、3年以内における被保険者の自殺、②死亡保険金受取人の故意、③戦争その他の変乱とされ、保険料積立金の請求時効は、保険法の規定と同様、3年間とされている。

(2) 保険法の規律との相違点

改正前商法のもとの約款では、一定期間内における被保険者の犯罪行為による保険給付金支払の免責事由も保険料積立金の払戻しの所定事由とされたが、保険法改正後の約款では、当該事由が削除された。これは、本条の規定と平仄を合わせたものと思われる。

また、約款では、本条2号～4号の所定事由に対応する規定は設けられていない。これは、改正前商法のもとの約款でも同様である。理由は明らかではないが、以下のように考えられる。

第1に、保険者の責任開始前における保険契約者による解除（2号）に関して、生命保険実務上、保険者の責任開始前は、保険料の受領がないか、あったとしても[50]保険契約者が保険契約を解除した場合には、保険会社は受領した保険料を全額保険契約者に返還することとなっている。またクーリングオフ制度もあることから、保険者の責任開始前の保険契約者による解除が問題となることはほとんどない[51]。

第2に、危険増加による解除（3号）に関して、生命保険実務上、保険契約の締結後の健康状態の悪化が契約締結時の危険測定の中（保険料）に織り込まれているため、危険増加が問題となることはない[52]。また、就業不能保障保険や団体定期保険などの一部を除き、保険契約期間中における被保険者の職業の変更や転居があっても、保険会社は、保険契約の解除をせず、特別保険料の請求をしないで保険契約上の責任を負うとするのが通例である[53]。

第3に、保険者の破産による解除または失効（4号）に関して、約款で保険者の破産処理に関する規定を設けることは適当ではないと思われること、かつて経営危機に陥る保険会社は見られなかったこと、そして、近時、生命保険会社が経営破綻

---

49) 明治安田生命、日本生命、第一生命、住友生命の各2012年約款。
50) 責任開始時は、告知と第1回保険料相当額の払込みがともに完了した時である。
51) 大串=日生・解説保険法190頁［坂井明］、山下=米山・解説657頁［金岡京子］。
52) 部会資料(25)6頁。
53) 同旨、遠山優治「生命保険実務への影響」ひろば2008年8月号37頁（2008）。

に陥った場合には、生命保険契約者保護機構[54]が保険契約を「救済保険会社」または「承継保険会社」に引き継がせることになることから、保険者の破産による保険契約の解除または失効は想定されていないと考えられる。

2 残された課題

保険法の改正で、保険料積立金の定義およびその算出方法を明確化したことにより、変額年金や市場金利連動型商品等、新規開発された保険商品の保険料積立金算出にも適用可能となったことに加え、さらに今後開発される商品の自由な設計を妨げることのない規範となったことは高く評価される[55]。

他方で、保険料積立金の払戻しの法定事由に関しては、前述のように実務上想定されておらず、あるいはきわめて例外的な場面について規定されているが、保険料積立金と密接な関係にあり、実務上一般的に取り扱われている解約返戻金については、保険法の改正における法制化が見送られた。しかし、その必要性がなお存在することは否定できないと考えられる。

今後立法論の課題として、主に裁判規範としての一義性、解約返戻金の計算方法、ペナルティを理由とする解約控除を禁じる趣旨の明確化、無・低解約返戻金型保険や、解約返戻金額が市場金利に連動する保険のような新しいタイプの保険商品のあり方等の立法技術上の課題について、専門的・実務的視点も含めたさらなる検討が行われるであろう[56]。

〔李 鳴〕

---

54) 1997年に日産生命の経営が破綻したことを契機に、1998年に生命保険会社全社が参加して生命保険契約者保護機構を設立した。会員である生命保険会社が経営破綻に陥った場合、保険契約を引き継ぐ「救済保険会社」あるいは「承継保険会社」への資金援助等を行うことで保険契約を維持させ、契約者の保護措置が図る。ただし、保険金額等が削減されることがある。

55) 山下=米山・解説639-640頁〔金岡京子〕。

56) 平成20年1月31日「金融審議会金融分科会第二部会（第46回）及び「保険の基本問題に関するワーキング・グループ」（第44回）合同会合」資料1・5頁以下、山下友信「保険法制定の総括と重要解釈問題（生保版）」生保論集167号22-24頁（2009）、田口・前掲注(45)315頁以下。

§64 - I・II   853

（保険料の返還の制限）

第64条 保険者は、次に掲げる場合には、保険料を返還する義務を負わない。

(1) 保険契約者、被保険者又は保険金受取人の詐欺又は強迫を理由として生命保険契約に係る意思表示を取り消した場合

(2) 死亡保険契約が第39条第1項の規定により無効とされる場合。ただし、保険者が保険事故の発生を知って当該死亡保険契約の申込み又はその承諾をしたときは、この限りでない。

改正前商法第643条 保険契約ノ全部又ハ一部カ無効ナル場合ニ於テ保険契約者及ヒ被保険者カ善意ニシテ且重大ナル過失ナキトキハ保険者ニ対シテ保険料ノ全部又ハ一部ノ返還ヲ請求スルコトヲ得

改正前商法第683条 ① 第640条、第642条、第643条、第646条、第647条、第649条第1項、第651条乃至第653条、第656条、第657条、第663条及ヒ第664条ノ規定ハ生命保険ニ之ヲ準用ス

【条文変遷】 明治23年商法657条、明治32年商法399条・433条、改正前商法643条・683条

【参照条文】 民法96条・703条・704条・705条・708条、保険法39条1項・65条3号

【外国法令】 ドイツ保険契約法39条1項、フランス保険法典L.132-3条1項2項4項6項・L.132-26条2項

I　概　　要

§32解説 I 参照。

II　沿革・改正前商法

§32解説 II 参照。なお、改正前商法643条を生命保険契約に準用する場合（改正前商法683条）には、「被保険者」を「保険金受取人」と読み替えるべきであると一般に解されていたが[1]、さらに立法論として、生命保険契約や傷害疾病保険契約における被保険者が無効・取消事由について悪意（または重過失）である場合にも保険料を返還しないものとすべきとの提案もあった[2]。

---

1) 大森・保険法296頁の三の(注1)、田中=原茂・保険法287頁。反対、青谷・法論 I 257頁(注1)。

2) 部会資料(8)10頁。

Ⅲ 立法過程

§32解説Ⅲ参照。

Ⅳ 条文解説

§32解説Ⅳ参照。

本条（64条）は32条と同様の規定である。ただ、生命保険契約であることに基づき、また前述の改正前商法における議論を踏まえ、本条では保険契約者のほか、被保険者、保険金受取人も規律の対象者に加えられている。

本条は、片面的強行規定である。これらの規定に反する特約で保険契約者にとって不利になるものは無効とする（65条3号）。よって、たとえば詐欺の場合は無効とする旨の保険約款は、これが有効であれば、保険者が民法上意思表示の取消しができない場合（たとえば、取消権の除斥期間が経過（民法126条）するなど）であっても保険契約の無効を主張できることになるが、民法上、意思表示の取消しが認められない場合であっても、約款の定めを理由に保険料の返還をしないことは保険契約者にとって不利な内容となり、片面的強行規定に反するので、認められない。[3]

Ⅴ 外国法令

§32解説Ⅴ参照。なお、フランス保険法典では、（保険料の返還制限ではないが）生命保険につき、12歳未満の未成年者、禁治産者、精神療養施設に収容されている者について死亡保険を締結することはすべての者に対して禁止され（L. 132-3条1項）、締結しても無効とされる（同条2項）。そして既払保険料は全額返還される（同条4項）、とする。[4] また、被保険者の年齢についての錯誤の結果として、過大な保険料が支払われた場合には、保険者は、過大に受領した保険料部分を利息なしに返還する義務を負う（L. 132-26条2項）、とする。[5]　　　　　　　〔堀井　智明〕

3）　山下＝米山・解説667頁〔甘利公人〕。

4）　保険契約法集・Ⅱ 37頁。なお、同条の規定は死亡保険をもって、同条1項に掲げる者について締結された生存保険契約の履行として支払われた保険料の返還、または第1項に掲げる者のために締結された生残保険契約の履行として支払われた保険料の総額の返還を妨げるものではない、とする（同条6項）。

5）　保険契約法集・Ⅱ 49頁。

§65-Ⅰ・Ⅱ   855

（強行規定）
第65条　次の各号に掲げる規定に反する特約で当該各号に定める者に不利なものは、
　無効とする。
　⑴　第55条第１項から第３項まで又は第56条第１項　保険契約者又は被保険者
　⑵　第57条又は第59条　保険契約者、被保険者又は保険金受取人
　⑶　前２条　保険契約者

【条文変遷】　新設
【参照条文】　保険法55条・56条・57条・59条・63条・64条
【外国法令】　§７解説Ⅳ参照

Ⅰ　概　　要

　本条（65条）は、33条（損害保険）、94条（傷害疾病定額保険）との共通事項として、
保険法第３章「生命保険」第４節「終了」に設けられている諸規定のうち、告知義
務違反による解除（55条）、危険増加による解除（56条）、重大事由による解除（57条）、
解除の効力（59条）、保険料の返還の制限（64条）に関する規定を片面的強行規定と
するものであるが、さらに定額保険に特有の保険料積立金の払戻し（63条）につい
ても、傷害疾病定額保険契約の保険料積立金の払戻し（92条・94条３号）と同様に片
面的強行規定としている。
　規定の性質に関する分類、片面的強行規定の保険法への導入の経緯、趣旨、外国
の立法例および今後の展望については、７条と41条の解説で述べられているところ
と基本的には同様である。

Ⅱ　条文解説

　本条柱書は、「次の各号に掲げる規定に反する特約で当該各号に定める者に不利
なものは、無効とする」とし、１号は、「第55条第１項から第３項まで又は第56条
第１項　保険契約者または被保険者」、２号は、「第57条又は59条　保険契約者、被
保険者又は保険金受取人」、３号は、「前２条（63条・64条）　保険契約者」として、
その者にとって不利になるものについて明らかにし、以下に検討する規定の性質が
片面的強行規定であることを明示する。

1 55条

告知義務違反による契約解除に関する55条1項から3項までを片面的強行規定とし、これに反する特約で保険契約者または被保険者に不利なものを無効としている。

(1) 告知義務違反による解除の規定の概要

37条は、保険契約者または被保険者になる者に対し、保険者になる者から告知を求められた危険に関する重要事項について事実を告知する義務（質問応答義務）を課し、55条1項は、これらの者の故意または重大な過失に基づく告知義務違反があった場合には、保険者は保険契約の解除をなしうるとして告知義務違反の要件を規定している。

一方、告知義務違反に基づく解除が制限される場合として、55条2項1号は、保険者が告知義務違反の事実につき悪意または過失により知らなかった場合、2号・3号は、保険契約の締結の媒介を行う者（締結の代理を行う者は除く）が事実の告知をすることを妨害し、事実の不告知または不実の告知を勧めた場合について規定している。そして、55条3項は、さらに保険媒介者の行為がなくとも、保険契約者または被保険者が事実の告知をせず、または不実告知をし、保険媒介者の行為と因果関係が存在しないと認められる場合（生命保険募集人が告知書を偽造して保険者に提出したが、保険契約者側も告知義務に違反した告知書を作成していたような場合[1]）には、保険者の解除権は制限されない。

(2) 不利な特約の対象者

告知義務違反による解除の場合の不利な特約の対象者として、65条1号は保険契約者または被保険者をあげている。告知義務は保険契約者または被保険者のどちらかに課されていることからすれば（37条）、告知義務違反による解除に関する特約については、保険契約者または被保険者にとって不利か否かが問われることとなる。

(3) 無効となる不利な特約

55条1項は、故意または重大な過失による告知義務違反がある場合に初めて解除をなしうるとしているのであるから、保険契約者または被保険者にとってより過酷な要件となる軽過失によっても告知義務違反となり解除をなしうるとするような特約は無効である。

2 56条

危険増加（告知事項についての危険が高くなり、契約で定められている保険料が当該危険を計算の基礎として算出される保険料に不足する状態になることであり、具体的には、

---

1) 萩本・一問一答55頁、福田=古笛・逐条解説164頁。

§65-Ⅱ3　　　857

保険事故（被保険者の死亡または一定の時点における生存）の発生の可能性の増加）があったにもかかわらず、保険契約者または被保険者がその通知を故意または重過失により怠ってしまった場合の、保険者による契約解除に関する56条1項を片面的強行規定とし、これに反する特約で保険契約者または被保険者に不利なものを無効としている。

(1) 危険増加による解除の規定の概要

56条の規定の基本は、危険増加の場合にも原則的には保険料の増額で対応することで契約の継続を保持することとするが、この場合であっても、約款において保険契約者または被保険者に対する通知義務の定めがあり、かつ、これらの者が故意または重過失でこの義務に違反した場合に限って、保険者に契約の解除権を与えるとするものである。[2]

(2) 不利な特約の対象者

危険増加について最も知ることができるのが保険契約者または被保険者であるため、これらの者に危険増加についての通知義務が課されている（56条1項1号・2号）。それゆえ、通知義務違反による解除に関する特約についても、保険契約者または被保険者にとって不利な内容であるか否かが問われることとなる。

(3) 無効となる不利な特約

56条1項の1号および2号の趣旨からすれば、通知義務違反がある場合に限り、保険者からの解除が認められるものであるから、通知の有無にかかわらず、増加した危険が契約締結時に存在していたとすれば保険者は契約を締結しなかったであろう場合には、保険者に危険の増加に伴う契約解除を認めるとするような特約は無効となる。その他、危険増加（告知事項についての危険が高くなり、当初予定された保険料では賄えなくなる）に関する法の趣旨からすれば、危険増加に関連しない告知事項についても通知を求め、これを怠った場合には保険者に解除権が発生するとしたり、保険契約者または被保険者に軽過失があって通知をしなかった場合にも、保険者に解除権が発生するなどとする特約も無効とならざるを得ない。[3]

3　57条

保険契約は、いったん保険事故が発生した場合になされる保険給付と、事故に備えるために支払われる保険料との間には経済的な額の相対的な不均衡があるため、

2）　保険法コンメンタール104頁［出口正義］。
3）　萩本・一問一答90頁、大串＝日生・解説保険法112頁［藤井誠人］、福田＝古笛・逐条解説169頁。

保険金を取得する目的で保険事故を故意に招致するなどというモラル・リスクに関わる危険性を常に内包している。そして、保険事故を故意に招来させたような場合には、保険の健全性を維持するため、法律上も保険者に契約の解除を認める必要性が出てくる。そこで、保険法は、このような事故招致が行われた場合を含め重大事由による解除の規定を設け、解除事由を具体的に例示した上で、包括規定を置くという方法を採用した。

(1) **重大事由による解除の規定の概要**

57条は、保険者が契約を解除できる重大事由として、保険契約者または保険金受取人が、保険者に保険給付を行わせる目的で故意に被保険者を死亡させまたは死亡させようとしたこと（1号）、保険金受取人が、保険給付の請求について詐欺を行いまたは行おうとしたこと（2号）、その他、保険者の保険契約者、被保険者または保険金受取人に対する信頼を損ない、当該生命保険契約の存続を困難にするような重大な事由が認められた場合には、保険者に契約の解除権を与えるとするものである。

(2) **不利な特約の対象者**

保険者に解除権が発生するのは、故意の事故招致については保険契約者または保険金受取人によるもの、詐欺については保険金受取人によるもの、その他の重大事由については保険契約者、被保険者または保険金受取人によるものである。保険者に解除権という重大な武器が与えられることを勘案すると、不利な特約が作成されることにより保護の対象とされるのは、保険契約者、被保険者または保険金受取人となる。

(3) **無効となる不利な特約**

57条1号は故意の事故招致、2号は詐欺による保険給付、3号は、1号・2号以外で保険者の保険契約者、被保険者または保険金受取人に対する信頼を損ない、当該生命保険契約の存続を困難とする重大事由がある場合に、保険者に解除権が発生するという規定である。3号については重大事由とは何かについての解釈上の問題はあるものの、重大事由に該当しない事由について保険者に解除権を認めたり、59条2項3号の規定（57条各号の事由が生じた時から解除された時までに発生した給付事由につき保険給付を行う責任を負わない）に反して、常に契約成立時に遡って契約解除の効力が生ずる旨の特約は、保険契約者、被保険者または保険金受取人に不利となる内容となるところから、無効となる。

3号との関わりで問題となるのは、他保険契約の告知義務の合理性についてであ

---

4) 萩本・一問一答97頁、福田=古笛・逐条解説170頁。
5) 保険法コンメンタール115頁〔出口正義〕。

る。ごく短期間のうちにいくつもの保険契約が締結され、他の保険契約との重複により給付金の合計額が著しく過大となるような場合、1号や2号に直接該当しなくても、この3号には該当して、保険者に解除権を認めることができるかである。損害保険では発生した損害以上のてん補はあり得ないため問題とならないと考えられるが[6]、生命保険契約や傷害疾病定額保険契約の場合には大きな課題を抱えることとなる。保険契約関係としてきわめて不自然であるため、保険者には保険契約関係から離脱する途を与えるべきで、一般的には3号事由に該当する可能性があるとするものもあるが[7]、このような状況だけで保険契約者との信頼関係が破壊され、保険契約の存続を困難とする要件に該当するものと考えると、その適用範囲はきわめて不明確となってしまい[8]、かえって保険契約者に不利益になりかねない。

4　59条

　生命保険契約の解除に関し、基本的には、その種類にかかわらず一般的に将来効を生ずるものとし、①告知義務違反による契約解除（55条1項）、②危険増加による契約解除（56条1項）、③重大事由による契約解除（57条）の3つの場合につき、①については、解除された時までに生じた保険事故（59条2項1号本文）、②については、危険増加が生じた時から解除された時までに生じた保険事故（同項2号本文）、③については、重大事由が生じた時から解除がされた時までに生じた保険事故（同項3号）については、保険者は保険給付を行う責任を負わないものとした。

(1)　解除の効力に関する規定の概要

　59条1項は、解除の効力は将来効である旨を規定し、2項1号本文・2号本文は、上記のように保険者の免責を認めるとしながら、2項1号但書・2号但書は、保険事故が告知しなかった事実または危険増加をもたらした事実と関係なく発生したものであるときは、免責されないとしている。2項3号は、重大事由による解除の効力の規定であり、重大事由が生じた時から解除された時までに生じた保険事故については、保険者は免責されるものとしている。重大事由解除の場合では、解除の効力が将来に向かって生じるとしても、保険者は既発生事故の保険給付を行う責任を免れる。

(2)　不利な特約の対象者

　59条2項は、告知義務違反、危険増加または重大事由による解除がされた場合に、

6）　保険法コンメンタール176頁［榊素寛］。

7）　萩本・一問一答48頁。

8）　甘利公人『生命保険契約法の基礎理論』229頁以下（有斐閣・2007）、洲崎博史「人保険における累積原則とその制限に関する一考察」法学論叢140巻5=6号235頁（1997）。

保険者は一定の範囲で保険給付を行う責任を負わないと定めると同時に、これらの解除に伴い保険者が免責となる範囲を制限するものである。その意味では、保険契約者、被保険者または保険金受取人の保護に資するものであるから、不利な特約が作成されることにより保護の対象とされるのは、保険契約者、被保険者または保険金受取人となる。

(3) 無効となる不利な特約

解除の効力は将来効とされているところからすれば（59条1項）、解除の効力に遡及効を与えることにより、すでになされた保険給付の返還を求めるなどとしたり、解除までの間に発生した保険事故については保険給付の義務を負わないとする等の特約は、保険契約者、被保険者または保険金受取人に不利な内容のものであるから無効である[9]。また、59条2項1号但書・2号但書関連でいえば、保険事故の発生が、告知しなかった事実または危険増加をもたらした事由に基づいていない場合であっても保険者が免責される旨の特約は、因果関係原則に反する約定であり、保険契約者、被保険者または保険金受取人に不利な内容であるから無効である[10]。

なお、保険料分割払特約では、保険期間の開始後一定期間経過後まで保険料の支払を猶予し、その期間が経過しても保険料が支払われなかった場合には、契約の当初に遡って契約を解除するとしているが、これは保険契約者にとっても、保険料支払義務を免れるという点で、必ずしも保険契約者に不利な内容とはいえないところから、有効と解される[11]。

5 63条

63条各号は、保険期間満了前に被保険者が自殺したとき等により保険契約が終了し、保険者が保険給付を行う責任を負わない場合（51条各号（2号を除く））、保険者の責任が開始する前に保険契約者が任意解除する場合（54条）、同様に保険者の責任が開始する前に被保険者の解除請求により保険契約者が解除する場合（58条2項）、危険の増加により解除する場合（56条1項）、保険者の破産の場合（96条1項・2項）において、保険者は、保険契約者に保険料積立金を払い戻さなければならないとしており、この規定も片面的強行規定とされているから、保険契約者に不利なものは無効となる。

上記のような場合に、保険者に保険料積立金の払戻しが義務付けられるのは次の

---

9) 部会資料(10)17頁。
10) 保険法コンメンタール116頁［出口正義］。
11) 補足説明58頁。

ような根拠によるものである。すなわち、保険料積立金は、実質的には保険契約者に帰属するものであると考えられるから、被保険者の死亡等により保険者の給付責任が消滅する場合に、保険料積立金が保険契約者に返還されないと保険者の不当利得となってしまう上、積立の必要がなくなった保険者が利益として取得してしまうのは衡平ではないからである。[12]

(1) 保険料積立金の払戻しに関する規定の概要

63条は、生命保険契約において、保険期間満了前に、次のような事情（1号から4号）により保険契約が終了した場合には、保険者は保険給付を行う責任を負う必要はなくなるが、その場合、保険契約者のために積み立ててあった保険料積立金を払い戻さなければならないとしている。[13]

① 保険者が保険給付を行う責任を負わない場合（51条各号（2号を除く））

被保険者が自殺をした場合、保険金受取人が被保険者を故意に死亡させた場合、戦争その他の変乱により被保険者が死亡した場合

② 保険者の責任が開始する前に保険契約者が保険契約を任意解除した場合（54条）

③ 保険者の責任が開始する前に被保険者の解除請求により保険契約者が保険契約を解除した場合（58条2項）

④ 危険の増加により保険者が保険契約を解除した場合（56条1項）

⑤ 保険者破産の場合の保険契約者による保険契約の解除、または保険契約者が解除しなかったときの失効（96条1項・2項）

(2) 不利な特約の対象者

本条3号は、保険料積立金の払戻しに関する不利な特約の対象となるのは保険契約者であるとしている。保険料の支払義務者が保険契約者である以上、その払戻しを受ける権利を有するのは当然に保険契約者ということになる。

(3) 無効となる不利な特約

保険契約者の解除権を制限する旨の定め、保険料積立金の一部しか返還しない旨の定め[14]、失効までの期間を延長する旨の定めは、保険契約者に不利となるため無効となる。

---

12) 西島・保険法369頁は不当利得を根拠としてあげる。また、衡平を根拠としてあげるものとして、山下・保険法652頁。その他、福田=古笛・逐条解説194頁、大串=日生・解説保険法190頁［坂井明］。萩本・一問一答209頁は、平準保険式の場合、将来の保険金の支払に充てる部分の保険料をあらかじめ支払っていることになるから、保険契約が保険期間の途中で終了したときには、当然に払い戻さなくてはならないとする。

13) 福田=古笛・逐条解説193頁、保険法コンメンタール192頁［小林登］。

14) 萩本・一問一答210頁。

6 64条

生命保険契約が効力を失った場合、原則として、保険者は保険料を返還しなければならないが、64条に掲げる2つの場合は、保険契約者に対する制裁として、保険者は保険料を返還する義務を負わない。そして、この規定は片面的強行規定とされているから、保険契約者に不利な内容の特約は無効となる。

(1) 保険料の返還の制限に関する規定の概要

64条は、不当利得の原則に従い、保険契約が効力を失った場合には保険料を返還することを原則としつつ、保険契約者、被保険者または保険金受取人の詐欺・強迫により契約を取り消した場合（1号）、および39条1項の規定により死亡保険契約が無効とされる場合（2号本文）のみ、制裁的効果として保険料返還義務を負わないこととした。[15] 39条1項によれば、死亡保険契約を締結する前に発生した保険事故につき保険給付を行う旨の定めは、保険契約者が当該保険契約の申込みまたはその承諾をした時において、当該保険契約者または保険金受取人がすでに保険事故が発生していることを知っていたときは、無効とするものであって、64条2号本文は、そのような場合、遡及保険における保険契約者側の悪意への制裁という意味で、保険者は保険料の返還義務を負わないものとされるのである。

また、64条2号但書は、遡及保険により保険契約が無効とされる場合であっても、保険者が保険事故の発生を知って当該保険契約の申込みまたはその承諾をしたときは、保険者は保険料返還義務を免れないとしている。保険者の側にも帰責事由があることから、保険契約者側にのみ制裁を課すことは妥当でないためである。

(2) 不利な特約の対象者

保険料支払義務を負うのは保険契約者であり、保険料の返還を求めうるか否かが64条の規定の意味であるから、不利な特約の対象となるのは、保険契約者である。

(3) 無効となる不利な特約

64条に規定されている詐欺・強迫以外の取消原因を定めたり、あるいは勝手に無効原因を定めることは、保険者にとっては、基本的に不当利得の原則に則った保険料の返還義務の範囲を狭めることとなる一方、保険契約者には不利な内容の特約になってしまうところから、無効である。[16] 詐欺・強迫以外の取消しに基づく保険料の返還の問題については、64条の解釈問題としてではなく、一般法である民法の不当利得の考え方で解決すべきであろう。[17]

〔宮島 司〕

---

15) 萩本・一問一答105頁。
16) 萩本・一問一答106頁。
17) 保険法コンメンタール112頁〔小林登〕。

§66-I   863

第4章　傷害疾病定額保険

第1節　成　　立

（告知義務）
第66条　保険契約者又は被保険者になる者は、傷害疾病定額保険契約の締結に際し、
　　給付事由（傷害疾病による治療、死亡その他の保険給付を行う要件として傷害疾病
　　定額保険契約で定める事由をいう。以下この章において同じ。）の発生の可能性
　　（以下この章において「危険」という。）に関する重要な事項のうち保険者になる者
　　が告知を求めたもの（第84条第1項及び第85条第1項において「告知事項」とい
　　う。）について、事実の告知をしなければならない。

【条文変遷】　新設
【参照条文】　保険法4条・37条、疾病試案14条・15条、傷害試案14条・15条
【外国法令】　§37解説Ⅵ参照

Ⅰ　概　　要

　告知義務制度は、保険契約に特有のものであり、保険者の危険選択にとって重要
かつ不可欠な制度である。危険選択とは、収支相等および給付反対給付均等の原則
に従い、保険事故や給付事由の予定発生率を著しく超過すると判断される契約の申
込みについては、拒絶または加入条件の変更（割増保険料の徴収、保険金額の減額、
特定部位の不担保等）により承諾するか否かの判断をすることをいう。ところが、
保険者が危険選択を行うために必要な情報、とりわけ被保険者の健康状態等の事実
は構造的に保険契約者側の支配圏内に偏在し、保険者が容易に知ることはできず、
単独で調査することも困難である。そのため、保険契約者側に協力を求め、保険者
に対する告知義務を課しているわけである。
　告知義務に関する規定は、改正前商法から存在していたが、その内容については
解釈に委ねる部分が多かった。保険法は、これまでの学説・判例の流れおよび保険
実務の現状を踏まえ、改正前商法の自発的申告義務から質問応答義務へと転換した
こと、および告知事項とすることができる範囲を明確化したことにより、消費者で
ある保険契約者側の保護を強化することを図った。

告知義務は、保険法における損害保険契約、生命保険契約、傷害疾病定額保険契約の共通事項であり、各保険契約の固有の事柄を除き、ほぼ共通している。

本条（66条）は、損害保険契約4条、生命保険契約37条に相当し、傷害疾病定額保険契約の告知義務についての規定である。本条は、保険契約者または被保険者になる者が、傷害疾病定額保険契約の締結に際し、保険者になる者が保険事故に関する重要な事項のうち告知を求めたものについて、事実告知しなければならない旨を定めている。規定の性質は、片面的強行規定である（70条）。

Ⅱ　立法過程

1　保険法制定前試案

保険法改正の試みは、1980年前後から、保険実務家と保険法研究者との共同作業により、何本かの試案の作成という形で行われていた。損害保険法制研究会「損害保険契約法改正試案　傷害保険契約法（新設）試案（1995年確定版）」、生命保険法制研究会「傷害保険契約法試案（2003年版）」、そして生命保険法制研究（第二次）「生命保険契約法改正試案　疾病保険契約法試案（2005年確定版）」等である。ここで取り上げる傷害試案は2003年版であり、疾病試案は2005年のものであるが、この傷害試案と疾病試案では、生保試案と同様に、一般の告知義務と他保険契約の告知義務を分けて異なる条文を設けることとしていた。

一般の告知義務については、傷害試案と疾病試案の各14条の1項本文前段において「保険契約締結の当時、保険者が告知を求めた事項のうち、保険者がその危険を評価し、保険契約締結の可否またはその内容を決定するにあたり、その判断に影響を及ぼすべき一切の事項（以下、重要な事項という。）について保険契約者または被保険者」に告知義務を課すことを定め、同条2項において「保険者が書面で具体的に質問した事項は、重要な事項と推定する」と定めていた。その趣旨も内容も告知義務に関する生保試案678条と同じである。つまり、①告知方式を完全な質問応答義務とすること、②重要事項の定義および告知事項の範囲を明確化したこと、③質問表記載の事項を重要な事項と推定すること、である。[1]

そして、他保険契約の告知義務については、傷害試案と疾病試案の各15条1項本文前段において「保険契約締結の当時、保険者が保険契約者または被保険者に対し、同一の被保険者につきすでに存在する他の傷害／疾病保険契約または契約の申込みがなされまだ諸否の通知がなされていない他の傷害／疾病保険契約の告知を求めた

1）　傷害試案理由書66-67頁、疾病試案理由書224-225頁。

§66-Ⅱ2・Ⅲ

場合において、保険契約者または被保険者」に告知義務を課すことを定めている。その趣旨も内容も他保険契約の告知義務に関する生保試案678条の2と同じである。つまり、保険契約者が同一の被保険者について複数の傷害または疾病保険契約を締結する場合には、保険事故発生の仮装による保険金請求、故意の保険事故招致による保険金請求などの不正な保険金請求をする意図をもっていることがありうる。保険会社は、このことを考慮し、保険契約の締結時に他の傷害保険契約・疾病保険契約に関する告知を求めて、これを保険契約の締結の諾否の判断の資料とすることがある。もっとも、他保険契約の存在に関する事実を道徳危険の徴憑として保険者が危険選択の判断材料に使用している場合に限って、保険者は本条の告知義務の違反を理由として保険契約を解除できる[2]（§37解説Ⅳ1(2)参照）。

傷害試案と疾病試案の各14条1項・2項、および同各15条1項とも、保険契約者側の不利益に変更することができない半面（片面）的強行規定であるとされている[3]。

2 法制審議会保険法部会の審議

§4解説Ⅳ2と§37解説Ⅳ2を参照されたい。

Ⅲ 条文解説

本条は、生命保険契約における告知義務に関する37条と基本的に同様である。37条にいう「保険事故」が本条では「給付事由」と書き換えられ、そして、給付事由とは、傷害疾病による治療、死亡その他の保険給付を行う要件として傷害疾病定額保険契約で定める事由をいうと定義されている。このように書き換えられているのは、保険給付事由の発生要件の定め方は多様であり、生命保険契約の保険事故がすなわち傷害疾病定額保険契約の保険給付発生事由であるとはいえないということによるものであると解される[4]。

したがって、条文の解説も論点も37条と共通するため、詳細については、37条の解説を参照されたい。

そして、各保険契約の相違については、以下のとおり整理する。

第1に、告知義務者は、損害保険、生命保険、傷害疾病定額保険を通じて、「保険契約者又は被保険者になる者」とされている。

2） 傷害試案理由書70-72頁、疾病試案理由書228-229頁。
3） 傷害試案理由書69頁・72頁、疾病試案理由書227頁・230頁。
4） 山下＝米山・解説177-178頁以下［山下友信］。

第2に、告知時期は、いずれにおいても、「保険契約の締結に際し」として、保険契約締結の過程、すなわち保険契約者になる者が保険者になる者に対して保険契約の申込みを行った時から、保険者が承諾の意思表示をする時（法律上の契約成立の時点）までの間である。

第3に、告知事項は、いずれの保険契約についても、危険に関する「重要な事項のうち保険者になる者が告知を求めたもの」とされている。これにより、すべての保険契約にかかる告知義務の性質は、質問応答義務となっている。

第4に、「危険」の定義は、各保険契約で引き受けられる危険の特質に応じて書き分けられている。損害保険契約については、損害保険契約によりてん補することとされる損害の発生の可能性、生命保険契約については、保険事故（被保険者の死亡または一定の時点における生存をいう）の発生の可能性、傷害疾病定額保険については、給付事由（傷害疾病による治療、死亡その他の保険給付を行う要件として傷害疾病定額保険契約で定める事由をいう）の発生の可能性をいう。

第5に、告知義務に関するいずれの規定も片面的強行規定である。したがって、これらの規定に反する特約で、保険契約者または被保険者に不利なものは、無効となる（7条・41条・70条）。

【告知義務に関する保険種類別の規律の比較】

比較項目	損害保険 （4条）	生命保険 （37条）	傷害疾病定額保険 （66条）
告知義務者	保険契約者または被保険者になる者	同左	同左
告知の時期	保険契約の締結に際し	同左	同左
告知事項	重要な事項のうち保険者になる者が告知を求めたもの	同左	同左
告知義務の性質	質問応答義務	同左	同左
危険の定義	損害保険契約によりてん補することとされる損害の発生の可能性	保険事故（被保険者の死亡または一定の時点における生存をいう）の発生の可能性	給付事由（傷害疾病による治療、死亡その他の保険給付を行う要件として傷害疾病定額保険契約で定める事由をいう）の発生の可能性
規定の性質	片面的強行規定	同左	同左

なお、保険実務上も、生命保険会社の傷害保険や疾病保険において求められる告知事項は、一般に生命保険のそれと同様の内容である。すなわち、被保険者の属性（年齢や職業）と健康状態（既往症・現症・自覚症状等）の保険危険事実のみが告知事

§66-Ⅳ・§67-Ⅰ

項とされている。

　一方、損害保険会社の傷害保険において求められる告知事項は、被保険者の年齢、職業、現在の健康状態に関する保険危険事実のほかに、過去の一定期間中における引受拒絶の有無、保険金請求の有無および他保険契約の有無いわゆる道徳的危険事実についても告知事項とされるのが通例である。

Ⅳ　今後の展望

　§37解説Ⅶを参照されたい。

〔李　鳴〕

（被保険者の同意）
第67条　①　傷害疾病定額保険契約の当事者以外の者を被保険者とする傷害疾病定額保険契約は、当該被保険者の同意がなければ、その効力を生じない。ただし、被保険者（被保険者の死亡に関する保険給付にあっては、被保険者又はその相続人）が保険金受取人である場合は、この限りでない。
②　前項ただし書の規定は、給付事由が傷害疾病による死亡のみである傷害疾病定額保険契約については、適用しない。

【条文変遷】　新設
【参照条文】　保険法38条・87条、改正前商法674条1項、傷害試案5条、疾病試案5条
【外国法令】　§38解説Ⅵ参照

Ⅰ　概　　要

　本条（67条）は、生命保険契約に関する38条（被保険者の同意）に相当する規律である。

　他人の傷害疾病定額保険契約とは、保険契約者以外の第三者を被保険者として、その傷害または疾病を給付事由の対象とする契約をいう。すなわち、保険契約者と被保険者が別人である傷害疾病定額保険契約である。医療保険、がん保険、傷害保険等がその例である。

　他人の傷害疾病定額保険契約においても他人の死亡保険契約と同様に、保険の賭博的利用、道徳危険（モラル・リスク）、人格権侵害の3つの弊害の発生のおそれがある。そこで、保険法は、このような弊害の防止を図る38条と同様の趣旨（§38解

説I 2参照）で、他人の傷害疾病定額保険契約における被保険者の同意に関する規定を新設した。

　本条は改正前商法674条1項但書を参考とし、保険契約者以外の第三者を被保険者とする他人の傷害疾病定額保険契約について、原則として、他人の死亡保険契約と同様、被保険者の同意を契約の効力要件としつつ（1項本文）、この例外として、被保険者（被保険者の死亡に関する保険給付にあっては、被保険者またはその相続人）が保険金受取人である場合には、被保険者の同意を不要としている（1項但書）。もっとも、この例外は、保険契約の給付事由が傷害疾病による死亡のみである場合には適用されず、被保険者の同意が必要とされる（2項）。

　なお、本条の規定は、1項但書を除き、38条と同様、絶対的強行規定である。

II　改正前商法

　改正前商法では、他人の傷害疾病定額保険契約に関する規律は設けられていなかった。他人の傷害の保険契約については、解釈として改正前商法674条1項本文が類推適用され、被保険者の同意が必要とされ[1]、学説・判例上もこれを肯定していた[2]。定額保険とされている傷害保険契約における死亡保険給付については、保険給付の内容と保険給付請求権者が生命保険契約の場合と変わらないことから、改正前商法674条1項本文を類推適用することには問題がないとされてきた。一方、定額保険とされる傷害または疾病保険契約でも死亡保険給付以外の給付については、生命保険契約のように保険金受取人の指定を自由に認めるのではなく、約款で被保険者を受取人と定められるのが通例である。改正前商法674条1項但書は、被保険者が保険金受取人となる場合は同項本文の例外として被保険者の同意は不要としていた。しかし、実際には被保険者死亡の場合の保険金受取人が法定相続人であり被保険者からみれば他人が保険金を受け取るのであるから、このような例外を認めることについては立法論として批判が強いところであった[3]。

1）　山下・保険法268頁。

2）　三宅一夫「他人の死亡の保険契約」大森=三宅・諸問題310頁。傷害保険契約において、被保険者の同意なく締結された契約が無効とされた事例として、大阪地判昭和54・2・27判時926号115頁、東京高判平成3・11・27判タ783号235頁、東京地判平成3・8・26判タ765号286頁、水戸地判平成10・5・14判ク991号221頁、最判平成18・4・11民集60巻4号1387頁（保険法百選112頁）等がある。ただ、いずれも損害保険会社が取り扱った契約であった。

3）　山下・保険法273頁以下。

Ⅲ　立法過程

1　保険法制定前試案

⑴　傷害試案

　傷害試案５条１項は、保険契約者と被保険者が別人である他人の傷害の保険契約について、「被保険者またはその法定相続人が保険金受取人となる場合を除き、他人の傷害に関して保険金の支払をすることを定める保険契約を締結するには、その者の書面による同意がなければならない」と規定していた（１項本文、絶対的強行規定）。かかる同意は、傷害による死亡について保険者が保険金を支払う部分に限らず、傷害による後遺障害や入院等、死亡以外の傷害の結果に対して保険金を支払う部分も含まれるものとしていた。その同意の時期は、保険契約の締結時とされることから、同意の法的性質は契約の成立要件であると考えられる。また、同意の方式は書面によるものと明確にされていた。同規律によれば、他人の傷害の保険契約でも、被保険者またはその法定相続人が保険金受取人となる場合は、被保険者による書面による同意を要しないこととしていた。これは、被保険者が保険金受取人であるときは被保険者の同意を不要とする改正前商法674条１項但書の規定と同趣旨であると考えられる。

　もっとも、他人の傷害の保険契約において「被保険者またはその法定相続人が保険金受取人となる場合においても、被保険者となるべき者の書面による同意を要するものとすることを約定することを妨げない」としていた（同項但書）。これは、傷害保険契約もその態様には多様なものがあり、モラル・リスクを誘発するものもありうるからであると説明されていた。

　傷害試案５条１項の趣旨は、契約の締結を保険契約者の自由に任せると、保険契約者が賭博の目的で被保険者に危害を加えるなど、保険契約を悪用する危険性があるため、適当な方法を講じてこのような不正行為の危険の防止を図らなければならないことから、生保試案674条と同趣旨であった。もっとも、傷害保険契約は生命保険契約と契約の内容や締結の状況等が異なる面があるため、生保試案674条を基礎としつつ必要な修正を加えていた。

　なお、傷害試案では、未成年者の傷害保険契約および団体傷害保険契約について

　4）　傷害試案理由書48頁。
　5）　傷害試案理由書48頁以下。
　6）　傷害試案理由書47頁。

も、生保試案674条の2および682条の5・682条の6と同趣旨の同規定を設けていた。詳細は、38条の解説を参照されたい。

(2) 疾病試案

疾病試案において、疾病保険契約は、被保険者が疾病にかかること、または疾病により入院すること等を保険事故とするものであり、保険契約者と被保険者が別人である契約を自由に締結しうるものとしても、悪用の危険性はそれほど大きくないと考えられる。しかし、危険が全くないわけではなく、また個人の人格の尊重の見地から、保険契約者と被保険者が別人である他人の疾病の保険契約についても、他人の生命の保険契約および他人の傷害の保険契約の場合と同様の規定を設けることとしていた[7]（疾病試案5条1項・6条・40条・41条）。

2 法制審議会保険法部会の審議

保険法部会の検討過程において、他人の傷害疾病定額保険契約における被保険者の同意のあり方をめぐって特に議論されていたのは、同意不要に該当する「一定の場合」の範囲である[8]。つまり、他人の傷害疾病定額保険契約は、原則として当該被保険者の同意がなければ、その効力を生じないものとするが、どの範囲で被保険者の同意の例外を認めてよいかということである。

そして、保険法部会では、被保険者の同意を効力要件としない「一定の場合」を考慮する際に、被保険者の同意が求められている趣旨を踏まえ、例外が際限なく広がらないように留意しつつ、保険契約者、保険金受取人、被保険者の相互関係、保険事故の内容、保険契約者が他人を被保険者とする傷害疾病定額保険契約を締結する合理性の有無、被保険者の同意を個別的に求めることの必要性という視点から検討されていた[9]。そして、損害保険会社で取り扱っている次のような傷害保険契約が取り上げられていた。いずれも保険金受取人は保険契約者ではなく、被保険者またはその相続人である。

(1) 保険契約締結時に被保険者が特定できない保険契約

たとえば、①自動車保険契約の搭乗者傷害条項や遊園地等の施設の入場者やイベントの参加者を被保険者とする傷害保険契約、②学校の児童・生徒やスポーツ団体等の構成員の全員を被保険者とする保険契約者の管理もしくは監督下の傷害保険契約、③企業の従業員全員を被保険者とする就業中・海外出張中の災害補償契約。このような契約は、契約締結時に被保険者を特定ないし確定することができず、被保

---

7) 疾病試案理由書205頁以下。

8) 第7回議事録18頁、第18回議事録20頁、第20回議事録18頁以下。

9) 部会資料(19)1頁、部会資料(21)2頁以下、補足説明72頁。

§67-Ⅲ2　　　　　　　　　　　　　　　　　　　　　　　　　871

険者から同意を個別に得ることが不可能という特殊性がある。これらの契約については、保険事故が保険契約者と関係のある一定の場合に限定されており、モラル・リスクは想定しがたく、保険契約者が被保険者の傷害疾病等を保険事故とする保険契約を締結する必要性が高く、その合理性もあると認められる。かかる保険契約については、被保険者の同意を不要とすることにそれほど異論はみられなかった。[10]

(2)　顧客を被保険者とし顧客のために締結される保険契約

たとえば、①旅行者やサークル等のグループの代表者がその全員を被保険者として締結する傷害保険契約（海外・国内旅行傷害保険契約等）、②クレジットカード会社がカードホルダーを被保険者として締結する傷害保険契約（海外旅行傷害保険契約）、③自動車ディーラーが購入された自動車の搭乗者を被保険者として締結するシートベルト付帯傷害保険契約。このような契約については、契約締結時に被保険者を確定ないし特定している点が上述(1)の契約と異なるが、保険金受取人は保険契約者ではなく、被保険者または被保険者の相続人であるという点は共通している。保険法部会では、これらの場合についても保険契約者が被保険者のために保険契約を締結する一定の合理性があることから、被保険者の同意を効力要件としないこととされた。なお、これに積極的に反対する意見はなかった。[11]

(3)　家族傷害保険契約

家族をまとめて被保険者とする家族傷害保険契約などを同意不要の対象とすべきかどうかは、保険法部会で次のように意見が激しく対立していた。

被保険者の同意の趣旨から、被保険者の同意を得ることを原則とするべきであり、特に海外旅行傷害保険や配偶者同士の場合にはモラル・リスクの危険性が高く、被保険者の同意を効力要件とすべきとの否定的な意見があった。[12]

これに対し、家族で海外旅行をする場合に、空港のカウンターで家族全員を被保険者とする海外旅行傷害保険契約を締結する場合のような、被保険者全員の同意を得ることが不可能ではないにせよ、時間的制約等から事情次第では同意の取得が難しい等のケースがあり、保険契約者（消費者）にとっての利便性という視点からも同意不要とすべきであるとの肯定的な意見があった。

さらに、家族傷害保険や海外旅行傷害保険などについては、モラル・リスクのおそれが高いなどとして、仮に被保険者の同意を不要とすることにしても、保険金額の上限を葬儀費用程度に制限すべきであるとの限定的な意見もあった。

---

10)　部会資料(11)5頁以下、補足説明71頁以下。
11)　補足説明71頁。
12)　補足説明72頁。

872   §67−Ⅳ1

　しかし、以下の理由から、最終的に保険金額の上限を定めることはしないとの結論になった。①保険法は保険契約の一般法であり、特定の保険商品だけを念頭においた規律を設けるのは適当でない（このような規律を設けると、将来の商品開発を阻害することにもなりかねない）こと、②実務上保険金額を含む種々の事情を総合的に考慮する形でモラル・リスク対策が講じられているにもかかわらず、その一要素である保険金額だけを取り出して一律に制限する規律を設けることが適当ではないこと、③保険金額を制限するものとしないものに分けるとすれば、これを明確に区別する必要があるが、不可能であることなど。

　最終的に、被保険者のために新たな請求権を設けて、例外規定に基づき同意なくして締結された契約の被保険者は、保険契約者に対して無制限に契約解除の請求をすることができるとし（87条1項1号）（詳細については§87解説Ⅲ参照）、後は自主規制で金額などを限定するということで決着した。

⑷　保険契約者が自己の業務または活動に関して締結する保険契約

　被保険者の同意不要の例外規定として、保険法部会において、「保険契約者が自己の業務または活動に関して保険契約を締結する場合（であって、保険契約者またはその相続人が保険金受取人となるとき）」というような要件を付加する案の採否も審議されていた。しかし、被保険者の同意が求められている趣旨に照らして、殊更にこれを要件とするまでの必要はないと考えられることや、そもそもこの要件によってどのような契約が除外されることになるのか明らかではないとの指摘もされていること等を踏まえて、最終的にそれを同意不要の要件として付加しないこととされた。

Ⅳ　条文解説

1　同意必要の原則

　本条1項本文は「傷害疾病定額保険契約の当事者以外の者を被保険者とする傷害疾病定額保険契約は、当該被保険者の同意がなければ、その効力を生じない」と規定している。本条は、38条と同様に、弊害防止の措置として同意主義を採用し、かかる同意の法的性質は、契約の効力要件であることを明記している。したがって、

---

13)　部会資料(21) 4頁、萩本・一問一答174頁(注1)。
14)　山下友信「保険法制定の総括と重要解釈問題（生保版）─成立過程の回顧と今後に残された課題」生保論集167号17頁（2009）。
15)　部会資料(21) 4頁。

保険契約者以外の第三者を被保険者とする他人の傷害疾病定額保険契約について、被保険者の同意不要の場合を除き、原則としてその同意がなければ、効力要件を欠くものとして当該保険契約は無効となる。

保険法では、同意の方式・内容・相手方および時期については、他人の死亡保険契約に関する規律である38条と同様に明確な規定が置かれておらず、改正前商法と同じく、解釈論や約款に委ねることとされた（§38解説Ⅴ3・4参照）。

2 同意不要の例外規定

本条1項但書は「ただし、被保険者（被保険者の死亡に関する保険給付にあっては、被保険者又はその相続人）が保険金受取人である場合は、この限りでない」と規定している。これは、1項本文の同意主義に対する例外であり、改正前商法674条1項但書に類似した規定である。

(1) 例外規定の設置理由

例外規定を設ける理由について、次のように説明されている。[16] すなわち、傷害疾病定額保険契約は、入院・治療・高度障害等といった生存中の被保険者自身の医療費等に備えて締結されるものであり、通常被保険者が保険金受取人とされる。被保険者を保険金受取人とする限り、保険が賭博的に用いられる弊害やモラル・リスクの弊害が一般的に少なく、また、被保険者の人格権という観点からも被保険者の同意を求める必要はない。改正前商法674条1項但書も同様の考えに基づいている。要するにこのような例外を設けても、同意主義の趣旨に反する事態の防止が可能と考えられるからである。

(2) 例外規定の要件

同意原則の例外規定の要件の1つは、「被保険者（被保険者の死亡に関する保険給付にあっては、被保険者又はその相続人）が保険金受取人である」とされる。括弧書は、傷害疾病定額保険契約においては、給付事由は被保険者の入院・治療・高度障害のみでなく、被保険者の死亡も含まれる場合があることから、その死亡の保険給付は、被保険者またはその相続人が保険金受取人になる場合も考慮したものと考えられる。死亡給付の規定を含む場合には、保険金受取人を被保険者本人としても、その死亡給付金を被保険者が受け取ることはできないため、その相続人が受け取ることになる。そうすると、他人の死亡保険契約について受取人を被保険者本人と規定した場合でも被保険者の同意を要するという38条の規定とは相反することになる。しかし、傷害疾病定額保険の場合、保険契約の主たる目的が被保険者の傷害疾病に

---

16) 補足説明99頁、萩本修ほか「保険法の解説（4）」NBL887号90頁（2008）参照。

際しての入院給付等の保険給付にあり、死亡給付金が中心的な目的ではなく[17]、加え
て、その死亡給付金額が少額であることに鑑み、弊害も少ないと考えられる。

なお、保険実務上、他人の傷害疾病定額保険において、入院・治療給付金および
高度障害保険金の受取人は約款で被保険者と定められるのが通例であるが、死亡保
険金受取人は約款で被保険者またはその相続人と定められる場合もあれば、保険契
約者によって指定される場合もある。

(3) 例外規定の効果

本条1項但書の効果として、被保険者の同意が不要とされている場合は、被保険
者の同意がなくても当該保険契約は有効に成立することになる。

もっとも、この場合においても、被保険者となるべき者の同意を要する旨を約定
することは妨げないと解される[18]。なお、生命保険実務では、被保険者同意不要の取
扱いはしていない。同意不要の例外規定は、前述のように損害保険実務の影響が強
く反映されているものと思われる。

被保険者が契約の締結について現に同意をしていない場合は、87条1項1号の類
推適用により、被保険者の離脱請求が可能であると考えられる（§87解説Ⅲ2参照）。

3 例外規定の非適用

本条2項は、「前項ただし書の規定は、給付事由が傷害疾病による死亡のみであ
る傷害疾病定額保険契約については、適用しない」と規定している。すなわち、同
意不要の例外を認めないこととされている。これは、傷害疾病による死亡のみを給
付事由とする契約は、専ら被保険者が死亡した場合を念頭においており、被保険者
のために契約が締結されたとは言い難いこと、これについて保険金の支払を受ける
者が常に被保険者の相続人である点で生命保険契約の場合と異ならず、被保険者の
同意を効力要件としないとすれば、他人の死亡保険契約について被保険者の同意を
効力要件としない例外を認めない（38条の趣旨により被保険者が保険金受取人として指
定されている場合でも、例外なく当該被保険者の同意が必要とされている）こととも整
合的ではないこと等を考慮したものであると説明されている[19]。

したがって、同意原則の例外要件は、①被保険者（被保険者の死亡時に支払われる
保険金にあっては、被保険者またはその相続人）が保険金受取人であること、かつ、

---

17) 福田弥夫「被保険者の同意」甘利＝山本・論点と展望、江頭憲治郎「他人の生命の保険」
中西喜寿・236頁。

18) 竹濵・Q＆A新保険法46頁以下［平尾正隆］。

19) 部会資料(21) 3頁。

②被保険者が傷害疾病によって死亡した場合にのみ保険金を支払う傷害疾病定額保険契約でないことの２つである。かかる例外要件が満たされない場合は、原則に戻り被保険者の同意を必要としている。

4　１項と２項との関係

本条１項と２項との関係について、この規律の趣旨に照らして、傷害疾病が生じた場合に被保険者本人に対し行われる保険給付（たとえば、高度障害給付金・入院給付金等）があくまでも主であって、被保険者の死亡時に被保険者の相続人に支払われる保険給付（死亡保険金）が従であるような場合には、本条１項の規定が適用され、被保険者の同意なしに契約が有効となりうると解される。[20]

逆に、被保険者の同意を効力要件としている趣旨を潜脱することだけを目的としたような内容の契約については、たとえば、条文の文言上「傷害疾病による死亡のみ」となっていることを奇貨とし、脱法的に多額の死亡給付を行う契約にごく少額の傷害疾病生存給付を組み合わせたような場合には、死亡給付のみを定める契約と同視すべきものとして、本条２項の規定が適用され、被保険者の同意がない限り無効と解される余地があると考えられる。[21]

5　規定の性質

本条は、被保険者の生命・身体の安全など公序にかかわる内容であるため、１項但書を除いて、その性質上絶対的強行規定とされている。[22] したがって、保険契約の当事者間の合意により、傷害疾病定額保険契約の締結時に被保険者の同意が保険法上必要とされるにもかかわらず、一律に被保険者の同意を不要とする特約は無効であると考えられる。

6　67条と38条との相違

保険法では、他人の死亡保険契約には38条が、他人の傷害疾病定額保険契約には67条が適用される。団体生命保険契約と団体傷害疾病定額保険契約については、前述のように独立した団体保険の規定を設けることは見送られたため、38条と67条がそれぞれ適用される。

67条と38条のいずれにおいても、基本的に改正前商法674条１項の規定を引き継ぎ、弊害防止の手段として同意主義を採用し、かつ被保険者の同意がその効力要件

---

20)　江頭・前掲注(17)236頁。

21)　部会資料(21)３頁、同旨、萩本・一問一答174頁(注２)等参照。

22)　中間試案18頁、補足説明73頁。

である旨明示している。しかし、67条と38条の両方とも、同意の方式、時期および相手方については、何ら規定しておらず、従来どおり解釈論や約款に委ねることとしている。

38条の規定は、保険金受取人の指定いかんにかかわらず、他人の死亡保険契約について一律に被保険者の同意を要求している。これに対し、67条の規定は、他人の傷害疾病定額保険契約について例外規定を設け、被保険者またはその相続人が保険金受取人であり、かつ給付事由が傷害疾病による死亡のみでない場合には被保険者の同意は不要であるとしている。

V　今後の展望

1　実務との関係

他人の傷害疾病定額保険契約については、生命保険実務では、従来から同意をとっているので問題にならなかったのであるが、大きく問題になったのは損害保険会社の傷害保険・疾病保険である。損害保険実務では、自動車保険契約の搭乗者傷害条項、イベントの参加者全員を被保険者とする保険契約のように、契約の締結時に被保険者が不特定で、被保険者の個別の同意を得ることが不可能な場合等に、保険金受取人を被保険者またはその相続人と定めた上で、被保険者の同意を得ない取扱いが現に広く行われている。[23] そのため、生命保険会社の実務並みに全部同意をとることになると、従来の実務が大きく変えられるので損害保険会社の方の大きな抵抗があった。[24]

保険法施行後の現在の損害保険実務において、被保険者自身が保険金受取人であっても、一定の金額（1000万円等）を超える契約を締結するときには、被保険者の同意が求められる場合もある。同意の取付け方法としては、生命保険実務と同様、申込書の「被保険者の同意欄」への署名が一般的である。[25]

また、被保険者が未成年である場合について、金額は保険業法施行規則（53条の7第2項）および保険会社向けの総合的な監督指針（Ⅱ-3-5-1-2 (15)）を踏まえて各社で引受限度額等に関する社内規定を設けている。一般的には、15歳未満の未成年者の死亡保険は、一時払終身保険、一時払養老保険を除いて、1000万円を引受限度として、損害保険の傷害保険、海外傷害保険は、他社契約も含め1000万円を引受上

---

23)　江頭・前掲注(17)236頁。
24)　山下・前掲注(14)17頁。
25)　日本損害保険協会HP(http://soudanguide.sonpo.or.jp/body/q075.html)

限金額としている会社が多いようである。[26]

2　残された課題

　他人の傷害疾病定額保険契約における被保険者の同意のあり方をめぐって、主に次の課題は、今後引き続き議論されていくであろう。

　第1に、被保険者の同意が必要である場合においては、他人の死亡保険契約とほぼ同様、①事後同意の場合における契約効力の遡及効の有無、②同意がない場合の契約無効の主張権者、③同意の空洞化ないし形骸化の防止、および④未成年者を被保険者とする契約のモラル・リスクの対策という課題である（§38解説Ⅶ2参照）。

　第2に、被保険者の同意不要の場合においては、①海外旅行傷害保険や家族傷害保険の場合におけるモラル・リスク、および②勝手に他人を被保険者とすることが被保険者の人格権を侵害するのではないかという課題である。

〔李　鳴〕

---

26)　日本損害保険協会HP（http://soudanguide.sonpo.or.jp/body/q075.html）、保険法コンメンタール130頁［榊素寛］。

878   §68-Ⅰ1,2

> **（遡及保険）**
> **68条** ① 傷害疾病定額保険契約を締結する前に発生した給付事由に基づき保険給付を行う旨の定めは、保険契約者が当該傷害疾病定額保険契約の申込み又はその承諾をした時において、当該保険契約者、被保険者又は保険金受取人が既に給付事由が発生していることを知っていたときは、無効とする。
> ② 傷害疾病定額保険契約の申込みの時より前に発生した給付事由に基づき保険給付を行う旨の定めは、保険者又は保険契約者が当該傷害疾病定額保険契約の申込みをした時において、当該保険者が給付事由が発生していないことを知っていたときは、無効とする。

【条文変遷】 新設
【参照条文】 保険法5条・39条、傷害試案3条、疾病試案3条
【外国法令】 §5解説Ⅵ参照

Ⅰ　概　　要

1　遡及保険の意義

　遡及保険とは、保険期間の始期を保険契約の成立の時よりも前に遡らせることをいう[1]。遡及保険は、もともと海上保険や運送保険の損害保険実務に対応するものである。典型的には、海上保険において、船が出港した後になって、保険者の責任開始を出港時に遡らせて危険負担をする保険契約を締結する場合、また運送保険において、貨物を船積した後であっても、保険者の責任開始を貨物の船積時に遡らせて危険負担をする保険契約を締結する場合などがこれに該当する。

2　規定の趣旨

　改正前商法から、保険契約時に当事者の一方または被保険者が保険事故の発生しないこと（以下「不発生」という場合がある）またはすでに発生していること（以下「発生」または「既発生」という場合がある）を知っているときは、その契約を無効とする規定が設けられていた（改正前商法642条。生命保険は同683条1項で準用）。

　当該規定の趣旨は、保険事故の不発生・既発生の確定を知る関係者が相手方の不知に乗じて不当な利得を企図する弊害を防止するところにあった[2]。保険法は、改正

---

1)　基本法コンメンタール242頁［中西正明］、萩本・一問一答61頁等。
2)　大森忠夫『続保険契約の法的構造』187頁（有斐閣・1956）。

§68-Ⅰ3・Ⅱ1　　879

前商法642条の趣旨を維持しつつ、損害保険、生命保険および傷害疾病定額保険の共通事項として遡及保険の条文を設け、いずれも、遡及保険が原則として有効であることを前提に、例外的に保険契約者側が保険給付を受けることが不当な利得となる場合と、保険者が保険料を取得することが不当な利得となる場合に限って、遡及保険の定めを無効としている。

3　条文概要

　本条（68条）は、傷害疾病定額保険に関する遡及保険を規律するものである。傷害疾病定額保険契約を締結する前に発生した給付事由に基づき保険給付を行う旨の定めは、保険契約者がその保険契約の申込みまたはその承諾をした時点で、当該保険契約者、被保険者または保険金受取人が給付事由の既発生を知っていた場合（1項）、また、傷害疾病定額保険契約の申込みの時より前に発生した給付事由に基づき保険給付を行う旨の定めは、保険者または保険契約者がその保険契約の申込みをした時点で、当該保険者が給付事由の不発生を知っていた場合（2項）は、いずれも無効としている。

　1項は絶対的強行規定であるのに対し、2項は片面的強行規定である（70条）。

Ⅱ　立法過程

1　保険法制定前試案

　傷害試案と疾病試案は、各3条において「保険者の責任の遡及」を設け、いずれも、傷害保険契約・疾病保険契約における保険者の責任の開始に関する問題のうち、保険者が契約成立前に第1回保険料相当額の支払を受ける場合の関係についての規定である。その考え方も規定振りも基本的に生保試案673条の4と同様である。[3]

　傷害試案と疾病試案の各3条1項は、「保険者が契約成立前に第1回保険料相当額の支払いを受ける場合において保険契約の申込みを承諾したときは、保険者は、第1回保険料相当額の支払いがあった時（第31条／第15条の規定により準用される生命保険契約法改正試案第678条第1項または第678条の2第1項の告知がこれより後であるときは、告知の時）から契約上の責任を負う」と定めていた。これによれば、保険者が契約成立前に第1回保険料相当額の支払を受ける場合には、保険者は、保険契約の申込みを承諾したときは、第1回保険料相当額の支払の時（告知がこれより後

　3）　傷害試案理由書190頁以下、疾病試案理由書260頁以下。

であるときは、告知の時）から契約上の責任を負う。したがって、保険者の責任の開始時期が承諾前（保険契約の成立前）に遡る。

同条2項は、「前項の場合において、被保険者の傷害／疾病の発生後に保険者が申込みを承諾したときは、保険者の承諾の当時に保険契約者、保険金受取人、被保険者または保険者が傷害／疾病の発生の事実を知っていても、そのために保険契約が無効となることはないものとする。この場合において、保険者は、保険者の責任開始の時よりも前に生じた被保険者の傷害／疾病について保険金を支払う責任を負わない」と定めていた。同項は、保険者の承諾前に被保険者に傷害／疾病事故が発生した場合に関する規定である。生命保険契約の場合には、保険者の承諾前に被保険者が死亡した場合の関係が問題となるが、傷害／疾病保険契約の場合には、保険者の承諾前に傷害／疾病事故が発生した場合の関係が問題となる。2項前段によれば、保険者が契約成立前に第1回保険料相当額の支払を受ける場合において、被保険者の傷害／疾病事故の発生後に保険者が申込みを承諾したときは、保険者の承諾の当時に保険契約者、保険金受取人、被保険者または保険者が被保険者の傷害／疾病事故の発生を知っていても、そのために保険契約が無効となることはない。ただし、保険者が責任を負うのは、保険者の責任開始の時より後に生じた傷害／疾病についてである。この時よりも前に生じている被保険者の傷害／疾病については、保険者は保険金ないし給付金支払義務を負わない。これは、保険者の責任開始時期以後に生じた傷害／疾病のみが保険金ないし給付金支払の対象となるという原則から生ずる結論である。

同条3項は、「第1項の場合において、被保険者が保険者の責任開始の時よりも前に死亡しているときは、保険契約は無効とする」と定めていた。これによれば、被保険者が本条1項による保険者の責任開始の時よりも前に死亡しているときは、保険契約は無効となる。これは、この場合には、被保険者の死亡により、その契約は被保険者の不存在の契約となり、保険者が危険負担をする余地がなくなるからである。これを反対解釈すれば、保険者の責任開始時期よりも前に被保険者の死亡に至らない傷害／疾病事故が発生していても、保険契約は無効とならない。

傷害試案と疾病試案各3条は、生保試案673条の4と同様に任意規定とされている。

2　法制審議会保険法部会の審議

§5解説Ⅳ2と§39解説Ⅳ2を参照されたい。

Ⅲ 条文解説

保険法において、傷害疾病定額保険について設けられた遡及保険の規定は、生命保険と同様に、基本的に損害保険のそれと同一である。損害保険についての5条に「保険事故」とあるのが、本条では「給付事由」とされ、5条に「損害をてん補する」とあるのが、本条では「保険給付を行う」とされ、5条に「保険契約者又は被保険者」とあるのが、本条では「保険契約者、被保険者又は保険金受取人」とされている。そのゆえに、下表に示すように、責任遡及の範囲、知・不知の対象事実とその判断基準時および無効となる場合の法的効果は、5条と同じである（§5解説Ⅴ参照）。

規定上は、1項に定める知・不知の主体のみ異なっているが、以下の理由により実質的には相違ないと考えられる。すなわち、損害保険契約の被保険者は生命保険契約と傷害疾病定額保険契約の保険金受取人にも相当する。また、保険約款では、傷害疾病定額保険における障害給付金、入院給付金、手術給付金等の受取人が被保険者のみとされているのが通例である。そのため、傷害疾病定額保険については、給付事由の既発生の知・不知の主体は、保険契約者と保険金受取人に加え、被保険者もその主体とされているわけである。

【遡及保険に関する条文の比較】

比較項目		損害保険 （5条）	生命保険 （39条）	傷害疾病定額保険 （68条）
責任遡及の範囲	1項	契約の締結前に遡らせるもの	同左	同左
	2項	契約の申込前に遡らせるもの	同左	同左
知・不知の対象事実	1項	保険事故の既発生	同左	給付事由の既発生
	2項	保険事故の不発生	同左	給付事由の不発生
知・不知の主体	1項	保険契約者、被保険者	保険契約者、保険金受取人	保険契約者、被保険者、保険金受取人
	2項	保険者	同左	同左
知・不知の判断基準時	1項	保険契約者の契約申込みまたはその承諾の時	同左	同左
	2項	保険者または保険契約者の契約申込みの時	同左	同左
無効となる場合の法的効果	1項	保険金の取得はできず、保険料の返還なし	同左	同左
	2項	保険料の取得はできない	同左	同左

Ⅳ 今後の展望

　傷害疾病定額保険契約も諾成・不様式の契約であるから、保険契約者になる者の申込みの意思表示と保険者の承諾の意思表示が合致した時点で保険契約は締結される。死亡保険契約においては、保険事故は1回しか発生しないのに対し、傷害疾病定額保険契約の給付事由は複数回発生することがありうるところが異なるだけである。したがって、本条と実務との関係および約款上の責任遡及条項との関係を含め残された課題は、生命保険と同様である。詳細については、§39解説Ⅵ2を参照されたい。

〔李　鳴〕

§ 69 - I   *883*

（傷害疾病定額保険契約の締結時の書面交付）

第69条　①　保険者は、傷害疾病定額保険契約を締結したときは、遅滞なく、保険契約者に対し、次に掲げる事項を記載した書面を交付しなければならない。

(1)　保険者の氏名又は名称

(2)　保険契約者の氏名又は名称

(3)　被保険者の氏名その他の被保険者を特定するために必要な事項

(4)　保険金受取人の氏名又は名称その他の保険金受取人を特定するために必要な事項

(5)　給付事由

(6)　その期間内に傷害疾病又は給付事由が発生した場合に保険給付を行うものとして傷害疾病定額保険契約で定める期間

(7)　保険給付の額及びその方法

(8)　保険料及びその支払の方法

(9)　第85条第1項第1号の通知をすべき旨が定められているときは、その旨

(10)　傷害疾病定額保険契約を締結した年月日

(11)　書面を作成した年月日

②　前項の書面には、保険者（法人その他の団体にあっては、その代表者）が署名し、又は記名押印しなければならない。

【条文変遷】 新設
【参照条文】 保険法6条・40条、疾病試案19条、傷害試案19条
【外国法令】 §6解説Ⅵ参照

Ⅰ　概　　要

　ここにいう書面とは、保険契約の成立およびその内容を証するために、保険者から保険契約者に交付される証書である。保険証券、保険証書、共済証書等はこれに該当する。

　保険契約は、当事者の間における申込みと承諾の意思表示が合致することにより成立する諾成かつ不要式の契約であることから、本来は、その成立には必ずしも書面の交付は必要とされない。しかし、書面の交付は、保険契約者側にとって、保険契約の成立と内容を証する手段として重要な機能を有する書類であるから、法において、かねてから書面交付の規定が設けられている。書面の記載事項は、法定されているが、これらの一部の事項を欠いても、また法定記載事項以外の事項を加えても書面の効力には影響がない。書面の法的性質は、たとえ「証券」の用語が用いられているとしても、有価証券性はなく、単に証拠証券にすぎないというのが従来の

884 §69-Ⅱ1，2

通説である。

保険法において、保険契約締結時の書面交付は、損害保険契約、生命保険契約および傷害疾病定額保険契約の共通事項である。書面の法定記載事項については、各保険契約の特質に応じて若干の差異が設けられている。

本条（69条）は、傷害疾病定額保険契約締結時の書面交付に関する規定である。本条1項では、保険者は傷害疾病定額保険契約を締結したときは、遅滞なく、保険契約者に対し、1号から11号までの所定事項を記載した書面を交付しなければならないとし、本条2項では、保険者が1項の書面に署名または記名押印することを要することを定めている。本条の規定の性質は、任意規定である。

本条の内容は、基本的に生命保険契約締結時の書面交付に関する40条と同様であるが、40条における「生命保険契約」から「傷害疾病定額保険契約」、「保険事故」から「傷害疾病又は給付事由」と置き換えられている。したがって、解釈や論点も40条と特段異なる点はない（§40解説参照）。

Ⅱ 条文解説

1 「書面」という名称および法的性質

改正前商法では「保険証券」という用語を用いていたが、保険法の適用範囲が共済契約などにも及ぶことになり、共済契約においては「共済証書」等の名称が用いられている。そこで、保険法では、いずれの固有名称も採用せず、単に「書面」としている[1]。もっとも、「保険証券」や「共済証書」という名称を用いることを排除する趣旨ではない。実際に本条の趣旨に基づいて交付される書面であれば、名称は問わない。

書面の法的性質については、改正前商法の下での通説と変わらない。すなわち、保険契約の成立およびその内容についての一応の証拠となる証拠証券・免責証券・記名式証券であり、契約成立の要件あるいは契約書でもなく、有価証券・設権証券・受戻証券でもない。詳細については、§6解説Ⅴ参照。

2 書面交付の義務

本条1項柱書は、「保険者は、傷害疾病定額保険契約を締結したときは、遅滞なく、保険契約者に対し、」「書面を交付しなければならない」と定めている。これは、前述のように書面が保険契約者にとって保険契約の成立および内容を証明する手段

1）　第21回議事録2頁、萩本・一問一答64頁。

§69-Ⅱ3

としての重要な機能を有すること、実務上は、保険契約締結後保険契約者からの請求を待たずに保険証券等が交付されるのが一般的であること等を踏まえ、保険契約者保護の観点から、契約者からの請求の有無にかかわらず、保険者は、保険契約締結後、遅滞なく保険契約者に対し書面を交付しなければならないとしたものである[2]。これにより、書面交付は、保険者の自主的な法定義務とされ、保険契約者は、契約締結後、遅滞なく法定の記載事項を明確に記載した書面の交付を請求する権利を有することになる。

　もっとも、本条の書面交付の義務は、保険契約締結に際しての付随義務として保険者が負担するものにほかならず、保険者の保険金支払義務と保険契約者の保険料支払義務のような対価関係に該当するものではない。保険契約者は、書面の交付がないことをもって、同時履行の抗弁として、保険者に対し保険料の支払を拒むことはできないと解されている[3]。

　なお、書面の作成費用も郵送料も、保険者の負担である。また、書面には収入印紙を添付することを要するが（印紙税法4条）、その違反は書面の私法上の効力とは関係がない[4]。

3　法定記載事項等

　本条1項では、書面の法定記載事項として、1号「保険者の氏名又は名称」、2号「保険契約者の氏名又は名称」、3号「被保険者の氏名その他の被保険者を特定するために必要な事項」（被保険者を特定する事項）、4号「保険金受取人の氏名又は名称その他の保険金受取人を特定するために必要な事項」（保険金受取人を特定する事項）、5号「給付事由」、6号「その期間内に傷害疾病又は給付事由が発生した場合に保険給付を行うものとして傷害疾病定額保険契約で定める期間」（保険期間に関する事項）、7号「保険給付の額及びその方法」（保険給付金に関する事項）、8号「保険料及びその支払の方法」（保険料に関する事項）、9号「第85条第1項第1号の通知をすべき旨が定められているときは、その旨」（危険増加の通知義務に関する事項）、10号「傷害疾病定額保険契約を締結した年月日」（契約締結日）、および11号「書面を作成した年月日」（書面作成日）を掲げている[5]。もっとも、書面は厳格な要式証券ではないから、法定記載事項の一部を欠いても、書面としての効力には影響

2）　部会資料（2）5頁、萩本・一問一答64頁等参照。
3）　大森・保険法139頁、西島・保険法75頁、山下=米山・解説229頁［千々松愛子］、山下=永沢・保険法Ⅰ 80頁［金岡京子］。
4）　大森・保険法137-138頁、西島・保険法76頁。
5）　括弧書は筆者注。

がない。逆に法定の事項以外の記載も当事者間に異議なく授受された場合に限り、一応の証拠力を有すると解される[6]。

書面の効力を証明するために、作成者が書面に署名するのが通例である。本条2項では、法定記載事項を記載した書面には「保険者（法人その他の団体にあっては、その代表者）が署名し、又は記名押印しなければならない」と定めている。これによれば、保険者の署名に代えて保険者の記名押印をすることも認められている。

4　規定の性質

本条は、任意規定とされている[7]。したがって、記載事項の一部を省略することや交付自体を省略することのほか、書面交付に代えて電子メールなどの電磁的方法（電子メールやインターネットを利用した電子信書サービス等）による情報提供を行う旨、保険契約者の請求があってから書面を交付する旨を約定することも許される[8]。

もっとも、任意規定であるからといって、本条の記載事項と異なる記載を求める旨の約定や本条の記載事項を省略する旨の約定が、本条を適用する場合に比し、保険契約者等の権利を制限し、または義務を加重するものである場合、あるいは、信義則に反して保険契約者等の利益を一方的に害する場合には、消費者契約法10条により、その約定の効力が認められない可能性がある[9]。

その余の解釈や論点については、§40解説Vを参照されたい。

〔李　鳴〕

6）　伊沢・保険法102頁以下、石井照久『改訂商法II（商行法・海商法・保険法・有価証券法）』196頁（勁草書房・1957）、大森・保険法138頁以下。
7）　第21回議事録15頁。
8）　荻本・一問一答65頁、潘・概説32頁等、同旨。
9）　荻本・一問一答65頁、山下＝永沢・保険法I　88頁〔金岡京子〕。

§70-I・II1

（強行規定）

第70条　第66条の規定に反する特約で保険契約者又は被保険者に不利なもの及び第68条第2項の規定に反する特約で保険契約者に不利なものは、無効とする。

【条文変遷】　新設
【参照条文】　保険法7条・41条・66条・68条2項、傷害試案44条、疾病試案44条
【外国法令】　§7解説Ⅳ参照

I　概　　要

　本条（70条）は、7条（損害保険）、41条（生命保険）との共通事項として、保険法第4章（傷害疾病定額保険）第1節（成立）に設けられている諸規定のうち、告知義務および遡及保険における保険者不知に関する規定を片面的強行規定とするものである。

　規定の性質に関する分類、片面的強行規定の保険法への導入の趣旨、外国の立法例および今後の展望については、§7と§41の解説で述べたところと基本的に同様であるので、これらの解説を参照されたい。

II　立法過程

1　保険法制定前試案

　傷害試案と疾病試案は、各44条において、諸規定の中、強行規定とすべき条項を「強行規定性」というタイトルで一括して掲げていた。

　同条1項は、「契約当事者において変更することができない」絶対的強行規定を定め、同条2項は、「契約当事者が約定しても、保険契約者、被保険者または保険金を受け取るべき者の不利益に変更することができない」半面的強行規定を定めている。

　傷害試案・疾病試案の諸規定中、絶対的強行規定とされているものは、保険金不法取得目的の保険契約、他人の傷害・疾病保険、未成年者の傷害・疾病保険、被保険者の保険契約者に対する解除請求、保険金受取人指定または変更における被保険者の同意、保険金請求権者等の先取特権、短期消滅時効、保険金請求権の差押禁止、保険者の倒産の場合の処理および団体傷害・団体疾病保険契約における被保険者の同意と被保険者の同意がない場合の効果について定めた諸規定である。

　次に、傷害試案・疾病試案の諸規定中、半面的強行規定とされているものは、保険金受取人の権利の取得、保険金受取人の指定または変更の対抗要件、告知義務、

他の傷害・疾病保険契約の告知義務、重大事由による解除、保険事故発生の通知義務、保険事故発生時の説明義務等、通知義務・説明義務等違反の効果について定めた諸規定である。

以上の点に関しては、損保試案663条の3および生保試案683条も同様の立場を示していた（§7解説Ⅱ1、§41解説Ⅱ1参照）。

2　法制審議会保険法部会の審議

§7解説Ⅱ2を参照されたい。

Ⅲ　条文解説

本条は、「第66条の規定に反する特約で保険契約者又は被保険者に不利なもの及び第68条第2項の規定に反する特約で保険契約者に不利なものは、無効とする」ことを定め、次の規定の性質が片面的強行規定であることを明記している。

1　66条に関する規定

本条の前半部分は、傷害疾病定額保険における告知義務に関する66条の規定を片面的強行規定とするものである。

(1)　告知義務規定の概要

66条は、傷害疾病定額保険契約の締結に際し、保険契約者または被保険者（以下、保険契約者等という場合がある）に重要な事項のうち保険者が求める告知事項に対する告知義務を課すものである。保険契約者等の告知義務は、自発的申告義務ではなく質問応答義務である。保険契約者等がこの告知義務に違反した場合において、保険者は契約を解除できる（84条1項）。かかる解除は将来に向かってのみその効力を生じ（88条1項）、解除がされた時までに発生した保険事故について保険者はその保険給付を行う責任を負わないこととされる。ただし、保険事故が不告知・不実告知にかかる事実と因果関係のない場合はこの限りでない（同条2項1号）。詳細については、それぞれの条文の解説を参照されたい。

(2)　不利な特約の対象者

保険契約者および被保険者が告知義務者であるため、特約により不利益を被る可能性がある。したがって、本条の前半部分は、保険契約者および被保険者の保護に資する規定であり、不利な特約の対象者は、保険契約者または被保険者である。

(3)　無効とする不利な特約

以下のような特約は、保険契約者または被保険者が不利益を被ることになるため、

本条の前半部分に掲げる66条の規定に反する特約で「保険契約または被保険者に不利なもの」として無効になると考えられる。[1]

① 質問応答義務ではなく自発的申告義務を課す特約

② 質問事項を拡大し、重要事項にあたらない質問事項について事実の告知を求め、その不告知・不実告知を理由に契約を解除し、または保険給付を行わない旨の特約

③ 保険契約者等以外の者に応答義務を課し、これを前提に契約の解除ができる旨の特約

④ 保険契約者等に軽過失による告知義務違反があるにすぎない場合にも契約の解除ができる旨の特約

そのほかについては、§41解説Ⅲ1を参照されたい。

2　68条2項に関する規定

本条の後半部分は、傷害疾病定額保険における遡及保険に関する68条2項の規定を片面的強行規定とするものである。

(1)　遡及保険関連規定の概要

68条は、傷害疾病定額保険契約の遡及保険を定める規定である。同条2項は、傷害疾病定額保険契約の申込みの時より前に発生した給付事由に基づき保険給付を行う旨の定めは、保険者または保険契約者がその保険契約の申込みをした時点で、当該保険者が給付事由の不発生を知っていた場合は、無効としている。

(2)　不利な特約の対象者

68条2項は、保険者が保険事故の不発生を知りながら保険契約を締結し、保険料を不当に取得することを防止し、仮に保険者が不当に保険料を取得した場合にも保険契約者が保険者に対して保険料の返還を請求できるようにするものである。したがって、本条の後半部分は、保険契約者の保護を図る規定であり、不利な約款の対象者は、保険契約者である。

(3)　無効とする不利な特約

たとえば、保険契約者の契約申込時に保険者が保険事故の不発生を知っていた場合でも遡及保険の定めを有効とし保険料の取得が認められる旨の特約等は、保険契約者が不利益を被ることになるため、本条の後半部分に掲げる68条2項の規定に反する特約で「保険契約者に不利なもの」として無効となると考えられる。[2]

〔李　鳴〕

---

1)　部会資料(9)7頁、補足説明10頁。

2)　第21回議事録2頁。

第2節 効　力

> **（第三者のためにする傷害疾病定額保険契約）**
> **第71条**　保険金受取人が傷害疾病定額保険契約の当事者以外の者であるときは、当該
> 保険金受取人は、当然に当該傷害疾病定額保険契約の利益を享受する。

【条文変遷】　新設
【参照条文】　保険法8条・42条、傷害試案8条・9条、疾病試案8条・9条、民法537条
【外国法令】　§42解説Ⅵ参照

Ⅰ　概　　要

　保険契約者自身を保険金受取人とする傷害疾病定額保険契約を、自己のためにする傷害疾病定額保険契約といい、保険契約者以外の第三者を保険金受取人とする傷害疾病定額保険契約を、第三者のためにする傷害疾病定額保険契約という。

　本条（71条）は、生命保険契約に関する42条（第三者のためにする生命保険契約）に相当するものである。

　保険法は、傷害疾病定額保険契約においても、第三者のために保険契約を締結することを認めている。第三者のためにする傷害疾病定額保険契約は、第三者のためにする生命保険契約と同様に民法の第三者のためにする契約（民法537条）の一種であるとしながら、民法537条3項の特則として、保険金受取人に指定された第三者の受益の意思表示を不要とするのが本条の立法趣旨である。

　本条は、契約当事者以外の第三者を保険金受取人とする傷害疾病定額保険契約を締結する場合において、保険金受取人は傷害疾病定額保険契約の受益、すなわち給付事由発生による保険給付請求権を自己固有の権利として当然に取得する旨を定めている。また、本条の規定に反する特約で保険金受取人に不利なものは無効とする片面的強行規定とされている。

　本条の規律は42条の条文と、「生命保険契約」が「傷害疾病定額保険契約」と置き換えられている点のみ異なるが、その他は全く同じ内容となっている。

II 立法過程

1 保険法制定前試案

　傷害試案および疾病試案は、「他人のためにする傷害保険」と「他人のためにする疾病保険」を見出しとして、「保険契約は、他人のためにも締結することができる」(各8条)と定め、保険契約者は、保険契約締結時または保険契約締結後に、第三者を保険金受取人に指定することができるとしていた。この点で、他人のためにする生命保険契約に関する生保試案674条の4と同様の考え方によるものであり[1]、規律振りも全く同じである。

　そして、保険金受取人の権利取得について、傷害試案および疾病試案は、「保険契約において、第三者が保険金受取人として指定されているときは、指定された第三者は、当然にその契約の利益を享受する」(各9条)と定め、保険金受取人として指定された第三者は、受益の意思表示(民法537条3項)をなすことを要せず、当然に保険金請求権を取得するとしていた。その趣旨と内容は、保険金受取人の権利の取得に関する生保試案675条と全く同一である[2]。

　傷害試案および疾病試案の各8条と9条の規定の性質も生保試案674条の4と675条と同様である。同8条は任意規定である。これは、傷害保険契約または疾病保険契約の場合には、保険実務上、保険金の種類により、たとえば後遺障害保険金等や入院給付金について、保険金受取人を約款で固定的に定め、保険契約者による自由な保険金受取人の指定を認めないこととしている場合があり、この保険実務には相当の合理性があると説明されていた[3]。そして、同9条は、保険契約者側の不利益に変更することができない半面(片面)的強行規定である(傷害試案・疾病試案44条2項)。

2 法制審議会保険法部会の審議

　§42解説Ⅳ2を参照されたい。

III 条文解説

1 第三者のためにする生命保険契約における関係者の相互関係

　本条に定める「保険金受取人が傷害疾病定額保険契約の当事者以外の者であると

---

　1)　傷害試案理由書54頁、疾病試案理由書212頁。
　2)　傷害試案理由書55頁、疾病試案理由書213頁。
　3)　傷害試案理由書54頁、疾病試案理由書212頁。

き」とは、すなわち第三者のためにする傷害疾病定額保険契約に該当することである。第三者のためにする傷害疾病定額保険契約が民法上の第三者のためにする契約の一種であるとすれば、①保険契約者（要約者）と保険者（諾約者）との補償関係、②保険契約者（要約者）と保険金受取人（第三者）との対価関係、③保険者（諾約者）と保険金受取人（第三者）との現実の給付関係という概念があるので、まずそれらの相互関係を整理する必要があろう。[4]

(1) **保険契約者と保険者との関係**

保険契約者が第三者を保険金受取人と指定し、保険者との間でその第三者をして契約上の利益、すなわち保険給付請求権を取得させることを目的とする傷害疾病定額保険契約を締結した場合には、保険契約者は、保険者に対し保険料の支払義務を負う（2条3号）。これに対し、保険者は給付事由発生の場合に保険金受取人に保険給付の支払義務を負う（同条2号）。

(2) **保険契約者と保険金受取人との関係**

保険契約者と第三者である保険金受取人との間には、当該第三者に保険給付金を受領させる何らかの特別の関係が存在することが一般的と考えられる。しかし、この関係はあくまでも両者の内部関係にすぎず、保険契約上の法律関係そのものには直接何らの影響を及ぼすものではない。[5] そもそも保険金受取人は自己が保険金受取人に指定されていることを全く知らないこともよくある。

(3) **保険金受取人と保険者との関係**

保険金受取人は、給付事由発生後における保険者に対する保険給付請求権（2条5号）および契約解除効力の発生を阻止する介入権（89条〜91条）を有するが、保険契約の当事者ではないことから、保険者に対し保険料の支払、契約締結時の告知義務など契約上の義務を負うことはない。もっとも、保険金受取人は、被保険者が死亡したことを知ったときは、遅滞なく保険者に通知する義務がある（79条）。

保険者は保険契約者との契約そのものに基づく各種の抗弁、たとえば、保険契約者または被保険者の告知義務違反による契約解除権、保険契約者の未払い保険料と保険金支払債務との相殺、免責事由等に基づく抗弁をもって保険金受取人にも対抗することができる。

---

4) 内田貴『民法Ⅱ 債権各論〔第3版〕』80頁以下（東京大学出版会・2011）。

5) 大森・保険法275頁参照。

2　保険金受取人の法的地位

(1)　権利取得の方式

本条は、第三者のためにする傷害疾病定額保険契約の場合において、「当該保険金受取人は、当然に当該傷害疾病定額保険契約の利益を享受する」と規定している。ここにいう「当然」とは、第三者は保険契約者から保険金受取人と指定されたときに、保険金受取人として保険者に対し傷害疾病定額保険契約の利益を享受するのに、何ら受益の意思表示を必要としないことを意味する。

民法の一般原則によれば、第三者のためにする契約においては、第三者が権利を取得するためには、当該第三者による受益の意思表示を権利発生要件としている（民法537条3項）が、本条は、受益の意思表示を不要とする特則を定め、保険金受取人に指定された第三者は、当然に当該傷害疾病定額保険契約の利益を享受するとしている。[6]

したがって、第三者のためにする傷害疾病定額保険契約において、その権利取得の効力は契約上当然に発生しているから、第三者である保険金受取人による権利取得の知・不知、能力の有無などは問われないと考えられる。[7]

(2)　権利取得の内容

本条に定める「当該傷害疾病定額保険契約の利益」とは、保険者に対する保険給付請求権のみである。第三者のためにする傷害疾病定額保険契約の保険金受取人は、保険契約の当事者ではないから、契約解除権（83条）、保険料の返還または減額請求権（93条・77条）、保険料積立金返還請求権（92条）、保険証券交付請求権（69条）、保険金受取人の変更権（72条）は、いずれも契約当事者である保険契約者に帰属する。また、約款上の解約返戻金請求権、契約者配当請求権（利益（剰余金）配当請求権。相互保険会社の場合には社員配当請求権）なども、原則として保険契約者に属するが、約款により、これらの権利を保険金受取人に認めることも妨げない。[8]

(3)　権利取得の時期および権利取得の性質

保険法は、保険金受取人が保険給付請求権を取得する時期および保険金受取人の権利取得の性質については、明確な規定を置いていないが、権利取得の時期については、保険金受取人が受益の意思表示を要することなく当然に傷害疾病定額保険契約の利益を享受するとされることから、指定時から直ちに権利を取得することにな

---

6)　補足説明19頁参照。

7)　野津・法論450頁、水口吉藏「生命保険契約後の受取人の指定と変更」法律論叢20巻3号 9頁（1941）、大森忠夫「保険金受取人の法的地位」大森=三宅・諸問題43頁参照。

8)　野津・法論452頁、大森・保険法275頁、石田・商法Ⅳ285頁、潘・解説226頁参照。

る。すなわち、保険契約締結に保険金受取人を指定した場合は契約締結時、保険契約締結後に変更した場合は変更の時と解釈することができる。また、権利取得の性質については、第三者のためにする生命保険契約と同様に、主に不確定性と固有権性があるものと解釈することができる。

詳細については、§42解説V 2(3)(4)を参照されたい。

3 規定の性質

本条は、保険金受取人の不利益に変更できない片面的強行規定とされている（78条）。その趣旨は、傷害疾病定額保険契約の特質（主として傷害疾病による、医療費・入院費・介護費用などを確保する目的の保険で、諸給付金は被保険者が受け取ることとなっているのが通例であること）から、第三者のためにする契約における権利の発生要件である受益の意思表示（民法537条3項）を不要とし、当然の利益享受であることが導かれること、および保険金受取人の保護の観点からというところにある。

したがって、保険金受取人のこの当然の利益享受に何らかの条件などを付する約定は認められない。たとえば、約款の特約において保険金受取人が保険給付金支払請求権を取得するためには受益の意思表示を必要とし、あるいは受益の意思表示を権利発生要件とする旨の規定を設けても無効となる。

Ⅳ 今後の展望

実務との関係については、第三者のためにする生命保険契約とほぼ同様である。また残された課題として、主に民法上の第三者のためにする契約との関係についての周到な検討が不可欠であると考えられる。詳細は§42解説Ⅶ2を参照されたい。

〔李 鳴〕

（保険金受取人の変更）

第 72 条 ① 保険契約者は、給付事由が発生するまでは、保険金受取人の変更をすることができる。

② 保険金受取人の変更は、保険者に対する意思表示によってする。

③ 前項の意思表示は、その通知が保険者に到達したときは、当該通知を発した時にさかのぼってその効力を生ずる。ただし、その到達前に行われた保険給付の効力を妨げない。

【条文変遷】 新設
【参照条文】 保険法43条・73条・74条、傷害試案10条・11条、疾病試案10条・11条
【外国法令】 §43解説Ⅵ参照

Ⅰ 概　　要

1 趣旨

本条（72条）は、生命保険契約に関する43条（保険金受取人の変更）に相当する規律である。

第三者のためにする傷害疾病定額保険契約も、民法537条所定の第三者のためにする契約の一種であるから、指定された保険金受取人が権利（保険給付請求権）を取得した以上、本来、保険契約当事者はその者の同意なしに変更または消滅させることができないはずである（民法538条）。しかし、傷害疾病定額保険契約は、生命保険契約と同様、長期にわたる契約もあり、契約期間中の諸事情の変更により、一旦定めた保険金受取人を変更する必要が生ずることがある。

そこで、保険法は、傷害疾病定額保険契約においても、保険契約者が保険金受取人を変更する権利を法律上保障することとしている。

2 条文概要

保険法では、傷害疾病定額保険契約に関しても生命保険契約と同様に、生前の意思表示による保険金受取人の変更と遺言による保険金受取人の変更に分けて規律されている。本条は、生前の意思表示による保険金受取人の変更に関する規律である。

本条は、まず、給付事由が発生するまでは保険契約者が保険金受取人を変更すること原則可能としている（1項）。次に、保険金受取人の変更の意思表示は相手方のあるものであり、その相手方が保険者であることを明文で規定している（2項）。また、変更の意思表示の効力発生時期について、意思表示の通知が保険者に到達した

ときは、当該通知の発信時に遡って効力が生ずるものとしている（3項本文）。さらに、当該通知の到達前に旧受取人に対して行われた保険給付は有効としている（同項但書）。そして、1項は任意規定であり、2項・3項は絶対的強行規定である。

本条の規律は、43条と、「保険事故」が「給付事由」と置き換えられている点のみ異なるが、全般的に同じ内容となっている（§43解説V参照）。

なお、遺言による保険金受取人の変更については、73条の解説を参照されたい。

Ⅱ　立法過程

1　保険法制定前試案

傷害試案および疾病試案において、保険金受取人の指定変更に関する条文は、それぞれ10条と11条の2つ設けられていた。両試案の規定振りはほぼ同じであり、その規律構成は以下のとおりである[1]。

(1)　保険金受取人指定変更の原則

傷害試案および疾病試案の各10条1項は、「保険契約者は、保険事故発生の時までは、保険金受取人を指定しまたは指定を変更することができる。ただし、保険契約者が保険者に対して別段の意思を表示した場合には、このかぎりでない」と定めていた（任意規定）。同項は、生保試案675条の2第1項と全く同じであり、保険契約者が保険金受取人を指定し、または指定した保険金受取人を変更できることを原則とするが、保険契約者が保険者に対して別段の意思を表示したとき、すなわち、保険契約者が指定変更権を留保しない（放棄する）旨の意思表示をしたときは、それに従うものとしていた。

なお、傷害試案と疾病試案の各10条2項では、保険契約者と被保険者が別人である場合には、保険契約者は保険金受取人の変更をなすには、被保険者の書面による同意を得なければならない旨の規定を設けていた（§74解説Ⅱ1参照）。

(2)　保険金受取人の指定・変更の時期

10条1項本文によれば、保険契約者が保険金受取人の指定・変更をなしうるのは保険事故発生の時までであるが、傷害・疾病保険契約の場合には、同一の被保険者が時を異にして幾度かの交通事故にあって受傷する場合、または幾度かの疾病を患って入院する場合のように、1つの保険契約に関して保険事故が数回発生することがありうる。したがって、この場合の保険事故の発生による保険金受取人の権利の確定は、保険事故ごとに考えなければならない。すなわち、保険事故が発生したと

---

1)　傷害試案理由書56頁以下、疾病試案理由書214頁以下。

§72-Ⅱ2・Ⅲ1　　　　　　　　　　　　　　　　　　　　*897*

きは、その事故について保険金支払を求める保険金受取人の権利は、それによって
確定するが、将来の保険事故については、保険契約者はさらに保険金受取人の指
定・変更をすることができると説明されていた。

(3)　**保険者に対する対抗要件**

傷害試案と疾病試案の各11条は、「保険契約者が保険契約締結後に保険金受取人
を指定しまたは変更したときは、保険者にその指定または変更を通知しなければ、
これを保険者に対抗することができない。通知は書面によるべきことを約定するこ
とを妨げない」と定めていた。

11条は、生保試案676条と全く同じである。前段は、保険金受取人の指定・変更
の対抗要件に関する規定であって、保険金受取人の指定・変更の通知を指定・変更
についての保険者に対する対抗要件として、通知を受けない保険者はもとの保険金
受取人を権利者として取り扱うことによって免責されるとした（半面的強行規定）[2]。
後段は、保険金受取人の指定・変更の通知は書面でしなければならない旨を約定す
ることができるものとしていた（任意規定）。この規定は、改正前商法にはないも
のであり、また、損保傷害試案683条の5にも、この種の規定はないところである
が、保険金受取人の指定・変更の通知を書面によるべきものとすることは、法律関
係の明確化を図るうえで通常適切であり、また保険契約者に不当に重い負担を課す
ことではないので、このような約定をなすことは認めてよいとされた。

2　法制審議会保険法部会の審議

§43解説Ⅳ2を参照されたい。

Ⅲ　条文解説

1　保険金受取人変更の通則

本条1項は、「保険契約者は、給付事由が発生するまでは、保険金受取人の変更
をすることができる」と定めている。これは、保険金受取人変更権の通則に関する
規律である。

本項は、保険契約締結後の事情の変化により、当初の保険金受取人を別人に変更
する必要性が生じうることに鑑み、保険契約者の意思を尊重する観点から、保険契
約者は、給付事由発生前であれば、いつでも保険金受取人を変更できることを原則

2）　保険契約者側の不利益に変更することができない強行規定。保険法の片面的強行規定に相
当。

としている。もっとも、商品性を踏まえた合理的なものであれば、保険金受取人を固定することも許容される。傷害疾病定額保険契約では、保険金受取人の範囲を一定の者に限定することが通例である。

たとえば、入院給付金、手術給付金、高度障害保険金などは受取人を被保険者自身に固定する旨が約款で規定されているが、これは、傷害や疾病を原因とする経済的損失は被保険者自身に発生するのが一般的であり、自由に保険金受取人の変更を認めることは相当でないからである[3]。また、自動車保険に含まれている傷害保険（人身傷害保険、搭乗者傷害保険等）のように、保険金受取人が予め特定されている場合もある（たとえば、被保険者死亡の場合は被保険者の法定相続人）。これは、長期にわたる契約ではないので、それなりの合理性が認められている[4]。

2　保険金受取人変更の方式

本条2項は、「保険金受取人の変更は、保険者に対する意思表示によってする」と定めている。これは、保険契約者の生前における保険金受取人変更の方法等に関する規律である。

保険法は、保険契約者の意思を尊重しつつ、保険金受取人とされていた者、保険給付請求権の譲受人または差押債権者等および被保険者の相続人等利益関係者の法的安定性を図るために、保険金受取人の変更は相手方のある意思表示であるとし、その相手方を保険者に明確に限定している。

保険法では、受取人変更の意思表示の方式に関する条文は特に設けられていない。書面でも口頭でもよいと考えられるが、口頭ではその意思表示の内容をめぐって給付事由発生後に、保険金受取人の地位を主張する者同士あるいは保険金受取人・保険者間での紛争を誘発しやすいことは否定できない。したがって、通知の確実性や通知内容の明瞭性を期するために、保険約款において、書面によることを定めることは許されると解される[5]。

3　保険金受取人変更の効力発生要件と効力発生時期

本条3項は、「前項の意思表示は、その通知が保険者に到達したときは、当該通知を発した時にさかのぼってその効力を生ずる」と定めている。これは、保険金受取人変更の効力発生要件と効力発生時期に関する規律である。

---

3)　山下・保険法524頁。
4)　山下＝米山・解説306頁(注29)［山野嘉朗］。
5)　潘阿憲「保険金受取人の指定・変更」落合＝山下・理論と実務122頁。

§72－Ⅲ4

(1) 保険金受取人変更の効力発生要件

保険金受取人変更の効力発生要件は、保険契約者の意思表示であると解されている。また、その意思表示は、原則として保険者や新旧保険金受取人の同意などを要することなく、保険契約者の一方的意思表示によって行われる単独行為であり、形成権の一種であると解される。[6]

本項にいう「通知」とは、保険金受取人変更の意思表示であり、「その通知が保険者に到達した」ことは、意思表示の効力発生要件である。加えて、変更後の保険金受取人が被保険者（被保険者の死亡に関する保険給付にあっては、被保険者またはその相続人）であり、かつ保険契約の給付事由が傷害疾病による死亡ではない場合を除き、被保険者の同意も保険金受取人変更の効力発生要件として不可欠であるとされている（§74解説Ⅲ1参照）。

(2) 保険金受取人変更の効力発生時期

本項により、効力発生時期は「当該通知を発した時」であるとされている。[7] 保険法は、到達主義（民法97条1項）の原則の例外として、保険契約者の意思表示の通知が保険者に到達することを前提（効力要件）としつつ、その効力発生時期を通知の発信時に遡らせることにしている。これにより、特に保険契約者が被保険者でもある場合には、当該意思表示が保険者に到達する前に給付事由が発生したとしても、保険契約者の意思を尊重することが図れるうえ、改正前商法677条1項のような対抗要件に関する規律も不要となった。[8] もっとも、保険法では、何をもって「発信」、何をもって「到達」とするかについては明確な規定が設けられておらず、約款や解釈に委ねられている。

4 到達前に行われた保険金支払の効力

本条3項但書は、「ただし、その到達前に行われた保険給付の効力を妨げない」と定めている。これは、到達前に行われた保険金支払の効力に関する規律である。

同項本文により、保険金受取人の変更の「意思表示は、その通知が保険者に到達したときは、当該通知を発した時にさかのぼってその効力を生ずる」とされているが、当該通知の「発信」から「到達」までの間に給付事由が発生し、保険者が受取人変更の事実を知らずに旧受取人からの請求に対して保険給付を行ってしまうこと

---

6) 補足説明78頁。

7) 補足説明79頁、潘・概説232頁、長谷川仁彦「保険金受取人の変更の意思表示と効力の発生」中西喜寿・253頁。

8) 第5回議事録29頁以下、部会資料(19)9頁、部会資料(25)5頁、第18回議事録46頁、補足説明80頁。

もありうると考えられる。当該意思表示の効力が遡及的に生ずることから、この場合に保険者には二重払いの危険が生じてしまう。そこで、保険法は、このような事態の発生に備えて、意思表示の「到達前に行われた保険給付の効力を妨げない」という規定を設けて、保険者が二重弁済の危険を負うことを防止している[9]。

したがって、通知到達前に給付事由が発生し、受取人変更の事実を知らない保険者が旧受取人からの請求に応じて行った保険給付はその効力を否定されない。そして、発信時からの遡及的効力発生により保険給付請求権は新受取人に帰属すべきものとなるから、旧受取人に支払われた保険金は不当利得になるので、新受取人は旧受取人に対して不当利得返還請求権を行使することができる（民法703条）。

5 規定の性質

本条の性質について、1項は任意規定であるが、2項・3項は絶対的強行規定と解される[10]。

したがって、1項により商品の性質を踏まえ合理性がある場合には、保険金受取人を一定の者に固定する旨の約定や、保険金受取人となることができる者の範囲を一定の範囲に限定する約定は許容される。そして、保険金受取人の変更がなされる場合において、受取人変更の方法、変更の効力発生要件や効力発生時期については、2項と3項の定めに従わなければならない。保険者以外の者に対する意思表示によるとする約定、保険者の承認を要求するような変更権の行使要件の加重、また通知の効力を発信時に遡らず保険者の本社への到達を条件とする旨を定める約款は無効となると考えられる。

Ⅳ　今後の展望

保険法の改正に伴う傷害疾病定額保険における保険金受取人の変更に関しては、保険実務上の課題として、生命保険契約と同様、約款で保険金受取人の変更の可否を一層明確に説明することや、意思表示が到達した場合の二重払いリスクの回避が求められている。また、解釈論上の課題としても生命保険契約と同様、保険金受取人の変更につき保険者の同意を要件とする約定は許容されるものか、および保険金受取人変更の効力に関わる「発信時」と「到達時」の意義が論点となると考えられる（§43解説Ⅶ2参照）。

〔李　鳴〕

---

9)　部会資料(25) 5頁。
10)　部会資料(25) 5頁、第22回議事録27頁、第23回議事録19頁、補足説明78頁。

§73-I1   *901*

（遺言による保険金受取人の変更）
第73条 ①　保険金受取人の変更は、遺言によっても、することができる。
②　遺言による保険金受取人の変更は、その遺言が効力を生じた後、保険契約者の相
　続人がその旨を保険者に通知しなければ、これをもって保険者に対抗することがで
　きない。

【条文変遷】　新設
【参照条文】　保険法44条・72条・74条、民法960条以下
【外国法令】　§44解説Ⅴ参照

Ⅰ　概　　要

1　趣旨

　民法では、遺言事項（遺言により法律上の効果を発生させることができる事項）は法
定事項である（民法960条）。しかし、保険金受取人の変更は、民法上遺言事項として
明記されていない。改正前商法でもそれに関する規律は特に設けられていなかった。
そのため、遺言による保険金受取人の変更が可能かどうかについては争いがあった
が、学説上は肯定説が多数説であり、判例上も肯定が主流となっている。しかし、
法律構成は必ずしも一致していない。なお、諸外国では遺言による保険金受取人の
変更を明文の規定をもって認めている立法例が多い（§44解説Ⅴ参照）。

　保険法は、高齢化社会における遺言の重要性が増すこと、および生命保険の役割
をより有効に発揮する必要性があることに鑑み、保険契約者の意思を尊重し保険契
約者の多様なニーズに応えることができるようにするという趣旨から、遺言による
保険金受取人の変更を認める規律を新設した[1]。これにより、保険法には、保険金受
取人の変更について、生前の意思表示による変更と遺言による変更の2つの異なる
法的類型の規律が存在している。

　本条（73条）は、生命保険契約に関する44条（遺言による保険金受取人の変更）に相
当するものである。生前の意思表示による保険金受取人の変更については、§72解
説Ⅲを参照されたい。

---

1)　補足説明80頁、法務大臣諮問第78号の別紙「見直しのポイント」第一の三）（平成18年9
　月6日）、平成20年5月22日参議院法務委員会第11回における法務省民事局長倉吉敬の答弁。

2 条文概要

本条は、遺言による保険金受取人の変更ができることとした（1項）。もっとも、原則として、被保険者の同意を要する（74条）。また、遺言自体については、民法の遺言に関する規定が適用される。

遺言の効力が生じた後に、保険契約者の相続人がその旨を保険者に通知しなければ、保険者に対抗できず、保険者が旧受取人に対して行った保険給付は有効である（2項）。保険契約者の相続人が複数いる場合でも、保険者への通知は、相続人全員でする必要はなく、相続人の1人がすれば足りる。また、相続人の代理人とみなされる遺言執行者も通知をすることができる。

本条1項は任意規定であり、2項は絶対的強行規定である。なお、本条の規律は、44条と全く同じ内容となっている（§44解説Ⅳ参照）。

Ⅱ 立法過程

§44解説Ⅲ参照。

Ⅲ 条文解説

1 遺言による保険金受取人変更の通則

本条1項は、「保険金受取人の変更は、遺言によっても、することができる」と定めている。これは、遺言による保険金受取人変更に関する規律である。

保険金受取人の変更は、保険契約者が生前の意思表示により行うのが通例である。保険法上では、生前の意思表示による保険金受取人変更は、原則として保険者に対する一方的意思表示によって行われる相手方のある単独行為であるとされている（72条2項）。これに対し、遺言は相手方のない単独行為であることから、遺言による保険金受取人変更の意思表示は、保険者への意思表示によらず、一方的意思表示によって行われる相手方のない単独行為である。したがって、本条は72条の例外規定であると解される[3]。

また、本項により保険契約者以外の者を被保険者とする保険契約についても、遺言による保険金受取人の変更は許容される。

---

2) 四宮和夫=能見善久『民法総則〔第9版〕』201頁（弘文堂・2018）。
3) 山下ほか・保険法286頁［竹濱修］。

2 遺言による保険金受取人変更の効力発生要件

遺言による保険金受取人変更の効力発生要件として、①遺言自体が有効であること、②保険金受取人の変更の意思が認められること、および③被保険者の同意があること（ただし、例外の場合を除く。§74解説Ⅲ2参照）である。うち、遺言自体の有効性については、その方式（民法960条）、効力（同968条）、撤回・抵触の有無（同1022条・1023条）は民法の遺言に関する規定が適用ないし準用される[4]。

3 遺言による保険金受取人変更の効力発生時期

民法985条1項は「遺言は、遺言者の死亡の時からその効力を生ずる」としている。これにより、保険契約者と被保険者が同一の場合には、遺言による受取人変更は、遺言者（保険契約者）の死亡時から効力が発生し、保険金受取人の権利が確定することになる[5]。しかし、保険金受取人の変更は給付事由発生前に行わなければならないので（72条1項）、保険契約者と被保険者が別人の場合、すなわち、他人の生命の保険契約の場合には、保険契約者である遺言者が死亡する前に給付事由が発生したときは、保険金受取人の変更の効果が生じない。また、保険金受取人変更を記載した遺言が民法所定の成立要件を欠き、遺言としての効力を認められないときは、その中に含まれた保険金受取人変更の意思表示も効力を生じないと解される[6]。

4 遺言による保険金受取人変更の対抗要件

本条2項は、「遺言による保険金受取人の変更は、その遺言が効力を生じた後、保険契約者の相続人がその旨を保険者に通知しなければ、これをもって保険者に対抗することができない」と定めている。これは、遺言によって保険金受取人の変更がされた場合における保険者への対抗要件に関する規律である。

(1) 対抗要件の意義

生前の意思表示による保険金受取人変更の場合においては、意思表示の相手方が保険者に限定され（72条2項）、かつ、意思表示の通知が保険者に到達することを条件として、意思表示の発信時にその効力が生じると規定されているので（同条3項）、対抗要件の問題は生じない。しかし、遺言による保険金受取人変更の場合においては、遺言は相手方のない単独行為であり、保険金受取人の変更は遺言の効力発生時、すなわち遺言者（保険契約者）の死亡時に効力を生じる。そのため、通常、保険者

---

4) 補足説明80頁以下、第5回議事録40頁、第18回議事録49頁。
5) 部会資料(11)24-26頁。
6) 補足説明81頁、山下＝米山・解説316頁［山野嘉朗］、山下ほか・保険法258頁・287頁、潘・概説235頁等。

は遺言による保険金受取人の変更があった事実を直ちには知り得ないので、旧受取人に保険給付を行ってしまい、その後、遺言による変更後の保険金受取人から保険金を請求されるという二重弁済の危険にさらされるおそれがある。

そこで、この危険を防止するために、本項は遺言の効力発生後、保険契約者の相続人による保険者への通知を対抗要件としているのである[7]。

(2) 保険者への通知主体

本項は、「保険契約者の相続人がその旨を保険者に通知」するとしている。これは遺言による保険金受取人の変更の場合、遺言が保険契約者の死亡時から効力を生ずる（民法985条1項）ため、一般原則からすれば、保険契約者ではなくその相続人が通知の主体とされるからである[8]。遺言者である保険契約者の相続人が複数存在する場合には、相続人全員が共同して通知する必要はなく、相続人のうちの1人が通知すれば足りる[9]。

保険法上、遺言執行者は通知の主体として規定されていないが、遺言執行者を選任して保険金受取人変更の通知を行うこともできること（民法1010条・1012条1項）、また、遺言執行者は相続人の代理人とみなされるから（民法旧1015条）、遺言執行者による保険者への通知は当然に導かれるものと考えられている[10]。

(3) 通知の時期および対抗要件の効果

保険法上、通知の時期は、「遺言が効力を生じた後」（本条2項）とされている。したがって、遺言による受取人変更をした場合に、保険者への通知は保険契約者（遺言者）の死亡後、すなわち遺言の効力発生後に行われる。仮に遺言の効力発生前にその旨が保険者に通知されたとしても、それで対抗要件が具備されたことにはならない。

相続人からの通知によって対抗要件が具備された場合は、保険者に対し遺言による保険金受取人の変更を対抗することができる。他方で、対抗要件が具備されていない場合、保険者は、新受取人に対して保険金を支払う義務はない。すなわち、保険者への対抗要件である相続人からの通知が到達する前に、保険者が旧受取人に対して行った保険給付は有効となるので、保険者はさらに新受取人に対し保険金を支払う必要はない。後は遺言による変更後の新受取人が、保険者からの支払を受けた旧受取人に対して、不当利得の返還請求（民法703条・704条）を行うことによって解

---

7) 第5回議事録36頁以下。
8) 第5回議事録36頁、大串=日生・解説保険法150頁［渡橋健］。
9) 部会資料(19)10頁、第18回議事録49-52頁、第22回議事録34頁。
10) 部会資料(25)5頁以下、山下ほか・保険法288頁［竹濵修］。

決を図ることとなる。[11]

5 規定の性質

本条1項は任意規定である。これは、生前の意思表示による保険金受取人の変更を定めた72条1項と同じく、保険の種類によっては、そもそも保険金受取人の変更を認めない旨の約定も許容される。したがって、遺言による保険金受取人の変更を認めない約定や、遺言による保険金受取人の変更を認めるとしつつ、保険金受取人の範囲を一定の者に限定する約款もそれが合理的であれば有効とされる。[12]

本条2項は、意思表示の相手方や効力発生時期、対抗要件等に関する規定であるため、その性質上絶対的強行規定である。したがって、前項の任意規定により遺言による保険金受取人の変更を排除せず認めた場合には、本項に反する内容を約定することは許されない。たとえば、遺言執行者によることはできず、常に保険契約者の相続人が通知しなければならない旨を約定する約款は無効となるとされる。[13]

IV 今後の展望

1 実務との関係

保険法のもとでは、遺言自体が適法な方式であることが遺言による保険金受取人変更の要件となっていることから、遺言の有効性や遺言による受取人変更がなされたことを確認することが必要となる。したがって、保険会社としては、遺言による保険金受取人の変更ができること、変更の手続、対抗要件等を明確に約款に定めるとともに、遺言の方式、効力、撤回・抵触の有無、遺言の内容等の点検により、十分な注意を払う実務態勢の構築が求められている。

遺言の内容が不明確な場合、または新旧保険金受取人の間で争いがある場合には、保険会社は、債権者不確知として保険金を供託することができる（民法494条）[14]。また、遺言の抵触や撤回の事実を知らずに、提出された遺言に基づいて旧保険金受取人に保険金を支払ってしまった場合には、保険会社は、債権の準占有者への弁済である（同478条）として保険金の支払が有効であることを主張することができる。もっとも、いずれの場合にも保険会社の善意無過失が要件とされている。

---

11) 第22回議事録35頁。
12) 部会資料(25)6頁、補足説明82頁・140頁、第22回議事録27頁、第23回議事録19頁。
13) 部会資料(25)5頁、部会資料(11)24頁、補足説明82頁、第22回議事録27頁、第23回議事録19頁。
14) 部会資料(19)10頁以下、第18回議事録50-51頁。

2 残された課題

保険法では、遺言による保険金受取人の変更に関して解釈に委ねられる部分が存在しているため、遺言一般の法理との関連で検討すべき課題が多く、特に①保険金請求権取得の固有権性との関係、②遺言の解釈基準との関係、および③無効な遺言にある保険金受取人変更の意思表示との関係をめぐって今後議論が展開されるであろうと予測される。詳細は、§44解説Ⅵ2を参照されたい。

〔李　鳴〕

（保険金受取人の変更についての被保険者の同意）
第74条 ①　保険金受取人の変更は、被保険者の同意がなければ、その効力を生じない。ただし、変更後の保険金受取人が被保険者（被保険者の死亡に関する保険給付にあっては、被保険者又はその相続人）である場合は、この限りでない。
②　前項ただし書の規定は、給付事由が傷害疾病による死亡のみである傷害疾病定額保険契約については、適用しない。

【条文変遷】　新設
【参照条文】　保険法45条・67条・76条・87条、傷害試案10条2項、疾病試案10条2項
【外国法令】　§45解説Ⅵ参照

Ⅰ　概　　要

1　趣旨

本条（74条）は、生命保険契約に関する45条（保険金受取人の変更についての被保険者の同意）に相当する規律であり、傷害疾病定額保険契約の締結後における保険金受取人の変更についての、被保険者の同意に関して保険法で新設された条文である。

傷害疾病定額保険契約における保険金受取人の変更にも死亡保険契約における保険金受取人の変更と同様に、保険の賭博的利用、道徳危険、人格権侵害の3つの弊害が存在する。保険法は、このような弊害の防止を図る45条の規律と同様の趣旨から、本条を新設することとした。

また、本条の趣旨は、傷害疾病定額保険契約の締結時における被保険者の同意を必要とする67条の潜脱防止にもあるといわれている[1]。

なお、傷害疾病定額保険契約の締結後に被保険者の同意が必要とされるのは、保険金受取人変更だけではない。給付事由発生前の保険給付請求権の譲渡・質入れに

§74-I2・II1　　　　　　　　　907

ついても、被保険者の同意を必要としている（§76解説III参照）。

2　条文概要

　本条は、傷害疾病定額保険契約について、保険金受取人の変更の際に、原則として死亡保険契約の場合の規律（45条）と同様に、被保険者の同意を効力要件としつつ（1項本文）、この例外として、変更後の保険金受取人が被保険者（被保険者の死亡に関する保険給付にあっては、被保険者またはその相続人）である場合には、被保険者の同意を不要としている（1項但書）。もっとも、この例外は、保険契約の給付事由が傷害疾病による死亡のみである場合には適用されず、被保険者の同意が必要とされる（2項）。

　なお、本条は絶対的強行規定である。

II　立法過程

1　保険法制定前試案

　傷害試案10条2項は、傷害保険契約における保険金受取人の変更について、「被保険者以外の者である保険契約者が保険金受取人を指定しまたは変更するには、被保険者またはその法定相続人が保険金受取人となる場合を除き、被保険者の書面による同意がなければならない。ただし、被保険者またはその法定相続人が保険金受取人となる場合も、被保険者の書面による同意を要するものとすることを約定することを妨げない」と規定していた。

　同規定により、保険契約者と被保険者が別人である場合には、保険契約者は保険金受取人を変更するには、被保険者の書面による同意を得なければならないが、傷害試案5条1項本文と同じ趣旨で、被保険者またはその法定相続人が保険金受取人となる場合には被保険者の書面による同意は不要であった（傷害試案10条2項本文）。ただし、傷害試案5条1項但書と同じ趣旨で、被保険者またはその法定相続人が保険金受取人となる場合においても、被保険者の書面による同意を要する旨約定することを妨げないこととした（同10条2項但書）[2]。

　また、傷害試案10条2項は、但書を除いて、契約当事者において変更することができない絶対的強行規定とされていた（同44条1項）。

　そして、疾病試案10条2項も、疾病保険契約における保険金受取人の変更ついて、

　1）　大串＝日生・解説保険法154頁［渡橋健］。
　2）　傷害試案理由書57頁。

908   §74-Ⅱ2・Ⅲ1, 2

絶対的強行規定として（疾病試案44条1項）、傷害試案10条2項と類似の規定を設けて、保険契約者と被保険者が別人である場合には、保険契約者が保険金受取人を変更するには、被保険者の書面による同意を得なければならないとしていた（同10条2項本文）。ただし、傷害・疾病試案5条1項但書と同趣旨で、被保険者が保険金受取人となる場合には被保険者の書面による同意は不要としていた（同10条2項但書）[3]。

2 法制審議会保険法部会の審議

§45解説Ⅳ2を参照されたい。

Ⅲ 条文解説

本条は、傷害疾病定額保険契約の締結後における保険金受取人の変更について、被保険者の同意が必要であることを定める規律である。

1 同意の法的性質およびその効果

本条1項本文は、傷害疾病定額保険契約における「保険金受取人の変更は、被保険者の同意がなければ、その効力を生じない」と規定している。すなわち、本条は、弊害防止の措置として同意主義を採用している。かかる同意の法的性質は、契約の効力要件である。したがって、傷害疾病定額保険契約における保険金受取人の変更については、被保険者の同意不要の場合を除き、原則としてその同意がなければ、効力要件を欠くものとして、当該保険金受取人の変更は無効となる。

本条においても、同意の方式・内容・相手方および時期について、何らの規定も設けられていないが、その解釈は、§45解説Ⅴを参照されたい。

2 同意不要の例外規定

本条1項但書は、「ただし、変更後の保険金受取人が被保険者（被保険者の死亡に関する保険給付にあっては、被保険者又はその相続人）である場合は、この限りでない」と規定している。本項但書は、同項本文に対する例外規定であり、67条1項但書に対応するものである。

例外規定を設ける理由は、67条1項但書の理由と同じである（§67解説Ⅳ2参照）。

本項但書の効果として、被保険者の同意が不要とされている場合は、被保険者の同意がなくても保険金受取人は有効に変更されることになる。被保険者が保険金受

---

3) 疾病試案理由書214頁以下。

§74-Ⅲ3～5   909

取人の変更について現に同意をしていない場合は、87条1項1号の類推適用により、被保険者の解除請求が可能であると考えられる（§87解説Ⅲ2参照）。

3　例外規定の非適用

　本条2項は、「前項ただし書の規定は、給付事由が傷害疾病による死亡のみである傷害疾病定額保険契約については、適用しない」と規定している。すなわち、給付事由が傷害疾病による死亡のみである場合には、同意不要の例外は認めないこととされている。これも67条2項に対応するものであり、実質的に生命保険契約と同視されることから、67条と同様の理由によるものである（§67解説Ⅳ参照）。

　以上より、同意主義の例外要件は、①変更後の保険金受取人が被保険者（被保険者の死亡に関する保険給付にあっては、被保険者またはその相続人）であること、かつ、②被保険者が傷害疾病によって死亡した場合にのみ保険金を支払う傷害疾病定額保険契約でないことの2つである。かかる例外要件が満たされない場合は、原則に戻り被保険者の同意が必要とされている。被保険者の同意がないときは、当該保険金受取人の変更は無効となる。

4　規定の性質

　本条は、被保険者の生命・身体の安全など公序にかかわる内容であるため、本条1項但書を除いて、被保険者の同意に関する他の規律（45条・67条等）と同様に、その性質上絶対的強行規定とされている[4]。したがって、保険契約の当事者間の合意により、傷害疾病定額保険契約の締結後における保険金受取人の変更について被保険者の同意が保険法上必要とされるにもかかわらず、一律に被保険者の同意を不要とする特約は無効であると考えられる。

5　74条と45条との相違

　保険法では、死亡保険契約における保険金受取人の変更には45条が、傷害疾病定額保険契約における保険金受取人の変更には74条が適用される。45条と74条のいずれにおいても、基本的に改正前商法677条2項と674条1項の規律を維持し、弊害防止の手段として同意主義を採用し、かつ被保険者の同意がその効力要件である旨明示している。しかし、74条と45条の両方とも、同意の方式、時期および相手方については、何らの規定も設けておらず、解釈論等に委ねることとしている。

　45条の規定は、死亡保険契約の締結後における保険金受取人の変更について、一

4）　部会資料(25)5頁、中間試案29頁、補足説明73頁等。

律に被保険者の同意を要求している。これに対し、74条の規定は、例外規定を設け、変更後の保険金受取人が被保険者またはその相続人であり、かつ給付事由が傷害疾病による死亡のみでない場合には被保険者の同意は不要であるとしている。

Ⅳ　今後の展望

実務との関係については、傷害疾病定額保険契約における保険金受取人の変更について被保険者の同意が必要とされる場合の取扱いは、死亡保険契約の場合と特に変わらないので、§45解説Ⅶ1を参照されたい。

そして、残された課題については、関係する45条と67条と類似の課題（§45解説Ⅶ2、§67解説Ⅴ2参照）以外に、以下の議論も今後展開されることになろう。

学説上、保険金受取人の変更の場合に関する本条1項但書および2項について、次の理由により、不要ではないかとの疑問が提示されている[5]。すなわち、67条1項但書が適用される契約は、通常約款のうえで保険金受取人が「被保険者」または「被保険者の相続人」と定められているものであって、この場合には、保険金受取人の変更はあり得ないこと。また、その他の場合においても、たとえば、当初第三者を保険金受取人と定めたものを「被保険者」または「被保険者の相続人」と変更する（保険金受取人を被保険者から被保険者の相続人へ、もしくは被保険者の相続人から被保険者へ変更する場合も同じ）場合には、保険契約者が被保険者の同意を得ることに困難はないはずであること。加えて、76条には類似の但書は設けられていないが、その理由は、保険金受取人による保険給付請求権の譲渡・質入れについては例外規定を設けるニーズがないとの観点からと思われ、保険金受取人の変更についても、それは同じであることである。

これに対し、他人を被保険者とする保険契約の締結および保険金受取人の変更は、保険者・保険契約者間の契約の内容の問題であって、被保険者は契約当事者でないという点で、被保険者を譲受人とする保険給付請求権の譲渡とは性質が異なるとの指摘もある[6]。

〔李　鳴〕

---

5)　江頭憲治郎「他人の生命の保険」中西喜寿・237頁。
6)　大串＝日生・解説保険法166頁(注10)〔奥野健介〕。

§ 75 - Ⅰ・Ⅱ 1　　　　　　　　　911

（保険金受取人の死亡）
第 75 条　保険金受取人が給付事由の発生前に死亡したときは、その相続人の全員が
　　　保険金受取人となる。

【条文変遷】新設
【参照条文】保険法46条、改正前商法676条、疾病試案12条 3 項、傷害試案12条 3 項
【外国法令】§46解説Ⅵ参照

Ⅰ　概　　要

　本条（75条）は、生命保険契約に関する46条（保険金受取人の死亡）に相当する規律
である。
　保険事故や給付事由の発生前に保険金受取人が死亡した場合の保険金受取人の決
定のあり方（いわゆる受取人先死亡の問題）について、これに関する約款の規定や最
近の判例によって明らかになってきたところを明文化することが必要とされていた。
また、保険法の改正により介入権の規律の新設に伴い、保険金受取人先死亡の場合
に誰が新たな保険金受取人になるかという問題が介入権者の特定の問題として具体
的に生じることとなったため、実質的にも「保険金受取人が存在しない状態を生じ
ないこと」とすることが必要とされた[1]。
　そこで、保険法は改正前商法676条を全面的に改正するとともに、傷害疾病定額
保険契約において、給付事由の発生前に保険金受取人となっている者が死亡した場
合には、当該保険金受取人の相続人全員が新たな保険金受取人となるという規律を
新設した。本条の立法趣旨は、46条と同様に、受取人先死亡により保険金受取人が
不明確になることを可能な限り回避するところにある。
　なお、本条は任意規定である。

Ⅱ　立法過程

1　保険法制定前試案

　疾病試案および傷害試案の12条 3 項は、疾病保険契約と傷害保険契約についても、
生保試案677条 3 項と同じく、生命保険契約の場合に関する判例（最判平成 5 ・ 9 ・ 7
民集47条 7 号4740頁）の判旨に従って、給付事由発生時に生存している保険金受取人

───────────
1 ）　村田敏一「新保険法における保険金受取人に関する規律について」生保論集166号49頁
（2009）。

912   §75‐Ⅱ2・Ⅲ・Ⅳ

の相続人または順次の相続人が保険金受取人となるものと規定していた。当該条文の規律振りも趣旨も生保試案677条3項と同じである（§46解説Ⅳ1参照）。

2 法制審議会保険法部会の審議
　§46解説Ⅳ2を参照されたい。

Ⅲ 条文解説

　本条は、保険金受取人先死亡の場合に誰が保険金受取人となるのかを規律するものである。同規定より、傷害疾病定額保険契約においては、保険金受取人となっている者が給付事由の発生前に死亡したときに、保険契約者が生存するか否かを問わず、その保険金受取人の相続人全員が新たな保険金受取人となる。

　ここにいう「その相続人の全員」とは、死亡した保険金受取人の法定相続人またはその順次の法定相続人であって、被保険者の死亡時に現に生存する者の全員を指すものと解される。もっとも、保険契約者は保険金受取人の変更権を有するので、給付事由が発生するまでは、保険金受取人の変更が可能となっている（72条1項）。

　保険金受取人の確定時は、保険事故発生時である。また、保険金受取人の死亡によりその相続人全員が新たな保険金受取人となる場合において、その取得する保険金請求権は相続による効果ではなく、それぞれの相続人の固有財産として原始的に取得するものと解すべきである。

　本条規定の性質は、任意規定とされている。したがって、約款等において、保険金受取人が死亡した場合に誰が保険金受取人となるか、保険金受取人が複数の場合にそれぞれの権利の割合をどのように決めるのかについて、予め合理的な範囲で定めることも許容される。

　本条の規律は、46条の「保険事故」が「給付事由」と置き換えられている点のみ異なるが、全般的に同じ内容となっている。詳細については、§46解説Ⅴを参照されたい。

Ⅳ 今後の展望

　§46解説Ⅶを参照されたい。　　　　　　　　　　　　　　　　　　　　　〔李　鳴〕

2）　疾病試案理由書217頁以下、傷害試案理由書59頁以下。
3）　潘・概説241頁、山本哲生「保険金受取人の指定・変更」甘利＝山本・論点と展望291頁。
4）　部会資料(11)27頁、中間試案23頁、補足説明84頁以下、部会資料(25)6頁等。

§76-Ⅰ・Ⅱ1   913

（保険給付請求権の譲渡等についての被保険者の同意）
第76条　保険給付を請求する権利の譲渡又は当該権利を目的とする質権の設定（給
　付事由が発生した後にされたものを除く。）は、被保険者の同意がなければ、その
　効力を生じない。

【条文変遷】　新設
【参照条文】　保険法47条・38条・67条・45条・74条、傷害試案5条2項・3項、疾病試
　　　　　　案5条2項・3項
【外国法令】　§47解説Ⅵ参照

Ⅰ　概　　要

　本条（76条）は、生命保険契約に関する47条（保険給付請求権の譲渡等についての被
保険者の同意）に相当する規律である。保険法では、他人の傷害疾病の定額保険契
約についても、生命保険契約の場合と同様、保険事故発生前に保険金受取人が保険
給付請求権を譲渡しまたは保険給付請求権に質権設定を行う際に、被保険者の同意
を要する旨が定められている。

　本条は、保険法で新設された条文であり、規律の趣旨は、被保険者の同意が必要
とされる他の条文と同じく、保険の賭博的利用、道徳危険、人格権侵害の三弊害防
止にある（§38・§67・§45・§74・§47の各解説Ⅰ参照）。

　なお、本条は絶対的強行規定である。

Ⅱ　立法過程

1　保険法制定前試案

　他人の傷害の保険契約における保険金請求権の譲渡等について、傷害試案5条は、
次のとおり定めていた。他人の傷害の「保険契約に基づく保険金請求権を譲渡しも
しくは質入れし、または保険契約者を変更するには、被保険者の書面による同意が
なければならない」（同条2項）。そして、「保険契約者が被保険者である場合におい
て、保険金を受け取るべき者がその権利を譲渡しまたは質入れするには、被保険者
の書面による同意がなければならない」（同条3項）。

　傷害試案5条2項・3項の規定振りは、生保試案674条2項・3項とほぼ同じで
ある。その規律の要点は、以下のとおりである。[1]

第1に、傷害試案5条2項は、同条1項により被保険者の書面による同意を要する他人の傷害の保険契約の場合には、保険金請求権の譲渡・質入れおよび保険契約者の変更についても、被保険者の書面による同意が必要であることとしていた。また、同条2項は、同条1項但書に基づいて被保険者の書面による同意を要する旨の約定がある場合にも適用されるとし、これは生保試案674条2項と同趣旨である。

第2に、傷害試案5条3項は、保険契約者と被保険者が同一である傷害保険契約において保険金を受け取るべき者がその権利を譲渡または質入れする場合にも被保険者の書面による同意が必要であることとしており、これも生保試案674条3項と同趣旨である。

第3に、傷害試案5条2項・3項は、契約当事者において変更することができない絶対的強行規定とされていた（傷害試案44条1項）。

他人の疾病の保険契約における保険金請求権の譲渡等についても、他人の生命の保険契約および他人の傷害の保険契約の場合と同趣旨の規定が設けられていた（疾病試案5条2項・3項）。しかも、疾病試案5条2項・3項は、傷害試案5条2項・3項と全く同じ規定振りである[2]。

2　法制審議会保険法部会の審議

§47解説Ⅳ2を参照されたい。

Ⅲ　条文解説

1　譲渡または質権設定による処分の対象

本条にいう「保険給付を請求する権利」とは、給付事由発生前の保険給付請求権を意味する。これが本条で規律する「譲渡又は当該権利を目的とする質権の設定」による処分の対象である。給付事由発生後の保険給付請求権は規律の対象外とされ、かかる譲渡または質入れについては被保険者の同意が不要とされている（本条括弧書）。その理由については、§47解説Ⅴ2(2)を参照されたい。

2　同意の法的性質・相手方・方法等

本条も、傷害疾病定額保険契約における保険給付請求権の譲渡または質入れについては、「被保険者の同意がなければ、その効力を生じない」として、被保険者の

1）　傷害試案理由書49頁。
2）　疾病試案理由書207頁。

同意の法的性質が効力要件であることを明確に定めている。しかし、同意の相手方、同意の方法等については、47条などの被保険者の同意に関する規律と同様、保険法では何ら規定していない。基本的に47条と同様、以下のとおり解釈することができると考えられる。

被保険者の同意の相手方については、譲渡の場合には譲渡契約の当事者である譲受人または譲渡人のいずれかに対し、質権設定の場合には質権設定契約の当事者である質権者または質権設定者のいずれかに対して行えばよい。

被保険者の同意の方式について法律上は不要式のものと解されうるが、保険給付請求権の譲渡および質権設定の方法については、債権の譲渡・質入れの場合に関する民法の一般規定（民法467条・364条）に従い、譲渡人または質権設定者から第三債務者である保険者への通知または保険者の承諾が必要である。

詳細については、§47解説Ⅴ3を参照されたい。

3　例外規定が存在しない理由

傷害疾病定額保険契約に関しては、契約締結や保険金受取人の変更に関する被保険者の同意について、保険金受取人が被保険者またはその相続人である場合には同意が不要となる例外規定が設けられている（67条1項但書・74条1項但書）。これに対し、本条では、そのような例外規定を設けず、保険給付請求権の譲渡または質権設定には、一律に被保険者の同意を要することとしている。

その理由として、次のように解釈されている。[3] 同様の例外を認めるとすると、「被保険者の相続人」へという形での保険給付請求権の譲渡または「被保険者の相続人」による質権設定になる。しかし、相続人は相続開始前に被相続人（＝被保険者）の財産に属した権利を承継することができないため（民法896条）、現実的に無理である。一方、被保険者に対する保険給付請求権の譲渡や被保険者による質権設定の場合には、被保険者が当事者として関与するため、当然に同意があることになる。したがって、あえてその同意を不要とする例外規定を設ける意味ないし実益はないというわけである。

4　規定の性質

本条は、被保険者の生命・身体の安全にかかわる公序の内容であるため、被保険者の同意に関する他の規律（45条・67条・74条等）と同様に、その性質上、絶対的強

3）　山下＝米山・解説345頁［山本哲生］、大串＝日生・解説保険法166頁（注10）［奥野健介］、江頭憲治郎「他人の生命の保険」中西喜寿・237頁以下参照。

行規定と考えられている。したがって、傷害疾病定額保険契約に基づく保険給付請求権の譲渡・質入れについて被保険者の同意を一律に不要とする旨の特約等は無効であると考えられる。

5　76条と47条との相違

　保険法では、保険給付請求権の譲渡・質入れについて、生命保険契約にあっては47条が、傷害疾病定額保険契約にあっては76条が適用される。47条の「保険事故」が76条の「給付事由」と置き換えられているところを除き、同じ内容の規律となっている。

　また、76条と47条のいずれにおいても、基本的に改正前商法674条2項・3項の規律の考え方を維持し、弊害防止の手段として同意主義を採用し、かつ被保険者の同意がその効力要件である旨明示している。しかし、76条と47条の両方とも、同意の方式、時期および相手方については、何らの規定も設けておらず、解釈論や約款に委ねることとしている。

　さらに、生命保険契約に関する47条においては、純粋に生存保険とされるものを除外する趣旨で、「死亡保険契約に基づき」保険給付を請求する権利が対象とされている旨が明記されている。これに対し、76条は、傷害疾病定額保険契約に関する規律であることから、文言上は「死亡保険契約に基づき」と明記していないものの、この生命保険契約における保険給付請求権の譲渡または当該権利を目的とする質権設定に関する法規制を同種の保険である傷害疾病定額保険にも及ぼそうとするものである。

Ⅳ　今後の展望

　傷害疾病定額保険契約において、給付事由発生前の保険給付請求権の譲渡・質入れについての被保険者の同意などに関して実務との関係および残された課題は、47条と同様であると考えられる（§47解説Ⅶ参照）。

〔李　鳴〕

4）　中間試案18頁、補足説明73頁等。
5）　同旨、保険法コンメンタール150頁〔小林登〕。

§77‑I 917

（危険の減少）

第77条 傷害疾病定額保険契約の締結後に危険が著しく減少したときは、保険契約者は、保険者に対し、将来に向かって、保険料について、減少後の当該危険に対応する保険料に至るまでの減額を請求することができる。

【条文変遷】 新設
【参照条文】 保険法11条・48条、疾病試案18条、傷害試案18条
【外国法令】 §11解説Ⅵ参照

I 概　　要

　保険料の算定は、給付・反対給付均等の原則に基づいて行われている。給付・反対給付均等の原則とは、保険契約者が支払う保険料と保険事故発生の際に支払われる保険金の数学的期待値が等しくなるようにする原則のことである。この原則は、保険契約者が支払う保険料が公平になるために用いられることから、「公平の原則」とも呼ばれている[1]。

　保険契約の締結に際し、保険者は、保険契約者または被保険者の告知から得た情報に基づいて危険選択を行っている。しかし、保険契約は継続契約であるから、保険期間中に危険が増加したり減少したりすることがある。それは危険の変動と呼ばれている。危険の変動が給付・反対給付の均等を崩す場合は、それを修復するために保険契約の内容を調整する必要がある。

　危険が減少した場合は、従前から支払われている保険料が、減少後の危険に相当する保険料よりも高くなり、過剰徴収となる可能性がある。改正前商法では、特別の危険を斟酌して保険料の額を定めた場合において、保険期間中にその危険が消滅したときに、保険契約者は保険料の減額を請求することができるとした規定が置かれていた（改正前商法646条・683条1項）。これは、特別の危険が消滅したときに限って保険料の減額請求が認められるものであり、危険の減少一般について適用されるものではない。加えて、「特別の危険」とは具体的に何を意味するのかが必ずしも明らかではないとの指摘があった。

　そこで、保険法では、保険契約者の利益を保護するために、危険が減少した場合

---

1)　収支相等の原則との相違について、保険料と保険金の均衡を保つ意味で同義であるが、収支相等原則は、保険会社全体のことを指す。すなわち、保険料総額（＋運用益）＝保険金総額（＋諸経費）。これに対し、給付・反対給付均等の原則は、個々の保険契約のことを指す。すなわち、1人当たりの保険料＝保険事故の発生率×1事故当たりの保険金。

の一般的な規律を設けることとし、保険料減額請求権の適正化を図っている[2]。

II　立法過程

保険法制定前の疾病試案および傷害試案においては、各18条（危険の著しい減少）をもって「保険契約の締結後に危険の著しい減少があった場合には、保険契約者は、危険の著しい減少があった時以後に履行期が到来する保険料の減額を請求することができる」とする規定を提案した。これらの条文は、生保試案678条の4に相当する規律であり、規定振りも趣旨も生保試案678条の4と同じである[3]（§48解説IV 1参照）。

法制審議会保険法部会においては、危険増加の問題については盛んに議論がされていたが、危険減少の問題については、実質的議論は少なかった（§11解説IV 2参照）。

III　条文解説

危険の減少による保険料の減額請求についての規定は、保険法における各契約の共通事項である。損害保険契約にあっては11条、生命保険契約にあっては48条、傷害疾病定額保険契約にあっては77条である。

本条（77条）は、傷害疾病定額保険契約の締結後に危険が著しく減少したときは、保険契約者は保険者に対し、将来に向かって、保険料について、減少後の危険に対応する保険料に至るまでの減額を請求することができることと定めている。

ここにいう「危険」とは、「給付事由の発生可能性」（66条）を意味する。そして、「危険が著しく減少したとき」とは、保険料に影響する（跳ねる）程度になって、約定の保険料の額が過剰になっている場合を意味する。換言すれば、保険料の変更をもたらす場合と解される[4]。

本条により、保険料の減額請求は、契約締結時に斟酌した特別の危険に限定せずに、事由の如何にかかわらず、危険が減少した場合には、当該減少後の危険に見合

2）　補足説明31頁、部会資料(23) 6頁、萩本・一問一答67頁参照。

3）　疾病試案理由書239-241頁、傷害試案理由書81-82頁。

4）　山下ほか・保険法152頁［山本哲生］、岡田豊基「保険契約の変動」甘利=山本・論点と展望61頁、上松・ポイント解説51頁、福田=古笛・逐条解説42頁、福田弥夫「危険の変動」落合=山下・理論と実務143頁、大串=日生・解説保険法66頁［千葉恵介］、土岐孝宏「保険法における危険減少の規律の解釈と保険者の開示義務」中京法学45巻3=4号310頁（2011）等。

った保険料に変更することを認める一方、危険の減少の程度が、保険料の変更をもたらさないような微細な減少にすぎない場合には保険料の減額請求を認めないとされ、減額請求権の効力は、将来に向かって生ずることとなる。

本条は、保険料減額請求の主体である保険契約者の保護を図る規定であるから、規定の性質は、保険契約者に不利な約定を無効とする片面的強行規定とされる（78条）。したがって、本条の規律に反する約定で保険契約者の不利に変更することはできない。

本条の規律は、11条の「損害保険契約」、48条の「生命保険契約」が「傷害疾病定額保険契約」と置き換えられている点のみ異なる以外は、全く同一である。詳細については、§11解説Ⅴ、§48解説Ⅴを参照されたい。

〔李　鳴〕

（強行規定）
第78条　第71条の規定に反する特約で保険金受取人に不利なもの及び前条の規定に反する特約で保険契約者に不利なものは、無効とする。

【条文変遷】　新設
【参照条文】　保険法12条・49条・7条・41条・71除・77条
【外国法令】　§7解説Ⅳ参照

Ⅰ　概　　要

本条（78条）は、12条（損害保険）、49条（生命保険）との共通事項として、保険法第4章（傷害疾病定額保険）第2節（効力）に設けられている諸規定のうち、第三者のためにする傷害疾病定額保険契約および危険の減少に関する規定を片面的強行規定とするものである。

規定の性質に関する分類、片面的強行規定の保険法への導入の趣旨、立法過程、外国の立法例および今後の展望については、§7と§41の解説で述べたところと基本的に同様であるので、これらの解説を参照されたい。

Ⅱ　条文解説

本条は、「第71条の規定に反する特約で保険金受取人に不利なもの及び前条の規

定に反する特約で保険契約者に不利なものは、無効とする」ことを定め、次の規定の性質が片面的強行規定であることを明記している。

1 71条に関する規定

本条の前半部分は、第三者のためにする傷害疾病定額保険契約に関する71条の規定を片面的強行規定とするものである。

(1) 第三者のためにする傷害疾病定額保険契約規定の概要

71条は、「保険金受取人が傷害疾病定額保険契約の当事者以外の者であるときは、当該保険金受取人は、当然に当該傷害疾病定額保険契約の利益を享受する」と定めている。保険法では、保険契約者が契約当事者以外の第三者を保険金受取人とする傷害疾病定額保険契約を締結することができることを前提として、その場合において、保険金受取人が傷害疾病定額保険契約の受益、すなわち保険事故発生（被保険者死亡）による保険金請求権を自己固有の権利として当然に取得する（§71解説Ⅲ2参照）。

(2) 不利な特約の対象者

71条は、傷害疾病定額保険契約の特質から、第三者のためにする契約における権利の発生要件である受益の意思表示（民法537条3項）を不要とし、保険金受取人の保護を図る規定である。したがって、本条の前半部分における不利な特約の対象者は、保険金受取人である。

(3) 無効とする不利な特約

本条の前半部分によれば、保険金受取人の当然の利益享受に何らかの条件などを付する特約は認められない。たとえば、約款で、保険金受取人が保険金請求権を取得するためには受益の意思表示を必要とする場合、あるいは受益の意思表示を保険金受取人の権利発生要件とした場合には、保険金受取人が不利益を被ることになるため、本条の前半部分に掲げる71条の規定に反する特約で「保険金受取人に不利なもの」として無効になると考えられる[1]。

2 77条に関する規定

本条の後半部分は、傷害疾病定額保険における危険の減少に関する77条の規定を片面的強行規定とするものである。

(1) 危険の減少規定の概要

77条は、「傷害疾病定額保険契約の締結後に危険が著しく減少したときは、保険

---

1) 山下＝米山・解説352頁［萩本修＝嶋寺基］等。

契約者は、保険者に対し、将来に向かって、保険料について、減少後の当該危険に対応する保険料に至るまでの減額を請求することができる」と定めている。保険法では、契約締結後に、給付反対給付均等原則に基づき、危険（保険事故の発生可能性）が著しく減少し、契約締結時に定められた保険料が過剰となった場合に、危険の減少が起こった事由を問わず、将来効として、保険契約者に保険者に対する保険料減額請求権が与えられている（§77解説Ⅲ参照）。

(2) **不利な特約の対象者**

77条は、危険の減少の場合における保険料減額請求権を適正化し、保険料減額請求の主体である保険契約者の保護を図る規定である。したがって、本条の後半部分における不利な特約の対象者は、保険契約者である。

(3) **無効とする不利な特約**

たとえば、危険が著しく減少した場合でも保険料の減額請求を認めない旨の特約や、減額請求の範囲を保険法の規定よりも制限する特約などは、保険契約者が不利益を被ることになるため、本条の後半部分に掲げる77条の規定に反する特約で「保険契約者に不利なもの」として無効となると考えられる[2]。

〔李　鳴〕

2）　山下=米山・解説351頁［竹濵修］、352頁［萩本修=嶋寺基］等。

922   §79-Ⅰ・Ⅱ・Ⅲ1

第3節　保険給付

（給付事由発生の通知）
第79条　保険契約者、被保険者又は保険金受取人は、給付事由が発生したことを知ったときは、遅滞なく、保険者に対し、その旨の通知を発しなければならない。

【条文変遷】新設
【参照条文】保険法14条・50条
【外国法令】ドイツ保険契約法33条・34条、イタリア民法典1913条・1915条、スイス保険契約法38条-40条、ヨーロッパ保険契約法原則第6-101条・第6-102条

Ⅰ　概　　要

　傷害疾病定額保険において、保険契約者、被保険者または保険金受取人は、給付事由が発生したことを知ったときは、保険者に対し、その旨を遅滞なく通知する義務を課せられている。本条（79条）は新設規定である。なお、この規定は任意規定である。

Ⅱ　沿革・改正前商法

　§14解説Ⅱ・Ⅲ、§50解説Ⅱ・Ⅲ参照。

Ⅲ　立法過程

1　保険法制定前試案

　傷害保険契約法の新設のための試案として、損害保険法制研究会の作成にかかる傷害保険契約法(新設)試案（1995年確定版）および生命保険法制研究会の作成にかかる傷害保険契約法新設試案（1998年版）があり、生命保険法制研究会で両試案を調整して一本化する試案が作成された（傷害保険契約法試案（2003年版）。以下「2003年傷害試案」という）。2003年傷害試案は、基本的には生保傷害試案の採用している体系と同様の体系によってまとめられており、傷害保険を定額給付方式と損害てん補方式に類別するという二分法を採用していない。

　2003年傷害試案28条では、「保険契約者、被保険者または保険金を受け取るべき

者は、保険事故の発生を知ったときは、保険者に対し、遅滞なく、その通知をしなければならない。通知は書面によるべきことを約定することを妨げない」と規定していた。この条文の前段は半面的強行規定（44条2項）であり、後段は任意規定である[1]。そして、29条に保険事故発生当時の説明義務等の規定があり、30条に以下のような通知義務・説明義務等違反の効果が規定されていた。30条1項「保険契約者、被保険者または保険金を受け取るべき者が第28条または前条に規定する義務を履行しなかったときは、保険者は、その義務の履行があったならば保険者が支払義務を負わなかったと認められる額および支出を免れたと認められる額につき保険金を支払う責任を負わない」、2項「前項の規定にかかわらず、保険契約者、被保険者または保険金を受け取るべき者が、保険者による保険事故発生の事情の調査または保険金支払責任の有無もしくは支払保険金額の確定を妨げる意図をもって第28条または前条に規定する義務を履行しなかったときは、保険者は、保険金を支払う責任を負わない」、3項「前項の規定の適用があり、かつ、保険契約が終了する場合においては、保険者は、保険契約者に対して、この場合について保険契約で定める金額を支払わなければならない」。1項・2項は半面的強行規定（44条2項）であり、3項は任意規定である。

疾病保険契約法試案（2005年確定版）では、2003年傷害試案と全く同じ規定を28条から30条に規定している。

2　法制審議会保険法部会の審議

保険法部会開始当初、損害保険契約または生命保険契約と同様の規律とすることが考えられるが、傷害・疾病保険契約に固有の問題はあるか、また、傷害保険契約と疾病保険契約とを分けて規律することの必要性についてどのように考えるかとして、傷害・疾病等の発生の通知義務があげられた[2]。

このような問いかけに対し、保険者は被保険者に対し、保険者の費用負担においてその指定にかかる医師による診療を受けることを求めることができるものとするというような約款があり、そのような旨の規定を不正請求対策のために設けてほしい、難しければ現行約款の趣旨が維持できるよう包括的な契約者、被保険者側の協力義務の規定を設けてほしいといった意見があった[3]。

中間試案では（注1）として「保険事故が発生したこと」に関し、傷害・疾病保険

1）　傷害保険契約法試案（2003年版）附114頁。
2）　部会資料（8）7頁。
3）　第7回議事録53頁。

契約の中には、傷害または疾病が保険期間中に発生すれば、入院・高度障害等が保険期間満了後に生じた場合にも保険金を支払う契約と、傷害または疾病に加えて、入院・高度障害等が保険期間中に生じた場合に保険金を支払う契約とがあることから、「保険事故」の内容については、なお検討する（傷害・疾病保険契約における保険事故の内容については、他の項目においても検討する必要がある）とされた。

保険法の見直しに関する要綱案（第1次案・下）では、（注1）として「傷害・疾病保険契約の中には、傷害または疾病が保険期間中に発生すれば、入院・高度障害等が保険期間満了後に生じた場合にも保険金を支払う契約と、傷害または疾病に加えて、入院・高度障害等が保険期間中に生じた場合に保険金を支払う契約とがあることから、本資料の各規律において「保険事故」と記載している部分については、各規律ごとにその内容を明示するものとする」とされた。そして、保険法の見直しに関する要綱案（第2次案）では、傷害疾病定額保険契約について第1次案で「保険事故」と記載していた部分を「給付事由」と「傷害疾病」とに書き分けているという説明があり、本条に関しては「保険事故」から「給付事由」に変更された。しかしながら、この案については、「今回の案では給付事由という文言と傷害疾病という文言を書き分けるということを試みているわけですが、その振り分けにつきましては、従来の表現振りに戻ってしまう形にはなりますが、『保険事故』として統一的な記載をさせていただくことをご提案させていただきたいと考えております」という説明がされ、保険法の見直しに関する要綱案（案）では再び「保険事故」という文言に戻った。文言の変更については、今後の精査に託したいということが今回の整理の趣旨であると説明された。そして、最終的に保険法案で「給付事由」の発生に改められた。その他については§14解説Ⅳ2参照。

Ⅳ　条文解説

1　趣旨・法的性質

改正前商法では、損害保険契約と生命保険契約に関する規定しかなかったが、現代社会においては、入院保険やがん保険などのように、人の傷害や疾病に基づいて

---

4)　部会資料(25)14頁。
5)　部会資料(26)21頁。
6)　部会資料(26)27頁。
7)　第23回議事録41-42頁。
8)　部会資料(27)24頁。
9)　第24回議事録5頁。
10)　萩本・一問一答167頁。

§79-Ⅳ2〜5・Ⅴ・Ⅵ　　　　925

保険給付を行う保険契約が広く普及し、国民生活においても重要な役割を果たしている。そこで、損害保険や生命保険とは別に、いわゆる傷害疾病定額保険についての規定を新設した。趣旨・法的性質については§50解説Ⅴ1参照。

2　要件

　50条と異なる点は、通知義務者と通知義務の発生事由である。その他の解説は§50解説Ⅴ2参照。

　通知義務の主体は、保険契約者、被保険者または保険金受取人である。生命保険と異なり、被保険者がはいっているが、それは傷害疾病定額保険においては、給付事由が発生しても被保険者はなお生存しているためである。

　保険契約者、被保険者または保険金受取人が給付事由の発生を知ったときに通知義務が生ずる。給付事由とは、傷害疾病による治療、死亡その他の保険給付を行う要件として傷害疾病定額保険契約で定める事由のことをいう（66条括弧書）。

3　違反の効果

　§14解説Ⅴ3、§50解説Ⅴ3参照。なお、傷害疾病定額保険については、傷害・疾病により生じた結果の内容により支払保険金額が異なるため、通知義務違反により保険者に損害が生じる可能性があるという指摘がされている[11]。

4　規定の性質　　§50解説Ⅴ4参照。

5　保険契約者等の説明義務・協力義務

　§50解説Ⅴ5参照。保険契約者等の調査妨害・不協力があった場合の規定は81条3項。この規定は、片面的強行規定である（82条）。

Ⅴ　外国法令

　§14解説Ⅵ、§50解説Ⅵ参照。

Ⅵ　今後の展望

　§14解説Ⅶ、§50解説Ⅶ参照。なお、傷害疾病定額保険に関する重大事由による解除の規定は86条2号・3号、解除の効力は88条1項・2項3号。これらは片面的強行規定である（94条2号）。　　　　　　　　　　　　　　　　〔藤田　祥子〕

---

11)　山下＝米山・解説424頁［後藤元］。

（保険者の免責）

第80条 保険者は、次に掲げる場合には、保険給付を行う責任を負わない。ただし、第3号に掲げる場合には、給付事由を発生させた保険金受取人以外の保険金受取人に対する責任については、この限りでない。
　(1)　被保険者が故意又は重大な過失により給付事由を発生させたとき。
　(2)　保険契約者が故意又は重大な過失により給付事由を発生させたとき（前号に掲げる場合を除く。）。
　(3)　保険金受取人が故意又は重大な過失により給付事由を発生させたとき（前2号に掲げる場合を除く。）。
　(4)　戦争その他の変乱によって給付事由が発生したとき。

【条文変遷】　新設
【参照条文】　保険法17条・51条、疾病試案25条・26条、傷害試案25条・26条、消費者契約法10条
【外国法令】　ドイツ保険契約法178条2項・183条・201条、スイス保険契約法14条

I　概　　要

　本条（80条）は、損害保険契約17条、生命保険契約51条に相当する規律であり、傷害疾病定額保険契約における保険者の免責事由を定めている。

　傷害疾病定額保険契約における「保険者の免責」とは、かかる保険契約が有効であるにもかかわらず、保険給付の対象としている給付事由が発生しても、例外的に保険者が保険給付を行う責任を負わない場合をいう。

　ここにいう「給付事由」とは、「傷害疾病による治療、死亡その他の保険給付を行う要件として傷害疾病定額保険契約で定める事由」をいう（66条括弧書）。保険法では、生命保険契約の「保険事故」と区別して、第4章の傷害疾病定額保険契約に関する規定においては、「給付事由」という用語が用いられている。

　本条は、傷害疾病定額保険契約について、被保険者の故意または重大な過失（1号）、保険契約者の故意または重大な過失（2号）、保険金受取人の故意または重大な過失（3号）、戦争その他の変乱（4号）を免責事由としている。並び順は、生命保険契約の免責事由と同様であるが、被保険者、保険契約者、保険金受取人（以下、合わせて「被保険者等」という）が故意に給付事由を発生させた場合に限らず、重大な過失による場合にも保険者の免責事由としている。この点については、損害保険契約の免責事由と同様である。

　本条の立法趣旨は、生命保険契約における保険者の免責事由の趣旨と同様に、公

§80-Ⅱ1　　　　　　　　　　　　　　　　　　　　　　927

益的見地、保険契約の信義則および保険制度上の要請によるものである（§51解説
Ⅰ1参照）。なお、本条は、任意規定とされる。

Ⅱ　立法過程

1　保険法制定前試案

(1)　傷害試案

　傷害試案では、25条の1項と2項、および同26条において、傷害保険契約における保険者の免責事由を規定していた。[1]

　傷害試案25条（保険者の免責事由-1）1項は、保険者は、被保険者の故意または重大な過失（1号）、保険金を受け取るべき者の故意または重大な過失（2号）、保険契約者の故意または重大な過失（3号）の事由によって生じた被保険者の傷害については、保険金を支払う責任を負わないとした。そして、2項は、前項の規定にかかわらず、保険金を受け取るべき者が複数ある場合において、そのうちの一部の者が故意または重大な過失によって被保険者に傷害を加えたときは、保険者は、当該保険金を受け取るべき者以外の保険金を受け取るべき者に対しては、その残額を支払う責任を免れることができないとした。その趣旨は、生保試案680条2項と同様であった。

　また、傷害試案26条（保険者の免責事由-2）1項は、「戦争、内乱、暴動その他の事変」（1号）、「地震、噴火または津波」（2号）、および「原子核反応」（3号）を、保険者の免責事由としていた。

　傷害試案25条と同26条とも、保険実務上の約款を踏まえたもので、規定の性質上任意規定であった。

(2)　疾病試案

　疾病試案25条と26条は、それぞれ傷害試案25条1項と同条2項に対応し、疾病保険契約における保険者の免責事由を規定していた。[2]

　疾病試案25条（保険者の免責事由-1）は、保険者は、被保険者の故意（1号）、保険金を受け取るべき者の故意（2号）、保険契約者の故意（3号）の事由によって生じた被保険者の疾病については、保険金を支払う責任を負わないとした。そして、疾病試案26条（保険者の免責事由-2）は、前条の規定にかかわらず、保険金の一部を受け取るべき者が故意に被保険者に疾病を生じさせたときは、保険者は、その残

---

　1)　傷害試案理由書101-105頁。
　2)　疾病試案理由書259-262頁。

額を支払う責任を免れることができないとした。その趣旨は、生保試案680条2項および傷害試案25条2項と同様であった。疾病試案25条と26条とも、生保試案、傷害試案と同様に任意規定であった。

疾病試案では、その性質上、傷害試案26条に相当する規定はなかった。その代わりに、傷害試案25条2項において規定されている内容は、26条に置くこととされた。

また、傷害試案25条1項では、被保険者、保険契約者および保険金を受け取るべき者の故意または重過失によって生じた傷害について保険者の免責を規定していたが、疾病試案25条では故意免責のみを定めることとしていた。これは、傷害保険契約と疾病保険契約の相違に鑑みると、疾病保険契約に関して重過失免責を定めることは妥当でないと考えられていたからであった。つまり、嗜好品を過度に摂取したことや医者が指示した生活面での節制ができなかったような事由をもって直ちに保険者の免責とすることは、少なくとも現在の社会通念にはそぐわない。また、疾病保険契約に関する立法例や約款例でも、被保険者等の重過失によって生じた疾病について保険者を免責しているものは見当たらないからであった。

2　法制審議会保険法部会の審議

保険法部会において、傷害疾病定額保険契約における保険者の免責に関して議論されたのは、主に以下の被保険者の故意を免責事由とすべきか、重大な過失を免責事由に加えるべきかの2点であった。

(1)　被保険者の故意を免責事由とすべきかについて[3]

まず、「故意」について、被保険者の故意によって保険事故が発生した場合に保険金を支払わないものとするための規律の定め方としては、被保険者の故意を保険者の免責事由として掲げる方法と、被保険者の故意を保険者の免責事由として掲げず、被保険者の故意によらないことを保険金の支払事由として位置づける方法の2つが考えられる。どちらの方法をとるかによって、被保険者の故意によることの証明責任を保険者が負うか、それとも被保険者の故意によらないことの証明責任を保険金請求権者が負うかが変わってくることになる。これは、また傷害保険契約の意義にも関連する問題である。一般的な傷害保険（普通傷害保険）の傷害事故は、「急激かつ偶然の外来の事故[4]」によって被保険者の身体に傷害を被ることであるから、偶然性、外来性および急激性の3要件は、傷害保険の概念を構成する必要不可欠の要素であるといわれている。

---

3)　第7回議事録36頁以下、補足説明101-102頁。

4)　生命保険会社の災害関係特約では、通常「不慮の事故」と記載されている。

§80-Ⅱ2

　改正前商法の下では、学説も下級審裁判例も、保険金請求者が故意によらないことすなわち偶然性＝非故意性の立証責任を負うべき見解[5]と、保険者が故意によることすなわち非偶然性＝故意性の立証責任を負うべき見解[6]が対立していた。最判平成13・4・20（民集55巻3号682頁）は、故意に関する立証責任は保険金請求者側が負うとの立場をとっていた。

　保険法部会では、保険事故ないし給付事由が被保険者の生活圏で発生することが多いことや、個人情報保護等の制約があることから、傷害の原因を保険者が特定することは困難であるとして、保険者が被保険者の故意による事故であることの証明責任を負うものとすることに否定的な意見があった。これに対しては、一般論として被保険者の故意によらないことを保険金請求権者の側で立証することは容易ではないから、その証明責任を保険金請求権者に負わせることは、過度の立証の負担を強いることになり不当との指摘もあった。

　また、傷害保険契約については、「急激かつ偶然な外来の事故」によって傷害が発生したことが傷害保険契約における傷害の本質的内容であることに鑑み、被保険者の故意によらないことを給付事由として位置づけるとの考え方もある。ここでいう「偶然」とは被保険者の故意によらないことと同義であると解されている[7]。そうすると、故意によらないということは、傷害事故の構成要素であるから、故意によらない事故であったことについて保険金請求権者が主張・立証責任を負担することになる。

　しかし、実務上、少なくとも約款の文言上（損害保険会社の交通事故傷害保険契約、ファミリー交通傷害保険契約、生命保険会社の入院特約等）、「急激かつ偶発的な外来の事故」であることを要求していない例もある。そうすれば、上述「急激かつ偶発的な外来の事故」が傷害保険契約一般における傷害の本質的内容であるという考え方には疑問があるとの指摘もあった。

5）　大森忠夫『保険契約法の研究』119頁（有斐閣・1969）、石田満『保険契約法の論理と現実』300頁（有斐閣・1995）、古瀬村邦夫「生命保険契約における傷害特約」ジュリ769号144頁（1982）、山下丈「傷害保険契約における傷害概念（2・完）民商75巻6号900頁（1977）、笹本幸祐「人保険における自殺免責条項と証明責任（4・完）」文研131号144頁（2000）。大阪高判昭和58・10・28生判3巻403頁、東京高判平成4・10・27生判7巻182頁、仙台高判平成6・3・28判タ878号274頁、福岡高判平成10・1・22判時1670号81頁等。

6）　中西正明『傷害保険契約の法理』72頁（有斐閣・1992）、山下友信〔判批〕ジュリ1044号134頁（1994）、山野嘉朗〔判批〕判評462号（判時1603号）41頁（1997）、小林俊明〔判批〕ジュリ1090号162頁（1996）。神戸地判平成8・8・26判タ934号275頁、神戸地判平成8・7・18判時1586号136頁、広島高松江支判平成3・12・13生判6巻447頁。

7）　山下・保険法451頁、傷害試案理由書102頁参照。

930 §80 - Ⅲ 1

　そこで、保険法は最終的に傷害疾病定額保険についても、給付事由を故意によらない傷害に限定せず、損害保険契約および生命保険契約と同様に被保険者の故意を法定の免責事由として掲げることとした。

⑵　**重大な過失を免責事由に加えるべきかについて**[8]

　保険法部会では、重大な過失を免責事由に加えるべきか否かについて、以下のように消極的な意見と積極的な意見に分かれていた。

　消極的な意見としては、故意による傷害事故を生じさせて保険給付金を請求しようとする場合については、公序という見地から排除しなければならないのは明らかであるが、重大な過失により傷害事故が起こってしまった場合については、保険給付金を支払うのが公序に反するとまではいえない。また、「重大な過失」が広く解釈されると保険契約者側の保険に対する期待が害される等であった。[9]

　一方、積極的な意見としては、①故意だけでは、モラル・ハザードがなかなか排除しがたいこと、②故意の立証は困難であること、③約款では重過失免責が入っていることを理由としたうえで、さらに、具体的にパトカーに追跡されて、時速100キロ以上のスピードで走行して対向車と衝突したという事例や、部下に飲酒運転をさせて、助手席に乗っていて怪我を負ったという事例を挙げて、「重大な過失」を免責事由として掲げるべきということであった。

　結局、保険法は、最判昭和57・7・15（民集36巻6号1188頁）に鑑み、損害保険契約に関する改正前商法641条の「重大ナル過失」と同様の趣旨で（後述Ⅲ4⑴参照）、傷害疾病定額保険契約についても「重大な過失」を免責事由として掲げるものとした。[10]

Ⅲ　条文解説

1　法定免責事由

　本条は、傷害疾病定額保険契約の法定免責事由について、以下のように定めてい

　8）　第7回議事録37頁以下、補足説明102頁以下。

　9）　学説上も、故意による事故招致の場合と比べて、重過失の場合において保険契約者または被保険者に向けられる主観的非難可能性が明らかに低いのは事実であり、重過失によって招致された事故について保険給付を行っても、それが公益に反するということは、通常は考えにくい。実際に、損害保険約款では、法定の重過失免責を除外しているものが少なくないとして消極的な意見が多かった（古瀬村・前掲注（5）145頁、久保田光昭〔判批〕ジュリ1036号125頁（1993）等参照。

　10）　第7回議事録40頁以下、補足説明46頁・103頁。

§80-Ⅲ2   931

る。

　本条1号ないし3号は、給付事由の客体である被保険者が故意または重大な過失により給付事由を発生させたとき（1号）、保険契約の当事者である保険契約者が故意または重大な過失により給付事由を発生させたとき（2号）、保険給付を受ける者である保険金受取人が故意または重大な過失により給付事由を発生させたとき（3号）について、保険者が保険給付を行う責任を負わないことを認めている。

　もっとも、3号に関しては、給付事由を発生させた保険金受取人以外の保険金受取人がいる場合には、その者についてまで、免責を認める合理的な理由はないことから、保険者が保険給付の責任を免れることができないとしている（本条柱書の但書）。

　また、1号ないし3号の法定免責事由について適用の優先順位が明記されている点は生命保険契約の当該規定と同様であり、つまり、保険料積立金の払戻し（92条1号）の問題に関わってくるためである（§51解説Ⅴ3(3)参照）。

　本条4号は、戦争その他の変乱によって給付事由が発生したときについて、保険者が保険給付を行う責任を負わないことを認めている。これは、損害保険契約および生命保険契約において、戦争その他の変乱による給付事由の発生が法定免責事由とされている理由と同様で、つまり、これらの非常事態における給付事由の蓋然率を測定することは技術的に困難であるという保険制度上の理由によるものである（§17解説Ⅴ2、§51解説Ⅴ2(4)参照）。

2　規定の性質

　本条の性質は、17条と51条と同じく任意規定として整理されている[11]。したがって、傷害疾病定額保険契約の約款によって本条と異なる免責事由を定めることもできる。たとえば、保険契約者、被保険者または保険金受取人の故意または重大な過失について、その一部を免責事由としないことや、戦争その他の変乱について保険料の計算の基礎に影響を与えないことを前提に保険給付の一部または全部を免責事由としないことは、いずれも有効と考えられる。

　もっとも、任意規定といえども、法文と異なる約定が保険契約者側に不利益を生じさせる場合は、消費者契約法10条[12]の見地から問題が生じうる。また、保険法の片

---

11)　補足説明102頁、萩本・一問一答194頁。
12)　消費者契約法10条は「民法、商法その他の法律の公の秩序に関しない規定の適用による場合に比し、消費者の権利を制限し、又は消費者の義務を加重する消費者契約の条項であって、民法第1条第2項に規定する基本原則に反して消費者の利益を一方的に害するものは、無効とする」と規定する。

932   §80-Ⅲ3

面的強行規定を潜脱するような約定、脱法的な内容、公序良俗に反する内容の約定も当然許されない（§17解説Ⅴ4、§51解説Ⅴ4参照）。

3　故意免責

(1)　故意免責の趣旨

本条1号ないし3号は、被保険者等の故意について免責事由として定めている。保険法は、前述のように、傷害疾病定額保険契約の定義について、被保険者の故意によらない傷害に限定することなく、広く「保険者が人の傷害疾病に基づき一定の保険給付を行うことを約するもの」とした上で（2条9号）、被保険者が故意に給付事由を発生させたことを保険者の免責事由として位置づけている。[13]

傷害疾病定額保険の故意免責の趣旨は、生命保険契約のそれと同様であり、つまり、被保険者等が故意により給付事由を招致した場合に保険金請求権を認めるのは、射倖契約の性質をも有する保険制度の運営を破壊すること、公益的または公序良俗の見地から許されないこと、および保険契約上の信義則にも反するからである。

「故意」の定義も、生命保険契約のそれと同様である（§51解説Ⅴ参照）。

(2)　故意の対象事実

ア　予期しない死亡

傷害疾病の死亡給付に関する契約には、傷害または疾病が保険期間中に発生すれば、被保険者の死亡が保険期間満了後に生じた場合にも保険金を支払うこととする契約と、傷害または疾病に加えて、被保険者の死亡が保険期間中に生じた場合に保険金を支払うこととする契約とがある。そこで、傷害の故意しか有しなかったが、予期しない死亡という結果が生じた場合にまで保険者の免責が認められるかについて見解の対立がある。[14]

最判平成5・3・30（民集47巻4号3262頁）は、被保険者が傷害の故意に基づく行為により被害者を死亡させたことによる損害賠償責任を被保険者が負担した場合には、故意免責条項が適用されるかが争われた事案について、①傷害と死亡とでは通常その被害の重大性において質的な違いがあること、②一般保険契約当事者の通常の意思に沿うこと、および、③保険契約当事者間の信義則または公序良俗に反しないことを理由に、傷害の故意に基づく行為により予期しなかった死亡の結果を生じた場合には、被保険者等が自ら招致した保険事故として免責の効果が及ぶことはないと判示した。つまり、死亡についての故意がなかったから故意免責とはならない

---

13)　萩本・一問一答194頁。

14)　学説の状況については、山下＝米山・解説435-437頁［潘阿憲］参照。

§80-Ⅲ3

という立場であった。従来の学説の中にも、このような判例の立場を支持する見解が多かった。[15]これに対し、死亡という結果による傷害についてまで免責の効果が及ぶかについては、相当因果関係の有無により判断されればよいとの見解もあった。[16]

前者の見解によれば、たとえば、指を切断して傷害保険金を詐取しようとしたところ、破傷風により死亡したような場合には、故意による死亡とはならず、傷害死亡保険金支払の対象となる。一方、後者の見解によれば、その場合には、指の切断による傷害は故意の対象となり、保険者免責となるが、破傷風による傷害死亡保険金支払の対象となるかどうかは、指の切断による傷害との間に相当因果関係が認められるか否かによって決められることになる。[17]

保険法では、傷害疾病定額保険においては、死亡の原因となる「傷害または疾病」についての故意だけでは足りず、「死亡」についての故意も必要とされている。[18]

イ 高度障害状態

保険実務上、高度障害保険金についても故意免責が規定されている。被保険者が自殺を企てたところ、一命をとりとめたが高度障害状態になった場合、被保険者には自殺の故意はあったが高度障害状態になる故意はなかったのであるから、高度障害保険金については故意免責にならないのではないかという独自の問題が生じる。[19]

裁判例は、自殺の故意は高度障害状態になることの故意を包含するという理由により免責を肯定してきた。被保険者の主観的意思としては高度障害状態になることを認容しているわけではないであろうが、客観的に自殺が可能な自傷行為を自殺する意思で実行する場合には、高度障害状態になることの認識は当然にあるとみられる。[20]学説においても、その理由付けについては様々であるが肯定的に解されている。[21]

したがって、被保険者が自殺を図り高度障害状態となった場合、本条1号の故意による保険給付事由に該当すると考えられる。

---

15) 山野嘉朗〔判批〕平成5年度重判解119頁（1994）、甘利公人〔判批〕ジュリ1083号103頁（1996）、竹濱修〔判批〕民商110巻1号99頁（1994）。
16) 山下・保険法373頁。
17) 山下=米山・解説435頁(注23)・437頁〔潘阿憲〕参照。
18) 補足説明103頁。
19) 山下・保険法469頁以下。
20) 東京高判平成13・7・30判例集未登載。
21) 星野太児「自殺企図行為と高度障害保険金の故意免責」生保経営70巻3号106頁（2002）、中込一洋〔判批〕保険レポ174号3頁以下（2002）、中込一洋〔判批〕落合誠一=山下典孝編『保険判例の分析と展開』金判1386号87頁以下（2012）、笹本幸祐「高度障害と故意免責」生保論集142号32頁以下（2003）、山下=永沢・保険法Ⅱ 360頁〔山下典孝〕等参照。

ウ　その他

故意免責における被保険者の故意行為は、通常は自傷行為のような作為を指すが、不作為も含まれる[22]。また被保険者が自ら直接に事故を招致した場合だけでなく、故意により第三者に事故を招致させた場合も被保険者の故意に該当する[23]。さらに薬物中毒のような場合も故意免責の対象となる[24]。

(3)　確定的故意と未必の故意

故意免責にいう故意には、いわゆる確定的故意のほか、未必の故意も含まれるかについては議論がある[25]。「未必の故意」とは、罪を犯す意思である故意の一態様であり、犯罪事実の実現自体は不確実ではあるものの、自ら企図した犯罪が実現されるかもしれないことを認識しながら、それを認容している場合を意味する[26]。刑事裁判上は、故意があるものとして裁かれる。

判例、学説の多くは、結果発生の可能性を認識しこれを認容した場合に故意が認められるとする刑法上の認容説の立場から、未必の故意も故意免責における故意に該当するとの立場をとっている[27]。

これに対し、認容説は「行為者行為の刑事法上の主観的な非難可能性を認容という主観的状態にみいだすための判断基準」であり、結果発生の蓋然性が低くてもこれを認容しただけで足りるという考え方は故意免責については適切ではないとしたうえで、故意免責が認められるためには、結果発生の蓋然性が高いことを要し、そのことを認識していた限りでは故意にあたるとすれば足り、未必の故意の概念を故意免責の解釈論に持ち出す必要はないと有力的に批判されている[28]。

4　重過失免責

本条1号ないし3号は、被保険者等の重大な過失についても免責事由として定めている。

---

22)　山下・保険法375頁。

23)　大森・保険法148頁、山下・保険法375頁。

24)　山下・保険法470頁。

25)　この点については、山下=米山・解説434-435頁〔潘阿憲〕、山下典孝〔判批〕速報判例解説9巻116-117頁（2011）を参照。

26)　西原春夫『刑法総論〔改訂版〕』181頁・190頁（成文堂 1998）参照。

27)　東京高判昭和63・2・24判時1270号140頁、神戸地尼崎支判平成3・2・19判時1414号106頁、最判平成4・12・18判時1446号147頁。以上、いずれも損保事例。石田満「自動車保険約款の保険事故招致免責条項にいう『故意』」ジュリ909号51頁（1988）、倉澤康一郎〔判批〕保険海商百選27頁、落合誠一〔判批〕ジュリ1018号129頁（1993）、西島・保険法252頁。

28)　山下友信「故意の保険事故招致免責規定と未必の故意」ジュリ854号73頁（1986）。

(1) 「重過失」を免責要件とする趣旨

傷害疾病定額保険契約における重過失免責の趣旨について、前述のように、保険法は、最判昭和57・7・15に鑑み、損害保険契約に関する改正前商法641条の「重大ナル過失」と同様の趣旨としている。改正前商法641条の趣旨については、次のように解されている。[29] 悪質または著しく危険な行為により惹起された事故をも含めて保険料を算定するときには、危険率が高くなり、これによる保険料を保険契約者全般が負担させられるのは相当ではないという観点から保険保護の対象から除外するという極めて商品政策的な判断に基づくものであり、また、保険者が故意による事故招致を立証するのが困難であるから、それを補完するためである。要するに、①危険の高い行為を保険保護の対象から除外する（アンダーライティング）、②故意免責の補完（モラル・リスク対策）の2点である。

(2) 重過失の定義

改正前商法641条の「重大ナル過失」の定義については、従来の学説も判例・裁判例も次のように、「ほとんど故意に近い不注意」とする解釈と「著しい不注意」とする解釈の二通りがあった。

ア ほとんど故意に近い不注意との解釈

重過失をより厳格に解釈すべきとして、「ほとんど故意に近い不注意」とする見解が多かった。これは、一般民事法（失火責任法等）上の重過失概念である。[30]

この立場をとって被保険者等の重過失を厳格に解釈した判例・裁判例として、大判大正2・12・20（民録19輯1036頁）、秋田地判昭和31・5・22（下民集7巻5号1345頁）、大阪地判平成元・3・15（判時1328号111頁）、大阪高判平成元・12・26（判タ725号210頁）、京都地判平成元・6・28（生判6巻39頁）、大阪高判平成4・6・19（生判7巻90頁）、仙台地判平成5・5・11（判時1498号125頁）、大阪高判平成9・10・24（生判9巻448頁）、名古屋地判平成14・10・25（交民集35巻5号1408頁）等があった。京都地判は重過失を認めたが、他は全部それを否定した。

イ 著しい不注意との解釈

一方、重過失を単に通常の過失に比べて、注意を著しく欠くことを意味している

---

29) 山下・保険法367頁以下・462頁。古瀬村・前掲注（5）145頁、久保田・前掲注（9）125頁、山野嘉朗〔判批〕判タ729号35頁（1990）、山下＝米山・解説437頁〔潘阿憲〕、佐野誠「新保険法における傷害保険約款規定」生保論集166号19頁（注50）（2009）。

30) 戸出正夫「商法第641条所定の重過失の意義」吉川栄一＝出口正義編『石田満先生還暦記念論文集―商法・保険法の現代的課題』304頁（文眞堂・1992）、倉澤康一郎〔判批〕損害百選〔初版〕157頁、山野嘉朗〔判批〕判タ729号35頁（1990）、黒沼悦郎「保険事故の招致と保険者の免責」田中誠二監修『損害保険の法律問題』金判933号69頁（経済法令研究会・1994）。

にすぎず、一般人を基準とすれば甚だしい不注意であれば足るのであり、それ以上に重過失の成立を限定する理由はないとする見解も有力であった。[31]

この立場をとって被保険者等の重過失を著しい不注意と解した判例・裁判例として、大阪地判昭和57・1・28（判タ463号141頁）、大阪高判昭和57・5・19（判時1064号119頁）、最判昭和57・7・15（民集36巻6号1188頁）、大阪高判平成2・1・17（判時1361号128頁）、福岡地判平成6・6・15（生判7巻370頁）、東京高判平成8・9・11（生判8巻628頁）、広島高判平成10・3・17（生判10巻121頁）、仙台高判平成10・10・20（生判10巻401頁）、福岡高判平成10・10・23（生判10巻403頁）、広島高判平成17・1・25（判例集未登載）等があった。上記判例・裁判例のいずれも重過失を認めていた。

以上より、「ほとんど故意に近い不注意」と解釈する立場を採用した判例・裁判例においては、「重過失」の成立はほとんど否定されていたのに対し、「著しい不注意」と解釈する立場を採用した判例・裁判例においては、「重過失」の成立が積極的に認定される傾向がある。後者の認定基準は前者より明らかに緩やかであると思われる。

保険法の下においても、重過失の定義については、改正前商法と同様に解釈に委ねられている[32]が、重過失免責の適用範囲を極力縮小すべきという観点から、「ほとんど故意に近い不注意」と厳格に解釈する立場が妥当であると考えられている[33]。

5　主張・立証責任

(1)　一般論

主張・立証責任の分配について通説・判例では、自己に有利な法律効果の発生を主張する者は、その要件（構成要件）に該当する事実について主張・立証責任を負うとされている（法律要件分類説ないし規範説）[34]。

これにより、給付事由が発生したことについての主張・立証責任は、保険給付を請求する保険金受取人側が負うことになるのに対し、被保険者等が故意または重過失により給付事由を生じさせたことの立証責任は、免責を主張する保険者にあると解されうる。もっとも、保険者の免責の規定は任意規定であり、また一般に主張・立証責任を誰が負担することになるかは、個別の契約の定め方によっても異なるの

---

31)　山下・保険法368頁・464頁、中西正明〔判批〕判評387号（判時1374号）200頁（1991）、竹濱修「火災保険における被保険者の保険事故招致」民商114巻4＝5号678頁（1996）。

32)　第7回議事録40頁以下、補足説明46頁。

33)　第7回議事録39頁、竹濱修「生命保険契約および傷害疾病保険契約特有の事項」ジュリ1364号48頁（2008）。

34)　中野貞一郎ほか編『新民事訴訟法講義〔第2版補訂2版〕』369頁以下（有斐閣・2008）。

で、保険法の規定を踏まえつつ、約款の解釈として判断され、さらに消費者契約の場合には消費者契約法の適用もあると解されている[35]。

(2) 最判平成13年4月20日への影響

ア 問題の所在

最判平成13・4・20（民集55巻3号682頁）は、被保険者が建物の屋上から転落し、脊髄損傷等により死亡したとして、保険金受取人が生命保険の災害割増特約に基づく災害死亡保険金を求めた事案において、「不慮の事故」すなわち「偶発的な外来の事故」による被保険者の死亡を支払事由として定めつつ、被保険者の故意を保険者の免責事由とする約款については、保険金請求権者が「偶発的な事故であること」の主張・立証責任を負う旨の判示をした。また、被保険者の故意を免責事由として定める部分については、保険金が支払われない場合を「確認的注意的に規定したものにとどまり、被保険者の故意により災害死亡保険金の支払事由に該当したことの主張立証責任を保険者に負わせたものではない」と判示し、つまり、かかる約款の故意免責規定は実質的に無意味としていた。

その理由について、「発生した事故が偶発的な事故であることが保険金請求権の成立要件である」ことのみならず、「そのように解さなければ、保険金の不正請求が容易となるおそれが増大する結果、保険制度の健全性を阻害し、ひいては誠実な保険加入者の利益を損なうおそれがあるからである」と説明されていた。

ところが、保険法では、傷害保険の傷害とは何かについては、偶然性の要件を掲げた定義規定は設けられておらず、傷害疾病定額保険契約について、本条1号で被保険者の故意を免責事由とする一方、「傷害」について故意によらないものには限定されていない。これにより、被保険者の故意による事故招致についての立証責任は保険者が負うことになる。そこで、傷害保険契約における偶然性の主張・立証責任は保険金請求権者側にあるとする最判平成13・4・20との関係が問題となる。学説上、もともと最判平成13・4・20の評価についての見解が厳しく対立していたが[36]、保険法改正後もその議論がさらに続いている。

イ 学説

学説上、最判平成13・4・20の効力を否定している見解が多くみられる[37]。その理

---

35) 萩本・一問一答194頁、竹濱・前掲注(33)48頁、竹濱・Q&A新保険法163頁［平尾正隆］。

36) 榊素寛〔判批〕保険レポ199号13頁（2005）、山野嘉朗「保険事故の偶然性の意義と保険金請求訴訟における立証責任の分配」生保論集154号30頁以下31頁（2006）等。各説については、山本哲生「保険事故の偶然性について」生保論集160号18-19頁(注21)・(注23)（2007）参照。

37) 土岐孝宏「傷害保険契約における偶然性の立証責任分配に関する将来展望―法制審議会保

由は、最判平成16・12・13（民集58巻9号2419頁）以降、損害保険契約に関する一連の最高裁判決が保険者に故意の事故招致の立証責任を負わせているのに、なぜ傷害保険についてのみ偶然性の立証責任を保険金請求権者に課すのか、最判平成13・4・20で故意免責規定が無意味であるとされたのが理論的に正しいという理解であれば、本条の故意免責規定を設けることはありえない、加えて、立証責任を保険者側から保険給付請求権者に転換する約定は、この立証責任を保険者に負わせている保険法の任意規定に比べて一方的に保険給付請求権者側の利益を損ねるものであり、消費者契約法10条により無効となる場合もありうるとされている。

　一方、保険法の下においても、最判平成13・4・20の立場は維持されているとする見解も有力である[38]。その理由は、最判平成13・4・20が非故意性の立証責任を保険金請求権者に課した判断理由はモラル・リスク対策であり、このような最判の判断構造を考えると、保険法においては偶然性要件のない傷害疾病保険契約のみを規定しただけであり、これによって最高裁の判断が変更されるとは考えにくい。また、保険法改正後の裁判例においても、最判平成13・4・20の立場を前提に、傷害保険約款の保険金支払要件を定めた「急激かつ偶然の」「不慮の事故」の部分が信義則ないし消費者契約法10条により無効となるものでないとするものがある[39]。さらに、故意性の立証の困難さは保険者にも発生する問題であり、その困難さはどちらにとってより重大かは微妙である。したがって、傷害保険の保険事故ないし給付事由の偶然性の主張・立証責任を保険給付請求権者側に課す約款条項を設けたとしても、当該条項は消費者契約法10条違反とはならないからである。

ウ　立法者の観点

　立法過程からみれば、保険法に故意免責規定を置いた趣旨が当然に最判平成13・4・20の立場を変更するものでもなければ、同判決を維持するという断定をするものでもない。立法担当者としても、本条の法定免責規定は、任意規定とされているから、これに反する約定が直ちに無効となるわけではないため、主張・立証責任の所在についても、個々の契約の約款の解釈に委ねることとしている[40]。したがって、傷害保険や災害関係特約の約款において、「急激かつ偶然な外来の事故（または不慮

　険法部会・保険法の見直しに関する中間試案を踏まえて」損保研究69巻4号35頁以下（2008）、神谷高保「保険事故の偶発性の立証責任（2・完）」民商140巻2号183頁以下（2009）、山下友信「保険法と判例法理への影響」自由と正義60巻1号34頁以下（2009）、萩本修ほか「保険法の解説（5・完）」NBL888号39頁（注47）（2008）、竹濵・前掲注(33)48頁。

38)　佐野・前掲注(29)8頁、出口正義「保険法の若干の解釈問題に関する一考察」損保研究71巻3号45頁以下（2009）、山下＝米山・解説448-449頁［潘阿憲］等参照。

39)　大阪高判平成21・9・17金判1334号34頁等。

40)　補足説明101-102頁、第23回議事録44頁。

の事故）」という給付事由の原因となる傷害を定義する規定が置かれる限りでは、偶然性（故意によらないこと）の主張立証責任について、最判平成13・4・20のように解釈することは妨げられるものではないし、消費者契約法の適用によって同判決とは異なる解釈が導かれる可能性もあると考えられる[41]。

6 生命保険契約・損害保険契約の免責事項との比較

傷害疾病定額保険契約の免責事項に関する規定は、生命保険契約、損害保険契約のそれに比べ、以下のような共通点および相違点が挙げられる。

第1に、適用対象契約に関して、生命保険契約のうち、一定の事由が生じた場合に保険者の免責が認められるのは、死亡保険契約のみである（51条柱書本文）（その理由は、§51解説V1参照）。これに対し、傷害疾病定額保険契約の給付事由は、傷害疾病による死亡のほか、その治療等も含まれる（66条括弧書）。そのため、故意または重過失による傷害招致や治療等による保険金の不正取得といったモラル・リスクが生じうることから、対象契約の適用は限定されず、すべての傷害疾病定額保険契約について、このようなモラル・リスクが生じた場合に保険者の免責が認められる[42]。

第2に、免責事由の構成に関して、生命保険契約も傷害疾病定額保険契約も、人保険契約であることから、法定免責事由として1号事由から4号事由まで完全に相互対応関係にある事由が規定されている。また、保険金受取人が複数の場合において、一部の保険金受取人が給付事由を発生させたときは、当該保険金受取人が受け取るべき保険金についてのみ保険者は免責となるが、それも生命保険契約の場合と同様である。

第3に、重過失免責に関して、1号ないし3号の免責事由につき、被保険者等の故意だけでなく重過失による給付事由招致も法定の免責事由とされている。これは、一般の損害保険契約と同様である（ただし、責任保険契約は除く）が、生命保険契約の法定免責事由との最も重要な相違点である。

第4に、戦争その他の変乱に関して、損害保険契約、生命保険契約、傷害疾病定額保険契約のいずれにおいても、戦争その他の変乱は法定免責事由とされている（17条1項後段・51条4号・80条4号）。これは、戦争その他の変乱が異常な危険であり、その蓋然率を測定することは困難であり、保険料算定の基礎とされるべき通常の危険には含まれていないから、同様の規定が設けられているのである。

---

41) 萩本・一問一答194頁、竹濱修ほか「シンポジウム・保険法改正」私法70号107頁（2008）〔野村修也発言〕。

42) 山下＝米山・解説429頁〔潘阿憲〕参照。

940　　　　　　　　　§80 -Ⅳ 1 , 2

【免責事項の比較表】[43]

生命保険	傷害疾病定額保険	損害保険
被保険者の自殺	被保険者の故意	被保険者の故意
保険金受取人の故意	保険金受取人の故意	
保険契約者の故意	保険契約者の故意	保険契約者の故意
	被保険者、保険金受取人または保険契約者の重過失	被保険者または保険契約者の重過失（ただし、責任保険契約はこの限りではない）
戦争その他の変乱	戦争その他の変乱	戦争その他の変乱

Ⅳ　外国法令

1　ドイツ保険契約法以外の外国立法例

　保険者の免責については、ドイツ保険契約法を除き、外国立法例では人保険契約に関する共通規定として定められている。生命保険契約と傷害・疾病契約に分けて定められている立法例はほとんどみられない。

　スイス保険契約法14条は、免責事由として、被保険者等の故意のみでなく、重大な過失または過失も対象としたうえ、「重過失」、「第三者の故意または重過失」「軽過失」の場合に分けて、保険者は、過失の程度に応じた割合でその給付を減額するかまたは免責しないとしている（§51解説Ⅵ2参照）。

2　ドイツ保険契約法の傷害保険と疾病保険における保険者の免責事項

　一方、ドイツ保険契約法では、生命保険契約とは別に、以下のように、傷害保険、疾病保険において、それぞれ保険事故の招致による保険者免責の規定が設けられている。

　疾病保険に関しては、ドイツ保険契約法201条は、保険契約者または被保険者が、故意に疾病または傷害を発生させたときは、保険者は給付義務を負わないとしている。

　そして、傷害保険に関しては、ドイツ保険契約法183条は、生命保険契約の保険者免責の規定と同様に、「保険契約者が、故意に違法な行為により保険事故を招致したときは、保険者は給付義務を負わない」とし（同条1項）、一方、「保険金受取人が、故意に違法な行為により保険事故を招致したときは、その保険金受取人指定

---

43)　部会資料（8）別紙参照。

§ 80 - Ⅳ 3・Ⅴ 1   *941*

はなかったものとみなす」として（同条2項）、保険金受取人指定の効力を失うもの
としている。もっとも、被保険者の故意による保険事故の招致を免責事由とする明
確な規定は置いてない。

　また、生命保険契約と同様に、人保険契約においては、重大な過失は免責事由と
されない。これに対し、損害保険においては、重過失免責および過失の重大性に応
じた割合で削減することができるとされている（ドイツ保険契約法81条2項）。

3　ドイツ保険契約法における傷害の概念に関する規定

　さらに、ドイツ保険契約法178条（保険者の給付）2項において、次のように傷害
の概念を定義したうえで、偶然性の立証責任を定めている。「被保険者が、急激に
外来から被保険者の身体に作用した事故により、非自発的に健康障害を被ったとき
に、傷害が発生する。非自発性は、その反証がなされるまで推定される」。

　旧ドイツ保険契約法には、傷害保険における傷害の概念についての規定はなかっ
たが、2008年の改正により初めて、「急激性」「外来性」「非自発的」（すなわち偶発
性）の3要件が傷害概念として法律上定められた。これは、急激な作用という要件
は、保険保護をもたらす事故が、被保険者にとって、予期せず、不意打ち的に、そ
れ故に逃れることのできない状態で生じたものでなければならないという、これま
でのドイツの判例と一致するように明確化する趣旨である。つまり、確かに被保険
者は、その意思に反して、またはその意思によらないで、偶然に外来から作用する
事故に遭ったとしても、実際にその事故を原因として、身体もしくは精神に損傷を
受けていなければならないのである[44]。

　また、同条は、わざわざ「非自発性は、その反証がなされるまで推定される」と
して、この偶然性の立証責任を保険者に転換させるような立法措置を採用している。

Ⅴ　今後の展望

1　実務との関係

　損害保険会社の傷害保険の約款の一部を除き、改正前商法の下の約款の規定が基
本的には維持され、大きな影響はないと考える。その内容を以下のとおり整理する。

(1)　傷害の定義

　傷害の定義について、生命保険会社の災害関係特約の約款においては「不慮の事
故」とされ、損害保険会社の一般の傷害保険の約款においては「急激かつ偶然な外

---

44)　ドイツ保険契約法・498頁。

来の事故」とされているのが通例である。これらは、改正前商法の下の約款の記載と変わらない。もっとも、偶然という抽象的な用語について非故意性を明確にする表現に改めること、および非故意性の立証責任は保険金ないし給付金請求者側にあることを約款上明確化すべきであるという見解がある。[45]

(2) 重過失の免責

生命保険会社の災害関係特約の約款においては、改正前商法から、例外なく、被保険者、保険金ないし給付金を受け取るべき者および保険契約者の「重大な過失」は免責事由とされている。これに対し、損害保険会社の傷害保険の約款においては、歴史的にみると、もともとは損害保険会社の傷害保険約款にも重過失免責規定があったが、認定上困難を伴うケースが多く、大衆約款としてできるだけ簡素化することが望ましいとの見方もあるという経緯から、1975年の約款改訂において重過失免責が削除された。[46]しかし、保険法改正後、重過失は再び免責事由として定められている。これは、①保険法規定と平仄を合わせること、②生命保険会社の災害関係特約と同様の約款規律とすることにより商品間の整合性をはかること、③モラル・リスク対策の観点などから導入されたものと考えられる。[47]

(3) 免責事由

生命保険会社の災害関係特約の約款と損害保険会社の傷害保険の約款のいずれにおいても、保険法に規定される法定の免責事由を含め、以下のいずれかの事由により支払事由に該当しても保険会社は保険給付を行わない旨の規定が定められている。

①被保険者の犯罪行為、②保険契約者、被保険者または主契約の死亡保険金受取人の故意または重大な過失、③被保険者の精神障害または泥酔の状態を原因とする事故（生保のみ）、④無免許運転、⑤酒気を帯びた状態での運転、⑥麻薬、大麻、アヘン、覚せい剤、シンナー等の影響の下の運転（損保のみ）、⑦地震、噴火または津波、⑧戦争その他の変乱。

なお、損害保険会社の傷害保険の約款では、生命保険会社の約款よりもさらに免責事由が多く定められ、また上記⑧の「その他の変乱」については、外国の武力行使、革命、政権奪取、内乱、武装反乱、その他これらに類似の事変または暴動と詳細に掲げられている。

一方、生命保険会社の疾病関係特約の約款においては、疾病または傷害による高度障害に関わる免責事由としては、①被保険者の自殺行為、②被保険者の犯罪行為、

---

45) 佐野・前掲注(29) 8 頁。

46) 損害保険料率算定会『傷害保険普通保険約款の変遷（平成 6 年 4 月 1 日現在）』49頁。

47) 佐野・前掲注(29)18頁参照。

③保険契約者または被保険者の故意または重大な過失、④戦争その他の変乱が掲げられている。被保険者の犯罪行為と保険契約者または被保険者の重大な過失も免責事由とされている点が、生命保険契約の約款の免責事由と異なり、被保険者の自殺行為と犯罪行為は、保険法では、傷害疾病定額保険の法的免責事由とされていないものである。

保険法の保険者の免責規定は任意規定であるから、本条に定められていない上記免責事由については、合理性が認められる限りにおいて有効であると考えられる。[48]

(4) 戦争や地震等免責事由の取扱い

生命保険会社の災害関係特約の約款においては、被保険者が、地震、噴火もしくは津波または戦争その他の変乱によって死亡し、または障害状態に該当し、もしくは入院等をした場合は、一律に免責とするのではなく、その事由によってかかる被保険者数の増加がこの特約の計算の基礎に及ぼす影響が少ないと保険会社が認めたときには、災害死亡保険金を支払うまたはその金額を削減して支払うと定めている例が多い。このような規定も死亡保険契約と同様な趣旨に基づくものと考える（§51解説Ⅶ1参照）。

(5) 保険金受取人が複数いる場合の取扱い

生命保険会社の災害関係特約の約款と損害保険会社の傷害保険のいずれにおいても、保険金ないし給付金を受け取るべき者が故意または重大な過失によって給付事由を発生させた場合であって、その者が死亡保険金の一部の受取人であるときには、保険者が保険金を支払わないのはその者が受け取るべき金額に限り、その残額を他の死亡保険金受取人に支払うことを明確に定められている。

2 残された課題

保険法では、傷害疾病定額保険契約においても保険者の免責の規定が新設されることにより、前述した議論を含め、今後、以下の点について引き続き議論されるであろう。

(1) 「故意」と「重過失」との関係

故意に比べ、重過失は、社会的非難の可能性が相対的に低いという観点から、重過失による給付事由招致の場合に、故意の場合と同様に保険者全部免責の効果を認めてよいかについては疑問もあり、立法論としては、スイス保険契約法14条やドイツ保険契約法81条のように、過失の程度に応じた割合で保険金を削減するという割

---

48) 同旨、竹濱・Q&A新保険法164頁［平尾正隆］。

合的削減原則を導入したほうが妥当であるとの見解がある。[49]

(2) 約款に定められる免責事由と保険法の法的免責事由との関係

将来、医療保険の分野では、その商品性に応じて様々な免責事由が約款で定められることも想定されることから、今後、これらと保険法に定める免責事由との関係が問題となることも考えられる。[50]

(3) 生命保険契約の免責事由との関係

傷害疾病等を原因とする死亡給付に関する規律については、同じく被保険者の死亡に関して保険金を支払う点で生命保険契約と類似性がある。しかし、生命保険契約として構成すれば、故意の死亡事故招致のみが法定免責事由となり、傷害疾病定額契約として構成すれば、重過失も含めて法定免責事由となる。その整合性をどのように解釈するのかは検討の余地がある。

〔李　鳴〕

---

49)　山下=米山・解説440頁以下〔潘阿憲〕。

50)　遠山優治「生命保険契約における保険者の免責」落合=山下・理論と実務193頁。

§ 81 - Ⅰ・Ⅱ・Ⅲ 1　　　　　　　*945*

（保険給付の履行期）
第81条　①　保険給付を行う期限を定めた場合であっても、当該期限が、給付事由、
保険者が免責される事由その他の保険給付を行うために確認をすることが傷害疾病
定額保険契約上必要とされる事項の確認をするための相当の期間を経過する日後の
日であるときは、当該期間を経過する日をもって保険給付を行う期限とする。
②　保険給付を行う期限を定めなかったときは、保険者は、保険給付の請求があった
後、当該請求に係る給付事由の確認をするために必要な期間を経過するまでは、遅
滞の責任を負わない。
③　保険者が前二項に規定する確認をするために必要な調査を行うに当たり、保険契
約者、被保険者又は保険金受取人が正当な理由なく当該調査を妨げ、又はこれに応
じなかった場合には、保険者は、これにより保険給付を遅延した期間について、遅
滞の責任を負わない。

【条文変遷】 新設
【参照条文】 保険法21条・52条、民法412条
【外国法令】 ドイツ保険契約法14条、ヨーロッパ保険契約法原則第6-104条

Ⅰ　概　　要

　新設規定である。改正前商法には、保険金の支払時期に関する規定はなかったた
め、後述のように民法の原則により規律されていた。保険法では、期限を定めた場
合と定めなかった場合に分けて保険給付の履行期につき民法の特則を規定している。
保険契約者等の説明義務・協力義務については法定されなかったが（§14解説Ⅳ、
§50解説Ⅳ参照）、保険契約者等の調査妨害・不協力があった場合には、それにより
調査が遅延した期間につき保険者が遅滞の責任を負わないことが3項に定められて
いる。なお、1項と3項は、片面的強行規定（82条）である。

Ⅱ　沿革・改正前商法

　§21解説Ⅱ・Ⅲ、§52解説Ⅱ・Ⅲ参照。

Ⅲ　立法過程

1　法制審議会保険法部会の審議
　第1読会では、損害保険契約または生命保険契約と同様の規律とすることが考え

られるが、傷害・疾病保険契約に固有の問題はあるか、また傷害保険契約と疾病保険契約とを分けて規律することの必要性についてどのように考えるかとして、保険金の支払時期があげられた[1]。

中間試案では、損害保険契約と同様の提案が行われた。損害保険契約と異なる点としては、①「保険事故の発生並びに損害の有無及び額」を「保険事故の発生」とし、③の「保険契約者又は被保険者」を「保険契約者、被保険者又は保険金受取人」とする点である。

21条、52条で「保険事故」となっている文言が「給付事由」とされている点については§79解説Ⅳ2参照。その他は§21解説Ⅳ、§52解説Ⅳ参照。

Ⅳ　条文解釈

1　趣旨・法的性質　　§21解説Ⅴ1参照。

2　保険給付を行う期限を定めた場合

確認の必要な事項にてん補損害額がはいっていないのは、52条と同様である。また、「保険事故」という文言が「給付事由」となっている。それ以外については§21解説Ⅴ2参照。

3　保険給付を行う期限を定めなかった場合

1項と同様、「保険事故」の文言が「給付事由」となっていること以外は§21解説Ⅴ3参照。

4　保険契約者、被保険者または保険金受取人による調査妨害・不協力

52条と同様、保険金受取人が調査妨害等した場合を含むこと以外は§21解説Ⅴ4参照。

5　規定の性質

§21解説Ⅴ5参照。本条1項・3項は、片面的強行規定である（82条）。

6　経過措置

附則5条2項により施行日前に成立した傷害疾病定額保険契約についても、施行

1）　部会資料（8）7頁。

§81-Ⅴ・§82-Ⅰ・Ⅱ   947

日以後に保険事故が発生した場合には、本条が適用される。

Ⅴ　外国法令・今後の展望

　§21解説Ⅵ・Ⅶ参照。

〔藤田　祥子〕

（強行規定）
第82条　前条第1項又は第3項の規定に反する特約で保険金受取人に不利なものは、
　無効とする。

【条文変遷】　新設
【参照条文】　保険法81条
【外国法令】　§7解説Ⅳ参照

Ⅰ　概　　要

　本条（82条）は、26条（損害保険契約）、53条（生命保険契約）との共通事項として、
保険法第4章「傷害疾病定額保険」第3節「保険給付」に設けられている諸規定の
うち、保険給付の履行期に関する規定（81条）を片面的強行規定とするものである。
　規定の性質に関する分類、片面的強行規定の保険法への導入の経緯、趣旨、外国
の立法例および今後の展望については、7条と41条の解説で述べられているところ
と基本的には同様である。

Ⅱ　条文解説

　本条は、「前条（81条）第1項又は第3項の規定に反する特約で保険金受取人に不
利なものは、無効とする」ことを定め、以下に検討する規定の性質が片面的強行規
定であることを明示するとともに、片面的強行規定により保護される対象者を明ら
かにする。生命保険契約と制度の趣旨等は同様であるので、§53解説Ⅱを参照され
たい。
　そして、本条の掲示する各条文の内容に反するような特約があった場合であって
も、保険金受取人に不利とならないものであれば無効となることはなく、これらの

者に不利な特約だけが無効となる。

1 81条1項

傷害疾病定額保険契約において、保険給付を行う期限を定めた場合に関する81条1項の規定を片面的強行規定とするものである。

(1) 保険給付の履行期に関する規定（期限を定めた場合）の概要

81条1項は、保険給付の履行期についての規定であり、保険給付を行う期限を定めた場合、「当該期限が、給付事由、保険者が免責される事由その他の保険給付を行うために確認をすることが傷害疾病定額保険契約上必要とされる事項の確認をするための相当の期間を経過する日後の日であるときは、当該期間を経過する日をもって保険給付を行う期限とする」と定めている。保険給付は、たとえ、期限の定めがあったとしても、それが相当の期間を超える場合は、当該期間を経過する日をもって保険給付の期限とするものである。

(2) 不利な特約の対象者

傷害疾病定額保険契約においては、保険金の給付を受けるのは保険金受取人であり、保険給付が遅滞することにより不利益を被るのは保険金受取人であるから、不利な特約の対象は保険金受取人である。

(3) 無効となる不利な特約

81条1項は、保険者は給付事由の確認等の調査を行った上で保険給付を行う必要があるという保険契約の性質と、保険事故が発生した場合には迅速に保険給付が行われるべきであるという2つの要請を考慮した規定であるから、従来の約款のように、保険給付の履行期を具体的な日数で定めておきながら、「この期間内に必要な調査を終えることができなかったときは、調査後遅滞なく支払う」旨の約款規定は無効となる。[1]

2 81条3項

(1) 保険契約者側による調査妨害があった場合の規定の概要

81条3項は、保険契約者側による調査妨害があった場合に関する規定であり、保険者が給付事由等の確認をするための調査をするに際し、保険契約者、被保険者、保険金受取人からの妨害行為があった場合、「保険者は、これにより保険給付を遅延した期間について、遅滞の責任を負わない」と定めている。

---

1) 萩本・一問一答72頁。

(2) 不利な特約の対象者

傷害疾病定額保険契約においては、保険金の給付を受けるのは保険金受取人であり、保険給付が遅滞することにより不利益を被るのは保険金受取人であるから、不利な特約の対象は保険金受取人である。

(3) 無効となる不利な特約

81条3項では、保険者が遅滞の責任を負わない場合として、保険契約者、被保険者、保険金受取人が正当な理由なく保険者の調査を妨げ、またはこれに応じなかった場合を掲げていることからすれば、これ以外の事由を掲げて遅滞の責任を負わないこととするような約款規定は無効となる。したがって、このような無効な約款規定を定めた場合には、当該事由が発生したか否かにかかわらず、保険者は遅滞の責めを負うこととなる。[2]

また、81条3項の効果は、単に遅滞の責任を負わないとするものであるから、義務違反があった場合には保険者が免責となるというような約款規定も無効となる。[3]

〔宮島　司〕

2）　萩本・一問一答78頁、大串＝日生・解説保険法90頁〔千葉恵介〕。
3）　上松・ポイント解説72頁。

第4節　終　　了

（保険契約者による解除）
第83条　保険契約者は、いつでも傷害疾病定額保険契約を解除することができる。

【条文変遷】　新設
【参照条文】　保険法27条・54条・94条、民法90条・97条・540条・545条、消費者契約法
　　　　　　　10条
【外国法令】　ドイツ保険契約法11条、フランス保険法典L. 113-12条

I　概　　要

§27解説 I 参照。

II　立法過程

§27解説IV参照。

III　条文解説

1　趣旨　　§27解説V 1 参照。

2　要件　　§27解説V 2 参照。

3　権利行使　　§27解説V 3 参照。

4　規定の性質　　§27解説V 4 、§54解説V 4 参照。

5　保険料等の清算　　§54解説V 5 参照。なお、傷害疾病定額保険における保
険料積立金払戻の規定は、92条2号である。

IV　外国法令

§27解説VI参照。なお、ドイツ保険契約法11条は総則規定、フランス保険法典L.
113-12条は陸上保険（非海上損害保険）および人保険に共通の規定であり、傷害疾
病定額保険契約にも適用がある。

V　今後の展望

§27解説VII参照。　　　　　　　　　　　　　　　　　　　　　〔岩井　勝弘〕

§84-I　951

（告知義務違反による解除）

第84条　①　保険者は、保険契約者又は被保険者が、告知事項について、故意又は重大な過失により事実の告知をせず、又は不実の告知をしたときは、傷害疾病定額保険契約を解除することができる。

②　保険者は、前項の規定にかかわらず、次に掲げる場合には、傷害疾病定額保険契約を解除することができない。

(1)　傷害疾病定額保険契約の締結の時において、保険者が前項の事実を知り、又は過失によって知らなかったとき。

(2)　保険媒介者が、保険契約者又は被保険者が前項の事実の告知をすることを妨げたとき。

(3)　保険媒介者が、保険契約者又は被保険者に対し、前項の事実の告知をせず、又は不実の告知をすることを勧めたとき。

③　前項第2号及び第3号の規定は、当該各号に規定する保険媒介者の行為がなかったとしても保険契約者又は被保険者が第1項の事実の告知をせず、又は不実の告知をしたと認められる場合には、適用しない。

④　第1項の規定による解除権は、保険者が同項の規定による解除の原因があることを知った時から1箇月間行使しないときは、消滅する。傷害疾病定額保険契約の締結の時から5年を経過したときも、同様とする。

【条文変遷】　新設
【参照条文】　保険法28条・55条、傷害試案14条・15条、疾病試案14条・15条
【外国法令】　§55解説Ⅵ参照

Ⅰ　概　　要

　告知義務違反による解除の意義は、§37解説Ⅰの告知義務制度の意義を参照されたい。

　告知義務違反の効果に関する規定は、改正前商法から存在していた（改正前商法678条・644条2項等）。しかし、改正前商法では、告知義務違反の効果が明示されていたものの、解釈に委ねる部分が多かった。また保険現場では、告知受領権のない生命保険募集人が契約を獲得し自己の営業実績を上げるために告知妨害や告知教唆をする行為が多発して、保険者の指揮・監督の問題として社会的に批判されていた。

　そこで、保険法では、これまでの学説・判例の流れを踏まえ、消費者である保険契約者側の保護を強化するという観点から、これらの問題を立法的に解決することを図った。

§84-Ⅱ

保険法は、告知義務違反による解除に関して、改正前商法の規律を実質的に維持しているものの、以下の点において改められている。①生命保険募集人を含む保険媒介者による告知妨害または不告知教唆があった場合には、保険者が告知義務違反を理由に保険契約を解除することができない旨の解除権阻却事由の規定を新設したこと、②これらの保険媒介者の行為がなかったとしても、保険契約者側の過失または重過失による告知義務違反が認められた場合には、解除権阻却不適用の特則を新設したこと、③改正前商法では、告知義務と告知義務違反の効果を同一条文で定めていたが、保険法では、告知義務を課すこと自体に関する規定と、告知義務違反の効果に関する規定とは別条に定めている。④解除権の除斥期間および解除の効力については、改正前商法では、損害保険契約の規律を生命保険契約に準用するとしていたが、保険法では、別々の条文が設けられている。

Ⅱ　条文解説

告知義務違反による解除は、保険法における損害保険契約、生命保険契約、傷害疾病定額保険契約の共通事項である。本条（84条）は、傷害疾病定額保険契約に関する規定である。以下は、その概要である。

傷害疾病定額保険契約の締結時に告知事項に関して、保険契約者または被保険者（「保険契約者等」という場合がある）が故意または重大な過失により、事実の告知をせず（いわゆる「不告知」）、または不実の告知をした（いわゆる「不実告知」で、「不告知」と併せて「不告知等」という場合がある）場合は、保険者は、原則として傷害疾病定額保険契約を解除することができる（1項）。

ただし、保険契約者等に告知義務違反があったとしても、次の3つの事情のいずれかが認められる場合には、例外的に保険者は傷害疾病定額保険契約を解除することができない（2項）。すなわち、①保険者が不告知等の事実を知っていたか、または過失によって知らなかったとき、②保険媒介者が、保険契約者等に対し事実告知を妨害した（いわゆる「告知妨害」）とき、③保険媒介者が、保険契約者等に対して不告知等を勧めた（いわゆる「不告知教唆」で、「告知妨害」と併せて「告知妨害等」という場合がある）とき。

もっとも、仮に当該告知妨害等がなくとも、保険契約者等が不告知等を行ったと認められる場合には、原則に戻って保険者は告知義務違反による解除ができる（3項）。

告知義務違反による解除権の除斥期間は、保険者が解除の原因を知った時から1か月、あるいは保険契約の締結の時から5年である（4項）。

§85　　　　　953

　本条1項から3項までの規定については、片面的強行規定とされ（94条1号）、除斥期間に関する本条4項については、絶対的強行規定であると解される。

　本条の規律は生命保険契約における55条と、「生命保険契約」から「傷害疾病定額保険契約」と置き換えられている点のみ異なるが、全般的に同じ内容となっている。解釈や論点も特段異なる点はない（§55解説Ⅴ参照）。

　もっとも実務上は、生命保険契約については、保険事故発生（被保険者死亡）後の場合、契約解除により保険契約が消滅する。これに対し、傷害疾病定額保険契約については、給付事由発生後も契約が継続する場合があるため、かかる保険給付を行ったうえで、当該保険契約を解除することもありうると考えられる。

〔李　鳴〕

（危険増加による解除）

第85条　①　傷害疾病定額保険契約の締結後に危険増加（告知事項についての危険が高くなり、傷害疾病定額保険契約で定められている保険料が当該危険を計算の基礎として算出される保険料に不足する状態になることをいう。以下この条及び第88条第2項第2号において同じ。）が生じた場合において、保険料を当該危険増加に対応した額に変更するとしたならば当該傷害疾病定額保険契約を継続することができるときであっても、保険者は、次に掲げる要件のいずれにも該当する場合には、当該傷害疾病定額保険契約を解除することができる。

　⑴　当該危険増加に係る告知事項について、その内容に変更が生じたときは保険契約者又は被保険者が保険者に遅滞なくその旨の通知をすべき旨が当該傷害疾病定額保険契約で定められていること。

　⑵　保険契約者又は被保険者が故意又は重大な過失により遅滞なく前号の通知をしなかったこと。

　②　前条第4項の規定は、前項の規定による解除権について準用する。この場合において、同条第4項中「傷害疾病定額保険契約の締結の時」とあるのは、「次条第1項に規定する危険増加が生じた時」と読み替えるものとする。

【条文変遷】　新設
【参照条文】　保険法29条・31条・56条・66条・77条・84条・94条
【外国法令】　ドイツ保険契約法176条・181条・194条、フランス保険法典L.113-4条

I 概　　要

　傷害疾病定額保険契約における「危険」とは、「給付事由（傷害疾病による治療、死亡その他の保険給付を行う要件として傷害疾病定額保険契約で定める事由）の発生の可能性」(66条) のことである。そして、「危険増加」とは、保険事故の発生可能性が継続的に増加することである。保険料の観点からいうと、「告知事項についての危険が高くなり、傷害疾病定額保険契約で定められている保険料が当該危険を計算の基礎として算出される保険料に不足する状態になること」である。

　本条 (85条) は、危険の増加が生じた場合において、保険料を当該危険増加に対応した額に変更すれば当該傷害疾病定額保険契約を継続することが可能であっても、①当該危険増加に係る告知事項について、その内容に変更が生じたときは保険契約者または被保険者が保険者に遅滞なくその旨の通知をすべき旨が当該傷害疾病定額保険契約で定められており、②保険契約者または被保険者が故意または重大な過失により遅滞なくその通知をしなかった場合には、保険者は当該傷害疾病定額保険契約を解除することができる旨を規定している。

II 立法過程

　§29解説Ⅳ参照。

III 条文解説

1　趣旨　　§29解説Ⅴ1参照。

2　要件　　§29解説Ⅴ2および§56解説Ⅴ2参照。

3　権利行使　　§29解説Ⅴ3参照。

4　効果　　§31解説Ⅴ4参照。

5　規定の性質　　§29解説Ⅴ5参照。なお、本条1項の規定が片面的強行規定であることは、94条1号による。

6　付随問題　　§29解説Ⅴ6参照。なお、傷害疾病定額保険契約において、危険の減少による保険料減額請求権を付与しているのは77条である。

§85 - Ⅳ・Ⅴ

Ⅳ　外国法令

　ドイツ保険契約法181条は傷害保険について、明示的合意で危険の増加とみなされるべきものとされた危険事実の変化に限って危険の増加とする（1項）、保険料の変更ではなく保険給付のほうが削減される場合は危険増加から1か月後にその削減が合意されたものとみなされる（2項）と規定している。疾病保険には23条から27条（§29解説Ⅵ参照）は適用されない（194条1項）。就業不能保険には生命保険の規定（危険増加に関しては158条）が準用される（176条）。

　フランス保険法典L. 113- 4条は非海上損害保険および人保険に共通の規定であるが、疾病保険（被保険者の健康状態に変化がみられる場合）には適用されない（同6項）。

Ⅴ　今後の展望

　§29解説Ⅶ参照。

〔岩井　勝弘〕

1）　1項「明示的合意により、危険の増加とみなされるべきものとされた危険事実の変化に限り、危険の増加とみなされる。この合意は、文書方式を要する」、2項「危険が増加したときに、保険料を変更することなく、保険者の現行の保険料に対する給付に従い、保険給付が削減される場合には、その危険が増加したときから1か月経過した後に、この保険給付の削減は合意されたものとみなされる。保険契約者が、詐欺的意図をもって危険の増加を告げなかったときに限り、保険者は、さらに他の権利を主張することができる」。

956   §86-Ⅰ

（重大事由による解除）

第86条　保険者は、次に掲げる事由がある場合には、傷害疾病定額保険契約を解除することができる。

　(1)　保険契約者、被保険者又は保険金受取人が、保険者に当該傷害疾病定額保険契約に基づく保険給付を行わせることを目的として給付事由を発生させ、又は発生させようとしたこと。

　(2)　保険金受取人が、当該傷害疾病定額保険契約に基づく保険給付の請求について詐欺を行い、又は行おうとしたこと。

　(3)　前2号に掲げるもののほか、保険者の保険契約者、被保険者又は保険金受取人に対する信頼を損ない、当該傷害疾病定額保険契約の存続を困難とする重大な事由

【条文変遷】　新設
【参照条文】　保険法30条・57条、傷害試案27条1項、疾病試案27条1項
【外国法令】　§57解説Ⅴ参照

Ⅰ　概　　要

　本条（86条）は、損害保険契約30条、生命保険契約57条に相当する規律であり、傷害疾病定額保険契約における重大事由による契約解除について定めている。

　傷害疾病定額保険契約は、生命保険契約と同じく継続的契約であり、かつ射倖契約という固有の性質を有するため、最大善意の契約でもある。したがって、その契約の成立から履行に至るまで、相手方に対し信義誠実の原則に従って行動すべきことが特に強く要請される。保険契約者、被保険者、保険金受取人（以下「保険契約者等」という）によって信頼関係を破壊する行為が行われた場合には、保険者に一方的解除による保険契約関係からの離脱を認めることが必要である。[1]

　そこで、保険法は、保険制度の健全性を維持し、モラル・リスクを排除するために、学説や判例、約款で認められてきた保険者の特別解除権ないし重大事由による解除を損害保険契約、生命保険契約および傷害疾病定額保険契約の共通事項として、重大事由による解除（以下「重大事由解除」という）の規定を設けて、その要件と効果を明文化した。

　本条では、保険契約者等の保険金取得目的による故意の事故招致（1号事由）、

---

　1)　大森忠夫『保険契約法の研究』1-4頁（有斐閣・1970）、萩本・一問一答97頁等参照。

§86-Ⅱ1,2　　　　　957

保険給付の請求詐欺（2号事由）および包括条項の行為（3号事由）がある場合（未遂を含む）には、保険者は催告や解約期間を置くことを要せず、直ちに契約を解除することができるとしている。

　本条は、保険法施行前に締結された傷害疾病定額保険契約にも適用される（附則5条1項）。規定の性質は片面的強行規定である（94条2号）。

Ⅱ　立法過程

1　保険法制定前試案

　傷害試案および疾病試案27条1項は、重大事由による解除権が認められる場合（すなわち解除事由）について定め、1号から3号までとしていた。そのうち1号は、生保試案680条の3第1項1号の場合と異なる内容である。2号および3号は、生保試案の場合と同じである（§57解説Ⅲ1参照）。

　生命保険契約の場合に関する生保試案680条の3第1項1号は、保険者の免責事由に関する規定であり、保険金を受け取るべき者が故意に被保険者を死亡させたとき、および保険契約者が故意に被保険者を死亡させたときは、保険者は保険金支払義務を負わない旨を定めていた。

　これに対して、傷害保険契約にあっては、被保険者の傷害の発生および結果（死亡、後遺障害、入院等）、疾病保険契約にあっては、被保険者の疾病の発生および結果（後遺障害、入院等）に対して保険者が保険金を支払うものであるので、傷害保険契約および疾病保険契約の場合には、保険契約者または保険金受取人が故意に被保険者に傷害または疾病を生じさせる行為は、通常は契約当事者間の信頼関係を破壊する行為となる。したがって、生命保険契約の場合のように保険契約者等が故意に被保険者を死亡させた場合だけでなく、保険契約者等が故意に被保険者の傷害または疾病を生じさせた場合にも保険者に解除権を認めるのが適当であると説明されていた[2]。そして、傷害試案・疾病試案27条1項は、保険契約者側の不利益に変更できない半面（片面）的強行規定である（傷害試案・疾病試案44条2項）。

2　法制審議会保険法部会の審議

　§57解説Ⅲ2を参照されたい。

2）　傷害疾病理由書109頁以下、疾病試案理由書265頁以下。

Ⅲ　条文解説

本条の本文は「保険者は、次に掲げる事由がある場合には、傷害疾病定額保険契約を解除することができる」と定めている。

ここでは、「解約」という語を使用せず、「解除」という語を使用している。これは「解約」の場合には、将来に向かってのみ契約の効力が消滅するという意味を有するが、保険法では重大事由が生じた時に遡って解除することができる（88条3号）として例外的に遡及効を認めることから、「解約」より「解除」が適当であるという理由によるものと思われる。

1　重大事由

(1)　給付金取得目的の故意事故招致（1号事由）

本条1号では、「保険契約者、被保険者又は保険金受取人が、保険者に当該傷害疾病定額保険契約に基づく保険給付を行わせることを目的として給付事由を発生させ、又は発生させようとしたこと」を解除事由として掲げている。

1号事由に該当するためには、保険契約者、被保険者および保険金受取人が給付金取得目的で故意に給付事由を発生させたことが必要とされている。給付金詐取目的での事故招致行為は、保険者と保険契約者等の信頼関係を破壊し、保険制度そのものの根本を揺るがすことになるから、社会的観念からも許されない。

1号事由には未遂行為も含まれる。したがって、傷害疾病定額保険契約の保険契約者等が、給付金取得目的で故意に被保険者を死亡させようとしたが、未遂により身体障害の状態となった場合も、本号事由に当たる。

改正前商法のもとで1号に相当する事由が認められた裁判例として、東京地判昭和63・5・23（判時1297号129頁）等がある。

(2)　給付金詐取行為（2号事由）

本条2号では、「保険金受取人が、当該傷害疾病定額保険契約に基づく保険給付の請求について詐欺を行い、又は行おうとしたこと」を解除事由として掲げている。

ここにいう「詐欺」とは、保険者を欺いて錯誤に陥らせ、給付金等を支払わせる意思で保険者に対して欺罔行為を行ったという意味であり、現に給付金等の支払いを受けることまで要件とする趣旨ではないと説明された[3]。もっとも、かかる行為は、詐欺その他の犯罪行為を構成するに足るだけの強度の違法性を帯びた行為を指すも

3）　補足説明53頁以下。

のであり、軽微なものまで含むべきではないと解される[4]。

2号事由にも未遂行為が含まれる。したがって、傷害疾病定額保険契約の保険金受取人が、給付事由の発生を仮装などして給付金を取得しようとする場合は、本号事由にあたることが考えられる。

改正前商法のもとで2号事由が認められた裁判例として、東京地判平成7・9・18（判タ907号264頁）、福岡地久留米支平成9・11・28（生判9巻527頁）、同控訴審・福岡高判平成11・3・16（判例集未登載）、札幌地判平成13・8・20（生判13巻657頁）等がある。

(3) 包括条項（3号事由）

本条3号では、「前2号に掲げるもののほか、保険者の保険契約者、被保険者又は保険金受取人に対する信頼を損ない、当該傷害疾病定額保険契約の存続を困難とする重大な事由」を解除事由として掲げている。これは、包括条項（バスケット条項ともいう）である。

保険法は、直接には1号事由または2号事由に該当しないが、これらに比肩するほどの重大な事由が生じた場合に限って保険者による解除権を認めるものとしてこのような包括条項を設けることとした[5]。なお、3号事由は、1号事由および2号事由を補完する位置づけのものでもある[6]。

3号事由を適用するためには、①保険者の保険契約者等に対する信頼を損なうこと、②保険契約の存続を困難とすることの2要件を満たす必要がある。要件①は、解除のために必要な事由の性質との関係を、要件②は、必要とされる事由の程度との関係を、それぞれ定めていると解される[7]。

包括条項に適用される典型的なケースとしては、重複契約が考えられる。もっとも、単に短期間に重複した保険契約に加入したという事由だけでは、保険者との信頼関係を破壊し保険契約の存続を困難とするという要件を満たすことにはならない。また、重複契約の給付金額等の合計額が著しく過大であることは、その要件を満たすかを判断するための間接事実の1つにすぎない[8]。たとえば、他の保険契約の過度の集中加入により給付金等の合計額が著しく過大で保険制度の目的に反するとともに、事故招致の蓋然性が著しく高い状態に達する場合、かつ、保険者にそれを秘匿

4） 山下・保険法643頁参照。
5） 萩本・一問一答99頁、101頁（注4）。
6） 宮根宏一「重大事由解除に関する包括条項」金法1898号31頁（2010）。
7） 萩本・一問一答99頁、宮根・前掲注（6）30頁。
8） 生保試案理由書128頁、洲崎博史「保険契約の解除に関する一考察」法学論叢164巻1＝6号225頁（2009）。

していたというような事情があった場合には、1号や2号には直接あたらないものの、3号事由に該当する可能性がある。[9]「過大」「過度」「集中加入」「著しく高い状態」とは、被保険者の年齢、性別、職業、社会的地位、治療費の水準、社会通念等を総合的に判断して決定すると解される。[10] また、給付金額等の合計額が「著しく過大」かを判断するにあたっては、生命保険会社のみならず、損害保険会社および共済事業団が取り扱う他の保険契約も対象とされる（§57解説Ⅳ3(3)参照）。

改正前商法のもとでは、保険者の重大事由解除を認めた裁判例には3号事由に該当する傷害疾病定額保険契約が多かった。たとえば、東京地判平成7・9・18（判タ907号264頁）、広島地判平成8・4・10（判タ931号273頁）、徳島地判平成8・7・17（生判8巻532頁）、福岡地久留米支判平成9・11・28（生判9巻527頁）、大阪地判平成12・2・22（判時1728号124頁）、札幌高判平成13・1・30（生判13巻58頁）、大分地判平成14・11・29（生判14巻807頁）、福岡地判平成15・12・28（判例集未登載）、東京地判平成16・6・25（生判16巻438頁）、東京高判平成16・9・7（生判16巻680頁）、大分地判平成17・2・28（判タ1216号282頁）等がある。

2 規定の性質

本条は、片面的強行規定である（94条2号）。これは、重大事由解除の濫用について懸念されているからである。したがって、保険法の規定に反する特約で、保険契約者等に不利なものは無効とされる。たとえば、約款で保険者の任意解除権を定めることや、この規定よりも軽微な事由でも保険者は契約の解除をすることができると定めることなどは認められない。[11] また、保険契約者等が保険者に保険給付を行わせることを目的とせずに故意に給付事由に相当する事態を招致した場合にも、保険者は一律に本条1号事由による保険契約を解除できるとする約款の規定は無効になるものと考えられる。[12]

3 損害保険契約・生命保険契約の重大事由解除との比較

本条の規律は、損害保険契約の規律（30条）とは、①解除事由行為を行った者に保険金受取人が加わった点（傷害疾病定額保険契約では、損害保険契約のように被保険者は必ずしも保険金受取人と同一ではないため）、②「損害保険契約」が「傷害疾病定

---

9) 萩本・一問一答100頁参照、山下＝米山・解説578頁［甘利公人］。
10) 山口誠「重大事由による解除権とガイドライン」生命保険協会会報69巻1号8頁（1989）8頁。
11) 補足説明55頁、萩本修ほか「保険法の解説(3)」NBL886号45頁（2008）。
12) 竹濱・Q&A新保険法248頁［平尾正隆］。

額保険契約」と置き換えられている点、および③「損害を生じさせ」が「給付事由を発生させ」と置き換えられている点のみ異なるが、全般的に同じ内容となっている（§30解説Ⅳ参照）。

一方、生命保険契約の規律（57条）とは、「生命保険契約」が「傷害疾病定額保険契約」と置き換えられているほか、1号に関しては、以下の相違点が挙げられる。

第1に、57条本文の括弧書によれば、1号事由の対象契約は、「死亡保険契約に限る」としているが、本条ではこのよう限定はない。これは、生命保険契約に関しては、生存保険契約（たとえば、年金保険など）について、保険金取得目的で故意に被保険者を死亡させ、または死亡させようとするような事態を作出することはまずないからである[13]。

第2に、本条各号において、「当該傷害疾病定額保険契約」として、「当該」という限定的な表現が用いられているが、57条の1号事由には、このような限定はない。これは、傷害疾病定額保険契約については、保険契約者等が1つの保険契約について故意の事故招致を行ったまたは行おうとしたことが、直ちに同じ類型の他の保険契約についても重大事由を構成するとは考えられないからである[14]。

第3に、1号事由の主体について、傷害疾病定額保険契約は「保険契約者、被保険者又は保険金受取人」（本条1号）とされ、保険契約者側のすべての関係者が含まれる。しかし、57条1号は、保険金詐取目的による事故招致の主体を「保険契約者又は保険金受取人」として、被保険者は除かれている。これは、生命保険契約における「被保険者による故意の事故招致」とは、すなわち被保険者の自殺だからである。

なお、保険者の免責条項、他の解除規定（告知義務違反による解除、危険増加による解除）および他の抗弁事由（公序良俗違反による無効、詐欺無効ないし詐欺取消）との関係については、§57解説Ⅳ6を参照されたい。

Ⅳ　今後の展望

1　実務との関係

⑴　約款規定における保険法と異なる点

傷害疾病定額保険の約款または特約条項中の重大事由解除については、本条の規定を反映しつつ、改正前商法の下での規定を基本的に維持している。そして、保険

---

13)　萩本・一問一答100頁（注1）。
14)　萩本・一問一答100頁（注2）。

法との相違点については、生命保険契約の約款のそれ（§57解説Ⅵ 1 (1)参照）に加えて、「他の保険契約との重複によって、被保険者にかかる給付金額等の合計額が著しく過大であって、保険制度の目的に反する状態がもたらされるおそれがある場合」を解除事由として明確に定めているところである。

2　残された課題

　§57解説Ⅵ 2 を参照されたい。

　そのほかに、本条 1 号事由の主体から被保険者が除かれていないため、 1 号事由には被保険者の自殺が含まれているかについて解釈上の問題となる。傷害疾病定額保険契約においても、生命保険契約と同様に被保険者の自殺それ自体は信頼関係を破壊しないことを理由に、本条 1 号は形式上には自殺を含むが、解釈上は自殺を含まないと解釈すべきであり、被保険者の自殺は、自殺免責の問題として処理されることになるとする見解がある。[15]

〔李　鳴〕

---

15)　榊素寛「保険法における重大事由解除」中西喜寿・370頁。

§ 87-Ⅰ1 963

（被保険者による解除請求）

第87条 ① 被保険者が傷害疾病定額保険契約の当事者以外の者である場合において、次に掲げるときは、当該被保険者は、保険契約者に対し、当該傷害疾病定額保険契約を解除することを請求することができる。

(1) 第67条第1項ただし書に規定する場合（同項の同意がある場合を除く。）

(2) 前条第1号又は第2号に掲げる事由がある場合

(3) 前号に掲げるもののほか、被保険者の保険契約者又は保険金受取人に対する信頼を損ない、当該傷害疾病定額保険契約の存続を困難とする重大な事由がある場合

(4) 保険契約者と被保険者との間の親族関係の終了その他の事情により、被保険者が第67条第1項の同意をするに当たって基礎とした事情が著しく変更した場合

② 保険契約者は、前項の規定により傷害疾病定額保険契約を解除することの請求を受けたときは、当該傷害疾病定額保険契約を解除することができる。

【条文変遷】 新設

【参照条文】 保険法58条・67条・86条、傷害試案7条、疾病試案7条

Ⅰ 概　要

1　趣旨

　本条（87条）は、生命保険契約に関する58条（被保険者による解除請求）に相当するものであり、改正前商法にはない、他人の傷害疾病定額保険契約における被保険者による解除請求を認めるものである。

　他人の傷害疾病定額保険契約における被保険者による解除請求の制度とは、傷害疾病定額保険契約の締結後に一定の事由が生じたときは、被保険者は保険契約者に対して、保険契約を解除することを請求することができる（いわゆる「離脱」）というものである。

　他人の傷害疾病定額保険契約においても、被保険者が、保険契約締結時には特別の問題はないものと考えて契約の締結に同意を与えたが、保険契約が成立した後に、被保険者が自らの生命に関しモラル・リスクに直面した場合や、保険契約締結時に同意の基礎となった身分関係その他の事情が著しく変更する場合がありうる。本条の趣旨は、58条と同様に「一定の事由」がある場合に被保険者の意思による契約関係からの離脱を認め、もって被保険者を保護するものである（§58解説Ⅰ1参照）。

2 条文概要

本条は、他人の傷害疾病定額保険契約について、他人の死亡保険契約と同様、契約締結後に、保険給付の目的による故意の事故招致と保険給付の請求に関する詐欺行為に該当する場合や、保険契約者または保険金受取人に対する被保険者の信頼を損ない、契約の存続を困難とする重大な事由がある場合、保険契約者と被保険者との間の親族関係の終了、その他の同意の基礎とした事情が著しく変更した場合に、被保険者が保険契約者に対して、保険契約を解除する請求を認め（§58解説Ⅰ2参照）、それらに加えて、契約の効力要件として被保険者の同意が不要とされる場合にも、被保険者の意思を尊重して、被保険者による解除請求を認めている（1項）。

保険契約者は、被保険者から解除請求を受けたときは、これに応じて保険契約を解除する義務を負う（2項）。

本条の性質は絶対的強行規定である。

Ⅱ 立法過程

1 保険法制定前試案[1]

傷害疾病定額保険契約に関して、これまでに疾病試案にも傷害試案にも、生保試案674条の3と同じ考え方から、所定の事由に該当した場合には、当該被保険者に将来に向かって保険契約を解約できる権限を付与するという立法的提案があった（傷害試案7条、疾病試案7条）。規律の内容も趣旨も生保試案674条の3と全く同様であった（§58解説Ⅲ1(2)参照）。

なお、傷害試案7条と疾病試案7条の法的性質は、生保試案674条の3と同じく、契約当事者において変更することができない絶対的強行規定とされていた（疾病・傷害試案44条1項）。

2 法制審議会保険法部会の審議

§58解説Ⅲ2を参照されたい。

Ⅲ 条文解説

本条の見出しでは、保険契約者による「解除」（83条）、告知義務違反による「解除」（84条）、危険増加による「解除」（85条）、重大事由による「解除」（86条）と異な

---

1) 疾病試案理由書210頁以下、傷害試案理由書52頁以下参照。

り、被保険者による「解除請求」とされている。それは、保険契約の当事者ではない被保険者は保険契約を直接「解除」することができないことから、「解除請求」とされているものと考えられる。

1 解除請求の対象契約

本条１項では、被保険者が解除請求をすることができるのは、「被保険者が傷害疾病定額保険契約の当事者以外の者である場合」と規定している（１項柱書）。それは、67条１項により「傷害疾病定額保険契約の当事者以外の者を被保険者とする傷害疾病定額保険契約」を締結するのに被保険者の同意が必要とされる場合である。本柱書の書き振りからも、本条１項は67条に対応するものと考えられる。

なぜ傷害疾病定額保険契約の被保険者が当該契約の当事者以外の者に限定されるかについて、仮に傷害疾病定額保険契約の被保険者が当該契約の当事者（保険契約者）であって、保険金受取人の誠実さに疑念を抱き、この者に保険金を取得させたくないと考えた場合には、保険契約者として83条に基づいて保険契約を解除するか、あるいは72条に基づいて保険金受取人を変更することができるからと解される[2]。

2 解除請求の法定事由

本条１項は、傷害疾病定額保険契約について、被保険者が解除請求をすることができる法定事由は、次の場合であると定めている（１項１号～４号）。

①被保険者の同意が不要とされた契約の場合（１号。67条１項但書参照）

②保険契約者等による給付事由招致および保険金受取人による保険給付詐欺である重大事由に該当する場合（２号。86条１号・２号参照）

③保険契約者等に対する信頼関係が破壊された場合（３号。86条３号参照）

④同意の基礎とした事情の著しい変更があった場合（４号）

本条１項２号から４号までは、他人の死亡保険契約における被保険者による解除請求の事由（58条１項１号～３号）と全く同様の趣旨、同様の規定振りで定められている（§58解説Ⅳ２参照）。これらに加えて、本条１項１号では、「第67条第１項ただし書に規定する場合」、すなわち、被保険者の同意が不要とされた契約の場合も、被保険者による解除請求の法定事由とされている。

67条１項但書では、他人の傷害疾病定額保険契約において、他人の死亡保険契約とは異なり、被保険者自身を保険金受取人とする場合（被保険者の死亡に関する保険給付については、被保険者の法定相続人を保険金受取人とする場合も含む）には、例外

2）　山下＝米山・解説585頁［洲崎博史］。

的に被保険者の同意を効力要件としていない（§67解説Ⅳ2参照）。保険法では、このような場合には、被保険者は理由の如何を問わずにいつでも保険契約者に対して当該保険契約の解除を請求できるものとしている。これは、保険契約締結時に同意・不同意を確認されないまま被保険者になった者が契約の存続を望まないならば、保険契約の存続を強制されるべきではなく、被保険者の意思を尊重することが相当であるという考え方に基づいて、無条件で当該保険契約からの離脱を認めるものである[3]。

　もっとも、「（同項の同意がある場合を除く。）」とされている（本条1項1号括弧書）。これは、保険法上は被保険者の同意が不要であるにもかかわらず、実際に契約締結時に自分の意思で被保険者となることに同意した場合には、本号に基づく解除請求をすることはできないという意味である。この場合に解除を請求するには、87条1項2号から4号までのいずれかの解除請求事由が存在することが必要とされている[4]。

3　解除請求の相手方

　本条1項柱書では、「当該被保険者は、保険契約者に対し、当該傷害疾病保険契約を解除することを請求することができる」と規定している。条文の形式上から、被保険者による解除請求の相手方が保険契約者にほかならないことは明らかである。その法理は、他人の死亡保険契約における被保険者による解除請求の規定と同様である（§58解説Ⅳ3参照）。

4　解除請求の効果

　本条2項は、「保険契約者は、前項の規定により傷害疾病定額保険契約を解除することの請求を受けたときは、当該傷害疾病定額保険契約を解除することができる」と規定している。これは、約款において83条に基づく保険契約者の任意解除権が制限されているような場合であっても、被保険者から傷害疾病定額保険契約の解除請求を受けたときは、保険契約者は保険者に対し契約解除権を行使できるという趣旨である。かかる効果については、他人の死亡保険契約における被保険者による解除請求の場合と全く同様である（§58解説Ⅳ4参照）。

3）　第20回議事録18-19頁、第22回議事録43頁、山下＝米山・解説591頁［洲崎博史］、田口誠
　　「他人の生命の保険」落合＝山下・理論と実務107頁。
4）　山下＝米山・解説592頁［洲崎博史］、潘・概説286頁。

§87-Ⅲ5〜7・Ⅳ1,2

5　保険契約者の解除権行使の義務

本条2項により、87条1項各号に定める解除請求事由のいずれかに該当し、かつ、被保険者が当該保険契約からの離脱を望んで、保険契約者に対して当該保険契約の解除を請求した場合には、保険契約者はそれに応じて保険者に対して保険契約を解除する義務を負うものとされている。

被保険者が87条1項による解除請求をしたにもかかわらず、保険契約者がその請求に応じない場合（保険者に対して解除の意思表示をしない場合）には、被保険者は、保険契約者を被告として、意思表示の擬制を求める訴えを提起することができる。被保険者の勝訴判決が確定した場合には、その確定の時に解除の意思表示をしたものとみなされる（民事執行法174条1項本文）[5]。詳細については、§58解説Ⅳ5を参照されたい。

6　規定の性質

本条は、1項・2項ともその性質は絶対的強行規定である（§58解説Ⅳ6参照）。

7　87条と58条との相違

本条において、他人の死亡保険契約おける被保険者による解除請求に関する58条の規定と異なる点は、本条1項1号のみである。すなわち、67条1項但書によって被保険者の同意が不要とされている契約であっても、被保険者がその契約の継続を望まない場合には無条件で契約の解除請求を認める点である。

なお、損害保険会社の傷害保険約款においては、本条1項1号によって被保険者の同意の取付けがない場合については、被保険者から保険者に健康保険証等被保険者であることを証する書類の提出を行うことにより、保険者に対する直接の解約請求を可能としている。

Ⅳ　今後の展望

1　実務との関係

§58解説Ⅴ1を参照されたい。

2　残された課題

他人の傷害疾病定額保険契約において、被保険者による解除請求をめぐって今後

5）　保険法コンメンタール180頁以下［山下典孝］。

展開していくであろうと思われる課題は、他人の死亡保険契約と共通して（§58解説Ⅴ2参照）、①法定事由の解釈、②制度の実効性、③保険者の対応、④被保険者による保険者への直接解除（同意の撤回）の再検討、および⑤保険契約締結時に未成年であった場合の87条1項1号の類推適用のほか、以下のような他人の傷害疾病定額保険契約の独自の課題もあると考えられる。

被保険者の同意が不要とされた契約の場合において、被保険者の離脱希望の意思が明確である限りは、それ以上に争う機会を保険契約者に与える必要はなく、被保険者が保険契約者に対して解除請求を行った場合は、保険契約者からの解除権の行使を待つことなく直ちに当該傷害疾病定額保険契約が失効するものと解釈することができるかという課題である。

そして、次の理論構成でこれを肯定することが提唱されている。すなわち、約款でそれを定めれば、保険契約の当事者・関係者が実質的不利益を被るわけではなく、法律関係の安定性が不当に害されるともいえないこと、また、かかる約款規定がない場合においても、被保険者が保険契約者に対して87条1項1号による解除請求をした時点で、87条2項による保険契約者からの解除権の行使もあったものと擬制して、直ちに保険契約が消滅するとの解釈も可能なことである。もっとも、被保険者が保険契約者に対して解除請求をすると同時に、解除請求をしたという事実が保険者に対して通知される必要があり、通知しない限り保険契約の失効を保険者に対抗することができないとする約款規定を設けて保険者を保護することも必要となる[6]。

〔李　鳴〕

---

6)　山下＝米山・解説592頁（注21）〔洲崎博史〕。

§88-Ⅰ・Ⅱ

（解除の効力）

第88条 ① 傷害疾病定額保険契約の解除は、将来に向かってのみその効力を生ずる。

② 保険者は、次の各号に掲げる規定により傷害疾病定額保険契約の解除をした場合には、当該各号に定める事由に基づき保険給付を行う責任を負わない。

(1) 第84条第1項 解除がされた時までに発生した傷害疾病。ただし、同項の事実に基づかずに発生した傷害疾病については、この限りでない。

(2) 第85条第1項 解除に係る危険増加が生じた時から解除がされた時までに発生した傷害疾病。ただし、当該危険増加をもたらした事由に基づかずに発生した傷害疾病については、この限りでない。

(3) 第86条 同条各号に掲げる事由が生じた時から解除がされた時までに発生した給付事由

【条文変遷】 新設
【参照条文】 保険法31条・59条・84条・85条・94条
【外国法令】 ドイツ保険契約法26条・27条・28条、フランス保険法典L.113-1条2項

Ⅰ 概　　要

　契約の解除とは、当事者間で契約が締結された後に、その一方の当事者の意思表示によって契約関係を遡及的に解消することである。そのため、解除全般の効力を将来効とするためには、その旨の法規定が必要となる。

　本条（88条）は、解除事由を問わず、傷害疾病定額保険契約の解除を将来効とするとともに（1項）、保険者が告知義務違反を理由として契約を解除した場合には、解除時までに発生した傷害疾病について保険給付責任を負わない（2項1号）、保険者が危険増加についての通知義務違反を理由として契約を解除した場合には、当該危険増加時から解除時までに発生した傷害疾病について保険給付責任を負わない（同項2号）、保険者が重大事由を理由として契約を解除した場合には、当該重大事由発生時から解除時までに発生した給付事由について保険給付責任を負わないとし（同項3号）、ただし告知義務違反解除または危険増加通知義務違反解除の場合は、告知義務違反に係る事実または当該危険増加をもたらした事由に基づかずに発生した傷害疾病についての保険給付は免責されない旨（因果関係不存在特則）を規定している。

Ⅱ 立法過程

　§31解説Ⅳ参照。

III 条文解説

1 将来効の趣旨　　§31解説V1参照。

2 免責および因果関係不存在特則の趣旨

　§31解説V2参照。なお、84条、85条および本条が片面的強行規定であることは、94条1号・2号による。

3 要件

　本条2項においては、免責の対象を1号・2号本文では「傷害疾病」と規定しているのに対し、3号本文では「給付事由」と規定している。「傷害疾病」とは文字通り事実としての傷害または疾病を指すが、「給付事由」とは「傷害疾病による治療、死亡その他の保険給付を行う要件として傷害疾病定額保険契約で定める事由をいう」(66条)。

　治療や死亡等が免責対象となると、当該傷害疾病の内容を問題とする因果関係不存在特則の適用場面がなくなってしまうため、1号・2号では「(告知義務違反に係る事実又は当該危険増加をもたらした事由と因果関係のある)傷害疾病」を免責対象としている。

　一方、3号では因果関係不存在特則が規定されていないが、これは重大事由が発生した以上は全ての保険事故について免責とすることが重大事由解除を規定した趣旨に合致するからであり、いかなる傷害疾病が生じたかを問わず、給付事由そのものを免責対象としている。

　その他は、§31解説V3および§59解説V3参照。

4 効果　　§31解説V4参照。

5 規定の性質　　§31解説V5参照。

IV 外国法令

　§31解説VI参照。なお、ドイツ保険契約法において、疾病保険には26条、27条は適用されない(194条1項)。

V 今後の展望

　§31解説VII参照。　　　　　　　　　　　　　　　　　　　　〔岩井 勝弘〕

§89-I   971

（契約当事者以外の者による解除の効力等）

第89条 ① 差押債権者、破産管財人その他の傷害疾病定額保険契約（第92条に規定する保険料積立金があるものに限る。以下この条から第91条までにおいて同じ。）の当事者以外の者で当該傷害疾病定額保険契約の解除をすることができるもの（次項及び同条において「解除権者」という。）がする当該解除は、保険者がその通知を受けた時から1箇月を経過した日に、その効力を生ずる。

② 保険金受取人（前項に規定する通知の時において、保険契約者である者を除き、保険契約者若しくは被保険者の親族又は被保険者である者に限る。次項及び次条において「介入権者」という。）が、保険契約者の同意を得て、前項の期間が経過するまでの間に、当該通知の日に当該傷害疾病定額保険契約の解除の効力が生じたとすれば保険者が解除権者に対して支払うべき金額を解除権者に対して支払い、かつ、保険者に対してその旨の通知をしたときは、同項に規定する解除は、その効力を生じない。

③ 第1項に規定する解除の意思表示が差押えの手続又は保険契約者の破産手続、再生手続若しくは更生手続においてされたものである場合において、介入権者が前項の規定による支払及びその旨の通知をしたときは、当該差押えの手続、破産手続、再生手続又は更生手続との関係においては、保険者が当該解除により支払うべき金銭の支払をしたものとみなす。

【条文変遷】新設
【参照条文】保険法60条、傷害試案13条、疾病試案13条
【外国法令】§60解説V参照

I 概　　要

　第三者のためにする生命保険契約において、死亡保険契約者の債権者、破産管財人等の契約当事者以外の者が解約返戻金を取得するために保険契約を解除することがある。この場合に、当該解除により保険契約を終了させることは、死亡保険契約の生活保障等の機能を損なうことになりかねないため、保険法は、そのような事態を防止するために保険金受取人の介入権を認めている（60条）。

　傷害疾病定額保険契約においても、第三者のためにする契約が可能であり、傷害疾病定額保険契約における保険金受取人の指定は、一般に、被保険者死亡後の保険金受取人（遺族）の生活保障や、被保険者の高度障害時や入院時等の保障を目的とする。しかし、その途中で保険契約者の差押債権者や破産管財人など契約当事者ではない第三者によって、保険契約者の意思に反して契約が解約されると、保険金受

取人（遺族）の生活保障などの目的は達成できなくなる。特に、被保険者の年齢や健康状態等によっては、新たに保険契約を締結することが困難となる場合がある。また、傷害や疾病によって高度障害や後遺症を抱えている者は、受給中の入院給付金や介護費用が受けられなくなるといった事態が生じうる。

　そこで、保険法では、傷害疾病定額保険契約においても、「契約当事者以外の者による解除の効力等」という見出しを付して、生命保険契約の介入権（60条〜62条）とほぼ同様の規定が設けられている（89条〜91条）。

　傷害疾病定額保険契約における介入権制度に関する立法の趣旨は、生命保険契約のそれと同様に、利害関係者間の利益を調整しつつ、保険金受取人等の意思により傷害疾病定額保険を可能な限り存続させることにより、被保険者自身または保険契約者もしくは被保険者の遺族である保険金受取人に対する傷害疾病定額保険契約の生活保障機能を維持することにある。

　本条（89条）は、生命保険契約に関する60条（契約当事者以外の者による解除の効力等）に相当する規律であり、60条と、「死亡保険契約」が「傷害疾病定額保険契約」と置き換えられている点のみ異なるが、全般的に同じ内容となっている。

　なお、本条は絶対的強行規定である。

Ⅱ　立法過程

1　保険法制定前試案

　外国の立法例において、介入権を法定しているドイツ保険契約法などでは、介入権は生命保険契約についてのみ規定されており、傷害保険契約については規定がない。しかし傷害保険契約についても保険契約者の債権者による差押えが行われたり、保険契約者破産の場合に破産管財人が傷害保険契約を解約する実例のある日本の事情に鑑みれば傷害・疾病保険契約についても介入権を認めるのが望ましいという趣旨から、傷害試案13条と疾病試案13条においても、生保試案677条の2の規定と同趣旨、かつほぼ同一内容で傷害・疾病保険契約における保険金受取人等の介入権に関する規定が置かれている。もっとも、傷害・疾病保険契約の性質上必要となる以下の相違がある[1]。

　まず、介入権者について、傷害試案13条と疾病試案13条は生保試案677条の2と異なり、保険金受取人のみならず被保険者も介入権者としている。これは、後遺障

---

1)　疾病試案理由書220-222頁、傷害試案理由書62-64頁。

§89−Ⅱ2・Ⅲ　　　　973

害や医療費用にかかる給付金については、傷害・疾病保険契約上、被保険者自身が保険金受取人とされているのが通例であるが、常にそうであるわけではないので、被保険者を介入権者として加えておくことが必要とされるからである。

　次に、規定の性質について、生保試案677条の2は半面的（片面的）強行規定とされているのに対して、傷害試案13条と疾病試案13条は任意規定とされている。これは、傷害・疾病保険契約には短期の掛捨型の契約とされ解約返戻金がないか極めて少額のものがあることなどから、傷害・疾病保険契約では保険金受取人等の介入権を認めない特約をすることにも合理的な理由があると考えられるためである。

2　法制審議会保険法部会の審議

　§60解説Ⅲ2を参照されたい。

Ⅲ　条文解説

　本条は、傷害疾病定額保険契約において、一定の要件を満たせば保険金受取人が契約当事者以外の者による契約解除に対し、介入権を行使することができる旨を規定するものである。生命保険契約の介入権を規定する60条の規定とほぼ同じで、1項は主に契約当事者以外の者による解除、2項は主に保険金受取人による介入権の行使、3項は主に介入権行使の効果について、それぞれ定めている。

　本条1項前段は、解除権者を定めている。条文上、解除権者の典型例として差押債権者と破産管財人が掲げられているが、「その他」を含め、一般に①差押債権者（民事執行法144条・155条1項本文）、②破産管財人・再生管財人・更生管財人（破産法78条1項、民事再生法66条、会社更生法72条1項）、③質権者（民法366条1項）および④債権者代位権を行使する者（同423条）が解除権者に該当するものと解される。[2]

　本条1項後段は、解除効力の発生日を定めている。解除権者がする「当該解除は、保険者がその通知を受けた時から1箇月を経過した日に、その効力を生ずる」としている。すなわち、民法の特則として債権者による解除の効力発生日を一律に1か月遅らせ、かつ将来に向かってその効力を生ずるものとしている。これは、介入権者が一定の金額の支払をして解除の効力が発生するのを防ぐ機会を確保するための合理的な期間と、解除権者に及ぼす不利益とを総合的に考慮したものであるので、60条1項後段と同趣旨である。[3]

---

2)　第6回議事録11頁、部会資料(12)2−3頁、部会資料(19)12−13頁、補足説明85頁、髙山崇彦「保険金受取人の介入権」甘利＝山本・論点と展望300頁等。

本条1項前段によれば、介入権の対象となる保険契約は、「傷害疾病定額保険契約」であって、「保険料積立金があるものに限る」とされている。したがって、本条以下91条までにおける傷害疾病定額保険契約は92条に規定する保険料積立金があるものに限られ、保険料積立金が存在しない団体傷害・疾病保険契約は介入権の対象外とされている[4]。また、傷害疾病定額保険契約の中でも短期の傷害保険や自動車保険の搭乗者傷害条項などは年齢による自然保険料の上昇はなく保険料積立金がないため、介入権の対象外であると解される[5]。

本条2項前段は、介入権者の要件を定めている。すなわち、解除の「通知の時」を基準時として、①保険金受取人であること、②保険契約者でないこと、③保険契約者もしくは被保険者の親族または被保険者であることという要件を全て満たす者が介入権者となるのである。なお、死亡保険契約においては、被保険者が保険金受取人になることは通常は想定されていないが、傷害疾病定額保険契約においては、被保険者が保険金受取人となることが一般的である。

本条2項後段は、介入権行使の方法を定めている。すなわち、解除の効力発生日までに、介入権者は、①保険契約者の同意を得ること、②解除権者に対して一定の金額を支払うこと（通知日における支払金相当額）、③保険者に対して支払済の旨を通知するという方法によって介入権を行使することとされる。

介入権者が介入権を行使した場合は、次の効果が生じる。①解除権者がした保険契約の解除はその効力を生じないこと（2項後段）。すなわち、当該保険契約は従前と同様の内容で存続する。これが介入権の本来的効果である。②差押手続、破産手続、再生手続または更生手続との関係においては、保険者が当該解除により支払うべき金銭の支払をしたものとみなされる（3項）。

本条は絶対的強行規定である。介入権を排除する約定、介入権の行使における効力要件を緩和または加重する約定、解除権者がした解除の効力発生時期、たとえば、保険者が解除の通知を受けた時から3週間を経過した日に生じる旨の約定が約款に織り込まれていても、無効とされる。

なお、本条に関する詳細は§60解説Ⅳを参照されたい。

〔李　鳴〕

3）　補足説明86頁、部会資料(12) 4頁、第18回議事録56頁、山下＝米山・解説620頁〔萩本修＝嶋寺基〕。

4）　部会資料(19)12頁。

5）　保険法コンメンタール185頁〔小林登〕。

§ 90 - I・II   975

> **第90条** ① 傷害疾病定額保険契約の解除により保険契約者が保険者に対して有する
> こととなる金銭債権を差し押さえた債権者が前条第1項に規定する通知をした場合
> において、同条第2項の規定による支払の時に保険者が当該差押えに係る金銭債権
> の支払をするとすれば民事執行法その他の法令の規定による供託をすることができ
> るときは、介入権者は、当該供託の方法により同項の規定による支払をすることが
> できる。
> ② 前項の通知があった場合において、前条第2項の規定による支払の時に保険者が
> 当該差押えに係る金銭債権の支払をするとすれば民事執行法その他の法令の規定に
> よる供託の義務を負うときは、介入権者は、当該供託の方法により同項の規定によ
> る支払をしなければならない。
> ③ 介入権者が前2項の規定により供託の方法による支払をしたときは、当該供託に
> 係る差押えの手続との関係においては、保険者が当該差押えに係る金銭債権につき
> 当該供託の方法による支払をしたものとみなす。
> ④ 介入権者は、第1項又は第2項の規定による供託をしたときは、民事執行法その
> 他の法令の規定により第三債務者が執行裁判所その他の官庁又は公署に対してすべ
> き届出をしなければならない。

【条文変遷】 新設
【参照条文】 保険法61条

I　概　　要

　本条（90条）は、生命保険契約に関する61条に相当する規律であり、傷害疾病定
額保険契約における介入権者による供託を規定するものである。61条の規定と同趣
旨、かつ同一内容である。介入権者が権利供託と義務供託の方法による支払をした
場合は、かかる差押手続との関係においては、保険者が供託をしたのと同じ法律関
係が生ずることになることを定めている。

II　条文解説

　本条1項は、権利供託について定めている。差押債権者が取立権に基づいて保険
契約の解除通知をした場合において、通知日金額の支払の時に、「保険者が当該差
押えに係る金銭債権の支払をするとすれば民事執行法……その他の法令の規定によ
る供託をすることができるときは、介入権者は、当該供託の方法により」解除権者
に対する「支払をすることができる」としている。すなわち、介入権者は、保険者

が供託するときと同様の方法により解除権者に対して支払うべき金銭を供託すればよい。これによって、仮に解除権者が弁済の受領を拒んだ場合であっても、介入権者は介入権の行使の効果を発生させることができる。

本条2項は、義務供託について定めている。差押債権者が取立権に基づいて保険契約の解除通知をした場合において、「保険者が当該差押えに係る金銭債権の支払をするとすれば民事執行法その他の法令の規定による供託の義務を負うときは、介入権者は、当該供託の方法により」解除権者に対する「支払をしなければならない」としている。すなわち、介入権者は、保険者が供託の義務を負う場合には供託が義務付けられることになり、保険者が供託するときと同様の方法により解除権者に対する支払をしなければならない。したがって、介入権者が供託しないで、特定の差押債権者にのみ通知日における支払金相当額を支払ったとしても、その介入権の行使の効果で他の差押債権者には対抗できないため、保険契約は解除の効力の発生日に解除されることとなる。

本条3項は、供託の効果について定めている。介入権者が所定の供託の方法による支払をしたときは、差押手続との関係においては、「保険者が当該差押えに係る金銭債権につき当該供託の方法による支払をしたものとみなす」としている。すなわち、保険者は解除権者への債務を免れることになる。

本条4項は、届出義務について定めている。介入権者は、所定の規定による供託を行ったときは、「民事執行法その他の法令の規定により第三債務者が執行裁判所その他の官庁又は公署に対してすべき届出をしなければならない」としている。保険者が第三債務者として供託をしたときは、執行裁判所や徴収職員等に対して事情届出をしなければならないとされている（民事執行法156条3項、滞納強制調整法20条の6第2項・36条の6第2項、民事保全法50条5項）ことから、介入権者も供託をしたときは、同様に事情届出の提出義務を負うこととなっている。

本条は61条と同様、性質上は絶対的強行規定であると考えられる。

なお、本条に関する詳細は§61解説Ⅱを参照されたい。

〔李　鳴〕

§91 - I・II   *977*

> **第91条** ① 第89条第1項に規定する通知の時から同項に規定する解除の効力が生じ、又は同条第2項の規定により当該解除の効力が生じないこととなるまでの間に給付事由が発生したことにより保険者が保険給付を行うべき場合において、当該保険給付を行うことにより傷害疾病定額保険契約が終了することとなるときは、当該保険者は、当該保険給付を行うべき額の限度で、解除権者に対し、同項に規定する金額を支払わなければならない。この場合において、保険金受取人に対しては、当該保険給付を行うべき額から当該解除権者に支払った金額を控除した残額について保険給付を行えば足りる。
> ② 前条の規定は、前項の規定による保険者の解除権者に対する支払について準用する。

【条文変遷】 新設
【参照条文】 保険法62条・89条・90条

I 概　　要

　本条（91条）は、生命保険契約に関する62条に相当する規律であり、傷害疾病定額保険契約の解除効力の発生前に給付事由が発生した場合の取扱いを規定するものである。62条の規定と同趣旨、かつほぼ同一内容である。

II 条文解説

　本条1項は、解除権者から解除の通知がされた後、解除の効力が生ずるか、または介入権の行使がされるまでの間に、給付事由が発生した場合の取扱いについて規定している。具体的には以下のとおりである。

　まず、①解除権者による解除の通知が到達した時から介入権が行使されないまま1か月を経過して解除の効力が生じるまでの間（89条1項）、または、②解除権者による解除の通知が到達した時から1か月が経過する前に介入権が行使され、解除の効力が生じないこととなるまでの間（同条2項）に、給付事由が発生したことにより保険者が保険給付を支払うべき場合において、当該保険者は当該保険給付を行うべき額の限度で、解除権者に対し、保険者が受けた解除通知の日に解除の効力が生じたとすれば保険者が解除権者に対して支払うべき金額を支払わなければならない（本項前段）。

　次に、解除効力停止期間中に給付事故が発生したとき、保険者は当該保険給付を

行うべき額の限度で解除権者に対し通知日における支払金相当額を支払った場合において、「保険金受取人に対しては、当該保険給付を行うべき額から当該解除権者に支払った金額を控除した残額について保険給付を行えば足りる」（本項後段）。

91条1項の傷害疾病定額保険契約は、基本的には62条1項と同様に規定されているが、「当該保険給付を行うことにより傷害疾病定額保険契約が終了することとなるとき」に限定されているところが62条1項と異なる。これは、傷害疾病定額保険契約は給付事由が生じた場合であっても被保険者が生存している限り当然には終了せず、介入権が行使されなければ、解除権者は後日解除の効力が発生することにより支払われるべき金額を受けることができることから、保険給付の全部または一部を解除権者に支払うこととして解除権者の利益を保護する必要はないからである[1]。

本条2項は、保険者が解除権者に対し通知日における支払金相当額を支払うに当たり、90条の供託の方法による支払の規定が準用されることとしている。

本条は、62条と同様、性質上は絶対的強行規定であると考えられる。

なお、本条に関する詳細は、§62解説Ⅱを参照されたい。

〔李　鳴〕

（保険料積立金の払戻し）

第92条　保険者は、次に掲げる事由により傷害疾病定額保険契約が終了した場合には、保険契約者に対し、当該終了の時における保険料積立金（受領した保険料の総額のうち、当該傷害疾病定額保険契約に係る保険給付に充てるべきものとして、保険料又は保険給付の額を定めるための給付事由の発生率、予定利率その他の計算の基礎を用いて算出される金額に相当する部分をいう。）を払い戻さなければならない。ただし、保険者が保険給付を行う責任を負うときは、この限りでない。

(1)　第80条各号（第2号を除く。）に規定する事由

(2)　保険者の責任が開始する前における第83条又は第87条第2項の規定による解除

(3)　第85条第1項の規定による解除

(4)　第96条第1項の規定による解除又は同条第2項の規定による当該傷害疾病定額保険契約の失効

【条文変遷】 新設
【参照条文】 保険法63条、傷害試案34条、疾病試案34条
【外国法令】 §63解説Ⅵ参照

---

1)　第23回議事録33頁、萩本・一問一答208頁。

I　概　　要

　本条（92条）は、傷害疾病定額保険契約満了前に、一定の事由により契約が終了した場合に、保険者が保険給付を行う責任を負うときを除き、保険契約者に対して当該契約の終了時における保険料積立金を払い戻すべき義務を定める規定であり、生命保険契約に関する63条に相当するものである。傷害疾病定額保険契約においても、保険料積立金のある契約が存在することから、生命保険契約と同様の規律を設けている。その立法趣旨は、改正前商法680条2項・683条2項および保険法63条と全く同じである（§63解説Ⅰ2参照）。

Ⅱ　立法過程

1　保険法制定前試案

　疾病・傷害試案では、改正前商法680条2項および683条2項の規定するような事由による保険契約の中途消滅の場合における保険者の保険契約者に対する支払義務について、生保試案と同様、中途消滅事由ごとに個別に規定されている。また、生保試案と同様、保険契約者は、保険契約を解約する場合に保険者に対して保険契約で定める金額（解約返戻金）の支払いを請求することができる旨の規定が新設された（疾病・傷害試案34条）。その趣旨および規律の内容は、生保試案681条の4と全く同一である。詳細は、§63解説Ⅳ1を参照されたい。

2　法制審議会保険法部会の審議

　§63解説Ⅳ2を参照されたい。

Ⅲ　条文解説

1　保険料積立金の払戻義務

　本条柱書では、保険者は、所定の事由により「傷害疾病定額保険契約が終了した場合には、保険契約者に対し、当該終了の時における保険料積立金を払い戻さなければならない」としている。これは保険者の法的義務である。

1）　萩本・一問一答209頁。
2）　疾病試案理由書281頁、傷害試案理由書126頁。

その保険料積立金とは、保険契約者から「受領した保険料の総額のうち、当該傷害疾病定額保険契約に係る保険給付に充てるべきものとして、保険料又は保険給付の額を定めるための給付事由の発生率、予定利率その他の計算の基礎を用いて算出される金額に相当する部分をいう」と明確に定められている。

保険料積立金の算出基準日は「当該終了の時」とされ、すなわち、免責事由の発生により傷害疾病定額保険契約が終了した時、解除の意思表示の効力が発生したことにより傷害疾病定額保険契約が終了した時、または傷害疾病定額保険契約が失効した時であると解される[3]。

なお、保険料積立金の払戻を請求する権利は、3年の時効によって消滅するとされている（95条1項）。

2　保険者が保険料積立金を払い戻すことになる法定事由

本条では、保険料積立金を払い戻すべき法定事由として、以下のとおり定められている。ただし、保険者が保険給付を行う責任を負うときは、この限りではないとされている（柱書但書）。

第1に、80条各号に定める保険者の免責事由の発生（本条1号）。具体的には、①被保険者が故意または重大な過失により給付事由を発生させたとき（80条1号）、②保険金受取人が故意または重大な過失により給付事由を発生させたとき（同条3号）、③戦争その他の変乱によって給付事由が発生したとき（同条4号）である。ただし、保険契約者が故意または重大な過失により給付事由を発生させたとき（同条2号）には、保険者はその保険料積立金を保険契約者に払い戻す義務を負わないとされる（本条1号括弧書）。

第2に、被保険者の解除請求に基づくことを含む保険者の責任開始前における保険契約者による解除（本条2号）。すなわち、保険契約者による保険契約の任意解除（83条）、または被保険者の解除請求に基づいた保険契約者の契約解除（87条2項）。

第3に、85条1項の規定する危険増加による保険者の契約解除（本条3号）。

第4に、96条の規定する保険者の破産による解除または失効（本条4号）。

本条は保険契約者の不利益に変更できない片面的強行規定とされる（94条3号）。詳細については、§63解説Ⅴ3を参照されたい。

3　63条との相違（傷害疾病定額保険契約特有の事項）

傷害疾病定額保険契約終了時の保険料積立金の算出定義に関しては、63条の生命

3）　山下＝米山・解説655頁［金岡京子］。

保険契約の「予定死亡率」に該当する部分が、「給付事由の発生率」となっている。これは、傷害疾病定額保険契約において、傷害または疾病を医学的に治療するための手術または入院もしくは通院を要することが医師の診断により確定されたこと等をもって、その給付事由に該当することが通例であるため、生命保険契約とは異なり、多種多様な給付事由の発生率に関する計算基礎が使用されているからである。したがって、このような給付事由の発生率が一般に承認された保険数理の客観的基準に照らし、公正かつ妥当なものであることが、傷害疾病定額保険の場合には特に要請されている。[4]

〔李　鳴〕

（保険料の返還の制限）

第93条　保険者は、次に掲げる場合には、保険料を返還する義務を負わない。

　⑴　保険契約者、被保険者又は保険金受取人の詐欺又は強迫を理由として傷害疾病定額保険契約に係る意思表示を取り消した場合

　⑵　傷害疾病定額保険契約が第68条第1項の規定により無効とされる場合。ただし、保険者が給付事由の発生を知って当該傷害疾病定額保険契約の申込み又はその承諾をしたときは、この限りでない。

改正前商法第643条　保険契約ノ全部又ハ一部カ無効ナル場合ニ於テ保険契約者及ヒ被保険者カ善意ニシテ且重大ナル過失ナキトキハ保険者ニ対シテ保険料ノ全部又ハ一部ノ返還ヲ請求スルコトヲ得

改正前商法第683条　①　第640条、第642条、第643条、第646条、第647条、第649条第1項、第651条乃至第653条、第656条、第657条、第663条及ヒ第664条ノ規定ハ生命保険ニ之ヲ準用ス

【条文変遷】　明治23年商法657条、明治32年商法399条・433条、改正前商法643条・683条

【参照条文】　民法96条・703条・704条・705条・708条、保険法68条1項・94条3号

【外国法令】　ドイツ保険契約法39条1項、フランス保険法典L. 113-8条1項2項

4）　山下=米山・解説660頁［金岡京子］。

I 概　　要

§ 32解説 I 参照。

II 沿革・改正前商法

§ 32および§ 64の解説 II 参照。

III 立法過程

§ 32解説 III 参照。

IV 条文解説

§ 32および§ 64の解説 IV 参照。ただ、傷害疾病定額保険契約であることに基づき、また前述の改正前商法における議論を踏まえ、本条では保険契約者のほか、被保険者、保険金受取人も規律の対象者に加えられている。

本条（93条）は、片面的強行規定である。これらの規定に反する特約で保険契約者にとって不利になるものは無効とする（94条 3 号）。

V 外国法令

§ 32解説 V 参照。

〔堀井　智明〕

§94-Ⅰ・Ⅱ   *983*

> **（強行規定）**
> **第94条** 次の各号に掲げる規定に反する特約で当該各号に定める者に不利なものは、
> 　無効とする。
> ⑴ 第84条第1項から第3項まで又は第85条第1項　保険契約者又は被保険者
> ⑵ 第86条又は第88条　保険契約者、被保険者又は保険金受取人
> ⑶ 前2条　保険契約者

【条文変遷】　新設
【参照条文】　保険法84条・85条・86条・88条・92条・93条
【外国法令】　§7解説Ⅳ参照

Ⅰ　概　　　要

　本条（94条）は、33条（損害保険）、65条（生命保険）との共通事項として、保険法
第4章「損害保険」第4節「終了」に設けられている諸規定のうち、告知義務違反
による解除（84条）、危険増加による解除（85条）、重大事由による解除（86条）、解除
の効力（88条）、保険料の返還の制限（93条）に関する規定を片面的強行規定とする
ものであるが、さらに、損害保険にはなく、定額保険契約に特有のものとして、生
命保険契約と同様の保険料積立金の払戻し（92条。生命保険については63条）に関する
規定も片面的強行規定であるとしている。
　規定の性質に関する分類、片面的強行規定の保険法への導入の経緯、趣旨、外国
の立法例および今後の展望については、7条と41条の解説で述べられているところ
と基本的には同様である。

Ⅱ　条文解説

　本条柱書は、「次の各号に掲げる規定に反する特約で当該各号に定める者に不利
なものは、無効とする」とし、1号は、「第84条第1項から第3項まで又は第85条
第1項　保険契約者または被保険者」、2号は、「第86条又は第88条　保険契約者、
被保険者又は保険金受取人」、3号は、「前2条（92条・93条）　保険契約者」として、
その者にとって不利になるものについて明らかにし、以下に検討する規定の性質が
片面的強行規定であることを明示する。

1 84条

　告知義務違反による契約解除に関する84条1項から3項までを片面的強行規定とし、これに反する特約で保険契約者または被保険者に不利なものを無効としている。

(1) 告知義務違反による解除の規定の概要

　66条は、保険契約者または被保険者になる者に対し、保険者になる者から告知を求められた危険に関する重要事項について事実を告知する義務（質問応答義務）を課し、84条1項は、これらの者の故意または重大な過失に基づく告知義務違反があった場合には、保険者は保険契約の解除をなしうるとして告知義務違反の要件を規定している。

　一方、告知義務違反に基づく解除が制限される場合として、84条2項1号は、保険者が告知義務違反の事実につき悪意または過失により知らなかった場合、2号・3号は、保険契約の締結の媒介を行う者（締結の代理を行う者は除く）が事実の告知をすることを妨害し、事実の不告知または不実の告知を勧めた場合について規定している。そして、84条3項は、さらに保険媒介者の行為がなくとも、保険契約者または被保険者が事実の告知をせず、または不実告知をし、保険媒介者の行為と因果関係が存在しないと認められる場合には、保険者の解除権は制限されないとしている。

(2) 不利な特約の対象者

　告知義務違反による解除の場合の不利な特約の対象者として、94条1号は保険契約者または被保険者をあげている。告知義務は保険契約者または被保険者のどちらかに課されていることからすれば（84条1項）、告知義務違反による解除に関する特約については、保険契約者または被保険者にとって不利か否かが問われることとなる。

(3) 無効となる不利な特約

　84条1項は、故意または重大な過失による告知義務違反がある場合に初めて解除をなしうるとしているのであるから、保険契約者または被保険者にとってより過酷な要件となる軽過失によっても告知義務違反となり解除をなしうるとするような特約は無効である。

2 85条

　94条1号は、危険増加（告知事項についての危険が高くなり、契約で定められている保険料が当該危険を計算の基礎として算出される保険料に不足する状態になること）があったにもかかわらず、保険契約者または被保険者がその通知を故意または重過失により怠ってしまった場合の、保険者による契約解除に関する85条1項を片面的強行

規定とし、これに反する特約で保険契約者または被保険者に不利なものを無効としている。

(1) 危険増加による解除の規定の概要

85条の規定の基本は、危険増加の場合にも原則的には保険料の増額で対応することで契約の継続を保持することとするが、この場合であっても、約款において保険契約者または被保険者に対する通知義務の定めがあり、かつ、これらの者が故意または重過失でこの義務に違反した場合に限って、保険者に契約の解除権を与えるとしている。

(2) 不利な特約の対象者

危険増加について最も知ることができるのが保険契約者または被保険者であるため、これらの者に危険増加についての通知義務が課されている（85条1項1号・2号）。それゆえ、通知義務違反による解除に関する特約についても、保険契約者または被保険者にとって不利な内容であるか否かが問われることとなる。

(3) 無効となる不利な特約

85条1項の1号および2号の趣旨からすれば、危険増加の通知義務違反がある場合に限り、保険者からの解除が認められるものであるから、通知の有無にかかわらず、増加した危険が契約締結時に存在していたとすれば保険者は契約を締結しなかったであろう場合には、保険者に危険の増加に伴う契約解除を認めるとするような特約は無効となる。その他、危険増加に関する法の趣旨からすれば、危険増加に関連しない告知事項についても通知を求め、これを怠った場合には保険者に解除権が発生するとしたり、保険契約者または被保険者に軽過失があって通知をしなかった場合にも保険者に解除権が発生するなどとする特約も無効とならざるを得ない。

3 86条

保険契約は、いったん給付事由が発生した場合になされる保険給付と、給付事由発生に備えるために支払われる保険料との間の経済的価値の相対的な不均衡のため、保険金を取得する目的で給付事由を故意に招致するなどというモラル・リスクに関わる危険性を常に内包している。そこで、給付事由を故意に招来させたような場合には、保険の健全性を維持するため、法律上も保険者に契約の解除を認める必要性が出てくる。保険法は、このように故意に給付事由を発生させた場合を含め重大事由による解除の規定を設け、解除事由を具体的に例示した上で、さらに包括規定を置くという方法を採用した。

(1) 重大事由による解除の規定の概要

86条は、保険者が契約を解除できる重大事由として、保険契約者、被保険者また

は保険金受取人が、保険者に保険給付を行わせる目的で給付事由を生じさせまたは生じさせようとしたこと（1号）、保険金受取人が保険給付の請求について詐欺を行いまたは行おうとしたこと（2号）、その他、保険者の保険契約者、被保険者または保険金受取人に対する信頼を損ない、保険契約の存続を困難にするような重大な事由が認められた場合（3号）には、保険者に契約の解除権を与えるとするものである。

(2) 不利な特約の対象者

保険者に解除権が発生するのは、故意による給付事由発生については保険契約者、被保険者または保険金受取人によるもの、詐欺については保険金受取人によるもの、その他の重大事由については保険契約者、被保険者または保険金受取人によるものである。保険者には解除権という重大な武器が与えられることを勘案すると、不利な特約が作成されることにより保護の対象とされるのは、保険契約者、被保険者または保険金受取人となる。

(3) 無効となる不利な特約

86条1号は故意による給付事由発生、2号は詐欺による保険給付、3号は、1号・2号以外で保険者の保険契約者、被保険者または保険金受取人に対する信頼を損ない、当該傷害疾病定額保険契約の存続を困難とする重大事由がある場合に、保険者に解除権が発生するという規定である。3号については重大事由とは何かについての解釈上の問題はあるものの、重大事由に該当しない事由について保険者に解除権を認めたり、88条2項3号の規定（86条各号の事由が生じた時から解除された時までに発生した給付事由につき保険給付を行う責任を負わない）に反して、常に契約成立時に遡って契約解除の効力が生ずる旨の特約[1]は、保険契約者、被保険者または保険金受取人に不利となる内容となるところから、無効となる。

4　88条

傷害疾病定額保険契約の解除に関し、基本的には、その種類にかかわらず一般的に将来効を生ずるものとし、①告知義務違反による契約解除（84条1項）、②危険増加による契約解除（85条1項）、③重大事由による契約解除（86条）の3つの場合につき、①については、解除された時までに生じた傷害疾病（88条2項1号本文）、②については、危険増加が生じた時から解除された時までに生じた傷害疾病（同項2号本文）、③については、重大事由が生じた時から解除がされた時までに生じた傷害疾病（同項3号）については、保険者は保険給付を行う責任を負わないものとした。

1）　保険法コンメンタール115頁〔出口正義〕。

(1) 解除の効力に関する規定の概要

88条1項は、解除の効力は将来効である旨を規定し、2項1号本文・2号本文は、上記のように保険者の免責を認めるとしながら、2項1号但書・2号但書は、傷害疾病が、告知しなかった事実または危険増加をもたらした事由と関係なく発生したものであるときは、免責されないとしている。2項3号は、重大事由による解除の効力の規定であり、重大事由が生じた時から解除された時までに発生した給付事由については、保険者は免責されるものとしている。重大事由解除の場合では、解除の効力が将来に向かって生じるとしても、この場合には、保険者は保険給付を行う責任を免れる。

(2) 不利な特約の対象者

88条2項は、告知義務違反、危険増加または重大事由による解除がされた場合に、保険者は一定の範囲で保険給付を行う責任を負わないと定めると同時に、これらの解除に伴い保険者が免責となる範囲を制限している。その意味では、保険契約者、被保険者または保険金受取人の保護にも資する制度となっているのであるから、不利な特約が作成されることにより保護の対象とされるのは、保険契約者、被保険者または保険金受取人となる。

(3) 無効となる不利な特約

解除の効力は将来効とされているところからすれば（88条1項）、解除の効力に遡及効を与えることにより、すでになされた保険給付の返還を求めるなどとしたり、解除までの間に発生した傷害疾病については保険給付義務を負わないとする等の特約は、保険契約者、被保険者または保険金受取人に不利な内容のものであるから無効である[2]。また、88条2項1号但書・2号但書関連でいえば、傷害疾病の発生が、告知しなかった事実または危険増加をもたらした事由に基づいていない場合であっても保険者が免責される旨の特約は、因果関係原則に反する約定であり、保険契約者、被保険者または保険金受取人に不利な内容であるから無効である[3]。

なお、保険料分割払特約では、保険期間の開始後一定期間経過後まで保険料の支払を猶予し、その期間が経過しても保険料が支払われなかった場合には、契約の当初に遡って契約を解除するとしているが、これは保険契約者にとっても、保険料支払義務を免れるという点で、必ずしも保険契約者に不利な内容とはいえないところから、有効と解される[4]。

---

2) 部会資料(10)17頁。

3) 保険法コンメンタール116頁［出口正義］。

4) 補足説明58頁。

5 92条

92条各号は、保険期間満了前に、被保険者が故意または重大な過失により給付事由を発生させたとき等により傷害疾病定額保険契約が終了し、保険者が保険給付を行う責任を負わない場合（80条各号（2号を除く））、保険者の責任が開始する前に保険契約者が任意解除する場合（83条）、保険者の責任が開始する前に被保険者の解除請求により保険契約者が解除する場合（87条2項）、危険の増加により解除する場合（85条1項）、保険者の破産の場合（96条1項・2項）において、保険者は、保険契約者に保険料積立金を払い戻さなければならないとしており、この規定も片面的強行規定とされているから、保険契約者に不利なものは無効となる。

上記のような場合に、保険者に保険料積立金の払戻しが義務付けられるのは次のような根拠によるものである。すなわち、保険料積立金は、実質的には保険契約者に帰属するものであると考えられるから、被保険者が故意または重過失により給付事由を発生させた場合（80条1号）等により保険者の給付責任が消滅することとなった場合には、保険料積立金が保険契約者に返還されないと保険者の不当利得となってしまう上、積立の必要がなくなった保険者が利益として取得してしまうのは衡平ではないからである。[5]

(1) 保険料積立金の払戻しに関する規定の概要

92条は、傷害疾病定額保険契約において、保険期間満了前に、次のような事情（1号から4号）により保険契約が終了した場合には、保険者は保険給付を行う責任を負う必要はなくなるが、その場合、保険契約者のために積み立ててあった保険料積立金を払い戻さなければならないとしている。[6]

① 保険者が保険給付を行う責任を負わない場合（80条各号（2号を除く））

　被保険者が故意または重大な過失により給付事由を発生させた場合、保険金受取人が故意または重大な過失により給付事由を発生させた場合、戦争その他の変乱により給付事由が発生した場合

② 保険者の責任が開始する前に保険契約者が保険契約を任意解除した場合（83条）

③ 保険者の責任が開始する前に被保険者の解除請求により保険契約者が保険契約を解除した場合（87条2項）

---

5) 西島・保険法369頁は不当利得を根拠としてあげる。また、衡平を根拠としてあげるものとして、山下・保険法652頁。その他、福田＝古笛・逐条解説194頁、大串＝日生・解説保険法190頁［坂井明］。

6) 福田＝古笛・逐条解説193頁、保険法コンメンタール192頁［小林登］。

④　危険の増加により保険者が保険契約を解除する場合（85条1項）

⑤　保険者破産の場合の保険契約者による解除、または保険契約者が解除しなかったときの失効（96条1項・2項）

(2) 不利な特約の対象者

本条3号は、保険料積立金の払戻しに関する不利な特約の対象となるのは保険契約者であるとしている。保険料の支払義務者が保険契約者である以上、その払戻しを受ける権利を有するのは当然に保険契約者ということになる。

(3) 無効となる不利な特約

保険契約者の解除権を制限する約款や失効までの期間を延長する約定は、保険契約者に不利となるため無効となる。

6　93条

傷害疾病定額保険契約が効力を失った場合、原則として、保険者は保険料を返還しなければならないが、93条に掲げる2つの場合は、保険契約者に対する制裁として、保険者は保険料を返還する義務を負わない。そして、この規定は片面的強行規定とされているから、保険契約者に不利な内容の特約は無効となる。

(1) 保険料の返還の制限に関する規定の概要

93条は、不当利得の原則に従い、保険契約が効力を失った場合には保険料を返還することを原則としつつ、保険契約者、被保険者または保険金受取人の詐欺・強迫により契約を取り消した場合（1号）、および68条1項の規定により傷害疾病定額保険契約が無効とされる場合（2号本文）のみ、制裁的効果として保険料返還義務を負わないこととした。68条1項によれば、傷害疾病定額保険契約を締結する前に発生した給付事由につき保険給付を行う旨の定めは、保険契約者が当該保険契約の申込みまたはその承諾をした時において、当該保険契約者、被保険者または保険金受取人がすでに給付事由が発生していることを知っていたときは、無効とするものであって、そのような場合、遡及保険における保険契約者側の悪意への制裁という意味で、保険者は保険料の返還義務を負わないものとされるのである。

また、93条2号但書は、遡及保険により保険契約が無効とされる場合であっても、保険者が給付事由の発生を知って当該保険契約の申込みまたはその承諾をしたときは、保険者は保険料返還義務を免れないとしている。保険者の側にも帰責事由があることから、保険契約者側にのみ制裁を課すことは妥当でないためである。

(2) 不利な特約の対象者

保険料支払義務を負うのは保険契約者であり、保険料の返還を求めうるか否かが93条の規定の意味であるから、不利な特約の対象となるのは、保険契約者である。

(3) 無効となる不利な特約

93条に規定されている詐欺・強迫以外の取消原因を定めたり、あるいは勝手に無効原因を定めることは、保険者にとっては、基本的に不当利得の原則に則った保険料の返還義務の範囲を狭めることとなる一方、保険契約者には不利な内容の特約になってしまうところから、無効である。詐欺・強迫以外の取消しに基づく保険料の返還の問題については、93条の解釈問題としてではなく、一般法である民法の不当利得の考え方で解決すべきであろう。[7]

〔宮島 司〕

---

7) 保険法コンメンタール112頁［小林登］。

§95-I   991

第5章　雑　　則

（消滅時効）

第95条 ①　保険給付を請求する権利、保険料の返還を請求する権利及び第63条又
は第92条に規定する保険料積立金の払戻しを請求する権利は、これらを行使するこ
とができる時から3年間行使しないときは、時効によって消滅する。

②　保険料を請求する権利は、これを行使することができる時から1年間行使しない
ときは、時効によって消滅する。

改正前商法第663条　保険金額支払ノ義務及ヒ保険料返還ノ義務ハ2年保険料支払ノ
義務ハ1年ヲ経過シタルトキハ時効ニ因リテ消滅ス

改正前商法第683条　①　（略）第663条（略）ノ規定ハ生命保険ニ之ヲ準用ス

改正前商法第682条　被保険者ノ為メニ積立テタル金額ヲ払戻ス義務ハ2年ヲ経過シ
タルトキハ時効ニ因リテ消滅ス

【条文変遷】　明治32年商法417条、改正前商法663条・682条

【参照条文】　保険法63条・92条、民法第1編第7章　時効、平成29年改正前商法522条

【外国法令】　ドイツ保険契約法12条、フランス保険法典L. 114-1・L. 114-2、イタ
リア民法典1909条・2952条、スイス保険契約法46条、ヨーロッパ保険契約
法原則第8-101条2項・第8-103条

I　概　　要

　本条（95条）は、保険契約法上の諸権利について短期消滅時効を規定する。

　時効は、あるべき法律状態に反した事実状態であっても、一定期間当該事実が継
続した場合は、その永続性を尊重して、法的効果として事実どおりに権利の得喪を
認める制度である。これにより、真の権利に関する証拠関係の散逸と不明瞭さを回
避し、権利の上に眠るものへの法による保護を否定し、もって、一般社会の取引の
安全を保護することを目的とする。具体的規定として、民法において一般民事債権
の消滅時効期間は10年であり（民法166条1項2号）、さらに、商法において一般商事
債権の消滅時効期間は5年であった（平成29年改正前商法522条）。これに加えて、本条
は、保険契約上特に生ずる諸権利についてさらなる短期消滅時効を規定し、保険契

約者側の有する保険給付請求権・保険料返還請求権・保険料積立金払戻請求権の消滅時効を3年、保険者側が有する保険料請求権の消滅時効を1年として、原則として改正前商法を継受しながら、消滅時効期間の長さにつき一部改正・延長した。

なお、平成29年民法改正（平成29年法律第44号、2020年4月1日施行）は、消滅時効の起算点について、主観的起算点と客観的起算点の二重の起算点を採用した（民法166条1項）。本条も、この影響を受けると考えられる。

Ⅱ 沿　　革

保険契約で生じる諸権利の時効に関する特別規定は、明治32年商法において新設された。すなわち、同法417条は損害保険契約において「保険金額支払ノ義務ハ2年保険料支払ノ義務ハ1年ヲ経過シタルトキハ時効ニ因リテ消滅ス」と規定し、生命保険契約にも433条により準用された。新設理由は、営業者における諸権利については短期消滅時効が多いことや、保険者の営業規則において保険金支払請求期間を定めているものが非常に多いことをあげている[1]。その他、積立金払戻義務等については明文なく、対象範囲は限定的であった。

これに対して、つづく明治44年商法は短期消滅時効の対象を拡大した。すなわち、417条を「保険金額支払ノ義務及ヒ保険料返還ノ義務ハ2年保険料支払ノ義務ハ1年ヲ経過シタルトキハ時効ニ因リテ消滅ス」と改正し、さらに432条ノ2を新設して「被保険者ノ為メニ積立テタル金額ヲ払戻ス義務ハ2年ヲ経過シタルトキハ時効ニ因リテ消滅ス」と規定し、対象につき、保険金支払義務に加えて、保険料返還義務と積立金払戻義務を付加した。改正時、保険料の支払が保険の要素であることから、支払なき場合は契約自体が不成立あるいは無効であって保険料返還義務が時効にかかるということ自体があり得ない旨の実務界からの意見が出されていたが、損害保険契約（明治44年商法384条）の定義から、法律上、保険料の支払なくして契約は成立するため、かかる意見は排斥された[3]。また、利益配当付保険契約における利益配当に関する債権債務などを念頭に、他の対象とすべき消滅時効の列挙範囲について、利益配当付きの保険契約の流行や帳簿上の問題の発生への危惧を理由とする肯定的な見解があり、これに対して、「利益配当」については保険に関する条文に他

---

1)　商法修正案理由書348頁。
2)　『改正商法〔明治44年〕理由〔増補4版〕』372-373頁（信山社・2004〔復刻版〕）、片岡直温発言（ただし、契約不成立なのかまたは契約無効と解しているのかは不明確である）。
3)　前掲注（2）375頁、政府委員斉藤十一郎発言。

§95−Ⅲ 1   993

の規定も一律にないこと、契約で定めればよいこと、契約に規定がないときは商法
一般の規定に依ればよいこと、あるいは保険事業法に規定すべきこと、等を理由に
否定的な見解が主張され[4]、一部の拡張にとどまった。

　その後、改正前商法663条・683条は、明治44年商法を継受し、両条文は生命保険
にも準用された（改正前商法683条1項）。

Ⅲ　立法過程・条文解説（改正前商法および保険法）

　本条は、改正前商法663条における短期消滅時効の趣旨を継受しながら、具体的
な消滅時効期間については維持あるいは延長をした。

　改正前商法のもとで、消滅時効については、主として、消滅時効の起算の始期お
よび短期消滅時効の対象範囲の拡張について争いがあった。このため、保険法の制
定にあたっても議論・検討を経たものの、結果として、消滅時効期間の具体的な伸
縮以外は何れも改正には至らなかったという経緯を辿る。

　保険給付請求権、保険料返還請求権、保険料積立金払戻請求権の3つの権利の消
滅時効期間は、改正前商法における時効期間2年から3年に延長された。また、保
険料請求権の消滅時効は、改正前商法と同一に1年とされた。いずれの権利の規定
も、民事消滅時効（民法166条1項2号）および商事消滅時効（平成29年改正前商法522条）
に比し、短期消滅時効と位置づけられる。

1　趣　　旨
(1)　保険契約における短期消滅時効

　保険契約から生じた諸権利の時効期間を、改正前の一般商事債権よりもさらに短
縮する理由には、企業法の一般的見地から要請される企業取引における迅速結了主
義に加え、保険事業において財務状況の明瞭性を確保するという保険監督の政策的
要請や[5]、技術的理由として、保険団体における計算が年度ごとになされ、総保険料
と総保険金との間で収支相等の原則が図られるのが原則であるため、過去の事故に
対する保険金の支払を一定の範囲内で打ち切る必要性があること[6]等があげられてき
た。

---

4)　前掲注(2)372-373頁、政府委員山内確三郎発言。
5)　判例コンメンタール682頁。
6)　倉澤・通論71頁。

(2) 立法過程における短期消滅時効の緩和

このように、保険契約において迅速に事実と法律関係を合致させる必要性と理由により消滅時効期間を短縮化するための趣旨が言及されていたにもかかわらず、保険法立法過程においては、中間試案段階から、保険金請求権については、消滅時効期間の3年への延長が検討された。その理由には、主に保険契約者という消費者保護に資する点を考慮した点、また生命保険会社の約款では時効期間が3年間とされておりこれに揃えた点[8]、などがあげられる（消滅時効の効果についても参照）。これに対して、消滅時効期間の長さは、契約類型ごとに分けるべきとの見解や、自動車保険のような複合保険契約を念頭におけば契約ごとに消滅時効期間が異なるのは煩雑であり同一の方がよいとする見解も主張されたことが指摘されているが、意見募集段階では、期間については、消滅時効を3年とする意見が多数であった[9]。その理由は、消費者保護の観点、不法行為に基づく損害賠償請求権や医師の診療報酬債権の消滅時効期間が3年であることがあげられる。そして、この趣旨により、保険法においては、短期消滅時効の規定による法律関係の迅速・安定性は若干後退し、他法との関係と保険契約者保護から、保険契約者側の保険金請求権については期間延長となった。

2　起算点─保険金額支払義務（保険金請求権）の消滅時効の始期

では、消滅時効期間はいつ開始するか。その起算点については、沿革上、明文がなく、民法の一般原則に委ねられてきた。すなわち、消滅時効は、法律上権利を行使できるにもかかわらずこれを行使しないという状態が一定の期間継続することによって完成するため、その期間の起算は、「権利を行使し得る時」（旧民法166条1項）と規定されたところ、その意義については議論があった。

一方で、議論に影響を与えたと考えられる保険契約における請求権の特徴として、以下の2点が指摘される[10]。すなわち、第1に、請求権が不確定ないし不可測な保険事故の発生によって初めて具体化し、しかも権利者となるべき者（保険金受取人・被保険者のうち、特に保険金受取人）がその保険事故発生の事実あるいは保険契約の存在自体を知らないことがありうることがあげられ、請求者の主観的な要素をどのように起算点の基準に取り込むか。また、第2に、保険金支払のために、約款所定

7）　補足説明45頁。
8）　萩本・一問一答212頁。
9）　別冊商事法務321号163頁。
10）　吉川吉衞「保険金請求権の消滅時効期間の始期・補論」所報56号112頁（1981）。

の期間による広義の保険金支払猶予期間（権利者側からの一定の請求手続および保険者側における事務処理手続（狭義の支払猶予期間）、および、調査が必要な場合には調査期間）の支払猶予が前提となっていることである。かかる事務手続期間と時効消滅期間との関係性も考慮に入る。

(1) 改正前商法

旧民法上、「権利を行使し得るとき」とは、権利行使について法律上の障害がなくなった時であり、事実上の障害は権利行使を妨げないと解されてきた。[11]

これに対して、保険金額支払義務（保険金請求権）の消滅時効起算点として、被保険者が「権利を行使し得るとき」の解釈について、学説は、時系列により、多岐にわたる。

まず、起算点を最も早い時期に求めるのは、保険事故発生時説である。ただし、保険事故発生時説の中においても、若干ニュアンスに差異がみられる。まず、①保険事故による損害発生時とする見解がある。[12]理由には、履行期の意味と解する点、短期消滅時効の根拠が保険制度の技術的理由によるものである以上、起算点もまた客観的に定められるべきであり、不法行為による損害賠償債務の場合のような主観的要件は排除されるべき点があげられる。[13]その他、②保険事故発生によって条件付保険金請求権が金銭給付請求権に転化し、その時から行使しうべきものとなるから、特別の規定または約定がないかぎり保険事故発生時とする見解がある。

これに対し、③始期を請求権者が保険事故の発生を知了した時とする見解がある。[14]同見解は、消滅時効の起算進行には保険事故の発生のみでは足らず、被保険者が保険事故による損害の発生の事実を知ったときを起算点とする。理由は、被保険者がかかる事実を知らないこともありうる点、不法行為による損害賠償債務の消滅時効（民法724条）を類推適用する点にある。

さらに、時系列のなかで起算点を遅くに求める見解として、④履行時説（支払猶予期間経過時説）がある。同見解は、民法の解釈上、「権利を行使し得るとき」とは法律上の障害がなくなった時であるところ、約款規定により一定の保険金請求手続期間およびそれに続く一定の保険金支払猶予期間を「法律上の障碍」と捉え、当該期間満了時が起算点であるとする。[15]その他、⑤擬制的履行期説（擬制的支払猶予期

---

11) 最判昭和49・12・20民集28巻10号2072頁、我妻・民法総則484頁。
12) 倉澤康一郎『保険契約の法理』218頁（慶応通信・1975）、大森・保険法158頁。
13) 倉澤・通論71頁。
14) 野崎隆幸『保険契約法論』131頁（大同書院・1936）、粟津清亮『日本保険法論』336頁（厳松堂・1910）。
15) 野津・法論431頁、田中・保険法269頁。

間経過時説）もある。[16] 同見解は、履行時説に比し、請求手続をしなくとも、「手続を
なし得べかりし時」を猶予期間の始期とする④の類型と考えられる。

(2) **判例**

保険契約に関する判例は、長らく学説と同様、見解がわかれてきた。下級審にお
いては、保険事故発生時説（東京地判昭和61・3・17判タ599号67頁）、保険事故発生了知
説（東京高判昭和41・4・18下民集17巻3＝4号30頁）、支払猶予期間経過説、擬制的履行
期説（大判大正14・2・19新聞2376号19頁）、その他（特段の事情説）に分かれ、最高裁判
所による判示にも変遷がみられる。

まず、戦前の大判大正14・2・19（新聞2376号19頁）は、書類の提出をし保険金給
付の請求をして、その到達から20日以内に支払う旨の約款がある事案において、書
類を具備して支払請求をした後さらに20日を経過したときから時効期間が進行する
旨を示している。

その後、最高裁判所判例は変更された。すなわち、最判平成15・12・11（民集57
巻11号2196頁）は、生命保険契約の被保険者が失踪の約3年7か月後に遺体で発見さ
れた事案において、保険金請求権の消滅時効起算点につき、原則保険事故発生時説
にたつことを示しつつ、客観的な状況に照らして権利行使が期待できない場合には、
その権利行使が現実に期待できた時以降に消滅時効が進行する旨を判示した。また、
最判平成20・2・28（判タ1265号151頁）は、自家用自動車総合保険契約の車両保険金
請求権の消滅時効につき、約款に基づき履行期がその調査のため延期されることが
合意されたことを根拠に、保険金請求権の履行期は、調査の結果たる免責通知書が
被保険者に到達した日まで延期されたというべきであり、消滅時効起算点はその翌
日となると判示している。

これら2つの最高裁判例は、消滅時効の起算点を柔軟に解釈し、保険契約者の保
護に役立つものと評価されている。[17]

(3) **保険法における起算点**

消滅時効の起算点については、明文化が見送られた。このため、従来の議論と同
様に、民法の規定に従い、166条1項2号「権利を行使することができる時」から
消滅時効が進行することとなり、解釈に委ねられる。[18]

---

16)　西島・保険法83頁。

17)　甘利公人「保険金給付の履行期と消滅時効」落合＝山下・理論と実務202頁。ただし、平成
　　20年最高裁判決に対しては、保険法制定後には、採用することが困難である立場をとる（後
　　述）。

18)　萩本・一問一答212頁。

§95-Ⅲ3,4　　　　　997

　この点、保険法のもとにおいて、上記平成20年最高裁判決に対する批判として、同判決が履行期を合意により延期したという解釈により保険契約者を救済している点につき、保険法において保険給付を行う期限を定めた場合の規定は片面的強行規定であり（21条・26条）、保険法の施行後は合意による延期はできなくなることを理由に、平成20年最高裁判決の理論構成は、保険法のもとではできないと否定する見解がある。[19]

3　時効の完成猶予および更新

　時効により保護すべき一定の事実状態に反する事実状態が生じた場合、保護すべき事実状態の永続性が途切れ時効は進行し得ない。時効の完成猶予および更新の事由は、保険法上明文がないため、民法に従う。保険金等の支払に関しては、保険金の請求権者からの訴えの提起が「請求」に該当（民法147条）し、保険会社からの受取人に対する請求督促は「承認」に該当（同152条）すると説明される。[20]

4　適用範囲

　改正前商法においては、消滅時効が規定された義務の種類は、保険金額支払義務・保険料返還義務、保険料支払義務、積立金額払戻義務に限定されていた。このため、その他の保険契約上の請求権への適用の可否が問題とされた。他の保険契約上の請求権とは、たとえば、改正前商法653条（責任開始前における任意解除）、同654条（責任開始前における被保険利益の消滅による保険料返還義務）、同655条（同653条・654条による場合の手数料請求権）、同660条（被保険者の損害防止費用請求権）、同662条（請求権代位）、同667条（保管者の責任保険）等に基づく権利をさす。[21]

　「保険契約の次元で処理完結する請求権」は保険契約上の主請求権に準じて扱うとする見解がある。[22]理由は、主要立法例が保険契約上のあらゆる請求権に一律に短期時効を適用している点にある。

　一方で、個々の権利では、特有の配慮をする場合も言及される。たとえば、改正前商法662条（請求権代位）において、保険金額を支払った保険者の有責第三者に対する権利の場合には、本条の適用なく、本来の債権の服すべき消滅時効（不法行為ならば民法724条等）に服する。[23]理由は、保険契約者または被保険者と有責第三者と

---

19)　甘利・前掲注(17)203頁。

20)　長谷川仁彦ほか『生命保険契約法最新実務判例集成』258頁（保険毎日新聞社・1998）。

21)　基本法コンメンタール270頁［岩崎稜=山手正史］。

22)　基本法コンメンタール270頁［岩崎稜=山手正史］。

23)　基本法コンメンタール270頁［岩崎稜=山手正史］。

の関係に比べ、保険者と有責第三者との関係が有利・不利であってはならないという政策的要請とする。また、改正前商法667条（保管者の責任保険）における、被害者（所有者）の保険者に対する損害てん補の直接請求権の場合には、本条の適用ありとする見解もある。[24]理由は、被害者が保険者に対して有する直接請求権は、保険契約に基づく保険金請求権と実質上一体であり、強い牽連性があるからである。その他、保険金に関する不当利得返還請求権（質権設定されていた保険金が質権者に支払われた後、当該保険事故の発生は被保険者による故意の事故招致であったことが判明した場合の、保険者の質権者に対する不当利得返還請求権[25]）については、①民法旧167条により10年見解と、②平成29年改正前商法522条により5年見解があった。[26]②の理由は、企業活動に関連して生じた場合は商行為法に服す点にある。これに対して③改正前商法663条の適用の可能性を認める見解は、保険金請求権も不当利得返還請求権も保険契約の次元で完結処理すべきことや、両者は表裏一体であるため両者の消滅時効期間が異なると質権者に不利となるなど、衡平の見地を理由とする。[27]

5 規定の性質

本条を含む「第5章 雑則」には強行規定の明文がない。このため、規定の性質について解釈の余地がある。特に、約款において、消滅時効期間を本条規定より延長または短縮する旨を規定した場合、当該規定の効力が問題とされる。

この点、従来の議論にそって絶対的強行規定とする見解[28]、単に強行規定とする見解[29]、任意規定と考える見解[30]があるが、いずれの見解も、契約者にとって有利な約款は有効と考え、反対に消滅時効期間を短縮するような保険契約者に不利な規定は無効とする余地を残している。その理由は、法制審議会保険法部会中にみられたように、実質的には片面的強行規定をめざしていた点にあると推測されよう。一方で、片面的強行規定との明文なしに、かかる帰結を理論構成上どのように認めるかという点については、すでに問題が指摘されている。[31]ただし、保険法では各節の最後に

---

24) 基本法コンメンタール270頁［岩崎稜＝山手正史］。
25) 最判平成3・4・26判タ761号149頁。
26) 西原寛一『商行為法』144頁・116頁（有斐閣・1960）。
27) 笹本幸祐「保険金に関する不当利得返還請求権の消滅時効期間について」文研116号101頁（1996）。
28) 福田＝古笛・逐条解説239頁、241頁。
29) 甘利・前掲注(17)203頁。見解が片面的強行規定か絶対的強行規定かは定かでない。
30) 大串＝日生・解説保険法270頁［奥野健介］。
31) 福田＝古笛・逐条解説239頁、241頁。なお、損保試案においては、明文で絶対的強行規定としていた（損保試案理由書74頁参照）。

片面的強行規定のみ明文で整理していることから、明文のない「第5章 雑則」たる本条と96条の双方は、その特色上、強行規定と解釈することが適当であろう。[32]

なお、起算点については、従来も「保険事故発生の翌日」や「保険給付請求後〇日経過の翌日」等の記載方法が約款にみられたところである。

Ⅳ　外国法令

外国法制においても多くの国が、古くから、わが国と同様、保険法独自の短期消滅時効を定めてきた。

ドイツ保険契約法12条は、保険契約に基づく請求権の消滅時効を2年、生命保険契約の請求権を5年とする。また、消滅時効の起算点は、給付請求することのできる年の終わりとしている（同条1項）。また、半面的強行規定として、保険契約者の不利益に変更する合意はできない（15a条）。

フランス保険法典は、保険契約から生じるすべての請求権は、2年の時効によって消滅する旨を規定する（L. 114-1条1項）。ただし、保険金受取人が保険契約者と異なる生命保険契約、および保険金受取人が死亡した被保険者の権利承継人である人身傷害保険契約の消滅時効の期間は10年である（同条4項）。なお、起算点は、原則「その請求権を発生させた事実から」としつつ、個別に規定する（L. 114-1条）。また、L. 114-2条が時効中断について規定している。規定の性質について言及はないように見受けられる。

イタリア民法典2952条は保険料の分割払いに関する権利は、個々の支払期日から1年（同条1項）、保険契約から生ずるその他の権利は1年、再保険契約から生ずる権利は、それが基礎づけられる事実の発生した日から2年の消滅時効にかかる（同条2項）。また、起算点については、賠償責任保険の場合は、第三者が被保険者に賠償を請求した日、または、請求権に対して訴えを提起した日から進行する（同条3項）。また、時効中断についても規定する（同条4項・5項）。規定の性質は不明。

スイス保険契約法46条は、保険契約から生ずる債権の時効消滅期間は2年とする（同条1項）。起算点は、給付義務を生じさせる事実の発生である（同項）。なお、スイスは、これより短い時効期間の合意を無効としている（同条2項）。

---

32)　萩本・一問一答227頁。

V　今後の展望

　本条は、改正前商法を継受していることや生命保険会社の約款に足並みをそろえる改正内容であったため、実務に与える影響は少ないと評価される。[33]

　ただし、損害保険約款は、改正前商法に基づいて各請求権の消滅時効を2年としていたため、保険法改正に合わせて約款を改定した。[34]

　残された問題は、上記のとおり、本条の適用範囲（明文規定のない消滅時効）、消滅時効の始期、規定の性質による約款等特定の約定の許容範囲などがあげられよう。

〔金尾　悠香〕

（保険者の破産）

第96条　①　保険者が破産手続開始の決定を受けたときは、保険契約者は、保険契約を解除することができる。

②　保険契約者が前項の規定による保険契約の解除をしなかったときは、当該保険契約は、破産手続開始の決定の日から3箇月を経過した日にその効力を失う。

改正前商法第651条　①　保険者カ破産手続開始ノ決定ヲ受ケタルトキハ保険契約者ハ契約ノ解除ヲ為スコトヲ得但其解除ハ将来ニ向テノミ其効力ヲ生ス

②　前項ノ規定ニ依リテ解除ヲ為ササル保険契約ハ破産手続開始ノ決定ノ後3个月ヲ経過シタルトキハ其効力ヲ失フ

改正前商法第683条　①　（略）第651条（略）ノ規定ハ生命保険ニ之ヲ準用ス

改正前商法第652条　他人ノ為メニ保険契約ヲ為シタル場合ニ於テ保険契約者カ破産手続開始ノ決定ヲ受ケタルトキハ保険者ハ被保険者ニ対シテ保険料ヲ請求スルコトヲ得但被保険者カ其権利ヲ抛棄シタルトキハ此限ニ在ラス

【条文変遷】　ロエスレル草案718条、明治23年商法656条、明治32年商法405条、改正前商法651条・652条・683条

【参照条文】　民事再生法49条

---

33)　甘利・前掲注(17)203頁。
34)　甘利・前掲注(17)203頁。

§96-Ⅰ・Ⅱ   *1001*

【外国法令】　ドイツ保険契約法13条、フランス保険法典L. 113-6条、イタリア民法典
　　　　　　2952条、スイス保険契約法37条、ヨーロッパ保険契約法原則第 8 -101条 2
　　　　　　項・第 8 -103条

Ⅰ　概　　要

　本条（96条）は、改正前商法651条・683条を原則継受しているが、保険契約関係
者が破産した場合に関する唯一の条文である。保険契約関係者が破産手続開始の決
定を受けたとき、破産法の適用が予定されているが、本条は加えてかかる場合にお
ける保険契約者の解除権を特に規定した。

　保険契約者の解除権の発生原因という点からは、本条は27条・54条・83条（保険
契約者による解除）の特別規定と位置づけられる。

　なお、改正前商法652条は、保険契約者側が破産した場合に関する規定であった
が、削除された。

Ⅱ　沿　　革

　保険契約関係者が財政的に破綻した場合における規定は、旧商法破産編・旧破産
法（大正11年法律第75号）を通じた破産法制の整備とともに、その内容を変遷させ
てきた。

　まず、ロエスレル草案718条は、「保険期限中契約者ノ一方支払無能力トナリタル
トキハ解約スルト契約履行ノ保証ヲ要求スルトハ他ノ一方ノ随意タリ」と規定した。

　ロエスレル草案および明治23年旧商法の特徴としては、第 1 に契約当事者双方の
破産宣告時についての規定があったこと、第 2 に保険者の破産時における保険契約
者の権利には、①被保険額についての担保取得、あるいは、②解除権の 2 つの選択
肢を規定していたこと、があげられる。なお、かかる場合の解除の効果について将
来効とするなどの明文はなかったようであり、すでに支払われた保険料も償還され
ることが可能とされていた。[1]

　まず、保険契約者が破産した場合についても、保険者が破産したのと同様に、保
険者に契約解除権を有する旨を規定した。当事者双方の権衡の所以と解説される。[2]
保険契約者が破産すれば、保険料を得るのも困難であると同時に、危険が現実化し

---

1)　岸本辰雄『商法講義』73頁（明治法律学校講法会・1895）。
2)　岸本・前掲注（ 1 ）82頁。

た場合に、保険金を支払わなければならないのは、保険者に甚だ不利であり、保険者を保護する目的である。そして、与えられる権利として、保険料の支払についての担保提供または解除権であるとされる。解除権は、保険料の支払がない場合にのみこれを行うものと解釈されている[3]。

この後、明治32年商法405条1項が、「保険者カ破産ノ宣告ヲ受ケタルトキハ保険契約者ハ相当ノ担保ヲ供セシメ又ハ契約ノ解除ヲ為スコトヲ得」と規定し、同条2項「前項ノ場合ニ於テ保険契約者カ契約ノ解除ヲ為シタルトキハ其解除ハ将来ニ向テノミ其効力ヲ生ス」、同条3項「前二項ノ規定ハ保険契約者カ破産ノ宣告ヲ受ケタル場合ニ之ヲ準用ス但保険契約者カ既ニ保険料ノ全部ヲ支払ヒタルトキハ此限ニ在ラス」と規定した。また、同法406条は、「他人ノ為メニ保険契約ヲ為シタル場合ニ於テ保険契約者カ破産ノ宣告ヲ受ケタルトキハ保険者ハ被保険者ニ対シテ保険料ヲ請求スルコトヲ得但被保険者カ其権利ヲ抛棄シタルトキハ此限ニ在ラス」と規定した。

これらは、明治23年商法を継受しつつ、解除の効果を将来効と明示して整備したものである。

まず、明治23年商法を継受した点は、保険者と保険契約者の双方の破産宣告時についての対応を示す規定という方向性である。保険契約が当事者双方の保険金あるいは保険料の支払資力を信頼して締結するのにもかかわらず、破産宣告はその信頼の根底を覆すことから、かかる場合には解除権を与えたと指摘される[4]。また、どちらかが破産宣告を受けた時は、将来において、保険金や保険料の支払に不安を来すことから、危虞を一掃する相当手段を必要とする点があげられ[5]、保険者破産時には保険契約者が保険金支払に対する担保の提供を請求できることとなる。一方で、かかる趣旨であることから、保険契約者が保険料の全部を支払っている場合は保険者は保険料支払の問題がないことから405条3項但書を規定している。

また、2項において解除の将来効について明示した。遡及させた場合、保険者の利益を害することを理由にあげる[6]。効果として、すでに支払われている保険料の返還の必要がないこと、解除前に生じた損害についてはてん補義務があることが確認されている[7]。

406条は、明治32年商法で新設された条文である。第三者のためにする保険契約

---

3) 岸本・前掲注(1)83頁。
4) 青木徹二『増訂改版新商法釈義』449頁（同文館出版・1925）。
5) 柳川勝二『改正商法〔明治44年〕正解』529頁（信山社・2002〔復刻版〕）。
6) 齋藤孝治『訓註新商法要義〔3版〕』352頁（岡崎屋書店・1901）。
7) 柳川・前掲注(5)529頁。

の保険契約者破産宣告時について、保険者による被保険者への保険料請求を認めた。理由として、かかる保険契約における被保険者は、保険契約者の締結した保険契約の利益を享受する者（明治32年商法402条）であることから、保険契約者が保険料につき支払不能になった場合、被保険者をその責に任ずるのは不当でないこと[9]、被保険者が自己の利益を喪失するにもかかわらず法律上これを如何ともできないのは正当でなく、むしろ保険者の利益を害さない程度において、被保険者の利益を保護する点[10]が解説される。被保険者が保険契約上の利益を享受することを欲さない場合にも規定を強行するのは不当であるため、これを但書によって明示している[11]（ただし、学説上、被保険者の立場に配慮した規定と解説される傾向がみられるが、条文上は、保険者の被保険者に対する保険料支払請求権であり、被保険者の保険契約を継続させるための権利としては規定されていない）。

III　改正前商法・立法過程

改正前商法は、651条1項で「保険者カ破産手続開始ノ決定ヲ受ケタルトキハ保険契約者ハ契約ノ解除ヲ為スコトヲ得但其解除ハ将来ニ向テノミ其効力ヲ生ス」、同条2項で「前項ノ規定ニ依リテ解除ヲ為ササル保険契約ハ破産手続開始ノ決定ノ後3个月ヲ経過シタルトキハ其効力ヲ失フ」、652条で「他人ノ為メニ保険契約ヲ為シタル場合ニ於テ保険契約者カ破産ノ宣告ヲ受ケタルトキハ保険者ハ被保険者ニ対シテ保険料ヲ請求スルコトヲ得但被保険者カ其権利ヲ抛棄シタルトキハ此限ニ在ラス」と規定していた。その後、大正11年の破産法制定に伴い、同年改正により改正前商法と同一文言となった。

改正時の解説は、保険者破産の場合について、保険契約は当然に終了すべきとするが、保険契約者の破産時に関する条文の削除理由について言及がなかった[12]。

改正前商法651条は、保険者の破産時について、1項で保険契約者の即時解除権（将来効）、2項で破産宣告後3か月経過による保険契約の失効を定めていた。

本条文以前は、「ここ半世紀間はわが国保険会社の破産の例がなく、またわが保険業法は保険会社の整理統合にきわめて弾力的な制度を完備しており、また厳格な

---

8)　明治32年商法402条「保険契約者カ委任ヲ受ケスシテ他人ノ為メニ契約ヲ為シタル場合ニ於テ其旨ヲ保険者ニ告ケサルトキハ其契約ハ無効トス若シ之ヲ告ケタルトキハ被保険者ハ当然其契約ノ利益ヲ享受ス」。

9)　柳川・前掲注（5）530頁。

10)　齋藤・前掲注（6）353頁。

11)　青木・前掲注（4）450頁。

12)　改正破産法理由192頁。

実体監督行政がとられているから、将来も保険会社の破産に至る事態はごくまれ[13]」
と考えられてきたが、保険契約は保険者の支払能力に対する信用を基礎としている
ことを理由に[14]、保険者の破産時にはこれが崩れ去るとして、その対応のために特則
を置いた。

なお、法制審議会保険法部会前の損保試案[15]は、旧法が規定してきた保険者の破産
時（同試案651条）については原則維持し、かかる事態における未経過保険料返還請
求権（同条3項）について新設した。また、保険契約者の破産時（同651条の2）につ
いても新設を試みた。他人のためにする保険契約における保険契約者の破産時につ
いては維持していた（同652条）。

その後、法制審議会保険法部会に至っては、中間試案段階から一貫して改正前商
法651条の規律が維持されたため、詳細は下記Ⅳの条文解説を参照されたい[16]。

Ⅳ　条文解説

1　趣　旨

保険者が破産手続開始の決定を受けた場合、保険者は保険給付をなす資力をなく
す。保険契約者は、将来起こりうる保険事故発生によって生ずる可能性のある損害
を保険者による保険給付によっててん補して、その損害に備えるつもりで保険契約
を締結しているが、その目的を達することができなくなる[17]。また、かかる場合に、
双務契約に関する一般原則によって破産法の規定を適用すると[18]、破産管財人が解除
または債務履行の選択権を有するため（破産法53条1項）、保険契約者が不安定な地
位になってしまう。

このため、保険契約者の意思の尊重と破産手続の迅速性の両方の要請を満たすた
めに[19]、破産法上、保険契約者は、破産管財人に対し、相当の期間を定めて、その期
間内に契約の解除かまたは債務履行の請求のいずれをなすかを確答すべき旨を催告
することができ、破産管財人がその期間内に確答をしないときは、契約を解除した

---

13)　判例コンメンタール656頁。
14)　判例コンメンタール656頁。
15)　その他、保険会社倒産手続立法については「保険会社倒産手続立法のあり方」ジュリ1080
　　号43頁以下（1995）。
16)　補足説明55頁。
17)　西本辰之助=島谷英郎『保険法・海商法』99頁（三立書房・1939）。
18)　山下・保険法73頁。損害てん補（保険金支払）と保険料支払が対価関係にあると解する。
19)　萩本・一問一答213頁。

ものとみなされることが予定される（破産法53条2項）。

しかし、保険法は、さらに保険契約の特徴による特則を定める。すなわち、保険契約は、保険者の資力に対する信用を基礎とする契約であるため、保険契約者に対して、さらにその不安定な地位から速やかに脱する機会を与えるため、保険契約の即時解除権を与えた。[20]

2 保険契約者の即時解除権

保険者が破産手続開始の決定を受けたとき、保険契約者の即時解除権が発生する。破産手続開始の決定が責任開始前後であるか否かは問わない。[21]

保険契約者が即時の解除請求をした場合、その効果は、将来効である。このため、保険者は解除の時を含む保険料期間に対する保険料については権利を失わないと解される。[22]

3 保険契約の失効・当然終了

本条2項は、保険契約の当然の終了の一類型である。

(1) 趣旨

保険者が破産手続開始の決定を受けたときに、本条1項により保険契約者が即時解除権を行使しない場合でも、本条2項で3か月を経過した日に保険契約の当然失効を認めることにより、破産手続の迅速な終了を図ることを意図した。また、保険者は株式会社または相互会社であるところ、破産は解散事由であり、会社存続の見込みはないことから、保険契約者において契約を解除しないでも破産宣告の後3か月を経過したときは、失効する点も同制度の存在理由としてあげられる。[23]

(2) 意義

保険者が破産手続開始の決定を受け、保険契約者が解除の意思表示をしない場合であっても、破産手続開始の決定から3か月を経過したときは、保険契約は失効する。

3か月という期間の性質について、保険契約者が保険者の破産という事実について不知かあるいはその他の事情により契約解除をなしえない場合がありうるが、保険事故が発生しても被保険者が十分な満足を期待できないのにもかかわらず契約を

---

20) 大森・保険法202頁。
21) 大森・保険法202頁。
22) 大森・保険法202頁。
23) 西本・島谷・前掲注(17)100頁。

存続せしめておくことは意味がなく、そのためにいたずらに破産手続を遷延せしめるのは不適当という理由から、除斥期間と解説する見解が多い[24]。なお、即時失効としなかった理由として、保険契約者の不利益を考慮した点があげられる[25]。

効力は、将来効である。なお、失効前に保険事故が発生した場合は、被保険者または保険金受取人はその保険金額を破産債権として請求しうる[26]。

4 その他

(1) 改正前商法652条（他人のためにする保険契約における保険者の保険料収受権）

改正前商法652条は、他人のためにする保険契約の場合において、保険契約者が破産手続開始の決定を受けたときは、保険者の被保険者に対する保険料請求権を与えた。保険契約者が保険料を未払のまま破産した場合の契約関係者の利益調整をしたものであった[27]。

しかし、実務において適用の余地がほとんどないこと[28]、損害保険契約の場合は被保険者が自身で新たに保険契約を締結すればよいことなどを理由に、同条の必要性が乏しいと評価され[29]、削除に至った。

(2) 保険契約者の破産について

改正前商法においては、保険契約者の破産時に関する規定は、652条以外は存在しなかった。このため、保険契約者側が破産手続開始の決定を受けたときは、破産法の一般原則の適用による。すなわち、保険料が全額支払済みでない場合は、破産法53条適用により、破産管財人が契約の解除か存続かを選択することができ（同条1項）、保険者は破産管財人に対し、相当の期間内に解除か存続かの確答をするよう催告し、期間内に確答なければ解除したものとみなすことができる（同条2項）。

このような仕組みに対して、立法論として、保険者にも本条と同様に解除権を認めるべきとの見解がみられた[30]。理由には、保険契約のような特殊な給付を約する契

---

24) 大森・保険法200頁。

25) 松本・保険法276頁、野津・法論179頁、小町谷・総論(2)701頁。

26) 西本・島谷・前掲注(17)100頁。

27) 判例コンメンタール656頁。

28) 当時の大蔵省の監督方針により、保険料前金一時払原則の実施と保険約款に保険料不払時における保険者の責任不開始・免責に関する条項があり、契約成立時に保険料が全額支払済となるのが常例とされている。栗谷啓三「損害保険契約法」東京海上火災保険株式会社編『損害保険法』255頁（有斐閣・1966）参照。

29) 基本法コンメンタール258頁［西島梅治］。

30) 山下・保険法143頁参照。

§96-Ⅳ5・Ⅴ・Ⅵ   1007

約につき、破産法ではなく保険法による特則で対応すべきという趣旨であるが、保険法のもとでも制定は見送られている。[31]

5　規定の性質

　本条の法的性質に関する明文はないが、公序に関する規定であることから、絶対的強行規定と解する見解が多い。[32]例として、保険契約者の解除権を制限する約定、失効までの期間（3か月）を短縮・延長する約定は無効と指摘される。[33]

Ⅴ　外国法令[34]

　外国の立法例おいては、2008年ドイツ保険契約法が、保険者の倒産時において1か月経過で保険契約の失効を認める規定がある（16条）。また、スイス保険契約法も、同様に、保険者の破産手続開始から4週間で契約の消滅を規定し、そのほか、保険契約者の未経過保険料返還請求権、解除時の責任準備金の返還請求権、てん補請求権を取得した場合には、てん補請求権または返還請求権の選択、保険契約者の損害賠償請求権を規定している。これらにより、保険者の破産手続開始が決定した場合における保険契約者保護が図られていることがわかる。

Ⅵ　今後の展望

　保険会社が破綻ないし破綻の危険にある場合、保険業法上、危機管理体制が構築されている。保険会社が破綻した場合は、内閣総理大臣による管理命令（保険業法241条1項）、保険管理人への財産管理処分権等の専属、管理計画の定め（同247条）が要請される。特に、管理計画においては、被管理会社の保険契約の全部を、他の保険会社（救済保険会社）に包括移転し、契約条件の変更も定めることができる（同250条）。また、保険契約者保護機構の設立により（保険会社強制加入、同265条の3）、破綻会社の保険契約の継承・継続も予定されている（同265条の28）。これにより、本条を含め、保険契約者はその契約の存続ないし失効について自身の意思を反映させることができる可能性は高い。

　これに対して、本条は、損害保険契約・生命保険契約・その他保険契約すべてに

31）　基本法コンメンタール257頁［西島梅治］。
32）　萩本・一問一答213頁、上松・ポイント解説171頁、福田=古笛・逐条解説242頁。
33）　上松・ポイント解説172頁。
34）　保険契約法集参照。

ついて適用があるが、上述したとおり、保険契約者側が破綻した場合については規定がない。特に、生命保険契約を締結して、保険契約者が破産手続開始決定を受けた後、破産管財人による契約解除などがあり、その後に被保険者が死亡した場合を想定する。かかる場合は、保険金受取人が保険金を取得できないので、保険金受取人の生活保障という契約目的の不達成や、同一被保険者についての保険契約締結の困難（高齢化等）などの不都合が生じてしまう[35]。かかる場合に、保険契約者のみならず、被保険者・保険金受取人が保険金取得をできなくなる事態を防止できる手段をとれるように、介入権とあわせて、慎重な制度設計が必要になろう。

〔金尾 悠香〕

---

35)　岡野谷知広「保険契約者の破産と介入権」落合=山下・理論と実務233頁。

事 項 索 引

●あ

按分主義……………………………… 267, 273

●い

遺言………………………………………… 901
　──による保険金受取人の変更
　（傷害疾病定額保険契約）………… 895, 901
　（生命保険契約）………………… 562, 585, 611
遺言事項…………………………………… 901
遺言執行者………………………………… 597
異時重複保険……………………………… 274
一部解除…………………………… 351, 379
一部保険…………………………… 266, 267
遺伝子情報………………………………… 460
遺伝子診断………………………………… 370
遺留分減殺………………………………… 540
医療保障保険……………………… 386, 755
因果関係不存在の特則………… 57, 64, 398, 405,
　　　　　　　　　　　　　　794, 969, 970

●う

受取人中心主義…………………………… 617
うっかり失効特約…………………………… 82
運送保険………………… 67, 75, 109, 492, 878

●え

営業職員…………………………………… 575
営利保険…………………………………… 6

●お

オープン・ポリシー………………………… 116
オール・オア・ナッシング主義……… 56, 363,
　　　　　　　　　　　　　　　　449, 726

●か

会社役員賠償責任保険……………………… 83
海外旅行傷害保険………………… 422, 871

●か（続き）

介護費用保険……………………………… 423
海上危険…………………………………… 433
海上保険…………… 67, 77, 433, 492, 878
解除権の除斥期間…………… 368, 722, 745, 951
解除の効力
　（傷害疾病定額保険契約）………………… 969
　（生命保険契約）………………………… 794
　（損害保険契約）………………………… 398
　契約当事者以外の者による──……… 797, 971
介入権……………………………… 798, 972
介入権者…………… 797, 813, 827, 971, 975
外務員……………………………… 575, 671
解約控除…………………………………… 849
解約返戻金………………… 798, 835, 971, 979
解約返戻金請求権………………………… 797
外来性……………………………………… 928
家計保険…………………… 111, 167, 311, 432
火災保険契約……………………………… 237
貨物海上保険……………………… 92, 109, 434
簡易生命保険法…………………… 447, 725

●き

企業保険………………… 83, 111, 167, 311, 432
危険
　──の減少
　（傷害疾病定額保険契約）………………… 917
　（生命保険契約）………………………… 657
　（損害保険契約）………………… 178, 381
　──の増加………………… 99, 179, 372, 381,
　　　　　　　　　　　　　658, 749, 954
　──の増加による解除
　（傷害疾病定額保険契約）………………… 953
　（生命保険契約）………………………… 748
　（損害保険契約）………………………… 371
危険選択………… 48, 178, 442, 657, 863, 917
危険測定…………………………… 48, 442
危険保険料………………………………… 845

事項索引

既発生未報告損害·······························219
希望利益···433
義務供託······································829,976
逆選択··442,526
客観的偶然性······································84
急激かつ偶然の外来の事故··············38,938
急激性···928
救済保険会社······································852
給付事由の発生可能性················186,918
給付事由発生の通知····························922
給付・反対給付均等の原則········178,200,375,
　　　　　　　　　　441,657,863,917
強行規定·············110,197,340,413,521,666,
　　　　　　　716,855,887,919,947,983
共済··6
共済掛金··9,13
強制保険···435
供託··827,975
共同再保険··435
共同保険······································20,268
強迫···411
近因原則···435

●く

偶然性··28,928
クーリング・オフ·································5

●け

契約者配当請求権·················539,797,893
契約条件の変更································1007
契約締結の代理権····························454
契約当事者以外の者による解除の効力等
　（傷害疾病定額保険契約）··············971
　（生命保険契約）··························797
契約内容照会制度·················447,490,729
契約内容登録制度···············54,447,729
原子力損害賠償責任保険························6
原子力保険··435
原子力保険プール·······························435
現物給付······································27,266
権利供託······································828,975
権利保護給付····································296

●こ

故意の保険事故招致················251,760,958
故意免責
　（傷害疾病定額保険契約）··············932
　（生命保険契約）··························678
　（損害保険契約）···················245,391
後遺障害保険金································891
航空保険契約····································434
高度障害保険金································755
後発的超過保険································168
公保険···12
告知義務
　（傷害疾病定額保険契約）··············863
　（生命保険契約）···················358,441
　（損害保険契約）···················48,136
告知義務違反····················49,365,442,969
　——による解除
　　（傷害疾病定額保険契約）·······951,969
　　（生命保険契約）·····················721
　　（損害保険契約）···············353,401
告知義務者····················48,58,441,451,865
告知事項·················48,62,441,457,514,
　　　　　　　　　　748,749,952,954
告知受領権·············59,357,452,722,724,951
告知書··························60,456,525,729
告知の相手方······························59,452
告知の時期··································60,455
告知妨害··················56,365,449,722,952

●さ

災害死亡保険金·························767,937
災害入院給付特約·······························771
災害割増特約····································937
債権者代位(権)···············300,584,653,811
財産保険···31
再保険契約··436
詐欺·······································392,411,763
先取特権···292
指図式または無記名式の保険証券··············93
残存物代位··313

事項索引

●し

自家保険者……………………………… 271
事業保険…………………………………… 787
自己の生命の保険契約………… 24, 50, 470, 530
自己のためにする生命保険契約………… 25, 529
自己のためにする損害保険契約………… 24, 122
自己保険……………………………………… 268
自殺免責期間……………………………… 685
事実確認応諾義務………………………… 676
地震保険…………………………………… 380
自然の消耗………………………………… 247
自然保険料………………………………… 835
示談代行…………………………………… 297
質権……………………………… 292, 351, 643, 913
実損てん補の原則…………………… 146, 153
疾病特約…………………………………… 755
疾病保険……………………………………… 37, 863〜
質問応答義務………………… 49, 358, 442, 732, 863
質問表……………………………………… 61, 456
指定代理請求人…………………………… 733
自賠責保険契約（自動車損害賠償責任保険）
………………………………………… 6, 297
自発的申告義務…………………… 49, 442, 863
死亡保険契約…… 36, 102, 470, 501, 604, 643, 760
社員配当請求権…………………………… 539, 893
社会保険…………………………………… 303
射倖契約性………… 15, 44, 442, 692, 752, 932
車両保険…………………………………… 27
重過失免責………………………………… 212, 934
収支相等の原則………………… 48, 178, 657, 917
終身保険契約……………………………… 608, 649
重大事由による解除
　（傷害疾病定額保険契約）………………… 956
　（生命保険契約）…………………………… 752
　（損害保険契約）……………… 64, 386, 403
受益の意思表示………………… 124, 197, 530
主観的偶然性……………………………… 84
主契約……………………………… 380, 519, 755
手術給付金………………………… 767, 881, 898
純保険料式………………………………… 840
障害給付金………………………… 767, 875, 881
傷害疾病損害保険契約…………………… 9, 420〜

●せ

傷害疾病定額保険契約…………………… 9, 863〜
傷害保険契約……………………………… 32, 863〜
傷害保険普通保険約款…………………… 755
少額短期保険業者………………………… 20
消極保険…………………………………… 23, 438
承継保険会社……………………………… 852
商行為……………………………………… 4
商行為法…………………………………… 6
承諾前死亡………………………………… 497, 503
譲渡担保権………………………………… 44, 351
承認裏書…………………………………… 382, 582
消費者契約法………… 105, 311, 518, 886, 931
消滅時効…………………………… 190, 288, 991
　――の起算点……………………… 190, 288, 992
将来保険…………………………………… 70
除斥期間………… 49, 356, 375, 388, 443, 723, 953
書面交付
　（傷害疾病定額保険契約）………………… 883
　（生命保険契約）…………………………… 504
　（損害保険契約）…………………………… 86
　――の義務……………………… 97, 512, 884
新価保険…………………………………… 261, 525
診査医……………………………………… 453
人身傷害事故……………………………… 426
人身傷害保険契約………………………… 426
真正義務説………………………… 206, 219, 690
親族主義…………………………………… 471
人保険……………………………………… 31
信用保険契約……………………………… 322, 436

●せ

請求権代位………………………………… 327
生産物賠償責任保険（PL保険）………… 83, 440
性質損害…………………………………… 246
精神障害中の自殺………………………… 686
生前の意思表示による保険金受取人の変更
………………………………………… 562, 895
製造物責任………………………………… 440
生存保険…………………………………… 34, 36
生命共済証書……………………………… 519
生命保険契約……………………………… 9, 441〜
生命保険募集人…… 357, 454, 575, 722, 724, 951

事項索引

生命保険面接士‥‥‥‥‥‥‥‥‥‥‥‥‥ *453*

責任開始条項‥‥‥‥‥‥‥‥‥‥‥‥‥‥ *496*

責任準備金‥‥‥‥‥‥‥‥‥‥‥ *708,835*

責任遡及条項‥‥‥‥‥‥‥‥‥‥ *72,496*

責任保険‥‥‥‥‥‥ *31,45,79,245,257,292*

責任保険契約‥‥‥‥‥‥‥‥‥‥ *245,292*

責任免脱給付‥‥‥‥‥‥‥‥‥‥‥‥ *296*

積極保険‥‥‥‥‥‥‥‥‥‥‥‥ *23,438*

絶対的強行規定‥‥‥‥‥‥‥‥ *110,521*

善意契約性‥‥‥‥‥‥‥‥‥‥‥ *450,754*

船主相互保険組合法‥‥‥‥‥‥‥‥‥ *433*

戦争その他の変乱‥‥‥‥‥ *245,257,931*

戦争保険‥‥‥‥‥‥‥‥‥‥‥‥‥‥ *208*

戦争免責‥‥‥‥‥‥‥‥‥‥‥ *684,699*

全損‥‥‥‥‥‥‥ *261,313,321,336*

　　——は分損を吸収しない‥‥‥‥‥‥ *232*

船舶保険‥‥‥‥‥‥‥‥‥‥‥‥‥‥ *434*

全部保険‥‥‥‥‥‥‥‥‥‥‥‥‥‥ *267*

●そ

相互会社‥‥‥‥‥‥‥‥‥‥‥‥‥ *4,19*

相互保険‥‥‥‥‥‥‥‥‥‥‥‥‥‥‥ *6*

双務契約性‥‥‥‥‥‥‥‥‥‥‥‥‥ *16*

遡及保険

　（傷害疾病定額保険契約）‥‥‥‥‥ *878,881*

　（生命保険契約）‥‥‥‥‥‥‥‥ *492,811*

　（損害保険契約）‥‥‥‥‥‥ *66,411,811*

即時解除権‥‥‥‥‥‥‥‥‥‥‥‥ *1005*

訴訟代行‥‥‥‥‥‥‥‥‥‥‥‥‥ *297*

損害額算定費用‥‥‥‥‥‥‥‥‥‥ *305*

損害額の算定‥‥‥‥‥‥‥‥‥‥‥ *259*

損害の発生および拡大の防止‥‥‥‥‥‥ *202*

損害発生の可能性‥‥‥‥‥‥‥‥ *23,114*

損害発生の通知義務‥‥‥‥‥‥‥ *136,217*

損害防止義務‥‥‥‥‥‥‥ *202,212,305*

損害防止費用‥‥‥‥‥‥‥‥‥ *211,305*

損害保険契約‥‥‥‥‥‥‥‥‥‥ *9,40〜*

　　——の目的‥‥‥‥‥‥‥‥‥‥‥‥ *40*

損害保険代理店‥‥‥‥ *60,73,226,357,454*

損害保険募集人‥‥‥‥‥‥‥‥‥‥ *357*

●た

第1回保険料相当額‥‥‥‥‥ *496,732,879*

第三者のためにする傷害疾病定額保険契約

　　‥‥‥‥‥‥‥‥‥‥‥‥‥‥‥ *890*

第三者のためにする生命保険契約‥‥‥ *24,529*

第三者のためにする損害保険契約‥‥‥ *24,122*

第三分野‥‥‥‥‥‥‥‥‥‥‥‥‥‥ *30*

大数の法則‥‥‥‥‥‥‥‥‥‥‥‥‥ *14*

代表者責任論‥‥‥‥‥‥‥‥‥‥‥ *252*

代理商‥‥‥‥‥‥‥‥‥‥‥‥‥‥ *753*

諾成契約性‥‥‥‥‥‥‥‥‥‥‥‥‥ *14*

脱相互会社化‥‥‥‥‥‥‥‥‥‥‥‥ *4*

他人の傷害疾病定額保険契約‥‥‥‥‥‥ *867*

他人の生命の保険契約‥‥‥‥‥ *24,470,530*

他保険契約の告知義務‥‥‥‥‥ *53,446,865*

単生保険‥‥‥‥‥‥‥‥‥‥‥‥‥‥ *23*

団体信用生命保険‥‥‥‥‥‥‥‥‥ *471*

団体生命保険‥‥‥‥‥‥‥‥‥‥ *24,47*

団体定期保険‥‥‥‥‥‥‥‥‥‥‥ *470*

団体保険‥‥‥‥‥‥‥‥‥‥‥‥‥ *665*

●ち

超過保険‥‥‥‥‥‥‥‥‥‥ *42,144,169*

　後発的——‥‥‥‥‥‥‥‥‥‥‥ *168*

　同時——‥‥‥‥‥‥‥‥‥‥‥‥ *274*

調査への不協力‥‥‥‥‥‥‥ *289,715,946*

調査妨害‥‥‥‥‥‥‥‥‥‥ *289,715,946*

重複保険契約‥‥‥‥‥‥‥‥ *54,275,765*

直接請求権‥‥‥‥‥‥‥‥‥‥ *293,297*

チルメル式‥‥‥‥‥‥‥‥‥‥‥‥ *840*

●つ

通知義務‥‥‥‥‥‥‥‥ *99,136,674,925*

　　——（危険増加）‥‥‥‥‥ *417,514,885,985*

　　——（職業・職務の変更）‥‥‥‥ *851*

　　——（保険事故発生）‥‥‥‥ *223,673,888*

積立金払戻請求権‥‥‥‥‥‥‥‥ *797,992*

●て

定額保険契約‥‥‥‥‥‥‥‥‥‥‥ *35*

定額保険方式‥‥‥‥‥‥‥‥‥‥‥ *32*

定期保険契約‥‥‥‥‥‥‥‥ *470,608,649*

事項索引　　　1013

締約代理権·····································60,447

●と

同意主義·························472,609,644,872
同時死亡····································635
同時重複保険································274
搭乗者傷害保険······························898
道徳危険·····················56,382,448,471,604,
643,867,906,913
道徳的危険事実······························62
特別危険····································184
特別受益の持戻し····························540
独立責任額··································276
独立責任額按分方式··························387
独立責任額負担主義··························319
賭博的不労利得······························15
賭博的利用　→　保険の賭博的利用

●に

入院給付金·······························767,875
任意解除権·······························348,720
任意規定·································110,521
任意自動車保険約款··························298

●ね

年金保険·······························35,760,961

●は

払済保険····································849
犯罪免責条項································687
半面的強行規定　→　片面的強行規定

●ひ

P&Iクラブ····································433
P&I保険·····································433
被保険者
　──による解除請求
　　（傷害疾病損害保険契約）·················420
　　（傷害疾病定額保険契約）·················963
　　（生命保険契約）························778
　──の自殺免責·····························692
　──の死亡の通知··························669

　──の同意
　　（傷害疾病定額保険契約）·······867,906,913
　　（生命保険契約）···········470,595,604,643
被保険者中心主義····························617
被保険者利益　→　被保険利益
被保険利益··································23
評価済保険·······························162,263
費用の負担（損害保険）······················305
費用保険（金）·····························45,310
比例按分主義·······························267,277
比例てん補主義······························267
比例てん補方式······························269

●ふ

附合契約····································14
不告知教唆·······························365,722,952
普通保険約款·····················99,288,495,514
物保険····································31,43
不当利得·································578,900
付保割合·································271,307
不要式契約性································14
不慮の事故·······························937,938
不労利得····································147
プロ・ラタ主義···············56,363,449,726
分損···································261,321,336

●へ

平準保険料··································750
平準保険料方式·····························812,835
変額保険····································35
片面的強行規定······110,197,340,413,521,666,
716,887,919,947,983

●ほ

法人の機関による被保険者故殺···············702
法人の機関による事故招致···················254
防御費用····································308
法人等の事業活動に伴う損害をてん補する
　損害保険································436
保険
　──の目的物の譲渡··························382
　──の目的物の滅失······················231,431

——の賭博的利用·········· 146, 471, 604, 643,
867, 906, 913

保険委付··········· 316

保険外交員·········· 454

保険価額·········· 144

——の減少·········· 169

保険価額不変更主義·········· 148, 263

保険監督·········· 993

保険期間·········· 17, 66

保険危険事実·········· 62

保険給付請求権の譲渡等·········· 643, 906, 913

——についての被保険者の同意······· 643, 913

保険給付の履行期

（傷害疾病定額保険契約）·········· 945

（生命保険契約）·········· 711

（損害保険契約）·········· 280

保険業法·········· 5, 31

保険金受取人·········· 9, 538, 893

——の介入権·········· 798, 973

——の権利の放棄·········· 542

——の故殺免責·········· 695

——の指定·········· 545

——の死亡

（傷害疾病定額保険契約）·········· 911

（生命保険契約）·········· 614

——の変更

（傷害疾病定額保険契約）········· 895, 906

（生命保険契約）·········· 560, 571, 604

——の変更についての被保険者の同意
·········· 604, 906

保険金受取人指定の表示の解釈·········· 546

保険金受取人変更権·········· 572, 897

——の相続·········· 572

保険金額

——の減額·········· 163, 442, 863

——の増額·········· 613

保険金支払義務·········· 16, 85

保険契約

——における短期消滅時効·········· 993

——の失効·········· 834, 968, 978, 1005

——の終了·········· 347〜, 719〜, 950〜

——の成立·········· 40〜, 441〜, 863〜

保険契約者

——による解除

（傷害疾病定額保険契約）·········· 950

（生命保険契約）·········· 719

（損害保険契約）·········· 347

——の解除権行使の義務·········· 790, 967

——の貸付請求権·········· 802

——の故殺免責·········· 694

——の相続人·········· 540〜, 596, 610,
620, 733, 901

——の任意解除権·········· 347, 719, 789, 811

——の配当請求権·········· 539, 797, 893

——の破産·········· 399, 535, 797, 971

——の変更

（合併、分割、事業譲渡による）········· 656

保険契約者保護機構·········· 852, 1007

保険事故·········· 66, 217, 441

——の偶然性·········· 35, 75

保険事故発生の可能性·········· 54, 70, 502, 525

保険事故発生の通知義務·········· 223, 673, 888

保険者

——の承諾義務·········· 500

——の破産·········· 1000

——の破産による解除または失効···· 836, 847

——の免責

（傷害疾病定額保険契約）·········· 926

（生命保険契約）·········· 678, 846

（損害保険契約）·········· 245

保険証券·········· 87, 505, 883

保険制度論·········· 16

保険代位·········· 313, 321, 339

保険仲立人·········· 60

保険媒介者·········· 57, 353, 721, 951

保険募集·········· 370, 454, 743

保険募集人·········· 357

保険約款·········· 14, 53, 99, 387, 510

保険料

——および責任準備金の算出方法書
·········· 839, 845

——の不払い·········· 835

——の返還·········· 151, 79, 189

——の返還請求（権）·········· 159

事項索引　　1015

——の返還の制限
（傷害疾病定額保険契約）……………… 981
（生命保険契約）…………………………… 853
（損害保険契約）…………………………… 408
——の変更………………………………… 661
保険料減額請求権……………… 179,658,918
保険料支払義務……………………… 135,138
保険料受領権……………………………… 367
保険料積立金……………35,811,835,974,979
——の差押え……………………… 827,975
——の払戻し
（傷害疾病定額保険契約）……………… 978
（生命保険契約）………………… 834,845
——の返還請求権………… 539,834,893,978
保険料不可分の原則………… 171,175,183,660
保険料前払いの原則……………………… 496
保険料率区分……………………………… 196
保証機関…………………………………… 558
保証保険………………………………322,436

●ま
満期保険金………………………… 679,825

●む
無保険者傷害条項………………………… 422

●め
免責 → 保険者の免責

●も
物の保管者の責任保険………………… 292

物保険 → ぶつほけん
モラル・ハザード…… 126,139,256,277,310,442
モラル・リスク……… 386,458,471,752,867,956

●や
約定保険金額…………………………147,670
約款 → 保険約款

●ゆ
有償契約性…………………………………… 15
優先負担主義……………………………… 273
優先弁済権………………………………… 345
油濁損害賠償責任保険………………………… 6

●よ
養老保険…………………………36,482,608,649
予定保険…………………………………… 116
予定利率…………………………………836,978

●り
利益主義…………………………………471,644
利益保険…………………………………… 32
履行保証保険……………………………… 84
利得禁止原則………… 27,43,146,264,319,336
リビング・ニーズ特約…………………… 36
料率算定…………………………………… 705

●れ
連生保険…………………………………23,470

判 例 索 引

大審院・最高裁判所

●明　治

大判明治35・7・1民録8輯7巻1頁…………44
大判明治40・5・7民録13輯483頁……453,735
大判明治40・10・4民録13輯939頁
　…………………54,62,366,447,458～460
大判明治40・10・29民録13輯1025頁…………52
大判明治41・6・19民録14輯756頁…………651
大判明治43・12・9新聞695号27頁…………350
大判明治45・5・15民録18輯492頁……453,735

●大　正

大判大正2・3・31民録19輯185頁…………460
大判大正2・12・20民録19輯1036頁
　…………………250,256,731,935
大判大正4・4・14民録21輯486頁…62,458,461
大判大正4・6・26民録21輯1044頁
　…………62,366,453,458,459,734
大判大正4・9・6民録21輯1440頁……453,735
大判大正5・2・12民録22輯234頁…………693
大判大正5・7・5民録22輯1336頁…………532
大判大正5・10・21民録22輯1959頁
　…………453,454,724,735
大判大正5・11・21民録22輯2105頁
　…………52,57,111,449,521,726
大判大正6・5・12新聞1261号12頁…………460
大判大正6・10・26民録23輯1612頁……459,734
大連判大正6・12・14民録23輯2112頁
　…………369,450,743
大判大正7・3・4民録24輯323頁……460,734
大判大正7・4・5民録24輯539頁…………369
大判大正7・4・27新聞1422号20頁…………734
大判大正9・12・22民録26輯2062頁……453,735
大判大正11・2・6民集1巻13頁…………735
大判大正11・2・7民集1巻19頁…………624
大判大正11・8・28民集1巻501頁…………455
大判大正11・10・25民集1巻612頁…………456
大判大正12・1・24新聞2101号19頁…………102
大判大正13・4・18民集3巻132頁…………461
大判大正14・2・19新聞2376号19頁…………996
大判大正15・6・12民集5巻495頁…………176
大判大正15・9・27新聞2639号9頁…………461

●昭　和

大判昭和2・11・2民集6巻593頁
　…………54,62,366,447,458
大判昭和4・12・11新聞3090号14頁…………404
大判昭和6・2・20新聞3244号10頁……588,595
大判昭和7・9・14民集11巻1815頁…………255
大判昭和9・10・30新聞3771号9頁
　…………454,724,735
大判昭和10・5・22民集14巻923頁…………93
大判昭和10・9・10新聞4870号6頁…………735
大判昭和10・10・14新聞3909号7頁……540,552
大判昭和10・12・10法学5巻653頁…………460
大判昭和11・5・13民集15巻877頁
　…………540,548,552
大判昭和13・3・18判決全集5輯18号22頁…743
大判昭和13・5・19民集17巻1021頁…………566
大判昭和13・6・22判決全集5輯13号14頁…693
大判昭和13・8・31新聞4323号16頁…………94
大判昭和13・12・14民集17巻2396頁…………549
大判昭和14・3・17民集18巻156頁…………740
大判昭和15・7・12判決全集7輯25号5頁…693
大判昭和15・12・13民集19巻2381頁…………566
大判昭和16・8・21民集20巻1189頁…………271
大判昭和18・6・9新聞4851号5頁…………254
最判昭和27・4・25民集6巻4号451頁……753
最判昭和31・6・19民集10巻6号665頁……119
最判昭和32・7・9民集11巻7号1203頁
　…………158,256
最判昭和36・3・16民集15巻3号512頁………44
最判昭和36・4・20民集15巻4号774頁……576

判例索引　　　1017

最判昭和37・6・12民集16巻7号1322頁…14,404
最判昭和40・2・2民集19巻1号1頁
　　　　　　　540,548～552,588,595
最判昭和40・11・16民集19巻8号1970頁…314
最判昭和42・1・31民集21巻1号77頁…254,700
最判昭和44・4・25民集23巻4号882頁……252
最判昭和48・6・29民集27巻6号737頁
　　　　　　　540,546,547,550
最判昭和49・12・20民集28巻10号2072頁……995
最判昭和50・1・31民集29巻1号16頁………377
最判昭和54・9・6民集33巻5号630頁……163
最判昭和57・7・15民集36巻6号1188頁
　　　　256,731,930,935,936
最判昭和58・3・18判時1075号115頁………594
最判昭和58・9・8民集37巻7号918頁
　　　　　　　　　546,547
最判昭和62・2・20民集41巻1号159頁……222
最判昭和62・5・29民集41巻4号723頁……331
最判昭和62・10・20生判5巻183頁…………552
最判昭和62・10・29民集41巻7号1527頁
　　　　　　　566,569,570,573

●平　成
最判平成3・4・19民集45巻4号477頁……595
最判平成3・4・26判タ761号149頁…………998
最判平成4・3・13民集46巻3号188頁
　　　　　　　　　551,622,624
最判平成4・12・18判時1446号147頁………934
最判平成5・3・30民集47巻4号3262頁
　　　　　　　　　257,932
最判平成5・7・20損保企画536号8頁
　　　　　　　　　733,743
最判平成5・9・7民集47巻7号4740頁
　　　　624,630,634,551,911
最判平成6・7・18民集48巻5号1233頁……550
最判平成9・3・25民集51巻3号1565頁
　　　　　　　　　282,713
最判平成11・9・9民集53巻7号1173頁
　　　　　　　　　349,804
最判平成13・4・20民集55巻3号682頁
　　　　　　　　929,937～939
最判平成14・10・3民集56巻8号1706頁

最判平成14・11・5民集56巻8号2069頁……541
最判平成15・12・11民集57巻11号2196頁
　　　　　　　　　190,996
最判平成16・3・25民集58巻3号753頁
　　　　　　685,686,709,766
最判平成16・6・10民集58巻5号1178頁……254
最判平成16・6・10判例集未登載…………700
最決平成16・10・29民集58巻7号1979頁……541
最判平成16・12・13民集58巻9号2419頁
　　　　　　　　　28,938
最判平成17・7・22判時1908号128頁………594
最判平成18・4・11民集60巻4号1387頁
　　　　　　　　483,868
最判平成18・6・1民集60巻5号1887頁……28
最判平成18・6・6判時1943号14頁…………28
最判平成18・9・14判時1948号164頁………28
最判平成20・2・19民集62巻2号534頁……303
最判平成20・2・28判タ1265号151頁………996
最判平成21・6・2民集63巻5号953頁
　　　　　　　　626,635
最判平成21・6・2判タ1302号108頁………626
最判平成24・2・20民集66巻2号742頁……339

控訴院・高等裁判所

●大　正
東京控判大正7・3・26新聞1401号22頁……549
大阪控判大正7・4・9新聞1462号24頁…62,458
東京控判大正7・12・16
　　法律評論7巻上商法871頁…………693,694

●昭　和
大阪高判昭和37・12・10判時327号46頁…98,513
東京高判昭和41・4・18
　　下民集17巻3＝4号30頁………………996
東京高判昭和47・7・28
　　下民集23巻5＝8号403頁………………583
広島高岡山支決昭和48・10・3
　　家月26巻3号43頁………………………540
東京高判昭和53・3・28判時889号91頁……484
大阪高判昭和53・7・19判時909号91頁……734
東京高判昭和54・10・30判時949号116頁……298

判例索引

東京高決昭和55・9・10判タ427号159頁……… *540*
大阪高判昭和57・5・19判時1064号119頁…… *936*
札幌高判昭和58・6・14判タ506号191頁
　………………………………… *53,446,459,734*
広島高判昭和58・6・29生判3巻353頁……… *451*
大阪高判昭和58・10・28生判3巻403頁……… *929*
東京高判昭和59・10・15判タ540号310頁…… *254*
大阪高判昭和59・11・27生判4巻118頁……… *466*
東京高判昭和60・9・26金法1138号37頁……… *595*
東京高判昭和61・11・12判時1220号131頁
　………………… *53,62,446,458,459*
大阪高判昭和62・4・30判時1243号120頁…… *687*
東京高判昭和63・2・24判時1270号140頁…… *934*
東京高判昭和63・5・18判タ693号205頁
　………………………………………… *460,734*
大阪高判昭和63・12・21生判5巻388頁
　………………………………………… *588,594*

● 平　成
大阪高判平成元・1・26高民集42巻1号9頁
　………………………………………… *700*
東京高判平成元・8・28生判6巻61頁……… *463*
東京高判平成元・11・14生判6巻105頁……… *754*
大阪高判平成元・12・26判タ725号210頁
　………………………………………… *687,935*
大阪高判平成2・1・17判時1361号128頁…… *936*
東京高判平成3・10・17金判894号27頁
　………………………………………… *743,773*
東京高判平成3・10・30判タ777号204頁……… *209*
東京高判平成3・11・27判タ783号235頁
　………………………… *54,366,447,868*
広島高松江支判平成3・12・13生判6巻447頁
　………………………………………… *929*
大阪高判平成4・6・19生判7巻90頁……… *935*
東京高判平成4・10・27生判7巻182頁……… *929*
東京高判平成4・12・25判タ858号243頁……… *366*
東京高判平成5・9・28判時1479号140頁
　………………………………………… *54,447*
東京高判平成5・11・24生判7巻289頁……… *694*
仙台高判平成6・3・28判タ878号274頁……… *929*
東京高判平成7・1・25判タ886号279頁……… *735*
福岡高判平成8・2・15金法1466号41頁……… *803*

東京高判平成8・9・11生判8巻628頁 ……… *936*
大阪高判平成9・6・17判時1625号107頁…… *686*
大阪高判平成9・10・24生判9巻448頁……… *935*
福岡高判平成10・1・22判時1670号81頁……… *929*
広島高判平成10・1・28生判10巻30頁
　………………………………… *463,732,743*
広島高判平成10・3・17生判10巻121頁……… *936*
東京高判平成10・3・25判タ968号129頁
　………………………… *566,588,595,597*
仙台高判平成10・10・20生判10巻401頁……… *936*
福岡高判平成10・10・23生判10巻403頁……… *936*
大阪高判平成10・12・16判タ1001号213頁……… *61*
福岡高判平成11・3・16判例集未登載…… *763,959*
大阪高判平成11・9・30判タ1031号203頁…… *254*
大阪高判平成11・12・21金判1084号44頁…… *543*
札幌高判平成13・1・30生判13巻58頁
　………………………………… *766,767,960*
東京高判平成13・1・31高民集54巻1号1頁
　………………………………………… *686*
東京高判平成13・3・13判時1744号125頁…… *702*
名古屋高判平成13・7・18保険レポ173号8頁
　………………………………………… *588,595*
東京高判平成13・7・30判例集未登載……… *933*
名古屋高判平成14・3・29生判14巻173頁…… *454*
東京高判平成14・7・31判例集未登載……… *292*
大阪高判平成14・12・18判時1826号143頁
　…………………………… *54,366,447*
大阪高判平成15・2・21金判1166号2頁…… *686*
福岡高判平成15・3・27生判15巻218頁
　………………………………… *764,767,785*
福岡高判平成16・7・13判タ1166号216頁…… *713*
東京高判平成16・9・7生判16巻680頁
　………………………………………… *766,960*
大阪高判平成16・12・15保険レポ202号1頁
　………………………………………… *686*
広島高判平成17・1・25判例集未登載……… *936*
東京高判平成17・2・2判タ1198号259頁…… *734*
大阪高判平成17・4・28判例集未登載……… *686*
東京高判平成17・6・2保険レポ221号9頁
　………………………………………… *588*
東京高判平成18・11・21判例集未登載……… *686*
仙台高判平成19・5・30金法1877号48頁……… *724*

判例索引　　　*1019*

福岡高判平成19・11・8 生判19巻546頁
　　　　　　　　　　　　　　　　366,460
東京高判平成20・3・19保険レポ237号 9 頁
　　　　　　　　　　　　　　　　　734
仙台高判平成20・3・27保険レポ235号11頁・
　保険レポ237号 1 頁 ……………… *593*
仙台高判平成20・9・5 （平成19(ネ)532号）
　　　　　　　　　　　　　　　764,767
東京高判平成21・1・21判例集未登載……… *308*
大阪高判平成21・9・17金判1334号34頁…… *938*
東京高判平成22・11・25判タ1359号203頁…… *652*
福岡高判平成24・2・24判タ1389号273頁…… *769*
大阪高判平成27・4・24判例集未登載……… *738*
広島高岡山支判平成30・3・22
　金法2090号70頁……………………… *396*

地方裁判所

●明治・大正
大阪地判（明治44(ワ)672号）新聞768号20頁
　（判決年月日不詳）………………… *550*
東京地判大正 5・5・29新聞1141号25頁…… *460*
東京地判大正11・3・31評論11巻商176頁……… *69*
東京地判大正11・4・20新聞1992号17頁……… *540*

●昭　和
東京地判昭和 9・2・5 評論23巻商167頁…… *651*
東京地判昭和26・12・19下民集 2 巻12号1458頁
　　　　　　　　　　　　　　　　　452
東京地判昭和28・11・27下民集 4 巻11号1770頁
　　　　　　　　　　　　　　　　　693
秋田地判昭和31・5・22下民集 7 巻 5 号1345頁
　　　　　　　　　　　　　　　　　935
東京地判昭和31・9・11下民集 7 巻 9 号2462頁
　　　　　　　　　　　　　　150,208,209
岐阜地判昭和34・3・23下民集10巻 3 号528頁
　　　　　　　　　　　　　　　　　44
東京地判昭和37・2・12判時305号29頁……… *724*
大阪地決昭和38・2・19下民集14巻 2 号219頁
　　　　　　　　　　　　　　　　　315
東京地判昭和45・3・12判時601号91頁……… *583*
福岡地小倉支判昭和46・12・16判タ279号342頁
　　　　　　　　　　　　　　　　　735

東京地判昭和47・11・1 判時700号108頁
　　　　　　　　　　　　　　　466,731
大阪地判昭和47・11・13判タ291号344頁…… *734*
大阪地判昭和48・2・12判タ302号278頁…… *693*
大阪地判昭和53・3・27判時904号104頁…… *552*
東京地判昭和53・3・31判時924号120頁
　　　　　　　　　　　　　459,466,740
大阪地判昭和54・2・27判時926号115頁
　　　　　　　　　　　　　　　477,868
大阪地判昭和54・4・13判時935号108頁…… *459*
熊本地判昭和56・3・31判時1028号108頁…… *459*
東京地判昭和56・4・30判時1004号115頁…… *843*
東京地判昭和56・10・6 判時1038号346頁…… *700*
大阪地判昭和57・1・28判タ463号141頁…… *936*
札幌地判昭和58・9・30生判 3 巻397頁
　　　　　　　　　　　　　　　743,773
大阪地判昭和58・12・27判時1120号128頁
　　　　　　　　　　　　　　　459,740
大阪地判昭和59・5・18判時1136号146頁…… *803*
名古屋地判昭和59・8・8 判時1168号148頁
　　　　　　　　　　　　　　　　　702
東京地判昭和59・9・17判時1161号142頁…… *803*
札幌地判昭和59・12・18判時1180号134頁…… *685*
大阪地判昭和60・1・29生判 4 巻146頁……… *566*
千葉地判昭和60・2・22判時1156号149頁
　　　　　　　　　　　　　　　452,459
東京地判昭和60・5・24生判 4 巻180頁……… *455*
大阪地判昭和60・8・30判時1183号153頁
　　　　　　　　　386,754,756,766,785
東京地判昭和60・10・25判時1182号155頁…… *552*
東京地判昭和61・1・28判時1229号147頁
　　　　　　　　　　　　　459,734,740
東京地判昭和61・3・17判タ599号67頁……… *996*
山形地酒田支判昭和62・5・28判時1252号95頁
　　　　　　　　　　　　　　　　　377
名古屋地判昭和62・7・16判時1252号118頁
　　　　　　　　　　　　　　　　　123
神戸地判昭和62・10・28生判 5 巻159頁
　　　　　　　　　　　　　　　588,594
大阪地判昭和62・10・29生判 5 巻172頁……… *696*
大阪地判昭和63・1・29判タ687号230頁
　　　　　　　　　　　　　　　459,733

東京地判昭和63・2・18判時1295号132頁
················54,447
東京地判昭和63・5・23判時1297号129頁
···········754,756,767,771,958
和歌山地田辺支判昭和63・8・10
判時1312号137頁·················700

●平　成

大阪地判平成元・2・23判時1326号147頁·····687
大阪地判平成元・3・15判時1328号111頁
·························687,935
大阪地判平成元・3・30判時1322号144頁·····687
京都地判平成元・6・28生判6巻39頁·········935
札幌地判平成2・3・26判時1348号142頁
···························382,757
岡山地判平成2・5・31生判6巻201頁·····62,458
高松地判平成2・10・22生判6巻241頁
···························743,773
東京地判平成2・10・26判時1387号141頁
···························743,773
大阪地判平成2・12・14生判6巻278頁·····601
横浜地判平成2・12・20生判6巻286頁·····732
神戸地尼崎支判平成3・2・19判時1414号106頁
·····························934
秋田地判平成3・3・11生判6巻301頁
···························743,773
大阪地判平成3・3・26生判6巻307頁
···························743,772
東京地判平成3・4・17判タ770号254頁
···········61,456,459,460,731
東京地判平成3・8・26判タ765号286頁·······868
札幌地判平成3・10・28生判6巻404頁········757
名古屋地判平成4・8・17判タ807号237頁····552
東京地判平成4・11・26判時1468号154頁
···························694,757
仙台地判平成5・5・11判時1498号125頁·····935
大阪地判平成5・7・16判時1506号126頁·····804
京都地判平成6・1・31判タ847号274頁·······151
東京地判平成6・2・28金判973号34頁·······804
東京地判平成6・5・11判時1530号123頁
·····················743,757,772
福岡地判平成6・6・15生判7巻370頁·······936

東京地判平成7・1・13判時8巻1頁·········456
名古屋地判平成7・1・24判タ891号117頁····477
大阪地判平成7・4・7生判8巻107頁········452
岡山地倉敷支判平成7・5・11
判タ884号238頁·················151
福岡地判平成7・7・28判タ901号242頁······803
福岡地判平成7・8・25生判8巻186頁
·····················743,773
東京地判平成7・9・18判タ907号264頁
···········755,763,767,959,960
東京地判平成7・11・27判タ911号121頁·····477
東京地判平成8・3・1金判1008号34頁·······552
広島地判平成8・4・10判タ931号273頁
···········756,763,771,960
青森地弘前支判平成8・4・26判時1571号132頁
···························477
徳島地判平成8・7・17生判8巻532頁
···········756,766,960
神戸地判平成8・7・18判時1586号136頁·····929
東京地判平成8・7・30金判1002号25頁·····546
神戸地判平成8・8・26判タ934号275頁·····929
大阪地判平成9・1・20判タ1031号206頁·····254
広島地判平成9・3・6生判9巻131頁
···········463,732,743
静岡地浜松支判平成9・3・24
判時1611号127頁·················477
名古屋地判平成9・3・26判時1609号144頁
·····························151
東京地判平成9・9・30金判1029号28頁
···········566,588,597
岡山地判平成9・10・28生判9巻467頁········725
大阪地判平成9・11・7判時1649号162頁·····456
福岡地久留米支判平成9・11・28
生判9巻527頁···········763,959,960
東京地判平成10・2・23生判10巻81頁·········573
水戸地判平成10・5・14判タ991号221頁·····868
東京地判平成10・7・28金判1059号50頁·····804
東京地判平成10・10・23生判10巻407頁·······725
東京地判平成10・11・13生判10巻447頁·······601
岡山地判平成11・1・27金法1554号90頁······686
山口地判平成11・2・9判時1681号152頁·····686
京都地判平成11・3・1金判1064号40頁······543

判例索引 *1021*

熊本地判平成11・3・17判タ1042号248頁 ····· *254*
東京地判平成11・3・26判時1788号144頁 ····· *766*
盛岡地花巻支判平成11・6・4生判11巻333頁
······························· *725,739*
東京地判平成11・7・28判タ1008号296頁 ····· *757*
札幌地判平成11・10・5判タ1059号187頁 ····· *702*
東京地判平成11・10・7判タ1023号251頁 ····· *702*
大阪地判平成12・2・22判時1728号124頁
······························· *756,764,960*
岐阜地判平成12・3・23金判1131号43頁 ······ *756*
東京地判平成12・5・31判時1726号167頁 ····· *452*
名古屋地豊橋支判平成12・11・27
生判12巻579頁 ······························· *588*
名古屋地判平成12・12・1判タ1070号287頁
······························· *625*
佐賀地唐津支判平成13・1・19判例集未登載
······························· *734*
東京地判平成13・5・16判タ1093号205頁
······························· *54,366,447*
東京地判平成13・7・25生判13巻594頁 ········ *453*
札幌地判平成13・8・20生判13巻657頁
······························· *764,959*
東京地判平成13・9・21生判13巻741頁 ······· *459*
大阪地判平成13・11・1生判13巻807頁 ······· *456*
函館地判平成13・11・22生判13巻836頁 ······· *763*
東京地判平成14・3・13判時1792号78頁 ······ *292*
東京地判平成14・6・21生判14巻385頁
······························· *756,763,768*
静岡地富士支判平成14・6・27生判14巻441頁
······························· *60,455,466*
さいたま地判平成14・7・24生判14巻490頁
······························· *771*
札幌地判平成14・8・1判タ1124号257頁 ······ *254*
名古屋地判平成14・10・25
交民集35巻5号1408頁 ······················· *935*
長崎地判平成14・10・31生判14巻737頁
······························· *764,767*
大分地判平成14・11・29生判14巻807頁
······························· *756,960*

名古屋地判平成15・4・16判タ1148号265頁
······························· *366*
東京地判平成15・5・12判タ1126号240頁 ····· *366*
名古屋地判平成15・6・4交民集36巻3号823頁
······························· *366*
神戸地判平成15・9・4 （平成14（ワ）2505号）
······························· *588,595*
福岡地判平成15・12・28判例集未登載 ········· *960*
東京地判平成16・6・25生判16巻438頁 ········ *960*
東京地判平成16・9・6判タ1167号263頁 ······ *686*
岡山地倉敷支判平成17・1・27判タ1200号264頁
······························· *454,724*
大分地判平成17・2・28判タ1216号282頁 ····· *960*
大分地判平成17・9・8判時1935号158頁 ······ *686*
東京地判平成17・10・14生判17巻757頁 ········ *460*
神戸地姫路支判平成17・11・28
判時1932号142頁 ······························· *734*
福岡地判平成18・7・7生判18巻461頁 ········· *460*
京都地判平成18・7・18金判1250号43頁 ······ *594*
東京地八王子支判平成18・8・18
判タ1238号270頁 ······························· *350*
東京地判平成21・3・13判例集未登載 ········· *686*
大阪地判平成21・3・27判時2045号139頁 ····· *255*
東京地判平成22・1・28判タ1359号211頁 ····· *652*
東京地判平成22・3・24判タ1377号178頁 ····· *309*
盛岡地判平成22・6・11判タ1342号211頁 ····· *457*
奈良地判平成22・8・27判タ1341号210頁 ····· *686*
東京地判平成25・5・21 （平成23（ワ）9562号）
······························· *366*
宇都宮地判平成29・11・30
自保ジャーナル2025号149頁 ················· *396*

家庭裁判所

福島家審昭和55・9・16家月33巻1号78頁 ····· *540*
長野家審平成4・11・6家月46巻1号128頁
······························· *540*

［編著者］

宮島　司　慶應義塾大学名誉教授
　　　　　　朝日大学法学部教授・弁護士

［著　者］(五十音順)

岩井　勝弘　弁護士

金尾　悠香　武蔵野大学法学部准教授

来住野　究　明治学院大学法学部教授

肥塚　肇雄　香川大学法学部教授・弁護士

藤田　祥子　拓殖大学商学部教授

堀井　智明　立正大学法学部教授

李　　　鳴　放送大学教養学部教授
　　　　　　(元：明治安田生命保険相互会社国際事業部)

逐条解説　保険法

2019(令和元)年6月30日　初版1刷発行

編著者　宮　島　　　司

発行者　鯉　渕　友　南

発行所　株式
　　　　会社　弘　文　堂　　101-0062　東京都千代田区神田駿河台1の7
　　　　　　　　　　　　　　TEL 03(3294)4801　振 替 00120-6-53909
　　　　　　　　　　　　　　https://www.koubundou.co.jp

装　丁　青 山 修 作

印　刷　三 美 印 刷

製　本　牧製本印刷

© 2019 Tsukasa Miyajima, et al. Printed in Japan

JCOPY 〈(社)出版者著作権管理機構　委託出版物〉
本書の無断複写は著作権法上での例外を除き禁じられています。複写される場合は、
そのつど事前に、(社)出版者著作権管理機構（電話03-5244-5088、FAX 03-5244-
5089、e-mail：info@jcopy.or.jp）の許諾を得てください。
また本書を代行業者等の第三者に依頼してスキャンやデジタル化することは、たとえ
個人や家庭内の利用であっても一切認められておりません。

ISBN978-4-335-35604-9

―――――― 条解シリーズ ――――――

| 条解刑事訴訟法〔第4版増補版〕 | 松尾浩也=監修　松本時夫・土本武司・池田修・酒巻匡=編集代表 |

条解刑事訴訟法〔第4版増補版〕　松尾浩也=監修　松本時夫・土本武司・
　　　　　　　　　　　　　　　　池田修・酒巻匡=編集代表

条解刑法〔第3版〕　前田雅英=編集代表　松本時夫・池田修・
　　　　　　　　　　渡邉一弘・大谷直人・河村博=編

条解民事訴訟法〔第2版〕　兼子一=原著　松浦馨・新堂幸司・竹下守夫・
　　　　　　　　　　　　　高橋宏志・加藤新太郎・上原敏夫・高田裕成

条解破産法〔第2版〕　伊藤眞・岡正晶・田原睦夫・林道晴・
　　　　　　　　　　　松下淳一・森宏司=著

条解民事再生法〔第3版〕　園尾隆司・小林秀之=編

条解信託法　道垣内弘人=編

条解不動産登記法　七戸克彦=監修
　　　　　　　　　日本司法書士会連合会・
　　　　　　　　　日本土地家屋調査士会連合会=編

条解消費者三法　後藤巻則・齋藤雅弘・池本誠司=著
　消費者契約法・特定商取引法・
　割賦販売法

条解弁護士法〔第4版〕　日本弁護士連合会調査室=編著

条解行政手続法〔第2版〕　髙木光・常岡孝好・須田守=著

条解行政事件訴訟法〔第4版〕　南博方=原編著
　　　　　　　　　　　　　　　高橋滋・市村陽典・山本隆司=編

条解行政不服審査法　小早川光郎・高橋　滋=編著

条解国家賠償法　宇賀克也・小幡純子=編著

条解行政情報関連三法　高橋滋・斎藤誠・藤井昭夫=編著
　公文書管理法・行政機関情報公開法・
　行政機関個人情報保護法

条解独占禁止法　村上政博=編集代表　内田晴康・石田英遠・
　　　　　　　　川合弘造・渡邉惠理子=編

―――――― 弘文堂 ――――――

＊2019年5月現在